跨越——中国大型桥梁建设工程技术总结丛书

特大跨钢桁拱桥建造技术

主　编　王　俊　向中富
副主编　王福敏　徐　伟　汪存书
　　　　吉敏廷　魏云祥

人民交通出版社股份有限公司
China Communications Press Co.,Ltd.

内 容 提 要

本书依托世界最大跨径拱桥——重庆朝天门大桥，介绍特大跨钢桁拱桥的建设规划、结构体系与构造设计、钢结构加工与制造、结构安装建设与控制等成套建造技术及相关试验与研究。

本书对同类桥梁建设具有重要的参考价值，可供桥梁设计、制造、施工及科研人员借鉴，也可供高等学校相关专业学生学习参考。

图书在版编目(CIP)数据

特大跨钢桁拱桥建造技术 / 王俊，向中富主编. —北京：人民交通出版社股份有限公司，2014.7

(跨越：中国大型桥梁建设工程技术总结丛书)

ISBN 978-7-114-11507-3

Ⅰ.①特… Ⅱ.①王… ②向… Ⅲ.①长跨桥－钢桁架桥－桁架拱桥－桥梁工程 Ⅳ.①U448.43

中国版本图书馆 CIP 数据核字(2014)第 142676 号

跨越——中国大型桥梁建设工程技术总结丛书

书　　名：特大跨钢桁拱桥建造技术

著 作 者：王　俊　向中富

责任编辑：卢俊丽

出版发行：人民交通出版社股份有限公司

地　　址：(100011)北京市朝阳区安定门外外馆斜街 3 号

网　　址：http://www.ccpress.com.cn

销售电话：(010)59757973

总 经 销：人民交通出版社股份有限公司发行部

经　　销：各地新华书店

印　　刷：北京市密东印刷有限公司

开　　本：787×1092　1/16

印　　张：36.25

字　　数：850 千

版　　次：2014 年 7 月　第 1 版

印　　次：2014 年 7 月　第 1 次印刷

书　　号：ISBN 978-7-114-11507-3

定　　价：110.00 元

前言
FOREWORD

重庆朝天门大桥主桥采用主跨552m的中承式连续钢桁架系杆拱桥，是世界最大跨径拱桥，其建设无实例可以借鉴，为此，开展了特大跨钢桁拱桥结构体系与构造设计、整体受力性能(静力、动力、疲劳)及施工全过程仿真、特大型杆件加工制造、14 500t球形支座、安装架设及其过程控制等研究与试验。重庆朝天门大桥主桥采用适合公轨两用的特大跨钢拱桥的三跨连续钢桁架系杆拱结构体系；上层系杆为钢制杆件，下层系杆采用“刚性系杆 + 辅助系索”的组合式系杆；上层桥面系为整体正交异性钢桥面板，下层桥面采用组合式桥面系；在国内首次大批量采用Q420q钢材；采用临时墩辅助边跨钢桁梁悬臂架设，利用斜拉扣挂进行中跨钢桁拱结构悬臂架设，借助临时系杆进行中跨刚性系杆安装；实现钢桁拱和刚性系杆的高精度无应力合龙(纵向、横向及竖向误差2～9mm)。依托重庆朝天门大桥研究与建设实践，解决了特大跨径钢桁拱桥设计、制造及施工关键技术，形成了特大跨径钢桁拱桥成套建造技术。2009年，世界最大跨径拱桥——重庆朝天门大桥建成，在世界上产生了巨大影响，进一步拓展了钢桁拱桥应用空间，为钢结构桥梁技术规范的修订提供了理论与实践依据，为同类桥梁设计、施工提供了成功范例。

本书在相关设计、施工及试验研究资料基础上编写而成，包括4篇24章。第一篇：规划与设计，包括特大跨钢桁拱桥方案研究与设计、结构设计、施工设计及设计技术创新；第二篇：加工与制造，包括高强厚板桥梁钢焊接技术、特大型杆件加工与制造、钢桁结构试拼装以及防腐、15 000t级球形支座研究与制作；第三篇：架设与控制，包括特大跨径钢桁拱桥施工方案确定、桁拱结构架设与控制、刚性系杆架设及控制、钢桥面板安装与控制；第四篇：试验与研究，包括结构架设施工仿真及稳定性分析、板桁温差效应测试研究、结构静力模型试验、钢桁架节点疲劳试验研究、结构动力性能试验研究、结构抗震性能试验研究等。

本书由王俊、向中富担任主编，王福敏、徐伟、汪存书、吉敏廷、魏云祥担任副主编，由向中富、董荧统稿。其中，第一篇由王福敏、徐伟、段雪炜、李军、袁毅、姚建军、康晋、尚军年、王俊编写；第二篇由仇艳萍、权红烈、黄鑫、宋红飞、魏云祥编写；第三篇由汪存书、罗锦刚、王天广、彭强、刘小勇、包雪巍、向中富编写；第四篇由向中富、董荧、王俊、黄海东、张雪松编写。在此，谨向为重庆朝天门大桥建设做出贡献的各参建单位、研究单位以及为本书编写提供资料的所有单位表示衷心感谢！

编　者

2013年10月

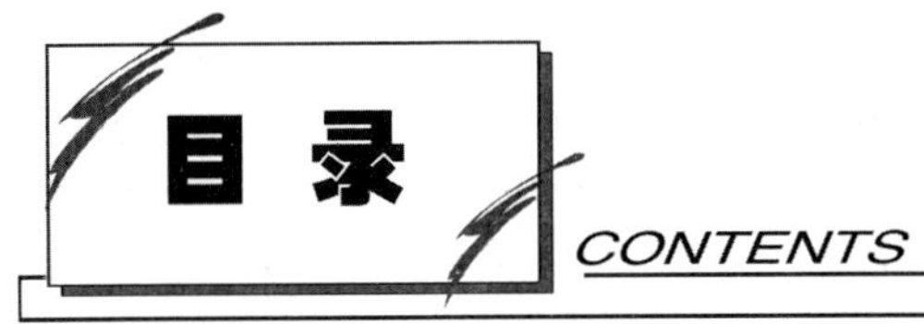

第一篇　规划与设计

第二篇　加工与制造

第三篇 架设与控制

第四篇 试验与研究

第一篇

规划与设计

第1章　概　　述

1.1　国外钢桁架桥梁建设与发展

18世纪英国的工业革命中，铸铁和锻铁的工业化生产使铁的产量极大提高，大量工业用铁应用于桥梁结构之中。最著名的铁拱桥有1779年跨越英国Coalbrook dale Severn河，由五个半圆弧拱肋并列组成净跨度为30m的单拱铸铁拱桥；1877年在葡萄牙波尔图跨Douro河的PiaMaria桥，跨径为160.13m，为双铰镰刀形内倾双肋桁拱。1856年贝塞麦发明了转炉炼钢法，1861年西门子（W. Siemens）和马丁（E. Martin）推广了平炉法，桥梁发展进入钢桥时代。钢材首次大量应用于桥梁的是1874年修建的美国Missouri跨越Stolouis的伊兹（Eads）桥，该桥为三跨（153m+158m+153m）的钢桁架拱桥，采用了悬臂架设法。在钢桁拱桥中最经典的是建于1917年的美国纽约的狱门（Hell Gate）桥，跨径为297m，它对钢桁拱桥的发展起了重要的作用。在国外的大跨径钢拱桥中，跨径超过500m的有三座，它们分别是建于1932年澳大利亚的悉尼港大桥（主跨径为503m）建于1931年、美国的贝永（Bayanne）桥（跨径为504m）和建于1977年的新河谷（New River Gorge）桥（跨径为518.3m）。

1）悉尼港湾桥

悉尼港湾桥（图1-1-1）位于澳洲悉尼港，是公铁两用钢桁架拱桥，桥面设有两条城市电车道，该桥于1923年动工兴建，于1932年建成通车（图1-1-1）。拱肋采用双铰桁拱，两铰设置在拱肋下弦的两端。钢拱跨长为502.9m，矢高为107m，桥面高出海平面134m，大桥下允许万吨轮船出入，两拱肋中心间距为48.8m。拱肋的高度是变化的，拱桁高度在拱顶处为18m，在拱脚处为57m。

图1-1-1　悉尼港湾桥

悉尼拱桥的设计者是澳大利亚昆士兰州的工程师布雷施菲尔德和弗里曼等人。他们把这座桥的拱肋设计成由弧形钢梁桁架和许多根钢铁吊索组成。施工时，钢拱用悬臂法拼装，拱架端部拉撑之一是由 129 根直径为 70mm、长约 366m 的钢缆临时锚于天然基岩上。钢拱支承于桥墩的硅钢支座上，每个硅钢支座承受的推力达 197 000kN，由于靠近拱趾处的下弦受力较大，拱的推力几乎全由下弦承受，所需的截面面积远远大于其他的下弦杆。为了拼接方便，所有下弦杆的截面宽度应相等，同时还应考虑到减少杆件的受风面积，并加强弦杆的侧向刚度，故下弦杆选用了四块腹板组成的箱形截面。除了中间的拱桥部分外，大桥的两端还各修建了 5 孔钢梁引桥，这座桥共用了 52 000t 钢。悉尼港湾桥外形很像一个衣架，高悬在港口上，所以人们把它称为“大衣架”。

2）巴拿马塔歇尔桥

巴拿马运河上的塔歇尔桥（图 1-1-2），建造年份是 1959 ~ 1962 年。此桥并不是纯粹的拱桥，其中央为跨度 259m 的系杆拱，它支承在跨度为 170m 的边跨悬臂上，从而使中央跨长达 343m。该桥的车道宽为 12.80m（4 车道），一侧为宽 0.6m 的缘石，另一侧为宽 1.20m 的人行道。拱上弦杆的顶点高出路面顶点 49m，高出水面上约 117m。梁下净空在运河的平均水位上为 61m，宽度随着水位在 150 ~ 240m 之间变化。中跨系杆拱在一侧桥墩附近突出的悬臂端上沿纵向固定，在另一伸臂端上则沿纵向可滑动。这部分的最大支承反力为 1 540t，用半径为 50cm 的枢轴，摆式支承。两主拱之间宽度为 14.3m，中跨为 343m 的上部结构，在拱系杆的平面内与连接于桥墩伸臂下弦杆的平面内之间设有纵向联结系。上部纵向联结系设于拱上系杆的平面内，桥上的风荷载传往设在两侧桥墩的桥门架上。全桥共用钢 13 000t。

3）英国朗克恩桥

英国朗克恩桥（图 1-1-3）于 1961 年 7 月建成通车，是当时欧洲最大跨度的拱桥。桁肋拱部分的跨度为 76.25m + 330m + 76.25m，车道宽 10.07m，两侧人行道各宽为 1.83m，两侧主拱间距为 16.47m。具有对称边跨的两铰拱用纵向和横向联结系连接起来，以 10 ~ 12m 的间距配置锁口式钢缆的吊杆支撑着桥面系结构。包括拱与桥面系的上部结构全部钢重计 5 600t，约一半为高强度钢。此桥设计中重视拱的曲线美，拱的下弦杆处在半径约为 238m 的圆弧上（矢高为 77.11m），拱的上弦杆的圆弧段与直线段之间用凹曲线过渡。而且在中间桥墩上的拱节间部位，竖杆形成图 1-1-3 所示的倾斜角。桁架拱肋的高度在起拱点为 32.31m，到拱顶逐渐过渡至 10.74m。

图 1-1-2　巴拿马塔歇尔桥

图 1-1-3　英国朗克恩桥

4）韩国傍花大桥

韩国傍花大桥（图 1-1-4）是韩国首尔汉江上的第 27 座桥，建成于 2000 年。桥梁全长为 2 559m，主桥长度为 540m，对称的钢桁拱肋象征着一架飞机正在起航。在傍花大桥下部结构施工中，由于桥址处于20m厚的堆积层，而持力层位于地下36～40m深处，因此，河床处采用沉井基础（沉井截面直径为7～10m），岸跨采用395根现浇混凝土桩（直径为1 500mm），953根管桩。根据上部结构的宽度、经济性、美观性、通航净空和施工难度确定了桥墩的形式。在桥墩的施工过程中温度和热应力被严格跟踪，同时为了减少内外混凝土的温度差别，在混凝土内埋设了水管以减少水化热导致的温度应力，除此之外整个过程并未使用其他的导热方式。引桥和纵坡的施工采用临时支撑分段架设方法。为缩短工期并确保吊装过程的安全，拱肋的施工方法采用分段悬拼法。每片吊装质量为100～200t，吊装设备为200t的浮吊起重机。

图1-1-4 韩国傍花大桥

钢桁架拱桥的技术进步，从其跨径来看，从1874年跨径158.6m的圣路易桥到1916年跨径297m的狱门桥，42年中跨径增加了约90%；到1931年跨径504m的贝永桥，15年中又增加了70%；到1977年跨径518.3m的新河谷桥，45年仅增加3%，此后，国外再未有大跨度钢桁架拱桥的修建。可以肯定，在钢桁架拱桥的设计和建造方面，近期的技术突破很少。表1-1-1为国外大跨度钢架拱桥的一览表。

国外大跨度钢拱桥一览表 表1-1-1

序 号	桥 名	国 家	建成年份（年）	跨径（m）
1	新河谷桥	美国	1977	518.2
2	贝永桥	美国	1931	504
3	悉尼港湾桥	澳大利亚	1932	503.3
4	弗里芒特桥	美国	1973	383
5	曼港桥	加拿大	1964	366
6	塔歇尔桥	巴拿马	1962	344
7	拉比奥莱特桥	加拿大	1967	335
8	郎克恩桥	英国	1961	330
9	兹达可夫桥	捷克	1967	330
10	伯钦诺夫桥	津巴布韦	1935	553
11	罗斯福湖桥	美国	1990	329

1.2 国内钢桁架桥梁建设与发展

钢桥的建设首先需要钢材的材质获得突破，否则很难有所发展。1956 年借用原苏联进口的低碳钢和技术，建成武汉长江大桥（主跨为 128m）。1968 年靠自己的力量炼出 16Mnq 国产钢建成南京长江大桥（主跨为 160m）。20 世纪 60 年代中期，为了加快铁路建设，在西南的成昆铁路修建中，系统地研究发展了栓焊钢新技术，一举建成各种不同结构形式的栓焊钢桥 44 座，结束了在我国使用了近百年的铆接钢桥历史，为我国栓焊钢桥技术发展开创了新纪元。1993 年炼出高强度新钢材 15MnVNq 厚板，建成九江长江大桥（主跨为 214m），2000 年炼出 14MnNbq 钢建成了芜湖长江大桥（主跨为 312m）。

在 60 ~ 70 年代的钢拱桥方面，我国的铁路建设兴起了一些拱桁组合拱桥—刚性桁梁柔性拱圈。例如在成昆线上建造了迎水河桥、桐模甸二号桥、泸沽安宁河桥、拉旧桥这四座跨度为 112m 的钢拱桥，又在内蒙古黄河大桥（跨度为 132m）、九江长江大桥（主跨为 214m）采用了此类型桥。随着我国经济和交通的发展、钢产量的提高、新钢种的不断研发，钢材在桥梁工程的应用亦日益增多。特别是 2000 年后，我国大跨度钢拱桥的建设掀起高潮，最具代表性的就是 2003 年建成的上海卢浦大桥（图 1-1-5），主跨为 550m，被誉为“天下第一拱”。该桥两边跨端横梁之间布置强大的水平拉索，以平衡中跨拱肋的水平推力。加劲梁通过吊杆或立柱支承于拱肋之上。边跨加劲梁分别在中跨和边跨的拱梁交汇处与拱肋固结。中跨加劲梁的两端支承于中跨拱梁交汇处的横梁上，端支承为纵向滑动支座，横向和纵向分别设置阻尼限位装置。

2006 年通车的广州新光大桥（图 1-1-6）的桥梁造型与景观功能都达到世界一流水平，既有完善的交通功能，又具有较高的艺术观赏性及美学价值（具有本身的结构美和造型美），桥型与周边环境协调一致。该大桥拱部曲线优美轻柔，梁部直线刚劲挺拔，构成飞雁式三跨中承拱桥。桥的动势，赋予了桥的生命力，桥的整体恰似一支从珠江腾飞而起的大雁，象征着广州的发展腾飞。这是我国，也是世界上第一座由钢拱与 V 形钢构组合而成的飞雁式三跨中承式拱桥，其优美独特的造型已成为广州的标志。

图 1-1-5　上海卢浦大桥

图 1-1-6　广州新光大桥

2007 年通车的重庆菜园坝长江大桥主桥（图 1-1-7）采用刚构与提篮式钢箱系杆拱、桁梁的组合结构，创六个桥梁之最：Y 形混凝土刚构与提篮式钢箱系杆拱和钢桁梁组成的主跨 420m 的“公路 + 轻轨”两用桥跨度，居世界同类桥梁之首；主桥采用特殊智能化主动控制体系，确保主体结构施工的内力和稳定，该技术在国内是首次应用；独特的主桁体系和安装方法为全国首创，其中钢梁整体节段拼装，节段最大重 360t；Y 形刚构施工难度及支架工程规模，居全国之首；边侧孔钢桁梁安装支架难度和规模属全国第一；用于起吊的缆索吊机达 152m，从地面起算达 202m，跨度达 420m，规模居全国第一。

图 1-1-7　重庆菜园坝长江大桥

在铁道桥梁上，2004 年建成通车的万州长江大桥采用 168m + 360m + 180m 三跨连续钢桁拱—桁梁组合结构桥，两侧边跨为平弦钢桁梁，中跨为刚性拱柔性梁的钢桁拱桥。边跨主桁桁式采用有竖杆的三角形桁式，其中主跨达 360m，是国内最大跨度的铁路桥梁，也是目前世界上同类型桥梁中跨度最大的重载铁路桥梁。该桥的建设过程中，在国内首次运用最新研制的 BWQ－35 型拱形爬坡吊机吊装，采用了世界领先水平的拱连续钢桁梁技术。万州铁路长江大桥是三峡库区第一条千米以上的长江铁路大桥。

南京大胜关长江大桥（图 1-1-8）全长 9 273m，是京沪高速铁路、沪汉蓉铁路的共用过江通道，同时预留搭载南京城市轨道交通（双线）搭载条件，其中京沪高速铁路设计速度达 300km/h，沪汉蓉铁路为Ⅰ级干线，客货共线，客车设计行车速度是 200km/h，南京地铁行车速度是 80km/h。主桥采用双孔六跨钢桁拱桥方案，中跨达 336m，钢桁拱矢高 84m，矢跨比 1/4，拱顶跨中处高 12m，支点处高 53m，边跨钢桁连续梁桁高 16m，节间长均为 12m。主桥横桥向采用三桁承重结构，桁宽 2 × 15m。采用正交异性整体桥面。该桥共有 239 孔、240 个墩，基础均为钻孔桩。其中，三个主墩采用 12.0m × 40.0m 圆端形空心墩，基础桩径为 2.8m，桩长为 105 ~ 112m。大胜关长江大桥上铺有 3 种 6 条不同的平行铁轨，成为世界首座多线轨道交通桥梁，该桥同时也是目前世界上设计荷载最大的高速铁路桥梁，被誉为中国桥梁史的第五个里程碑。

图 1-1-8　南京大胜关长江大桥

以上钢拱桥的建设，充分证明了我国在大跨径钢拱桥建设方面已经有了长足的进步。表 1-1-2 和表 1-1-3 分别为我国大跨度钢桁梁桥和钢拱桥的一览表。

我国部分大跨度钢桁梁桥一览表 表 1-1-2

建造年份(年)	桥　名	主跨长(m)	钢梁长(m)	结构特点
1957	武汉长江大桥	3×128	1 156	双层公铁两用桥、三跨连续铆接钢桁梁
1968	南京长江大桥	3×160	1 576	双层公铁两用桥、三跨连续铆接钢桁梁
1970	迎水河大桥	112	168	单线铁路，系杆拱桥，栓焊结构
1974	枝城长江大桥	3×160	1 745	单层公铁两用桥、三跨连续栓焊钢桁梁
1976	白河大桥	3×128	384	单线铁路，三跨连续栓焊钢桁梁
1992	九江长江大桥	180+216+180	1 807	双层公铁两用桥，三跨连续系杆拱，栓焊钢桁梁
1995	孙口黄河大桥	4×108	1 728	双线铁路桥，4 跨连续栓焊钢桁梁，整体焊接节点
2000	芜湖长江大桥	180+312+180	2 184	双层公铁两用桥，主跨为矮塔，栓焊钢桁梁

我国部分大跨度钢拱桥一览表 表 1-1-3

建造年份(年)	桥　名	主跨长(m)	钢梁长(m)	结构特点
2000～2003	上海卢浦大桥	550	750	中承式系杆钢箱肋拱桥，全焊接形式
2003～2006	广州新光大桥	428	782	三跨连续飞雁式钢箱桁架系杆拱桥
2003～2007	菜园坝长江大桥	420	800	公轨两用的刚构、钢桁梁、钢箱系杆拱组合结构
2004	重庆万州长江大桥	360	696	铁路桥，钢桁拱和钢桁梁组合结构
2004～2008	重庆朝天门大桥	552	932	公轨两用桥，钢桁拱和钢桁梁组合结构
2006～2009	南京大胜关长江大桥	336+336	1 615	铁路桥，钢桁拱和钢桁梁组合结构

1.3 特大跨钢桁拱桥技术特点

钢桁架拱桥之所以能够在大跨径桥型特别是公铁两用桥中具有一定的竞争力，并有较大的优势，是因为其具有以下特点：

(1)拱桥的力学特点决定其具有较好的竖向刚度，而斜拉桥和悬索桥本身属于柔性体系，必须在结构和体系布置上加以处理才能满足受力和高速行车的需要。

(2)桁架桥中的杆件多为承受轴向力的构件，能够充分发挥材料的力学性能。

(3)桁架桥的结构灵活，可根据每个节间杆件的受力大小而改变钢种和截面，展现了良好的经济性能。

(4)桥梁的上部结构施工多为高空作业，桁架拱桥的单根杆件相对较轻，不需要大型起吊设备,施工迅速。

(5)钢桁拱桥外形轮廓柔和,桥型雄伟壮观,易与周边景观协调搭配,能够体现现代工业化的风貌。

(6)桁架拱桥的节点构造复杂,设计时其抗疲劳性能需要做深入研究。

(7)大跨度钢桁架拱桥的弦杆和腹杆自由长度较大,承压时存在着失稳破坏的可能,因此,在杆件设计时应充分考虑稳定性要求。

(8)大跨度钢桁架拱桥在施工中的整体稳定性较弱。

(9)由于承载高,需要大吨位支座;从"全生命周期设计"出发,还应考虑大型支座的更换问题。

1.4 特大跨钢桁拱桥特点

1.4.1 重庆朝天门大桥特大跨钢桁拱桥设计特点

重庆朝天门大桥主桥采用的中承式连续钢桁系杆拱桥,为结构自平衡体系,无结构外部推力。主梁采用类似连续梁的结构支承体系,设置一个固定铰支座和三个活动铰支座,具有上下部结构受力明确的特点。主桥中间支点采用的 QZ145 000kN 球形支座,是当时世界上承载力最大的球形支座。主桁杆件选用了三种强度等级钢材和两种杆件宽度,是国内首次批量采用 Q420q 钢材的桥梁。结合大桥交通功能特点,上层桥面系为整体正交异性钢桥面板,下层桥面采用组合式桥面系,中间为纵横梁体系,两侧为正交异性钢桥面板。大桥主桥设双层系杆,上层系杆为钢制杆件,下层系杆采用"刚性系杆 + 辅助系索"的组合式系杆。主桥边跨采用临时墩辅助伸臂架设,中跨采用扣索塔架辅助伸臂架设,在跨中合龙。

1.4.2 重庆朝天门大桥特大跨钢桁拱桥施工特点

采用以边支点作为安装起点,借助临时墩完成边跨安装,然后悬臂架设中跨,在跨中合龙的实施方案;采用较小的设备进行特大跨径桥梁安装。

超大跨钢桁拱桥采用先悬臂安装钢桁拱至跨中合龙,再借助临时系杆,安装刚性系杆至跨中合龙的先拱后梁自架设方法,有效地规避了施工过程的安全风险,减少了对长江的影响。

钢桁拱桥架设中实现了:①钢梁安装各点高程、水平倾角的精确预测分析;②边跨钢梁与临时墩设置间的脱空模拟分析与控制;③斜拉扣挂索力一次形成与悬臂架设全过程状态免调整。

钢桁拱桥架设中提出了:①合龙工艺;②临时系杆索力的控制方法。

钢桁拱桥架设中形成了:①吊杆索力、刚性系杆架设的控制方法;②多种合龙调控预案。

对中孔跨中无应力合龙控制技术——预控联动自调整进行了研究与实践。朝天门大桥有别于其他大桥合龙,大桥是跷跷板结构,通过预判与控制自身调整大桥的状态来满足中跨合龙前高程,来保证合龙精度。

1.5 重庆朝天门大桥技术创新

(1)重庆朝天门大桥主桥为中承式连续钢桁系杆拱桥,为结构自平衡体系,拱肋推力由系杆平衡,结构整体无外部推力,推动了大跨径钢桁拱桥应用与发展。

(2)主梁采用与连续梁受力类似的结构支承体系,纵向四个支点设一个固定铰支座和三个活动铰支座,具有上下部结构受力明确的特点。主桥中间支点采用的 QZ145000kN 球形支座,为建桥时世界上承载力最大的球形支座,推动了我国大吨位球形支座的技术进步和应用。

(3)主桁杆件选用了 Q420qD、Q370qD 和 Q345qD 三种强度等级钢材,1.2m、1.6m 两种杆件宽度,是国内首次大批量采用 Q420qD 钢材的桥梁,Q420q 钢材用量达 13000t。打破了以往国内钢桁架桥杆件设计的传统,使截面选择和结构设计更趋于合理,节省了材料。

(4)主桥采用的 Q420qD 高强钢板厚达 80mm,为当时我国大型桥梁上高强结构钢首次采用的最大板厚,研究解决了防止脆性断裂的厚钢板焊接关键技术。

(5)结合大桥交通功能特点,上层桥面系为整体正交异性钢桥面板;下层桥面采用组合式桥面系,中间纵横梁结构体系满足轻轨交通需要,两侧正交异性桥面板满足公路交通需要,构造简洁,节省了用钢量。上层桥面系采用部分板桁结合的方法,解决了板桁温差对桥面横梁受力的不利影响,为解决同类桥梁结构温差影响问题开辟了新的途径。

(6)大桥主桥设双层系杆,上层系杆为钢制杆件,下层系杆采用“刚性系杆 + 辅助系索”的组合式系杆,有效降低了刚性系杆杆件内力,减小了构件规模及用钢量。

(7)两岸钢桁拱的边孔采用临时墩辅助伸臂架设,中孔利用斜拉扣挂系统辅助全伸臂架设,桁拱在中孔跨中合龙,形成了先拱后梁特大跨钢桁结构安装与控制技术。

(8)主跨 552m 重庆朝天门大桥为世界上跨度最大的拱桥,是古典桥型与现代建桥技术的完美结合,在设计和建造过程中形成了具有自主知识产权的新技术,推动了我国大跨度钢桁拱桥的技术进步。

重庆朝天门大桥于 2004 年 12 月 29 日开工建设,2009 年 4 月 29 日建成通车。被称为“世界第一拱桥”的重庆朝天门大桥已经成为重庆市新的标志性建筑、新的城市景观和名片。获得 2010 年度重庆市科技进步一等奖,第十届中国土木工程詹天佑奖和 2010 年度重庆市优秀工程设计一等奖,取得了良好的社会及技术经济效益,受到广泛的社会赞誉。

第2章 特大跨钢桁拱桥方案研究与设计

2.1 概述

如图1-2-1所示，重庆朝天门大桥位于重庆朝天门码头下游约1.7km，是长江与嘉陵江汇合处，是重庆市主城区二环快速干道上的重要桥梁，也是重庆市规划的“六线一环”城市轨道交通中“一环”的重要桥梁，同时也是衔接川黔高速公路、市规划中央商务区“金三角”及南北两岸的重要交通枢纽，对重庆市经济的发展具有重大意义。

图1-2-1 重庆朝天门大桥所处位置

重庆朝天门大桥主桥为190m+552m+190m的三跨连续钢桁系杆拱桥，钢梁全长934.1m，主桥全宽36.5m，桁宽29m。上层桥面为双向六车道和两侧人行道，下层为双线城市轨道交通和双向两车道。两侧边跨为变桁高平弦桁梁。中跨为刚性拱柔性梁的钢桁系杆拱桥，拱肋上、下弦线形采用二次抛物线，上弦与边跨上弦之间采用 $R = 700\text{m}$ 的圆弧进行过渡。主桁采用变高度的N形桁式，跨中桁高为14m，中间支点处桁高为73.95m，边支点处桁高为11.83m。全桥采用变节间布置，分为12m、14m、16m三种节间形式。大桥主体结构材料采用Q420qD、Q370qD和Q345qD钢，全桥钢梁重约4.5万t。重庆朝天门大桥主桥为已建成的世界上最大跨钢桁拱桥。主桥概貌见图1-2-2。

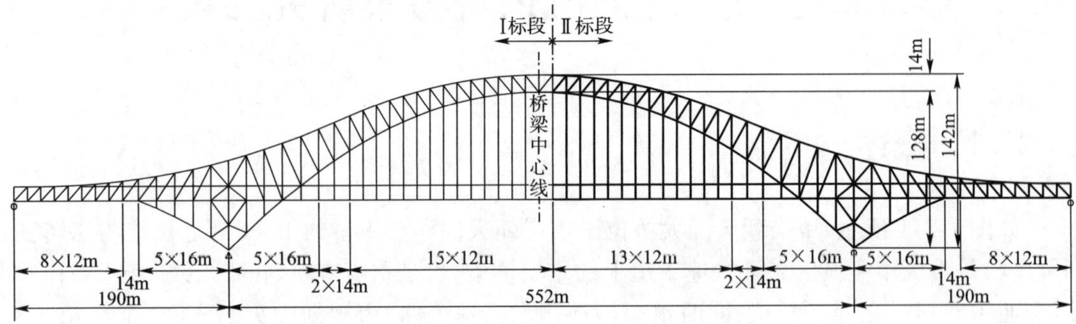

图1-2-2　重庆朝天门大桥立面简图

重庆朝天门大桥工程项目曾于1998年4月，由重庆华葡桥梁有限公司委托重庆交通科研设计院进行前期研究工作，由于多方面的原因，该项目未能深入下去。2003年1月在重庆市城乡建设委员会的主持下，该项目重新启动，项目业主为重庆市城市建设投资公司。2003年5月8日，重庆市发展计划委员会对项目建议书进行审批，2002年4月重庆市城市建设投资公司委托的“BT业主”——中国港湾建设（集团）总公司组织管理重庆朝天门大桥工程，大桥于2009年4月正式通车。

2.2　主要技术标准和建设条件

2.2.1　主要技术标准

重庆朝天门大桥采用的主要技术标准见表1-2-1。

技术标准　　表1-2-1

内　容		采用标准		
		大桥主线		互通式立交
道路等级		主干道Ⅰ级		匝道
计算行车速度(km/h)		60		40
荷载标准	桥涵	汽车超—20级、挂—120 人群荷载 4kN/m^2 钢轮轨道车（$P = 160\text{kN}$　4个编组）		城市—A级
	路面	BZZ－100标准车		
道路净空高度(m)		≥5		≥4.5
通航等级		天然河道Ⅰ级	通航高度18m	—
地震烈度		基本烈度Ⅵ，按Ⅶ设防		
一个车道宽度(m)		3.75		3.75

续上表

内　　容	采用标准	
	大桥主线	互通式立交
上层车道数	6	2
人行道宽度(m)	2×2.5	—
下层轨道线	2	—
下层车道数	2	—

2.2.2　主要建设条件

1)自然条件

沿线属亚热带湿润气候,具冬暖春早、雨量充沛、夜雨多、空气湿度大、云雾多、日照偏少等特点。气温的垂直分带明显,海拔高程300m以下的沿江河谷区,年平均气温为18.0~18.8℃,海拔高程300~500m以下的丘陵地区,年平均气温为16.8~18.0℃。降雨多集中在5~9月,日最大降雨量192.9mm。全年主导风向为北,最大风速为26.7m/s。

2)水文

测区为长江水系。线路范围内除长江外,无其他溪、河,地表水系不发育。

线路横跨长江,江水自南向北流,成库前桥区所在长江寸滩断面各频率水位为:5年一遇洪水位为183.13m(黄海高程,以下同),10年一遇洪水位为185.63m,20年一遇洪水位为188.23m,50年一遇洪水位为189.83m,100年一遇洪水位为191.43m。寸滩段常年洪水位为184.32m,常年枯水位为157.80m。全年变化规律为:一般2、3月为最低水位,7、8、9月为最大洪水期,上年11月至次年4月为枯水期。洪水时最大表面流速为4.07m/s。

成库后,即三峡大坝建成冲淤平衡后,发生20年一遇洪水时,大桥桥位处的最高水位为194.43m;发生100年一遇洪水时,大桥桥位处的最高水位为199.09m。

3)地形、地貌

大桥沿线按地形、地貌特征可分为构造剥蚀丘陵与河谷岸坡两个地貌单元。

4)地层及岩性

经地面调查和钻探揭露,本线路工程沿线出露地层为侏罗系中统上沙溪庙组及下沙溪庙组沉积岩层和第四系全新统松散土层。沿线表层主要为第四系残坡积亚黏土,下伏基岩为侏罗系中统沙溪庙组陆相沉积岩层,主要岩性可划分为砂岩、泥质砂岩、砂质泥岩等,相变现象发育。

5)地震

根据《中国地震动峰值加速度区划图》(GB 18306—2001)图A1及《中国地震动反应谱特征周期区划图》(GB 18306—2001)图B1,全线场地的抗震设防烈度为6度。

6)不良地质现象及环境工程条件

大桥场地总体地势较平缓,区域构造作用轻微,未见滑坡、断层崩塌、地面塌陷、塌岸、地表移动的不良地质现象。

在左岸青草坝重庆船舶修造厂内里程为K0+813~K0+819的中线上设有地下人防洞室。右岸里程为K2+346~K2+351范围内离中线北侧17m处设有地下人防洞室(已衬砌),洞室对桥墩无影响。

7)筑路材料来源及运输条件

工程所需石料、砂料、钢材、水泥、木材、沥青和水均可在建桥地区周围获取,且质量和数量均能满足大桥建设的要求。至于运输条件,重庆市交通网十分发达,公路、铁路、水运条件十分优越,给材料采购和运输提供了相当便利的条件。

2.3 工程初步方案

2.3.1 设计理念

重庆朝天门大桥是重庆市城市总体规划中主城区规划的16座跨江特大桥之一,桥位位于重庆市主城区规划的中央商务金三角地带,两端分别连接五里店立交和渝黔高速的黄桷湾立交。大桥两岸分别是重庆船厂、弹子石老城区、未来的轨道车站和重庆市重要的商务活动窗口地区。该地区人流量、交通量大,地下管网较为复杂,沿线高层建筑及民用、商用房屋密集。本项目的建设势必对现有的交通组织、沿线的房屋拆迁和城市形态景观带来影响。在此情况下,提出了我们的总体设计理念——"与时俱进、结构安全、交通畅通、景观优美、技术创新、经济合理、持续发展"。

(1)与时俱进

重庆朝天门大桥是重庆市主城区的门户大桥,所处位置正好位于朝天门港口两江交汇处的下游,是乘船进入重庆主城区所经过的第一座桥梁,是一座标志性桥梁。其建设特点必须反映时代的要求,同时与规划的中央商务区的建筑特色相呼应。

(2)结构安全

作为越江设施沟通南北两岸交通的重庆朝天门大桥,是两岸道汽车交通和轨道环线交通的载体,其结构工程的安全性直接影响国家和人民群众的生命和财产安全,保证结构的安全是设计的第一需要。

(3)交通畅通

建设本工程最根本的目的是解决交通问题。交通功能的分析是建立在交通量调查和交通量预测的基础上的,主桥的车道数、立交的形式均需具备必需的交通功能,因此在设计中最重要的是大桥及立交应有足够的设计通行能力。

(4)景观优美

本项目为重庆市的门户大桥,作为重庆的标志,主桥桥型和南北桥头的接线设计应气势雄伟,形态优美,充分反映直辖市的风采,并符合整个"金三角"范围的城市形态规划,与四周的环境协调一致。

(5)技术创新

技术创新首先是设计思想创新,在方案设计中充分体现"以人为本" 的思想,并注重人与自然的协调。特别是桥型方案应与目前长江上已建的大桥有所区别,但应反映时代风貌。由于环线轻轨线与该桥"共存共建",增加了大桥受力的复杂性。在安全可靠的原则下,设计时应更多采用新技术、新工艺和新材料,从而达到安全、实用、美观、经济的目的。

道路和立交设计,在满足交通功能的前提下,充分提升道路和立交的环境功能和景观美学功能,以满足人们对现代交通和生活的需求。

(6)经济合理

由于受一次性投资控制和建设周期的影响,确定合理的建设规模成为适用性和经济性的最佳结合点,因此在设计中应进行多方案比选,确保建设规模的合理性。

(7)持续发展

由于中央商务区的建设滞后,许多详细的规划并没有设计出来,同时环向轨道交通也滞后,受投资业主不同和建设周期的限制,在方案总体设计上,既要考虑目前的路网条件、交流量情况,同时又要考虑今后的发展,将后期实施的项目予以充分考虑。

2.3.2　桥位比选

重庆朝天门大桥作为城市建设的基础设施,目的就是要有效地解决城市交通组织问题。为了疏通长江南北两岸江北区、南岸区的过江交通渠道,缓解现有越江大桥的交通压力,打通重庆市第二条东西向通道,形成合理有效的交通枢纽,促进北、南部区域的发展,桥位选择除满足上述要求和符合重庆城市总体规划道路网络布局外,更应注重解决中央商务"金三角"地区交通的快速转换。

根据航道部门及其专家意见,从大佛寺至朝天门之间的长江航段,比较好的桥位是打鱼湾至弹子石,观音梁至窍角沱和蜂窝梁至窍角沱,参见图1-2-3。

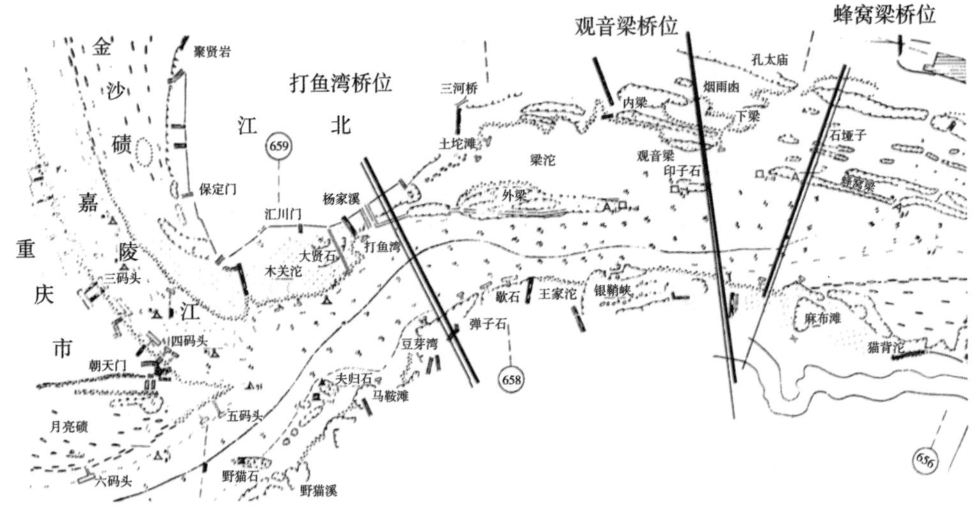

图1-2-3　桥位优化选择

比选的桥位中观音梁至窍角沱桥位刚好与市总规中的规划桥位一致,由于规划桥位已报国务院批准,故路线方案比选中研究的桥位以该桥位为基础。

本桥位处在长江与嘉陵江的汇合河段,又处于繁忙的港区,江面较宽,且与梁沱港相距较近,对航道存在一定的影响,但南、北岸接线却能迅速、快捷地将江北区、南岸区等城市交通主枢纽连接起来,提高道路服务水平,有效解决江北区、南岸区的城市区域交通组织问题,特别是为规划中的中央商务区的开发创造了有利条件。

从拆迁角度考虑,本桥位是城市总体规划中的方案,有红线控制范围,沿线所建楼房不多,拆迁量相对小,工期容易保证。

2.3.3　确定比选桥轴线

根据上述分析,重庆朝天门大桥的桥位是唯一桥位,因此仅结合实际环境条件对桥轴线进行进一步的优化比选，提出上游轴线和下游轴线两个桥轴线方案。

1）上游轴线

上游轴线起于五里店立交，止于渝黔线黄桷湾立交，轴线在北岸重庆船厂附近向下游移动了约80m，与航道几乎垂直，其特点如下：

轴线与水流几乎垂直，轴线最短，是原规划的桥轴线，两端的接线充分利用了南岸弹子石的原规划线；且在南岸沿轴线有红线控制建筑修建范围。但是该桥位离梁沱码头较近，对船进出梁沱码头的影响较大，也会直接影响桥墩的结构安全；同时在南岸要穿越重庆市武警医院的行政办公区。桥轴线如图1-2-4所示。

2）下游轴线

下游轴线在上游轴线的基础上，向下游平移200m左右，且向上游方向旋转约3.61°，轴线在南岸基本不动。其特点如下：

本方案实际上是在上游轴线的基础上优化而来，即将上游方案向下游平移200m左右，同时在保证南岸轴线基本不动的前提下，轴线沿逆时针方向旋转3.61°，形成下游桥轴线方案。该方案远离梁沱码头，克服了上游方案的缺点，同时利用弹子石地区新的规划道路作为接线，避开了江北岸的50m左右的路堑深挖区和南岸的武警医院，且大桥正对朝天门广场，景观效果最好。不足之处是在大佛寺大桥上看朝天门大桥约有些偏斜，且引道要穿越重庆市监狱。桥轴线如图1-2-4所示。

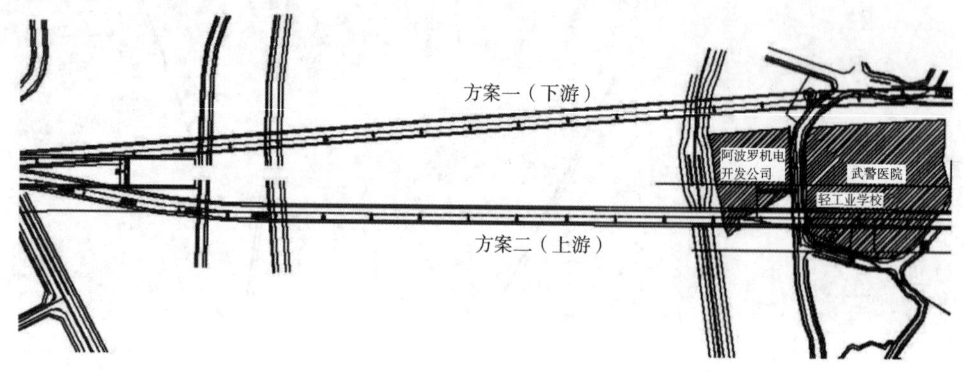

图1-2-4　桥轴线上下游方案平面图

3）桥轴线论证

根据上述两桥轴线各自的特点，进行以下几个方面论述。

（1）桥轴线与两端路网的衔接

本项目起点位于江北五里店立交，在重庆船舶修造厂过江，经弹子石，到达本项目的终点，与外环线上的黄桷湾立交相接。两轴线相距只有300m，且两方案均具有相同的起讫点，因此两方案与两端路网的衔接功能基本一致。

（2）桥轴线与轨道交通的关系

根据轨道公司所做的重庆市轨道交通总体规划，轨道环线将经重庆朝天门大桥过江，根据大桥的桥型、桥位、景观及两端接线和其他已建和在建大桥轨道交通的经验，推荐本项目轨道交通走桥下，即大桥为双层桥，上层为汽车交通，下层中央为轨道交通，两侧各预留一个单向匝道，两桥轴线方案均采用此交通方式。

下层两侧预留汽车通道主要连接江北城和弹子石两个中央商务区之间内部交通。北岸通过路网与江北滨江路连接，南岸通过高架桥直接与南岸滨江路相接，可分流去滨江路的车辆，缓解弹子石立交的交通压力。经比较下游轴线与滨江路的衔接更为方便、更为有利。

(3)景观和航运的影响

朝天门广场是渝中半岛的尖端，是新重庆的象征和重庆市民的骄傲，也是重庆的标志性建筑，在两江交汇处下游修建大桥必然对广场的景观产生影响，上游桥轴线距朝天门广场约1km，下游轴线距朝天门广场约1.2km，因此，在景观方面下游桥轴线有利。

朝天门是重庆最繁忙的客运码头，朝天门两江交汇处的嘉陵江、长江两岸均是天然优良码头。朝天门附近码头众多、航道交错复杂。目前江北梁沱码头已发展成繁忙的滚装码头，每天长安汽车厂的大量汽车通过该码头运往全国各地。上游桥轴线离梁沱码头的港区较近，离江中石梁约一百多米；下游桥轴线离江中石梁近400m。大桥主跨虽一跨过江，但桥梁施工和边墩对船舶航运均有较大影响，因此在航运方面下游桥轴线更为有利。

(4)地质条件

由于上、下游桥位距离相差不远（只有200m左右），因此两桥位在地质条件上相差不大。两岸岸坡均为顺向岩质坡，构造条件简单，无断层通过，岩性为砂岩、泥岩互层，坡体稳定。

(5)房屋拆迁

上游桥轴线由于更靠近目前弹子石的商业中心——转盘区域，附近高楼耸立、房屋密集，因此上游桥轴线的房屋拆迁量（8层以上为7 522m^2）高于下游桥轴线（8层以上为5 481m^2）。同时，下游桥轴线适当远离弹子石中心区对今后土地开发及交通组织较为有利，对以后的施工、交通维护，下游桥轴线也更为有利。详细比较情况见表1-2-2。

桥轴方案比较表　　表1-2-2

项　目	规划	路网衔接	轨道交通	景观	航运影响	地质	拆迁量
上游桥轴线	一致	较好	可行	一般	较大	较好	较大
下游桥轴线	一致	较好	较好	较好	较小	较好	较小

经过综合分析，下游桥轴线具有以下优势：①离朝天门广场较远，对朝天门广场的景观影响较小；②离江北梁沱码头和港区较远，对港区作业和船只进出影响较小；③南岸桥头线位远离武警医院，基本消除对武警医院的影响，同时有位置设置锚碇；④下游桥轴线由于远离弹子石转盘中心区域，因此下游桥轴线的房屋拆迁量也较少，对今后土地利用更为有利；⑤由于下游桥轴线远离弹子石中心区，今后的施工和交通维护也大大优于上游桥轴线。

最后，经专家论证和各方面综合比较，考虑大桥的主体功能和城市景观、港区的现状以及今后的发展需要、重庆市监狱和重庆市武警医院等多方面因素后，最后确定下游轴线为推荐桥轴线。

2.3.4　桥梁方案选择

1)大桥影响因素与设计构思

重庆朝天门大桥地处重庆市的门户，两头的接线路经江北区和南岸区的繁华地段，需衔接的现状路线接口和规划的道路较多，且与大佛寺长江大桥和朝天门广场相邻，所选桥型除满足通航及交通运输功能外，还应要求结构新颖、外形美观，同时也应与城市环境相协调，能够与路网总体规划相衔接,能够适应今后的轨道交通过江需求,构想建成后可以成为新重庆中央商务区核心区的门户工程景观。因此,大桥桥型的选择和布跨的确定,将受到各种因素的影响,现分述如下:

(1)地形对路网接线的影响

重庆朝天门大桥工程范围包括:主线主桥、南北引桥、江北桥头立交、弹子石坝立交、黄桷湾立交以及与两岸滨江路的连接线。山地城市用地条件及地形限制,使大桥两岸接线较为复杂,北岸河漫滩及河心滩地面高程为 167.1 ~ 191.1m,坡顶平均高程约 249.6m,场地高差 80 余米;南岸轴线范围内地面高程最高达 225.8m 左右,最低为 196.5m 左右。按照重庆市总体规划的要求,重庆朝天门大桥工程东起五里店立交,经打靶场和重庆船厂,跨越长江后在窍角沱码头附近上岸,从重棉三厂与阿波罗机电厂之间穿过,经富春花园旁,横跨大佛段街,在重庆市监狱前与盘龙大道形成十字交叉,而后穿越重庆市监狱最终到达渝黔高速公路的黄桷湾立交。由于在两岸要与滨江路和中央商务区相连接,大桥下层道路交通结合地形条件作特殊处理,即北岸在桩号 K0 + 873.437 以前,应利用引桥展开分支与各路口连接;南岸在桩号 K2 +201.9 以后,也将展开成分离匝道以高架桥的形式分别与规划的滨江路相连。

(2)环向轨道交通的影响

重庆市规划待建的环向轨道交通起于长生接到南岸四公里,途径鹅公岩、陈家评、二郎、上桥、沙坪、玉带山、阮家坝、五里店、弹子石、四公里,是主城区环向轨道交通干线。从弹子石到五里店以重庆朝天门大桥为载体。轨道交通为钢轮钢轨的形式。轨道交通过江方式有两种,即轨道交通独立建桥过江和依托于重庆朝天门大桥过江。两种方式各有优缺点,分述如下:

轨道交通独立建桥过江,将使两个工程建设互不影响,可根据各自的建设时期分别进行施工,各自的工程投资清楚,功能明确,承办单位之间可避免大量协调工作。但是,根据初步的通航条件分析,在重庆朝天门大桥桥位处,通航跨径不宜小于 520m。对于如此大跨径的轨道交通桥梁,国内外尚无先例,桥梁跨度大、桥宽相对较窄,桥梁宽跨比小,稳定性差;另一方面,跨径越大,工程投资也大,两个工程功能上不能相互利用,国家总体投资不经济;从景观方面考虑,同一桥位紧靠着修建两座桥梁,桥型不易统一,协调性差,对大环境景观造成破坏。

轨道交通若以重庆朝天门大桥为过江载体,两个工程共建,则上述不利的方面将转化为有利的方面,只是由于两工程建设时期不一致,各自的共性功能应及早协调,轨道工程的部分投资应先期投入,结构设计上应符合两者的通行要求。根据重庆市规划局主持的多次会上形成的基本共识,重庆朝天门大桥与轨道环线交通采用共建方案。

(3)景观的影响

重庆朝天门大桥下游 2.0km 左右为大佛寺长江大桥,其为主跨 450m 的双塔斜拉桥;上游约 1.0km 处为朝天门广场,此外,在朝天门广场上可看到嘉陵江上的黄花园大桥,在江北城可看到黄花园大桥、大佛寺大桥等。另外重庆市区内长江、嘉陵江两江上已建有悬索桥、独塔斜拉桥、连续刚构桥、钢桁架连续梁桥以及刚构钢拱桥等桥型。因此,新建大桥在力求采用新桥型、新结构、新材料的基础上,必须体现良好的景观效果,应能适应周边环境,同时尽量适应城市桥梁博物馆建设的需要，应能体现现代城市风貌。

(4)通航净空的影响

重庆朝天门大桥桥孔通航等级按国家天然河道Ⅰ级标准设计。大桥所处河段航道为繁忙的港区，通航条件不理想，桥跨及桥墩位置的确定至关重要。桥位河床深泓区靠近南岸河岸，北岸大部分为河滩，枯水季节的水面靠近南岸，水面宽约300m，而中、洪水季节，江面宽阔可达700m左右。根据长江重庆航道局提供的中、洪水位航迹线及水流流向调查资料，由于大桥位于两江交汇口的下游，受河势的影响，河段具有弯道水流的特点；由于受两江汇流以及梁沱外梁伸入河心的影响，在不同水期，又表现出不同的水流特性。在中、枯水期，当梁沱外梁不被淹没时，主流至野猫石、夫归石时由河心而下，在弹子石后至桥位处，主流分心稍偏右；在汛期，外梁过流，河道展宽较多，虽然洪水期水流打弯作用较强，但由于外梁的挑流作用，使得主流过弹子石后基本沿河心而下。由此，在通航净宽方面，双向行宽为242m，因此大桥的跨径不宜太小，墩位不宜布置在航迹线附近，以防船只碰撞桥墩；在通航净高方面，考虑成库后以20年一遇洪水位作为设计通航水位，根据调查有关研究成果资料，重庆朝天门大桥处20年一遇洪水位为黄海高程194.43m，以本高程作为通航最高设计水位，桥底面最低高程控制在235.00m，桥下净高为40m左右，将不受限制。另外，大桥在施工期间不应影响桥下通航。

(5)建设工期的影响

跨江大桥跨径比较大、技术难度相对较高，建设周期一般为3~4年。因此，大桥结构形式应尽量满足施工工艺成熟、工期短的要求。

2)初选桥型方案

根据控制大桥建设的主要影响因素，初步选择的方案应当布置合理、施工方便快捷，既能满足重庆“门户”的需要，充分体现与时俱进的风格，又能充分反映自身特点，实现安全、经济、美观的要求。对于引桥部分，应按通航尺度论证，不必考虑通航要求，从经济合理、节省投资的角度考虑，桥跨跨径不宜过大，但从景观上要求，桥跨也不宜过小，应能与主桥桥型相协调，同时能满足轨道交通进出的需要，主要考虑以梁式结构为主；对于主桥部分，在方案选择时，应从国内外已修建的各类桥型入手，对梁式体系、拱式体系、刚架体系、索缆体系以及它们的组合体系进行了综合分析，就桥位的特点提出以下方案进行初步比较：

230m+630m+230m跨径的钢桁架三跨连续悬索桥

120m+300m+120m跨径的三塔斜拉桥

120m+560m+120m跨径的组合式斜拉桥

100m+300m+300m+100m跨径的中承式无推力钢桁架系杆拱桥

140m+546m+140m跨径的钢桁拱桥

100m+300m+300m+100m跨径的上承式无推力钢桁架系杆拱桥

630m跨径的单跨悬索桥

135m+560m+135m跨径的双塔斜拉桥

140m+546m+140m跨径的钢箱拱桥

100m+300m+300m+100m跨径的下承式无推力钢桁架系杆拱桥

主桥桥型初选方案详见图1-2-5，上述方案是在没有考虑通航要求的前提下选出的基本桥型。

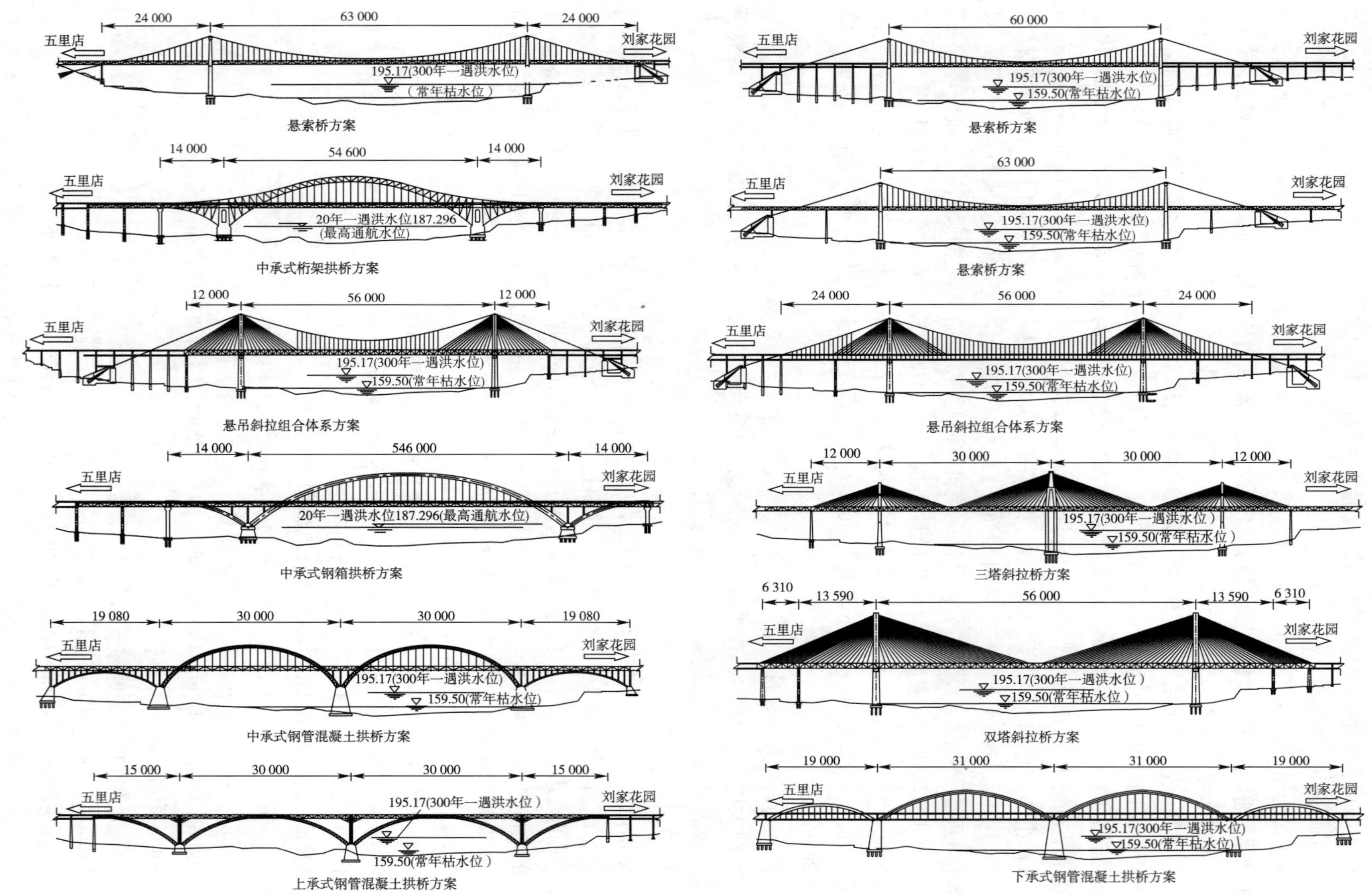

图1-2-5 初选桥型方案图(高程单位：m；尺寸单位：cm)

3)关于轨道交通与大桥的关系论证

在进行主桥桥型方案论证之前,首先就轨道交通的行走方式进行论证,根据环向轨道交通的初步规划,经过重庆朝天门大桥的轨道交通为钢轮钢轨式。单从轨道交通在桥面下通行和桥面上通行两方面分析,在路网布局和结构设计上,两种方案都是可行的,但是各有利弊。

(1)轨道交通在桥面下通行时,主梁形式采用保证上下层通行的桁式梁结构,梁体断面厚大,但由于轨道交通与汽车的通道上、下分离,互不干扰,桥面总宽度变窄,便于结构设计处理,桥梁结构在总体上仍有较好的景观效果;特别是根据朝天门桥位的具体情况,其优点还具有以下几点:

①能解决五里店立交疏散交通流的标准偏低问题。

②通过下层双向道路交通,能更好地适应江北城中央商务区乃至整个"金三角"商务区的开发。

③通过下层双向道路交通,能更好地实现与两岸滨江路的连接。

④充分利用桁架结构特点,在不大幅增加投资的情况下增加了两个车道。

⑤形成了上层为主城快速通道疏散车流,下层为城市车辆便利通道的模式。

⑥两端接线更加方便,轨道交通的进出不影响桥面的快速交通。

(2)轨道交通在桥面上通行时的主梁形式一般采用钢箱梁结构,梁体断面相对较薄,外观纤细飘逸,大桥主体正面景观效果好。但是却因其轨道交通与汽车在同一平面内行驶,导致桥面总宽度增加,构造设计技术难度增大,对拱桥结构非常不利,特别是轨道交通在桥面通行时,会给并行的汽车驾驶员造成心理障碍,增大安全隐患。同时大桥两端的接线也比较困难,轨道交通进出大桥方式直接影响大桥的结构设计,轨道交通进出口位置也将受限制。

(3)将人行道与轨道交通同设置于桥面下,桥面上保持8个车道,该方案的优缺点与第一布置方式相近,但存在以下不利因素:

①众所周知,人们一般不愿走下穿道,主要受压抑感的影响。

②钢轮钢轨车的噪声对行人的影响较大。

③桥上一次性设置8个车道,近期富余较大,资金积压严重。

④与6个车道作为东、西向快速干道,其余两个车道满足中央商务区车辆通行的基本设计思想不相匹配,直接影响两端的接线问题。

研究认为,轨道交通在桥面下通行方案优于轨道交通在桥面上通行方案。即以桥上6车道和两边设置人行道,桥下设置2车道道路交通和双向轨道交通的结构形式。以下的论述仅针对该布置形式。

4)主跨跨径与桥型论证

采用多大的主跨跨径和桥型必须论据充分,为确定比较准确的主桥跨径,应考虑以下几方面的因素:

(1)重庆朝天门大桥的通航净空的论证结论

由于洪水期河道中部水流流速普遍较大,若采用400m跨径的桥梁,因其北岸主墩附近水流流速较大(接近4.0m/s)桥墩所引起的挑流将对附近水流产生较大影响。

(2)航道部门的专家们提出了主桥两主墩的最佳位置

南岸主墩在最低通航水位(高程157.82m)状态下主墩不下水;北岸主墩位应置于印子石后,最好布置在观音梁上,以适应今后该段航道的整治。根据上述要求,主桥的最小跨径不得小于500m。

(3)主墩位地质情况

结合大桥建设地点的具体情况,由于印子石与观音梁之间是一深槽,为避免深水基础施工,北岸主墩应布置在观音梁上,满足上述条件,大桥主跨径也不能小于520m。

(4)关于桥型

在众多的桥型结构中,能适合如此大跨径的桥型集中在拱桥、悬索桥和斜拉桥,而斜拉桥虽然是值得考虑的桥型,但是由于在大桥下游2.0km左右已建有主跨为450m的双塔双索面的大佛寺长江大桥,再考虑重庆市各级部门和群众的愿望,仅在拱桥和悬索桥中来考虑。

经过上述论证和实际布跨,前期研究中选出以下三个方案进行比较:

方案一:140m+546m+140m跨径的中承式无推力钢桁架系杆拱桥;

方案二:230m+630m+230m跨径的三跨连续钢桁悬索桥;

方案三:140m+546m+140m跨径的中承式无推力钢箱拱桥。

①140m+546m+140m跨径的中承式无推力钢桁系杆拱桥(图1-2-6)

本方案主跨为跨径546m,带有两边平衡边跨的无推力结构体系。当时在市区两江众多桥型中,除在建设的菜园坝长江大桥为刚构钢箱拱桥外,还没有一座大跨径拱桥,特别是钢桁拱桥,在经济技术具备一定可比性的条件下,选择本桥型可为两江景色增辉,具有时代的气息,能担当"门户"的重任。但若采用常规的有推力拱桥,由于水平推力太大,需设置庞大的拱座,会扰流碍航。因此采用无推力拱桥,则能有效解决此问题。本方案主体突出、外形轮廓柔和、与周边环境融合协调,虽然桥型为20世纪30年代的结构形式,但是其具有古典之美;同时,其大跨径为通航净空留有足够空间。钢桁拱桥典型的实例是澳大利亚悉尼海湾大桥,主跨为503m。本方案跨径大,且公轨两用桥在国内外较少,设计、施工均存在一定的技术难度,投资相对较大。

本方案主桥长为826m,全桥总长为1 726m。主桥结构包括主拱、边拱、主梁、吊杆、系杆、桥面系及下部结构。主拱为双肋式钢桁架小钢箱肋拱,拱轴线是矢跨比为1/4.2的悬链线,单一拱肋宽为2.0m、高为2.0m,单片桁架为变高截面,高度变化范围是14~74m。两拱肋在横向往内侧以9:1的斜度倾斜靠拢,形成空间构架。横向采用9个空间桁架梁连接,所有拱肋桁架弦杆均采用小钢箱截面形式(其中,主拱肋桁架上、下弦杆采用2 000mm×2 000mm×45mm,腹杆采用800mm×800mm×40mm的小钢箱)。桁架表面可通过涂装进行色彩渲染,使之更加亮丽醒目。

由于主桥要满足汽车与轨道交通上、下层通行,因此采用钢桁架梁结构。桁梁高为12.50m,宽为40.6m,标准节间长16.0m。桁梁主要杆件为Q345钢板组成的箱形截面杆件,杆件间使用高强螺栓连接。桁梁结构在工厂加工,水陆运输至桥下,通过缆索吊装悬挂于吊杆上,再悬臂拼装逐节段形成整体。

吊杆间距为16.0m,选用高强钢丝的PE护层拉索,两端装以冷铸锚,上端锚固于拱肋中,下端与主桁上横梁两端连接。系杆采用钢绞线,在边拱肋劲性骨架和主拱肋合龙后,逐渐添加临时系杆，随着施工进度逐步用永久系杆替代，以实现拱圈对桥墩无推力。永久系杆锚固于两边拱端部混凝土锚固区内。

行车道板采用正交异性板。桥面铺装采用 SMA 路面。桥面横向总宽为 40.6m，含双向六车道，每车道宽为 3.75m，中央分隔带宽为 2.0m，两边人行道各 2.5m。

本方案拱座基础为 3m 直径桩基础加钢筋混凝土承台，拱座为箱形结构，墩身为钢筋混凝土空心箱形截面，墩壁厚为 7m，两壁间相距 9.0m，墩身总宽为 23.0m，高 74.5m。由于两墩壁间是透空的，因此有利于水流通过。

②230m + 630m + 230m 跨径的三跨连续钢桁悬索桥（图 1-2-7）

本方案主跨为跨径 630m，三跨连续的悬索桥。当时在市区两江众多的桥型中，仅有鹅公岩长江大桥为三跨钢箱加劲梁悬索桥，距本桥桥位约 6km，三跨连续钢桁悬索桥还没有，在经济技术具备一定可比性的条件下，选择本桥型可为两江景色增辉，具有时代气息，也能担当“门户”的重任。但因桥面高程较高，主塔的下塔柱显得太高，造成上塔柱较矮，整体气势上受到影响。但不失为一可比选的桥型方案。本方案主体突出、外形轮廓显著、与周边环境融合协调，且属成熟桥型，主塔高耸挺拔，其景观效果好，抗风及抗震性能也好，施工工艺成熟，施工工期较短，无特殊施工难度。其大跨径为通航净空留有足够空间。

本方案主桥长 1 090m，全桥总长 1 746m。主桥结构包括北塔柱、南塔柱、锚碇、加劲梁、缆索、桥面系及下部结构。桥塔采用门形矩形截面塔身，薄壁箱形断面，南、北主塔塔高 162.0m，均为空心薄壁墩，塔顶截面尺寸为：6.0m × 5.9m；塔底截面尺寸为：9.0m × 7.0m。横桥向塔柱倾斜度为23.3∶1。塔柱间设二横系梁连接。基础均采用直径为 3.0m 的钻孔（挖孔）桩，桩顶设实体承台。

锚碇结构在江北岸根据地形和地质情况可采用隧道锚，在南岸则采用重力式锚碇，分层浇筑，泵送混凝土，桥墩和桥塔采用滑模逐段施工。

大缆垂度为 63m，大缆之间的距离为 33.1m，每缆共有 176 股，每股为 127 丝直径 5mm 钢丝，大缆直径为 0.703m。主缆采用工厂预制、现场安装方案，吊杆标准索距为 12m，采用 PE 防护的 ϕ7 镀锌高强钢丝索。

由于主桥要满足汽车与轻轨上下层通行，因此采用钢桁架梁结构。桁梁高为 12.50m，宽为 30.5m，标准节间长为 12.0m。桁梁主要杆件为 Q345 钢板组成的箱形截面杆件，杆件间使用高强螺栓连接，桁梁结构在工厂加工，水陆运输至桥下，通过吊机吊装逐节段拼装、逐节段挂索，直至合龙。

行车道板采用正交异性板。桥面铺装采用 SMA 路面。桥面横向总宽为 30.5m，含双向六车道，每车道宽为 3.75m，中央分隔带宽为 2.0m 和两边人行道各 2.5m。

③140m + 546m + 140m 跨径中承式无推力钢箱拱桥（图 1-2-8）

本方案主跨为跨径 546m，带有两边平衡边跨的无推力结构体系。与菜园坝长江大桥相类似，与国内已建成的上海卢浦大桥基本一致，在经济技术有一定可比性的条件下，具有与方案一同样的优点，但是在景观方面比方案一、方案二略差。本方案主体突出、外形轮廓柔和、与周边环境融合协调，且属成熟桥型，钢箱拱肋自重轻，便于吊装拼装施工。目前上海已竣工通车的卢浦大桥为同类桥型，主跨跨径为 550m，可供借鉴。其大跨径为通航净空留有足够空间。本方案跨径大，且公轨两用桥在国内外较少，设计、施工均存在一定的技术难度，

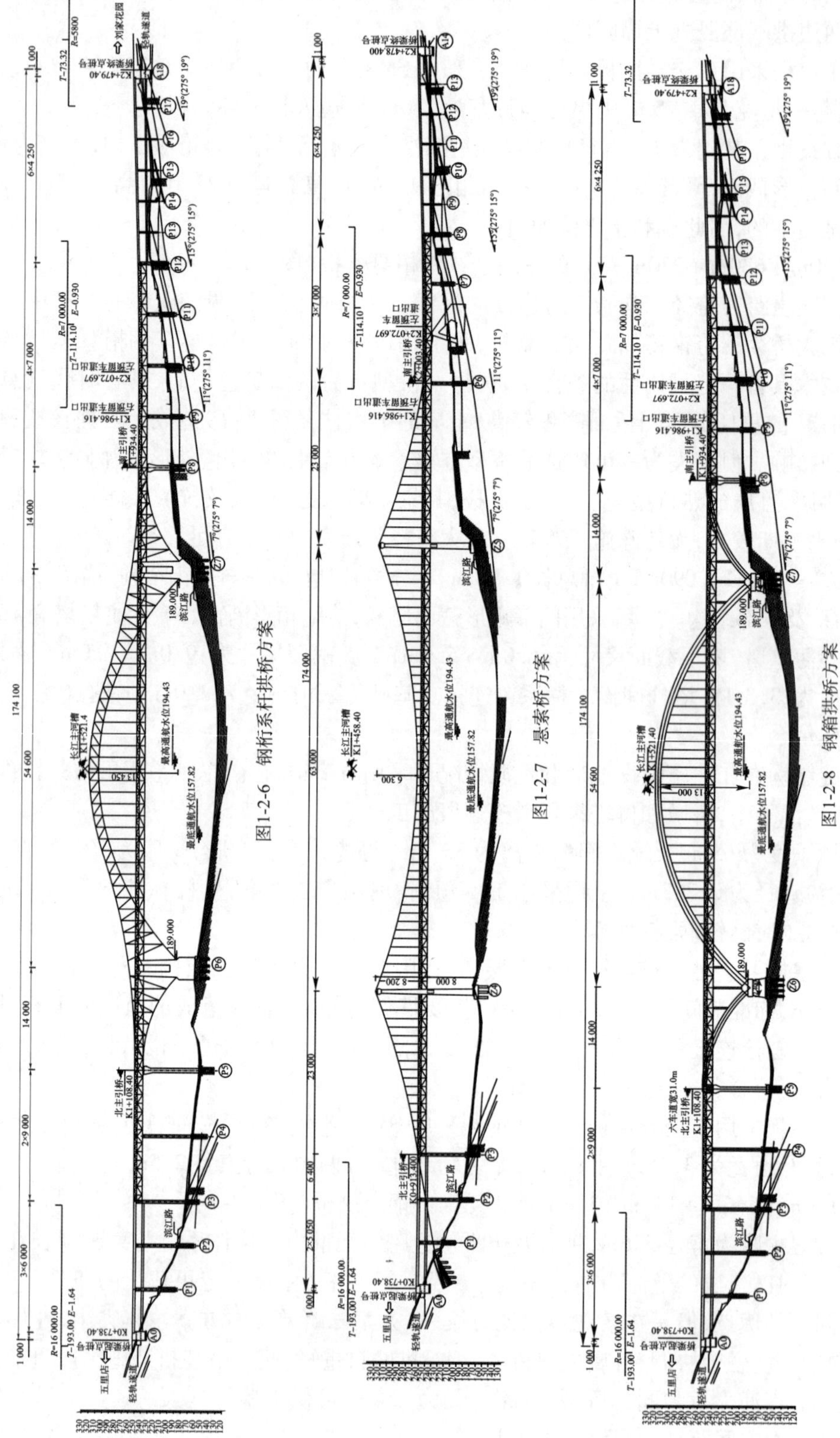

图1-2-6 钢桁系杆拱桥方案

图1-2-7 悬索桥方案

图1-2-8 钢箱拱桥方案

投资相对较大。

本方案主桥长 826m，全桥总长 1 726m。主桥结构包括主拱、边拱、主梁、吊杆、系杆、桥面系及下部结构。主拱为钢箱肋拱，拱轴线矢跨比为 1/4.1 的悬链线。单一拱肋宽为5.0m，拱肋高为 7 ~ 12m 的变高截面。两拱肋在横向往内侧以 10:1 的斜度倾斜靠拢，形成空间构架。横向采用 9 个箱结构横梁连接。拱肋表面可通过涂装进行色彩渲染，使之更加亮丽醒目。

主拱圈施工采用缆索吊装系统，分节段吊装合龙。钢箱节段在工厂加工，水陆运输至桥下，逐步安装和分段吊装拼接合龙。目前钢箱拱桥在国内有上海卢浦大桥的成功的施工经验，但是其施工工艺要求高，施工难度较大。

由于主桥要满足汽车与轨道交通上、下层通行，因此采用钢桁架梁结构。桁梁高为 12.50m，宽为 40.6m，标准节间长 12.0m。桁梁主要杆件为 Q345 钢板组成的箱形截面杆件，杆件间使用高强螺栓连接，桁梁结构在工厂加工，水陆运输至桥下，通过缆索吊装悬挂于吊杆上，再悬臂拼装逐节段形成整体。

吊杆间距为 12.0m，选用高强钢丝的 PE 护层拉索，两端装以冷铸锚，上端锚固于拱肋中，下端与主桁上横梁两端连接。系杆采用钢绞线，在边拱肋劲性骨架和主拱肋合龙后，逐渐添加临时系杆，随着施工进度逐步用永久系杆替代，以实现拱圈对桥墩无推力产生。永久系杆锚固于两边拱端部混凝土锚固区内。

行车道板采用正交异性板。桥面铺装采用 SMA 路面。桥面横向总宽为 40.6m，含双向六车道，每车道宽为 3.75m，中央分隔带宽为 2.0m 和两边人行道各 2.5m。

本方案主墩基础为 3m 直径桩基础加钢筋混凝土承台，拱座为钢筋混凝土空心箱形截面，总宽为 24m。设置分水装置有利于水流通过。

综上所述，对于重庆朝天门大桥，方案一、方案二、方案三均是比较合理、适用的桥型。

无推力钢桁拱桥主拱与主梁同为桁架结构，总体协调，主拱为钢桁架，便于拼装，吊装重量轻，不另需模板，能充分发挥钢桁架的特性。从施工上考虑，国外建设较多，国内可参照的实例较少。主桁架梁为钢结构杆件拼装，施工速度快。另外，在重庆市区两江上无类似桥型，结构外形独特美观。但从反映出来的工程数量及投资金额来看，工程数量中用钢量较大，投资金额高，同时由于国内没有较多的设计与施工经验可借鉴，故设计与施工的技术难度较大。

钢箱拱桥方案也具有主桥长度最短的优点，但是工程数量较大，投资金额较大，主拱在后期运营中需要特别养护。从施工上考虑，目前国内已有主跨跨径为 550m 的钢箱拱桥——上海卢浦大桥的成功经验，可供借鉴。主桁架梁为钢结构杆件拼装，施工速度快。在重庆市区两江上无类似桥型，主拱外形独特美观；但是该方案跨度较大，又为公轨两用，设计和施工的技术难度较大。

悬索桥方案与桥位地形巧妙配合，主体明确，国内也有多座 600m 以上跨径的同类结构，工艺成熟，主桁梁施工速度快。相对而言，其主桥桥长更长，工程数量却更小，投资总额较小。但因本方案跨度较大，又是桁架梁结构，轨道交通上桥引起的竖向变形值得进一步研究。

在上述三个方案中，各有优缺点，其综合比较列于表 1-2-3，结合重庆市建委组织的桥型专家论证会以及会议纪要的精神，与会专家研究推荐 140m + 546m + 140m 跨径的中承式无推力钢桁拱桥为重庆朝天门大桥的首选桥型。

三种桥型方案综合比较表　表1-2-3

方案		钢桁拱桥	三跨连续悬索桥	钢箱拱桥
主桥长(m)		826	1 090	826
引桥长(m)		900	656	900
施工阶段	施工方案要点及难易度	基础浅滩施工,局部围堰;主拱座为混凝土结构,翻模施工;主拱为钢桁架拱肋,缆索吊装;主梁为钢桁架梁,工厂生产,现场杆件吊装拼接;国内同类大桥的施工经验少,施工难度较大; 北岸塔架锚碇需考虑渡洪措施	基础浅滩施工,北岸隧道锚碇开挖可借鉴鹅公岩大桥;主塔为混凝土结构,滑模施工;主梁为钢桁架梁,工厂生产,现场杆件吊装拼接;主缆工厂生产,现场安装,国内有多座同类大桥的成功施工经验,施工工艺要求高,施工难度一般	基础浅滩施工,局部围堰;主拱座为混凝土结构,现浇施工;主拱为钢箱拱肋,工厂生产,现场节段吊装拼接;有上海卢浦大桥成功的施工经验,施工工艺要求高,施工难度大; 北岸塔架锚碇需考虑渡洪措施
	抗风能力	施工阶段成拱速度快,合龙后有较好的抗风稳定性	施工阶段主梁悬臂长,合龙前抗风稳定性较差;主梁合龙后抗风稳定性好	施工阶段成拱速度快,合龙后有较好的抗风稳定性
	施工速度	总工期三年半(紧张)	总工期三年半(常规)	总工期三年半(紧张)
运营阶段	技术水平	整体结构设计及施工技术先进,在同类结构中居领先水平	整体结构设计及施工技术先进,在同类结构中跨径偏小,但作为公路与轨道交通两用桥,其结构居领先水平	整体结构设计及施工技术先进,在同类结构中居领先水平
	抗风抗震能力	成桥后抗风及抗震性能好	成桥后抗风及抗震性能好	成桥后抗风及抗震性能好
	通航及行洪	航道宽敞,但主墩为推力墩,墩身庞大,扰流影响大,行洪条件较差,基础掏失更严重	航道宽敞,主墩总宽度较小,扰流影响小,行洪条件好	航道宽敞,墩身庞大,扰流影响大,行洪条件较差,基础掏失更严重
	美学效果	主桥为拱桥,外形轮廓柔和,与周边环境协调融合,主拱主梁均为桁架结构,透空视野好,主桥带有两平衡边跨,与引桥过渡衔接好,总体景观效果好	主桥为桁架梁桥,透空视野好,主塔高耸挺拔,气势宏伟,主桥带有两边跨,与引桥过渡衔接好,总体景观效果好	主桥为拱桥,外形轮廓柔和,与周边环境协调融合,主拱为钢箱肋,透空视野差,主桥带有两平衡边跨,与引桥过渡衔接好,总体景观效果一般
	养护难易	主拱主梁均为钢结构,需进行防腐处理,吊杆需定期养护;杆件较多养护困难;主拱座为混凝土结构,不需后期养护	主梁为钢结构,需进行防腐处理,主缆、吊杆均需定期防护;主塔为混凝土结构,不需后期养护	主梁主拱均为钢结构,需进行防腐处理,系杆及吊干索需定期养护,拱座为混凝土结构,不需后期养护
直接与间接费(万元)	主桥	90 147.5	73 276.1	87 060.9
	引桥	30 794.6	17 898.6	30 794.6
	北岸立交	3 899.2	3 899.2	3 899.2
	南岸立交	7 833.2	7 833.2	7 833.2
	引道	8 691.7	8 691.7	8 691.7
	合计	141 366.2	124 494.8	138 279.6

2.3.5 钢桁拱桥设计研究

1)设计原则

本着为重庆设计一座具有标志性建筑的桥梁的思想,以"全寿命周期成本"的新理念考虑大桥的建设投资,按照"以人为本"的设计原则进行主桥设计。

设计时慎重考虑了主桥建设中和成桥后的许多因素,如后期管理与维修方便,部分易损构件的更换,预留工作场地与辅助构件。合理设计钢结构构造细节,提高其抗疲劳性能以保证结构整体的耐久性等。因此,我们通过收集、累积国内外桥梁发展的新技术,融入世界桥梁先进的知识,把这座桥建成为集安全、实用、经济和美观于一体的桥梁。主要考虑以下因素:

(1)研究对象为中承式钢桁拱桥。

(2)为了适合重庆市朝天门大桥桥址的特点,应选择较适合的拱的几何曲线线形以及主墩造型等,充分体现重庆"门户"的景观效果。

(3)由于本桥是轨道交通和城市道路桥梁的组合交通桥梁,为了让轨道交通乘客过江时有较好的视觉感和舒适感,开敞的桁架梁较密封的箱梁更适宜,并应尽量减少杆件数量以减少杆件对视野的干扰。

(4)中承式钢桁拱桥,若采用提篮式会使杆件的类型增多,给设计、制造和施工造成不必要的麻烦,增加制造、施工成本,因而采用竖平行拱。

(5)根据国内近年来桥梁维修和养护技术的发展,结合重庆的实际气候条件,仔细研究防腐问题。

(6)主桁结构所有杆件根据受力的需要分别采用箱形和工字形截面。其桁架结构整体稳定和局部稳定安全系数应满足规范要求。

(7)在主桥设计时必须慎重考虑成桥后淹水和船舶撞击的可能。由于桁架结构抗船舶撞击力差,因此设计时从结构的布置上保证了桁架杆件不被船舶撞击,并对桥墩结构合理设置防撞设施,做到经济合理,又保证桥梁和船舶的安全。

(8)系杆拱桥的系杆是关键的受力构件之一,必须充分考虑其构造的受力安全性以及耐久性,并考虑其可更换的性能,确保大桥的安全。

(9)由于本桥跨度大、荷载大,降低构件中的最大内力值对结构构件的设计、制造和安装均十分有利,因此,减轻主结构自重的问题就显得十分必要。

(10)结构构造细节的设计是钢结构设计的精髓,细节处理将直接影响桥梁的安全性和耐久性,并借助科学研究来保证细节构造的合理性,保证应力在各构件中的传递均匀平顺。

(11)主桥在建设施工中如何安装架设钢梁是设计中必须认真研究的问题,必须明确保证施工工艺对航运影响最小,对环境保护最有利,施工方便以及综合经济指标最佳。

2)设计思路

(1)重庆朝天门大桥桥跨跨径的确定

从20世纪上半叶开始,钢桁拱桥在世界各国桥梁工程中已建成了许多,孔跨既有单跨布置形式又有多跨连续布置形式。具体某一工程孔跨的布置主要应结合桥梁的使用功能,桥位处的地形、地貌,水文条件,船舶航行对航道的要求,桥跨结构工地安装的技术难度以及建桥的工程投入等因素综合考虑。

重庆朝天门大桥的通航净空(净宽、净高)的论证结论:由于洪水期河道中部水流流速普遍较大,若采用400m跨径的桥梁,其北岸主墩附近水流流速较大(接近4.0m/s),桥墩所引起的挑流对附近水流影响较大。航道部门的专家们提出了主桥两主墩的最佳位置,即南岸主墩在最低通航水位(157.82m)状态下主墩不下水;北岸主墩位应置于印子石后,最好布置在观音梁上,以适应今后该段航道的整治。根据上述要求,主桥的最小跨径不得小于500m;把北岸主墩平面放在详细的水下地形图上(图1-2-9),由于印子石与观音梁之间有一深槽,原跨径布置使北岸主墩基础离印子石后的陡坎太近,对基础布置、受力以及施工不利,考虑桁架拱桥特有的节间划分,最终将主跨径定为552m。

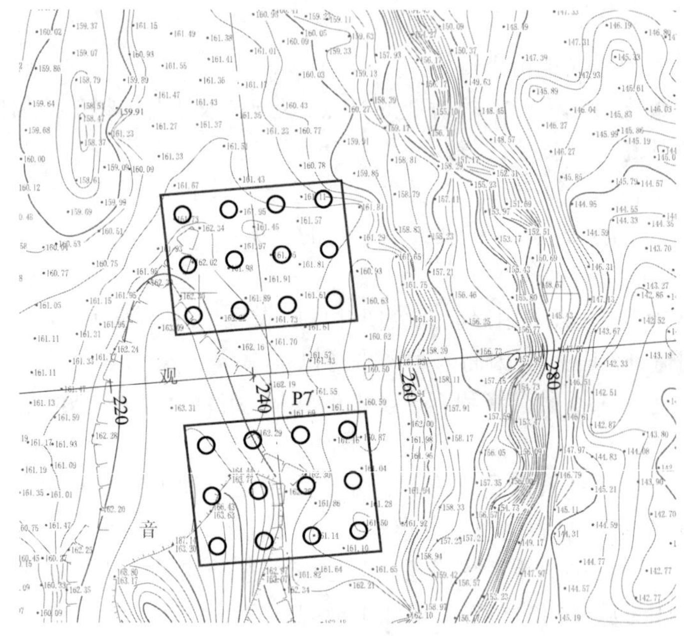

图1-2-9　北岸主墩平面位置

(2)大跨度钢桁架拱桥的主要结构形式

在现存大跨度钢桁架拱桥中,行车系的行车道梁与拱组合共同受力。桥型根据拱肋和系梁刚度的比例关系可分为:系杆拱、洛泽拱、米格尔拱、其他组合体系。

①系杆拱。具有竖直吊杆的柔性系杆刚性拱称为系杆拱。在系杆拱中,拱的刚度远大于梁的刚度,弯矩全部由拱来承担,系杆用来平衡拱的推力。在活载作用下所产生的水平力全部由系杆承担,由于系杆较柔,容易造成拱的竖向抖动。悉尼港湾桥、英国朗克恩桥均采用系杆拱形式。

②洛泽拱。具有竖直吊杆的刚性系梁刚性拱称为洛泽拱。在洛泽拱中,拱的刚度与梁的刚度比例大体适中。由于钢拱肋和钢桁梁的抗弯刚度均较大,因而适合在重载铁路桥梁中采用。我国的宜万铁路万州长江大桥(图1-2-10)和南京大胜关长江大桥均采用了此类形式。

③米格尔拱。具有竖直吊杆的刚性系梁柔性拱称为兰格尔拱。在兰格尔拱中,假定拱肋和吊杆为铰接,采用加劲梁之后才能保持稳定的形状。忽略拱肋绕其水平轴的截面惯性矩,它只承担轴向力。我国的九江长江大桥(图1-2-11)即为兰格尔体系。

④其他组合体系。其他组合体系主要是指悬臂梁—拱—桁架的组合结构。此种结构的

中央主跨通常为系杆拱桥，支承于边跨的伸臂梁上。巴拿马的塔歇尔桥（图 1-1-2）、加拿大的 Laviolette 桥均采用此种结构。

图 1-2-10　宜万铁路万州长江大桥

图 1-2-11　九江长江大桥

（3）重庆朝天门大桥的桥型构思

当大桥采用单跨布置时，由于北侧主墩仍在长江水道中，故在两侧利用临时锚固结构辅助安装主孔钢梁。北侧的临时锚固结构布置在水道中，经历洪水的冲击，对工程施工的安全及降低施工风险不利，且临时结构构造复杂、施工费用投入很大，安全性和经济性不佳；船舶通行不允许在长江主槽中的主孔设置较多的临时支墩，且在深水激流和主航道中的临时墩存在较大的船撞风险，为确保安全，临时墩须具备抗击船撞的能力，因此其工程投入不菲，经济性也不好。从上述钢桁拱的现场架设安装条件看，朝天门大桥不宜选用单孔布置。另外，单孔布置的钢桁拱直接与混凝土梁桥相接，轮廓线形过渡不匀顺，景观较差。

采用多跨布置时，受南岸侧地形的限制，为满足道路规划的要求，下层桥面两侧预留行车道应距离南主墩 200m 左右，通过不同纵坡和平面圆曲线形成两侧匝道。因此，采用对称布置孔跨的方案，两侧的边跨总长度应小于 200m，针对主跨 552m 的跨度，两岸 200m 长度的边跨各采用一孔布置是最为经济合理的。同时较长的边孔长度，可以减小施工期间主跨钢桁拱最大悬臂状态下边跨的压重量，降低结构施工难度。结合重庆朝天门大桥全桥的总体布置，主桥采用了 190m + 552m + 190m 三跨布置方案。

大桥靠近长江与嘉陵江交汇处，钢桁梁整体上恢宏大气，充分展示了结构的力量，体现了技术之美。当驾驶车辆从巨大的钢桁架下通过时，就能感受到现代结构给人的巨大震撼力。历史、文化与现代文明交相辉映，能使重庆古韵流长，活力四射。为了实现这一构想，结合对美国、澳大利亚以及其他国家已建成的各种桥梁的集合分析，提出总体设计构思——概念设计；又借鉴了澳大利亚悉尼大桥和我们国家大量的飞燕拱桥的特点，同时结合公轨两用桥的特点，吸收了日本和香港等地著名大桥的断面布置形式，确定了重庆朝天门大桥的构造形式，提出飞燕式多肋钢桁架中承式拱桥（图 1-2-12）。

图 1-2-12　飞燕式多肋钢桁架中承式拱桥

2.4 结构体系设计

2.4.1 主桥的孔跨布置

从20世纪上半叶开始，钢桁拱桥在世界各国桥梁工程中已建成了许多，孔跨以单跨布置和多跨连续布置均有。针对具体某一工程孔跨的布置主要应结合桥梁的使用功能，桥位处的地形、地貌，水文条件，船舶航行对航道的要求，桥跨结构工地安装的技术难度以及建桥工程投入等综合考虑。

朝天门大桥在对桥位的防洪研究中明确了南岸主墩的位置，航道论证研究中要求安全通航的宽度不小于450m，在距离南岸主墩北侧540～560m的长江中有一处岩性较好的礁石体，因此，桁拱主跨的跨度选定了552m。

当大桥采用单跨布置时，由于北侧主墩仍在长江水道中，采用在两侧利用临时锚固结构辅助安装主孔钢梁，北侧的临时锚固结构布置在水道中，需经历洪水的冲击，对工程施工的安全及降低施工风险不利，且临时结构构造复杂、施工费用投入很大，安全和经济性不佳；船舶通行不允许在长江主槽中的主孔设置较多的临时支墩，且在深水激流和主航道中的临时墩存在较大的船撞风险，为确保安全，临时墩须具备抗击船撞的能力，因此其工程投入不菲，经济性也不好。从上述钢桁拱的现场架设安装条件看，朝天门桥不宜选用单孔布置。另外，单孔布置的钢桁拱直接与混凝土梁桥相接，轮廓线形过渡不匀顺，景观较差。

采用多跨布置时，受南岸侧地形的限制，为满足道路规划的要求，下层桥面两侧预留行车道在距离南主墩200m左右，通过不同纵坡和平面圆曲线形成两侧匝道。因此，采用对称布置孔跨的方案，两侧的边跨总长度应小于200m，针对主跨552m的跨度，两岸200m长度的边跨各采用一孔布置是最为合理和经济的。同时较长的边孔长度，可以减小施工期间主跨钢桁拱最大悬臂状态下边跨的压重量，降低结构施工难度。结合重庆朝天门大桥全桥的总体布置，主桥采用了190m+552m+190m三跨布置方案。

2.4.2 主桥支承体系

在确定主桥布置为190m+552m+190m后，初步设计阶段在边支承都采用活动铰支座的状态下，针对两岸主桥墩的三种不同支承形式：①南主墩采用固定铰支座，北主墩采用活动铰支座；②南、北主墩均采用固定铰支座；③南、北主墩与主桁之间采用固结。分别进行了结构的刚度、支承反力及桁拱杆件内力分析计算，对于方案②和方案③计算分析时考虑了增加系杆索平衡水平推力的构造措施。各方案的计算分析结果（表1-2-4）。

不同支承体系静力计算结果　　表1-2-4

比较内容 \ 方案形式		体系一	体系二	体系三
		中支点为固定和活动铰支座	中支点均为固定铰支座	主墩与主桁构件固结
结构刚度	恒载挠度(m)	1.292	0.914	0.893
	活载挠度(m)	0.375	0.281	0.278
		-0.033	-0.018	-0.019
	中跨挠跨比	1/1 472	1/1 964	1/1 986

续上表

比较内容 \ 方案形式			体系一	体系二	体系三
			中支点为固定和活动铰支座	中支点均为固定铰支座	主墩与主桁构件固结
支点竖向反力(kN)	边支点反力	恒载反力(kN)	4 750	10 180	10 120
		恒+活反力(kN)	2 540	8 610	8 730
			10 120	15 750	15 530
	中支点反力	恒载反力(kN)	114 270	108 850	107 890
		恒+活反力(kN)	113 850	108 820	107 960
			132 750	126 190	125 330
中间支点水平反力(kN)	恒载水平推力(kN)		—	43 480	44 750
	系索平衡外力(kN)		—	11 600	11 050
	活载水平力(kN)		—	4 940	4 790
			—	-10 550	-10 700
	温度作用	升温30℃	—	8 930	9 880
		降温25℃	—	-7 440	-8 230
杆件局部弯矩	边跨杆件 M_{max}(kN·m)		16 650	9 260	52 650
	中跨杆件 M_{max}(kN·m)		14 440	9 630	19 140
主桁最大杆力	恒载最大轴力(kN)		-68 410	-90 330	-91 410
	恒活组合最大轴力(kN)		-83 320	-107 030	-108 470

从静力计算成果表中能得到对于结构刚度,三个方案存在一些差异,但均能满足《铁路桥梁钢结构设计规范》(TB 10002.2—2005)1/900的要求,结构刚度不是本桥支承体系选择控制因素。

结合计算分析成果对三种方案的主要技术问题、技术难度及解决措施比较(表1-2-5)。

不同支承体系技术比较 表1-2-5

方案形式		主要技术问题	技术难度及解决措施	比较结论
体系一	中间支点为固定铰支座和活动铰支座	1. 上、下部结构体系受力明确; 2. 对基础不产生推力; 3. 温度力对结构影响很小; 4. 系杆杆力均匀; 5. 施工期间可对结构进行位移调整而不影响结构受力; 6. 下层行车面景观效果好; 7. 需要设置大吨位支座	1. 大吨位支座在国内外已有使用实例,国内有关单位有大吨位支座研究、设计和制造的能力可以解决; 2. 国内设计完成的大吨位千斤顶已达4 000t,为支座更换提供了技术保证; 3. 通过一系列科研、试验能保证大吨位铰支座的正常使用	体系传力明确,结构受力合理,安装架设工艺相对成熟,施工期间受力对结构成桥受力无影响,结构成桥线形和受力状态易于保证

续上表

方案形式		主要技术问题	技术难度及解决措施	比较结论
体系二	中支点采用固定铰支座	1. 上、下部结构体系受力明确； 2. 结构刚度较好； 3. 施工期间可对结构进行转角调整，不影响结构受力，但无法对结构进行位移调整，合龙受施工误差和温度影响大； 4. 温度力对下部结构受力影响较大； 5. 结构对基础产生推力； 6. 主桁最大杆力较大； 7. 需要设置大吨位铰支座	1. 大吨位支座技术（同上）； 2. 下部结构和基础设计需考虑活载和温度产生的推力； 3. 恒载推力需采用大吨位水平系索平衡，锚固点布置困难； 4. 结构合龙难度大，需要对合龙构件进行扩孔或现场钻孔，成桥线形及受力受施工、合龙的精度影响	体系传力明确，安装架设工艺相对成熟。施工控制要求较高，施工对成桥线形、受力状态有一定影响；水平系索吨位大、数量多，锚固点布置困难
体系三	中支点采用主墩与主桁杆件固结	1. 结构刚度较好； 2. 施工期间无法对结构进行位移和转角调整，需满布扣索控制施工线形，施工内力对结构成桥受力产生影响较大； 3. 温度力对下部结构受力影响较大； 4. 固结支点处杆件杆端次弯矩较大(52 000kN · m)； 5. 无需设置大吨位支座	1. 下部结构基础设计需考虑活载和温度产生的推力和弯矩； 2. 恒载推力需采用大吨位水平系索平衡，锚固点布置困难； 3. 施工过程需满布扣索保证成桥线形，控制难度大； 4. 结构合龙难度大，需要较大外力进行强迫合龙	施工控制要求较高；方案实现难度较大；水平系索吨位大、数量多，锚固点布置困难

另外，由于地质条件较好，主墩可以承受部分结构水平推力。设计过程中也对恒载作用下中支点采用一侧为固定铰支座、另一侧为活动铰支座，桁拱结构产生的水平推力由系杆承受，不作用于基础，桥梁建成后将活动铰支座变为固定铰支座，则结构活载和温度产生的推力由主墩承受，并对此组合式受力体系开展了研究。该体系兼具表1-2-5 中体系一和体系二的特点，优点在于可提高结构刚度和结构抗震性能，系杆仅承受恒载拉力，其内力量值减小状况，对系杆的断面设计相对有利。但该体系使主孔桥跨结构和主桥墩受力受温度变化作用的影响增大，同时桁拱的架设安装需要进行受力体系转换，使施工工艺难度有所增加，且体系转换受大吨位铰支座固定与活动之间相互转换技术的影响。

通过研究分析后，重庆朝天门大桥采用了对于下部结构设计难度最小，施工架设相对最易实施的南主墩为固定铰支座，北主墩为活动铰支座的支承方式。

2.4.3 桁架结构构造

钢桁架拱桥根据拱片间的相互位置布置关系分为平行拱肋和提篮式拱肋两种形式。提篮式桁架拱肋杆件的类型更多，节点处拱肋平面与联结系平面不垂直，其构造尺寸复杂，加大了设计、制造和施工难度，增加制造、施工成本，因而重庆朝天门大桥采用竖平行拱。

桁架桥梁结构的桁式有：N 形、米字形、带竖杆的三角形等多种，不同的桁式对桁架结构的总体受力影响不明显，仅对部分杆件的局部受力（如杆端次弯矩）有较大的影响，另外对总体刚度影响也较小，通常桥跨结构桁式的选择主要是以各构件布置能使结构更为紧凑或满足景观的特定要求为目的。重庆朝天门大桥主孔桁架为桁拱桥普遍采用的N形桁式，其中斜置腹杆均向边跨倾斜，使斜置腹杆都布置在桁架节点的钝角处，保证斜杆端部更靠近节点中心，减小节点构造的轮廓尺寸。同时这样的构造使杆件长度短的竖杆承受压，杆件长度长的斜杆承受拉，有利于桁拱腹杆的受力，对结构的经济性有益。大桥边孔桁架也采用的N形桁式，但斜置腹杆均向主跨倾斜，主要考虑这样布置景观相对更佳，且能使边跨腹杆最大受力以拉力形式承受，同样对结构的经济性有益。

重庆朝天门大桥为轨道交通和城市道路桥梁的组合交通桥梁，为了让轨道交通乘客过江时有较好的视觉感和舒适感，开敞的桁架梁较密封的箱梁适宜。重庆朝天门大桥主孔桥面桁架的结构形式，设计中主要对两种方式进行了研究分析：①主桁采用无斜腹杆的刚架结构，与主桁拱构成刚性拱柔性梁结构体系；②主桁采用有斜腹杆的桁架结构，与主桁拱构成刚性拱刚性梁结构体系。研究分析结果见表1-2-6、表1-2-7。

主孔桥面桁架桁式计算结果 表1-2-6

<table>
<tr><td colspan="3" rowspan="2">方案形式
比较内容</td><td>方 式 一</td><td>方 式 二</td></tr>
<tr><td>无斜腹杆的刚架结构</td><td>有斜腹杆的桁架结构</td></tr>
<tr><td colspan="2" rowspan="4">结构刚度</td><td>恒载挠度(m)</td><td>1.292</td><td>1.211</td></tr>
<tr><td rowspan="2">活载挠度(m)</td><td>0.375</td><td>0.315</td></tr>
<tr><td>-0.033</td><td>-0.04</td></tr>
<tr><td>中跨挠跨比</td><td>1/1 472</td><td>1/1 752</td></tr>
<tr><td rowspan="4">上层系杆杆力(kN)</td><td rowspan="2">恒载</td><td>最大杆力 N_{max}</td><td>20 120</td><td>33 720</td></tr>
<tr><td>最小杆力 N_{min}</td><td>19 530</td><td>2 440</td></tr>
<tr><td rowspan="2">恒+活组合</td><td>最大杆力 N_{max}</td><td>25 960</td><td>43 480</td></tr>
<tr><td>最小杆力 N_{min}</td><td>25 160</td><td>-2 040</td></tr>
<tr><td rowspan="4">下层系杆杆力(kN)</td><td rowspan="2">恒载</td><td>最大杆力 N_{max}</td><td>32 440</td><td>46 310</td></tr>
<tr><td>最小杆力 N_{min}</td><td>31 820</td><td>9 410</td></tr>
<tr><td rowspan="2">恒+活组合</td><td>最大杆力 N_{max}</td><td>42 240</td><td>62 160</td></tr>
<tr><td>最小杆力 N_{min}</td><td>41 430</td><td>15 210</td></tr>
<tr><td rowspan="2">杆件局部弯矩</td><td colspan="2">边跨杆件 M_{max}(kN·m)</td><td>16 650</td><td>9 260</td></tr>
<tr><td colspan="2">中跨杆件 M_{max}(kN·m)</td><td>14 440</td><td>9 630</td></tr>
<tr><td rowspan="2">主桁最大杆力</td><td colspan="2">恒载最大轴力(kN)</td><td>-68 410</td><td>-58 670</td></tr>
<tr><td colspan="2">恒活组合最大轴力(kN)</td><td>-83 320</td><td>-71 530</td></tr>
<tr><td colspan="3">主桁用钢量(kN)</td><td>242 930</td><td>254 820</td></tr>
</table>

主孔桥面不同桁式的分析比较表 表1-2-7

<table>
<tr><td colspan="2">方 案 形 式</td><td>主要技术特点</td><td>比 较 结 果</td></tr>
<tr><td>方案一</td><td>无斜腹杆的刚架结构</td><td>1. 系杆杆力均匀，利于结构设计；
2. 下层行车面景观效果好；
3. 节省用钢量约1 200t</td><td>综合技术、经济指标好</td></tr>
</table>

续上表

方案形式		主要技术特点	比较结果
方案二	有斜腹杆的桁架结构	1. 系杆同时作为桥面处桁梁弦杆，杆件数量多且受力不均匀，结构设计、制造、安装工作量加大； 2. 端吊杆出现压力，需采用钢杆件； 3. 易于桥梁使用期间吊杆更换； 4. 下层行车面景观效果稍差	部分刚性梁杆件断面为构造控制，用钢量大；综合技术、经济指标差

重庆朝天门大桥主孔桥面主桁结构形式，采用了杆件数量少、对视角干扰小的无斜腹杆的刚架结构。

2.5 架设流程设计

2.5.1 架设流程对设计的影响

不同架设方式或流程的施工过程，对桁架结构桥梁各个杆件的过程受力有着巨大的影响，它与桥梁建成后使用期间的状态相比，存在部分杆件受力由压力转变成拉力、拉力转变成压力的类型变化，以及部分杆件的受力量值存在较大的差异。这些变化和差异的存在控制了部分杆件的断面设计，由于桁架结构的特点，各相邻杆件交汇于节点，通过节点板传递内力实现杆件间力的平衡，如在架设时才加以考虑，可以采用加固补强的方式，但补强仅对该杆件自身实现，而对与节点的连接及拼接构造强度难以实现，因此工程中尚无在安装时才对杆件进行加固的具体实例；另外以通过增加临时结构辅助，能够解决架设过程中部分杆件受力变化和差异的影响，但对一些跨越大江大河、高山峡谷的桁架桥梁，完全通过临时结构辅助解决问题，其经济上的投入将是巨大的，有些桥梁的外部条件也是不容许的，如船舶航行对航道的要求。而在设计阶段考虑架设流程的影响，借助于少量临时结构辅助，再根据需求对部分构件加大断面构成以及加强节点和拼接强度，增加的主体结构工程量是非常有限的，工程投入也较少，能达到事半功倍的效果。这是设计时考虑钢桁梁桥架设主要流程的原因。

2.5.2 钢桁架结构桥梁架设流程的方式

钢桁梁的架设需从外部的限制条件，如桥下船舶通行的航道要求是否容许设置临时墩，技术上的可行性，安装辅助结构及措施的经济性等进行综合考虑。已有工程实践的架设方式主要有如下几种。

(1)从一端在临时支承结构辅助下向另一端架设，如图 1-2-13 所示。

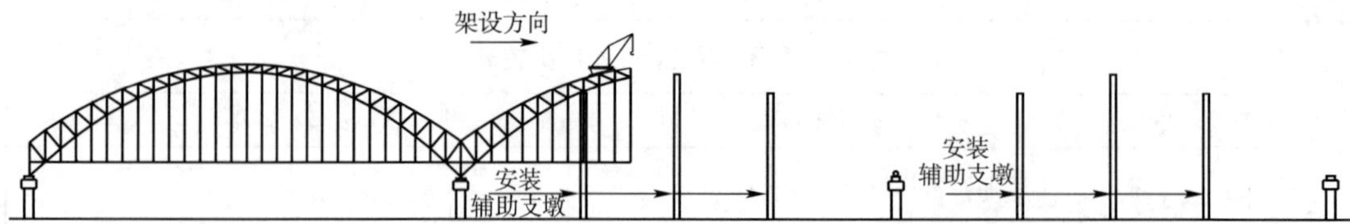

图 1-2-13　钢桁拱桥单向架设示意图

（2）在临时结构辅助下由两端开始采用全悬臂或半悬臂安装，在各钢桁拱桥桥跨中央合龙，如图 1-2-14 所示。

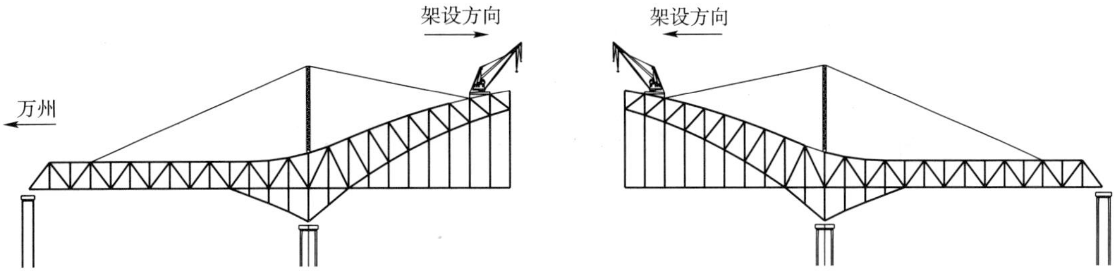

图 1-2-14　钢桁拱桥对称架设示意图

（3）对于连续结构桁梁，采用从中间支点向墩两侧对称悬拼至边墩后，再在各钢桁拱桥孔中央合龙，如图 1-2-15 所示。

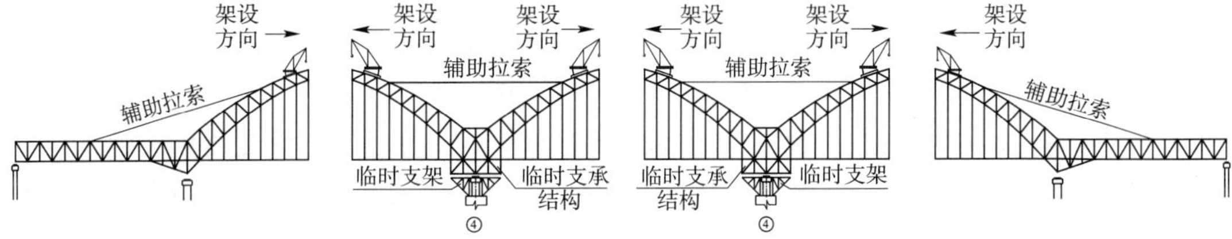

图 1-2-15　钢桁拱桥双向架设示意图

2.5.3　重庆朝天门大桥的架设流程

设计阶段考虑的重庆朝天门大桥架设流程为：190m 桁梁边跨借助于临时支墩辅助及平衡梁半悬臂安装；552m 主跨借助于临时扣索塔架及平衡梁全悬臂安装桁拱；借助于临时系杆拉索辅助安装永久系杆和桥面系构件。

（1）190m 桁梁架设时，每侧分别在距边墩第 2 个节间、第 4 个节间、第 8 节间处的节点下方设置临时支墩，并在边墩外侧架设两个节间长度的平衡梁。

（2）552m 桁拱架设时，在两中墩顶的桁拱上方设置高 100m 的扣索塔架，每侧桁片采用两组扣索，背索锚固于 34 节点，前索锚固于节点；同时随着中跨桁拱的架设长度增加，在临时平衡梁和 190m 跨的两个边节间范围放置临时压重物，保证中跨在最大悬臂状态时的稳定性；桁拱构件安装至中跨跨中后实现合龙。

（3）552m 桁拱架设完成后，在中跨下层永久系杆的下方布置临时系杆索，两端分别锚固于 E187、E′17 节点，再开始由中跨的两端向跨中安装永久钢制系杆及桥面系结构构件；在中跨跨中实现上、下层钢制永久系杆合龙；拆除临时系杆索后，再在下层钢制系杆内安装永久柔性系杆索。

第3章 特大跨钢桁拱桥结构设计

3.1 概述

钢桁架结构桥梁各部位构件(杆件)设计,主要根据不同状态阶段的受力分析,选择出最大的控制受力值作为设计内力。为使构件在设计内力作用下,满足相关规范规定或特定条件的要求,需要考虑构件选用材料的强度级别、构件断面的组成、断面组成的板件厚度、断面轮廓尺寸和构件的长度等因素。对于一些跨度大的钢桁架桥梁的主桁结构,不同部位的杆件设计内力相差巨大,为保证杆件设计的经济合理性,合理选用材料的强度级别及确定构件断面构成显得更为重要。另外,除了构件的受力因素外,构件(杆件)设计时还应考虑工厂的制造条件、构件的运输条件和现场构件的吊装能力,以及现场架设时一些临时辅助结构的接口问题等。

重庆朝天门大桥钢结构设计中结合各构件的受力及国内桥梁结构钢的供应条件,共选用了 Q235、Q345qD、Q370qD、Q420qD 四种强度级别的钢材;主桁杆件采用了变高变宽的断面构成;桥面横梁采用了变高度构造。整体钢结构采用了钢制系杆和高强度钢丝柔性系杆索的组合构造;采用了局部改变桁架几何尺寸调整主桁杆件内力的构造措施;采用了在不同应力状态下确定不同构件长度尺寸的方法;采用了部分板桁结合的构造措施解决板桁温差带来的不利影响。对架设期间需布置临时支撑的主桁节点进行了相应加强并加设了便于临时结构布置的构造措施;预留了主桁结构与扣塔下端的临时固定铰构造和主桁节点与扣塔拉索的临时锚固接口构造。

3.2 结构材料选用

3.2.1 主桁材料的选用

以往国内传统的钢桁架桥一般多选用单一材质的钢材,便于材料的采购、制造和施工管理。重庆朝天门大桥钢桁梁(拱)的各主桁杆件在建成后的正常使用运营以及安装架设过程中,不同部位的杆件受力相差悬殊,受力最大杆件杆力为 88 400kN,受力最小杆件杆力仅为 2 290kN,两者相差近 40 倍。最大受力杆件为满足构件受力的安全要求,所需的杆件断面轮廓尺寸较大,而较大的轮廓尺寸会使那些杆力较小的杆件(其组成板件完全由构造控制,应力水平很低)在一定程度上造成浪费。若全桥采用同一强度等级的钢材,将影响桥跨结构的经济性,因此应根据杆件不同的受力情况,选择不同强度等级的钢材。大桥设计建造时期,在国内桥梁用结构钢材标准中,供钢桥主体结构选用的材料有三种强度级别,分别为:

Q345q、Q370q 和 Q420q。

重庆朝天门大桥主桥主桁结构所用钢材，按照国家标准《桥梁用结构钢》（GB/T 714—2000）选用。根据重庆市的气象资料，当地历史极端最低温度为 -1.8℃，需选用质量等级为 D 级的钢材才能保证结构处于低温状态时，在车辆冲击载荷作用下的抗裂安全性。钢材材质的主要化学成分见表 1-3-1，力学性能和工艺性能见表 1-3-2。

主桥钢材材质化学成分表（%）　表 1-3-1

牌号及质量等级	C	Si	Mn	P	S	Als
				不大于		
Q420qD	≤0.17	≤0.60	1.30～1.70	0.025	0.025	≥0.015
Q370qD	≤0.17	≤0.50	1.20～1.60	0.025	0.025	≥0.015
Q345qD	≤0.18	≤0.60	1.10～1.60	0.025	0.025	≥0.015

钢材力学性能和工艺性能　表 1-3-2

钢材牌号及质量等级	板厚（mm）	抗拉强度（MPa）	屈服强度（MPa）	伸长率（%）	V 形纵向冲击功（J）	10% 纵向时效（J）	180℃弯曲试验 钢材厚度（mm）	
		不　小　于					≤16	>16
Q345qD	≤16	510	345	21	（-20℃）34	（-20℃）34	$d=2a$	$d=3a$
	16～35	490	325	20				
	35～50	470	315	20				
	50～100	470	305	20				
Q370qD	≤16	530	370	21	（-20℃）41	（-20℃）41	$d=2a$	$d=3a$
	16～35	510	355	20				
	35～50	490	330	20				
	50～100	490	330	20				
Q420qD	≤16	570	420	20	（-20℃）47	（-20℃）47	$d=2a$	$d=3a$
	16～35	550	410	19				
	35～50	540	400	19				
	50～100	530	390	19				

注：d-弯心直径；a-试样厚度（直径）。

在结构受力不变的情况下，采用高强度钢材则用钢量较少，但其材料价格较高；而采用中等强度钢材则用钢量较多，但其材料价格较低。因此需要根据结构受力情况，合理选择采用 Q345qD、Q370qD 和 Q420qD 钢材的杆件，使其综合的经济技术指标达到最优。

在重庆朝天门大桥工程的初步设计阶段，考虑主桁（拱）的各杆件的内力状况，采用相同的安装架设方法。选用不同强度级别的钢材组合时，对其结构受力及经济性的影响进行了对比研究。研究的主要结果见表 1-3-3。

从表 1-3-3 可以看出，主桁杆件部分选用 Q420qD 材质（杆力大于 50 000kN 的杆件），其余部分选用 Q345qD 和 Q370qD 材质，其钢材的用钢量较全部选用 Q345qD、Q370qD 的节省约9.2%。同时用钢量的减少也可降低结构恒载和最大主桁杆件内力值。因此根据内力值的不同对主桁(拱)杆件分别选用不同级别的钢材,有利于桥梁的总体经济性。

主桁梁(拱)杆件采用不同强度钢材组合对比　　表1-3-3

主桁选用钢材	全部选Q345q和Q370q	全部选用Q420q	杆力大于50 000kN选用Q420q其余选用Q345q和Q370q
主桁用钢量(t)	25 160	20 410	21 440
主桁最大杆力(kN)	89 900(压力)	78 500(压力)	78 900(压力)
投资变化(万元)	0	-5 759	-5 788

3.2.2 桥面系及联结系材料的选用

重庆朝天门大桥为双层布置的公轨两用大桥,上层桥面为双向六车道布置,下层桥面中间为双线城市轨道交通,两侧各设一个车道。结合交通功能的布置,本桥上层桥面采用正交异性钢桥面板,下层桥面采用组合式桥面系,即中间轻轨区域采用纵横梁体系,两侧车行道区域采用正交异性钢桥面板。重庆朝天门大桥桁宽为29m,与以往建设的钢桁架桥相比桁宽较大。主桁分为12m、14m和16m三种节间布置,为便于桥面系结构的统一布置,各节间纵横梁的建筑高度基本一致,故较大节间对桥面系的受力不利。因此从经济因素角度考虑,桥面系中横梁和16m节间纵梁的受力相对较大,且所需板厚较厚,故该部分构件钢材选用Q370q钢材。桥面系其余部位(桥面板、纵向闭口肋、横肋,以及12m和14m节间的纵横梁)的结构受力不大,无需采用厚板,均采用Q345qD钢材。人行道亦采用Q345qD钢材。

对于钢桁架桥而言,联结系的大部分杆件结构受力不大,杆件截面为构造控制,无需采用厚板,从经济因素角度考虑,采用一般的桥梁钢材即可满足结构受力和构造要求;对于传力的特殊部位(内力较大的杆件)可采用高强钢。联结系杆件主要承受横向风力作用,并将其传递给支点,因此支点附近的联结系杆件受力相对较大。本桥中间支点处加劲腿联结系的杆件内力较大,为控制杆件截面尺寸规模,采用Q420qD钢材。联结系的其他部位(包括拱肋上、下平纵联、横联、桥门架结构等),主要是受结构构造控制,所需传递的内力相对较小,Q345qD钢材的力学性能足以满足该部分结构的受力及构造要求,故均采用Q345qD钢材。

3.2.3 柔性系杆及吊索材料的选用

在钢桁拱桥中,系杆是结构中非常重要的部分,用以平衡拱肋产生的水平推力。本桥设计时考虑将系杆与吊杆的节点作为桥面系的支承点,为便于构造连接,故优先采用刚性系杆。本桥为双层桥面,则相应采用双层吊杆。根据结构受力计算情况,因下层系杆距离拱脚更近,所以两层系杆之间的杆力相差较大,上层系杆最大杆力为28 200kN,而下层系杆最大杆力为72 000kN。若下层系杆采用刚性系杆,按照最大板厚为50mm控制,则杆件截面宽度需要2 000mm以上,将会大幅度增加主桁杆件的构造尺寸,从而造成浪费。综合上述因素,考虑下层系杆采用“刚性杆件+柔性系索”组成的组合式系杆。通过张拉柔性系索,大幅度降低刚性系杆杆力,使其控制在合理的范围内。经过综合比选,确定柔性系索拉力为20 000kN,结合刚性系杆的截面特点,按照4束布置,每束拉力为5 000kN。柔性系索长度为456m,若采用高强度平行钢丝成品索，则存在长度过长、质量过大、安装和更换困难的问题，因此柔性系索采用钢绞线，安装和更换更为方便。考虑到钢绞线系索的防腐性和耐久性，采用了填充型环氧涂层钢绞线。

拱桥吊杆一般有刚性吊杆和柔性吊杆两种形式。刚性吊杆系为钢制杆件，可实现与主桥结构的全寿命，但存在风致振动的技术问题。大跨度拱桥非圆形钢制吊杆主要由构件构造控制断面选择，工作状态时的断面应力都很低，这使得其自身重量很大，对桥跨结构的经济性带来不利的影响。另外钢制非圆形断面的吊杆在风力作用时，发生涡振、颤振等风致振动的概率非常大，这方面世界各国有许多工程实例，一般都采用了相应的抑制风振的措施，这些措施会影响桥梁的整体景观，或增加后期养护维修的投入及工作量，但圆形断面的钢棒或钢丝索不易产生风致振动。结合大桥吊索长度，因国内没有生产超长钢棒吊杆的工程经验并考虑安装连接的困难，重庆朝天门大桥吊索选用了 1 680MPa 的高强度平行钢丝成品索的柔性吊杆形式。

3.3　主桁结构设计

3.3.1　主桁杆件

国内早期的钢桁架桥一般多为中等跨径桥梁，杆件的最大和最小内力相差并不悬殊，故主桁弦杆多采用相同的杆件宽度和高度，杆件的内力差异主要是通过板件厚度进行调整，这样的做法便于结构的构造布置和构件的连接，使制造和施工更为简单方便。随着钢桁架桥的跨度越来越大，杆件内力差异逐步加大，单纯依靠调整板件厚度已经不能满足和适应经济合理地选择杆件截面的要求，逐步出现了变高度杆件，但杆件宽度保持不变。

重庆朝天门大桥钢桁拱的各主桁杆件在建成后的正常使用运营以及安装架设过程中，不同部位的杆件受力相差悬殊，受力最大杆件杆力为 88 400kN，受力最小杆件杆力仅为 2 290kN，两者相差近 40 倍。最大受力杆件为满足构件受力的安全要求，所需的杆件断面轮廓尺寸较大，而较大的轮廓尺寸对于那些杆力较小的杆件（其组成板件完全由构造控制，应力水平很低）在一定程度上造成浪费。而单纯采用变高度杆件也不能满足和适应经济合理地选择杆件截面的要求，因此本桥在国内首次采用了变宽（高）度杆件。为便于杆件的制造和安装，对于同一根杆件，宽度和高度不同时变化，即在截面选择时，宽度变化点与高度变化点相互错开。

结合杆件内力和构造情况，重庆朝天门大桥共选用了 1 200mm 和 1 600mm 两种杆件宽度，若干种截面高度。杆件截面有箱形和 H 形两种，其中箱形杆件内部设水平加劲肋和竖向加劲肋，部分 H 形杆件的腹板设竖向加劲肋，形成“王”形杆件。主桁箱形杆件截面表见表 1-3-4，H 形（“王”形）杆件截面见表 1-3-5。

重庆朝天门大桥主桁弦杆全部采用箱形截面，腹杆根据杆件受力和构造要求等情况分别采用箱形、H 形或“王”形截面。主桁杆件的截面和材质选择见图 1-3-1。图中截面序号表示与截面表中对应的截面形式及规格；序号外圈代表材质类别，六边形代表杆件采用 Q420qD 钢材，五边形代表杆件采用 Q370qD 钢材，四边形代表杆件采用 Q345qD 钢材，圆圈代表采用高强度平行钢丝索。

主桁箱形杆件截面 表 1-3-4

截面形式	截面编号	截面宽度（mm）	截面高度（mm）	竖板（mm）		水平板（mm）		竖加劲肋（mm）		水平加劲肋（mm）	
				宽	厚	宽	厚	宽	厚	宽	厚
	1	1 600	1 840	1 840	50	1 500	50	500	50	500	50
	2	1 600	1 840	1 840	50	1 500	44	440	44	500	50
	3	1 600	1 840	1 840	44	1 512	44	440	44	440	44
	4	1 600	1 840	1 840	40	1 520	40	400	40	400	40
	5	1 600	1 640	1 640	50	1 500	50	550	50	550	50
	6	1 600	1 640	1 640	50	1 500	50	500	50	500	50
	7	1 600	1 640	1 640	50	1 500	44	440	44	500	50
	8	1 600	1 640	1 640	44	1 512	44	440	44	440	44
	9	1 600	1 640	1 640	40	1 520	40	400	40	400	40
	10	1 600	1 640	1 640	36	1 528	36	360	36	360	36
	11	1 600	1 640	1 640	32	1 536	32	320	32	320	32
	12	1 200	1 640	1 640	50	1 100	50	500	50	350	50
	13	1 200	1 640	1 640	50	1 100	44	350	44	350	50
	14	1 200	1 640	1 640	44	1 112	44	350	44	350	44
	15	1 200	1 640	1 640	40	1 120	40	350	40	350	40
	16	1 200	1 640	1 640	36	1 128	36	350	36	350	36
	17	1 200	1 640	1 640	32	1 136	32	320	32	320	32
	18	1 200	1 440	1 440	50	1 100	50	350	50	350	50
	19	1 200	1 440	1 440	50	1 100	44	350	44	350	50
	20	1 200	1 440	1 440	44	1 112	44	350	44	350	44
	21	1 200	1 440	1 440	40	1 120	40	350	40	350	40
	22	1 200	1 440	1 440	36	1 128	36	350	36	350	36
	23	1 200	1 440	1 440	32	1 136	32	320	32	320	32
	24	1 200	1 440	1 440	28	1 144	28	280	28	280	28
	25	1 200	1 440	1 440	24	1 152	24	240	24	240	24
	26	1 200	1 240	1 240	50	1 100	50	350	50	350	50
	27	1 200	1 240	1 240	50	1 100	44	350	44	350	50
	28	1 200	1 240	1 240	44	1 112	44	350	44	350	44
	29	1 200	1 240	1 240	40	1 120	40	350	40	350	40
	30	1 200	1 240	1 240	36	1 128	36	350	36	350	36
	31	1 200	1 240	1 240	32	1 136	32	320	32	320	32
	32	1 200	1 240	1 240	28	1 144	28	280	28	280	28
	33	1 200	1 240	1 240	24	1 152	24	240	24	240	24
	34	1 200	1 240	1 240	20	1 160	20	200	20	200	20

主桁 H 形（“王”形）杆件截面　　表 1-3-5

截面形式	截面编号	截面宽度（mm）	截面高度（mm）	竖板（mm）		水平板（mm）		加劲肋（mm）	
				宽	厚	宽	厚	宽	厚
	41	1 600	1 700	1 700	50	1 500	50	325	50
	42	1 600	1 100	1 100	50	1 500	50		
	43	1 600	700	700	24	1 552	20		
	44	1 200	1 500	1 500	44	1 112	40		
	45	1 200	1 500	1 500	50	1 100	50		
	46	1 200	1 100	1 100	40	1 120	32		
	47	1 200	1 100	1 100	36	1 128	28		
	48	1 200	1 100	1 100	32	1 136	20	160	16
	49	1 200	940	940	50	1 100	40		
	50	1 200	900	900	44	1 112	36		
	51	1 200	900	900	40	1 120	32		
	52	1 200	900	900	36	1 128	28		
	53	1 200	900	900	32	1 136	20	160	16
	54	1 200	900	900	28	1 144	20	160	16
	55	1 200	700	700	40	1 120	32		
	56	1 200	700	700	36	1 128	28		
	57	1 200	700	700	32	1 136	20	160	16
	58	1 200	700	700	28	1 144	20	160	16
	59	1 200	700	700	24	1 152	16	160	16
	60	1 200	700	700	20	1 160	16	160	16
	61	1 200	500	500	20	1 160	16		

变宽度主桁杆件构造见图 1-3-2。

3.3.2　主桁节点

钢桁架桥主桁节点一般有两种形式：一种是拼装式节点，俗称散装节点；一种是整体节点，即将节点板和杆件做成整体。整体节点具有工厂化程度高、减少现场节点板预拼环节的优点，近年来国内平弦钢桁架桥大多数均采用整体节点。由于本桥为钢桁拱桥，大多数节点均为特殊节点，难以实现节点和杆件的标准化制造。从技术角度上讲，采用整体节点是完全可行的，但由于节点的特殊性，制造工艺复杂、难度大，增加了制造费用（约 1 000 元/t，增加

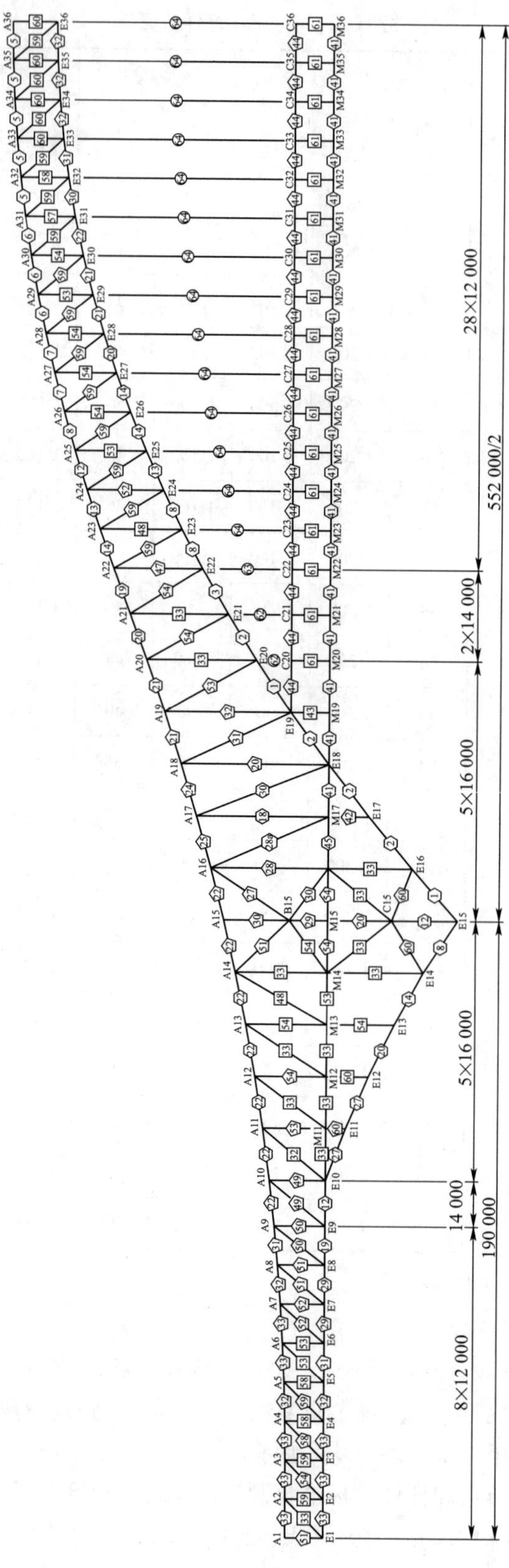

图1-3-1 主桁杆件截面及材质（尺寸单位：mm）

10%左右），因此从经济因素考虑，主桁节点优先采用拼装式节点。由于中间支承节点相邻杆件内力大、截面规格尺寸大，且还需设置主梁起顶装置，从降低构件总体规模角度考虑，采用整体节点，其余节点均采用拼装式节点。节点的弦杆（箱形杆件）均采用四面拼接，腹杆采用两面拼接的方式。

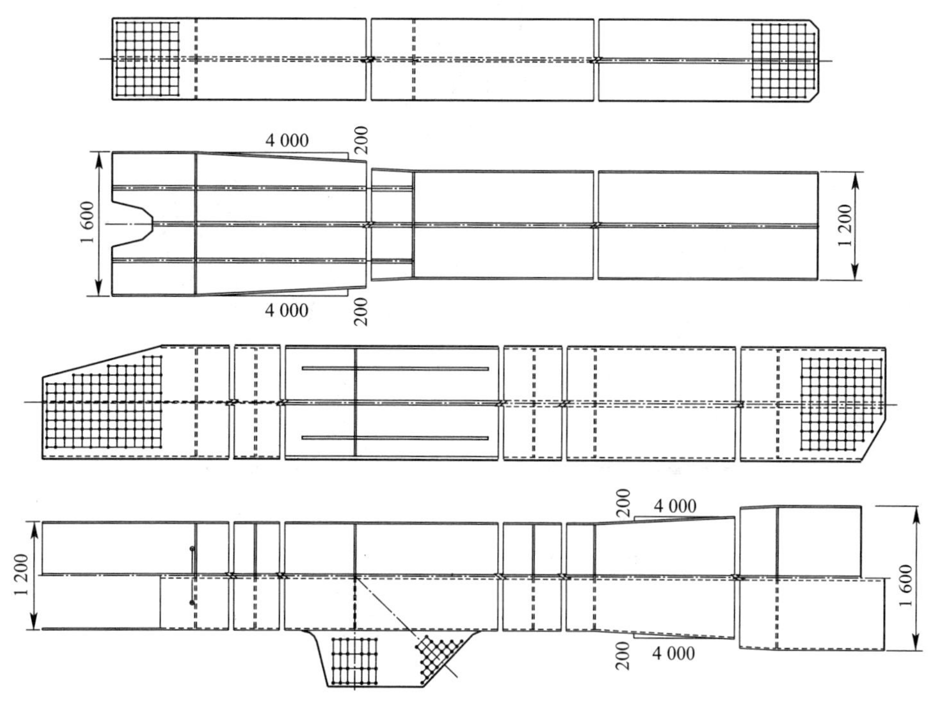

图 1-3-2　主桁变宽杆件构造图（尺寸单位：mm）

3.3.3　主桁支承节点

1）中间支承节点

主桥中间支承节点为 E15 节点，是 E14-E15、E15-E16 和 B15-E15 三根杆件相交的节点，支点支承反力高达 145 000kN。因该节点交汇的三根杆件杆力大、杆件尺寸规模大，且需布设支点支承和主梁临时起顶点，若采用拼装式节点，则各构件间的连接非常复杂，节点轮廓尺寸过大。综合考虑，该节点采用整体节点。与常规的"杆件 + 节点"的整体节点不同，该整体节点仅为节点本身，不含杆件。节点板最大厚度为 80mm。节点构造大样见图 1-3-3。

2）端支承节点

主桥端支承节点为 E1 节点，由弦杆 E1-E2、竖杆 A1-E1 和斜杆 E1-A2 三根杆件交汇。由于该支点的支座反力不大，仅为 12 500kN，相邻的杆件杆力也不大，故该节点采用拼装式节点。考虑为便于施工期间支点的起顶和运营期间支座更换的需要，在节点两侧设临时起顶点。节点构造见图 1-3-4。

3.3.4　主桁合龙构造

钢桁拱桥若实现无应力状态下的跨中合龙，则合龙节间需要满足以下 4 个条件：

①合龙节点两侧节点中心距等于理论节间长度，即 $X = L$；

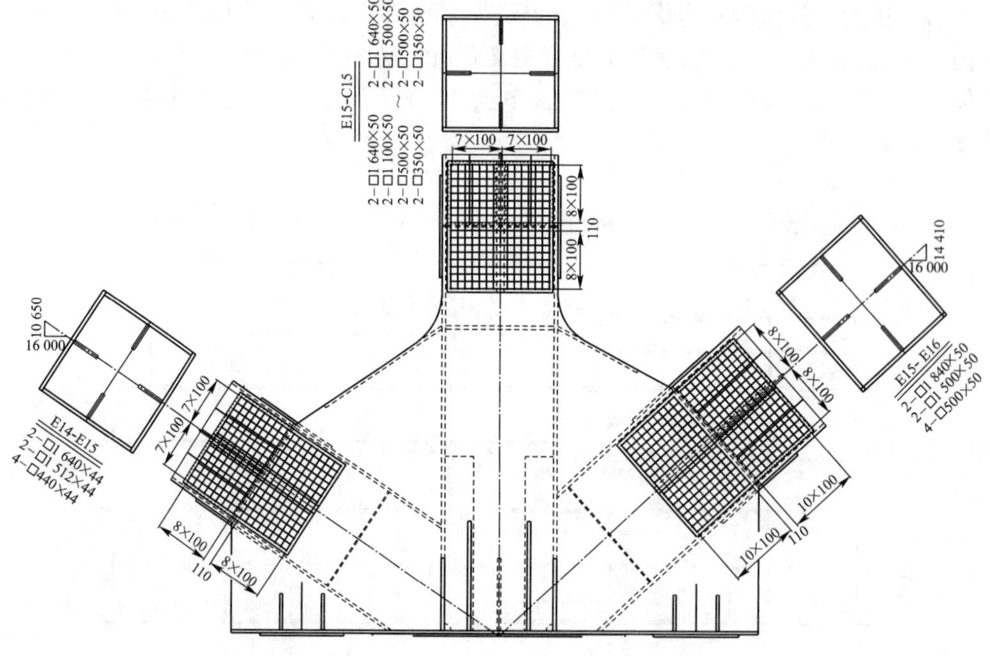

图 1-3-3　中间支承节点 E15 构造示意图(尺寸单位:mm)

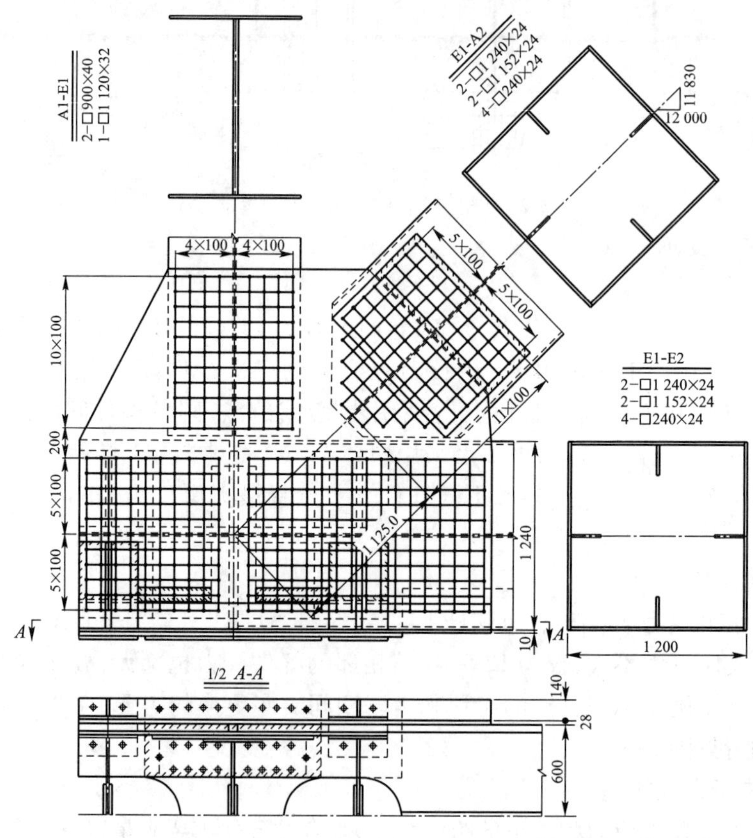

图 1-3-4　边支承节点 E1 构造示意图(尺寸单位:mm)

②合龙节点两侧节点中心高差为零，即 $\Delta Y=0$；

③合龙节点两侧节点中心侧向偏差为零，即 $\Delta Z=0$；

④消除两侧的梁端转角，即 $\Delta\theta=0$。

上述四个条件主要靠外部措施实现，如扣索塔架、支点顶落、梁体纵移或合龙口两侧斜向对拉等。但毕竟施工存在一定的误差，受施工环境的影响，合龙口的调整很难达到完全理想的状态，对于一些局部的细节调整就要依靠合龙节点设置一些利于合龙的构造措施。因合龙过程力求简单快速，故该构造措施必须简便易行。借鉴国内类似桥梁的工程经验，本桥采用了双合龙铰孔的构造措施，即在合龙节点的节点板上设置一个长圆孔和一个圆孔，如图1-3-5所示。对应杆件上设两个圆孔。长圆孔中心距为100mm，即当两侧纵向误差在100mm以内时，合龙销均可插入该合龙孔。设置长圆孔的作用在于先约束合龙口两侧竖向（Y向）的高差，而纵向可以有100mm以内的相对位移空间，然后利用环境温度变化的时机，待节点板和杆件对应的圆孔重合后，再打入圆孔的合龙销，完成初步合龙。此时节点板和杆件的栓群基本重合，在栓群螺栓孔打入冲钉定位，在逐步置换高强度螺栓并施拧，完成节点的合龙。合龙铰孔直径为60mm，大于螺栓孔冲钉的直径，用于抵抗栓群的冲钉没有打入前由于温度变化导致合龙口两侧产生的外力。

按照构件的安装顺序，先吊装下弦杆，再吊装腹杆，最后吊装上弦杆。吊装完成后，精确测量两侧的合龙误差，误差调整基本到位后，再开始合龙。主桁合龙顺序为先合龙下弦，再合龙上弦，最后合龙腹杆。因此拱肋下弦节点的合龙尤为关键，在该节点设置合龙双铰。拱肋下弦合龙节点构造见图1-3-5，合龙铰构造大样见图1-3-6。

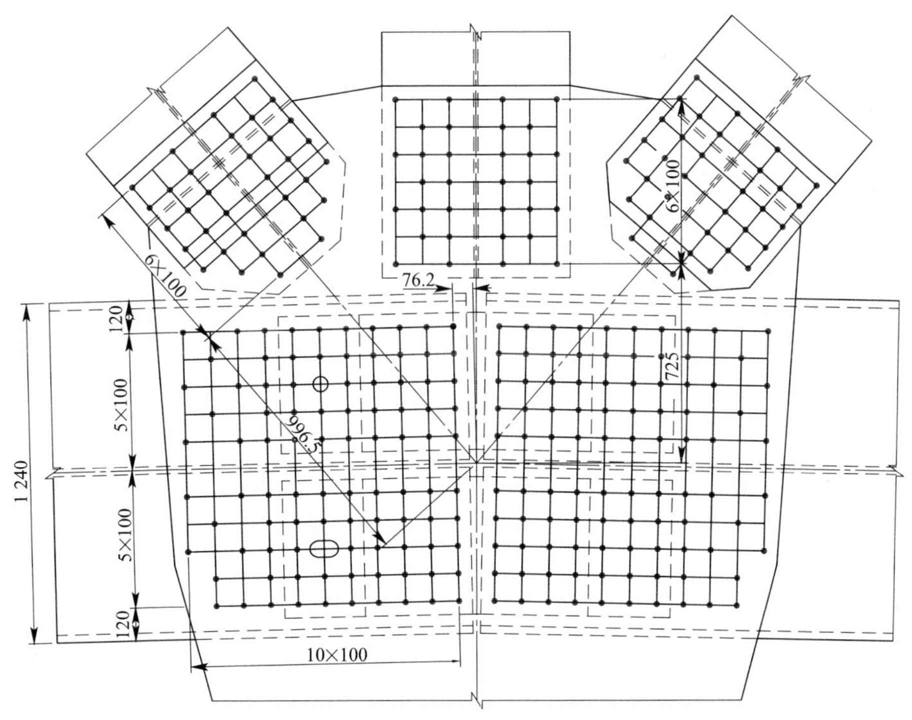

图1-3-5　拱肋下弦合龙节点构造图（尺寸单位：mm）

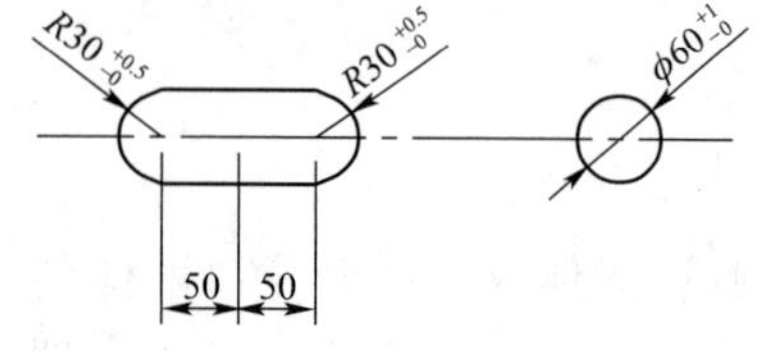

图 1-3-6　合龙铰构造图(尺寸单位:mm)

拱肋下弦合龙后,拱肋上弦和系杆的合龙相对简单一些。故仅在节点上设置一个 ϕ60mm 的圆孔,待合龙铰孔重合后,打入合龙销。此时节点板和杆件的栓群基本重合,在栓群螺栓孔打入冲钉定位,在逐步置换高强度螺栓并施拧,完成节点的合龙。

本桥钢桁拱合龙的基本方法为,拱肋下弦 E36 节点的合龙通过钢梁支点的顶高(落低)、梁体的整体纵、横移动来消除合龙点两侧存在的相对位移,在无应力的情况下完成 E36 节点的合龙。A36 节点合龙可通过钢梁支点的顶高(落低)完成,为了便于合龙时进行微量调整,A36 节点处设有顶拉支承构件。钢桁架拱肋合龙点增设了合龙用铰孔,以便合龙。上下层系杆合龙时,结构调整较为方便,故合龙点未作特别处理。

3.3.5　主桁对应的安装措施

1)两侧梁端临时平衡梁

(1)设置平衡梁的原因

本桥桥跨布置为 190m + 552m + 190m,边中跨比为 0.344,较一般的连续钢桁拱桥的边中跨比更小。因此在中跨最大悬臂施工状态下,若要保证抗倾覆稳定安全系数不小于 1.3,边跨的端部需要进行压重,在边跨形成抗倾覆力矩。在同样的压重量的情况下,压重布置距离中支点越远,则产生的抗倾覆力矩越大。根据本桥的结构布置情况,结合压重总量和压重效率,按照二个节间范围仅能满足压重量为 2 750t 的布置,且需布置在上下层桥面的两侧,如进一步增加压重量,将超过桥面系横梁的承载能力,但 2 750t 的压重量无法满足中孔桁拱大悬臂状态的抗倾覆稳定系数的要求,因此为加大抗倾覆力矩需进一步增加的压重量并将压重物重心外移,设计中通过在两岸边墩以外设置两个节间(长 24m)的平衡梁加以解决。

(2)平衡梁构造

平衡梁的主桁弦杆借用跨中部分 12m 节间范围的上系杆,主桁腹杆及节点拼接材料为专制构件;平衡梁范围的横梁借用跨中上层桥面横梁,横梁端部与主桁的连接角钢为专制构件;平衡梁的下平联斜杆借用跨中 12m 节间范围的下层桥面平联斜杆,其节点板为专制构件。平衡梁的构造如图 1-3-7 所示。

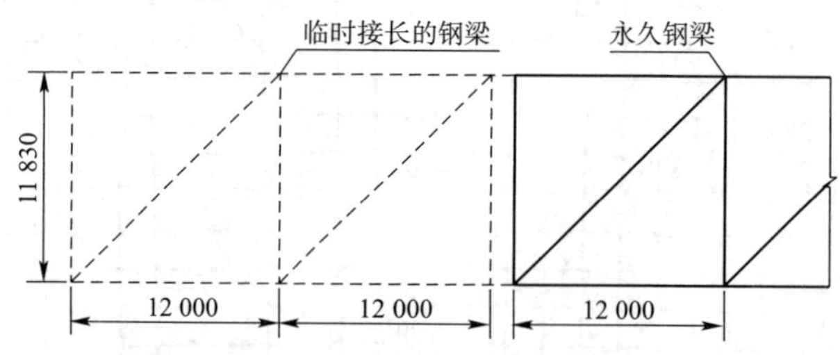

图 1-3-7　主桁梁端接长示意图(尺寸单位:mm)

所有借用的构件,在平衡梁拆除后,其连接的摩擦面经过重新处理后再作为主结构进行安装。

2)两边墩处桁梁临时接长连接

(1)临时接长的原因

为保证大悬臂状态下桁拱结构的抗倾覆稳定要求，分别在两岸梁端的2个节间及平衡梁的2个节间范围布置了5 500t的压重物。在桁拱安装的全过程中，存在桁梁边支点与成桥状态比较，支反力值大幅增加，作用点位置顺桥向远离边桥墩中心的偏心距加大，且相邻的混凝土梁未安装的工况。在此状态下，桁拱边支点反力使边桥墩墩身承受着较大的偏心弯矩，其量值已大幅超过了边桥墩断面的承载能力。为确保边桥墩墩身的安全，需控制桁梁边支点的作用点位置以减小偏心距，降低安装过程中桥墩墩身承受的偏心弯矩值。设计中通过改变端竖杆与相邻平桁梁竖杆间的距离，在桁梁永久支点旁的平衡梁上设置临时支点的双支点构造，在安装过程中的不同阶段，双支点的相互倒换仅支承在一个支点上就达到了目的。

(2)临时接长的构造

由于主梁南、北两侧梁端与固定支座间的距离不同，故在安装过程中的端支点顺桥向位移值并不相同，因此南、北梁端的加长尺寸不同，北侧梁端加长1.9m，南侧梁端加长2.4m。由于加长的长度值相对于桁高11.83m小许多，它们之间的范围不具备设置斜腹杆的空间条件，因此设计采用了预留人孔通道的实腹结构。接长构造如图1-3-8所示。

3)临时结构预留接口

(1)安装辅助扣塔系统预留接口

①扣塔塔架

本桥中跨采用扣索塔架辅助的架梁吊机悬臂安装方法。扣索塔架高100m，立于中间支点处的上弦A15节点处，与A15节点以铰接的方式连接，以避免扣索张拉及索力随安装过程变化使两侧受力不均衡而导致塔架根部产生过大的弯矩。

在主桁结构上预留的与扣索塔架连接的构造如图1-3-9所示。由A15节点板外伸一部分临时连接板，并在连接板两侧设置加强板，加强板采用周边围焊和高强度螺栓连接的组合方式。扣索塔架与主桁连接板采用$\phi 600$的铰孔和销轴进行连接。

主体结构施工完成，扣索塔架拆除后，外伸的连接板现场割除并进行边缘打磨。

②扣塔拉索

本桥中跨施工所采用的扣索塔架设置两对扣索，中跨侧悬臂端(前端)锚固在拱肋上弦的A25和A31节点，边跨侧(后端)锚固在主桁上弦的A2和A3节点。节点板在扣索的连接方向上伸出弦杆上翼板，并在端部预留螺栓孔，与扣索的锚箱间采用高强度螺栓连接。主体结构施工完成，扣索塔架拆除后，外伸的连接板现场割除并进行边缘打磨。边跨侧和中跨侧锚固节点的构造如图1-3-10所示。

(2)安装辅助临时系杆索预留接口

①临时系杆索锚固连接构造

本桥采用分阶段合龙的方式，即先合龙桁拱肋再合龙系杆。桁拱肋合龙后，为及早形成系杆拱的受力体系，提高施工期间的安全度，同时也便于系杆的合龙。在两岸的E17节点处设置了临时系杆。临时系杆采用多束钢绞线组成，两端设置锚箱，锚箱与E17节点外伸部分采用高强度螺栓连接。永久系杆合龙后拆除临时系杆，并将外伸拉板多余的部分进行现场割除、边缘打磨。E17节点处临时系杆锚固构造如图1-3-11所示。

②临时系杆索锚固处增加的临时拉杆

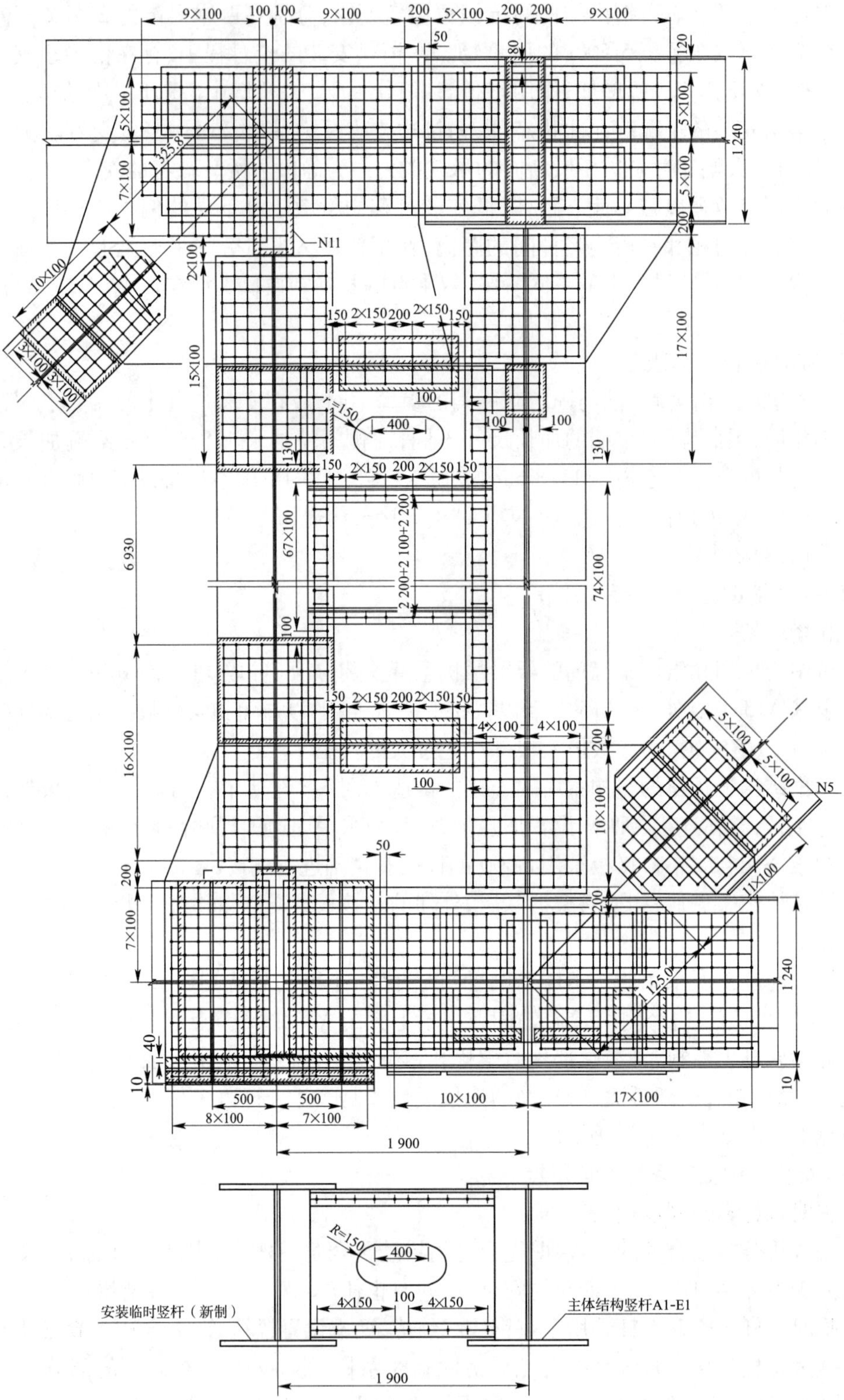

图 1-3-8　安装临时接长构造图(尺寸单位:mm)

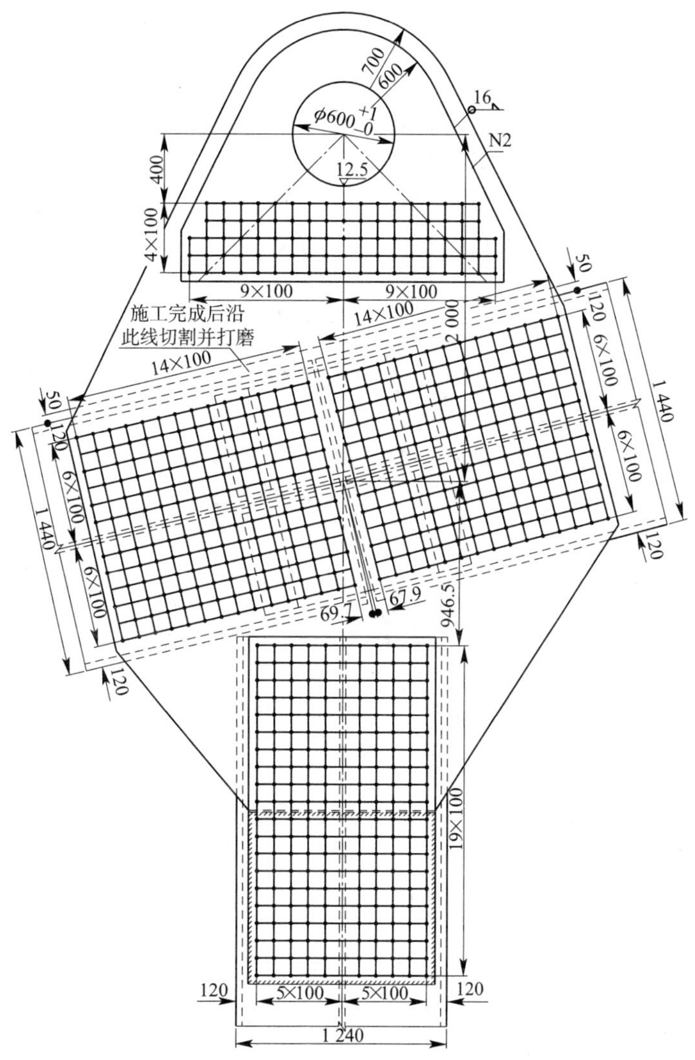

图 1-3-9　扣索塔架与主桁连接点构造图(尺寸单位:mm)

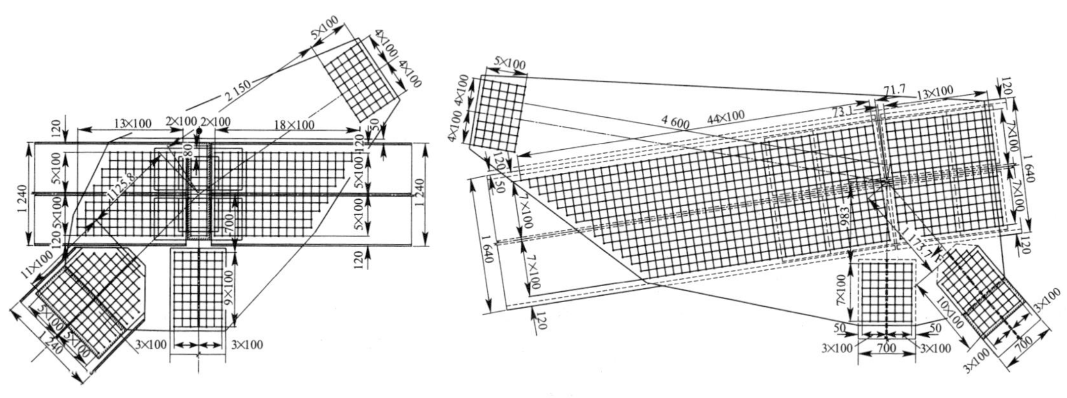

图 1-3-10　扣索塔架拉索梁端锚固构造示意图(尺寸单位:mm)

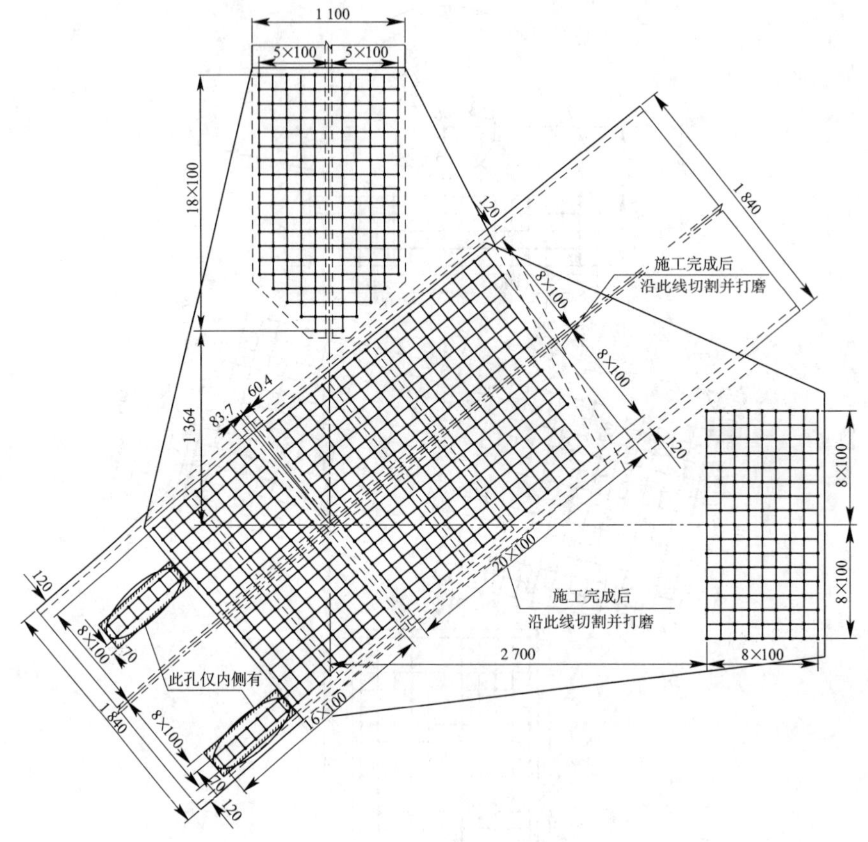

图 1-3-11　临时系杆锚固构造图(尺寸单位:mm)

a. 原因

在 E17 节点设置临时系杆拉索,施工期间最大索力达 45 000kN,巨大的水平力对 E17-M17 竖杆的受力带来不利影响,杆件的杆端弯矩大大增加,超出了该杆件的承载能力。为改善 E17-M17 杆件的受力状态,设计采用在 M16-E17 设置临时杆件的方法,M16-E17 临时杆件和 E17 节点处的临时系杆的布置如图 1-3-12 所示。

b. 构造方式及考虑的因素

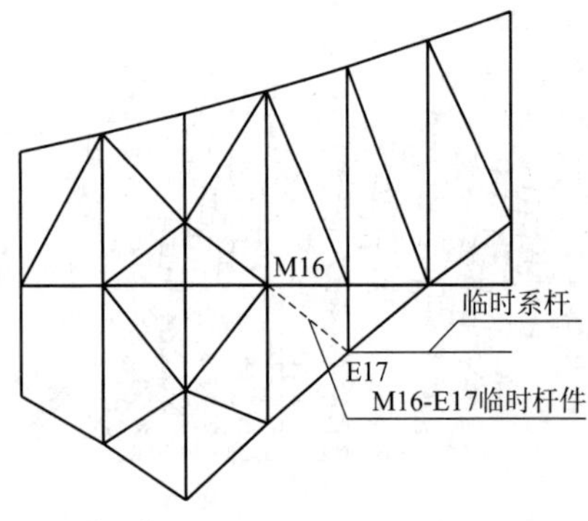

图 1-3-12　M16-E17 临时杆件示意图

M16-E17 临时杆件采用 H 形杆件,杆件与主桁的 M16 和 E17 节点分别采用高强度螺栓连接,连接板为 M16 和 E17 节点的节点板外伸部分。杆件两端的连接构造形式如图 1-3-13 所示。

主桁永久系杆合龙后逐步释放临时系杆索力,使水平拉力由临时系杆逐步转移到永久系杆,完成体系转换后,拆除临时系杆和 M16-E17 临时杆件。M16-E17 临时杆件拆除时,选择杆件杆力基本接近于零的情况下进行。现场割除 M16 和 E17 节点板多余部分,并对切割部位进行边缘打磨。

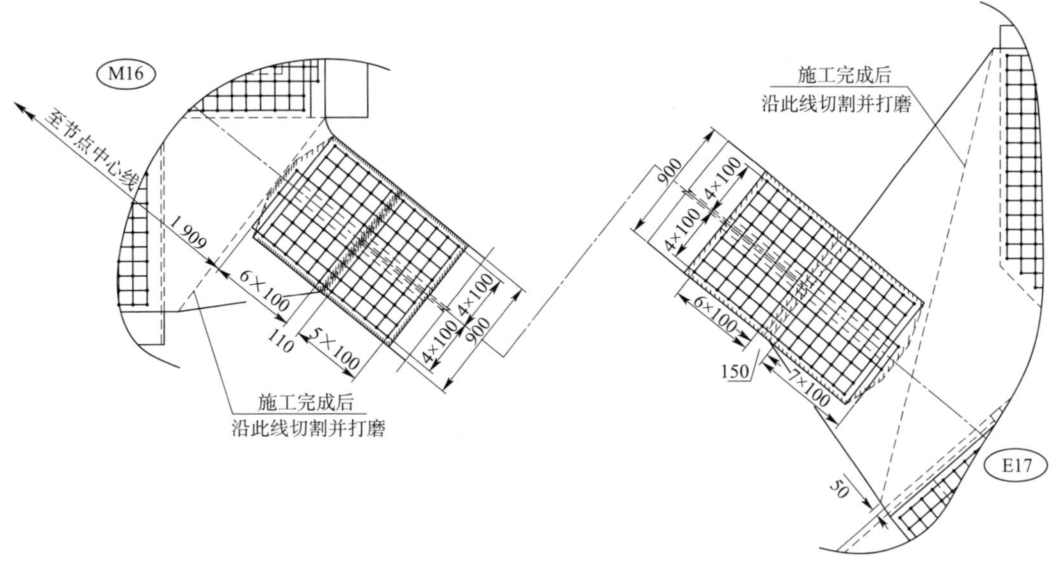

图 1-3-13 M16-E17 临时杆件连接构造图(尺寸单位:mm)

3.4 联结系结构设计

钢桁架桥联结系的主要作用是使主桁连接形成空间桁架结构,并传递风力等结构的横向和空间作用,最终将外力传递给主桁或支座。联结系按照不同部位,一般分为平面纵向联结系、横向联结系和桥门架。

3.4.1 平面纵向联结系设计

重庆朝天门大桥采用双层桥面,上层桥面为整体钢桥面板,无需设置平联;下层桥面采用组合式桥面,需设置平联。下层桥面的平纵联为交叉型设置,杆件采用焊接“工”形断面构件,下层桥面的横梁作为下平联撑杆。拱肋上、下弦平纵联采用菱形桁式,加劲弦平纵联采用“K”形桁式。由于相邻节间的弦杆存在一定的夹角,平联节点板采用弯折方式进行过渡,以适应两侧不同的角度。考虑到主桁安装过程中的局部稳定性,在上弦 A9 ~ A11 节点处增设平联作为施工期间的临时平联,在拱肋主桁合龙后予以拆除。主桥平联布置见图 1-3-14。

3.4.2 横向联结系设计

按照规范的有关规定,主桁拱肋每两个节间设置一副横联,横联均采用桁架式,位于拱肋上下平纵联“米”字形形心处,用于减小纵平联杆件的面外自由长度,利于改善纵平联杆件的受力状态。考虑作为横向风力的集中传递区域,加劲腿区段每个节间均设置一副桁架式横联。典型的横向联结系布置见图 1-3-15。

3.4.3 桥门架设计

桥门架同时也是横向联结系的一部分,并作为纵平联传递横向风力的支点。全桥共设 8 处桥门架,分别设在 4 个支点和上下桥面与拱肋下弦的相交处。中间支点 A15 ~ E15 处设桁架式桥门架,边支点 A1 ~ E1 和 E18 ~ E19 等处均设板式桥门架,E19 ~ E20 处设置桁架式桥门架。典型的桥门架布置见图 1-3-15。

1/2拱肋上平纵联平面布置图

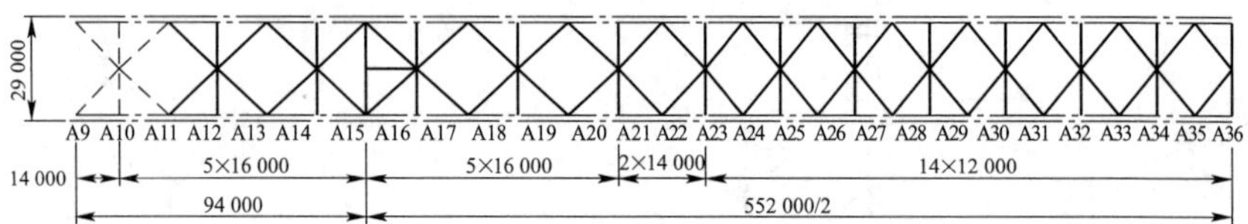

1/2拱肋下平纵联平面布置图

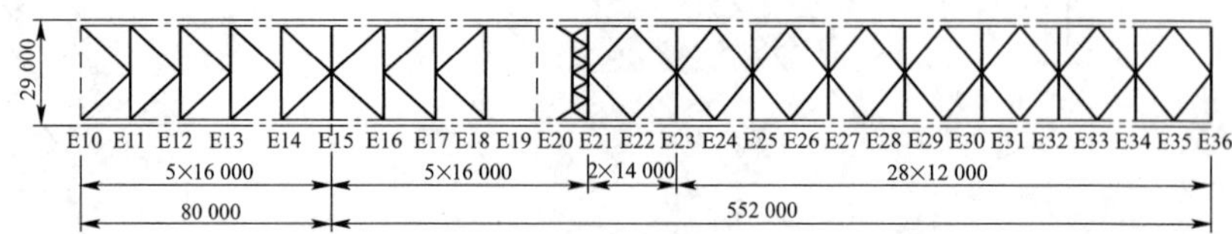

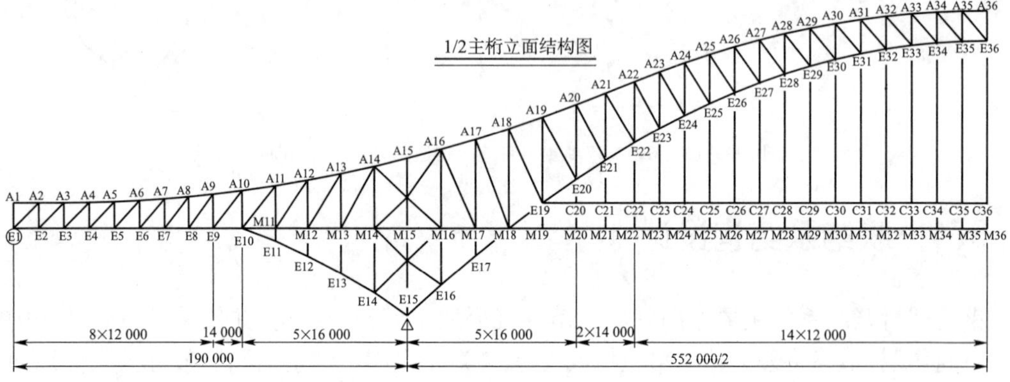

1/2桥面下层平纵联平面布置图

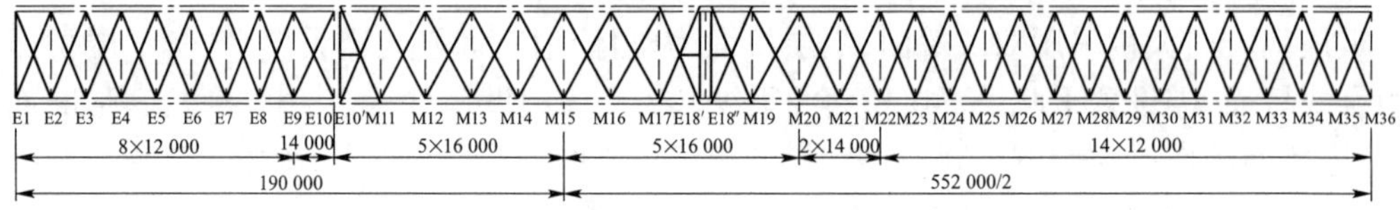

图 1-3-14　主桥平联布置图（尺寸单位：mm）

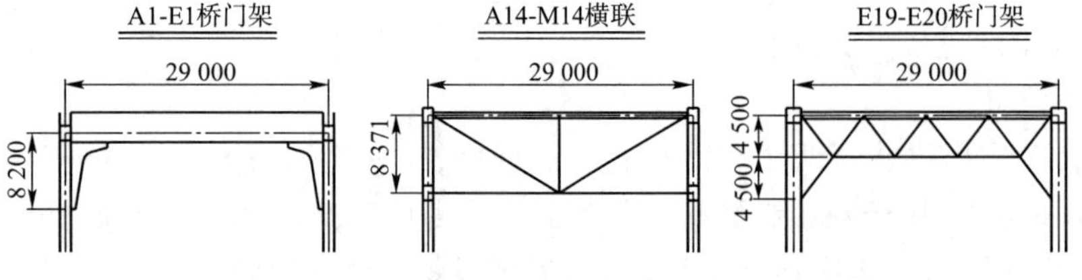

图 1-3-15　典型横联及桥门架布置图（尺寸单位：mm）

3.5　桥面系结构设计

3.5.1　上层桥面系

重庆朝天门大桥桥面为上、下层布置。上层桥面承担公路交通以及人行交通，全宽为36.5m。两片主桁之间布置为公路交通，宽度为26m，为城市主干道双向六车道；人行道布置在两片主桁外侧,宽度为 2.5m。

上层桥面车行道桥面采用整体式正交异性钢桥面板结构,结构由桥面面板、纵肋、横肋、纵梁和横梁组成。横梁均设置在主桁节点中心处,全桥纵梁根据横梁间距的不同,分为 12m、14m 以及 16m 三种跨度,横肋在每个节间内均匀布置。上层桥面车行道桥面结构示意如图 1-3-16 所示。

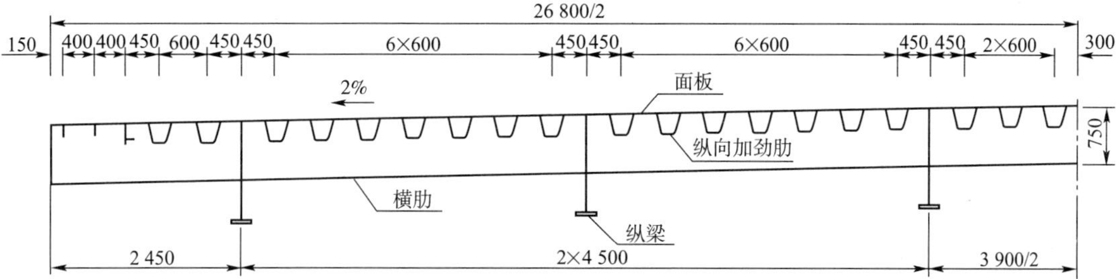

图 1-3-16 1/2 上层桥面整体式桥面板立面结构示意图(尺寸单位:mm)

1)上层整体桥面板构造

上层整体桥面板由面板、纵向加劲肋、横肋以及纵梁组成,全宽为 26.8m。面板厚 16mm,其底面根据结构受力的需要以及铺装对面板刚度的要求,沿顺桥向布置纵向加劲肋。纵向加劲肋为 U 形截面,其顶宽 300mm,底宽 180mm,高 260mm,板厚 8mm。纵向加劲肋横桥向基本间距为 600mm,且全桥通长布置,在横肋以及横梁对应处设置通过孔,便于其结构连续通过。同时为便于桥面泄水管路的布置,桥面板外侧布置 2 道高 150mm 的板式加劲肋和 1 道高 220mm 的 L 形加劲肋,各纵向加劲肋尺寸以及对应处开孔大样如图 1-3-17 所示。

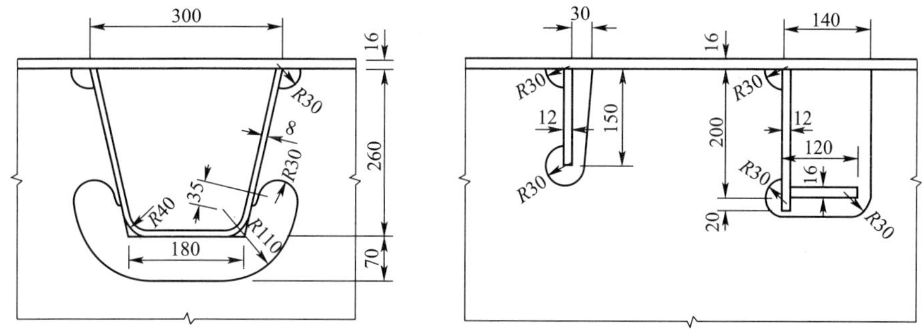

图 1-3-17 纵向加劲肋尺寸及开孔大样(尺寸单位:mm)

为控制纵向加劲肋的跨度小于 3m,面板底部沿顺桥向按不大于 3m 的间距设置横肋。横肋为工字形截面,截面高 766mm,并利用面板作为其自身上翼缘,腹板高 738mm,厚 10mm,下翼缘宽 240mm,厚 12mm,横肋结构分段设计,在纵梁处断开,其端部与纵梁腹板焊接。

上层桥面整体式桥面板全截面共设置 6 道纵梁,纵梁为工字形截面,截面高度为 1 290mm,并利用面板作为其自身上翼缘,其腹板高 1 248mm,厚 12mm,下翼缘宽 260mm,厚 26mm。纵梁横向布置间距为 4.5m 或 3.9m,全桥通长布置。在与横梁相交处对应位置,设纵梁下翼板通过孔,使纵梁下翼板连续通过。纵梁尺寸以及对应处开孔大样如图 1-3-18 所示。

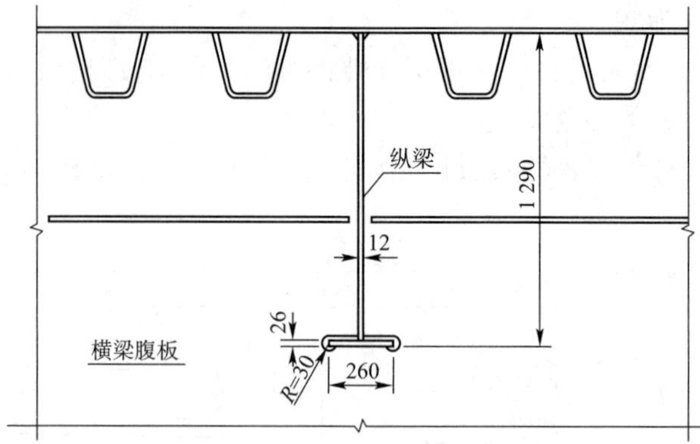

图 1-3-18　纵梁尺寸及开孔大样(尺寸单位:mm)

2)上层桥面横梁

上层桥面横梁布置在每个主桁节点中心位置,为工字形截面构件,标准横梁跨中处截面高度为 3 014mm。横梁上翼缘宽 1 100mm,厚 16mm,其顶面根据车行道路面的布置设置 2%的横坡。横梁跨中处腹板高 2 966mm,厚 14mm,为保证横梁腹板结构的稳定,按照《铁路桥梁钢结构设计规范》(TB 10002.2—2005)相关条文要求,在其腹板上设置高 120mm、厚 10mm 的水平加劲肋和高 150mm、厚 10mm 的竖向加劲肋。同时为节省钢料,除 A1 节点横梁外,其余横梁底面靠两侧主桁 7.3m 范围内设置 1:10 坡度,形成鱼腹式结构。横梁下翼缘宽 800mm,厚 32mm,并根据梁高的变化,在对应凹角处设置 $R=10\ 000$mm 的圆弧过渡。

由于在施工期间 A1 ~ A3 节间以及包含 C20 ~ C36 节点横梁的临时节间压重布置的需要,其竖向加劲肋延伸至横梁上翼缘底部,同时将其上翼缘厚度增加至 28mm。

桥面横梁与整体式桥面板纵向加劲肋以及纵梁对应处均设置相应的对接接头。整体式桥面板与横梁上翼缘对应焊缝处底部设置陶瓷衬垫,采用现场单面焊双面成型的对接焊方式连接。纵向加劲肋接头采用焊接形式,板式加劲肋与 L 形加劲肋设置 200mm 嵌补段,嵌补段与板式加劲肋、L 形加劲肋间采用现场坡口对接焊;U 形纵向加劲肋设置 400mm 长的嵌补段,为便于嵌补段的施焊与精度调整,在嵌补段外 200mm 范围内纵向加劲肋与桥面板面板或桥面横梁上翼缘底部的焊缝采用现场焊接的方式。整体式桥面板纵梁与横梁上设置的纵梁接头采用 M24 摩擦型高强螺栓连接,为便于现场安装,在 14m 与 16m 节间对应的部分接头处拼接板上设置长圆孔。

桥面横梁与主桁节点之间采用螺栓连接,横梁腹板处以及上翼缘顶面均设置连接角钢,其主桁面连接螺栓根据主桁节点构造上的 M30 高强螺栓进行连接。为便于现场高强螺栓的施拧,连接角钢其腹板面以及上翼缘面上的 M30 高强螺栓与主桁面螺栓错台设置。上层桥面标准横梁结构如图 1-3-19 所示。

3)人行道托架及人行道板结构

上层桥面人行道布置在两片主桁外侧,其结构由人行道托架以及设置在其顶面的人行道板组成。人行道托架以及人行道板构造如图 1-3-20 所示。

人行道托架布置在每个主桁节点中心处位置,为变高度工字形截面构件,其端部高为 700m,根部高度为 1 480mm。托架上翼缘宽度为 280mm,厚度为 12mm,沿其顶面水平布置。下翼缘宽度为 200mm,厚度为 12mm,由水平件与倾斜板件对焊组成。托架腹板厚为 12mm,

在人行道板对应处设置高 134mm，厚 12mm 的支撑加劲肋，同时在两支撑加劲肋之间布置同样尺寸的腹板加劲肋。托架与主桁节点之间采用螺栓连接，托架腹板处以及上、下翼缘处均设置连接角钢，其主桁面连接螺栓根据主桁节点构造上的 M30 高强螺栓进行连接。同样为便于现场高强螺栓的施拧，连接角钢其腹板面以及上、下翼缘处的 M24 高强螺栓栓孔与主桁面螺栓错孔设置。

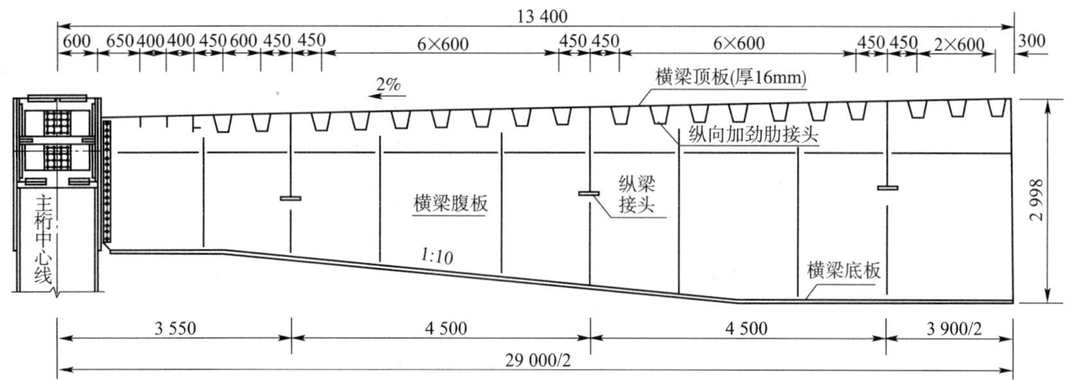

图 1-3-19　1/2 上层桥面标准横梁立面示意图(尺寸单位:mm)

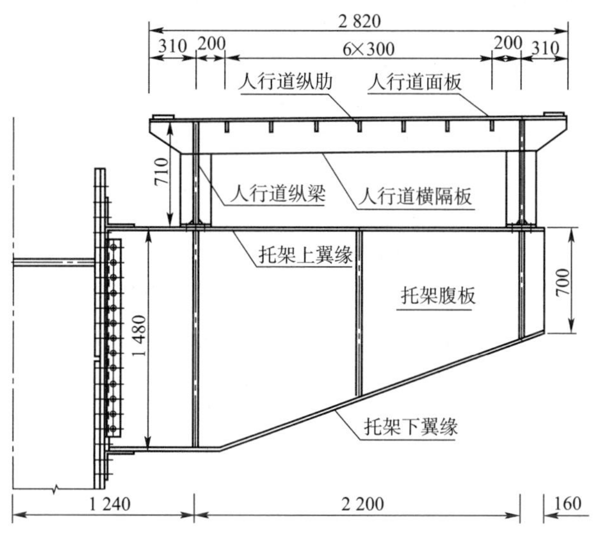

图 1-3-20　人行道托架及人行道板结构示意图(尺寸单位:mm)

人行道板设置在托架顶面处。为减小板桁温差带来的不利影响，人行道板纵向在 M24 和 M′24 节点处断开，顺桥向分为三大段，相邻段间设置有伸缩结构。断面为 π 形断面结构，其结构由纵梁、纵肋以及面板组成，总宽为 2 820mm。面板厚度为 12mm，其底部按 300mm 的间距均匀布置高 90mm，厚 10mm 的板式纵向加劲肋，并沿顺桥向每隔 2m 设置一道高 220mm，厚 12mm 的横隔板。人行道板结构共设置两道纵梁，两纵梁间距为 2 200mm，内侧纵梁处高度为 710mm。为满足路面排水的需要，人行道板通过加高外侧纵梁的方式，向主桁侧设置坡度为 1% 的横坡。内、外侧纵梁腹板高分别为 686mm、708mm，厚度均为 12mm，在横隔板对应处设置高 94mm、厚 12mm 的加劲肋。纵梁下翼缘宽 200mm、厚 12mm，在托架处对应处设置栓孔，通过 M24 高强螺栓与托架连接。人行道板结构之间连接采用栓焊结合的方式,其顶板之间采用现场焊接的方式连接,其连接方式同车行道整体式桥面板一致,纵肋以及纵梁均采用 M22 高强螺栓连接。

3.5.2 下层桥面系

1)中央城市轨道范围桥面系

重庆朝天门大桥下层桥面承担公路与城市轨道组合交通,桥面全宽为 26m,内侧为双线城市轨道交通桥面系,宽度为 9.2m,其两侧布置宽度均为 8m 的公路车行道。

城市轨道交通桥面结构采用铁路钢桥上通常采用的纵横梁结构,轨道纵梁布置在下层桥面横梁之间。根据横梁间距的不同,轨道纵梁可分为 12m、14m 以及 16m 节段三大类。同时为了减少桥面系与主桁结构共同作用的影响,按照不大于 80m 间距的原则,每隔若干节间设置一处伸缩纵梁以减轻共同作用产生的对横梁面外受力的影响。

双线城市轨道线间距为 4.2m,每线城市轨道下对应设置两道轨道纵梁。全桥轨道纵梁分为普通纵梁和伸缩纵梁两类构造。

普通纵梁为工字形对称截面,其间距为 2m,高度为 1 210mm。上、下翼缘宽度均为 240mm,厚度 12mm。为保证两道纵梁结构上层受压翼缘的总体稳定性和纵梁的整体性,在纵梁上、下翼缘之间设置上、下平面纵向联结系,同时纵梁纵向每隔 3 840mm 或 3 260mm 设置一道横向联结系,纵、横向联结系均由肢宽 100mm 或 90mm,肢厚 10mm 的热轧等边角钢组成。同时为保证纵梁腹板的局部稳定性,在其两侧以不大于 2m 间距的原则设置高 105mm,厚 10mm 的竖向加劲肋。普通轨道纵梁上翼缘通过鱼形板与下层桥面横梁上翼缘栓接,其腹板通过连接角钢与下层桥面横梁腹板栓接,其底板通过与下层桥面横梁栓接成整体的牛腿结构栓接。普通轨道纵梁构造见图 1-3-21。

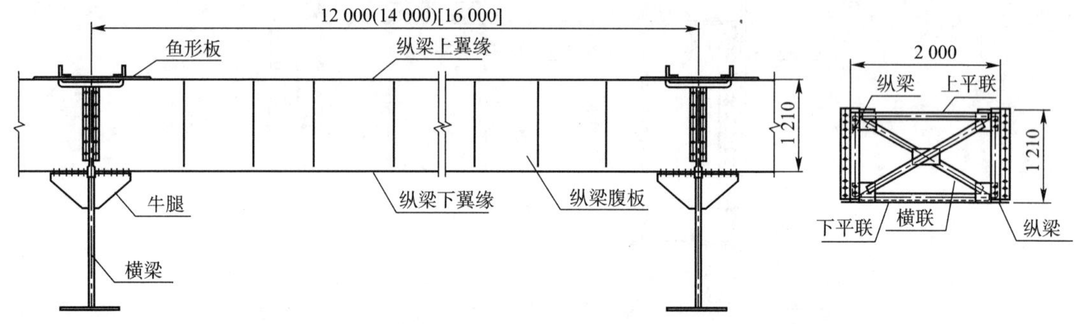

图 1-3-21 纵梁立面及横断面结构示意图(尺寸单位:mm)

伸缩纵梁的结构与普通纵梁结构基本类似,在伸缩纵梁设置处的横梁一侧设置高度与横梁一致的支撑牛腿结构,另一侧设置过渡牛腿结构。支撑牛腿根部高度为 3 000mm,纵梁支撑处的端部高度为 1 712mm,其上、下翼缘宽度均为 240mm,厚度分别为 24mm、12mm。支撑牛腿腹板厚 12mm,在纵梁支撑处设置高度 105mm、厚度 16mm 的支撑加劲肋。

伸缩纵梁固定端和横梁的连接方式与普通纵梁一致,其活动端与横梁断开设置,仅支撑于支撑牛腿结构上。活动端底部支撑处设置既能纵向滑动又能限制横向摆动的卡块构件,在牛腿支撑处的顶面设置顶部沿纵梁方向为圆弧的支撑块,以便于伸缩纵梁的顺桥向自由活动。支撑牛腿结构上翼缘通过鱼形板与横梁另一侧的普通纵梁上翼缘栓接,腹板通过连接角钢与横梁腹板栓接,下翼缘与过渡牛腿下翼缘通过鱼形板与横梁上翼缘栓接,连接螺栓均采用 M24 高强螺栓。伸缩纵梁构造见图 1-3-22。

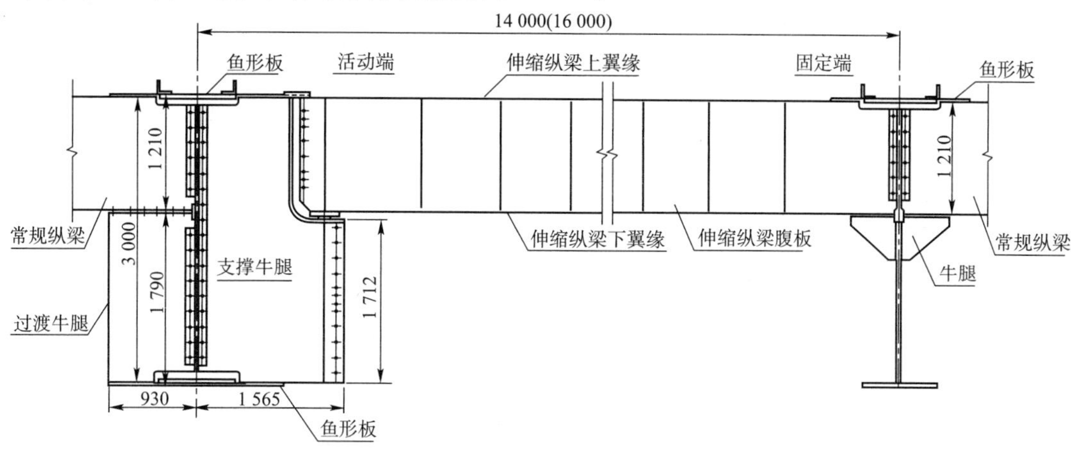

图 1-3-22 伸缩纵梁立面结构示意图(尺寸单位:mm)

2)两侧公路交通范围桥面系

下层桥面两侧的公路范围桥面系结构同样采用正交异性钢桥面板结构,其结构构造基本形式与上层桥面结构一致,由下层桥面整体式桥面板以及下层桥面横梁组成,如图 1-3-23 所示。整体式桥面板布置在各下层横梁之间的两侧对应位置,根据横梁间距的不同,可分为 12m、14m 以及 16m 三类节段。

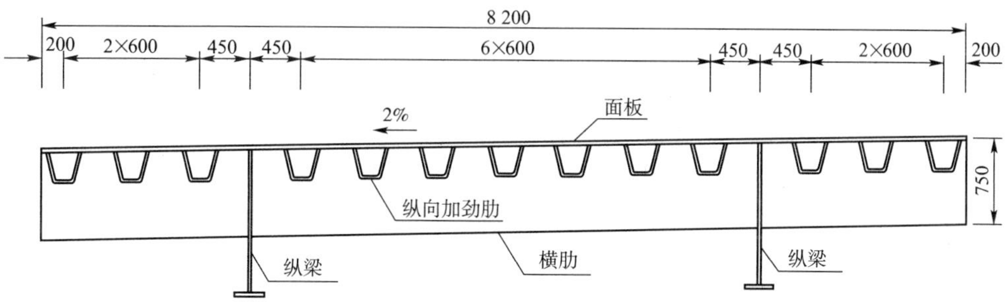

图 1-3-23 下层桥面整体式桥面板结构立面示意图(尺寸单位:mm)

下层桥面整体式桥面板结构同样由面板、纵肋、横肋以及纵梁组成,单块全宽 8.2m。面板厚底为 16mm,其底面根据结构受力的需要以及铺装对桥面板刚度的要求,顺桥向布置纵向加劲肋。纵向加劲肋为均 U 形截面,其顶宽 300mm,底宽 180mm,高度 260mm,厚度 8mm。纵向加劲肋横向基本间距为 600mm,并全桥通长布置,在横肋以及横梁对应处设置通过孔,便于其结构连续通过。U 形纵向加劲肋尺寸以及对应处开孔大样同上层桥面板结构一致。

为减少纵向加劲肋的跨度,面板底部沿顺桥向按不大于 3m 的间距设置横肋。横肋为工字形截面,截面高 766mm,并利用面板作为其自身上翼缘,腹板高 738mm,厚 10mm,底板宽 240mm,厚 12mm,横肋结构采取分段设计,在纵梁处断开,其端部与纵梁腹板焊接。

单块整体式桥面板结构共设置 2 道纵梁,纵梁为工字形截面构件,截面高度为 1 290mm,并利用面板作为其自身上翼缘,其腹板高 1 248mm,厚 12mm,底板宽 260mm,厚 26mm,纵梁横向间距为 4.5m,并全桥通长布置,在横梁处对应位置设置通过孔,便于其连续通过。纵梁尺寸以及对应处开孔大样同上层桥面板结构。

3)下层桥面系组合

下层桥面系由中央城市轨道范围桥面系以及两侧公路交通范围桥面系组成,即其结构由中央纵横梁结构、两侧整体式正交异性桥面结构以及共用的下层桥面横梁结构三部分组成,具体组合结构示意见图1-3-24。

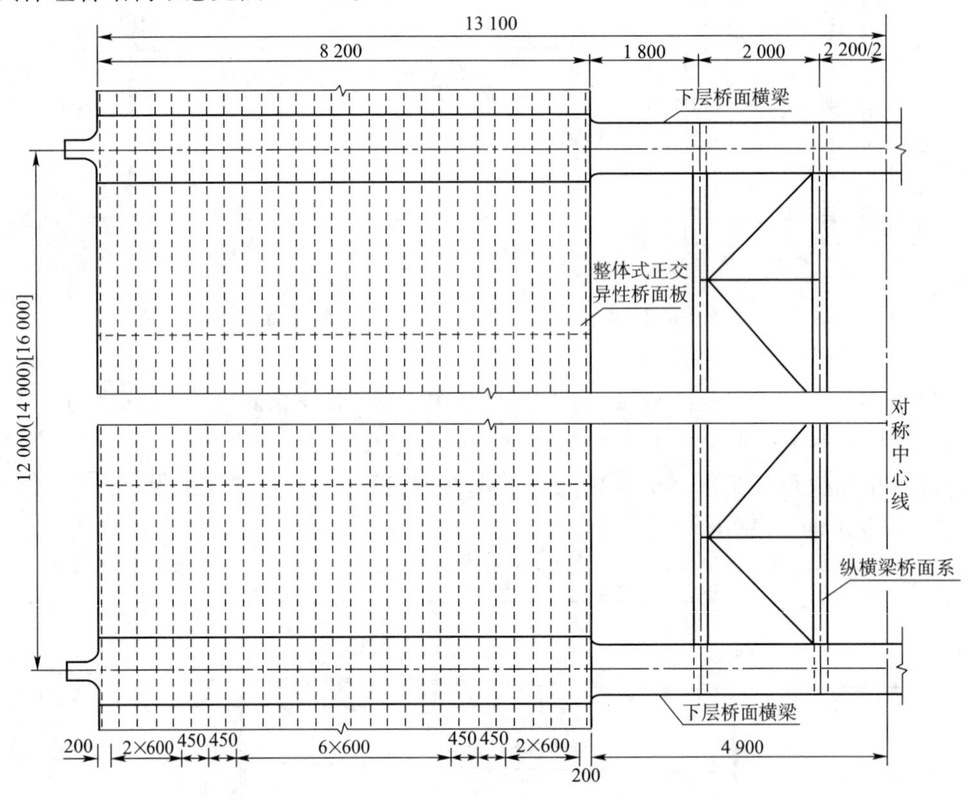

图1-3-24　下层桥面组合结构示意图(尺寸单位:mm)

下层桥面横梁结构为整体式正交异性桥面板与纵横梁结构共用部分,横梁均布置在主桁节点位置,为工字形截面构件。横梁跨中处截面高度为3 000mm,其上翼缘分段变宽设置,公路交通范围的上翼缘宽为1 100mm,城市轨道交通范围的上翼缘宽800mm,厚度为32mm,宽度变化处采用圆弧过渡。上翼缘顶面根据公路车行道路面以及城市轨道交通的布置分段设置顶板横坡值,轨道交通对应处横梁中部9.2m范围的上翼缘水平布置,两侧公路交通车行道路面对应此处横梁上翼缘设置坡度为2%的横坡。横梁跨中处腹板高度为2 936mm,厚16mm。为保证横梁腹板结构的稳定,按照《铁路桥梁钢结构设计规范》(TB 10002.2—2005)相关条文要求,在其腹板上设置高120mm、厚10mm的水平加劲肋和高150mm、厚12mm的竖向加劲肋。同时为节省钢料,下层桥面横梁底面靠主桁侧7.18m范围均设置1:10的坡度,形成鱼腹式结构。横梁下翼缘等宽设置,其宽度为800mm,厚度为32mm,根据梁高的变化,在对应凹角处设置$R=10\ 000$mm的圆弧过渡。

下层桥面横梁与下层整体式桥面板纵向加劲肋以及纵梁对应处设置相应对接接头,整体式桥面板与下层横梁的连接形式与上层桥面结构一致。在中央轨道纵梁对应处,横梁腹板以及上、下翼缘板对应设置连接栓孔，以便于轨道纵梁结构的连接。下层桥面横梁与主桁节点之间采用螺栓连接，其连接形式与上层桥面结构一致。下层桥面横梁结构如图1-3-25所示。

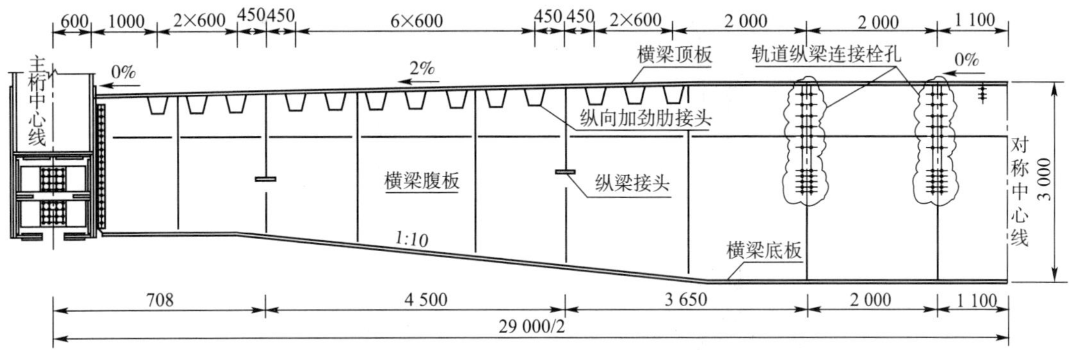

图1-3-25　1/2下层桥面横梁立面示意图(尺寸单位:mm)

3.6　吊索及辅助系杆设计

3.6.1　吊索及锚固结构

1)吊索

吊索采用高强度平行钢丝成品索，钢丝直径为7mm，按照吊杆杆力的大小，有三种规格：PES(FD)7－127、PES(FD)7－139和PES(FD)7－151。索体截面构造如图1-3-26所示。

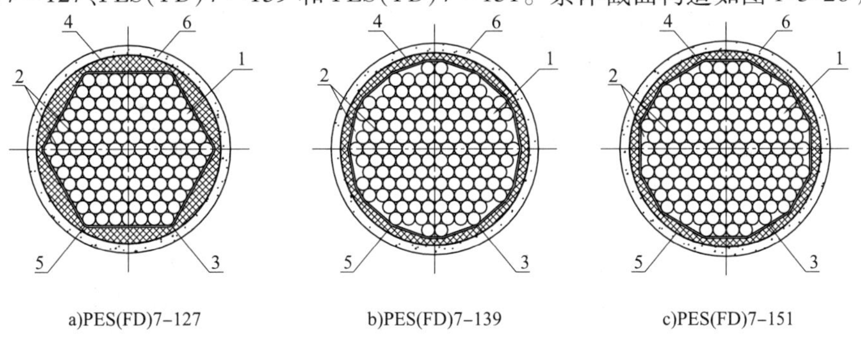

图1-3-26　吊杆索断面图

1-ϕ7mm高强钢丝;2-防腐油脂;3-高强纤维聚酯带;4-内层HDPE护套;5-隔离层;6-外层HDPE护套

吊杆索的张拉按照设计高程进行控制，全桥施工完成后再进行一次整体调索，使索力和高程均达到设计值。为防止吊杆PE护套被人为损坏，索体下端3m范围内设置不锈钢套管。该套管和吊杆所有配套设施均由钢索提供厂家统一供货和安装。吊杆采用双索布置，需要更换时，可在不中断全桥交通，仅对局部交通应进行限制的情况下进行，同一吊杆的两根吊索逐根更换。

因吊杆上端(拱肋侧)没有张拉空间，吊杆上端仅为固定端，下端为张拉端，同一吊杆的两根吊索同步进行张拉，以保证索力均匀。吊杆构造见图1-3-27。

2)锚固结构

吊杆索两端锚具均采用冷铸锚，锚具采用球面螺母和垫板，作为安装和使用过程中的自动调平和矫正装置，同时应保证在工作状态下能够转动。锚具的构造如图1-3-27所示。

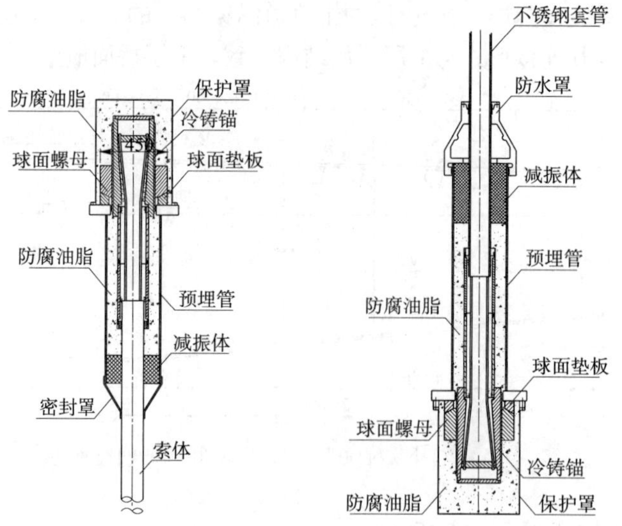

图 1-3-27　吊杆索构造图

锚箱设置在拱肋和系杆节点处，吊杆上、下端分别锚固在锚箱上。吊杆上下锚箱的构造如图 1-3-28 所示。

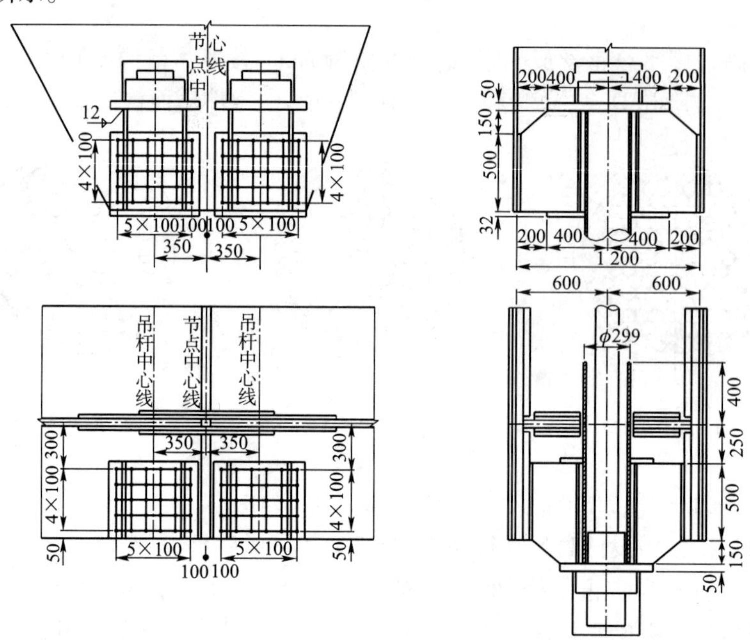

图 1-3-28　吊杆锚箱构造图（尺寸单位：mm）

3.6.2　辅助系索及锚固结构

1）辅助索

本桥下层系杆采用“钢制杆件＋柔性系索”的组合式系杆。钢制杆件作为刚性系杆，是主桁结构的一部分，柔性系索作为外加的预应力，其作用在于减小刚性系杆的内力，降低杆件规模和构造尺寸。

柔性系索理论长度为 456m，锚固于两侧主桁的 E18 节点处。其布置如图 1-3-29 所示。

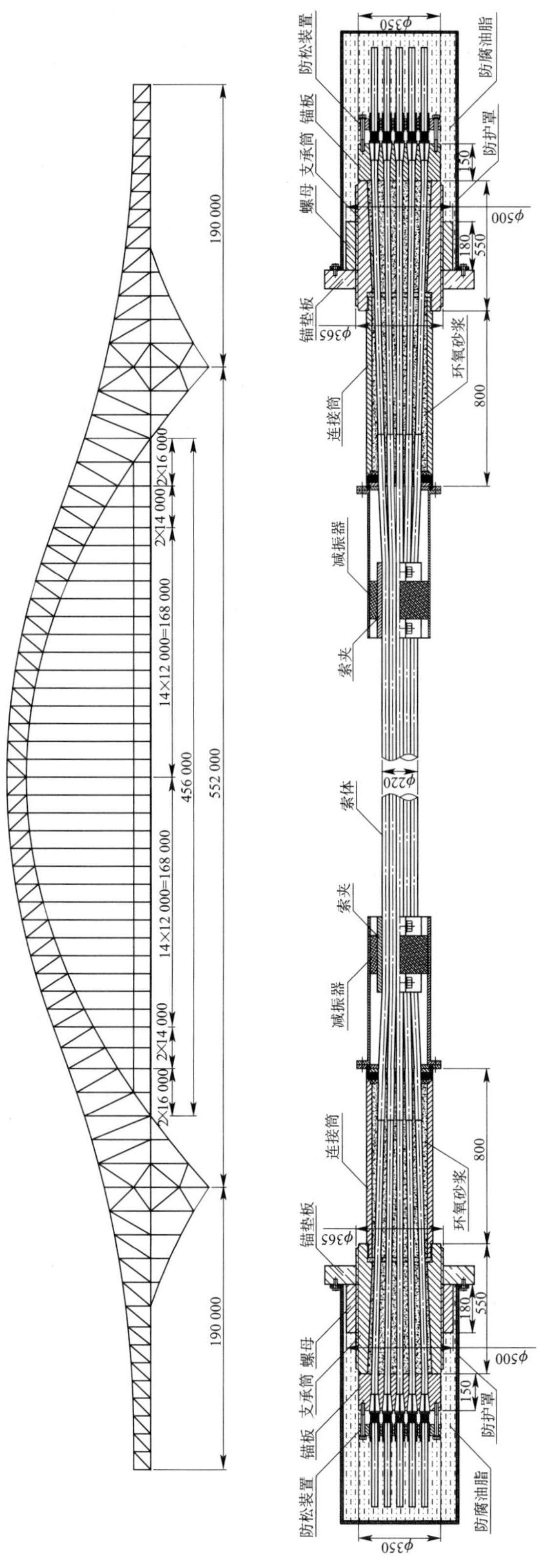

图1-3-29　系杆索布置及构造图(尺寸单位：mm)

柔性系索由四束索股组成,每束由 55 根填充型环氧钢绞线组成。每束钢绞线索股张拉力为 5 000kN。柔性系索的布置(组合式系杆的构造)、钢绞线索股、填充型环氧钢绞线的构造如图 1-3-30 所示。

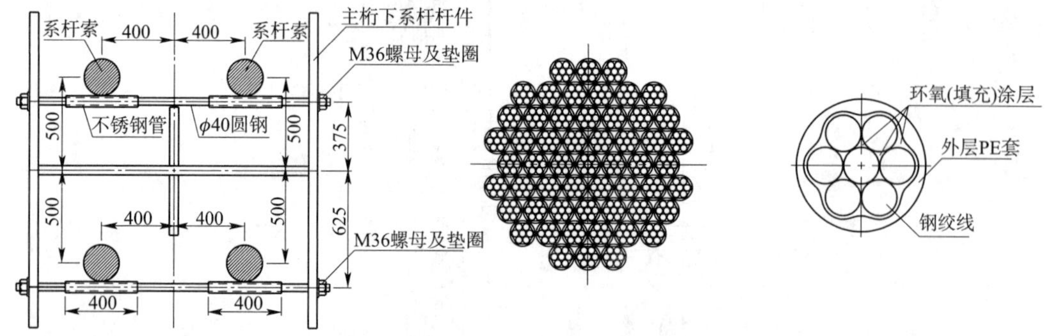

图 1-3-30　组合式系杆构造、柔性系杆及填充型钢绞线断面(尺寸单位:mm)

2)锚固结构

柔性系索锚固于两岸主桁的 E18 节点处,E18 节点在节点板范围内设置系索锚箱,位于 E18 节点与 M17-E18 杆件的拼接处。E18 节点及系索锚箱布置构造如图 1-3-31 所示,系索锚箱构造如图 1-3-32 所示。

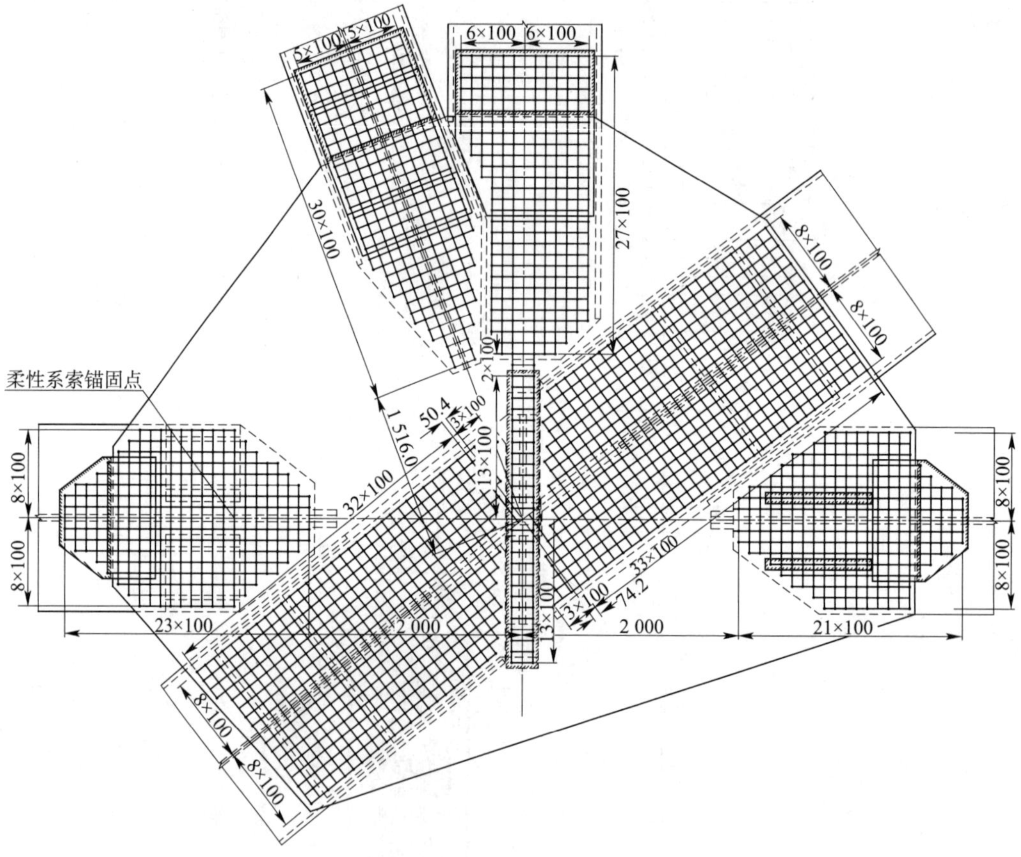

图 1-3-31　主桁 E18 节点构造图(尺寸单位:mm)

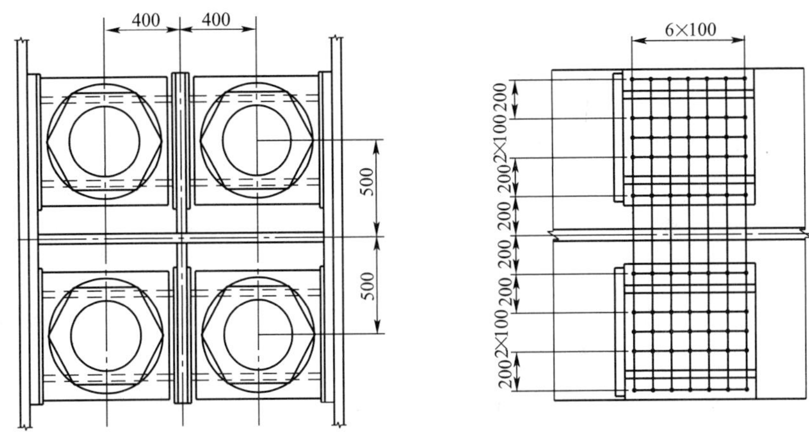

图 1-3-32 系杆索锚箱构造图(尺寸单位:mm)

3.7 桁拱的拱度设计

3.7.1 考虑拱度设置的原因

桥梁设置预拱度的目的在于:使桥梁结构在承受恒载和活载以及结构变形的情况下,确保桥梁行车面的纵向线形。按照相关设计规范的要求,预拱度按照恒载 + 1/2 静活载挠度曲线值反向设置。依此原则设置预拱度,可以使桥梁结构在恒载状态下的上拱值与静活载作用下的下挠值基本一致。

3.7.2 拱度设置

1)拱度设置值的确定和实际采用

主桁预拱度按照恒载 + 1/2 静活载挠度曲线值反向设置,并适当修正。根据计算结果及规范的相关规定,本桥仅在中跨设置预拱度,设置的预拱度值如图 1-3-33 所示。

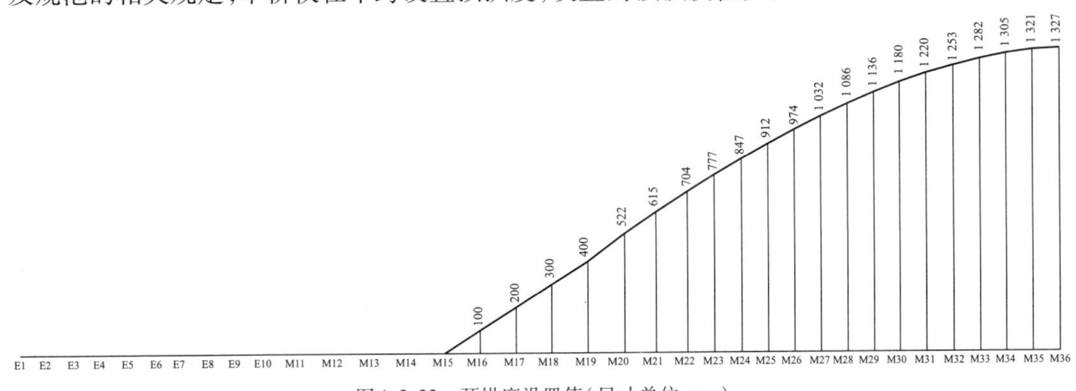

图 1-3-33 预拱度设置值(尺寸单位:mm)

2)拱度设置的方式

根据计算成果,边跨不需要设置预拱度。中跨预拱度的设置采用如下方法:M16 ~ M19(E19)各节点采取将上、下层横梁顶面加高的方法,即 M16 节点处横梁顶面较 M15 节点处增加 100mm,M17、M18、M19 节点较前一节点依次增加 100mm。M20 ~ M36、C20 ~ C36 各节点采用调整杆件系统线、横梁顶面加高和缩短吊杆的方法。

3.8 结构力学行为分析

3.8.1 钢桁拱桥结构静力分析

1)主桁结构静力分析

(1)设计荷载及计算工况

①永久荷载

a.主桁杆件及节点、桥面系、平面联结系、横向联结系及桥门架等均按照构件实际重力计算,并按照节点荷载作用于主桁考虑。

b.上层桥面铺装:22kN/m;下层桥面铺装:12kN/m;上层桥面护栏:1.35kN/m;下层桥面护栏:2.7kN/m;人行道铺装:0.6kN/m;人行道栏杆:1.0kN/m;下层轨道交通明桥面(含检查走道)8.0kN/m。以上均为每桁荷载,按照节点荷载作用于主桁考虑。

②可变荷载

a.汽车荷载:计算荷载为公路—Ⅰ级,并按照城—A级荷载验算。全桥按照8车道设计,总体加载时根据规范的相关规定进行折减。

b.轨道交通荷载:根据重庆市轨道总公司《关于轨道交通环线与重庆朝天门大桥相关问题的协商函》的荷载标准执行。轻轨交通车辆采用B型地铁车,5辆车编组,每辆车长19.52m,共四轴,轴间距为2.3m+10.3m+2.3m,车辆最大轴重$P=140$kN。

c.人群荷载:全桥总体计算时荷载集度采用2.5kN/m^2,人行道局部构件计算时荷载集度采用4.0kN/m^2。

d.风荷载:设计风速按照平均最大风速采用,v_{10}为26.7m/s,风荷载对结构的作用按照规范的相关规定计算。

e.温度荷载:设计温度为最高+45℃,最低-5℃,体系温度按20℃计,温差按照±25℃考虑。

f.活载组合:公路车道荷载与轻轨荷载组合作用时,按照最不利加载进行组合,并不考虑组合折减系数。

③偶然荷载

地震荷载:本桥所在地重庆的地震基本烈度为Ⅵ度,结构物按Ⅶ度设防。

(2)计算分析模型

计算分析按照相关设计规范的规定,主桁结构受力采用平面计算分析模型进行分析;联结系结构受力采用空间计算分析模型进行分析,并用空间计算分析模型对主桁杆件进行验证。

平面计算分析采用中铁大桥勘测设计院集团有限公司的桥梁专用结构分析程序SCDS进行。计算模型根据主桁杆件的设计截面,考虑主桁杆件及节点的刚度影响,按照节点刚结系统建立(杆件单元信息包括截面和惯性矩)。成桥运营状态下主桥结构平面计算图式见图1-3-34。

平面计算分析同时按照主桥的施工过程,考虑各施工阶段控制工况的施工受力状态,并将各施工受力状态的最大杆件内力作为“安装主力”,成为杆件截面选择的依据之一。主桁合龙前施工工况下,主桥结构平面计算图式见图1-3-35。

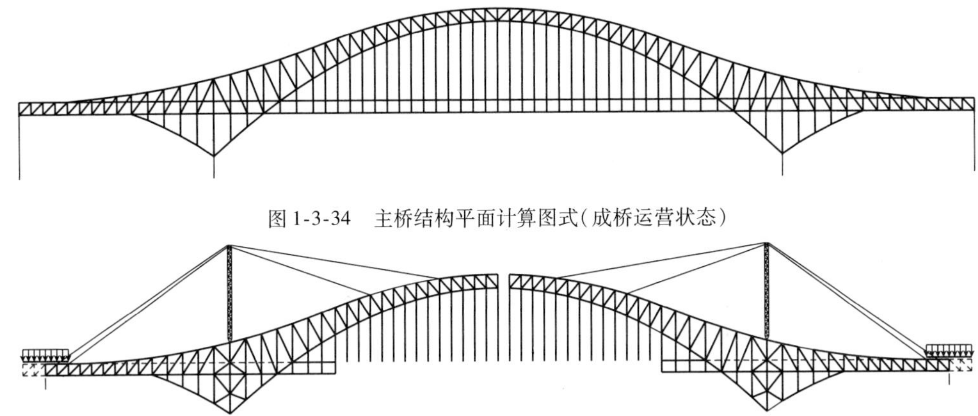

图 1-3-34　主桥结构平面计算图式(成桥运营状态)

图 1-3-35　主桥结构平面计算图式(主桁合龙前工况)

空间计算分析采用通用空间软件 MIDAS,计算模型按照结构设计情况对主桁杆件、拱肋上下平联、纵横梁、拱肋横联、桥门架等构件进行模拟。所有构件均采用空间梁单元,对于上、下层桥面板,将其刚度与质量等效分配到纵横梁上。主桥结构空间计算模型的图式见图 1-3-36。

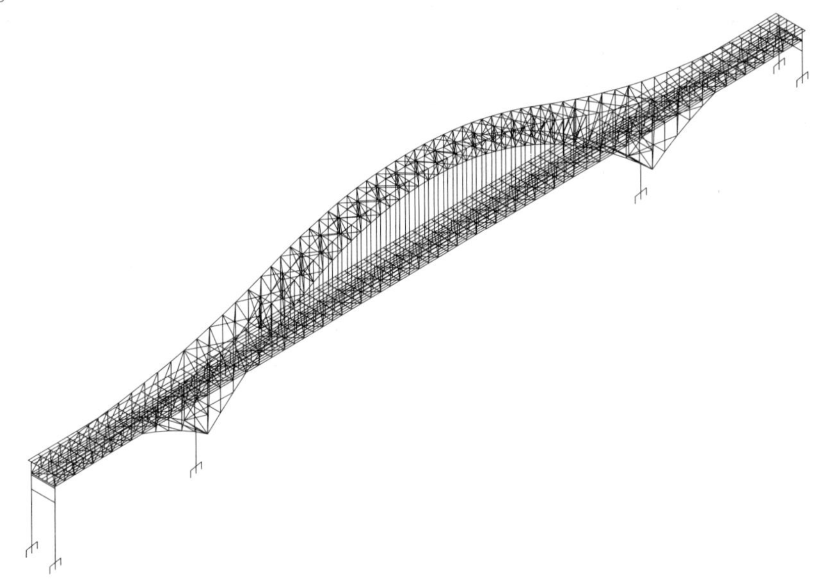

图 1-3-36　主桥结构空间计算模型的图式(45°斜平面)

(3)计算分析成果

主桁结构的计算分析以平面计算分析成果为主,空间计算分析成果主要作为平面计算分析的校核和补充。对于平面计算分析难以准确反映的工况和受力状态(如:主桁空间静力稳定性分析、动力分析、抗风分析、联结系受力分析等),以空间计算分析成果为准。

主桁结构各杆件轴力平面计算分析的主要成果见表 1-3-6。表中包含恒载、公路活载(按照 8 车道荷载进行折减)、轻轨活载、人群活载等作用。强度组合为:恒载 + 活载的组合效应,其中公路、轻轨和人群荷载组合时,按照最不利情况组合,不考虑彼此折减。安装轴力为杆件在各施工阶段控制工况下最大的杆力。

表 1-3-6

主桁结构各杆件轴力计算分析成果表

序号	模型单元编号	主桁杆件编号	恒载内力(kN)	公路活载(kN)		轻轨活载(kN)		人群活载(kN)		强度组合(kN)		安装主力(kN)	
				Max	Min	Max	Min	Max	Min	Max	Min	Max	Min
1	1-3	E1-E2	-1 111	934	-2 260	483	-1 652	203	-388	-1 523	-7 443	8 572.9	-13 914.5
2	3-5	E2-E3	126	1 835	-3 975	949	-2 824	399	-689	-664	-11 465	15 997.1	-21 323.7
3	5-7	E3-E4	245	2 747	-5 199	1 421	-3 655	597	-916	2 378	-12 323	22 871	-22 605.8
4	7-9	E4-E5	245	3 525	-5 787	1 824	-3 982	766	-1 036	7 133	-10 031	29 449	-18 159
5	9-11	E5-E6	201	4 223	-5 895	2 185	-3 985	917	-1 069	13 566	-5 001	39 882.7	-9 301.4
6	11-13	E6-E7	201	4 800	-5 569	2 484	-3 637	1 043	-1 019	21 232	2 375	50 833.6	538.1
7	13-15	E7-E8	-6	5 226	-4 877	2 704	-3 055	1 135	-895	29 574	11 367	61 769	5 110.7
8	15-17	E8-E9	-6	5 533	-3 941	2 863	-2 384	1 202	-720	38 402	21 447	72 501.1	1 079.3
9	17-19	E9-E10	-378	5 883	-2 850	2 950	-1 642	1 285	-519	48 394	32 923	83 404.9	21.5
10	19-21	E10-E11	-378	4 891	-377	1 988	-254	1 087	-77	49 922	40 877	59 495.9	465.8
11	21-23	E11-E12	-909	5 030	-382	2 064	-258	1 118	-78	51 377	42 029	60 974.2	566.7
12	23-25	E12-E13	-919	5 152	-393	2 118	-265	1 144	-80	52 551	42 947	62 345.2	464.6
13	25-27	E13-E14	-930	5 296	-391	2 173	-265	1 177	-79	54 231	44 342	63 907.2	657.8
14	27-29	E14-E15	-967	5 536	-138	2 005	-109	1 253	-26	62 303	52 696	65 970.6	331.5
15	29-31	E15-E16	-1 129	6 208	-151	2 252	-120	1 405	-29	69 964	59 166	73 903.1	39 139.5
16	31-33	E16-E17	-1 116	5 909	-340	2 362	-237	1 321	-68	61 697	50 905	67 904.7	35 132.8
17	33-35	E17-E18	-2 217	5 749	-330	2 303	-229	1 285	-66	59 988	49 555	66 030.4	34 152.9
18	35-37	E18-E19	-2 078	6 870	-1 266	2 520	-660	1 556	-207	71 979	58 431	63 364.5	24 495
19	37-39	E19-E20	-1 927	9 120	-2 189	2 842	-1 294	2 116	-398	86 991	68 386	72 431.3	20 170.9
20	39-41	E20-E21	-1 767	9 241	-2 972	2 980	-1 859	2 137	-558	80 456	60 003	65 690.8	15 907.6
21	41-43	E21-E22	-1 596	9 383	-3 692	3 151	-2 322	2 161	-709	75 150	52 887	60 076.3	12 202.8

续上表

序号	模型单元编号	主桁杆件编号	恒载内力（kN）	公路活载(kN)		轻轨活载(kN)		人群活载(kN)		强度组合(kN)		安装主力(kN)	
				Max	Min	Max	Min	Max	Min	Max	Min	Max	Min
22	43-45	E22-E23	-1 415	9 532	-4 377	3 355	-2 716	2 184	-856	70 366	46 355	54 955.4	8 785
23	45-47	E23-E24	-1 224	9 594	-4 854	3 527	-2 965	2 187	-962	66 737	41 650	51 124.3	6 224
24	47-49	E24-E25	-1 022	9 600	-5 281	3 686	-3 166	2 177	-1 057	63 029	37 051	47 308.1	4 107
25	49-51	E25-E26	-813	9 530	-5 621	3 818	-3 304	2 149	-1 134	59 356	32 826	43 696.3	2 601.9
26	51-53	E26-E27	-607	9 372	-5 869	3 915	-3 379	2 102	-1 192	55 605	28 841	40 122.6	460.1
27	53-55	E27-E28	-419	9 105	-6 003	3 969	-3 384	2 030	-1 226	51 796	25 198	36 662.5	5 093.1
28	55-57	E28-E29	-264	8 723	-6 011	3 968	-3 318	1 932	-1 232	47 900	21 895	33 303.2	3 090.6
29	57-59	E29-E30	-159	8 203	-5 868	3 905	-3 178	1 804	-1 204	44 003	19 084	30 142.4	653.9
30	59-61	E30-E31	-205	7 560	-5 584	3 772	-2 978	1 649	-1 144	40 092	16 728	27 184.4	5 926.7
31	61-63	E31-E32	-205	6 742	-5 122	3 552	-2 713	1 457	-1 040	36 159	14 960	24 501.1	3 328.3
32	63-65	E32-E33	-244	5 821	-4 515	3 260	-2 422	1 242	-902	32 492	13 849	22 216.8	-4 322.9
33	65-67	E33-E34	-244	4 794	-3 782	2 887	-2 127	1 007	-730	29 102	13 373	20 401.3	-10 742.9
34	67-69	E34-E35	-118	4 152	-3 400	2 446	-1 877	875	-645	26 574	12 907	19 067.6	-15 442.3
35	69-71	E35-E36	-118	3 838	-3 316	1 971	-1 718	828	-628	24 951	12 414	18 258	-18 197.6
36	2-4	A1-A2	170	6	-2	4	-1	1	-1	32	17	44.4	-2 631.4
37	4-6	A2-A3	170	2 271	-940	1 661	-487	390	-204	7 473	1 519	16 387.5	-2 499.5
38	6-8	A3-A4	620	3 988	-1 843	2 833	-953	692	-400	11 496	653	26 457.7	-9 345.9
39	8-10	A4-A5	620	5 207	-2 755	3 661	-1 426	918	-599	12 325	2 414	30 855.4	-4 328.2
40	10-12	A5-A6	797	5 795	-3 535	3 988	-1 829	1 038	-768	10 013	7 194	26 381	-11 618.8
41	12-14	A6-A7	803	5 903	-4 234	3 990	-2 191	1 071	-920	4 968	-13 645	-17 524.8	-19 750.6
42	14-16	A7-A8	959	5 579	-4 820	3 641	-2 494	1 021	-1 047	-2 471	-21 395	-7 628.4	-15 304.9

续上表

序号	模型单元编号	主桁杆件编号	恒载内力(kN)	公路活载(kN)		轻轨活载(kN)		人群活载(kN)		强度组合(kN)		安装主力(kN)	
				Max	Min	Max	Min	Max	Min	Max	Min	Max	Min
43	16-18	A8-A9	977	4 889	-5 253	3 062	-2 718	898	-1 141	-11 513	-29 816	0	-26 302.3
44	18-20	A9-A10	-63	3 956	-5 576	2 392	-2 885	723	-1 211	-21 712	-38 816	0	-37 224.1
45	20-22	A10-A11	-150	2 870	-5 940	1 654	-2 977	523	-1 297	-33 238	-48 920	-20 721	-48 178.2
46	22-24	A11-A12	-245	2 273	-5 602	1 194	-2 641	405	-1 235	-34 481	-48 212	-21 358	-44 244
47	24-26	A12-A13	-352	1 652	-5 243	660	-2 263	291	-1 171	-35 671	-47 344	-10 003	-39 659.8
48	26-28	A13-A14	-476	1 013	-4 939	83	-1 873	185	-1 122	-37 239	-47 126	-3 009.2	-39 762.5
49	28-30	A14-A15	-616	777	-4 591	473	-2 302	163	-996	-28 661	-38 205	-22 401	-35 011.6
50	30-32	A15-A16	-773	785	-4 601	477	-2 318	165	-997	-28 543	-38 140	-22 417	-35 085.1
51	32-34	A16-A17	-947	3 192	-4 307	935	-2 919	704	-875	12 580	-820	7 826.4	-28 705
52	34-36	A17-A18	-1 134	4 609	-4 554	1 359	-3 050	1 034	-927	29 081	13 166	20 377.1	-26 651.1
53	36-38	A18-A19	-1 324	5 836	-4 707	2 076	-3 184	1 291	-956	41 759	23 321	30 188.5	-23 533.9
54	38-40	A19-A20	-1 501	6 422	-4 720	2 825	-3 268	1 383	-953	48 237	28 257	35 123.4	-19 850.2
55	40-42	A20-A21	-1 649	6 879	-4 628	3 494	-3 278	1 447	-929	53 596	32 447	39 152.6	-18 468.8
56	42-44	A21-A22	-1 750	7 246	-4 431	4 108	-3 216	1 493	-884	58 485	36 500	42 889.6	-17 753.8
57	44-46	A22-A23	-1 771	7 484	-4 196	4 555	-3 111	1 518	-832	62 110	39 689	45 634.7	-17 175.2
58	46-48	A23-A24	163	7 891	-4 146	4 925	-2 964	1 592	-830	65 336	42 366	48 070.9	-16 631.8
59	48-50	A24-A25	169	8 441	-4 230	5 245	-2 797	1 706	-864	68 816	44 912	50 521.9	-16 276.8
60	50-52	A25-A26	-36	8 929	-4 258	5 501	-2 618	1 810	-885	72 180	47 584	52 996.1	-20 553
61	52-54	A26-A27	-35	9 329	-4 206	5 694	-2 423	1 896	-886	75 321	50 337	55 460	-18 364.1
62	54-56	A27-A28	521	9 623	-4 056	5 817	-2 213	1 960	-864	78 308	53 279	57 973	-16 055.3
63	56-58	A28-A29	521	9 786	-3 799	5 861	-1 988	1 997	-816	80 923	56 245	60 373.9	-19 269.8

续上表

序号	模型单元编号	主桁杆件编号	恒载内力(kN)	公路活载(kN)		轻轨活载(kN)		人群活载(kN)		强度组合(kN)		安装主力(kN)	
				Max	Min	Max	Min	Max	Min	Max	Min	Max	Min
64	58-60	A29-A30	1 894	9 816	-3 437	5 839	-1 752	2 004	-741	83 207	59 254	62 702.6	-15 411.1
65	60-62	A30-A31	1 900	9 710	-2 959	5 756	-1 498	1 980	-639	85 044	62 182	64 844.7	-11 602.9
66	62-64	A31-A32	1 902	9 475	-2 405	5 634	-1 243	1 927	-518	86 376	64 885	66 713.7	-14 537.1
67	64-66	A32-A33	1 903	9 141	-1 800	5 495	-987	1 850	-383	87 179	67 284	68 198	-10 776.7
68	66-68	A33-A34	1 904	8 748	-1 190	5 359	-736	1 756	-247	87 605	69 317	69 305.1	-8 447.2
69	68-70	A34-A35	1 905	8 503	-778	5 273	-505	1 696	-160	87 845	70 655	69 961.2	-7 018.4
70	70-72	A35-A36	1 905	8 472	-665	5 238	-279	1 689	-148	87 689	70 921	69 896.8	-6 576
71	19-73	E10-M11	1 906	2 384	-3 591	1 254	-2 448	516	-645	3 068	-7 962	23 640.8	-2 841.3
72	73-74	M11-M12	1 906	1 652	-2 472	879	-1 695	357	-444	1 453	-6 163	18 986.6	-2 614.4
73	74-75	M12-M13	1 907	929	-1 285	496	-823	200	-237	497	-3 542	14 744.9	-1 731.7
74	75-76	M13-M14	1 907	389	-369	41	-9	82	-77	-251	-1 486	11 012.5	-1 015.5
75	76-77	M14-M15	1 907	360	-1 038	206	-310	73	-235	-9 517	-11 783	-199.2	-10 418.1
76	77-78	M15-M16	1 908	367	-1 046	211	-313	74	-237	-9 572	-11 866	-233.4	-10 489.4
77	78-79	M16-M17	-206	1 304	-3 169	817	-1 099	274	-713	-24 932	-32 488	8 551.9	-27 492
78	79-35	M17-E18	-65	1 660	-5 063	1 009	-1 849	348	-1 139	-43 405	-54 743	4 054	-45 814.8
79	35-80	E18-M19	71	1 874	-6 911	882	-2 358	410	-1 593	-46 110	-60 649	1 876.1	-45 557.4
80	80-81	M19-M20	208	1 873	-6 915	880	-2 359	410	-1 593	-46 169	-60 705	1 831	-45 608.9
81	81-83	M20-M21	347	1 869	-6 919	877	-2 359	409	-1 595	-46 258	-60 772	1 766.8	-45 665
82	83-85	M21-M22	116	1 864	-6 923	873	-2 361	408	-1 595	-46 349	-60 841	1 694.8	-45 724
83	85-87	M22-M23	182	1 857	-6 926	868	-2 362	407	-1 596	-46 434	-60 904	1 617.1	-45 776
84	87-89	M23-M24	-1 360	1 849	-6 929	862	-2 365	405	-1 596	-46 524	-60 970	1 533.9	-45 830.8

续上表

序号	模型单元编号	主桁杆件编号	恒载内力(kN)	公路活载(kN)		轻轨活载(kN)		人群活载(kN)		强度组合(kN)		安装主力(kN)	
				Max	Min	Max	Min	Max	Min	Max	Min	Max	Min
85	89-91	M24-M25	133	1 841	-6 931	854	-2 369	403	-1 597	-46 611	-61 032	1 445.6	-45 882.3
86	91-93	M25-M26	-1	1 832	-6 934	846	-2 374	402	-1 597	-46 696	-61 095	1 343.8	-45 933.1
87	93-95	M26-M27	-137	1 824	-6 938	838	-2 380	400	-1 598	-46 780	-61 159	1 224.1	-45 984
88	95-97	M27-M28	-272	1 814	-6 941	829	-2 388	399	-1 598	-46 863	-61 224	1 090.8	-46 034.1
89	97-99	M28-M29	-402	1 805	-6 945	819	-2 397	397	-1 598	-46 944	-61 290	946.5	-46 082.5
90	99-101	M29-M30	-177	1 796	-6 949	808	-2 414	396	-1 599	-47 022	-61 361	793.6	-46 128.4
91	101-103	M30-M31	-67	1 787	-6 952	797	-2 433	394	-1 599	-47 094	-61 429	639.1	-46 170.6
92	103-105	M31-M32	910	1 779	-6 967	786	-2 451	393	-1 600	-47 159	-61 503	486.9	-46 208.7
93	105-107	M32-M33	167	1 772	-6 980	775	-2 461	392	-1 600	-47 219	-61 563	336.4	-46 242.3
94	107-109	M33-M34	168	1 765	-6 990	764	-2 468	391	-1 600	-47 271	-61 611	193.7	-46 271.2
95	109-111	M34-M35	179	1 759	-6 995	752	-2 474	390	-1 600	-47 315	-61 647	90.8	-46 294.4
96	111-113	M35-M36	191	1 755	-6 997	741	-2 476	390	-1 601	-47 346	-61 666	36.3	-46 308.7
97	37-82	E19-C20	204	305	-2 771	192	-1 259	63	-615	-20 139	-25 457	-1 832.2	-22 540
98	82-84	C20-C21	216	307	-2 765	192	-1 260	63	-614	-20 051	-25 368	-1 768	-22 483.9
99	84-86	C21-C22	227	303	-2 755	192	-1 260	63	-611	-19 975	-25 276	-1 696	-22 424.9
100	86-88	C22-C23	236	295	-2 739	192	-1 259	61	-607	-19 916	-25 199	-1 618.3	-22 372.9
101	88-90	C23-C24	235	288	-2 724	191	-1 258	59	-603	-19 855	-25 119	-1 535.1	-22 318.1
102	90-92	C24-C25	215	284	-2 712	190	-1 255	58	-600	-19 793	-25 045	-1 446.7	-22 266.6
103	92-94	C25-C26	179	285	-2 705	188	-1 251	58	-599	-19 725	-24 978	-1 345	-22 215.7
104	94-96	C26-C27	123	287	-2 698	185	-1 245	59	-597	-19 660	-24 910	-1 225.2	-22 164.9
105	96-98	C27-C28	26	289	-2 690	182	-1 237	60	-596	-19 598	-24 840	-1 091.9	-22 114.7
106	98-100	C28-C29	56	290	-2 683	178	-1 228	60	-595	-19 540	-24 769	-947.7	-22 066.3

续上表

序号	模型单元编号	主桁杆件编号	恒载内力(kN)	公路活载(kN)		轻轨活载(kN)		人群活载(kN)		强度组合(kN)		安装主力(kN)	
				Max	Min	Max	Min	Max	Min	Max	Min	Max	Min
107	100-102	C29-C30	1	291	-2 675	173	-1 218	61	-594	-19 487	-24 700	-794.7	-22 020.5
108	102-104	C30-C31	53	292	-2 667	168	-1 206	62	-593	-19 439	-24 634	-640.2	-21 978.2
109	104-106	C31-C32	0	293	-2 660	161	-1 192	62	-592	-19 399	-24 571	-488	-21 940.2
110	106-108	C32-C33	53	293	-2 653	154	-1 173	63	-591	-19 366	-24 508	-337.6	-21 906.6
111	108-110	C33-C34	0	292	-2 646	146	-1 147	63	-590	-19 341	-24 444	-194.9	-21 877.7
112	110-112	C34-C35	52	292	-2 639	136	-1 121	64	-590	-19 327	-24 385	-92	-21 854.4
113	112-114	C35-C36	0	290	-2 631	126	-1 112	64	-590	-19 324	-24 353	-37.5	-21 840.1
114	1-4	E1-A2	47	3 152	-1 303	2 304	-674	541	-283	10 418	1 994	19 484	-12 107
115	3-6	E2-A3	-3	2 516	-1 277	1 837	-649	425	-278	5 799	-1 271	10 350.8	-10 371.4
116	5-8	E3-A4	90	2 048	-1 475	1 502	-216	345	-305	1 911	-4 381	7 287.2	-9 656.6
117	7-10	E4-A5	69	1 436	-1 653	1 041	-434	240	-310	-2 075	-7 294	5 105.8	-10 328.2
118	9-12	E5-A6	15	1 057	-1 940	755	-742	175	-347	-5 529	-10 675	977.3	-15 207.1
119	11-14	E6-A7	76	707	-2 213	500	-1 079	117	-381	-8 579	-13 760	12 527.8	-16 495.6
120	13-16	E7-A8	82	426	-2 419	286	-1 428	71	-408	-10 949	-16 180	10 028.3	-17 060.3
121	15-18	E8-A9	-175	243	-2 587	139	-1 754	41	-437	-13 016	-18 427	6 649.4	-17 601.5
122	17-20	E9-A10	-173	151	-2 820	70	-2 154	23	-472	-14 623	-20 543	1 758.8	-18 058.6
123	19-22	E10-A11	-173	1 157	-2 082	539	-1 589	256	-338	2 216	-3 882	24 836.1	-3 026.1
124	73-24	M11-A12	-175	1 314	-2 232	657	-1 634	287	-366	2 722	-3 924	19 351.1	-2 201.7
125	74-26	M12-A13	-173	1 400	-2 432	718	-1 725	305	-400	1 886	-5 294	12 921.9	-3 158.8
126	75-28	M13-A14	-167	1 414	-2 410	721	-1 750	308	-397	1 909	-5 318	7 791.3	-3 483.3
127	28-116	A14-B15	-159	1 134	-1 862	871	-788	202	-418	-11 010	-16 439	-2 915.8	-13 650.1
128	32-116	B15-A16	-146	3 391	-1 118	1 254	-683	763	-229	37 420	29 205	30 647.8	-929.4

续上表

序号	模型单元编号	主桁杆件编号	恒载内力(kN)	公路活载(kN)		轻轨活载(kN)		人群活载(kN)		强度组合(kN)		安装主力(kN)	
				Max	Min	Max	Min	Max	Min	Max	Min	Max	Min
129	32-79	A16 - M17	-126	888	-4 739	500	-1 848	186	-1 045	-44 720	-55 091	-7 519.8	-45 264.8
130	34-35	A17-E18	-95	719	-3 812	176	-1 558	136	-851	-35 481	-43 973	-4 003.6	-35 967.5
131	36-37	A18-E19	-59	394	-2 974	239	-1 927	82	-585	-21 397	-28 553	-1 017.6	-23 497.2
132	38-39	A19-E20	-16	1 218	-2 404	596	-1 737	267	-444	-6 722	-13 799	-1 092.5	-9 019.4
133	40-41	A20-E21	38	1 127	-2 218	617	-1 603	242	-406	-5 300	-11 897	-1 143.1	-7 457
134	42-43	A21-E22	65	1 115	-2 166	599	-1 495	240	-400	-4 548	-10 889	-1 180.5	-7 204.2
135	44-45	A22-E23	-12	1 026	-1 951	525	-1 285	223	-365	-3 324	-8 870	-969.1	-6 222.7
136	46-47	A23-E24	-25	984	-1 931	483	-1 258	215	-361	-3 418	-8 771	-600.7	-5 620.9
137	48-49	A24-E25	-87	939	-1 891	424	-1 222	205	-354	-3 384	-8 532	-450.6	-4 936.3
138	50-51	A25-E26	-1 311	942	-1 866	388	-1 195	198	-350	-3 413	-8 459	-3 138.1	-7 889.6
139	52-53	A26-E27	-19	952	-1 827	483	-1 163	193	-343	-3 104	-8 165	-813.5	-7 684.4
140	54-55	A27-E28	113	975	-1 795	589	-1 138	190	-338	-2 862	-7 982	-3 021.5	-7 761.3
141	56-57	A28-E29	116	1 031	-1 780	707	-1 125	195	-337	-2 360	-7 625	-2 879.1	-11 781
142	58-59	A29-E30	116	1 100	-1 771	815	-1 112	205	-338	-1 890	-7 317	-1 018.3	-11 282.5
143	60-61	A30-E31	115	1 353	-1 958	973	-1 167	257	-384	-1 056	-7 244	-2 645.4	-10 878.2
144	62-63	A31-E32	117	1 555	-2 049	1 058	-1 160	302	-410	-102	-6 717	-2 401.8	-11 349.8
145	64-65	A32-E33	116	1 809	-2 209	1 173	-1 214	358	-448	967	-6 325	-940.8	-9 578.9
146	66-67	A33-E34	116	2 037	-2 329	1 264	-1 271	408	-477	1 914	-5 953	-1 527.3	-7 104
147	68-69	A34-E35	115	2 172	-2 358	1 300	-1 299	440	-483	2 832	-5 301	-811.3	-4 396.4
148	70-71	A35-E36	118	2 451	-2 492	1 418	-1 398	501	-510	4 458	-4 395	94.7	-1 588.2
149	1-2	E1-A1	115	10	-3	4	-2	1	0	163	82	2 057	75.3
150	3-4	E2-A2	115	886	-2 177	459	-1 578	193	-370	-1 092	-6 842	4 481.4	-11 031

续上表

序号	模型单元编号	主桁杆件编号	恒载内力(kN)	公路活载(kN)		轻轨活载(kN)		人群活载(kN)		强度组合(kN)		安装主力(kN)	
				Max	Min	Max	Min	Max	Min	Max	Min	Max	Min
151	5-6	E3-A3	119	903	-1 784	459	-1 294	197	-299	1 186	-3 837	8 090.2	-4 976
152	7-8	E4-A4	107	988	-1 347	164	-969	198	-221	3 044	-903	5 566.6	-4 787
153	9-10	E5-A5	96	1 160	-985	328	-701	212	-160	5 373	1 755	8 686.1	-1 667
154	11-12	E6-A6	84	1 353	-681	553	-480	233	-110	7 645	4 148	10 981.3	-466.9
155	13-14	E7-A7	72	1 540	-442	796	-307	257	-70	9 794	6 256	11 846	-8 717
156	15-16	E8-A8	60	1 706	-258	1 053	-171	280	-42	11 711	8 052	12 338.5	-6 909.5
157	17-18	E9-A9	48	1 830	-120	1 315	-76	298	-21	13 249	9 408	12 738.1	-2 631.4
158	19-20	E10-A10	36	1 935	-32	1 533	-11	316	-6	14 800	10 767	13 481.3	-757.4
159	22-73	M11-A11	24	1 441	-901	1 079	-430	233	-198	2 359	-2 021	2 110.7	-16 971.7
160	24-74	M12-A12	13	1 625	-1 057	1 171	-535	266	-231	2 634	-2 363	1 812.4	-13 526
161	26-75	M13-A13	1	1 709	-1 068	1 215	-547	280	-233	3 521	-1 658	2 343.1	-7 127.1
162	28-76	M14-A14	-11	1 452	-290	676	0	271	-32	14 813	11 791	12 328.2	-4 268.9
163	77-116	M15-B15	-23	3 133	-716	1 070	-406	707	-143	38 517	32 212	31 992.4	6 280.8
164	32-78	M16-A16	-35	2 647	-483	1 042	-107	577	-73	32 753	27 030	26 991	7 696.3
165	34-79	M17-A17	-47	4 041	-825	1 644	-198	902	-161	47 708	38 626	39 189.2	5 144.2
166	35-36	E18-A18	-58	3 194	-505	2 055	-330	630	-103	32 181	23 985	26 773.6	1 933.8
167	37-38	E19-A19	-70	2 597	-1 301	1 870	-595	480	-288	16 423	8 648	11 354.4	1 501.9
168	39-40	E20-A20	-82	2 421	-1 203	1 754	-645	442	-259	14 323	7 130	9 619	1 895
169	41-42	E21-A21	-94	2 264	-1 161	1 564	-624	417	-250	12 062	5 440	8 476.6	1 934.4
170	43-44	E22-A22	-106	2 130	-1 124	1 398	-574	398	-244	10 471	4 293	7 799.8	1 866.1
171	45-46	E23-A23	-118	1 974	-1 089	1 220	-501	374	-240	8 539	2 852	6 845.4	1 684.9
172	47-48	E24-A24	-129	1 892	-1 064	1 152	-393	359	-229	8 052	2 693	5 837.6	1 335.3

续上表

序号	模型单元编号	主桁杆件编号	恒载内力(kN)	公路活载(kN)		轻轨活载(kN)		人群活载(kN)		强度组合(kN)		安装主力(kN)	
				Max	Min	Max	Min	Max	Min	Max	Min	Max	Min
173	49-50	E25-A25	-141	1 807	-1 050	1 092	-488	344	-217	7 569	2 333	4 489.2	1 023.2
174	51-52	E26-A26	-153	1 708	-1 035	1 025	-577	326	-206	7 017	1 944	8 096.6	2 721.9
175	53-54	E27-A27	-165	1 649	-1 056	986	-680	316	-203	6 557	1 483	7 937.1	359.4
176	55-56	E28-A28	-177	1 567	-1 079	931	-769	303	-203	5 942	940	7 024.9	2 319.1
177	57-58	E29-A29	-189	1 551	-1 160	909	-863	303	-217	5 404	260	10 630.4	2 089.4
178	59-60	E30-A30	-201	1 618	-1 322	894	-938	324	-253	4 943	-541	9 719.7	497.1
179	61-62	E31-A31	-212	1 741	-1 532	926	-1 036	354	-299	4 552	-1 481	8 400.9	1 455.5
180	63-64	E32-A32	-224	1 759	-1 662	922	-1 075	362	-329	3 868	-2 363	8 245.7	818
181	65-66	E33-A33	-236	1 801	-1 796	948	-1 119	373	-360	3 295	-3 202	6 102.6	190.7
182	67-68	E34-A34	-248	1 812	-1 905	970	-1 147	376	-385	2 731	-3 949	4 422.9	-427.8
183	69-70	E35-A35	-260	1 726	-1 920	947	-1 126	357	-390	1 928	-4 622	3 078.9	-1 108.4
184	71-72	E36-A36	-272	39	-288	17	-138	9	-59	-1 767	-2 400	870.3	-1 830.9
185	21-73	E11-M11	-283	378	-28	140	0	75	-5	2 922	2 259	3 376.4	273.2
186	23-74	E12-M12	-295	310	-52	138	-2	62	-7	2 077	1 428	2 509.4	-943.5
187	25-75	E13-M13	-307	357	-11	130	0	70	-1	2 889	2 154	2 620.3	-479.4
188	27-76	E14-M14	-319	1 145	-238	424	-152	225	-47	11 250	8 688	9 165.3	-2 465
189	77-115	M15-C15	-331	3 838	-674	1 351	-405	801	-135	42 573	34 826	34 925.8	8 047.4
190	31-78	E16-M16	-343	903	-153	357	-91	168	-30	8 872	6 883	6 628	1 049.9
191	33-79	E17-M17	-355	272	-20	85	-13	57	-4	1 774	1 248	1 940.4	571.7
192	37-80	E19-M19	-366	72	-1 218	22	-588	9	-107	-1 330	-3 416	-537.2	-1 354
193	81-82	C20-M20	-378	39	-1 066	20	-511	3	-97	-1 274	-3 128	-707.9	-1 401.1

续上表

序号	模型单元编号	主桁杆件编号	恒载内力(kN)	公路活载(kN)		轻轨活载(kN)		人群活载(kN)		强度组合(kN)		安装主力(kN)	
				Max	Min	Max	Min	Max	Min	Max	Min	Max	Min
194	83-84	C21-M21	-390	31	-982	13	-498	3	-91	-1 263	-2 951	-657.6	-1 304.4
195	85-86	C22-M22	-402	28	-898	10	-459	3	-84	-1 173	-2 726	-627.9	-1 217.4
196	87-88	C23-M23	-414	27	-821	12	-423	3	-78	-1 075	-2 509	-564.1	-1 129.8
197	89-90	C24-M24	-426	24	-812	11	-422	3	-78	-1 091	-2 511	-574.5	-1 134.6
198	91-92	C25-M25	-437	23	-803	10	-420	3	-78	-1 103	-2 511	-599.8	-1 154.5
199	93-94	C26-M26	-449	22	-795	10	-419	3	-78	-1 103	-2 501	-594.9	-1 146.4
200	95-96	C27-M27	-461	22	-788	10	-417	3	-78	-1 100	-2 489	-570.2	-1 141
201	97-98	C28-M28	-473	22	-783	9	-416	3	-78	-1 105	-2 487	-593.5	-1 144.6
202	99-100	C29-M29	-485	21	-778	10	-416	3	-78	-1 097	-2 472	-589.5	-1 141.9
203	101-102	C30-M30	-497	20	-774	10	-416	3	-78	-1 092	-2 464	-558.4	-1 138.9
204	103-104	C31-M31	-509	21	-773	9	-415	3	-78	-1 102	-2 471	-569.4	-1 142.1
205	105-106	C32-M32	-520	21	-770	10	-414	3	-78	-1 101	-2 467	-612.8	-1 141.4
205	107-108	C33-M33	-532	20	-767	10	-414	3	-78	-1 103	-2 465	-728.3	-1 146.6
207	109-110	C34-M34	-544	20	-766	9	-413	3	-78	-1 110	-2 469	-526.9	-1 151.6
203	111-112	C35-M35	-556	20	-764	9	-412	3	-78	-1 100	-2 457	-659.7	-1 141
209	113-114	C36-M36	-568	20	-762	9	-412	3	-77	-1 054	-2 409	-399.8	-1 095.5
210	39-82	E20-C20	-580	44	-1 025	24	-502	4	-96	-2 579	-4 351	0	-2 676.9
211	41-84	E21-C21	-591	36	-940	15	-499	3	-92	-2 579	-4 181	0	-2 573.8
212	43-86	E22-C22	-603	32	-842	12	-454	3	-85	-2 397	-3 849	0	-2 401
213	45-88	E23-C23	-615	31	-751	14	-416	3	-78	-2 182	-3 502	0	-2 199.8
214	47-90	E24-C24	-627	28	-741	13	-414	3	-78	-2 227	-3 535	0	-2 236

续上表

序号	模型单元编号	主桁杆件编号	恒载内力(kN)	公路活载(kN)		轻轨活载(kN)		人群活载(kN)		强度组合(kN)		安装主力(kN)	
				Max	Min	Max	Min	Max	Min	Max	Min	Max	Min
215	49-92	E25-C25	-639	27	-729	12	-412	3	-78	-2 235	-3 532	0	-2 258.4
216	51-94	E26-C26	-651	26	-719	11	-410	3	-78	-2 238	-3 525	0	-2 254
217	53-96	E27-C27	-663	26	-710	11	-408	3	-78	-2 233	-3 512	0	-2 250.3
218	55-98	E28-C28	-674	26	-705	11	-406	3	-79	-2 238	-3 513	0	-2 257.6
219	57-100	E29-C29	-686	24	-697	11	-406	3	-78	-2 229	-3 496	0	-2 256.7
220	59-102	E30-C30	-698	24	-692	11	-406	3	-78	-2 222	-3 488	0	-2 255.1
221	61-104	E31-C31	-710	24	-691	11	-406	3	-78	-2 233	-3 499	0	-2 261
222	63-106	E32-C32	-722	24	-687	12	-405	4	-78	-2 231	-3 496	0	-2 261.6
223	65-108	E33-C33	-734	24	-684	11	-404	3	-78	-2 234	-3 494	0	-2 269.1
224	67-110	E34-C34	-745	24	-682	11	-403	4	-78	-2 241	-3 499	0	-2 275.1
225	69-112	E35-C35	-757	23	-679	10	-402	3	-78	-2 228	-3 482	0	-2 261.6
226	71-114	E36-C36	-769	23	-676	11	-402	3	-77	-2 171	-3 420	0	-2 204.8
227	30-116	A15-B15	-781	37	-108	13	-78	8	-20	814	103	40 765.1	-124.4
228	76-116	M14-B15	-793	750	-795	317	-545	169	-139	4 898	2 090	8 208.5	-363.6
229	78-116	M16-B15	-805	912	-3 106	585	-1 172	187	-702	-27 117	-34 241	465.4	-28 664.9
230	76-115	M14-C15	-817	1 276	-38	627	-28	236	-8	12 532	10 091	10 744.8	-1 170.7
231	78-115	M16-C15	-828	1 175	-13	380	-11	229	-3	12 144	10 105	15 175.3	-7 487.7
232	27-115	E14-C15	-840	447	-866	302	-387	88	-163	-4 665	-6 969	1 401.9	-5 348.1
233	31-115	E16-C15	-852	222	-627	149	-269	44	-111	-4 597	-6 051	-555.4	-4 382.2
234	29-115	E15-C15	-852	5 561	-697	2 142	-362	1 227	-141	67 386	56 614	56 541.1	-1 008.8

2）联结系结构静力分析

钢桁架桥联结系的作用在于连接主桁结构以形成空间桁架结构，并传递主桁结构的侧向风力作用。本桥的风力作用按 MIDAS 结构空间模型进行分析，同时采用平面桁架结构计算分析进行校核，取两者不利情况进行联结系构件的设计。联结系桁架结构的平面计算分析，按照以桥门架为支点的连续平面桁架结构为计算模型。联结系构件与主桁的共同作用对构件的受力影响，按照《铁路桥梁钢结构设计规范》（TB 10002.2—2005）的相关规定进行简化计算。计算分析模型及成果在此不再赘述。

3）桥面系结构静力分析

正交异性钢桥面板为常规结构，在国内外应用比较广泛，按照 MIDAS 结构空间局部模型对其进行计算分析。公路纵梁和轻轨纵梁按照支承在横梁上的多跨连续梁计算分析，其中公路纵梁上翼缘板的有效宽度采用日本《铁道构造物等设计标准及解说 · 铁路钢桥》对于有效宽度的规定取值。横梁按照支承于主桁的跨度为 29m 的简支梁进行简化计算。纵横梁计算时，活载按照车辆荷载和轻轨荷载最不利情况进行加载。计算分析模型及成果在此不再赘述。

3.8.2　钢桁拱桥结构动力特性分析

1）计算模型及图式

钢桁拱桥结构动力特性分析计算模型按照结构设计情况对主桁、拱肋上下平联、纵横梁、拱肋横联、桥门架等构件进行模拟。所有构件均采用空间梁单元，对于上、下层桥面板，将其刚度与质量等效分配到纵横梁上。主桥结构空间计算分析模型的计算图式见图 1-3-37 和图 1-3-38。

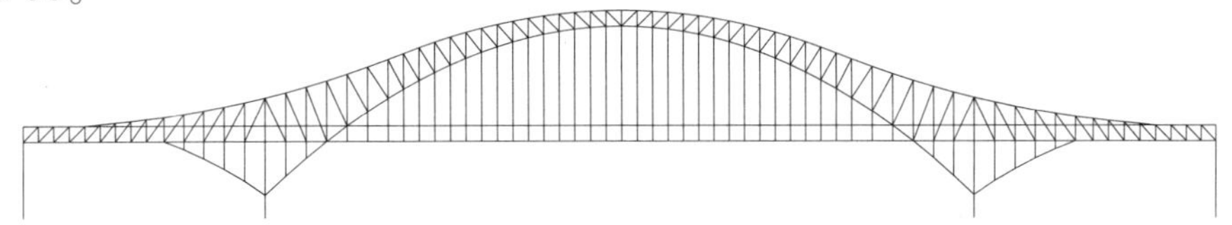

图 1-3-37　主桥结构空间计算模型图式（立面图）

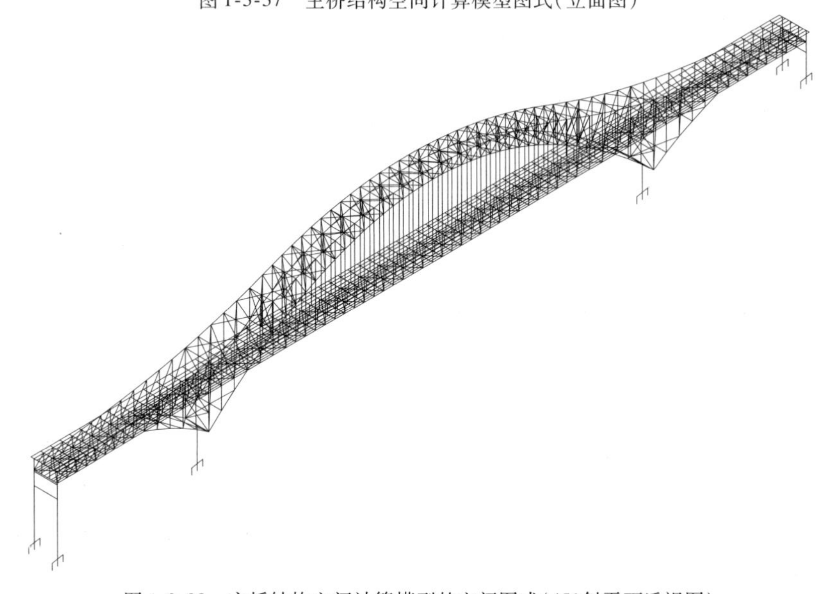

图 1-3-38　主桥结构空间计算模型的空间图式（45°斜平面透视图）

2)边界条件

本桥成桥状态下结构各部位边界条件见表1-3-7。

主桥成桥状态结构各部位边界条件 表1-3-7

结构部位		Δx	Δy	Δz	θ_x	θ_y	θ_z
N_1、N_4边墩	在承台顶处	1	1	1	1	1	1
	与桁梁交接处	0	1	1	1	0	1
N_2主墩	在承台顶处	1	1	1	1	1	1
	与桁梁交接处	0	1	1	1	0	1
N_3主墩	在承台顶处	1	1	1	1	1	1
	与桁梁交接处	1	1	1	1	0	1

注:1. Δx、Δy、Δz分别表示沿纵桥向、横桥向、竖桥向的线位移。

2. θ_x、θ_y、θ_z分别表示绕纵桥向、横桥向、竖桥向的转角位移。

3. 1-约束,0-放松。

3)结构动力特性分析成果

主桥成桥状态的动力特性的主要特点见表1-3-8,其相应的振型图见图1-3-39。

主桥成桥状态动力特性 表1-3-8

阶数	振型特性	自振频率(Hz)	自振圆频率(rad/s)	自振周期(s)
1	梁、拱横弯	0.197 8	1.242 8	5.055 6
2	全桥纵向振动+梁拱竖弯	0.275 6	1.731 6	3.628 4
3	梁拱横弯	0.367 8	2.311 0	2.718 9
4	梁拱横弯	0.377 6	2.372 5	2.648 3
5	梁拱竖弯	0.395 2	2.483 1	2.530 4
6	梁拱横弯	0.407 5	2.560 4	2.454 0
7	梁拱横弯	0.473 1	2.972 6	2.113 7
11	梁拱扭转	0.666 3	4.186 5	1.500 8
扭弯频率比 $\varepsilon=f_{11}/f_2=2.42$				

本桥尽管跨度很大,但由于在结构体系中采取了合理的布置,且主桁的竖向刚度和扭转刚度均较大,这使得主梁具有较高的竖弯自振频率、扭转自振频率和扭弯频率比,同时,对结构控制截面地震响应贡献最大的振型的周期都比较长,这也为大桥的抗震安全性提供了良好的结构动力学基础。

重庆朝天门大桥结构动力特性有如下的特点:

(1)虽然本桥主跨很大,但中跨采用系杆拱与桁梁联合体系桥,增加了钢桁梁的竖向刚度和结构的竖弯基频,同时,由于吊杆的作用,拱桁的竖弯振型是相互伴随而出现的。

(2)由于中跨很大,且中跨的上、下层桥面的单位长度的质量近30t/m,而连续钢桁梁和钢桁拱的宽度为29m,宽跨比为1/19,故结构的横弯基频较小,仅为0.1 978Hz,在第一阶首先出现,这就决定了本桥成桥状态结构的失稳模态将是主跨梁和拱的面外失稳,且稳定安全系数与边跨的大小影响不显著。

(3)主桥采用钢桁拱桥,这对增大主梁的颤振临界风速,减小涡激振的振幅,减小抖振响应以及提高结构的静力稳定性均有不同程度的作用。

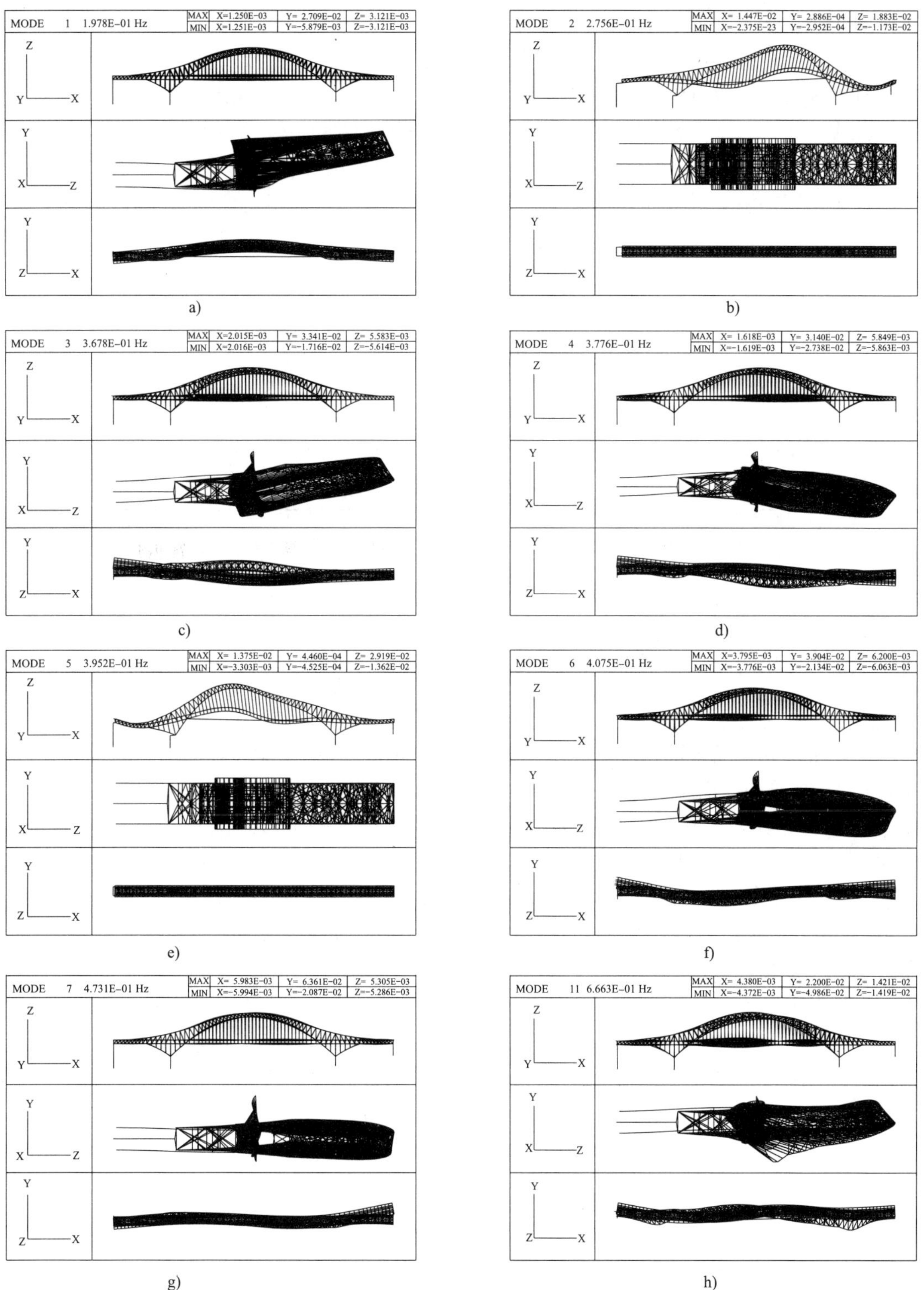

a) b) c) d) e) f) g) h)

图 1-3-39 成桥状态振型图

3.8.3 钢桁拱桥结构抗震分析

1)抗震设防标准的确定

对于连续钢桁拱桥的抗震设防,首先是要确定一个安全经济合理的抗震设防标准,根据该桥桥址区的地震地质构造环境,近场区的地震活动性和近场区地震地质稳定性评价,结合本桥性质——特大型桥梁(为重要的生命线工程),按《中华人民共和国防震减灾法》第十七条规定,本工程必须进行地震安全性评价。该项工作由重庆市地震局完成。

连续钢桁拱桥的地震响应一般采用反应谱法和时程分析法相互校核。桥梁结构地震响应采用反应谱理论进行,反应谱拟采用下列形式。

$$S_a(T)=\begin{cases}\alpha_m+\alpha_m(\beta_m-1.0)\dfrac{T}{T_1} & 0\leqslant T\leqslant T_1\\ \alpha_m\beta_m & T_1<T\leqslant T_2\\ \left(\dfrac{T_g}{T}\right)^{\gamma}\alpha_m\beta_m & T_2<T\leqslant 8.0\text{s}\end{cases}\tag{1-3-1}$$

对于重庆朝天门大桥,上式中的各参数见表1-3-9。

工程场地水平向设计地震动峰值加速度及反应谱参数 表1-3-9

工程场址	超越概率值	T_1 (s)	T_2 (s)	γ	β_{max}	PGA (gal)	α_{max} (水平向)
重庆朝天门长江大桥	50年10%	0.10	0.30	0.9	2.25	84.8	0.19
	100年10%	0.10	0.30	0.9	2.25	118.1	0.27
	100年5%	0.10	0.30	0.9	2.25	121.8	0.28
	100年2%	0.10	0.30	0.9	2.25	124.2	0.29

由于重庆朝天门大桥为特大桥,为生命线工程,因此,大桥的设计基准期应取为100年。按照抗震设防原则"小震不坏,中震可修,大震不倒",小震应取100年超越概率63%的概率水平下的地震动参数,中、大震则分别取100年超越概率10%和100年超越概率2%~3%的概率水平下的地震动参数,根据参考依据1.3,本桥抗震计算取:①中震(100年10%的概率水平)下的地震动参数(PGA=118.1gal,$K_h=0.12$)检算结构物的强度;②大震(100年2%的概率水平)下的地震动参数(PGA=124.2gal,$K_h=0.127$)检算结构物的变形。

2)结构的地震响应

连续钢桁拱桥的地震响应一般采用反应谱法和时程分析法相互校核,但由于工程场地地震安全性评价报告所给出的地震动参数不能满足抗震分析的需要,本桥抗震计算所采用的反应谱还是采用原《公路工程抗震设计规范》(JTJ 004—1989)中Ⅱ类场地的动力放大系数。

$$\beta(t)=\begin{cases}1.0+12.5T & 0\leqslant T\leqslant 0.1\text{s}\\ 2.25 & 0.1<T\leqslant 0.45\text{s}\\ 2.25\left(\dfrac{0.3}{T}\right)^{0.98} & 0.3\text{s}<T\leqslant 2.343\text{s}\\ 0.3 & T>2.343\text{s}\end{cases}\tag{1-3-2}$$

中震时,水平地震系数$K_h=0.12$,竖向地震系数$K_v=0.08$,并考虑两种组合:

水平纵向$0.12g$+竖直向$0.08g$;

水平横向 0.12g + 竖直向 0.08g。

大震时,水平地震系数 K_h = 0.127,竖向地震系数 K_v = 0.084,并考虑两种组合:

水平纵向 0.127g + 竖直向 0.084g;

水平横向 0.127g + 竖直向 0.084g。

重庆朝天门大桥为钢桥,结构的阻尼比取 2%,上述确定的反应谱调整见表 1-3-10。

结构在不同周期下的反应谱值 表 1-3-10

T(s)	$\beta_{0.05}$	η	$\beta_{0.02}$	T(s)	$\beta_{0.05}$	η	$\beta_{0.02}$	T(s)	$\beta_{0.05}$	η	$\beta_{0.02}$
0.0	1.0	1	1.00	0.58	1.178	1.321	1.556	1.1	0.629	1.300	0.818
0.02	1.25	1	1.25	0.60	1.140	1.320	1.505	1.15	0.603	1.298	0.783
0.04	1.50	1.086	1.629	0.62	1.104	1.319	1.456	1.2	0.578	1.296	0.749
0.06	1.75	1.172	2.051	0.64	1.070	1.318	1.410	1.25	0.555	1.293	0.718
0.08	2.00	1.258	2.516	0.66	1.038	1.318	1.368	1.3	0.534	1.291	0.689
0.1	2.25	1.344	3.024	0.68	1.008	1.317	1.328	1.35	0.515	1.290	0.664
0.15	2.25	1.341	3.017	0.70	0.980	1.316	1.290	1.4	0.497	1.287	0.640
0.20	2.25	1.339	3.013	0.72	0.953	1.316	1.254	1.45	0.480	1.285	0.617
0.25	2.25	1.337	3.008	0.74	0.928	1.315	1.220	1.5	0.464	1.282	0.595
0.30	2.25	1.336	3.006	0.76	0.904	1.314	1.188	1.6	0.436	1.280	0.558
0.32	2.111	1.334	2.816	0.78	0.882	1.313	1.158	1.7	0.411	1.276	0.524
0.34	1.989	1.333	2.651	0.8	0.860	1.312	1.128	1.8	0.388	1.272	0.494
0.36	1.881	1.331	2.504	0.82	0.839	1.312	1.101	1.9	0.368	1.269	0.467
0.38	1.784	1.330	2.373	0.84	0.820	1.311	1.075	2.0	0.350	1.266	0.443
0.4	1.696	1.329	2.254	0.86	0.801	1.310	1.049	2.1	0.334	1.263	0.422
0.42	1.617	1.328	2.147	0.88	0.783	1.309	1.025	2.2	0.319	1.260	0.402
0.44	1.545	1.327	2.050	0.9	0.766	1.308	1.002	2.3	0.305	1.257	0.383
0.46	1.479	1.326	1.961	0.92	0.750	1.307	0.980	2.4	0.300	1.253	0.376
0.48	1.419	1.325	1.880	0.94	0.734	1.306	0.959	2.6	0.271	1.246	0.338
0.5	1.363	1.324	1.805	0.96	0.719	1.305	0.938	2.8	0.252	1.240	0.312
0.52	1.312	1.324	1.737	0.98	0.705	1.304	0.919	2.9	0.245	1.237	0.303
0.54	1.264	1.323	1.672	1.0	0.691	1.303	0.900	100	0.300	1.000 0	0.300
0.56	1.220	1.322	1.613	1.05	0.659	1.303	0.859				

在地震响应分析中,取前 50 阶反应组合,组合方法采用 SRSS 法,结构各主要部位的地震响应列于表 1-3-11。重庆朝天门大桥的结构特点对结构地震响应的影响表现在以下几个方面:

(1)重庆朝天门大桥方案为连续钢桁拱梁,结构自重较大,因此结构各主要部位的地震响应均较大。

(2)重庆朝天门大桥的结构为不对称结构,其不对称性表现为:纵桥向约束不对称和下部结构(墩柱)的纵向抗推刚度不对称,这两种不对称带来了结构的纵向地震内力反应的严重不平衡,导致较高的北岸边墩比较低的南岸边墩的纵向内力反应大很多,但本桥仍为 N_3

主桥墩控制下部结构。

结构各主要部位地震响应 表1-3-11

部位	截面	横向反应			纵向反应			竖向反应	
		M (kN·m)	Q (kN)	Δ (mm)	M (kN·m)	Q (kN)	Δ (mm)	N (kN)	Δ (mm)
N_1边墩	墩顶	23 880	1 308		0	460		2 376	
	墩底	68 900	2 018		102 000	1 745		4 923	
N_2主墩	墩顶	466 100	7 777		24 490	409		8 704	
	墩底	774 400	7 782		40 710	409		8 715	
N_3主墩	墩顶	527 900	8 634		33 340	18 510		10 380	
	墩底	783 200	8 635		575 800	18 540		10 390	
N_4边墩	墩顶	7 852	998					2 358	
	墩底	18 140	1 030					2 620	
拱顶	上弦			332			102		74
	下弦			360			88		74

经验算,结构各部位的地震响应均在允许范围之内,结构的抗震性能是有保证的。

3)结构的总体布置和抗震措施

(1)结构的总体布置

重庆朝天门大桥采用不对称约束体系,实际上是一种常规约束,即三孔四墩连续梁的一个墩纵向约束,其他三个墩纵向放松。根据抗震分析成果,该约束体系是经济可行的。

(2)抗震构造措施

对墩柱(尤其是 N_3 主桥墩)的箍筋进行加密,保证其最小含箍率。在墩与梁交接处的横桥向约束,按支座→支座破坏→挡块→挡块破坏多道设防体系。

4)分析结论

结构抗震分析结果表明:由于大桥为连续钢桁拱梁,结构自重较大,因此结构各主要部位的地震响应均较大。大桥的结构推荐方案为不对称结构,结构的不对称性带来了结构的纵向地震内力反应的严重不平衡,导致较高的北岸边墩比较低的南岸边墩的纵向内力反应大得多,但大桥还是 N_3 主桥墩控制本桥下部结构的设计,经验算结构具有足够的抗震性能。

3.8.4 钢桁拱桥结构静力稳定性分析

重庆朝天门大桥的结构稳定性计算采用空间有限元法进行,有限单元法采用通用的空间分析程序进行计算,结构的静力稳定性分析计算模型同结构动力特性分析计算模型,计算时,分别在上下层桥面施加活载,计算结果和失稳模态图见图1-3-40。结构的稳定安全系数 K 定义为$\frac{P_{cr}}{P_T}$,其中 P_{cr} 为结构的极限承载力,P_T 在成桥状态为结构自重与营运活载之和,实际上 K 是结构达到极限承载力时关于 P_T 的加载倍数。

从成桥状态下的失稳模态图可知,大桥的失稳模态是主跨梁拱的面外侧倾,这和结构动力特性分析的结论是一致的。

结构静力稳定性分析结果表明:因大桥中跨采用系杆拱与桁梁联合体系桥,系杆拱与桁梁联合体系桥由于“非保向力效应”使结构的稳定安全系数有所提高，大桥推荐方案和比较方案成桥状态的稳定安全系数均大于4，满足规范中的有关规定，因此，结构的静力稳定性是有充分保证的。

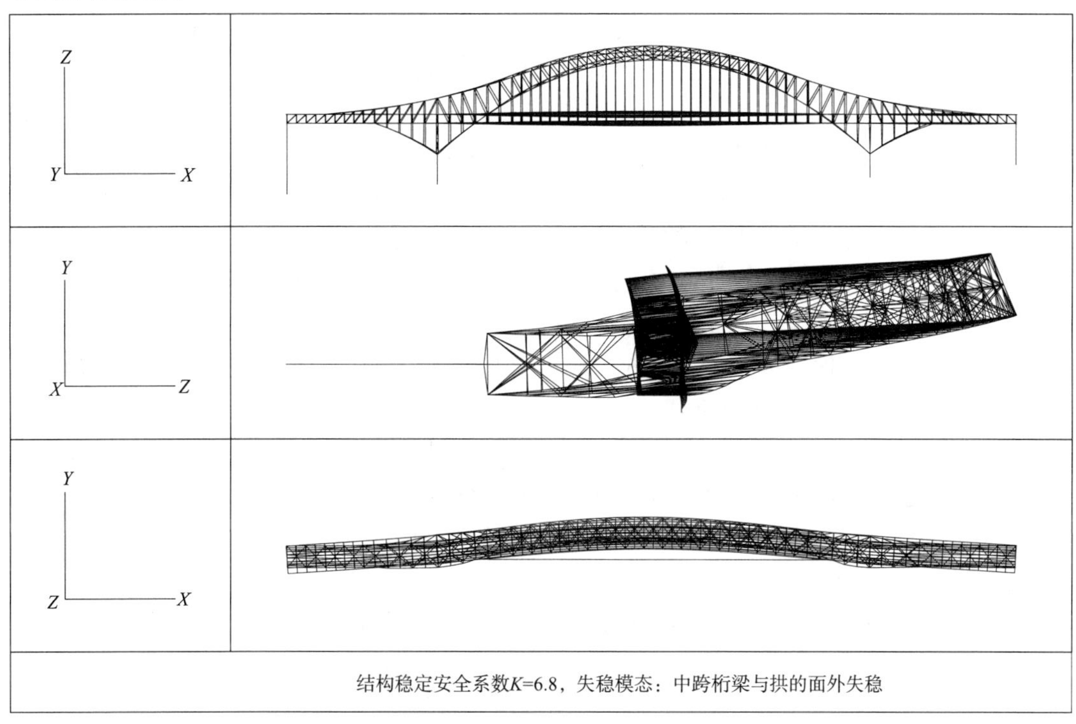

图 1-3-40　主桥成桥状态计算结果和失稳模态图

3.9　钢梁防腐涂装设计

一般普通钢材的抗腐蚀性能较差，尤其是长期处于湿度较大、有侵蚀性介质的环境中，会较快地生锈腐蚀，削弱了构件的承载力。据统计，每年因腐蚀所造成的经济损失约占国民经济生产总值的2%～4%。在20世纪20～30年代以前，欧洲和北美发达国家建造一些钢桥，因当时防腐技术不能提供长久的腐蚀保护，使得这些钢桥投入运营后腐蚀严重，即使进行定期的刷油漆维护也不能获得满意的保护，只得将这些钢桥降级使用，或续建第二座桥，给国家造成巨大的经济损失。世界上，好多地区都存在桥梁遭受严重腐蚀而出现严重事故的范例。美国俄亥俄州大桥使用40年后，在1967年突然断裂，导致46人丧生，调查表明，倒塌原因是大气腐蚀造成的应力腐蚀开裂。腐蚀不仅浪费了大量的人力物力，也大大缩短了桥梁的使用年限。为此钢结构的腐蚀已引起各国的高度重视，桥梁钢结构的腐蚀防护日渐成为人们关注的课题。只有在设计建造的同时，对其进行卓有成效的防腐，才能确保钢桥的长久寿命。

重庆是我国酸雨严重的地区之一，根据有关统计资料，酸雨频率为70%左右，酸雨平均pH值为4.6左右，最低值曾经达到2.98。受大气二氧化硫污染的影响，其中SO_4^{2-}占阴离子总量的70%～90%，属典型硫酸型酸雨，腐蚀环境恶劣，所以桥梁的钢结构都需要进行重防腐保护涂装。重庆朝天门大桥位于朝天门下游约2km处，作为重庆的“门户”桥梁，对其造型景观有更高的要求，因此本桥钢梁防腐涂装设计除满足酸雨腐蚀环境下的防腐蚀要求，还要具备优良的景观效果。

我国桥梁钢结构的防腐涂装起步于铁路钢桥，经历了两个发展阶段：新中国成立至20世纪60年代初期，钢桥涂料为粒状颜料阶段，即涂料内含粒状颜料。由于是粒状颜料以及当时树脂本身质量较差，涂料涂层2～3年就严重粉化，导致吐锈，使大修维修周期缩短，造成很大浪费。20世纪60年代后期至今，钢桥涂料为片状颜料阶段，即涂料内含片状颜料。由于是片状颜料，再加上树脂质量和施工质量提高，使涂料涂层的整体耐候性耐久性都有很大提高，钢桥涂层大修周期延长到10～15年或更长。

数十年来，我国的铁路钢桥一直采用涂料涂装的方式保护，并在科学研究、模拟试验和工程应用的过程中，形成了一系列较为完整的钢桥保护涂装体系，于1984年发布了铁路行业标准《铁路钢桥保护涂装》(TB/T 1527)，并于1995年、2004年和2011年做了三次修订。目前我国铁路钢桥使用的涂料涂装系主要有7个。我国公路钢桥的建设起步较晚，在钢梁保护涂装方面主要参考铁路钢桥涂装体系以及其他行业的有关标准。随着近二十多年的工程建设，也形成了一系列的桥梁钢结构防腐涂装体系，并于2008年首次发布了交通行业标准《公路桥梁钢结构防腐涂装技术条件》(JT/T 722—2008)。该标准根据不同的腐蚀环境、结构部位和涂层搭配，分为23个配套涂装体系。

重庆朝天门大桥钢梁的防腐涂装主要参照采用《铁路钢桥保护涂装》(TB/T 1527—2004)中的涂装体系，并根据工程环境、结构部位和景观要求，对部分涂装体系的油漆种类、涂装道数和干膜厚度进行适当调整。具体的结构部位及相应涂装体系如下：

(1)钢梁主体结构参照第6、第7涂装体系，其中主桁弦杆(包括上弦、下弦、中弦和系杆等)采用硅氧烷面漆，主桁腹杆、桥面系和联结系部分均采用丙烯酸脂肪族聚氨酯面漆。涂层要求见表1-3-12。

主体结构涂装体系 表1-3-12

涂层序号	涂层名称	每道干膜最小厚度(μm)	涂装道数	总干膜最小厚度(μm)
1	特制环氧富锌底漆	40	2	80
2	环氧云铁中间漆	40	2	80
3	硅氧烷面漆或丙烯酸脂肪族聚氨酯面漆	35	2	70

(2)轻轨纵梁上翼缘板参照第2涂装体系，涂层要求见表1-3-13。

轻轨纵梁上翼缘板涂装体系 表1-3-13

涂层序号	涂层名称	每道干膜最小厚度(μm)	涂装道数	总干膜最小厚度(μm)
1	电弧喷铝层	—	—	100
2	环氧类封孔剂	20	1	20
3	棕黄聚氨酯盖板底漆	50	2	100
4	灰聚氨酯盖板面漆	40	2	80

(3)主桁附属结构和检查设备等均采用第6涂装体系,涂层要求见表1-3-14。

附属结构涂装体系　　表1-3-14

涂装体系	涂层名称		每道干膜厚度(μm)	涂装道数	总干膜厚度(μm)
6	1	特制环氧富锌防锈底漆	40	2	80
	2	环氧云铁中间漆	40	1	40
	3	丙烯酸脂肪族聚氨酯面漆	40	2	80

(4)钢桥面板上表面涂装体系根据桥面铺装的要求采用。

(5)主桁构件连接部位的摩擦面采用第3涂装体系。钢梁组装后,栓接点外露的涂层表面按照《铁路钢桥保护涂装》(TB/T 1527—2004)的规定办理。

(6)涂装体系中面漆颜色如下:主桁弦杆(包括上弦、下弦、中弦和系杆等)采用红色,腹杆、平面联结系和桥面系采用中灰色,横向联结系构件采用浅灰或银灰色等浅色调以淡化其对结构景观的影响。

第4章　特大跨钢桁拱桥施工设计

4.1　概述

不同架设方式或流程的施工过程，对桁架结构桥梁各个杆件的过程受力有着巨大的影响，它与桥梁建成后使用期间的状态相比，存在部分杆件受力由压力转变成拉力、拉力转变成压力的类型变化，以及部分杆件的受力量值存在较大的差异。这些变化和差异的存在控制了部分杆件的断面设计，由于桁架结构的特点，各相邻杆件交汇于节点，通过节点板传递内力实现杆件间力的平衡，如在架设时才加以考虑，可以采用加固补强的方式，但补强仅能对该杆件自身实现，而对与节点的连接及拼接构造强度难以实现，因此工程中尚无在安装时才对杆件进行加固的具体实例；另外可以通过增加临时结构辅助，这种措施能够解决架设过程中部分杆件受力变化和差异的影响，但对一些跨越大江大河、高山峡谷的桁架桥梁，完全通过临时结构辅助解决问题，其经济上的投入将是巨大的，有些桥梁的外部条件也是不容许的，如船舶航行对航道的要求。而在设计阶段考虑架设流程的影响，借助于少量临时结构辅助，再根据需求对部分构件加大断面构成以及加强节点和拼接强度，这样增加的主体结构工程量是非常有限的，工程投入也较少，能达到事半功倍的效应。

4.2　架设流程与钢梁安装设计

4.2.1　钢梁设计对架设流程的研究

钢桁梁的架设需从外部的限制条件，如桥下船舶通行的航道要求是否容许设置临时墩；技术上的可行性；安装辅助结构及措施的经济性综合考虑。已有工程实践的架设方式主要有如下几种。

(1)从一端在临时支承结构辅助下向另一端架设，见图1-4-1。

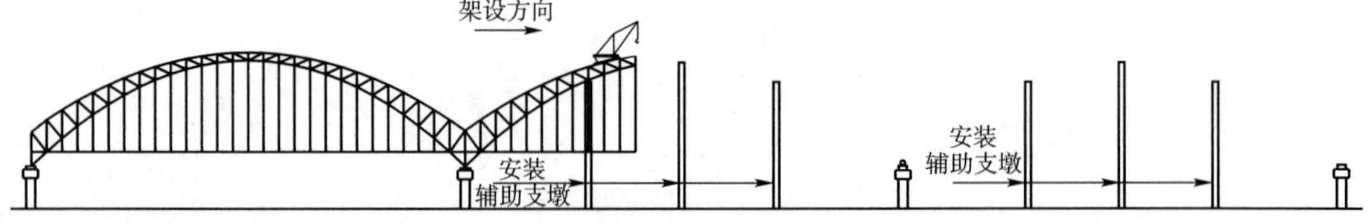

图1-4-1　钢桁拱桥单向架设示意图

(2)在临时结构辅助下由两端开始采用全悬臂或半悬臂安装，各钢桁拱桥于桥跨中央合龙，见图1-4-2。

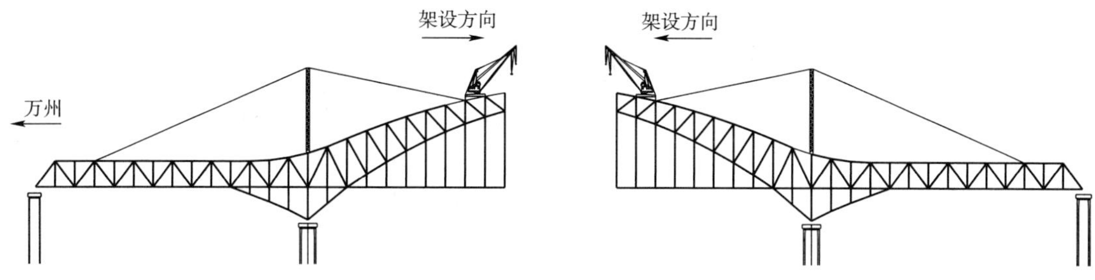

图 1-4-2　钢桁拱桥对称架设示意图

(3)对于连续结构桁梁,采用从中间支点向墩两侧对称悬拼至边墩后,再在各钢桁拱桥孔中央合龙,见图 1-4-3。

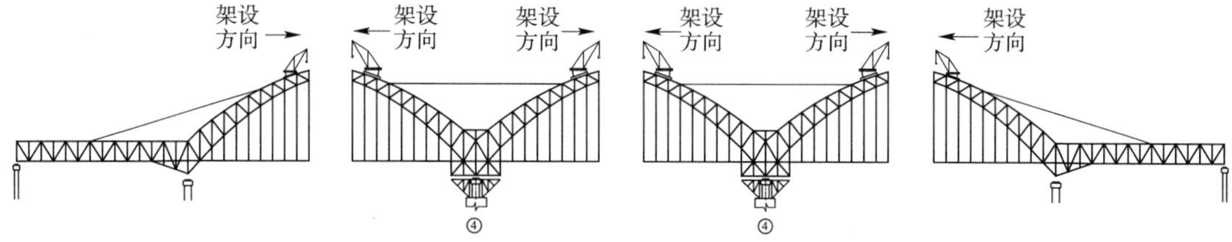

图 1-4-3　钢桁拱桥双向架设示意图

4.2.2　重庆朝天门大桥钢梁的架设流程

1)最初的钢梁架设流程

重庆朝天门大桥先期考虑并开展钢结构设计的架设流程为:190m 桁梁边跨借助临时支墩辅助及平衡梁半悬臂安装;552m 主跨借助于临时扣索塔架及平衡梁全悬臂安装桁拱、桥面系构件和永久系杆。

(1)190m 桁梁架设时,每侧分别在距边墩第 2 个节间、第 4 个节间、第 8 节间处的节点下方设置临时支墩,并在边墩外侧架设两个节间长度的平衡梁。

(2)552m 桁拱、桥面系结构和钢制系杆架设时,在两中墩顶的桁拱上方设置高 100m 的扣索塔架,每侧桁片采用三组扣索,背索锚固于 A2、A3、A4 节点,前索锚固于 A25、A28、A31 节点;随着中跨桁拱架设长度的增加,在两端临时平衡梁和 190m 跨的两个边节间范围放置临时压重物(最终压重 4 000t),保证中跨在最大悬臂状态时的稳定性;桁拱、桥面系和永久钢制系杆构件安装至中跨跨中后实现合龙。合龙前最大悬臂状态下,背索的索力为:外索 16 940kN,中索 15 800kN,内索 13 740kN;前索的索力为:外索 14 350kN,中索 13 300kN,内索 11 660kN。

(3)552m 桁拱、桥面系和永久钢制系杆构件架设完成后,在下层钢制系杆内安装永久柔性系杆索。

2)钢梁架设流程的调整

随着重庆朝天门大桥下部结构施工的开始,结合施工的能力及经验,以及桥位处落实的新的外部条件,对上部钢桁(拱)结构的安装流程开展了进一步优化研究。首先在外部条件方面,桁架结构安装过程中,对船舶通行进行临时管制得到了航道管理部门同意。在技术方面,考虑原架设方案需每桁每侧三组扣索,安装期间的永久和临时结构构成的组合体系超静定次数多,施工架设控制的工作量及难度大,适当地减少扣索组数对有益于大桥钢结构的安装,减少的扣索数带来的结构部分构件在安装过程中受力加大的不利影响,可以通过增加临时系杆索和调整主跨的安装流程加以解决;原架设方案主跨结构的桁拱、桥面系结构和钢制系杆一并架设,即拱梁并进,在两岸钢梁未合龙前的最大悬臂状态下,为保证结构的抗倾覆稳定性,每端在平衡梁和两个边节间范围需设置 9 000t 的临时压重物。调整主跨的安装流程,首先只架设桁拱并实现合龙,安装期间为保证结构的抗倾覆稳定性将需设置的临时压重物减少到 4 600t。大桥建设实施的安装流程仅对主跨进行了调整。

(1)552m 桁拱架设时,在两中墩顶的桁拱上方设置高 100m 的扣索塔架,每侧桁片采用两组扣索,背索锚固于 A2、A3 节点,前索锚固于 A25、A31 节点;随着中跨桁拱的架设长度增加,在临时平衡梁和 190m 跨的两个边节间范围放置临时压重物(最终压重 4 600t),保证中跨在最大悬臂状态时的稳定性;桁拱构件安装至中跨跨中后实现合龙。

(2)552m 桁拱架设完成后,在中跨下层永久系杆的下方布置临时系杆索,两端分别锚固于 E17、E′17 节点,再开始由中跨的两端向跨中安装永久钢制系杆及桥面系结构构件;在中跨跨中实现上、下层钢制永久系杆合龙;拆除临时系杆索后,再在下层钢制系杆内安装永久柔性系杆索。

(3)重庆朝天门大桥主桥施工采用的架设流程的主要步骤见图 1-4-4。

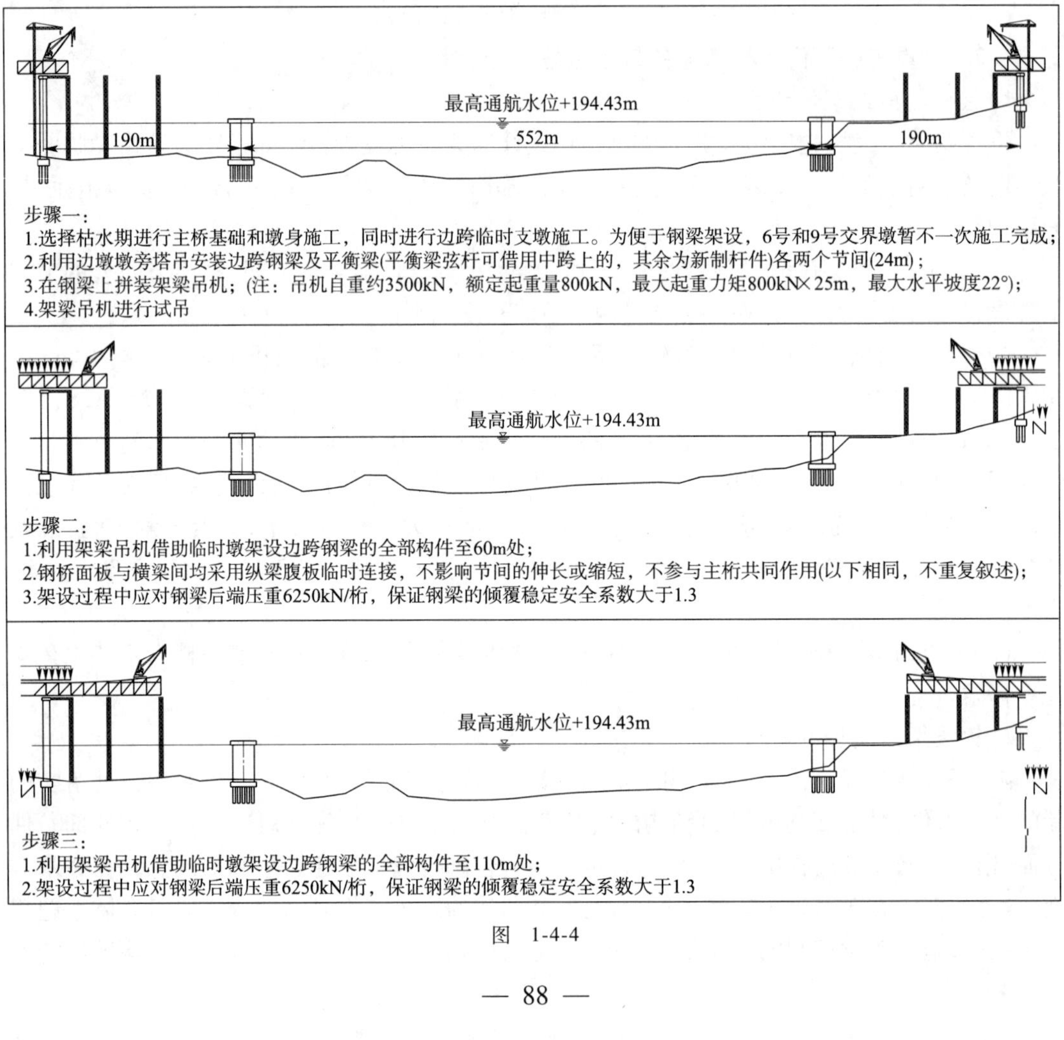

最高通航水位+194.43m
190m
552m
190m

步骤一:
1.选择枯水期进行主桥基础和墩身施工,同时进行边跨临时支墩施工。为便于钢梁架设,6号和9号交界墩暂不一次施工完成;
2.利用边墩墩旁塔吊安装边跨钢梁及平衡梁(平衡梁弦杆可借用中跨上的,其余为新制杆件)各两个节间(24m);
3.在钢梁上拼装架梁吊机;(注:吊机自重约3500kN,额定起重量800kN,最大起重力矩800kN×25m,最大水平坡度22°);
4.架梁吊机进行试吊

最高通航水位+194.43m

步骤二:
1.利用架梁吊机借助临时墩架设边跨钢梁的全部构件至60m处;
2.钢桥面板与横梁间均采用纵梁腹板临时连接,不影响节间的伸长或缩短,不参与主桁共同作用(以下相同,不重复叙述);
3.架设过程中应对钢梁后端压重6250kN/桁,保证钢梁的倾覆稳定安全系数大于1.3

最高通航水位+194.43m

步骤三:
1.利用架梁吊机借助临时墩架设边跨钢梁的全部构件至110m处;
2.架设过程中应对钢梁后端压重6250kN/桁,保证钢梁的倾覆稳定安全系数大于1.3

图 1-4-4

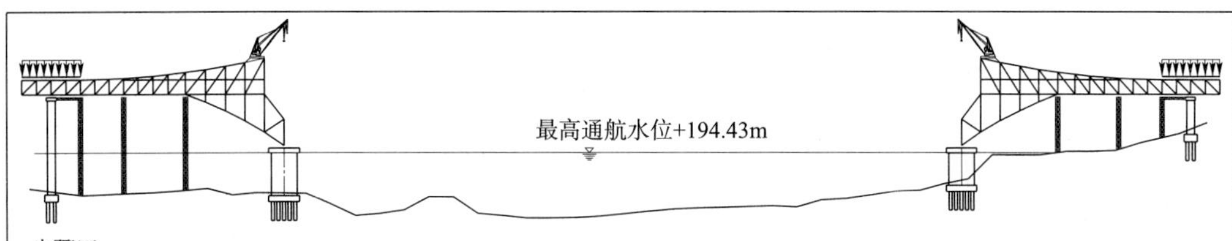

步骤四:
1.利用架梁吊机借助临时墩架设边跨钢梁的全部构件至主墩处;
2.架设过程中应对钢梁后端压重6250kN/桁，保证钢梁的倾覆稳定安全系数大于1.3;
3.安装主墩大吨位球形支座

步骤五:
1.利用架梁吊机架设中跨钢梁至64m(加劲腿闭合)，同时可逐步撤除边跨临时支墩;
2.将钢梁边支点下落(或将中间支点顶高)2.51m,同时南岸一侧钢梁向中跨预纵移1.12m;
3.将中间墩支点设置为临时固定铰支座

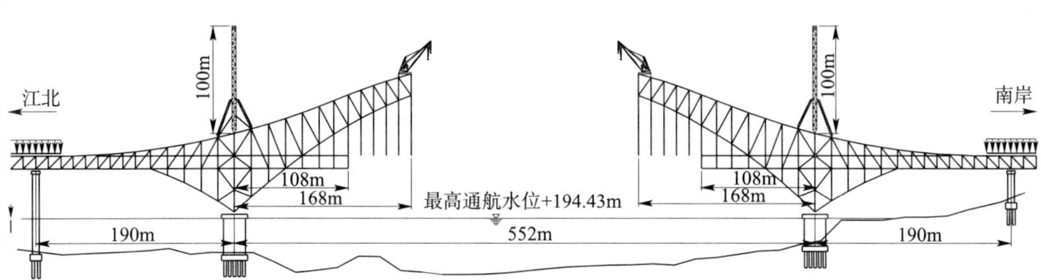

步骤六:
1.利用架梁吊机架设跨拱肋主桁钢梁及吊杆至168m，其中系杆及上下层桥面系、联结系安装至中跨108m,同时对边跨端部进行压重6250kN/桁，保证钢梁的倾覆稳定安全系数大于1.3;
2.安装吊索塔架塔柱构件及塔顶锚箱，安装过程中逐步更换支撑斜腿，以保证塔柱倾斜度和抗风稳定性;
3.安装边跨和中跨的内索下锚固点锚箱

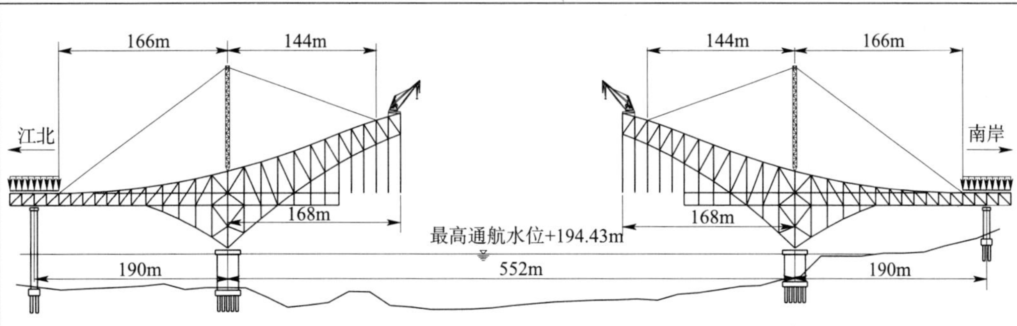

步骤七:
1.挂设吊索塔架内索;
2.撤除吊索塔架支撑斜腿;
3.对吊索塔架内索进行初张拉，前内索索力为7348kN/桁，后内索索力为8539kN/桁

图　1-4-4

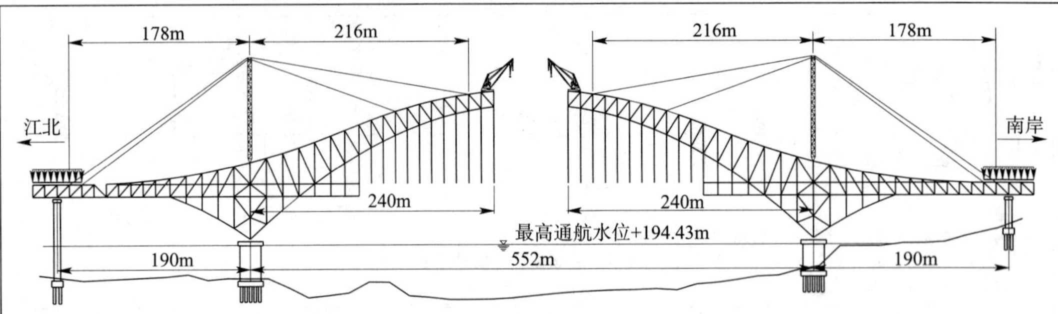

步骤八：

1.利用架梁吊机架设中跨拱肋主桁钢梁及吊杆至240m，同时对边跨进行压重18 750kN/桁，保证钢梁的倾覆稳定安全系数大于1.3；
2.安装边跨和中跨的外索下锚固点锚箱；
3.挂设吊索塔架外索；
4.对吊索塔架外索进行初张拉，前外索索力为10 834kN/桁，后外索索力为12 917kN/桁

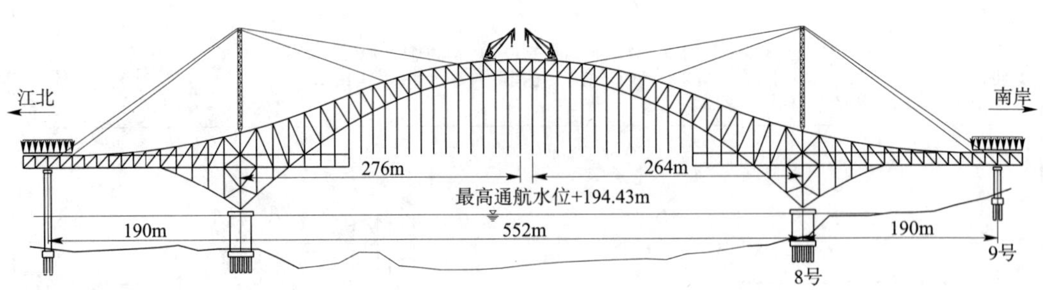

步骤九：

1.利用架梁吊机架设中跨拱肋主桁钢梁及吊杆，江北侧至276m，南岸侧至264m，同时对边跨进行压重27 500kN/桁，保证钢梁的倾覆稳定安全系数大于1.3；
2.江北侧架梁吊机后撤至外索处；
3.测量合龙节间合龙口相对高差和位移，通过梁体整体调整使合龙节间满足合龙要求；
4.利用南岸侧架梁吊机进行主桁合龙，先合拢下弦再合龙上弦；
5.将8号主墩临时固定铰支座改为活动铰支座

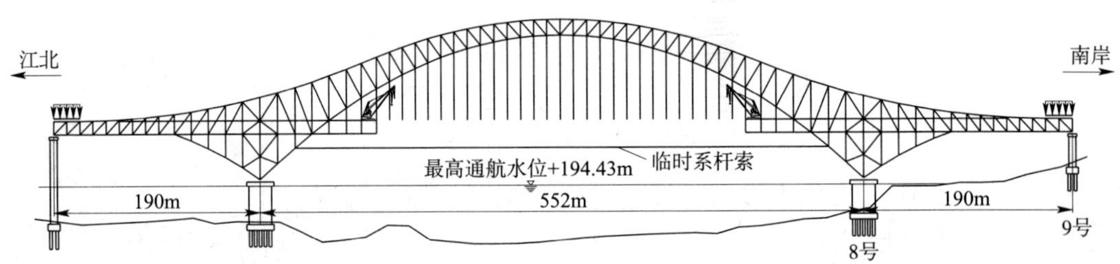

步骤十：

1.安装临时系杆索的托架系统和牵引系统；
2.挂设临时系杆索，张拉临时系杆索到25 563kN/桁，使体系转换为临时系杆索拱；
3.逆序拆除扣索及塔架，拱上吊机逐步后撤至过滤墩；
4.拆除平衡梁上压重13 750kN/桁及平衡梁，边跨端部24m范围内13 750kN/桁压重保留；
5.边支点起顶1.33m;
6.桥面吊机走行至上层桥面前端，吊机重量≤1 500kN

图 1-4-4

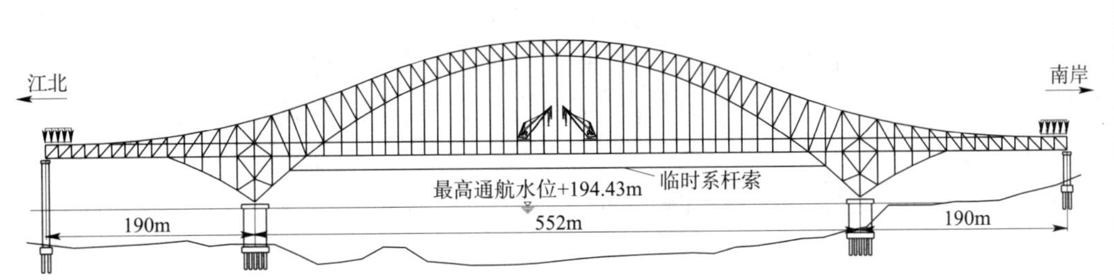

步骤十一：
1.利用桅杆式吊机(在上层桥面吊机轨道上走行)逐段吊装上下层系杆、刚性吊杆、上层桥面横梁等至跨中；
2.控制临时系杆索索力达至45 000kN/桁，先完成上系杆的中跨合龙，再完成下系杆的中跨合龙

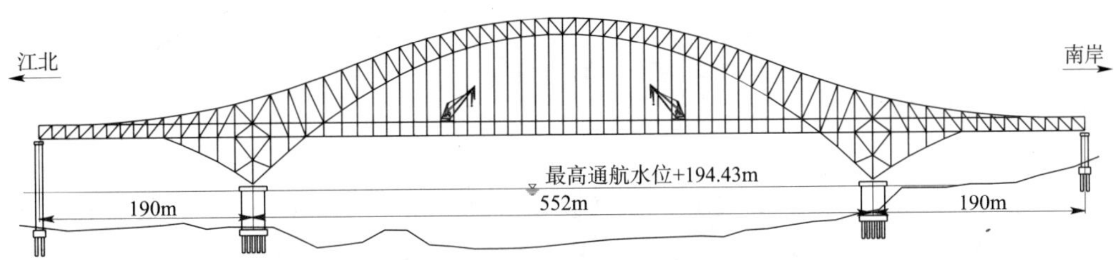

步骤十二：
1.拆除临时系杆索及托架系统；
2.逐步撤除边跨剩余13 750kN/桁压重，边支点起顶1.18m；
3.安装永久系杆索并张拉到18 332kN/桁；
4.利用桅杆式吊机(在上层桥面走行)逐段吊装下层桥面横梁、轻轨纵梁及桥面平联等构件；
5.利用桅杆式吊机(在上层桥面走行)逐段吊装上、下层桥面钢桥面板构件；
6.全桥上、下层钢桥面板逐段完成单元件之间的拼装和焊接并检验合格(桥面顶板间采用现场对接焊)

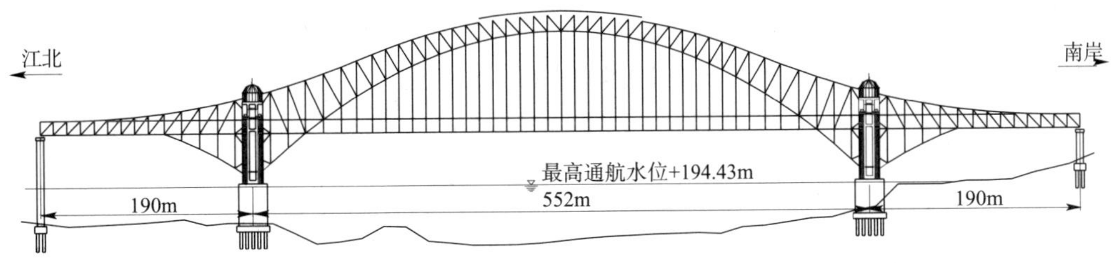

步骤十三：
1.全桥附属结构(包括车行道护栏、人行道栏杆、轻轨桥面和照明设施等)和主墩上部结构桥头保的施工；
2.全桥完成最后一道面漆的整体涂装；
3.车行道和人行道铺装施工；
4.进行全桥吊杆和系杆索的索力调整；
5.成桥动、静载试验

图 1-4-4　主桥施工步骤图

钢桁架结构设计按照架梁的指导性安装步骤,对结构各个阶段及工况分别进行各构件的内力分析计算,并相应进行各构件的强度验算,保证每一构件在建造和成桥全过程中均不超限。同时针对永久结构需要在施工过程中与临时辅助结构相接的支承点、拉索点等部位预先进行加强,预留临时结构接口,保证相接处构件的构造既安全又简单经济。

4.3 架设过程体系转换设计

4.3.1 结构受力体系的转换历程

重庆朝天门大桥钢桁拱从两端向中孔的架设过程中,经过了由小跨度带悬臂的简支梁转换成带悬臂梁两跨连续梁,后再转化成更大跨度的带悬臂简支梁,先后如此共经过了3次转换;随着中孔桁拱的合龙转换成190m+552m+190m的三跨连续梁,且两端各带24m长的悬臂平衡梁;临时系杆索安装及张拉后,552m中孔成为临时系杆拱的受力体系,最终刚性系杆的合龙,永久柔性系杆的安装张拉,使临时系杆承受的水平力转移到永久系杆中,构成桥梁永久结构的系杆拱的受力体系。

4.3.2 各历程实现结构受力体系转换的方法

1)190m边跨

190m边跨钢桁梁在施工过程中,受力体系主要经过了简支变连续、再变简支的多次反复转变。首先在边墩与1号临时支墩间形成跨度为24m带悬臂的简支梁,其体系是通过悬臂钢梁的重力作用,使支承于临时支架上的E1节点上移脱空而自然形成,设计中没用考虑使用外力的措施;其后继续向2号临时墩方向架设钢梁,安装超出2号临时墩一个节间后,将2号临时墩顶部与E5节点底部之间垫实,形成跨度为24m+36m带悬臂的连续支梁,其受力体系也是在架梁过程中自然形成;随着钢梁架设的延伸,前端悬臂增长,在钢梁重力作用下,E2节点上移与1号临时墩之间脱空,再次自然形成跨度为60m带悬臂的简支梁受力体系;再后随钢梁继续向3号临时墩方向架设,安装超出3号临时墩一个节间后,将3号临时墩顶部与E9节点底部之间垫实,形成跨度为60m+50m带悬臂的连续支梁,受力体系仍为架梁过程中自然形成;从3号临时墩继续向中主墩方向架设钢梁,当前端架临近中主墩时,悬臂钢梁的重量使E5节点上移与2号临时墩之间脱空,又一次自然形成跨度为110m带悬臂的简支梁受力体系;钢桁梁前端架设超过中主墩后,随着架设长度的增加,E15节点支承在设置于主墩的永久支座上,当中孔钢梁悬臂长度到64m后,在边墩顶顶升钢梁,使E9节点与3号临时墩之间脱空,形成跨度为190m带悬臂的简支梁受力体系,此次简支体系是通过在边墩顶升钢梁实现的。

2)三跨连续梁受力体系的转换

从两岸端部开始安装钢梁至552m的主跨跨中,但在未合龙的状态下,钢梁为跨度190m的带悬臂简支梁,主跨侧悬臂为长276m的钢桁拱,梁端侧为长24m的临时平衡梁。在这种状态下,利用平衡梁自重以及布置在端支座左右两侧各长24m范围内共重4 000t的压重物,确保简支悬臂梁的抗倾覆稳定性;利用扣索塔架及两组扣索的辅助保证结构受力的安全。由于合龙前状态中支点反力巨大,高达120 000kN,顶升降落所需的设备庞大,中支点支座安装时便布置在成桥的理论位置,不考虑用中支点顶升来调整合龙口位置,只对两岸钢梁端支座进行顶、落，同时通过南岸侧钢梁的整体纵、横移，调整两岸钢梁合龙口的相对位置，使合龙口各点的纵向位置、横向位置和转角重合，再实施两岸钢梁合龙。刚合龙后的钢梁，外观已成为三跨连续梁，但边支点较中支点的理论尺寸低约 2.2m，552m 跨中合龙口处梁的轴力、剪力和弯矩均为零，整个梁体呈现简支带悬臂梁的受力状态。通过顶升边支点的高度能改变梁体各部位的内力，当边支点、中支点高程都达到各自理论高程，即边、中支点没有高差，整个梁体受力与 190m + 552m + 190m 三跨连续梁受力相吻合。重庆朝天门大桥中孔合龙的原理是逆向考虑三跨梁续梁的超静定特性，通过边、中支点相对强迫竖向位移改变梁体各部位的内力状况，当中跨跨中弯矩、剪力为零的状态时，中跨跨中两侧的梁体受力与边跨跨度相同的简支梁带一半中跨跨长的悬臂梁受力完全一致。合龙的原理示意图。

3）中孔系杆拱受力体系的实现

重庆朝天门大桥钢梁合龙后，通过边、中支点高程的调整，使梁体逐步呈现出三跨连续梁的受力特点，巨大的弯矩还需临时扣索塔架系统的辅助共同承担。在不采取其他的工程措施时，随着主跨钢制系杆和桥面系构件的安装，主跨结构重量增加，梁体的弯矩值进一步加大，其量值会超过临时扣索塔架系统与钢梁组成体的承载能力，危及桥跨结构的安全，因此在中跨桁拱范围的 E17 至 E′17 间增设临时水平系杆拉索，通过对拉索的张拉，使中支点处的巨大弯矩峰值转移到中孔跨范围，由承压的桁拱和受拉的临时系杆构成的系杆拱共同承受。进行临时系杆的断面选择时，也考虑了因钢制系杆和桥面系构件的结构重量作用而增大的受力。

在桁拱与临时系杆形成系杆拱受力结构后，继续安装钢制系杆和桥面系构件至跨中合龙位置，通过边支点高程的顶升或降落，以及临时系杆索的张拉，调整钢制系杆合龙口的相对位置，实现永久系杆的合龙。利用千斤顶释放临时系杆索索力，将临时系杆索中的水平推力转换到永久系杆中，再调整边支点高程至设计理论值，实现大桥成桥运营时的受力状态——梁跨整体呈三跨连续梁受力，中孔又呈现系杆拱受力。

4.4 成桥状态跨度及几何、受力控制思想与允许范围

4.4.1 跨度及结构几何尺寸在设计文件中的含义

钢桁架结构桥梁设计中，通常不考虑结构受力后，构件各点位置变化引起的附加内力，及几何非线性影响。绝大多数的钢桁桥梁全部构件的尺寸均为基准温度（基准温度为与设计文件中标准尺寸对应的温度值，即一些桥梁设计文件称为的合龙温度值）下的无应力状态下长度、宽度和高度（包括栓孔距离），均未计入工作状态下的应力使构件产生变形引起的尺寸变化。工厂制造加工时，完全按照设计图上的标注尺寸考虑实际温度与基准温度的修正下料和加工控制。但在朝天门大桥的桥面系结构和下平纵联设计中，为减少桥面系、联结系构件与主桁共同受力作用对其带来的不利影响，对行车面对应的下平联杆件及平联结点板和桥面系纵梁的尺寸采用了与之位置对应节间的主桁弦杆受力变形后尺寸相对应的方法，即考虑了不同构件间的几何尺寸按不同应力状态设计。对于钢桁桥梁的跨度，行业内俗成的认识是结构在基准温度、无应力状态下的支承点之间的间距，重庆朝天门大桥的各跨跨度设计值也与俗成的认识一致。

4.4.2 成桥状态跨度、结构线形及受力的控制

钢桁架结构桥梁成桥状态的跨度及结构线形，为设计文件标明的结构在无应力状态下的各点坐标，在全部恒载作用下发生变化后对应坐标值。通常对桁架结构桥梁成桥变化了的跨度都不进行调整，仅考虑位置移动后对下部结构带来的附加弯矩影响及活动支座安装时对中位置的影响。重庆朝天门大桥成桥后在全部恒载作用下、环境温度为20℃时的跨度分别为：南、北两边跨为189.9m，主跨为552.778m。

对结构受力后线形的变化，设计中也仅考虑从高程变化的角度对桥面线形的改变进行控制。控制的方法为在设计中根据变化改变部分构件的长度，使受载前的无应力状态下的结构产生上拱，各结构点上拱值与全部恒载及部分活载作用下引起的结构向下变形值基本相同，这种控制方法也称为预设拱度。另外，预设拱度也会对成桥跨度有所影响。重庆朝天门大桥桥面预设拱度采用的方法为：190m边跨通过变化节点中心处两杆件的拼接间隙，使上弦杆的长度增长或缩短而实现预拱；对552m高强度钢丝吊索范围通过缩短吊索长度来实现预拱；对E15-E18范围则通过改变横梁高进而改变线形的方式实现预拱。

对于内部超静定布置的钢桁架桥梁，可以通过调整各支点的相对位置或增加、缩短部分构件的长度，使结构内部不同构件间产生预压力或预拉力，这些预压力、预拉力与结构受载后产生的内力叠加，使杆件的内力值减少或增加。利用内部超静定的这个特性，钢桁梁桥设计中经常利用它通过削峰补谷来减少最大控制杆件的内力值，以达到缩小全桥最大杆件轮廓尺寸，降低制造难度，减小杆件的吊装重量及架设安装设备的能力要求。另外，也可达到减少受构造要求控制设计的杆件数量，节省桁架结构用钢量，降低工程投入的目的。

重庆朝天门大桥桁拱的主桁架结构的全部杆件，没有考虑进行轴向的拉力和压力调整，仅对M15-M16和M16-E17杆件的杆端弯矩值进行调整。通过改变同一杆件两端节点板、拼接板的系统线相对倾角，使其本应重合的两端节点系统线，在一端产生偏转。安装时又利用外力强迫使其系统线重合，从而在M16节点相连杆件的端部产生了与理论分析计算中恒载作用接近等值但方向相反的杆端干扰次弯矩，以使其在成桥后在恒载作用下与M16节点相连杆件次弯矩值大幅降低，实现了成桥状态杆端弯矩不控制杆件断面设计的目的。

主桁结构和桥面系、联结系结构分离受力构造的桁架桥梁中，桥面系、联结系构件对与之位于同一节间和高程范围内的系杆或弦杆的受力变形存在约束，即系杆或弦杆因受力而伸长或缩短，会引起桥面系、联结系构件变形而产生内力，业内称之为桥面系、联结系与主桁的共同作用力。重庆朝天门大桥钢桥面板断面面积巨大，在没有采取必要措施的条件下，钢桥面板存在很大的共同作用力，需要在杆件与桥面板间进行很大的剪力传递，使得杆件与桥面板间的连接构件受力非常复杂，设计难度大幅增加。设计中采用将不同位置钢桥面板的设计长度在无应力理论长度的基础上进行伸长或缩短，其伸长或缩短的量值为全部恒载和部分活载作用下引起的相应节间位置系杆或弦杆的变形量，对相同的构造采用不同的处理措施，并进行细节优化，大大改善该部分结构构件的受力状况。

4.5 主要工况下的结构预控分析

连续梁结构整体作为超静定结构，具有通过外力改变结构不同部位的相互位置关系，如

对部分支座高程进行顶升，改变各支点高程原来的相对高差，将引起结构不同位置的内力发生改变的特性。设计中常利用此特性来调整不同梁体的内力分配，实现减小梁体结构弯矩峰值、改变各支点反力等目的。在钢桁架结构设计中也时常改变部分构件的长度或使基准线偏转，拼装时施加外力装配这些构件，从而实现改变桁架结构部分杆件内力的目的。

重庆朝天门大桥钢桁结构各构件受力分析时，综合考虑了大桥建成后运营和钢梁架设过程中各种状态下，将会遇到的不利荷载组合，对不同阶段不同荷载组合下各构件的强度分别进行验算。成桥运营时，针对桁架结构各杆件的轴力没有采用内力调整的构造措施，杆件的断面尺寸及组成板件的厚度都依据内力分析结果按实际需要或构造尺寸基本要求选定。但在与M17节点相连的杆件为控制其杆件端部固结弯矩值，采用了对M16-M17、M17-E18两杆件的一端基准线偏转的桁架内部内力调整的措施，保证了此处所用由轴力决定断面参数的杆件最大应力都不超限。

在多种架设方法对比研究并确定了实施方案后，重庆朝天门大桥钢桁结构设计中开展内力分析计算的控制状态共有10个，分别为：①钢梁支承在边墩和1号临时墩上，架设方向悬臂48m；②钢梁支承在边墩和2号临时墩上，架设方向悬臂66m；③钢梁支承在边墩和2号临时墩上，架设方向悬臂80m；④钢梁支承在边墩和中主墩上，架设方向悬臂168m，第一对扣索未张拉；⑤钢梁支承在边墩和中主墩上，架设方向悬臂168m，第一对扣索拉力张拉至：前索7 348kN/桁，后索8 539kN/桁；⑥钢梁支承在边墩和中主墩上，架设方向悬臂240m，第一对扣索工作，第二对扣索未张拉；⑦钢梁支承在边墩和中主墩上，架设方向悬臂240m，第一对扣索工作，第二对扣索拉力张拉至：前索10 834kN/桁，后索12 917kN/桁；⑧钢梁支承在边墩和中主墩上，架设方向悬臂276m，第一对扣索索力达到：前索14 300kN/桁，后索16 620kN/桁，第二对扣索索力达到：前索13 500kN/桁，后索16 090kN/桁；⑨桁拱合龙后，临时系杆索张拉25563kN/桁；⑩桥面系结构和钢制系杆一并架设至跨中合龙前。由于①~⑧状态下，桁架结构整体均为带悬臂简支梁的静定结构，整体上不具备内力调整的条件，因此通过分析选择斜拉扣挂系统拉索的索力来控制各杆件在施工状态下最大的内力，实现结构杆件受力的预先控制；⑨、⑩状态是通过临时系杆索的索力控制实现结构杆件受力的预先控制。在⑨状态未张拉临时系杆和调整各支点高程时，桥跨外观已成为三跨连续梁，但梁体呈现简支带悬臂梁的受力状态，跨中合龙口处各杆件的轴力、剪力和弯矩均为零。此时理论分析计算的边、中支点相对高差约2.2m，各活动支点纵向位移为：北边墩0，南主墩0，南边墩0。各支点变化的理论分析值为桁拱合龙施工措施准备提供预先控制。

第5章　特大跨钢桁拱桥设计技术创新

5.1　概述

重庆朝天门大桥主桥采用的中承式连续钢桁系杆拱桥，为结构自平衡体系，无结构外部推力。主梁采用类似连续梁的结构支承体系，设一个固定铰支座和三个活动铰支座，具有上下部结构受力明确的特点。主桥中间支点采用的 QZ145 000kN 球形支座，是当时世界上承载力最大的球形支座。主桁杆件选用了三种强度等级钢材和两种宽度的杆件，是国内首次批量采用 Q420q 钢材的桥梁。结合大桥交通功能特点，上层桥面系为整体正交异性钢桥面板，下层桥面采用组合式桥面系，中间为纵横梁体系，两侧为正交异性钢桥面板。大桥主桥设双层系杆，上层系杆为钢制杆件，下层系杆采用"刚性系杆+辅助系索"的组合式系杆。主桥边跨采用临时墩辅助伸臂架设，中跨采用扣索塔架辅助伸臂架设，在跨中合龙。

重庆朝天门大桥具有以下关键技术和创新点：

(1)根据结构受力特点，主桁杆件选用了三种强度等级钢材、两种杆件宽度，打破了以往国内钢桁架桥杆件设计的传统，使截面选择和结构设计更趋于合理，节省了材料。

(2)首次采用"刚性系杆+辅助系索"的组合式系杆，有效降低了刚性系杆杆件内力，减小了构件规模及用钢量。

(3)下层桥面采用组合式桥面系，两侧正交异性桥面板满足公路交通需要，中间纵横梁结构体系满足轻轨交通需要，构造简洁，节省了用钢量。

(4)结构采用部分板桁结合的方法，降低了板桁温差对桥面横梁受力的不利影响。

(5)重庆朝天门大桥为世界上跨度最大的拱桥，是古典桥型与现代建桥技术的完美结合，在设计和建造过程中形成了具有自主知识产权的新技术，推动了我国大跨度钢桁拱桥的技术进步。

5.2　三跨连续体系与支承设计

重庆朝天门大桥采用上部桥跨结构与桥墩之间设置铰支座，上部结构重力及运营期间的车辆、行人载货通过铰支座传递给桥墩及基础。三跨布置的桥跨整体受力具有三跨连续梁的特点；主跨 552m 范围的大部分结构呈系杆拱的受力特征，竖向载荷作用产生的水平推力由钢制系杆和柔性辅助系杆索承受，不传递给桥墩及基础结构。

三跨连续梁体系保证了两岸对称悬拼 552m 跨中合龙前，两侧主梁为悬臂简支状态，边、中支点相对位置高程的变化，仅影响悬臂简支梁各部位的空间位置，而不会改变合龙前各构件的内力，这有利于主桁拱结构的合龙口相互位置的调整，从而利于主桁拱合龙口的操作控制，保证了桥跨结构施工的安全性和便利性。结构体系布置见图1-5-1。

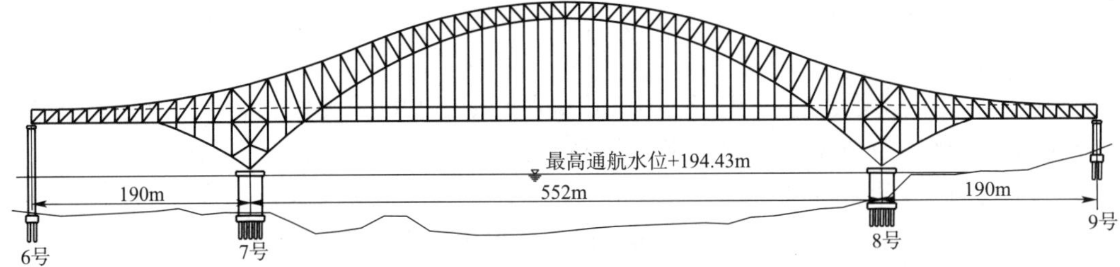

图1-5-1 重庆朝天门大桥结构体系布置图

由于整体三跨连续梁的中跨达552m，在运营期间最不利荷载作用时，中墩支座反力达145 000kN，在重庆朝天门大桥建设时期，国内外尚无如此高承载力支座的产品及使用实例。对此开展了相应的技术研究，对各部件进行特殊设计，形成了QZ145 000kN支座设计及制造（图1-5-2）。

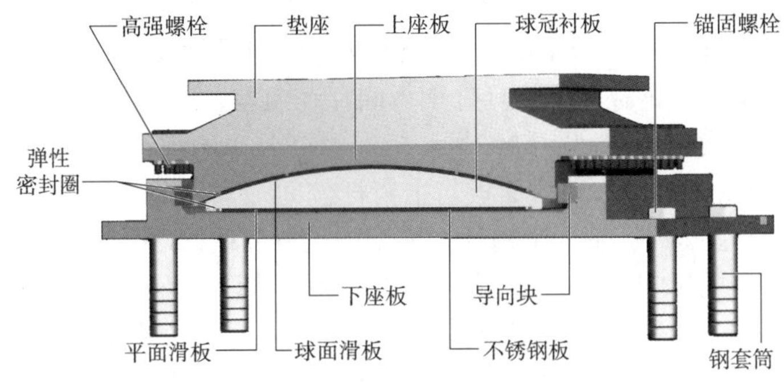

图1-5-2 大吨位球形支座构造图

QZ145 000kN大吨位球形支座产品，具有以下技术特点：

①采用了压力灌注法补充硅脂、延长摩擦副使用寿命。

②采用了水平力极限设计抗震方法：正常状态下，由抗剪销和螺栓群承担水平力；地震时，当水平力大于定值后，抗剪销和螺栓群发生屈服或破坏消能，由防落梁挡块进行限位，细部构造见图1-5-3。

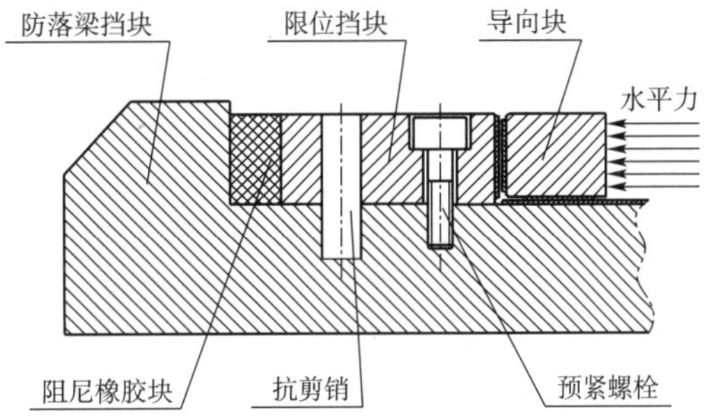

图1-5-3 大吨位球形支座抗震设施构造图

③对于活动支座采用临时接长滑板，使其最大纵向水平移动距离达1 800mm，满足了钢梁架设时期整体结构自架设预控联动自调整合龙的需要，减少了施工临时设备投入及措施费用，对环境影响小，施工安全可靠。

5.3 高强钢板材应用

重庆朝天门大桥设计开始阶段，国内桥梁规范规定的钢桥用高强钢为15MnVNq，这种钢材是国内20世纪针对九江长江公铁两用大桥的建设而研制的，它自身的机械性能优良，但焊接性能欠佳，为保证加工制造中构件的焊接接头的机械性能，需要采用严格的焊接工艺，会加大焊接性能不达标的概率，也使制造成本增加，因此国内桥梁工程建设中使用较少，仅有九江长江大桥等少数几座。

重庆朝天门大桥设计上采用了 Q420qD 高强钢，相关技术要求按照《桥梁用结构钢》(GB/T 714—2000)标准采用。近十几年来，国内高强钢材的研发取得了一定的进步。大桥钢梁在工厂制造时对于 Q420qD 钢材，采用了新材质——超低碳贝氏体的高强钢，其在保证结构受力所需的机械性能的基础上，还具备优良的焊接性能。新、老材质高强钢实物板材的机械性能和影响焊接性能的化学成分见表 1-3-1 和表 1-3-2。据了解，该材质系国内首次在大型钢结构桥梁上采用。

5.4 基于焊接收缩变形及板桁温差的部分板桁结合桥面设计

国内外钢桥的设计规范和经验中，都考虑体系总体升降温和迎光面与背光面的温差对结构的影响，未考虑相同日照下的同层面结构不同部位的温差效应。在项目建设过程中，发现在同时阳光照射下桥面钢板与主桁杆件钢板间存在温差，认为板、桁温差的原因在于它们的构造和照射面积不同所致，对此开展了板、桁间温度分布的现场测试，通过测试资料的分析与研究，归纳出重庆朝天门大桥桥面板与主桁杆件间最大温差为：上层桥面 15℃，下层桥面 6℃。将归纳出的温差数据带入结构计算模型中进行分析，分析研究结果表明温差会给结构局部带来非常不利的影响，成为一个重庆朝天门大桥建设中不可回避的新的技术问题。

大桥先期设计中并未考虑板、桁温差的作用，指导思想是按主桁与桥面板分离，不共同受力，所有构造细节的设计与指导思想一致，采用板、桁全部分离的形式，其板与桁之间仅通过横梁腹板的剪切连接，传递制动力的弱水平连接不能抵抗、传递或释放温差作用产生的顺桥向水平力。在发现温差及其不利影响后，开展了应对解决方案的专题研究。

在理论上采用加强连接刚度的措施，改变桁与板分离，不共受力的结构布置，主桁与桥面板大范围或完全结合，使两者间的连接具有强大的抗剪切能力，通过连接的剪切传递应力，保证在温差工况下主桁与桥面板的变形协调一致，即将温差引起的变位转换成主桁和桥面板相应的应变、应力，这样产生的不利影响非常有限，这也是其他许多板桁结合共同受力桥梁没有注意到板、桁温差的原因。但原设计和已安装的构件都是按板、桁分离考虑的，绝大部分构造细节布置不具备后期结合的条件。

经多种结合方案的比较，结合主桁构造特点，在构造细节具备结合条件的部位为：上层 A1-A2 节间、B15、E19 节点，下层 E1-E2、M12-M13 节间和 E18 节点(图 1-5-4)作为部分结合区段和结合点。

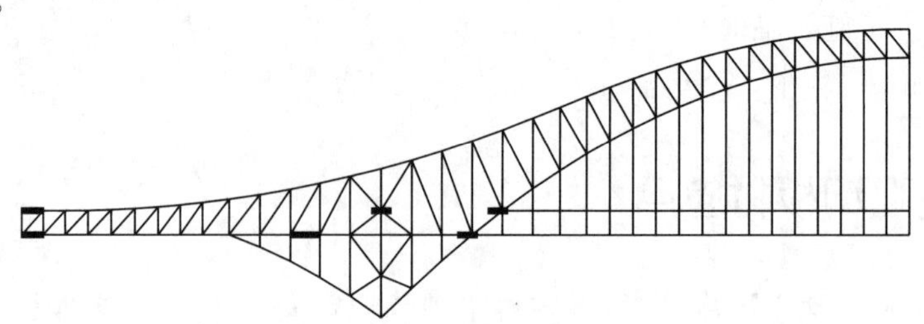

图 1-5-4　主桁部分板桁结合布置图

新增部分板、桁结合构造，改善了横梁受力并保证了桥面连续，同时也不会影响原有主桁结构整体和局部的安全，各部位的应力均在容许范围内。

5.5 先拱后梁架设工艺设计

建设中实施的主跨钢桁架设方案为先合龙主跨的钢桁拱，再安装永久钢制系杆和桥面系结构构成的主跨“梁体”至跨中合龙。如采用拱、“梁”并进的拼装方案，在结构自重作用下，桥跨结构在悬臂最大状态时，需承受巨大的倾覆力矩，为保证桥跨整体抗倾覆稳定性的安全，需在边跨设置临时压重物的重量十分巨大。先拱后梁架设钢桁可大幅减少倾覆力矩量值，有效规避施工过程的安全风险。

桁架结构设计中结合安装步骤，主跨桁拱安装时，每侧采用了两对临时高强度钢丝扣索和临时塔架辅助受力系统，借以增加合龙前最大悬臂状态下最大弯矩处的结构高度，确保永久主体结构在此工况下各构件的受力在强度的容许范围之内；在边跨端部和临时平衡梁上布置有临时压重物，确保桥跨整体抗倾覆稳定性的安全。

桁拱合龙后，在永久系杆的下方主桁架平面内设置临时系杆拉索，形成临时系杆拱的受力体系。通过张拉临时系杆的方式并借助于边支点的高程调整使临时扣索力卸载，让桥跨全结构的最大弯矩由中支点处转移到主跨跨中，同时后期安装结构的重力使桥跨结构增加的受力也一并由临时系杆拱结构承受。增设临时系杆后，减少了临时扣索的对数，减小临时扣挂系统的规模。钢桁架拱桥安装示意见图1-5-5。

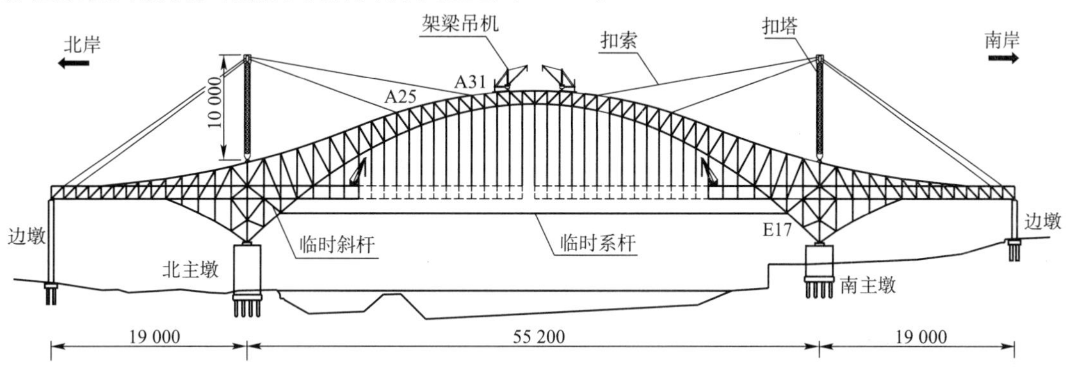

图1-5-5 钢桁拱桥安装示意图(尺寸单位:mm)

第二篇

加工与制造

第1章　概　　述

1.1　钢桥制造技术发展

1.1.1　钢桥的发展历程

1)钢桥简介

钢桥是采用钢材通过铆接、栓接、焊接或栓焊等方式组拼而成的建筑物。钢材具有较高的抗拉、抗剪、抗弯及匀质等特性,其工业化制造、便于运输、易维修等特点缩短了建设周期,降低了投资成本,同时新材料的广泛研制开发及应用也为桥梁向着高强、轻型、整体、大跨度、新结构等方向发展提供了技术保证。

目前桥梁市场主要是钢桥、预应力混凝土(PC)桥和钢筋混凝土(RC)桥。在跨长大于120m的大跨度桥梁领域,钢桥自重约为PC桥的1/6.5~1/5,占据绝对优势。典型的钢桥形式有:梁桥(桁梁、板梁、箱梁)、拱桥、斜拉桥、悬索桥(吊桥)等。铁路钢桥多采用桁架式梁桥或拱桥,现代大跨径公路桥主要采用悬索桥和斜拉桥。按制造方法划分,钢桥可分为铆接钢桥(工厂制造,工地拼装采用铆接方法连接)、栓焊钢桥(工厂焊接,工地采用高强度螺栓连接)、全焊钢桥(工厂、工地均采用焊接连接)。

2)钢桥发展阶段

我国是最早掌握吊桥、拱桥、梁桥和浮桥建桥技术的国家,如1705年大渡河上的泸定桥,是现存最精良的一座铁索桥。直至1779年英国才修建其第一座铁索桥,德国、法国、美国直到19世纪才有铁索桥。

(1)新中国成立前

新中国成立前钢桥是铁路桥梁的主要形式,旧中国铁路钢桥受制于人,材料靠进口,设计靠西方,施工技术及施工机械靠洋人,跨越黄河的铁路仅有2条,长江上无桥,靠轮渡过江。

新中国成立前第一座近代铁路钢桥是唐山至胥各庄的蓟运河桥,由英国人设计,比利时人施工,于1888年建成;最长的桥是京广线郑州黄河老桥,全长3 015m,共102孔,由比利时人在1906年承建;跨度最大的桥是津浦线泺口黄河桥,跨度为164.7m,由法国人于1902年建成;由詹天佑主持设计与施工的京张铁路,全线共修建了钢梁桥121座,总长1 951m,最大跨度为33.5m,桁梁于1907年建成;近代大型钢桥——杭州钱塘江公路铁路两用大桥,于1937年由茅以升主持建成。

(2)新中国成立后

新中国成立后,各项建设事业蓬勃发展,我国桥梁建设均是在独立自主、自力更生的方针指引下完成的,大致分为以下三个阶段,见表2-1-1。

我国钢桥发展的主要阶段 表 2-1-1

发展阶段	特征	代表性钢桥(跨度、建成年份)	主要特点
Ⅰ (1990 年前)	铁路钢桥建设	武汉长江大桥(公铁)(L=128m,1957 年)	铆接梁,钢材 CT3M 进口苏联,自主设计建造
		南京长江大桥(公铁)(L=160m,1968 年)	铆接梁,16Mnq 钢开发
		成昆铁路迎水河桥(L=112m,1970 年)	栓焊梁为主,少焊多栓
Ⅱ (1990~2000 年)	大跨径钢桥大发展	九江长江大桥(公铁)(L=216m,1992 年)	栓焊梁,15MnVNq 钢开发,节点栓接,焊接构件最大板厚 56mm
		芜湖长江大桥(公铁)(L=312m,2000 年)	栓焊梁,14MnNbq 钢开发,焊接整体节点,最大板厚 50mm,多焊少栓
		上海南浦大桥(公路)(L=423m,1991 年)	公路斜拉桥
		西陵长江大桥(公路)(L=900m,1996 年)	全焊公路悬索桥
Ⅲ (2000 年至今)	超大跨度特大钢桥建设	重庆朝天门大桥(公轨)(L=552m,2009 年)	栓焊梁钢拱桥
		南京长江三桥(L=648m,2005 年)	栓焊塔 国内第一座钢塔柱
		苏通长江大桥(L=1 088m,2008 年)	斜拉桥
		舟山西堠门大桥(L=1 650m,2009 年)	悬索桥
		武汉天兴洲大桥(公铁)(L=1 650m,2009 年)	公铁两用钢桁斜拉桥

1.1.2 钢桥的建桥现状

代表现代钢桥制造水平的大跨度悬索桥、斜拉桥、公铁两用桥、拱桥的介绍(按其主跨大小划分)依次见表 2-1-2 ~ 表 2-1-5。显然我国钢桥建设水平已经进入世界先进行列。

悬 索 桥 表 2-1-2

排序	钢桥名称(国家)	跨度 L(m)	建成年份(年)	排序	钢桥名称(国家)	跨度 L(m)	建成年份(年)
1	明石海峡大桥(日本)	1 991	1998	4	润扬长江大桥(中国)	1 490	2005
2	舟山西堠门大桥(中国)	1 650	2008	5	Humber 大桥(英国)	1 410	1984
3	Great Belt 大桥(丹麦)	1 624	1996				

斜 拉 桥 表 2-1-3

排序	钢桥名称(国家)	跨度 L(m)	建成年份(年)	排序	钢桥名称(国家)	跨度 L(m)	建成年份(年)
1	俄罗斯岛大桥(俄罗斯)	1 104	2012	4	鄂东长江大桥(中国)	926	2010
2	苏通长江大桥(中国)	1 088	2008	5	多多罗大桥(日本)	890	1999
3	香港昂船洲大桥(中国)	1 018	2009	6	Normandy 大桥(法国)	856	1995

公铁两用桥　　表2-1-4

斜拉桥				悬索桥			
排序	钢桥名称（国家）	跨度L（m）	建成年份（年）	排序	钢桥名称（国家）	跨度L（m）	建成年份（年）
1	武汉天兴洲长江大桥（中国）	504	2009	1	香港青马大桥（中国）	1 377	1997
2	厄勒/（Oresund）海峡大桥（丹麦－瑞典）	490	2000	2	南备赞濑户大桥（日本）	1 100	1988
3	香港汲水门大桥（中国）	430	1998	3	北备赞濑户大桥（日本）	990	1988

拱　　桥　　表2-1-5

排序	钢桥名称（国家）	跨度L（m）	建成年份（年）	排序	钢桥名称（国家）	跨度L（m）	建成年份（年）
1	重庆朝天门大桥（中国）	552	2009	4	悉尼港湾桥（澳大利亚）	503	1932
2	上海卢浦大桥（中国）	550	2003	5	Bayanne 桥（美国）	501	1931
3	Newrivergorge 桥（美国）	518	1977				

1.1.3　钢桥制造技术的发展

钢桥制造技术的发展与钢桥的发展密不可分。按照钢桥制造工艺，钢桥制造技术经历了铆接、栓焊、全焊接阶段。根据桥梁跨度的不同，钢桥制造技术经历了从一般跨度大桥到超大跨度特大桥的发展。伴随着新材料、新工艺、新设备、新技术的不断发展和创新，钢桥制造技术也在不断更迭发展创新，以适应高强、轻型、标准化、大跨度等方向发展的需要。

1）桥梁用钢的发展

我国的桥梁用钢有一个比较漫长的发展过程。在使用“钢票”的年代只能发展铁路钢桥，但铁路钢桥的发展带动了钢材的进步。武汉长江大桥使用的是低碳钢。南京长江大桥原设计是由前苏联提供钢材，但仅供应少量就撕毁合同。为此，鞍钢全力以赴开发16Mn，称为“争气钢”。经过不断优化，形成了16Mnq。15MnVNq的开发和应用，也是几经波折：原是为枝城长江大桥开发（1966 年），该桥原设计为栓焊结构，由于对焊接结构和新钢种的“疑虑”，而改回铆接结构（1968 年），仍然采用16Mnq 钢；1976 年15MnVNq 在栓焊结构的白河大桥上应用成功后，终于得以成功地应用于栓焊结构的九江长江大桥。而14MnNbq 则是专为芜湖长江大桥研制的高韧性桥梁钢。

桥梁跨径的增大也对钢材性能、强度以及板厚等提出了更高的要求。20 世纪60 年代开发的16Mnq 钢仅32mm 厚，90 年代采用的Q370 级钢厚度为50mm。之后，由于焊接技术瓶颈，超厚板材未进一步发展，制约了大跨径钢桥的发展，也限制了钢铁行业发展。世界最大跨径的重庆朝天门长江大桥设计首次采用Q420qD 钢，板厚达80mm，且攻克了高强厚板焊接难题。

由于高强厚板碳含量高、厚度大、拘束度高以及焊缝形状、焊道排布等原因，容易产生焊接冷裂纹、热裂纹、夹渣、未熔合等缺陷。为此，在重庆朝天门大桥制造过程中，对新型超低碳贝氏体钢Q420q 钢板进行了焊接性试验研究。结果表明Q420q 钢板具有很高的韧性储备,焊接性良好,钢板的 Z 向性能优异。高强超厚钢板焊接确定了与之相匹配的焊接材料和合理的工艺参数,从而形成一套高强超厚钢板焊接技术。高强超厚钢板焊接技术的成功开发与应用,不仅促进了大跨径钢桥的建设,而且也对钢材业的发展起到很大的促进作用。

2)钢桥制造技术的发展

现代大跨度钢桥的上部结构主要是桁架梁、箱形梁、组合梁,上部支撑结构也由墩台发展为混凝土塔或钢塔,钢桥制造单位为适应钢桥的发展,也在不断地完善和革新制造技术、焊接技术、工艺设备和工艺水平。目前我国已具备制造高精度、高质量钢桥的能力。

(1)钢桁架桥

桁架桥一般由主桥架、上下水平纵向联结系、桥门架和中间横撑架以及桥面系组成。在桁架中,弦杆是组成桁架外围的杆件,包括上弦杆和下弦杆。连接上、下弦杆的杆件称为腹杆,按腹杆方向之不同又区分为斜杆和竖杆。弦杆与腹杆所在的平面称为主桁平面。大跨度桥架的桥高沿跨径方向变化,形成曲弦桁架;中、小跨度采用不变的桁高,即所谓平弦桁架或直弦桁架。

桁架结构可以形成梁式、拱式桥,也可以作为缆索支撑体系桥梁中的主梁(或加劲梁)。桁架桥梁绝大多数采用钢材修建。我国比较有名的桁架桥梁有:武汉长江大桥(三联 3 × 128m 连续钢桁梁,1957 年,为“万里长江第一桥”)、南京长江大桥(主跨三联 3 × 160m 连续钢桁梁,1969 年)、九江长江大桥(主跨 180m + 260m + 160m 梁拱组合体系,1993 年)、芜湖长江大桥(180m + 312m + 180m 钢桁斜拉桥,1999 年)和香港青马大桥(主跨 1377m 钢桁加劲梁悬索桥,1997 年),重庆朝天门大桥为 190m + 552m + 190m 钢桁拱桥,为世界最大跨径钢桁拱桥。

钢桁架桥分为三个制造阶段:工厂杆件制造、工厂试拼、桥位连接。其工厂制造工艺流程一般为:钢材、焊材、涂装材料采购及复验、下料、加工坡口、组装、焊接、探伤、钻孔、试拼装、除锈、涂装。由于桁梁桥主要为铆接或栓接,因此杆件制孔精度直接影响安装及成桥后的线形,同时伴随桥梁跨度及新材料、新设备的应用,也出现了整体桁片制造安装。

(2)钢箱梁桥

钢箱梁,又叫钢板箱形梁,是大跨径桥梁常用的结构形式。从多多罗桥到苏通大桥,从杭州湾跨海大桥到西堠门大桥,再到人行过街天桥,钢箱梁得到了越来越广泛的应用。钢箱梁桥类型及特点如下。

①市政高架、匝道钢箱梁特点:具有小半径、跨越道口(地面辅道)、异形等特点,为减小梁高、缩短施工工期、减小交通影响,通常设计为等高截面,或通过改变顶底板厚度适应内力。简支钢箱梁梁高为跨度为 1/20,连续钢箱梁梁高约为跨度的 1/25。

②大跨度斜拉桥、悬索桥、拱桥加劲梁特点:自重小、抗风稳定性好、抗扭刚度好、施工养护方便,抗风要求高。

③大跨度连续钢箱梁特点:变梁高,横隔板采用实腹式和框架式两种构造。

框架中根据断面高低设置 X 形或 V 形斜撑。根据受力需要,钢箱梁在不同区段采用了不同的横肋布置:底板受力较大的部位,采用框架式横肋;底板受力较小的部位,采用只在顶部加劲的横肋形式;支点处及边跨端部横隔板采用实腹式横隔板。

④人行桥钢箱梁特点:等梁高,主要由自振频率、景观控制设计。

大型钢箱梁桥制造分为三个阶段:工厂板单元件制造、总拼场节段制作及预拼装、桥位箱梁节段环缝接口连接。制造工艺一般为:下料、U 肋制作、板单元件组焊,梁段组焊、预拼装、除锈、涂装。由于钢箱梁制造节段均为板单元件组成,因此板单元件的制作精度是控制节段制造精度的基础。常设置反变形胎架、组装胎架以保证制造精度及质量,重点控制正交异性桥面板 U 肋或板肋的焊接质量,锚箱的组装精度等。

(3)组合梁桥

组合梁桥指以梁式桥跨为基本结构的组合结构桥。两种以上体系叠加后,整体结构的力学性质仍与以受弯作用负载的梁的特点相同。它通过连接件将钢梁与混凝土面板连接成整体共同受弯。荷载作用下,混凝土受压,钢梁受拉,充分发挥钢材和混凝土的材料性能。例如福州青州闽江大桥(主跨为 605m 的斜拉桥)、海南文昌清澜大桥(主跨为 548m 的斜拉桥)、上海长江大桥(连续梁,2009 年建成)、港珠澳大桥(连续梁,在建)均是我国已建或在建的钢混组合梁桥。

组合梁桥制造阶段可分为:钢梁制造、混凝土桥面预制、两者叠合浇筑、桥位连接(钢梁连接、混凝土浇筑)。两种材料叠合后共同受力,保证钢梁、混凝土以及叠合部位的制造质量是施工的关键所在。

钢桥的制造技术与钢桥桥型、使用材料、架设等技术密不可分,下面将结合以往钢桁梁桥制造经验,以重庆朝天门长江大桥为研究对象,介绍钢桁拱桥的制造技术。

1.2 重庆朝天门大桥钢结构工程特点

1.2.1 工程概况

重庆朝天门大桥位于重庆朝天门码头下游约 1.7km,是长江与嘉陵江汇合处,是重庆市主城区二环快速干道上的重要桥梁,也是重庆市规划的“六线一环”城市轨道交通中“一环”的重要桥梁,同时也是衔接川黔高速公路、市规划中央商务区“金三角”及南北两岸的重要交通枢纽,对重庆市经济的发展具有重大意义。

重庆朝天门长江大桥主桥为 190m + 552m + 190m 三跨连续钢桁系杆拱桥,钢梁全长 934.1m,主桥全宽 36.5m,桁宽 29m。上层桥面为双向六车道和两侧人行道,下层为双线城市轨道交通和双向两车道。两侧边跨为变桁高平弦桁梁。中跨为刚性拱柔性梁的钢桁系杆拱桥,拱肋上、下弦线形采用二次抛物线,上弦与边跨上弦之间采用 $R = 700\mathrm{m}$ 的圆弧进行过渡。主桁采用变高度的 N 形桁式,跨中桁高为 14m,中间支点处桁高为 73.95m,边支点处桁高为 11.83m。全桥采用变节间布置,分为 12m、14m、16m 三种节间形式。大桥主体结构材料采用 Q420qD、Q370qD 和 Q345qD 钢,全桥钢梁重约 4.5 万 t。

主桁弦杆为焊接箱形截面,腹杆采用箱形、H 形及“王”形截面,系杆采用焊接 H 形截面。杆件采用的最大板厚为 80mm,最大长度为 44m,最大安装吊重 80t。主桁以拼装式节点为主,中间支承节点采用整体节点。

桥面系上层桥面采用正交异性钢桥面板,板厚 16mm,采用 U 形闭口肋。纵向设置横隔板,横向布置 6 道纵梁;下层桥面两侧采用正交异性钢桥面板,板厚 16mm,采用 U 形闭口肋。纵向设置横隔板,横向每侧布置 2 道纵梁;下层桥面中央采用纵、横梁体系,设置两组轻轨纵梁。

1.2.2 关键工艺项点及质量控制

朝天门大桥属于栓焊钢桁系杆拱桥，根据桥梁自身特点，结合以往钢桁拱桥制造技术，主要确定以下项点为关键工艺项点。

1）焊接变形控制

拱肋弦杆具有板厚较大，杆件较长，焊接质量要求高等特点，其焊接变形的控制将直接影响杆件几何尺寸精度。通常采取如下措施控制焊接变形。

（1）认真分析各类型杆件的焊接变形规律，并通过焊接变形试验进一步确定焊接变形量的大小，以确定采取何种反变形措施。

（2）采用理论计算与模拟试验相结合的方法确定各焊缝预留的焊接收缩量，并在生产过程中跟踪测量，及时修正。

（3）对零件下料、坡口加工、杆件整体组装等生产过程严格把关，并采用合理的焊接方法、优化焊接顺序，在专用胎型上焊接等措施，控制焊接变形。

2）对接焊缝、熔透焊缝的焊接质量控制

对接焊缝和熔透焊缝是构件传力的关键焊缝，对其焊接质量的控制是焊接工艺的重中之重。通常采取如下措施控制其焊接质量。

（1）根据接头形式分类进行焊接工艺试验，确定焊接方法、焊接设备、焊接材料、焊接工艺参数、焊接顺序、坡口形式等。

（2）根据焊接试验结果编制合理可行的焊接工艺。

（3）设计可保证焊接质量和便于控制焊接变形的工艺装备，确保焊接工艺的有效实现和焊接变形的有效控制。

（4）编制关键焊缝的质量控制计划，从原材料的复验、下料、拼装、焊接和探伤等生产过程严格把关。

3）制孔精度控制

弦杆、整体节点、节点板、拼接板等杆件的孔群较多，连接关系复杂。其精度将直接影响桥位安装进度、质量以及成桥后的几何线形，因此对连接孔群的制孔精度要求很高。通常采取如下措施控制连接孔群的制孔精度。

（1）采用后孔法工艺为主，先孔法为辅的制孔工艺，避免焊接变形的影响，提高制孔精度。

（2）设计高精度的划线工艺和制孔工艺。

（3）设计高精度的制孔工艺装备。

4）试拼装质量控制

试拼装工艺是制造精度和桥位架设精度的联系纽带，是一道必不可少的重点工艺。通常采取如下措施控制试拼装质量。

（1）试拼装在专用的胎架上进行，胎架有足够的强度，可确保试拼装过程中不产生变形；试拼装前应对胎架进行测平，以确保试拼装平面度的精度要求。

（2）试拼装应在各杆件处于自由状态进行，以确保试拼装检测结果的准确性和可靠性，达到试拼装的目的。

（3）每次定位下一节间杆件时，均应检测平面度、对角线差、节间长度、桁高等项点，以确保整体试拼装精度。

(4)建立拱肋试拼装精度管理系统,实现对多次试拼装公差积累的动态掌握,对拱肋线形偏差的主动控制,确保拱肋架设线形的精度以及吊杆垂直度精度。

5)涂装质量控制

涂装是保证桥梁钢结构耐久性的重要措施之一,防腐涂装质量能否得到保障直接关系到钢桥梁的使用寿命长短。通过对以往桥梁防腐涂装质量控制薄弱环节的总结分析,重点从以下几个方面对防腐涂装质量加以控制:

(1)严格控制涂装原材料质量,所有进厂的油漆及铝材等涂装材料均必须在具有资格的涂料检测中心复验,复验合格后方可投入使用。

(2)对除锈磨料的材质、大小、形状、配比、硬度等进行优选,通过工艺试验确定合理的喷砂工艺参数,确保除锈质量满足要求。

(3)除锈前将构件自由边倒圆弧 $R = 0.5 \sim 2$mm,满足边角部位涂层厚度要求。

(4)在施工全过程中,对环境温度、相对湿度、露点温度、钢板温度等环境因素进行检测,以满足涂装各工序的施工要求。

(5)在油漆施工过程中,对高压空气质量、油漆混合、油漆搅拌、油漆熟化、油漆黏度、稀释剂比例、喷嘴压力、枪嘴到工件距离、喷漆角度、预涂以及湿膜厚度等进行巡检,保证每一项都符合要求。

(6)涂装前对两种涂层过渡区域进行预涂,保证两种涂层体系过渡区域接缝整齐,涂层厚度达到要求。

(7)涂装时采取遮盖等有效方法对现场预留焊缝部位进行保护,避免油漆污染,影响桥位现场焊接质量。

1.3　重庆朝天门大桥钢桁结构制造技术创新

重庆朝天门大桥由中铁大桥勘测设计院设计,主桥钢梁由中铁宝桥集团有限公司和中铁山桥集团有限公司制造。钢梁的设计与制造充分体现了我国桥梁建设的最新技术,具体反映在以下几个方面:

(1)主跨钢桁梁系杆拱最大跨径达552m,在目前国内外同类桥梁中跨度最大。

(2)主桥采用Q420qD高强钢板厚达80mm,为当时我国大型桥梁上高强结构钢首次采用的最大板厚,通过优选焊接工艺、焊接材料及试验研究,提高了焊接接头韧性,解决了防止脆性断裂的厚钢板焊接关键技术。

(3)本桥构件规格均大大超出以往的钢桥,最大长度达42m,最大截面为5 570mm×7 620mm,单件最大质量达80t。截面大以及变宽、变高的特点,给焊接变形控制和构件几何尺寸控制都带来了很大困难。

(4)重庆朝天门大桥是进入重庆市的门户,与朝天门码头遥相呼应,其外观质量尤为重要,但重庆大气环境污染严重,对钢梁的防腐体系的选择和涂装工艺的优化提出了更高要求。

(5)针对本桥的结构特点,全桥在厂内全部进行试拼装,检验合格后方可发往工地。由于试拼装长度限制,工厂试拼装采用短线法,如何将本次试拼装的结果用于指导下一次的生产制造,保证全桥线形和合龙精度,即试拼装的精度管理,显得尤为重要。

采用上述新技术给钢梁制造带来了很大的难度,重大的技术难点主要表现在高强厚板焊接、钢拱座E15焊接整体节点制造、试拼装工艺及精度控制、超长超大构件制造、涂装工艺等。为此,重庆中港朝天门长江大桥项目建设有限公司委托中铁宝桥股份有限公司和中铁山桥集团有限公司对"重庆朝天门长江大桥特种钢桁梁关键制造技术"进行研究。本工程具有工程量大、构件种类多,结构复杂等工程特点,为保证产品整体质量,确保工期要求,自本项目于2006年3月启动以来,根据朝天门大桥的结构特点以及钢梁科研项目和制造整体工作部署,中铁宝桥股份有限公司和中铁山桥集团有限公司分别配备了充足的焊接、起重、涂装、试验及检验设备和机械。为了满足E15整体节点80mm厚钢板X射线探伤要求,采用俄罗斯进口的MIB-6型X高能射线探伤机,该设备最大穿透厚度达到180mm,可以满足80mm厚钢板的X射线探伤要求。经各单位通力合作,完成了前期的科研项目,为钢梁的制造提供了可靠的保证。

重庆朝天门长江大桥作为世界第一大跨径拱桥,在国内桥梁中首次采用了超低碳贝氏体Q420qD高强钢材,第一次对桥梁钢构件实行变宽变厚设计,其涂装油漆配套体系实现重大创新,其试拼装过程在国内首次采用"精度管理"的方法实现全桥线形的控制,据此,重庆朝天门长江大桥钢桁梁制造可定位在国际先进水平。

第2章 高强厚板桥梁钢焊接技术

2.1 高强厚板桥梁钢

我国铁路钢桥的发展始于20世纪50年代，于60年代开发了16Mnq钢并在行业中广泛应用。使用过程中发现该钢板采用V形缺口冲击，韧性指标偏低，板厚效应严重，铁路钢桥仅能用到32mm，超过此厚度的冶金质量难以保证。80年代末期，由于九江大桥建设的需要，开发了强度级别为Q420级的15MnVNq钢，但该钢板由于加入V，在提高强度的同时导致钢板的低温韧性和焊接性能较差，给桥梁制造带来很多困难，九江大桥之后该钢板一直未能得到广泛应用。90年代末期，为了芜湖大桥的建设开发了14MnNbq钢，该钢板采用降C加Nb合金超纯净的冶金方法，保证了屈服强度大于370MPa的基础上还具有优异的-40℃低温冲击韧性，同时焊接性能也得到了提高，在芜湖大桥中最大板厚也仅为50mm。目前我国桥梁结构广泛采用Q345q和Q370q钢，重庆朝天门大桥首次采用超低碳贝氏体钢Q420qD钢板，最大板厚达80mm，因此有必要对本桥高强厚板桥梁钢Q420qD钢板进行焊接工艺研究。

超低碳贝氏体钢(ultra-low carbon bainite steel)被国际上称为21世纪的新一代钢铁材料，超低碳贝氏体钢在化学成分上打破传统的C-Mn系+微合金化成分设计理念，充分降低碳的含量，辅以独特的Ni、Cr、Mo、Ti、Al、Cu、Nb等合金元素匹配，提高微合金在δ-Fe中的扩散系数，保证其成分均匀；在组织上，采用均匀的超低碳针状铁素体组织设计，这种组织具有传统铁素体+珠光体组织以及回火马氏体组织所不具备的诸如高强度、高韧性、优良的焊接性和耐腐蚀性能等特点；在生产工艺上，采用TMCP(热机械控制轧制技术)工艺，革新传统的以正火或调质工艺生产高强度结构钢的历史，缩短了工艺流程，降低了生产成本。

重庆朝天门大桥为钢桁架拱桥，规模大，构造复杂，部分受力大的杆件采用了超低碳贝氏体桥梁钢Q420qD钢厚板制造，并大量采用厚板熔透焊缝、深坡口焊缝，最大板厚达到80mm，是迄今为止我国钢桁拱桥首次采用的最大板厚高强度结构钢。经过焊接工艺研究，对于与Q420qD钢材匹配的焊接材料，根据各类焊缝的要求，严格限定焊丝、焊剂的硫、磷含量，并优化相应的焊接工艺；对各类焊接接头提出了明确的焊缝力学性能要求，控制焊缝不过分超强，提高焊接接头韧性，防止脆性断裂。

2.2 超低碳贝氏体桥梁钢Q420q试验

2005年底中铁山桥集团有限公司对其钢板进行了焊接性试验，试验内容包括：母材复验;钢板系列温度冲击试验;对接接头系列温度冲击试验;厚板 Z 向性能试验;焊接热影响区最高硬度试验;板厚 30mm 的钢板斜 Y 坡口焊接裂纹试验。

2.2.1 母材复验

超低碳贝氏体桥梁钢 Q420q 的标准见表 2-2-1 和表 2-2-2。分别对板厚 16mm、30mm、60mm 的 Q420q 钢板进行了化学成分和力学性能试验,试验结果见表 2-2-3。

Q420q 钢的化学成分指标(%) 表 2-2-1

C	Si	Mn	P	S	V
≤0.07	≤0.50	1.30~1.70	≤0.020	≤0.010	≤0.06
Nb	Ti	Al	Cr	Ni	Cu
≤0.045	≤0.02	≥0.015	≤0.40	≤0.40	≤0.50

Q420q 钢的力学性能指标 表 2-2-2

板厚(mm)	屈服点 σ_s(MPa)	抗拉强度 σ_b(MPa)	伸长率 δ_5(%)	180°弯曲	-40℃纵向冲击 Akv(J)	纵向时效(J)
≤16	≥420	≥570	≥20	$d=2a$	≥47	≥47
>16~35	≥410	≥550	≥19	$d=3a$		
>35~50	≥400	≥540	≥19	$d=3a$		
>50~100	≥390	≥530	≥19	$d=3a$		

注:d-弯心直径;a-试样厚度(直径)。

由表 2-2-3 的试验结果可以看出,Q420q 钢板的力学性能均满足 Q420q 技术要求,尤其是低温冲击韧性和时效冲击韧性,试验结果均在 220J 以上,远远高于标准值,具有很高的韧性储备。

2.2.2 焊接热影响区最高硬度试验

对板厚 16mm、30mm 和 60mm 的 Q420q 钢板进行焊接热影响区最高硬度试验,主要目的是试验钢板的焊接热影响区最高硬度,以检验 Q420q 钢板的焊接性。试验按照《焊接性试验 焊接热影响区最高硬度试验方法》(GB/T 4675.5—1984)的规定进行。板厚 16mm 的钢板,试件取原板厚,规格为 16mm×75mm×200mm;对于板厚 30mm、60mm 的钢板,保留钢板的一个轧制面,加工成尺寸为 20mm×75mm×200mm 的标准试件。试验焊缝采用手工电弧焊,采用 E5515-G(J557MoV)焊条焊接,焊条直径为 4mm。焊接电流 170~180A,电压 24~26V,焊速 145~155mm/min。焊接热影响区最高硬度试验结果见表 2-2-4。

由表 2-2-4 的试验结果可以看出,板厚为 16mm、30mm 和 60mm 的 Q420q 钢板的焊接热影响区最高硬度分别为 247HV_{10}、290HV_{10}和 249HV_{10},均低于 350 HV_{10},说明钢板的焊接性良好。

2.2.3 厚板 Z 向性能试验

对板厚为 30mm、60mm 的 Q420q 钢板分别进行 Z 向性能试验,主要目的是按照《厚度方向性能钢板》(GB/T 5313—1985)标准检验 Q420q 钢厚板的厚度方向性能。

Q420q 钢板化学成分和力学性能

表 2-2-3

材质	板厚 (mm)	批号	化学成分(%)													数据来源
			C	Si	Mn	P	S	V	Nb	Ti	Al	Cr	Ni	Cu	Ceq	
Q42Cq	—	—	≤0.07	≤0.50	1.30 ~ 1.70	≤0.020	≤0.010	≤0.06	≤0.045	≤0.02	≥0.015	≤0.40	≤0.40	≤0.50		标准值
	16	537612	0.045	0.29	1.63	0.008 9	0.002 7	—	0.04	0.014	0.036	0.3	0.05	0.28	0.39	钢厂检验值
			0.04	0.28	1.58	0.008	0.004	<0.01	0.037	0.02	0.040	0.25	0.02	0.24	0.37	复验值
	30	537614	0.045	0.29	1.63	0.008 9	0.002 7	—	0.04	0.014	0.036	0.3	0.05	0.28	0.39	钢厂检验值
			0.04	0.29	1.60	0.009	0.003	<0.01	0.038	0.02	0.036	0.25	0.02	0.24	0.37	复验值
	60	545956	0.045	0.29	1.63	0.008 9	0.002 7	—	0.04	0.014	0.036	0.3	0.05	0.28	0.39	钢厂检验值
			0.04	0.23	1.62	0.008	0.002	0.004	0.034	0.016	0.044	0.25	0.02	0.25	0.37	复验值

材质	板厚 (mm)	批号	力学性能						数据来源
			屈服点 σ_s (MPa)	抗拉强度 σ_b (MPa)	伸长率 δ_5 (%)	弯曲 180°	-40℃纵向冲击 Akv (J)	10%纵向时效 Akvs (J)	
Q420q	≤16	—	≥420	≥570	≥20	$d=2a$	≥47	≥47	标准值
	16	537612	585	680	21.5	$d=2a$,完好	325,330,310	290,290,290	钢厂检验值
			505	590	28	$d=2a$,完好	226,288,292	225,230,228	复验值
	>16 ~ 35	—	≥410	≥550	≥19	$d=3a$	≥47	≥47	标准值
	30	537614	515	615	23	$d=3a$,完好	305,285,300	290,290,290	钢厂检验值
			470	585	24.0	$d=3a$,完好	268,289,252	234,243,248	复验值
	>50 ~ 100	—	≥390	≥530	≥19	$d=3a$	≥47	≥47	标准值
	60	545956	460	580	22	$d=3a$,完好	285,285,290	330,315,300	钢厂检验值
			460	575	25	$d=3a$,完好	262,260,287	225,234,240	复验值

注:d-弯心直径;a-试样厚度(直径)。

焊接热影响区最高硬度试验结果　　表 2-2-4

板厚(mm)	焊接热影响区最高硬度试验															
16(Q420q)	焊接断面照片 							硬度测试点示意图 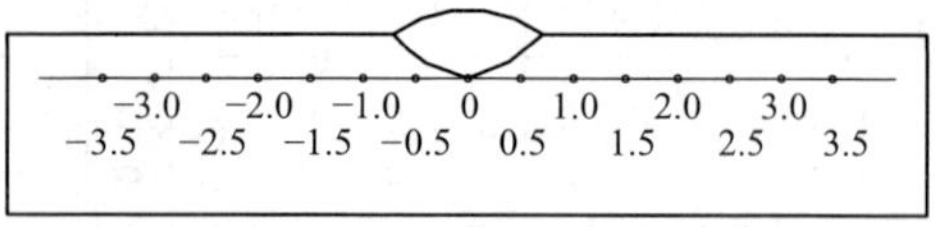								
	距切点距离(mm)	-3.5	-3.0	-2.5	-2.0	-1.5	-1.0	-0.5	0	0.5	1.0	1.5	2.0	2.5	3.0	3.5
	硬度 HV_{10}	227	227	228	228	228	235	247	247	243	232	228	228	228	228	228
	最高硬度 HV_{10}	247														
	硬度曲线	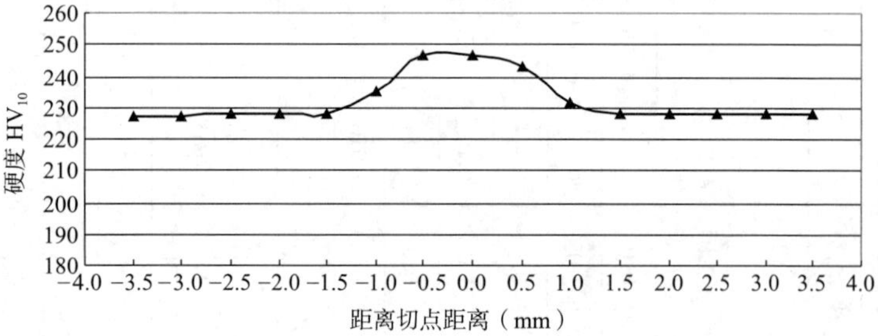														
30(Q420q)	焊接断面照片							硬度测试点示意图 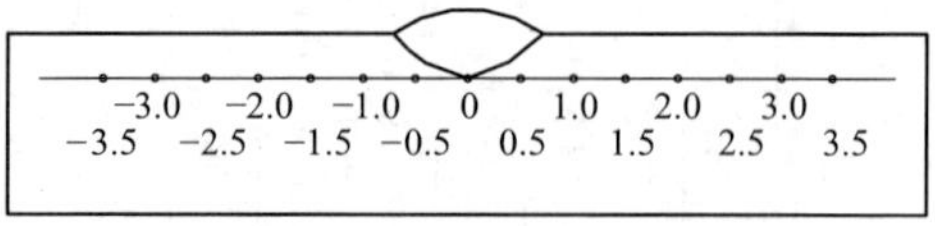								
	距切点距离(mm)	-3.5	-3.0	-2.5	-2.0	-1.5	-1.0	-0.5	0	0.5	1.0	1.5	2.0	2.5	3.0	3.5
	硬度 HV_{10}	230	237	242	254	266	268	290	279	274	270	268	258	258	258	258
	最高硬度 HV_{10}	290														
	硬度曲线	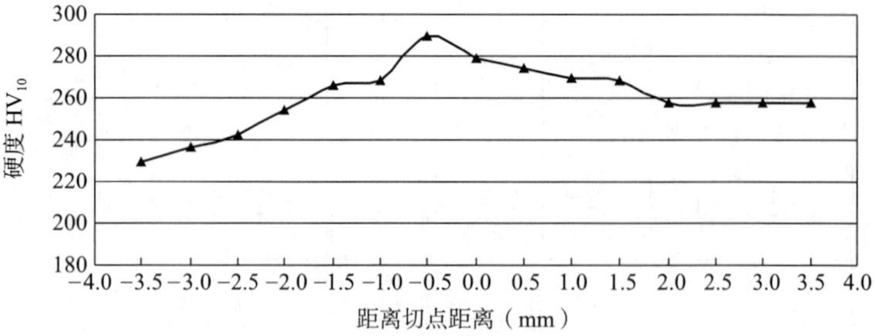														

续上表

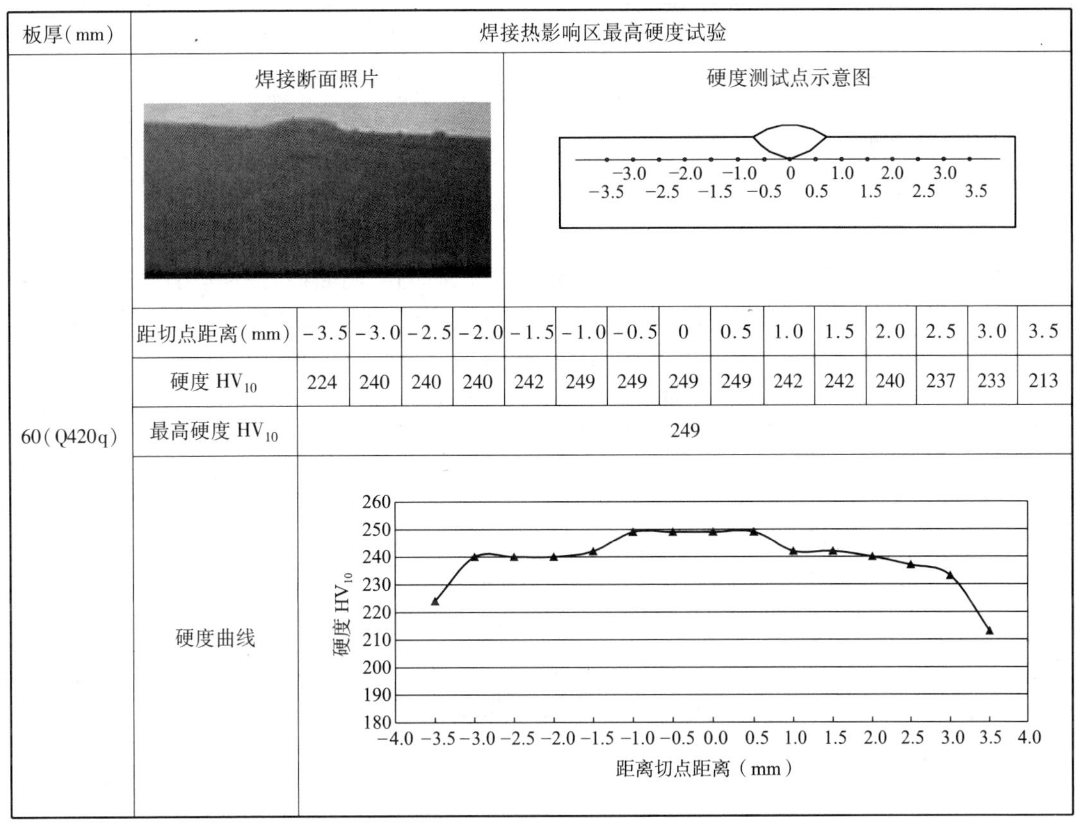

板厚(mm)	焊接热影响区最高硬度试验															
60(Q420q)	焊接断面照片								硬度测试点示意图							
	距切点距离(mm)	-3.5	-3.0	-2.5	-2.0	-1.5	-1.0	-0.5	0	0.5	1.0	1.5	2.0	2.5	3.0	3.5
	硬度 HV_{10}	224	240	240	240	242	249	249	249	249	242	242	240	237	233	213
	最高硬度 HV_{10}	249														
	硬度曲线															

钢板S含量和Z向拉伸试样断面收缩率见表2-2-5。

S含量和Z向拉伸试验结果　　表2-2-5

材质	板厚(mm)	批号	S含量(%)	*Z*向断面收缩率 ψ_Z(%)	备　注
—	—	—	≤0.005	≥35	GB/T 5313的最高标准Z35级
Q420q	30	537 614	0.003	77.5,78.0,77.0　(77.5)	试验值
	60	545 956	0.002	80.5,79.5,78.0　(79.3)	试验值

注:(　)内为平均值。

由表2-2-5的试验结果可以看出,板厚为30mm、60mm的Q420q钢板的S含量和*Z*向拉伸断面收缩率均满足GB/T 5313中最高标准Z35级的要求,且*Z*向拉伸断面收缩率分别高达77.5%、79.3%,钢板的*Z*向性能优异,抗层状撕裂性能好。

2.2.4　斜Y坡口焊接裂纹试验

按照《斜Y型坡口焊接裂纹试验方法》(GB 4075.1—1984)分别对板厚为30mm的Q420q钢板进行斜Y坡口焊接裂纹试验。试验分手工电弧焊和埋弧自动焊两种方法,手工电弧焊焊条为E5515-G,即J557MoV,直径为4mm,埋弧自动焊焊接材料为H-14+S-787TB,焊丝直径4mm。焊接规范参数见表2-2-6。

斜 Y 坡口焊接裂纹试验焊接规范参数 表 2-2-6

钢材	焊接方法及焊接材料	试件编号	环境温度(℃)	环境湿度(%)	预热温度(℃)	电流(A)	电压(V)	焊速(mm/min)
Q420q	手工电弧焊 E5515-G(ϕ4)	S2-1	10	18	不预热	170 ~ 180	24 ~ 26	145
		S2-2	10	18	不预热	170 ~ 180	24 ~ 26	150
	埋弧自动焊 H-14(ϕ4)+S-787TB	M2-1	10	18	不预热	420 ~ 440	30 ~ 31	400
		M2-2	10	18	不预热	420 ~ 440	30 ~ 31	400

试验焊缝完成 48h 后,检查焊缝表面无裂纹,然后解剖磨制断面,用 40 倍放大镜观测断面裂纹。斜 Y 坡口焊接裂纹试验结果见表 2-2-7,试件表面裂纹率和断面裂纹率均为 0。斜 Y 坡口焊接裂纹试验试样断面照片见图 2-2-1 和图 2-2-2。

斜 Y 坡口焊接裂纹试验结果 表 2-2-7

钢材	焊接方法及焊接材料	试件编号	表面裂纹率(%)	断面裂纹		
				试样片数	开裂片数	断面裂纹率(%)
Q420q	手工电弧焊 E5515-G(ϕ4)	S2-1	0	5	0	0
		S2-2	0	5	0	0
	埋弧自动焊 H-14(ϕ4)+S-787TB	M2-1	0	5	0	0
		M2-2	0	5	0	0

由表 2-2-7 的试验结果,确定了板厚不大于 30mm 的 Q420q 钢板焊接前不需要预热(环境温度不低于 5℃)。

2.2.5 系列温度冲击试验

1)母材系列温度冲击试验

对板厚为 30mm 和 60mm 的 Q420q 钢板进行 20℃、0℃、-20℃、-40℃、-60℃、-78℃和 -100℃的系列温度冲击试验,试验结果见表 2-2-8。根据试验结果绘制了韧脆转曲线,见图 2-2-3。

系列温度冲击试验结果 表 2-2-8

板厚(材质)	批号	冲击功(J)						
		20℃	0℃	-20℃	-40℃	-60℃	-78℃	-100℃
30mm(Q420q)	537614	266 272 264 (267)	297 276 285 (286)	282 290 270 (281)	297 293 278 (289)	257 280 255 (264)	310 305 258 (291)	26 240 295 (187)
60mm(Q420q)	545956	255 273 242 (257)	264 272 258 (265)	257 252 252 (254)	269 253 286 (269)	230 209 212 (217)	65 24 51 (47)	8 9 10 (9)

注:( )内为平均值。

由表 2-2-8 的试验结果和图 2-2-3 的韧脆转曲线可以看出,板厚为 30mm 的 Q420q 钢板的低温韧脆转变温度 ETT50 低于 -90℃;板厚 60mm 的 Q420q 钢板的低温韧脆转变温度 ETT50 为 -70℃。

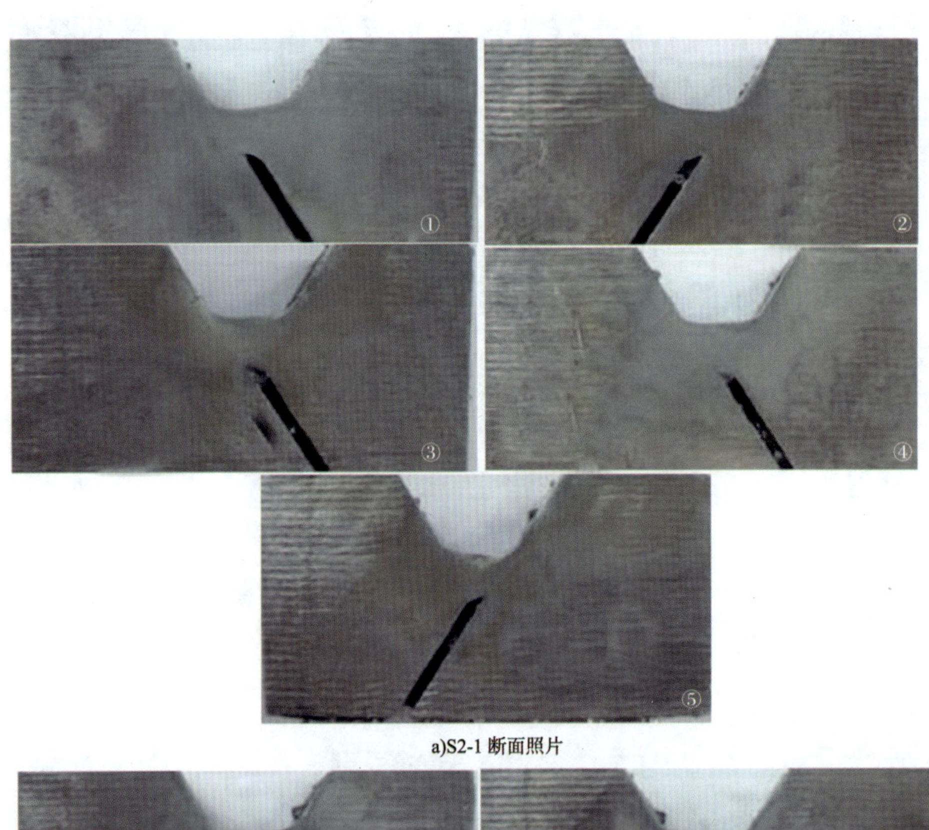

a)S2-1 断面照片

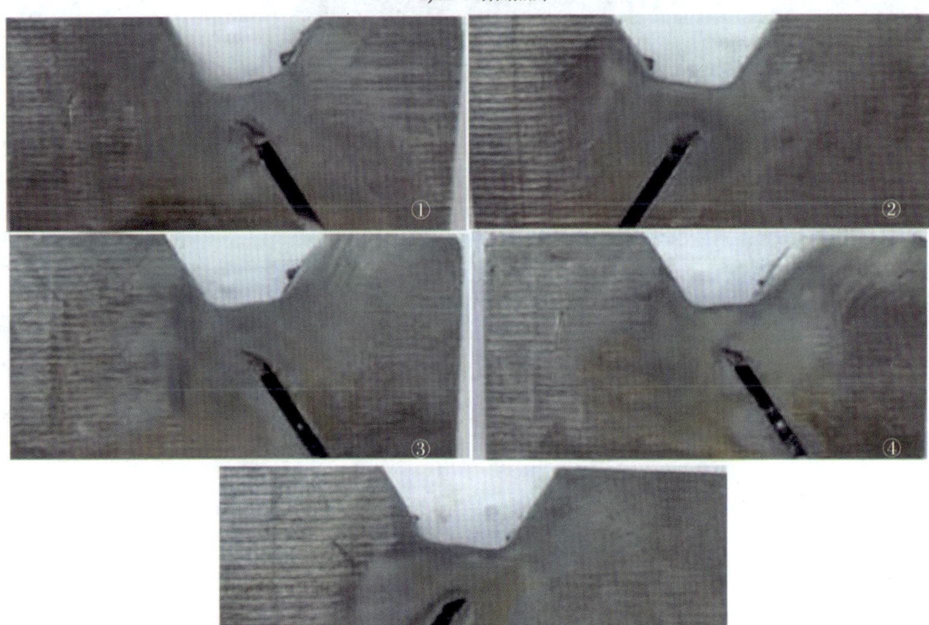

b)S2-2 断面照片

图 2-2-1 焊条电弧焊斜 Y 坡口焊接裂纹试验试样断面照片

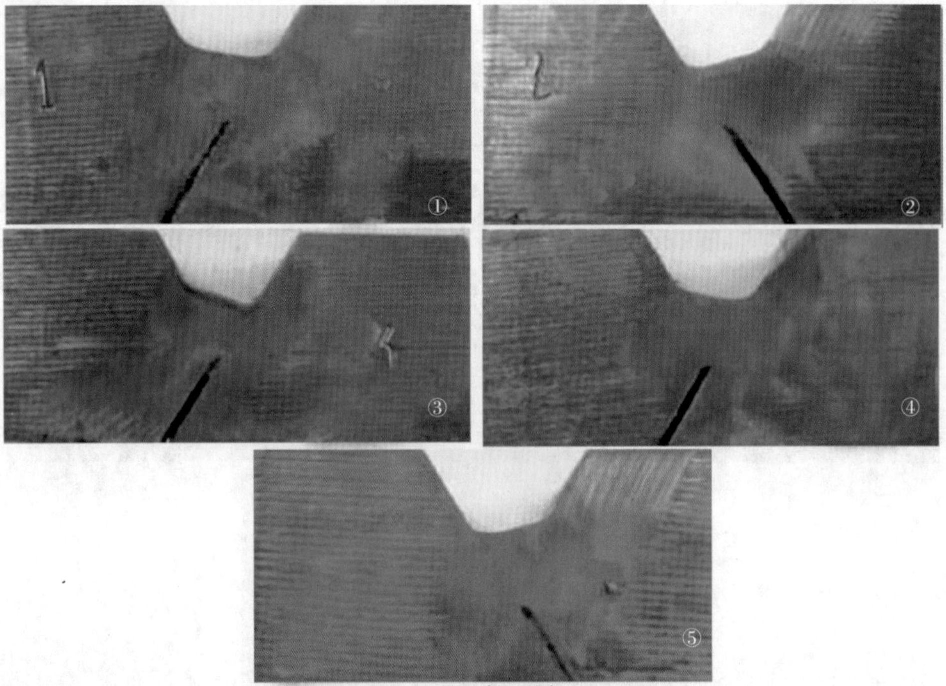

a)M2-1 断面照片

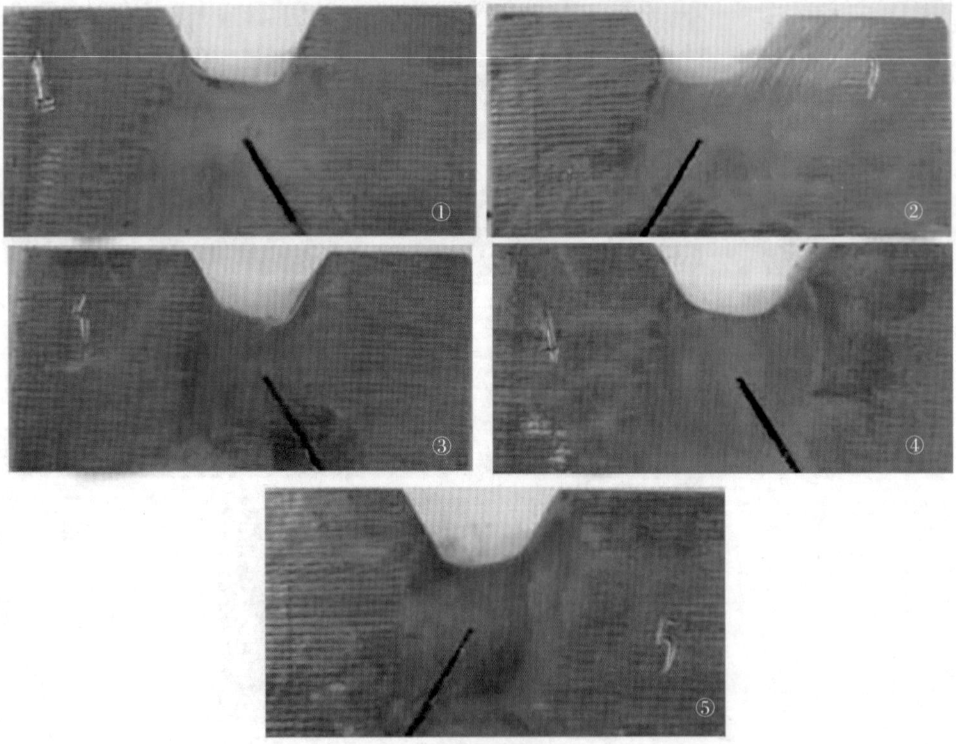

b)M2-2 断面照片

图 2-2-2　埋弧自动焊斜 Y 坡口焊接裂纹试验试样断面照片

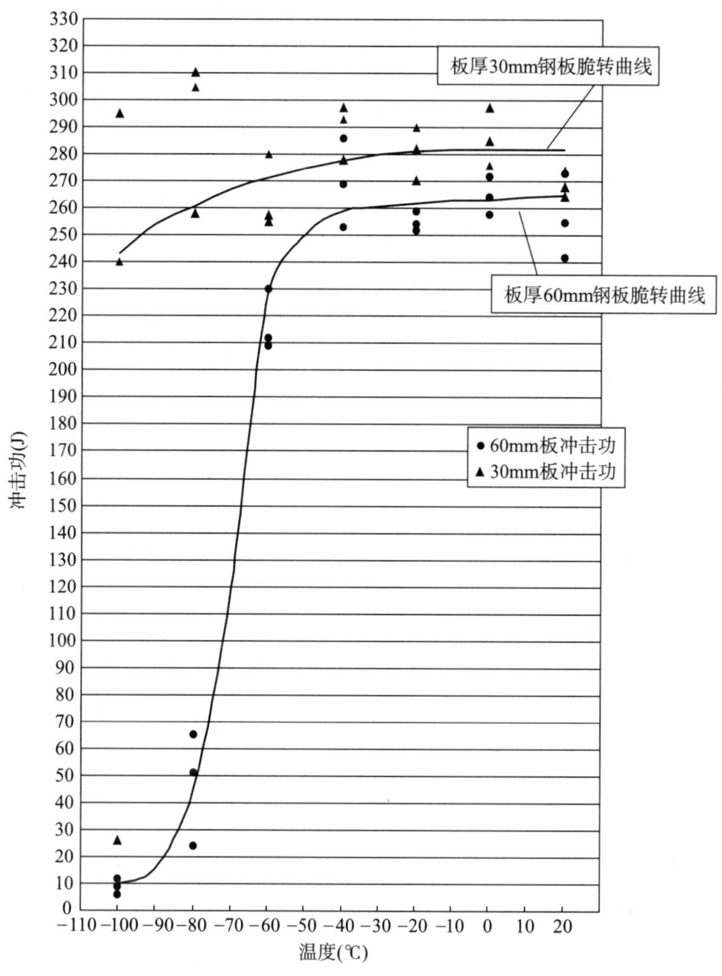

图 2-2-3　Q420q 钢板系列温度冲击韧脆转曲线

2)对接接头系列温度冲击试验

对板厚为 30mm 的 Q420q 钢板对接接头的焊缝金属和热影响区(熔合线外 1mm 处)进行系列温度冲击试验,对接焊缝采用埋弧自动焊,焊接材料为 H-14(ϕ4) + S-787TB,施焊状况见表 2-2-9。对接接头进行 20℃、0℃、-20℃、-30℃、-40℃、-50℃、-60℃、-78℃系列温度冲击试验,试验结果见表 2-2-10,系列温度冲击韧脆转变曲线见图 2-2-4。

对接接头施焊状况　　表 2-2-9

熔敷简图	焊道	道间温度(℃)	电流(A)	电压(V)	焊速(m/h)	线能量(kJ/cm)	焊接方法	备注
[熔敷简图: 焊道 1~12]	1	—	440 ~ 460	30 ~ 32	20	25.1	埋弧焊(ϕ4)	温度:12℃ 湿度:20% 背面清根
	2 ~ 4	48 ~ 160	440 ~ 460	30 ~ 32	20	25.1		
	5,6	130,120	440 ~ 460	30 ~ 32	20	25.1		
	7	100	440 ~ 460	30 ~ 32	20	25.1		
	8 ~ 10	135 ~ 150	440 ~ 460	30 ~ 32	20	25.1		
	11,12	125,150	440 ~ 460	30 ~ 32	20	25.1		

对接接头系列温度冲击试验结果　　表 2-2-10

材质	板厚(mm)	缺口位置	20℃	0℃	-20℃	-30℃	-40℃	-50℃	-60℃	-78℃
Q420q	30+30	焊缝金属	175 178 174 (176)	160 170 175 (168)	176 163 160 (166)	149 164 120 (144)	124 138 134 (132)	40 106 103 (83)	32 40 71 (48)	31 33 48 (37)
		热影响区	256 235 219 (237)	254 274 239 (256)	255 252 110 (206)	249 235 215 (233)	177 260 252 (230)	104 216 244 (188)	250 214 63 (176)	49 26 50 (42)

注:(　)内为平均值。

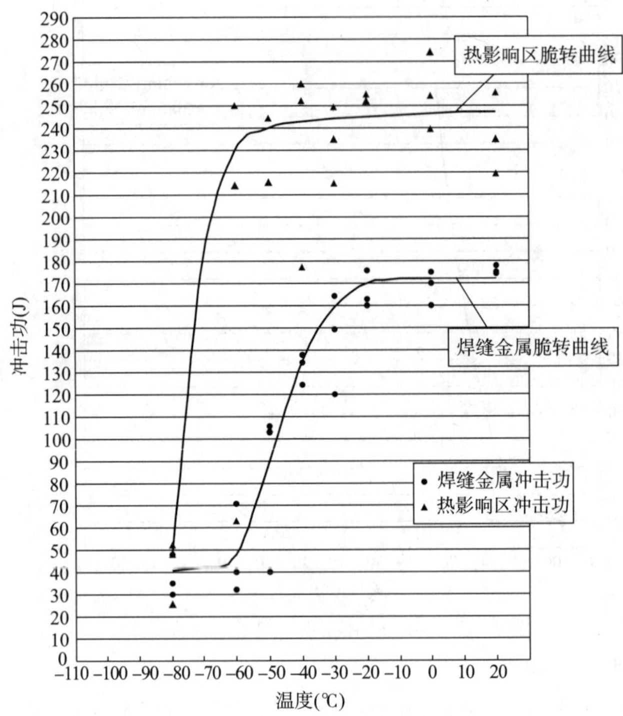

图 2-2-4　板厚为 30mm 的 Q420q 对接接头焊缝金属系列温度冲击韧脆转变曲线

由表 2-2-10 的试验结果和图 2-2-4 的韧脆转变曲线可以看出,板厚为 30mm 的 Q420q 钢板对接接头的低温韧脆转变温度焊缝金属的 ETT50 为 -50℃,热影响区为的 ETT50 为 -70℃。

2.3　Q420q 钢焊接工艺评定试验

重庆朝天门大桥制造前,中铁山桥集团有限公司和中铁宝桥股份公司分别进行了 Q420qD 钢板的焊接工艺评定试验,内容包括钢板的斜 Y 坡口焊接裂纹试验和典型接头的焊接工艺评定试验,试验按照《铁路钢桥制造规范》(TB 10212—98)附录 C 及设计要求进行。

2.3.1　试验材料及焊接设备

1)母材

试验用 Q420qD 钢板全部为大生产用料,板厚分别为 16mm、24mm、28mm、36mm、40mm、44mm、50mm、80mm,钢板的化学成分和力学性能见表 2-2-11 和表 2-2-12。

试板化学成分（%）

表 2-2-11

材质	板厚(mm)	批号	C	Si	Mn	P	S	V	Nb	Ti	Al	Ni	Cr	Cu	N	Mo	Ceq	数据来源
Q420qD			≤0.17	≤0.60	1.30~1.70	≤0.025	≤0.025	≤0.08	≤0.045	≤0.02	≥0.020						≤0.45	标准
Q420qD	16	Q009465	0.15	0.46	1.44	0.016	0.007				0.043						0.39	质保书
			0.16	0.43	1.36	0.018	0.004	<0.01	0.024	<0.01	0.044						0.42	复验
Q420qD	24	Q008314	0.13	0.43	1.40	0.011	0.006				0.031						0.38	质保书
			0.16	0.35	1.44	0.016	0.014	<0.01	0.004	<0.01	0.022						0.43	复验
Q420qD	28	Q008323-3	0.14	0.41	1.40	0.014	0.005				0.41						0.39	质保书
			0.14	0.38	1.38	0.022	0.008	0.06	0.028	0.02	0.042						0.40	复验
Q420qD	40	617178	0.05	0.39	1.68	0.007	0.004	0.01	0.02	0.01	0.032	0.26	0.32	0.40	0.060	0.02	0.44	质保书
			0.04	0.42	1.62	0.020	0.010	<0.01	0.026	0.02	0.046	0.19	0.34	0.39			0.41	复验
Q420qD	50	620411	0.04	0.41	1.63	0.008	0.004	0.01	0.02	0.01	0.024	0.35	0.32	0.41	0.0045	0.02	0.43	质保书
			0.04	0.42	1.68	0.018	0.008	<0.01	0.025	0.02	0.044	0.23	0.33	0.37			0.42	复验
Q420qD	80	612676	0.05	0.30	1.62	0.011	0.004	0.01	0.02	0.01	0.036	0.14	0.28	0.29	0.087	0.02	0.41	质保书
			0.04	0.30	1.56	0.011	0.004	<0.01	0.023	0.02	0.042						0.36	复验
Q420qD	16	601594	0.14	0.31	1.51	0.013	0.004				0.037						0.43	质保书
			0.10	0.32	1.42	0.008	0.003				0.043							复验
Q420qD	24	C601592	0.14	0.31	1.51	0.013	0.004				0.037						0.43	质保书
			0.14	0.32	1.43	0.008	0.004				0.047							复验
Q420qD	28	602289	0.15	0.34	1.48	0.009	0.003				0.056						0.45	质保书
			0.17	0.35	1.41	0.006	0.004				0.083							复验
Q420qD	36	601508	0.14	0.31	1.51	0.013	0.004				0.037						0.43	质保书
			0.14	0.33	1.43	0.008	0.003				0.042							复验
Q420qD	40	601509	0.14	0.31	1.51	0.013	0.004				0.037						0.43	质保书
			0.17	0.32	1.42	0.008	0.003				0.045							复验
Q420qD	44	CH601339	0.14	0.31	1.51	0.013	0.004				0.037						0.43	质保书
			0.13	0.32	1.43	0.008	0.004				0.046							复验
Q420qD	50	H601340	0.14	0.31	1.51	0.013	0.004				0.037						0.43	质保书
			0.14	0.32	1.42	0.008	0.004				0.048							复验
Q420qD	80	601395	0.16	0.36	1.50	0.011	0.003				0.062						0.449	质保书
			0.16	0.36	1.43	0.006	0.004				0.078							复验

试板力学性能　　表 2-2-12

材质	板厚(mm)	批(炉)号	σ_s (MPa)	σ_b (MPa)	δ_5 (%)	弯曲 180°	Akv (J)	时效 Akvs (J)	轧制状态	数据来源
Q420qD	≤16		≥420	≥570	≥20	$d=2a$	-20℃时：≥47	≥47		标准
Q420qD	16	Q009465	555	655	20	完好	170,172,170	63,68,74		质保书
			435	575	25.5	完好	126,110,112	158,163,144		复验
Q420qD	16	601594	515	625	25	完好	211,167,233	302,301,253		质保书
			510	640	28	完好	233,230,222	260,276,255		复验
Q420qD	>16~35		≥410	≥550	≥19	$d=3a$	-20℃时：≥47	≥47		标准
Q420qD	24	Q008314	415	550	27	完好	166,175,162	124,125,128		质保书
			420	555	27.5	完好	170,162,166	209,207,215		复验
Q420qD	28	Q008323-3	425	595	21	完好	77,62,97	66,96,106		质保书
			430	580	24.5	完好	126,119,132	168,182,150		复验
Q420qD	24	C601592	415	565	28	完好	260,261,177	256,270		质保书
			420	550	32	完好	262,207,268	272,275,270		复验
Q420qD	28	602289	480	645	26	完好	32,48,115	191,208,206		质保书
			495	670	23	完好	195,135,187	237,226,227		复验
Q420qD	>35~50		≥400	≥540	≥19	$d=3a$	-20℃时：≥47	≥47		标准
Q420qD	40	617178	585	645	22.5	完好	315,305,320	319,320,325	TMCP	质保书
			495	645	24.0	完好	284,260,260	238,239,226		复验
Q420qD	50	620411	495	605	24.5	完好	260,265,270	262,265,245	TMCP	质保书
			475	595	21.5	完好	262,273,281	268,236,262		复验
Q420qD	36	601508	470	620	24	完好	129,141,132	252,278,270		质保书
			480	620	27	完好	206,126,115	75,76,78		复验
Q420qD	40	601509	435	590	20	完好	165,131,130	286,354,254		质保书
			440	600	28	完好	172,182,48	236,257,236		复验
Q420qD	44	CH601339	445	575	30	完好	278,250,282	258,243,262		质保书
			425	560	28	完好	250,262,262	95,95,90		复验
Q420qD	50	H601340	470	625	26	完好	146,202,178	177,126,205		质保书
			415	560	28	完好	228,198,207	256,243,268		复验
Q420qD	>50~100		≥390	≥530	≥19	$d=3a$	-20℃时：≥47	≥47		标准
Q420qD	80	612676	455	550	25	完好	246,250,230	250,246,230	TMCP+回火	质保书
			410	530	30.0	完好	273,281,283	231,235,258		复验
Q420qD	80	601395	420	590	28	完好	164,78,169	163,157,162		质保书
			400	580	27	完好	182,207,175	214,228,216		复验

注：d-弯心直径；a-试样厚度(直径)。

2）焊接材料

（1）埋弧自动焊

①对接焊缝和箱形杆件棱角焊缝埋弧自动焊采用H08MnMoA（ϕ5.0）+SJ101q（或SJ101）焊接。

②工形杆件、弦杆上纵向加劲肋T形角焊缝埋弧自动焊采用H08MnA（或H10Mn2）（ϕ5.0）+SJ101q（或SJ101）焊接。

（2）CO_2 气体保护焊

①加劲肋对接焊缝、节点板熔透角焊缝、E15节点坡口角焊缝、箱形隔板角焊缝等采用药芯焊丝Supercored 81（或E551T1-Ni1）（ϕ1.2）焊接。

②弦杆上加劲肋坡口角焊缝填充焊道、箱形棱角焊缝打底焊道采用实芯焊丝TM-6（ϕ1.2）焊接。

③CO_2气体纯度大于99.5%。

（3）手工电弧焊

采用J557MoV（型号E5515-G）焊条焊接，焊条直径为4mm。

（4）焊接衬垫

加劲肋对接焊缝采用TG-2.0Z型陶质衬垫。

焊条、焊剂按规定烘干后使用。焊接材料的化学成分和性能见表2-2-13。

3）焊接设备

（1）平位埋弧自动焊采用林肯DC-1000直流电源配LT-7焊机或ZD5-1250直流电源配MZ-1-1000焊机焊接；船位埋弧自动焊采用ZP5-1250直流电源配MZ1-1000焊机焊接。

（2）CO_2 气体保护焊采用KR500、KR350型直流电源焊接。

（3）手工电弧焊采用ZX7-500或ZX5-400型直流电源焊接。

以上均为反极性接法。焊接设备照片见图2-2-5。

2.3.2 Q420qD钢板斜Y坡口焊接裂纹试验

1）焊接试验

（1）手工电弧焊及 CO_2 气体保护焊斜Y坡口焊接裂纹试验

按照《斜Y坡口焊接裂纹试验方法》（GB 4675.1—1984）对板厚为28mm、40mm、80mm的Q420qD钢板分别进行了手工电弧焊斜Y坡口焊接裂纹试验，采用J557MoV（ϕ4）焊条焊接；对板厚为28mm、36mm、50mm、80mm的Q420qD钢板分别进行了CO_2气体保护焊斜Y坡口焊接裂纹试验，采用E551T-Ni1（ϕ1.2）焊丝焊接，焊接规范参数和试验结果见表2-2-14，典型断面照片见图2-2-6。

（2）埋弧自动焊斜Y坡口焊接裂纹试验

参照日本国有铁路标准及以往试验的经验，对板厚为36mm、50mm、80mm的Q420qD钢板分别进行了埋弧自动焊斜Y坡口焊接纹试验，采用H08MnMoA（ϕ5）+SJ101焊接，焊接规范参数和试验结果见表2-2-15，典型断面照片见图2-2-6。

2）Q420qD钢板焊接预热温度的确定

根据斜Y坡口焊接裂纹试验结果，采用临界预热温度作为大生产的焊接预热温度：当板厚≤40mm时，焊前不预热；当板厚>40~80mm时，焊前预热80~120℃。

表 2-2-13

焊条、焊丝、焊剂的化学成分和力学性能

焊材	牌号	批号	规格	化学成分(%)								力学性能				数据来源
				C	Si	Mn	P	S	Ni	Cr	Cu	σ_s (MPa)	σ_b (MPa)	δ_5 (%)	Akv (J)	
焊条	J557MoV				≥0.80	≥1.00			≥0.50	≥0.30	Mo≥0.20 V≥0.10	≥440	≥540	≥17	-40℃; ≥27	标准
		35064001	ϕ4.0	0.07	0.19	1.05	0.016	0.015			Mo0.28	490.1	610.5	23.5	58,52,54	质保书
				0.06	0.28	1.30	0.020	0.009	1.59	0.04	Mo0.21 V 0.05	625	715	21	65, 72, 60	复验
焊丝	H08MnMoA			≤0.10	≤0.25	1.20 ~ 1 690	≤0.030	≤0.030	≤0.30	≤0.20	Mo 0.30 ~ 0.50					标准
		818501	ϕ5.0	0.07	0.13	1.28	0.008	0.013	0.05	0.06	0.35					质保书
				0.07	0.15	1.29	0.015	0.011			0.37					复验
		0501161	ϕ5.0	0.091	0.21	1.32	0.018	0.015	0.01	0.01	0.39					质保书
				0.084	0.147	1.35	0.009	0.006	0.033	0.024	0.39					复验
	H08MnA			≤0.10	≤0.07	0.80 ~ 1.10	≤0.030	≤0.030	≤0.30	≤0.20	≤0.20					标准
		0501111	ϕ5.0	0.088	0.035	0.89	0.016	0.018	0.01	0.012	0.19					质保书
				0.07	<0.07	0.96	0.013	0.018								复验
	H10Mn2			≤0.12	≤0.07	1.50 ~ 1.90	≤0.035	≤0.035	≤0.30	≤0.20	≤0.20					标准
		2450204	ϕ5.0	0.11	0.02	1.68	0.024	0.014	0.01	0.02						质保书
				0.09	0.04	1.78	0.014	0.019	0.016	0.0016	0.021					复验

续上表

焊材	牌号	批号	规格	化学成分(%)								力学性能				数据来源
				C	Si	Mn	P	S	Ni	Cr	Cu	σ_s (MPa)	σ_b (MPa)	δ_5 (%)	Akv (J)	
焊丝	TM-60											≥420	≥550	≥19	-20℃;≥40	标准
		50483612	ϕ1.2	0.09	0.64	1.51	0.015	0.007	0.02	0.01	Mo 0.30 V 0.05	585	665	25	159,162,169	质保书
				0.07	0.67	1.50	0.015	0.009				575	655	22.5	104,104,101	复验
	Supercored81			≤0.12	≤0.80	≤1.50	≤0.03	≤0.03	0.8~1.1	≤0.15	Mo≤0.35 V≤0.05	≥470	550~690	≥19	-20℃;≥40	标准
		MF5230D	ϕ1.2	0.05	0.35	1.16	0.014	0.012	0.93	0.03	Mo0.09 V0.02	569	621	28.0	65,82,70	质保书
				0.02	0.38	1.14	0.015	0.008	0.89	0.06	Mo0.13 V0.02	575	640	25.5	75,60,95	复验
	E551T1-Ni1	60120212	ϕ1.2	0.046	0.43	1.36	0.018	0.009	0.93	0.02	V 0.01	565	635	23	-30℃ 48,50,52	质保书
				0.05	0.50	1.44	0.014	0.012	0.91	0.03	Mo0.013 V0.018	530	630	27	-30℃ 86,68,76	复验
焊剂	SJ101q						≤0.080	≤0.060				≥400	480~650	≥22	-40℃;≥27	标准
		069					0.029	0.030				462	615	25	58,57,60	质保书
							0.038	0.012				410	500	32	93,75,101	复验
	SJ101	24007					0.021	0.028				410	540	29	-20℃ 70	质保书

a)埋弧焊ZP5-1250直流电源

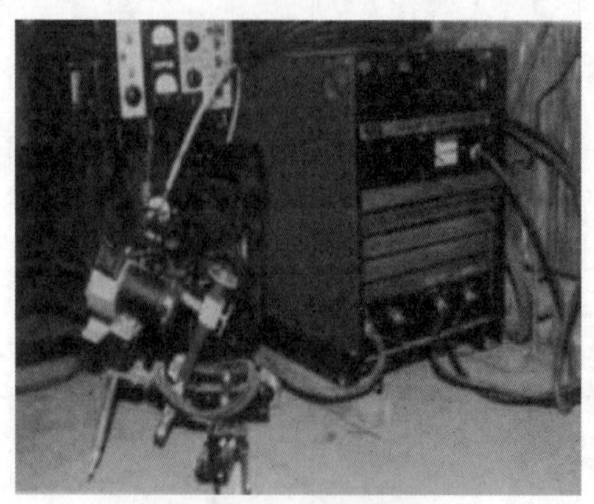

b)林肯DC-1000直流电源配LT-7焊机

c)CO_2气保焊KR500型及CS-5自动小车

d)手工电弧焊ZX7-500直流电源

e)手工电弧焊ZX5-400逆变焊机

f)埋弧焊电源及MZ-1-1000型小车

图 2-2-5　焊接设备照片

2.3.3　焊接工艺评定试验

1)对接焊缝焊接工艺评定试验

(1)对接焊缝坡口尺寸、焊接方法及代表焊缝

试板材质、接头板厚组合、坡口尺寸、焊接方法、焊接材料及代表焊缝见表 2-2-16。

斜 Y 坡口焊接裂纹试验结果　　表 2-2-14

焊接方法及焊接材料	板厚(mm)	试件编号	环境温度(℃)	环境湿度(%)	预热温度(℃)	电流(A)	电压(V)	焊速(mm/min)	表面裂纹率(%)	断面裂纹		
										试样片数	开裂片数	裂纹率(%)
手工电弧焊 J557MoV(ϕ4)	28	28-1	18	56	—	165~175	22~26	145	0	5	0	0
		28-2	18	56	—	165~175	22~26	150	0	5	0	0
	40	40-1	18	50	—	165~175	22~26	150	0	5	0	0
		40-2	18	50	—	165~175	22~26	155	0	5	0	0
		40-3	18	50	60	165~175	22~26	155	0	5	0	0
		40-4	18	50	60	165~175	22~26	150	0	5	0	0

续上表

焊接方法及焊接材料	板厚(mm)	试件编号	环境温度(℃)	环境湿度(%)	预热温度(℃)	电流(A)	电压(V)	焊速(mm/min)	表面裂纹率(%)	断面裂纹		
										试样片数	开裂片数	裂纹率(%)
手工电弧焊 J557MoV(ϕ4)	80	80-1	18	56	60	165～175	22～26	145	0	5	2	30、83
		80-2	18	56	60	165～175	22～26	150	25	未作	未作	未作
		80-3	20	50	80	165～175	22～26	150	0	5	0	0
		80-4	20	50	80	165～175	22～26	150	0	5	0	0
		80-5	20	50	100	165～175	22～26	145	0	5	0	0
CO_2 气体保护焊 E551T-Ni1(ϕ1.2)	28	28-1	—	—	5	250	28	300	0	5	0	0
		28-2	—	—	50	250	28	300	0	5	0	0
	36	36-1	—	—	5	250	28	300	0	5	0	0
		36-2	—	—	50	250	28	300	0	5	0	0
	50	50-1	—	—	50	250	28	300	0	5	0	0
		50-2	—	—	80	250	28	300	0	5	0	0
	80	80-1	—	—	50	250	28	300	38	未作	未作	未作
		80-2	—	—	80	250	28	300	0	5	0	0

注：预热方法为火焰加热。

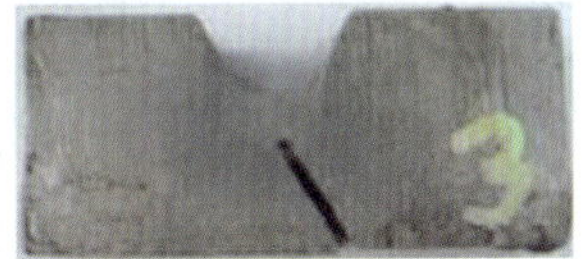

a)板厚28mm钢板，焊条电弧焊，不预热

b)板厚40mm钢板，焊条电弧焊，不预热

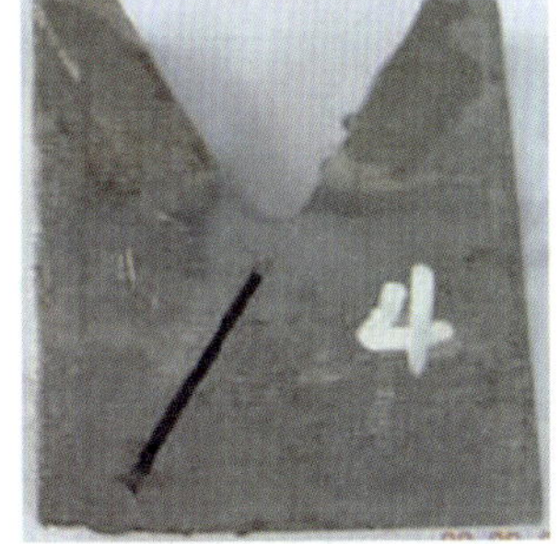

c)板厚80mm钢板，焊条电弧焊，预热80℃

图2-2-6　斜Y坡口焊接裂纹试验典型断面照片

埋弧自动焊斜 Y 坡口焊接裂纹试验结果 表 2-2-15

焊接方法及焊接材料	板厚（mm）	试件编号	环境温度（℃）	环境湿度（%）	预热温度（℃）	电流（A）	电压（V）	焊速（mm/min）	表面裂纹率（%）	断面裂纹		
										试样片数	开裂片数	裂纹率（%）
埋弧自动焊 H08MnMoA（ϕ5）+SJ101	36	36-1	—	—	5	650	30	360	0	5	0	0
	50	50-1	—	—	5	650	30	360	25	未作	未作	未作
		50-2	—	—	50	650	30	360	0	5	0	0
	80	80-1	—	—	50	650	30	360	20	未作	未作	未作
		80-2	—	—	80	650	30	360	0	5	0	0

注：预热方法为火焰加热。

对接接头坡口尺寸、焊接方法及代表焊缝(尺寸单位：mm) 表 2-2-16

编号	板厚组合（材质）	坡口形式	焊接位置	焊接方法及焊接材料	代表焊缝	备注
1.19	16+16（Q420qD）	试板尺寸：16×250×700 16×250×700 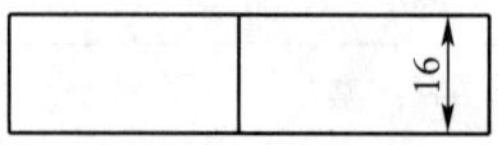 16	平焊	埋弧自动焊 H08MnMoA（ϕ5）+SJ101q	厚度（薄板）为 8～16mm 的钢板对接（材质为 Q420qD 钢）板厚组合：12+12；14+14；16+16	横向对接
1	16+16（Q420qD）	试板尺寸：16×250×700 16×250×700 10、5、16	平焊	埋弧自动焊 H08MnMoA（ϕ5）+SJ101q	厚度（薄板）为 8～16mm 的钢板对接（材质为 Q420qD 钢）板厚组合：12+12；14+14；16+16	横向对接
2	24+24（Q420qD）	试板尺寸：24×250×700 24×250×700 10、10、24、24、5、5、5、5	平焊	埋弧自动焊 H08MnMoA（ϕ5）+SJ101q	厚度（薄板）18～24mm 的钢板对接（材质为 Q420qD 钢）板厚组合：20+20；24+24	横向对接
1.20	28+28（Q420qD）	试板尺寸：28×250×700 28×250×700 9、9、4、28	平焊	埋弧自动焊 H08MnMoA（ϕ5）+SJ101q	厚度（薄板）25～32mm 的钢板对接（材质为 Q420qD 钢）板厚组合：28+28；32+32	横向对接

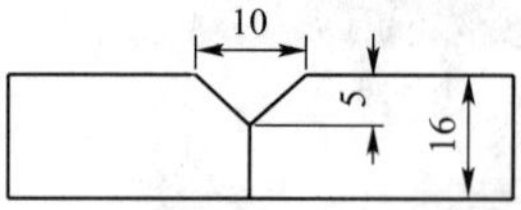

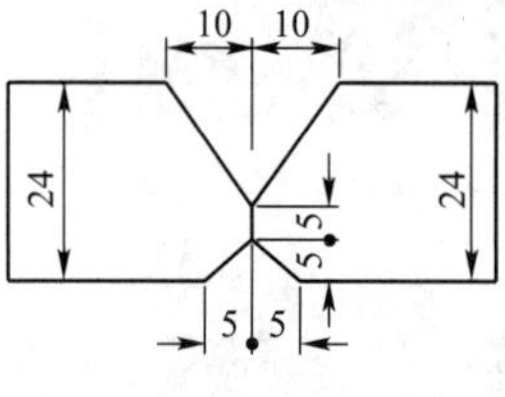

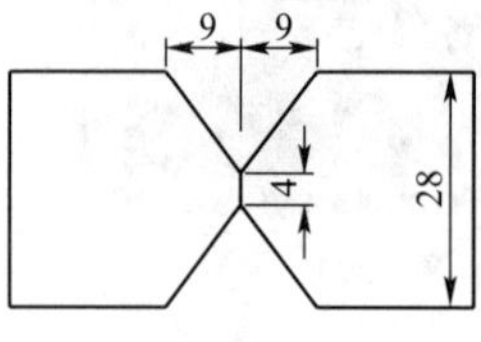

续上表

编号	板厚组合（材质）	坡口形式	焊接位置	焊接方法及焊接材料	代表焊缝	备注
1.21	40+40（Q420qD）	试板尺寸：40×250×700 40×250×700 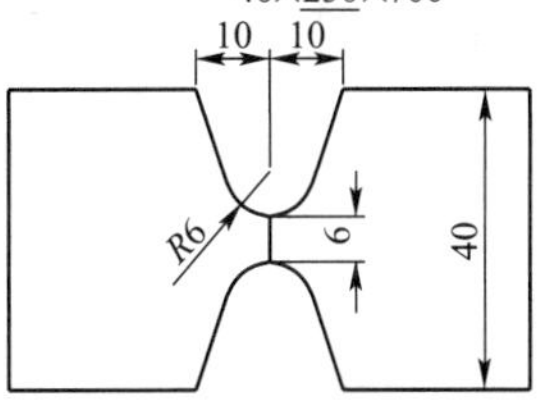	平焊	埋弧自动焊 H08MnMoA（ϕ5）+SJ101q	厚度（薄板）为 33～56mm 的钢板对接（材质为 Q420qD 钢）板厚组合：36+36；40+40；44+44；50+50	横向对接
3	44+44（Q420qD）	试板尺寸：44×250×700 44×250×700 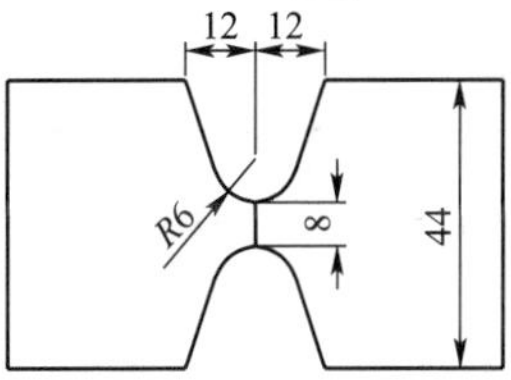	平焊	埋弧自动焊 H08MnMoA（ϕ5）+SJ101q	厚度（薄板）为 33～56mm 的钢板对接（材质为 Q420qD 钢）板厚组合：36+36；40+40；44+44；50+50	横向对接
1.22	80+80（Q420qD）	试板尺寸：80×250×700 80×250×700 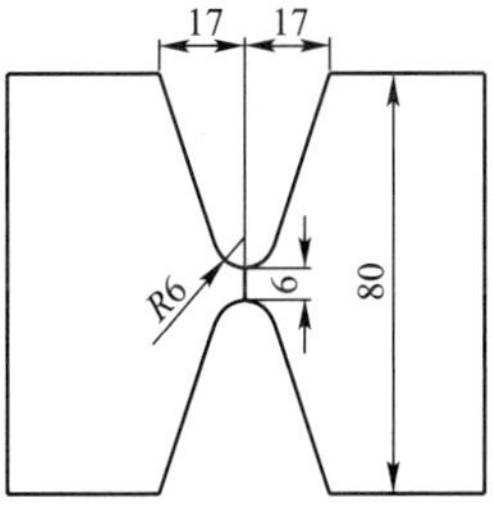	平焊	埋弧自动焊 H08MnMoA（ϕ5）+SJ101q	厚度（薄板）为 57～120mm 的钢板对接（材质为 Q420qD 钢）板厚组合：60+60；80+80	纵向对接
4	80+80（Q420qD）					
1.23	40+40（Q420qD）	试板尺寸：40×250×700 40×250×700 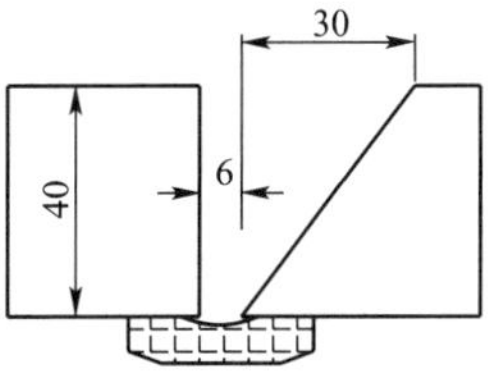	平位	药芯焊丝气保护半自动焊 背面衬 TG-2.0Z 陶质衬垫 Supercored 81（ϕ1.2）	加劲肋对接焊缝（材质为 Q420qD 钢）板厚组合：50+50 等	横向对接

注：试板尺寸标注中带下划线者为钢板轧制方向，下同。

（2）对接接头施焊状况及焊缝检验

对接接头施焊状况见表 2-2-17，焊后进行焊缝外观检查，表面质量符合技术要求。焊接 24h 后对焊缝进行超声波探伤检查，内部质量根据《钢焊缝手工超声波探伤方法和探伤结果分级》（GB/T 11345—1989）均为Ⅰ级。

对接接头施焊状况 表 2-2-17

编号	熔敷简图	焊道	道间温度(℃)	电流(A)	电压(V)	焊速(m/h)	焊接方法	备注
1.19	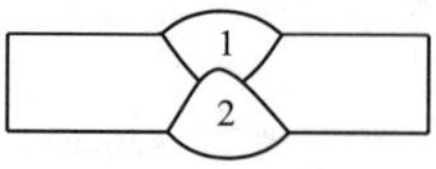	1		780 ~ 790	32 ~ 33	25.5	M(φ5)	温度:22℃ 湿度:55% 平位焊接
		2	115	820 ~ 830	33 ~ 34	25.5		
1	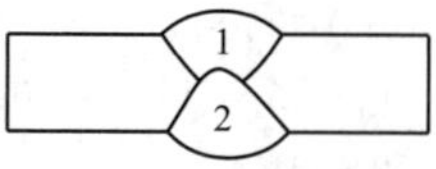	1		790	32	32	M(φ5)	平位焊接
		2		800	34	32		
2	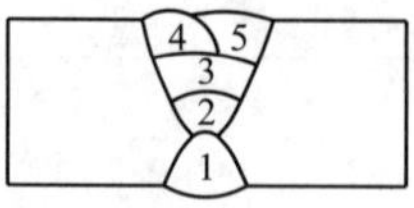	1		700	29	21.5	M(φ5)	平位焊接 背面清根
		2		700	29	21.5		
		3		700	31	21.5		
		4,5		700	31	21.5		
1.20	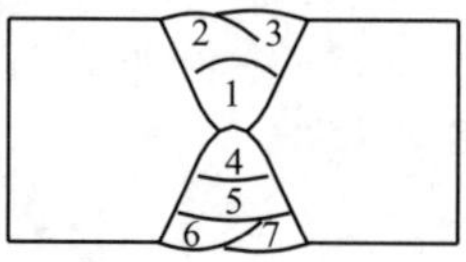	1		700 ~ 720	31 ~ 32	22	M(φ5)	温度:23℃ 湿度:54% 平位焊接 背面清根
		2,3	145,180	680 ~ 700	32 ~ 33	23		
		4	125	680 ~ 700	31 ~ 32	22		
		5	155	680 ~ 700	31 ~ 32	22		
		6,7	155,163	680 ~ 700	32 ~ 33	23		
1.21	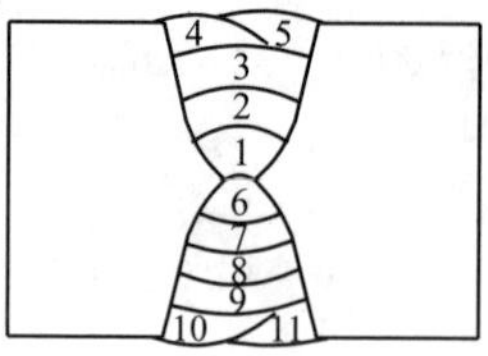	1		620 ~ 640	28 ~ 30	20	M(φ5)	温度:23℃ 湿度:54% 平位焊接 背面清根
		2,3	130、185	680 ~ 700	29 ~ 31	22		
		4,5	125、150	680 ~ 700	30 ~ 32	24		
		6	120	630 ~ 650	28 ~ 30	20		
		7 ~ 9	130、135	680 ~ 700	29 ~ 31	22		
		10,11	125、150	680 ~ 700	30 ~ 32	24		
3	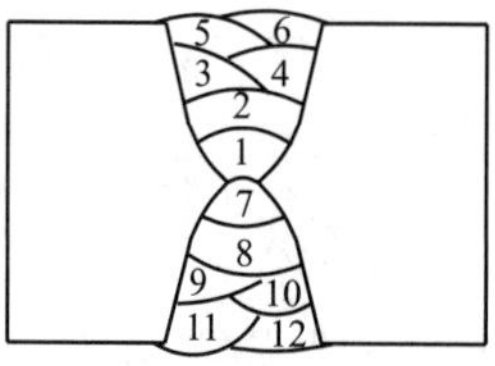	1,7		700	29	21.5	M(φ5)	平位焊接 背面清根
		2,8		730	31	21.5		
		3 ~ 6		730	31	21.5		
		9 ~ 12		730	31	21.5		
1.22	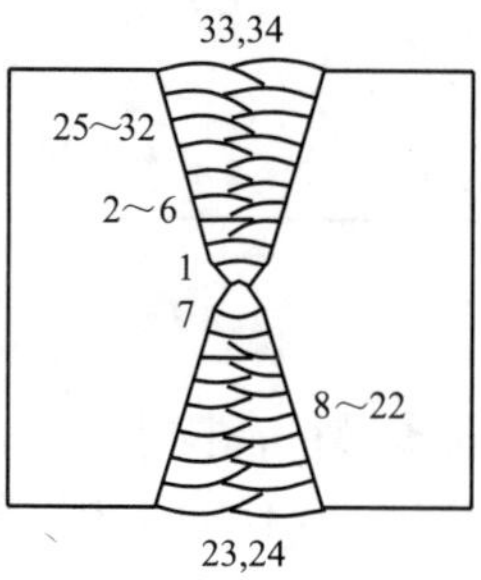	1	80	550 ~ 570	28 ~ 30	20	M(φ5)	温度:24℃ 湿度:52% 平位焊接 预热 80℃ 背面清根
		2 ~ 6	100 ~ 160	680 ~ 700	30 ~ 32	21		
		7	140	550 ~ 570	28 ~ 30	20		
		8 ~ 22	100 ~ 185	680 ~ 700	30 ~ 32	21		
		23、24	150、165	680 ~ 700	32 ~ 33	23		
		25 ~ 32	130 ~ 170	680 ~ 700	30 ~ 32	21		
		33、34	150、145	680 ~ 700	32 ~ 33	23		

续上表

编号	熔敷简图	焊道	道间温度（℃）	电流（A）	电压（V）	焊速（m/h）	焊接方法	备注
4	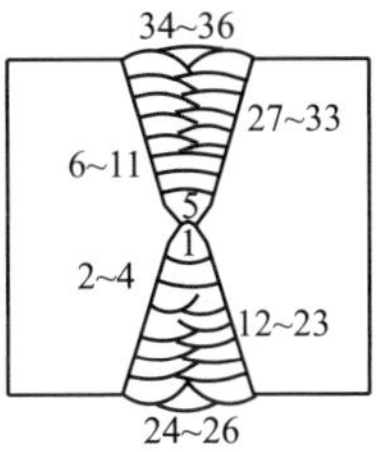 34~36, 27~33, 6~11, 5, 1, 2~4, 12~23, 24~26	1,5		700	29	21.5	M（ϕ5）	平位焊接 背面清根
		2,3		730	31	21.5		
		其他		730	31	21.5		
1.23	24～27, 4～23, 1～3	1		260～280	31～33		G（ϕ1.2）	温度:25℃ 湿度:50% 平位焊接 CO_2 流量: 15～20 L/min
		2	140	260～280	31～33			
		3	165	260～280	31～33			
		4～23	105～165	260～280	31～33			
		24～27	140～190	260～280	31～33			

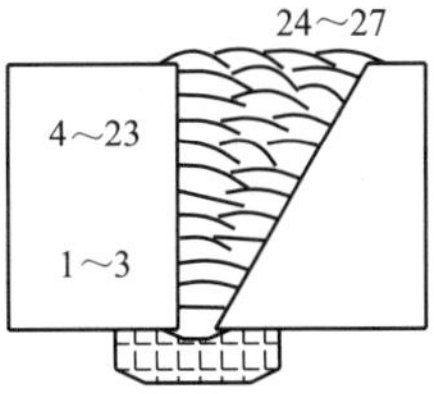

注:焊接方法标注中,M-埋弧自动焊;G-CO_2气体保护焊,下同。

（3）对接接头试验结果

对接接头分别进行了焊缝金属拉伸、接头拉伸、弯曲、低温冲击、断面酸蚀、接头硬度和焊缝金属化学成分分析试验,拉伸及弯曲试验结果见表2-2-18,低温冲击试验结果见表2-2-19,接头硬度试验结果见表2-2-29。

对接接头拉伸及弯曲试验结果　　表2-2-18

编号	材质	板厚组合（mm）	焊缝拉棒			接头拉板		弯曲 180°
			σ_s（MPa）	σ_b（MPa）	δ_5（%）	σ_b（MPa）	断口位置	
1.19	Q420qD	16+16	540	660	26.0	620	母材	侧弯 $d=2a$ 完好
1	Q420qD	16+16	635	730	26.0	630	母材	侧弯 $d=2a$ 完好
2	Q420qD	24+24	650	730	23.0	570	母材	侧弯 $d=3a$ 完好
1.20	Q420qD	28+28	495	605	22.0	580	母材	侧弯 $d=3a$ 完好
1.21	Q420qD	40+40	540	605	25.5	640	焊缝	侧弯 $d=3a$ 完好
3	Q420qD	44+44	635	730	21.0	580	母材	侧弯 $d=3a$ 完好
1.22	Q420qD	80+80	500 485	575 570	25.5 24.5	535 540	母材 母材	侧弯 $d=3a$ 完好
4	Q420qD	80+80	420	540	27.0	570	母材	侧弯 $d=3a$ 完好
1.23	Q420qD	40+40	545	605	25.5	545	母材	侧弯 $d=3a$ 完好

注:d-弯心直径;a-试样厚度(直径)。

对接接头低温冲击试验结果　　表 2-2-19

编号	材质	板厚组合（mm）	−20℃ A_{kv}(J)	
			焊缝金属	热影响区(线外 1mm)
1.19	Q420qD	16+16	49,46,35 (43)	36,22,22 (27)
1	Q420qD	16+16	92,61,73 (75)	72,58,60 (63)
2	Q420qD	24+24	137,120,110 (122)	57,120,88 (88)
1.20	Q420qD	28+28	74,71,84 (76)	54,103,36 (64)
1.21	Q420qD	40+40	47,54,47 (49)	200,133,225 (186)
3	Q420qD	44+44	93,160,122 (125)	91,91,122 (101)
1.22	Q420qD	80+80	26,45,44 (38)	211,224,196 (210)
4	Q420qD	80+80	54,58,60 (57)	151,212,194 (155)
1.23	Q420qD	40+40	57,64,56 (59)	107,119,158 (128)

2)坡口角焊缝焊接工艺评定试验

(1)坡口角焊缝坡口尺寸、焊接方法及代表焊缝

试板材质、接头板厚组合、坡口尺寸、焊接方法、焊接材料及代表焊缝见表 2-2-20。

坡口角焊缝坡口尺寸、焊接方法及代表焊缝(尺寸单位:mm)　　表 2-2-20

编号	板厚组合（材质）	坡口形式	焊接位置	焊接方法及焊接材料	代表焊缝
3.10	28+16（Q420qD）	试板尺寸:16×400×600 28×400×600 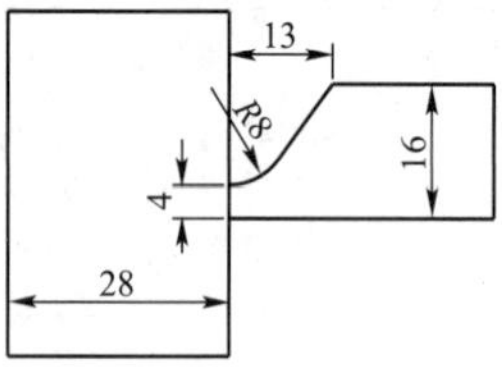 13; R8; 16; 4; 28	平位	实芯焊丝气保护半自动焊打底;埋弧自动焊填充 TM−60(ϕ1.2)、H08MnMoA(ϕ5)+SJ101q	平联杆件主角焊缝等(材质为 Q420qD 钢) 板厚组合:14+12;14+14;28+16;32+16 等
3.11	40+40（Q420qD）	试板尺寸:40×400×600 40×400×600 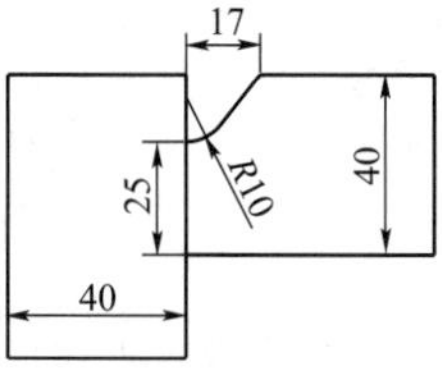 17; R10; 40; 25; 40	平位	埋弧自动焊 H08MnMoA(ϕ5)+SJ101q	主桁杆件中部主角焊缝(材质为 Q420qD 钢) 板厚组合:36+36;40+40;44+44;50+44;50+50 等
3.12	40+40（Q420qD）	试板尺寸:40×400×600 40×400×600 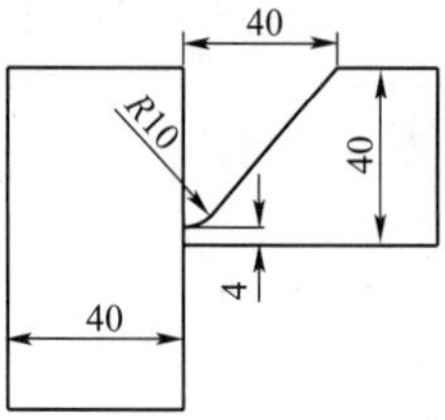 40; R10; 40; 4; 40	平位	实芯焊丝气保护半自动焊打底,埋弧自动焊填充 TM−60(ϕ1.2),H08MnMoA(ϕ5)+SJ101q	主桁杆件端部主角焊缝(材质为 Q420qD 钢) 板厚组合:36+36;40+40;44+44;50+44;50+50 等

续上表

编号	板厚组合 （材质）	坡口形式	焊接 位置	焊接方法 及焊接材料	代表焊缝
3.13	40 +80 （Q420qD）	试板尺寸：40×400×600 80×400×600 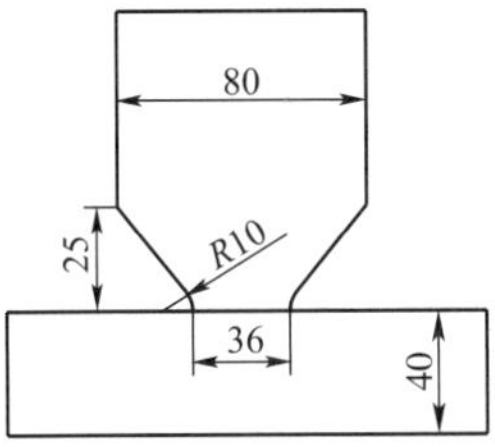	平位	一侧药芯焊丝气保护半自动焊； 另一侧药芯焊丝气保护半自动焊打底，埋弧自动焊填充 Supercored81（ϕ1.2）、 H08MnMoA（ϕ5）+SJ101q	E15 整体节点部位坡口角焊缝 （材质为 Q420qD 钢） 板厚组合：50 +80 等
3.14	80 +50 （Q420qD）	试板尺寸：50×400×600 80×400×600 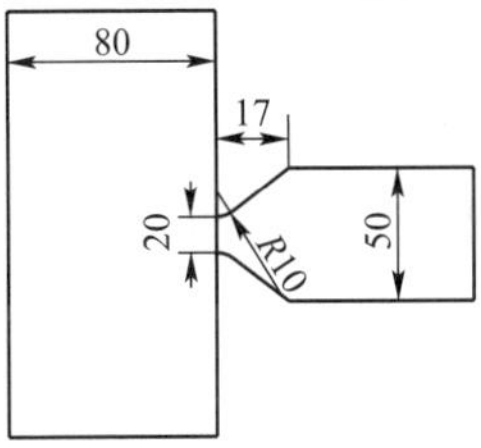	立位	药芯焊丝气保护半自动焊 Supercored81（ϕ1.2）	E15 整体节点部位坡口角焊缝 （材质为 Q420qD 钢） 板厚组合：40 +40；50 +40；50 +44 等
3.15	40 +40 （Q420qD）	试板尺寸：40×400×600 40×400×600 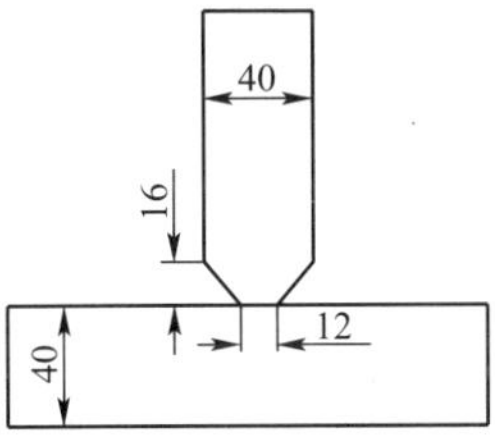	平位 船位	一侧实芯焊丝气保护半自动焊 另一侧实芯焊丝气保护半自动焊填充坡口；埋弧自动焊船位盖面 TM-60（ϕ1.2）、 H08MnA（ϕ5）+SJ101q	加劲肋端部坡口角焊缝 （材质为 Q420qD 钢） 板厚组合：36 +36；40 +40；44 +44；50 +44；50 +50；80 +44；40 +40；80 +40 等
17	44 +44 （Q420qD）	试板尺寸：44×400×600 44×400×600 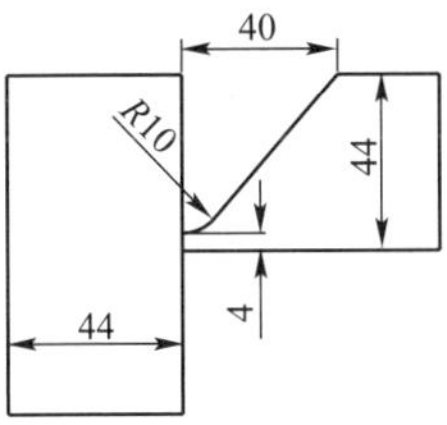	平位	药芯焊丝气保护 半自动焊封底，埋弧自动焊填充 E551T1-Ni1（ϕ1.2）、 H08MnMoA（ϕ5）+SJ101q	主桁杆件端部主角焊缝 （材质为 Q420qD 钢） 板厚组合：36 +36；40 +40；44 +44；50 +44；50 +50 等
18	44 +44 （Q420qD）	试板尺寸：44×400×600 44×400×600 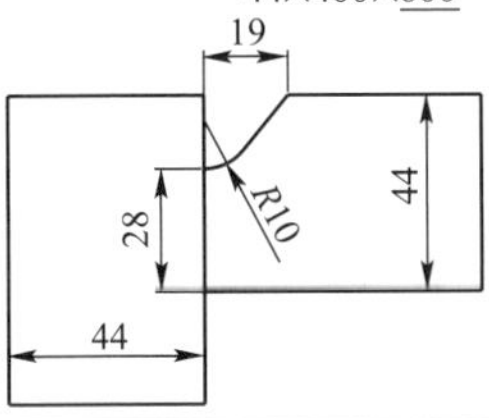	平位	埋弧自动焊 H08MnMoA（ϕ5）+SJ101q	主桁杆件中部主角焊缝 （材质为 Q420qD 钢） 板厚组合：36 +36；40 +40；44 +44；50 +44；50 +50 等

续上表

编号	板厚组合（材质）	坡口形式	焊接位置	焊接方法及焊接材料	代表焊缝
19	28 + 16（Q420qD）	试板尺寸：28×400×600 16×400×600 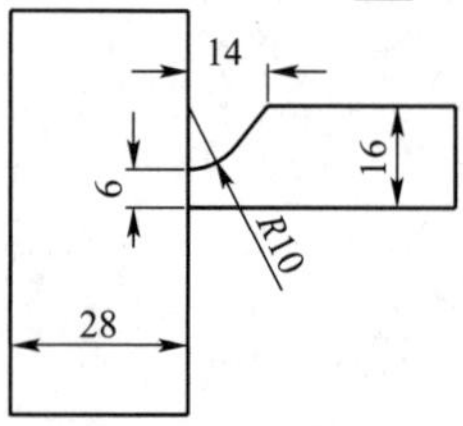	平位	药芯焊丝气保护 半自动焊封底，埋弧自动焊填充 E551T1-Ni1（ϕ1.2）、H08MnMoA（ϕ5）+ SJ101q	加劲弦平联杆件主角焊缝（材质为 Q420qD 钢） 板厚组合：28 + 14；32 + 16 等
29	50 + 50（Q420qD）	试板尺寸：50×400×600 50×400×600 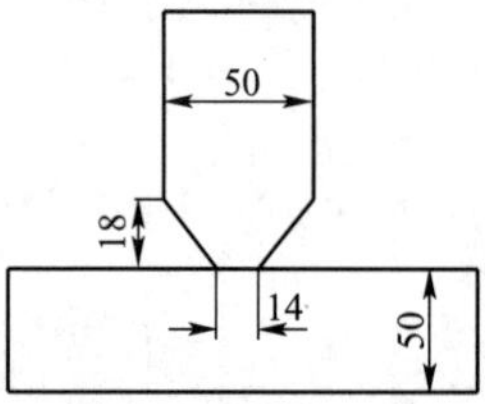	平位 船位	埋弧自动焊 H10Mn2（ϕ5）+ SJ101q	箱形杆件端隔板以外加劲肋开坡口角焊缝

（2）坡口角焊缝施焊状况及焊缝检验

坡口角焊缝施焊状况见表 2-2-21，焊后进行外观检查，焊缝外观及焊脚尺寸符合技术要求。试件焊接 24h 后进行超声波探伤检查，内部质量根据《钢焊缝手工超声波探伤方法和探伤结果分级》（GB/T 11345—1989）均为Ⅱ级。

坡口角焊缝施焊状况 表 2-2-21

编号	熔敷简图	焊道	道间温度（℃）	电流（A）	电压（V）	焊速（m/h）	焊接方法	备注
3.10	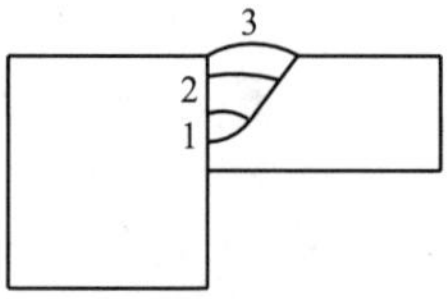	1		180 ~ 200	28 ~ 30		G（ϕ1.2）	温度：21℃ 湿度：58% 平位焊接 CO_2 流量：15 ~ 20L/min
		2	80	620 ~ 640	30 ~ 31	24	M（ϕ5）	
		3	160	680 ~ 700	32 ~ 34	22		
3.11	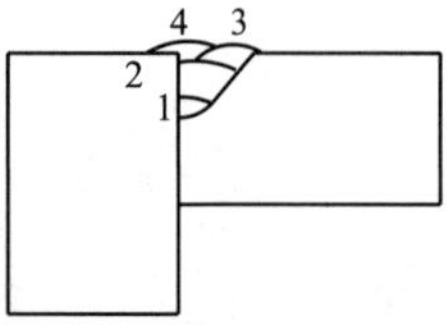	1		680 ~ 700	29 ~ 31	22	M（ϕ5）	温度：21℃ 湿度：58% 平位焊接
		2	150	700 ~ 720	29 ~ 31	22		
		3	185	680 ~ 700	30 ~ 32	22		
		4	152	680 ~ 700	30 ~ 32	22		
3.12	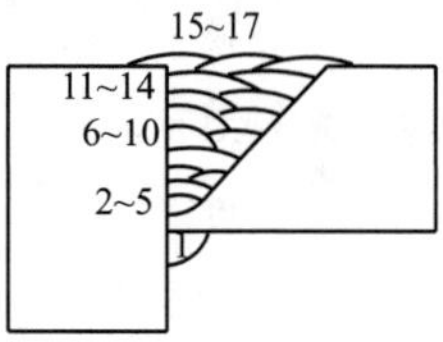	1		230 ~ 250	30 ~ 32		G（ϕ1.2）	温度：21℃ 湿度：58% 平位焊接 CO_2 流量：15 ~ 20L/min
		2 ~ 5	110 ~ 165	230 ~ 250	30 ~ 32			
		6 ~ 10	60 ~ 170	680 ~ 700	30 ~ 32	22	M（ϕ5）	
		11 ~ 14	75 ~ 135	700 ~ 720	30 ~ 32	22		
		15 ~ 17	150 ~ 170	680 ~ 700	32 ~ 34	22		

续上表

编号	熔敷简图	焊道	道间温度(℃)	电流(A)	电压(V)	焊速(m/h)	焊接方法	备注
3.13	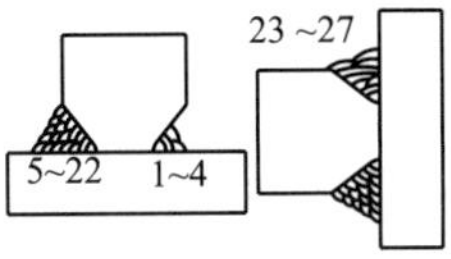 5~22 1~4 23~27	1	80	260~280	30~32		G(φ1.2)	温度:25℃ 湿度:52% 平位焊接 预热 80℃ CO_2 流量: 15~20L/min
		2~4	90~140	260~280	30~32			
		5~22	110~185	260~280	30~32			
		23	145	670~690	31~32	21	M(φ5)	
		24~26	100~147	670~690	31~32	21		
		27	180	640~660	29~30	23		
3.14	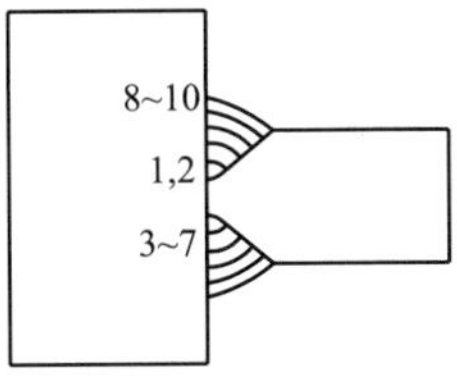 8~10 1,2 3~7	1、2	80、100	170~180	27~29		G(φ1.2)	温度:26℃ 湿度:52% 预热 80℃ 立位焊接 CO_2 流量: 15~20L/min
		3~7	100~190	170~180	27~29			
		8~10	130~170	170~180	27~29			
3.15	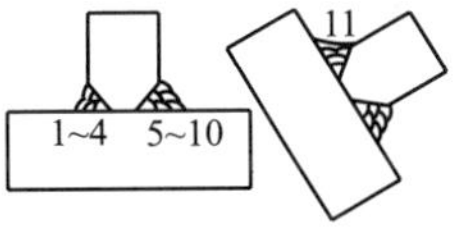 1~4 5~10 11	1	80	220~240	29~30		G(φ1.2)	温度:24℃ 湿度:50% 平位+船位焊接 CO_2 流量: 15~20L/min 埋弧焊丝速度: 74.5m/h
		2~4	95~150	230~250	30~31			
		5	130	230~250	30~31			
		6~10	120~180	230~250	30~31			
		11	165	780~810	33~35	16	M(φ5)	
17	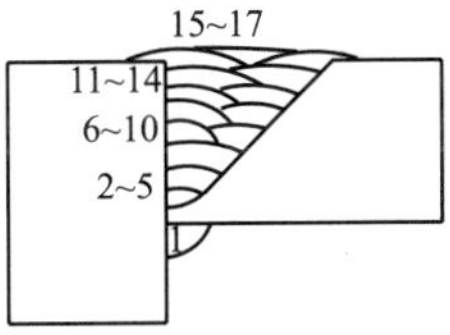 15~17 11~14 6~10 2~5	1		260	32		G(φ1.2)	平位焊接 CO_2 流量: 15~20L/min
		2		510	26	21.5	M(φ5)	
		3		660	29	21.5		
		其他		710	30	21.5		
18	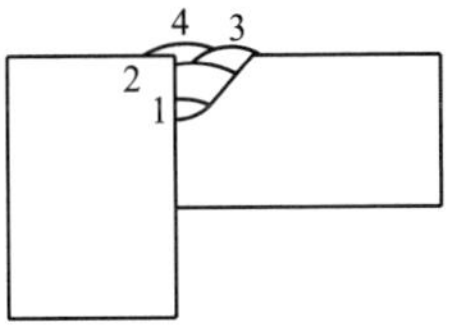 4 3 2 1	1		650	29	21.5	M(φ5)	平位焊接
		2		710	30	21.5		
		其他		710	30	21.5		
19	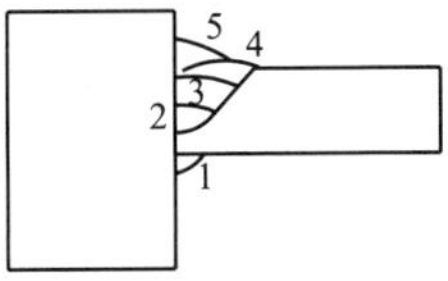 5 4 3 2 1	1		240	30		G(φ1.2)	平位焊接 CO_2 流量: 15~20L/min
		2		600	28	21.5	M(φ5)	
		3		650	29	21.5		
		其他		700	30	21.5		

(3)坡口角焊缝试验结果

对坡口角焊缝分别进行了焊缝金属拉伸、断面酸蚀、接头硬度和焊缝金属化学成分分析试验。焊缝金属拉伸试验结果见表2-2-22,接头硬度试验结果见表2-2-29。

坡口角接焊缝金属拉伸试验结果　　表 2-2-22

编号	材质	板厚组合(mm)		σ_s(MPa)	σ_b(MPa)	δ_5(%)
3.10	Q420qD	28+16		565	635	21.0
3.11	Q420qD	40+40		580	630	21.5
3.12	Q420qD	40+40		530	595	24.5
3.13	Q420qD	40+80	CO_2保护焊	595	650	22.5
			自动焊	530	610	25.5
3.14	Q420qD	80+50		590	655	22.5
3.15	Q420qD	40+40	CO_2保护焊	615	670	22.5
			自动焊	525	600	22.5
17	Q420qD	44+44		450	555	29.0
18	Q420qD	44+44		515	595	26.0
19	Q420qD	28+16		635	745	25.0

3)熔透角焊缝焊接工艺评定试验

(1)熔透角焊缝坡口尺寸、焊接方法及代表焊缝

试板材质、接头板厚组合、坡口尺寸、焊接方法、焊接材料及代表焊缝见表 2-2-23。

熔透角焊缝坡口尺寸、焊接方法及代表焊缝(尺寸单位:mm)　　表 2-2-23

编号	板厚组合(材质)	坡口形式	焊接位置	焊接方法及焊接材料	代表焊缝
2.3	40+24(Q420qD)	试板尺寸:40×400×600 24×400×600 24, 19, 12, R10, 2, 8, 40	平位	药芯焊丝气保护半自动焊 Supercored 81(ϕ1.2)	节点板、锚箱熔透角焊缝等 (材质 Q420qD 钢) 板厚组合:50+24;50+16 等
34	80+40(Q420qD)	试板尺寸:80×400×600 40×400×600 46, 44, 80, 1, 42, 40	平位	药芯焊丝气保护半自动焊 E551T-1Ni1(ϕ1.2)	E15 整体节点坡口角焊缝,节点板熔透角焊缝等 (材质 Q420qD 钢) 板厚组合:80+40;50+40;50+24;50+16 等
35	40+16(Q420qD)	试板尺寸:40×400×600 16×400×600 8, 16, 1, 9, 10, 40	平位	药芯焊丝气保护半自动焊 E551T1-Ni1(ϕ1.2)	节点板熔透角焊缝等 (材质 Q420qD 钢) 板厚组合:50+16 等

(2)熔透角焊缝施焊状况及焊缝检验

施焊状况见表2-2-24,焊后进行外观检查,焊缝外观及焊角尺寸符合技术要求。焊接24h后对焊缝进行超声波探伤检查,内部质量根据《钢焊缝手工超声波探伤方法和探伤结果分级》(GB/T 11345—1989)均为Ⅰ级。

熔透角焊缝施焊状况　　表2-2-24

编号	熔敷简图	焊道	道间温度(℃)	电流(A)	电压(V)	CO_2 流量(L/min)	焊接方法	备　注
2.3	11~16 1~4 5~10	1		230~250	29~31	15~20	G(φ1.2)	温度:24℃ 湿度:50% 平位焊接 背面清根
		2~4	140~170	230~250	29~31	15~20		
		5~10	165~180	230~250	29~31	15~20		
		11~16	105~165	230~250	29~31	15~20		
34		全部		260	30	15~20	G(φ1.2)	平位焊接 背面清根
35		全部		260	30	15~20	G(φ1.2)	平位焊接 背面清根

(3)熔透角焊缝试验结果

对试件进行焊缝金属拉伸、断面酸蚀、接头硬度和焊缝金属化学成分分析试验,焊缝金属拉伸试验结果见表2-2-25,接头硬度试验结果见表2-2-29。

熔透角接焊缝金属拉伸试验结果　　表2-2-25

编号	材质	板厚组合(mm)	σ_s(MPa)	σ_b(MPa)	δ_5(%)
2.3	Q420qD	40+24	575	625	22.0
34	Q420qD	80+40	575	655	23.0
35	Q420qD	40+16	645	755	25.0

4)T形角焊缝焊接工艺评定试验

(1)T形角接试板尺寸、焊接方法及代表焊缝

试板材质、接头板厚组合、焊脚尺寸、焊接方法、焊接材料及代表焊缝见表2-2-26。

T 形角焊缝焊角尺寸、焊接方法及代表焊缝(尺寸单位:mm)　　表 2-2-26

编号	板厚组合、材质及焊脚尺寸	板厚组合	焊接位置	焊接方法及焊接材料	代表焊缝
30	50 + 50 (Q420qD) K = 16	试板尺寸:50×400×600 50×400×600 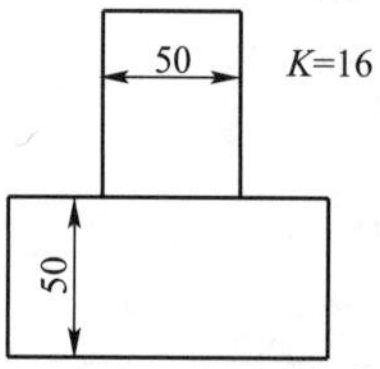 50; K=16; 50	平位 船位	埋弧自动焊 H10Mn2(ϕ5) + SJ101q	主桁杆件加劲肋角焊缝、H形杆件主角焊缝等 (材质 Q420qD 钢) 板厚组合:36 + 36;44 + 44;50 + 50 等
4.13	16 + 16 (Q420qD) K = 10	试板尺寸:16×400×600 16×400×600 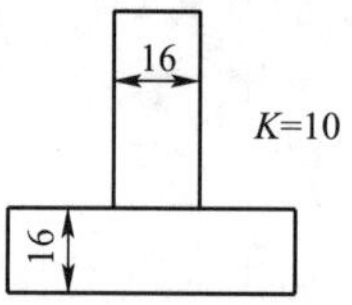 16; K=10; 16	船位	埋弧自动焊 H08MnA(ϕ5) + SJ101q	平联杆件加劲肋角焊缝、H形平联杆件主角焊缝等 (材质 Q420qD 钢) 板厚组合:14 + 16;16 + 16;12 + 16 等
4.14	50 + 40 (Q420qD) K = 16	试板尺寸:50×400×600 40×400×600 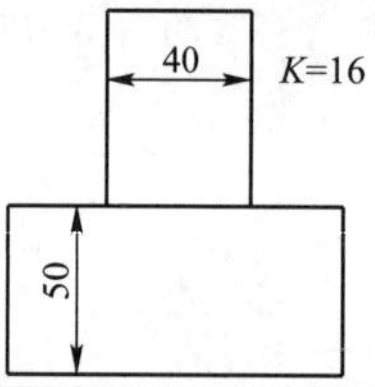 40; K=16; 50	船位	埋弧自动焊 H08MnA(ϕ5) + SJ101q	主桁杆件加劲肋角焊缝、H形杆件主角焊缝等 (材质 Q420qD 钢) 板厚组合:36 + 36;44 + 44;50 + 50 等
4.15	50 + 40 (Q420qD) K = 16	试板尺寸:50×400×600 40×400×600 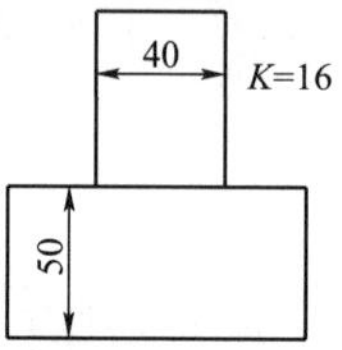 40; K=16; 50	平位	药芯焊丝气保护半自动焊 Supercored81(ϕ1.2)	E15 整体节点板部位加劲板角焊、节点板上补强板角焊缝 (材质 Q420qD 钢) 板厚组合:40 + 20;44 + 20;50 + 50,80 + 50 等
4.16	16 + 16 (Q420qD) K = 8	试板尺寸:16×400×600 16×400×600 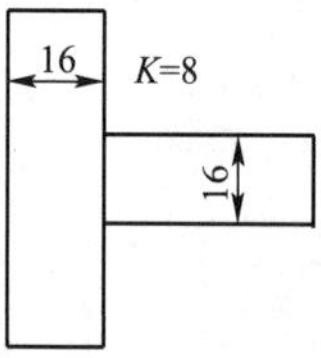 16; K=8; 16	立位	药芯焊丝气保护半自动焊 Supercored81(ϕ1.2)	箱形杆件隔板等立位角焊缝 (材质 Q420qD 钢) 板厚组合:16 + 12;14 + 12 等

(2)T 形角焊缝施焊状况及焊缝检验

施焊状况见表 2-2-27,焊后进行外观检查,焊缝外观及焊脚尺寸符合技术要求。焊接 24h 后焊缝进行超声波探伤检查,焊缝内部质量根据《铁路钢桥制造规范》(TB 10212—1998)均为Ⅱ级。

T 形角焊缝施焊状况 表 2-2-27

编号	熔敷简图	焊道	道间温度（℃）	电流（A）	电压（V）	丝速（m/h）	焊速（m/h）	焊接方法	备　注
30	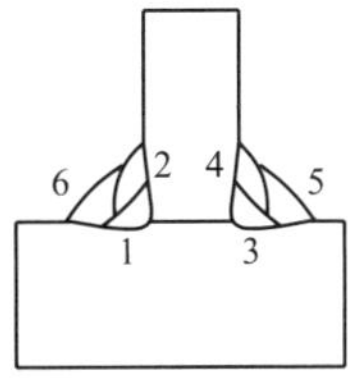 6 2 4 5 1 3	1～4	—	730	30	—	21.5	M（ϕ5）	平位焊接
		5,6	—	750	32	68.5	16		船位焊接
4.13	1 2	1	—	640～680	32～34	62.5	19.5	M（ϕ5）	温度:22℃ 湿度:55% 船位焊接
		2	125	640～680	32～34	62.5	19.5		
4.14	4 3 1 2	1	80	640～680	32～34	62.5	23	M（ϕ5）	温度:26℃ 湿度:52% 预热 80℃ 船位焊接
		2	110	640～680	32～34	62.5	23		
		3	85	780～810	33～35	74.5	16		
		4	115	780～810	33～35	74.5	16		
4.15	10~16 17~20 1~3 4~9	1～3	80～120	260～280	29～31	—	—	G（ϕ1.2）	温度:26℃ 湿度:52% 预热 80℃ 平位焊接 CO_2 流量: 15～20 L/min
		4～9	125～170	260～280	29～31	—	—		
		10～16	140～190	260～280	29～31	—	—		
		17～20	130～175	260～280	29～31	—	—		
4.16	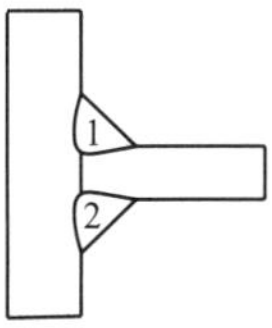 1 2	1	—	160～180	25～27	—	—	G（ϕ1.2）	温度:22℃ 湿度:55% 立位焊接 CO_2 流量: 15～20 L/min
		2	125	160～180	25～27	—	—		

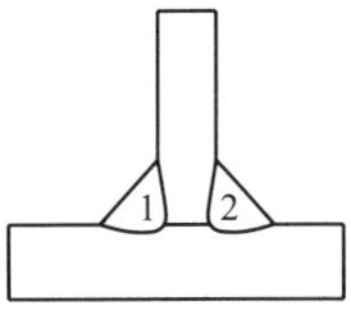

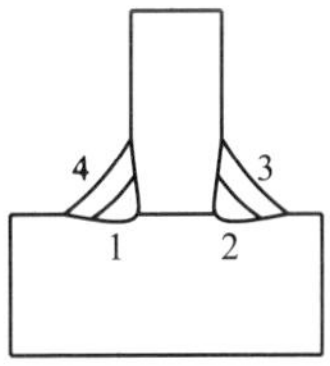

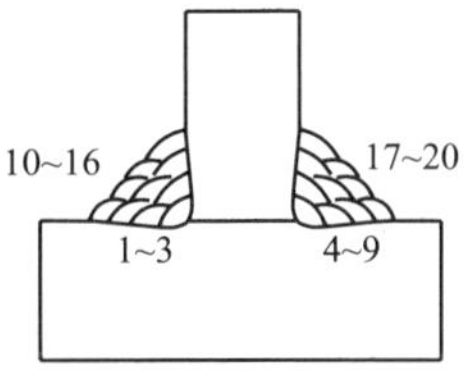

（3）T 形角焊缝试验结果

试件分别进行焊缝金属拉伸、断面酸蚀、接头硬度和焊缝金属化学成分分析试验。焊缝金属拉伸试验结果见表 2-2-28，接头硬度试验结果见表 2-2-29。

T形角接焊缝金属拉伸试验结果 表2-2-28

编号	材质	板厚组合(mm)	σ_s(MPa)	σ_b(MPa)	δ_5(%)
30	Q420qD	50+50	605	730	21.0
4.13	Q420qD	16+16	560	645	23.5
4.14	Q420qD	50+40	555	615	22.5
4.15	Q420qD	50+40	575	620	23.5
4.16	Q420qD	16+16	545	640	28.0

接头硬度试验结果(HV_{10}) 表2-2-29

试件编号		焊缝金属	熔合线	热影响区	母材	最高硬度
1.19		228	228~243	199~213	187~199	243
1.20		233	235~240	219~235	195~205	240
1.21		245	237~245	216~245	205~207	245
1.22		206	218~221	193~203	189~193	221
1.23		210	218~240	196~224	186~189	240
2.3		235	274~297	221~254	181~215	297
3.10		202	219~228	191~216	189~193	228
3.11		206	213~232	195~201	188~189	232
3.12		209	210~213	189~207	189	213
3.13	CO_2焊	209	228~264	197~245	192~201	264
	自动焊	209	219~221	197~213	191~198	221
3.14		218	209~222	198~205	195~196	222
3.15	CO_2焊	202	222~249	213~224	201~207	249
	自动焊	221	225~227	210~218	206~209	227
4.13		240	254~260	212~237	202~203	260
4.14		201	221~240	189~232	185~192	240
4.15		188	207~237	193~205	193~195	237
4.16		276	333~339	221~249	195	339
1						240
2						254
3						254
4						254
17						222
18						233
19						245

续上表

试件编号	焊缝金属	熔合线	热影响区	母 材	最高硬度
29					247
30					243
34					297
35					245

2.3.4　结果分析与评定

1)接头力学性能评定标准

(1)焊缝强度:焊缝屈服强度和抗拉强度不低于母材标准值。

(2)焊缝金属伸长率:不低于母材标准值。

(3)接头韧性:对接接头焊缝金属及热影响区(线外1mm)-20℃ V形缺口冲击功不低于27J。

(4)弯曲:对接接头弯曲180°,试样受拉面上的裂纹长度不大于试样宽度的15%,且单个裂纹长度不大于3mm。

(5)接头硬度不大于350 HV_{10}。

2)结果分析与评定

(1)焊缝强度

由表2-2-18、表2-2-22、表2-2-25和表2-2-28的焊缝金属拉伸试验结果可以看出,各种接头的焊缝强度均高于母材标准值,满足技术要求。

(2)塑性

由表2-2-18、表2-2-22、表2-2-25和表2-2-28的焊缝金属拉伸试验结果可以看出,焊缝金属的伸长率(δ_5)均高于母材标准值,对接接头的弯曲试验结果均为完好,这表明焊接接头的塑性良好。

(3)韧性

由表2-2-19的对接接头低温冲击试验结果可以看出,接头的低温冲击功均不低于标准值(27J),满足技术要求。

(4)接头硬度

接头硬度试验结果(表2-2-29)表明,接头各区的硬度均低于350HV_{10},满足技术要求。

(5)典型接头断面照片见图2-2-7,接头熔合良好。金相组织照片见图2-2-8,焊缝为先共析铁素体和无碳贝氏体沿晶界分布,晶内为针状铁素体,热影响区为粒状贝氏体和少量针状铁素体。

2.3.5　焊接工艺评定试验结论

(1)Q420qD钢板斜Y坡口焊接裂纹试验结果表明,当板厚≤40mm时,焊前不预热;当板厚>40~80mm时,焊前预热80~120℃。

(2)重庆朝天门大桥焊接工艺评定试验过程符合《铁路钢桥制造规范》(TB 10212—1998)及有关规定,焊接位置与实际杆件焊接位置相符。

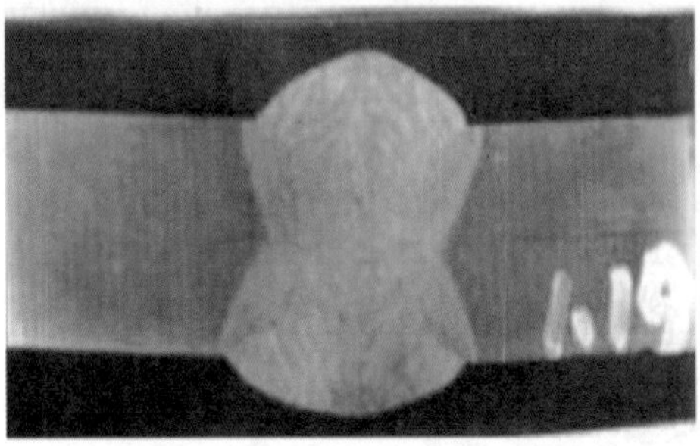

a)1.19

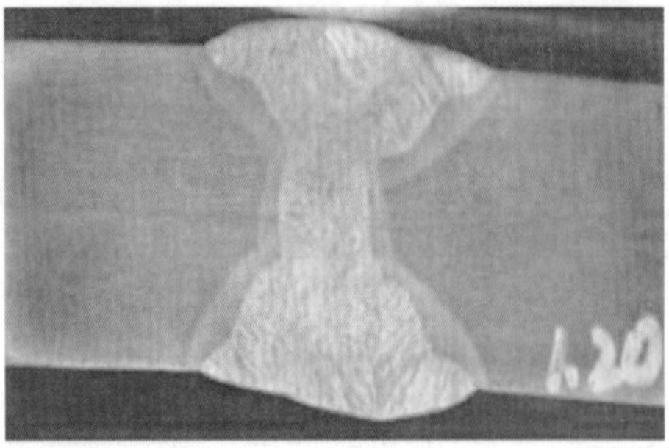

b)1.20

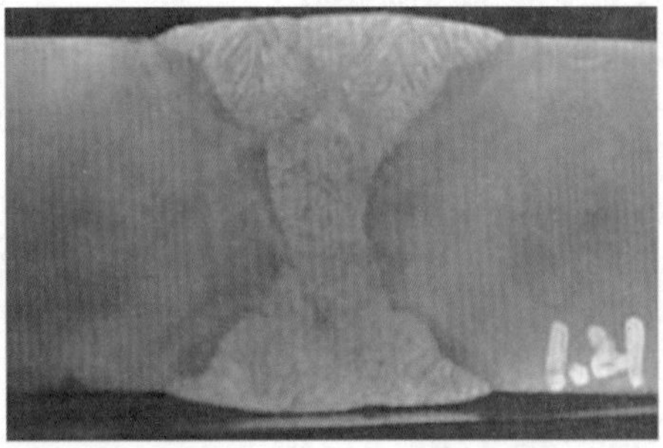

c)1.21

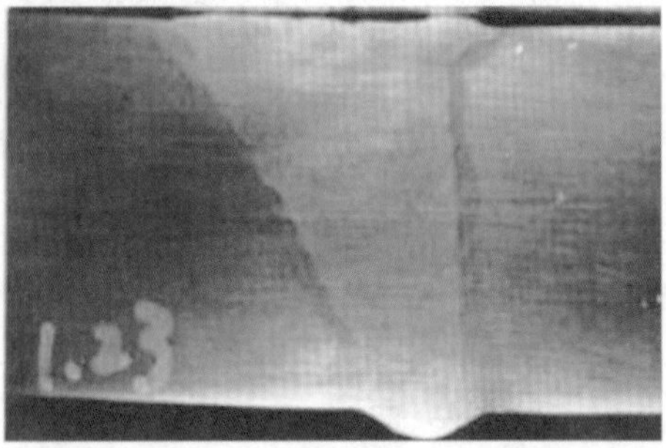

d)1.23

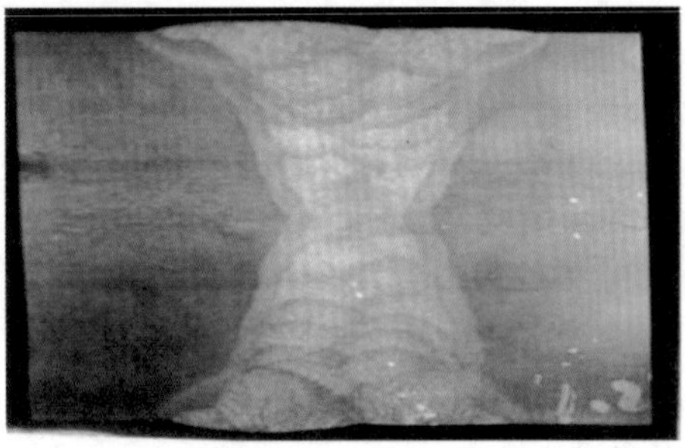

e)1.22

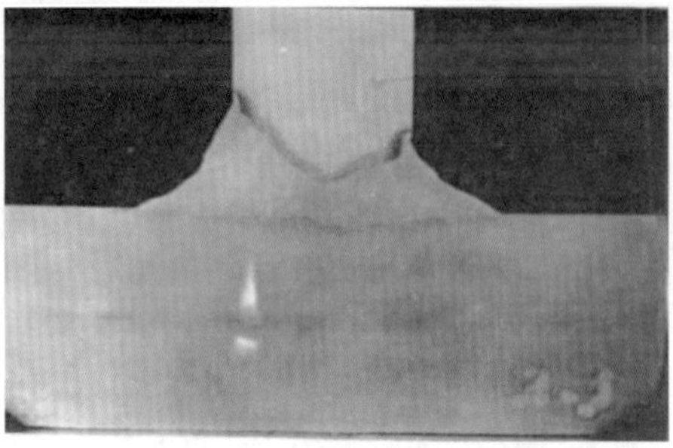

f)2.3

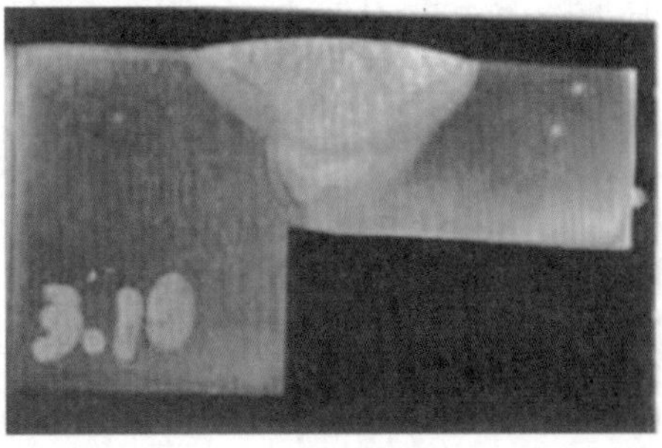

g)3.10

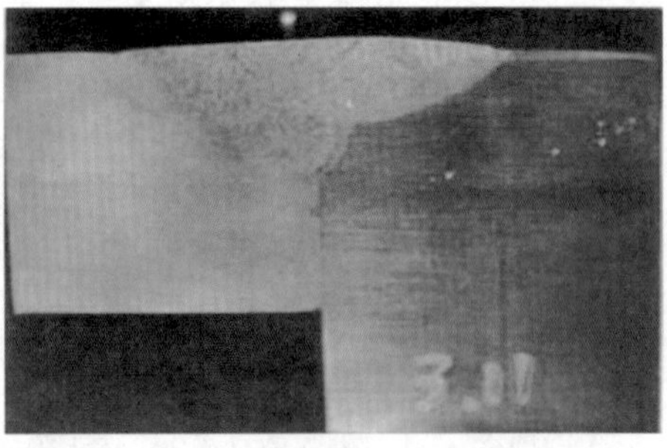

h)3.11

图 2-2-7

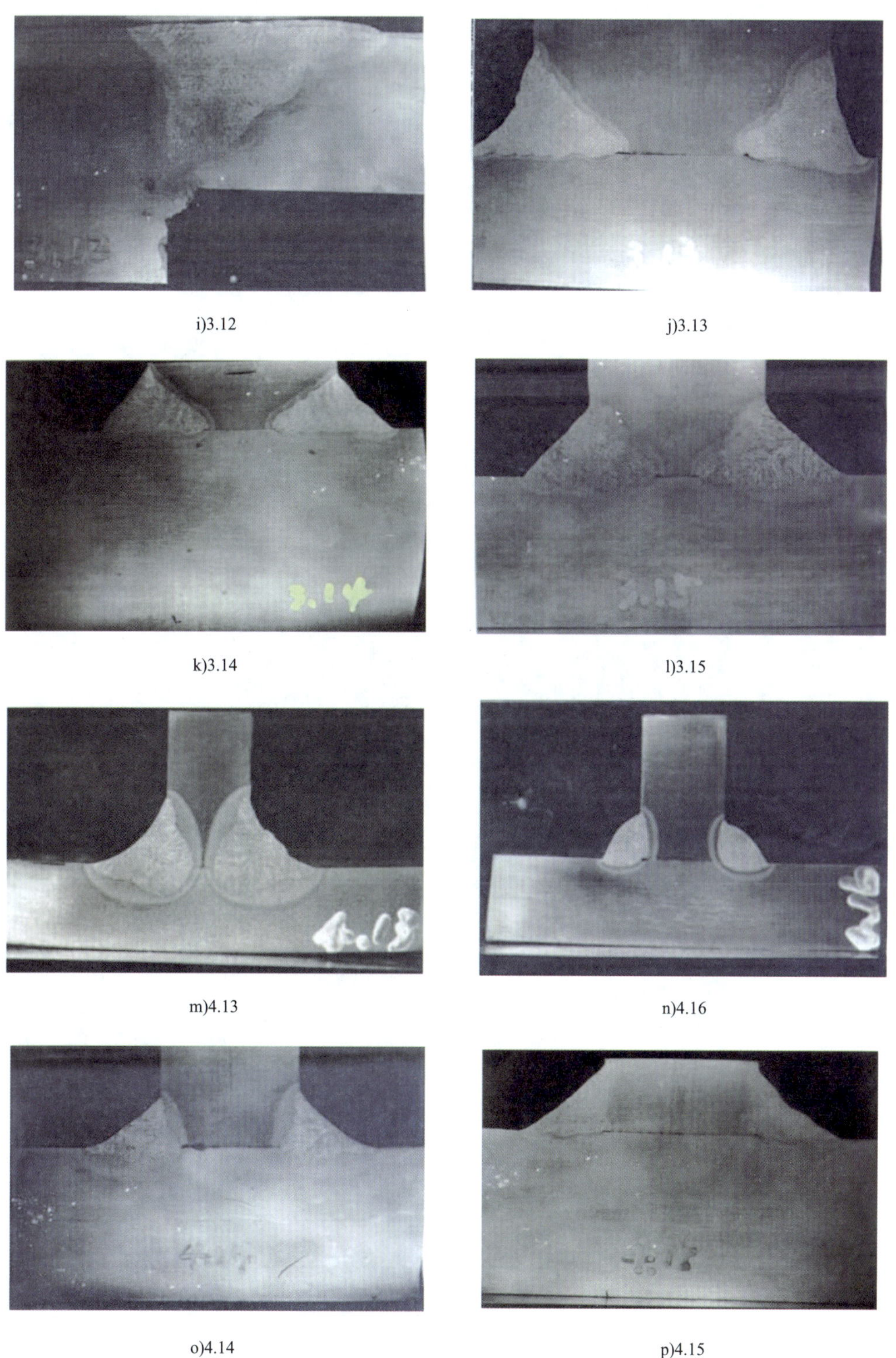

i)3.12

j)3.13

k)3.14

l)3.15

m)4.13

n)4.16

o)4.14

p)4.15

图　2-2-7

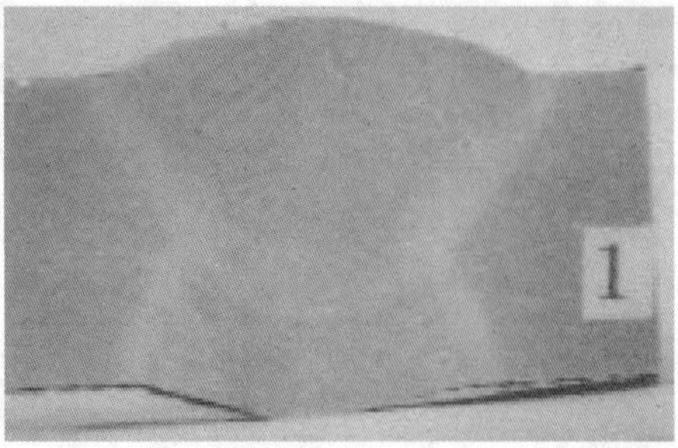

q)1

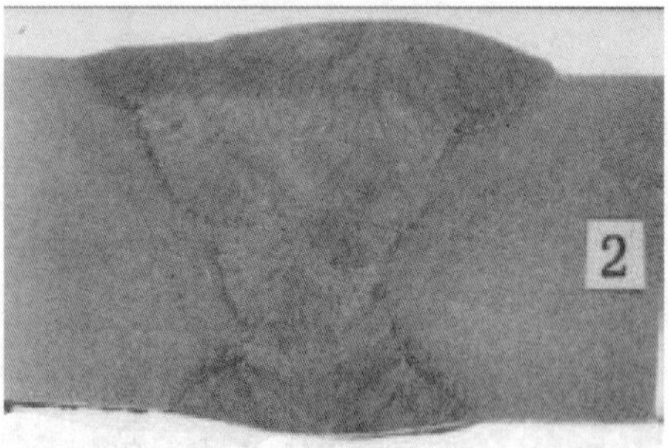

r)w

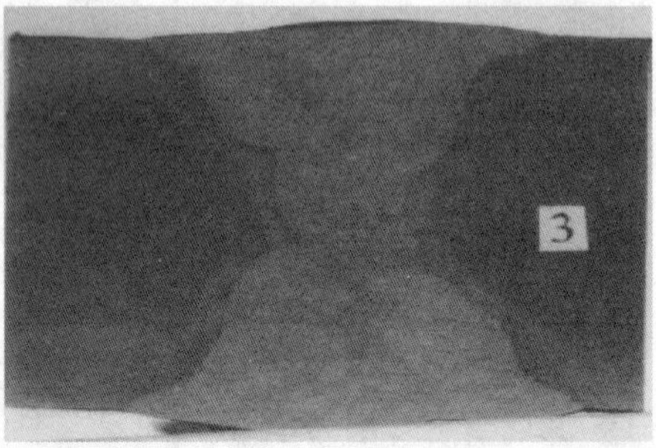

s)3

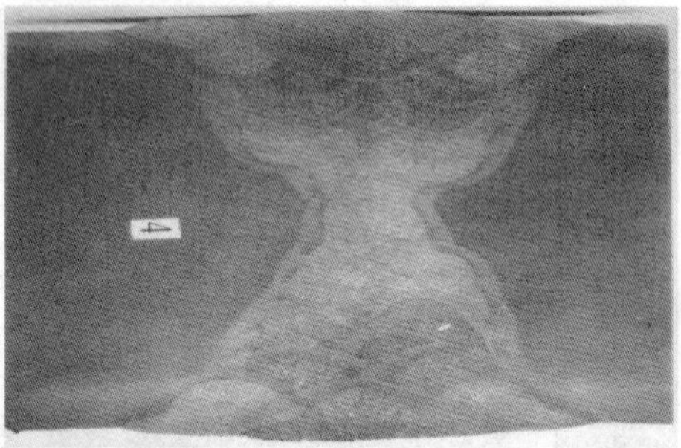

t)4

u)17

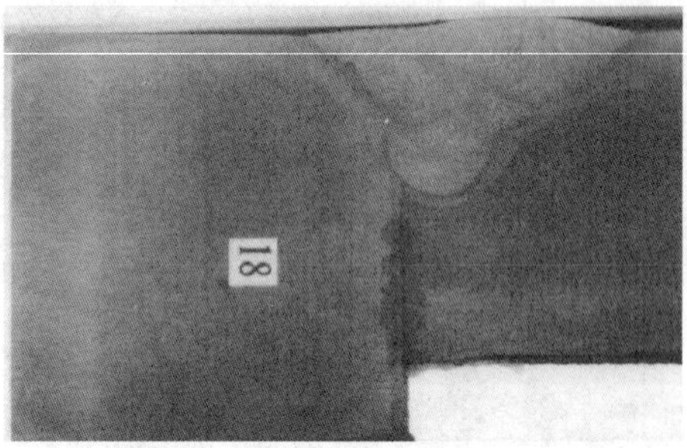

v)18

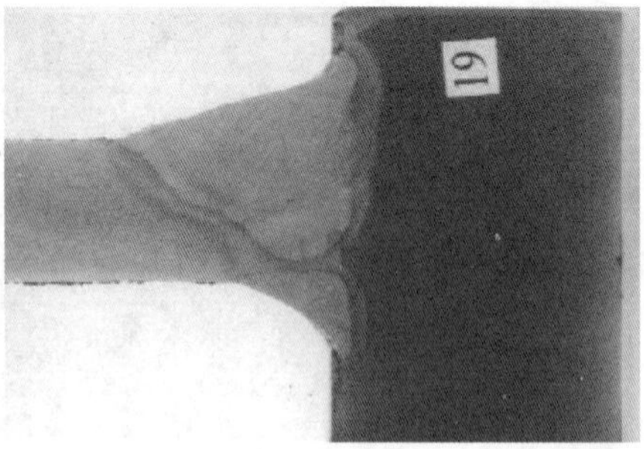

w)19

x)30

图　2-2-7

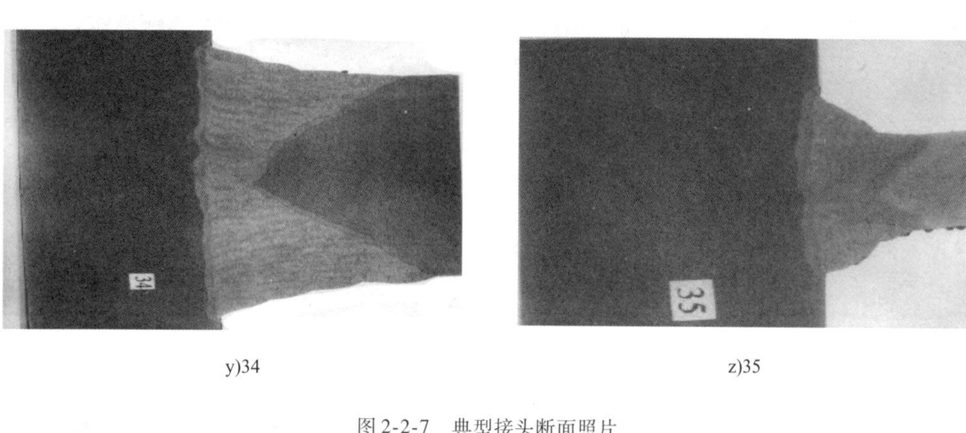

y)34　　z)35

图 2-2-7　典型接头断面照片

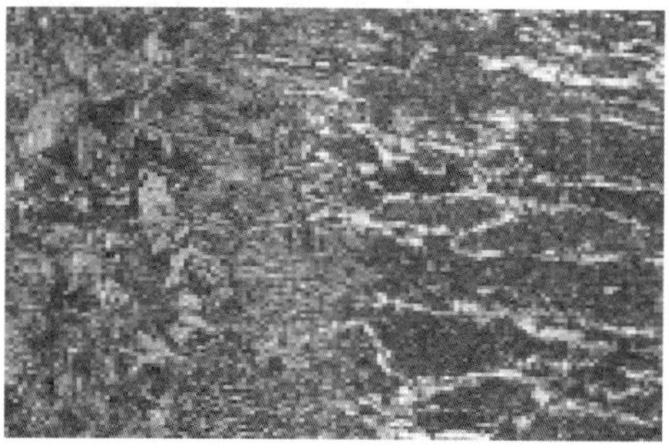

a)1.19 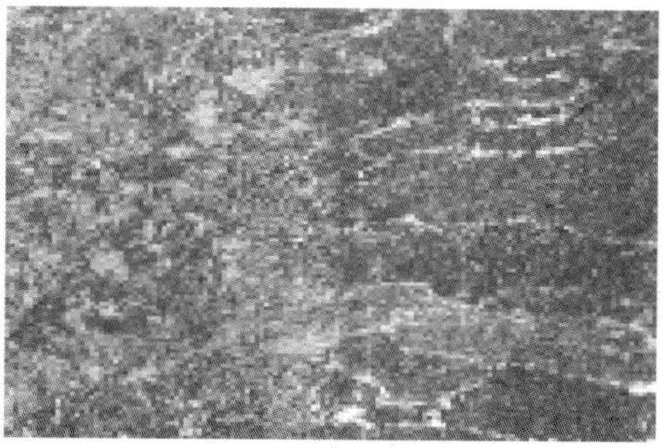　　b)1.20

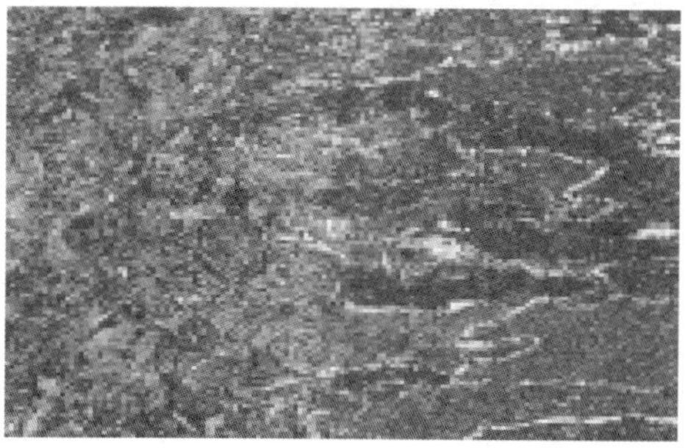

c)1.21 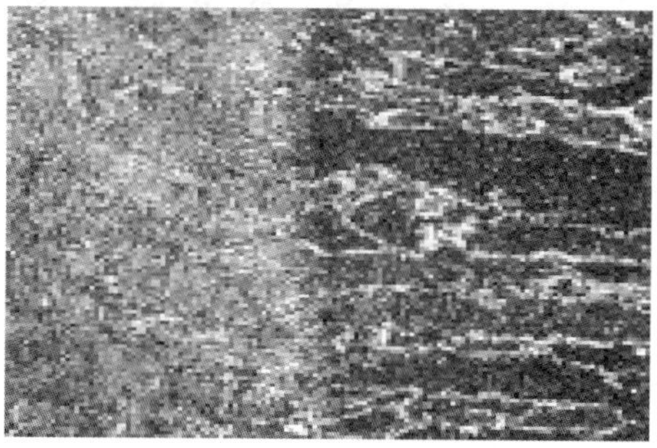　　d)1.22

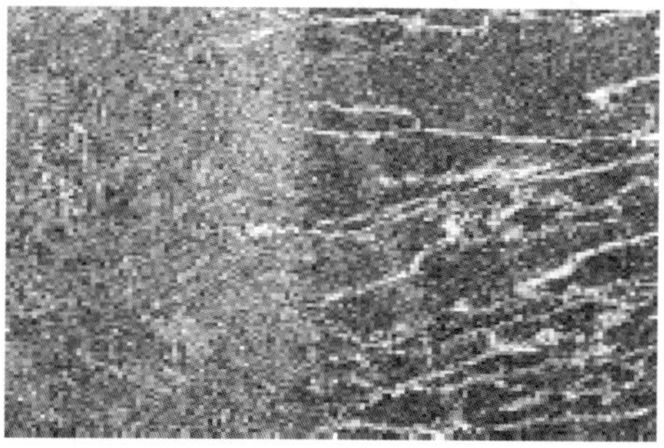

e)1.23 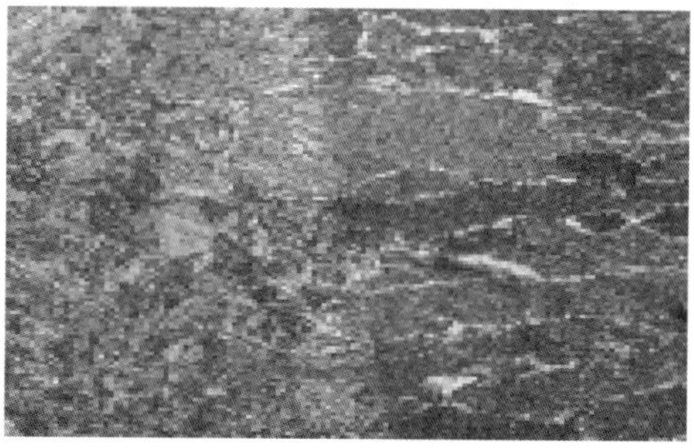　　f)2.3

图　2-2-8

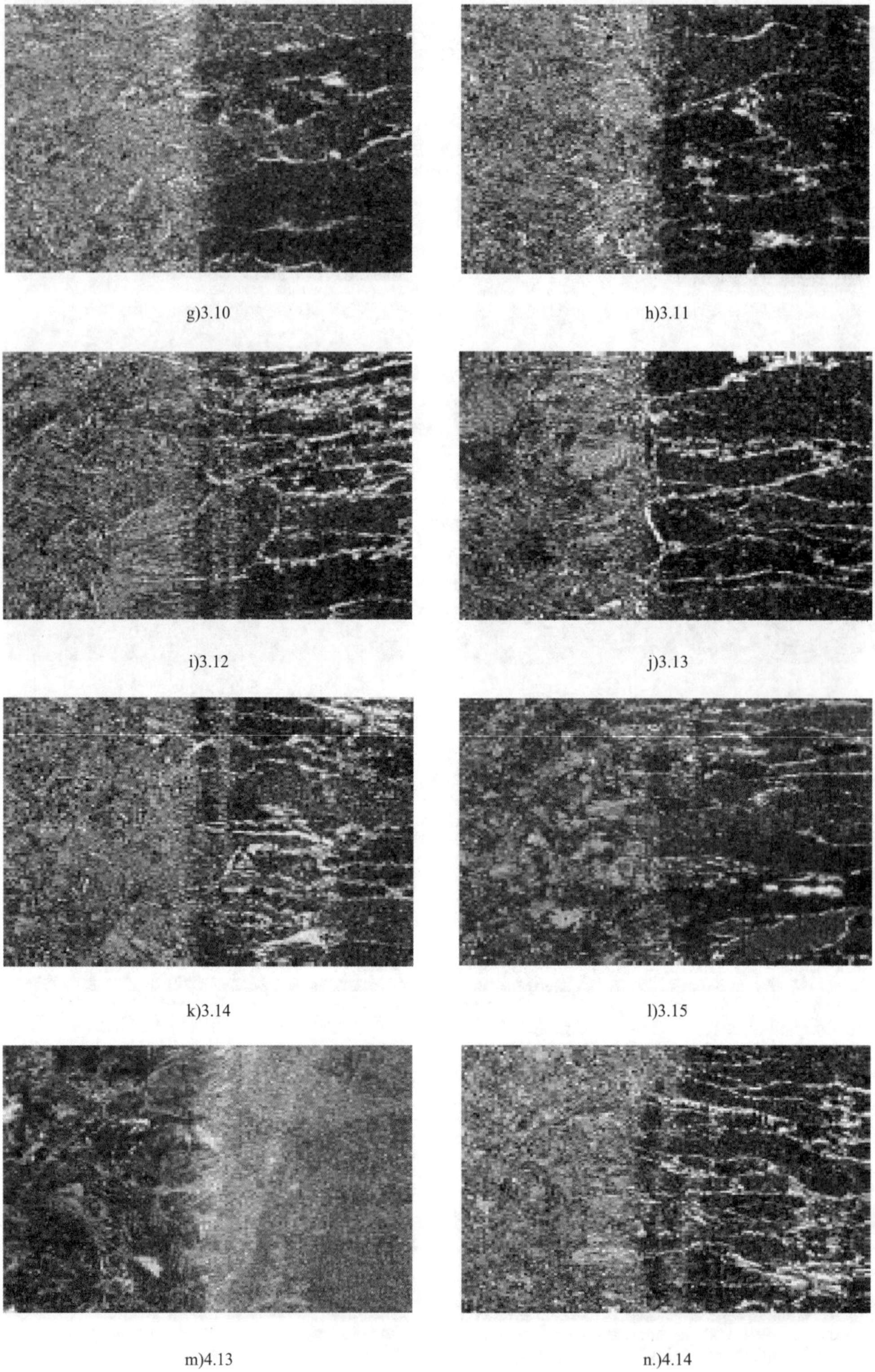

g)3.10

h)3.11

i)3.12

j)3.13

k)3.14

l)3.15

m)4.13

n.)4.14

图 2-2-8

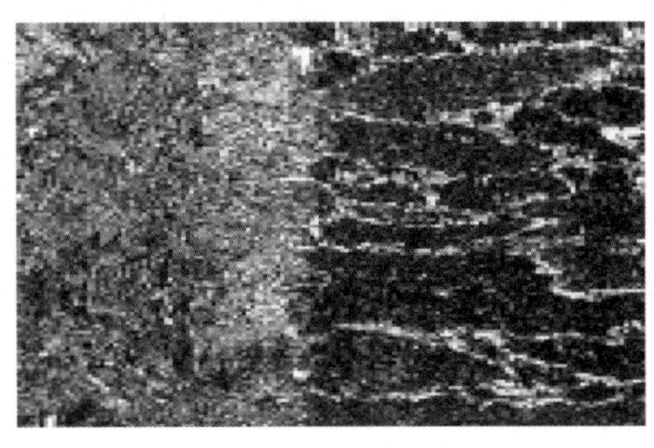

o)4.15

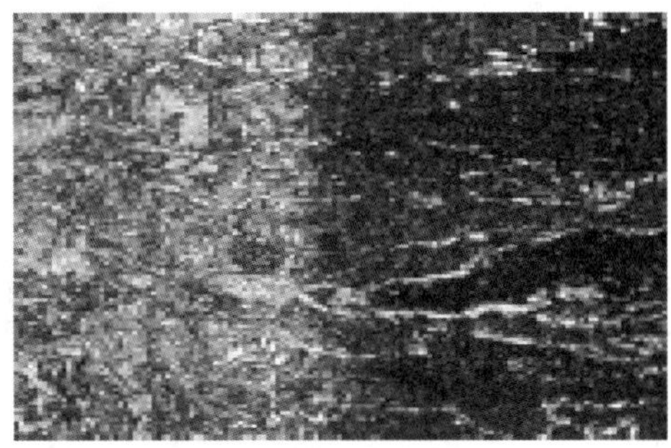

p)4.16

图 2-2-8　典型接头金相组织照片

(3)通过对接头进行外观检查、超声波探伤检验、宏观断面检查和接头力学性能试验，焊缝质量符合技术要求。

(4)评定试验中采用的焊接工艺参数可作为编制《朝天门长江大桥 Q420qD 钢板焊接工艺规程》的依据。

2.4　Q420q 钢应用

超低碳贝氏体桥梁结构钢 Q420qD 钢板在重庆朝天门大桥结构上的应用，在我国大跨钢桁拱桥上为首次采用，其板厚达到 80mm。研究中对超低碳贝氏体桥梁结构钢 Q420q 钢板进行焊接性试验研究和焊接工艺评定试验，对厚板焊接进行多种工艺方案试验，确定了与 Q420qD 钢板相匹配的焊接材料和合理的工艺参数，该焊接工艺成功指导了钢梁的焊接生产，保证了重庆朝天门大桥钢梁的焊接质量。高强厚板桥梁钢焊接技术研究与应用为高强度超低碳贝氏体桥梁结构钢在南京大胜关长江大桥、安庆长江大桥等其他钢桥上的应用积累了宝贵经验。

第3章　特大型杆件加工与制造

3.1　概述

我国早期的钢梁桥多是铁路桥,钢桁梁是常用的结构形式之一。当时为适应我国桥梁厂制造设备,钢桁梁多采用三角形腹杆体系的标准梁设计,其节间长度为8m,弦杆长度为8m或16m,同时为保持斜杆适当的倾斜度,其桁高难以超过14m,常确定为11m。由于杆件规格及栓孔布置都较为标准,制作多采用多嘴或仿形切割下料,采用固定式机械样板钻孔,工艺规范简单。近年来,随着我国冶金技术的不断进步和经济发展对交通建设需求的不断加大,跨大江大河的大跨度钢桥建设蓬勃发展,其桥梁杆件规格也越来越大,单座桥梁栓孔布置也多种多样,原有工艺装备已不能满足制造需要,这就需要制造技术的不断创新和进步。

重庆朝天门大桥的杆件设计具有规格大、重量大、构造新的特点。杆件断面、长度、板厚大大超过已往的桥梁杆件。表2-3-1将我国已建成的同类型大型钢桁拱桥九江长江大桥、万州长江大桥与本桥最大规格杆件做了一个比较。

已建同类型大型钢桁拱桥最大规格杆件比较(尺寸单位:mm)　　表2-3-1

杆件	九江长江大桥	万州长江大桥	重庆朝天门大桥
节点板	□44×2 740×3 482	□46×2 250×4 800 □50×3 650×4 200	□60×5 622×7 600
主桁杆件	箱形 720×1 070×16 700	工字形 800×900×27 240	1 600/1 200×1 240×41 950
横梁	工字形 380×2 150×11 780	箱形 1 320×2 430×15 110 工字形 540×2 360×15 180	工字形 1 100×3 000×27 800

重庆朝天门大桥结构杆件最长达到41 950mm,最重达73.2t;节点板最厚达80mm,最大规格为□60mm×5 622mm×7 600mm;横梁最大规格为1 100mm×3 000mm×27 800mm这些都为当今国内钢桁拱桥之首。许多杆件不仅规格大而且结构新,如杆件截面变高度、变宽度,整体节点拱座,大型正交异性桥面板块等都为新型结构形式。本桥特大型、新型杆件数量见表2-3-2。制造如此大量的特大型、新型杆件,在我国尚属首次,且杆件外形几何尺寸、栓孔精度要求高,因此,如何在保证质量的前提下,采用最经济、合理、先进的工艺完成杆件制造成为该桥制造的关键。

下面对特大型变截面杆件、特大型节点板、桥面横梁、桥面板块、整体节点拱座5类杆件的制造技术分别进行介绍。

特大型、新型杆件数量　　表 2-3-2

类型	变截面主桁杆件	超大超重节点板	超长大杆件≥20m	超重构件≥20t(≥40t)	变截面横梁	大型桥面板块	大型整体节点拱座
全桥数量	320	130	100	350(80)	142	280	4

3.2 特大型变截面杆件制造技术

此类杆件规格大、重量大,采取了宽(高)度变化的变截面设计,最为典型的是 A17-E18 斜杆 XG23,下面以此杆为例进行介绍。

3.2.1 杆件构造特点

杆件为箱形断面,箱体宽从 1 600mm 过渡到 1 200mm,箱体高 1 240mm,杆件长 41 950mm,竖板厚度为 36mm,杆件重达 73.2t,如图 2-3-1 所示。

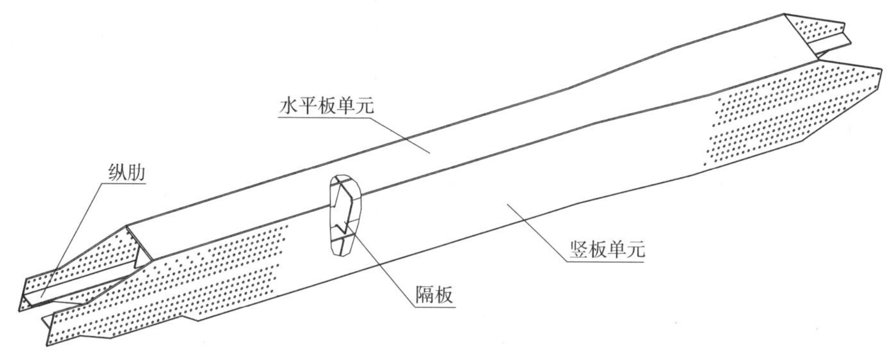

图 2-3-1　特大型变截面杆件构造示意

3.2.2 制造方案

为确保工艺方案合理可行,经过分析研究,结合传统工艺的经验,加以创新改进,制订工艺方案,并根据制造难点确定其控制措施。对该类杆件制造采用了后孔法,即在箱体组焊及修整合格后再进行钻孔的方法。其总体制造工艺流程见图 2-3-2。

3.2.3 关键工艺控制

1)单元件制作

(1)竖板单元

在竖板上组焊纵肋成竖板单元。由于竖板过长,竖板单元由三段纵肋接成。下料时应控制各段板件的高度,以保证箱体的高度公差,减小对接处错边。接料时应控制三段板件的接料直线度。在竖板上组焊纵肋主要是控制变高度线形,根据两端高度差,在平台上将低端垫起,并以此作为组装竖板单元的胎型。焊接纵肋后矫正变形,主要控制竖板平面度及纵肋对竖板的垂直度。

(2)水平板单元

在水平板上组焊纵肋成水平板单元。水平板单元由两块等宽板和一块不等宽的异形板接长。箱体变宽度主要是通过水平板变宽度实现的,这就打破了几十年间水平板为等高矩

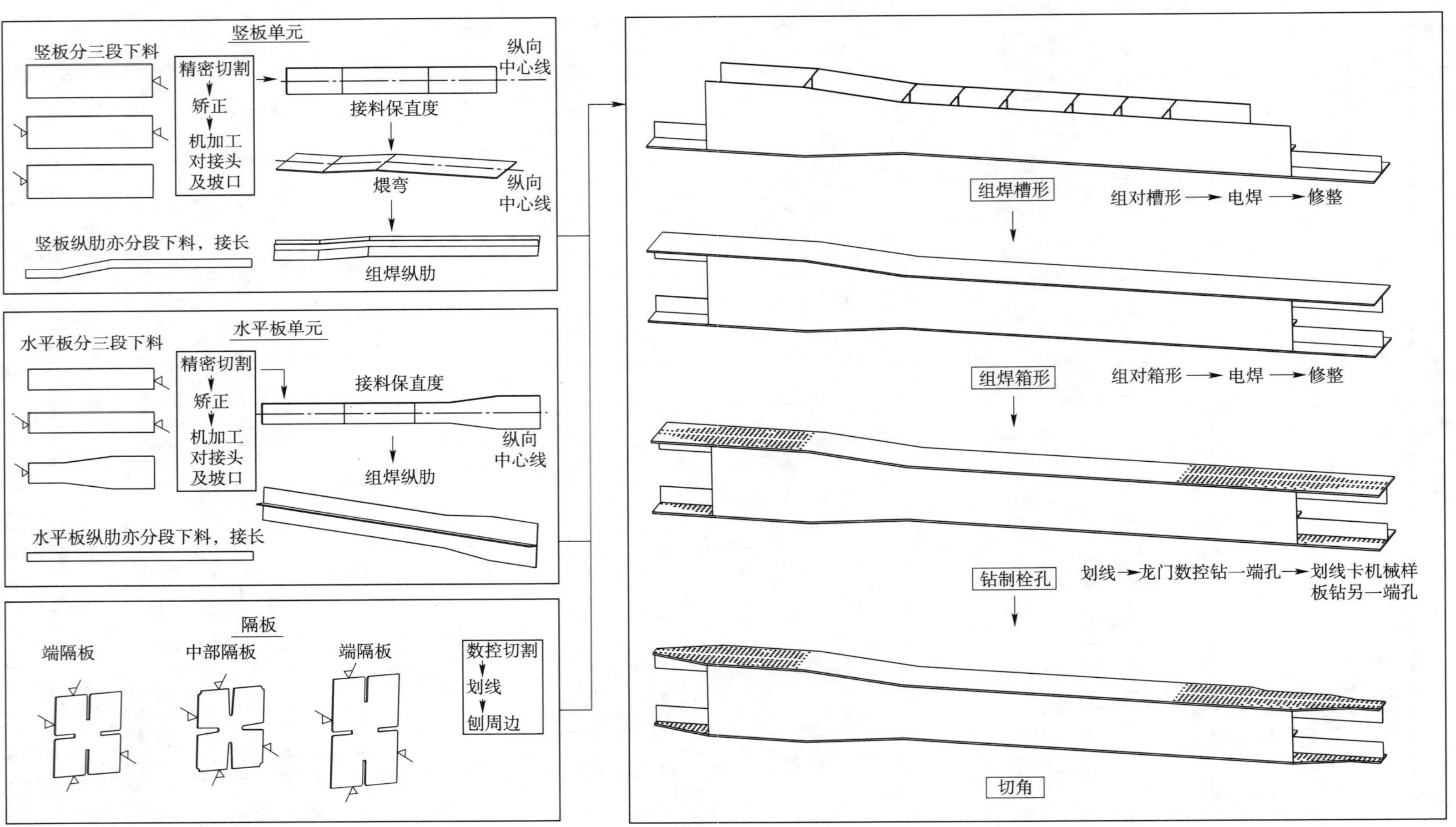

图2-3-2　重庆朝天门大桥结构杆件制造工艺流程

形的常规形式。由于板件过长且为变截面，远远超出了机加工设备的能力，所以，必须分段下料并机加工后接成料。接料主要控制板件接料直线度，如果接料不直或两端高度分中线与纵向中心线横向偏移，将导致箱体组装不上或两端箱体中心线错位，如图2-3-3所示。

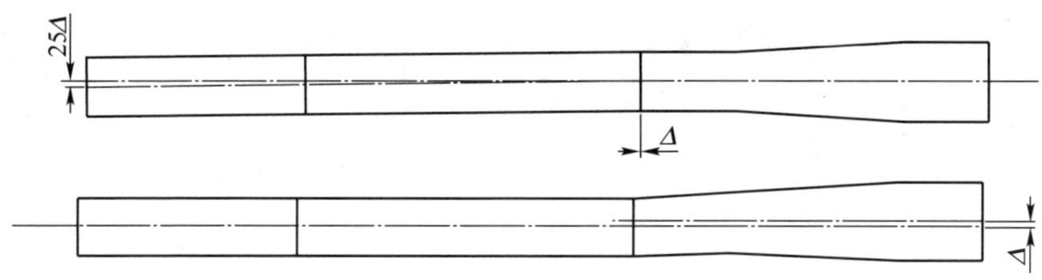

图2-3-3 接料直度偏差示意

因矩形水平板段宽度 = 理论宽度 + Δ_1 + Δ_2（Δ_1 为刨边量，Δ_2 为熔透焊接收缩量）。具体做法是：异形水平板段采用数控切割下料，预留量编入程序中。长度分别预留二次切量。在矩形板和异形板上分别划板件纵向中心线，并以纵向中心线为基准线将三段接长，确保 A、B、C、D 连成一条直线，直线度≤1.5mm，见图2-3-4。

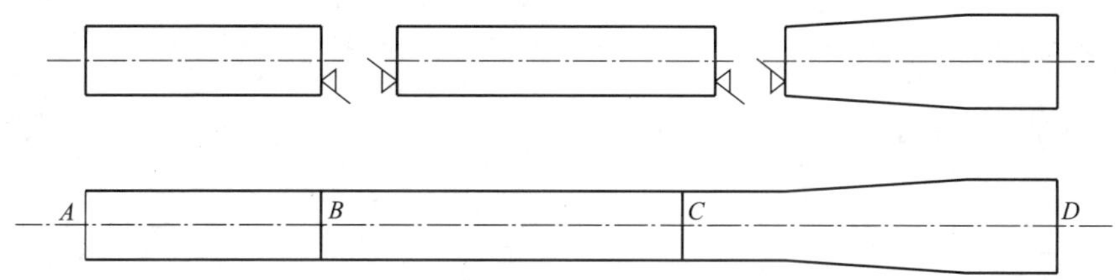

图2-3-4 接料控制示意

（3）隔板加工

隔板（图2-3-5）是保证杆件的宽度、高度、箱口对角线及控制杆件扭曲的重要零件，相当于杆件的组焊内胎。以中部槽口为基准划四边刨线，采用机械加工方法来严格控制其宽度、高度及板边垂直度的偏差。为便于纵肋插入端隔板槽口，每侧需预留一定缝隙。

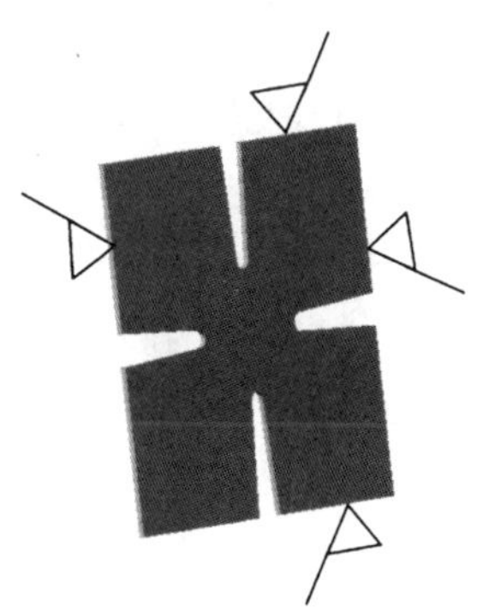

图2-3-5 隔板加工

2）组装

组装箱形杆件主要保证宽度、两端箱口高度及两端箱口对角线差。根据杆件的特点，制备组装平台，组装应控制变高度线形，根据两端高度差，在平台上设支墩将低端垫起，并以此作为组装箱体的胎型。

（1）组隔板（图2-3-6）

将一侧竖板单元置于胎型上，划线依次组对隔板，隔板的组对方位与机加工方位同向。通过箱形隔板的准确定位，保证杆件高度、宽度，且控制端隔板、中间隔板的板边纵向平直度，以控制箱体的旁弯。

（2）组槽形（图2-3-7）

以隔板为内胎，组对两侧水平板单元成槽形，并备置外侧卡固装置，确保水平板与隔板密贴。检查确认槽形宽度、高度、垂直度合格后方可进入下一道工序。

图 2-3-6　组隔板

图 2-3-7　组槽形

(3)组箱体(图 2-3-8)

扣盖另侧竖板单元成箱体,检测宽度、高度及箱口对角线差。组装检测见图 2-3-9。

图 2-3-8　组箱片

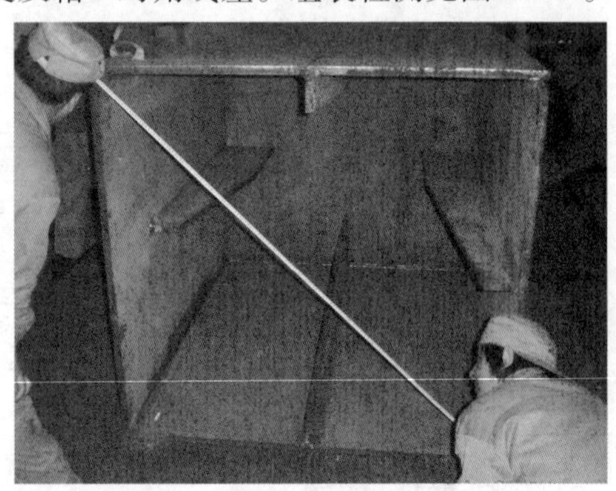

图 2-3-9　组装检测

3)焊接

(1)竖板及水平板单元纵向加劲肋的焊接

首先采用 CO_2 气体保护焊将肋板两端 V 形坡口填平,然后采用埋弧自动焊船位焊接。埋弧自动焊在引熄弧板上起、熄弧。CO_2 气体保护焊选用焊丝 R50-6(ϕ1.2mm),埋弧自动焊选用焊丝 H08MnA(ϕ5.0mm)和焊剂 SJ101q。

(2)箱内隔板焊接

采用 CO_2 气体保护焊焊接隔板三面角焊缝及端隔板外密封焊缝,起熄弧点、弧坑、焊瘤处打磨匀顺,焊接材料选用焊丝 R50-6(ϕ1.2mm)。焊接完成后除锈再对箱内局部进行补涂装。

(3)箱形主角焊缝的焊接

箱体使用悬臂焊接,中心平位施焊,四条主焊缝同向焊接,同一水平板侧两条坡口角焊缝尽可能同时、对称施焊,以减少焊接变形。

杆件四条棱角焊缝首先采用 CO_2 气体保护焊填充两端深坡口焊缝,再采用埋弧自动焊焊接填充。埋弧自动焊在引熄弧板上起、熄弧,起、熄弧焊缝长度不小于 80mm,焊后气割切掉并打磨平。不同坡口深度的焊缝过渡处应匀顺焊接,焊缝起落弧处应修磨匀顺,焊缝外观应成形良好，并须经超声波探伤检测合格。

CO_2气体保护焊选用焊丝 R50-6（ϕ1.2mm），埋弧自动焊选用焊丝 H08MnA（ϕ5.0mm）和焊剂 SJ101q。

（4）焊接顺序

与组装相配合，制订合理的焊接顺序，以减少焊接变形。

①组成槽形后，焊接隔板三面角焊缝。

②组装上水平板成箱形后，焊接箱形四条棱角焊缝，平位施焊，施焊顺序见图 2-3-10。

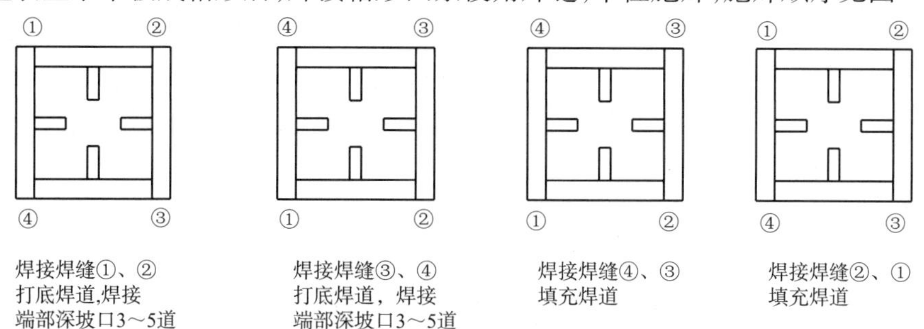

图 2-3-10　箱形四条棱角焊缝施焊顺序

采用埋弧自动焊焊接坡口角焊缝①、②的打底焊道，杆件翻身，采用埋弧自动焊焊接坡口角焊缝③、④的打底焊道。同时采用 CO_2 气体保护焊填充杆件端头四条深坡口角焊缝。

逆序焊接焊缝④、③的填充焊道，杆件翻身，焊接焊缝①、②的填充焊道。

③焊接杆件端头内侧主角焊缝及隔板与上盖板间角焊缝。

（5）焊接施工控制

①组装前必须将待焊区域及两侧 20～30mm 范围内的铁锈、油污、氧化皮、底漆等有害物打磨干净，露出金属光泽，组装后 24h 内焊接。

②焊接时严禁在母材的非焊接部位引弧，焊后应将焊缝表面的熔渣及两侧飞溅清理干净。

③多层多道焊时，应将前道焊缝的熔渣清除干净，经检查确认无裂纹等焊接缺陷后再继续施焊；整条焊缝焊接完成后，清除掉焊渣，并按照要求检查焊缝外观质量。

④对变坡口棱角焊缝，每道的起（熄）弧位置应错开 20mm 以上，并将弧坑打磨后再施焊。

⑤焊缝无损检验在焊缝焊完 24h 后进行。

3.2.4　焊接变形控制

杆件在焊接过程中，由于焊缝及其附近钢板收缩，会产生不同程度的各种焊接变形。焊接变形的种类较多，A17-E18 箱形斜杆 XG23 焊后的变形，比较难控制的是杆件扭曲变形和箱口横向收缩变形。

1）扭曲变形的控制

A17-E18 斜杆 XG23 竖板、水平板、纵肋等零部件的板件狭长，在没有组成箱体前刚性极差，组成箱体后刚性又很大。一旦发生扭曲，通常采用火焰矫正方法，见图 2-3-11，在竖板上采用斜线状火焰加热方法。箱体扭曲变形产生的原因比较复杂，减小扭曲的方法，应该是通过强化过程控制，把变形控制在允许范围之内。

（1）严格控制零件加工精度。同一箱形的两块相对称的板加工应尽量一致；同一个箱形的隔板也应叠放在一起同时加工，严格控制相邻板边的垂直度和对角线偏差。

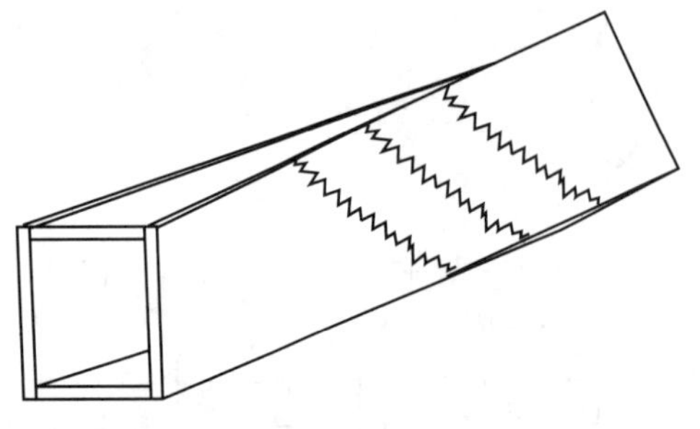
图 2-3-11　箱体扭曲修整

（2）组装精度控制。单元件及箱体组装均在平台上或胎型上进行，尤其在组装隔板工序时，应严格控制隔板与水平板的中心线组对。隔板为杆件内胎，其组装精度是控制扭曲的重要环节。

（3）钢板接料、单元件及箱体焊接修整均在平台上或胎型上进行，防止或减少热加工中因杆件自重影响而产生的变形。

（4）必须采用合理的焊接方法、焊接顺序。四条主焊缝同向对称施焊，采用多层多道焊，并严格控制线能量，再利用交替施焊顺序，使变形相互抵消。

（5）杆件的修整。要求每完成一个组焊过程，必须修整一次，合格后方可进行下一个组焊过程。

（6）使用专用翻转胎具、吊具，保证杆件在翻身、吊运时平稳安全，防止因翻身、吊运不当造成杆件的变形。

2）箱口横向收缩变形控制

重庆朝天门长江大桥规定，主桁杆件箱口高度公差为 ±1mm。这主要靠水平板和隔板的宽度来实现，当然，主焊缝探伤一次合格率也很重要。水平板端部主焊缝的焊接，受板厚、坡口形式、焊接参数及焊缝填充量等因素的影响，会引起箱口宽度变化，造成箱口横向收缩。通常，利用预留焊接收缩量的方法来抵抗箱口横向收缩变形。箱口焊接收缩量一般为经验值，也可以模拟杆件箱口做试验件，为水平板宽度预留焊接收缩量提供参考。

3.2.5　制孔

杆件制孔常用两种方法。

方法一：在杆件组焊前将板件的孔一次钻制完成，称为先孔法。此方法的优点是可以利用平板数控钻床或机械样板钻孔（图 2-3-12），相同的板件可以摞在一起同时钻制，质量稳定，效率高。其缺点是对于组装要求高，焊接及修整收缩量很难控制，尤其是箱形杆件焊接后可能出现一定的扭曲变形，这将直接影响安装时的栓孔重合率。

图 2-3-12　先孔法

方法二：杆件所有的孔在组焊成杆件后钻制，称为后孔法。此方法的优点是可以避免焊接变形的影响，主桁弦杆、斜杆、竖杆一般都采用后孔法，钻孔的工装，一种是利用龙门数控钻床钻孔（图 2-3-13），龙门数控钻孔在保证杆件面内及两个相对面各孔群钻制精度方面保持较高水准；另一种是组焊成杆件后，划线、卡覆盖式样板钻制各面孔群。卡样板钻孔，人为因素较多，容易出现操作误差，钻孔质量不稳定。在可能的情况下，尽量采用龙门数控钻床钻孔。相比较先孔法，后孔法效率低些。

图 2-3-13 后孔法

A17-E18 斜杆 XG23 长度达 41.95m，超出了龙门数控的钻制范围，于是将方法二中两种钻孔方法结合在一起使用，即采用数控钻孔与覆盖式机械样板钻孔相结合的方案。在杆件组装、焊接、整修合格后，首先用龙门数控钻床钻制杆件一端的孔，然后卡覆盖式机械样板钻制另一端孔。

1）钻孔工艺步骤

第一步：画水平围线，并将此作为钻孔的水平基准。

第二步：利用龙门数控钻床钻制一端孔，确保两侧栓孔的同心度，避免两侧竖板产生纵向及横向错孔，如图 2-3-14 所示。

第三步：划另一端栓孔位置线，对线卡覆盖式机械样板钻孔，如图 2-3-15 所示。

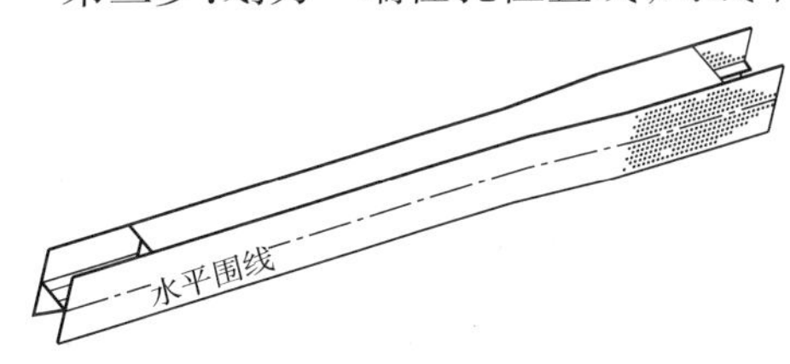

图 2-3-14 第二步示意图

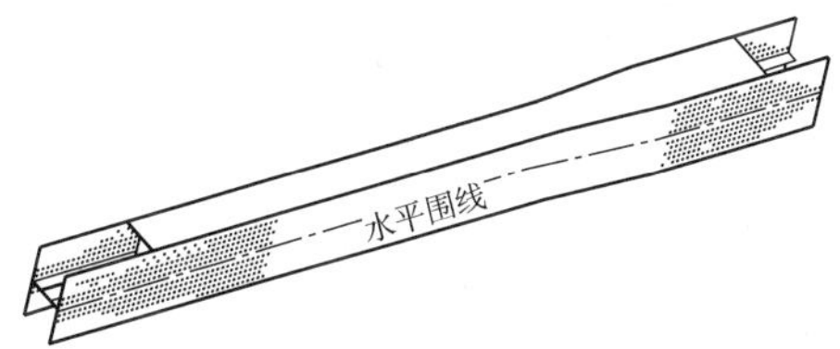

图 2-3-15 第三步示意图

2）制孔精度的保证

（1）如图 2-3-16，以杆件竖板高度分中画水平围线，杆件一端置于龙门数控钻床上，另一端置于支墩上，支墩上平面与数控床面在一个水平面上。用水平仪校验两端高度分中线，调整并确认扭曲允许偏差在合格范围后，以此作为杆件水平基准，控制两侧竖板栓孔横向不错位及孔群不偏中。

图 2-3-16 龙门数控制孔

（2）龙门数控钻床良好的设备精度可控制一端两侧竖板孔群纵向不错位。

（3）面内极边孔线以已钻制的一端孔为基准划制，要求极边孔线与水平基准线垂直。

（4）杆件直度由数控钻床自动检测功能调整，确保栓孔孔壁与板面垂直。

3.2.6 实施效果分析

按照上述工艺方案进行制作，超长大杆件的外形尺寸、制孔精度等项点均达到了标准要求，A17-E18 斜杆 XG23 的检测项目结果见表 2-3-3。由此可以看出该工艺是成功的，但是划线精度控制等人为因素仍然存在，因此如何更进一步降低人为因素影响将是以后工艺创新的重要课题。

A17-E18 斜杆 XG23-1 检测记录 表 2-3-3

序号	检验项目		理论值(mm)	允许偏差(mm)	实测偏差(mm)	备注
1	长度		41 950	±3.0	+2	
2	箱口宽度	左	1 240	±2.0	+0.5	腹板不拼接
		右			+0.5	
3	箱口高度	左	1 600	±1.0	0	
		右	1 200		+0.5	
4	箱形断面对角线差	左	—	≤3.0（边长≥1m）	0.5	
		右			1	
5	盖腹板平面度	工地部位	—	≤W/750 且≤1.5	0.5	
		其余部位	—	≤W/250	0.5	
6	弯曲		—	5.0(L>16m)	1.5	
7	扭曲		—	≤3.0	2	
8	极边孔距			±1.0 (L>11m)	+0.5	
9	盖腹板孔群纵向错位		—	≤1.0	0.5	
10	孔群中心线与杆件中心线横向位移		—	≤2.0	1.5	腹板不拼接
11	杆件两端孔群纵向错位		—	≤1.0	0.5	

注：W-盖腹板宽度；L-杆件长度。

3.3 节点板制造技术

3.3.1 构造特点

本桥主桁节点板具有种类多、外形尺寸大、板件厚的特点。其外形尺寸为当今国内桁梁桥的最大规格，板件厚度达 80mm（之前最大厚度是 56mm，用于九江大桥）。主桁 E18 节点板（图 2-3-17）具有代表性，规格为□60mm×5 622mm×7 600mm，质量为 15.7t。制作难点主要为以下两点：

图 2-3-17 节点板 DE18

（1）钢板平面度问题，《热轧钢板和钢带的尺寸、外形、重量及允许偏差》（GB/T 709—1988）规定：钢板厚度>25mm，允许不平度 7mm/m。而《铁路钢桥制造规范》（TB 10212—2009）及本桥“规范”规定，钢板平面度不得超过 1mm/m。国家钢材验收标准远低于桥梁制造专业标准。由于超厚、超宽，板厚>56mm 以上的钢板，不能进入赶板机赶平。若采用火焰矫正，温度不能超过 800℃，在该温度范围内矫正较厚板时，效果不及中厚板或中薄板。

（2）主桁每个节点的孔群角度各不相同，节点板也各不相同。每个杆号数量很少,规格很大。由于钢板超大、超重,故不能采用数控钻床钻孔。亦由于其种类太多,成本过高,不适合做大型覆盖式机械样板。

3.3.2 工艺方案

根据大型节点板的特点,确定工艺流程为:矫正钢板平面度→分段下料→接料→焊接→修平→铣磨焊缝→探伤→划线→卡固"定位样板"→钻孔→卡固"公共样板"→接钻孔。以E18节点板为例说明(图2-3-18)。

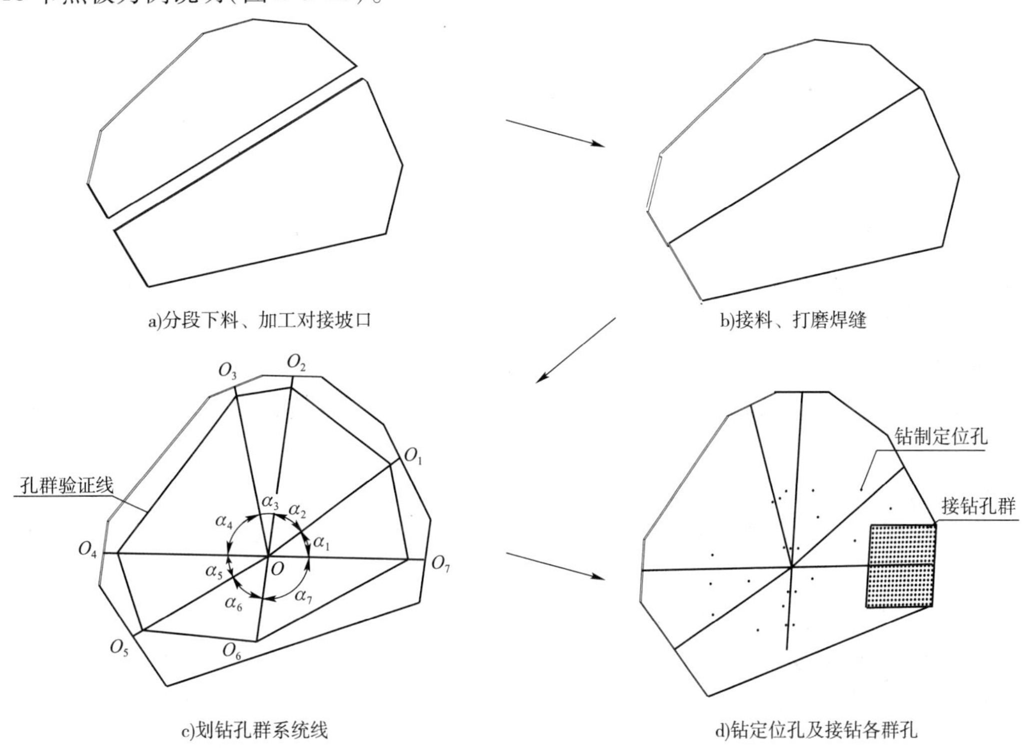

图2-3-18 节点板制作工艺流程简图

3.3.3 关键工艺研究

1)钢板平面度矫正

平面度矫正是制造中的一个关键点。经查验,除钢板板面平面度有超差外,几乎每张钢板的一端,板面都有高低不平的硬弯,矢高在5~9mm/m。大量节点板需要焊接接宽,也加大了板面的不平度。平面度超差会影响节点板与杆件间的密贴,使依靠摩擦面传力受到影响。平面度矫正分3种处理办法:

(1)冷矫:冷矫是指在外力作用下,利用机械力的作用,在不改变材料机械性能和厚度的同时,达到技术上要求的平直,使钢材达到屈服变形,进而释放部分内应力,厚度在56mm以下的钢板以冷矫为主。

(2)热矫:对较厚(56mm以上)和较宽的钢板宜采用热矫的工艺。用火焰对变形的局部进行加热,被矫正的板件在600~800℃温度下,受热部位先产生压缩性变形,冷却后开始收缩并缩短,从而达到矫正的目的。

①矩形板不平:火焰单线加热,见图2-3-19a);

②硬弯较大：火焰加热后配合压力机外力解决，见图 2-3-19b）；

③较大方板：钢板较厚，多处有棱，一遍不成要翻几次身，是比较复杂的修法，见图 2-3-19c）；

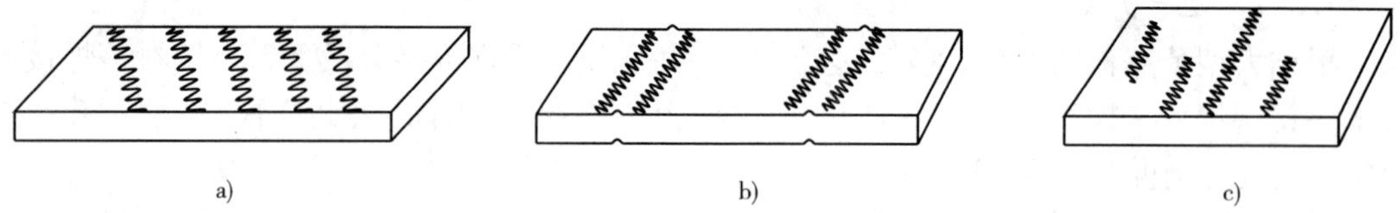

图 2-3-19　节点板热矫

总之，火焰矫正钢板不平，质量能保证，但缺点是效率低，加热要冷却后才能看结果，还需要一定的时间。

2）钻孔

桁梁桥节点板栓孔准确与否，关系到全桥的线形。长期以来，节点板采用数控钻床或覆盖式机械样板钻孔，制孔精度可以达到要求。对本桥节点板制孔而言，采用数控钻床钻孔，能够准确地控制各孔群相对位置，但是设备能力不足。用覆盖式机械样板钻孔，精度能保证，但缺乏可操作性。划线卡小样板钻制各孔群，操作灵便、不受大小限制，但是容易出现累计误差，精度难以保障。取上述 3 种方法之长，结合本桥特点，形成超大型节点板钻孔技术。

（1）划孔群系统线：以系统线中心为起点，将各孔群按角度依次放线，每条线起于 O 点，止于每个孔群最外排孔的交点 O'，连线 $O'1 \sim O'7$，并检验斜方尺寸，确定角度 α_1（其他类同）。

（2）卡固"定位样板"钻制定位孔。按照工厂数控最大钻制范围，制作"定位样板"，定位样板以 O 点为圆心，设置多种节点板的定位孔，每个孔群的对线口或瞄准孔与节点板的系统线对线，并互为验证，确定每个孔群的位置。

（3）卡固"公共样板"接钻群孔。孔群间距多为 100 的模数，按此制作公共接钻样板。公共样板用已钻制的定位孔定位，冲钉直径不小于设计直径 0.1mm。

经验证，节点板孔群精度较高，孔壁与板面垂直。"定位样板"经济适用，"公共样板"重复使用率高，为特大型节点板制孔积累了经验。

3.4　横梁制造技术

横梁的长度对控制桥梁中心距起重要作用。一般情况下，单线标准梁中心距为 5 750mm，双线标准梁中心距为 9 750mm，多座特大型公铁两用桥两桁中心距为 14 000mm，这就决定了横梁的长度只能在小于两桁中心距的范围以内。重庆朝天门大桥两桁中心距达到 29 000mm，其桁距及横梁的规格都开创了我国钢桁拱桥的记录。桥面为双层，上层称为上横梁，下层称为下横梁，横梁采用变宽高工形设计，与正交异性桥面板设计融为一体，结构独特。横梁高 3m、长约 27.8m、质量约 26t。腹板为鱼腹式工形断面，上盖板采用 U 肋加劲，为公路桥面正交异性板的一部分，纵梁短节穿过横梁腹板与公路纵梁栓接。现以下横梁为例进行研究。下横梁结构简图如图 2-3-20 所示。

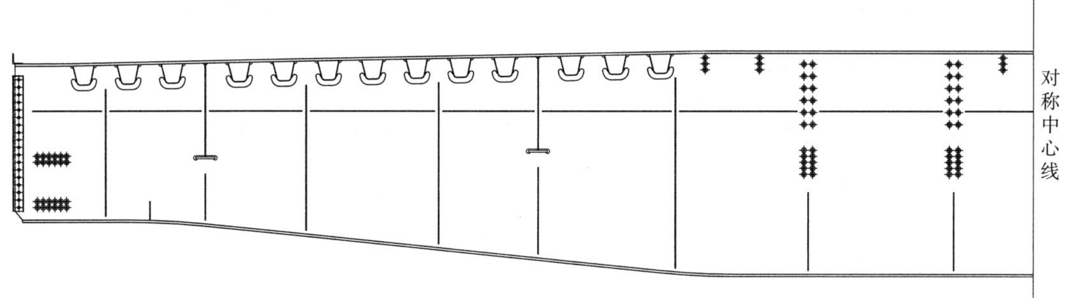

图 2-3-20　下横梁结构简图(1/2 视图)

3.4.1　工艺方案

下横梁制造工艺将根据其结构特点,采用划线与胎型组对相结合、先孔与后孔相结合及制孔与组装穿插进行的工艺方法,其总体工艺流程见图 2-3-21。

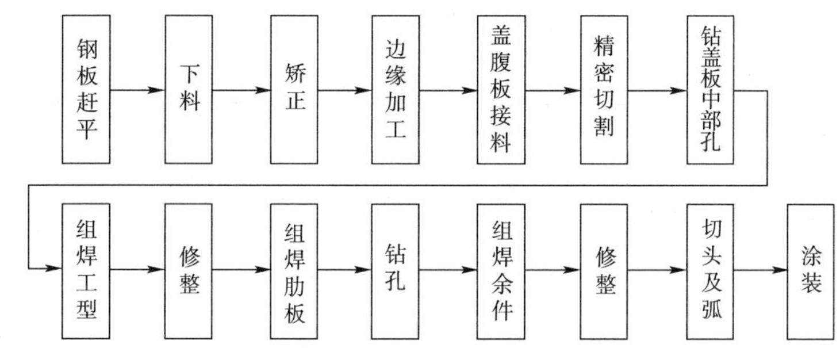

图 2-3-21　下横梁制造工艺流程图

1)零件及单元件加工

(1)上盖板:上盖板由三段接成,见图 2-3-22。

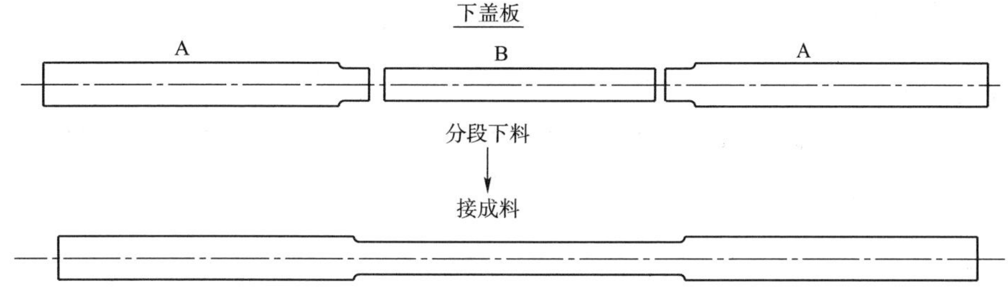

图 2-3-22　上盖板拼接图

按照 A 段 + B 段 + A 段进行接长。卡覆盖式机械样板钻制上盖板中间部位栓孔。

(2)下盖板:下盖板由三段接成,先接荒料,再用多嘴自动切割下条料。接料后,卡覆盖式机械样板钻制下盖板中间部位栓孔。

(3)腹板:如图 2-3-23 所示,腹板由三段接成,先接荒料,再用数控切割下料。

(4)短纵梁接头板、填板、连接角钢等单元件或单件,采用单件钻孔,或覆盖式机械样板钻孔,或数控钻床钻孔。单件或组焊成单元件后进入工形梁组装。

(5)U 肋接头焊好钢衬垫进入工形梁组装。

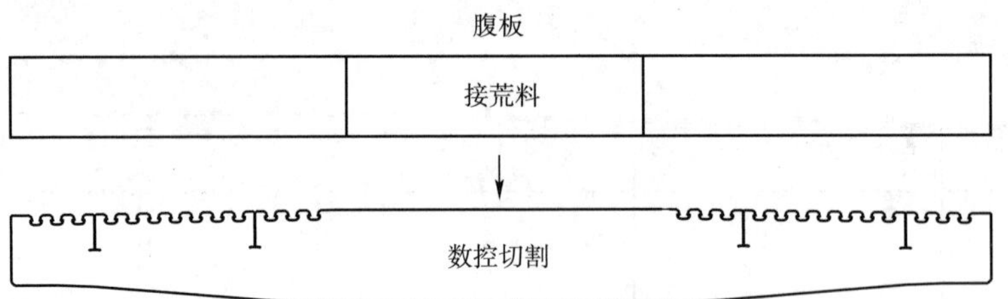

图 2-3-23　腹板拼接图

2）组焊工形梁

首先划跨中竖向中心线并以此作为组装工形梁的基准；然后组焊工形梁，包括：在胎型上组焊工形梁[图 2-3-24a)]、卡覆盖式机械样板钻制腹板中部孔，即轻轨纵梁及托架连接孔[图 2-3-24b)]和组焊短纵梁接头板、U 肋接头、竖肋、横肋[图 2-3-24c)]。

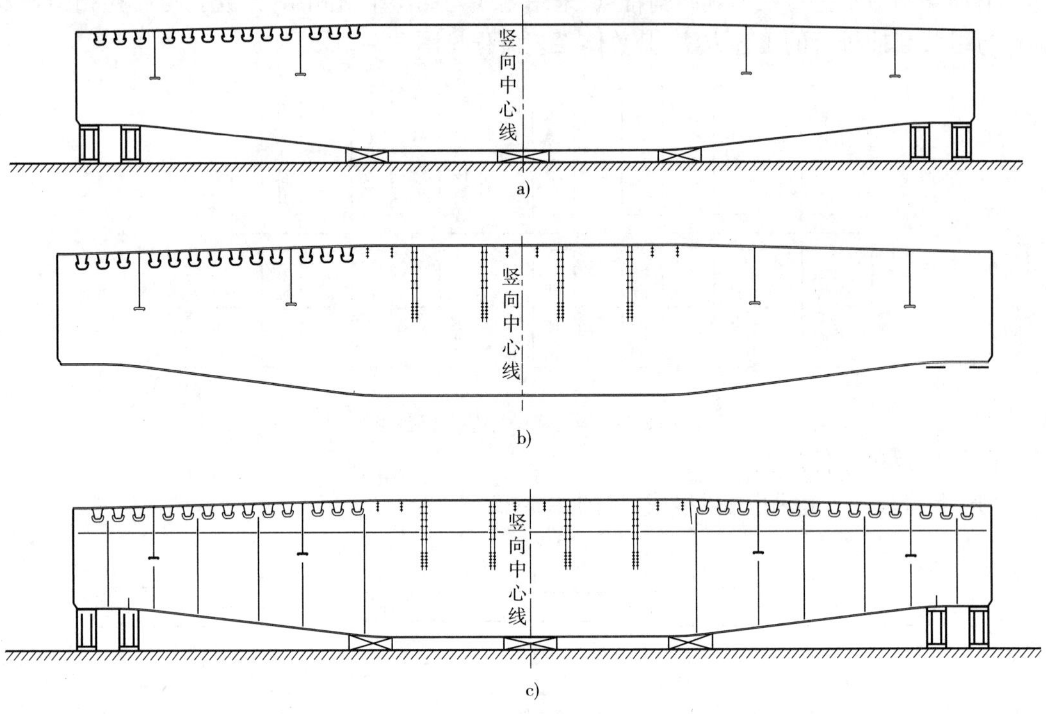

图 2-3-24　组焊工形梁

3）钻孔

如图 2-3-25 所示，划线、卡覆盖式机械样板钻制两端孔，即盖、腹板与主桁连接孔、平联孔。

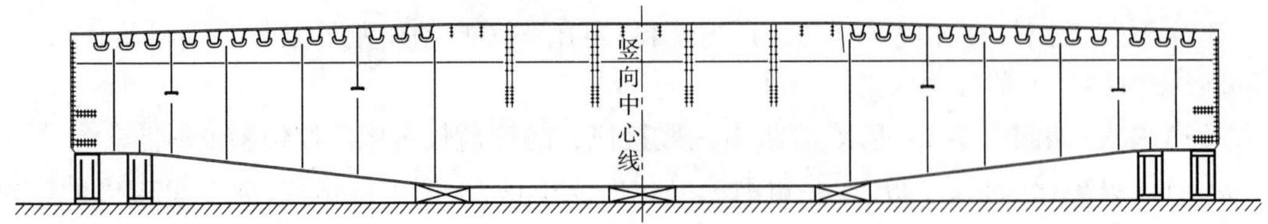

图 2-3-25　钻孔

3.4.2　关键工艺研究

1）下料

（1）上盖板下料：一般情况下，盖板宽度应为自由公差。由于本桥横梁上盖板两边要与桥面板块对接，要实现桥面板块标准化制作，因此要保证上盖板宽度及接料直线度。上盖板宽度超正差、超负差或接料不直都会杆件质量或桥面板块焊缝对接质量。上盖板宽度应达到本桥规定 ±1mm 的要求，控制接料直线度≤3mm。

（2）腹板下料：腹板控制横梁的高度及外形，通常采用数控程序切割下料。在编排数控程序时，应充分考虑杆件在自重作用下和在热加工中引起的向下挠曲，考虑 U 肋接头及短纵梁插入槽口的间隙，考虑焊接 U 肋接头及短纵梁接头在一定程度上引起的收缩变形。在高度上采用正差，长度上预留二次切量。切割顺序应以减小加热变形为前提，选择最佳切入点和断开点。

2）制作基准线

下横梁组装与钻孔均以跨中竖向中心线为基准。盖板、腹板完成接料后，分别划跨中竖向中心线，上盖板跨中线以内相邻弧角长度分中，且与自身纵向中心线相垂直；腹板跨中线以内相邻 U 肋槽口及短纵梁槽口长度分中，且与检测两端拱度水平连线相垂直；下盖板跨中线以中部内相邻孔群长度分中。

3）组装

上、下盖板，腹板分别完成跨中竖向中心线后，三条线对齐在同一个断面上组对成工型。腹板相当于工型内胎，上、下盖板与腹板保持密贴，组对在胎型上进行。组工型的方式有两种：一种是卧式；另一种是立式。卧式组对，需设置大型组焊胎，胎型较复杂，占地大，但相对安全；立式组对简单一些，占地少，但需有安全保障措施。通过分析对比最终选择了立式组对。在平台上间断设置支撑墩，将其作为组装胎型，支撑墩各点的高度应按照下横梁下翼缘线形加上预拱度值设置。下盖板置入胎型上，随弯就弯组对，发现不密贴时，火焰矫正配合，而后依次组对腹板、上盖板。为了在腹板立起时不侧翻，应进行临时牢固，为了控制盖板与腹板的角度，应采用角钢做临时支撑。

组对工型时，没有将 U 肋与上盖板组焊，主要考虑：①U 肋先焊在上盖板上，火焰矫正不平度在前，不利于上盖板与腹板密贴，不利于控制盖板与腹板的角度。②腹板与上盖板焊缝为熔透焊接，U 肋间隔较密，操作空间有限，不利于保证焊接质量。

按照先主后次的原则，先组焊工形梁，工形梁矫形合格后再组焊肋板、U 肋及纵梁短节等，这样可使组装精度、焊接质量得以保证。

4）制孔

如图 2-3-26 所示，下横梁盖、腹板采用钻孔与单件加工、组装等工序穿插进行，分步如下：

（1）上（下）盖板接料后钻中部孔。一是栓孔位于中部，受焊接收缩影响极小，即使有微量收缩，也在可控之中，在有把握的前提下先行钻孔，既效率高，且孔壁与板面垂直度好。二是组装腹板以两排栓孔分中纵向就位，回避了对杆件从盖板外侧钻孔时，腹板与盖板孔易偏中的问题。

（2）腹板中部孔在组焊工型后钻制。由于腹板过长、刚性很小，故未在接料后钻制。而在组焊工型后钻制腹板中部孔时，无焊接收缩问题，也无测量障碍。

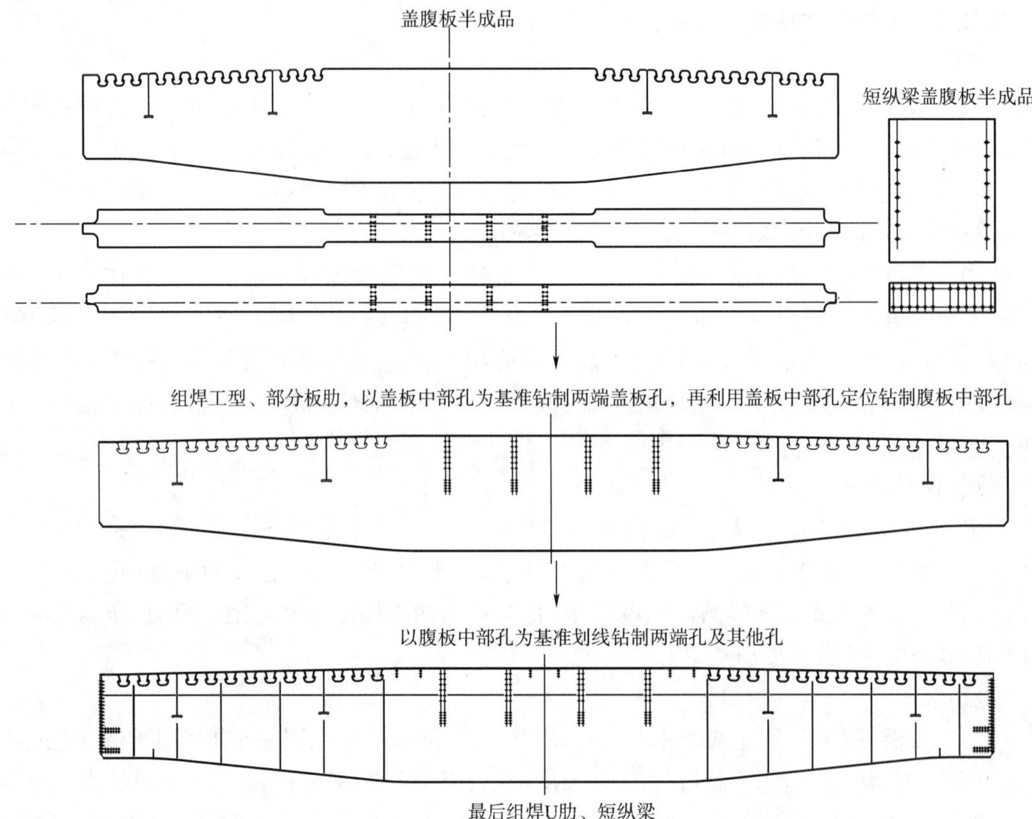

图 2-3-26　横梁钻孔方案示意

(3)腹板及上(下)盖板两端栓孔应在所有零部件组焊完成后钻制。在所有零部件完成组装、焊接、矫正工序后,立位划线,在无自重因素影响下,确定极边孔位置,卡固样板钻制杆件两端孔。

5)拱度问题

本桥横梁不设预拱度,但也不允许下挠。经计算,当横梁立起时,自重引起下挠平均约6.5mm,焊接桥面板块还会进一步造成下挠趋势。因此,当梁跨比较长时,应该适当预设上拱度,以克服焊接变形及自重对桥面横坡的影响及对栓孔重合率的影响。保证适量上拱度,可通过以下措施实现。

将下挠数值及拱度预加量 Δ 反向设置编入腹板数控切割程序中,完成下料后,在腹板上划拱度检测线(图 2-3-27),该线与跨中竖向中心线垂直,并将对上拱度的检测作为检查项点。组对工型时,将上拱度值叠加到组装胎型支撑墩上。

图 2-3-27　腹板划线示意(Δ 为预拱度值)

3.4.3　实施效果

按照此工艺方案进行制作，经检测，全部横梁的外形尺寸、制孔精度等项点均达到了标准要求，抽查任一横梁检测项目，如下横梁 H14 的检测项目结果见表 2-3-4。

下横梁 H14 检测记录　　表 2-3-4

<table>
<tr><th>序号</th><th colspan="2">检验项目</th><th>理论值(mm)</th><th>允许偏差(mm)</th><th>实测偏差(mm)</th><th>备注</th></tr>
<tr><td>1</td><td colspan="2">长度</td><td>27 736</td><td>±1.5</td><td>−1</td><td>两端角钢背至背的距离</td></tr>
<tr><td rowspan="2">2</td><td rowspan="2">工型高度</td><td>左</td><td rowspan="2">2 100</td><td rowspan="2">±1.5</td><td>+1</td><td rowspan="2"></td></tr>
<tr><td>右</td><td>+1</td></tr>
<tr><td rowspan="2">3</td><td rowspan="2">盖板宽度</td><td>左</td><td rowspan="2">1 100</td><td rowspan="2">±1.0</td><td>+1</td><td rowspan="2"></td></tr>
<tr><td>右</td><td>+1</td></tr>
<tr><td>4</td><td colspan="2">纵梁接头板间距</td><td>4 500</td><td>±1.0</td><td>0</td><td></td></tr>
<tr><td rowspan="2">5</td><td colspan="2" rowspan="2">盖腹板平面度</td><td rowspan="2">—</td><td>腹板≤h/500
且≤5.0</td><td>2</td><td></td></tr>
<tr><td>盖板≤1.0</td><td>1</td><td>工地孔部位</td></tr>
<tr><td rowspan="2">6</td><td rowspan="2">盖板对腹板垂直度</td><td>有孔部位</td><td>—</td><td>b/750 且≤1.0</td><td>1</td><td></td></tr>
<tr><td>其余部位</td><td>—</td><td>≤1.5</td><td>1</td><td></td></tr>
<tr><td>7</td><td colspan="2">上拱度</td><td>—</td><td>+3.0
0</td><td>2</td><td></td></tr>
<tr><td>8</td><td colspan="2">旁弯</td><td>—</td><td>≤3.0</td><td>3</td><td></td></tr>
<tr><td>9</td><td colspan="2">极边孔中心距</td><td>27 576</td><td>±1.0</td><td>27 576</td><td></td></tr>
</table>

注：h-腹板高度；b-盖板宽度。

3.5　钢桥面板块拼装技术

3.5.1　钢桥面板块概况

重庆朝天门大桥为双层交通布置，上层桥面为双向六车道和两侧人行道，桥面采用正交异性钢桥面板，桥面板厚 16mm，采用 U 肋，沿纵桥向设置横隔板，其间距不大于 3m，沿横桥向布置 6 道纵梁，在主桁节点处设置一道横梁。下层桥面中间为双线城市轻轨，两侧为双向两车道。下层桥面两侧采用正交异性钢桥面板，桥面板板厚 16mm，采用 U 肋，纵桥向设置横隔板，其间距不大于 3m，横桥向每侧布置 2 道纵梁，在主桁节点处设置一道横梁；下层桥面中间采用纵、横梁体系，其横梁与两侧钢桥面板横梁共为一体，共设置两组轻轨纵梁，每组轻轨纵梁由两片纵梁组成，两片纵梁通过平联和横联连为一体，纵梁端部通过鱼形板和连接角钢与横梁连接。桥面示意见图 2-3-28。

全桥共 70 个节间，共制作上(下)层整体桥面板各 70 段。

3.5.2　工艺布局

根据整体桥面板块特点，综合考虑场地、运输及生产等因素，制订了一桥三地生产模式，分别为：工厂制造、拼装场拼装及桥位焊接。

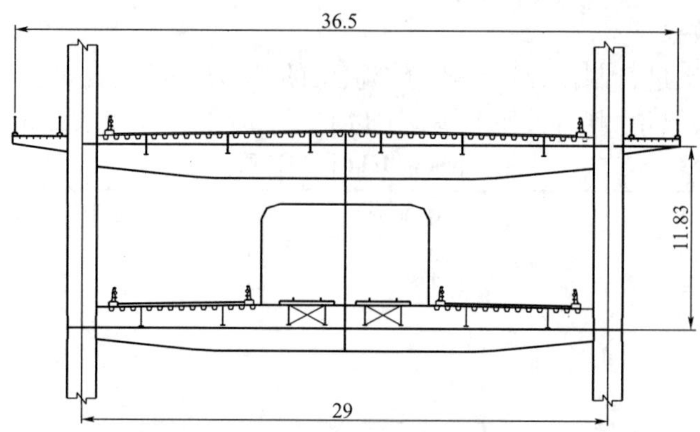

图 2-3-28　上下层桥面示意图(尺寸单位:m)

(1)工厂需要完成的部分:上层桥面的上横梁、桥面板单元、横隔板、纵梁及连接件;下层桥面的下横梁、桥面板单元、横隔板、轻轨纵梁、轻轨纵梁平联和横联及连接件。其中,上横梁、下横梁、轻轨纵梁、轻轨纵梁平联和横联及连接件直发桥位。桥面板单元、横隔板、纵梁发至工厂设在近于桥位的拼装场。

(2)工厂在近于桥位处设置拼装场,拼装桥面板块体,组焊合格后运至桥位。

(3)桥面板块体就位后,焊接与上横梁及下横梁上盖板两边的横向焊缝、桥面板顶板之间的纵向焊缝、U 肋接头焊缝。

3.5.3　工艺方案

对上横梁及下横梁的制造在 3.4 节已经讨论过。横隔板、纵梁、轻轨纵梁、轻轨纵梁平联和横联、连接件等均采用成熟的工艺方法,按照标准化杆件制造,故不再重复。本桥桥面板块(一个吊装单元)规格大、结构新、数量多,拟将桥面板的制作工艺作为本节讨论重点。

为利于生产规范化,产品标准化,应尽可能减少单元件的种类和数量。钢桥面板单元划分见图 2-3-29、图 2-3-30。

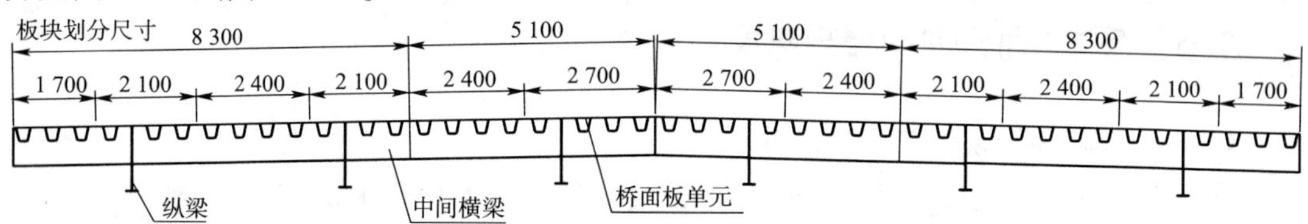

图 2-3-29　上层钢桥面板单元划分(尺寸单位:mm)

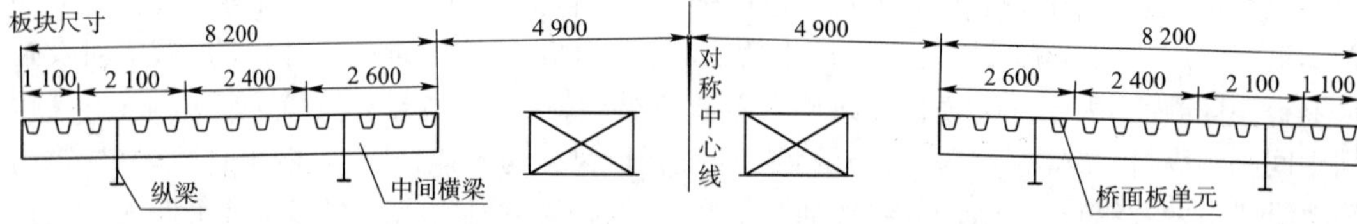

图 2-3-30　下层钢桥面板单元划分(尺寸单位:mm)

按照以往公路桥钢箱梁制作经验,钢箱梁桥面板块多采用多节段连续匹配预拼装的方法,如果本桥按照此方法,需要横梁参与拼装,而横梁多次倒运易导致变形和损伤,为了解决这个问题,充分考虑结构特点,开创性的制订了标准化单节间正位拼装的方案,此方案在我国首次实施。桥面板块拼装的工艺流程见图 2-3-31。

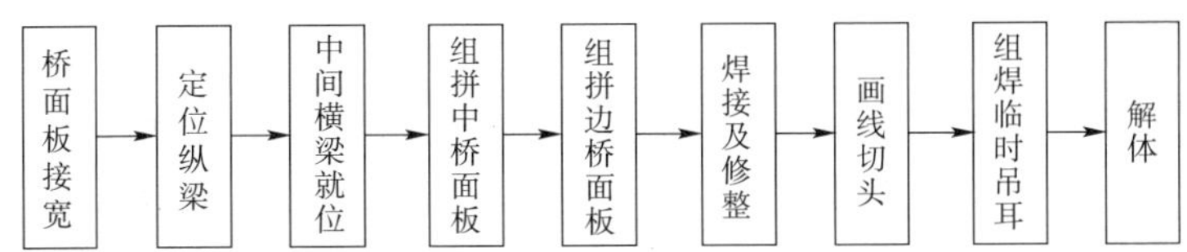

图 2-3-31 桥面板块拼装工艺流程

3.5.4 桥面板块结构特点(一个吊装单元)

正交异性桥面板采用板块化设计,以板块为一个为制造吊装单元,最大规格为 1 290mm × 8 300mm × 16 000mm。桥面板块由纵梁、中间横梁及桥面板单元组成,其纵梁两端与节点横梁上纵梁短节栓接,桥面板的 U 肋采用嵌补段与横梁上盖连为一体,见图 2-3-32。

根据架设需要,每个节间上层桥面横向划分为(8.2m + 5.1m + 5.1m + 8.2m)四块桥面板块,下层桥面横向为两块桥面板块(宽度 8.3m),板块长度根据节间长度不同而变化。

3.5.5 板单元制作

重庆朝天门大桥桥面板单元采用 U 肋加劲,桥面板板厚 16mm,U 肋板厚 8mm,U 肋标准间距为 600mm,划分的标准板单元宽度为 2 400mm,如图 2-3-33 所示。其制作工艺流程为:预处理→切割下料→矫正→组装 U 肋→焊接→修整→划线→进入板块总拼。

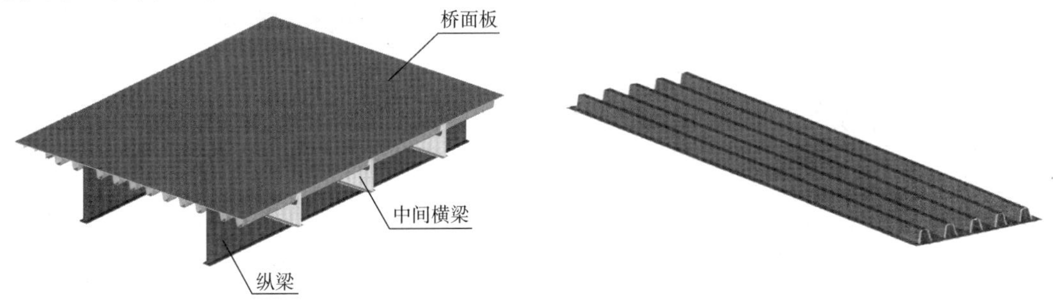

图 2-3-32 桥面板块简图

图 2-3-33 板单元示意图

1)U 肋制作

U 肋主要通过由预处理线、边缘铣床、双边坡口铣床、双台连动数控折弯机(图 2-3-34 和图 2-3-35)等设备形成的 U 肋生产线制作,该 U 肋生产线能够有效得保证直线度、宽度以及坡口精度,使其制作质量好、效率高。U 肋的制造工艺流程为:预处理→焰切下料→赶平→加工两边及坡口→压型。

图 2-3-34 双台连动数控折弯机

图 2-3-35 板单元 U 肋无马组装胎

2）板单元组装

板单元组装采用无码组装胎，胎具端头设置纵向定位装置，能够保证同一板单元U肋端部位于同一条线上，再利用无马组装胎（图2-3-35）梳理U肋，完成横向定位，确保了U肋组装精度。

3）板单元焊接

桥面板单元均为正交异性板结构，U肋角焊缝在顶板单侧，会导致板单元上的U肋焊完后钢板存在一定的角变形，产生向内弯曲，如图2-3-36、图2-3-37所示。为了满足平面度要求，只能采取火焰修整，火焰加热会使板件产生新的收缩变形，致使板单元尺寸很难控制。

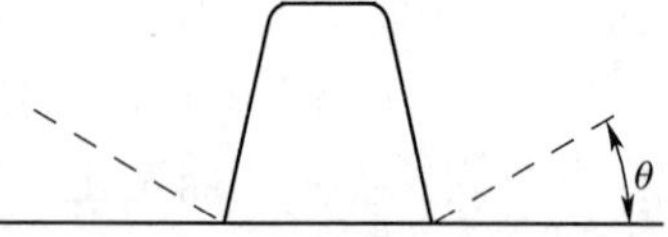

图2-3-36　板单元U肋焊接变形趋势

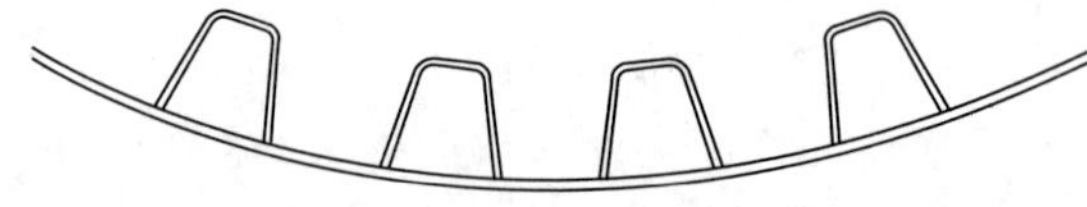

图2-3-37　板单元施焊后的焊接变形

根据焊接变形的特点，采取焊接前对板单元进行反变形，即把板单元向反方向给予一定的预变形量，使其与焊接产生的热变形互相抵消，焊后板单元能够满足平面度要求。为此，我们设计了桥面板单元焊接反变形焊接翻转胎（图2-3-38），胎具不仅具有反变形功能，而且还能转动，使U肋焊接处于船位，有效地保证焊接熔深和成型要求。

反变形焊接技术，不仅保证桥面板单元的平面度和U肋焊接质量，而且大大地减少修整工作量，提高了板单元的生产效率。

桥面板单元焊接顺序为：

（1）U肋上焊接端封板。

（2）板单元角焊缝焊接时，将组装好的板单元卡固在胎型上，将反变形胎倾斜适当角度后方可焊接。焊接顺序如图2-3-39所示。

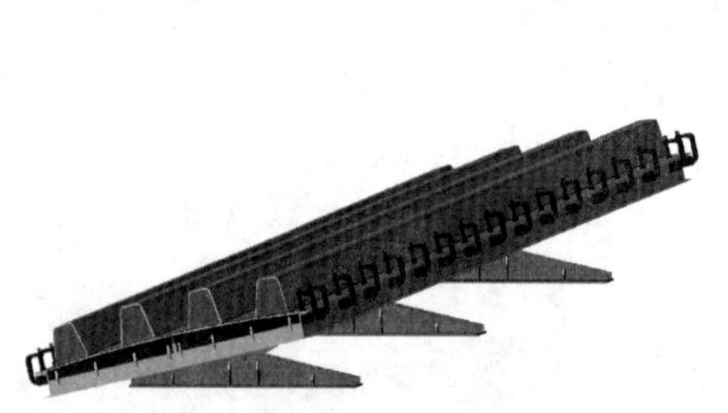

图2-3-38　板单元焊接示意

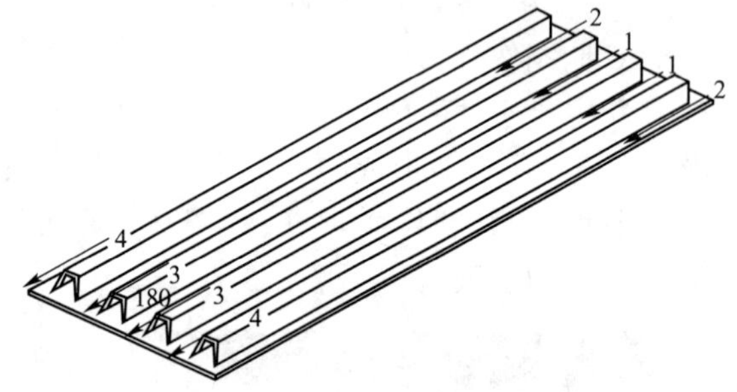

图2-3-39　板单元焊接顺序示意

（3）焊接时应尽可能采用CO_2自动焊小车施焊。自动焊小车焊不到处，可以采用CO_2气体保护半自动焊焊接。

（4）焊接应从中间向两侧并同向施焊。

（5）板单元焊接完成后，待最后一条焊缝冷却后再松开固定卡。

（6）焊接U肋端封板与桥面板间角焊缝。

4）划线

划线主要是将板单元的纵、横基线返到无肋板面，打样冲眼，以备桥面板块组装使用。

3.5.6　桥面板块拼装

1)拼装胎架

(1)胎架设置上层桥面及下层桥面共两台套,并设置二拼一组焊胎。

(2)胎架基础必须有足够的承载力,确保在使用过程中不发生沉降。

(3)用定位装置控制纵梁位置。定位装置能够满足拼装节间长度(含伸长或缩短量),满足桥面板块的快速切换及准确定位,每一定位孔群不得少于2个冲钉,冲钉直径不小于设计直径0.1mm。

(4)胎架的定位栓孔距离应严格按照理论设置。

(5)在胎架上设置纵、横基线和基准点,以控制桥面板块的位置,确保各部尺寸。胎架外设置独立的基线、基点,以便随时对胎架进行检测。

(6)每轮次节段下胎后,应重新对胎架进行检测,做好检测记录,确认合格后方可进行下一轮次的组拼。

(7)定位装置需牢固就位,拼装过程中不允许有松动。

(8)胎架布置示意见图2-3-40,以上层板块为例。

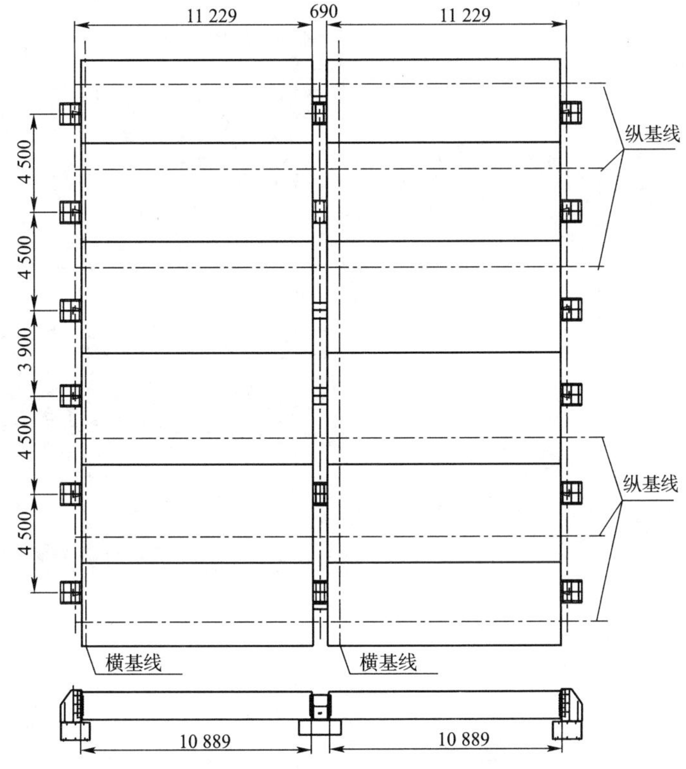

图2-3-40　上层桥面板块拼装胎架布置示意图(尺寸单位:mm)

2)板单元二拼一

如图2-3-41所示,在桥面板单元、中间横梁、纵梁等单元件制作完成后,进行桥面板块拼装,为节省占用胎架时间,缩短总装周期,在板单元参与板块组装前,先在专用胎架上将两块板单元拼焊成一个吊装板块。

为减少焊接变形和火焰修整量，在板单元拼接焊缝处向上预留10～15mm焊接反变形量(根据实际情况可进行调整)，以保证板单元的平面度。反变形应在组装时完成，不得在焊缝打底完成后再起顶反变形。

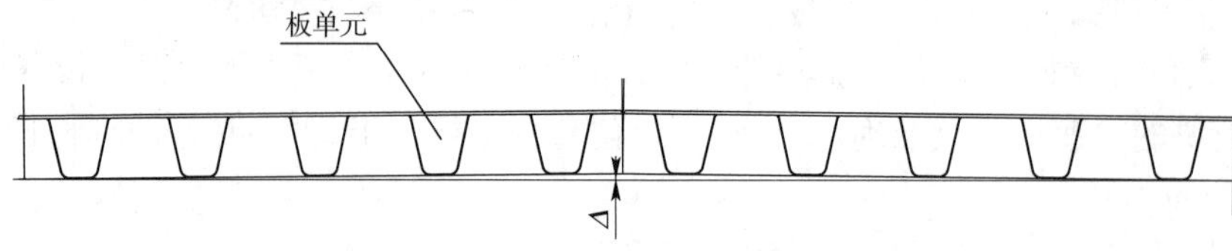

图2-3-41　板单元二拼一反变形示意图

组装前应复核每块板单元上的横、纵基线。对于横向定位，以纵基线为基准，板单元宽度方向预留2～3mm焊接收缩量(可根据实际情况进行调整)，可制作简易样板控制焊缝两侧相邻U肋的中心距；纵向定位以横基线为基准，基线允许偏差不得超过0.5mm，同时控制板单元基准端的直线度，复核宽度方向的组装公差，检验合格后方可焊接。

3)桥面板块拼装工艺

桥面板块拼装工艺见图2-3-42。

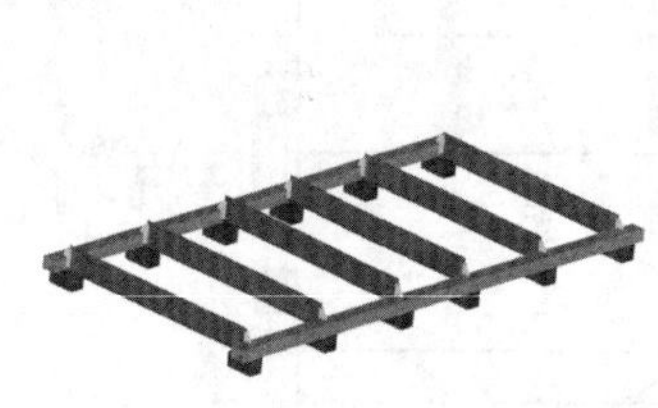

a)胎架定位拼装纵梁

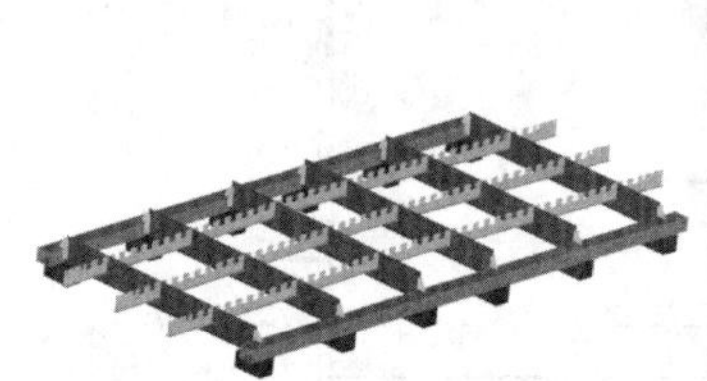

b)中间横梁就位

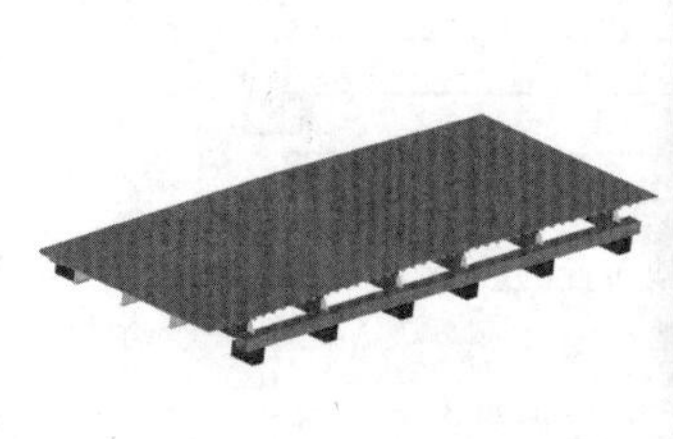

c)组拼桥面板

图2-3-42　桥面板块拼装操作

为保证吊装的顺利进行，执行单节间匹配正位拼装方案，主要须解决由于未与节点横梁匹配而造成U肋及纵梁相对错位的问题，为此还需采取以下技术控制（图2-3-43）措施：

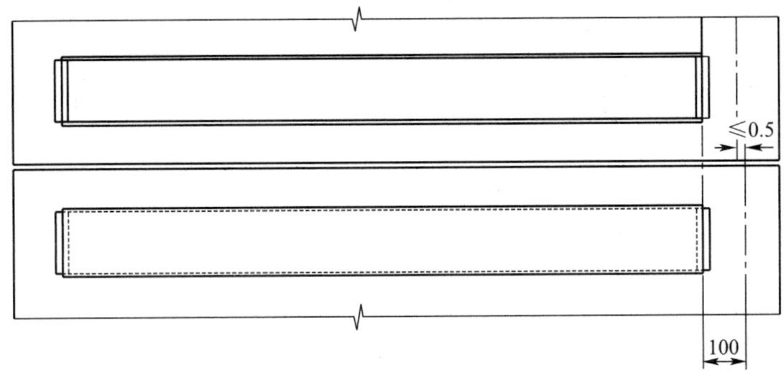

图2-3-43　桥面板组拼控制（尺寸单位：mm）

（1）U肋在桥面板上的定位依靠高精度无码组装胎，定位组装完成后，将胎上纵横基线返至面板，以供桥面板块组装时使用。

（2）桥面板从中间向两边依次组拼，其横向基准端全部置于同一方向（桥跨中侧）。组拼依据纵横基线定位，并向坡口端返100mm作为组装检查线，要求错位不大于0.5mm。

（3）胎架精确定位纵梁，依据桥面板单元上的纵横基线定位，从而将U肋及纵梁的位置尺寸控制在允许公差范围内。

3.5.7　桥面板块焊接顺序

桥面板块焊接顺序如图2-3-44、图2-3-45所示。

（1）桥面板单元二接一，焊接纵向对接焊缝①。

（2）在胎架上组装成一个节间。

（3）焊接纵梁与横隔板间的立位角焊缝，由板块中间向两端对称施焊。

（4）分别焊接桥面板块的纵向对接焊缝②。首先采用CO_2气体保护焊对称焊接纵向对接焊缝的打底焊道，每条焊缝从中间向两端对称施焊；然后采用埋弧自动焊对称焊接填充焊道，同向施焊。

（5）焊接纵梁、横隔板与桥面板间仰位角焊缝，由板块中间向两端对称施焊。

（6）焊接其他焊缝。

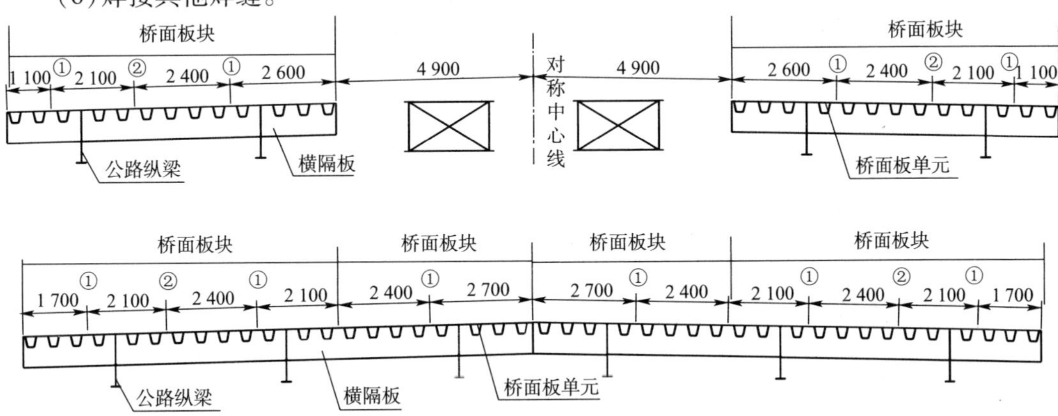

图2-3-44　桥面板块焊接顺序示意（尺寸单位：mm）

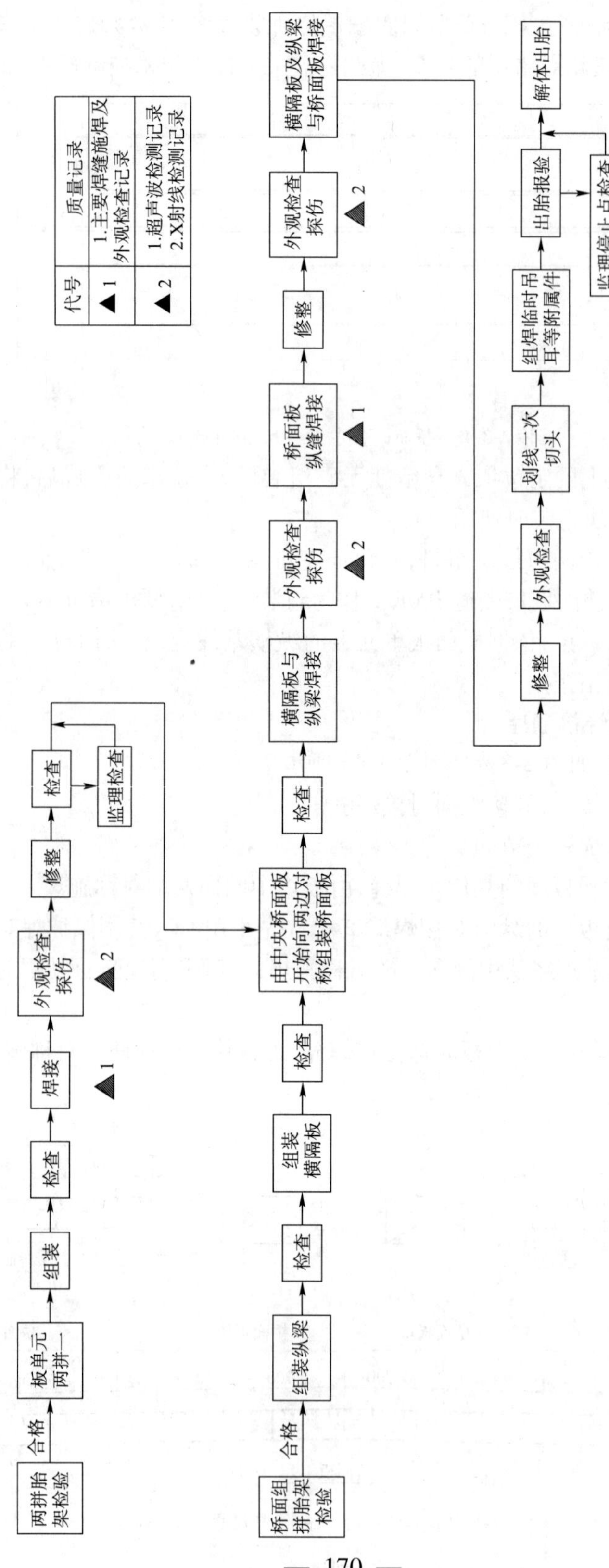

图2-3-45 重庆朝天门大桥桥面板块拼装工艺流程图

3.6　整体钢拱座制造技术

3.6.1　特大型整体节点钢拱座的应用

1)整体节点钢拱座发展

我国铁路钢桁梁在20世纪50年代基本采用全铆结构,从20世纪60年代栓焊技术发展起来至今已经40年了。在我国发展栓焊技术的时候,一些工业发达国家(如日本)已经逐渐向整体焊接技术迈进了。我国第一座整体节点钢桁梁——孙口黄河大桥于1995年建成通车,当时由于国内钢材的制约,其主体结构采用的SM490C钢板是从日本和韩国进口的。此后,我国成功研制了14MnNbq钢,国内一些制造厂家的焊接水平有了大幅度提高,于是整体节点技术在我国逐渐发展起来。焊接整体节点技术是一种新兴的制造技术,它改变了传统栓焊技术中少焊多栓的基本原则,把弦杆的一端与节点板直接焊接起来,传统意义上的节点此时已经作为弦杆的一部分,这是整体节点区别于拼装式节点最显著也是最核心的构造特点,它减少了高强度螺栓的使用数量,减少了钢梁出厂时的散件数量,节点外拼接的操作条件得到改善,工地安装效率大大提高。目前我国一些大跨度钢梁,如长东黄河二桥、芜湖长江大桥、南京大胜关大桥、重庆朝天门大桥等工程都采用了这一整体钢拱座技术(图2-3-46)。

图2-3-46　重庆朝天门大桥钢桁拱座

2)整体节点钢拱座特点

整体节点钢拱座结构比拼装式拱座承载力性能更好,工厂化程度高,工地预拼工作量小,钢材和高强度螺栓用量略少,节点处构件密封性相对较好。但是其制造难度大,例如,重庆朝天门大桥钢拱座制造难度主要体现在:采用超厚(80mm及以上)高强(Q420qD)钢板,焊接难度大,焊缝密集,多为熔透焊缝和深坡口角焊缝,焊接变形不易控制,钢拱座空间连接关系复杂,孔群精度不易保证等。因此整体钢拱座焊接变形控制技术、制孔技术、组装精度控制技术是整体节点钢拱座制造技术的关键。

同时,整体节点的选用给设计与制造业带来了新的问题,诸如,拱度值设置、节点板圆弧连接与应力集中、斜杆插入拼装是整体节点技术中的重要问题。

斜杆插入节点板的安装存在插入间隙的配合问题,当斜杆外宽与节点板内宽之间的间隙过小时,将导致斜杆插入节点板难以实施,反之,过大的空隙将使杆件在运营中晃动,降低结构疲劳强度,同时强度螺栓连接的板件间难以保证密贴,导致预紧力的损失。因此制造过程中需要保证斜杆能够顺利插入整体节点内而不使空隙过大。试验及制造经验证明，当弦杆内宽与斜杆外宽的公差采用+2mm（每侧1mm）时，斜杆插入可以顺利进行，疲劳强度也能较好的控制。为使斜杆与节点板能够密贴，把靠近斜杆中心的两排高强度螺栓中心距加大20mm，以增加斜杆连接的柔性，确保与节点板密贴。

节点内隔板设置，节点范围内弦杆竖板（节点板）伸出杆件上水平板许多，如果不设隔板，则会出现变形，影响斜杆正常插入。横梁与主桁的连接处需要承受横梁梁端的反力，因此在节点中央设置隔板也是传力的需要，隔板作用归结为两点：①保证斜杆顺利插入的构造要求；②传递横梁梁端反力的传力要求。由于应力集中问题的存在，对接焊缝位置的选择应注意避开圆弧端的应力集中区域，同时还要注意与隔板焊缝的距离，避免焊缝重叠。

随着整体节点设计及制造技术的不断发展和改进，成功地解决了依托工程——重庆朝天门大桥的高强厚板焊接、整体节点拱座的制造难题，并以此为支撑，编制了《铁路钢桥制造规范》（TB 10212—2009），获得了一项发明专利和两项实用新型专利。研究成果应用到南京大胜关大桥、京沪高铁济南黄河桥、郑州黄河公铁两用桥等多座大跨径钢桁梁桥的制造。

3.6.2 重庆朝天门大桥钢拱座整体节点（E15）构造设计

钢拱座焊接整体节点位于主桥中间支承E15节点处，是钢桁拱桥首次采用的拱座节点形式。该节点空间连接关系复杂，承受荷载较大，受力集中。结构形式见图2-3-47。

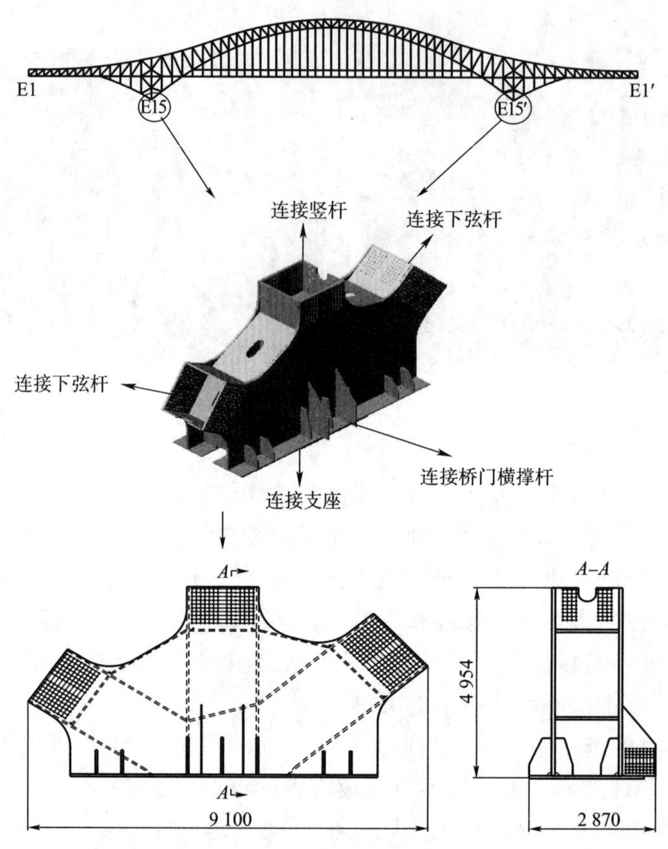

图2-3-47 钢拱座整体节点结构形式示意图（尺寸单位：mm）

钢拱座整体节点轮廓尺寸为9 100mm×4 954mm×2 870mm，单个构件质量达64.4t。与以往拼装式拱座结构形式相比较，该设计新颖，减小了节点尺寸，减少了现场安装构件的数量，现场架设安装和拱座位置调整更加方便。同时，对钢结构制造提出了更高的要求。该结构集整体节点制造、钢拱座制造、多箱室结构焊接变形控制、复杂空间角度孔群连接精度控制、厚板焊接等诸多钢结构制造难点于一身，其主要结构特点如下：

（1）几何尺寸精度要求高

钢拱座整体节点与E15节点竖杆、两侧节间下弦杆、桥门横撑杆以及支座5个方向通过高强度螺栓连接，连接关系复杂，孔群精度要求高，组成每个整体节点各种构件共计46件，组成件数多，装配、焊接关系复杂。

（2）焊接要求高

该节点采用了Q420qD钢，钢板厚度为24～80mm。采用的焊接接头形式较多，包括80mm+80mm钢板对接焊缝，50（44）mm+80mm棱角焊缝、坡口角焊缝，24mm+40mm熔透角焊缝等多种接头形式。同时，焊缝密集、厚板深坡口角焊缝较多、焊接工作量大等特点对焊接变形控制提出了更高的要求。

（3）竖向节点板与底板采用磨光顶紧措施

由于该节点承受荷载较大，根据受力需要，竖向节点板与底板采用了磨光顶紧并焊接的连接形式，需要磨光顶紧的长度达到7 000mm。

3.6.3 重庆朝天门大桥整体节点钢拱座制造技术难点

E15节点钢拱座焊接整体节点是钢桁拱桥首次采用的拱座节点形式，也是全桥受力的关键部位。为了确保桥位现场安装质量，满足精度要求，根据其结构特点，确定将钢拱座E15焊接整体节点制造工艺作为攻关研究内容，具体如下：

（1）节点板对接质量控制

钢拱座E15焊接整体节点的两个竖向节点板钢板厚度为80mm，材质为Q420qD钢，该节点板轮廓尺寸较大，为80mm×4 954mm×9 100mm，每个节点板需分5块进行对接，对接焊缝4条。由于母材强度高、厚度大、对接焊缝数量多、每条焊缝焊道多、填充量大，所以在焊接过程中容易产生缺陷，焊接角变形不易控制。故其焊缝质量以及节点板平面度控制是保证整体节点制造质量的关键，也是制造过程中的难点之一。因此，将节点板对接质量控制作为本次研究的主要内容。具体将从组装顺序、焊接工艺、焊接顺序等方面着手研究。

（2）整体焊接变形控制

钢拱座E15焊接整体节点是一个多箱室的结构形式，各箱室之间存在夹角，分别与两侧节间下弦杆和竖杆相连接。由于该构件焊缝密集、厚板深坡口角焊缝较多、焊接工作量大，因此焊接变形的控制尤为重要，它对几何尺寸及轮廓形状都将产生直接影响，与整体精度密切相关，是制造精度控制的关键项点之一，也是制造工艺中的难点。因此，焊接变形控制是本次研究的主要内容。具体将从组装工艺、焊接工艺、刚性约束等方面进行焊接变形控制的研究。

（3）竖向节点板与底板磨光顶紧控制

竖向节点板与底板磨光顶紧是受力的需要，也是拱座制造中关键的质量控制项点。由于竖向节点板与底板采用了磨光顶紧并且焊接的长度达到7 000mm，所以如何实现超长度的磨光顶紧，也是工艺上的一个难点。因此，将该问题作为课题进行工艺研究，确保设计要求的实现。具体将从组装方法、两竖向节点板底面平面度控制、底板平面度控制等方面着手研究。

(4)箱口几何尺寸控制

箱口尺寸是控制箱形杆件连接的重要项点。钢拱座整体节点是由三个箱室组成的构件,三个箱口的角度关系、几何尺寸、平面度、扭曲等项点相互影响,确保三个箱口的几何尺寸精度是工艺上的难点,是本次研究的一个课题。具体将从组装工艺、工装等方面进行研究。

(5)孔群连接精度控制

钢拱座整体节点与E15节点竖杆、两侧节间下弦杆、桥门横撑杆以及支座5个方向通过高强度螺栓连接,连接关系复杂。孔群连接精度是保证桥位架设安装顺利进行,以及安装精度控制的关键。如何确保如此复杂的空间多角度连接精度,是钢拱座整体节制造的一个工艺难点,也是精度控制的核心和关键。因此,孔群连接精度控制是本次研究的重要内容。具体将从制孔工艺、组装工艺、试拼装等方面进行研究。

3.6.4 重庆朝天门大桥钢拱座整体节点制造工艺与质量控制

1)钢拱座整体节点制造技术标准

钢拱座整体节点制造技术标准见表2-3-5。

钢拱座整体节点制造技术标准 表2-3-5

序号	检验项目	允许偏差(mm)	简图	备注
1	长度	±3.0		
2	箱口宽度 h	±1.0	h, b	
3	箱口高度 b	±1.0		
4	箱口对角线差 $\lvert L_1 - L_2 \rvert$	≤3.0	L_1, L_2	
5	平面内三组孔群至底板偏差 S_1、S_2、S_3	≤1.0	S_1, S_2, S_3	
6	两侧孔群中心线纵向错位	≤1.0		
7	两相邻孔距中心距	±0.8		
8	整体节点板部位垂直度	≤2.0	Δ	

续上表

序　号	检 验 项 目	允许偏差(mm)	简　　图	备　注
9	工地孔部位平面度	≤W/750 且≤1.5	50 W 50 50 W 50	
10	支座处底板翘曲	≤2.0		
11	磨光顶紧部位局部间隙	≤0.2		0.2mm 塞尺检查

2)关键工艺及控制

(1)总体制造工艺方案

由于钢拱座整体节点结构形式复杂、构件轮廓尺寸大、几何精度要求高,且组成零件多、需多次作业才能完成整体组装工作;而且其上焊缝数量多、焊接工作量大。为了确保所选工艺方案合理可行,根据钢拱座整体节结构特点,从零件、部件到整体的整个制造过程中,进行了多次工艺方案的讨论研究,本着对制造过程中各种难题化整为零、逐步消化的原则,最终选取了如下制造工艺方案(图 2-3-48)。

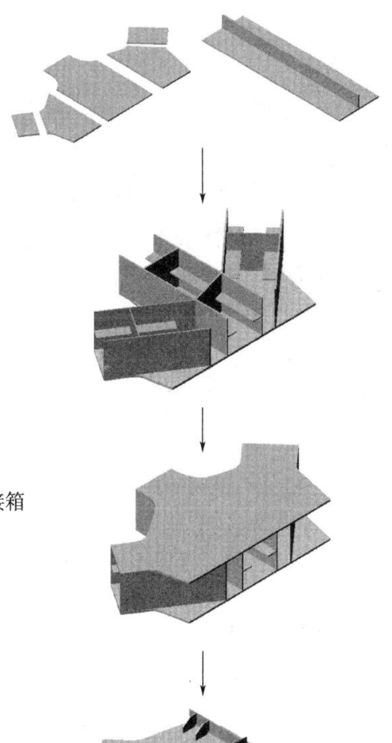

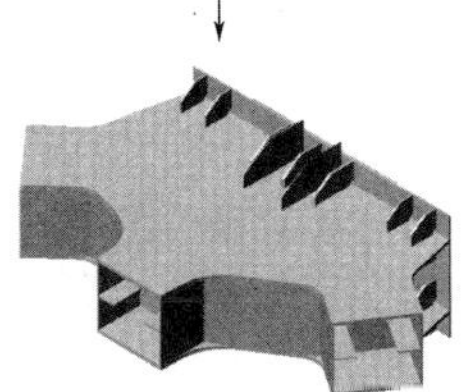

图 2-3-48　钢拱座整体节点总体制造工艺方案

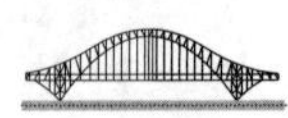

该方案将整体制造分成两次组装、焊接，采用“零件→整体一次组焊→整体二次组焊→成品”的制作工艺，将整体制造的焊接变形在零件、单元件、部件的制作过程中分级分步控制，减小整体制作过程中焊接变形控制的难度，保证节点板与底板磨光顶紧，确保整体几何尺寸精度以及孔群连接精度，满足验收规范要求。

(2)节点板对接质量控制

通过优化组装顺序，优化焊接顺序，加强每道焊缝的过程质量控制以及变形控制等方法，达到研究目的。

①组装工艺

由于节点板轮廓尺寸较大(80mm ×4 954mm ×9 100mm)，每个节点板需分 5 块进行对接，对接焊缝 4 条。如图 2-3-49 所示。组装时，首先将单件①、②以及④、⑤分别组装成合件，进行对接焊缝的焊接，并矫正焊接变形。合件的焊缝质量以及平面度满足质量要求后，将两合件与单件③组装成整体，同时施焊两条对接焊缝，并矫正焊接变形，焊缝以及平面度满足标准要求，完成节点板对接。

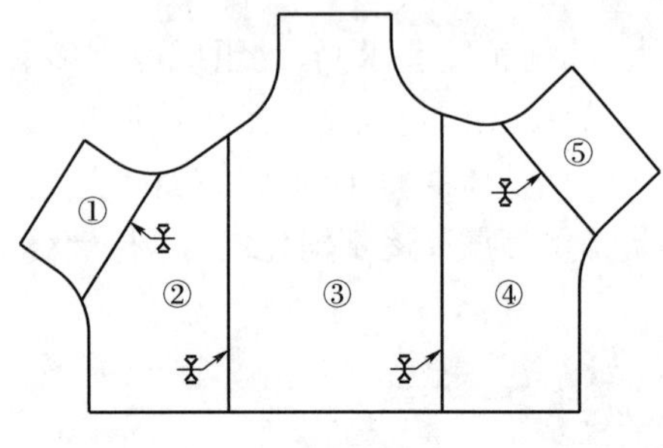

图 2-3-49　节点板对接示意图

组装时在专用平台上进行，并严格控制对接焊缝间隙、对接错台、平面度等规范要求。每条对接焊缝预留一定的焊接、矫正收缩量，以控制节点板整体对接后的轮廓尺寸。分步组装焊接有利于焊接变形的控制，同时也提高了生产效率。

②焊接工艺

对接焊缝坡口采用双面 U 形对称坡口(图 2-3-50)，采用埋弧自动焊进行多层多道焊。每条焊缝焊道约 36 道，通过调整两侧坡口的焊道顺序，控制接焊角变形。焊道布置见图 2-3-51。焊前及返修前应采用履带式陶瓷加热器进行预热，预热温度控制在 120 ~200℃。

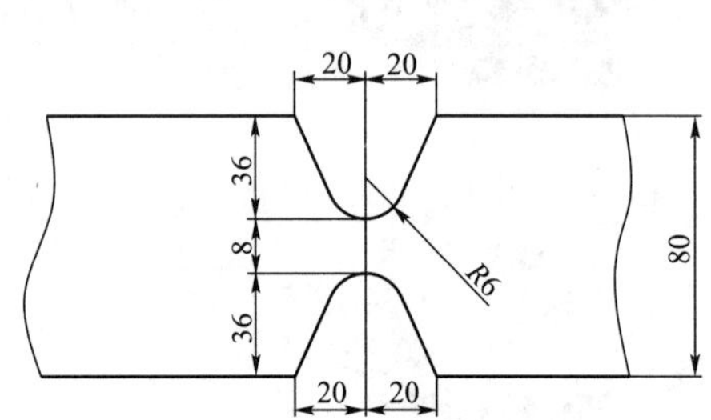

图 2-3-50　对接坡口示意图(尺寸单位：mm)

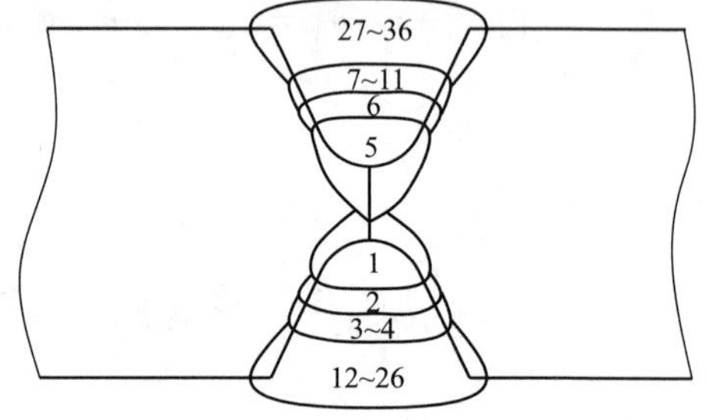

图 2-3-51　焊道布置示意图

由于厚板对接为多层多道焊接，因此焊接过程中需严格控制各项工艺参数，确保各道焊接质量。

(3)整体焊接变形控制

通过优化组装、焊接工艺，增加刚性约束等措施，对焊接变形控制方法进行研究，以达到控制焊接变形的目的。

①组装工艺

由于钢拱座 E15 焊接整体节点是一个多箱室的结构形式，组成构件较多。在制造过程中，应按照分步组装焊接，逐步消除焊接变形的方法，避免一次组焊造成焊接变形累积而无法矫正。首先将腹板与肋板组焊成单元件，对焊接变形进行矫正。然后将除底板以外的其他构件进行整体一次组装、焊接，并矫正焊接变形。最后组装焊接底板以及与底板相连接的加劲板，完成整体组装焊接。

②焊接工艺

a. 焊接方法

针对焊缝密集、厚板深坡口角焊缝较多、焊接工作量大的结构特点，按照小线能量、多道焊接的原则，在构件整体焊接时采用了药芯焊丝 CO_2 气体保护焊的焊接方法，既可以有效地控制焊接变形，又提高了工作效率。在施焊过程中采用平焊、立焊、仰焊相结合的全位置焊接，以避免构件翻身造成变形。

b. 焊接顺序

整体焊接时，三个箱口按照同向、对称、同时焊接的原则施焊，具体焊接顺序如下（图 2-3-52）。

a）焊接件 6、7、9 与件 3、3a 处的立位焊缝。

b）焊接件 11 与件 7、8，（5 与 3、3a），（12 与 9、10）处的立位焊缝。

c）焊接上下水平板与件 3、3a、7、8、9、10 之间的平角焊缝。

d）焊接上下水平板与 5、11、12 之间的平角焊缝。

e）焊接件 12 与 3a、7，（13 与 3、9）之间的立位焊缝。

f）焊接件 12、13 与上下水平板之间的平角焊缝。

c. 刚性约束

为了控制焊接变形，在施焊前应对箱口等部位增加刚性约束，并将构件与组装平台卡固，通过自约束与他约束相结合，实现对焊接变形的控制，如图 2-3-53 所示。

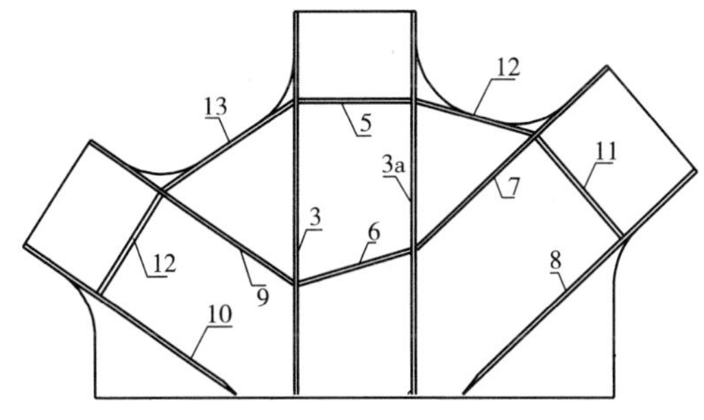

图 2-3-52　焊接顺序示意图

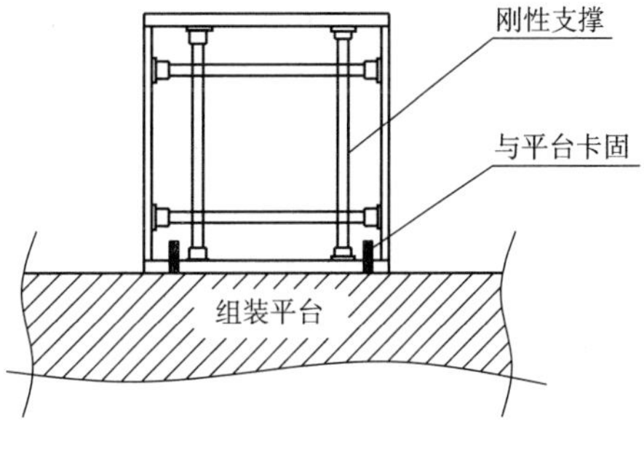

刚性支撑
与平台卡固
组装平台

图 2-3-53　刚性约束示意图

（4）竖向节点板与底板磨光顶紧控制

由于竖向节点板与底板采用了磨光顶紧并且焊接的长度达到 7 000mm，为了确保设计要求的实现，采用了对磨光顶紧面整体机加工，然后在平台上立式组装底板的方法。具体方案如下：

①组装底板前划出底面机加工线，并对加工面进行必要的加固。

②按线加工底面，满足整体平面度小于 0.5mm 的要求。

③在平台上设立式组装底板，并检查磨光顶紧部位。

④检查合格后在平台上焊接。

实施过程如图2-3-54所示。

a)整体划机加工线

b)按线机加工底边

c)在平台上组装底板

d)对磨光顶紧部位进行检查

图2-3-54 磨光顶紧部位施工过程图片

(5)箱口几何尺寸控制

钢拱座整体节点由三个箱室组成,三个箱口的角度关系、几何尺寸、平面度、扭曲等项点相互影响。现从以下几方面进行箱口几何尺寸精度控制。

①根据箱口尺寸、焊缝及坡口形式,结合以往箱形杆件箱口收缩情况,在零件加工、箱口组装时预留焊接收缩量,确保焊接后箱口尺寸满足规范要求。组装时预留收缩量如图2-3-55所示。

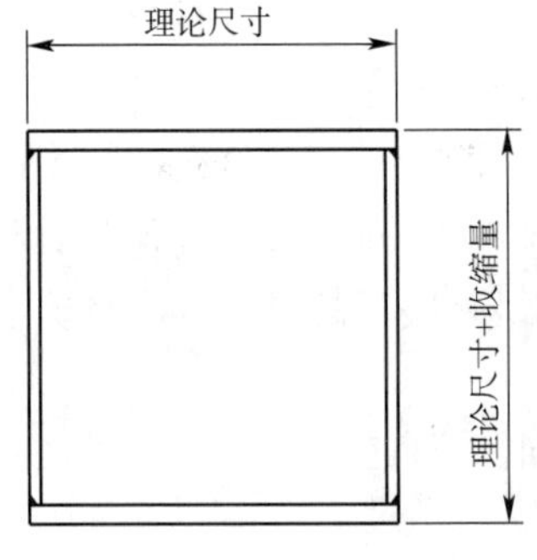

图2-3-55 组装预留收缩量示意图

②确定组装基准。组装基准的确定是确保三个箱口角度关系的关键。由于节点板(厚度80mm)轮廓尺寸大,需分成5块对接,对接后轮廓尺寸有所不同,特别是三个箱口部位的夹角关系对整体组装有着较大的影响。因此,在整体组装前,首先将节点板置于划线平台上,用全站仪对节点板轮廓尺寸进行测量,并在计算机中进行放样,将轮廓尺寸接近的两块节点板进行匹配组装。在计算机中绘制基准线,按照放样结果在节点板上划出组装基准线,整体组装时按照所划基准线进行组装,确保组装基准的一致性,保证三个箱口的夹角关系。组装基准如图2-3-56所示。

③控制焊接变形。采取3.2.4节所述方法和措施控制焊接

变形，确保箱口几何尺寸精度。

(6)孔群连接精度控制

钢拱座整体节点与E15节点竖杆、两侧节间下弦杆、桥门横撑杆以及支座5个方向通过高强度螺栓连接，连接关系复杂。孔群连接精度是保证桥位架设安装顺利进行，以及安装精度控制的关键。由于钢拱座整体节点轮廓尺寸大，连接关系较多，其孔群布置无法实现整体钻孔。为了确保孔群连接精度，采用先孔法制孔工艺(即零件钻孔)，以孔为基准定位组装各个零部件，最后通过试拼装配制相关联的拼接板，达到孔群精度控制目标，确保桥位架设安装精度要求。具体操作工艺如下：

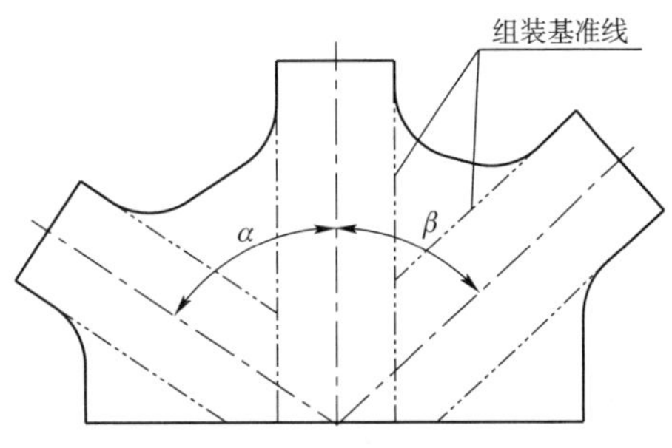

图2-3-56 组装基准线示意图

①零件制孔工艺

腹板尺寸较小，在组成腹板单元后，采用数控钻床钻孔。对于节点板，由于其轮廓尺寸较大，在对接成整体后，在平台上划线，划组装基准线的同时划出钻孔对向线，用专用钻模按线钻孔。如图2-3-57所示。

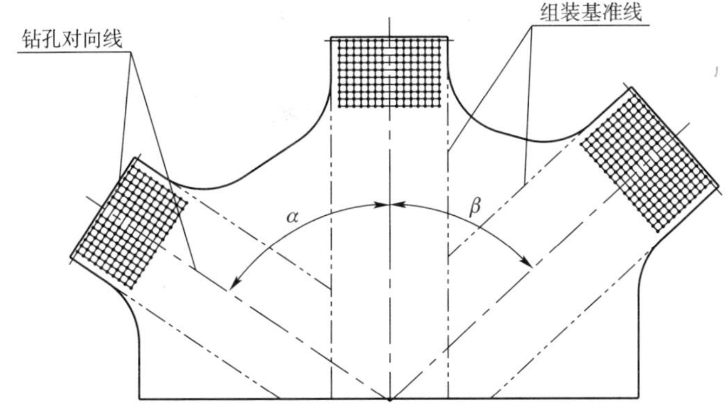

图2-3-57 节点板划线钻孔示意图

②以孔群为基准整体定位组装

为了确保各方向孔群相对关系的正确性，在钢拱座整体节点整体组装时，以已钻孔群为基准，采用定位工装进行整体组装，见图2-3-58。

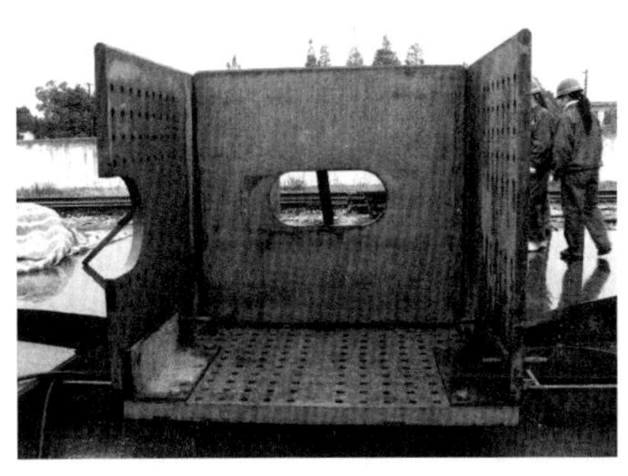

图2-3-58 定位组装示意图

③试拼装配钻拼接板

为了消除整体组装及焊接造成的孔群位置精度的偏差，将与钢拱座整体节点相连接的构件进行试拼装。将钢拱座与相关联的杆件拼接板一端孔群先钻，另一端在试拼装时配钻，确保连接关系正确。配钻后将所有拼接板复位，检查试拼装尺寸，确保桥位架设安装精度，见图 2-3-59。

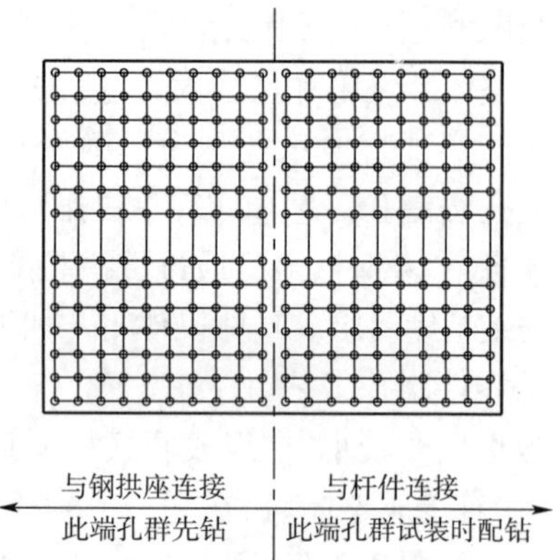

图 2-3-59　试装时配钻拼接板示意图

第4章　试拼装技术

4.1　概述

4.1.1　试拼装目的

栓焊桁梁桥的特点是，杆件在工厂完成制造后，运至工地用高强度螺栓连接成整体。通常，栓焊桁梁桥杆件构成如图2-4-1所示。

上述杆件制造完成后，将主桁、桥面系、桥门架、横联、上平联、下平联（含加劲弦平联）杆件，分别进行试拼装。

试拼装的目的之一是验证制造工艺装备是否精确可靠。正桥杆件截面不同、规格不同、栓孔不同，即使同类杆件，每个杆号也各不相同，对其采用的制造工艺也各不相同。尤其是制作新式桥梁或改变制造工艺装备时，更凸显试拼装之重要。试拼装合格，说明工艺装备精度满足桥梁安装精度要求，杆件可以大批量投入生产。

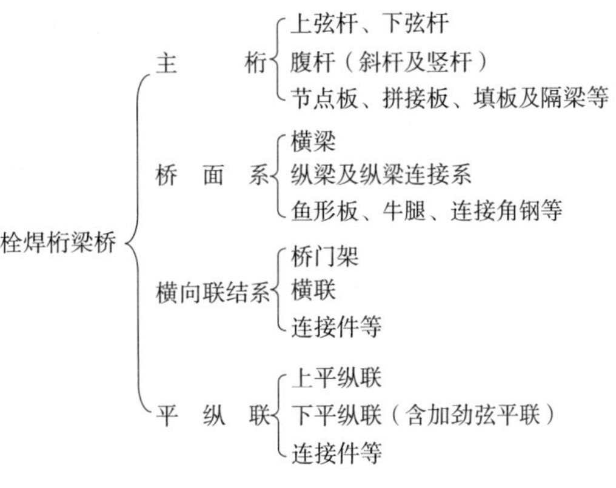

图2-4-1　栓焊桁梁桥杆件构成

试拼装的目的之二是验证桁梁桥主要尺寸及线形是否符合设计理念。拼装后桁架主要尺寸及线形在允许公差以内，桥梁整体安装精度就能够得到保证。以检测主桁拱度为例，杆件拼装以孔定位，打上足冲钉后，桥梁的线形应该是各节点拱度值的连线，符合设计理念，说明桥梁线形正确。

通过试拼装检测并确认合格后，杆件即可涂装后发送桥址进行拼装。

4.1.2　试拼装要点

试拼装范围一般遵循对称的两个桁片可仅试拼装一片。相同杆件并采用相同工艺制作，可选择有代表性的杆件参加试拼装。连续桁梁桥包括所有变化的节点均参加试拼装。桁梁桥各部分分别以平面辗转的方式进行试拼装，每一片桁架都应该构成一个稳定的几何形状。试拼装在测平的胎架上进行，杆件在自由状态下拼装，连接栓孔使用冲钉定位，板层使用螺栓夹紧。在此状态下，测量桁高、节间长度、旁弯、跨度、拱度、主桁中心距等主要检测项点。主桁的螺栓孔应100%自由通过较设计孔径小0.75mm的试孔器。桥面系、联结系的螺栓孔应100%自由通过较设计孔径小1.0mm的试孔器，方可认为合格。多年运作表明，厂内试拼装方法直观、严谨、准确、可操作性强，是一种可有效地验证工厂杆件制造质量及整体安装质量的方法。

4.1.3 试拼装意义

按照常规,试拼装前应对杆件进行检验,主要是检验杆件的个体质量,试拼装主要是检验杆件的连接状态及桥梁整体质量。例如:发现拼接处有相互抵触情况及有不易施拧螺栓处,在工厂处理就比将杆件吊装到高空后再处理容易得多。相邻梁段用节点板及拼接板拧紧螺栓后,板层间连接面是否密贴,试拼装时一目了然。板层密贴状态好,对依靠摩擦力传递受力的栓焊结构桥梁有重要意义。又如:杆件两侧竖板孔群纵向出现偏移时,单件检查则不够直观,试拼装时用试孔器做栓孔通过率检测,或者试孔器不通过,或者以拼接处出现较大旁弯显现出来。栓孔通过率高,对栓焊桁梁桥安装,尤其是采用悬臂拼装方法架梁十分重要。栓焊桁梁桥试拼装的各检测项即单独存在,又相互关联并互为印证,一旦累计误差超差,可以较快判断并查找原因,以便有的放矢得采取措施,避免桥位安装时造成被动。

4.1.4 重庆朝天门大桥试拼装特点

重庆朝天门大桥是栓焊结构桥梁,它具有典型的新桥型、新结构、新工艺的特点,例如,正桥结构采用拱桁组合及板桁组合结构,这是当今新式桥梁结构的特点。大批量制造变高度、变宽度截面杆件及拱座整体节点,具有新型杆件结构的特点。杆件截面大、质量大、其规格远远超过普通桁梁桥杆件,原有工艺装备要适应、改进、完善或新制,具有制造新工艺的特点。本桥试拼装规模更是达到空前,表2-4-1 为我国已建成的同类型大型钢桁拱桥九江长江大桥、万州长江大桥与重庆朝天门大桥的比较。

不同桥梁构造比较　　表 2-4-1

名　称	九江长江大桥	万州长江大桥	重庆朝天门大桥
两桁中心距(mm)	12 500	16 000	29 000
拱座处桁高(mm)	32 000	41 000	73 130
最大杆件吊重(t)	19.23	29.62	73.2

表2-4-1 中列举的两桁中心距、拱座处桁高及最大杆件吊重的变化,可以明显受到本桥试拼装之规模。之前,国内所有栓焊桁梁桥都可以在厂房内完成试拼装,重庆朝天门大桥打破了这一常规做法,该桥的两桁中心距及桁高大大超过原有厂房面积,需要在厂房外新建拼装场进行试拼装,并形成了一桥三地的拼装局面。即厂房内、厂房外新建拼装场、桥面板块拼装场。

上述特点赋予了本桥试拼装许多新的内容,从而也构成了本桥的试拼装技术。拟通过试拼装,验证工艺装备、验证桥梁线形,并为钢桁梁顺利安装架设提供保障与支持。

4.2 试拼装技术

4.2.1 连续试拼装

重庆朝天门大桥为三跨连续钢桁系杆拱桥,主桁立面采用变高度桁架结构,纵向采用变节间长度布置,所有节点都是变化的节点,以跨中为界,在 1/2 跨度内无重复节点,这就意味着主桁所有的节点都需要参加试拼装,且应采用“连续试拼装”的方法。仅初步统计,全桥试拼装次数大约达到208个轮次。其试拼装范围之大,轮次之多创造了历史新高。要针对本桥特点,研究连续试拼装技术,优化试拼装方案。

4.2.2 预加弯矩试拼装

通常工厂试拼装,应在自由状态下拼装,本桥E16-E18两个节间的中弦杆则不同,按照设计要求,需对主桁特定杆件采用预加弯矩的方法进行拼装,该拼装方法称为系统线预偏试装,这是一个全新的试装理念。到目前为止,从未经过杆件系统线大数值偏移且需要预加弯矩的试装,也没有先例可以借鉴。

4.2.3 正交异性钢桥面板块标准化制造

重庆朝天门大桥采用双层桥面,正交异性钢桥面板块达274块,面积大、数量多、类别多。之前,正交异性钢桥面板块一般都采取多节段连续匹配组焊及预拼装。根据本桥的情况,拟通过试拼装,研究节段正交异性钢桥面板标准化制造技术,推出钢桥面板块试拼装与制造同步新技术,在保证质量的前提下,简化预拼装,提高组装与拼装效率。

4.3 试拼装方案

4.3.1 拼装总体思路

重庆朝天门大桥主桥共70个节间,分为两个标段制作,两个标段分别进行试拼装。主桁、拱肋上平联试拼装采用短线、平面辗转、连续试拼装方法(节间不重叠),每轮次拼3个节间(特殊情况除外)。轻轨桥面(含下平联)仅对首批制作的第一轮杆件进行试拼装,根据拼装状况再确定后续是否继续拼装。桥门、横联、加劲弦平联在各自的平面内进行试拼装(图2-4-2)。上述试拼装在工厂内完成。桥面上(下)层正交异性钢桥面板块在近桥位处新建拼装场进行试拼装。所有试拼装均由边跨向跨中依次推进,最后完成合龙段试拼装。

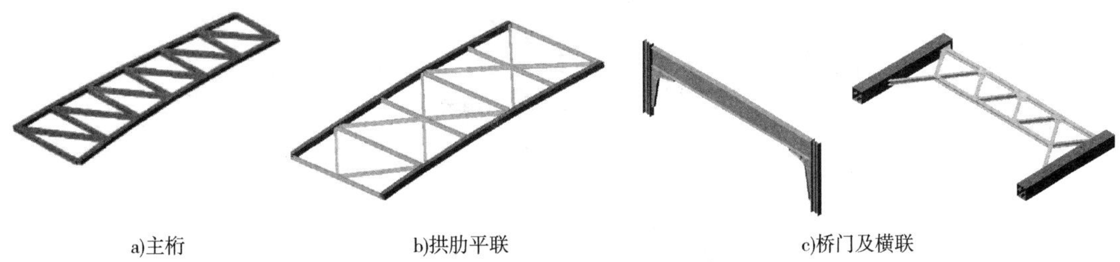

a)主桁　　b)拱肋平联　　c)桥门及横联

图2-4-2 试拼装示意图

根据架设顺序及生产安排,进行试拼装轮次划分,见图2-4-3。

在拼装E15-E17、E16-E18节间时,对特定杆件采用预加弯矩的方法进行试拼装。

4.3.2 试拼装场地设置

在拼装中备置三个试拼装场地:

第一个场地是利用原有厂房,拼装面积不少于60m×30m,可以进行边跨首轮主桁试拼装,支墩及起吊设备利用原有设施。

第二个场地是为本桥新建专用拼装场,占地面积不小于100m×80m,地面做硬化处理,满足主桁、轻轨桥面(含下平联)、桥门、横联、拱肋上(下)平联。

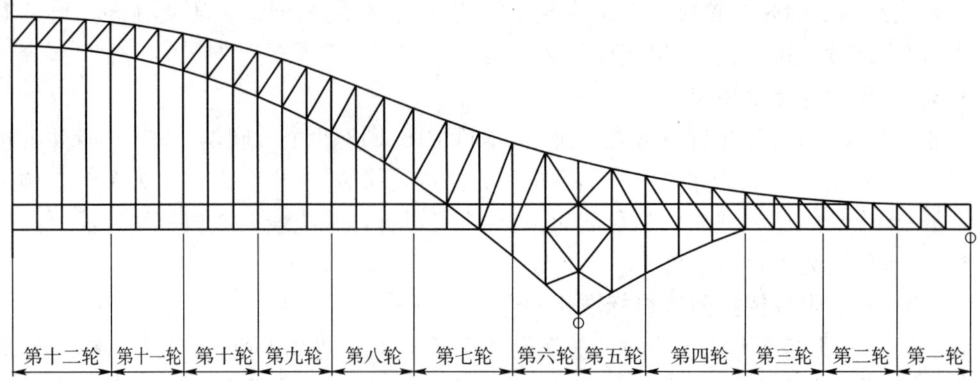

图 2-4-3 试拼装轮次划分

加劲弦平联试拼装。配备 100t 汽车吊一辆，100t 龙门吊一台套，能够起吊重 85t、长达 45m 的杆件，场地需满足汽车吊占位及通过条件，且只允许少量杆件存放。如果配备龙门式起重机，则起吊高度应大于 10m。

第三个场地是为拼装本桥正交异性钢桥面板块而建，设置拼装胎架两台套，每台套拼装胎架面积为 32m×70m，配备起吊设备，满足制造与拼装同步进行的需要。

4.4 拼装工艺流程及技术标准

4.4.1 首轮主桁试装

1）工艺流程

主桁试装工艺流程如图 2-4-4 ~ 图 2-4-6 所示。

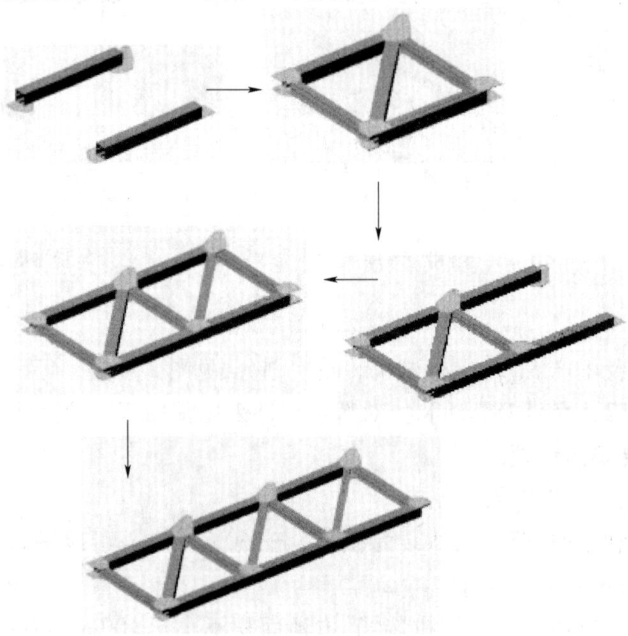

图 2-4-4 主桁试装工艺流程

图 2-4-5　Ⅰ标段厂房外主桁试拼装

图 2-4-6　Ⅱ标段厂房内主桁试拼装

(1)将首节间上下弦杆置于胎架上,调整上下弦杆中心距、对角线差。然后安装竖杆及斜杆,检测上下弦杆中心距、对角线差。

(2)将下一节间上下弦杆摆放在相应的胎架上,调整上下弦杆中心距、对角线差。然后安装竖杆及斜杆,检测上下弦杆中心距、节间长度、对角线差。

(3)重复以上程序,完成全部杆件的试拼装。检测桁高、节间长度、旁弯、试拼装全长、拱度、对角线差、主桁中心距、栓孔通过率等项点。

2)主桁试拼装检验标准

主桁试拼装检验标准见表 2-4-2。

主桁试拼装检验标准　　表 2-4-2

序　号	项　　目	允许偏差(mm)	检 测 方 法
1	桁高	±2	测量相对应弦杆中心距离
2	节间长度	±2	测量相邻节点中心距离
3	对角线差	3	测量相邻弦杆与斜杆的中心线交点的距离
4	拱度	±3(f≤60)	两端拉细钢丝,测量下弦杆底面到钢丝的距离
		±5f/100(f>60)	
5	试拼装全长	±5(L≤50 000)	测量下弦杆两端节点中心距离
		±L/10 000(L>50 000)	
6	栓孔通过率	100% 自由通过 ϕ32.25mm 试孔器	用试孔器检测

注:f 表示矢高,以 m 计;L 表示跨径,以 m 计。

4.4.2 首轮轻轨桥面系及下平纵联试拼装

1)试拼装工艺

如图2-4-7所示,轻轨桥面系及下平纵联进行一体试拼装,参加试拼装的杆件有下弦杆、下层横梁、轻轨纵梁、下平联及其连接件。其中,纵梁零件制作工艺全桥一致,故只选择有代表性的杆件参加试拼装。下层横梁、轻轨纵梁、下平联杆件可视为标准化杆件制作,工艺、工装未发生较大改变,首轮试拼装验证合格后,将不再进行后续试拼装。

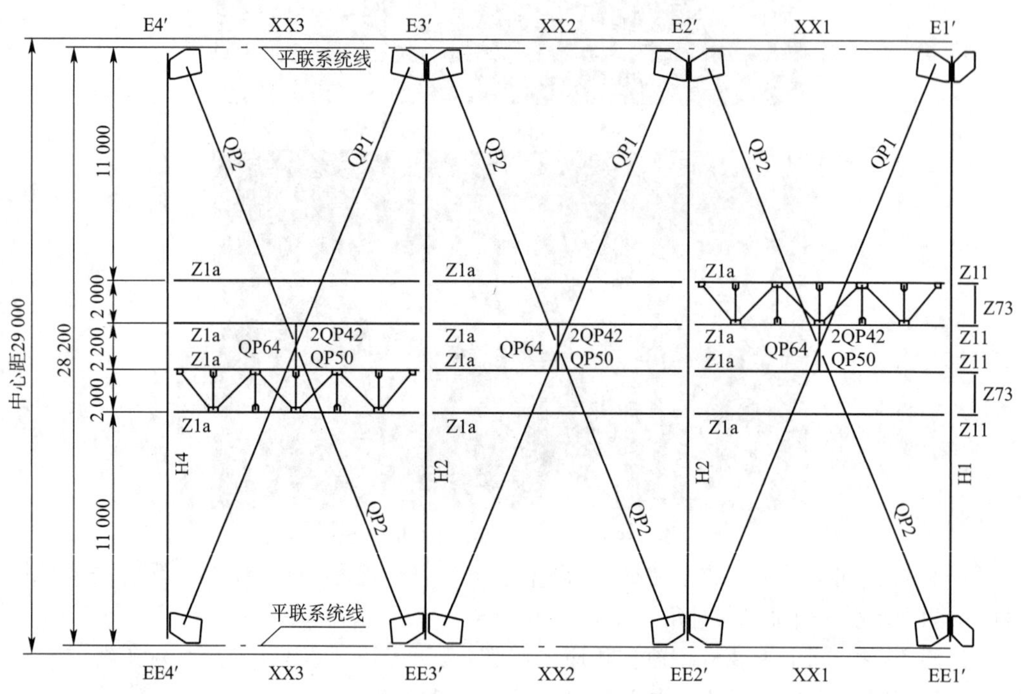

图2-4-7 轻轨桥面系及下平纵联试拼装简图

2)轻轨桥面系及下平纵联试拼装技术标准

轻轨桥面系及下平纵联试拼装技术标准见表2-4-3。

轻轨桥面系及下平纵联试拼装技术标准 表2-4-3

序 号	项 目	允许偏差(mm)	检 测 方 法
1	节间长度	±2	测量相邻节点中心距离
2	主桁中心距	±3	测量相对应弦杆中心距离
3	对角线差	3	借助栓孔测量斜方
4	试拼装全长	±5 (L≤50 000)	测量两端节点中心距离
		±L/10 000(L>50 000)	
5	旁弯	L/5 000	两端拉细钢丝,测量下弦杆侧面到钢丝的距离
6	磨光顶紧	顶紧处75%以上面积密贴(支座位置)	用0.2mm塞尺检查,其塞入的面积不得超过25%
7	栓孔通过率	100%自由通过ϕ32mm试孔器	用试孔器检测

注:f表示矢高,以m计;L表示跨径,以m计。

4.4.3　正交异性钢桥面板块制造及试拼装

正交异性钢桥面板块制造及拼装工艺流程见3.5.6节，其标准见表2-4-4。

正交异性钢桥面板块制造及拼装标准　　表2-4-4

序　号	项　　目	允许偏差(mm)	说　　明
1	节间长度	±2.0	
2	拼装长度	±5.0	3个节间测量两端节点中心距离(适用于连续拼装)
3	旁弯	$L/5\ 000$	两端拉细钢丝，测量下弦杆侧面到钢丝的距离(适用于连续拼装)
4	节间对角线差	3.0	借助支墩孔测量斜方
5	桥面板宽度	±5.0	
6	桥面板错边	0.1δ	横梁盖板与面板、相邻面板之间；δ为板厚
7	桥面各点高程	±5.0	测点　横梁　桥面板
8	栓孔通过率	100%自由通过ϕ32mm试孔器	用试孔器检测

4.4.4　端桥门架及横联试拼装

桥门架及横联构造见图2-4-8。

全桥共有4种类型的桥门架，分别位于主桥端支点、中间支点、E18-E19节间及E19-E20节间处。桥门架及横联结构类型较多，制造精度要求较高。下面以中间支点处下桥门架为例介绍。

1)工艺流程。

端桥门架及横联试拼装工艺流程见图2-4-9～图2-4-11。

(1)将下端节间竖杆与拼接板及整体节点E15栓合后，置于测平的胎架上，调整中心距、对角线。然后安装横撑及斜撑，检测中心距、对角线。

(2)接长竖杆，然后安装横撑及斜撑，检测中心距、对角线差。

(3)重复以上程序，完成全部桥门试拼装。检测中心距、旁弯、桁高、整体对角线差、栓孔通过率等。

2)端桥门架试拼装技术标准

端桥门架试拼装技术标准见表2-4-5。

4.4.5　拱肋上下平联试拼装

1)工艺流程

拱肋上下平联试拼装工艺流程见图2-4-12、图2-4-13。

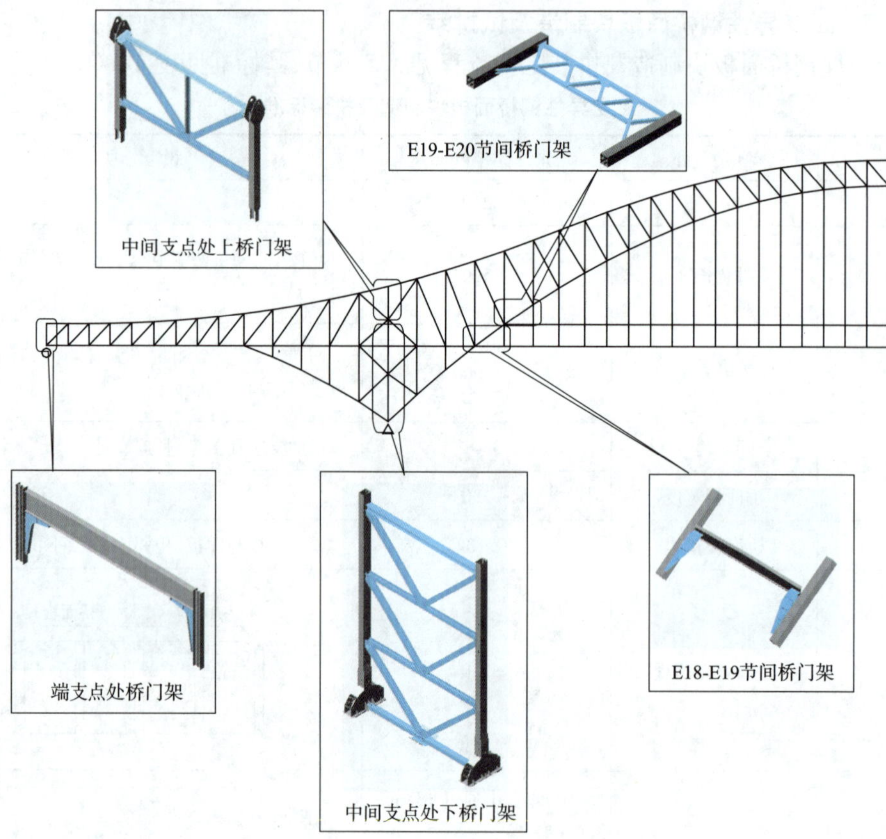

图 2-4-8　桥门架试拼装示意图

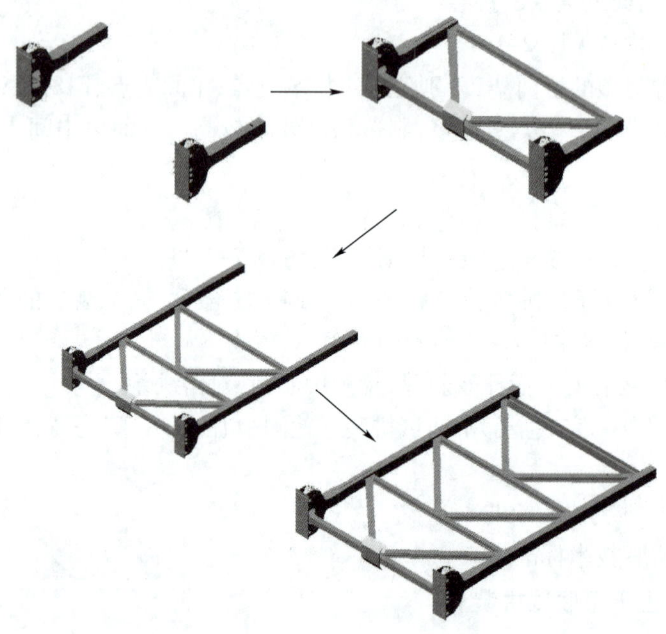

图 2-4-9　桥门架拼装示意图

图 2-4-10 E19-E20 节间桥门架试拼装

图 2-4-11 中间支点处下桥门架试拼装

端桥门架试拼装技术标准 表 2-4-5

序 号	项 目	允许偏差(mm)	检 测 方 法
1	主桁中心距	±3	测量相对应弦杆中心距离
2	桁高	±2	测量上、下相邻主桁节点中心距离
3	对角线差	±3	借助栓孔测量斜方
4	栓孔通过率	100% 自由通过 ϕ32mm 试孔器	用试孔器检测

(1)将首节间上下弦杆置于测平的胎架上，调整弦杆中心距、对角线及拱度。然后安装横撑及斜撑，检测弦杆中心距、对角线及拱度。

(2)将下一节间拱肋弦杆摆放在相应的胎架上，安装横撑及斜撑，检测弦杆中心距、节间长度、整体对角线差及拱度。

(3)重复以上程序，完成全部杆件的试拼装。检测拱肋弦杆中心距、节间长度、旁弯、试拼装全长、拱度、平面度、对角线、栓孔通过率等项点。

2)拱肋平联试拼装技术标准

拱肋平联试拼装技术标准见表 2-4-6。

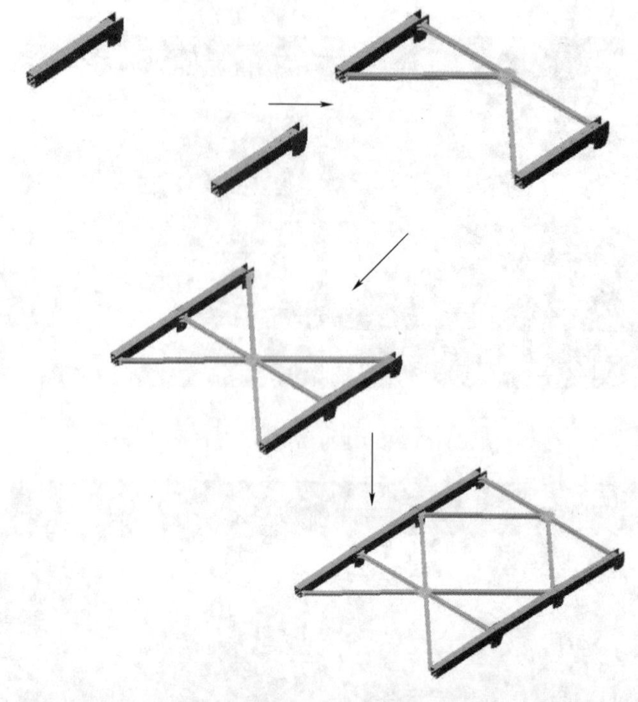

图 2-4-12　拱肋上下平联试拼装工艺流程

图 2-4-13　拱肋平联试拼装

拱肋平联试拼装技术标准

表 2-4-6

序　号	项　　目	允许偏差(mm)	检 测 方 法
1	节间长度	±2	测量相邻节点中心距离
2	主桁中心距	±3	测量相对应弦杆中心距离
3	对角线差	3	借助栓孔测量斜方
4	旁弯	$L/5\,000$	两端拉细钢丝,测量下弦杆侧面到钢丝的距离
5	拱度	$\pm 3(f \leqslant 60)$	两端拉细钢丝,测量下弦杆底面到钢丝的距离
		$\pm 5f/100(f>60)$	
6	栓孔通过率	100% 自由通过 ϕ32.25mm 试孔器	用试孔器检测

注:f 表示矢高,以 m 计;L 表示跨径,以 m 计。

4.4.6　合龙段试拼装

合龙段试拼装方法及顺序与首轮试拼装基本相同,为谨慎起见,合龙节间拼接口处的拼接板先钻制一半孔,另一半孔在试拼装测量结束后再进行钻制,以消除大跨度桁梁制作过程中所产生的累积误差。

4.4.7　预加弯矩试拼装

1)对系统线预偏的理解

节点 M16-M17,M17-E18 间的中弦杆 ZX7、ZX8 是本桥具有特殊意义的杆件,这两根杆件在结构设计上为调整成桥状态杆件端部弯矩,采用预加弯矩的方法,即拼装时通过强迫的方法,对中弦杆 ZX7、ZX8 预加弯矩进行拼装,称为杆件系统线预偏拼装。具体到构造上是节点 M16、M17 连接两杆件的孔群向下偏转 0.143°,两杆件的中心线在自由状态交于 M17、E18 节点以下 40mm,工地安装时通过强迫的方法,预加弯矩使其交于 M17、E18 节点中心。

2)预加弯矩试拼装

预加弯矩试拼装分为拼装及强迫拼装两个阶段。拼装时在保证系统线几何尺寸的情况下顶推中弦杆 ZX7、ZX8(工形断面)使其产生弯曲变形,卸载后又要保证其恢复常态。设计临时顶推件一套,备置 10t 导链两个,60t 油压千斤顶两个。拼装示意见图 2-4-14。

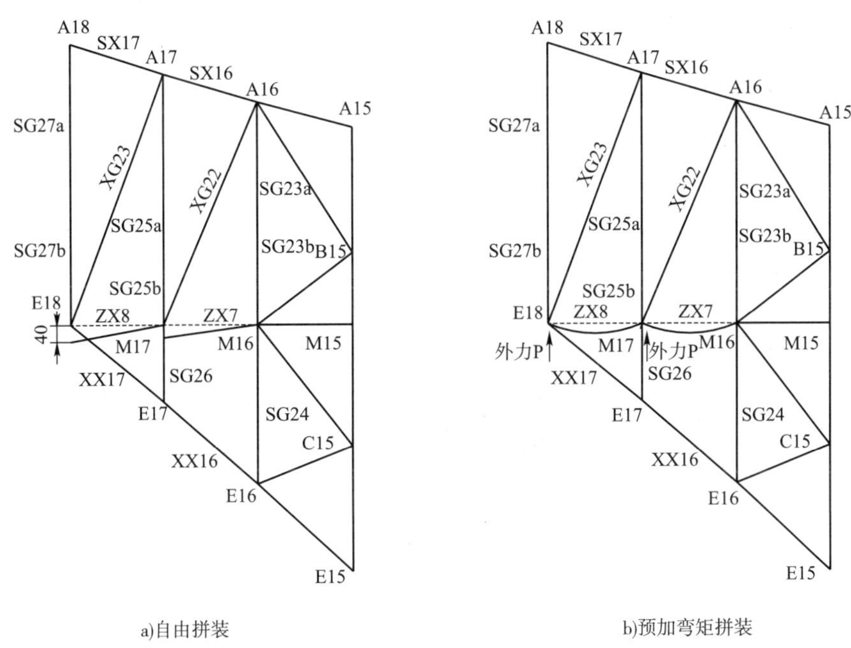

图 2-4-14　预加弯矩试拼装示意

(1)自由拼装阶段

拼装由 E15 开始,先装下弦杆,依次向上拼装斜杆、竖杆、中弦杆,至上弦杆结束。其中中弦杆 ZX7 只在 M16 节点自由连接,在 M17 节点暂不连接。

每个接头的拼装冲钉数量按该接头螺栓孔总数的 10%,拼装螺栓按该接头螺栓孔的 20% 调整几何尺寸,其中中弦杆 ZX7 中心线在 M17 节点中心以下 40mm 为合格(其预偏角

为 -0.143°)。此状态下按常规检验各部几何尺寸等项目作为交验记录。

(2)强迫拼装阶段

在中弦杆 ZX7 的自由端安装千斤顶,用临时顶推件将 ZX7 的自由端沿竖杆方向逐渐顶到连接孔群中心,此时,自由端孔群逆时针转角约为 0.220°,错孔角度为 0.220° -0.143° = 0.077°,最大外围错孔约 1.6mm。当 ZX7 的自由端孔群中心与节点板 DM17 连接孔群中心重合时,由中心开始把能够穿入冲钉的孔全部打上冲钉,随着千斤顶的继续顶推,ZX7 的自由端孔群与节点板孔群以中心部位穿入的冲钉为轴发生逆向转动,使孔群趋于重合,在此过程中逐渐增加该接头的冲钉和螺栓,最后使冲钉和螺栓的数量分别达到 20% 和 40%,并辐射到最外围的螺栓孔。

千斤顶的顶推过程中要缓慢加力,并特别注意观察相关杆件和节点零件及顶推装置有无异常变化发生,发生异常变化时应停止加力,避免杆件塑性变形或顶推装置发生意外。上述过程完成后,检测各节点间几何尺寸,缓慢地撤消顶推力,拆除辅助件。检测 M16、M17 间的中弦杆 ZX7 的直线度变化,确认 ZX7 直线度是否恢复正常。

节点 M17、E18 间的中弦杆 ZX8 拼装顺序及要求参照节点 M16-M17 间的中弦杆 ZX7 进行顶推。

预加弯矩试拼装,工厂是在平位状态下进行的,桥上拼装是在立位状态下借助重力将 ZX7、ZX8 顶推到位,桥上的拼装应该比工厂拼装容易些。

4.5 精度控制

4.5.1 拼装胎位的准备

(1)主桁、轻轨桥面系、桥门、横联在胎架或支墩上拼装,节点部位或拼接口处均设支点。支墩顶面用水准仪检测各支点高程,杆件置于胎架或支墩上。

(2)拱肋上平联或加劲弦平联在胎架上拼装,胎架顶面垫出拱度线形,弦杆应按照拱度线形就位,平联杆件随弦杆就位,拱度线形亦为拼装的基准面。

(3)正交异性钢桥面板块在整体组装胎上正位拼装,胎型定位墩顶面为水平基准面。杆件孔与定位墩上的钻孔套用冲钉定位,杆件无孔时可设定位挡块。

(4)各类杆件在拼装过程中一旦出现偏差,可以用支墩或定位墩顶面作为参照物,较容易发现问题,便于查找原因。

4.5.2 拼装顺序

拼装按照先主后次、先下后上,逐节间连续拼装的顺序依次进行。桁梁桥的线形准确主要取决于主桁杆件的制造精度,而主桁杆件中重要杆件是弦杆。主桁杆件控制桥梁的线形、节间长度、桁高、试拼装全长。不论进行哪部分的拼装,应先拼主桁杆件,再拼桥面系或联结系等杆件。在拼主桁杆件时,先拼弦杆,再拼斜杆、竖杆。在拼桥门或横联时,先拼拱座,再拼竖杆,然后拼装横撑、斜撑。每拼完一个单元、一个节间或一个层面,应检查和调整几何尺寸,然后再继续进行,以免拼装终了,因累积误差较大而难于调整。

4.5.3 孔群定位

如图 2-4-15 所示,节点板规格大、数量多、孔群多、栓孔多是本桥的一个显著特征。当节点板与各杆件拼装时，用冲钉使杆件就位，用普通螺栓使板层密贴。首先打主桁立面孔冲钉，多个孔群中由节点中刚度大的部分向不受约束的边缘进行，一个孔群中沿杆件系统线两侧中部向外进行，对称打入，这样可使理论错孔率减半，避免由一个方向推进时出现累积误差过大的现象。冲钉不少于螺栓孔总数的10%，螺栓不少于螺栓孔总数的20%。

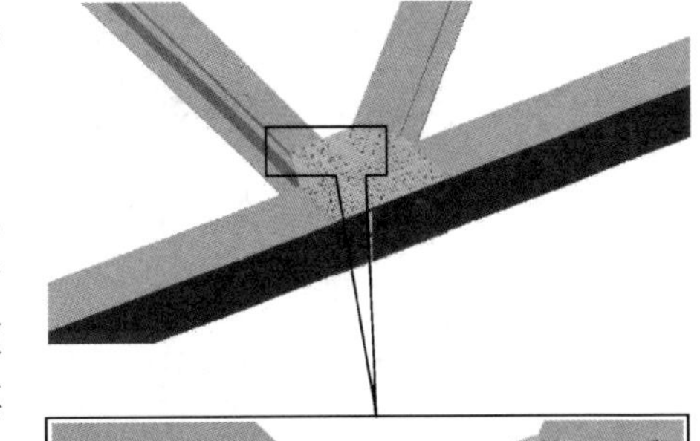
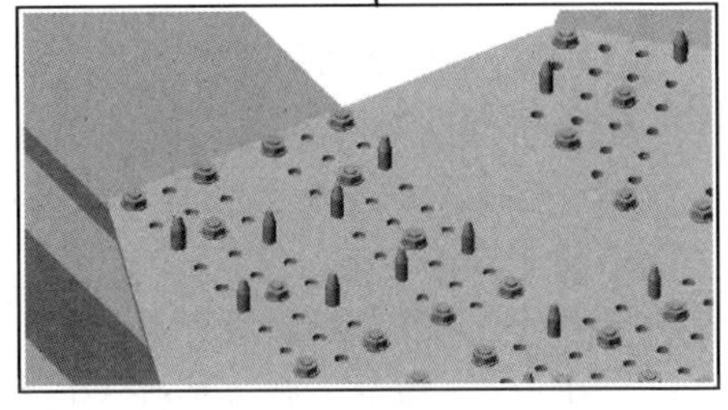

图2-4-15　节点安装螺栓、冲钉定位示意图

4.5.4　测量

重庆朝天门大桥的生产及试拼装地处山海关、宝鸡和重庆，历经夏天和冬天，地域温差较大。随着温度的升高或降低，杆件长度也在发生微量变化，随着温度的升高而伸长，随着温度的降低而缩短，尤其在长杆件极边孔的测量上较为明显。例如，29m长的平联杆件，在山海关寒冷季节钻孔，极边孔公差为0～+1mm，在重庆40℃高温下测量，极边孔公差为+3～+4mm。为了减少测量误差，对杆件几何尺寸及试拼装几何尺寸的检测应使用钢带尺，且钢带尺与杆件在同一温度条件下使用。厂房外的拼装还应该选择在不受日照影响的条件下进行测量。

4.5.5　对试装过程中投孔的讨论

栓焊桁梁桥的制作是按照设计理论尺寸，利用先进的设备、先进的工艺制作各种杆件，使杆件的制作质量达到标准化、通用化，在桥位安装时以孔定位，打上足冲钉后，桥梁的线形、尺寸就能达到设计及安装的要求。如果在试拼装时对杆件进行投孔，则对质量和工期都将造成不良影响。例如：难以保证桥梁各部尺寸及桥梁线形，而且还将影响到该桥其他部位杆件的连接。杆件的安装只能对号入座，桥位安装时，对号杆件的任何方位及状态都不能发生改变，其安装的质量及进度大大滞后于杆件标准化、通用化制作。特殊情况下需要投孔时，应不提倡连续匹配，以免对桥梁线形和其他杆件安装产生持续性的不良后果。

4.6　试拼装技术应用

重庆朝天门大桥主桁及联结系以短线、连续试拼装（节间不重叠）的方法完成了全桥的试拼装，形成了较完整的特大钢桁拱桥试拼装技术。轻轨桥面系选择具有代表性的杆件参加试拼装，两个标段各进行一个轮次的试拼装，即达到了试拼装的目的，又缩短了工期，获得了较好的效益。正交异性钢桥面板块实现了制造与拼装同步进行，开创了国内桥梁正交异性钢桥面板块标准化制造新篇，为同类型钢桥面板块制造积累了经验。首次尝试了杆件系统线预偏拼装，并取得成功，为桥位顺利架设提供了借鉴。

重庆朝天门大桥正桥钢梁制造分为两个标段，由两个制造承包单位分别进行试拼装。试拼装达到了《重庆朝天门大桥钢桁梁制造验收规则》的要求。现场安装顺利，线形准确，合龙精度高，试拼装效果得到了验证。

第5章　桥梁钢结构防腐

5.1　概述

5.1.1　钢桥梁防腐发展

1)钢桥的发展

钢桥在我国的发展已经有100多年历史,在此期间,我国钢桥从数量、规模、结构形式等方面不断地取得突破。结构形式也从早期单一的钢结构发展到各种形式,如钢低塔斜拉结构(芜湖长江大桥)、钢斜拉结构(南广铁路郁江双线特大桥)、钢拱组合结构(九江长江大桥)、钢拱结构(南京大胜关长江大桥)等多种结构形式,并且钢桥在所建的桥梁数量的比重上也越来越大,2005年~2010年,跨度超过300m的桥梁中,钢桥就占了24座。近几年来为了充分利用海洋资源、提高我国的海域利用水平以及加强国防建设,我国也开始跨海大桥的建设。可以说,我国钢桥的建设又提高到一个新的高度。前面钢桥制造技术已详述,此处不再赘述。

钢桥具有跨越能力强、施工速度快等特点,近年来在我国的应用越来越广泛。但钢桥容易受到各种腐蚀侵蚀,从而降低了桥梁的耐久性和安全性,对行车安全带来威胁。钢桥的防腐维护成为钢桥养护的关键,如何更为经济合理的对钢桥进行防腐维护成为一个重要问题。

2)国内外研究情况

(1)美国

美国联邦公路局和部分行业协会,依照联邦法案制定相关行业技术标准制定与颁布一系列专业指导性规范、手册或者指南。各州根据自己的技术力量和实际情况对规范、手册或者指南进行必要的补充。

美国的《国家桥梁结构检测标准》将桥梁检查分为:初始检查、常规检查、损害检查、深入检查、断裂危险构件检查、水下检查以及特殊检查,并且将检查的结果分为0到9共10个等级。并且规定了20英尺(约6m)以上的全部的桥梁(包括:州际公路,州内公路以及市区公路等)每两年进行一次检查。从1998年开始,美国交通运输研究委员会,国家研究理事会合作进行了一项公路研究计划,该计划对桥梁维修问题与钢桥腐蚀防护问题进行了综合的分析研究。概述了可用于腐蚀维护的材料,以及可用于各种类型防腐维护策略中锈蚀结构的表面准备和处理工艺。

美国常采用的钢结构桥梁的防腐蚀方法有油漆法、热浸镀锌法、耐候钢等。其中使用时间最长、范围最广的是油漆法。在过去,主要采用含铅类涂料进行油漆。由于环境问题日益突出,铅基涂料使用也越来越少,取而代之的是无机富锌涂料和有机富锌涂料。由于无机富锌底漆黏附力好,所以使用较多。近些年来美国新建的钢桥结构中,90%以上都是使用的富锌涂料。尤其在中间漆和表面漆中大多利用环氧聚酰胺涂料或聚氨酯涂料。金属喷镀法作为防腐维护方法在美国使用的很少,粉末涂料方式的维护方法也很少使用。耐候钢在美国很常见,使用耐候钢的结构有四千多座。而且也采用了其他形式的材料进行防腐,如不锈钢,主要用于钢桥中杆件间的连接,还有些为铝制结构。在美国,钢桥的涂装维护策略主要采用局部涂装,整体涂装,重新涂装。

防腐涂层体系的耐久性与它所处的环境质量有直接关系。环境的温度、环境、湿度、pH值、冶金及电解液的组分也影响着腐蚀的速率。由于清理方式和涂层间黏附力的影响,使用整体涂装进行维护时的耐久性最小。而重新涂装方式的耐久性最好,可以媲美新桥的涂层状态。

此外,美国还将检测活动和桥梁管理系统紧密结合,检查结果能够及时反馈到桥梁管理系统中,进一步指导检查计划的制定,通过这一过程使整个检测体系的运转更为科学合理。其中广泛使用的桥梁管理系统为Poniis桥梁管理系统。Poniis运用动态整体规划法以及概率条件状态劣化模型等手段对桥梁数据进行处理,以预测桥梁未来的维持管理和改建需要等。

(2)欧洲

欧洲通过桥梁管理系统研究项目对桥梁进行管理养护,其目的是在欧洲路网中桥梁管理系统需求的基础上,开发能够解决工程和路网管理需要概略框架。该项目研究有7个项目组,其对现有桥梁状况的检查和评估项目中,将桥梁检测分为表面检查、全面检查和重点检查。有特殊问题或特别关注的部件,将采用更进一步或特殊的检查即第四种检查。

欧洲关于钢桥涂装维修保养方面的理念是,尽早在现有桥梁涂层失效周期前使用高耐久性涂料进行维修,以避免任何形式的锈蚀损伤。因此,涂装维修主要采用重新维修涂装形式,局部涂装和整体涂装很少用到。在涂料和油漆的选取方面,云母氧化铁涂料广泛用于桥梁涂层的表面层和中间层。瑞士,德国和荷兰主要利用多涂层油漆方法。在瑞士,底漆主要用低含量的双组分环氧树脂。面漆采用含有抗腐蚀活性涂料的改良合成树脂。欧洲各国主要采用近百级喷砂处理对锈蚀的钢桥结构进行表面处理,以便进行重新维修涂装。也有一些国家采用热喷涂方式进行涂装。在英国,80%~90%的装配式桥梁所用的钢材均采用金属喷镀。

(3)中国

中国颁布的《公路桥涵养护规范》(JTG H11—2004)对桥梁的检查类型、检查项目做出了详细分类,同时给出了养护对策;《城市桥梁养护技术规范》(CJJ 99—2003)给出了养护流程(图2-5-1)。

《公路桥涵养护规范》(JTG H11—2004)中将桥梁的检查分为经常检查、定期检查和特殊检查,并较为详细地描述了钢结构检查的内容,并把钢结构的技术状况评定等级分为一类、二类、三类、四类、五类。一类桥梁进行正常保养;二类桥梁需要进行小修;三类桥梁需要进行中修,酌情进行交通管制;四类桥梁需要进行大修或者改造,并及时进行交通管制,如限载、限速通过、当缺损严重时应关闭交通;五类桥梁需要进行改造或者重建。

同时,中国也建立了相应的公路桥梁管理系统(CBMS)。从20世纪90年代起开始在一些重要的桥梁上建立了不同规模的结构健康监测系统,如香港的青马大桥、汲水门大桥和汀九大桥,内地的上海徐浦大桥、虎门大桥、江阴长江大桥,厦门的沧海大桥等。虽然已经取得一些进展,但这些成果应用在钢桥防腐蚀监控和维护方面还只是初步的。

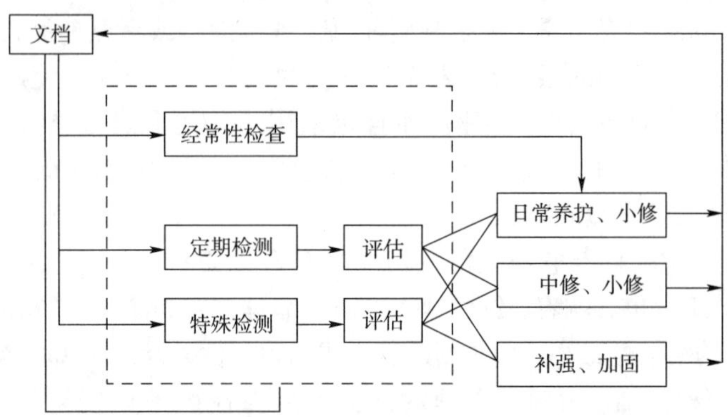

图 2-5-1 养护流程图

5.1.2 钢桥腐蚀案例

由于钢桥长期暴露在自然环境中,同时承受着交变荷载,钢结构会受到环境介质以及大气作用的侵蚀,特别是在一些环境质量恶劣的地区,往往会造成钢结构桥梁的严重腐蚀,从而降低了钢桥的耐久性、安全性及使用寿命。

如美国的明尼苏达州 35 号州际公路大桥,全桥长 580m,为钢桁架连续梁桥,由于钢桁结构的疲劳开裂、钢节点的严重锈蚀以及支座的锈腐蚀等结构缺陷,于 2007 年 8 月 1 日交通高峰期发生坍塌(图 2-5-2)。紫下大桥,全桥长 161m,为二跨中承式钢管硅无铰拱桥,运营将近四年后,由于长期暴露于腐蚀环境中,导致其各种物理以及化学性能变化,且局部已有老化现象,并有部分脱落。重庆嘉陵江石门大桥,主桥长 440m,为独塔单索面预应力混凝土斜拉桥,2004 年对拉索进行了检测,发现其中 24 根拉索因腐蚀出现拉力下降现象,并且下锚箱部位,尤其是钢护套与桥面连接处也出现了严重的腐蚀。广州海印大桥,于 1995 年 5 月 25 日其 9 号钢索上段突然断裂坠落,原因是钢丝已严重腐蚀而引起承载面积减小导致钢丝承载能力不足而断裂。德国汉堡的 KohlbrandEstruary 桥,由于斜拉索腐蚀严重,建成的第三年就更换了全部的斜拉索。

图 2-5-2 明尼苏达州 35 号州际公路桥坍塌图

由于疏于桥梁防腐维护,也会造成经济上的巨大浪费。如广州海印大桥因拉索严重锈蚀而进行的换索工作耗资 2 000 万元,工期半年;重庆嘉陵江石门大桥因腐蚀因素自 2005 年更换了 36 根钢索,耗资 900 多万元。伴随着经济的发展,国内的环境污染也越来越严重,工业化和城市化过程导致的大气污染,使得大气环境的腐蚀性发生了显著变化,每年因腐蚀造成的经济损失约占当年国民经济生产总值(GDP)的1% ~5%。

5.1.3 钢桥防腐维护的意义

随着改革开放和经济快速发展,公路通车里程成倍增长,我国公路桥梁建设进入了一个大发展期,钢桥从数量、规模、结构形式以及跨径上都不断取得突破,尤其是大跨度的钢桥建造更为迅猛。然而,一方面由于钢材料自身的性质使得钢桥容易受到各种腐蚀侵害,从而降低了桥梁的耐久性和安全性,给行车安全带来威胁。另一方面早些年设计的钢桥有的已运营服役将近一个世纪,已经属于老龄化桥梁,其防腐维护的方法已经过时,同时出现了很多病害;而运营服役期不长的钢桥,也因起初设计的技术标准和荷载等级比较低,已经不适应当前快速重载交通的需要,在超负荷的运营中,必然会加剧其腐蚀的程度和力度。而且当前大部分钢桥是重建设、轻养护,缺乏应有的维修、保养和涂装维护,部分钢桥现在已出现了锈斑,桥面、伸缩缝、支座等都存在一定的锈蚀损伤,再过十几至二十年,其腐蚀损害程度会更加严峻。

由此可见钢桥防腐的研究、钢桥防腐方案的制定以及如何更加合理和经济地对钢桥进行维修保养这些都是亟待解决的问题。

5.1.4 钢桥防腐维护存在的问题

由于钢桥宜受外界环境的影响,一般来说,钢桥在整个使用寿命中都需要进行防腐维护。当前,防腐维护已经成为钢桥维护的一个重要组成部分。从全球来看,每年因金属腐蚀而导致数十亿美元的流失。因此钢桥的防腐维护不仅要考虑结构的安全性还要考虑经济效益。钢桥防腐维护策略是指合理分配有限的维护资金,确定最佳的维护策略和维修的方式。最佳的维修策略是建立在经济—效益分析的基础上的,要保证所维护的桥梁能达到所要求的水平,并且所需要的维护和实施费用最为合理。

目前我国对钢桥防腐蚀维护主要存在如下问题:

(1)缺乏钢桥腐蚀监测方面的专业技术人员。

(2)钢桥腐蚀监测技术比较落后,钢桥的维护检测的管理不够科学化、制度化以及设计时的审查不够严格,导致有些钢桥因为设计缺陷易受到腐蚀的影响,还有些因焊接原因造成钢桥的锈蚀。

(3)对钢桥的腐蚀原因考虑的较为单一,与国外相比,有关锈蚀程度的界定不是很明显,从而导致钢桥的维修养护针对性不强。

(4)没有对腐蚀维修方案进行合理优化,造成维修和养护的资金浪费。在桥梁维修养护方面,国外的一些独到的维护理念对我国有借鉴意义。一是国外结构在设计施工时就考虑到锈蚀可能带来的影响,二是国外针对锈蚀制订的维护方案,如预防性养护,就是在结构恶化之前,增加养护频率,加大养护范围,加强养护力度,使桥梁的生命得以延续或者延长。

总之,钢桥防腐维护既离不开完善的腐蚀监测,又需要对各种防腐维护方法和维护资金进行科学、合理地优化,只有这样才能制订出最佳的维护策略和维修方式。因此,怎样制订出最佳的维护策略和维修方式就显得尤为重要。

5.2 钢桥防腐体系

5.2.1 钢桥腐蚀机理

广义的腐蚀指材料与环境之间发生的化学或电化学作用从而导致材料功能受到损伤的

现象。狭义的腐蚀是指金属与环境间的物理—化学相互作用,使得金属性能发生变化,导致金属、环境及其构成体系的功能受到损伤的现象。腐蚀的电化学作用又可称为氧化还原反应。该反应主要是因电子转移(从阳极移动到阴极)产生的。阳极物质在溶液中溶解后其电子向阴极转移,阴极和阳极间电子的转移通常需要一种媒介,一般是水。在腐蚀现象中,通常是金属材料既充当了阳极又充当了阴极,由于他们的导电性因此很容易发生腐蚀。

腐蚀常发生在暴露于氧气和水汽中的金属,最终金属被氧气腐蚀。腐蚀现象的产生有多种形式,其中铁和钢的腐蚀过程还伴有生锈的现象发生。

钢结构桥梁腐蚀主要是由于钢结构受到空气中的水分与其他污染物的化学、电化学的作用而引起的腐蚀。腐蚀过程在钢铁表面极薄的一层水膜下进行,当水膜溶入大气中的气体(如 O_2、CO_2、SO_2、H_2S 等)、盐类、尘土及其他污染物,再加上构件在生产制造、运输及使用过程中人为的污染,提高了水膜的导电性而促进腐蚀过程加速,当金属表面形成连续的电解液层时,便形成电化学腐蚀过程。整个过程金属都是作为阳极发生氧化反应而腐蚀,如图 2-5-3 所示。

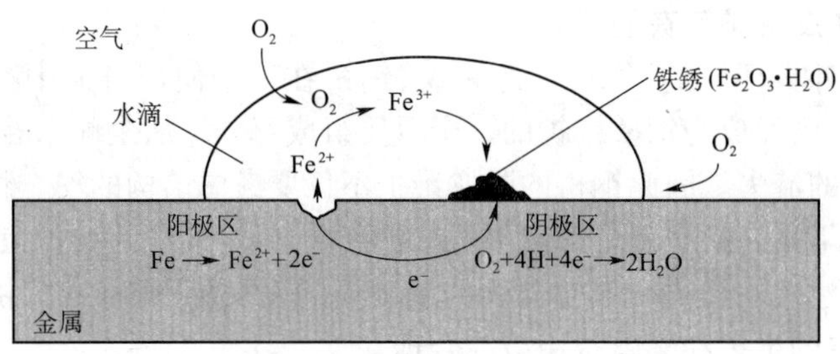

图 2-5-3　金属腐蚀机理示意

腐蚀的过程主要为以下三个环节:①阳极,铁原子失去电子变成铁离子进入溶液;②电子由阳极流向阴极;③阴极,流入的电子被溶液中能吸收电子的物质接受并生成还原物质。还原物质中的氢氧化铁就为铁锈。铁锈最大的特点是具有吸湿性,能吸收大量水分,使得锈层体积膨胀并形成疏松结构,并使腐蚀继续向内部扩展,使腐蚀加剧。

5.2.2 腐蚀影响因素及类型

1)大气环境影响

大气腐蚀主要发生在钢结构表面上的一层湿膜内。大气的相对湿度、污染物总量的增加(腐蚀性污染物能和钢材反应并在表面形成沉积物附着于钢结构表面)和冷凝现象都会导致腐蚀速率的上升。严重腐蚀多发生在相对湿度大于 80% 且温度高于 0℃ 的状态下。但是,如果有污染物质和(或)吸湿盐分存在,在更低的湿度下腐蚀也会发生。钢结构各组成部分的位置也影响腐蚀。对于那些露天钢结构,气候参数例如雨水、阳光、气体或悬浮形式的污染物质都能影响腐蚀。在有遮盖物的地方,气候影响会降低。

(1)大气湿度

地球上某个特定区域的大气湿度和气温取决于当地的气候条件,金属物质放置于大气环境中时,其表面通常会形成一层很薄的不易看见的湿气膜(水膜)。当空气的相对湿度在 60% 以下,金属的表面没有足够的水分形成水膜时,腐蚀是很轻微的。当相对湿度达到 100% 时,虽然可以形成较厚的连续水膜,但由于氧分子的扩散相对困难,因此电化学过程相对较弱,腐蚀也相对较轻。只有当大气的相对湿度达到其临界相对湿度时,即金属表面的这层水膜达到 20～30 个分子厚度时,它就变成电化学腐蚀所需要的电解液膜。大气降水(雨、雪)或者是大气的湿度或温度变化以及其他原因引起的凝聚作用都可以形成这种电解液膜。由于水膜的形成,其腐蚀速度会快速增加,即使空气中只含有少量的侵蚀性介质,腐蚀影响也很大。环境温度影响金属表面水蒸气的凝聚及腐蚀气体和盐类的溶解度、水膜的电阻等,从而影响钢材的腐蚀。

(2)大气中腐蚀介质的影响

大气中存在的硫化物、氮化物、碳化物、氯化物以及一些固体尘埃等都会对金属造成腐蚀。工业区大气中含有大量的酸性气体如 SO_2、NO_2、NH_3、CO_2、Cl_2 等,这些酸性气体在氧气及水汽作用下会形成腐蚀性的酸,如 SO_2 被氧化成 SO_3 后与水膜结合形成 H_2SO_4,NH_3 和 NO_2 氧化后与 H_2O 结合形成 HNO_3,这些酸类物质对于不耐酸的金属构件腐蚀更为严重。大气中的尘埃等,也是钢结构产生锈蚀的重要因素。在空气污染严重的环境,大气中会含有碳、碳化物、硫酸盐及其他盐类的细小微粒,这些微粒部分溶于水膜,增加了水膜的导电性和 pH 值,使腐蚀加剧。

(3)金属的表面温度和表面状态的影响

金属表面能否形成水膜,与环境温度有很大关系。只有金属表面温度比空气中温度低时,才能在表面凝结成为水膜,通常称这一过程为结露。气温较高的地区和昼夜温差大的地区,金属表面容易结露。粗糙的金属表面易于吸附空气中水分形成水膜,当涂层表面存在龟裂纹、气泡等缺陷时,容易形成毛细管,从而形成水膜,导致腐蚀产生。

2)其他因素的影响

(1)金属自身及结构形式的影响

钢结构使用的钢材都不是纯铁,会有多种成分的金属,这种情况就很容易发生电偶腐蚀。钢结构桥梁大部为栓焊结构,板与板之间存在着大小不同的缝隙。在螺栓连接处也会存在着缝隙,这样就为缝隙腐蚀创造了条件。缝隙外的金属表面氧气充足,缝隙内的氧气较贫乏,所以为浓度差电池腐蚀创造了条件。缝隙内随时间增加,一些水分子、尘埃及微生物会堆积增加,这些都增加了腐蚀风险。

(2)交变应力的影响

钢桥常年处于腐蚀及交变应力的联合作用下,尤其是在钢桥梁的节点上,会产生较大的结构应力,该应力不能自行消除,并且还会引起应力腐蚀。其中,危害性最大的腐蚀破坏一般就发生在节点上。腐蚀的产生既会诱发裂纹的产生,又能加速疲劳裂纹的扩展,甚至开裂。

3)腐蚀的类型

腐蚀类型包括:均匀腐蚀,电偶腐蚀,浓度差电池腐蚀,点腐蚀,缝隙腐蚀,应力腐蚀,丝状腐蚀,疲劳腐蚀,摩擦腐蚀,脱合金腐蚀,氢蚀,微生物腐蚀等。

(1)均匀腐蚀

均匀腐蚀是最常见的腐蚀形态,均匀腐蚀是相对局部腐蚀而言,其主要特征是腐蚀分布于整个金属的表面并且以同等的速度使金属整体厚度减薄。均匀腐蚀的电化学过程特点是腐蚀原电池的阴、阳极面积非常小,且无数微阴极与微阳极的位置是变化不定的,并且在不断的交替重复进行。均匀腐蚀虽然会造成金属大量损失,但由于腐蚀速度较为均匀,可以较容易地进行预测和防护,只要进行严格的工程设计并采取合理的防腐措施,钢结构就不会发生突然性的腐蚀事故。

(2)电偶腐蚀

由于腐蚀电位不同,造成同一介质中异种金属接触处的局部腐蚀,就是电偶腐蚀,也称接触腐蚀或双金属腐蚀。两种金属构成宏电池,产生电偶电流,使电位较低的金属(阳极)溶解速度增加,电位较高的金属(阴极)溶解速度减小。所以,阴极是受到阳极保护的。阴阳极面积比增大,介质电导率减小,都使阳极腐蚀加重。电偶腐蚀常发生在两种金属的相接触处,如螺栓处和焊接处。在海洋大气环境中,空气湿度高,水膜电解质导电性好,也容易发生电偶腐蚀。

(3)浓度差电池腐蚀

当金属两个或两个以上的表面与同一溶解液的不同浓度接触时就会发生浓度差电池腐蚀,这种腐蚀常发生在被海水浸没的钢墩,钢制塔腿处。

(4)点腐蚀

点腐蚀又称小孔腐蚀或坑蚀,其特征是发生于金属局部表面,通常发生在面积很小的范围里,并会出现向纵深处发展的腐蚀小孔,而其余地区不受腐蚀影响或腐蚀很轻微。所以这种腐蚀很难被察觉。点蚀的产生一般是由于氯离子吸附在金属表面膜中的某些缺陷处而引起的,碳钢在含有氯离子等活性阴离子的水中会发生点蚀。点腐蚀会引局部应力集中并且点蚀的深度要比其直径大得多。

(5)缝隙腐蚀

缝隙腐蚀,也称为间隙腐蚀,是金属与金属、金属与非金属之间相连接时表面存在缝隙(间隙),并使缝隙内的介质处于阻滞状态形成浓差电池,而引起缝隙内金属的加速腐蚀。缝隙腐蚀易发的部位:金属与金属之间的连接处,如铆接部位,焊接部位,螺纹连接部位等;金属与非金属之间的连接处,如金属与有机涂层、混凝土、橡胶、塑料、木材、石棉等,以及桥梁的伸缩缝、橡胶衬垫处的金属腐蚀,拉(悬)索防护层内钢丝腐蚀等。

缝隙腐蚀发生的条件是具有缝隙,缝隙的宽度必须能容纳腐蚀介质进入缝隙内,且缝隙又足以让腐蚀介质在其内停滞。腐蚀机理:腐蚀介质进入缝隙内,由于闭塞电池效应,缝隙内外腐蚀介质浓度不一致产生浓度差极化,缝隙内部氧浓度低于外部而成为阳极区,腐蚀集中于缝隙周围。腐蚀产物的累积和腐蚀介质的继续侵入使得此处缝隙腐蚀进一步向纵深发展。

(6)丝状腐蚀

丝状腐蚀,俗称起红丝,主要产生在被水汽侵蚀的镀层或涂层的表面。丝状腐蚀会从原始的蚀坑处产生丝状的腐蚀产物,并使防护涂层的保护能力降低。

(7)应力腐蚀

应力腐蚀是金属材料在固定拉应力和腐蚀介质的共同作用下所引起的腐蚀破裂或开裂现象。拉应力的形式有多种,如外加应力(荷载、预应力等)或金属内部的残余应力等。应力腐蚀破裂的突出特点就是事先没有明显的征兆,突然发生断裂破坏,容易造成灾难性的事故。应力腐蚀失效形式表现为材料的脆性断裂,即使是塑性很高的材料也表现为脆性断裂。由于钢结构既要承受拉伸、压缩、弯曲和扭转等各种应力的作用,又要受到腐蚀介质的作用,所以其采用的低碳钢、低合金钢、高强钢等在水介质、$CO-CO_2$、H_2O 中极易发生应力腐蚀。一般认为应力腐蚀需具备三个基本条件:①敏感性的材料,即材料对介质具有一定的应力腐蚀开裂敏感性,如碳钢与低合金钢对一些碱(如 NaOH)和某些氯盐敏感;高强钢对氯化物、硫化物敏感,甚至在潮湿大气环境中也会发生应力腐蚀破坏;②特定的腐蚀环境;③足够高的拉伸应力。应力腐蚀破裂大致可分为三个阶段:①潜伏诱导阶段:逐渐形成并具备了腐蚀环境和表面产生裂纹的条件,即应力腐蚀开展前的一段"诱发"过程;②裂纹扩展期阶段:裂纹出现后,在裂纹的尖端进行电化学反应,其结果使裂纹沿尖端方向发展,此阶段电化学腐蚀对于裂纹的扩展起着主导作用;③失效阶段:裂纹继续发展直至断裂发生,此阶段裂纹的扩展是应力起着主导作用。

(8)疲劳腐蚀

金属材料在腐蚀介质与交变应力(循环应力)共同作用下产生的腐蚀形式,称为疲劳腐蚀。疲劳腐蚀是一种特殊的应力腐蚀。疲劳腐蚀裂纹多起源于表面腐蚀坑或表面缺陷。通常点腐蚀或缝隙腐蚀会加速疲劳腐蚀。疲劳破坏的应力值低于屈服点。疲劳腐蚀的发生、发展取决于交变应力的大小、交变频率、腐蚀介质的性质与浓度、材料本身性质等。与应力腐蚀有所区别的是,应力腐蚀对于材料与环境的搭配方面有一定选择性,而疲劳腐蚀只要在腐蚀环境中,甚至是纯金属也有发生疲劳腐蚀的可能。而且疲劳腐蚀却可能在很低的应力条件下就发生破断,因此疲劳腐蚀不易被人们察觉且是危害性甚大的腐蚀破坏形式之一。

(9)摩擦腐蚀

摩擦腐蚀是一种快速的腐蚀方式,它是由两种相接触的金属作小幅度的往复相对运动摩擦形成的材料破坏,也可称为磨损腐蚀。金属构件表面在液体、气体或润滑剂中发生化学或电化学反应,形成较易被磨损或剥离的腐蚀产物,在摩擦过程中腐蚀产物被剥离,暴露出的新的金属面又进入新的化学反应,如此交替出现腐蚀和磨损而使材料损失。腐蚀磨损的破坏作用大大超过单纯的腐蚀或磨损。磨损腐蚀与环境、温度、滑动速度、载荷和润滑条件有关,相互关系极为复杂。

(10)脱合金腐蚀

脱合金腐蚀是一种较少见的腐蚀方式,主要发生在铜合金或其他形式的合金中。这种腐蚀最终导致金属表面产生很多小孔如海绵一样。

(11)氢蚀

氢蚀又称氢脆,指溶于钢中的氢,聚合为氢分子,造成应力集中,超过钢的强度极限,在钢内部形成细小的裂纹,使材料的力学性能脆化。这种现象常常出现在碳钢和低合金钢中,可通过削减环境中的含氢量或加入防氢蚀的合金(如铬、钦、钒等)减少氢蚀现象。

(12)微生物腐蚀

由微生物(如硫酸盐还原菌)引起的腐蚀对地下及水下建筑有腐蚀作用。硫酸盐还原菌把硫酸盐当作"食物"将其还原成硫化物,使得环境酸化,从而造成金属结构的腐蚀。这种腐蚀可通过生物杀灭剂来防止。

5.2.3　防腐体系设计

由于钢桥自身的结构、材料等特点决定了其存在腐蚀的可能,因此必须结合钢桥所处位置、环境等特点进行涂装设计,包含防腐结构设计及涂装体系的设计。

1）防腐结构设计

（1）结构细部设计

可以从结构设计上减少腐蚀的发生或减弱锈蚀对结构的影响。如图2-5-4所示，连接平板上的缺口设计可以防止污物和水的滞留。

（2）排水孔设计

排水孔、滴水管或者破裂处应避免污物形成沉积或水分的滞留，还应考虑水滴因风的作用流入缺口的可能性，以及冰雪融化可能出现的情况。如图2-5-5所示的设计，就容易滞留污物和水分。

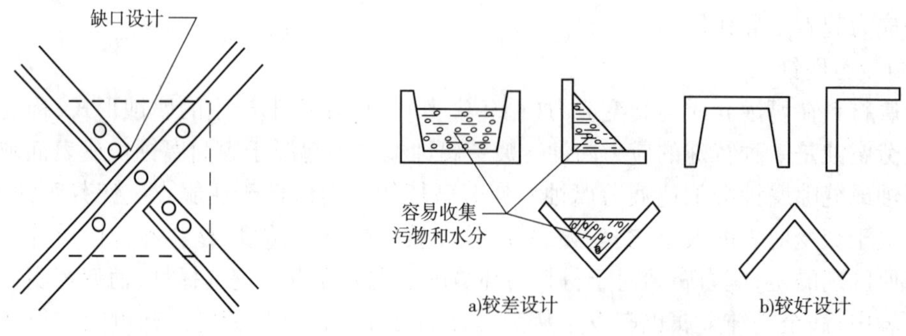

图2-5-4　结构细部优化设计　　图2-5-5　排水孔设计

（3）焊缝设计

焊缝设计如图2-5-6所示，焊缝表面如图2-5-7所示，对接优于搭接，合理的焊缝余高可以避免积聚污物的形成。

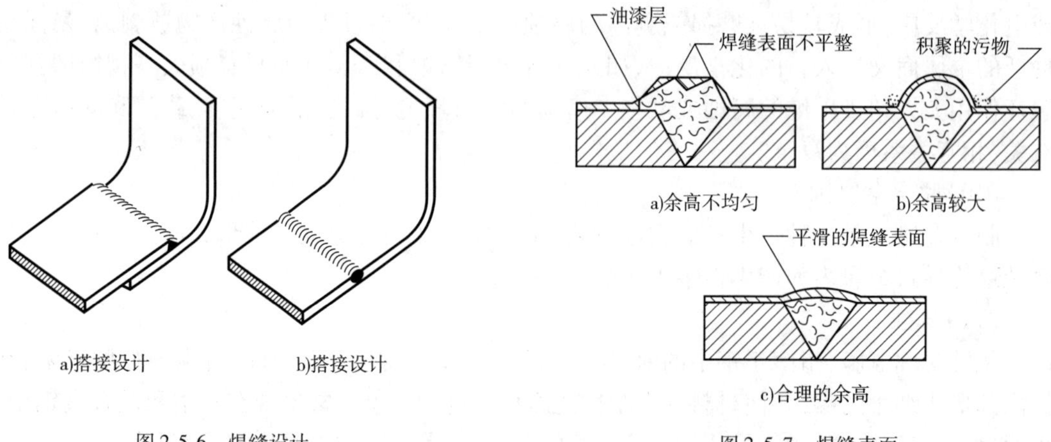

图2-5-6　焊缝设计　　图2-5-7　焊缝表面

（4）缝隙设计

缝隙设计如图2-5-8所示，其中图2-5-8c）防腐效果最好。

（5）不同材料接缝处设计

不同材料接缝处设计见图2-5-9，其中图2-5-9b）设计较为合理。

（6）钢结构边缘设计

钢结构边缘设计见图2-5-10，其中图2-5-10c）涂装效果最好。

2）涂装体系设计

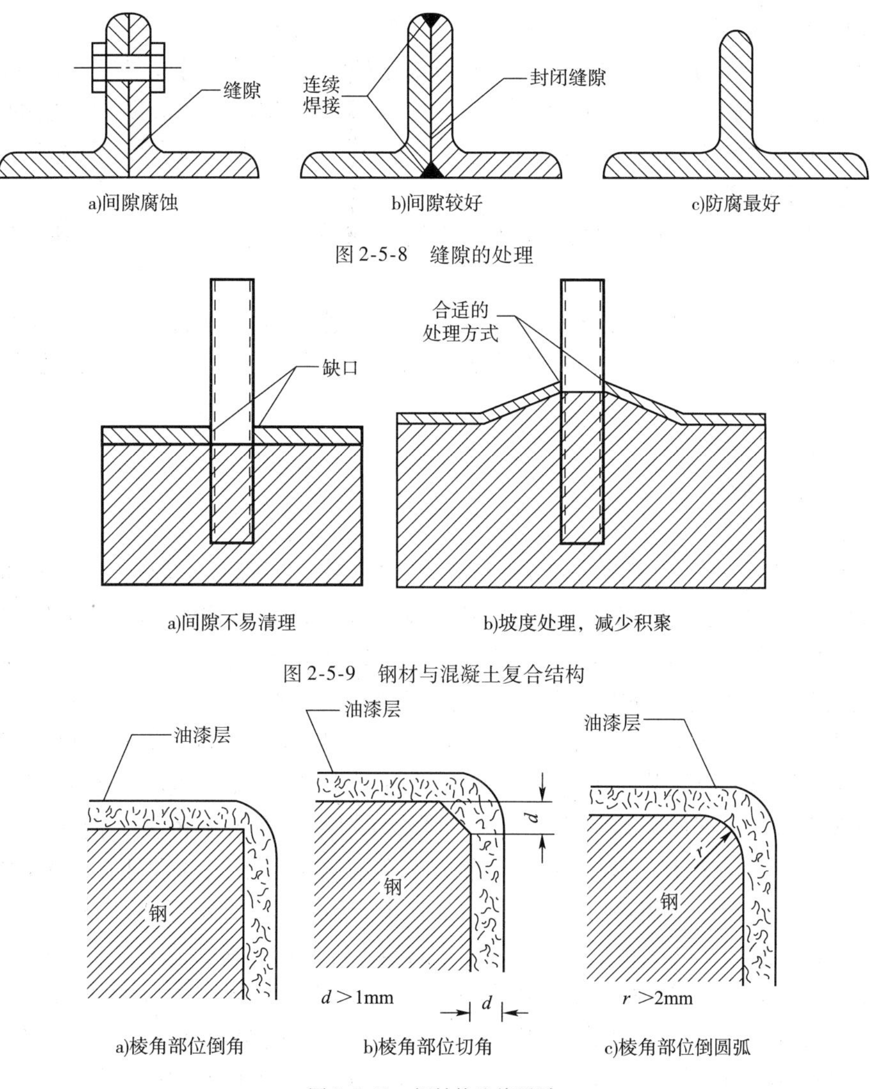

图 2-5-8　缝隙的处理

图 2-5-9　钢材与混凝土复合结构

图 2-5-10　钢结构边缘设计

(1)桥梁涂层配套发展的趋势

世界涂料发展力求符合“4E” 原则，在此基础上，桥梁防护涂料产品结构不断变革和完善，直至近些年来出现的综合性能更为超强的聚硅氧烷涂料。桥梁防腐漆配套发展的最新趋势及特点如下:①高膜厚化。这是重防腐涂料的重要标志之一。目前桥梁外部主配套的总干膜厚度一般在 200μm 以上，苏通大桥设计主配套总膜厚达 320μm，南京三桥主配套的总膜厚达 380um。②涂料选择高档化。桥梁防腐的特点要求底漆附着力好、防腐性能突出，而面漆耐候性、装饰性要好,并具备极佳的保光、保色性以及耐久性。为此，高性能的耐蚀合成树脂、无机—有机合成树脂和新型的颜料片状锌粉以及填料及助剂等的开发应用更加广泛、深入。③高固体分、低 VOC(挥发性有机溶剂)。尽量减少溶剂对环境的污染，开发、使用环境友好型涂料。④表面处理严格化。桥梁防腐涂料必须和金属基体的严格表面处理相结合才能达到预期的效果。⑤性价比最大化,寿命周期费用最小化。

(2)涂装设计原则

涂装设计应遵循“量身定做”原则，主要应考虑以下因素：

①根据桥梁所处的大气、化学腐蚀环境的差异对桥梁所处的腐蚀环境进行分级。

②桥梁防腐寿命的时间预期。目前国际上一般认为大型新建桥梁防护涂层的平均有效使用寿命至少应达到15～20年，但国内也有一部分大型新建桥梁防护涂层的设计有效使用寿命要求达到25～30年。

③桥梁结构与工况条件（钢结构或混凝土结构，斜拉桥、悬索桥、拱桥等，外观设计、制造流程的衔接等）。

④施工工艺水平的高低（底材的表面处理，选用优质的重防腐涂料，正确设计涂装的油漆配套，严格控制现场的施工质量，加强运营过程中的维护与保养，确保及延长桥梁的使用寿命）。

⑤投资限制性因素。

(3)涂装技术展望

①涂装技术现状。

从1955年武汉长江大桥建成以来，大型钢结构桥梁不断涌现，特别是自20世纪90年代以来，随着经济的发展以及国家加大基础建设投资的力度，大跨径、特大型桥梁的建设进入了一个高峰时期。我国桥梁涂料的发展过程是：20世纪50年代为溶剂型防腐涂料；50～70年代为醇酸防腐涂料；从80年代开始采用环氧富锌、无机富锌、环氧云铁和聚氨酯等重防腐涂料。从20世纪90年代开始，欧美、日本一些技术先进的重防腐涂料品牌相继进入，客观上促进了我国重防腐涂装技术的发展，逐步改进了我国桥梁涂装体系的传统模式，各种新型的重防腐涂料——聚硅氧烷涂料和氟碳涂料，开始逐步在大型桥梁上使用。进入21世纪，由于“全寿命经济分析法（LC－CA）”的引入，越来越多的业主和设计单位都倾向于采用具有超长防腐期限和维护间隔的涂装配套，富锌涂层和金属复合涂层被广泛应用，氟碳面漆和聚硅氧烷面漆更是以优异的耐候性能、良好的施工性能成为桥梁涂料用面漆的主流。

近几年，中国的桥梁涂料取得了显著的进步，某些方面达到了国际领先水平，形成了以金属喷涂和含锌涂料为核心的桥梁重防腐体系，具有优异的综合性能。但人们在对环保的关注、涂装过程中的质量控制、防腐涂层的检测和维护等方面还有一定的差距。

②技术差距。

a. 涂装配套。

国际上桥梁涂装方面最重要的标准是《色漆和清漆——防护涂料体系对钢结构的防腐蚀保护》（ISO 12944）。该标准共分为八个部分，第二部分（ISO 12944－2：1998）对大气环境的腐蚀级别作出了详细规定，第五部分（ISO 12944－5：2007）给出了不同腐蚀级别下的配套涂层品种及厚度的指导性数据，对于桥梁的涂装配套的制定具有重要的指导意义。ISO12944标准经过多年的实践，受到世界各地的业主、涂料商和防腐蚀设计人员等的良好赞誉，广泛被欧美国家采用。

日本是一个桥梁众多的国家，对桥梁的涂装非常重视。早在20世纪50年代，日本道路协会就制定了《钢质公路桥涂装便览》，并在1991年10月对该标准进行了修订。根据日本钢管应用技术研究所在连接濑户内海的桥梁上进行的实桥涂装试验，综合评定的结果是取消了厚膜型无机富锌＋酚醛云铁＋氯化橡胶及镀锌的涂装体系。推荐使用重防腐涂装体系，底漆是无机富锌和超厚膜型环氧涂料，氟碳涂料作为面漆正式列入了桥梁涂装规格书。随即，日本著名的多多罗大桥、明石海峡大桥等跨海大桥，均使用了氟碳面漆涂料，经过十几年的实际使用，涂层的景观效果和防腐效果仍良好。

目前，我国桥梁涂料和涂装的主要标准有：(a)交通行业标准：《公路桥梁钢结构防腐涂装技术条件》(JT/T 722—2008)，《悬索桥主缆系统防腐涂装技术条件》(JT/T 694—2007)，《混凝土桥梁结构表面涂层防腐技术条件》(JT/T 695—2007)。(b)铁道行业标准：《铁路钢梁涂膜劣化评定》(TB/T 2486—1994)，《铁路钢梁保护涂装》(TB/T 1527—2004)，《铁路钢梁保护涂装》(TB/T 1527—2011)。(c)化工行业标准：《钢结构桥梁漆》(HG/T 3656—1999)。这些行业标准略有差异和区别，互为补充，其中最重要的标准是《公路桥梁钢结构防腐涂装技术条件》(JT/T 722—2008)，该标准的主要内容借鉴了ISO 12944的内容，规定了公路桥梁钢结构防腐蚀涂装的分类、要求、试验方法、检验规则、安全、卫生和环境保护以及验收的要求，对于我国桥梁防腐蚀涂装，起到了非常重要的指导作用。

我国桥梁涂装配套的标准JT/T 722主要借鉴了ISO12944的数据，而日本主要依据日本道路协会推荐的涂装配套，同类的使用环境，我国的桥梁涂装配套膜厚偏厚。

b. 涂装品种。

涂料复合涂层包括环氧富锌复合涂层和无机富锌复合涂层。环氧富锌是以环氧树脂为成膜物，以锌粉为防锈颜料的重防腐涂料。环氧富锌复合涂层的防腐性能良好，底材处理的要求不高，施工容易，价格便宜。无机富锌则是以无机聚合物(如硅酸盐)为成膜物，锌粉与之反应，在金属表面形成锌粉络合物，从而形成坚实的保护涂膜的重防腐涂料。无机富锌复合涂层防腐性能优异，价格较环氧富锌稍高，且对底漆固化环境条件有一定要求。金属喷涂是用电弧将丝状金属材料加热到熔融状态并雾化加速形成高速熔滴，以高速撞击基体，然后快速冷却、凝固黏附在基体表面。金属复合涂层中金属含量高，涂层的防腐性能优异，但价格昂贵，对施工的要求较高。

目前，欧美和日本的桥梁大部分选用无机富锌复合涂层，个别的桥梁选择金属复合涂层。中国内陆的桥梁一般选用涂料复合涂层，沿海的桥梁大都选用金属复合涂层。因为中国的涂装技术与国际的差距较大，水平参差不齐，金属复合涂层施工中经常出现气泡、封闭效果不良等弊病，必将影响防腐涂层的使用寿命。

欧美国家的桥梁面漆主要以聚硅氧烷和聚氨酯为主，日本的桥梁基本上选择氟碳涂料，聚硅氧烷和氟碳涂料的性能均很优异，在个别性能上略有差异。

c. 环保要求。

VOC含量的要求：为了减少涂料产品中挥发性的有机溶剂对环境的污染，欧美发达国家均在多年前制定了限制工业涂料中VOC含量的法令，严格规定了工业涂料的VOC含量限制。我国在环保方面的重视程度，与国外发达国家有较大的差距，目前还没有明确的VOC含量标准的要求。

重金属含量的要求：普通涂料中使用的颜填料易含有重金属离子(铅、汞、铬、镉等)，如果涂料产品中含有重金属离子，则在施工时不可避免地会对环境造成污染。随着时代的发展和社会的进步，人们对涂料中重金属含量提出了更多的要求。

d. 桥梁景观效果。

桥梁涂料需要具有双重作用。一是防腐性能,保证长时间恶劣环境条件下的使用;另一方面是它的景观效果,优美的颜色给人以美的感觉,从而增加桥梁的附加值。大型桥梁代表了一个城市的象征,反映了一个城市的特色,特别是在现代社会,人们对桥梁的景观效果的期望值越来越高。在许多情况下,尽管其颜色极其诱人,但如果耐候性能较差,在实际使用中的耐久性差,便不能在桥梁上涂装使用,因此必须综合考虑面漆颜色的美感和颜色的耐久性。

e. 施工工艺性。

我国的桥梁涂装节点控制为在桥梁工厂内仅完成第一道面漆的涂装,在架设现场进行连接部位的涂装,一般为喷涂,最后进行一道面漆的通涂;日本在桥梁工厂的涂装到最后一道面漆,桥梁现场仅进行连接部位的涂装,而且均采用刷涂工艺。表面上看,我国桥梁涂装的节点控制与日本的情况差异并不大,但仔细分析会发现我国的涂装工艺保证了桥梁外观的一致性,但增加了对环境的污染;日本的涂装工艺大大减少了对环境的污染,但对施工的管理提出了更高的要求,施工过程中的磕碰要少,刷涂施工要保证质量。另外,对涂料也提出了更高的要求,涂料刷涂和喷涂的色差要小,涂料要易于刷涂,流平性好,外观好,不容易留下刷痕。需要从涂料设计和施工工艺两个方面加以提高,才能赶上日本的桥梁涂装水平。

f. 涂层检测和维修保养。

桥梁在使用过程中,由于腐蚀介质的侵蚀,防腐蚀涂层会逐步被破坏,交通事故的破坏和频繁承载甚至超载的人为侵害,加速了这种损伤和破坏。随着使用年限的延长,损伤程度和部位会越来越严重。为了保证桥梁的安全运营,延长桥梁钢结构件防腐蚀涂层的使用寿命,应定期对桥梁钢结构件的防腐蚀涂层进行检测评估,在钢结构涂层老化和生锈还仅限于局部范围时就要着手进行更新涂装,超期维修不仅使涂膜加剧老化和锈蚀,而且要耗费大量人力和经费。近年来,我国桥梁养护和管理工作基本停留在建立档案、清扫路面及疏通排水管等简单的工作上,而对桥梁钢结构件防腐蚀涂层的状况评定尚未得到应有的重视,这给桥梁以后的安全运行留下了隐患,为此必须加强钢结构件防腐蚀涂层的日常管理和检查,在适当的时候还必须对涂层进行维修和更新。维修过程中要注意环境保护,施工方式应采用刷涂方式,另外,建议采用高耐候性的氟碳面漆作为维修用面漆,尽可能延长面漆的再涂装时间间隔。由于涂料的不同特点,防腐涂层的劣化速度是不同的,随着环氧涂层的漏出,劣化速度会迅速加快,因此要在面漆破坏前进行重涂更新。

③发展与展望。

近些年,我国桥梁涂装技术突飞猛进,我国正逐步从桥梁大国向桥梁强国转变。展望未来,还需从以下几方面努力:a. 桥梁的涂装配套有明确的标准,涂料的选择和涂装膜厚有较好的保证,但在涂料的 VOC 和重金属含量等方面还没用明确的标准。b. 在颜色的选择上还存在随意性和主观性,需要引入颜色设计的概念,提高颜色选择的科学性。c. 从我国桥梁涂装的节点控制上看,涂装技术水平还有待提高,需要改善现场的涂装技术,减少对环境的污染。d. 在桥梁层的检测和维护上,应进行定期的检测,根据检测数据,及时进行桥梁的维修。涂膜的更新过程中注意对环境的保护。

5.3 钢桥防腐影响因素与对策

伴随钢铁行业的发展和国家城市投资建设力度的加大,现阶段国内外钢桥梁的结构形式也日趋丰富，由于其具有跨越能力大、强度高、建造周期短等优势而被广泛应用。但是腐蚀造成的事故危及结构的安全运行，引起的灾难性事故也屡见不鲜。特别是焊接钢结构和承受较大应力状况下的钢结构，在应力作用下腐蚀将大大加速。同时钢桥的腐蚀问题所带来的经济损失也相当巨大。因此桥梁钢结构的腐蚀防护日渐成为人们关注的课题。只有在设计建造使用时，针对其自身的结构特点和所处的环境条件采用相应的涂装技术，才能有效地实现钢桥梁的使用价值。

钢桥的防腐是通过漆膜来实现的。漆膜由涂料、涂装设备和方法、涂装工艺及管理来完成。涂料只是漆膜的半成品，涂料只有形成了漆膜才能发挥价值。涂料在被涂表面形成漆膜的过程称为涂装施工。涂料和涂装的共同目的是得到具有要求性能的漆膜，保证质量同时取得最大的经济效益。

5.3.1 涂装材料

涂料供应是否到位、复验是否及时、各种质量证明文件是否齐全，都将影响到涂装的进度及成本。涂料主要由成膜物质、颜料、溶剂、助剂等成分组成，按照主要成膜物质划分，我国已存在定型涂料产品 17 大类，近千个品种。针对不同的结构类型、部位和环境，设计均采取不同的涂装配套体系。

重庆朝天门大桥，地处重庆，全年气候差异大，夏季气温高，冬季雾雨天多，湿度大，重庆朝天门大桥涂装体系为：

(1)主桁弦杆、系杆、节点部位(特制环氧底漆、环氧云母氧化铁中间漆、聚硅氧烷面漆)；

(2)桥面系及其他部位(特制环氧底漆、环氧云母氧化铁中间漆、聚氨酯面漆)；

(3)节点高强度螺栓栓接面(无机富锌防锈防滑涂料、特制环氧底漆、环氧云母氧化铁中间漆、聚硅氧烷面漆)。

5.3.2 涂装施工

涂料只是半成品，要真正实现其使用价值，必须通过涂装来完成。涂装材料、涂装设备和方法、涂装管理是涂装的三个基本要素。优质涂料和先进设备是获得优质涂层、实现高效经济涂装的保证，但最终涂层质量则要依靠工艺和管理来实现。涂装工艺过程包含以下三方面内容:漆前表面处理、涂布操作、涂料干燥。漆前表面处理、涂布操作在整个涂装工程费用里所占比例较大，如何在保证质量、进度、安全、成本的前提下采取适用、高效的管理方法，通过合适的施工方法及设备、工艺条件、参数来实现涂装过程，是值得进一步讨论和分析的。

1)漆前表面处理

漆膜很薄，只有其牢固地附着在被涂物上，才能发挥装饰、防腐等作用，被涂构件表面粗糙度大小、是否湿润、涂料是否可以充分渗透都是影响漆膜附着力的主要因素。

(1)表面处理的目的

不同材质、使用环境和涂料对表面处理的方法和要求不尽相同，总的来说，漆前表面处理都是为了达到以下目的:①使被涂表面平整洁净，即无油、无水、无锈蚀、无尘土等污物；②赋予被涂表面合适的表面粗糙度，为确保涂层的保护性能，最大粗糙度应控制在干膜总厚度的 1/3 以下。

(2)表面处理的方法

常用的表面处理方法有化学处理方法和物理处理方法。①化学处理方法:化学物质除油、酸洗除锈、磷化和钝化;②物理处理方法:指喷、抛处理,用机械方法(如冲击、铲力、砂磨)等将铁锈或其他污物除去,可采用手工工具或机械工具操作,喷、抛处理一般在场地等条件具备的情况下选择使用。重庆朝天门大桥节点高强度螺栓涂装,其涂装工艺要求除锈等级St3.0,粗糙度Ra为45~60μm。虽然手工工具除锈劳动强度大、效率低,但是选用手工钢丝刷除锈既能满足质量要求,也能满足高空施工的需要,因此现场节点高栓涂装采用手工钢丝刷做漆前表面处理。

2)涂布操作

漆前表面处理完成后,应及时按照涂装工艺要求进行涂装作业,否则处理完的底材在潮湿的环境下很容易返锈,两工序的间隔时间要尽可能的短。

(1)涂装前

对操作人员技术交底,并对涂料和喷涂设备的各项性能进行检查。加强现场操作人员对涂装工艺的熟悉程度,强调安全的重要性;核对涂料的批号、出厂时间,同时对于双组分应核对其调配比例和适用时间,加入正确的稀释剂调整黏度,充分搅拌,使其熟化,在活化期内使用;对喷涂设备进行检查,检查喷枪(选用合适形状和孔径的嘴头)、高压泵、过滤器、高压软管是否完好,各连接部位连接是否可靠等。

(2)涂装过程

涂装工序多,影响质量的因素也多,因此必须牢牢树立"质量第一、安全第一"的思想,从影响涂装质量的人、机、料、法、环、测入手,严格按照涂装工艺作业,执行"三按、三检"制度,全员、全过程、全面控制涂装质量,以达到所需的理想漆膜。

①人指现场作业的所有人员,包括项目经理、管理人员、操作员工等一切存在的人。人也是生产管理中最大的难点,围绕"人"的因素,不同的企业有不同的管理方法。由于人的性格各不相同,因此对生产进度、工作态度及产品质量的理解也就大不一样。如何提高生产效率,就应首先从现有的人员中去发掘,区别对待,各尽其才,激发他们的工作热情,提高其工作积极性。就现场涂装作业来说,操作人员水平参差不齐,如何在保证质量、进度、安全的前提下,实现经济效益最大化,应从以下几点考虑:a.首先从安全入手,涂装为高空作业,每天召开班前安全教育会,建立日安全档案,强化员工安全意识,严格执行安全奖惩制度,及时投入相应的安全设施,对安全专项资金专款专用,使员工在安全、和谐的气氛中作业,激发其工作热情。b.树立团队意识,无大家、小家之分。对操作员工定期进行培训、学习。当然,学习的不仅仅是安全知识,还应与其在技术、施工、管理方面进行交流、探讨,在生活上给予关心,只有真正了解、随时掌握员工的各方面信息,才能实现质量、效益最大化。

②"工欲善其事,必先利其器"。生产中所使用的设备,工具等辅助生产用具是否正常运作,工具的好坏都是影响生产进度及产品质量的重要因素,优良设备是实现高效率及好质量的前提。现场涂装主要使用的设备是:高压无气喷涂机、空压机;工具等辅助设备有:磨机、吹风机、涂装操作平台等;检测设备有:温度计、湿度计、测厚仪、钢板测温仪等。

生产设备、检验设备、工具辅助设备等不但要符合作业工艺要求,同时也要满足各工序能力,状态处于完好状态或者受控状态。重庆朝天门大桥由于其拱肋结构形式,导致15节间以后喷涂位置变高,空压机重、管道不够长,使设备与施工无法同步,因此在涂装此位置前,新增电子泵。检测设备是控制质量及成本必不可少的,涂装漆膜的薄厚,附着力等要素都要在施工过程中及时检测。漆膜太薄，不满足工艺；太厚，造成油漆浪费；附着力不够，油漆缺陷造成返工。

③涂装过程中所使用的各种主材及辅材的采购、运输、检验、复验、入库、保管、标识、发放都应该严格执行。由于重庆朝天门大桥涂装体系复杂，油漆类型多，因此为防止混淆使用、防火，保证涂装质量及成本，必须对涂装过程中所使用的油漆进行定置管理；对不符合使用要求的产品进行隔离、标识、记录、处理；对生产使用的物料进行有效的管理，实现质量问题的追溯。

④建立健全的现场环境卫生管理制度。对现场环境温度、湿度、空气露点、钢板温度及时检测，在满足涂装工艺要求的前提下进行作业，同时做好施工日志的准确记录和填报；根据不同的施工条件和环境进一步完善各项安全设施，保证作业人员安全；生产环境做到整齐、有序、无杂物，材料、工器具齐全，文明施工；大型桥梁施工现场往往存在诸多交叉作业，因此恰当地处理好各施工方的关系也是影响施工进度、质量、安全必不可少的环节。

⑤优秀的管理人员、操作人员、优良的设备、先进的材料以及诸多满足施工的内在外在环境是获得合格产品的必要条件，而要想达到高效、经济、高质量等目标只有通过有效的工序管理方法方可实现。工序是产品形成的基本环节，是保障产品质量的基础，是影响产品质量、成本、效率的关键因素。

工序越是复杂，越应该加强工序管理。a. 为了保证现场节点涂装质量、进度，打磨、预涂、清洁、喷涂、检测等各工序应布局合理；b. 区分关键工序和一般工序，喷涂为主线，其他打磨、清洁等工序都要保证喷涂作业的连续进行；c. 主要工序有相应的作业指导书，对施工操作人员、设备、工装、操作方法、生产环境、过程参数提出具体的要求，例如环境温度、湿度，漆膜厚度，涂布方法等都要有具体要求，以便于过程控制；d. 执行工艺文件的编制、评定、审批程序，保证现场所使用的工艺文件有效、正确、完整、统一，工艺文件处于受控状态。

⑥针对现场来说，检测检验制度的执行，质量控制措施的改进也是影响施工进度质量、成本的又一因素。涂装后漆膜达到何种程度算合格？检测哪几项？针对缺陷应如何处理？下面从以下几个方面阐述：

a. 施工前必须规定工艺质量标准，明确技术要求、检验项目、项目各项点、检验方法、仪器等。就涂装而言，漆膜附着力达到几级，厚度满足双 90 标准等；检验位置根据大桥结构形式划分；检验方法、标准、仪器依据审批的制造验收规则执行；否则，后续施工无法进行，或者检验结果存在异议，都将影响到施工进度和成本。

b. 对于已经施工检验合格的部位应及时真实、完整、齐全地填报工序检验记录表，减少日后归档工作量。

c. 严格控制不合格品，对返修、返工件跟踪记录，严格按程序处理。

d. 对各类缺陷进行分类、统计、分析，针对主要缺陷制定质量改进计划和改进措施，必要时进行工艺试验，合格后纳入工艺规程。例如：重庆冬季面漆涂装受环境因素影响较大，施工后面漆附着力不合格，针对此现象，现场监理、项目部与涂料公司针对涂料公司提出的改进方案，进行多次试验后均可达到质量要求，经监理、设计、业主审批后执行，既保证了质量，也满足了进度要求，同时在一定程度上降低了成本。

e. 建立对后期工序过程中出现的质量问题的处理制度，发现问题及时解决。涂装完面漆后,下道工序要进行成桥涂装,因此对于成桥涂装时发现的上工序各类质量问题,要提前、及时解决。

(3)漆膜干燥

漆膜涂布经过干燥、固化并达到其相应的检测标准后,才能发挥其装饰、保护等性能。因此,涂料施工后的干燥、固化条件是获得优良漆膜的必要条件。油漆的干燥、固化与漆膜所处位置的通风、底材附近的温度和湿度、漆膜厚度、涂层度数,以及漆膜完全固化前的防油、防化学品、防机械应力触碰都有密切的关系。一般钢构涂装干燥有空气自然干燥和人工加速干燥两种。

针对不同的干燥条件、环境应采取不同的干燥措施。冬季,即使在厂房内作业,由于环境温度低,底材温度低,影响施工后漆膜的干燥、固化,使其制造周期增加,因此,加强厂房通风、温湿度对于减少作业时间,保证涂装质量、进度具有重要的作用。但现场涂装都是室外作业,虽然作业时满足各施工条件,但漆膜干燥固化过程中环境条件无法控制,只能是空气自然干燥。而且各种油漆干燥、固化对环境条件要求也各不相同,比如重庆朝天门大桥现场涂装用聚硅氧烷面漆,其干燥固化前期要求高湿保养,后期则要低湿度,否则附着力差,现场根本无法满足其固化条件。因此如何在现有恶劣条件下获得优良漆膜,是值得大家去认真考虑的问题,它不仅仅关系到涂装的最终质量,也与进度、成本等方面密不可分。

5.3.3 涂装缺陷、处理及检验

漆膜涂装、干燥固化阶段或使用一段时间后,可能会产生缺陷,统计表明,多达95%的涂装缺陷是由于表面处理不充分或涂装不当所造成的。常见涂装缺陷及产生缺陷的原因和处理方法见表2-5-1,涂装缺陷可能由于多种原因共同导致,而某些情况下需要拥有丰富的经验才可找到确切原因,因此,建立健全涂装各阶段检验制度也尤为重要(表2-5-2)。

常见涂装缺陷及处理办法　　表2-5-1

序　号	缺　陷	产生原因	处理办法
1	流挂	施工漆膜过厚; 油漆中稀释剂过量; 喷涂距离过近	施工过程处理:干湿状态刷子刷掉; 干燥后处理:打磨(砂纸打磨)和重新涂布
2	针孔 气孔	喷涂气压过高; 漆膜过厚过量喷涂; 过于通风; 施涂距离过长	检查喷涂设备压力、喷嘴规格; 打磨及采用适当的涂料重新涂刷封堵缺陷达到恰当的干膜厚度; 如果涂料仍未固化,将其刷去,重新涂刷
3	起泡	油、蜡、灰尘的污染; 未彻底挥发的溶剂	大面积起泡:重新喷砂并清洗; 局部区域:重涂之前进行喷砂或其他机械清洁操作
4	隆起	产生于面漆,面漆中较浓的溶剂侵蚀先前涂覆的漆层,使表面起皱	喷砂处理并重新刷漆

续上表

序　　号	缺　　陷	产 生 原 因	处 理 办 法
5	分层 剥落	基材或涂层之间失去附着力，产生分层或剥离； 封闭底漆或底漆不匹配； 表面处理不充分； 基材表面或涂层之间存在污染物； 涂层间固化时间间隔过长	油漆清除至完好漆层或基质，然后重新上漆
6	橘皮	气压过低雾化不当； 喷涂距离过近； 溶剂会发过快	用砂纸将表面打磨光滑，如必要可重新上漆

涂装过程检验阶段及项目　　表 2-5-2

序　　号	检 验 阶 段	检 验 项 目
1	涂料	涂料复验及到场涂料的核对，记录
2	钢结构 构件检验	磨圆锐边； 将粗糙的焊缝打磨光滑； 去除、平焊接飞溅物； 裂纹和点蚀清理； 表面缺陷，例如分层等
3	表面处理	清洁度：使用溶剂清洗并去除盐分、油脂及粉尘、灰尘； 现场状况的评价（照片对比锈蚀等级）； 表面评价表面处理等级和粗糙度，比较样块法或轮廓仪法； 是否有残留污染物油脂，滴水法
4	施工前	气候条件：温度、湿度、露点、钢板温度（高于露点 3℃）； 确保正确混合及稀释； 必须参照技术数据表：混合比例、时间等
5	施工过程	测量湿膜厚度，控制干膜厚度； 按照规范的层数施涂； 保证涂层之间的清洁度（盐分、灰尘、油等）； 保证涂层之间的干燥时间，最短与最长覆涂时间，必要时拉毛； 施工方法及设备工艺参数的控制
6	施工后	干膜厚度； 固化时间、干燥时间； 附着力（划格法或拉脱试验）测试均为破坏性试验； 遗漏探测

总之，获得理想漆膜涉及涂装材料、涂装施工的各个方面，只有严把材料质量关，精心组织施工管理，从影响产品质量的 5M1E 去分析、查找、归纳、总结、改进产品质量，建立健全各项管理机制，综合考虑产品质量、施工进度及安全、作业成本，才能最大限度地降低各项能耗，实现漆膜的装饰、保护等作用，进而降低钢材腐蚀率，延长结构使用寿命。

常见涂装缺陷如图 2-5-11 所示。

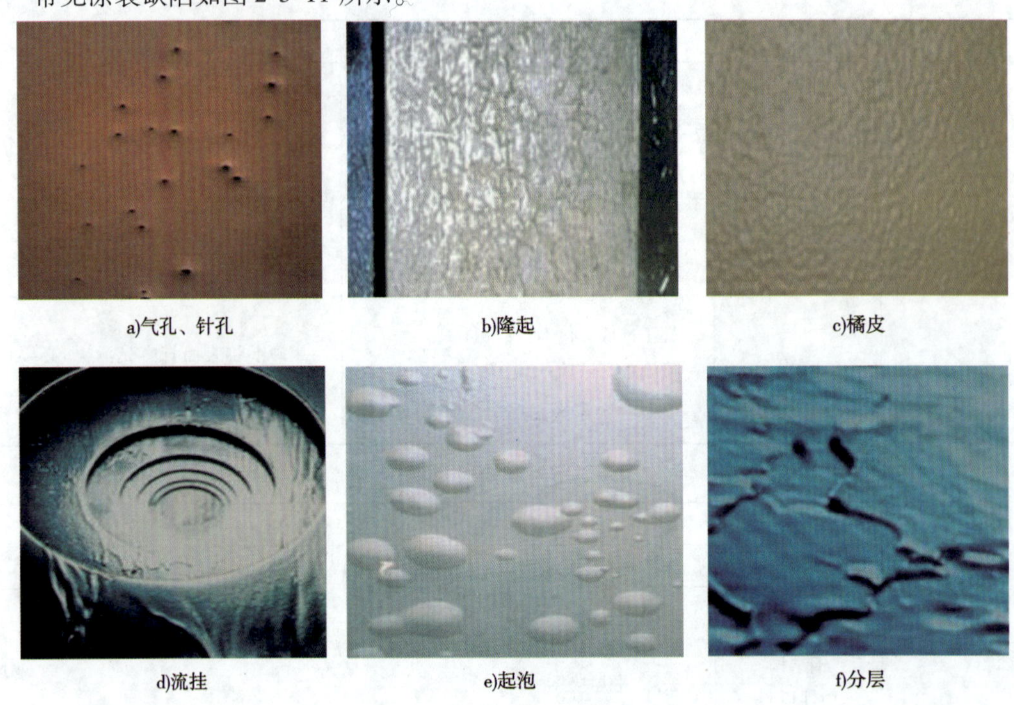
a)气孔、针孔　b)隆起　c)橘皮　d)流挂　e)起泡　f)分层

图 2-5-11　常见涂装缺陷

5.4　钢桁结构涂装工艺及质量控制

5.4.1　防腐体系及涂装材料特点

重庆市地处北半球副热带内陆地区，常年高温高湿、多雾，且该地区工业排放的 SO_2 浓度高出全国平均水平 22 倍，夏季多酸雨，pH 值达 3.9，其腐蚀环境相当于 ISO 12944 C4 的腐蚀环境，属重防腐蚀环境。为了使桥梁钢结构在建造和运营过程中免受腐蚀介质侵蚀，使其达到或超过设计要求的使用寿命，防腐材料必须具有优异的耐腐蚀性能和抗大气老化性能。重庆朝天门大桥钢桁梁结合自身结构特点、防腐年限（15 年）及景观价值，设计采用了聚硅氧烷作为重庆朝天门大桥主桁弦杆、系杆涂装配套体系的面漆，这种防腐体系在国内铁路钢桥上尚属首次。表 2-5-3 为重庆朝天门大桥主桁杆件的涂装配套体系。

钢梁主桁杆件外表面涂装防腐体系　表 2-5-3

项　目	油漆种类	每种漆干膜厚度（μm）	
表面处理	喷砂除锈（清洁度 Sa3 级，粗糙度 Ra40 ~ 60μm）		
底漆	特制环氧富锌防锈底漆	40 × 2	80
中间漆	环氧云铁中间漆	40 × 2	80
面 漆（第一道）	硅氧烷面漆（浅灰色）	35	75
面 漆（第二道）	硅氧烷面漆（中国红）	40	
高强螺栓连接面	无机富锌防锈防滑涂料	120 ± 40	120

建成后的重庆朝天门大桥其拱弦（上下弦）选用醒目的“中国红”（聚硅氧烷面漆），这与该桥其他部位的“灰色”（聚氨酯面漆）形成鲜明对比，犹如横跨在朝天门与江南的一条红色长虹，既体现出中国重要工业基地的特征，又结合朝天门地区的景观特点，巧妙地融入了自然。图 2-5-12 为重庆朝天门大桥景观效果图。

图 2-5-12　重庆朝天门大桥景观效果图

（1）无机富锌防锈防滑涂料是喷涂于钢结构高强度螺栓连接表面的一种专用涂料。漆膜坚韧耐磨，对钢铁表面具有阴极保护作用，防腐性能强，抗滑移系数高，具有优良的耐水性及耐盐水性，且施工方便、干燥快。它的出现基本替代了栓接面热喷铝的工艺，在很大程度上既保证了质量又简化了工艺。

（2）特制环氧富锌底漆是一种具有阴极保护作用的防腐蚀底漆。因漆膜中金属锌 Zn^{2+} 的电极电位（$-0.763V$）比钢板表面的铁（$-0.44V$）更低，所以当钢板表面和底漆涂层遇到腐蚀性介质而形成腐蚀原电池时，漆膜中的金属锌作为原电池的阳极发生腐蚀形成锌盐，钢板表面的铁则作为原电池的阴极而得到保护，从而防止了钢板表面腐蚀生锈。

（3）高固体分的环氧云铁中间漆的漆膜中含有片状相叠的云母氧化铁，形成迷宫效应，可以有效地阻止水分和其他腐蚀性介质的侵入，进一步提高了复合涂层的防腐蚀性能。

（4）聚硅氧烷是最新专利技术重防腐面漆。聚硅氧烷的优异特性来源于 Si—O 的键能（Si—O 键能为 446kJ/mol），而聚氨酯的结构 C—C 键能仅为 358kJ/mol，以它为主链的聚合物不会受到大气中的氧气和大多数氧化物的影响，结构十分稳定（图 2-5-13），所以聚硅氧烷面漆几乎不受阳光和紫外线的影响。它不仅仅具有优异的抗老化性能，同时其耐盐雾性、抗腐蚀性能、耐候性及保色、保光性能也都显著优于聚氨酯面漆。

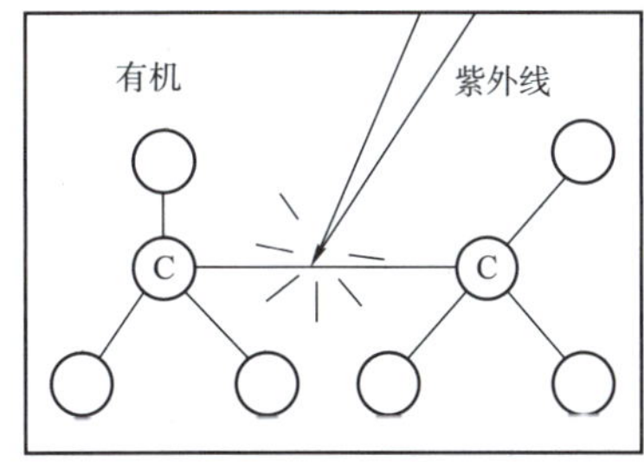

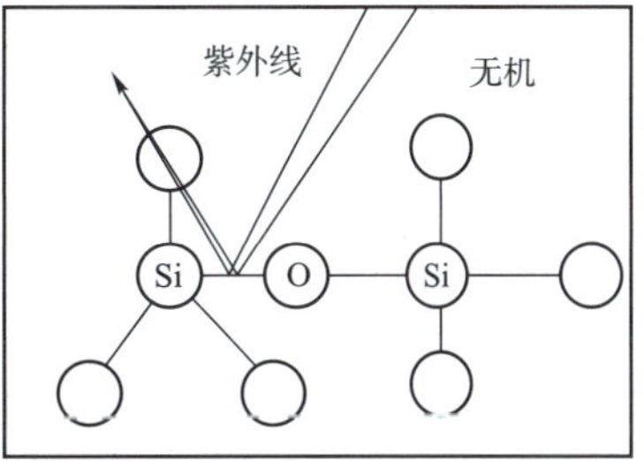

图 2-5-13　有机聚合物和无机聚合物对紫外线抵抗能力的示意图

另外,其VOC含量非常低,低于我国现行的室内装饰漆的标准200g/L,且不含异氰酸盐,属环保型产品,完全满足工业涂料的环保要求。低VOC不仅能节省涂料生产和使用中的溶剂,降低污染,还能利用现在的施工设备节约能源,同时实现了环保与节能的结合。

5.4.2 国内防腐技术及工艺研究

1)国内防腐技术

20世纪90年代后,随着国际交流的日益频繁,欧美一些技术先进的重防腐涂料品牌相继进入我国,促进了国内重防腐技术的发展,逐步改进了我国铅系涂装体系的传统模式,形成了以金属喷涂、含锌涂料为核心的重防腐技术,目前我国桥梁结构广泛应用的面漆是丙烯酸脂肪族聚氨酯面漆。

近两年,以聚硅氧烷油漆为面漆的防腐体系相继在我国重庆菜园坝大桥和重庆朝天门大桥上应用,而重庆朝天门大桥的防腐体系在油漆配套体系选择及面漆喷涂厚度方面较菜园坝大桥又有不同,同时对施工作业的要求也更加严格。

2)钢桁梁涂装工艺研究

重庆朝天门大桥主桁涂装工艺难点是聚硅氧烷涂装工艺的制订。它是新型重防腐面漆,靠吸收水分进行第一步加成固化。聚硅氧烷固体含量高,一般推荐的最小干膜厚度为60μm(如重庆菜园坝大桥),而重庆朝天门大桥主桁涂装体系要求厂内涂装的干膜厚度为35μm,这给涂装施工增加了难度。因为聚硅氧烷的固化机理较复杂,涂料喷涂厚度越薄,其固化条件要求就越高。很微小的因素都有可能影响涂层的良好固化,而最终影响涂层的附着力性能,因为只有在聚硅氧烷涂层完全固化后,它才能成为耐候性、保色、保光性能最佳的面漆。所以,常规的施工工艺已不能满足设计要求,必须制订一套适合于重庆朝天门大桥主桁涂装体系的涂装工艺。

5.4.3 涂装工艺

聚合硅氧烷是重防腐涂料领域的新突破,其固化机理较为复杂,不可能通过几组试板试验就完全掌握它的施工性能,有些情况可能只有在批量涂装施工过程中才会出现,因此,制订了如图2-5-14所示的工艺试验流程。

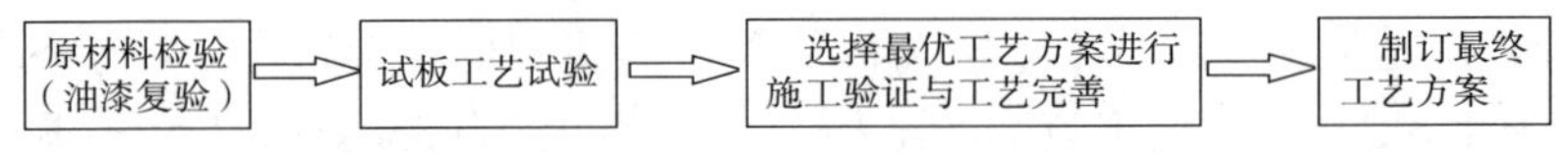

图2-5-14 涂装工艺流程

1)防腐原材料复验

为了避免油漆本身的质量问题对工艺试验产生影响,所以,在正式工艺试验前进行油漆原材料的复验。只有每种油漆的各项性能指标均合格,才可以进行重庆朝天门大桥的涂装工艺试验。油漆复验过程如下。

(1)油漆的取样。油漆试验取样分为"A"、"B"两个样品。"A"样品:在成品油漆中提取,取量为2L(含相应不同组分)。"A"样品准备两份,作试验用。"B"样品:500ml容量。与"A"同时提取,按不同组分分别密封。

(2)样品"A"按业主指定复验指标及结果见表2-5-4。

用于重庆朝天门大桥的油漆经入厂后复验,结果满足技术规范要求,油漆可以用于涂装试板工艺试验。

油 漆 复 验 结 果　　表 2-5-4

油漆名称	检验项目	指　标	结　果
特制环氧富锌防锈底漆	不挥发物(%)	≥80	85
	附着力(拉开法)(MPa)	≥4	6
	弯曲性能(mm)	≤2	2
	冲击强度(kg·cm)	≥40	40
无机富锌防锈防滑涂料	附着力(拉开法)(MPa)	≥4	5
	抗滑移系数	≥0.55(初始)	0.68(初始)
环氧云铁中间漆	不挥发物(%)	≥65	71
	附着力(拉开法)(MPa)	≥3	4
	冲击强度(cm)	≥40	40
聚硅氧烷面漆	不挥发物(%)	≥55	59
	附着力(拉开法)(MPa)	≥6	8
	细度(μm)	≤30	24
	弯曲性能(mm)	≤2	2
	耐冲击性(cm)	≥50	50

2)涂装试板工艺试验

依据聚硅氧烷面漆的固化机理及以往的工程经验,制订了三套重庆朝天门大桥主桁涂装试板工艺方案进行施工和检测,并对所有涂装施工人员进行试验前技术交底,且要求他们对整个工艺试验环境条件进行24h 监控记录。

(1)工艺要求

①环境要求。施工环境要求见表2-5-5。

施 工 环 境 要 求　　表 2-5-5

项　目	控制要求	检测方法
空气相对湿度	不高于85%	采用干湿球温度计测量再查表换算,或直接用仪器测量空气湿度
钢板表面温度	不低于5℃且钢板温度高于空气露点温度3℃	钢板表面温度采用钢板温度仪测量;露点采用露点测试仪或由空气温度和空气相对湿度查表求出
环境温度	5~38℃	采用温度计测量

②安排实际施工中的固定人员操作,并遵循相同设备、相同涂料和相同喷涂工艺的原则进行试验。

(2)涂装设备及检验仪器

①KPBM-1570 型手控移动式喷砂机,风动打磨机。

②两台 GPQ6C 型喷漆泵(其压力比为65:1)及两个搅拌器。

③摇表,露点盘,钢板温度计,涂层附着力测试仪。

④漆膜厚度检测仪(干膜测厚仪)。

⑤钢板表面清洁度对照图谱《涂装前钢材表面锈蚀等级和除锈等级》(GB 8923—

1988），钢板表面粗糙度测试仪或对照样板。

（3）工艺试验步骤

①表面清洁：用有机溶剂清除油污及其他污物；检查清洁质量。

②喷砂除锈（Sa3；Ra40～60μm）：喷砂除锈；表面清洁；检查钢表面清洁度、粗糙度。

③喷漆：

方案一：a. 喷涂环氧富锌底漆，干膜厚度 80μm，检查干膜厚度；b. 喷涂环氧云铁中间漆，干膜厚度 80μm，检查干膜厚度（累计厚度）；c. 喷涂聚硅氧烷面漆前对喷有中间漆的试板表面进行拉毛处理；d. 喷涂聚硅氧烷面漆，干膜厚度 35μm；e. 喷涂后通风 2～3h，然后增加湿度，湿度控制在 65%～75%，保持 20h 左右，然后降低湿度；f. 5d 后进行涂层检测。

方案二：与方案一不同的是 c 步：喷涂聚硅氧烷面漆前对喷有中间漆的试板表面不进行拉毛。其他步骤相同。

方案三：与方案一不同的是 e 步：喷涂后通风 2～3h，然后增加湿度，湿度控制在 65%～75%，保持 40h 左右，然后降低湿度。其他步骤相同。

3）涂装试板工艺试验评定

（1）检验标准

《金属和其他无机覆盖层厚度测量方法评述》（GB/T 6463—2005）；

《铁路钢桥保护涂装》（TB/T 1527—2004）；

《色漆和清漆 漆膜的划格试验》（GB/T 9286—1998）。

（2）检验方法

①漆膜外观：采用目视法检验。

②漆膜厚度：采用磁性测厚仪进行测量。

③漆膜附着力：采用划格法进行检测。

（3）检验要求

①外观质量：表面平整，无气泡、起皮、流挂、漏涂、龟裂等影响涂层寿命的缺陷。

②干膜厚度：符合涂层的设计厚度，漆膜厚度测量值必须满足 90-10 规则，即所测量值中必须 90% 以上的测值达到规定的厚度要求，另 10% 厚度不达标的测值其厚度不得低于规定厚度的 90%。

③附着力：采用划格法检测，附着力不低于 1 级。

（4）试板工艺试验评定结果

试板工艺试验评定结果见表 2-5-6。

4）涂装试板工艺试验结果分析

通过试验发现，不同施工条件下的三组试板完全固化后，其干膜厚度和外观质量并无太大差异，而在附着力的测试中却出现了不同的结果。其中第一组试板的附着力达到了国家规范要求的一级，由此可以得到两点结论：其一，聚硅氧烷固化期间的湿度控制会因固化阶段的不同而不同，前 20h 需要高湿度，而后湿度却不能太高，否则会适得其反；其二，在进行面漆涂装前应对杆件表面进行拉毛处理，清除试板表面漆雾，这样可以增加聚硅氧烷与中间漆的结合力。通过上述结果可知方案一为最优工艺方案，试验结果能够满足设计技术规范要求。可以依据方案一进行涂装施工。

试板工艺试验评定

表 2-5-6

试验日期:2006.5.20～2006.5.28　试板规格－8mm×800mm×900mm　数量:三块							
工艺试验要求:安排实际施工人员操作,并遵循同设备、同材料和同工艺的原则进行试验							
试验项目	施工设备	施工环境	质量要求	检测方法及仪器	检验结果		
					方案一	方案二	方案三
表面清理	用溶剂除油 手工除杂质		1. 无油污; 2. 无杂质	目测	1. 无油污;2. 无杂质	1. 无油污;2. 无杂质	1. 无油污;2. 无杂质
喷砂 除锈和 清除灰尘	KPBM－1570 型 手控移动式 喷砂机	温度:22℃ 湿度:57% 露点:18℃ 钢板:24℃	1. 清洁度 Sa3; 2. 粗糙度:Ra40～60μm	1. GB8923－88 图谱对照; 2. 数字式粗糙度检测仪	1. 清洁度 Sa3; 2. 粗糙度 Ra(μm) 40,61,54,58,43	1. 清洁度 Sa3; 2. 粗糙度 Ra(μm) 48,60,54,57,49	1. 清洁度 Sa3; 2. 粗糙度 Ra(μm) 52,63,54,57,45
喷涂 环氧富锌 底漆	6C 型高压 无气 喷涂设备	温度:22℃ 湿度:57% 露点:18℃ 钢板:25℃	1. 干膜厚度:80μm; 2. 外观质量:均匀、平整,无橘皮、流挂等缺陷	1. 测厚仪; 2. 目测	1. 干膜厚度(μm)95,93,103,83,98,81,89,98,83,92; 2. 外观质量:均匀、平整,无橘皮、流挂等缺陷	1. 干膜厚度(μm)92,83,82,93,98,91,89,92,88,87; 2. 外观质量:均匀、平整,无橘皮、流挂等缺陷	1. 干膜厚度(μm)95,93,102,91,98,86,89,90,83,97; 2. 外观质量:均匀、平整,无橘皮、流挂等缺陷
喷涂 环氧云铁 中间漆	6C 型高压 无气 喷涂设备	温度:21℃ 湿度:63% 露点:14℃ 钢板:22℃	1. 干膜厚度:80μm; 2. 外观质量:均匀、平整,无橘皮、流挂等缺陷	1. 测厚仪; 2. 目测	1. 干膜厚度(μm)186,172,171,189,178,194,198,181,204,182; 2. 外观质量:均匀、平整,无橘皮、流挂等缺陷	1. 干膜厚度(μm)166,175,181,172,186,194,182,189,179,181; 2. 外观质量:均匀、平整,无橘皮、流挂等缺陷	1. 干膜厚度(μm)195,186,201,189,208,172,188,190,191,182; 2. 外观质量:均匀、平整,无橘皮、流挂等缺陷
喷涂 聚硅氧烷 面漆	6C 型高压 无气 喷涂设备	温度:22℃ 湿度:57% 露点:18℃ 钢板:24℃	1. 干膜厚度:35μm; 2. 外观质量:均匀、平整,无橘皮、流挂等缺陷; 3. 附着力:一级(划格法)	1. 测厚仪; 2. 目测	1. 干膜厚度(μm)231,212,234,235,242,229,241,240,219,227; 2. 外观质量:均匀、平整,无橘皮、流挂等缺陷; 3. 附着力:一级(划格法)	1. 干膜厚度(μm)245,221,239,219,242,220,211,229,211,237; 2. 外观质量:均匀、平整,无橘皮、流挂等缺陷; 3. 附着力:二级(划格法)	1. 干膜厚度(μm)249,232,224,215,222,221 234 209 221 237; 2. 外观质量:均匀、平整,无橘皮、流挂等缺陷; 3. 附着力:二级(划格法)

5)涂装工艺试验施工验证及工艺完善

重庆朝天门大桥第一批杆件严格执行涂装工艺方案一。多数杆件检测后均合格,但少数杆件存在附着力不好的情况。同一批施工杆件,执行相同工艺质量却有好有坏。这说明方案一仍需要进一步完善。通过对合格杆件与不合格杆件施工过程的环境对比发现,附着力不好的杆件摆放的位置附近刚好正在喷涂其他涂料,施工环境中溶剂浓度较高。而附着力良好的杆件摆放位置附近没有其他涂料喷涂施工且距窗较近,通风良好。说明聚合硅氧烷固化时对其他溶剂敏感度很高,施工时应与喷涂其他涂料的杆件隔离,并保持通风良好。因为试板试验时所处环境,没有正式批量生产时杆件所处的环境复杂(空气中各种溶剂含量各不相同)。这是试板试验或试验室中较难发现的一个影响因素。

为了证实这一点,随后又进行两组现场施工试验,一组是在涂装厂房内(有其他杆件正在喷涂施工的情况下)喷涂一根杆件,另一组,同样在这个涂装厂房内(在没有其他杆件同时施工的情况下)喷涂一根杆件。结果发现,只有第二组中的杆件固化后附着力测试结果达到规定要求(图2-5-15,图2-5-16)。现场试验进一步证明,聚硅氧烷固化期间对溶剂的敏感度极高,在同一厂房内进行施工的其他类型的涂料会对聚硅氧烷的固化有影响,施工时必须与喷涂其他涂料的杆件隔离,以免影响涂层的质量。这是对试板工艺试验的一个补充。图2-5-17为聚硅氧烷的固化情况检验。

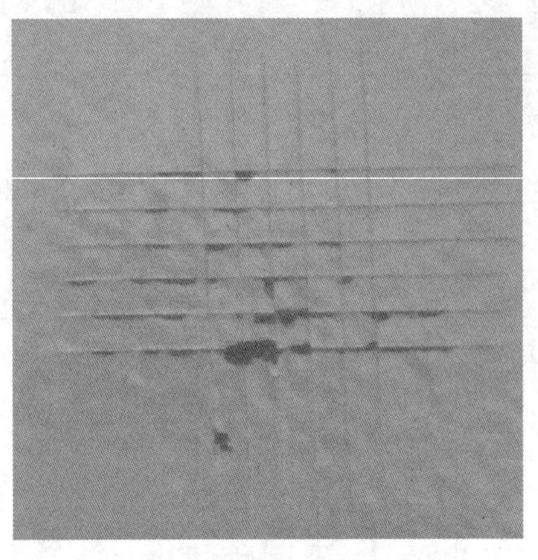

图2-5-15　第一组杆件附着力测试

图2-5-16　第二组杆件附着力测试

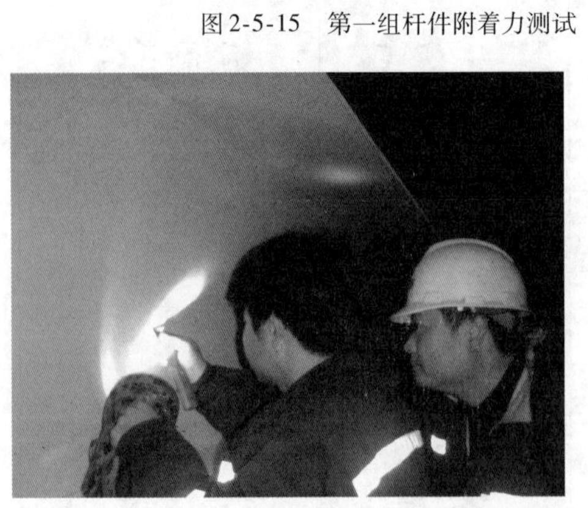

图2-5-17　检验聚硅氧烷的固化情况

通过施工前的试板工艺试验制订了初步的涂装工艺方案,后来工艺试验的验证补充了试板试验工艺中的不足,最终制订了重庆朝天门大桥的涂装工艺方案:

(1)表面清洁:①用有机溶剂清除油污及其他污物;②检查清洁质量。

(2)喷砂除锈(Sa3;Ra40 ~ 60μm):①喷砂除锈;②表面清洁;③检查钢表面清洁度、粗糙度。

(3)喷漆:①喷涂环氧富锌底漆,干膜厚度80μm,检查干膜厚度;②喷涂环氧云铁中间漆,干膜厚度 80μm,检查干膜厚度(累计厚度);③喷涂聚硅氧烷的杆件与喷涂其他品种的油漆杆件分区放置且不同时作业;④在喷涂聚硅氧烷面漆前对涂中间漆的试板表面进行拉毛处理;⑤喷涂聚硅氧烷面漆,干膜厚度 35μm;⑥喷涂后通风 2 ~ 3h,然后增加湿度,湿度控制在 65% ~75% ,保持 20h 左右,然后降低湿度;⑦固化 3 ~5d 后放置在涂装室外。

6)厂内涂装施工工艺流程

厂内涂装施工工艺流程见图 2-5-18。

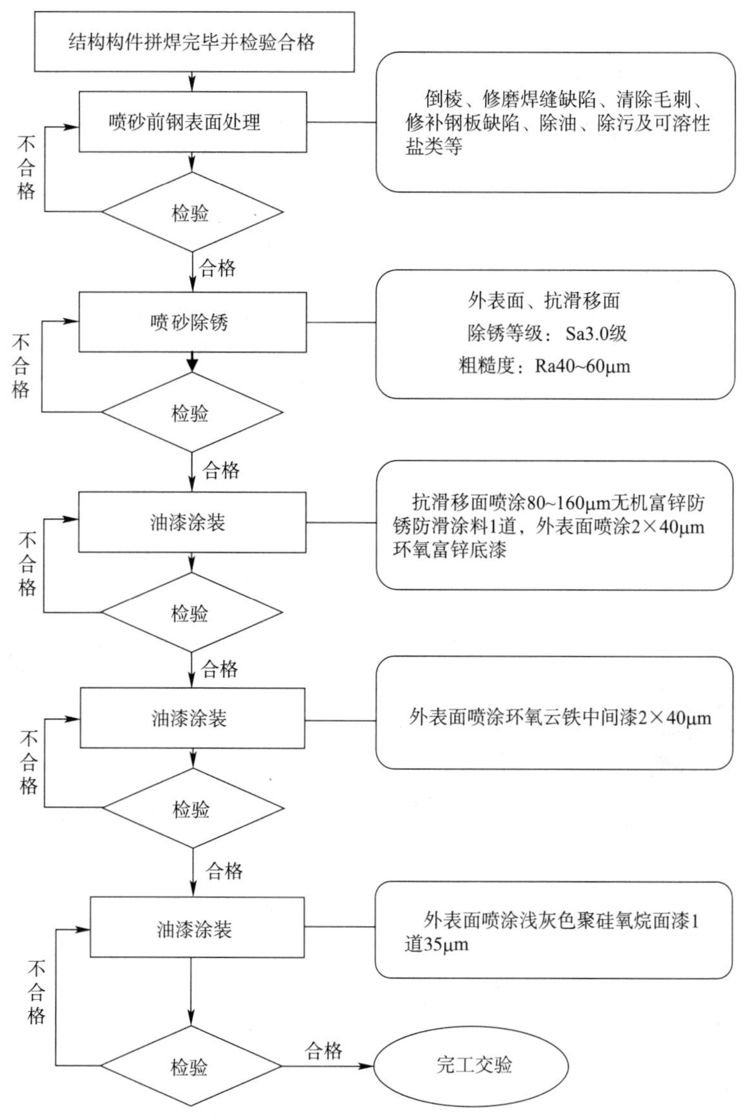

图 2-5-18　厂内涂装施工工艺流程

7)聚硅氧烷面漆涂装施工质量检测

通过多次工艺试验及现场施工的不断完善,聚硅氧烷面漆在厂内的施工工艺也日趋成熟,涂层质量满足了设计要求,从而确保了重庆朝天门大桥的整体防腐效果。表 2-5-7 是几批成品构件的涂层检验结果。

涂层检验结果　　表2-5-7

序号	检验项目				检验时间
	外观	厚度(μm)	附着力	结果	
1	外观均一、平整,无明显缺陷	235、267、216、224、226	1级	合格	2006.6.19
2	外观均一、平整,轻微流挂	245、207、219、237、256	1级	合格	2006.10.24
3	外观均一、平整,无明显缺陷	217、238、198、256、247	0级	合格	2007.6.01
4	外观均一、平整,无明显缺陷	226、274、221、203、241	1级	合格	2007.9.16
5	外观均一、平整,无明显缺陷	199、243、226、238、252	1级	合格	2007.10.30

通过对重庆朝天门大桥涂装工艺的不断研究和完善,制订了满足设计要求的工艺方案。新建的聚硅氧烷涂装厂房(图2-5-19、图2-5-20)及相应的施工配套设施(图2-5-21、图2-5-22),为聚合硅氧烷固化创造了良好的固化环境。后续构件的涂层质量也证实了涂装工艺方案的可操作性,从而保障了整个涂装体系能更好地发挥其防腐蚀功效,在最大程度上起到保护和装饰水上门户——重庆朝天门大桥的重要作用。然而,聚硅氧烷对外界因素的敏感性也决定了它在不同环境下的施工要求也有所区别,这就要求应能随时根据环境的变化制订适宜的方案,以保证涂层质量。

图2-5-19　新建涂装厂

图2-5-20　新建厂房内的杆件

图2-5-21　增温增湿

图2-5-22　通风排气设备

5.5　附属设施防腐

一座桥梁要顺利运营，其主体结构及其他相应的附属设施都必须完善，桥梁的附属设施包括防撞护栏、检修系统、除湿系统、照明系统等，因此，在保证大桥主体结构防腐寿命的同时，也必须花大力气解决附属设施的防腐问题，否则影响外观及正常使用，并且不易检修。

附属设施构件多为零散小件，且沿桥梁分布较长，安装后涂层不易维修保护，因此必须加强构件厂内涂装质量，在保证涂装质量、外观、成本的前提下，采取先进工艺提高构件表面处理质量，采用刷涂与喷涂相结合的施工方案，保证涂层质量及外观。

第6章　15 000t级球形支座研究与制造

6.1　前言

大吨位支座在国内外已有较多的桥梁工程应用实例，例如：1973年建成的日本港大桥（主跨510m的伸臂+挂孔钢桁梁桥）中间支点总反力达134 020kN，采用140 000kN铰轴铸钢支座；1988年建成的日本本四联络线因岛大桥为主跨245m公铁两用钢桁梁桥，采用110 000kN铰轴铸钢支座；2003年建成的沈阳富民主跨242m双塔三跨单索面折线形斜塔预应力混凝土主梁斜拉桥，梁墩之间采用一个达130 000kN和两个达80 000kN的球形铸钢铰支座。

在重庆朝天门大桥之前，世界上主跨超过500m的钢桁拱桥有1977年建成的美国新河峡谷桥（主跨518m）；1931年建成的美国贝永桥（主跨504m）；1932年建成的澳大利亚悉尼海港大桥（主跨503m），并均采用两铰拱体系以及承载力在10 000kN以上的固定铰支座。

重庆朝天门大桥主桥由于上部结构支承反力巨大，结构形式复杂，需要突破一般拱桥所采取的拱墩（台）连接设计方式，即采用支座作为传力构造。支座可使支点受力明确、集中，保证桥梁上部结构可按设计进行内力和变形的释放，保证结构各部位受力、变形不出现交叉和相互干涉，使结构受力和变形计算更为准确，最终保证结构受力的可靠性和成桥线形控制目标的实现。

基于上述原因，重庆朝天门大桥主桥的设计思想是将有外部推力的带有连续边跨的拱结构体系转变成三跨连续钢桁拱结构体系，即在其中一中墩处设置固定铰支座，在另一中墩和两边墩处设置活动铰支座，其最大吨位达到145 000kN，如此大吨位支座在当时国内外桥梁上还未曾使用过。一方面，该大吨位支座是桥梁体系成立的保证，是桥梁安装过程中的几何可调性的基本条件，同时，要求支座设计寿命不低于100年，最大位移不小于1 800mm，最大高度不大于550mm；另一方面，支座的承载能力大大超过《球形支座技术条件》（GB/T 17955—2000）规定的范围，抗震性能（要求按地震烈度8度进行设防）和耐久性要求高，国内外尚无如此大吨位的支座制造和使用经验，其设计、制造技术难度非常大。所以，研究开发15 000t级球形支座成为重庆朝天门大桥建设的关键技术之一。

6.2　15 000t级球形支座设计

1）设计标准

（1）交通运输部标准《公路钢筋混凝土及预应力混凝土桥涵设计规范》（JTG D62—2004）。

（2）中华人民共和国国家标准《球形支座技术条件》（GB/T 17955—2000）。

(3)中华人民共和国国家标准《机械制图》(GB 4457 ~ 4460—1984);《公差与配合》(GB/T 1800 ~ 1804—1992)以及《表面粗糙度及其数值》(GB 1031—1983)。

(4)中华人民共和国化工行业标准《5201 硅脂》(HG/T 2502—1993)。

2)参考标准

(1)欧标《设计总则》(EN1337—1);《支座滑动部件》(N1337—2);《球面和柱面聚乙烯支座》(EN1337—7);《支座防腐》(EN1337—9);《支座检验和维护》(EN1337—10);《支座搬运、储存与运输》(EN1337—11)。

(2)国际标准 ASTM A240/480。

3)设计参数

重庆朝天门大桥钢桁拱结构支座要求具有承受压力、移动和转动功能。在研究吸收国内外支座设计、使用经验基础上,采用水平力极限设计方法进行设计,即正常使用条件下,约束内限位挡块可承担 15% 的竖向设计荷载的水平力;约束向过盈配合的抗剪销和预紧螺栓群可承担 12% 的竖向设计荷载的水平力;当地震等水平力大于 12% ~18% 竖向设计荷载时,过盈配合的抗剪销和预紧螺栓群发生屈服或破坏消能,之后约束向水平力由防落梁挡块承担,防落梁挡块水平承载力为 20% 竖向设计荷载。

重庆朝天门大桥支座主要设计参数见表 2-6-1。

支座主要设计参数一览表 表 2-6-1

<table>
<tr><td colspan="2">支座类型</td><td>活动支座
(纵向、横向活动球形支座)</td><td>固定支座
(纵向固定、横向活动球形支座)</td></tr>
<tr><td colspan="2">竖向承载力(kN)</td><td>145 000</td><td>145 000</td></tr>
<tr><td colspan="2">水平承载力</td><td colspan="2">1. 正常使用条件下,水平承载力为竖向设计荷载的 15%;地震等水平力大于竖向设计荷载的 15% ~18% 时,限位约束装置发生屈服或破坏消能;
2. 防落梁挡块水平承载力为竖向设计荷载 20%(安全系数为 2.5)</td></tr>
<tr><td rowspan="2">位移量
(mm)</td><td>纵向</td><td>±330
(施工期间,纵桥向向桥跨跨中设置有 1 800mm临时加长位移装置,以满足梁体施工过程产生的临时附加位移需要)</td><td></td></tr>
<tr><td>横向</td><td>±6</td><td>±6</td></tr>
<tr><td colspan="2">转角(rad)</td><td>0.02</td><td>0.02</td></tr>
</table>

4)支座组成及工作原理

球形支座由上座板、中座板、四氟乙烯复合夹层滑板、下座板等组成,如图 2-6-1 所示。

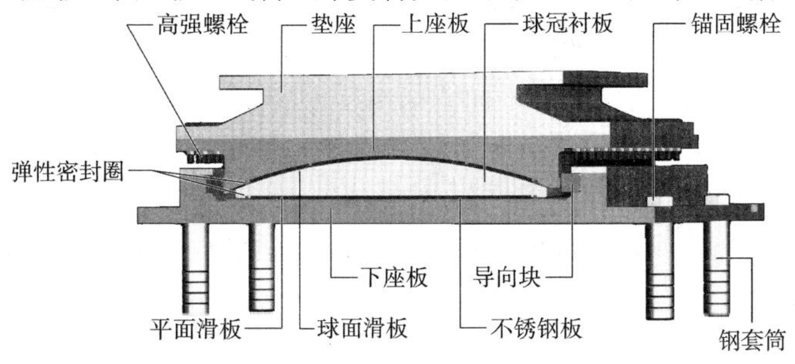

图 2-6-1 支座组成示意图

成品支座如图 2-6-2 所示。

图 2-6-2 成品支座(安装之中)

支座采用的主要材料见表 2-6-2。

支座采用的主要材料 表 2-6-2

序号	材料名称	材料牌号	材料性能	执行、参考标准
1	铸钢件	ZG275~485H	$\sigma_s \geqslant$275MPa	GB 7659
2	铸钢件	ZG270~500	$\sigma_s \geqslant$270MPa	GB 11352
3	超强填充聚乙烯板	LF	平均许用压应力≥60MPa 极限抗压强度≥200MPa	EN1337-2
4	不锈钢板	316L	$\sigma_{0.2} \geqslant$177MPa	ASTM A240/480
5	不锈钢板	1Gr18Ni9Ti	$\sigma_{0.2} \geqslant$205MPa	GB 1220
6	聚氨酯		硬度(邵氏 A):45±5 拉伸强度≥12MPa 扯断伸长率≥350%	
7	三层自润滑复合材料	SF-1	$[\sigma] \geqslant$130MPa	EN1337-2
8	合金结构图	40Cr 42CrMo	$\sigma_s \geqslant$640MPa $\sigma_s \geqslant$930MPa	GB 3077
9	优质碳素钢	45 号	$\sigma_s \geqslant$355MPa	GB 699
10	润滑硅脂	5201-2		HG/T 2502

支座工作原理:球形支座上座板下表面所焊的不锈钢滑板(上滑板)与中座板上镶嵌的填充聚四氟乙烯球形复合夹层滑板(平面四氟滑板)形成平面摩擦副,满足梁的水平滑移要求;在中座板下表面所焊的球面不锈钢滑板(下滑板),与下座板凹球面上镶嵌的填充聚四氟乙烯复合夹层滑板(球面四氟滑板)形成球面摩擦副,满足梁的转动位移要求。在支座上座板、中座板和下座板之间,通过平面摩擦副和球面摩擦副将桥梁上部的载荷均匀地传递给下部结构。

5)支座设计与构造特点

(1)支座平面、球面及导向装置摩擦副严格按照欧洲标准规定的构造及用材进行设计。

根据欧洲标准 EN1337-2 规定的大规格支座摩擦副结构和永远滑转摩擦副许用材料组合，平面、球面摩擦副为带储脂坑的超强填充聚乙烯与不锈钢偶对；导向装置摩擦为 SF-1 三成自润滑复合滑板与不锈钢偶对。

(2)通过采用导向块结构，降低横桥向 ±6mm 加大位移和侧向滑板横向尺寸加大对水平力传递和滑板承压产生的不利影响。

(3)采用获得国家专利的内部弹性预压缩密封装置对平面和球面摩擦副实行全封闭密封，密封、防尘、防水装置具有足够长的使用寿命。

(4)通过压力灌注法从隔槽部位补充硅脂，通过滑移面相对滑动将硅脂逐渐带入工作面，保证滑移面长效润滑，延长摩擦副使用寿命。

(5)进行摩擦副磨耗寿命设计，以及钢制构件抵抗氢化物、硫化物、氟化物及含尘空气的腐蚀设计，确保支座使用寿命要求。

(6)考虑钢架结构支点受力的移位影响，支座采用位移面下置的倒置结构设计，对结构进行极限水平力控制设计。

(7)确保大件运输、安装过程中维持支座出厂装配状态(如精度)。

(8)针对性强的可操作性安装和维护方案，如 1 600mm 临时加长位移装置设计、混凝土密实浇注方案及分类维护计划等。

6)支座防腐体系

支座是保证重庆朝天门大桥长期正常使用的关键，所以，对防腐提出了很高的要求。重庆朝天门大桥钢桁结构支座防腐体系设计见表 2-6-3。

支座防腐体系　　表 2-6-3

1	防腐体系类型	金属喷涂 + 重防腐涂料封闭		
2	重防腐涂料初期使用寿命	15 ~ 20 年(之后按照使用手册仅对涂料进行周期维护)		
3	前处理	喷丸，清洁度 Sa2.5 级，粗糙度 40 ~ 70μm		
4	金属喷涂	种类	热喷涂 $AlMg_3$ 铝镁合金	
		涂料厚度	≥160μm	
5	重防腐涂料封闭系统	涂装层数	3 涂层	
		涂料品种	底涂成	环氧富锌漆
			中涂层	环氧云铁中涂漆
			面涂层	半光银灰聚氨酯漆
		各涂层涂装道数	2 ~ 3 道	
		涂层总厚度	250 ~ 260μm	

6.3 支座设计计算

6.3.1 设计计算内容及方法

(1)支座摩擦副构造及基体设计均严格按欧洲标准规定进行。

(2)对于受力明确的限位约束装置、下座板水平挡块、锚固连接装置采用材料力学中的应力计算理论和强度校核理论进行计算和校核。

(3)对于结构受力复杂的关键零部件,由于建立力学分析模型困难,模型不足以代表零部件受力的实际情况,且计算程序复杂。加之支座装配后不同材料的相互作用,诸如临近混凝土结构作用的影响。为此,采用有限元分析方法建立组合模型,分析结构在极限状况下的受力和变位情况,其分析结果真实地反映了支座在桥梁结构中的实际受力和变形工况,并偏于安全。

6.3.2 主要部件设计计算

1)摩擦副构造

摩擦副构造计算主要包括超强填充聚乙烯板平均设计应力、摩擦系数、超强填充聚乙烯板的厚度和外露凸缘高度、球面超强填充聚乙烯板载荷偏心和接触应力及圆心角等。

(1)超强填充聚乙烯板平均设计应力、摩擦系数、厚度及外露凸缘高度见表2-6-4。

超强填充聚乙烯板相关参数 表2-6-4

项　目	规范或材料性能	具体设计计算值	评　定
LF超强填充聚乙烯板平均设计应力(MPa)	平均许用应力:60 极限抗压强度:200	球面超强填充聚乙烯板:46	符合材料性能要求
		平面超强填充聚乙烯板:48	
摩擦系数μ	≤0.03	≤0.03	参考欧洲标准N1337-2相关要求
超强填充聚乙烯板凸出高度h(mm)	$h=1.75+\frac{L}{1\ 200}$ 但是不能小于2.2	3.5	
超强填充聚乙烯板厚度:t_p(mm)	$2.2h \leqslant t_p \leqslant 8.0$	8	

(2)球面超强填充聚乙烯板荷载偏心计算如图2-6-3所示。

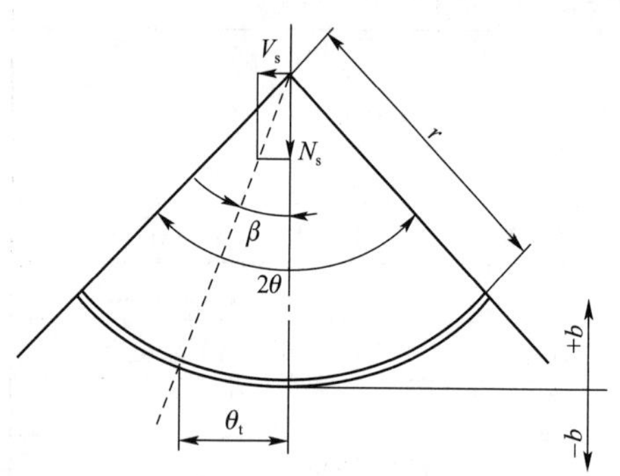

图2-6-3 球面超强填充聚乙烯板荷载偏心计算

①球面摩擦产生的偏心量:当转动发生时,球形支座都会产生因摩擦力而引起的偏心量:

$$e_1=\mu_{\max}\cdot r$$

②对于固定支座和单向支座额外产生一偏心量:

$$e_2=\frac{V_s}{N_s}\cdot\mu_{\max}\cdot c$$

式中:r——转动半径;

c——底边中心到边的短距离;

V_s——水平剪力;

N_s——竖向压力。

③支座因转动产生的偏心量:

$$e_3=\alpha\cdot(r+b)$$

式中:α——支座设计转角;

b——横截面和滑动面间的距离。

④横向力偏心量。对横向力由支座导向条或约束环来传递的支座,曲面滑动面无偏心,即$e_4=0$。为此,总偏心量为:

$$e_t = e_1 + e_2 + e_3 + e_4 = \mu_{max} \cdot r + \frac{V_s}{N_s} \cdot \mu_{max} \cdot c + \alpha \cdot (r+b) = 195.56\text{mm}$$

按欧洲标准规定,在运营状态下仅当 $e_t \leqslant L/8$ 时,球面在工作中才不会分离,此时,偏心量才会位于投影面积中。对于本支座:

$e_t = 195.56\text{mm} < L/8 = 252.5\text{mm}$(其中 L 为圆形超强填充聚乙烯板直径或矩形超强填充聚乙烯板对角线长度),满足要求。

(3)球面超强填充聚乙烯板极限应力

压力过大会导致滑动功能丧失,且会造成结构的失效或接近失效,这被认为是极限状态。在极限状态下应满足下列条件:

$$N_{sd} \leqslant f_d \cdot A_r$$

式中:N_{sd}——极限状态下的设计轴向力;

f_d——超强填充聚乙烯板材料的极限抗压强度;

A_r——缩减后的曲面滑动平面面积,$A_r = \lambda \cdot A$;

A——曲面滑动面的投影面积;

λ——支座载荷偏移产生的承载面积缩减系数,$\lambda = 1 - 0.75\pi \dfrac{e}{L}$。

本支座 $N_{sd} = 145\ 000\ 000\text{N} < f_d \cdot A_r = 146\ 375\ 284\text{N}$,满足要求。

(4)球面超强填充聚乙烯板圆心角

依据欧洲标准(PrENl337—7)第6条规定,当设计圆心角处于40°以内时,分布于曲面上的超强填充聚乙烯板应力与平面上的超强填充聚乙烯板应力差可忽略不计。本支座球面超强填充聚乙烯板圆心角为31.68°,满足要求。

2)钢构件

钢构件计算主要针对下支座板侧向挡块、锚固螺栓和高强度螺栓水平承载、限位约束装置极限受力、球冠衬板转角以及支承衬板体变形进行。钢件受力按容许应力法进行。容许应力取值见表2-6-5。

钢构件容许应力 表2-6-5

项　目	材料或牌号	力学性能(MPa)	容许应力(MPa)		
			容许弯曲应力	容许剪应力	抗剪强度
铸钢件	ZG275-485	$\sigma_s \geqslant 275$	$[\sigma_{bb}] = 150$	$[\tau] = 90$	
锚固螺栓	40Cr	$\sigma_s \geqslant 640$		$[\tau] = 280$	
高强度螺栓	M30×240-10.9	$\sigma_s \geqslant 800$		$[\tau] = 360$	
抗剪销	42CrMo	$\sigma_s \geqslant 930$			$\tau = 461$

(1)对于支座各约束方向,当地震等水平力大于15%~18%竖向设计荷载时,限位约束装置发生屈服或破坏,之后水平力由防落梁挡块承担,支座防落梁挡块的水平抗力不小于20%支座竖向承载力。以横桥向受力情况为例说明(图2-6-4):

①抗剪销和预紧螺栓

支座在横桥向设计有限位约束装置,其抗剪按支座竖向载荷的15%~18%设计,即要求抗剪销在15%~18%支座竖向设计荷载范围内屈服或破坏消能。其中,抗剪销主要承受支

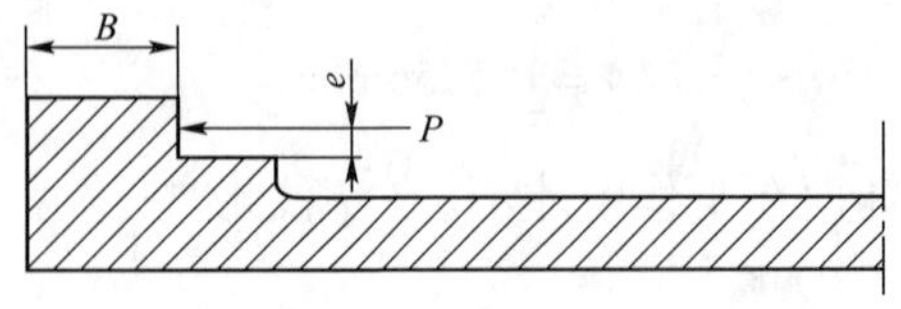

图 2-6-4　横桥向受力情况

座横向剪力，预紧螺栓主要用来抵抗横向力作用下限位挡块的倾翻力矩。

对于抗剪销：

$$\tau = \frac{4P}{\pi \cdot d_0^2 \cdot z}$$

式中：d_0——抗剪销直径。

本支座 $\tau_{15\%} = 443\text{MPa} <$ 抗剪强剪 $\tau = 461\text{MPa} < \tau_{18\%} = 532\text{MPa}$，满足极限设计要求。

对于预紧螺栓：

$$d_1 \geqslant \sqrt{\frac{4Q_p}{\sigma_s \cdot \pi \cdot z}}$$

式中：Q_p——螺栓抵抗倾翻反力。

$$Q_p = \frac{P \cdot e}{c \cdot z} = 0.5352 \times 10^6 \text{N}$$

本支座螺栓选用 M30-10.9s 高强螺栓，$d_1 = 27.835\text{mm} > \sqrt{\frac{Q_p \times 4}{\sigma_s \cdot \pi}}$，满足抗倾翻要求。

②防落梁挡块

水平力对挡块根部产生的弯曲应力：

$\sigma = \frac{M}{W} = \frac{6 \times p \cdot e}{B^2 \cdot A} = 93.86\text{MPa} < [\sigma_{bb}] = 150\text{MPa}$，满足要求。

水平力对挡块根部产生的剪切应力：

$\tau = \frac{p}{B \cdot A} = 66.29\text{MPa} < [\tau] = 90\text{MPa}$，满足设计要求。

(2)球冠衬板转角

球冠衬板转角需满足：

$$D \geqslant L + 2 \cdot S_R \cdot \theta$$

式中：D——球冠衬板外径；

S_R——球冠衬板球面半径；

θ——支座设计转角。

本支座 $D = 2\ 220\text{mm} > L + 2 \cdot S_R \cdot \theta = 2\ 168\text{mm}$，满足要求。

(3)锚固螺栓和高强度螺栓水平受力

锚固螺栓和高强度螺栓偏于保守计算时忽略摩擦力影响，主要受剪切应力作用，水平力按照 20% 支座竖向承载力考虑。剪应力按下式计算：

$$\tau = \frac{4p}{\pi \cdot d^2 \cdot z}$$

式中：d——锚固螺栓或高强度螺栓直径；

z——锚固螺栓或高强度螺栓的数量。

本支座分析结果为：锚固螺栓：$\tau = 235.48\text{MPa} < [\tau] = 280\text{MPa}$；高强度螺栓：$\tau = 341.89\text{MPa} < [\tau] = 360\text{MPa}$，均满足要求。

(4)支承衬板变形

支承衬板体的过度变形会增大滑移阻力，并加剧超强填充聚乙烯板非正常磨耗，从而直接降低支座使用寿命。参照欧洲标准，变形总量应满足：

$$\Delta w_1 + \Delta w_2 \leqslant h(0.45 - 2\sqrt{h/L})$$

式中：Δw_1——凹面承板的相对变形；

Δw_2——凸面衬板的相对变形，对于球面支座可取0。

对于C20/C25或强度等级更高的混凝土结构以及相当强度的砂浆层相接触的衬板，在直径为L的区域内，其最大相对变形：

$$\Delta w_1 = \frac{0.55}{L} \cdot k_c \cdot \alpha_c \cdot k_b \cdot \alpha_b$$

本支座 $\Delta w_1 + \Delta w_2 = 0.747\text{mm} \leqslant h(0.45 - 2\sqrt{h/L}) = 1.128\text{mm}$，满足要求。

3）混凝土局部承压强度

根据《公路钢筋混凝土及预应力混凝土桥涵设计规范》（JTG D62—2004）第5.7.1局部承压的规定，支座下混凝土局部承压强度应满足：

$$\gamma_0 \cdot F_{ld} \leqslant 1.3 \cdot \eta_s \cdot \beta \cdot f_{cd} \cdot A_l$$

式中：γ_0——桥梁结构的重要性系数，此处取1.1；

F_{ld}——局部受压面积上的局部压力设计值；

f_{cd}——混凝土轴心抗压设计值，按C40混凝土，取18.4；

η_s——混凝土局部承压修正系数，规定对于C50及以下，取1.0；

β——混凝土局部承压强度的提高系数，$\beta = \sqrt{\dfrac{A_b}{A_l}}$；

A_b——局部受压时计算底面积；

A_l——混凝土局部受压面积。

设置预埋钢板时：

$\gamma_0 \cdot F_{ld} = 159\ 500\ 000\text{N} < 1.3 \cdot \eta_s \cdot \beta \cdot f_{cd} \cdot A_l = 174\ 340\ 799\text{N}$，满足要求。

设置有预埋钢板（厚40mm）时：

$\gamma_0 \cdot F_{ld} = 159\ 500\ 000\text{N} < 1.3 \cdot \eta_s \cdot \beta \cdot f_{cd} \cdot A_l = 181\ 855\ 489\text{N}$，满足要求。

6.3.3 支座有限元分析

1）分析参数

支座整体有限元分析中，所用的材料参数见表2-6-6。

支座材料参数 表2-6-6

材 料	屈服极限 σ_s（MPa）	抗拉（压）强度极限 σ_s（MPa）	弹性模量 E（MPa）	泊松比 ν	延伸率 δ（%）
ZG275-485H	275	485	21×10^4	0.32	—
LF	—	—	400	0.499	250
C40混凝土	—	2.65（32.5）	3.3×10^4	0.3	—

2）模型建立

根据支座结构和实际传递竖向荷载和水平荷载情况，首先对支座整体（包括上座板、球冠衬板、球面超强填充聚乙烯板、平面超强填充聚乙烯板和下座板）同混凝土墩台建立1/4

组合模型进行分析(图2-6-5)。在所分析的对象中,除下座板侧向挡块外,结构受水平载荷影响较小,在建立该部分分析模型时,不考虑下座板侧向挡块的影响,而分析下座板侧向挡块受极限水平力作用时,对此单独建立模型进行分析。

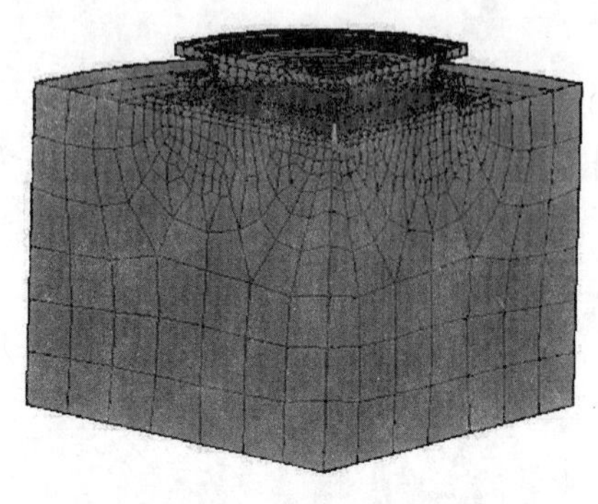

图2-6-5　1/4组合模型分析模型

3)整体应力变形分析

(1)计算荷载

将设计荷载145 000kN作用在支座上座板上。荷载通过上座板、球面超强填充聚乙烯板、球冠承板、平面超强填充聚乙烯板、下座板依次传给墩台垫石。

(2)模型采用

支座在传递竖向荷载时,主要按照超强填充聚乙烯板面积扩展进行传递,所以支座在向下传递竖向荷载时,其分布具有对称性。根据支座结构传力的对称性和力作用的一致性,采用轴对称平面模型分析。

(3)边界条件

建立支座分析模型时,将模型中六部分的相互作用采用黏结(Glue)方式进行关联,模型中混凝土结构(墩顶)部分尺寸较大(2 500mm),可对模型中混凝土墩台下表面施加全约束,在球冠衬板平面超强填充聚乙烯板位置,施加竖向荷载145 000kN。

(4)计算结果

①整体结构

支座和混凝土在竖向设计荷载作用下的整体结构应力较小,分布均匀;变形分布均匀,变化平滑。在设计荷载作用下,整体竖向压缩量为1.059mm。最大应力发生在支座上。

②上座板

上座板应力分布均匀,其值为29.9～64.8MPa,为压应力。支座上座板在设计竖向载荷作用下变形分布均匀,最大应变为0.0429%,为压应变,远小于材料的屈服应变。上座板应力和应变均在材料弹性范围内。

③球冠衬板

球冠衬板应力分布均匀,其值为38.4～56.6MPa,为压应力。其中,在与球面超强填充聚乙烯板边缘接触处应力最大,其实由于模型中采用黏接处理导致该处出现应力集中假现象。球冠衬板在设计竖向荷载作用下变形分布均匀,应变较小,最大应变为0.0403%,为压应变,远小于材料的屈服应变。球冠衬板应力和应变均在材料弹性范围内。

④球面超强填充聚乙烯板

球面超强填充聚乙烯板应力分布均匀,其值为28.0～41.4MPa,为压应力,符合德国进口高强度聚四氟乙烯滑板在全荷载作用下60MPa允许应力。球面超强填充聚乙烯板在设计竖向荷载作用下变形分布均匀。

⑤下座板

下座板在竖向设计荷载作用下应力为47.7～62.4MPa,为压应力。其中,在与平面超强填充聚乙烯板边缘接触处出现最大应力,是由于模型中采用黏结处理导致应力集中假象。下座板在设计竖向荷载作用下变形分布均匀,应变较小,最大为0.0442%,为压应变,远小于材料的屈服应变。下座板应力和应变均在材料弹性范围内。

⑥支座混凝土垫石

支座混凝土垫石受力均匀,变形平滑。综合应力最大为30.3MPa,最大变形为1.018mm。对于混凝土墩顶2 500mm深度范围竖向压缩的线形形变为:$\varepsilon = \frac{1.139\text{mm}}{2\ 500\text{mm}} = 0.04\ 072\%$。混凝土墩顶最大主压应力为30.2MPa,主要分布在混凝土承压面积上(按应力扩散理论,超强填充聚乙烯板面积扩展到混凝土上时的面积);最大主拉应力为1.24MPa。混凝土的应力分布和变形均在材料强度范围内。

4)下座板侧向挡块和导向环分析

(1)计算荷载

作用在支座上的设计水平荷载为$P = 21\ 750\text{kN}$。荷载通过上座板和导向环传给支座下座板。

(2)模型分析

根据下座板和导向环的构造及受力特点,建立1/4有限元实体分析模型(图2-6-6)。

(3)边界条件

分析中将下座板下表面和墩台接触面的Y向(即竖向)约束,同时对模型中的下座板和导向环的对称面施加对称边界条件,支座侧向挡块受到水平力的作用。在导向环受力面施加设计水平荷载。

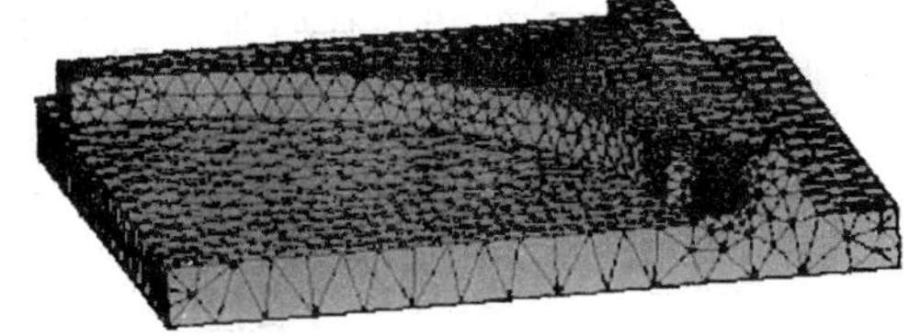

图2-6-6 下座板和导向环的1/4有限元实体分析模型图

(4)计算结果

①支座下座板和导向环在设计水平荷载作用下整个模型应力较小,分布均匀。变形分布均匀,变化平滑。

②下座板侧向挡块在设计水平荷载作用下应力为58.3~117MPa。侧向挡块向外发生变形,最大变形量为0.107mm。下座板应变最大为0.1286%,小于材料屈服应变。结构应力和应变均在材料弹性范围内。

③导向环在设计水平荷载作用下,侧向挡块应力为29.4~73.5MPa。导向环最大变形量为0.396mm,最大应变为0.0635%,小于材料屈服应变。结构应力和应变均在材料弹性范围内。

5)限位约束装置分析

(1)计算荷载

作用在支座上的设计水平荷载为竖向荷载的15%~18%。

(2)模型采用

固定支座在纵桥向设计有限位约束装置,根据结构和受力特点,取支座限位约束装置中的一组抗剪销和预紧螺栓进行分析。

(3)边界条件

分析中将模型下表面和墩台接触面的Y向(即竖向)约束,同时对模型中的两个截面施加对称边界条件,在限位挡块受力面上施加水平荷载。将模型中的抗剪销和限位挡块和下座板分别通过黏结关联,螺栓也进行同样的关联。

(4)计算结果

当对支座施加15%倍竖向载荷作用力时,抗剪销的最大应力为422MPa,小于抗剪销材料的极限抗剪应力;而施加18%倍竖向载荷作用力时,抗剪销的最大应力为479MPa,大于抗剪销材料极限抗剪应力。分析结果与抗剪销和预紧螺栓校核相一致。

6.4 支座钢结构焊接技术要求

支座钢结构焊接包括不锈钢板的焊接及球面不锈钢板对接,采用ZX5-400或WS300弧焊机、KW-400控制箱和QS型焊枪等进行焊接。

1)不锈钢板的焊接

(1)焊接要求

不锈钢板(316L)的焊接采用氩弧焊,焊缝高度不得超过不锈钢板工作表面。焊接时采用工装压紧以保证图纸要求的不锈钢板平面度。焊接前不锈钢板表面应清理干净,不应有任何油脂、污痕、氧化皮及其他杂质。采用丙酮清洗。

(2)焊接工艺参数:

钨丝直径:ϕ3mm

焊接电压:12~14V

焊接电流:120~140A

氩气流量:3~6L/min

钨级伸出长度:7~8mm

焊接速度:15~20cm/min

2)球面不锈钢板对接

(1)焊接要求

球面不锈钢板采用氩弧焊对接。对接时采用工装压紧以保证图纸要求的不锈钢板平面度。为保证焊缝质量采用切割小车自动焊接。焊接前不锈钢板表面应清理干净,不应有任何油脂、污痕、氧化皮及其他杂质。采用丙酮清洗。

(2)焊接工艺参数

钨丝直径:ϕ3mm

焊接电压:12~14V

焊接电流:120A

氩气流量:3~6L/min

钨级伸出长度:7~8mm

焊接速度:20~30cm/min

(3)焊接步骤

焊接准备:按焊接工装装夹不锈钢板,装夹时要求与不锈钢板接触的表面应清洁、平整。

焊接:按上述焊接工艺参数进行焊接,焊接时先焊接不锈钢板非镜面部分再焊接镜面部分。

焊后处理:焊后须对焊缝进行打磨抛光以便达到图纸要求的平面度。

3)检验

按照《工程机械焊接件通用技术条件》(JB/T 5943—1991)对焊缝进行检验。按设计要求对焊接后不锈钢板的平面度进行检验。

6.5　支座黏结技术要求

支座黏结包括 LF、弹性密封圈、SF-1 与钢件的黏结。黏结强度要求:剥离强度≥5N/mm。黏结工艺如下。

(1)胶黏剂:DG-3S 双组分改性环氧胶黏剂。

(2)工艺装备:涂刷,砂布,空压机,DG-3S 组胶和活化剂,丙酮,干净棉纱。

(3)工艺流程:检测施工环境——胶黏工件的预配合——胶黏面的预处理——配胶——涂胶——黏结胶黏面——胶层固化处理——检查验收。

①黏结的环境要求

操作间空气要清新,无污染,尽量保证风速在 3 级以下。

②胶黏工件的预配合

配合前准备:清理黏结件毛刺。

预配合:所有被黏结部件都要在涂胶前试装配一次,以考查是否能紧密接触。如果黏结前不进行预配合,则可能因黏结面配合不好而很难保证获得良好的黏结效果。当预配合已没有问题,就应对预配合中每一对被黏部件做好标记,这样在涂胶后各零件就容易配合装配。

③胶黏面的预处理

聚四氟乙烯板的预处理:将待黏结表面用细砂纸均匀打磨,丙酮洗涤,晾干。将适量活化剂(钠—萘-THF 溶液)倒在已打毛的四氟乙烯板黏结面适当位置,然后迅速盖上专用塑料薄膜。用手轻轻赶压薄膜,使活化剂均匀布满四氟乙烯板的表面,活化 5~15min,此时表面产生一层均匀棕色碳化薄膜(厚度约 1um)。揭开薄膜,用卫生纸擦净废液后,用丙酮或乙酸洗涤再用水洗净,晾干立即胶接或干燥后存放 2~3 月内均有良好胶接性能。清理工作现场,用完的塑料瓶及裁剪的边角余料应集中收集在专用废料箱中,统一处理。

钢件及复合滑板的预处理:通常先用钢丝刷刷去胶接表面氧化层、油漆及污物等,然后用砂轮、砂布、砂纸或粗锉进行打磨加工,使胶接表面得到一定的粗糙度。打磨后用棉纱清除余削,再用压缩空气清洁胶黏表面。用丙酮或香蕉水对黏结表面除油,对于大面积的胶接件表面,可采用从上至下或从左到右一个方向擦拭,反复进行,直至无油污为止。待黏结表面完全晾干时即可进行胶结。处理后的金属表面须在 4h 以内进行胶接。

聚氨酯橡胶的预处理:先用甲醇洗净黏结面,随后用细砂纸研磨,再以甲醇洗净,干燥。

④配胶

配胶质量直接影响胶接件的胶结性能,必须严格按重量比 1:1 的比例配胶(误差不超过 2%~5%)。胶黏剂配制量多少,应根据涂敷量多少而定,且在活性期内用完,配胶时必须搅拌均匀。

⑤涂胶

当表面处理已能满足要求,在黏结之前就要使表面保持清洁与干燥,应尽快于处理好的表面上涂胶。涂胶层厚度一定要均匀。一般厚度控制为0.15~0.22mm,涂胶过程保持清洁,不得粘有异物。涂胶采用刷涂方式。

⑥黏结胶黏面

对被粘零件是否按正确的次序与配合进行装配。装配时注意黏结面清洁。核对表面处理的有效时间,胶黏剂的适用期和胶黏剂固化的保持时间。

⑦胶层固化处理

在涂胶后放置一段时间(半小时左右),先作预固化处理,待胶液黏度变大后,再在胶结面施加压力2~2.5kg/cm^2,以保证胶层厚度的均匀性,可以采用不同固化压力控制胶层的厚度。DG-3S双组分改性环氧胶黏剂室温(25℃)下固化时间为1~2d。

⑧检查验收

严格按上述工艺进行检查验收。

6.6 支座试验检测

为了检测和验证支座的关键摩擦副材料性能以及整体支座力学性能是否满足设计和相关标准要求,特对TLFG3124B填充聚四氟乙烯板和整体支座力学性能进行了相关试验和检测。具体如下:

1)摩擦副材料试验检测

(1)填充聚四氟乙烯板力学性能试验

①试验目的:检测TLFG3124填充聚四氟乙烯板的力学性能。

②试验用材料:填充聚四氟乙烯板由德国门福公司提供。试件尺寸为2mm厚标准试片。

③判定指标及试验结果:由表2-6-7可见,TLFG3124填充聚四氟乙烯板的力学性能符合设计及标准要求。

TLFG3124填充板力学性能检测 表2-6-7

检测项目	单位	TLFG3124标准值	实测值	检测项目	单位	TLFG3124标准值	实测值
密度	g/cm^3	>2.12	2.16	扯断伸长率	%	>250	355
拉伸强度	MPa	>15	23.3	球压痕硬度	MPa	35~38	36.7

(2)填充板摩擦磨耗性能试验

①试验目的

检测TLFG3124填充聚四氟乙烯板在竖向承载力作用下摩擦磨耗性能。

②试验用材料

a.填充聚四氟乙烯板由德国门福公司提供,试件尺寸ϕ100mm×7mm,表面按欧标EN1337-2压有储脂坑。

b.试验用不锈钢板摩擦面采用SMS316镜面不锈钢板,表面粗糙度Ra=0.4。

c.填充聚四氟乙烯板表面填充由德国门福公司提供的硅脂。

③检测试验

a. 填充聚四氟乙烯板厚7mm，其中4mm镶嵌在一个钢板凹槽内。

b. 试验温度：18～23℃。

c. 试验时由垂直油压给试件施加正压力353.4kN，使试件产生平均压应力45MPa，由水平油压千斤顶以0.05Hz施加水平力，使填充PTFE与不锈钢板之间产生相对平面滑动，滑动速度为2mm/s（正波加载），相对滑距离为±10mm，累计滑动总距离为1 000m。试验过程中通过循环水冷却，使试件温度保持在13℃左右。通过试验前后试件称重（仪器精度：0.001g）确定线磨耗（μm/km）。试验过程中同时测定试件滑动摩擦系数的变化情况。

④判定指标

a. 竖向检测荷载作用下，最大摩擦系数μ<0.03。

b. 竖向检测荷载作用下，相对滑动距离为±10mm，累计滑动总距离达1 000m后，线磨耗≤15μm/km。

⑤试验结果

a. 摩擦系数与累积摩擦距离的关系见图2-6-7。

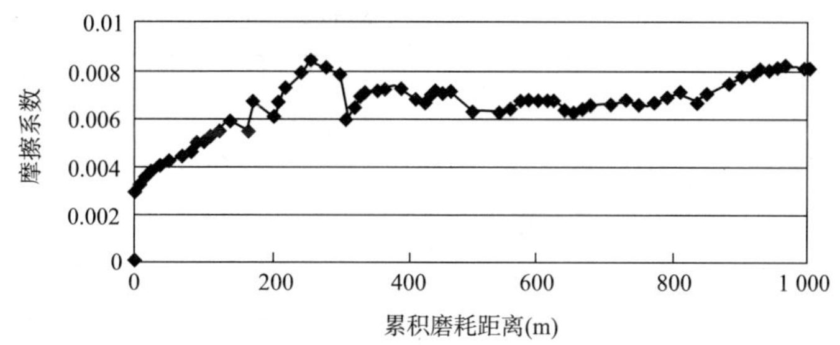

图2-6-7　摩擦系数与累积摩擦距离的对应关系图

b. 试件试验结果见表2-6-8。可见，TLFG3124填充聚四氟乙烯板在竖向承载力作用下摩擦磨耗性能符合设计及标准要求。

TLFG3124填充聚四氟乙烯板在硅脂润滑条件下的摩擦磨耗性能表　　表2-6-8

试件编号	正应力（MPa）	滑动速度（mm/s）	相对滑动距离（±mm）	总滑动距离（m）	线磨耗率（μm/km）	摩擦系数（μ）
1-1	45	2	10	1 000	12.59	0.003～0.01
1-2	45	2	10	1 000	9.65	0.003～0.01

2）整体支座力学性能试验

鉴于国内外试验设备无法满足145 000kN成品支座的试验要求，在保证模拟球形支座填充聚四氟乙烯板平均压应力与实桥支座（QZ145 000kN大吨位抗震球形支座）相同的条件下，采用与实桥支座选材、实际条件以及制造工艺均一致的方式研制出QZ3500DX模拟支座（高度为94mm），然后与模拟支座进行竖向承载能力、转动性能、摩擦因数试验，测定模型支座的竖向承载力作用下变形性能。

（1）支座竖向承载能力试验

①试验目的

测定QZ3500DX模拟支座竖向承载力与竖向承载力作用下变形性能。

②试验方法

a. 将待测试模拟形型支座装夹于 FCS-20 000kN 电液伺服协调加载系统上,并校正位置。

b. 正式加载前对模拟球形支座预压三次,预压荷载为模拟球形支座设计承载力。

c. 在模拟球形支座四角均匀放置四个百分表,测试模拟球形支座竖向压缩变形。

d. 正式加载分三次进行,每次检测前预计设计最大竖向荷载的 1%,让百分表置零。加载中,每级荷载稳压 2min 后读取百分表数据,直到最大设计荷载的 150%,稳压 3min 后读取百分表数据;然后卸载到设计最大竖向荷载的 1%,让百分表置零,如此往复加载三次。测试期间注意观察模拟球形支座受压状况。

③判定指标

a. 竖向检测荷载作用下,支座压缩变形不得大于支座总高度 1%。

b. 不得有填充聚四氟乙烯板的变形、裂纹及挤出情况。

④试验结果

竖向压缩变形试验结果如表 2-6-9 所示。支座三次竖向承载力试验过程中试件外观正常,无变形、裂纹及挤出等情况。支座竖向承载力和压缩变形符合设计及标准要求。

竖向压缩变形　　表 2-6-9

测试次数	支座压缩变形量(mm)	支座压缩变形量与支座总高度的比值		测试次数	支座压缩变形量(mm)	支座压缩变形量与支座总高度的比值	
		标准要求	实测值			标准要求	实测值
1	0.688	≤1%	0.732%	3	0.686	≤1%	0.730%
2	0.686	≤1%	0.730%				

(2)支座摩擦系数试验

①试验目的

检验 QZ3500DX 模拟支座竖向承载力作用下的水平摩擦系数。

②试验方法

试验时首先对模拟球形支座施加竖向设计荷载,在摩阻测试之前持续荷载 1h。然后用千斤顶施加水平力,用压力传感器记录水平力的大小,支座一发生滑动,即停止施加水平力,由此计算出支座的初始静摩擦系数:然后再以小于或等于 0.4mm/s 的滑动速度滑动,由滑动过程中测定的水平力,计算出动摩擦系数。测试时注意观察填充聚四氟乙烯板的冷塑变形。

③判定指标

所测得的摩擦系数不得超过 0.03。

④试验结果

实测摩擦系数为 0.0051。支座摩擦系数测试前 1h 持续荷载及摩擦系数测试过程中试件外观正常,物冷塑变形等情况。支座摩擦系数符合设计及标准要求。

(3)支座转动试验

①试验目的

检验 QZ3500DX 模拟支座竖向承载力作用下的转动性能。

②试验方法

支座转动试验采用双球形支座转动方式,试验采用《球形支座技术条件》(GB/T 17955—2000)中"球形支座转动试验方法"中的试验装置,用 FCS-20 000kN 电液伺服协调加载系统试验机对支座施加竖向载荷，直至加载到支座设计竖向承载力，然后用千斤顶以 5kN/min 的速率施加转动力矩，直至支座克服静摩擦发生转动，此时千斤顶会卸载，记录支座发生转动瞬间的千斤顶的最大荷载 P_{max}，同时记录测定的千斤顶施力点到支座中心的距离 L，则支座的实测转动力矩为 $P_{max} \times L/2$。测试时观察填充聚四氟乙烯板的冷塑变形。

③判定指标

根据国家标准，支座转动力矩：

$$M_0 = N \cdot \mu \cdot R$$

式中：N——模拟球形支座竖向设计荷载(3 500kN)。

R——模拟球形支座球冠衬板的球冠半径(660mm)。

μ——球冠衬板镀硬铬层和球面填充聚四氟乙烯滑板的设计摩擦系数(0.03)。

按照上式计算得到实测球形支座转动力矩不得大于 69 300N·m。

④试验结果

实测转动力矩为 7 580N·m。支座转动测试过程中试件外观正常，板与其他板或填补聚四氟乙烯滑板之间无分离现象。支座转动性能符合设计及标准要求。

第三篇

架设与控制

第1章 概 述

桥梁的施工方法极大地影响着桥梁技术的进步。在早期除了材料方面的原因外,施工方法成为影响钢拱桥发展的主要原因。在Eads桥中首创的悬臂施工方法得到了快速发展,然而近现代随着预应力梁式桥悬臂施工方法的发展、悬索桥与斜拉桥的大量应用,钢拱桥尤其是大跨度钢拱桥应用越来越少的主要原因之一就是施工方法复杂和施工费用高。钢拱桥的施工架设方法与拱的结构、桥址、自然条件、造价、工期都有很大关系。总体而言,它的发展趋势是从早期的有支架施工向着少支架或无支架施工的方向发展。历史上,钢拱桥中的创新施工方法,如悬臂施工法,被推广到其他桥梁施工之中;其他桥梁的施工方法,如顶推法、缆索吊装法,也被大量应用于拱桥之中。

1.1 大跨径拱桥建造工法

桥梁的施工方法直接影响到桥梁的安全和设计能否被采用。大跨度拱桥施工方法按照拱桥所处位置、结构形式、跨径大小、材料等不同,可分为支架架设法、悬臂架设缆索吊装法、转体施工法、顶推施工法、组合施工法。

1.1.1 支架架设法

支架架设法可以使结构受力更加明确,施工难度减小。施工较小跨径的钢桁拱桥时,在条件允许的情况下(水深较小、航运要求不高或陆地上)可以采用满堂支架进行施工。天津国泰桥即采用满堂支架法施工。大跨径钢桁拱桥在其边跨也可以采用临时支墩进行施工,这种方法可以缩小边跨悬臂长度,改善结构受力,宜万铁路万州长江大桥采用这种方法。主要施工技术问题有拱架的设计计算、拱架预压及预拱度设置、加载程序设计、落架程序和落架设备等。

1.1.2 悬臂架设法

悬臂架设法大体分为两种:一种是从两岸分别向主跨跨中悬拼至跨中合龙,另外一种是从中支点向两侧对称悬拼至中跨合龙。前种适合单孔或多孔跨径相差较大的钢桁拱桥,该方法结构受力明确,设计和施工都较单一,经济适用。宜万铁路万州长江大桥采用这种方法施工。后一种方法适合于多孔等跨或多孔跨径相差不大的钢桁拱桥,这种方法要求支点断面具有较大的抗弯剪能力,如大胜关长江大桥;对于多跨连续桁架刚性拱桥而言,该安装方法使结构受力简单明确,施工工期大大缩短。缅甸曼德勒桥采用这种方法。拱桥的悬臂施工始于近期,主要有悬臂拼装(悬臂桁架法——广西维义大桥、塔架斜拉法——三岸邕江双线特大桥、东平水道大桥)。

1.1.3 缆索吊装法

缆索吊装施工方法的特点是吊机安装、拆卸比较方便,适用于多种拼装方式,且对拱和梁的运输方式和地点限制少。多数情况下，缆索吊主塔同时也作为临时扣索索塔，不仅造成主塔的受力复杂，吊机起吊时主塔产生的变形还将通过临时扣索影响到主体结构的变形，对全桥的施工线性和内力控制不利。缆索吊装是无支架施工的一种，先进行拱肋合龙，再进行拱上结构和桥面系施工。主要技术问题有缆索吊机及塔架设计、吊装程序设计、塔架稳定性、施工线性控制及分析。采用这种施工方法的桥梁有大宁河大桥、菜园坝大桥、宁波明州大桥。

1.1.4 转体施工法

转体施工最早始于拱桥，随后推广到梁桥、斜拉桥、斜腿刚构等不同桥型施工中。其特点是将桥划分为两半，分别在适当的位置预制，然后以桥梁为转动体，借助转盘、千斤顶等将桥转动到轴线位置并合龙。转体分为平转、竖转和平竖结合转。主要施工技术问题有扣索设置、滑道设计、拱架的平衡。采用这种施工方法的桥梁有广西邕江大桥、广州丫髻沙大桥。

1.1.5 顶推施工法

顶推法多应用于预应力钢筋混凝土等截面连续梁桥和斜拉桥的施工。顶推施工最先起源于钢梁的拖拉施工，近年来也用于钢拱桥施工中，顶推中需要较多的临时墩。顶推关键问题是滑道的布置和顶推支撑点水平力的控制。杭州九堡大桥成功将顶推法应用于钢拱桥施工，该桥已于2012年建成通车。

1.1.6 组合施工法

组合施工法主要是悬臂施工法与其他方法相结合的施工方法，如悬臂施工与缆索吊装结合，劲性骨架与缆索吊装相结合等。采用组合施工法施工的典型桥梁有万州长江铁路大桥边跨支架施工，中跨斜拉悬臂施工；菜园坝大桥缆索吊装施工加斜拉悬臂施工组合；上海卢浦大桥采用缆索吊装及斜拉悬臂施工组合。

1.2 重庆朝天门大桥结构及架设施工特点

随着社会进步科学技术高速发展，分析手段越来越先进和完善，新型建筑材料得到发展和应用，桥梁建造水平的不断提升，一些更大规模、结构形式更加新颖、更具审美艺术的桥梁结构进入工程师们的视野，并受到重视、研究及实践。重庆朝天门长江大桥作为新世纪钢桁架拱桥的代表便是其中之一。这种在20世纪后半叶沉寂了大半个世纪的桥跨形式，随着社会的进步被人们再次记起并赋予了新的意义。随着实践经验的逐渐积累，钢桁架拱桥的设计理论和建造技术也将趋于完善，跨越能力也会不断提高，相信今后会有越来越多的钢桁架拱桥问诸于世。

1.2.1 重庆朝天门大桥结构特点

钢桁架拱桥上部结构主要由拱肋、吊杆、系杆、加劲梁等构件组成。拱肋是拱桥结构中的主要承重构件，一般都需要承受较大的轴向压力，而在荷载变化情况下，还承受一部分弯矩，因弯矩较小而轴力很大，拱肋多数为以受压为主的偏心受压构件。桁式拱肋的特点在于能够采用较小的材料截面取得较大的纵横向抗弯刚度，且杆件以受轴向力为主，能够发挥材料的特性。与箱形拱肋相比，桁式拱肋减轻了自重，使拱桥具有更强的跨越能力，而且桁式拱肋具有每个节间杆件能够灵活的改变截面和钢种的特点。桁式拱肋按主桁框架分类可分为柏式桁架、华伦桁架、K式桁架、再分式桁架等多种形式。吊杆是一传力构件，它把桥面系荷载传递至承重构件拱肋，吊杆主要为轴心受拉构件。在钢桁架拱桥中，吊杆一般可做成刚性吊杆或柔性吊杆两种形式。刚性吊杆多用钢管或型钢制成，一般情况下承受拉力，但在活载作用下也可能部分出现压力；柔性吊杆可采用高强平行钢丝束或钢绞线，只能承受拉力。使用刚性吊杆对增强拱肋的横向刚度有利，但施工程序多，工艺较复杂。使用柔性吊杆可以部分消除拱肋和桥面系之间的相互影响，施工方便、外形较好。对于无推力拱桥，拱的推力全部由系杆承担，因此系杆将承受较大的轴向拉力。系杆也分为刚性系杆和柔性系杆两种形式。刚性系杆用型钢制成，并通常作为桁式加劲梁的弦杆，此种形式与主桁拱间的连接构造简单，受力明确。在铁路桥中多采用刚性系杆，可以减少拱脚的水平变位，增加结构的竖向刚度；柔性系杆可采用平行钢丝束制成，其特点是便于施工安装，但在主桁上的锚固构造设计难度大。加劲梁是保证车辆行驶、提供结构刚度的二次结构，主要承受弯曲内力。加劲梁在铁路桥中多采用桁架形式以提高结构刚度，在公路桥中多采用箱形截面。

拱桥的力学特点决定其具有较好的竖向刚度，而斜拉桥和悬索桥本身属于柔性体系，必须在结构和体系布置上加以处理才能满足受力和高速行车的需要。桁架桥中的杆件多为主要承受轴向力的构件，能够充分发挥材料的力学性能。桁架桥具有每个节间杆件都能够根据受力大小而灵活改变钢种和截面的特点，展现了良好的经济性能。桥梁的上部结构施工多为高空作业，桁架拱桥的单根杆件相对较轻，不需要大型的起吊设备，施工迅速。钢桁拱桥外形轮廓柔和，桥型雄伟壮观，易于与周边景观协调搭配，能够体现现代工业化的风貌。桁架拱桥的节点构造复杂，设计时其抗疲劳性能需要做深入研究。大跨度钢桁架拱桥的弦杆和腹杆自由长度较大，承压时存在着失稳破坏的可能，因此，在杆件设计时要充分考虑稳定性要求。大跨度钢桁架拱桥在施工中的整体稳定性能较弱，由于承载高，需要大吨位支座；从“全生命周期设计”出发，还要考虑大型支座的更换问题。作为钢结构，要考虑材料的长期防腐性能。在现存大跨度钢桁架拱桥中，行车系的行车道梁与拱组合，共同受力。

重庆朝天门大桥设计为三跨连续中承式钢桁系杆拱桥，是钢桁架结构在特大型拱桥中应用的又一代表作，其主跨设计跨径552m，是目前世界上最大跨度的拱桥，该工程充分利用桁架结构的受力特性，通过根据各构件的受力情况，选用不同材质的钢材，按等应力度控制弦杆截面设计，结合桥面梁系布置双层钢系杆等系列措施，既有效地控制了全桥构件截面的均匀性，使结构布置更为合理，又充分地发挥了各种钢材的力学性能，最大限度地节约了工程成本。

主桥上部结构设计跨径为190m + 552m + 190m，双层桥面，上层为双向六车道和人行道，总宽36m，下层中间为双线城市轨道交通，两侧各设一个7m宽的汽车车行道。

两片主桁（拱肋）间距为29m，拱顶至中间支点的高度为142m，拱肋下弦线形采用二次抛物线，矢高128m，矢跨比1/4.3125；中跨拱肋上弦也采用二次抛物线，与边跨上弦之间采用$R=700$m的反向圆曲线进行过渡。

主桁采用变高度的N形桁式，跨中桁高为14m，中间支点处桁高73.13m，边支点处桁高为11.83m。全桥采用变节间布置，共有12m、14m、16m三种节间形式，上下两层系杆间距为11.83m，上层采用H形断面钢系杆，下层采用王字形断面钢系杆+体外预应力索，钢系杆端部与拱肋下弦节点连接，体外预应力索锚固于节点端部。

主桁结构材质为 Q420qD 和 Q370qD，最大板厚 80mm，桥面和联结系材质为 Q345qD，吊杆采用平行钢丝束。

上下层桥面均采用 U 形闭口肋正交异性钢桥面板。

主桁以拼装式节点为主，用 M30 高强度螺栓连接，钢板最大厚度为 240mm，联结系、行车系采用 M24 高强度螺栓连接。

南北主墩各设两个 145 000kN 的球形铰支座，边支点各设两个 12 500kN 球形铰支座，其中北主墩为固定支座，南主墩为纵向活动支座，边支点为双向活动支座。

1.2.2 重庆朝天门大桥架设施工特点

重庆朝天门大桥主桥工程具有造型美观、结构新颖、施工技术难度大、施工条件复杂等特点，工程位于重庆市朝天门港下游约 1.71km 处，西连江北城，东接南岸弹子石，全长 4.158km，与内环高速闭合，是连接重庆市南北两个中央商务区的城市快速干道。主要施工特点表现在如下几个方面。

(1)主桥上部结构设计采用三跨钢桁系杆拱桥，具有结构新颖、受力明确、线形流畅、气势宏伟、功能齐全等特点。

(2)大桥主跨设计跨径为 552m，目前在同类桥型中居世界第一，且为上下双层桥梁，其构件加工精度高、线形控制难度大、施工工艺复杂、主跨桁拱大悬臂拼装存在较大的风险。

(3)大桥两岸地形陡峭，沿线建筑物密集，没有可供利用的施工场地，工程施工所需的大型临时工程布置存在很大难度。

(4)施工水域航道狭窄，水下地形复杂，航运繁忙，施工作业与航运之间的矛盾十分突出，航道维护和占用问题，对大桥施工方案的选择、工程施工进度均有较大的影响。

(5)大桥跨越长江黄金水道和人口密集的主城区，施工期间安全防护要求高、难度大、外协困难。

(6)主桥上部结构用钢量大，对钢材材质和加工制作精度的要求高，部分钢材的供应渠道单一，国内具备加工制作能力的钢结构加工企业较少，原材料供应和构件加工制作存在一定的难度。

(7)大桥施工所需临时工程和专用设备数量巨大，结构复杂，对工程施工成本的影响较大。

第2章 特大跨钢桁拱桥施工方案研究

根据重庆朝天门大桥的地理位置和结构特点，结合大跨径拱桥建造工法，支架法不适用于朝天门大桥，因为跨越长江，航道繁忙，江中为深水无覆盖层的岩石层。转体施工适用于跨径相对较小的拱桥，对于跨径大于400m的超大跨拱桥，难度较大，施工风险大。顶推法主要适用于连续跨径基本一致的拱桥施工。对于跨径大于400m以上的桥梁基本都采用组合施工方法，且多为斜拉扣挂悬臂组合施工。重庆朝天门大桥主要对比支架法和斜拉扣挂悬臂组合施工方案比选。针对重庆朝天门大桥具体形式进行比选，确定具体施工方案。

2.1 施工方案比选

根据现场实际情况和结构设计特点，本工程不具备采取节段整体吊装的施工条件，在充分借鉴国内外大跨径钢桁架拱桥施工经验的基础上，拟定重庆朝天门长江大桥主桥上部结构以单根构件（包括前端节点）作为吊装单元，用悬臂拼装的工艺施工，单元最大重力为800kN。总体施工方案围绕吊装设备、安装起点、悬臂安装防倾覆措施、中跨桁拱与桥面梁系安装顺序、桁拱跨中无应力合龙位移调整措施等几个方面展开技术可行性、安全可靠性、经济合理性比较，确定适合本桥施工的总体施工方案。

2.1.1 吊装设备比选

大跨径钢桁架拱桥悬臂施工使用的吊装设备主要有两种，一种是用缆索吊机安装，另一种是用拱上爬行吊机安装。

1）缆索吊机安装方案

（1）索吊布置及主要参数

索塔布置在主墩顶，塔高大于190m，中跨跨径为568m，承重索跨中挠度为1/20，南北边跨用背索吊装，背索水平夹角为12°，北边跨跨径为546m，南边跨跨径为600m，边中跨各布置一套起重系统，额定吊重1 000kN，如图3-2-1所示。

（2）方案优缺点

①吊装设备与主结构完全分离，施工期间对主结构不产生附加内力。

②设备通用性较强，起重系统布置较为复杂。

③边跨钢桁梁需用背索安装，后锚系统对引桥箱梁施工干扰较大。

④构件安装定位难度较大，作业效率较低。

⑤索吊盲区范围内的构件需用其他起重设备辅助安装。

⑥需设置独立的扣索系统。

2）拱上爬行架梁吊机安装方案

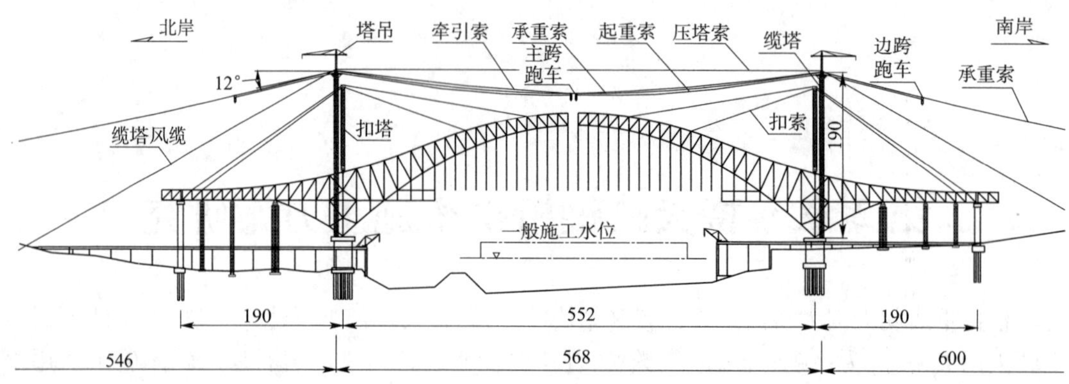

图 3-2-1　缆索吊安装方案布置图(尺寸单位:m)

(1)拱上爬行架梁吊机主要参数

南北岸各安装一台起重力矩 21 000kN · m,额定起重量 800kN 的拱上爬行架梁吊机,在拱肋上弦布置行走轨道、锚拉板和防倾覆后拉锚,吊机最大吊幅 30. 5m,最大爬坡能力 22°,每行走一次可安装两个 12m 标准节间或一个 14m、16m 节间,构件在安装位置下方垂直起吊,如图 3-2-2 所示。

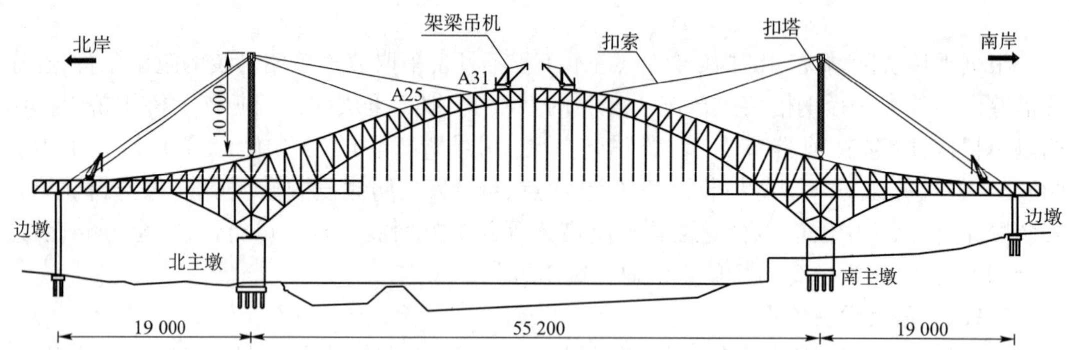

图 3-2-2　拱上爬行架梁吊机安装方案布置图(尺寸单位:cm)

(2)方案的优缺点

①吊机锚固在主桁上弦杆上,安装作业稳定性较好,效率较高。

②对引桥施工无干扰。

③吊机自重约 3 000kN,在主桁上弦行走,施工时对主结构产生较大的附加内力。

④吊机主要参数受主结构设计参数控制,设备的通用性较差。

⑤构件安装转运量大,不能定点起吊。

通过计算分析,用拱上爬行架梁吊机作为安装设备,吊机自重对主结构产生的附加内力可以控制在设计容许的范围以内,安装作业稳定性较好,有利于控制安装线形,能最大限度地减小拆迁工作量和对引桥施工的干扰。

2.1.2　安装起点比选

大跨径钢桁架拱桥悬臂安装,可以将边支点作为安装起点,单悬臂安装;也可以将中支点作为安装起点,对称悬臂安装。两种方案均需用墩旁固定起重设备安装至少两个桁节,作为拱上爬行架梁吊机安装调试工作平台。

1）从边支点开始安装

（1）施工布置

利用边墩旁起重设备在膺架上安装1号、2号两个桁节，长24m，作为架梁吊机安装调试工作平台，其余构件用架梁吊机悬臂安装。1号、2号节间及架梁吊机单根构件最大重力为320kN，最大吊幅为40m，需在边墩旁布置一台起重力矩为9 000kN·m以上的塔吊作为安装设备，为控制边跨悬臂安装期间主结构内力，需在边跨布置3个临时支墩，如图3-2-3所示。

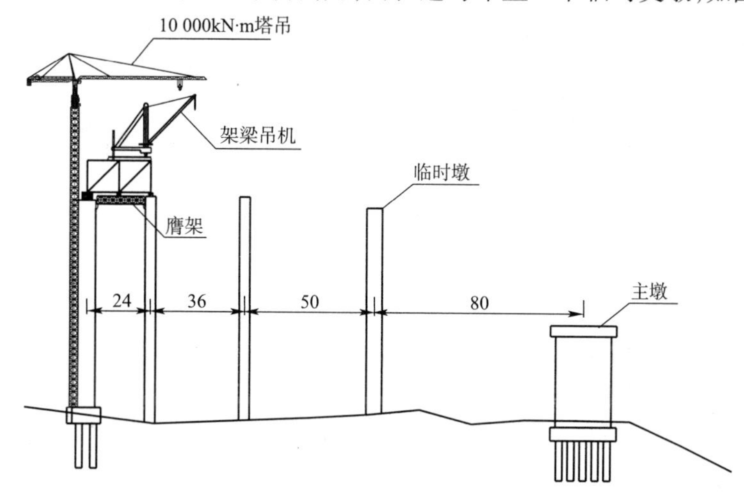

图3-2-3 从边支点开始安装施工布置图（尺寸单位：m）

（2）方案的优缺点

①墩旁塔吊起重力矩较小，选型较为容易。

②南北岸各需一台架梁吊机。

③边跨需布置3个临时墩。

④中支座精确定位难度较大。

⑤安装周期较长。

2）从中支点开始安装

（1）施工布置

在中支点左右两侧最少各安装一个桁节（16m）作为架梁吊机安装调试工作平台，在主墩顶布置托架，将起始节间与主墩临时固结，起始节间吊装单元最大重力为800kN，最大吊幅为37m，需在主墩顶布置一台起重力矩为28 000kN·m以上的塔吊作为安装设备，如图3-2-4所示。

（2）方案的优缺点

①安装周期较短。

②中支座精确定位简单。

③边跨只需布置两个临时墩。

④墩旁塔吊起重力矩较大，选型困难。

⑤中跨桁拱安装到一定的悬臂长度后，需等待边跨安装完毕，布置完成防倾覆措施后才能继续安装。

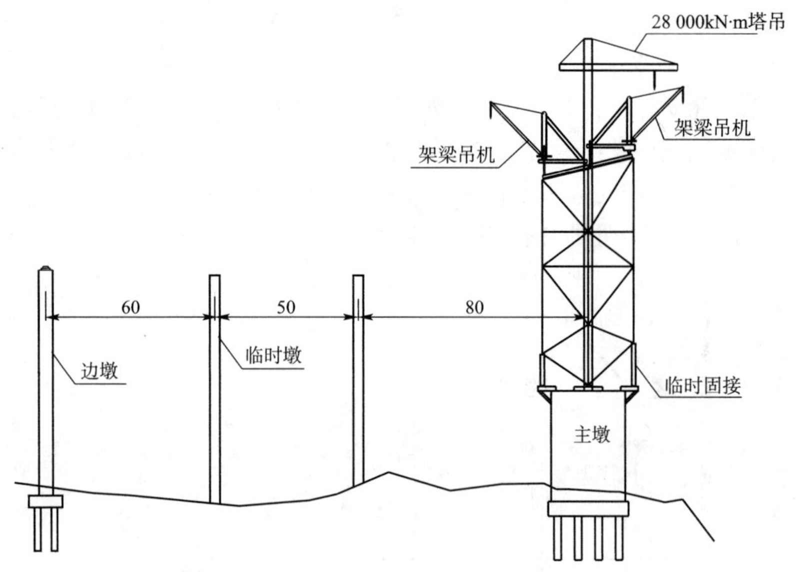

图 3-2-4　从中支点开始安装施工布置图(尺寸单位:m)

⑥南北岸各需两台架梁吊机。

通过对比分析,从边支点开始安装,施工流程较为简单,对安装设备的要求较低,方案的技术经济指标较好。

2.1.3　中跨桁拱与钢系杆安装顺序比选

中跨桁拱与钢系杆可同步悬臂安装,也可以待桁拱合龙完后再安装中跨钢系杆,两种方案在技术上均是可行的。

1)中跨桁拱与钢系杆同步安装

(1)施工布置

中跨桁拱与钢系杆同步悬臂安装,先合龙桁拱,后合龙钢系杆,完成结构受力体系转换后,安装中跨桥面系,施工时设 3 对扣索控制主结构内力和变形,如图 3-2-5 所示。

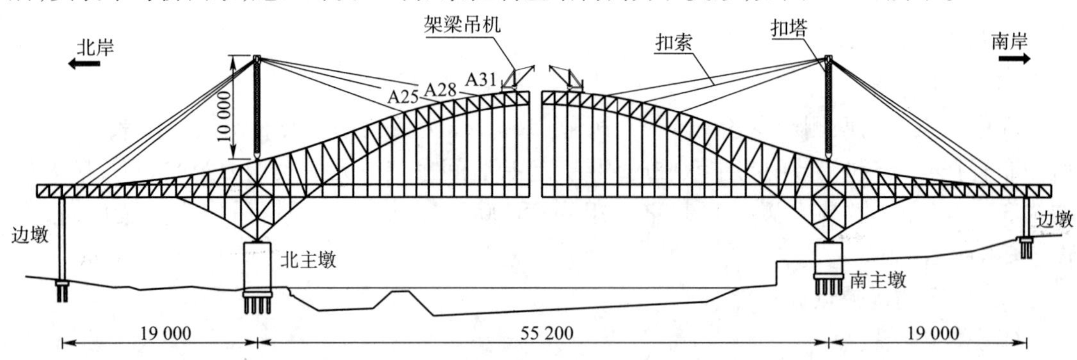

图 3-2-5　中跨桁拱及桥面梁系同步安装方案布置图(尺寸单位:cm)

(2)方案的优缺点

①不需要临时系杆,可快速实现从大悬臂施工状态到成桥状态体系的转换。

②施工体系转换次数少,施工周期较短。

③桁拱跨中合龙后,钢系杆跨中处于负偏差状态,刚性系杆合龙较为简单。

④中跨悬臂安装过程中最大倾覆力矩达 4 400 000kN · m/桁,需在边支点附近压载 30 000kN/桁以防止倾覆,全桥压载总量达 120 000kN,需单独进行压载平衡节间设计。

⑤由施工状态控制设计的杆件较多,主结构用钢量增加幅度较大。

⑥需设 3 对扣索,扣索索力及线形控制难度较大。

⑦悬臂抗风及整体稳定性较差,施工风险较大。

2)中跨桁拱与钢系杆异步安装

(1)施工布置

先悬臂安装桁拱至跨中合龙,安装临时系杆,形成系杆拱受力体系,再安装合龙中跨钢系杆和桥面系,如图 3-2-6 所示。

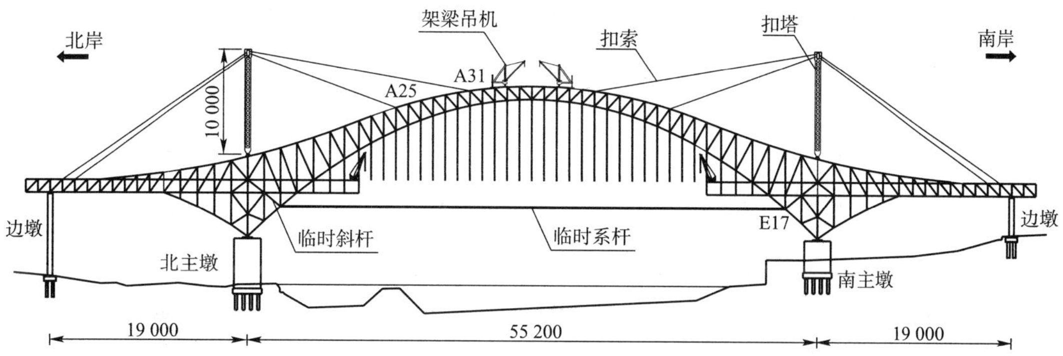

图 3-2-6 中跨桁拱与桥面梁系异步安装方案布置图(尺寸单位:cm)

(2)方案的优缺点

①中跨悬臂安装过程中最大倾覆力矩为 3 200 000kN · m/桁,边支点压载为 22 000kN/桁,全桥压载总量为 88 000kN,可借用中跨钢系杆和桥面梁系构件作为边跨压载平衡节间。

②由施工状态控制设计的杆件较少,可在一定程度上节约主结构用钢量。

③只需设两对扣索,扣索索力、安装线形控制较为容易。

④悬臂抗风及整体稳定性相对较好,能有效地降低施工风险。

⑤桁拱合龙后,需在中跨设置临时系杆。

⑥施工受力体系转换次数较多。

⑦钢系杆跨中合龙状态完全由临时系杆初张拉力控制,钢系杆合龙时跨中可能出现较大的正偏差,合龙控制难度较大。

通过对比分析,中跨桁拱与钢系杆异步安装施工风险较小,且施工周期也能满足要求。

2.1.4 防倾覆措施比选

钢拱悬臂安装过程中最大倾覆力矩约 3 200 000kN · m/桁,防倾覆措施有两种,一是利用过渡墩设置后锚,二是在边支点附近区域进行压载配重。

1)后锚方案

(1)施工布置

将边支点处主桁临时加长 4 ~5m,在过渡墩顶预埋后锚拉板,用钢绞线群锚系统作为后锚拉杆,布置位移调节装置,后锚上拔力按 18 000kN/桁设计,安全系数大于 3.0,如图 3-2-7 所示。

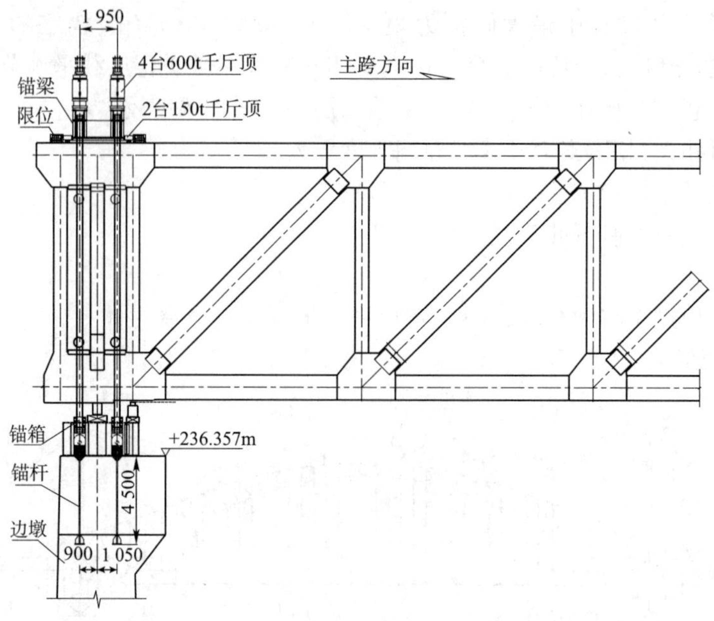

图 3-2-7　防倾覆后锚方案布置图(尺寸单位:cm)

(2)方案的优缺点

①可节约大量的施工辅助用材。

②用边墩横梁及部分墩身自重作为防倾覆平衡重,对墩身要产生一定的拉应力。

③后锚系统对边支点位移的适时调节适应性较差,风险较大。

2)压载配重方案

(1)施工布置

在边支点处安装两个临时节间,与 1 号、2 号永久节间一起作为压载配重布置区域,用预制混凝土块作为压载材料,每桁压载 22 000kN,临时节间弦杆、竖杆和横梁借用中跨钢系杆标准杆件,斜杆新制,如图 3-2-8 所示。

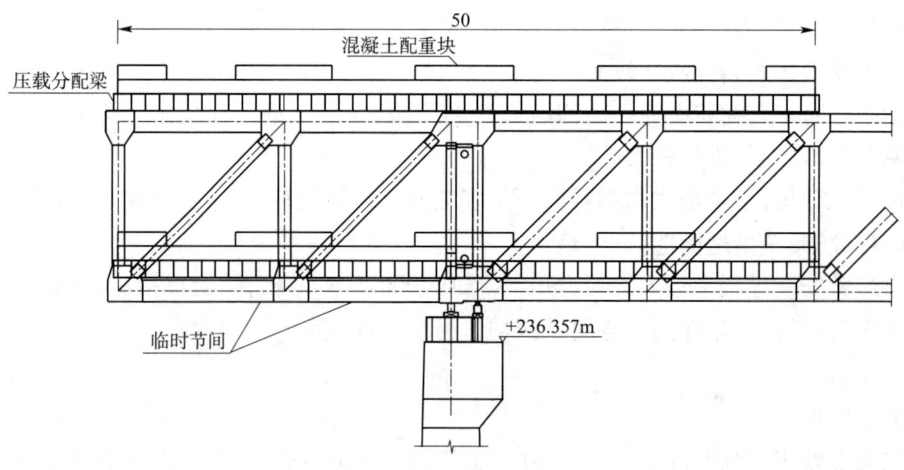

图 3-2-8　压载配重防倾覆方案布置图(尺寸单位:m)

(2)方案的优缺点

①边支点位移调整方便,施工操作简单,安全风险较小。

②对墩身不产生向上的拉应力。

③施工成本较高。

通过对比分析,压载配重方案操作简单,施工风险较小,对边支点适时位移的适应性较好。

2.1.5　合龙口位移调整方式比选

通过初步分析,桁拱跨中合龙前悬臂端在自重作用下的下挠量约 3 000mm,合龙口存在较大的纵向偏差和相对转角,为实现桁拱跨中无应力合龙,需采取措施消除合龙口悬臂端纵向偏差和相对转角,纵向偏差通过钢桁梁支点位移进行补偿,相对转角通过改变边中支点相对高差消除。根据本工程的设计特点,结合传统钢桁梁桥的施工经验,适合本工程合龙口位移调整的方式有两种,一种是在中支点安装临时支座,合龙前调整;另一种是将永久支座进行技术改造,在安装初期进行预偏补偿。

1)合龙前调整

(1)施工布置

钢桁梁按设计理论坐标开始安装,边中支点均布置临时支座和位移调整装置,桁拱合龙前顶高中支点,钢桁梁绕边支点转动,消除合龙口竖向相对转角,将一侧钢桁梁向跨中整体纵移,消除纵向偏差,实现桁拱跨中合龙,待中跨钢系杆安装合龙完成后,再将临时支座更换成永久支座。

此方案位移调整直观有效,但施工期间永久支座不能精确安装定位,在传统的钢桁架梁桥和中小跨径钢桁架拱桥施工中应用比较普遍。本工程桁拱合龙前中支点反力约 120 000kN,消除合龙口竖向相对转角需将中支点顶高约 1 250mm,每个中支点需布置 4 台 40 000kN 的千斤顶。消除斜杆竖向相对转角后,合龙口纵向偏差约 900mm,需将一侧钢桁梁向跨中整体纵移进行补偿。

(2)方案的优缺点

①可根据合龙前的实测偏差一次调整到位,位移调整效果直观。

②需要配置 16 台 40 000kN 千斤顶和集中控制系统。

③边中支点均需设置临时支座,纵向位移调节量在 1 600mm 以上。

④永久支座需待全桥主结构受力体系转换完成后才能安装。

⑤施工风险较大。

2)预偏补偿法

(1)施工布置

用结构分析软件建立三维有限元模型,精确分析桁拱跨中合龙时悬臂端位移,在边支点设置三向活动临时支座,安装初期预先降低边支点,合龙前升降边支点,使钢桁梁绕中支点转动,消除合龙口弦杆竖向相对转角,边支点预降量约 2 300mm。

将中支点纵向活动支座滑板临时加长 1 600mm,钢桁梁的安装起点按设计理论坐标向跨中预偏 650mm,补偿合龙口纵向偏差,施工过程中完成中支点永久支座的精确安装与钢桁梁的永久连接,合龙前微调纵向活动支座位移量补偿合龙口纵向偏差。

(2)方案的优缺点

①该方案充分利用了主结构设计特点，能最大限度地降低施工风险。

②不需要大吨位千斤顶，最大限度地节约了施工成本。

③中支座安装定位精度容易控制。

④施工前需要进行精确的模拟计算分析。

通过对比分析，采取在安装初期进行预偏方式补偿桁拱合龙时悬臂端位移，充分利用了本工程的设计特点，能最大限度地降低施工风险并节约施工成本。

2.2 架设施工总体方案与实施流程

2.2.1 施工总体方案

根据本桥上部结构设计特点和施工要求，结合现场施工条件，在充分借鉴国内外钢桁连续拱桥施工经验的基础上，拟定重庆朝天门长江大桥主桥上部钢桁梁采用以单根构件（包括前端节点）为吊装单元，用架梁吊机作为起重设备悬臂拼装的施工工艺，总体施工方案制订围绕安装起点和桁拱跨中无应力合龙展开。根据本桥施工特点，制订总体施工方法如下：

（1）主桥上部钢梁从两侧边支点向跨中对称安装，先安装边跨主结构所有构件，再安装中跨桁拱和吊杆，实现桁拱跨中合龙后，安装临时系杆，形成系杆拱受力体系，再用桥面吊机安装中跨上、下层梁系和桥面板。

（2）边跨钢梁安装时设 3 个临时墩辅助支撑，在 1 号临时墩与边墩之间搭设膺架，边跨 1 号、2 号桁节用 1 000t · m 塔吊在膺架上安装，作为架梁吊机安装调试平台，边跨其余桁节及中跨桁拱均用架梁吊机悬臂拼装。

（3）为满足钢梁中跨合龙调整的需要，钢梁安装时将两侧边支点预先降低 2.3m，边墩施工时边支点顶面以下墩身预留 5.0m 不施工，施工高程为 +236.307m。

（4）为满足桥面吊机安装中跨桥面梁系时吊机作业空间要求，中跨桁拱安装时同时用架梁吊机安装 7 个节间的系梁和桥面板。

（5）钢梁悬臂安装期间采取在边跨进行压载配重方式平衡悬臂端倾覆力矩，根据计算，在边支点处提供 22 000kN（单桁）的平衡力，为保证防倾覆安全系数大于 1.3，压载 22 000kN（单桁），其中上层桥面压载 12 000kN，下层桥面压载 10 000kN，分布在边跨 1 号、2 号节间和两个临时节间的上层桥面。

（6）中跨桁拱悬臂安装期间在 A15 节点顶部安装一座 100m 高的扣塔，设置两对斜拉扣索（分别锚固在 A2、A3、A25、A31 节点），控制结构内力和减小悬臂端下挠量。

（7）中跨桁拱采取在无应力状况下合龙，合龙顺序为：下弦 →上弦 →斜杆→平联，先利用临时合龙铰实现桁拱上下弦的快速合龙，解除 P8 活动支座的临时固定措施后，再合龙其他杆件。

（8）桁拱合龙后在中跨加劲下弦 E17 节点处安装临时系杆，完成初张拉后，将边支点调整至设计高程，逆序拆除斜拉扣挂及压载配重系统，用 900t · m 全回转桥面吊机按照先下后上的顺序，逐跨安装中跨系杆，实现系杆中跨合龙后，拆除临时系杆，吊装中跨桥面板。

（9）桥面板安装时与横梁之间只做临时连接，待全桥面板拼焊工作结束后，再将横梁与桥面板连成整体。

(10)边跨安装期间将边支座设为固定支座,中跨悬臂安装期间将中支座设为固定支座,保持边支座纵向活动。

(11)全桥所有构件进场后均在北岸预拼场进行预拼,边跨构件预拼好后在栈桥上用架梁吊机起吊安装,中跨桁拱构件在安装部位下方水域垂直起吊安装,中跨桥面梁系构件在边跨提升至上层桥面,通过设置在上层桥面的轨道运输系统运输至安装部位。

(12)为减小施工作业与航运之间的矛盾,中跨桁拱安装期间,采取南北中跨部分桁节异步安装的方法,通过3次航道转换确保航道正常通行。

(13)钢梁安装前绘制杆件安装顺序图和预拼图,制订完善高强螺栓施拧工艺,并严格进行试验,确保钢梁安装施工质量。

(14)钢梁线形主要由工厂加工质量来保证,现场安装线形主要通过控制节点栓孔的重合率来保证,利用P6~P9墩墩顶布置,通过钢梁整体纵横移和调整边中支点高差的方式精确定位中支座和调整中跨合龙误差。

(15)施工期间通过建立健全安全管理体系,完善安全保证措施,积极配合航道管理,强化作业人员安全防范意识,确保施工作业与航运安全。

总体施工方案布置如图3-2-9所示。

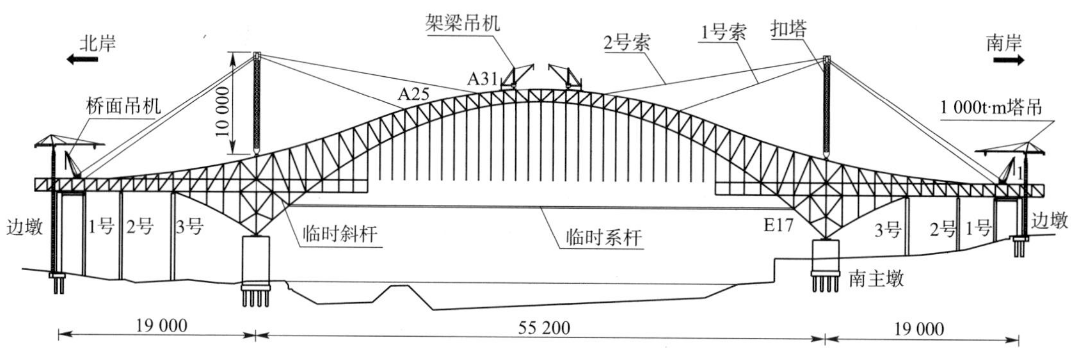

图3-2-9 总体布置图(尺寸单位:mm)

2.2.2 施工实施流程

步骤一(图3-2-10):

(1)主桥墩身施工,P6/P9墩施工至高程+263.257m(边支点支座顶面以下5.0m)。

(2)临时墩施工,南边跨临时墩向跨中预偏650mm。

(3)安装1 000t·m塔吊和膺架梁,安装边支点临时支座、顶升装置和限位装置。

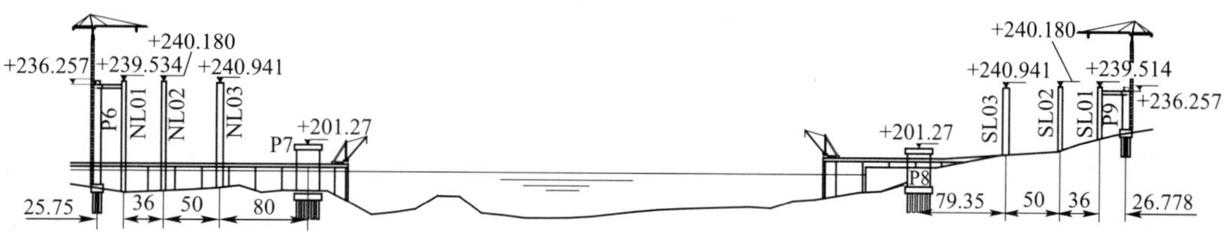

图3-2-10 步骤一(尺寸单位:m)

注:图中高程单位为m。

步骤二(图3-2-11):

(1)用1 000t·m塔吊在膺架安装边跨1号、2号节间,边支点预降低2.3m。

(2)将边支点临时固定。

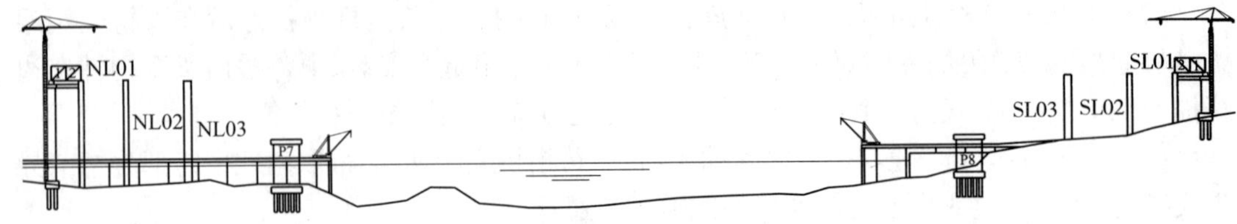

图3-2-11 步骤二

步骤三(图3-2-12):

(1)用1 000t·m塔吊在1号、2号节间上安装调试拱上爬行架梁吊机。

(2)用架梁吊机悬臂安装3~5号节间,完成2号临时墩墩顶抄垫。

(3)用1 000t·m塔吊安装边跨1号、2号临时节间。

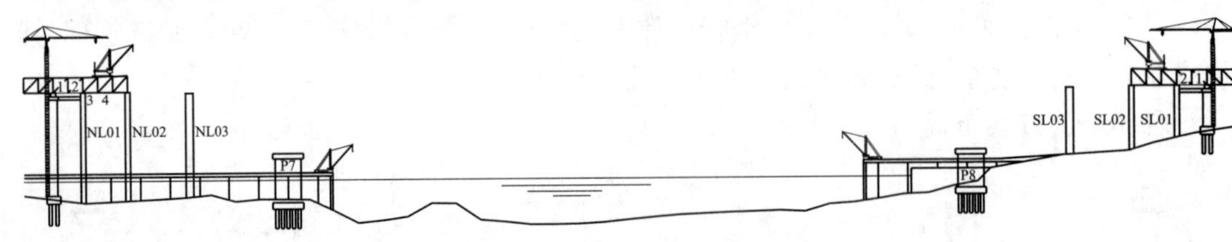

图3-2-12 步骤三

步骤四(图3-2-13):

(1)在3号临时墩上安装钢梁纵横移及限位装置。

(2)悬臂安装6~9号节间,完成3号临时墩墩顶抄垫。

(3)顶升边支点,强制脱空1号临时墩。

(4)用1 000t·m塔吊安装800t·m桥面吊机,拆除塔吊。

图3-2-13 步骤四

步骤五(图3-2-14):

(1)用架梁吊机逐跨悬臂安装边跨钢梁至13号节间。

(2)安装过程中在边跨压重,确保倾覆稳定系数大于1.3。

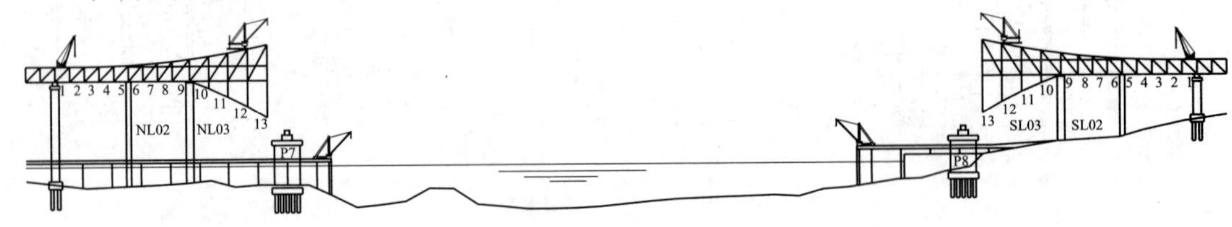

图3-2-14 步骤五

步骤六(图3-2-15):

(1)架梁吊机行走至13号节间,安装主墩竖向顶伸、纵横移及限位装置(墩顶布置),精确安装南北主墩支座。

(2)利用主墩顶布置初步安装支座垫座及E15整体节点。

(3)选择无阳光偏晒的天气条件,利用主墩顶升、横移及限位装置,调整整体节点高程和平面位移,安装边跨14号节间下弦杆。

(4)悬臂安装14号节间菱形腿部分构件,高强螺栓终拧后,顶紧中支点。

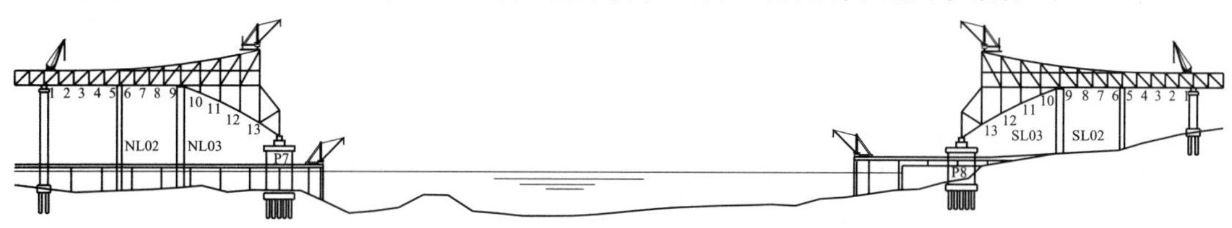

图3-2-15　步骤六

步骤七(图3-2-16):

(1)继续安装部分杆件,顶升边支点,将中支点下放至支座上支承,完成南岸钢桁梁与主墩支座的永久连接,并强制脱空2号临时墩。

(2)临时固定中支点,解除边支点纵向限位。

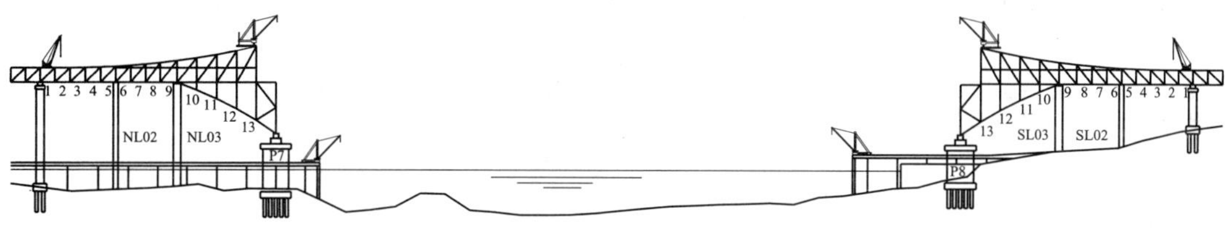

图3-2-16　步骤七

步骤八(图3-2-17):

(1)悬臂安装中跨主结构所有构件至18号节间。

(2)利用北主墩、3号临时墩及边墩顶移限位装置,整体调整北边跨钢梁安装误差,精确定位北主墩中支点,完成北岸钢桁梁与主墩支座的永久连接。

(3)在主墩顶上下游各安装1台250t · m塔吊,准备安装扣塔。

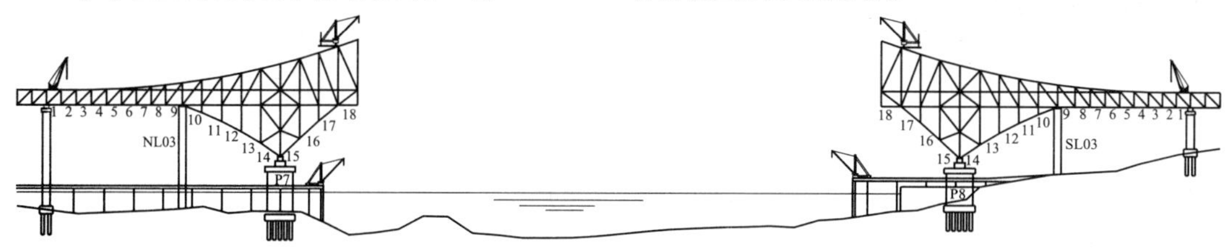

图3-2-17　步骤八

步骤九(图3-2-18):

(1)继续悬臂安装中跨主结构所有构件至21号节间。

(2)同步安装扣塔至36m,安装扣塔下层风缆。

(3)顶高边支点,强制脱空3号临时墩。

(4)将边支点回落至初始安装高程,调整扣塔垂直度。

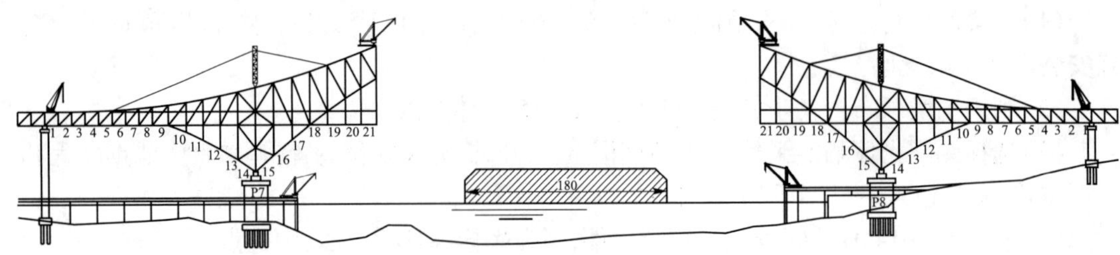

图 3-2-18　步骤九

步骤十(图 3-2-19)：

(1)继续悬臂安装中跨桁拱至 26 号节间,同步安装完成扣塔。

(2)架梁吊机行走至 A27 节点,调整扣塔倾斜度。

(3)挂设 1 号扣索,完成初张拉。

(4)解除扣塔上层风缆。

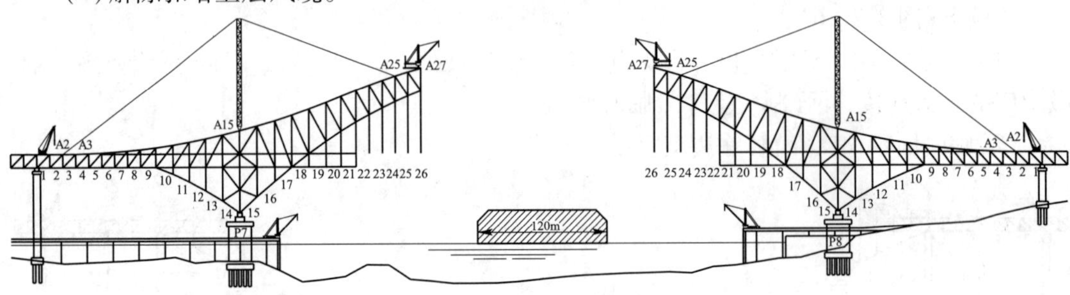

图 3-2-19　步骤十

步骤十一(图 3-2-20)：

(1)继续悬臂安装中跨桁拱至 32 号节间,架梁吊机行走至 A33 节点。

(2)挂设 2 号扣索,完成初张拉。

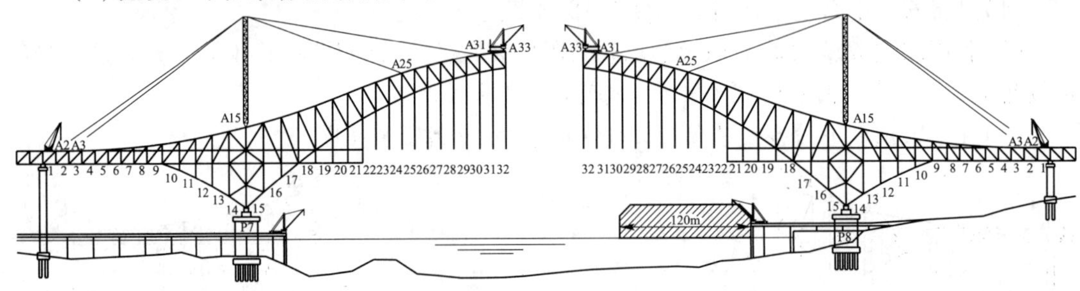

图 3-2-20　步骤十一

步骤十二(图 3-2-21)：

(1)悬臂安装南主跨 33 号 ~35 号节间,北主跨 33 号、34 号节间。

(2)北岸架梁吊机锚固于 A34 节点,南岸架梁吊机退回至 A33 节点。

(3)实测钢梁误差,准备跨中合龙。

步骤十三(图 3-2-22)：

(1)升降边支点,调整合龙段高差,消除合龙段转角误差。纵向移动南岸钢桁梁,调整合龙口纵向误差,悬臂安装合龙段主桁杆件。

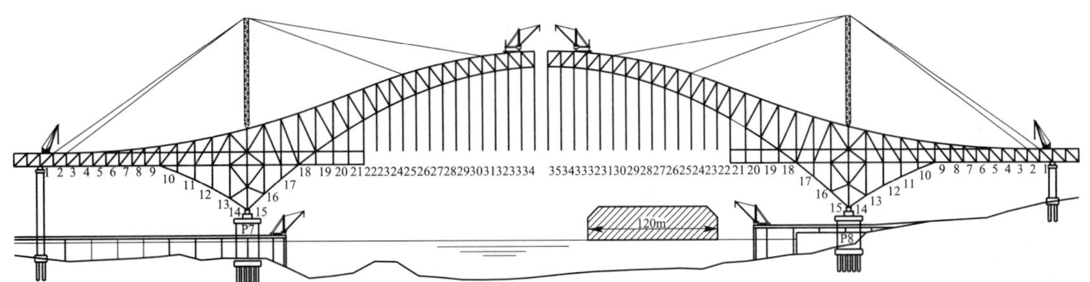

图 3-2-21　步骤十二

(2)利用环境温度变化合龙下弦杆。

(3)调整边支点高程,安装上弦合龙口顶拉装置,强制合龙上弦杆。

(4)合龙斜杆,安装平联杆件。

(5)解除南主墩支座纵向限位,完成桁拱跨中合龙。

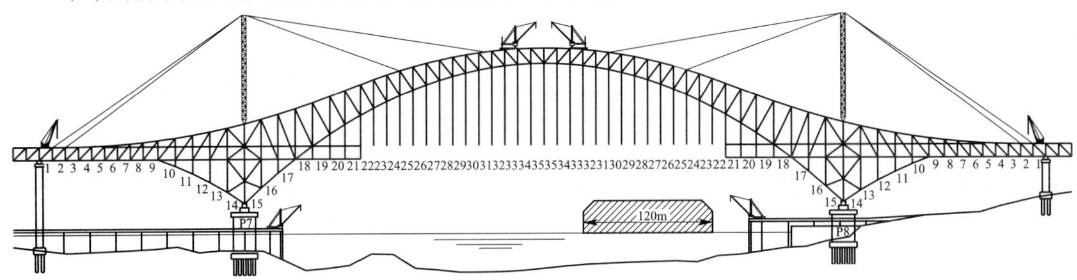

图 3-2-22　步骤十三

步骤十四(图 3-2-23):

(1)拆除边跨 1 号、2 号临时节间及配重。

(2)调整边支点高程至较成桥高程低 0.45m。

(3)安装临时系杆。

(4)分步张拉临时系杆索,当索力达到 15 000kN/桁时,安装 M16 ~ E17 临时斜杆。

(5)调整临时系杆索力至 26 750kN/桁。

(6)桥面吊机行走至 21 号节间,准备安装中跨钢系杆。

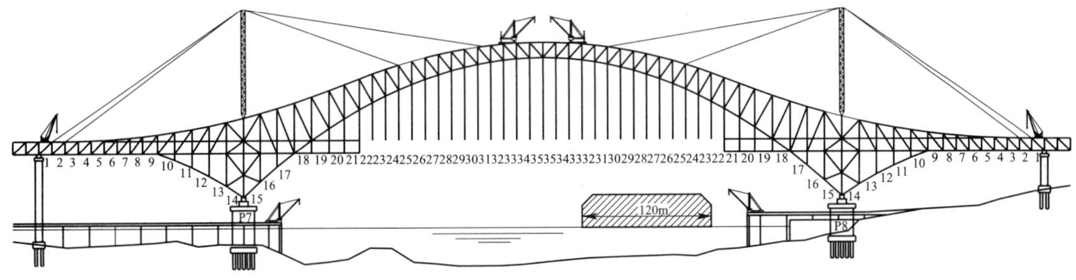

图 3-2-23　步骤十四

步骤十五(图 3-2-24):

桥面吊机逐跨安装除桥面板以外的所有中跨构件,北侧安装至北 33 号节间,南侧安装至北 35 号节间。

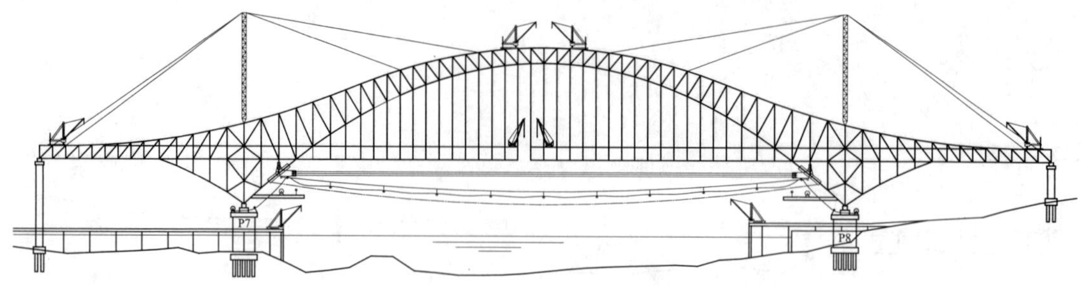

图 3-2-24　步骤十五

步骤十六(图 3-2-25)：

(1)顶推南中支座或调整临时系杆拉力,调整中跨跨径,合龙上系杆。

(2)利用环境温度变化,合龙下系杆。

(3)拆除边跨 1 号、2 号节间所有配重,放松临时系杆索,将边支点调整到设计高程,完成受力体系转换。

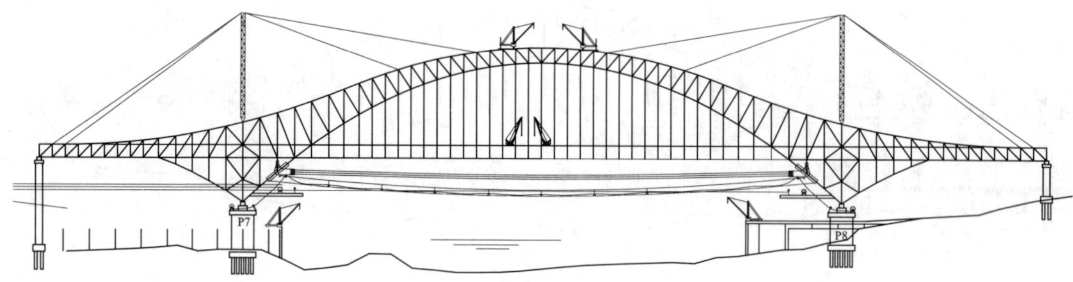

图 3-2-25　步骤十六

步骤十七(图 3-3-26)：

(1)北岸桥面吊机行走至 A9 位置,将中跨桥面板吊至上层桥面,由轨道运输至安装位置,南岸桥面吊机行走至北岸 21 号节间,由北向南安装桥面板,完成桥面板合龙。

(2)同步拆除扣索和临时系杆。

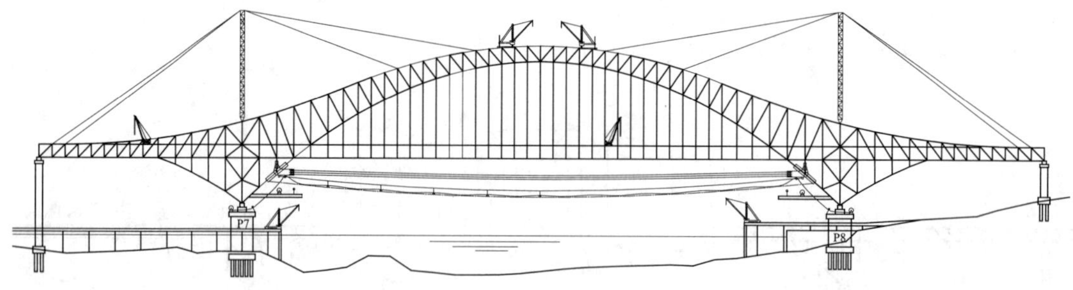

图 3-2-26　步骤十七

步骤十八(3-2-27)：

(1)拆除扣塔。

(2)拱上架梁吊机后退至边跨,同步安装拱上检查走道。

(3)安装系杆永久体外索,并初张拉。

(4)完成桥面板焊接。

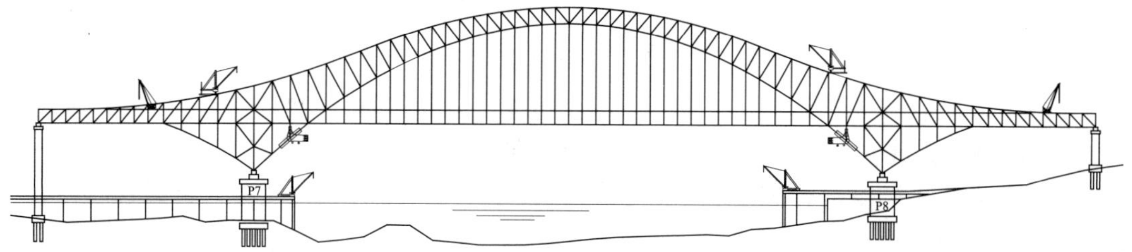

图 3-2-27　步骤十八

步骤十九(图 3-2-28)：

(1)安装全部附属设施，涂装最后一道面漆。

(2)完成桥面铺装。

(3)调整吊杆及系杆体外索力。

(4)成桥荷载试验，竣工验收。

图 3-2-28　步骤十九

2.3　架设施工关键技术

2.3.1　先拱后梁施工技术

先拱后梁的施工技术作为整个项目的总体思路。为了减小跨中挠度和主结构应力，主跨先进行桁拱的架设，待桁拱合龙后设置临时系杆，使结构提前形成系杆拱的受力体系，再进行刚性系杆架设，刚性系杆合龙后进行桥面系的架设工作。

架设边跨时，边跨所有构件均进行安装，保证边跨重量，减少压重。安装边跨时，设置临时墩，在临时墩上架设边跨钢梁，架设过程中，在边墩附近进行压载，保证架设过程中钢梁抗倾覆系数不小于 1.3。

中跨架设时，考虑到拱梁相交节段，后期不利于架设，安装时同步架设。在外伸大悬臂时，设置两对临时扣索减小桁拱挠度和应力。

调整边支点完成桁拱合龙，为了保证提前形成系杆拱受力体系，安装临时系杆，形成系杆拱受力体系。为了控制临时系杆索力，先进行刚性系杆架设，刚性系杆合龙后再进行桥面系的架设。

2.3.2　支撑体系转化技术

为控制钢桁梁安装线形，确保施工安全，顺利实现桁拱及刚性系杆跨中无应力合龙，结合总体施工方案，主桥上部结构施工过程中需进行多次受力体系转换。

(1)边跨构件安装期间，边支点纵横向均临时固定，2 号、3 号及主墩顶构件均悬臂安装，待主桁闭合,高强螺栓100%终拧,形成稳定的受力结构后才进行主桁节点与临时支座之间的抄垫。

(2)完成3号临时墩顶抄垫后,顶升边支点强制脱空1号临时墩。

(3)主墩顶桁架菱形结构闭合,完成与主墩顶临时支座抄垫后,顶升边支点强制脱空2号临时墩,将中支点设为固定支座,解除边支点纵向限位。

(4)中跨悬臂安装7个节间,主结构能够满足简支悬臂外伸梁的受力条件时,顶升边支点强制脱空3号临时墩。

(5)中跨桁拱悬臂安装期间,将边支点设为纵向活动支座,中支点设为固定支座。

(6)桁拱跨中合龙后北中支点为固定支座,其余支点均为纵向活动支座。

(7)3号临时墩未脱空前钢桁梁均为两跨连续悬臂外伸梁的受力体系。

(8)桁拱跨中合龙前为简支悬臂外伸梁的受力体系。

(9)桁拱合龙后临时系杆未张拉前为三跨连续梁的受力体系。

(10)临时系杆张拉后为施工临时状态下的中跨局部带系杆拱的三跨连续梁受力体系。

(11)扣塔及临时系杆全部拆除后为主结构受力状态下的中跨局部带系杆拱的三跨连续梁受力体系。

2.3.3 特大跨径钢桁拱桥合龙技术

(1)桁拱跨中无应力合龙控制

为实现桁拱的无应力合龙,通过预偏来保证桁拱压缩引起的纵向偏差;降低边支点来满足钢桁拱架设过程由于自重引起的转角偏差;纵向移动主桥活动支座满足主跨纵向合龙误差;横向误差主要通过手拉葫芦调整。通过以上措施保证钢桁拱的精确无应力合龙。

(2)刚性系杆跨中无应力合龙控制

刚性系杆无应力合龙通过吊杆调整刚性系杆高程,保证系杆线形;通过升降边支点调整中跨跨径,保证刚性系杆顺利合龙。为控制临时系杆索力,先进行刚性系杆合龙后进行桥面板等桥面系施工。

2.3.4 扣索施工技术

在主墩顶上弦杆上设置高100m的扣塔,扣塔与上弦杆铰接,安装时设置临时风缆,扣塔上设置两对扣索,采用钢绞线斜拉索,单根一次张拉到位,控制主桁拱架设过程中的挠度和应力,下端锚固在A2、A3、A25、A31上弦杆上。刚性系杆合龙后开始拆除扣索系统。

2.3.5 临时系杆施工技术

临时系杆通过E17节点的连接拉板与临时系杆钢锚箱连接,在E17位置增加临时斜杆,保证临时系杆传力。临时系杆由8束45根$\phi^{S}15.24$钢绞线组成。采用悬索桥猫道架设工艺,施工猫道,在猫道上施工牵引临时系杆索。单根张拉控制,保证索力。使拱桥提前形成三跨连续系杆拱桥受力体系。

2.4 特大跨钢桁拱桥架设施工控制原则、内容与方法

2.4.1 施工控制原则

在设计文件的总体要求下,以事前预控为主,事后调控为辅,以结构整体稳定性(包括P6、P9墩)、结构应力(包括斜拉扣挂索力、系杆力、支反力等)以及桥梁结构几何状态为主要控制

对象，成桥总体几何状态为次要控制对象，通过详细、可靠并具可控制性的实施方案和结构状态调控措施，实现桥梁主拱自然合龙，确保成桥结构内力及桥梁结构几何状态符合设计要求。

2.4.2　施工控制内容

(1)安装过程中的结构分析。

(2)钢桁梁应力、应变及位移观测。

(3)边跨支架位移观测，斜拉索索力及不均匀性监测，临时系杆索力及不均匀性监测，桁拱梁、斜拉索及临时系杆振颤监测。

(4)桁拱梁安装线形控制。

桁拱梁安装过程中，每安装一个节间均应实测梁端下挠值和由于环境温度变化引起的横弯、竖弯，计算本桥结构矫正系数，为中跨合龙前的精确调整准备基础资料。

(5)临时系杆和扣索安装时在锚头下预埋应力传感器，监测索力变化情况。

2.4.3　施工控制方法

(1)根据钢桁拱桥架设方案确定施工控制主要参数。

(2)建立施工控制分析模型。

(3)采用钢桁正装和倒拆方法对施工过程进行分析。

(4)采用空间模型和平面模型进行对比分析。

(5)确定钢梁架设过程中的相关控制参数。

2.5　大型设备施工设计

2.5.1　边墩旁塔吊

1)使用要求

施工时在南北边墩各布置一台塔吊，作为墩旁起重设备，其主要作业内容如下。

(1)在边跨膺架上安装边跨1号、2号永久节间和两个临时配重节间。

(2)在边跨1号、2号永久节间上安装拱上爬行架梁吊机。

(3)安装边跨配重系统分配梁及前期配重块。

(4)安装桥面吊机。

墩旁塔吊选型由1号、2号节间及架梁吊机安装控制，单根构件最大质量32t，最大吊幅40m，需在边墩旁布置一台起重力矩9 000kN·m以上的塔吊作为安装设备。

2)主要性能参数

经比较在南边墩旁安装了一台川建M900塔机，在北边墩旁安装了一台中升ZSL43210塔机，主要性能参数分别见表3-2-1、表3-2-2。

川建M900塔机主要性能参数　　　表3-2-1

项目名称	单　位	设计值	备　注
公称起重力矩	kN·m	9 000	
最大额定起重量	kN	320	
最大工作幅度	m	70	

续上表

<table>
<tr><th colspan="3">项目名称</th><th>单位</th><th>设计值</th><th>备注</th></tr>
<tr><td colspan="3">最小工作幅度</td><td>m</td><td>5.7</td><td></td></tr>
<tr><td colspan="3">最大幅度时额定起重量</td><td>kN</td><td>110</td><td></td></tr>
<tr><td colspan="3">最大起重量时允许最大幅度</td><td>m</td><td>28.7</td><td></td></tr>
<tr><td colspan="2" rowspan="2">起升高度</td><td>行走式</td><td>m</td><td>—</td><td></td></tr>
<tr><td>附着式</td><td>m</td><td>170</td><td></td></tr>
<tr><td rowspan="4">起升机构</td><td>起升</td><td>倍率</td><td></td><td>a=2</td><td>a=4</td></tr>
<tr><td>速度</td><td>速度</td><td>m/min</td><td>0~110</td><td>0~55</td></tr>
<tr><td colspan="2">机构代码</td><td></td><td>120LMD80</td><td rowspan="2">无级调速</td></tr>
<tr><td colspan="2">功率</td><td>kW</td><td>88</td></tr>
<tr><td rowspan="3">回转机构</td><td colspan="2">回转速度</td><td>r/min</td><td>0~0.55</td><td rowspan="3">无级调速</td></tr>
<tr><td colspan="2">机构代码</td><td></td><td>RTV</td></tr>
<tr><td colspan="2">功率</td><td>kW</td><td>2×18.4</td></tr>
<tr><td rowspan="2">变幅机构</td><td colspan="2">变幅速度</td><td>m/min</td><td>15</td><td rowspan="2"></td></tr>
<tr><td colspan="2">功率</td><td>kW</td><td>10.3</td></tr>
<tr><td colspan="3">整机总质量</td><td>t</td><td>214</td><td></td></tr>
<tr><td colspan="3">整机总功率</td><td>kW</td><td>150</td><td></td></tr>
</table>

中升 ZLS43210 塔机主要性能参数 表 3-2-2

<table>
<tr><th colspan="3">项目名称</th><th>单位</th><th colspan="2">设计值</th><th>备注</th></tr>
<tr><td colspan="3">公称起重力矩</td><td>kN·m</td><td colspan="2">10 500</td><td></td></tr>
<tr><td colspan="3">最大额定起重量</td><td>kN</td><td colspan="2">350</td><td></td></tr>
<tr><td colspan="3">最大工作幅度</td><td>m</td><td colspan="2">43</td><td></td></tr>
<tr><td colspan="3">最小工作幅度</td><td>m</td><td colspan="2">4</td><td></td></tr>
<tr><td colspan="3">最大幅度时额定起重量</td><td>kN</td><td colspan="2">210</td><td></td></tr>
<tr><td colspan="3">最大起重量时允许最大幅度</td><td>m</td><td colspan="2">35</td><td></td></tr>
<tr><td colspan="2" rowspan="2">起升高度</td><td>行走式</td><td>m</td><td colspan="2">—</td><td></td></tr>
<tr><td>附着式</td><td>m</td><td colspan="2">170</td><td></td></tr>
<tr><td rowspan="6">起升机构</td><td>起升</td><td>倍率</td><td></td><td colspan="2">a=2</td><td></td></tr>
<tr><td>速度</td><td>速度</td><td>m/min</td><td>50</td><td>25</td><td></td></tr>
<tr><td colspan="2">最低稳定下降速度</td><td>m/min</td><td colspan="2">≤1.0</td><td rowspan="2">液压无级调速</td></tr>
<tr><td colspan="2">电机型号</td><td></td><td colspan="2">Y2-315L2-4</td></tr>
<tr><td colspan="2">功率</td><td>kW</td><td colspan="2">200</td><td rowspan="2"></td></tr>
<tr><td colspan="2">转速</td><td>r/min</td><td colspan="2">1 480</td></tr>
<tr><td rowspan="4">回转机构</td><td colspan="2">回转速度</td><td>r/min</td><td colspan="2">0~0.6</td><td rowspan="4">液压无级调速</td></tr>
<tr><td colspan="2">电机型号</td><td></td><td colspan="2">Y2-225S-4</td></tr>
<tr><td colspan="2">功率</td><td>kW</td><td colspan="2">37</td></tr>
<tr><td colspan="2">转速</td><td>r/min</td><td colspan="2">1 480</td></tr>
</table>

续上表

项目名称		单位	设计值	备注
变幅机构	变幅速度	m/min	0～8	与起升机构共用一台电机
	电机型号		Y2－315L2－4	
	功率	kW	200	
	转速	r/min	1 480	
顶升机构	顶升速度	m/min	0～0.5	液压无级调速 1kgf＝9.80665N
	电机型号		Y2－180M－4	
	功率	kW	30	
	额定工作压力	kgf/cm^2	170	
平衡重	起重臂长	m	46.4	
	相应平衡重	kN	540	
整机总质量		t	250	
整机总功率		kW	300	

中升 ZLS43210 塔机荷载性能曲线如图 3-2-29 所示。

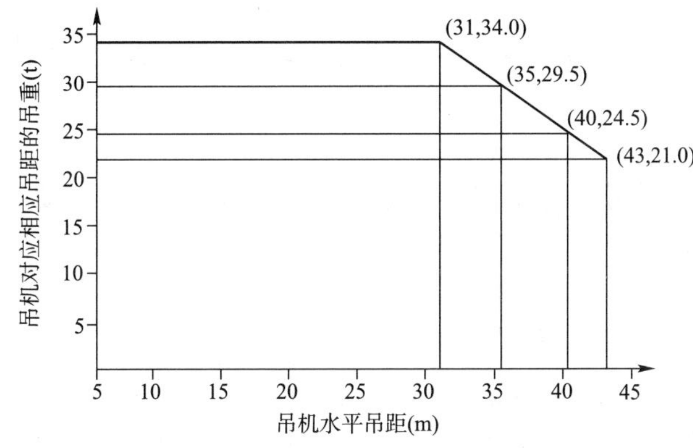

图 3-2-29　中升 ZLS43210 塔机荷载性能曲线

2.5.2　拱上爬行架梁吊机

1）使用要求

主桥上部结构安装时南北岸各需要一台拱上爬行架梁吊机作为起重设备，起重机的回转中心位于桥轴线上，其主要用途在于：安装边跨除 1 号、2 号和临时配重节间以外的其他节间构件；安装主墩大吨位球形支座；安装中跨桁拱构件及吊杆。

为实现上述功能用途，架梁起重机技术参数的设计需要满足如下要求。

（1）桥梁结构及构件安装对吊机性能参数的要求

①最大起重量及起重力矩：钢桁梁构件安装单元最大重力为 800kN，位于中支点顶部，构件需从栈桥上起吊，吊装距离 25.7m，最大起重力矩应大于 20 800kN · m，按 21 000kN · m 设计。

②吊幅及回转角度的要求：朝天门主桥钢桁梁总共有 70 个节间，其中 12m 节间有 44 个，14m 节间有 6 个，16m 节间有 20 个，大部分由 12m 节间构成。为最大限度利用起重机

21 000kN·m 起重力矩优势，尽量减少起重机前移的次数，提高工效，要求起重机在进行12m 节间钢桁梁架设时，具有一次前移站位完成两个 12m 节间架设的能力，14m 及 16m 节间逐节安装，各工况吊幅如图 3-2-30 所示。

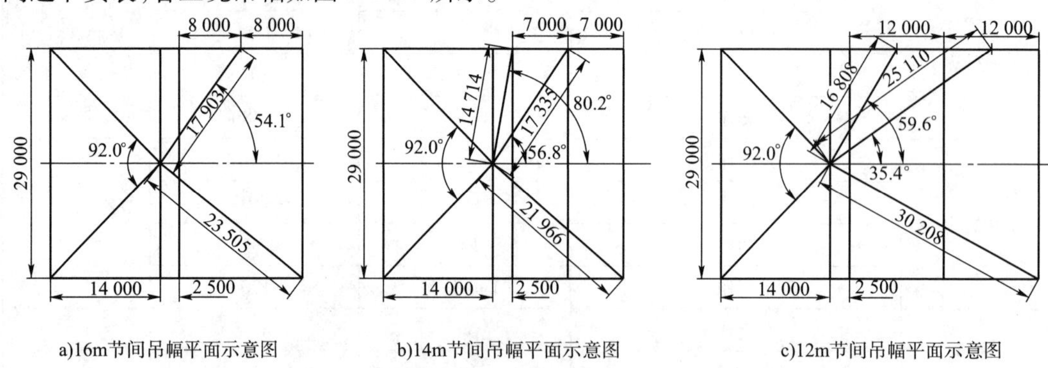

a)16m节间吊幅平面示意图　b)14m节间吊幅平面示意图　c)12m节间吊幅平面示意图

图 3-2-30　各工况吊幅平面图(尺寸单位:mm)

最大吊幅应为 30.5m，盲区不大于 8.5m，左右回转角度大于 80.2°，按 90°设计。

③最大起升高度：拱顶到水面的最大高度约 180m，要求吊机最大起升高度不得小于 190m。

④最大爬坡角度：桥梁上弦杆切线与水平面的最大夹角为 20°，要求吊机最大爬坡角度不小于 22°。

(2)机构要求

①起重机能够在钢桁梁上弦行走，可同时完成边跨平直梁和主跨拱梁的架设，具有提升、变幅、回转、底盘调平、整机前移及锚固的功能。在钢桁拱上架梁时，起重机的上底盘能够随拱顶坡度变化保持水平状态。

②机构速度要求：为了增强机构的平稳性和可靠性，提高工效，起升、变幅卷扬机都采用变频调速，起升、变幅速度可以随负荷的不同而获取不同的速度；另外设置额定起重量 150kN 的副卷扬机构，以便于起吊安装较小构件时能够获得较快的速度，同时在安装角度需要调整的构件时可以利用副钩进行协助。

③支顶系统：支顶系统是为了避免起重机在起重作业时将工作负荷和起重机自重通过行走轮进行传递而设置的，分前支顶和后支顶。支顶系统能够依靠自身的千斤顶将前后支点顶起，使行走车轮悬空，该千斤顶须设置机械自锁装置，以保证起重机工作时前后支点支撑的可靠性。

④锚固系统：起重机在钢桁梁上移动并站位后，能够锚固在钢桁梁的上弦杆上，进行吊装作业。锚固系统分为前锚固和后锚固，前锚固主要承受工作负荷和起重机自重沿桥梁上弦切线方向的分力。安装前锚固所用锚固板的横向间距应能够调整，以适应上弦杆宽度的变化。

后锚固通过锚箍将起重机尾部与钢梁的上弦杆固定在一起，承担起重机工作时向前倾覆时后锚固点产生的拉力。桥梁上弦杆的顶板宽度分为 1 200mm 和 1 600mm 两种，截面高 1 240 ~ 1 840mm。后锚箍之间的间距和长度应可调，以适应桥梁上弦杆的这些变化。后锚的数量及布置应能够满足起重机工作时的稳定要求和钢桁梁的结构特点，并避开钢梁上的节点位置。

⑤采用轨排形式的牵引系统,在起重机上设计轨排前(后)移动安装的起重运输装置,以方便高空往前(或者往后)铺设轨排。

(3)受力要求

①根据设计对于施工临时荷载的要求,整机最大质量不得超过350t,单个前支点的最大反力小于2 630kN。

②行走机构最大轮压小于550kN,起重机牵引移动时,其自身重力所形成的荷载也必须通过轨道、轨枕,传到钢梁上弦杆的腹板上。

(4)电气安全保护系统要求

①施工期间供电距离:南岸为480m,北岸为350m,电源及电气控制系统采用三相五线制。

②控制部分采用可编程控制器PLC为控制核心。

③起重机应配备完善的安全装置。在移动、调整位置、就位安装、起吊等作业过程中,若出现过载或环境条件发生变化并危及设备本身的安全和稳定时,这些装置应能及时发出声、光信号向操作者提示并限动。所以须配备力矩限制器,风速报警仪,电气过、欠压保护和过流保护,主、副起升机构卷扬机的过卷和欠绕保护,变幅和回转限位保护,各机构动作联锁安全保护装置等。

④配备在风速大于工作风速时的起重机防风锚定装置。

⑤左右两侧的调平机构在电气控制上应能够进行"联动"和"单动"控制,以便分别实现纵向和横向水平度超差的调整。

⑥为确保施工安全,起重机的主、副起升及变幅机构的卷扬机除具备标准的高速端制动器外,还应在卷扬机的低速端(卷筒处)配备制动器,该制动器与高速端制动器同时工作,并能够确保在任何一端制动器单独制动时均有足够的制动力。

2)主要性能参数

根据设计的各种约束条件,最终确定拱上架梁起重机的主要技术参数如下:

整机工作级别:A5

主钩额定起重量:800kN

主钩起升速度:额定荷载时5.0m/min,空载时15m/min

副钩额定起重量:150kN

副钩起升速度:11m/min

起重机的回转角度:±90°

回转速度:0.3r/min

起升高度:190m(安装轨面以上25m)

吊臂变幅角度:29°~78°

变幅速度:4.1m/min

最大起重量×吊距:800kN×26m

最小/最大吊距:8.5m/30.5m

最大水平坡度:22°

整机调整角度时的顶升速度:0.2m/min

工作风速:15.5m/s

工作环境温度:-25~+50℃

相对湿度:90%

整机总质量:≤300t

整机功率:≤300kW

前支点位置:节点中心后2.5m

起重机前移方式:在上弦杆腹板顶部轨枕与钢质轨道上由卷扬机前移并具备向后移动的能力

单个前支点的最大反力:≤2 630kN

最大单件质量:≤32t

拱上爬行架梁吊机总体结构如图3-2-31所示。

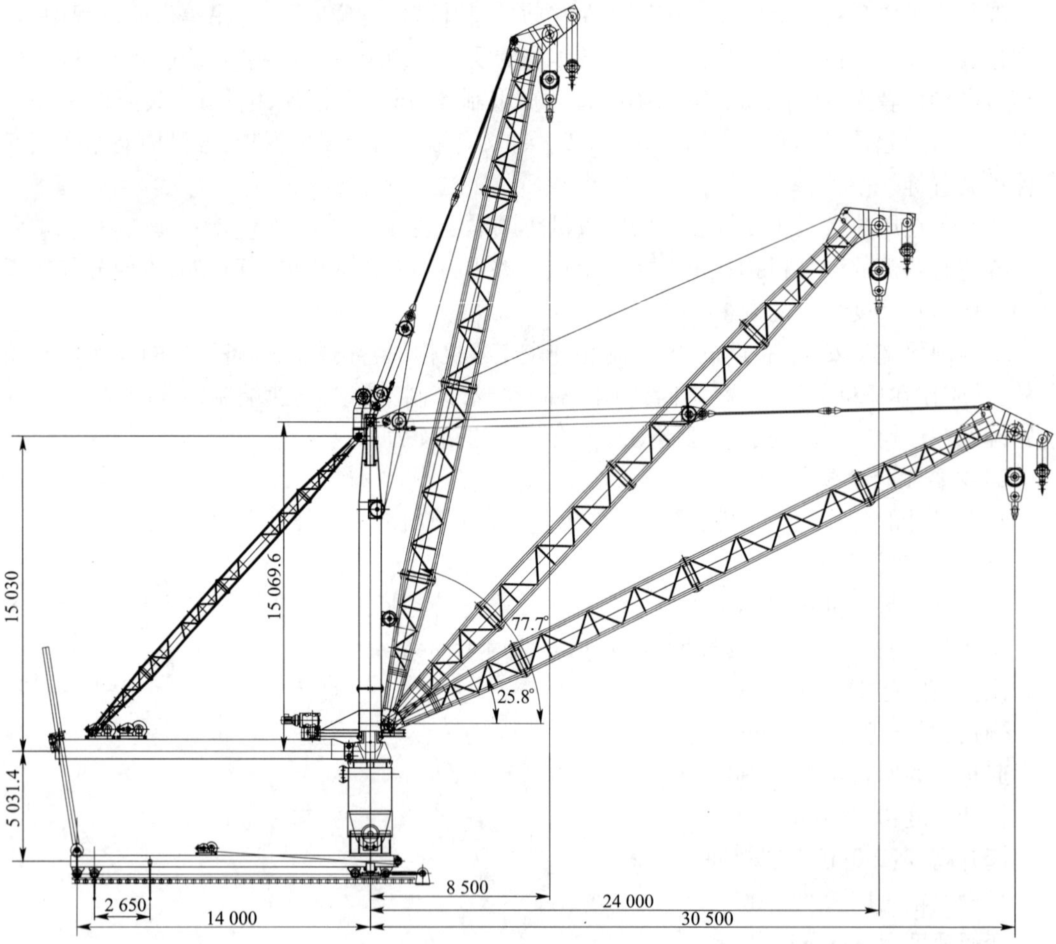

图3-2-31　2 100t·m拱上爬行架梁吊机总体布置图(尺寸单位:mm)

3)荷载试验

为确保各项性能指标均满足设计要求,架梁吊机安装调试完成后进行了现场荷载试验,各项指标达到要求。

2.5.3　中跨桥面架梁吊机

1）使用要求

中跨桥面梁系待桁拱合龙后安装，此时扣塔仍未拆除，架梁吊机位于拱顶，中跨刚性系杆及桥面板需用桥面吊机安装，刚性系杆构件从水上垂直起吊，桥面板在边跨起吊至上层桥面，通过轨道运输至跨中安装，要求桥面吊机的额定起重量为500kN，起重力矩为9 000kN · m，360°全回转，最大起升高度90m，通过步履架在上层桥面行走。

桥面吊机总图如图3-2-32所示。

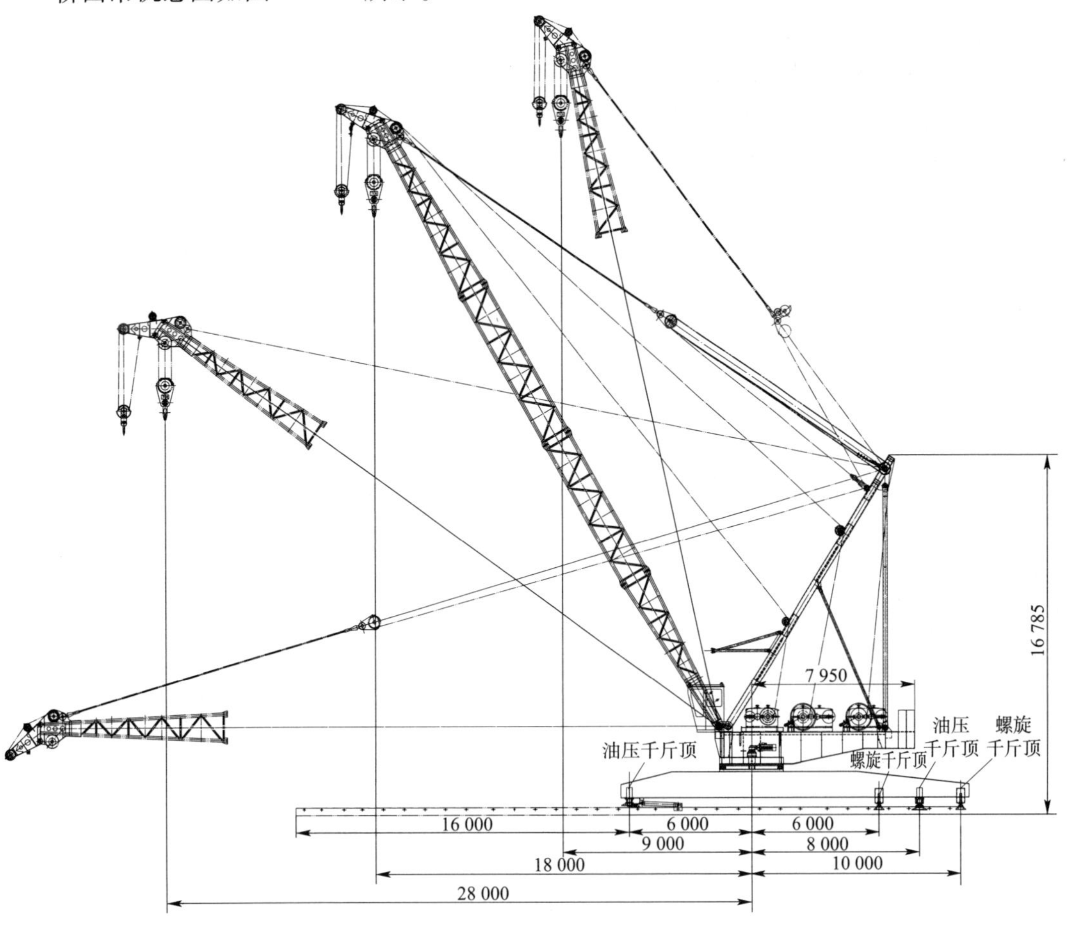

图3-2-32　桥面吊机总图（尺寸单位：mm）

2）主要性能参数

主钩额定起重量：500kN

主钩起升速度：0 ~ 5m/min

副钩额定起重量：80kN

副钩起升速度：11m/min

回转幅度：360°

回转速度：0.5r/min

起升高度:90m（安装轨面以上 30m）

变幅速度:1.5m/min

最大起重量×吊距:500kN×18m

安装桥面支撑横梁时:350kN×20m

安装系杆时:360kN×25m

最小/最大吊距:8.0m/28m

工作风速:14m/s

起重机总质量:<150t

最大支点反力:<1 000kN

吊机整机前移(后退)方式:液压步履移动

步履架宽度(支腿油缸横桥向间距):12.90m

吊机回转中心距前支腿距离:6m

第3章 架设施工过程结构分析

3.1 概述

重庆朝天门大桥钢用边跨临时墩辅助悬臂架设、中跨斜拉扣挂悬臂拼装施工和临时系杆辅助安装刚性系杆，钢桁结构在边支点的初始安装位置(纵桥向、竖向预偏)、边跨零反力上主墩、临时系杆安装时的中跨跨径等均是重要的非线性因素，对合龙误差有直接影响，需要进行考虑所有非线性因素的施工过程结构分析。同时，桥梁施工工况复杂、阶段繁多，施工过程中需进行安装与拆除临时墩柱、张拉和撤除临时系杆等多次体系转换，施工过程结构分析对保证施工过程结构和机具安全，以及设计意图的顺利实现非常重要。另外，施工过程结构分析也能对某些施工步骤和参数进行优化。目的在于：①通过施工过程结构分析计入非线性影响，真实模拟各施工步骤，确保施工安全顺利地进行；②通过施工过程结构分析对斜拉扣挂及临时系杆索力、边支点和临时墩顶的预偏移等进行优化，对临时墩拆除等施工步骤进行优化，使施工步骤更趋于合理。重庆朝天门大桥结构架设稳定分析目的则是对其施工过程和成桥时的安全性作进一步的评价，为重庆朝天门大桥的设计优化和管理优化提供依据。

架设施工过程结构分析的主要内容包括：

(1)基于空间梁索单元的施工全过程分析。

(2)非线性对施工过程影响的研究。

(3)基于空间梁索单元的施工全过程弹性、弹塑性稳定分析。

(4)施工初始缺陷对结构性能影响的研究。

(5)施工过程中关键节点的局部分析。

相关研究技术路线如图3-3-1～图3-3-4所示。

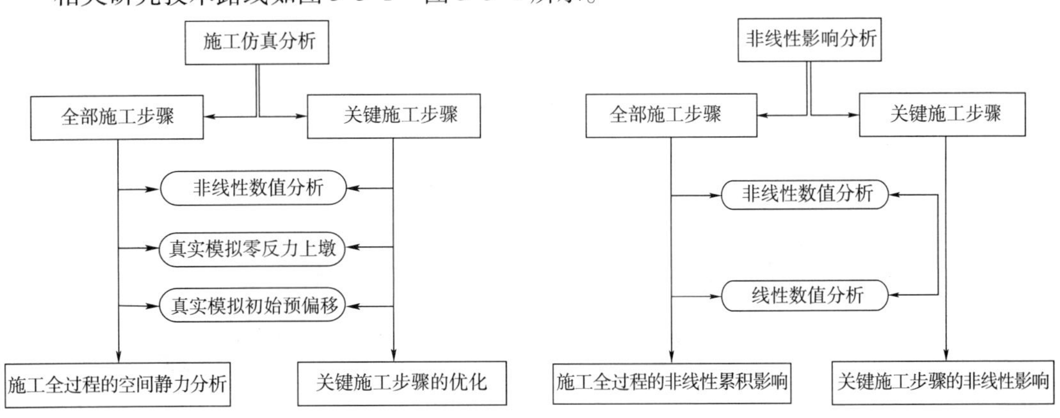

图3-3-1 施工过程结构分析技术路线

图3-3-2 非线性影响分析技术路线

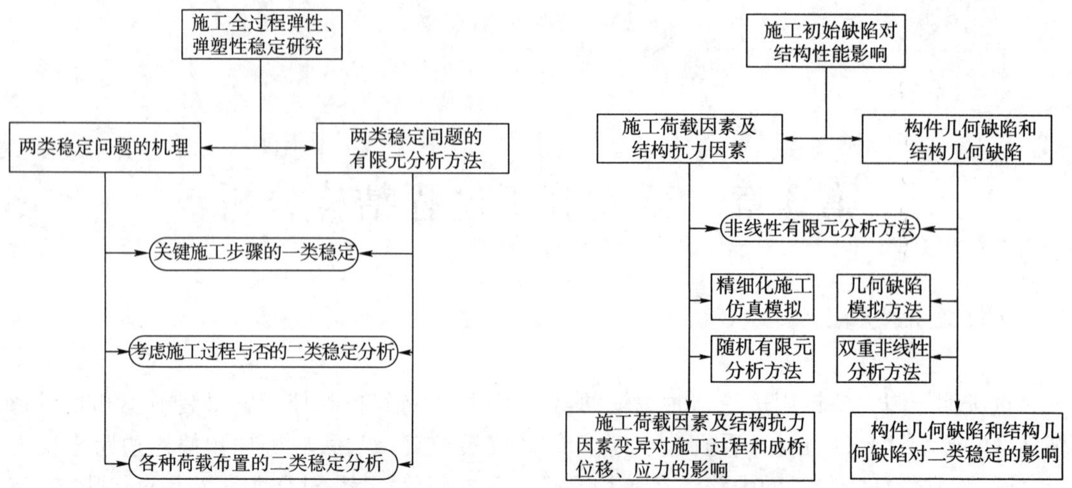

图 3-3-3　施工全过程弹性、弹塑性稳定研究技术路线

图 3-3-4　施工初始缺陷对结构性能影响分析技术路线

3.2　基于空间梁索单元的施工全过程结构分析

3.2.1　施工过程结构分析模型及计算参数、工况

1)分析模型

采用大型有限元分析软件进行施工过程结构分析。空间数学模型以设计施工图提供的截面、材料与尺寸为依据,采用空间梁和索单元建模,整体模型如图 3-3-5 所示。重庆朝天门桥钢桁结构截面复杂多变,且在计算的过程中需要考虑几何非线性和材料非线性的影响,因此,模型中,拱肋、横梁、纵梁以及横撑和斜撑都采用梁单元进行模拟(图 3-3-6)。

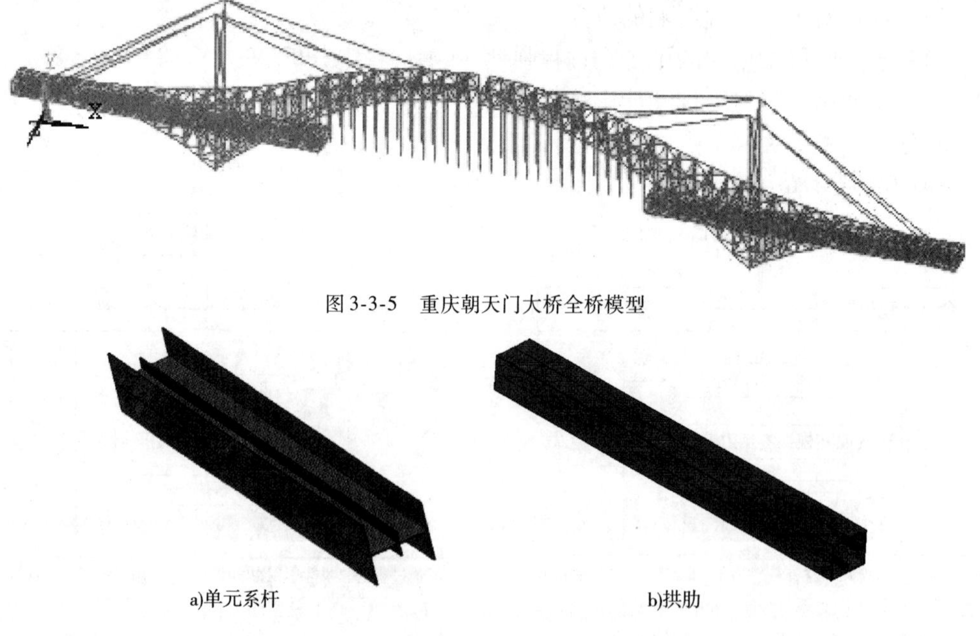

图 3-3-5　重庆朝天门大桥全桥模型

a)单元系杆

b)拱肋

图 3-3-6　单元模拟

2)永久结构计算参数

永久结构计算参数主要包括永久结构中各杆件和体外预应力索等的截面形式和材料特性等。永久结构的参数按照设计图纸取值。其中,杆件的钢材有三种,分别为 Q345qD、Q370qD 和 Q420qD。根据《桥梁用结构钢》(GB/T 714—2008),参照桥梁设计图纸,安装容许拉应力为考虑板厚的屈服应力乘以 1.2 的提高系数,然后除以 1.7 的设计安全系数;安装容许压应力为安装容许拉应力除以考虑杆件稳定的折减系数。具体杆件的板厚、材质和稳定折减系数见设计安全文件。

3)临时结构计算参数

施工临时结构包括边跨临时墩、斜拉扣挂系统(扣塔、拉索)、临时系杆、拱上架梁吊机及桥面吊机。相关参数取值见第 2 篇相关章节。

4)计算工况

施工过程计算中,将施工过程离散为 31 个计算工况。离散后的施工工况中,包括各个主要施工过程。为获得合理优化的结构分析工况,研究中对关键工况进行细化,对非关键工况或者无需详细考虑的工况进行合并。为了集中给出施工参数的需要,根据施工过程本身的特点,把整个施工阶段分为 4 个施工阶段。

计算中重点考虑模拟了以下几个关键问题:

(1)施工时拱的实际拼装位置,如边支点下降、预纵移等均得到真实模拟。

(2)先悬臂,再零反力上中墩支座的施工过程,支座的转换过程得到了真实模拟。

(3)临时节间和压重,反映在边支座的负反力上,计算中没有添加压重,所以总的支座反力不包括压重。

(4)假定拼装过程满足切线拼装要求。

(5)按实际情况考虑临时墩的弹性刚度。

(6)边墩支点下降 2.3m,北 1 号临时墩支点与设计位置相比下降 1.804m,南 1 号临时墩支点与设计位置相比下降 1.825m。初张索力按照施工方案确定。

31 个计算施工工况如下:

工况 1　拼装 1 号、2 号节间全部钢构件,边支点为固定支座。

工况 2　拼装 3 ~5 号节间,达最大悬臂。

工况 3　添加 2 号临时墩的支座,拼装 6 ~9 号节间,达最大悬臂。

工况 4　顶升边支点。

工况 5　拆除 1 号临时墩,回落边支点顶起的位移量。

工况 6　添加 3 号临时墩的支座,拼装 10 ~13 号节间和部分 14 号节间。

工况 7　添加 E15 固定铰支座,拼装 14 号节间剩余杆件。

工况 8　边支点纵向变为可滑动,拼装 15 ~18 号节间。

工况 9　拼装 19 ~21 号节间。

工况 10　拼装 22 ~26 号节间,只安装桁拱和吊杆。

工况 11　顶升边支点。

工况 12　拆除 2 号临时墩,顶升边支点。

工况 13　拆除 3 号临时墩,回落边支点。

工况 14　安装扣塔,安装 1 号斜拉索,并初张拉。

工况 15　拼装 27 ~ 32 号节间,只安装桁拱和吊杆。

工况 16　安装并初张拉 2 号斜拉索。

工况 17　拼装北 33 号、34 号节间;拼装南 33 ~ 35 号节间。

工况 18　调整合龙位置。

工况 19　完成桁拱跨中合龙。

工况 20　南岸支座变为纵向滑动,消除 1/4 边跨下调量。

工况 21　安装 1/2 临时系杆。

工况 22　消除 1/2 边跨下调量。

工况 23　安装剩余 1/2 临时系杆。

工况 24　消除全部边跨下调量。

工况 25　拆除斜拉索扣挂系统和配重。

工况 26　利用桥面吊机安装中跨系杆致跨中(除桥面板外的构件)。

工况 27　调整临时系杆索力。

工况 28　上下系杆合龙。

工况 29　拆除临时系杆。

工况 30　安装系杆体外预应力索,并施加张拉力。

工况 31　安装剩余桥面板。

3.2.2　施工过程结构分析结果

1)施工过程各杆件最大应力

计算表明:北岸 M11-A11 杆件拉应力最大,达 226.7MPa,为第 7 工况,即处于上主墩前最大悬臂时;其次为 A10-A11,达 225.5MPa,为第 10 工况,处于未张拉扣索前的大悬臂状态。南岸 M11-A11 杆件拉应力最大,为 226.8MPa,为第 7 工况,即处于上主墩前最大悬臂时;其次为 A10-A11,为 221.4MPa,第 10 工况,处于未张拉扣索前的大悬臂状态。

北岸 E17-E18 杆件压应力最大,达 -193.3MPa,为第 26 工况,处于中跨系杆安装后状态。南岸 E17-E18 杆件压应力最大,达 -193.2MPa,为第 26 工况,处于中跨系杆安装后状态。

2)斜拉扣索和临时系杆最大应力

斜拉扣索应力最大值为 839MPa,小于按 2 倍安全系数得到的控制值 930MPa。临时系杆的应力随着施工过程推进不断增大,最大达 916MPa,安全系数为 2.03。

3)施工过程参数

针对上述 31 个计算工况,把工况 1 ~ 工况 13 分为第一个施工阶段,此施工阶段没有张扣索,施工主要参数为支座位移、支座反力和悬臂端的位移。把工况 14 ~ 工况 19 分为第二个施工阶段,此施工阶段张拉了扣索并完成了拱肋合龙,施工主要参数为支座位移、支座反力、悬臂端的位移和扣索索力。把工况 20 ~ 工况 25 分为第三个施工阶段,此施工阶段主要完成临时系杆的安装,施工主要参数为支座位移、支座反力、跨中位移、扣索索力和临时系杆拉力。把工况 26 ~ 工况 31 分为第四个施工阶段,此施工阶段主要完成中跨系杆和桥面板的安装。

通过计算得出支座位移、支座反力、跨中位移、临时系杆拉力和永久系杆拉力等施工主要参数。分阶段参数包括以下几个阶段。

第一阶段：南、北边墩支反力及纵向位移，两中墩支反力及纵向位移，南、北1号、2号、3号临时墩反力。

第二阶段：南、北边墩反力及纵向、竖向位移，边跨、中跨1号、2号斜拉扣索索力，主桁架结构悬臂端位移。

第三阶段：边支点下调量，南、北主墩反力及纵向、竖向位移，中跨桁拱跨中竖向位移，边跨、中跨1号、2号斜拉扣索索力；临时系杆拉力。

第四阶段：南、北边、主墩反力及纵向位移，临时系杆拉力，永久系杆拉力，中跨桁拱跨中竖向、水平位移。

4）临时墩的拆除时机

分析计算表明，临时墩不容易自然脱空，需要采取强迫措施让临时墩脱空，但其顶升力太大，存在风险。推荐采用顶升边支点的方法，让临时墩处没有支反力，然后拆除相应临时墩，并回落顶升的位移量。

在拼装完边跨9个节间后，即最大悬臂到3号墩处时，顶升边支点，拆除1号临时墩，然后回到顶升之前，即上述工况4和工况5。拼装完第26个节间后，即上1号扣索前，顶升边支点，拆除2号临时墩，接着再顶升边支点，拆除3号临时墩，然后回到顶升之前，即上述工况11、工况12和工况13。

拆除1号、2号、3号临时墩时边支点的顶升位移量分别为：

北边支点顶升：0.107m、0.064m、0.195m。

南边支点顶升：0.077m、0.051m、0.164m。

5）钢梁顺利上主墩的施工措施

根据朝天门大桥悬臂施工零反力上墩的施工特点，需要关注在施工到主墩时，E15节点是否在设计高程以上，如果在设计高程以下，施工将不能顺利进行。

计算发现，采用边墩支点下降2.3m、1号临时墩支点与设计位置相比下降1.823m的架设方案时，北半拱的E15节点在设计之下10cm左右，南半拱的E15节点在设计之上2cm左右。

出现钢梁不能顺利上主墩的原因：一是计算中精确考虑了临时墩的弹性刚度，临时墩的弹性变形会引起钢梁悬臂端向下位移；二是计算中新增了临时墩拆除的施工措施，可能导致计算的E15节点的位置与原来计算的不同。解决以上钢梁不能顺利上主墩的施工措施，可以下降边支点的初始位置，也可以增加1号临时墩的高程。

分析中采取增加1号临时墩的高程的施工措施，即把北1号临时墩支点与设计位置相比下降1.804m，南1号临时墩支点与设计位置相比下降1.825m，同时北边支点的初始水平位移改为0.224m。这样，北岸E15节点正好处于设计位置，南岸E15节点的竖向高程正好处于设计位置。

6）主桁拱合龙误差调整

计算的初始条件根据施工方案确定。边墩支点下降2.3m，北1号临时墩支点与设计位置相比下降1.804m，南1号临时墩支点与设计位置相比下降1.825m。斜拉扣索初张索力也参照施工方案确定。主要调整措施为:调整索力和调整边支点的竖向位移。索力调整情况如表3-3-1所示。

索力调整 表3-3-1

跨别	北跨扣索索力(kN)				北跨扣索索力(kN)			
扣索	边跨2号	边跨1号	中跨1号	中跨2号	边跨2号	边跨1号	中跨1号	中跨2号
调整前	14 265	11 965	10 006	12 213	15 031	12 752	10 604	12 925
调整后	10 680	9 685	7 256	9 953	12 002	10 827	8 282	11 016

经过调整,合龙前合龙段两边的竖杆之间相对转角和相对位移基本消除,合龙前后钢梁的受力状况基本一致。

7)系杆合龙误差调整

系杆合龙之前,需要调整临时系杆的索力,使得合龙段的长度与设计长度之间误差在允许范围内。计算中把临时系杆的索力调整到46 920kN,南跨中支座的水平位移为0.056m,跨中竖向位移为0.025m,水平位移为-0.362m。调整临时系杆索力合龙系杆时,没有张拉永久体外预应力,也未采用降低边支点的施工措施。

3.2.3 针对架设施工方案细化的结构分析

细化的施工方案见表3-3-2(称为方案1),其中临时墩比较早强行脱空,在主拱拼装到14号节间时脱空2号临时墩,在18号节间拼装完毕时脱空3号临时墩。通过计算发现,过早脱空临时墩会带来的问题包括:边支点的顶升位移过大(脱空3号临时墩时,边支点顶升位移近2m);过早脱空2号临时墩会导致3号临时墩顶处的部分杆件应力超过允许值。

为了研究合理的施工步骤,分析了改进的施工方案(方案2)。方案2与方案1基本相同,只是2号和3号临时墩的强行脱空都在26号节间拼装完毕时进行,目的是试算临时墩脱空的最佳时机,使主拱杆件应力尽量不超标,同时使墩顶起的距离最小。从计算结果可见,推迟临时墩的脱空时机,可以大大减小边支点的位移顶升量,而且临时墩顶的杆件应力更合理。

施工步骤 表3-3-2

施工步骤	工作内容
一	1.主桥墩身施工,P6/P9墩施工至高程+263.307m,为满足桁拱跨中合龙需要,边支点预先下降2.3m; 2.施工临时墩,其顶高程根据边、中支座顶高程和边跨钢梁悬臂端下挠量确定,南边跨临时墩向跨中预偏650mm; 3.安装900t·m塔吊,安装膺架梁,安装边支点临时支座、顶升装置和限位装置
二	1.复测临时墩、边支点临时支座平面位置和顶高程,测量放出边跨1号、2号节间下弦节点坐标和轴线; 2.用900t·m塔吊安装边跨1号、2号节间(起步段); 3.校核1号、2号节间空间位置,在边墩及1号临时墩上限位
三	1.用900t·m塔吊安装拱上爬行架梁吊机; 2.用900t·m塔吊安装平衡梁1号、2号节间
四	1.架梁吊机在2号节间悬臂安装3号节间,行走架梁吊机至3号节间,悬臂安装4号节间; 2.架梁吊机在3号节间,悬臂安装5号节间[桥面板是否安装依抗倾覆系数确定,必要时在平衡梁2号节间下层(AE2-AE3)安装第1期配重],将2号临时墩墩顶与钢桁梁抄垫密实

续上表

施工步骤	工作内容
五	1. 行走架梁吊机至5号节间,悬臂安装6号、7号节间。行走架梁吊机至7号节间,悬臂安装8号节间; 2. 行走架梁吊机至8号节间,安装3号临时墩上平移及限位装置; 3. 悬臂安装9号节间,将3号临时墩墩顶与钢桁梁抄垫密实,同时限位; 4. 根据监控计算逐步安装边跨配重,确保钢梁悬臂倾覆稳定系数不小于1.3
六	1. 顶升边支点,脱空及拆除1号临时墩,回落边支点至起始位置; 2. 用900t·m塔吊在1号节间上安装桥面吊机,拆除900t·m塔吊
七	1. 行走架梁吊机至9号节间,悬臂安装10号节间。按照同样的顺序,架梁吊机行走一次安装一个节间,依次安装11~13号节间; 2. 行走架梁吊机至13号节间,安装主墩支座及E15整体节点,通过调节支座、E15整体节点位置安装14号节间E14-E15下弦杆,安装加劲腿闭合菱形区其余杆件; 3. 此部分杆件安装时,中支座基本不受力,荷载由3号临时墩承受,待此部分杆件闭合,高强螺栓终拧后抄垫中支座; 4. 根据监控计算依次增加边跨配重
八	1. 行走架梁吊机至14号节间,悬臂安装15号节间。按照同样的顺序,依次安装16~18号节间; 2. 顶升边支点,脱空及拆除3号临时墩,回落边支点; 3. 通过边中支点顶伸、滑移及限位装置整体调整边跨钢梁片面位置和中支点高程,精确定位主墩支座; 4. 拆除P7墩顶布置和P8墩竖向千斤顶,将P8墩支座临时固定
九	1. 在主墩顶桁梁侧安装250t·m塔吊,安装扣塔至36m,扣塔底临时固结; 2. 行走架梁吊机至18号节间,悬臂安装19号节间。按照同样的顺序,依次安装20号、21号节间; 3. 行走架梁吊机至21号节间,悬臂安装22号、23号节间。按照同样的顺序,依次安装24号、25号节间。行走架梁吊机至25号节间,悬臂安装26号节间; 4. 在32.806m处设置第一道风缆,解除扣塔底临时固接,安装扣塔至70.8m,在68.806m处设置第二道风缆,安装完成扣塔; 5. 根据监控计算依次增加边跨配重
十	1. 行走架梁吊机至26号节间; 2. 安装1号斜拉索,根据监控指导数据完成初张拉
十一	1. 行走架梁吊机至26号节间; 2. 安装1号斜拉索,根据监控指导数据完成初张拉
十二	1. 将航道调整到南中跨已安装节点下方河道,航道宽度120m; 2. 悬臂安装北主跨27~32号节间,行走架梁吊机至32号节间; 3. 安装北2号斜拉索,完成初张拉
十三	1. 悬臂安装南主跨33~35号节间,悬臂安装北主跨33号、34号节间; 2. 升降边支点,调整合龙口相对高差和转角;纵向整体移动南侧钢桁梁,调整合龙口纵向误差; 3. 安装合龙口下弦杆和斜杆,保持合龙端悬臂,利用温度变化合龙下弦杆; 4. 安装上弦杆和合龙口顶拉千斤顶,利用千斤顶调节上弦合龙口误差,合龙上弦杆、斜杆,解除P8墩支座临时固定措施; 5. 安装合龙段上下平联,完成桁拱跨中合龙

续上表

施工步骤	工 作 内 容
十四	1. 安装临时系杆过江牵引系统和锚箱； 2. 拆除1号、2号临时节间部分配重，将边支点下降量调高1/4，安装1/2临时系杆，并初张拉； 3. 将边支点下降量调高1/2，安装剩余1/2临时系杆，并初张拉
十五	1. 拆除1号、2号临时节间全部压重，拆除边跨平衡节间； 2. 拆除扣索系统，调整临时系杆索力，在1号、2号永久节间上保留部分压重，边支点保持1.2m左右的下降量； 3. 桥面吊机行走至21号节间，架梁吊机后退至边跨，准备安装中跨永久系杆
十六	1. 桥面吊机在上层桥面行走安装永久系杆，每移动一跨向前安装一个节间，北中跨安装至35号节间，南中跨安装至34号节间，准备系杆跨中合龙； 2. 保持临时系杆45 000kN/桁的拉力，升降边支点，调整合龙口误差，实现永久系杆跨中合龙
十七	1. 拆除临时系杆，将边支点调整到设计高程，完成边墩剩余部分施工； 2. 桥面吊机后退至21号节间，安装桥面板及下系杆体外预应力索并张拉，完成桥面板焊接，安装全桥附属设施，拆除桥面吊机和架梁吊机； 3. 成桥荷载试验，交工验收

1)计算工况

方案1计算工况如下：

工况12　拆除3号临时墩，回落边支点

工况13　拼装19~21号节间

工况14　拼装22~26号节间，只安装桁拱和吊杆

工况15　安装扣塔，安装1号斜拉索，并初张拉

工况16　拼装27~32号节间，只安装桁拱和吊杆

工况17　安装并初张拉2号斜拉索

工况18　拼装北33号、34号节间；拼装南33~35号节间

工况19　调整合龙位置

工况20　完成桁拱跨中合龙

工况21　南岸支座变为纵向滑动，消除1/4边跨下调量

工况22　安装1/2临时系杆

工况23　消除1/2边跨下调量

工况24　安装剩余1/2临时系杆

工况25　拆除边跨临时节间及压重，斜拉索扣挂系统，保留永久节间部分配重

工况26　利用桥面吊机安装中跨系杆至跨中(除桥面板外的构件)

工况27　升降边支点，临时系杆的控制拉力为45 000kN/桁，调整合龙误差

工况28　上下系杆合龙

工况29　拆除临时系杆

工况30　将边支点调整到设计高程

工况31　安装系杆体外预应力索，并施加张拉力

工况 32　安装剩余桥面板

工况 33　桥面铺装等二期恒载

改进的方案 2 计算工况如下：

工况 1　拼装 1 号、2 号节间全部钢构件，边支点为固定支座

工况 2　拼装平衡梁和 3～5 号节间，达最大悬臂

工况 3　添加 2 号临时墩的竖向约束，拼装 6～9 号节间，达最大悬臂

工况 4　添加 3 号临时墩的竖向约束，顶升边支点（计算没考虑 3 号临时墩水平约束）

工况 5　拆除 1 号临时墩，回落边支点顶起的位移量

工况 6　拼装 10～13 号节间和部分 14 号节间

工况 7　添加 E15 处竖向约束，拼装 14 号节间剩余杆件

工况 8　添加 E15 处水平约束，边支点纵向变为可滑动，拼装 15～18 号节间

工况 9　拼装 19～21 号节间

工况 10　拼装 22～26 号节间，只安装桁拱和吊杆

工况 11　顶升边支点

工况 12　拆除 2 号临时墩，回落边支点

工况 13　顶升边支点

工况 14　拆除 3 号临时墩，回落边支点

工况 15　安装扣塔，安装 1 号斜拉索，并初张拉

工况 16　拼装 27～32 号节间，只安装桁拱和吊杆

工况 17　安装并初张拉 2 号斜拉索

工况 18　拼装北 33 号、34 号节间；拼装南 33～35 号节间

工况 19　调整合龙位置

工况 20　完成桁拱跨中合龙

工况 21　南岸支座变为纵向滑动，消除 1/4 边跨下调量

工况 22　安装 1/2 临时系杆

工况 23　消除 1/2 边跨下调量

工况 24　安装剩余 1/2 临时系杆

工况 25　拆除边跨临时节间及压重，斜拉索扣挂系统，保留永久节间部分配重

工况 26　利用桥面吊机安装中跨系杆至跨中（除桥面板外的构件）

工况 27　升降边支点，临时系杆的控制拉力为 45 000kN/桁，调整合龙误差

工况 28　上下系杆合龙

工况 29　拆除临时系杆

工况 30　将边支点调整到设计高程

工况 31　安装系杆体外预应力索，并施加张拉力

工况 32　安装剩余桥面板

工况 33　桥面铺装等二期恒载

2）计算过程及模拟分析中重点考虑的问题

（1）施工时拱的实际拼装位置，如边支点下降、预纵移等均得到真实模拟。

(2)先悬臂,再零反力上中墩支座的施工过程,支座的转换过程得到了真实模拟。

(3)在第2个和第3个计算工况加了压重,在第25个计算工况拆除压重。

(4)假定拼装过程满足切线拼装要求。

(5)计入临时墩的实际弹性刚度。

3)施工过程各杆件最大应力

方案1分析结果(即在拼装完18节间脱空3号墩):

依据施工工况进行分析计算,各桁架杆件的应力在施工过程中有少数杆件不满足要求。其中,北岸拉应力最大的杆件为M11-A11,达291.8MPa,控制工况为第9工况,即处于拆除2号临时墩回落边支点时。北岸其他拉应力超过要求的杆件为M12-A12(257.2MPa,第9工况,处于拆除2号临时墩回落边支点时)。南岸拉应力最大的杆件为M11-A11,大小为289.1MPa,控制工况为第9工况,即处于拆除2号临时墩回落边支点时。南岸其他拉应力超过要求的杆件为M12-A12(254.4MPa,第9工况,处于拆除2号临时墩回落边支点时)。

北岸压应力最大的杆件为E10-M11,大小为-222.8MPa,超过了允许值,控制工况为第9工况,即处于拆除2号临时墩回落边支点时。其次在第9工况压应力超过允许值的杆件有:E10-A11,M11-A12,M13-A14。在第12工况(即拆除3号临时墩回落边支点时)压应力超过允许值的杆件有:E3-A4,M13-A13。此外,在第16工况(即拼装27~32号节间)E2-A2压应力超过允许值,在第26工况(即利用桥面吊机安装中跨系杆至跨中)E24-A24、E26-A26压应力超过允许值。南岸压应力结果,与北岸类似。

临时墩过早强行脱空有可能应力超标,扣索锚固附近的杆件容易出现应力超标。

方案2分析结果(即在拼装完26节间脱空2号、3号墩):

依据施工工况进行分析计算,各桁架杆件的应力在施工过程中有少数杆件不满足要求。其中,北岸拉应力最大的杆件为M11-A11,大小为269.6MPa,超过了允许值(允许值为250.8MPa),控制工况为第7工况,即处于14号节间施工完毕时。南岸拉应力情况与北岸类似。

北岸压应力超过允许值的杆件有:E10-A11(第7工况,即处于14号节间施工完毕时),E2-A2(第16工况,即拼装27~32号节间)。其次,在第26工况(即利用桥面吊机安装中跨系杆至跨中)E24-A24、E26-A26压应力超过允许值。

边跨大悬臂可能会导致根部个别杆件应力超标,扣索锚固附近的杆件容易出现应力超标,主跨4分点附近有个别杆件也可能会应力超标。这些都与拼装方案无关,上述方案1中也存在,需要采取其他措施来解决。

4)扣索和临时系杆应力

方案1的结果(即在拼装完18节间脱空3号墩):

扣索应力最大值为852MPa,小于按2倍安全系数控制设计值930MPa。临时系杆的应力随着施工过程呈总体增大趋势。临时系杆的应力最大值达到868MPa。

方案2的结果(即在拼装完26节间脱空2号、3号墩):

扣索应力最大值为852MPa,小于按2倍安全系数控制设计的值930MPa。临时系杆的应力最大值达到868MPa。

5)临时墩的拆除

方案1拆除1号、2号、3号临时墩时边支点的顶升位移量分别：

北边支点顶升：0.095m、0.213m、2.003m。

南边支点顶升：0.062m、0.172m、1.961m。

方案2拆除1号、2号、3号临时墩时边支点的顶升位移量分别：

北边支点顶升：0.095m、0.033m、0.252m。

南边支点顶升：0.062m、0.017m、0.211m。

6)钢梁顺利上主墩的施工措施

根据朝天门大桥悬臂施工零反力上墩的施工特点，E15节点需在设计高程以上，如果在设计高程以下，施工将不能顺利进行。施工开始时，需要调整边支点的位置和临时墩的高程（方案1和方案2）。

北边支点：水平位移为 -0.164m，竖向位移为 -2.3m。

北1号临时墩：竖向位移为 -1.770m。

南边支点：水平位移为 -0.731m，竖向位移为 -2.3m。

南1号临时墩：竖向位移为 -1.793m。

3.2.4　施工过程结构分析修正

根据对施工方案的深入研究，对2号和3号临时墩的脱空时机进一步调整。

1)计算工况

计算工况如下：

工况1　拼装1号、2号节间全部钢构件，边支点为固定支座

工况2　拼装平衡梁和3~5号节间，达最大悬臂

工况3　添加2号临时墩的竖向约束，拼装6~9号节间，达最大悬臂

工况4　添加3号临时墩的竖向约束，顶升边支点（计算没考虑3号临时墩水平约束）

工况5　拆除1号临时墩，回落边支点顶起的位移量

工况6　拼装10~13号节间和部分14号节间

工况7　顶升边支点

工况8　拆除2号临时墩，回落边支点

工况9　添加E15处竖向和水平约束，拼装14号节间剩余杆件

工况10　边支点纵向变为可滑动，拼装15~18号节间

工况11　拼装19~21号节间

工况12　顶升边支点

工况13　拆除3号临时墩，回落边支点

工况14　拼装22~26号节间，只安装桁拱和吊杆

工况15　安装扣塔，安装1号斜拉索，并初张拉

工况16　拼装27~32号节间，只安装桁拱和吊杆

工况17　安装并初张拉2号斜拉索

工况18　拼装北33号、34号节间；拼装南33~35号节间

工况19　调整合龙位置

工况20　完成桁拱跨中合龙

工况 21　南岸支座变为纵向滑动,消除 1/4 边跨下调量

工况 22　安装 1/2 临时系杆

工况 23　消除 1/2 边跨下调量

工况 24　安装剩余 1/2 临时系杆

工况 25　拆除边跨临时节间及压重,斜拉索扣挂系统,保留永久节间部分配重

工况 26　利用桥面吊机安装中跨系杆致跨中(除桥面板外的构件)

工况 27　升降边支点,临时系杆的控制拉力为 45 000kN/桁,调整合龙误差

工况 28　上下系杆合龙

工况 29　拆除临时系杆

工况 30　将边支点调整到设计高程

工况 31　安装系杆体外预应力索,并施加张拉力

工况 32　安装剩余桥面板

工况 33　桥面铺装等二期恒载

2)施工过程各杆件最大应力

北岸拉应力最大的杆件为 M11-A11,大小为 269MPa,超过允许值 7.3%,控制工况为第 9 工况,即处于拼装 14 号节间剩余杆件时。南岸拉应力最大的杆件为 M11-A11,大小为 269MPa,超过允许值 7.3%,控制工况为第 9 工况,即处于拼装 14 号节间剩余杆件时。

北岸压应力最大的杆件为 E10-A11,大小为 -181.9MPa,超过了允许值 -174.4MPa,超过量为 4.3%,控制工况为第 9 工况,即处于拼装 14 号节间剩余杆件时。在第 16 工况(即拼装 27-32 号节间),E2 ~ A2 杆的压应力达到 -159.4MPa,超过允许值 -138.7MPa,超过量为 14.9%。在第 26 工况(即利用桥面吊机安装中跨系杆至跨中)E24-A24、E26-A26 压应力超过允许值,但超标量都在 4% 以内。

施工阶段有应力超标主要在于:安装 14 号节间时,3 号临时墩顶杆件有应力超标情况出现,但超标值不大;安装完 32 号节间时,有一根杆件压应力超标,应当重新调整 1 号扣索的初始张拉索力;在利用桥面吊机安装中跨系杆至跨中时,主跨四分点处有两根杆件压应力超标,但在 5% 以内。

3)临时墩拆除

临时墩拆除时 1 号、2 号、3 号临时墩时边支点的顶升位移量分别:

北边支点顶升:0.095m、0.192m、0.969m。

南边支点顶升:0.062m、0.158m、0.947m。

4)钢梁顺利上主墩的施工措施

根据朝天门大桥悬臂施工零反力上墩的施工特点,E15 节点须在设计高程以上,如果在设计高程以下,施工将不能顺利进行。施工开始时,需要调整边支点的位置和临时墩的高程。

北边支点:水平位移为 -0.164m,竖向位移为 -2.3m。

北 1 号临时墩:竖向位移为 -1.770m。

南边支点:水平位移为 -0.731m,竖向位移为 -2.3m。

南 1 号临时墩:竖向位移为 -1.793m。

3.3 非线性对施工过程影响分析

3.3.1 关键施工阶段的几何非线性影响

1)成桥时非线性影响

分析中主要考虑成桥静力计算时几何非线性对结构位移和内力的影响。为直观起见，引入非线性影响系数 K 体现几何非线性的影响程度，K 定义为：

$$K = A_N / A_L$$

式中：A_N——考虑几何非线性因素的计算值；

A_L——不考虑几何非线性因素的计算值。

(1)位移影响

以具有代表性的关键节点的位移作为分析对象(包括 A5、A10、A20、A25、A30、A36)，分析结果表明，成桥阶段非线性对位移影响很小，大多数影响系数在 2% 以内，个别达到了 7%，其中，对边跨位移影响大，对中跨位移影响小。

(2)应力影响

以具有代表性的杆件的应力作为分析对象(包括 E4-E5、A10-A11、E12-E13、A24-A25、E24-E25、A35-A36、E35-E36)，分析结果表明，成桥阶段非线性对应力结果影响很小，大多数影响系数都在 1% 以内，个别杆件的影响系数达到了 7%；对边跨的影响较中跨大。

2)大悬臂时非线性影响

(1)位移影响

以具有代表性的关键节点的位移作为分析对象(包括 A5、A10、A20、A25、A30、A35)，分析表明，大悬臂阶段非线性对位移结果影响很小，大多数影响系数都在 3% 以内。

(2)应力影响

以具有代表性的杆件的应力作为分析对象(包括 E4-E5、A4-A5、A10-A11、E12-E13、A24-A25、E24-E25)，分析表明，大悬臂阶段非线性对应力结果影响很小，大多数影响系数都在 3% 以内。

3.3.2 施工过程的几何非线性累积影响

1)成桥时非线性的累积影响

(1)位移影响

针对 A5、A10、A20、A25、A30、A35 进行的分析表明，考虑施工过程，成桥阶段非线性对位移结果有较大影响，大多数影响系数都为 5% ~14%。

(2)应力影响

针对 E4-E5、A10-A11、E12-E13、A24-A25、E24-E25、A35-A36、E35-E36 进行的分析表明，考虑施工过程，成桥阶段非线性对应力结果影响很小，大多数影响系数都在 1% 以内。

2)考虑施工全过程的非线性累积影响时程

仅考虑成桥阶段的非线性累积影响并不能完全反映非线性的影响程度，需要考虑随施工阶段的累积影响时程。

(1)位移影响

考虑几何非线性的影响后，竖向位移影响系数多数在 10% 以内，少数为 10% ~20%，极少数为 20% ~30%，并且影响系数大的节点本身的位移绝对值偏小，容易产生较大的相对影响。水平位移影响系数多数在 20% 以内，少数为 20% ~30%，并且影响系数大的节点本身的位移绝对值偏小，容易产生较大的相对影响。

(2)应力影响

考虑几何非线性的影响后，应力影响系数多数在 5% 以内，少数为 5% ~10%，并且影响系数大的杆件本身的应力绝对值偏小，容易产生较大的相对影响。

3.3.3 边界条件对施工过程的影响

边界条件是施工过程结构分析的一个重要考虑因素。重庆朝天门大桥采用悬臂施工方法，在安装边跨时，采用了 3 个临时墩，临时墩均采用格构钢管柱。当临时墩受力后，会因压力而压缩，随着悬臂施工的进行，因临时墩处的压缩，悬臂端位移增大。

1)对节点位移的影响

临时墩的压缩量不大，北岸最大的临时墩压缩量为 2.4cm，南岸最大的临时墩压缩量为 1.4cm。临时墩的弹性刚度对施工过程结构分析不可忽视，考虑临时墩时北岸 E15 节点向下位移比不考虑临时墩时大 0.316m，考虑临时墩时南岸 E15 节点向下位移比不考虑临时墩时大 0.148m；考虑临时墩时北岸 E15 节点水平位移比不考虑临时墩时小 0.064m，考虑临时墩时南岸 E15 节点向下位移比不考虑临时墩时大 0.03m；靠近边支点处的节点位移受临时墩刚度影响小，靠近中支点处的节点位移受临时墩刚度影响大。

总之，虽然临时墩本身的弹性压缩只有 2 ~3cm，施工过程结构分析必须考虑临时墩的弹性刚度，否则很难保证 E15 节点处于设计位置。由于没有正确估计到临时墩弹性压缩引起的 E15 节点的竖向位移，很可能导致悬臂施工到主墩时，E15 节点将低于设计位置，在没有施工措施的条件下后果将很严重。

2)对应力的影响

通过工况 8(即施工到 14 号节间脱空 2 号临时墩)的分析表明，不管是否考虑了临时墩刚度，结构的最大压应力和最大拉应力大小都相同，应力相差量在 1% 以内，因此临时墩刚度对结构受力的影响很小。

3.3.4 斜拉扣索垂度效应对施工过程的影响

1)索的垂度效应模拟方法

众所周知，索的垂度效应可以采用索单元或者 Ernst 公式修正，由于 2 号内扣索的水平倾角最小，水平倾角很小的 2 号内扣索在最小应力状态时的切线刚度进行分析，并分析基于悬链线理论的精确索单元与 Ernst 修正公式模拟扣索时的差异，从而决定分析方法。以南 2 号内扣索为例，2 号内扣索的在初张拉时索力最小，取 10 000kN 进行分析。2 号内扣索的其他条件如下：

(1)两个扣点的初始坐标为：A(526.00,137.77)，B(742.00,173.13)。

(2)截面面积：0.016 958m^2。

(3)密度：7 850kg/m^3。

(4)弹性模量:2.1×10^5MPa。

由上述条件得出:扣索无应力索长 $S_0 = 218.268$m;2 号内扣索此时沿索的刚度为 15 934 923N/m;Ernst 修正系数为 0.977,修正以后的 2 号内扣索沿索的刚度为 15 895 793N/m,直接用杆单元计算的 2 号内扣索沿索的刚度为 16 270 372N/m。可见,Ernst 公式与基于精确解析解的索单元计算的结果非常接近,相差仅 0.25%;用直杆模拟索的计算结果偏差也不大,仅为 2.11%。重庆朝天门大桥临时施工用的扣索的垂度效应很小,采用 Ernst 公式修正方法考虑索的垂度效应是可行的。

2)索的垂度效应对施工过程的影响

(1)修正系数

各索力对应的修正系数均在 0.9774 以上。由于索的垂度效应不明显,可以偏安全地取各索最小的修正系数来修正刚度,这并不影响对比分析索的垂度效应对施工过程的影响特点。

(2)垂度效应对结构位移的影响

垂度效应对施工过程结构分析影响较小,考虑索垂度效应与不考虑垂度效应,北岸 E35 节点向下位移相差 0.045m,南岸 E36 节点向下位移相差 0.050m;北岸 E35 节点水平位移相差 0.018m,南岸 E36 节点水平位移相差 0.019m;靠近最大悬臂端的节点位移受索的垂度效应影响比较大。

(3)垂度效应对应力的影响

考虑索垂度效应与不考虑垂度效应,结构的最大压应力和最大拉应力大小均在 1% 以内,索的垂度效应对结构应力的影响很小。

3.4　施工全过程弹性、弹塑性稳定分析

3.4.1　分析模型及材料参数

分析模型仍然采用上述施工过程结构分析模型。

稳定分析中主要考虑一期恒载、二期恒载和活载。活载包括汽车荷载、人群荷载和轨道交通荷载。分析过程中采用了几种不同的荷载模式,包括恒载、恒载和满跨活载、恒载和半侧活载、恒载和半跨活载。

稳定模型中的材料分两种情况。一类稳定分析时采用线性材料,材料的弹性模量及柏松比根据设计图纸取值;二类稳定分析时主要杆件采用非线性材料,受力不大的杆件采用线性材料。非线性材料的本构关系采用理想弹塑性本构关系。重庆朝天门大桥主要采用 Q345qD、Q370qD 和 Q420qD 钢材,吊杆及系杆采用屈服点为 1 860MPa 的钢绞线,模型中各杆件采用的材料与设计图纸相同。

3.4.2　施工阶段关键工况及恒载一类稳定分析

通过分析,边跨大悬臂状态的一类稳定系数相对比较高,一阶稳定系数达 26.691。失稳模态主要为连接杆件的局部失稳和整体侧向失稳,前十阶的稳定系数及失稳模态如表 3-3-3 所示。

边跨大悬臂一类稳定　　表 3-3-3

阶数	稳定系数	发生位置	稳定描述	阶数	稳定系数	发生位置	稳定描述
1	26.691	北岸	桥面平联局部失稳	6	67.700	南岸	桥面平联局部失稳
2	26.691	南岸	桥面平联局部失稳	7	72.715	北岸	拱肋侧向失稳
3	31.830	南岸	桥面横联局部失稳	8	72.715	南岸	拱肋侧向失稳
4	31.830	北岸	桁架横联局部失稳	9	74.548	北岸	桥面平联局部失稳
5	67.700	北岸	桥面平联局部失稳	10	74.548	南岸	桥面平联局部失稳

中跨大悬臂稳定系数较高，主要是拱肋的面内失稳和联结杆件的局部失稳，前十阶的稳定系数及失稳模态如表 3-3-4 所示。

中跨大悬臂一类稳定　　表 3-3-4

阶　数	稳定系数	发生位置	稳定描述
1	21.386	南岸	拱肋面内失稳
2	23.468	北岸	拱肋面内失稳
3	24.921	北岸	悬臂处拱肋平联局部失稳
4	32.496	南岸	加劲弦处拱肋平联局部失稳
5	33.179	南岸	悬臂处拱肋平联局部失稳
6	34.351	北岸	加劲弦处拱肋平联局部失稳
7	34.892	南岸	加劲弦处拱肋平联局部失稳
8	35.973	北岸	加劲弦处拱肋平联局部失稳
9	38.698	南岸	拱肋面内 S 形失稳
10	40.950	北岸	拱肋面内 S 形失稳

成桥恒载一类稳定系数满足要求，失稳形式包括全桥面外失稳和局部失稳，前十阶的稳定系数及失稳模态如表 3-3-5 所示。

成桥恒载一类稳定　　表 3-3-5

阶　数	稳定系数	发生位置	稳定描述
1	11.745	全桥	拱肋侧向失稳
2	11.837	上弦杆	上弦杆及联结杆件局部失稳
3	12.091	上弦杆	上弦杆及联结杆件局部失稳
4	14.227	全桥	拱肋侧向 S 形失稳
5	14.863	上弦杆	上弦杆及联结杆件局部失稳
6	18.072	全桥	拱肋侧向失稳
7	18.468	上弦杆	上弦杆及联结杆件局部失稳
8	22.489	上弦杆	上弦杆及联结杆件局部失稳
9	24.460	横联	近加紧弦处横联局部失稳
10	24.461	横联	近加紧弦处横联局部失稳

3.4.3　成桥恒载二类稳定分析

1）不考虑施工过程应力积累二类稳定分析

分析表明,成桥状态不考虑施工过程的恒荷载系数为 2.757,此时跨中顶点位移为 2.235m。整个结构破坏历程如下。

(1)在荷载系数首次达到 2.730 之前,所有杆件均未进入屈服,即整个结构的材料均在线性范围内。此时,整体结构表现出比较好的线性特征,荷载位移曲线几乎为一条直线。

(2)在荷载系数首次达到 2.730 时,桥上共有 5 个地方(靠近拱脚的 E12-E13 杆;靠近 1/4 点的 A22-A23 杆;拱顶的 A33-A34 杆、A34-A35 杆、A35-A36 杆)出现应力屈服,但是应力屈服的程度都不大,其中 1/4 点和拱顶的地方屈服范围相当小。

(3)荷载系数从首次达到 2.730 变化到最大的荷载系数 2.757,E12-E13 杆、A22-A23 杆、A35-A36 杆的屈服范围变化不大。此时荷载位移曲线处于相对平滑阶段。1/8 断面和 1/4 断面的上弦杆开始屈服,结构不能继续承载,荷载系数达到极值。

(4)当荷载系数越过 2.757 以后,即荷载位移曲线处于下降段时。最早屈服的一些杆件如 E12-E13 杆、A22-A23 杆和 A35-A36 杆等杆件的屈服区域减小甚至没有屈服区域,1/8 断面和 1/4 断面的上弦杆的屈服区域也减小甚至没有屈服区域,屈服杆件转移到加劲弦区域。结构内部出现局部加载和局部卸载的情况。

(5)在荷载位移曲线处于下降段时,加劲弦左右两边的断面上出现两个比较明显的“塑性铰”,即断面基本不能继续承受弯矩。屈服路径为:拱脚附近、1/4 断面附近和拱顶附近杆件→1/8 断面和 1/4 断面附近的上弦杆→加劲弦区域多数杆件。

2)考虑施工过程应力积累二类稳定分析

分析表明,成桥状态考虑施工过程的恒载荷载系数为 2.760,此时跨中顶点位移为 2.366m。整个结构破坏历程如下。

(1)在荷载系数首次达到 2.287 时,南岸加劲弦跨中侧上弦杆(A17-A18)开始屈服,但是在整个破坏过程中,屈服范围一直不大。

(2)在荷载系数首次达到 2.734 时,南北岸拱顶上弦杆(A34-A36)出现应力屈服。

(3)在荷载系数首次达到 2.736 时,北岸加劲弦附近下弦杆(E11-E13),南岸加劲弦附近下弦杆(E11-E13)的屈服及变形情况与北岸类似。

(4)在荷载系数为 2.759 且竖向位移为 2.355m 时(A 点到 B 点之间),北岸加劲弦处 M14 点附近的杆件(M14-A14,M14-B15)开始屈服。

(5)在荷载系数为 2.666 且竖向位移为 2.430m 时(B 点到 C 点之间),北岸加劲弦附近斜杆(A16-M17)开始屈服。

(6)在荷载系数为 2.577 且竖向位移为 2.517m 时(B 点到 C 点之间),北岸加劲弦处斜杆(B15-A16)开始屈服。

(7)在荷载系数为 C 点时,认为结构破坏。屈服路径为:南岸加劲弦跨中侧上弦杆→拱顶上弦杆→加劲弦附近下弦杆→北岸加劲弦处某些斜杆。

3.4.4 施工阶段关键工况二类稳定分析

1)边跨大悬臂二类稳定分析

以北岸为例,边跨大悬臂结构破坏过程:

(1)在荷载系数为 2.3 时,边跨上弦杆 A10-A11 开始屈服,其在 B 点之前屈服范围增加;在 B 点之后,屈服范围减小。

(2)在荷载系数为 2.3 时,边跨上弦杆 A8-A9-A10 开始屈服,其在 B 点之前屈服范围增加;在 B 点之后,屈服范围减小。

(3)在荷载系数为 2.4 时,边跨斜杆 E10-A11、E11-A12 开始屈服。

(4)在荷载系数为 3.673 时,认为结构破坏。

结构上主要屈服杆件屈服均较早,在曲线接近平滑时,先前屈服的杆件屈服范围变小,结构上内力重分配。

屈服路径为:边跨上弦杆 A10-A11、A8-A9-A10→边跨斜杆 E10-A11、E11-A12。

2)中跨大悬臂二类稳定分析

以南岸为例,边跨大悬臂结构破坏过程:

(1)在荷载系数为 2.192 时,南边跨上弦杆 A10-A11 开始屈服。

(2)在荷载系数为 2.342 时,南边跨下弦杆 E7-E8-E9 开始屈服。

(3)在荷载系数为 2.704 时,南边跨斜杆 E2-A3 开始屈服。

(4)在荷载系数为 2.767 时,南边跨下弦杆 E12-E13 开始屈服。

(5)在荷载系数为 2.970 时,南边跨斜杆 E1-A2 开始屈服。

(6)在荷载系数为 3.021 时,南岸边扣索(S2)开始屈服。

(7)在荷载系数为 3.021 时,认为结构破坏。

屈服路径为:南边跨上弦杆 A10-A11→南边跨下弦杆 E7-E8-E9→南边跨下弦杆 E12-E13→南边跨斜杆 E2-A3、E1-A2→南岸边扣索(S2)(以南边跨为例)。

3.4.5 满布活载二类稳定分析

满布活载二类稳定分析中,以公路一级及人群荷载和轨道交通荷载为结构荷载。分析中逐步提高结构活载系数,直至结构破坏,得出结构稳定系数及活载破坏荷载系数。

1)不考虑施工过程应力积累二类稳定分析

不考虑施工过程的满布活载时活载系数为 7.018,此时跨中顶点位移为 2.855m,结构稳定系数 $K=2.035$。

整个结构破坏历程如下:

(1)在荷载系数达到 5.726 之前,所有杆件均未进入屈服,即整个结构的材料均在线性范围内。此时,整体结构表现出比较好的线性特征,荷载位移曲线几乎为一条直线。

(2)在荷载系数首次达到 5.726 时,桥上拱顶上弦杆件出现局部区域应力屈服,但是应力屈服的程度都不大。

(3)荷载系数从 6.305 变化到最大的荷载系数 7.018,拱顶上弦杆件的屈服范围先变大后减小。此时荷载位移曲线处于相对平滑阶段。

(4)荷载系数从 6.305 变化到最大的荷载系数 7.018,1/8 断面到 1/4 断面的拱肋下弦杆多数出现局部区域屈服的情况;除此之外,E29-E30 杆、E30-E31 杆也存在局部区域屈服的情况。

(5)由于当荷载系数为 7.018 时,结构多处出现杆件屈服,且荷载位移曲线斜率几乎为零,结构不能继续承受新的荷载。

屈服路径为:拱顶上弦杆→1/8 断面 ~1/4 断面附近的下弦杆。

2)考虑施工过程应力积累二类稳定分析

不考虑施工过程的满布活载时活载系数为6.539,此时跨中顶点位移为2.635m,结构稳定系数 $K=1.961$。

整个结构破坏历程:

(1)在荷载系数为4.742时,拱顶上弦杆(A33-A36)开始出现局部区域屈服。随着结构位移的增加,其屈服范围先增加,到接近 C 点时开始减小。

(2)在荷载系数为6.162时,1/4断面附近的下弦杆(E24-E26)出现局部区域屈服。后随着结构位移的增加,屈服区域不断增大,屈服杆件扩展到下弦杆E19-E28。

(3)在荷载系数为6.384时(即 B 点),3/8断面附近下弦杆(E29-E30)开始屈服。

(4)荷载系数为6.539时(即 C 点),认为结构破坏。拱顶上弦杆(A33-A36)最早屈服,屈服范围先增加后稍有减小。接着,1/4断面附近的下弦杆(E24-E26)开始屈服,屈服范围不断增大,并扩展到其附近的下弦杆E19-E28。在 B 点时,3/8断面附近下弦杆(E29-E30)也开始屈服。屈服路径为:拱顶上弦杆→1/4断面附近的下弦杆→3/8断面附近下弦杆。

3.4.6 活载半侧偏载二类稳定分析

满布活载二类稳定分析中,以公路一级及人群荷载和轨道交通荷载为结构荷载。分析中仅对结构施加半侧荷载,逐步提高结构活载系数,直至结构破坏,得出结构稳定系数及活载破坏荷载系数。

1)不考虑施工过程应力积累二类稳定分析

不考虑施工过程的活载半侧偏载时活载系数为8.967,此时加载侧拱顶竖向位移为2.701m,结构破坏。结构稳定系数 $K=1.749$。

整个结构破坏历程:

(1)荷载系数为7.467时,拱顶(加载侧A34-A35-A36)杆件出现局部区域屈服。

(2)荷载系数为8.026时,1/8断面附近(E19-E20-E21)杆件和1/4断面附近(E25-E26)杆件出现局部区域应力屈服。此时,荷载位移曲线斜率减小,开始进入相对平滑段。

(3)荷载系数为8.287时,3/8断面附近的斜杆(A32-E33,A31-E32,A30-E31)出现局部区域屈服。

(4)荷载系数为8.816时,1/8断面附近的上弦杆(A17-A18-A19)出现局部区域屈服。

(5)荷载系数为8.967,即 B 点,荷载系数达到最大值,认为结构破坏。

(6)当荷载系数从8.967变到8.765时,荷载位移曲线处于下降段。

屈服路径为:拱顶上弦杆→1/8断面和1/4断面附近下弦杆→3/8断面附近的斜杆→1/8断面附近的上弦杆。

2)考虑施工过程应力积累二类稳定分析

考虑施工过程的活载半侧偏载时活载系数为8.505,此时加载侧拱顶竖向位移为2.720m,结构破坏。结构稳定系数 $K=1.716$。

整个结构破坏历程如下:

(1)荷载系数为6.540时,加载侧拱顶上弦杆(A33-A36)出现局部区域屈服。

(2)荷载系数为6.839时,加载侧1/8断面附近下弦杆(E20-E22)出现局部区域屈服。

(3)荷载系数为7.134时,加载侧3/8断面附近的斜杆(A30-E31,A31-E32)和加载侧1/4断面附近下弦杆(E25-E26)出现局部区域屈服。

(4)荷载系数为8.301时(即*B*点),加载侧1/8断面附近的上弦杆(A17-A18)出现局部区域屈服。

(5)荷载系数为8.505,即*C*点,荷载系数达到最大值,认为结构破坏。

屈服路径为:拱顶上弦杆→1/8断面附近下弦杆→1/4断面附近下弦杆、3/8断面附近的斜杆→1/8断面附近的上弦杆。

3.4.7 活载半跨偏载二类稳定分析

满布活载二类稳定分析中,以公路一级及人群荷载和轨道交通荷载为结构荷载。分析中仅对结构施加半跨荷载,逐步提高结构活载系数,直至结构破坏,得出结构稳定系数及活载破坏荷载系数。

1)不考虑施工过程应力积累二类稳定分析

不考虑施工过程的活载半跨偏载时活载系数为6.994,此时拱顶竖向位移为2.190m,拱顶水平位移为1.095m,结构破坏。结构稳定系数$K=1.622$。

整个结构破坏历程如下:

(1)荷载系数为4.970时,拱顶斜杆(非加载侧A33-E34,A34-E35等)屈服。同时,非加载侧3/8断面附近的下弦杆(E33-E29)发生局部区域屈服。

(2)荷载系数为6.106时,拱顶斜杆(加载侧A35-E36)出现局部区域屈服。

(3)荷载系数为6.836时,即为*B*点时,加载侧1/4断面附近的斜杆(A23-E24,A24-E25, A25-E26)出现局部区域屈服。

(4)荷载系数为6.941时,加载侧加劲弦左侧下弦杆(E11-E13)出现局部区域屈服。

(5)荷载系数为6.994,即*C*点,认为结构破坏。

屈服路径为:拱顶斜杆、非加载侧3/8断面附近的下弦杆→加载侧1/4断面附近的斜杆→加载侧加劲弦左侧下弦杆。

2)考虑施工过程应力积累二类稳定分析

考虑施工过程的活载半跨偏载时活载系数为5.891,此时拱顶竖向位移为1.928m,拱顶水平位移为0.884m,结构破坏。结构稳定系数$K=1.519$。

整个结构破坏历程如下:

(1)荷载系数为4.432时,拱顶斜杆(加载侧A35-E36和非加载侧A35-E36、A34-E35、A33-E34、A32-E33)发生局部区域屈服。

(2)荷载系数为4.432时,非加载侧3/8截面附近下弦杆(E30-E31)出现局部区域屈服。

(3)荷载系数为5.247时,即为*B*点时,非加载侧3/8截面附近下弦杆E28-E29出现局部区域屈服。

(4)荷载系数为5.891,认为结构破坏。

屈服路径为:拱顶斜杆、非加载侧3/8截面附近下弦杆E30-E31→非加载侧3/8截面附近下弦杆E28-E29。

3.5 施工初始缺陷对结构性能影响分析

3.5.1 索力张拉误差对施工过程的影响

1)参数取值

重庆朝天门大桥施工过程中每半跨每桁共有4根扣索,扣索施工时,采用单根张拉的张拉方法,并且每根索都由很多的钢绞线组成,扣索索力不易控制,施工时难免出现索力张拉误差。本节采用降温模拟扣索初张拉过程,研究扣索索力张拉误差对大悬臂施工阶段的位移和应力的影响。模拟索力张拉的降温量均采用正态分布,变异系数依据施工经验取5%。在1号索和2号索初张拉时,共需要四个降温来模拟扣索张拉,因此采用了四个随机变量,并且他们之间线性无关。假定随机变量的分布类型为正态分布。

2)索力张拉误差对大悬臂时位移的影响

以最大悬臂时悬臂端的节点位移作为影响量研究对象。悬臂端的节点取为北跨A35节点、南跨A36节点,考察它们的水平位移和竖向位移的变异性。经过计算,悬臂端节点位移见表3-3-6。

扣索张拉误差影响下的悬臂端节点位移 表3-3-6

位 移	均值(m)	标准差(m)	变异系数	位 移	均值(m)	标准差(m)	变异系数
北A35水平位移	-0.460	0.040	0.088	南A36水平位移	-0.434	0.040	0.093
北A35竖向位移	0.542	0.083	0.152	南A36竖向位移	0.544	0.087	0.160

3)索力张拉误差对大悬臂时应力的影响

以重庆朝天门大桥施工最大悬臂时代表性杆件的轴向平均应力为影响量分析对象。代表性杆件取为北跨E2-E3杆、北跨E10-E11杆、北跨E25-E26杆、北跨A10-A11杆、北跨A25-A26杆,考察它们的轴向平均应力的变异性。经过计算,代表性杆件轴向平均应力见表3-3-7。

扣索张拉误差影响下的代表性杆件轴向平均应力 表3-3-7

位 移	均值(m)	标准差(m)	变异系数
北E2-E3杆平均应力	-165.07	1.90	0.012
北E10-E11杆平均应力	-131.96	2.23	0.017
北E25-E26杆平均应力	-78.96	1.85	0.023
北A10-A11杆平均应力	101.06	6.66	0.066
北A25-A26杆平均应力	25.33	2.61	0.103

3.5.2 施工活荷载误差对施工过程的影响

1)参数取值

施工活荷载主要指架梁吊机作用于结构的荷载。计算中架梁吊机的总重力考虑为3 000kN,前支点2 500kN,后支点500kN,吊机重力从第二工况开始加载。实际施工时,架梁吊机的总重以及各个节点分配到的荷载可能存在差异,因此需要对架梁吊机荷载进行误差影响分析,即确定由于架梁吊机荷载估计不准对施工时桥梁结构的位移应力的影响程度,选择大悬臂为分析状态。以吊机前支点和后支点的荷载为随机变量,假定为正态分布。分析施工活荷载误差对结构受力及变形的影响。前支点和后支点的荷载均值取施工过程结构分析时采用的荷载值,即前支点 2 500kN,后支点 500kN。目前对施工活载的统计研究较少,根据经验,变异系数取 5%。由于前支点荷载和后支点荷载均与吊机总重成正比,因此还考虑前支点荷载和后支点荷载的相关系数,取为 0.8。

2)施工活荷载误差对大悬臂时位移的影响

经过计算,当吊机荷载变异 5% 时,悬臂端节点位移的统计参数如表 3-3-8 所示。

吊机荷载误差影响下的悬臂端节点位移 表 3-3-8

位　移	均值(m)	标准差(m)	变异系数	位　移	均值(m)	标准差(m)	变异系数
北 A35 水平位移	-0.460	0.020	0.043	南 A36 水平位移	-0.434	0.019	0.044
北 A35 竖向位移	0.542	0.064	0.118	南 A36 竖向位移	0.543	0.064	0.117

3)施工活荷载误差对大悬臂时应力的影响

经过计算,代表性杆件轴向平均应力的统计参数如表 3-3-9 所示。

吊机荷载误差影响下的代表性杆件轴向平均应力 表 3-3-9

位　　移	均值(MPa)	标准差(MPa)	变 异 系 数
北 E2-E3 杆平均应力	-165.07	1.27	0.008
北 E10-E11 杆平均应力	-131.96	0.87	0.007
北 E25-E26 杆平均应力	-78.96	1.15	0.015
北 A10-A11 杆平均应力	101.06	2.05	0.020
北 A25-A26 杆平均应力	25.33	0.91	0.036

3.5.3 自重误差对施工过程及成桥的影响

1)参数取值

施工过程结构分析中结构的自重按设计图纸取值,由于实际施工存在初始缺陷,结构自重跟设计自重不可避免地存在误差。因此需要对结构自重进行误差影响分析,即确定由于结构自重误差对施工及成桥时桥梁结构的位移应力的影响程度。这里选择施工时的最大悬臂阶段和成桥阶段进行分析。分析中以材料密度为随机变量来考虑结构自重的变异性,并假定为正态分布。为了降低计算规模,把几个施工阶段结构自重作为一个随机变量,整个施工过程共设 5 个随机变量。不考虑随机变量之间的相关性,考虑 5% 的变异系数。

2)自重误差对大悬臂时位移的影响

经过计算,当结构自重变异 5% 时,悬臂端节点位移的统计参数如表 3-3-10 所示。

自重误差影响下的悬臂端节点位移 表 3-3-10

位　移	均值(m)	标准差(m)	变异系数	位　移	均值(m)	标准差(m)	变异系数
北 A35 水平位移	-0.460	0.106	0.231	南 A36 水平位移	-0.434	0.109	0.251
北 A35 竖向位移	0.542	0.213	0.394	南 A36 竖向位移	0.543	0.226	0.415

3)自重误差对大悬臂时应力的影响

经过计算,代表性杆件轴向平均应力的统计参数如表 3-3-11 所示。

自重误差影响下的代表性杆件轴向平均应力　　表 3-3-11

位　　移	均值(MPa)	标准差(MPa)	变异系数
北 E2-E3 杆平均应力	-165.07	11.26	-0.068
北 E10-E11 杆平均应力	-131.97	7.08	-0.054
北 E25-E26 杆平均应力	-78.96	3.16	-0.040
北 A10-A11 杆平均应力	101.07	16.53	0.164
北 A25-A26 杆平均应力	25.33	2.15	0.085

4)自重误差对成桥位移的影响

经过计算,当结构自重变异5%时,跨中A36节点位移的统计参数如表3-3-12所示。

自重误差影响下的成桥时跨中位移　　表 3-3-12

位　移	均值(m)	标准差(m)	变异系数	位　移	均值(m)	标准差(m)	变异系数
A36 水平位移	0.289	0.104	0.359	A36 竖向位移	-0.857	0.249	-0.291

5)自重误差对成桥应力的影响

经过计算,代表性杆件轴向平均应力的统计参数如表3-3-13所示。

自重误差影响下的代表性杆件轴向平均应力　　表 3-3-13

位　　移	均值(MPa)	标准差(MPa)	变异系数
北 E2-E3 杆平均应力	25.01	11.56	0.462
北 E10-E11 杆平均应力	-144.24	7.98	0.055
北 E25-E26 杆平均应力	-145.48	4.16	0.029
北 A10-A11 杆平均应力	131.47	19.14	0.146
北 A25-A26 杆平均应力	-151.69	2.82	0.019

3.5.4 弹模误差对施工过程及成桥的影响

1)参数取值

施工过程结构分析中结构的弹性模量是按照规范取值的,由于实际制造时存在初始缺陷,钢材弹性模量不可避免地存在偏差。因此需要对钢材弹性模量进行误差影响分析,即确定由于钢材弹性模量对施工及成桥时桥梁结构的位移应力的影响程度。这里选择施工时的最大悬臂阶段和成桥阶段进行分析。分析中以材料的弹性模量为随机变量来考虑钢材弹性模量的变异性,并假定为正态分布。为了降低计算规模,把几个施工阶段钢材弹性模量作为一个随机变量,整个施工过程共设5个随机变量。不考虑随机变量之间的相关性,考虑5%的变异系数。

2)弹模误差对大悬臂时位移的影响

经过计算,当钢材弹性模量变异5%时,悬臂端节点位移的统计参数如表3-3-14所示。

弹模误差影响下的悬臂端节点位移　　表 3-3-14

位　移	均值(m)	标准差(m)	变异系数	位　移	均值(m)	标准差(m)	变异系数
北 A35 水平位移	-0.455	0.088	0.193	南 A36 水平位移	-0.438	0.072	0.165
北 A35 竖向位移	0.532	0.179	0.337	南 A36 竖向位移	0.532	0.198	0.373

3)弹模误差对大悬臂时应力的影响

经过计算,代表性杆件轴向平均应力的统计参数如表3-3-15所示。

弹性模量误差影响下的代表性杆件轴向平均应力　　表3-3-15

位　　移	均值(MPa)	标准差(MPa)	变异系数
北E2-E3杆平均应力	-165.06	1.50	0.009
北E10-E11杆平均应力	-132.05	3.66	0.028
北E25-E26杆平均应力	-78.99	1.93	0.024
北A10-A11杆平均应力	101.31	11.10	0.110
北A25-A26杆平均应力	25.36	2.69	0.106

4)弹模误差对成桥位移的影响

经过计算,当钢材弹性模量变异5%时,跨中A36节点位移的统计参数如表3-3-16所示。

弹性模量误差影响下的成桥时跨中位移　　表3-3-16

位　移	均值(m)	标准差(m)	变异系数	位　移	均值(m)	标准差(m)	变异系数
A36水平位移	0.286	0.083	0.290	A36竖向位移	-0.870	0.186	-0.213

5)弹模误差对成桥应力的影响

经过计算,代表性杆件轴向平均应力的统计参数如表3-3-17所示。

弹性模量误差影响下的代表性杆件轴向平均应力　　表3-3-17

位　　移	均值(MPa)	标准差(MPa)	变异系数
北E2-E3杆平均应力	24.80	5.53	0.223
北E10-E11杆平均应力	-144.40	3.95	0.027
北E25-E26杆平均应力	-145.56	2.53	0.017
北A10-A11杆平均应力	132.03	9.99	0.076
北A25-A26杆平均应力	-151.55	3.80	0.025

3.5.5 构件拼装误差对施工过程及成桥的影响

1)参数取值

在实际施工时,构件的实际长度难以同设计图纸完全一样,存在着一定的拼装误差,需要分析拼装误差对施工过程和成桥的影响。分析中选择施工时的最大悬臂阶段和成桥阶段进行分析。采用生死单元技术,首先杀死所有单元,让一部分的杆件随机升降温度,单元之间必将产生变形协调,整个结构的各杆件就都存在伸长缩短;然后,激活所有单元,杆件的变形保留下来,但是内力被清除,构件的拼装误差也就被考虑了。以构件的升降温度值为随机变量来考虑构件拼装的误差的变异性。限于目前的计算能力,为了降低计算规模,整个施工过程共设5个随机变量。随机选取一些主桁杆件:第一个随机变量为E1-A2、E6-A6杆件的模拟拼装误差的升降温度值;第二个随机变量为E10-A11、E13-M13杆件的模拟拼装误差的升降温度值;第三个随机变量为B15-M15、C15-E16杆件的模拟拼装误差的升降温度值;第四个随机变量为A16-M17、A22-E23杆件的模拟拼装误差的升降温度值;第五个随机变量为A27-E28、A32-E33杆件的模拟拼装误差的升降温度值。不考虑随机变量之间的相关性。各随机变量均考虑为均值为0的正态分布,且它的标准差取为100℃。100℃的温度变化标准差是按以下方法确定的：对于12m长的杆件，温差为100℃时，热膨胀系数取0.000 012℃$^{-1}$时，温度变形为1.5cm；对于20m长的杆件，温差为100℃时，热膨胀系数取0.000 012℃$^{-1}$时，温度变形为2.4cm；如果按照两倍标准差考虑误差的话，对于10～20m的杆件，相当于杆件长度的标准差为3～5cm；实际施工时，一般误差都在3～5cm内，因此用100℃的温度标准差是可行的。

2）构件拼装误差对大悬臂时位移的影响

经过计算，当每桁20根杆件考虑3～5cm拼装误差时，悬臂端节点位移的统计参数如表3-3-18所示。

构件拼装误差影响下的悬臂端节点位移　　表3-3-18

位　移	均值(m)	标准差(m)	变异系数	位　移	均值(m)	标准差(m)	变异系数
北A35水平位移	-0.460	0.012	0.026	南A36水平位移	-0.434	0.026	0.060
北A35竖向位移	0.542	0.035	0.064	南A36竖向位移	0.544	0.033	0.060

3）构件拼装误差对大悬臂时应力的影响

经过计算，代表性杆件轴向平均应力的统计参数如表3-3-19所示。

构件拼装误差影响下的代表性杆件轴向平均应力　　表3-3-19

位　移	均值(MPa)	标准差(MPa)	变异系数
北E2-E3杆平均应力	-165.07	1.89	0.011
北E10-E11杆平均应力	-131.96	0.42	0.003
北E25-E26杆平均应力	-78.96	0.15	0.002
北A10-A11杆平均应力	101.06	1.52	0.015
北A25-A26杆平均应力	25.33	0.42	0.017

4）构件拼装误差对成桥位移的影响

经过计算，在每桁20根杆件考虑3～5cm拼装误差时，跨中A36节点位移的统计参数如表3-3-20所示。

构件拼装误差影响下的成桥时跨中位移　　表3-3-20

位　移	均值(m)	标准差(m)	变异系数	位　移	均值(m)	标准差(m)	变异系数
A36水平位移	0.289	0.026	0.091	A36竖向位移	-0.857	0.034	0.040

5）构件拼装误差对成桥应力的影响

经过计算，代表性杆件轴向平均应力的统计参数如表3-3-21所示。

构件拼装误差影响下的代表性杆件轴向平均应力　　表3-3-21

位　移	均值(MPa)	标准差(MPa)	变异系数
北E2-E3杆平均应力	25.02	1.23	0.049
北E10-E11杆平均应力	-144.24	0.54	0.004
北E25-E26杆平均应力	-145.48	0.41	0.003
北A10-A11杆平均应力	131.46	1.84	0.014
北A25-A26杆平均应力	-151.69	0.33	0.002

3.6 分析结论与创新

3.6.1 研究结论

通过分析得到以下结论:

(1)重庆朝天门大桥施工过程设计基本合理,各杆件的应力基本满足设计要求,通过相关措施,拱肋能顺利合龙。温度、风荷载对施工过程的影响均不是很大。

(2)施工步骤对后期合龙误差有较大影响。施工中所采用的顶升边支点的施工措施,临时墩弹性刚度的考虑等都对大悬臂端的位移有较大的影响。初始的边界条件调整量和临时墩的脱空时机需要优化。

(3)对于单个施工阶段,几何非线性对结构的位移和内力的影响都很小,但是考虑施工全过程的累计几何非线性影响较大。虽然临时墩本身的压缩量不大,但是其对主墩墩顶E15 节点的位移影响很大。索的垂度效应不明显。

(4)施工和成桥的一类稳定系数均大于 10。施工过程的恒载稳定系数在 3 左右,成桥恒载安全系数为 2.75 左右。只提高活载时,活载本身荷载系数均大于 5 倍。

(5)非对称加载对结构稳定不利。考虑施工过程中应力累积,对最终稳定系数的影响并不很明显。

(6)在结构破坏时,结构上有多处出现屈服,屈服的位置主要为拱顶、1/8 ~ 3/8 断面的上下弦杆以及加劲弦处的杆件。结构受力比较均匀,多数杆件都得到比较充分的利用。

(7)斜拉扣索张拉误差、施工活荷载误差以及较少杆件的拼装误差,对最大悬臂端和成桥的位移影响不是很大,并且对杆件的应力影响较小。结构自重变异、钢材弹性模量变异,对最大悬臂端和成桥的位移有很大的影响,对杆件应力的影响也比较大。

(8)通过对存在初始几何缺陷时的二类稳定进行分析,可以看出初始几何缺陷对朝天门大桥的二类稳定系数降低很少。因此,虽然需要严控控制得到设计线形,但是较小的线形误差不会影响结构的安全性。

3.6.2 主要创新点

(1)首次采用同时考虑施工阶段内以及施工阶段之间的几何非线性的精细化分析方法,施工过程结构分析不是基于原设计位置,而是采用实际施工位置进行施工分析,即以初始偏位为起点,按实际位置模拟切线拼装过程。

(2)首次采用随机方法分析施工缺陷对大跨复杂结构合龙误差以及成桥受力的影响。把扣索张拉误差、施工活荷载误差、杆件的拼装误差等因素视为随机变量,考虑施工过程进行随机分析,得出各种缺陷因素对合龙误差以及成桥受力的影响程度。

第4章 特大跨钢桁拱桥桁拱架设与控制

4.1 桁拱架设施工设计

主桥上部钢梁从两侧边支点向跨中对称安装，先进行边跨主结构所有构件安装，再安装中跨桁拱和吊杆，最后实现桁拱跨中合龙。

边跨构件主桁拱、上下层平联及桥面系均同步安装，施工时设3个临时墩辅助支撑，在1号临时墩与边墩之间搭设膺架，1号、2号节间用1 000t·m塔吊在膺架上安装，作为拱上吊机的安装调试平台，边跨其余桁节用架梁吊机悬臂拼装，上2号临时墩和3号临时墩时，均先悬臂安装，完成主桁后再在临时墩上进行抄垫。

在边支点后端设置两个平衡节段，两个平衡节段和1号、2号节段一起作为边跨和中跨主桁拱施工防倾覆压重节段，保证钢梁架设抗倾覆系数大于1.3。

中跨主墩附近7个节段，如果桥面梁系后安装，安装设备没有足够空间，所以中跨主墩附近7个节段，主桁拱和桥面梁系同时采用架梁吊机安装。其余中跨采取先拱后梁的安装方法，主桁拱合龙后完成临时系杆安装才能进行桥面梁系架设。

为了控制桁拱的应力和挠度，在主墩顶桁拱上弦杆上设置100m高扣塔，塔上设置两对扣索，边跨锚固于A2、A3节点位置，中跨锚固于A25、A31节点上。

悬臂安装至跨中合龙时，根据合龙口形态，通过事先布置在边、主墩支点的临时装置，对单侧钢梁平动和转动，调节合龙口相对误差。最后通过合龙口临时装置局部调节，最终达到中跨桁拱在无应力状态下合龙，如图3-4-1、图3-4-2所示。

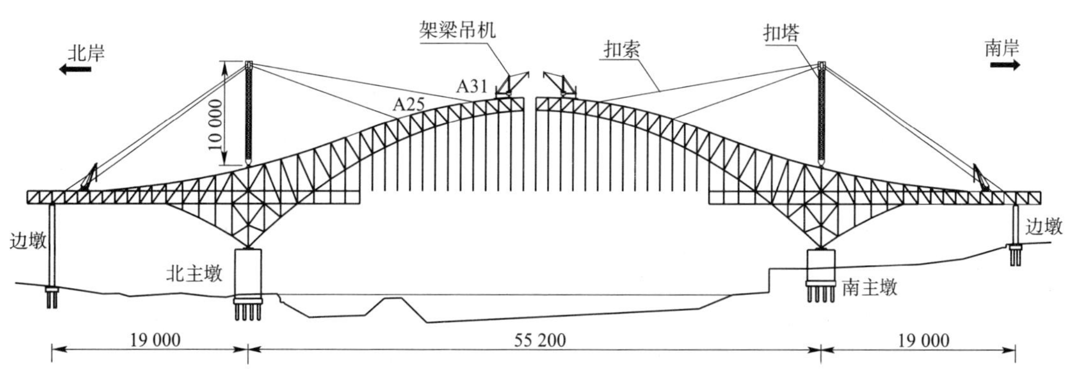

图3-4-1 中跨桁拱架设施工设计（尺寸单位：cm）

图 3-4-2　中跨钢桁拱合龙前最大悬臂架设状态

4.2　码头栈桥预拼场设计

4.2.1　临时码头

施工时在南北岸各搭设一座施工临时码头,作为钢构件装卸船运输通道。

1)码头设计荷载

面板堆载:20kN/m^2;活动荷载:80t 履带吊。

2)设计洪水位

按 20 年一遇洪水位控制设计,码头顶高程为 +189.5m。

3)结构布置

北岸码头的前沿设在观音梁外侧,长 46.2m,宽 12m。南岸码头设在现中石化油船内侧,码头前沿距南滨路挡墙外侧 35m,长 36m,宽 12m;受南滨路顶高程的限制,南岸码头顶高程设为 +194.0m。

采用钢管嵌岩桩基础,嵌入中风化岩 3m,上部结构用贝雷桁架作纵梁,用型钢作横向分配梁,面板采用 10mm 的钢板。

码头用 1 400t · m 桅杆吊作为起重设备,桅杆吊与码头面净高 6m。

4.2.2　施工栈桥

北岸栈桥由构件运输通道和北主墩旁构件安装通道两部分构成,呈 Y 字形布置,全长 336m,宽 7m。Y 形部分长 75m,宽 3.0m,连接北码头和构件预拼场,见图 3-4-3。

南栈桥布置在桥轴线上,跨越南滨路后与陆上岸坡连接,长 130m,宽 6m。为跨越南岸滨江路栈桥由边坡段和水平段两部分构成,边坡段顶高程为 +194.0 ~ +199.5m。南岸栈桥码头平面布置见图 3-4-4。

栈桥基本跨度为 18m,每隔 5 跨增设一道 3m 跨的排架,设一道 30mm 的伸缩缝。

4.2.3　构件预拼场

主桥上部钢桁构件在工厂加工制作,分批运输到现场堆存,将杆件和前端节点预拼成吊装单元,最长构件长 42m,最大吊装单元质量为 80t。构件预拼场设在北岸河滩上,场长 200m,宽 50m,顶高程为 +186.0m。安装 1 台 80t 龙门吊作为起重设备,龙门吊轨距 42.0m,见图 3-4-5。

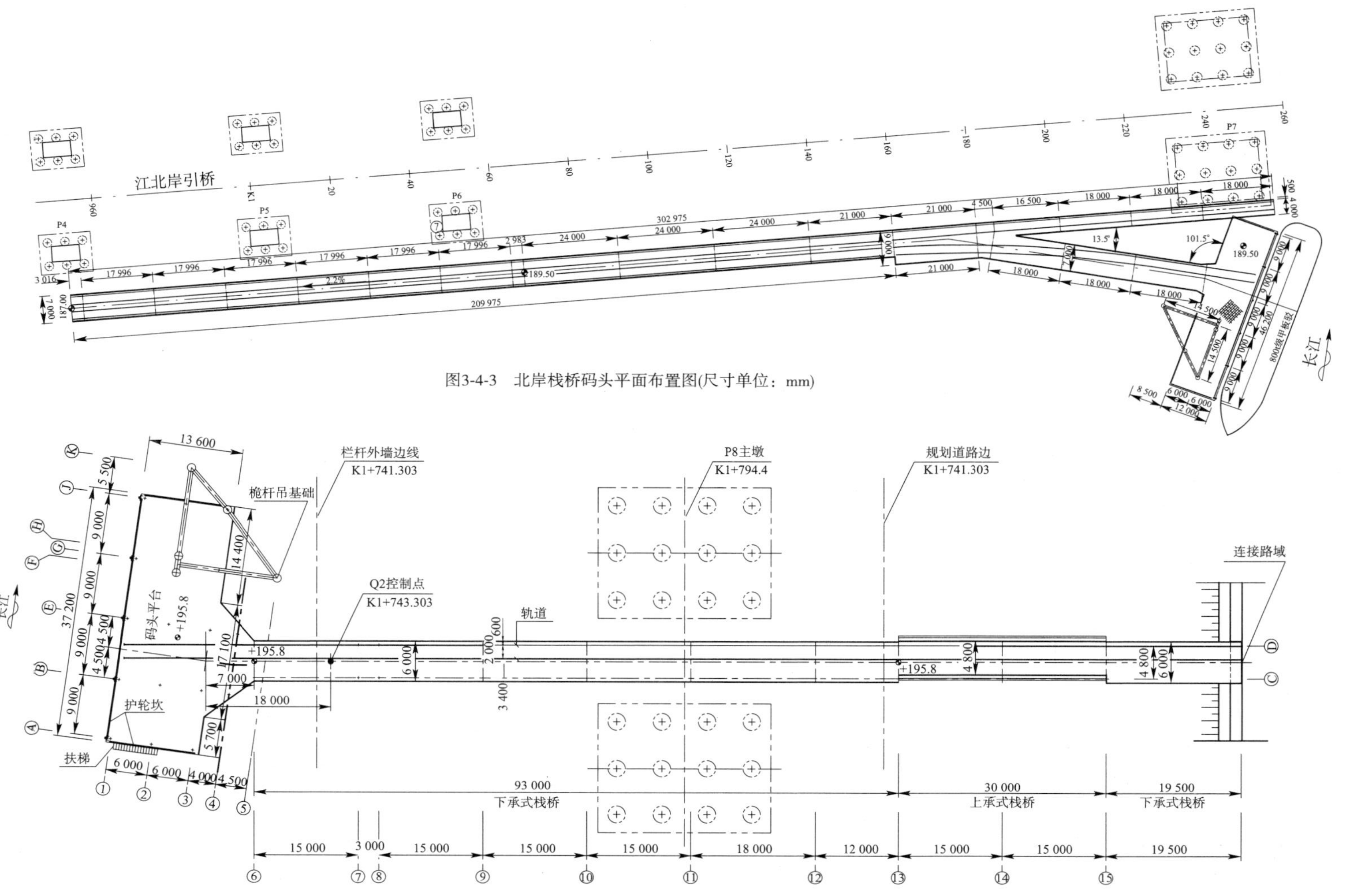

图3-4-3　北岸栈桥码头平面布置图(尺寸单位：mm)

图3-4-4　南岸栈桥码头平面布置图（尺寸单位：mm）

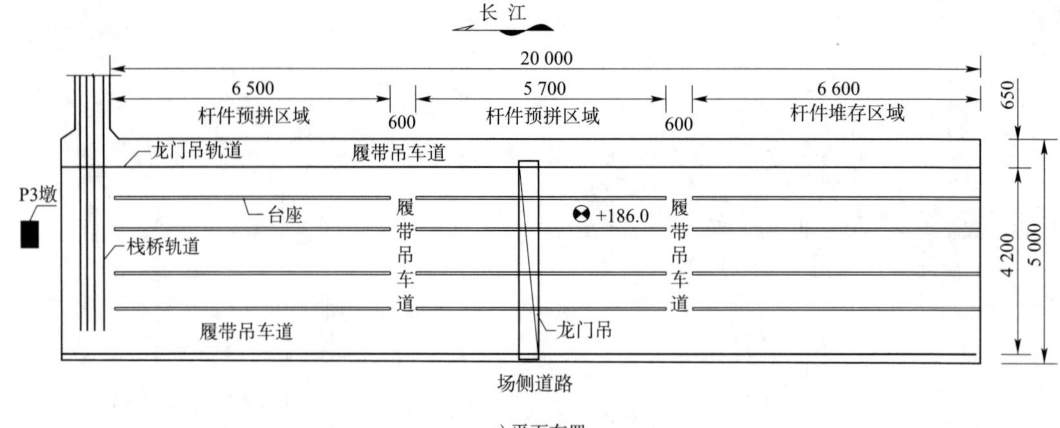

a) 平面布置

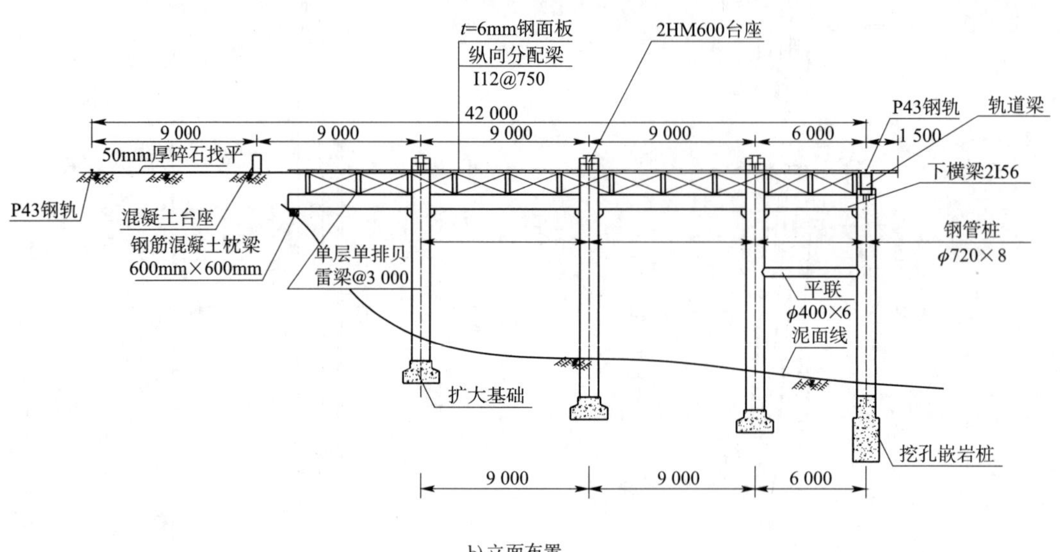

b) 立面布置

图 3-4-5 预拼场布置图(尺寸单位:cm)

4.3 边跨安装辅助临时墩

4.3.1 临时墩设计与技术要求

北岸临时墩平面布置如图 3-4-6 所示。

边跨钢梁安装时搭设 3 个临时辅助支撑墩,临时墩平面布置见图。

南边跨三个临时墩及北边跨 1 号、3 号临时墩均采用 Q235Cϕ800mm × 16mm 钢管格构柱,北 2 号临时墩采用 Q345Cϕ800mm × 20mm 钢管格构柱,支架顶部分配梁采用焊接箱梁,按简支方式布置,如图 3-4-7 所示。

1) 设计条件

所有临时墩均按作用在其上部钢桁梁为简支悬臂外伸梁受力体系,最大悬臂时的支点反力控制设计。

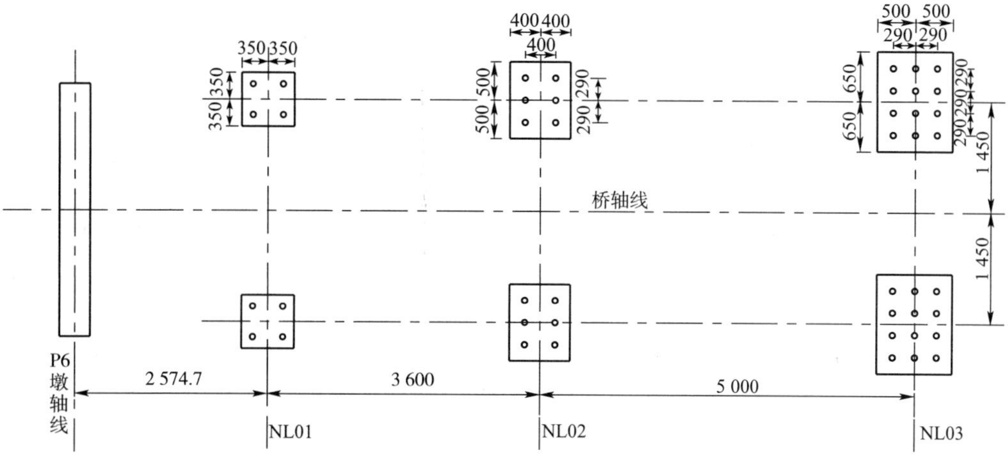

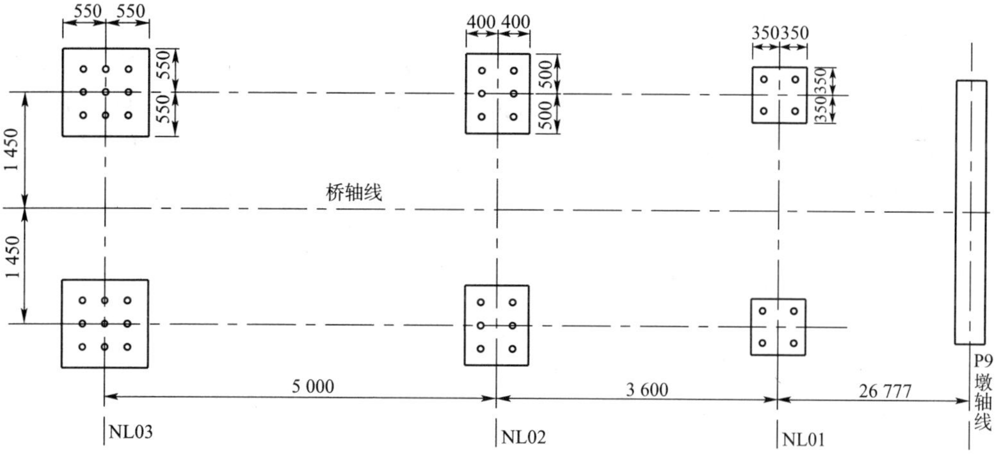

图 3-4-6　北岸临时墩平面布置图(尺寸单位:cm)

(1)竖向荷载

1 号临时墩: 12 000kN/桁;

2 号临时墩: 21 000kN/桁;

3 号临时墩: 37 000kN/桁。

(2)横向风荷载(按 26.7m/s 基本风速控制设计,考虑高度系数的影响)

1 号临时墩: 200kN/桁;

2 号临时墩: 280kN/桁;

3 号临时墩: 480kN/桁。

(3)纵向风荷载

安装期间纵向风荷载按 8 级风速控制设计,纵向水平力主要由南北边墩承受。

图 3-4-7　临时墩图

(4)水流力

北边跨临时墩按 20 年一遇洪水位控制设计,最大水流流速 3m/s。

(5)荷载偏心

边跨支架设计时上部荷载按400mm的偏心进行复核。

2)结构形式

(1)北边跨1号临时墩

上下游两侧均采用4根直径800mm,壁厚16mm的钢管构成,各钢管中心距4m,上游侧底节钢管长4.04m,下游底节钢管长7.04m,顶节钢管长6.136m,标准节长6m,相邻钢管节段间竖向采用凸缘(法兰板)现场螺栓连接,横向通过角钢制成的水平和斜向缀条相互连接成格构式立柱。上游侧钢管柱全高76.176m,下游侧钢管柱全高79.176m,上下游钢管柱顶部分别设置有2层共高3.4m的分配梁。上下游两侧格构式立柱中心间距29m,每隔20m设置一道横桥向风撑,全立柱范围内共有4道风撑,每道风撑高4m。

上下游侧均采用明挖扩大基础,基础平面尺寸为7m×7m,基础厚2.5m,采用C30钢筋混凝土结构,上游基础顶高程+159.25m,下游基础顶高程+156.25m。

(2)北边跨2号临时墩

上下游两侧均由6根直径800mm、壁厚20mm的钢管构成,顺桥向2排,横桥向3排,各钢管中心距顺桥向4m,横桥向2.9m,上游侧底节钢管长7.4m,下游底节钢管长4.04m,顶节钢管长4.136m,标准节长6m,相邻钢管节段间竖向采用凸缘(法兰板)现场螺栓连接,横向通过角钢制成的水平和斜向缀条相互连接成格构式立柱。上游侧钢管柱全高77.536m,下游侧钢管柱全高74.176m,上下游钢管柱顶部分别设置有3层共高5.53m的分配梁。上下游两侧格构式立柱中心间距29m,上下游侧立柱间每隔18m或20m设置一道横桥向风撑,全立柱范围内共有4道风撑,每道风撑高6m。

上游侧采用明挖扩大基础,基础平面尺寸为8m×10m,基础厚2.5m,基础顶高程+156.64m,下游侧采用桩基础,布置4根直径1.5m的钻孔桩,桩中心顺桥向间距4m,横桥向间距5m,桩长8.24m,承台平面尺寸为6.4m×7.6m,承台厚2.0m,采用C30钢筋混凝土结构,承台顶高程+160.00m。

(3)北边跨3号临时墩

上下游两侧均由12根直径800mm、壁厚16mm的钢管构成,顺桥向3排,横桥向4排,各钢管中心距顺桥向2.9m,横桥向2.9m,上下游底节钢管长4.04m,顶节钢管长2.136m,标准节长6m,相邻钢管节段间竖向采用凸缘(法兰板)现场螺栓连接,横向通过角钢制成的水平和斜向缀条相互连接成格构式立柱。钢管柱全高72.096m,上下游钢管柱顶部分别设置有4层共高8.09m的分配梁。上下游两侧格构式立柱中心间距29m,上下游侧立柱间每隔18m或20m设置一道横桥向风撑,全立柱范围内共有4道风撑,每道风撑高6m。

上下游侧采用明挖扩大基础,基础平面尺寸为10m×13m,基础厚2.5m,基础顶高程+158.23m。

(4)南边跨1号临时墩

上下游两侧均采用4根直径800mm,壁厚16mm的钢管构成,各钢管中心距4m,底节钢管长4.04m,顶节钢管长6.136m,标准节长6m,相邻钢管节段间竖向采用凸缘(法兰板)现场螺栓连接,横向通过角钢制成的水平和斜向缀条相互连接成格构式立柱。钢管柱全高34.176m,上下游钢管柱顶部分别设置有2层共高3.4m的分配梁。上下游两侧格构式立柱中心间距29m,上下游侧立柱间每隔16m或18m设置一道横桥向风撑,全立柱范围内共有2道风撑,每道风撑高4m。

上下游侧采用明挖扩大基础,基础平面尺寸为7m×7m,基础厚2.5m,基础顶高程+201.25m。

(5)南边跨2号临时墩

上下游两侧均由6根直径800mm、壁厚16mm的钢管构成,顺桥向2排,横桥向3排,各钢管中心距顺桥向4m,横桥向2.9m,底节钢管长6.04m,顶节钢管长4.136m,标准节长6m,相邻钢管节段间竖向采用凸缘(法兰板)现场螺栓连接,横向通过角钢制成的水平和斜向缀条相互连接成格构式立柱。钢管柱全高28.176m,上下游钢管柱顶部分别设置有3层共高5.53m的分配梁。上下游两侧格构式立柱中心间距29m,上下游侧立柱间每隔14m设置一道横桥向风撑,全立柱范围内共有2道风撑,每道风撑高6m。

上下游侧采用明挖扩大基础,基础平面尺寸为8m×10m,基础厚2.5m,基础顶高程+206.00m。

(6)南边跨3号临时墩

上下游两侧均由9根直径800mm,壁厚16mm的钢管构成,顺桥向3排,横桥向3排,各钢管中心距顺桥向2.9m,横桥向2.9m,底节钢管长6.04m,顶节钢管长2.136m,标准节长6m,相邻钢管节段间竖向采用凸缘(法兰板)现场螺栓连接,横向通过角钢制成的水平和斜向缀条相互连接成格构式立柱。上游侧钢管柱全高32.176m,下游侧钢管柱全高38.176m,上下游钢管柱顶部分别设置有4层共高8.09m的分配梁。上下游两侧格构式立柱中心间距29m,上下游侧立柱间每隔18m设置一道横桥向风撑,全立柱范围内共有2道风撑,每道风撑高6m。

上下游侧采用明挖扩大基础,基础平面尺寸为8m×10m,基础厚2.5m,上游侧基础顶高程+198.23m,下游侧基础顶高程+192.23m。

3)施工方法

(1)南北岸1号临时墩均直接利用边墩墩身施工时布置的125t·m塔吊安装,北岸2号临时墩安装一台80t·m塔吊作为起重设备,北岸3号、南岸2号及3号临时墩均各安装一台125t·m塔吊作为起重设备。

(2)立柱钢管在工厂分节制作,按短线法试拼,检验合格后编号运输进场。

(3)首节钢管立柱与承台预埋凸缘(法兰板)焊接,上部钢管立柱之间用凸缘(法兰板)连接。

(4)墩身钢管安装自下而上逐节分层进行,用十字交叉法测量控制立柱垂直度,每安装完成一根立柱,应立即对垂直度和接头连接质量进行检测。单根钢管倾斜度不得大于1/1 000。

(5)立柱安装完成,安排专职人员检查上、下凸缘(法兰板)盘之间的缝隙,利用1~2mm厚的薄铁皮进行塞垫,确保管节接触密实。

(6)墩顶分配梁除1号临时墩直接用边墩旁1 000t·m塔吊安装外,其余均用架梁吊机安装。

(7)安装时在立柱之间安装内爬架作为操作平台。

(8)立柱侧面安装人行爬梯,设置安全网,作为人员上下的通道。

(9)临时墩安装时应严格控制螺栓质量和安装精度,连接部位应重点检查并完善检查记录。

4.3.2 安装膺架

边跨1号、2号桁节安装膺架搭设在南北边墩与1号临时墩之间,每桁用双层4排贝雷梁作为承重纵梁,E2节点位置用I25型钢作为分配梁,将荷载传递到贝雷梁节点上,并安装两台60t竖向千斤顶作为调整装置,承重梁两侧各设一条60cm宽的人行通道,如图3-4-8所示。

图3-4-8 起始段安装膺架

4.4 中跨架设辅助斜拉扣挂系统

中跨桁拱悬臂安装过程中,为有效增大悬臂梁自身刚度,减小悬臂端下挠幅度,合理控制钢梁构件内力。在主墩支点钢梁顶部A15节点处安装扣搭,与钢梁铰接,从塔顶呈扇形布设内外两对斜拉扣索,分别锚固于钢梁主桁上弦尾端、悬臂端的A3、A25节点和A2、A31节点,如图3-4-9所示。

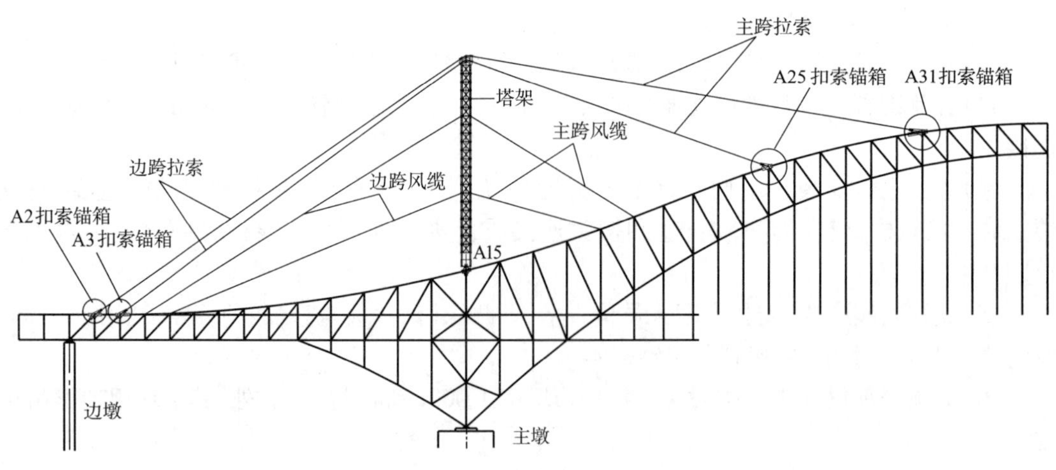

图3-4-9 扣搭布置图

扣塔与桁拱同步安装，当中跨安装至27号节点，悬臂长度到达168m时，安装并张拉内扣索；继续悬臂安装至33号节点，悬臂长度达到240m时，安装并张拉外扣索。南主桥继续安装至36号节点，北主桥安装至35号节点，准备跨中合龙。当刚性系杆安装完成，形成桁拱体系，即可拆除斜拉扣挂辅助悬臂架设系统。

4.4.1 结构形式

斜拉扣挂辅助悬臂架设系统主要由铰轴、塔身、斜拉扣索、安拆风缆及锚箱等组成。铰轴为ϕ510mm的35号锻钢加工，连接塔身铰梁和主桁A15节点，如图3-4-10所示。

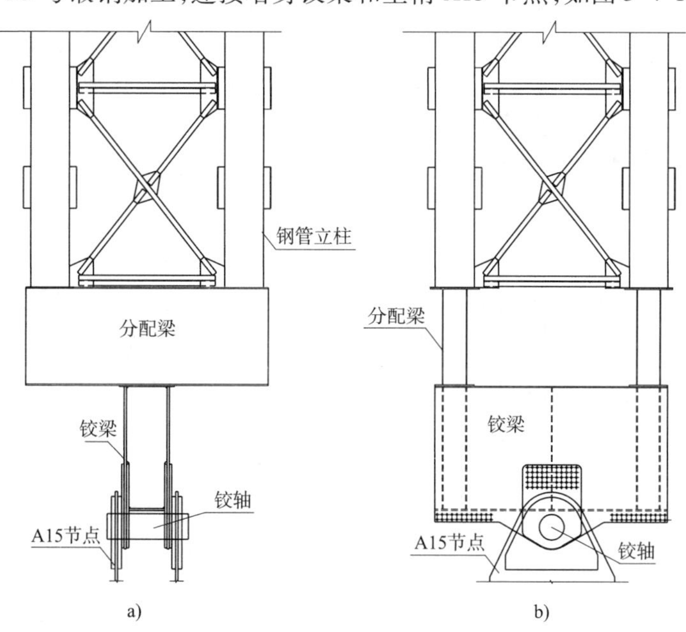

图3-4-10 扣塔与主桁A15节点连接方式

如图3-4-11所示，塔身高98.07m，左右两桁对称设置，中心距29m，两桁间设置4道横向水平联系。单桁塔身为4m×4m钢管格构柱，钢管标准长度为6m，截面为ϕ800mm×20mm，材质为Q345C，接头为通过螺栓连接的凸缘（法兰板），腹杆为角钢。横向水平联系由万能杆件组拼，从下而上隔23m、22m、23m设置一道，全立柱范围内共4道，顶底层2道横联高8m，中间2道横联高4m。底部通过铰梁和分配梁完成立柱与铰轴之间的连接，顶部钢锚箱通过分配梁与钢管立柱连接。

斜拉扣索采用平行钢绞线，边跨内、外拉索每桁均采用4×37ϕ^{S}15.24mm钢绞线，主跨内、外拉索每桁均采用2×61ϕ^{S}15.24mm钢绞线。边、中跨内外拉索上端都锚固于塔架顶部钢锚箱上，拉索中心延长线与立柱中心线重合，下端分别锚固于上弦杆A2、A3、A25、A31节点上，拉索与主桁之间用钢锚箱连接，上端为锚固端，下端为张拉端。

安拆风缆采用平行钢绞线，下层风缆均由2组6ϕ^{S}15.24mm钢绞线组成，上端分别锚固在塔身32.806m、68.806m处，下端分别锚固在主桁上弦A4、A5、A19、A20节点上。锚箱采用Q345C钢板焊接而成，通过高强螺栓连接在塔身和主桁节点。

4.4.2 设计参数

结构自重：4 500kN/桁；

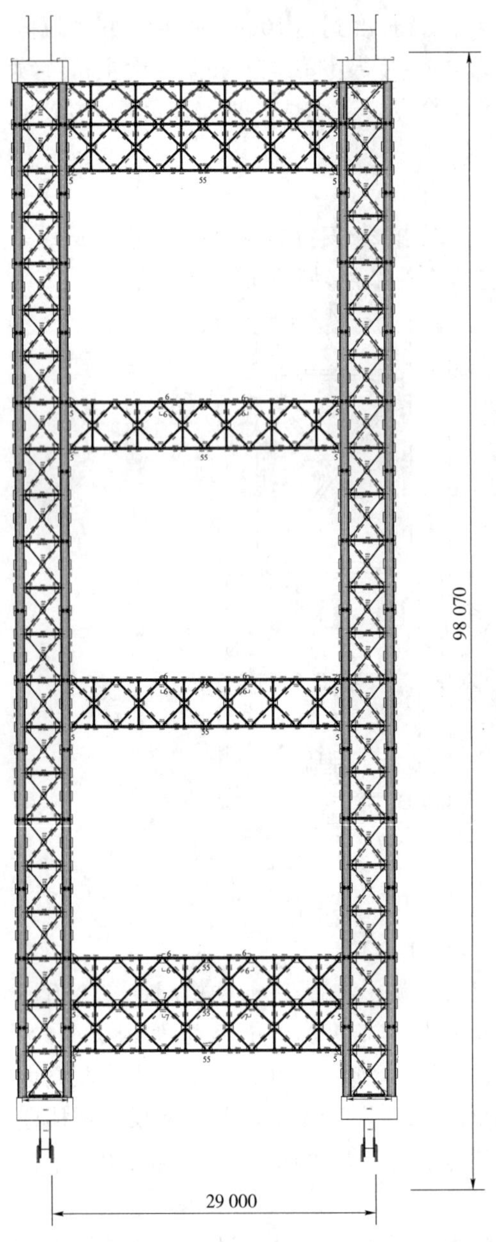

图 3-4-11　扣塔塔架结构图(尺寸单位:mm)

横桥向风荷载:13.5kN/m·桁;

顺桥向风荷载:10kN/m·桁;

塔吊附着力:265kN;

扣索控制索力:边跨内索 16 100kN/桁,边跨外索 16 700kN/桁,主跨内索 14 000kN/桁,主跨外索 14 300kN/桁;

扣索作用在塔架上的竖向分力:23 700kN/桁;

风缆索力:边跨上下层风缆索力 850kN/桁,主跨内侧风缆索力 870kN/桁,外侧风缆索力 1 150kN/桁。

4.4.3　扣塔设计分析

1)计算参数

(1)扣塔主体:主要材料 Q345C。

(2)构件重量:依据扣塔及主桥钢梁设计图纸,包括构件节点板质量。

(3)风缆:每桁均采用 $2\times6\phi^{S}15.24$mm 标准强度 1 860MPa 高强低松弛钢绞线,弹性模量为 1.9×10^{6}MPa。

(4)扣索:每桁边跨均采用 $4\times37\phi^{S}$ 15.24mm,主跨均采用 $2\times61\phi^{S}15.24$mm。标准强度1 860MPa 高强低松弛钢绞线,弹性模量为 1.9×10^{6}MPa。

2)施工期间风荷载

(1)设计平均最大风速:23.0m/s。

(2)风荷载:按《公路桥涵设计通用规范》(JTG D60—2004)对扣塔安装期间各高程位置的风荷载所进行的计算。

(3)风荷载取值:横向 170m 处,风力 5.2kN/(m·桁);顺桥向 170m 处,风力 3.6kN/(m·侧)。主桁:参照扣塔顺桥向风荷载,桥面系以上迎风杆件风力 1.5kN/m^{2}计算。

3)计算内容

(1)扣索施工过程中主桁构件的强度及总体稳定性验算。

(2)扣索施工过程中扣塔构件的强度及总体稳定性验算。

4)计算条件

(1)施工过程的主要荷载为结构自重、临时风荷载、吊机自重、梁上走道。

(2)未考虑支座摩阻力的作用。

(3)位移数据不包括结构整体的纵向位移,扣塔及扣索的受力和变形是整个主桁结构的受力和变形的一部分，扣索的施工计算中考虑与整体结构的共同作用。

5）主桁构件受力验算

本桥主桁主跨侧桁架构件为悬臂拼装，施工过程中采用扣索张拉来控制整体结构的受力，平衡主跨的弯矩，确保主桁构件的受力安全，因此 C1、C2 扣索的张拉时间和索力由主桁构件的受力情况来确定。过程如下：当主桁悬臂拼装到一定长度，主桁的上下弦杆应力（上缘受拉、下缘受压）接近控制限值，张拉 C1 扣索降低主桁的上下弦应力；继续拼装主桁至一定长度，主桁的上下弦杆应力又接近控制限值，张拉 C2 扣索降低主桁的上下弦应力，继续拼装主桁至结构合龙。

（1）结构计算条件

按容许应力验算结构强度和构件的稳定性，K 值取 1.7，设计对于施工安装阶段的临时荷载验算考虑 1.2 的提高系数（$K=1.42$）。

（2）计算最不利工况

在主桁的拼装过程中，如下工况为最不利工况。

①工况 1：主桁拼装至 26 号节间，扣索 C1 张拉前。

②工况 2：扣索 C1 张拉后，主桁拼装至 32 号节间（作用风荷载）。

③工况 3：扣索 C2 张拉后，主桁拼装至 35 号节间（作用风荷载）。

（3）计算结果

安装较不利工况下的主桁构件应力来看，在 C1 张拉前、C2 张拉前主桁构件受力均有达到或接近容许应力的情况，而该工况下纵向风荷载使结构的应力有所增加。

6）扣搭验算

（1）扣塔主要参数

①塔架总高度：98.07m（上层拉索交点到铰轴中心）。

②塔架与主桁连接方式：用钢铰轴与主桁 A15 节点铰接。

③塔架主体：立柱每桁设 4ϕ800mm × 20mm、Q345C 钢管，钢管标准长度为 6m，凸缘（法兰板）之间用螺栓连接，钢管中心间距 4m × 4m，用角钢和缀板连接成格构柱，左右两桁中心距 29m。钢管的横联为 2 × ∟100 × 10 角钢，腹杆为∟100 × 10 角钢。底部通过铰梁与分配梁完成立柱与铰轴之间的连接；顶部设钢锚箱通过分配梁与钢管立柱连接。上下游两侧立柱每隔 22m 或 23m 设置 4 道横向联系风撑，全立柱范围共有 4 道风撑。风撑为角钢和节点板组成的格构式结构，顶底层风撑总高 8m，中间风撑总高 4m，风撑为角钢和节点板组成的格构式结构。风撑的弦杆 4 ∟100 × 10，腹杆为 2 ∟100 × 80 × 10。扣塔顶部 4m 顺桥向斜腹杆和扣塔底部 4m 横桥向斜腹杆为 2 ∟160 × 14。

（2）扣塔计算条件

①施工过程的主要荷载为结构自重、临时风荷载，架梁吊机 3 000kN，主桁上走道。

②按容许应力验算结构强度和构件的稳定性，K 值取 1.7，对于施工阶段的临时荷载验算考虑 1.25 的提高系数。

（3）最不利工况

在施工过程中，如下工况为扣塔的最不利工况：

工况1:主桁拼装至26号节间,扣索C1张拉前。主要验算在扣塔压力较小时横向风荷载作用下,扣塔与主桁连接处不应出现拉力。

工况2:扣索C2张拉后,主桁拼装至35号节间(作用纵向和横向风荷载)。主要验算扣塔各构件的强度及总体稳定性。

(4)计算结果

①扣索C2张拉后,主桁拼装至35号节间,横向风荷载作用下,扣塔塔顶最大的横桥向位移为0.19m。

②扣塔钢管:在横向风荷载作用下,横向框架变形使得钢管受力不均匀,并且钢管在横联附近的局部应力增大,压应力最大达到-193MPa。

③扣塔横联:主桁安装到35号节间,在横向风荷载作用下,底层横联靠近扣塔的上下弦杆受力较大,拉应力最大达到128MPa,压应力最大达到了-154MPa。

④扣塔连接腹杆:主桁安装到35号节间,在纵、横向风荷载作用下,在底层横联上下4m范围内连接腹杆受力较大,拉应力最大达到92MPa,压应力最大达到了-178MPa,满足强度和压杆总体稳定验算要求。

(5)计算主要结论

①扣塔反力在最不利的工况下,最小为-1 680kN,最大为-28 280kN。

②在纵、横向风荷载情况下,扣塔钢管、扣塔横联的上下弦杆及连接腹杆能满足强度和构件总体稳定性要求。

7)计算结果

(1)主桁安装过程中,主桁的构件应力接近或超出了设计容许应力要求。在附加风荷载作用下,个别构件的应力接近或大于容许应力值,根据相关规范,施工期间结构容许应力可考虑1.25倍的提高系数,但应加强对这些构件应力的监测。

(2)C2张拉前,在风荷载作用下的扣索最大索力为18 240kN,安全系数为2.1,满足不小于1.92的要求。

(3)扣塔在横向风荷载作用下,未张拉C1前不出现拉力,主桁合龙前,一侧铰接力最大达到了28 830kN压力。扣塔钢管局部压应力最大为193MPa,底部横联上下弦杆应力最大为154MPa,斜杆组合应力最大为178MPa,强度和稳定性均满足要求。

(4)在施工过程中,主桁、索力、扣塔垂直度处于不断变化中,应对施工过程中各工况下扣索索力,主桁杆件应力、位移和扣塔垂直度进行监控。

4.4.4 扣搭安装

1)扣塔施工工艺流程

扣塔施工工艺流程如图3-4-12所示。

2)构件制作

扣塔所有钢构件加工均按规范及设计要求,由专业钢结构加工单位加工制作,经检验合格后运输至施工现场。

(1)钢管立柱

钢管立柱为ϕ800mm×20mm,Q345C焊接钢管,凸缘(法兰板)连接,主焊缝均为熔透焊缝,凸缘(法兰板)与钢管接触面需磨光顶紧。重点控制焊缝质量、磨光顶紧质量、管节椭圆度、轴线重合率和凸缘(法兰板)表面平整度。

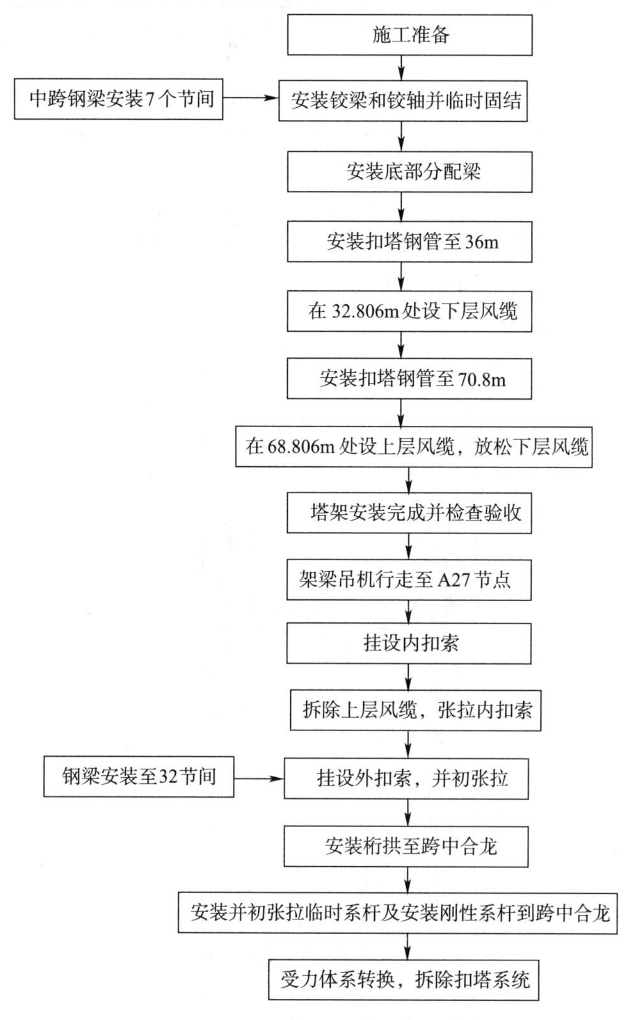

图3-4-12　扣塔系统施工工艺流程图

(2)铰梁、分配梁及锚箱

铰梁、分配梁及锚箱是主要的连接与传力构件,所有主焊缝等级均为Ⅰ级焊缝。

铰梁内外侧铰孔轴线偏差不得大于2mm,孔壁表面粗糙度不得大于12.5μm。

锚箱锚下垫板需磨光顶紧,磨光顶紧面密贴度控制在75%以上,锚箱用M30高强螺栓与主桁节点和塔顶分配梁摩擦连接,安装前摩擦面抗滑移系数不小于0.45,高强螺栓终拧预拉力396kN。

(3)铰轴

铰轴直径为510mm,材质为35号锻钢,是重要的承力构件,受力比较复杂,应严格控制锻造质量,确保其化学成分及机械性能满足表的要求,如表3-4-1、表3-4-2所示。

铰轴化学成分控制标准　　表3-4-1

项目	C(%)	Si(%)	Mn(%)	P(%)	S(%)	Cr(%)	Ni(%)
标准值	0.32~0.40	0.17~0.37	0.50~0.80	≤0.035	≤0.035	≤0.25	≤0.25

铰轴机械性能控制标准　　表 3-4-2

项目	抗拉强度 σ_b(MPa)	屈服强度 σ_s(MPa)	断后伸长率 δ_5(%)	断面收缩率 ψ(%)	硬度 HB
标准值	≥530	≥315	≥20	≥45	137～187

3)扣搭安装

中跨钢桁梁悬臂安装 7 个节间,3 号临时墩脱空后,开始安装扣塔。扣塔安装时分别在主墩顶上下游两侧桥头堡位置处各安装一台 250t · m 和 125t · m 塔吊作为起重设备,塔吊在主桁和扣塔上各设三道附着,自由悬臂高度不大于 40m,如图 3-4-13 所示。

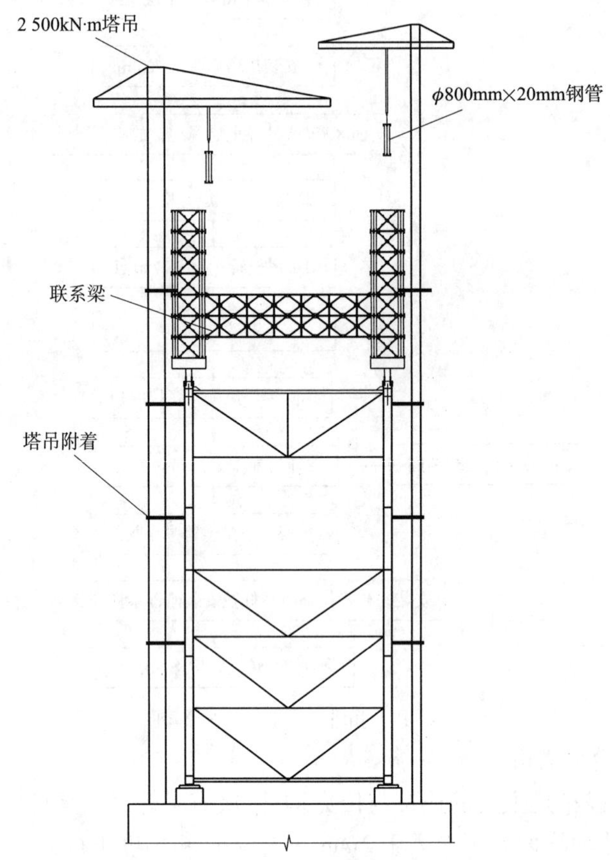

图 3-4-13　扣塔安装示意图

(1)铰梁安装前,检查 A15 节点及铰梁铰孔尺寸、表面粗糙度、孔轴重合度。

(2)铰梁安装好后,用 M30 高强螺栓将铰梁与 A15 节点座板临时固结。

(3)铰梁顶部分配梁与铰梁之间采取焊接的方式连接,安装时表面平整度应控制在 2mm 以内。

(4)钢管立柱接头凸缘板用 M22 级精制螺栓连接,中心间距 4m,安装时凸缘板面密贴度应大于 75%,垂直度控制在 1/1 000 以内。

(5)各钢管之间连接角钢用 M22 和 M27 的普通螺栓连接,对角线误差不大于 10mm。

(6)扣塔安装至 36m 时,挂设并张拉下层风缆,解除塔脚临时固结。

（7）安装到70.8m处，挂设并张拉上层风缆，放松下层风缆。

（8）塔架顶部分配梁与钢管立柱焊接，顶部锚固梁与分配梁用普通螺栓连接，顶锚箱与锚固梁用M30高强度螺栓连接，安装时摩擦面抗滑移系数不小于0.45。

（9）下锚箱用M30高强度螺栓与钢桁梁上弦节点栓接，安装前摩擦面抗滑移系数不小于0.45。

（10）在锚头与锚箱之间设置球形垫板，微调钢绞线夹角。

4.5 钢梁架设预偏状态（位置）确定

为满足桁拱跨中无应力合龙和精确定位北中支座需要，减少合龙时对钢桁梁的调整，减小结构调整对钢桁梁的安全风险，对南北钢桁梁起始安装位置进行分析计算，采用“正装”和“倒拆”分别对起始位置进行确定。通过理论分析，边跨桁梁安装前将边支点预先降低2.3m，P6、P9墩支座顶主结构架设初始高程239.057m；P6墩主结构架设水平位置K1+052.479；P9墩主结构架设水平位置K1+983.776，南边跨安装起点向跨中预偏65cm，北边跨向跨中预偏16.4cm；P6、P9墩主结构架设角度1.138°。

临时墩顶高程根据悬臂端的最大挠度、设计拱度、边中支点高差等因素计算确定见表3-4-3。

临时墩顶高程确定（单位：m） 表3-4-3

边支点设计顶高程	边支点预降量	边墩施工顶高程	边支点临时支座顶高程
241.357	-2.3	236.307	239.057
1号临时墩顶高程	2号临时墩顶高程	3号临时墩顶高程	中支座顶高程
239.534	240.107	240.704	200.707

4.6 钢梁架设

4.6.1 钢梁运输、存放、预拼

1）进场运输

构件在工厂加工制作，进行试拼装，检验合格后，通过水路运至施工现场，用设在北岸码头上的1 400t·m桅杆吊卸船，吊上运梁小车，通过北栈桥运输至预拼场，用龙门吊运送到堆存区存放、检验。

杆件运输时注意以下几点：

（1）杆件根据现场安装进度要求分期、分批进场。

（2）杆件运输过程中应平顺放置，支撑牢固可靠，防止变形措施到位。

（3）现场卸船时核对杆件质量，确保吊具、卡具、机械有足够的安全度，防止发生意外事故。

（4）起吊杆件时，根据杆件的类型，分别使用专门设计的卡具、吊具；与杆件接触的棱角应加垫胶皮，防止钢丝绳刻痕；吊装时杆件两端应拉缆风绳，防止碰撞。

（5）运输过程中应防止摩擦面划伤和污染。

2）存放

构件存放应注意以下几点：

(1)根据构件结构形式、安装顺序、出厂编号,分类堆放,后安构件不影响先安构件出运。

(2)杆件堆放场地应平整稳固,排水良好。

(3)杆件底与地面应留有10~25cm的净空。

(4)杆件支点应设在自重作用下杆件不致产生永久变形处。同类杆件多层堆放不宜过高,各层间垫块应在同一垂直线上。

(5)对主桁弦杆、斜杆、竖杆,应将其主桁面内的板竖立,纵、横梁将腹板竖立;多片排列时,应设支撑,用螺栓把各杆件彼此连接。

3)杆件验收及缺陷处理

钢梁进场后,应按设计文件及《重庆朝天门长江大桥钢梁制造规程》对工厂提供的技术资料和实物进行检查核对,对杆件的基本尺寸、偏差、扭曲、焊缝开裂以及由于运输和装卸不当造成的损伤、油漆等进行详细检查登记造册,经监理签认后,按规定处理。

(1)检查钢梁试拼记录。

(2)检查焊缝检验记录(包括杆件冷热矫后无裂缝的检查资料)。

(3)根据构件出厂发货清单对进场杆件节点、连接板、拼板等数量进行核对,避免出现遗漏和不一致的情况。

(4)检查主弦杆、斜杆、竖杆和纵横梁外形尺寸公差,对弦杆端头(节点板和拼板覆盖范围)的宽度、杆件边缘和孔边飞刺、磨光顶紧部件公差、节点连接处板面出厂时的摩擦系数作重点检查,保证表面摩擦系数不小于0.55。

(5)对杆件的结构形式进行验收,检查到场杆件是否符合设计的截面尺寸、长度及板厚等,对杆件的线形进行检查验收。

(6)主桁弦、斜、竖杆、横梁及轻轨纵梁外形容许公差不得超过成品质量标准。为保证节点摩擦力,第一批杆件进场后应对主桁杆件端头宽度及工字断面竖板填板厚度,全部进行复测,并做好记录。若由于杆件拼接处的宽度(或板厚度)不等,造成拼装缝大于2mm者,需加垫经过摩擦面处理的填板。缝隙不大于2mm者,要求将宽杆件(或厚板)的端头磨成1/10的斜坡,然后再进行节点拼接。经过第一批实测主桁杆件拼接处宽度、工字形断面竖板、填板厚度的公差后,分析是否会因板厚公差造成大于2mm的拼装缝隙,然后再决定其他各批钢梁是否需要实测上述板厚问题。

(7)钢梁杆件在拼装部位有毛刺、焊接飞溅等应予以铲除。杆件在运输吊装作业过程中造成的局部变形,不影响杆件质量的,可用锤击或千斤顶作冷调整,锤击时应垫衬板,不得直接击打钢板,但矫正作业须经监理批准,并做好记录。缺损严重的,不能采取工地矫正措施的应返厂处理。

4)杆件预拼

杆件预拼的目的是按安装顺序将杆件和节点预拼成单元,提高安装效率。

(1)构件预拼前应绘制预拼图,标明预拼部件编号,预拼顺序,高强螺栓数量、直径和长度。

(2)预拼时靠近节点中心的三列高强螺栓不安装,其余高强螺栓终拧。

(3)预拼单元的重力不得超过吊机的额定起重量。

(4)预拼台座应布置合理,牢固可靠。

(5)拼装时重点检查部件的编号、数量、方向、栓孔重合率、板层密贴情况、支承节点磨光顶紧接触面缝隙。

4.6.2　钢梁架设

1)边跨1号、2号节间安装

边跨1号、2号节间用1 000t・m塔吊在膺架上安装,安装前根据施工监控计算分析结果,调整好E1-E3节点支座高程,测量放出桥轴线和桁梁中心线,将杆件和节点预拼成单元,按图3-4-14规定的顺序吊装,施工时特别注意控制下弦杆件拱度和高强螺栓施拧质量,E1-E2、E2-E3下弦安装到位后,打60%的冲钉,上15%工作螺栓并一般拧紧,安装E2-A2竖杆后用竖向千斤顶调整下弦杆拱度,完成E2节间高强螺栓终拧。起始段安装见图3-4-15。

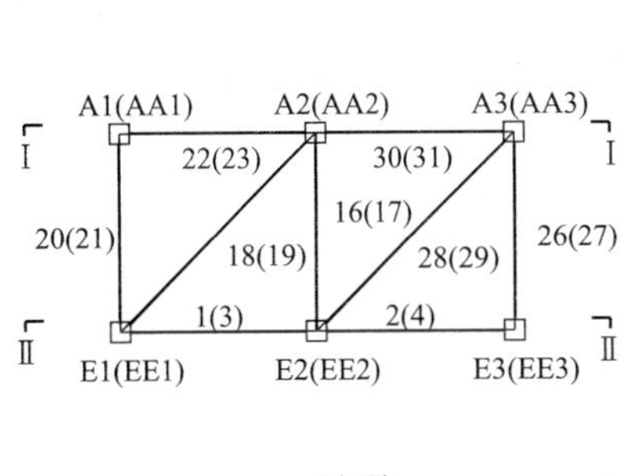

a)立面

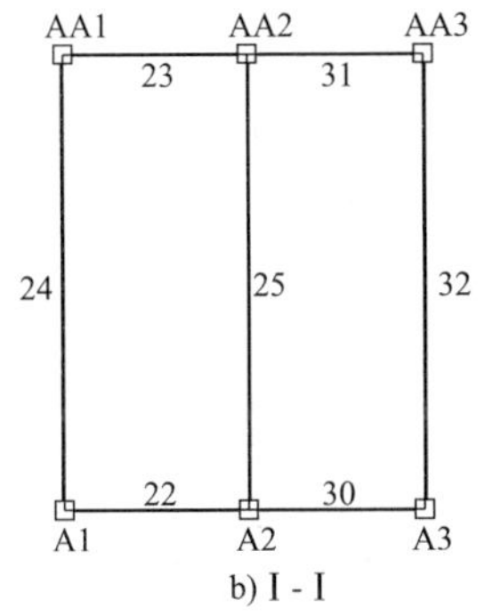

b)Ⅰ-Ⅰ

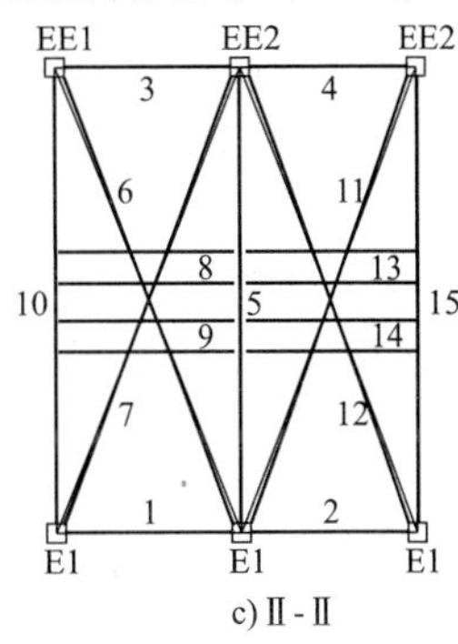

c)Ⅱ-Ⅱ

图3-4-14　安装顺序图

图3-4-15　起始段安装

2)边跨悬臂安装

边跨E3-E15节间杆件均用架梁吊机逐跨悬臂安装,安装时应保持桁拱前端始终处于悬臂状态,确保弦杆拱度符合设计要求。

安装要点如下:

(1)预拼好的构件直接从安装位置附近的栈桥上起吊。

(2)悬臂安装时按照从下至上,先下平面、后立面,尽快形成三角形稳定结构,最后安装上平面的原则进行。

(3)为保证拼装拱度,上、下弦杆安装时应在节点栓孔上打足60%冲钉,安装15%工作螺栓,其他杆件应上足50%冲钉和15%工作螺栓,并一般拧紧后才能松钩。每架设一个节间,进行一次中线和挠度测量,严格控制拼装质量。

(4)安装至临时墩顶时应让杆件前端处于悬臂状态,前端节点与墩顶之间保持2~5cm间隙,主桁杆件闭合,高强螺栓100%终拧后,再完成墩顶抄垫,安装下一个节间时临时墩才开始受力。

(5)架梁吊机每行走一次安装两个12m节间,14m和16m节间每安装一个节间前移一次吊机。

(6)安装E3-E5节间的同时,用1 000t·m塔吊同步安装两个边跨压载临时节间。

(7)边跨钢梁安装期间应将边支点临时支座进行限位,约束纵横向位移。

(8)为保证钢梁设计拱度,控制轴线误差及架设过程中的横向稳定,主桁节点高强螺栓终拧进度不得落后拼装部位2个节间,其他节点高强螺栓终拧不得落后拼装进度3个节间。

(9)边跨安装时除人行道板等少部分构件不安装外,其余所有构件均同步安装,桥面板与横梁之间只作临时连接,如图3-4-16所示。

图3-4-16 边跨安装图

3)主墩顶节间安装

主墩顶节间钢桁梁构件按规定的顺序分步安装,见图3-4-17。

(1)安装支座垫座和支座顶整体节点,利用主墩顶布置的临时支座支承,如图3-4-18所示。

(2)吊装下弦杆与边跨节点连接,保持前端悬臂。

(3)利用主墩顶布置调整整体节点平面位置和高程,完成整体节点与下弦杆杆件之间的连接。

(4)保持墩顶竖向千斤顶基本不增加受力(只承受垫座和整体节点自重),立即悬臂安装墩顶节间主桁菱形部分杆件(5~10号杆件),形成主桁闭合稳定结构,完成高强螺栓终拧后,适当顶升竖向千斤顶,让千斤顶辅助受力。

(5)安装图中11~30号杆件,节点高强螺栓100%终拧后,顶升边支点,将中支点下放

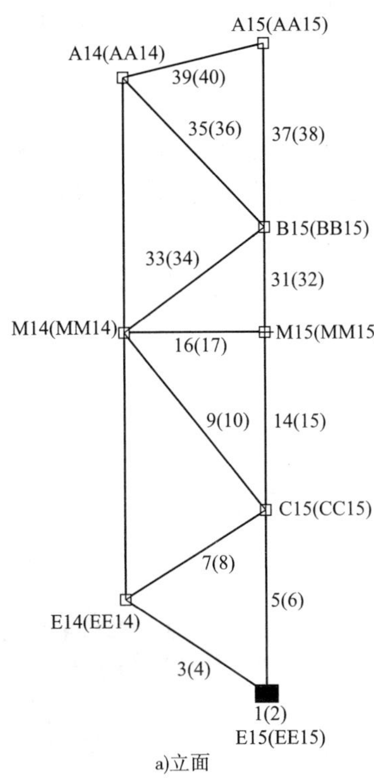

a)立面

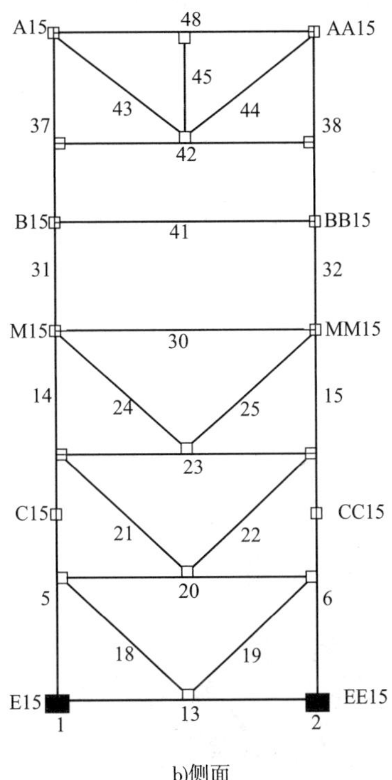

b)侧面

图 3-4-17　墩顶节段安装顺序

到永久支座上，强制脱空 2 号临时墩。

(6)解除边支点纵向限位，对中支点进行纵横向限位。

(7)安装完成本节间其余杆件。

4)中跨桁拱安装

中跨桁拱及吊杆用架梁吊机悬臂安装，安装步骤及控制要点如下：

(1)所有构件均按安装顺序图规定的顺序在预拼场预拼，南中跨栈桥范围内的构件在栈桥上起吊，水上构件用驳船运输到安装位置下方河道抛锚定位垂直起吊。

图 3-4-18　主墩顶布置图

(2)E15-E22 节间安装时同步安装桥面梁系，桥面板与横梁之间临时连接。

(3)钢梁杆件拼装应按照从下至上，先下平面、后立面，尽快形成三角形稳定结构，最后安装上平面的原则进行。

(4)钢梁拼装时，为保证拼装拱度，上、下弦杆节点应上足 60% 冲钉、15% 工作螺栓，其他杆件应上足 50% 冲钉和 15% 工作螺栓，并一般拧紧后才能松钩。

(5)悬臂架设过程中，为保证钢梁的拱度、轴线及横向稳定性，主桁节点高强螺栓终拧进度不得落后拼装部位 2 个节间，其他节点高强螺栓终拧不得落后拼装进度 3 个节间，否则吊机不得向前移动。

(6)施工前应制订详细的高强螺栓施拧工艺,并进行工艺试验,每批高栓进场后,应对供应商提供的扭矩系数进行复验,确保施工施拧质量。

(7)中跨悬臂安装时,保持中支座固定,边支座活动。

(8)钢梁安装过程中,对受力控制杆件的应力应变,支座位移,悬臂安装位移,竖向横向振幅、频率、拱度、斜拉索拉力及不均性进行监测监控,并与理论计算结果进行比对。

(9)吊杆用架梁吊机起吊,悬挂手拉葫芦辅助安装。

(10)悬臂安装过程中在主墩顶上弦节点处安装一座扣塔,设两对斜拉索,控制主桁大悬臂安装期间主结构内力和挠度,如图3-4-19所示。

图3-4-19 中跨桁拱悬臂安装至跨中合龙

4.6.3 高强螺栓施工

1)高强螺栓施拧工艺试验

(1)高强螺栓工艺试验:对每个供货厂家第一批供货的高强螺栓连接副各抽取4个批号,每批25组、每组5套高强螺栓进行扭矩系数试验,检验工厂近期产品的整体质量状况,并运用数理统计原理分析样本扭矩系数平均值,作为施工过程中调整施拧扭矩、保证高强螺栓终拧预拉力满足设计要求的重要参考指标。

(2)预拉力损失试验:利用本桥板面抗滑移系数试件进行高强螺栓预拉力损失试验,试验时间持续24h。由于每套抗滑移系数试件只能安装4颗高强螺栓,因此需使用至少6套试件进行预拉力损失试验。根据试验结果确定本桥高强螺栓的终拧预拉力。

(3)紧扣检查扭矩试验:高强螺栓终拧后必须进行终拧扭矩检查,扭矩采用“紧扣法”,由专职技术人员负责,操作人员必须有较强的责任心,经培训合格后相对固定地从事终拧扭矩检查工作。紧扣检查扭矩试验由以上操作人员参加进行,根据试验结果制订本桥高强螺栓终拧检查扭矩。

(4)施拧电动标定:确定合适的标定方法、选用适宜的标定设备是保证电动扳手输出扭矩准确的重要条件,本桥拟采用扭矩轴力检测仪进行电动扳手标定。在钢梁架设前,应做好仪器的安装、调试工作,熟悉仪器的性能和操作方法并报当地计量部门对仪器进行计量检定。

(5)板面抗滑移系数试验:钢桁梁摩擦面抗滑移系数由代表本批次钢桁梁摩擦面质量的试板,根据架设周期,分1~2次进行试验确定,若架设周期短,则在架梁前试验3组试板,每组3个试件,另外两组备用,若架设周期长,但摩擦面未过期(6个月),则架设完成后对备用试板也进行试验。试板与该批次钢桁梁的首件构件同条件加工、同工艺涂装、同条件运输和存放,出厂前取2组试板进行试验,出厂前抗滑移系数不得小于0.55,架梁前抗滑移系数不得小于0.45。

试板抗滑移系数不合格或者摩擦面过期了的构件,必须重新进行摩擦面处理。

2)高强螺栓验收

(1)高强螺栓连接副由1个10.9s高强度大六角头螺栓、1个10H高强度大六角螺母和2个HRC35~45高强度垫圈组成。

(2)高强螺栓的规格尺寸、技术条件,除应符合《钢结构用高强度大六角头螺栓》(GB/T 1228—1991)、《钢结构用高强度大六角螺母》(GB/T 1229—1991)、《钢结构用高强度垫圈》(GB/T 1230—1991)、《钢结构用高度大六角头螺栓、大六角螺母、垫圈技术条件》(GB/T 1231—1991)的规定外,还应满足本工程提出的扭矩系数平均值为0.120~0.140的要求。按制造批次为单位供货,并提供产品质量检验报告书及出厂合格证,进场后进行抽检,并做好检验记录,不合格者不得使用。

(3)制造厂应按《钢结构用高强度大六角螺栓、大六角螺母、垫圈技术条件》(GB/T 1231—1991)第6.3条规定进行出厂包装,在包装箱醒目的位置注明规格、批号、数量、生产日期等,以便于施工现场储存保管。

3)高强螺栓储存管理

(1)高强螺栓按包装箱上注明的规格、批号分类存放,做好防潮、防尘工作,底层应以木板垫高通风,垫高高度至少30cm,靠墙的地方离墙至少50cm远,防止高强螺栓表面状况改变和锈蚀。入库后要建立库存明细表和发放登记表,加强管理。

(2)本桥钢梁架设周期长,高强螺栓用量大,应根据架梁进度需要分期分批供货,每次供货为一供货批,工地不同供货批的高强螺栓不得混放。

(3)螺栓、螺母、垫圈应尽可能保持其原有表面处理状况。为不使高强螺栓的扭矩系数发生变化,保管期内不得任意开箱,防止高强螺栓生锈和沾染污物。

(4)每个施拧工班应指派专人领取高强螺栓,领料单由值班技术人员签字生效。搬运过程中要轻拿轻放,防止螺纹碰伤。

(5)高强螺栓箱外裸露,尤其施拧前在桥上长时间裸露,必将导致扭矩系数发生变化。因此,应根据当天施拧实际需用规格领取足够数量的高强螺栓在桥上开箱,用多少箱开多少箱。没有用完的高强螺栓立即放入箱中封闭,不允许高强螺栓在桥上裸露过夜。

(6)高强螺栓领用不得以短代长或以长代短(控制外露螺纹的露出长度至少1个螺距,但不大于4个螺距)。

4)高强螺栓施拧准备

(1)本桥全部高强螺栓采用扭矩法施拧。施工前应做好施拧工艺试验和板面抗滑移系数试验。

(2)栓接板面的清理:拼装前应清除所有降低栓接板摩擦面抗滑移系数的油迹、污垢以及孔边、板边的毛刺、飞边和其他附着物,摩擦面必须无任何油污。

(3)在拼装部位用醒目的颜色标示出不同规格的高强螺栓使用区域线,并分别注明规格、数量，标示线不得侵入高强螺栓垫圈的范围。

(4)全桥所有主桁立面的高强螺栓，其螺母一律安装在节点板外侧。

(5)全桥平面及斜面的高强螺栓，除纵梁上翼缘(上盖板、平联、鱼形板)，其螺母朝下外，其余一律朝上。

(6)纵、横梁连接的高强螺栓，其螺母一律安装在江北侧。纵梁端部腹板上的高强螺栓，其螺母安装在每组纵梁的外侧。

(7)个别部位的高强螺栓，其螺母位置无法满足上述几点要求时，可由主管工程师决定，但力求全桥一致。

(8)高强螺栓施拧所用电动扳手的电源要求电压稳定，应设立电源专线并对每台电动扳手配备专用稳压器。

5)施拧扳手标定

(1)施拧用定扭矩带响扳手和显示扭矩的表盘扳手，应编号使用，每台电动扳手和控制器，应固定配套编号，不得混杂。标定好的电动扳手在使用过程中严禁随意调节控制器的旋钮，并指定专人使用。

(2)施拧扳手每天上班前和下班后都必须进行标定。标定由当班技术人员负责，标定结果由当班技术人员签认。

(3)操作人员应相对固定的从事标定工作，且应熟悉施拧扳手和扭矩轴力仪的操作规程，并按规定操作。

(4)施拧扳手在扭矩轴力仪上标定，标定次数为每天上班前和下班后各一次。标定误差规定为:上班前标定不得大于规定值的 ±3%；下班后标定不得大于规定值的 ±5%。若上班前标定误差大于 ±3%，应调整至 ±3% 以内；若下班后标定误差大于 ±5%，应立即检查并有校验记录，同时对该扳手当班所施拧的高强螺栓全部进行紧扣检查。

(5)标定施拧扳手时，初始标定可使用旧的高强螺栓进行扭矩预调整，正式标定应使用与当天桥上所施拧同规格、批号的高强螺栓。

(6)紧扣检查用的表盘扳手，使用前必须标定。标定采用挂重法，其扭矩误差不得大于所使用扭矩的 ±1%。

(7)使用完的定扭矩带响扳手，标定后应放松弹簧。

(8)建立施拧扳手标定和领用登记制度，每把电动扳手、带响扳手和表盘扳手标定好后，标定人员和领用人员均需在登记簿签字登记。

(9)扳手标定时，可同时测出当天施拧高强螺栓的扭矩系数。坚持对每天测出的扭矩系数进行统计，即使温度、湿度发生较大变化，也可正确选用施拧扭矩，消除因扭矩系数发生变化对高强螺栓终拧预拉力的影响，如图 3-4-20 所示。

6)高强螺栓施拧

(1)本桥高强螺栓施拧分两部分进行:初拧、终拧。初拧前应检查拼接部位的冲钉和高强螺栓是否符合规定。悬臂拼装时，拼装工班只要求用冲钉和工作螺栓对节点进行定位，当悬挂好高强螺栓施拧脚手架后，螺栓施拧工班才进行螺栓安装、初拧和终拧。

(2)初拧完毕的高强螺栓逐个用敲击法检查。初拧检查合格后，用白色油漆在螺栓、螺母、垫圈及构件上作划线标记，以便于终拧后检查有无漏拧以及垫圈或螺栓是否随螺母转动。

a)

b)

图 3-4-20　电动扳手及表盘扳手标定

(3)初拧和终拧一般使用电动扳手(扳手型号为;PID - 1000J 型、PID - 1500 型、PID - 2000 型),不能使用电动扳手的部位,可用定扭矩带响扳手施拧。使用定扭矩带响扳手施拧时,要注意施力均匀,不得冲击施拧。施拧完毕后用红色油漆在螺母上做出标记。

(4)无论使用何种扳手施拧,对于插入式拼接的节点,应从节点刚度大的部位向不受约束的边缘方向施拧;其余均应以从螺栓群中间向四周辐射拧紧的顺序进行。

(5)穿放螺栓前,需将栓孔的尘土、浮锈清除干净,严禁强行穿入螺栓。对于螺栓不能自由穿入的栓孔,应使用与栓孔直径相同的绞刀或钻头进行修整或扩孔,严禁气割扩孔。为防止钢屑落入板层缝中,绞孔或扩钻前应将该孔四周的螺栓全部拧紧。对于经绞孔或扩钻的构件及孔眼位置,应有施工记录备案。

(6)高强螺栓安装时,螺栓头一侧及螺母一侧应各置一个垫圈,垫圈有内倒角的一面应分别朝向螺栓头和螺母支承面。

(7)不得使用生锈、螺纹损坏、表面潮湿或有灰尘、砂土和表面状况发生变化的高强螺栓,凡表面状况发生变化的高强螺栓,应返回原生产厂家重新进行表面处理。重新处理后,按原供货要求进行复验,合格后方可使用。

(8)为防止螺栓在施拧时出现卡游现象,施拧时必须用套筒扳手卡住螺栓头(卡游现象指拧紧螺母时,螺栓跟着转动)。

(9)温度与湿度对扭矩系数影响很大,当温度与湿度变化较大时,可根据施拧前在扭矩轴力仪上标定电动扳手时,实测的当天施拧高强螺栓的扭矩系数,调整终拧扭矩,保证结构安全。

(10)当天安装的高强螺栓必须当天初拧或终拧完毕。终拧扭矩检查应在高强螺栓终拧 4 ~ 24h 以内进行。雨天、大雾天气和夏季烈日下不得进行高强螺栓施拧。

(11)高强螺栓经终拧检查合格后,其螺栓头、螺母、垫圈的外露部分应立即涂装,板层缝隙应用腻子腻缝,如图 3-4-21 所示。

7)施拧质量检查

(1)施拧质量检查按照《铁路钢桥高强度螺栓连接施工规定》(TBJ 214—1992)的规定进行。由专人负责施拧质量检查,当天施拧的高强度螺栓当天检查完毕,并做好检查记录。

(2)螺栓抽查数目:主桁大、小节点;纵横梁及联结系的每一螺栓群中检查的数量为其总数的 5%,且每个主桁节点不得少于 5 套螺栓。

图 3-4-21 高强螺栓栓施拧

(3)初拧检查,用 0.3kg 小锤敲击螺母一侧,用手按住相对的另一侧,如颤动较大者即认为不合格,应予再初拧。初拧检查由螺栓施拧工班自检。

(4)终拧检查,先按前述检查划线错开情况的办法,确定初拧时有无漏拧以及垫圈或螺栓是否随螺母转动,之后用表盘扳手进行紧扣检查。紧扣检查扭矩超拧值或欠拧值均不得大于规定值的 10%。

(5)"紧扣检查"即对已终拧高强度螺栓沿拧紧方向转动螺母,检查螺母刚刚转动时的紧扣扭矩。紧扣检查前,先在螺母、垫圈上划一细直线,以观测螺母转动情况。检查合格,在螺栓末端点以黄色油漆标记。

(6)每个节点或栓群抽查的螺栓,其不合格者不得超过抽查总数的 20%,对不合格的螺栓群应继续抽查,直到累计总数有 80% 的合格率为止。欠拧者应补拧,超拧者应更换。

4.7 钢桁拱合龙施工

根据设计要求,桁拱及刚性系杆跨中均应按照无应力合龙,即构件按照设计体系温度在工厂加工制造,现场悬臂拼装到跨中后,按几何法合龙。

4.7.1 合龙原理

施工时可采取改变边、中支点相对高差的措施,实现三跨连续梁跨中弯矩、剪力和相对转角均为零的桁拱跨中无应力合龙条件,如图 3-4-22 所示。

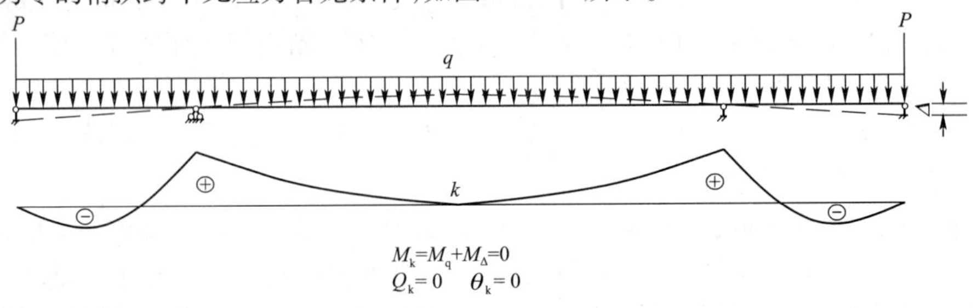

图 3-4-22 中跨合龙原理

4.7.2 合龙时机

合龙时南北主桁均处于最大悬臂状态,南北架梁吊机均锚固于上弦 A34 节点,要求弦杆合龙时无阳光偏晒,合龙段上下弦杆、斜杆均已吊装到位,用冲钉与北侧 E35、A35 节点连接。

4.7.3 合龙条件分析

本工程除北中支点设计为固定球形铰支座外,南北边支点和南中支点均为纵向活动球形铰支座,施工时北中支座平面位置及高程,南中支座高程已按设计参数设定,南北边支点 3 个方向及南中支点纵向均可以调整,具备通过升降边支点和将南岸钢梁整体纵移,实现桁拱跨中无应力合龙的条件。

4.7.4　合龙顺序

中跨桁拱按照先下弦，后上弦，再斜杆，最后合龙平联的顺序进行，如图 3-4-23 所示。

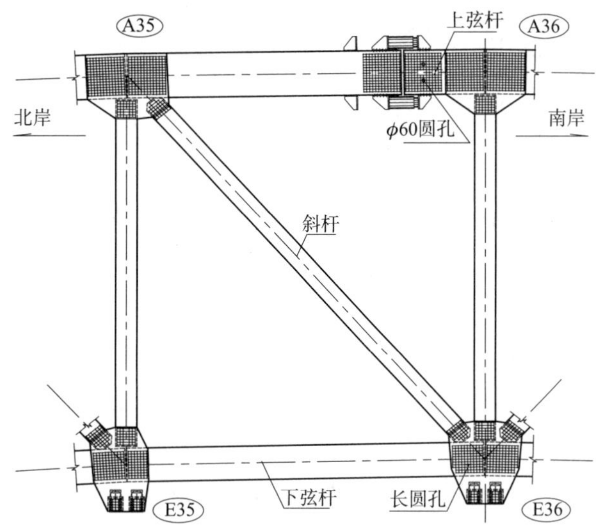

图 3-4-23　中跨桁拱合龙顺序

4.7.5　合龙方法

下弦杆采用温度合龙，上弦杆采取一定的强制措施合龙，斜杆和平联采用温度合龙。

4.7.6　合龙口调整

1）合龙前监测监控

合龙前对南北岸钢梁主要杆件应力、扣塔应力、扣索索力、支点、悬臂端位移进行连续 24h 观测。对钢梁合龙前的状态和温度变化对合龙口的影响等参数作全面的掌握，并与理论分析值进行对比分析，进一步完善合龙口调整措施和精度控制指标，修正合龙方案。

合龙口位置以早晚气温相对稳定，钢桁拱无阳光偏晒影响时的实测值为依据，结合连续 24h 观测当天的温度变化情况，温差按 ±5℃ 考虑。南北钢桁拱悬臂长度为 276m，升降温 5℃时，一侧合龙口纵向位移量为 ±16mm，下弦杆合龙前南北合龙口纵向位置差的允许范围为 ±30mm，栓孔竖向错孔不大于 15mm。

2）弦杆转角及高差调整

上下弦杆的转角和高差通过升降边支点分阶段调整，先调整下弦杆的转角和高差，确保栓孔上下错位不大于 15mm（可打入锥形冲钉），利用温度变化合龙下弦杆后，再调整上弦杆转角和高差，如图 3-4-24 所示。

3）轴线调整

主桁安装过程中各阶段轴线均应控制在 ±15mm 以内，合龙前三个悬臂节间每安装一个节间进行一次南北联测，合龙段安装时将南北主桁用 8 台 10t 手拉葫芦斜向对拉。

4）纵向调整

由于南边跨安装钢梁已经向跨中预偏了 65cm，若合龙口纵向实际偏差值大于 ±30mm，则利用南边、中支点处预先布置的临时支座和纵向顶移装置，将南岸钢梁整体纵移，将下弦杆合龙纵向偏差调整到 ±30mm 以内。上弦杆纵向偏差利用合龙口顶拉千斤顶调整。南岸中支点顶移装置如图 3-4-25 所示。

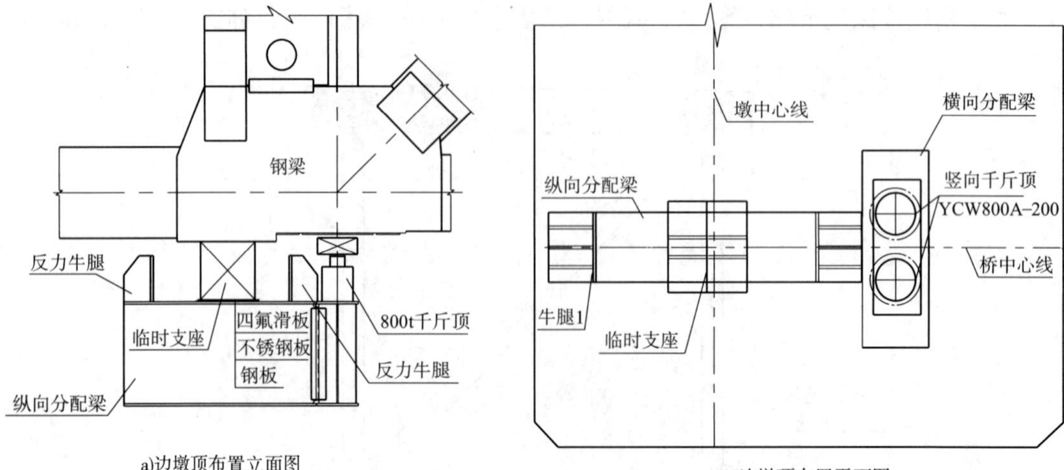

图 3-4-24　边支点位移调整装置

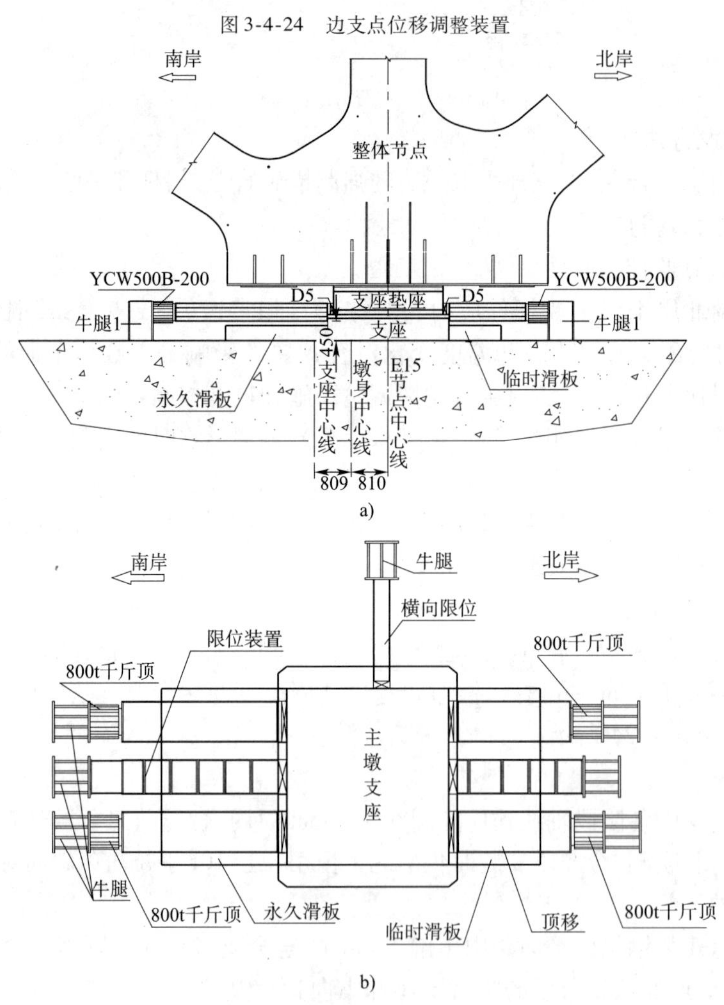

图 3-4-25　中支点顶移装置布置图(尺寸单位:mm)

4.7.7　合龙步骤

(1)北主桁安装至 A35 节点,南主桁安装至 A36 节点时,利用凌晨气温相对稳定、无阳光偏晒的影响时实测合龙节间参数,安装南北边支点竖向顶升千斤顶,南边中支点纵向顶移千斤顶。

(2)根据实测偏差结合理论分析,升降边支点,调整合龙口高差和下弦杆转角。

(3)吊装下弦杆,用 50% 的冲钉与北 E35 节点连接,吊装斜杆,用 50% 的冲钉与北 A35 节点连接,吊装上弦杆南北合龙段分别与北 A35、南 A36 节点用 50% 冲钉连接。

(4)连续 24h 观测合龙口纵向偏差,若不符合要求,则将南岸钢梁整体纵移,对位下弦椭圆孔,安装定位销,利用温度变化合龙下弦。

(5)实测上弦合龙口偏差,升降边支点调整上弦转角,安装上弦合龙口顶拉千斤顶(图 3-4-26),强制合龙上弦。

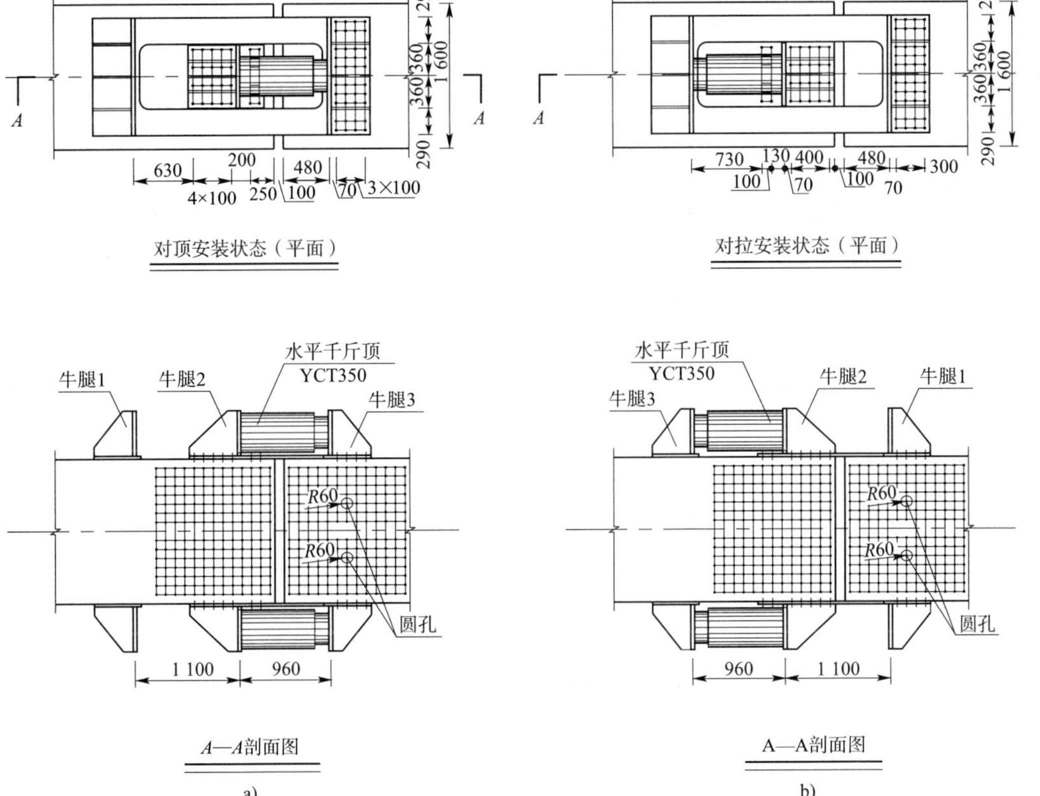

图 3-4-26　上弦顶拉千斤顶布置(尺寸单位:mm)

(6)利用锥形冲钉结合温度变化合龙斜杆。

(7)上下弦杆、斜杆合龙后立即在 E35、E36、A35、A36 及上弦合龙口打足 70% 的冲钉,安装 30% 的高强螺栓并一般拧紧,同时解除南主墩支座纵向限位。

(8)将合龙段冲钉置换成高强螺栓并且 100% 终拧。

(9)安装上下弦平联杆件。

4.7.8 合龙实际情况

桁拱跨中合龙时间为2008年1月20日,外界环境温度为7℃,由于安装时将南岸钢桁梁进行了预偏,施工时只采取了升降边支点调整下弦杆转角的措施,南岸钢桁梁整体纵移及上弦合龙强制措施均未使用,完全在无应力状态下实现了桁拱跨中合龙,各控制节点的实测位移见表3-4-4。

桁拱跨中合龙实测参数　　表3-4-4

控制节点名称		实测位移(mm)	
		δ_x	δ_z
北岸	E1	-46	-1 877
	E15	0	0
	A35	-453	324
	E35	-447	310
南岸	E1	-764	-1 970
	E15	-800	0
	A36	-439	68
	E36	-401	78

4.8 临时墩脱空控制

主桥上部钢桁梁悬臂施工过程中包括边墩、主墩和3个边跨临时墩,共设置有5个支点,单从控制主结构内力的角度上考虑,在施工过程中最理想的内力控制方式是不采取任何强制措施,随着前端悬臂长度的增加,让边跨临时墩自然脱空,使钢桁梁尽可能处于两跨或三跨连续悬臂外伸梁的受力状态。

经理论分析3个边跨临时墩自然脱空的时机分别如下。

1号临时墩自然脱空时机:边跨钢桁梁安装到主墩顶前(E14节点),最大悬臂长度64m;

2号临时墩自然脱空时机:中跨钢桁梁安装7个节间(E22节点),最大悬臂长度108m;

3号临时墩自然脱空时机:中跨钢桁梁安装12个节间(E27节点),最大悬臂长度168m。

图3-4-27　1号临时墩强制脱空

但为了有效地控制安装线形,精确定位中支座,提高边跨支架的周转次数,节约工程施工成本,在主结构内力满足设计要求的前提下,选择合适的时机将临时墩逐步强制脱空。

经分析边跨3个临时墩合理的强制脱空时机如下。

1号临时墩强制脱空:当边跨钢桁梁安装到3号临时墩顶,主桁构件已经闭合,节点高强螺栓100%终拧,3号临时墩顶已经与主桁下弦节点抄垫密实时,用千斤顶顶升边支点,强制脱空1号临时墩,如图3-4-27所示状态,主结构内力控制杆件主要参数见表3-4-5。

1号临时墩强制脱空工况主结构内力控制杆件主要参数　　表3-4-5

杆件名称	材　质	设计控制值（MPa）	监控分析值（MPa）	实测应力（MPa）
A6-A7	Q370qD	250.8	158.0	—
E5-E6	Q370qD	-225.7	-159.0	—

2号临时墩强制脱空：边跨施工时，将3号临时墩顶高程按理论分析值调高5cm，使中支点安装到主墩顶时适当高出永久支座顶部，中支点用千斤顶临时抄垫，将2号临时墩强制脱空与中支点下放到永久支座支承两个施工环节结合起来，一次操作完成。当钢桁梁安装完成主墩顶桁节中弦杆，中支点处桁架有足够的刚度后，顶升边支点，中支点处临时抄垫千斤顶带载下放，让钢桁梁绕3号临时墩转动，将中支点下方到主墩支座上，继续顶高边支点，强制脱空2号临时墩，如图3-4-28所示工况，此工况为边跨安装期间主结构内力控制工况，控制杆件主要参数见表3-4-6。

图3-4-28　2号临时墩强制脱空

3号临时墩强制脱空：当中跨钢桁梁安装到E22节点，中跨悬臂7个节间时，顶升边支点，让钢桁梁绕主墩球形支座转动，强制脱空3号临时墩，如图3-4-29所示，主结构内力控制杆件主要参数见表3-4-7。

2号临时墩强制脱空工况主结构内力控制杆件主要参数　　表3-4-6

杆件名称	材　质	设计控制值（MPa）	监控分析值（MPa）	实测应力（MPa）
A10-A11	Q420qD	282.0	200.0	182.4
E10-M11	Q345qD	-202.6	-225.6	-226.5

图3-4-29　3号临时墩强制脱空

3 号临时墩强制脱空工况主结构内力控制杆件主要参数　　表 3-4-7

杆件名称	材质	设计内力值(MPa)	监控分析值(MPa)	实测应力(MPa)
A10-A11	Q420qD	282.0	190.0	177.8
E10-M11	Q345qD	-202.6	-89.4	-73.1

3 号临时墩强制脱空后，竖向支承体系由临时墩辅助受力过渡到完全由边墩、主墩支承，实现了钢桁梁由两跨连续悬臂外伸梁向简支悬臂外伸梁受力体系转换。

从南北共 6 个临时墩的脱空情况来看，效果是相当好，构件应力都在可控的范围内，提前强制脱空临时墩，使结构受力更加明确，有利于钢桁梁的线形控制，也有利于临时钢结构的材料周转，产生较大的经济效益。

4.9 抗倾覆技术措施

桁拱悬臂安装期间采取在边支点附近进行压载配重的方式防止倾覆，为控制压载总量，减小压载对主结构内力的影响，施工时借用中跨上下层刚性系杆和横梁部分杆件，在边支点外侧安装两个临时节间，与边跨 1 号、2 号永久节间一起，布置压载分配梁，用预制混凝土块作为压载材料，压载范围如图 3-4-30 所示。

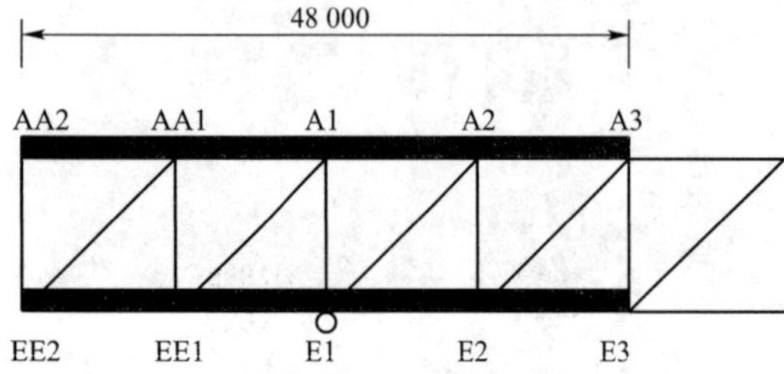

图 3-4-30　防倾覆压载布置图(尺寸单位:mm)

(1)压载区域长 50m，每桁分布宽度 5.6m，压载混凝土分为上下两层，每层高度为 1m。单层桥面每延米压载不超过 540kN。压重为 22 000kN/桁，上层分配 12 000kN/桁，下层分配 10 000kN/桁，全桥压载总量 88 000kN。上层压重混凝土断面布置见图 3-4-31，下层布置与上层一致。

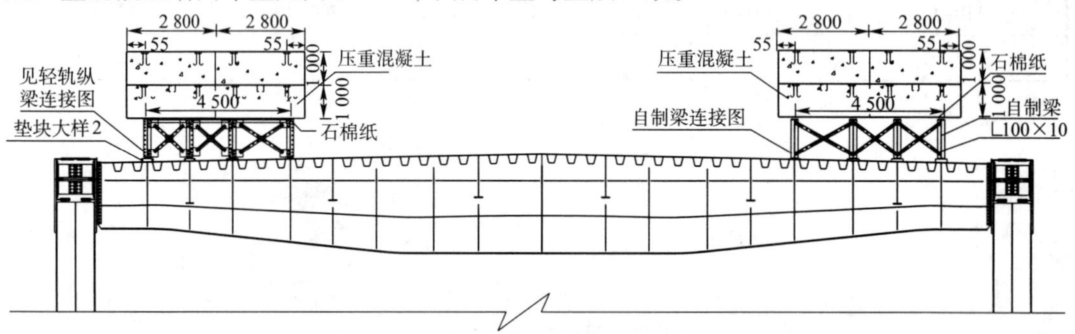

图 3-4-31　压重混凝土断面布置图(尺寸单位:mm)

(2)压重加载按照确保施工各阶段倾覆稳定系数不小于 1.3 控制，分期加载，加载顺序为：EE2→EE1→E1→E2→ E3→AA2→AA1→A1→A2→A3。

(3)1 号、2 号临时节间采用轻轨纵梁作为压载分配梁，借用轻轨纵梁共 64 件，南北岸各借用 32 件轻轨纵梁，1 号、2 号节间均采用自制大 H 型钢作为压载分配梁。

(4)纵桥向轻轨纵梁之间、自制梁之间及轻轨纵梁与自制梁之间连接按照螺栓抗剪设计。

(5)横桥向轻轨纵梁之间、自制梁之间采用角钢连接;轻轨纵梁及新制 H 型钢与横梁之间采用螺栓连接。

(6)当主桁合龙后拆除临时节间配重,拆除临时节间压载分配梁即轻轨纵梁,返回钢梁厂重新处理摩擦面。为保证边支点下降 1.2m,1 号、2 号节间压重不拆除。当系杆合龙后才拆除 1 号、2 号节间压重,将边支点顶高 1.2m。

各阶段加载数量及倾覆稳定系数见表 3-4-8。

边跨配重加载步骤及倾覆稳定系数表 表 3-4-8

压载阶段	临时节间下层(kN/桁)	临时节间上层(kN/桁)	永久节间下层(kN/桁)	永久节间上层(kN/桁)	倾覆稳定系数
边跨 4 号节间					2.3
边跨 5 号节间					1.4
边跨 7 号节间	500				
边跨 8 号节间	500				3.3
边跨 9 号节间	500				1.8
边跨 11 号节间	500				
边跨 12 号节间	500				4.8
边跨 13 号节间					2.6
边跨 14 号节间					1.3
中跨 17 号节间					7.5
中跨 18 号节间					4.7
中跨 19 号节间	500				3.4
中跨 20 号节间					2.6
中跨 21 号节间					2.1
中跨 22 号节间					1.9
中跨 23 号节间					1.7
中跨 24 号节间					1.6
中跨 25 号节间					1.4
中跨 26 号节间	500				1.35
中跨 27 号节间	2 000				1.31
中跨 28 号节间	500		2 000		1.31
中跨 29 号节间			2 000		1.31
中跨 30 号节间		200	2 000		1.31
中跨 31 号节间		2 000			1.31
中跨 32 号节间		2 000			1.31
中跨 33 号节间		800		1 000	1.31
中跨 34 号节间				2 000	1.31
中跨 35 号节间				2 000	1.31

4.10 斜拉扣挂扣索索力施加与控制

边跨内、外扣索每桁均设 4 束 $37\phi^{S}15.2$mm 钢绞线，中跨内、外扣索每桁均设 2 束 $61\phi^{S}15.2$mm 钢绞线，设计安全系数大于 2.2，用 OVM250 型钢绞线拉索群锚体系锚固、单根钢绞线均外包 PE 护套防腐，采用单根挂索、单根张拉的工艺施工，施工时将边、中跨钢铰线分成 12 轮挂设和张拉，边跨每轮 12 根，中跨每轮 10 根，边、中跨每桁均布置 2 台 25t 张拉千斤顶，同步对称挂设，对称张拉。

4.10.1 扣索索长控制

扣索用锚箱分别与主桁的节点板及扣塔顶锚板连接，形式如图 3-4-32、图 3-4-33 所示。各锚点位置理论坐标点和扣索设计理论几何参数见表 3-4-9、表 3-4-10。

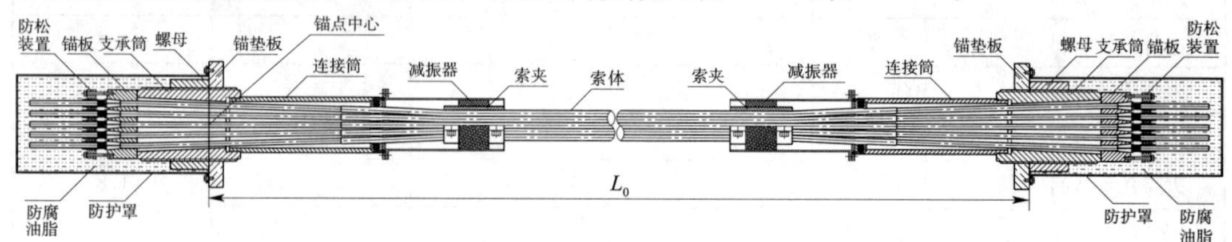

图 3-4-32 扣索索体构造示意图

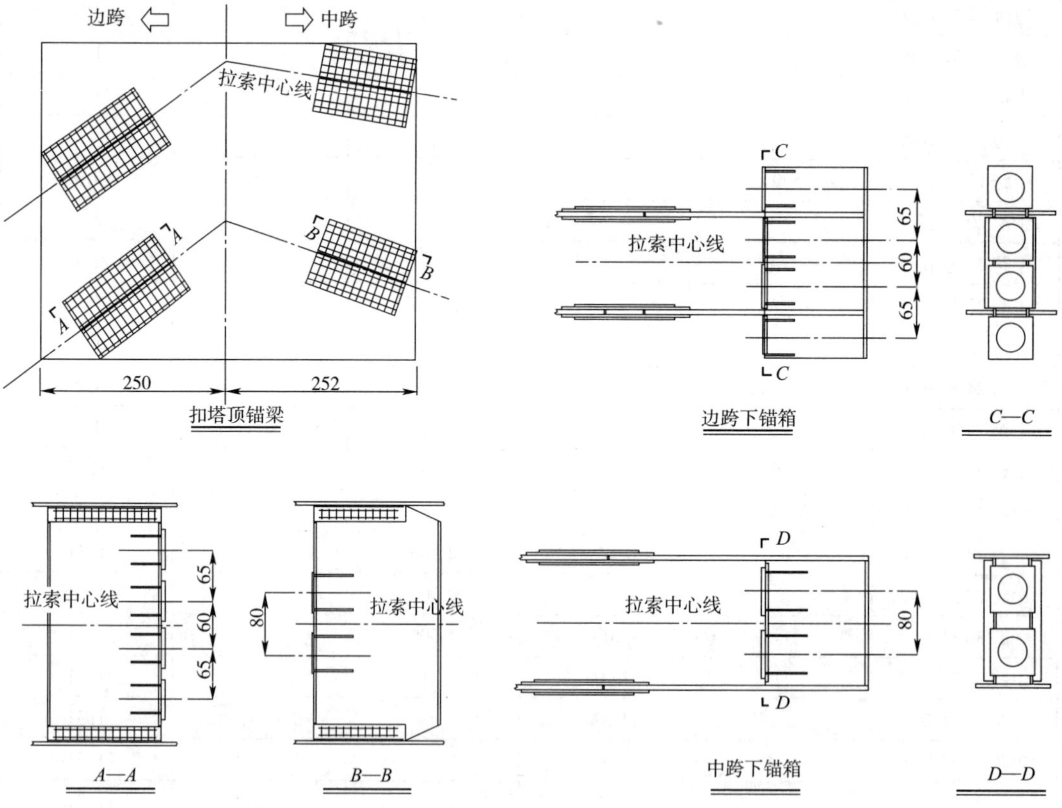

图 3-4-33 扣索锚固示意图(尺寸单位:cm)

扣索各锚点位置理论坐标点 表 3-4-9

扣索编号	规格（每桁）	主桁端锚点		扣塔端锚点	
		X	Y	X	Y
边跨 C2	4×37ϕ^S15.24	15.981	55.179	189.013	172.482
边跨 C1	4×37ϕ^S15.24	27.913	55.277	189.283	170.638
主跨 C1	2×61ϕ^S15.24	328.970	123.257	191.222	170.730
主跨 C2	2×61ϕ^S15.24	400.750	138.629	191.236	172.949

扣索设计几何参数 表 3-4-10

扣索编号		规格（每桁）	单束张拉力（kN）	直线夹角（°）		索跨中垂度（m）	悬链线夹角修正（°）
				主桁水平角	扣塔垂角		
北岸	边跨 C2	4×37ϕ^S15.24	3 503	34.134	55.866	-0.739	-0.674
	边跨 C1	4×37ϕ^S15.24	2 468	35.560	54.440	-0.733	-0.693
	主跨 C1	2×61ϕ^S15.24	4 346	19.016	70.984	-0.368	-0.548
	主跨 C2	2×61ϕ^S15.24	6 222	9.303	80.697	-0.730	-0.778

主桁及扣索张拉过程中存在结构变形与位移，对扣索的安装长度有一定的影响。扣索张拉后各锚点位置的结构位移量见表 3-4-11，张拉后各锚点的位置坐标和扣索的几何参数见表 3-4-12、表 3-4-13，扣索无应力索长见表 3-4-14。

施工时单根扣索按无应力长度下料。

扣索张拉后各锚点位移量（m） 表 3-4-11

扣索编号		工况	主桁端		塔架端	
			ΔX	ΔY	ΔX	ΔY
北岸	边跨 C2	张拉后	-0.339	-1.779	-0.553	-0.086
	边跨 C1	张拉后	-0.415	-1.673	-0.775	-0.053
	主跨 C1	张拉后	-0.880	0.957	-0.775	-0.025
	主跨 C2	张拉后	-0.805	1.111	-0.553	-0.060

张拉后扣索各锚点位置坐标（m） 表 3-4-12

扣索编号		规格	主桁端锚点		扣塔端锚点	
			X+ΔX	Y+ΔY	X+ΔX	Y+ΔY
北岸	边跨 C2	4×37ϕ^S15.24	15.642	53.4	188.46	172.396
	边跨 C1	4×37ϕ^S15.24	27.498	53.604	188.508	170.585
	主跨 C1	2×61ϕ^S15.24	328.09	124.214	190.447	170.705
	主跨 C2	2×61ϕ^S15.24	399.945	139.74	190.683	172.889

张拉后扣索几何参数　　表3-4-13

扣索编号		规格 $\phi^S15.24$	单束拉力(kN)	直线夹角(°)		跨中垂度(m)	悬链线夹角修正(°)	锚点间直线弦长	锚点间悬链线长(l)
				主桁水平角	扣塔垂角				
北岸	边跨C2	$4\times37\phi^S15.24$	3 503	34.550	55.450	-0.690	-0.624	209.824	209.828
	边跨C1	$4\times37\phi^S15.24$	2 468	36.000	53.999	-0.881	-0.827	199.019	199.027
	主跨C1	$2\times61\phi^S15.24$	4 346	18.663	71.337	-0.440	-0.659	145.282	145.286
	主跨C2	$2\times61\phi^S15.24$	6 222	9.001	80.999	-0.653	-0.700	211.871	211.877

扣索无应力长度(m)　　表3-4-14

扣索编号		单索重量(kN)	锚点间悬链线长(1)	弹性伸长量(2)	锚点间无应力长度 L_0 (1)-(2)	工作长度(3)	实际长度(1)-(2)+(3)
北岸	边跨C2	93	209.828	0.747	209.081	1.5+0.5	211.081
	边跨C1	88	199.027	0.499	198.528	1.5+0.5	200.528
	主跨C1	106	145.286	0.389	144.897	1.5+0.5	146.897
	主跨C2	154	211.877	0.812	211.065	1.5+0.5	213.065

4.10.2 挂索

扣索用卷扬机牵引的闭合循环系统挂设,边、中跨上下游各布置一套循环牵引系统,施工时同步对称进行,扣塔顶端为锚固端,与主桁节点连接端为张拉端,每个锚点每次挂一根钢绞线,每轮边跨挂设的12根钢绞线(中跨10根)平均分配到4个(中跨2个)锚具上,从锚具最下排锚孔开始向上挂设,为防止钢绞线打绞,穿索过程中两端索孔应严格按照编号顺序相互对应,每挂完一根索立即用千斤顶收紧,控制垂度。

4.10.3 扣索安装分析及张拉控制力

1)计算参数

(1)扣塔主体:主要材料Q345C。

(2)主桁构件截面及质量:依据扣塔及主桥钢梁设计图纸。

(3)风缆:每桁均采用 $2\times6\phi^S15.24$mm 标准强度1 860MPa高强低松弛钢绞线,弹性模量为 1.9×10^6MPa。扣塔安装时风缆包括边跨上下层风缆及主跨上下层风缆。

(4)扣索:每桁边跨均采用 $4\times37\phi^S15.24$mm,主跨均采用 $2\times61\phi^S15.24$mm。标准强度1 860MPa高强低松弛钢绞线,弹性模量为 1.9×10^6MPa。

2)风荷载

扣塔横桥向风载:13.5kN/(m·桁);

扣塔顺桥向风载:10kN/(m·桁);

主风载桁:参照扣塔顺桥向风荷载,桥面系以上迎风杆件风力1.5kN/m^{2}计算。

3)工况条件

(1)施工工况按表3-4-15进行。

主桥施工至扣塔安装完成工况流程表　表3-4-15

工况编号	流程步骤	主要工作内容
1	步骤1	安装主桁21节间,前移吊机至21节间
2		拆除边跨3号临时墩
3		垂直安装扣塔至38.8m
4		安装下层风缆(32.806m)
5		拆除扣塔底临时固结
6	步骤2	安装主桁22节间
7		安装主桁23节间,前移吊机至23节间
8		安装主桁24节间
9		降低边支点至-2.0m(北岸为-1.95m)
10		安装扣塔至70.8m后
11		安装上层风缆(68.806m)
12		放松下层风缆
13	步骤3	安装主桁25节间,前移吊机至25节间
14		安装主桁26节间
15		扣塔安装至顶(98m)
16		调整风缆索力,控制扣塔垂直度
17	步骤4	安装内扣索(C1)
18		拆除上层风缆
19	步骤5	安装主桁27节间,前移吊机至27节间
20		安装主桁28节间
21		安装主桁29节间,前移吊机至29节间
22		安装主桁30节间
23		安装主桁31节间,前移吊机至31节间
24		安装主桁32节间(作用风荷载)
25		安装外扣索(C2)
26	步骤6	安装主桁33节间,前移吊机至33节间
27		安装主桁34节间
28		安装主桁35节间(作用风荷载)
29	步骤7	主跨合龙(合龙口结构微调)
30		安装临时系杆并张拉

(2)施工过程的主要荷载为结构自重、临时风荷载、拱上爬行架梁吊机自重、梁上走道。

(3)桥面系随主桁拼装至21节间,主桁拼装过程中同时安装吊杆及扣索锚箱。

(4)上下风缆的安装索力按现场实际张拉力计算。

(5)扣索的初张拉力01号监控指令给出的数据,见表3-4-16。

扣索监控指令主要控制参数表　　表3-4-16

风缆编号（每桁）		规格 $\phi^S15.24$	设计水平角度	总破断力（kN）	初张拉控制力（kN）	施工总控制力（kN）	张拉安全系数
南岸	边跨C2	4束37根	34.13°	38 260	13 394	16 564	2.3
	边跨C1	4束37根	35.56°	38 260	9 693	16 661	2.3
	主跨C1	2束61根	19.02°	31 540	8 715	14 411	2.2
	主跨C2	2束61根	9.31°	31 540	11 657	14 659	2.2
北岸	边跨C2	4束37根	34.13°	38 260	13 822	16 564	2.3
	边跨C1	4束37根	35.56°	38 260	9 593	16 661	2.3
	主跨C1	2束61根	19.02°	31 540	8 585	14 411	2.2
	主跨C2	2束61根	9.31°	31 540	12 287	14 659	2.2

(6)边跨侧压重仅考虑第一次压载(6 250kN/桁)的质量由主桁构件承担,其他压重架设直接传递至支座。

(7)未考虑支座摩阻力的作用。

扣塔及扣索的受力和变形是整个主桁结构的受力和变形的一部分,施工计算中考虑扣索与主结构的共同作用。

采用MIDAS软件建立空间杆系模型,整体模型如图3-4-34a)所示。共8 694个单元,3 282个节点,采用空间梁单元、索单元、桁架单元计算。考虑了施工各阶段的内力累加以及结构非线性效应的影响。扣索安装过程的结构计算是对表3-4-15各施工工况的仿真计算,图3-4-34分别为扣索安装过程中的主要控制工况。

4)施工过程中扣索索力及安全系数变化情况分析

张拉扣索是调整主桁悬臂拼装阶段结构受力状态的主要途径,通过扣索的张拉可以平衡主跨的负弯矩。施工过程中随着扣索索力最大,扣索安全系数会逐步降低。

(1)容许安全系数

按容许应力法验算扣索安全系数,K值取2.5,K值对于施工安装阶段的临时荷载验算考虑1.3的提高系数,故容许安全系数不宜小于1.92。

(2)最不利工况

在主桁的拼装过程中,如下工况为扣索的最不利工况:

①主桁拼装至32节间,扣索C1索力最大(附加风荷载)。

②主桁拼装至35节间,扣索C2索力最大(附加风荷载)。

(3)计算结果

各安装工况下扣索张拉端的索力变化情况及安全系数见表3-4-17、表3-4-18。可见在工况24(C2张拉前)C1拉索安全系数最小,边、主跨侧索力分别为17 300kN/桁和14 880kN/桁,索力安全系数分别为2.2和2.1。在附加风荷载作用下,边主跨的索力各增加970kN/桁和340kN/桁,索力安全系数降为2.07。C2扣索的索力在工况28(主桁35节间拼装完成)最大,附加风荷载后拉索安全系数主跨最小,为2.13。拉索安全系数均满足安全系数不小于1.92的要求。

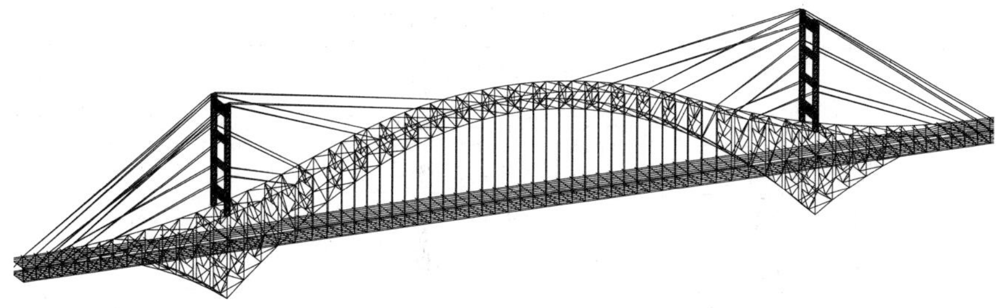

a)主桥上部结构施工计算整体模型

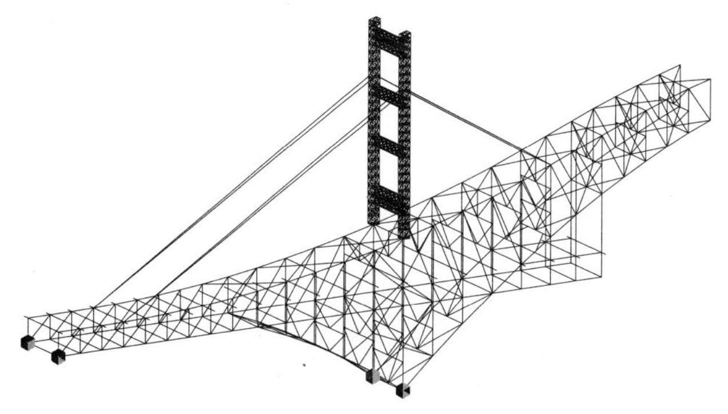

b)工况16：主桁拼装至26节间，扣索C1张拉前

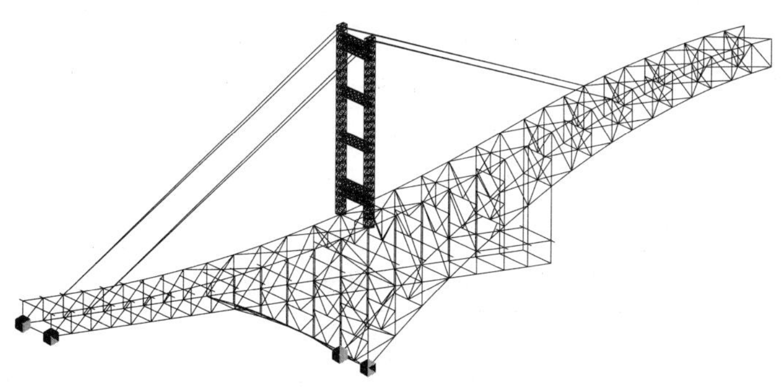

c)工况24：主桁拼装至32节间，扣索C2张拉前

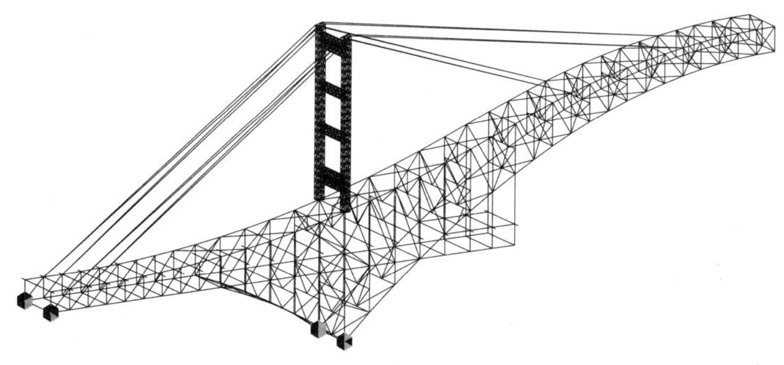

d)工况28：主桁拼装至35节间，结构合龙前

图 3-4-34 扣索施工过程各控制工况计算模型图

施工过程扣索索力变化及安全系数(南岸) 表 3-4-17

工况号	阶段	扣塔扣索索力变化(kN)				安全系数			
		边跨 C2	边跨 C1	主跨 C1	主跨 C2	边跨 C2	边跨 C1	主跨 C1	主跨 C2
17	安装扣索 C1		9 762	8 642			3.9	3.7	
18	拆除上层风缆		9 976	8 618			3.8	3.7	
	纵向风载作用下		10 762	8 838			3.6	3.6	
	桁向风载作用下		10 018	8 628			3.8	3.7	
19	前移吊机 27 节间		11 042	9 528			3.4	3.3	
20	安装 28 节间		12 232	10 544			3.1	3.0	
21	前移吊机 29 节间		13 550	11 672			2.8	2.7	
22	安装 30 节间		14 744	12 692			2.6	2.5	
23	前移吊机 31 节间		16 146	13 890			2.4	2.3	
24	安装 32 节间		17 308	14 884			2.2	2.1	
	纵向风载作用下		18 238	15 228			2.1	2.1	
	桁向风载作用下		17 350	14 892			2.2	2.1	
25	安装扣索 C2	13 472	11 190	9 270	11 722	2.8	3.4	3.4	2.7
26	前移吊机 33 节间	14 580	12 128	10 002	12 712	2.6	3.2	3.2	2.5
27	安装 34 节间	15 524	12 926	10 646	13 540	2.5	3.0	3.0	2.3
28	安装 35 节间	16 634	13 866	11 384	14 526	2.3	2.8	2.8	2.2
	纵向风载作用下	17 302	14 484	11 738	14 836	2.2	2.6	2.7	2.1
	桁向风载作用下	16 626	13 904	11 388	14 528	2.3	2.8	2.8	2.2
30	临时系杆张拉	12 626	10 554	8 108	11 548	3.0	3.7	3.9	2.7
标准破断力(每桁)(kN)		38 260		31 540					

施工过程扣索索力变化及安全系数(北岸) 表 3-4-18

工况号	阶 段	扣塔扣索索力变化 (kN)				安全系数			
		边跨 C2	边跨 C1	主跨 C1	主跨 C2	边跨 C2	边跨 C1	主跨 C1	主跨 C2
17	安装扣索 C1		9 763	8 656			3.9	3.6	
18	拆除上层风缆		9 986	8 623			3.8	3.7	
	纵向风载作用下		10 755	8 822			3.6	3.6	
	桁向风载作用下		9 979	8 677			3.8	3.6	
19	前移吊机 27 节间		11 206	9 665			3.4	3.3	
20	安装 28 节间		12 241	10 549			3.1	3.0	
21	前移吊机 29 节间		13 559	11 676			2.8	2.7	
22	安装 30 节间		14 753	12 696			2.6	2.5	
23	前移吊机 31 节间		16 154	13 893			2.4	2.3	
24	安装 32 节间		17 316	14 886			2.2	2.1	
	纵向风载作用下		18 231	15 209			2.1	2.1	
	桁向风载作用下		17 306	14 941			2.2	2.1	

续上表

工况号	阶　段	扣塔扣索索力变化（kN）				安 全 系 数			
		边跨 C2	边跨 C1	主跨 C1	主跨 C2	边跨 C2	边跨 C1	主跨 C1	主跨 C2
25	安装扣索 C2	13 903	11 089	8 825	12 419	2.8	3.5	3.6	2.5
26	前移吊机 33 节间	15 013	12 026	9 556	13 410	2.5	3.2	3.3	2.4
27	安装 34 节间	15 958	12 824	10 197	14 238	2.4	3.0	3.1	2.2
28	安装 35 节间	17 068	13 762	10 935	15 225	2.2	2.8	2.9	2.1
	纵向风载作用下	17 736	14 365	11 269	15 534	2.2	2.7	2.8	2.0
	桁向风载作用下	17 059	13 756	10 994	15 228	2.2	2.8	2.9	2.1
30	临时系杆张拉	13 059	10 406	7 714	12 248	2.9	3.7	4.1	2.6
标准破断力（每桁）（kN）		38 260		31 540					

施工过程中各扣索的索力变化曲线如图 3-4-35 所示。

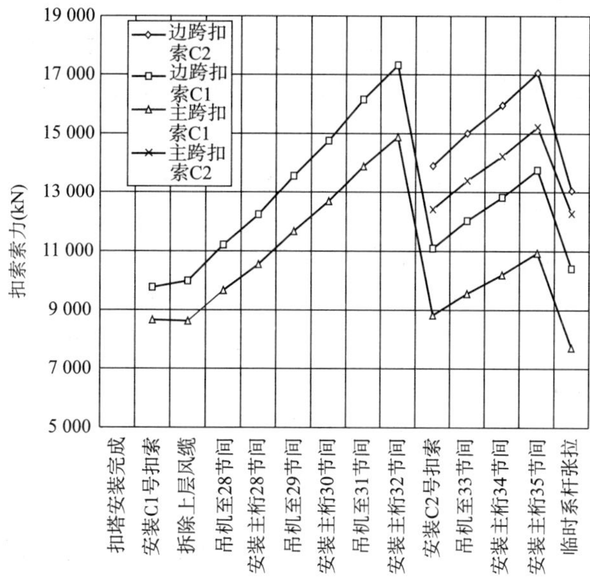

图 3-4-35　扣索索力随安装工况的变化曲线

4.11　桁拱状态调整及线性控制

为满足精确定位中支座，满足桁拱跨中无应力合龙位移调整，满足安装过程中线形调整，施工时在边墩支点、3 号临时墩支点和主墩支点布置钢桁拱纵向、横向、竖向位移及限位系统等调整装置（统称墩顶布置），实现对钢桁拱的调整，从而达到预期位置和线形。

4.11.1　边墩墩顶布置

为实现桁拱跨中无应力合龙，需消除大悬臂安装时向下的挠度及因挠度对悬臂长度的影响，钢梁安装前边墩支点比设计预降 2.3m，同时南边墩支点位置向跨中预偏 65cm。在边墩支点布置钢桁拱纵向、横向、竖向位移及限位系统等调整装置（统称墩顶布置）。

1）设计要求

北边墩支点：纵向位移调整量 ±60cm，竖向位移调整量 +230cm、-20cm，横向位移调整量 ±5cm。

南边墩支点：纵向位移调整量 +200cm、-60cm，竖向位移调整量不小于 +230cm、-20cm，横向位移调整量 ±5cm。

2）构造形式

边墩支点墩顶布置由临时支座、纵横向位移及限位装置、高程调节装置等几部分构成。如图 3-4-36、图 3-4-37 所示。

（1）临时支座

由纵横向分配梁、4mm 不锈钢板、四氟滑板、垫板及临时钢支座等几部分构成。临时钢支座采用 1 500cm × 50cm × 80cm 箱形梁，顶面与钢桁梁边支点加长连接，通过四氟滑板在墩顶纵向分配梁上滑动，需要进行竖向调整时在四氟滑板与临时支座箱梁间垫拆钢板。

（2）纵、横向位移及限位装置

纵向用钢楔块限位，布置 1 台 250t 水平千斤顶，横向限位设在边支点外侧，布置有竖向和纵向两个滑动面，需要做横向移动时可在横向分配梁上安装 1 台 150t 千斤顶。

（3）竖向调整装置

边支点高程调节装置由两台 800t 竖向千斤顶构成，千斤顶一个顶升行程为 20cm，与临时支座循环配合，完成边墩支点竖向调节。

4.11.2 边跨 3 号临时墩墩顶布置

为满足主墩支座与钢桁梁中支点精确定位需要，在边跨 3 号临时墩顶布置纵横双向活动临时支座，临时支座的纵向位移调整量为 30cm，横向位移调整量为 5cm。

临时支座采用钢板焊接，与主桁 E10 节点磨光顶紧后栓接，支座与墩顶分配梁之间布置纵横移和限位装置。纵向安装 2 台 350t 千斤顶作为顶推和限位装置，横向用 1 台 350t 千斤顶作为顶推和限位装置，如图 3-4-38 所示。

4.11.3 主墩墩顶布置

为满足边跨 14 号节间安装、主墩支座与钢桁梁中支点精确连接定位需要，在南北主墩顶布置三向活动临时支座及纵横向限位、顶移装置。

1）设计要求

北主墩墩顶布置：纵向位移调整量不小于 30cm，竖向位移调整量不小于 25cm，横向位移调整量不于 5cm。

南主墩墩顶布置：纵向位移调整量不小于 180cm，竖向位移调整量不小于 25cm，横向位移调整量不于 5cm。

2）构造形式

主墩顶临时支座系统由调平钢板、不锈钢板、四氟滑板、限位框、纵横移及限位装置、高程调节装置等几部分构成，如图 3-4-39、图 3-4-40 所示。

（1）限位框：为钢板焊接箱梁，高 400mm，布置在主墩永久支座周围，北主墩限位框内侧平面尺寸为 4 260mm × 4 220mm，外侧平面尺寸为 6 280mm × 4 920mm，南主墩限位框内侧平面尺寸为 5 911mm × 4 220mm，外侧平面尺寸为 8 111mm × 5 520mm。不锈钢板及四氟滑板

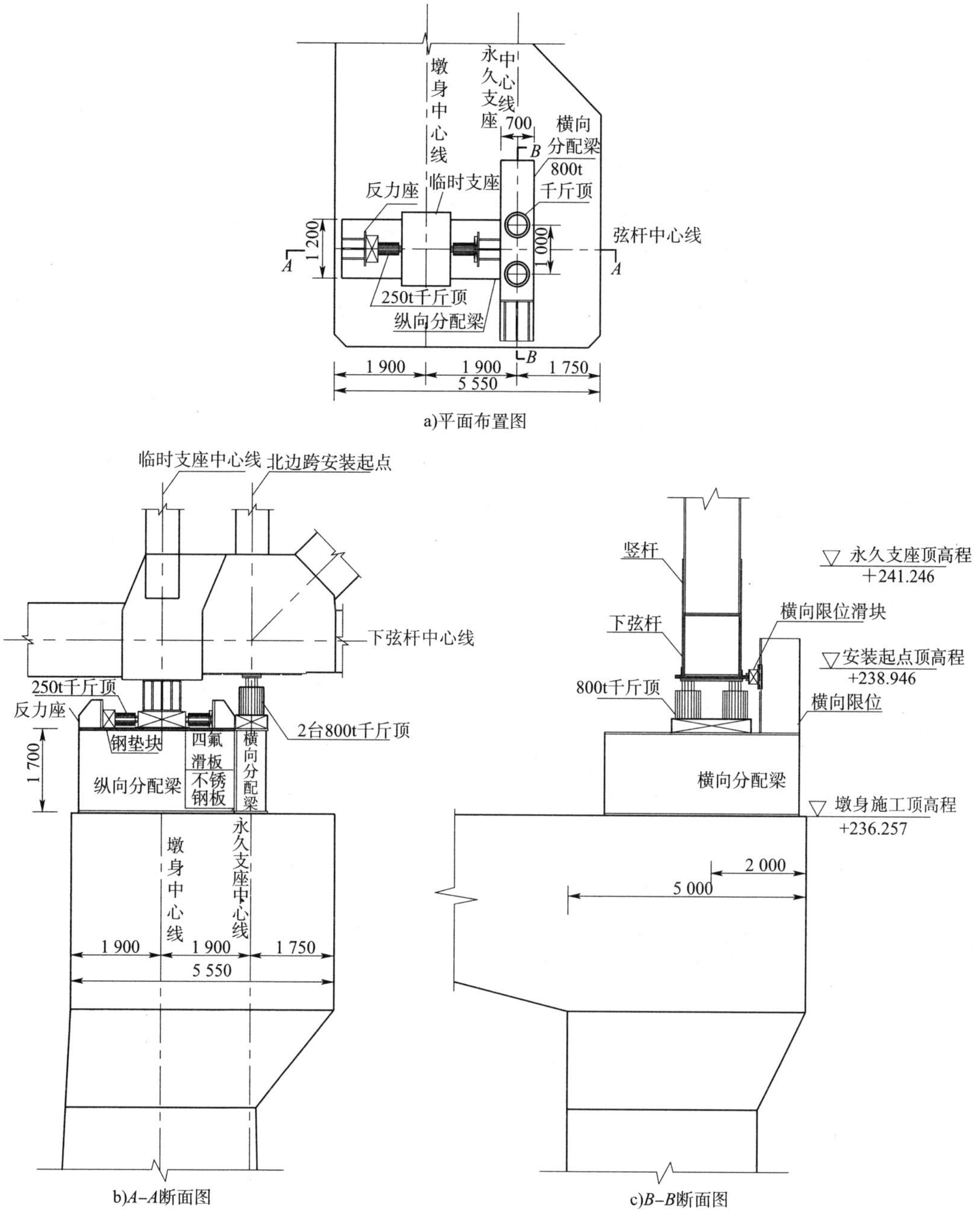

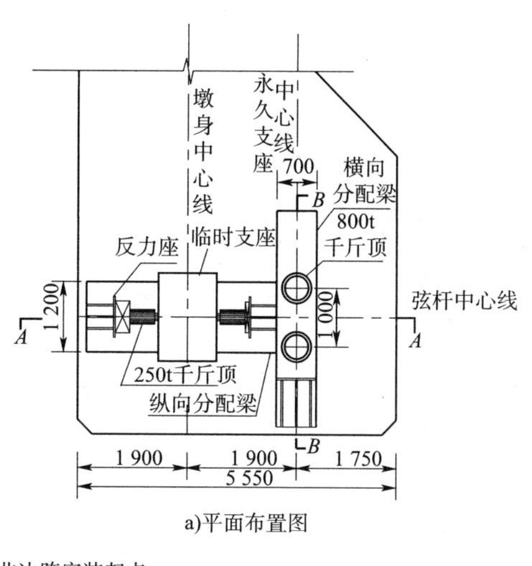

a)平面布置图

b)A–A断面图

c)B–B断面图

图 3-4-36 北边支点墩顶布置(尺寸单位:mm,高程单位:m)

布置在限位框与调平钢板之间、竖向千斤顶作用范围内。

(2)纵横向位移及限位装置

纵横向均用预埋在主墩顶的钢牛腿限位,纵横向各布置 4 台 250t 水平千斤顶,作为位移调整装置。

(3)竖向调整装置

竖向调节装置由 8 台 800t 竖向千斤顶构成,布置在限位框与整体节点之间,千斤顶一个

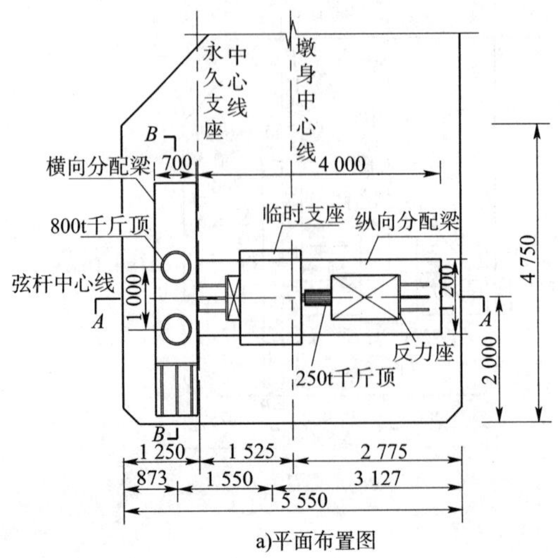

a)平面布置图

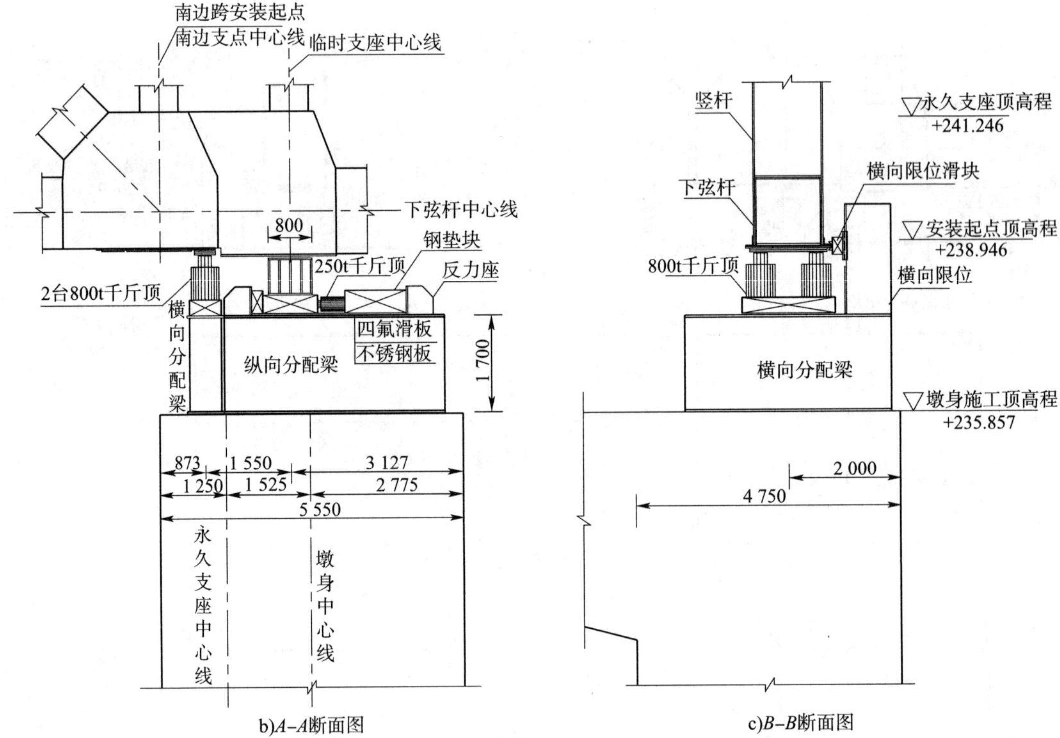

b)A-A断面图　c)B-B断面图

图 3-4-37　南边支点墩顶布置(尺寸单位:mm,高程单位:m)

顶升行程为 20cm,与永久支座循环配合,完成中支点高程调整。

4.11.4　钢桁梁调整

钢桁梁整体调整及中支座定位是本工程施工的重点和难点之一,为既能满足中支点精确定位,完成与中支座的永久连接,又能实现桁拱跨中合龙时整体移动南岸钢桁梁,调整合龙口纵向位移,施工时钢桁梁按照设计无应力跨径(中跨 552m、边跨 190m),将南岸钢梁安装起点向跨中预偏了 65cm。北中支点永久支座和南中支点永久支座滑板均按照设计位置精确安装，同时，将南中支座滑板临时加长 180cm，解除南中支座与滑板之间的约束。

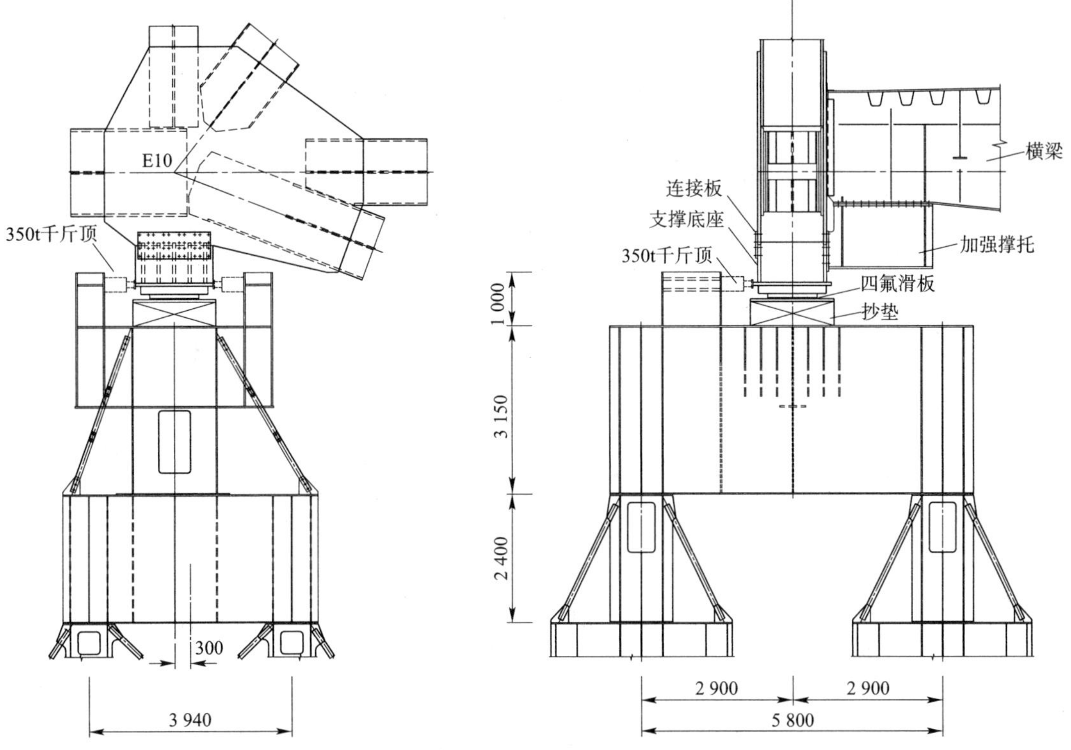

图 3-4-38　3 号临时墩墩顶布置（尺寸单位：mm）

南北边跨安装到中支点时，利用主墩顶布置的竖向千斤顶临时支承，待主桁杆件闭合后，顶升边支点，让钢梁绕 3 号临时墩转动，主墩顶竖向千斤顶带载同步下放，将中支点下放到永久支座上支承，下放过程中进行横向限位，确保中支点横向安装精度满足要求，南中支点下放到支座顶时，纵向移动支座球冠部分，完成与中支点的永久连接。

北中支点下放到支座顶时，纵向往跨中位移了 22cm，需要将边跨钢梁整体纵移，才能完成支座与支点的永久连接。

1）移梁时机

北中跨悬臂安装 4 个节间，高强螺栓 100% 终拧；架梁吊机固定在 18 号节间后，选择在无风、无阳光偏晒的天气条件下进行移梁施工，完成北中支点与中支座的永久连接，如图 3-4-41所示。

2）受力状态

此时钢桁梁处于两跨连续悬臂外伸梁的受力状态，支点反力及主要控制杆件内力见表 3-4-19、表 3-4-20。

北边跨移梁时各支点反力　　表 3-4-19

各墩支座竖向反力（kN）					
P6 墩	7 999.0	北 3 号临时墩	19 443.0	P7 墩	37 917.3

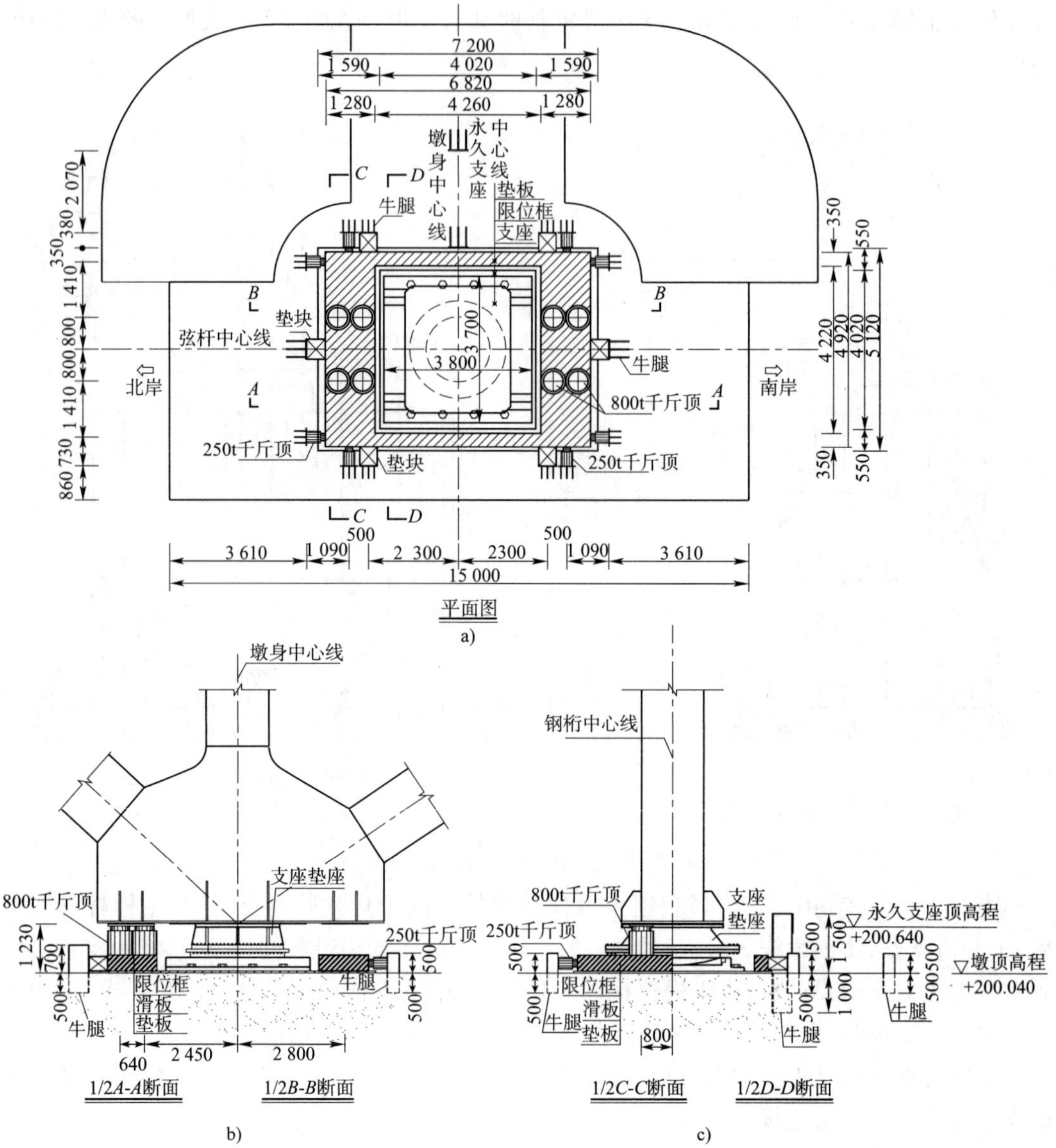

图 3-4-39　北主墩墩顶面布置（尺寸单位：mm；高程单位：m）

北边跨移梁时主桁控制构件内力　　表 3-4-20

单元	轴向（MPa）	弯矩（+y）（MPa）	弯矩（−y）（MPa）	弯矩（+z）（MPa）	弯矩（−z）（MPa）	组合（min/max）（MPa）	轴向+面内弯矩（MPa）
E10-M11	−105.82	7.63	−7.63	70.73	−70.73	−184.18	−176.55
A10-A11	150.42	−19.08	19.08	37.87	−37.87	207.37	188.29

3）钢桁梁调整方法

利用北边墩、主墩和3号临时墩顶布置，将北岸钢梁整体向边北纵移，调整钢梁与中支座之间的纵向误差，先调纵向，后调横向，实现北中支点与永久支座的精确对位。

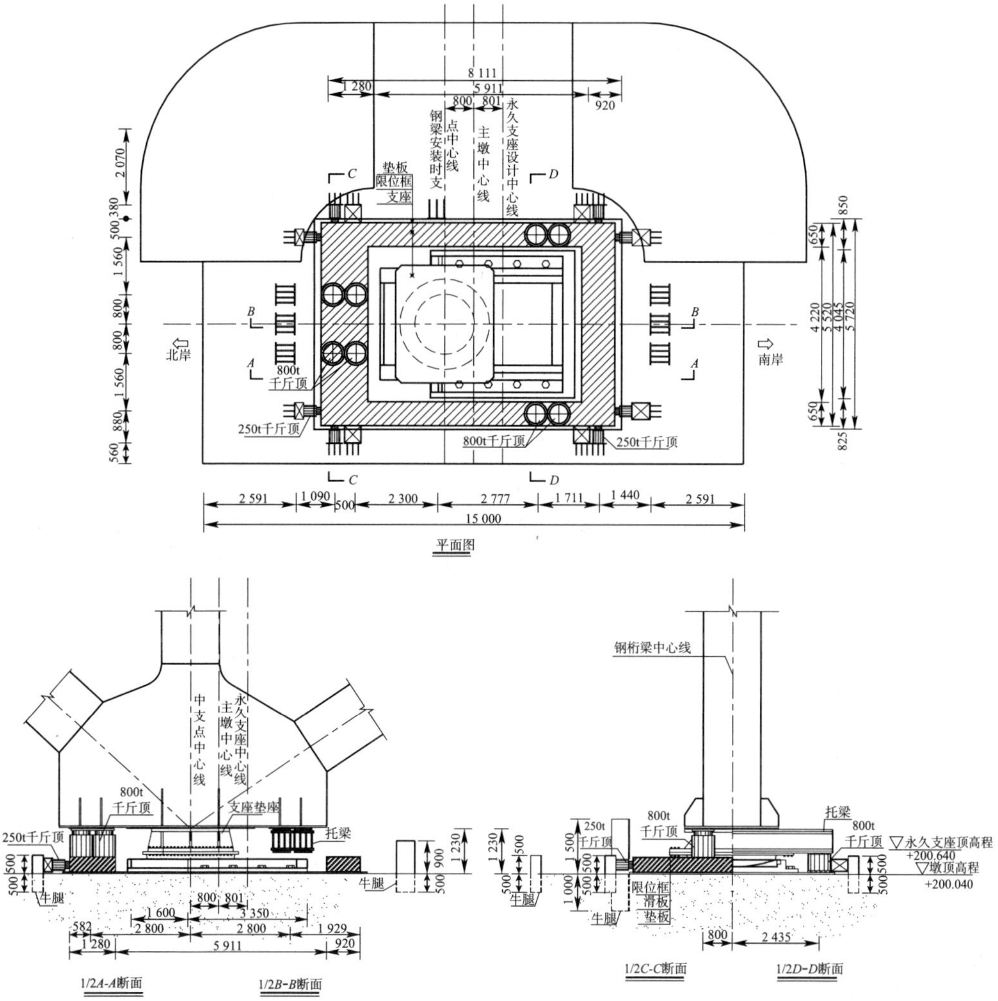

图 3-4-40　南主墩墩顶布置(尺寸单位:mm;高程单位:m)

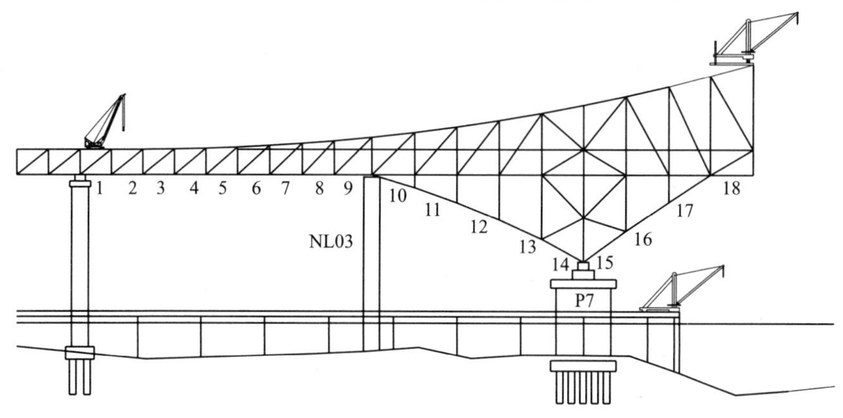

图 3-4-41　北边跨钢桁梁整体调整

4)钢桁梁调整步骤

(1)对三个支点均进行横向限位,横向限位挡块与临时支座之间均布置滑动面,以保证梁体正常滑动，纵向均用千斤顶限位。

(2)用主墩顶竖向千斤顶将中支点顶高1～2cm，让钢梁中支点与支座脱空，中支点荷载完全由墩顶临时支承体系承受。

(3)启动边墩及3号临时墩顶纵向千斤顶，对钢梁施加水平推力，启动主墩顶纵向千斤顶，将钢梁向边跨顶移，每次移动2cm，施顶时严格控制各墩滑动的同步性。

(4)每顶移2cm，对钢梁线形、应力及3号临时墩进行一次观测，确认安全后继续顶移。

(5)纵向顶移到位后，立即用钢垫块对各墩进行纵向限位。

(6)实测钢梁横向偏差，用北主墩顶横向顶移装置微调横向误差，安装中支点与支座连接高强螺栓，并终拧，完成北中支座与钢桁梁的永久连接。

4.11.5 线形控制

1)影响线形因素

钢桁梁整体线形通过墩顶布置来实现，钢桁梁安装局部线形主要靠工厂加工制造精度来保证，重庆朝天门大桥钢桁梁是由业主招标确定的制造单位，主桁构件出厂前均进行了试拼装，检验合格后才发往施工现场，为确保施工线形满足设计要求，重点应控制好如下几个方面：

(1)节点栓孔重合度。

(2)节点板缝。

(3)轴线偏差。

(4)设计拱度。

2)控制措施

(1)栓孔重合度

确保节点栓孔重合度是钢桁梁安装线形控制的重要手段，栓孔重合度主要靠构件预拼及安装时打入定位冲钉的直径和数量来保证，重庆朝天门大桥主结构设计栓孔直径有33mm和26mm两种规格，冲钉直径以32.8mm和25.8mm为主，配备部分直径为32.7mm和25.7mm的冲钉备用，冲钉材质为45号钢，进行表面硬度处理，冲钉周转5次左右后，对其弯曲情况和直径作一次全面的检查，不符合要求的不准使用。

构件预拼和安装时主桁节点按梅花形布置打入60%～70%定位冲钉，连接系打入50%的定位冲钉，确保节点栓孔重合度满足要求，严格控制构件轴线。

(2)板缝控制

构件进场验收时重点检查拼接面表面平整度和飞边、毛刺等突起物。

预拼及安装时均先上15%的工作螺栓，并一般拧紧，初步消除板缝，防止出现扭转现象。

重庆朝天门大桥钢结构高强螺栓施拧分为初拧和终拧两步进行，施拧顺序为从节点中心向四周辐射进行，节点板缝主要靠高强螺栓初拧消除，初拧时分批次将冲钉置换成高强螺栓，每次置换5颗，初拧扭矩为终拧扭矩的50%，初拧完成后立即检查板缝是否符合要求，对板缝不符合要求的应进行复拧。

从重庆朝天门大桥施工全过程来看，除个别节点由于板厚过大、制造精度较差或孔边距过大，初拧完成后局部板缝超标外，板缝控制总体情况良好，局部超标位置经复拧处理后均能满足设计要求。

(3)轴线偏差

引起钢桁梁轴线偏差的因素有支点高差及平面位置、构件安装顺序、不平衡荷载、节点板扭转、阳光偏晒引起的旁弯等。

本工程施工时所有支点高差和平面位置误差均控制在2mm以内，对于施工过程中出现的个别超标现象均及时进行了纠正。

除1号、2号节间在膺架上安装外，其余节间均采用悬臂对称安装，防止由于上下游拱肋自重不平衡导致拱肋扭转，造成误差积累。

拱上所有临时荷载均严格控制其对称性，扣索及临时系杆上下游两桁索力不均匀性均控制在3%以内。

节点板扭转往往是由于构件预拼时冲钉数量不足或者高强螺栓初拧时节点板缝不均匀造成的，故预拼时必须打足冲钉，且应严格控制高强螺栓初拧顺序。

阳光偏晒引起的旁弯容易造成拱肋轴线安装误差积累，施工时一个节间安装完成，下一个节间前，应选择凌晨无阳光偏晒的天气条件，对安装轴线进行复测和放样，并定期对全桥轴线进行联测。

(4)设计拱度

设计拱度主要靠采取悬臂安装和在节点上打入足够数量的直径符合要求的定位冲钉来保证，边跨安装期间，除1号、2号节间在膺架上安装外，其余节间均悬臂安装，当构件安装到临时墩顶时，需待桁拱构件闭合，节点高强螺栓全部终拧，形成稳定的受力结构后才能完成与临时墩支点之间的抄垫，中跨刚性系杆安装时，吊杆按设计应力长度一次调整到位，控制中跨桥面系设计拱度。

第 5 章　中跨刚性系杆架设及控制

5.1　中跨刚性系杆架设施工设计

主桥中跨刚性系杆从两侧向跨中对称安装，实现跨中合龙，之后再进行永久体外预应力系杆安装。

当钢桁拱合龙，解除南主墩支座顺桥向限位装置。在 E17 节点安装临时系杆，提前形成系杆拱。刚性系杆从两侧 E22 节点向跨中对称安装，实现跨中合龙，之后再进行永久体外预应力系杆安装。构件从长江航道运输，通过设置的临时码头进入北岸预拼场预拼成吊装单元，船运至安装部位下方水域采用桥面吊机起吊拼装。安装至跨中合龙时，通过调整临时系杆索力或强迫南中支点位移的方式，合龙口纵向位移，通过调整合龙口附近吊杆长度的方式，调整合龙口转角，实现刚性系杆跨中无应力合龙。临时系杆系统如图 3-5-1 所示。

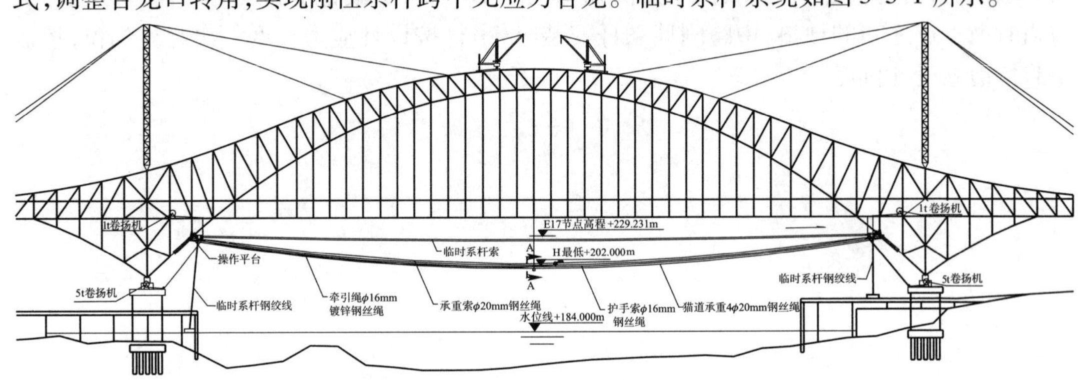

图 3-5-1　临时系杆系统总体布置图

中跨刚性系杆所有高强螺栓终拧完毕后，放松临时系杆、拆除扣索、拆除边跨所有压载和将边支点顶升到设计高程，完成从施工临时受力状态向主结构受力体系转换。

5.2　临时系杆索设计、安装及索力控制

中跨桁拱主桁合龙后在主桁加劲腿下弦 E17 节点安装临时系杆，初张拉后，提前形成系杆拱受力体系，为中跨刚性系杆跨中无应力合龙创造条件。

5.2.1　临时系杆索设计

1）安装时机

临时系杆索设计基于以下状态：除北中支座为固定支座外，其余各支座均为纵向活动支

座;中跨理论跨径为553.094m;南北边支点相对于设计理论高程下降450mm;为保持此下降量,须在南北边跨压载10 000kN/桁。

2)设计条件

按照实现刚性系杆跨中无应力合龙控制设计,考虑锚点位移和系杆索非线性下挠等因素影响,按几何非线性分析,临时系杆索单桁最大索力不超过45 000kN。

3)结构形式

临时系杆系统由E17节点钢锚箱、锚头、系杆索三部分组成。

锚箱采用Q345C钢板加工制作,与主桁E17节点板用高强螺栓摩擦连接。安装时构件摩擦面抗滑移系数不小于0.45,如图3-5-2所示。

系杆索采用$\phi^{S}15.24$高强低松弛钢绞线束,极限抗拉强度1 860MPa,每桁设360根钢绞线,分8组锚固,每组45根,设计控制拉力为45 000kN/桁,安全系数大于2.0。

锚具采用OVM15－45型锚具,配防松装置、锚板、支撑筒、连接筒、密封装置、减振筒、减振器、索夹等构成,如图3-5-3所示。

为满足临时系杆架设及拆除施工需要,需在系杆下方布置猫道和过江牵引系统。

5.2.2 临时系杆索安装

临时系杆由猫道和过江牵引系统架设,架设系统由操作平台、牵引索、承重索、牵引小车、牵引卷扬机等部分构成。

1)操作平台

施工时在每个锚箱左右侧各安装一个操作平台,单个操作平台长10.0m,宽2.0m,设计承载能力为1 00kN,平台前端用吊杆悬挂在主桁中弦杆上,后端用钢抱箍与E16-E17下弦杆铰接。

2)牵引索

过江牵引索为每桁1根ϕ16mm镀锌钢丝绳,南北主墩上下游各布置1台5t卷扬机作为牵引设备。如图3-5-4所示,牵引索在主墩顶和系杆锚箱下方设有转向装置,设计垂度22m。

牵引索利用南北主桁上弦牵引过江,主桁合龙后,从A34节点开始至A20节点,在主桁上弦节点架梁吊机行走拉板外侧各安装一个1t的开口滑车。

利用架梁吊机将牵引索提升至主桁上弦拱顶,牵引绳经主桁上弦各节点开口滑车,沿上弦杆外侧人工下放至系杆锚箱处,经过转向滑后与主墩处卷扬机相连接。

用架梁吊机副钩兜吊牵引钢丝绳,逐个解除主桁节点外侧开口滑车,从拱顶缓慢下放。南北主墩5t卷扬机同步收紧钢丝绳,当垂度达到22m时,架梁吊机脱钩。

牵引索架设施工步骤如图3-5-5所示。

步骤一[图3-5-5a)]:

(1)主拱合龙后解除南主墩支座纵向限位,拆除边跨临时节间及配重,将边支点顶高程调整至－0.45m。

(2)安装操作平台、牵引卷扬机,开始架设牵引索。

(3)从拱顶人工下放牵引索与两侧主墩顶卷扬机连接。

步骤二[图3-5-5b)]:

(1)将牵引索中部挂在架梁吊机副钩上。

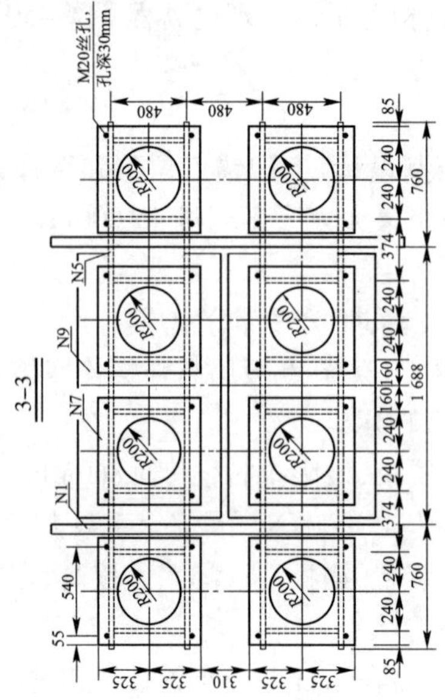

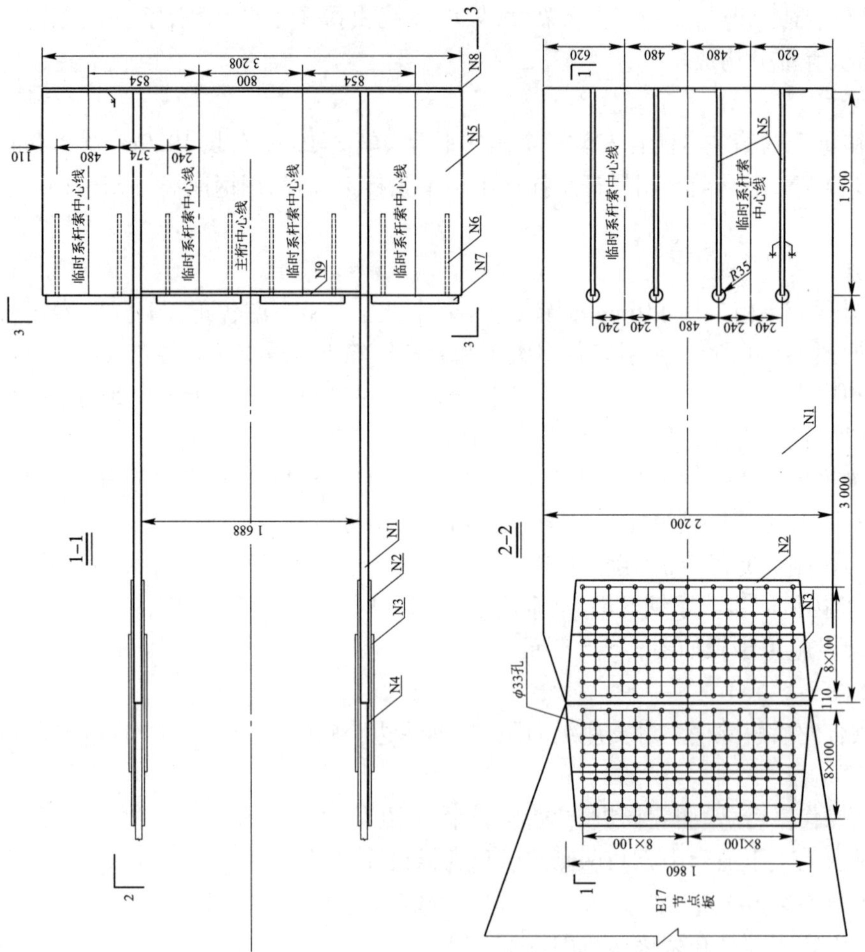

图3-5-2　临时系杆锚箱构造图(尺寸单位:mm)

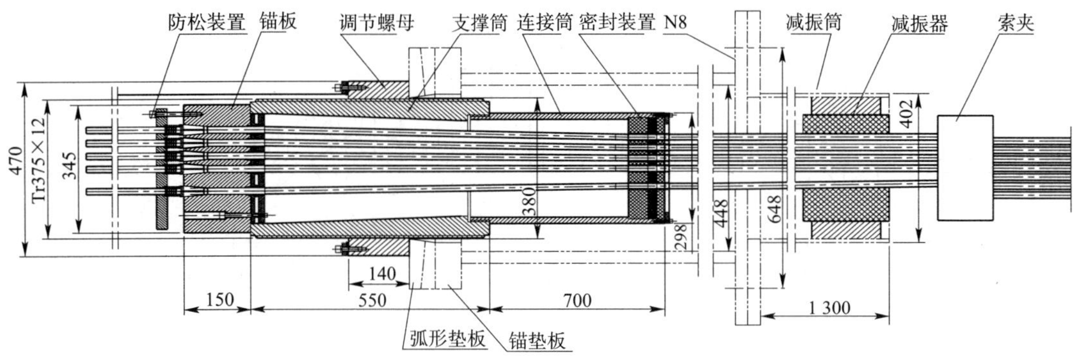

图 3-5-3 锚具结构形式(尺寸单位:mm)

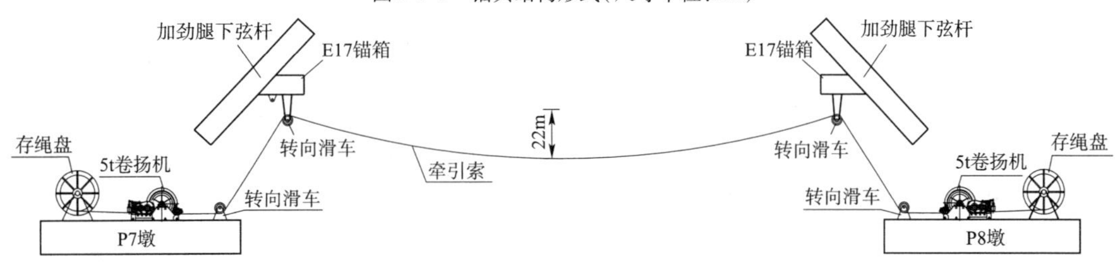

图 3-5-4 牵引系统示意图

(2)用架梁吊机下放牵引索,主墩顶卷扬机同步收紧。

步骤三[图 3-5-5c)]:

(1)继续下放牵引索至跨中垂度小于 24m 时,架梁吊机脱钩。

(2)将牵引索跨中垂度调整到 22m,完成牵引索架设。

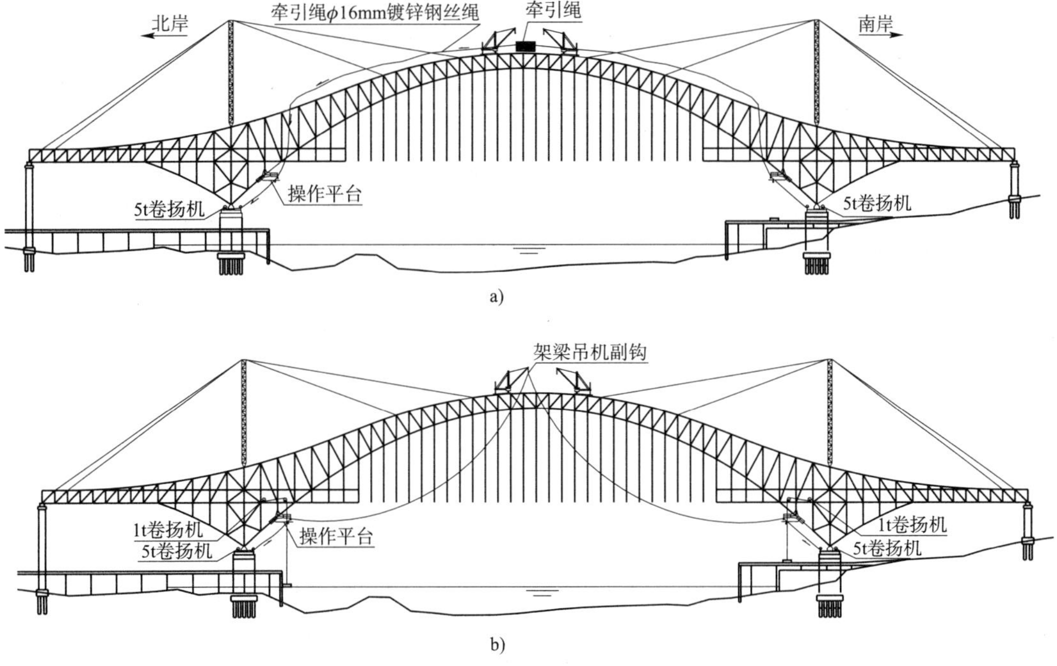

图 3-5-5

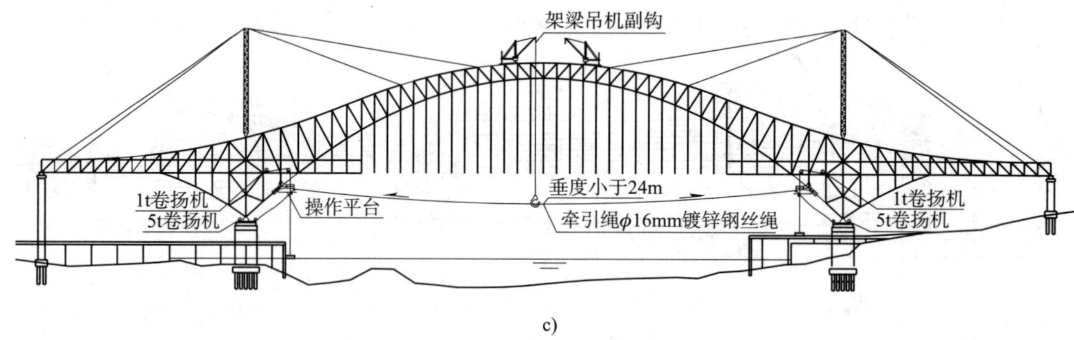

c)

图 3-5-5　牵引索架设施工步骤图

3）猫道安装

猫道系统由猫道承重索、护栏索、道板、锚固系统构成。猫道宽 90cm，每桁采用 4 根 ϕ20mm 钢丝绳，两端用抱箍锚固在主桁 E16-E17 下弦杆上，每两根之间中心间距为 30cm。护栏索每桁采用 2 根 ϕ16mm 钢丝绳，锚固在 E17 节点下放操作平台上，设计垂度均为 22m。猫道系统布置示意见图 3-5-6。

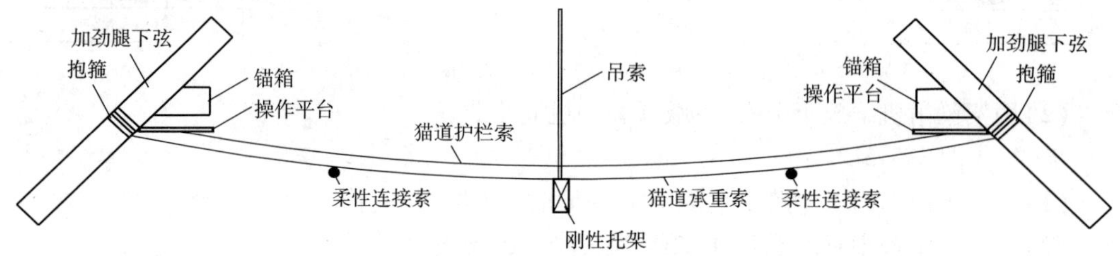

图 3-5-6　猫道系统布置示意图

临时系杆过江牵引承重索及猫道索均用牵引索牵引过江，过江时为控制其垂度，每隔 30m 用 ϕ12mm 钢丝绳将承重索挂在牵引索上，牵引到对岸后先锚固一端，另一端通过手拉葫芦调整垂度后锚固。承重索安装示意见图 3-5-7。

猫道承重索调节锚固安装好后，装人行道板，猫道人行道板采用 ϕ4mm 钢丝网铺设，每隔 40cm 加设一根 50mm × 50mm 方木，每 12 ~ 15m 加设一根[10 槽钢作为骨架，每 12 ~ 15m 用 ϕ12mm 钢丝绳将护栏索与猫道串连，人行道板从两侧向跨中铺设。

为保证猫道系统的抗风稳定性，在上下游两桁猫道跨中，设置一道刚性托架，同时在两侧 1/3 跨各用一根 ϕ20mm 的钢丝绳设置两道软连接，将上下游猫道横向串连。

刚性支撑由 2 桁贝雷桁梁组成，宽 1.5m，长 30m，用 ϕ20mm 的钢丝绳悬挂在主桁 E36 横向支撑杆件上，其上铺设人行走道。

4）临时系杆索架设

临时系杆钢绞线索架设施工步骤如下：

（1）临时系杆钢绞线按设计长度单根下料、墩头、单根绕盘后运输至现场。

（2）利用牵引索牵引，在猫道上拖拽过江，每次牵引 4 根钢绞线。

（3）施工时将已经墩头好的 4 根钢绞线索盘放在临时系杆锚箱下方放索架上，用布置在下层桥面板 M17 节点处的 1t 卷扬机从驳船上（北岸）或栈桥上（南岸）提升，与牵引绳连接，牵引过江。

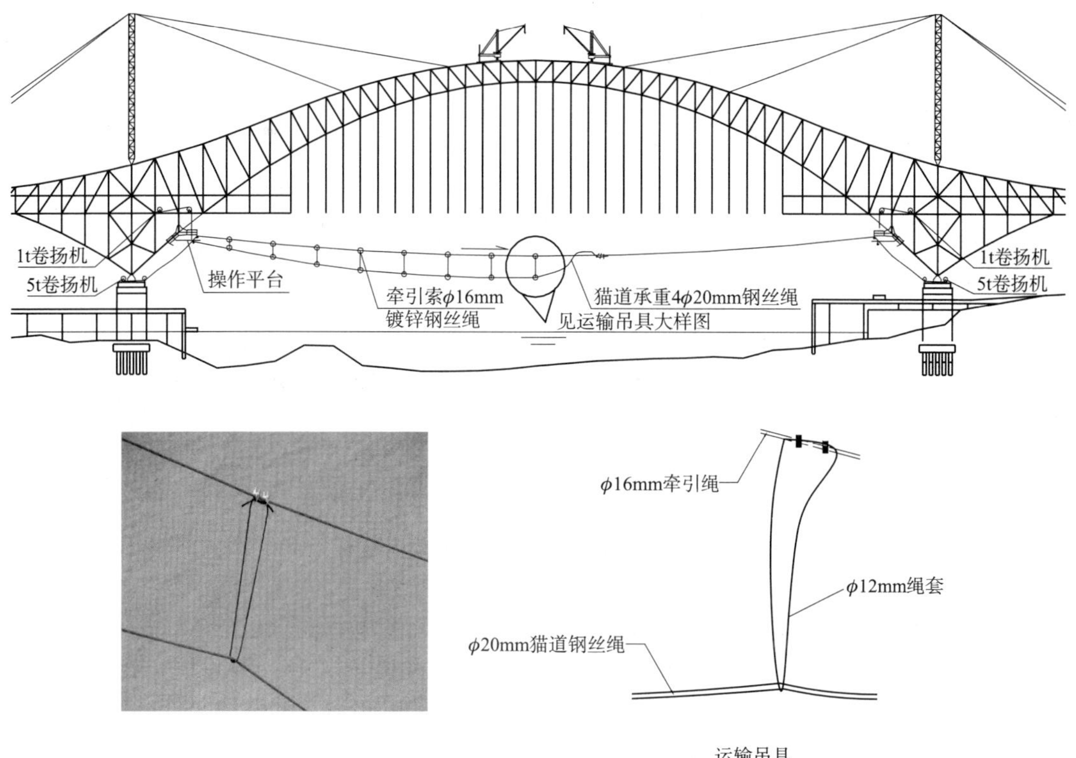

图3-5-7 承重索安装示意图

(4)南北往复牵引,按照先下后上的顺序架设完成所有的360根钢绞线索。

(5)架设时应在南北锚具及钢绞线两端对应编号,每架设一根用25t张拉千斤顶调整索长和垂度后锚固,架设时跨中垂度控制在12~15m以内,防止相互缠绕。

5)张拉

临时系杆采取与扣索相似的分组同步对称单端张拉的施工工艺,单桁360根钢绞线分成90轮张拉,每轮每桁张拉4根,南岸侧为锚固端,北岸侧为张拉端,从上层锚头顶部的第一排钢绞线开始,由上到下进行张拉。

每个锚固点上层锚箱的第一根钢绞线作为基准索,上下游各设4根基准索,安装传感器,按基准索计算张拉力值同步对称张拉到位,确保上下游两桁索力一致,作为临时系杆张拉控制基准,挂索过程中基准索的索力和索长不做调整。

6)张拉力控制

单根钢绞线张拉锚固按索力控制,同束索内每根钢绞线索力均匀性按不大于±2.5%控制,每束索之间索力均匀性按不大于±1.5%控制。

单根钢绞线张拉锚固力以基准索实测索力为依据,用理论计算值校核。

5.2.3 临时系杆索索力控制

1)施工分析

(1)临时系杆索施工分析初张拉力以监控指令为依据,主要参数见表3-5-1。

(2)临时系杆索安装施工工况见表3-5-2。

临时系杆索监控指令主要参数表　　表 3-5-1

	规格（每桁）	初张拉控制力（kN）	设计控制索力（kN）	索标准破断力（kN）	安全系数
临时系杆索	8 束 45ϕ^S15.24mm 共 360 根	24 882	45 000	93 740	2.1

临时系杆索安装工况描述表　　表 3-5-2

施工步骤	工况描述	边界条件
1	主跨无应力合龙	
2	调整边支点顶高程至 -0.45m	注 1
3	拆除临时节间及其配重	每侧边跨拆除配重 10 500kN/桁
4	临时系杆张拉至 15 475kN	
5	南北岸减配重 3 000kN，安装 M16-E17 斜杆	
6	临时系杆张拉至 24 882kN	

注：表中工况 2 的边界条件：南北岸边支点竖向相对设计高程均调整为 -0.45m，中跨实测跨径 552.946m。

2）张拉过程控制

临时系杆索采用单根、单端、上下游同步对称张拉。张拉时每桁每桁均布置 4 台 25t 千斤顶，每束索的第一根钢绞线锚固端均布置一个压力传感器作为单根张拉基准索，张拉时对无应力长度及钢绞线力进行双控。

根据现场情况，实际张拉步骤如下：

①每桁 360 根钢绞线均牵引至张拉端，初始锚固力为 20kN。

②单根对称张拉临时系杆索至总索力 15 475kN/桁。

③安装 M16-E17 临时斜杆，减少边跨压重 3 000kN/桁。

④继续单根对称张拉临时系杆索至总索力 24 882kN/桁。

（1）无应力长度计算

临时系杆索采用 ϕ^S15.24mm 高强低松弛钢绞线束，极限抗拉强度 1 860MPa，每桁设 360 根钢绞线分 8 组锚固，每组 45 根，锚具采用 OVM15 -45 型锚具，采用锚箱与主桁 E17 节点板相连。

①边支点高程调整至 -0.45m 后，中跨实测跨径为 552.946m。

②E17 之间的实际长度为：475.714m。

③临时系杆索张拉端工作长度为 2.0m 和锚固端长度为 1.0m。

④南主墩支座摩擦力按每桁 2 500kN 计算。

各工况下中跨计算跨径及临时系杆锚点之间的间距见表 3-5-3。

中跨计算跨径及临时系杆锚点之间的间距　　表 3-5-3

工况		中跨跨径（m）	系杆锚点间距（m）
1	边支点顶升至 -0.45m，拆除部分配重	552.946	475.714
2	安装临时系杆，张拉到 1 547kN/桁	551.839	574.754
3	边跨压重减至 10 000kN/桁，安装 M16-E17 斜杆	551.843	474.757
4	张拉系杆至 24 880kN/桁	551.143	574.168

临时系杆张拉后的几何参数见表3-5-4。

临时系杆索张拉后几何参数　　表3-5-4

	影响因素	每桁规格 ϕ^S15.24mm	单桁总拉力(kN)	悬链线夹角修正(°)	跨中垂度(m)	锚点间直线弦长(m)	锚点间悬链线长(l)
临时系杆	不计摩擦力	8束45根	24 882	2.240	4.637	474.168	474.289
	计2 500kN摩擦力	8束45根	27 382	2.036	4.213	474.168	474.268

临时系杆索无应力索长见表3-5-5。

临时系杆索无应力长度(m)　　表3-5-5

每桁索重力(kN)	影响因素	单桁总拉力(kN)	锚点间悬链线长(1)	弹性伸长量(2)	锚点间无应力长度L_0 (1)-(2)	工作长度(3)	总长度(1)-(2)+(3)(m)
1 945.6	不计摩阻力	24 882.0	474.289	1.176	473.113	3.0	476.113
	摩阻力2 500kN	27 382.0	474.268	1.283	472.985	3.0	475.985

(2)临时系杆索索力变化

根据现场情况，临时系杆索每桁360根钢绞线均挂设完成后，单根钢绞线锚固力约20kN。张拉过程中由于结构的变形，单根钢绞线的内力在不断变化，以一根钢绞线受力估算(长度为475m，质量为0.54t)，其索力随锚固点位移的变化情况见表3-5-6。

单根钢绞线挂设时的锚固力随锚点位移的变化情况　　表3-5-6

锚固端位移(cm)	跨中垂度(m)	钢绞线内力(kN)	锚固端位移(cm)	跨中垂度(m)	钢绞线内力(kN)
0	17.70	20.0	150	23.88	13.4
50	20.00	16.1	200	25.48	12.5
100	22.00	14.7			

每根钢绞线挂设时的锚固力约为20kN，全部挂完后临时系杆索的合力为7 200kN/桁，南主墩位移约为40cm。张拉至24 880kN，主墩位移为1.8m，钢绞线挂设时的锚固索力最小变为12kN。为了简化计算，取在张拉过程临时系杆钢绞线挂设时的锚固力平均为15kN。

(3)临时系杆索索力控制

各工况下临时系杆的张拉根数及相应的总索力值见表3-5-7，临时系杆索第一根钢绞线张拉控制值见表3-5-8。张拉过程中单根钢绞线索力及总索力变化曲线如图3-5-8、图3-5-9所示。

临时系杆索张拉过程描述表　　表3-5-7

编　　号	张拉根数	钢绞线张拉根数	本阶段钢绞线合力(kN)
1	临时系杆张拉至15 475kN	张拉完成120根	15 457
2	南北岸减配重3 000kN，安装临时杆M16-E17	张拉完成120根	15 457
3	临时系杆张拉至24 882kN	张拉完成360根	25 125

临时系杆索第一根钢绞线张拉控制力　　表 3-5-8

	规　　格	每桁张拉力 (kN)	单根设计张拉控制力 (kN)	第一根钢绞线张拉力 (kN)
临时系杆索	$8\times45\phi^{S}15.24$mm	25 125	69.8	129.7

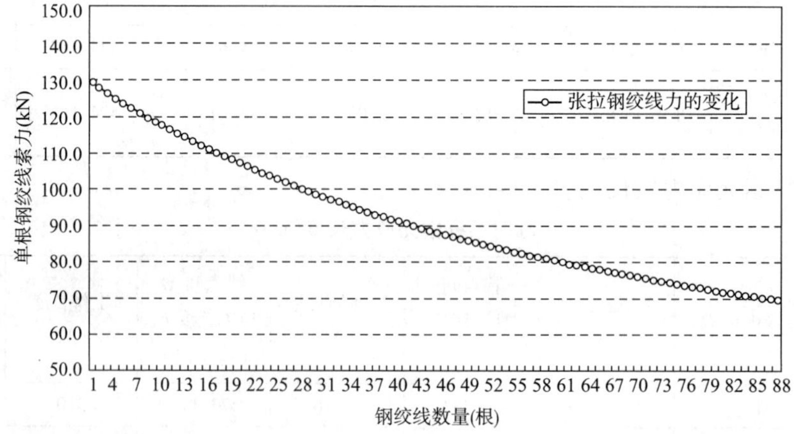

图 3-5-8　张拉过程中单根钢绞线索力变化曲线

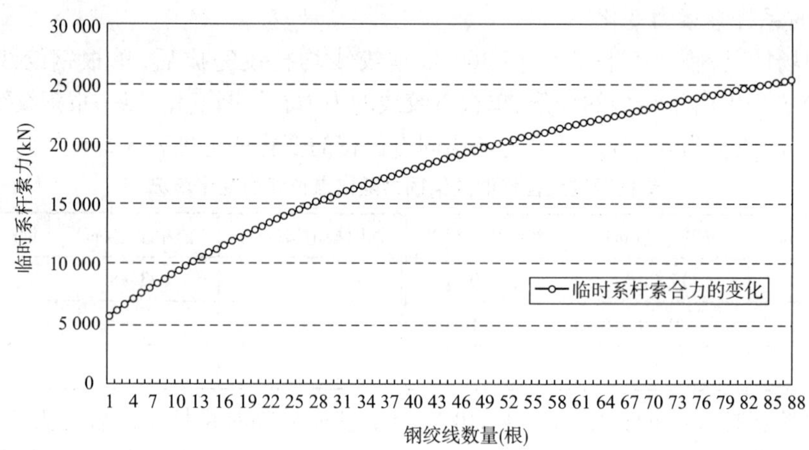

图 3-5-9　临时系杆张拉过程中总索力变化曲线

5.3　刚性系杆安装与合龙控制

5.3.1　合龙条件

中跨刚性系杆安装前,通过初张拉临时系杆,中跨桁拱已经形成系杆拱受力体系,刚性系杆安装到跨中后,可以通过调整临时系杆索力或强迫南中支点位移的方式,合龙口纵向位移,通过调整合龙口附近吊杆长度的方式,调整合龙口转角,实现刚性系杆跨中无应力合龙。

5.3.2　合龙步骤

根据轻轨纵梁伸缩缝布置,刚性系杆在北 C35M35 节点合龙。合龙施工步骤如下:

(1)吊装合龙段下系杆,保持前端悬臂。

(2)吊装合龙段上系杆,保持前端悬臂。

(3)安装钢吊杆,完成上系杆与柔性吊杆之间的连接。

(4)安装下层桥面平联。

(5)安装轨道纵梁。

(6)安装下横梁,安装上横梁。

(7)实测刚性系杆合龙口偏差,升降边支点调整合龙口转角,张拉临时系杆调整合龙口纵向偏差,合龙上系杆。

(8)借助边支点高程调整合龙下系杆和轻轨纵梁。

5.3.3　实际合龙情况

刚性系杆合龙前各项实测指标见表3-5-9。

刚性系杆合龙前实测指标　　表3-5-9

支点位移(mm)			
节点	δ_x	δ_z	
北E1	19	-406	
北E15	0	0	
南E1	65	-663	
南E15	71	0	
中跨跨径(m)		552.07	
临时系杆拉力(kN/桁)		38 464.4	
扣索索力(kN/桁)			
边跨外索	中跨外索	边跨内索	中跨内索
9 861.4	9 196.8	8 772.4	6 608.5

合龙口纵向偏大50mm,需要调整中跨跨径,调整方式有如下两种:

(1)张拉临时系杆到42 000kN/桁,上下游两桁临时系杆钢绞线共计720根,采用单根张拉调整的方式,4台千斤顶,大约需要36h才能全部调整到位,调整时间较长。

(2)在南主墩上施加一个约5 000kN/桁的水平力,纵向顶移南中支座,满足刚性系杆跨中合龙需要。

桁拱安装期间南主墩上已经布置了纵向顶移装置,可以布置纵向顶移千斤顶,调整中跨跨径,在刚性系杆合龙过程中对南主墩中支座进行临时锁定,锁定措施待刚性系杆所有高强螺栓全部终拧后解除,经监控单位计算分析,南主墩锁定期间,体系升降温按20℃计算,桁拱及南主墩结构受力均能满足要求,可以采取顶移南主墩的方式合龙刚性系杆。

2008年4月18日对南中支座进行了顶移和锁定,19日通过打入锥形冲钉的方式顺利实现了上下层刚性系杆跨中合龙,合龙时各项实测指标见表3-5-10。

由于临时系杆张拉时未考虑南主墩支座摩阻力的影响,刚性系杆合龙时,临时系杆索力为38 500kN,索力偏小,刚性系杆合龙口存在50mm的纵向偏差,施工时选择了在南中支点施加5 000kN水平推力,不调整临时系杆索力的方案,顺利实现了刚性系杆跨中无应力合龙。

刚性系杆合龙时各项实测参数 表 3-5-10

支点位移(mm)			
节点	δ_x	δ_z	
北 E1	-5	-406	
北 E15	0	0	
南 E1	-17	-663	
南 E15	-7	0	
中跨跨径(m)		551.993	
临时系杆拉力(kN/桁)		37 664.4	
南中支座水平顶力(kN/桁)		5 000	
扣索索力(kN/桁)			
边跨外索	中跨外索	边跨内索	中跨内索
9 861.4	9 196.8	8 772.4	6 608.5

第6章 钢桥面板安装与控制

6.1 桥面系安装工艺

6.1.1 桥面系的结构

上下桥面均采用正交异性钢桥面板,钢面板厚16mm,采用U形闭口肋,沿纵桥向设置横隔板,其间距不大于3m,沿横桥向布置6道纵梁,在主桁节点处设置一道横梁。下层桥面两侧采用正交异性钢桥面板,桥面板板厚16mm,采用U形闭口肋,纵桥向设置横隔板,其间距不大于3m,横桥向每侧布置2道纵梁,在主桁节点处设置一道横梁;下层桥面中间采用纵、横梁体系,其横梁与两侧钢桥面板横梁共为一体,共设置两组轻轨纵梁,其中心间距为4.2m,每组轻轨纵梁由2片纵梁组成,2片纵梁通过平联和横联连为一体,纵梁端部通过鱼形板和连接角钢与横梁连接,轻轨纵梁上设置木质桥枕和60kg/m钢轨,作为城市轻轨交通走行轨道。上层桥面在主桁节点外侧设置人行道托架,上置Ⅱ形正交异性钢人行道板。为了方便吊装和运输上层桥面两主桁之间横向分为4块桥面板,每个节段上桥面板4块,下层桥面系中间为轻轨纵梁,两侧为各一块桥面板,下桥面板每个节段为2块。

6.1.2 桥面系的吊装设备

边跨桥面系、主跨靠近主墩7个节段桥面系和主桁结构同时安装,则桥面系安装设备采用主桁拱安装同样的吊装设备——拱上架梁吊机;主跨剩余节段桥面系由于主桁拱合龙后进行安装,拱桥吊机无法后退,则必须采用其余设备吊装。所以设计了桥面上走行桥面吊机,主要进行桥面系安装。桥面吊机参数设置主要根据中跨桥面板构件的重量和安装工况进行设计,见前面章节吊机的详细介绍。

6.1.3 桥面板的安装

边跨桥面系安装在主桁和桥面横梁安装完成后,先进行下桥面平联安装、轻轨纵梁安装,再进行下桥面板安装。1号、2号节段桥面板为了保证上下层桥面的压载吊装原因,上层桥面板不能安装,待压载拆除后才进行安装。其余节段主桁高强螺栓施拧完成后,才进行桥面系螺栓施拧工作。

中跨靠主墩7个节段桥面板安装,主要桥面与主桁拱施工高度限制,桥面吊机无法吊装,此部分桥面系与边跨桥面板一致,采用拱上吊机安装。为减小主桁与桥面系的共同作用影响,中跨钢桥面板和轻轨纵梁安装后,与横梁间先采用临时连接,待全桥主体结构安装完成(主桁变形完成)后,再进行桥面系的正式连接。

中跨其余节段桥面板采用专用桥面吊机安装,主拱合龙后,桥面吊机通过步履架在上层桥面行走,按照从下到上的顺序安装中跨系杆。施工步骤及要点如下:

(1)吊装下系杆,保持前端悬臂。吊装上下层刚系吊杆,完成与下系杆之间的连接。

(2)吊装轻轨纵梁,保持前端悬臂。吊装下横梁,完成轻轨纵梁与下横梁之间的连接。

(3)安装下层桥面平联。

(4)安装上系杆和上横梁。

(5)一个节间安装结束,高强螺栓100%终拧后,桥面吊机前移安装下一个节间至中跨,将临时系杆索力调整到44 825kN,准备系杆中跨合龙。

(6)中跨系杆安装时应严格按设计线形调整吊杆长度,保持桥面安装拱度。

(7)上下层系杆采取跨中无应力状况下合龙。

(8)合龙后,两台桥面吊机行走至北岸一台作为提升设备,一台作为安装设备,桥面板从一侧向另一侧安装。将上下层桥面构件从栈桥上提升到上层桥面,通过运输轨道运输到安装位置,吊机站位及运输轨道布置如图3-6-1所示,桥面吊机通过步履架在上层桥面行走,按照从下到上的顺序安装桥面板。安装时与横梁之间只做临时连接,完成现场拼焊后再将面板与横梁永久连接。

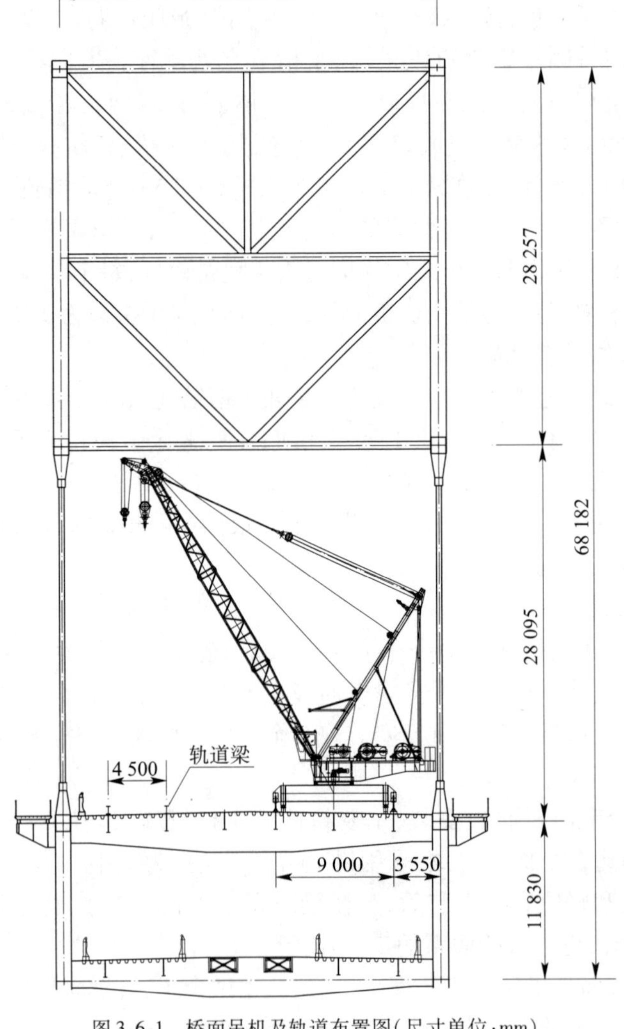

图3-6-1　桥面吊机及轨道布置图(尺寸单位:mm)

6.2　钢桥面板焊接及变形控制

6.2.1　概述

重庆朝天门长江大桥主桥为190m + 552m + 190m 三跨连续钢桁系杆拱桥，钢梁全长934.1m，主桥全宽36.5m，桁宽29m。上层桥面为双向六车道和两侧人行道，下层为双线城市轨道交通和双向两车道。全桥采用变节间布置，分为12m、14m、16m共3种节间形式。

如图3-6-2所示，桥面系上层桥面采用正交异性钢桥面板，Q345qD钢，板厚16mm，采用U形闭口肋。纵向设置横隔板，横向布置6道纵梁；下层桥面两侧采用正交异性钢桥面板，板厚16mm，采用U形闭口肋。纵向设置横隔板，横向每侧布置2道纵梁；下层桥面中央采用纵、横梁体系，设置2组轻轨纵梁。

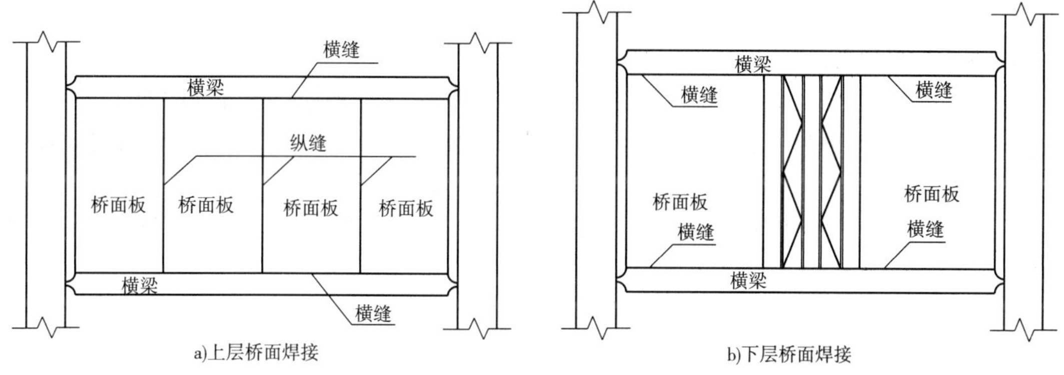

图　3-6-2

6.2.2　钢桥面板焊接方案

1)现场焊接施工内容

(1)桥面板与桥面系横梁、上桥面左右幅桥面板接口对接错台调整。

(2)桥面板接口焊接。

(3)U形肋嵌补段的拼装、焊接。

2)施工流程

桥面板吊装到位后，首先进行接口对接错台调整，采用马板和火焰矫正相结合的方法进行局部调整，然后用马板进行焊接定位。上桥面系焊接时首先施焊桥面板之间的纵向对接焊缝，然后施焊桥面板与横梁的对接焊缝。桥面板对接焊缝焊接完成后，将U形肋嵌补段组装在对应的位置，然后进行焊接。焊接时先焊U形肋间的对接焊缝，再焊U形肋与桥面板之间的焊缝，完成桥位焊接作业。

3)施工方案

为了确保大桥的焊接质量，在保证经济、高效、安全可靠的前提下，优先使用先进的焊接生产工艺。在开工前根据设计图和相关标准进行焊接工艺评定试验，编制详细的焊接工艺规程，对参与的焊工进行培训并进行资格认定；在施工过程中严格执行焊接工艺规程，对工艺进行优化，制订完备的焊缝质量控制措施，在生产中严格按相关工艺文件要求进行焊接，加强焊缝质量检验，确保焊缝质量。

(1)施工工艺

桥面板间纵向对接及与横梁盖板横向对接。采用背面贴陶质衬垫单面焊双面成形工艺,焊接时用药芯焊丝 CO_2 气体保护焊打底,用埋弧自动焊盖面。面板的桥位横向对接。桥面板就位后,相邻顶板对接焊缝采用背面贴陶质衬垫单面焊双面成形工艺,焊接时用药芯焊丝 CO_2 气体保护焊打底,用埋弧自动焊盖面。焊接完成后用砂带机顺受力方向对余高进行修磨,使其与母材平齐,平齐度为凸不高于 0.5mm,凹不低于 0.3mm,以消除焊趾处的应力集中。

(2)现场焊接工艺方案

①一般规定。

a. 保证在钢梁桥上焊接过程中建立健全焊接岗位责任制度、安全制度、供电制度、通风排尘制度等规章制度。

b. 桥上焊接场地设置用电安全告示和用电安全设施。

c. 桥位焊接准备防风防雨措施。

d. 所有钢板对接采用经过评定合格的焊接工艺焊接,保证钢板对接焊缝的焊接质量。

e. 在桥上配置各种设备(焊接、配电、焊材烘干、通风、防风、除锈、气刨、火焰切割等设备与工具)。

f. 焊接前对焊缝及两侧各宽 50mm 范围内,喷砂或砂轮除锈清理并达焊接工艺规程要求。

g. 检查相临钢梁段的吻合状况、间隙尺寸、接头坡口尺寸。

②桥上定位焊和焊接。

a. 根据梁段外形尺寸大小、每条焊缝的总长度来布设定位焊缝的长度和间距,一般长度为 80mm,间距小于 400mm,焊脚尺寸大于 4mm,并小于 1/2 焊脚高度。

b. 在以下情况时对焊缝进行预热:

(a)定位焊和正式焊接时的环境温度低于 5℃,湿度大于 80%,风力不大于 5 级。雨天不进行露天施焊。

(b)拘束度大的定位焊缝。

(c)按工艺评定试验结果需要预热的焊缝。

预热范围为距焊缝中心各 50mm。预热方法用火焰烘烤法,严格控制预热温度(用数字式温度计测量)在焊接工艺要求的范围内。

c. 当定位焊缝出现裂缝或其他严重缺陷时,则将缺陷清除,重新进行定位焊。

d. 焊缝两侧在除锈后 24h 内进行焊接,以防接头处再次生锈或被污染,否则要再进行除锈,清理后施焊。

③桥上焊接顺序。

为减小因焊接而产生的附加应力和焊接残余应力,在编制焊接工艺操作规程时对焊接顺序和方向做出严格规定。其总的原则是先焊接节间 3 块桥面板之间的纵向对接焊缝,再焊接相邻节间的横向对接焊缝。从桥中轴线向两侧对称施焊,当采用药芯焊丝 CO_2 气体保护焊打底时,由两名焊工从中间向两端对称施焊。

④桥面板对接。

采用背面贴陶质衬垫单面焊双面成形工艺，焊接时用药芯焊丝 CO_2 气体保护焊打底，用埋弧自动焊盖面，见图 3-6-3、图 3-6-4。

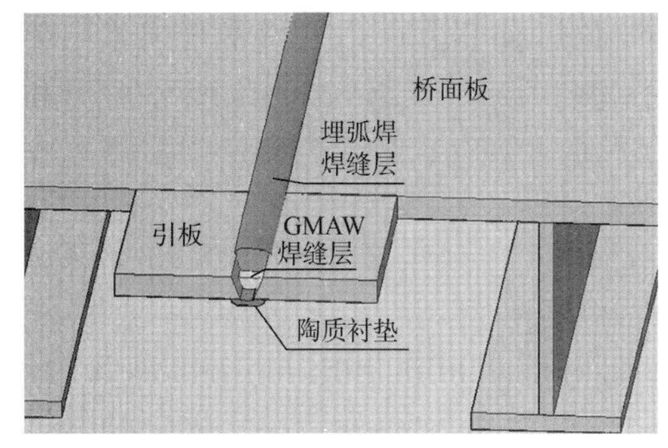

图 3-6-3　桥面板对接

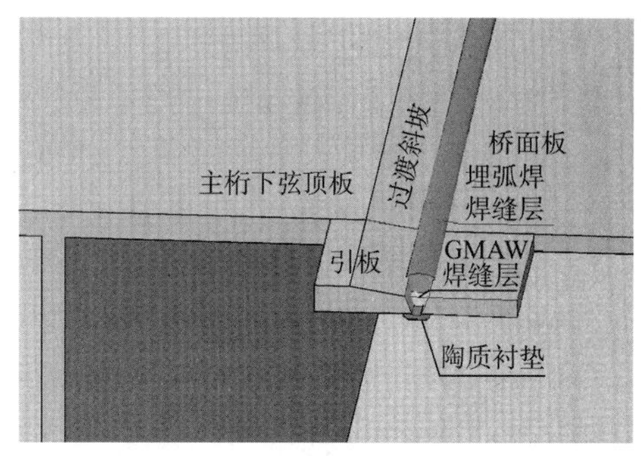

图 3-6-4　桥面板与主桁系杆对接

⑤桥面板的桥位横向对接。

桥面板桥位就位后，相邻节间顶板对接焊缝采用背面贴陶质衬垫单面焊双面成形工艺，焊接时用药芯焊丝 CO_2 气体保护焊打底，用埋弧自动焊盖面。焊接完成后用砂带机顺受力方向对余高进行修磨，使其与母材平齐，平齐度为凸不高于 0.5mm，凹不低于 0.3mm，以消除焊趾处的应力集中。

6.2.3　质量控制措施

1）焊工岗前培训与管理

焊工的操作技能和责任心对焊接质量有直接的影响，规定经过培训、考试合格并持有上岗证书的焊工才能焊接正式产品。焊工需取得钢制锅炉压力容器焊工合格证，AWS 焊工评定合格证和 BS EN 287 评定合格证，针对大桥的制造和安装特点，由焊接工程师对所有焊工进行技术培训和技术交底，将该工程的特点、设计意图、技术要求、施工工艺和工艺措施最终下达给班组工人，使工人了解工程情况，掌握工程施工方法，贯彻执行各项技术组织措施，从而达到保质保量按期完成工程任务的目的。

按照不同的焊接方法，不同的焊接位置，成立以总工程师为组长，公司劳资、教育、质检和焊接工程师及焊接高级技师参加的公司焊工考试委员会，进行焊工和定位焊工理论和操作技能两方面的考试，择优持证上岗，确保焊接质量。焊工在焊接的过程中，焊接工艺参数和焊接顺序都必须严格按照工艺文件规定的焊接规范和技术交底中的工艺措施执行。

2）进行严格的焊材保管和烘干处理

根据焊接工艺评定试验结果选定焊接材料，为了满足其相应的技术标准要求，制订供货技术条件，并通过严格的进货渠道和严格的烘干、保温和使用措施，保证熔敷金属的扩散氢含量低于相关标准要求。在生产过程中，严格按照《焊接材料质量管理规程》（JB/T 3223—1996）执行焊材的入库、保管、烘干、发放、回收管理制度，为保证产品质量创造有利条件。

3）桥面板块对接焊缝（包括桥面横向对接焊缝）

桥面板块组焊成整个桥面时面板之间的对接焊缝由于受操作位置的限制，采用单面焊双面成形工艺进行焊接。对接焊缝采用 V 形坡口，根部留 6～8mm 间隙，背面贴焊接用陶质衬垫，焊接时采用半自动药芯焊丝 CO_2 保护焊打底两道，再用埋弧自动焊填充盖面，在工件组装时预留焊接收缩量调整坡口间隙。

4)焊接变形控制措施

焊接变形控制是本工程中质量控制的主要内容,变形控制的好坏直接关系到焊接后的矫正、结构的几何尺寸、节段之间的连接等。由于熔化焊属于热加工,焊缝的形成是一个连续的短时的冶金过程,在焊接过程中由于受热的不均匀引起的近缝区金属的塑性变形和相变,焊接完成后焊缝收缩作用将引起变形,这种变形是客观存在的。主要从预留焊接收缩量,调整焊接顺序焊接方向,刚性约束等方法控制变形。

焊接时变形的控制所采取的措施主要有以下几种:

(1)对于钢板对接确定恰当的坡口尺寸和焊接顺序。

(2)对能够采用反变形措施的焊缝预留合适的反变形量。

(3)采用焊接变形小的焊接方法。

(4)合理的焊接顺序和焊接方向。

(5)控制每一条焊缝各位置下的焊接填充量。

5)焊接质量保证措施

为保证大桥钢结构的焊接质量,保证焊接接头的各项性能满足大桥的设计要求,将严格执行下列措施以保证焊接质量。

(1)焊接方法上以自动焊为主,确保施工效率和焊缝质量稳定。工厂制作焊接时自动焊中以埋弧焊和药芯焊丝 CO_2 气体保护焊为主,尽可能地控制和减小变形;现场安装焊缝以高韧性的低氢焊条焊接,采取防冷裂措施确保焊缝在大厚板强约束下不开裂,保证焊缝质量。

(2)角焊缝优先采用药芯焊丝 CO_2 气体保护焊进行焊接,确保焊缝外观质量,提高焊缝的内部质量。

(3)为达到设计要求谨慎选用焊接材料,在等强匹配前提下控制焊缝强度提高塑韧性。对选用的焊接材料结合接头形式进行工艺评定试验,在确保焊缝强度、塑性各项指标与母材匹配,且不低于母材标准,满足设计要求的前提下,制订相应的焊接工艺。

(4)对特殊焊接材料制订供货技术条件,并通过严格的进货渠道和严格的烘干、保温和使用措施,控制熔敷金属的扩散氢含量。

(5)严格控制焊材质量,控制硫、磷等杂质含量,提高和稳定焊接接头的各项机械性能指标。严格仓储管理,按规定认真对焊材进行烘干、保温。

(6)对于不同的焊缝采取相应的工艺措施,如对不能翻身焊的焊缝(包括对接、棱角接、角接),制订相应的工艺措施。

(7)根据焊接工艺评定试验实际情况制订预热温度和层间温度。定位焊及施焊时构件焊缝部位温度不得低于确定的预热温度,湿度不高于80%,当环境条件不满足需要时,采取局部预热的方法,创造局部施工环境。

(8)按规定制作焊接产品试板进行相应检验,检查相应类型焊缝内在机械性能稳定性。

(9)对进行岗前技术培训和考试,考试合格后发给合格证书。焊工持证上岗,在不超越合格证规定的范围内进行焊接作业。

(10)严格执行检验制度,外观、磁粉、超声波、射线拍片等均按规定认真执行,并做好记录,一丝不苟控制焊接质量。进行磁粉、超声波和射线探伤的无损检验的工作人员,保证持有经咨询监理工程师确认有效的二级以上的合格证件,上岗操作。

(11)在桥位焊接时搭建专用的施焊平台,应具有防风挡雨功能。雨天时停止施工,若确因进度要求赶工时,除局部加热和防风外,整条焊缝保证置于有效的保护下施焊。

(12)接受和服从设计人员和咨询监理人员的监督和指导,共同协作,为保证质量尽全力。

(13)质量检查人员严格检查焊接工艺的贯彻执行情况,当现场条件和规定条件不符合时要及时反映、解决。

(14)严格控制修补质量,修补次数不宜超过两次,如确有不合格焊缝的修补次数超过两次时,在报经咨询监理工程师同意后再行返修。

(15)保证焊接设备处于完好状态,并抽验焊接时的实际电流、电压与设备上的指示是否一致,焊机上的仪表是否完好并在鉴定周期内使用。

6)焊接接头的检验及焊接记录

(1)焊缝外观检验。所有焊缝待焊缝金属冷却后进行外观检查,并填写检查记录备查。保证所有焊缝无裂纹、气孔、未熔合、焊瘤、夹渣、未填满弧坑及漏焊等缺陷。外观检查不合格的焊接杆件,在未进行处理并满足要求之前,不进入下一道工序。

(2)焊缝无损检验。根据相关规范及本桥制造规则的要求对设计要求进行的焊缝进行无损检验。焊缝检验合格的构件进行下道工序,焊缝检验不合格构件按照相关要求进行返修,确保不合格品不流入下道工序。

(3)产品试板。对焊缝质量等级为超声波探伤Ⅰ级和Ⅱ级的对接焊缝制作产品试板,试板焊缝与构件焊缝一起连续焊接完成。从产品试板取样进行破坏性试验,取得焊缝力学性能资料,用以跟踪焊缝质量。

(4)焊接记录:重要焊缝应做施焊记录,使其具有可追溯性。记录内容包括焊缝所属构件名称、构件编号、焊缝部位、焊缝编号、焊工姓名(代号)、施焊设备、焊丝牌号(型号)、焊丝批号、焊接参数、质量状况等;对所有重要焊缝和产品引弧试板焊后应按规定作印记。

7)焊接缺陷的修补

在编制焊接工艺文件时编制焊缝返修工艺规程,对在施工中出现的外观检查和无损探伤不合格的焊缝按返修工艺执行;出现重大焊接缺陷时应报焊接工程师,制订返修方案并报监理工程师。

焊接缺陷采用碳弧气刨清除,确认焊接缺陷被彻底去除后才能进行下一道工序。清除焊接缺陷时,将两端刨成1:5的斜度,扣槽深度或宽度要均匀一致,根部圆弧过渡,并修整表面、磨掉气刨渗碳层。焊缝返修原则上采用与原焊缝相同的焊接方法,焊缝较短时可采用手工电弧焊返修;对于焊接前需要预热的焊缝,碳弧气刨、返修时进行预热,预热温度比原预热温度高30~50℃,预热范围为缺陷周围不小于100mm的全部区域。

焊接缺陷的具体修补方法见表3-6-1。

焊接缺陷的修补方法　　表3-6-1

序　　号	焊接缺陷种类	焊接缺陷修补方法
1	误引弧	对直径 $\phi \leq 4$mm,深度 $h \leq 0.5$mm 的缺陷用砂轮修磨匀顺;直径 $\phi > 4$mm,深度 $h > 0.5$mm 的缺陷,补焊后用砂轮修磨匀顺
2	咬边	深度 $0.3 \leq h < 0.5$mm 处用砂轮修磨匀顺; 深度 $h \geq 0.5$mm 处补焊后用砂轮修磨匀顺

续上表

序　　号	焊接缺陷种类	焊接缺陷修补方法
3	表面高低不平、焊瘤	用砂轮修磨匀顺
4	未焊透、夹渣、气孔、凹坑、焊瘤等	用气刨或磨削清除后补焊并用砂轮修磨
5	焊接裂纹	对焊接中出现的裂纹等重大缺陷的修补应先查明原因,探明缺陷的位置,制订返修和预防措施,经质检人员、主管技术人员及监理工程师确认和项目总工程师批准后进行,并记入产品质量文件
6	烧穿	先在一面补焊,后再在另一面刨槽封底补焊
7	飞溅	铲除

注:重大缺陷的返修应作详细记录。

焊接的具体工序如图3-6-5所示。

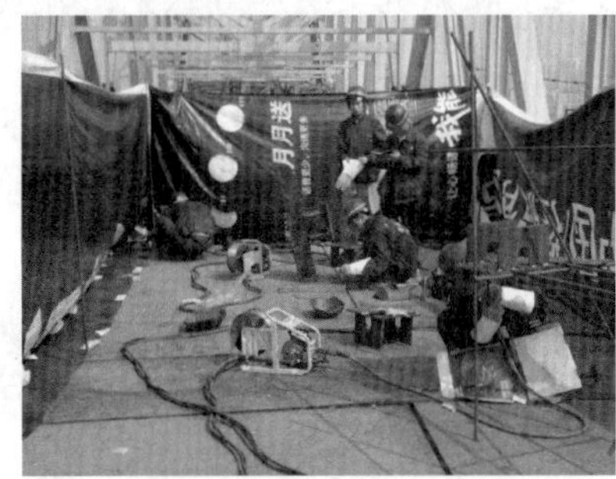

a)焊工实作考试

b)焊工技术交底

c)焊缝打底焊

d)焊缝埋弧自动焊盖

e)焊缝无损检测

f)焊缝缺陷修复

图3-6-5　焊接具体工序

第四篇

试验与研究

第1章　概　　况

重庆朝天门大桥主桥采用主跨552m的中承式连续钢桁架系杆拱桥，为世界最大跨径拱桥，在结构体系与构造设计技术，高强、大尺寸钢结构制造技术，结构架设工艺与控制技术，特大型支座制造技术，结构强度、刚度、稳定与耐久性设计技术等方面缺乏工程实例与借鉴。为此，开展了系列专项试验与研究。

1.1　试验研究内容

依托重庆朝天门大桥建设，开展了下列试验研究工作。

(1)特大跨钢桁拱桥结构体系与构造关键技术研究。

(2)特种钢桁梁加工制造关键技术研究。

(3)15 000t级球形支座设计制造技术研究。

(4)特大跨钢桁拱桥施工关键技术研究。

(5)特大跨钢桁拱桥施工全过程仿真及稳定分析研究。

(6)特大跨钢桁拱桥施工控制技术研究。

(7)特大跨钢桁拱桥整体受力性能模型试验研究。

(8)特大跨钢桁拱桥结构疲劳试验研究。

(9)特大跨钢桁拱桥结构抗风稳定试验研究。

(10)板桁温差测试与分析等。

上述试验研究对特大跨钢桁拱桥建造技术的形成起到了支撑作用。

1.2　主要试验研究结果

特大跨钢桁拱桥结构体系与构造关键技术研究已在第一篇中体现，特种钢桁梁加工制造关键技术研究、15 000t级球形支座设计制造技术研究已在第二篇中涉及，特大跨钢桁拱桥施工关键技术研究、特大跨钢桁拱桥施工全过程仿真及稳定分析研究、特大跨钢桁拱桥施工控制技术研究已体现在第三篇中。本篇主要介绍特大跨钢桁拱桥整体受力性能模型试验研究、特大跨钢桁拱桥结构疲劳试验研究、特大跨钢桁拱桥结构抗风稳定试验研究以及板桁温差测试与分析等。

1)结构静力模型试验

桥梁模型试验是对桥梁设计中理论计算重要的补充和完善。通过模型试验可以有效地模拟实桥施工过程及成桥状态的结构力学行为，验证结构设计以及施工工艺，实现实桥施工过程的预演,发现设计及施工中可能存在的问题,防患于未然。

重庆朝天门大桥为三跨连续钢桁系杆拱结构,为世界最大跨径拱桥,其结构设计、施工均无先例,施工过程及体系转换复杂,需要进行全桥结构模型试验。其主要目的在于掌握在主要施工工况以及运营中最不利荷载作用下整体及局部杆件的力学性能,评估其设计与施工方案的可行性和安全性,保证桥梁安全、顺利建成,包括:

(1)验证重庆朝天门大桥上部结构设计参数选择、分析计算方法及结果,以及总体构造的安全性与合理性,为同类桥型的设计施工规范制订与修订提供试验数据参考。

(2)测试分析重庆朝天门大桥结构模型在主要施工工况的力学表现,为实桥结构的施工安全控制提供重要参考。

(3)测试分析重庆朝天门大桥结构模型在运营中最不利荷载下的力学表现,为实桥运营期安全性评价提供试验依据,为长期运营监控提供参考。

(4)验证和完善重庆朝天门大桥结构设计和施工工艺。

通过结构静力模型试验得到如下主要结论:

(1)重庆朝天门大桥主桥各关键杆件在施工全过程中处于良好的工作状态,未出现强度不足的情况,表明主桥的主体结构设计合理,施工方法可行。

(2)在整个施工过程中,当恒载配重加至50%时,模型桥边跨中最大拉应力和最大压应力均发生在斜拉扣挂内扣索最大悬臂长度工况(工况8),其中,最大拉应力控制杆件为A6-A7,实测应力为153.9MPa(理论值为162MPa);最大压应力控制杆件为E5-E6杆件,实测应力为-166.3MPa(理论值为-154MPa)。

(3)在整个施工过程中,当恒载配重加至50%时,模型桥中跨中最大拉应力发生在拆除所有斜拉扣挂扣索之后,永久系杆未安装之前工况(工况17),最大拉应力控制杆件为M16-E17,实测应力值为109.9MPa(理论值为107MPa);最大压应力发生在钢桁拱合龙前两组扣索的悬臂长度最大工况(工况10),最大压应力控制杆件为E17-E18,实测应力为-92.8MPa(理论值为-85MPa)。计算结果表明,在100%荷载时,结构的各杆件在正常施工过程中均满足设计要求。

(4)模型试验中,将临时系杆转换为永久系杆过程为:先张拉部分永久系杆,再逐级放松临时系杆,永久系杆张拉与临时系杆放松分3级交替进行,桁拱结构变形得到较好控制,转换过程平稳安全。反之,试验也说明,如果拆除临时系杆后不及时张拉永久系杆,而让桥面体系承担全部拉力,则由于拉力大,桥面杆件和两端节点板变形大,在施加二期恒载时可能对桥墩出现较大推力,并导致螺栓承受大的剪力或拉力,还存在出现局部失稳的可能。

(5)运营阶段主要杆件应力影响线实测曲线与理论分析曲线吻合较好;汽车正载、汽车偏载及轻轨荷载作用以及主要构件的影响线最不利荷载加载试验结果表明,正常运营条件下,结构工作状况正常。

(6)运营阶段活载加载试验表明,桥梁结构运营时的最不利工况发生在汽车活载偏载工况,此时,受压最不利杆件为E25-E26杆件,其实测值为-102.3MPa(理论值为-99.4MPa);受拉最不利杆件为A34-E35,其实测值为75.85MPa(理论值为75.9MPa)。

2)结构动力性能试验研究

随着工程结构的大型化、复杂化和轻型化,其结构动力特性显得越来越重要。动力特性良好是保证结构安全、耐久的关键之一，通过结构动力特性掌握其结构性能和技术性能，以便做出科学的技术评定，采取相应的技术措施，保证结构设计的合理性和可靠性。

重庆朝天门大桥为世界最大跨径拱桥，采用三跨连续钢桁系杆拱桥体系，公轨两用，荷载环境复杂，对其结构动力性能要求非常高。在研究中开展了重庆朝天门大桥及特大跨钢桁拱桥结构竖向、横桥及空间动力特性试验和分析以及车桥耦合振动分析。

通过研究表明：

(1)采用地震台阵系统进行长度较大模型的模态试验是一种有效的方式，一致激励和非一致激励能够相互补充，使得测试结果更加准确、测试模态更加丰富。同时表明重庆朝天门大桥钢桁结构在一致激励和非一致激励的响应存在差异，应对其在非一致激励下的动态响应予以重视。

(2)应用时域随机子空间算法能够准确识别桥梁模型的模态参数。

(3)重庆朝天门大桥钢桁结构一阶模态为横桥向梁拱弯曲振动，二阶为面内竖向弯曲振动，表明重庆朝天门大桥横向刚度要比竖向刚度弱，应重视其横向稳定性。

(4)重庆朝天门大桥钢桁结构横桥向质量参与系数在前 6 阶即可达到 91%，纵桥向质量参与系数在前 17 阶即可达到 90% 以上，竖桥向质量参与系数在前 183 阶可达到 90% 以上，因此，采用模态叠加法计算重庆朝天门大桥钢桁结构动力反应时，理论上分别计算前 6 阶、17 阶和 183 阶模态即可。

(5)重庆朝天门大桥钢桁结构在自重作用下，结构几何刚度对模态参数影响很小，因此，重力作用对结构的动力特性影响可以忽略不计，在进行模型相似设计时，可以放宽重力相似比尺。

(6)汽车—桥梁耦合动力计算表明：车桥振动响应不一定随着车速提高而增大；双线汽车同向行车时，桥梁空间振动响应比单线行车时明显增大，但对汽车的空间振动响应影响相对较小；在各种不同工况下，汽车车辆均能很好地满足乘坐舒适度的要求。

(7)轻轨车—桥梁耦合动力计算表明：车桥振动响应不一定随着车速提高而增大；双线轻轨车双向对开时，桥梁空间振动响应比单线行车时明显增大，但对轻轨车的空间振动响应影响相对较小；在各种不同工况下，轻轨车辆脱轨系数、斯佩林舒适度指标等均能很好地满足轻轨车运行安全性、舒适性要求。

(8)汽车—轻轨车—桥梁耦合动力计算表明：随着重型汽车荷载的增多，轻轨车的振动加速度有变化；同样，随着轻轨车荷载的增多，汽车的振动加速度也有变化；公、轨荷载有可能相互影响，同时进行汽车—轻轨车—桥梁耦合动力分析是必要的；在各种不同工况下，轻轨车辆、汽车均能同时很好地满足运行安全性、舒适性要求。

(9)重庆朝天门大桥主桥具有良好的整体竖向刚度、横向刚度和动力性能，满足设计车速下轻轨车辆、汽车的行车安全性、舒适性要求。

3)风洞试验

桥梁风洞试验是指在风洞(一种通过人工产生和控制气流，模拟物体周围气体的流动，考察气流对物体的作用的管道状试验设备)中安置桥梁结构整体或节段模型，研究气体流动及其与模型间的相互作用，从而了解桥梁实体结构的空气动力学特性的一种试验方法。通过风洞试验验证桥梁结构抗风设计参数取值的合理性，理论分析以及相应技术措施的可靠性。

重庆朝天门大桥为世界最大跨径公轨两用钢桁拱桥,采用单根杆件悬臂安装方法进行架设,安装架设过程和运营期的抗风稳定性必须得到保证。为此,开展了重庆朝天门大桥及特大跨钢桁拱结构抗风稳定性分析与风洞模型试验。

重庆朝天门大桥结构风洞试验针对节段模型和全桥模型进行,主要工况包括:斜拉扣挂C1 扣索安装前工况、斜拉扣挂 C1 扣索安装后工况、钢桁拱合龙前(钢桁拱最大悬臂状态)工况、刚性系杆合龙前(刚性系杆最大悬臂状态)工况和成桥状态。

根据试验表明,重庆朝天门大桥在施工过程及成桥状态本身的抗风性能良好。在 0 ~ 85m/s 风速范围内,均匀流和湍流中各种状态下均未发现涡激共振及发散性振动。即自激振动(颤振和驰振)的临界风速均远高于设计风速,而限幅振动(抖振及涡激振)的幅值较小。

4)结构抗震性能试验研究

重庆朝天门大桥主桥为 190m + 552m + 190m 三跨连续公轨两用钢桁系杆拱桥,为世界最大跨径拱桥,国内外无论在设计还是施工方面均无成熟的经验可以借鉴和支持。为全面研究重庆朝天门大桥及特大跨钢桁拱桥的抗震性能,进行了结构地震反应理论分析和模型试验。

通过抗震性能理论分析与模型试验研究得到如下主要结论:

(1)桥梁结构第一阶、第三阶模态均为横向,因此在横向地震作用下结构的横向位移响应较大。

(2)在各工况作用下,位移反应主要在主拱和桥道梁,尤其是横向位移,在横向大震作用下最大达到了 40cm,为主跨长度(552m)的 1/1 380;在纵向大震作用下,拱顶和边跨支点位移响应时程相似,说明结构纵向刚度较大,拱顶和与边跨支点位移响应的最大值均在 20cm 左右(拱顶位移稍大一些),小于伸缩缝(960mm)的正常工作范围。

(3)在纵向 + 竖向地震作用时,拱顶位移受竖向地震作用较大,在本桥试验和计算结果中发现拱顶和边跨支点纵向最大位移有一定的降低;而在横向 + 竖向地震作用下,拱顶横向最大位移无明显的变化趋势。

(4)各工况地震作用下,重庆朝天门大桥的主体钢结构部分都保持弹性工作状态(个别杆件在横向大震作用下超出容许应力但仍在弹性范围内),不会塑性变形或者破坏,并有一定的安全度。

(5)在纵向地震作用下,主桁杆件弦杆的反应受竖向地震影响较大,在横向地震作用下,弦杆反应受竖向地震影响较小;腹杆轴力在纵向地震反应比横向地震响应偏大且受竖向地震影响较小,在横向地震作用下则会产生较大的弯矩;平联杆件在纵向地震作用下应变反应很小,在横向地震作用下则会产生较大的应变,由于平联杆件在恒载作用下受力很小,因此平联杆件在横向地震作用下也保持弹性反应,不会发生损坏。

(6)主桥的 7 号、8 号墩的球形支座在恒载和地震作用下,最大承受了 35 000kN 的力,只有该球形支座水平承载力 70 000kN 的一半,在安全工作范围内。

5)钢桁架节点疲劳试验研究

特大跨公轨两用钢桁拱桥活载大,钢结构疲劳,特别是钢桁节点问题突出,其安全性是保证钢桁结构桥梁整体安全性的关键。需要通过模型疲劳试验研究,验证节点连接的安全性和可靠性,验证设计计算理论和方法的正确性,检验节点连接结构设计的合理性,并研究节点的应力分布规律和传力途径,为今后的设计和研究工作提供依据。

从理论分析来看,重庆朝天门大桥结构疲劳问题最突出的是汇交杆件众多、形状复杂、规模大、受力大,处于典型的空间复杂受力状态的主桁与横梁、纵梁与横梁连接节点。通过疲劳试验,摸清疲劳强度安全储备情况,尤其是各连接的安全储备;摸清节点关键连接位置应力大小及分布情况;预测出疲劳裂纹出现位置;检算疲劳应力;对节点结构设计的合理性、安全性做出评估;为设计改进措施提出建议。

通过试验研究表明:拱桁交叉节点连接结构试验模型所有测点的主拉应力在35MPa以内,多数小于20MPa,实测拉应力低于各种构造细节的疲劳强度。另外,整个疲劳加载过程未发现试件有异常现象。200万次疲劳试验后,对试件进行检查,未发现裂纹。逐步提高疲劳荷载幅,继续加载至276万次,仍未出现疲劳裂纹,拱桁交叉节点轨道横梁与主桁节点连接结构的疲劳强度能够满足要求。可以认为,实桥的拱桁交叉节点轨道横梁与主桁节点连接结构在正常养护维修情况下,设计寿命期内不会发生疲劳开裂。

纵梁与横梁交叉节点连接结构试验模型所有测点的主拉应力在24.1MPa以内。实测拉应力低于各种构造细节疲劳容许应力。另外,整个疲劳加载过程中未发现有异常现象,200万次疲劳试验后未发现裂纹。提高疲劳荷载幅加载至265万次,才开始出现疲劳裂纹,纵梁与横梁交叉节点连接处的疲劳强度能够满足要求。

6)板桁温差效应测试研究

以往,由桁架与板构件组成的桥梁结构中各部分之间的温差问题并未引起注意,国内外相关规范中也没有明确规定。然而,在主跨552m(世界最大跨径拱桥)、全长932m的重庆朝天门大桥桥面板安装过程中,在钢桥面板横梁与主桁连接处,特别是连续钢桥面板端部出现桥面板与横梁间临时联结构造剪断,横梁与主桁连接处横梁变形、开裂。根据破损现象来看,其原因与(桥面)板与(主)桁之间存在温差有关,桥面板横梁与主桁连接部位构造难以抵抗和传递因桥面板与主桁之间的温差引起的内力;同时,桥面板与横梁间的连接角钢距离较近,其柔度不足以释放桥面板与主桁之间的温差变形引起应力。为了摸清其温度变化规律,确定板桁温差取值范围,为桥梁结构设计计算与施工工艺确定提供依据,弥补桥梁设计规范在该方面的空白,开展了专项测试研究。

通过现场测试与分析表明,板桁温差是板桁温度变化不同步所致。主桁结构大部分为箱形杆件,板件厚度大,日照条件下仅部分迎光面接受阳光直射,构件日照面积小,加上杆件内部密封空气的作用,构件升温速度较慢;而钢桥面板为平面板件、板件厚度较小,面积大、日照条件下上表面全部为迎光面接受阳光直射,接受日照面积大,构件升温速度较快。两者在阳光直射下温度上升速度不同,从而在其间造成温度差。

根据现场温度场测试与综合分析,结合板桁温差对结构受力影响的仿真模拟分析,重庆朝天门大桥结构设计中,上层钢桥面板与主桁间温差按15℃控制,下层钢桥面板与主桁间温差按6℃控制。针对上述温差,采用部分板桁结合构造,成功解决了重庆朝天门大桥特大跨径钢桁拱桥温度设计问题,形成了相应设计方法,填补了该领域空白,在类似板桁结构桥梁设计分析中具有普遍的参考应用价值。

第2章 结构静力模型试验

2.1 概述

桥梁模型试验是对桥梁设计中理论计算重要的补充和完善。通过模型试验可以有效地模拟实桥施工过程及成桥状态的结构力学行为,验证结构设计以及施工工艺,实现实桥施工过程的预演,发现设计及施工中可能存在的问题,防患于未然。

国内外众多大型桥梁,特别是特大跨径桥梁或新型结构的桥梁,在施工前均进行了大比例模型试验与精细化仿真分析。重庆朝天门大桥为三跨连续钢桁系杆拱结构,为世界最大跨径拱桥,其结构设计、施工均无先例,施工过程及体系转换复杂,需要进行全桥结构模型试验。其主要目的在于掌握在主要施工工况以及运营中最不利荷载作用下整体及局部杆件的力学性能,评估其设计与施工方案的可行性和安全性,保证桥梁安全、顺利建成。包括以下几方面内容:

(1)验证重庆朝天门大桥上部结构设计参数选择、分析计算方法及结果,以及总体构造的安全性与合理性,为同类桥型的设计施工规范制订与修订提供试验数据参考。

(2)测试分析重庆朝天门大桥结构模型在主要施工工况的力学表现,为实桥结构的施工安全控制提供重要参考。

(3)测试分析重庆朝天门大桥结构模型在运营中最不利荷载下的力学表现,为实桥营运期安全性评价提供试验依据,为长期运营监控提供参考。

(4)验证和完善重庆朝天门大桥结构设计和施工工艺。

2.2 试验模型设计与制作

2.2.1 模型设计

重庆朝天门大桥静力模型试验在重庆交通大学桥梁结构工程交通行业重点实验室进行。在综合考虑加载条件、场地条件及仿真效果等因素后,重庆朝天门大桥结构采用1:40的模型进行静力模拟试验,跨径布置:4.75m+13.8m+4.75m,宽72.5cm,高3.55m。

重庆朝天门大桥为钢桁架拱桥,为了使模型桥静力试验尽可能仿真,模型材料采用与实桥材料接近的钢材,模型桥的基本构造和实桥一致,包括主桁拱片、上下弦平联、门架横联、上下桥面系、下桥面平联、吊杆、支座、系杆、扣塔扣索和加载设施等。主桁杆件用普通螺栓连接,平联采用焊接,门架横联采用螺栓连接。如图4-2-1所示为模型桥总体布置图。

2.2.2 相似分析

实桥结构采用Q420、Q370等型号钢板。由于Q420、Q370等实桥使用的薄钢板很少,所

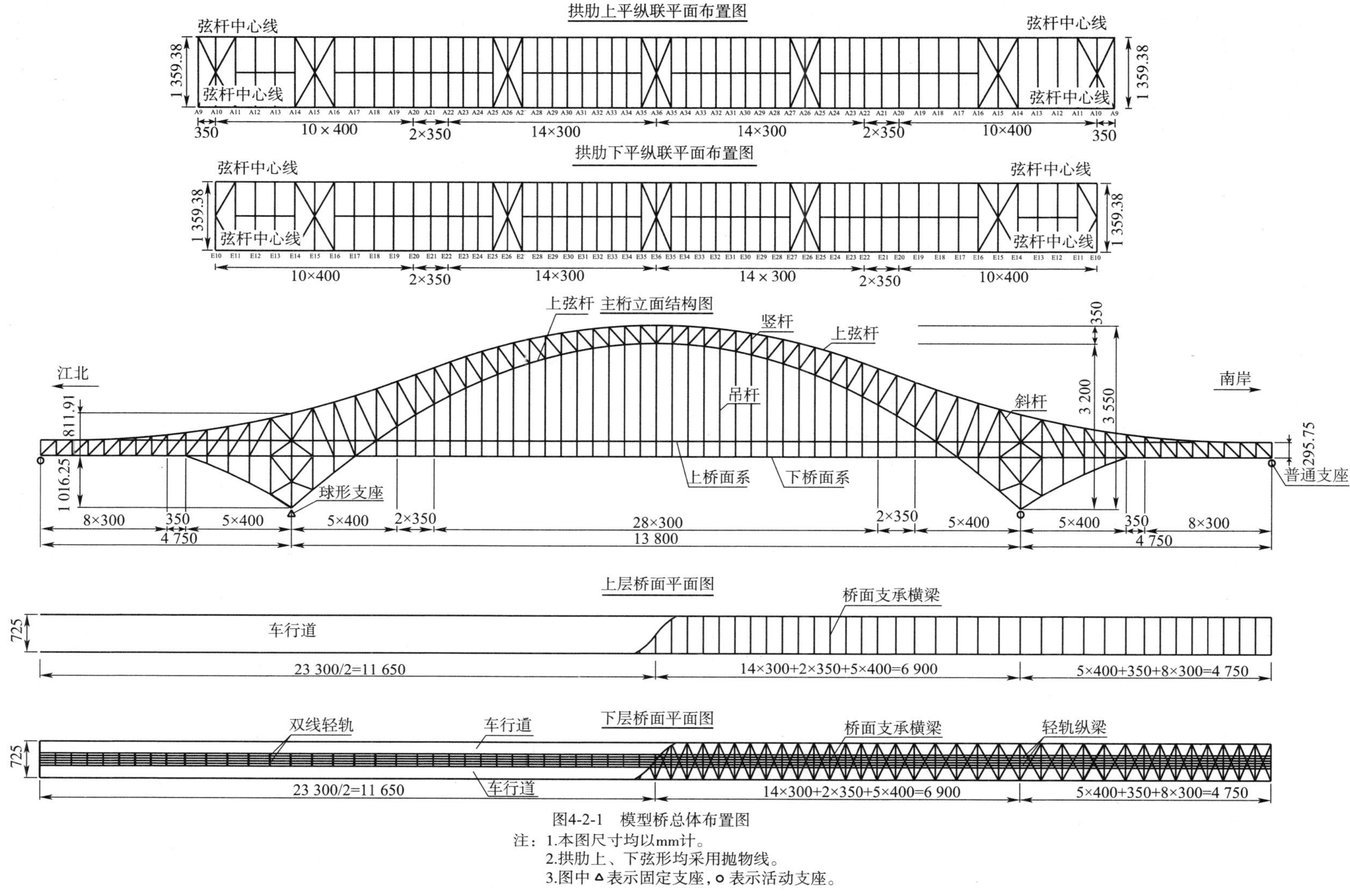

图4-2-1 模型桥总体布置图

注：1.本图尺寸均以mm计。
2.拱肋上、下弦形均采用抛物线。
3.图中 Δ 表示固定支座，o 表示活动支座。

以,在模型桥设计时选用了 Q235 薄钢板。

在综合考虑试验内容、模型材料、制作精度及试验场地基础上,全桥模型试验采用缩尺比例为1:40,即模型与原型的几何相似常数 $C_L = 1/40$,模型采用与原型相同弹性模量和泊松比的材料,即物理相似常数 $C_E = 1.0$, $C_\mu = 1.0$,由相似理论得出模型的材料重度相似常数 $C_r = 40.0$,即要达到模型和原型的应力状态一致,模型材料的重度应为原型的 40 倍,这在试验中难以做到。同时,模型材料虽然选择了与原型一致弹性模量的钢材,但强度低于实桥钢材,模型材料与实桥材料相比其强度降低了约 40%。在模型试验时,为弥补材料重度不足所产生的影响,采用了恒载补偿的办法,在综合考虑模型承载能力与试验条件等因素后,将力的缩尺比取为 1:2。根据几何缩尺比和力的缩尺比得出各相似系数如表 4-2-1 所示。

模型试验相似关系表 表 4-2-1

物理量	原型	模型	相似系数
长度	l_p	$L_m = l_p \cdot (l/n)$	1/40
截面积	A_p	$A_m = A_p \cdot (E_p/E_m)(l/n^2)$	1/1 600
截面抗弯惯性矩	I_p	$I_m = I_p \cdot (E_p/E_m)(l/n^4)$	1/2 560 000
截面抗扭惯性矩	J	$L_m = J_p \cdot (E_p/E_m)(l/n^4)$	1/2 560 000
弹性模量	E_p	E_m	1
应力	σ_p	$\sigma_m = \sigma_p \cdot (E_m/E_p)$	1
应变	ε_p	$\varepsilon_m = \varepsilon_p$	1
线位移	δ_p	$\delta_m = \delta_p \cdot (l/n)$	1/40
角位移	α_p	$\alpha_m = \alpha_p$	1
配重(自重和活载)	W_p	$W_m = W_p \cdot (l/n^2) \cdot m$	1/3 200
集中荷载	F_p	$F_m = F_p \cdot (l/n^2) \cdot m$	1/3 200
剪力	Q_p	$Q_m = Q_p \cdot (l/n^2) \cdot m$	1/3 200
反力	R_p	$R_m = R_p \cdot (l/n^2) \cdot m$	1/3 200
弯矩	M_{bp}	$M_{bm} = M_{bp} \cdot (l/n^3) \cdot m$	1/ 128 000
扭矩	M_{Tp}	$M_{Tm} = M_{Tp} \cdot (l/n^3) \cdot m$	1/ 128 000
线荷载集度	q_p	$q_m = q_p \cdot (l/n) \cdot m$	1/80
分布面荷载集度	p_p	$p_m = p_p \cdot (l/n) \cdot m$	1/80
分布弯矩集度	m_p	$m_s = m_p \cdot (l/n^2) \cdot m$	1/3 200

注:表中 n-几何缩尺比,$n = 1/40$;m-力的缩尺比,$m = 1/2$。

2.2.3 模型简化处理

模型桥按实桥 1:40 缩尺比例进行设计,模拟施工中的相关控制工况和营运过中桥梁可能的受力状况,主要考察钢桁拱桁架杆件的力学行为,根据设计图,按照相似原理,保证钢桁拱桁架各杆件与原设计相似(截面面积、截面刚度),对上下平联、横联及桥面系等次要构件进行了适当的简化,保证制造可行。

1)桁拱部分

桁栱是试验考察的重要部分,模型桥桁拱杆件截面形式与实桥一致,即模型桥中杆件也分别使用了箱形截面与 H 形截面及变截面。模型桥桁拱杆件截面面积与实桥按比例缩小后

相差不超过 ±10%，大多数相差不超过 ±5%，符合模型试验要求。模型桥桁拱节点板设计时遵循不改变实桥杆件按比例缩小后的自由长度的原则，节点板大小及形状均逼近按比例缩小后的实桥节点板。

模型节点板的设计遵循不影响模型主桁杆件结构受力变形的原则，即节点板和螺栓的综合强度不低于对应杆件强度，在加载中不出现节点破坏，但从制作可行性出发，将高强螺栓代之以普通螺栓，与实桥存在差别，可能导致通过模型桥模拟的实桥应力和位移偏大，但其结果对实桥而言是偏安全的。

在考虑制作可行且不影响杆件及节点板强度的前提下，取消了部分杆件的横隔板和节点板的肋板，杆件承力面积仍然计入模型构件面积，构件自身刚度也在设计中予以保证。

2）桁拱平联及横联部分

模型桥静载试验中，平联及横联部分不是模型试验关注的重点，所以对其布置形式及截面形式进行了适当的简化。简化的原则是模拟原平联杆件的强度、刚度，不改变平联杆件对桁拱杆件的约束条件。

平联体系中，将原螺栓联结的节点板简化成焊接连接，将实桥中种类繁多的截面形式简化成较为单一截面形式，杆件的布置形式也适当简化，横联体系连接采用螺栓连接。

3）桥面系部分

模型桥考虑了桥面系的主要受力构件，即桥面系纵梁、横梁，纵肋及桥面板、桥面平联部分，其构件的刚度按实桥成比例缩小。模型桥模拟了实桥的上下桥面系，针对模型桥静力试验的要求，试验主要考察桁拱杆件的受力及变形情况，而桥面结构部分不作为主要考察对象，为此对该部分桥面系进行了简化，只在相应杆件处以荷载的方式模拟。将实桥的分节段纵梁简化成整体式纵梁，由于桥面自重的加载主要通过配重实现，因此，该简化不会影响钢桁拱分阶段受力的状况。

4）系杆

根据强度等效的原则，模型桥将实桥 8 束预应力束柔性系杆用两根普通热轧光面钢筋进行模拟。

5）吊杆

根据强度等效原则，将实桥每节段 4 根预应力束吊杆简化为 2 根冷轧带肋钢筋吊杆。

2.2.4 模型桥构件设计

（1）上下弦杆截面均为箱形，模型中杆件，经过计算，整体与局部稳定均满足要求，为了减少杆件截面的尺寸种类，并根据实际板厚情况，主要考虑了面积等效原则，并兼顾刚度方面的要求，所有杆件主要简化为几种形式，板厚有 1.5mm、1.2mm、1.0mm、0.8mm 共 4 种，截面面积除上弦杆件 A16-A17 为 +11.8%，A31-A36 为 -11.7%，其余杆件与实际缩小后尺寸相比在 ±10% 以内，截面尺寸宽有 30mm、40mm 共 2 种，高度有 31mm、36mm、41mm、46mm 共 4 种。

（2）腹杆截面为箱形和工字形，箱形截面面积同弦杆，工字形截面面积误差一般均在 +10% 以内，箱形截面尺寸宽度为 30mm，高度有 31mm、36mm、41mm 共 3 种，工字形截面尺寸宽度为 30mm，高度有 18mm、20mm、25mm、36mm 共 4 种。

（3）主桁上下弦平联杆件截面采用单槽钢（[），$h = 30$mm，$b = 15$mm，$t = 1.2$mm，与主桁

的连接采用外加缀板焊接连接方式。

(4)横联杆件截面形式采用双槽钢(][),$h = 30\text{mm}$,$b = 15\text{mm}$,$t = 0.8\text{mm}$。与主桁竖腹杆的连接采用抱箍形式,连接形式有单支式和交叉式两种,杆件的连接方式采用螺栓连接,布置原则由上下弦杆间距大小确定,并且为了便于连接,避开了变截面处。

(5)桥面系由面板、横梁、纵梁、吊杆组成,其中面板均为0.5mm钢板;横梁为钢板组成的工字形钢,其中腹板厚度均为0.6mm,下翼缘板厚度均为1.0mm,另外上翼缘板中,上层桥面的为0.6mm,下层桥面的为1.0mm;纵梁都为H形钢材,钢板厚度均为1.5mm。

(6)桥面下层平联采用单槽钢([),$h = 30\text{mm}$,$b = 15\text{mm}$,$t = 1.2\text{mm}$。

(7)吊杆采用直径4mm的冷轧带肋钢筋。

(8)根据试验要求,全桥共需配重约280kN,作用于主桁节点中心,每个节点配重约为0.8kN,部分配重加在桥面系上,节点加载件的设计由配重来确定尺寸大小。

模型桥杆件、节点与实桥对比情况:

1)杆件截面形式(图4-2-2)

如图4-2-2所示,实桥中钢桁拱桁架杆件截面分箱形截面和H形截面两种,模型桥中分别对应杆件截面保持箱形截面和H形截面的截面形式不变,在截面面积和抗弯刚度按相似分析等比缩小的前提下,为制作可行,简化了截面细部构造,取消了其内部加劲肋。

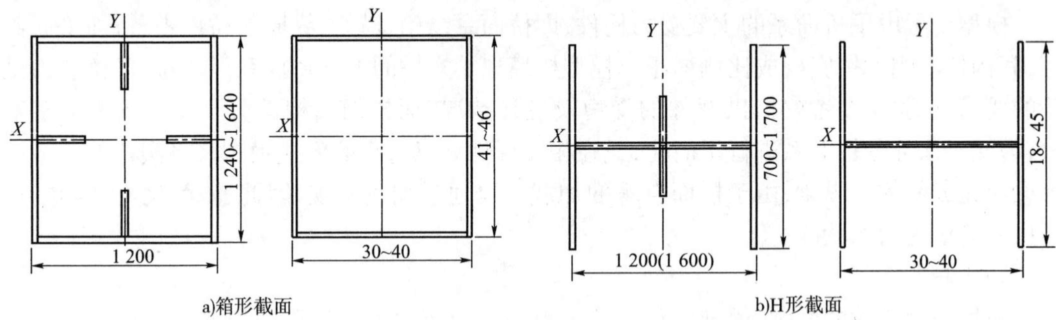

图4-2-2 实桥(左)与模型桥(右)杆件截面形式对比(尺寸单位:mm)

2)杆件节点

如图4-2-3、图4-2-4所示,钢桁拱桁片中模型桥与实桥的节点一一对应,节点处杆件中心线相交于一点,节点板的厚度按照节点破坏不发生在杆件破坏之前的原则,将实桥节点板和多层加劲板简化成单层节点板。实桥节点处螺栓为压力式高强螺栓,模型桥在尺寸缩小后无法与实桥完全一致,最终决定采用普通螺栓,螺栓数量按节点螺栓在相应杆件设计最不利杆力作用下不破坏的原则设计。螺栓直径3mm,节点板和杆件螺栓孔直径3.3mm。杆件在节点处局部挖槽作孔。

3)典型杆件构造

如图4-2-5所示,模型桥的主桁杆件数量与实桥一样,截面外形宽度尺寸也与实桥按相似系数严格一致。

4)支座

模型桥模拟了实桥中跨的球形支座(图4-2-6)和滑动支座(采用ϕ14mm光面钢筋模拟)。

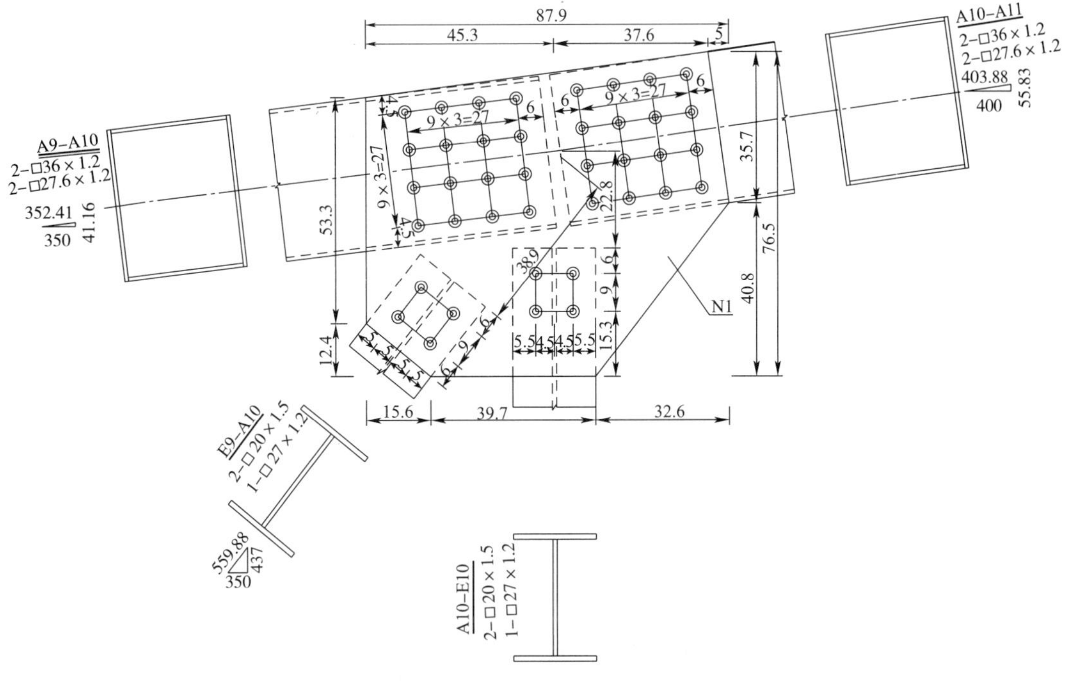

图 4-2-3 模型桥节点形式(尺寸单位:cm)

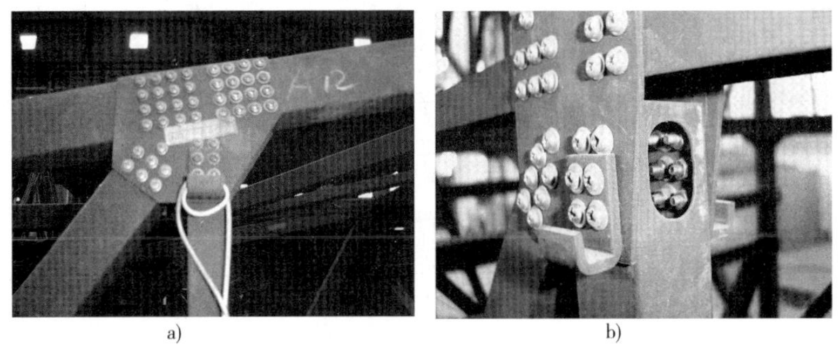

a) b)

图 4-2-4 模型桥节点细部构造

5)系杆

如图 4-2-7 所示,模型桥分别用 ϕ14mm、ϕ12mm 普通钢筋模拟实桥临时系杆和永久系杆,系杆上贴电阻片,系杆中间用花兰螺栓调节拉力。

6)扣塔扣索

如图 4-2-8 所示,扣塔用双肋 I 字柱排架模拟,扣索用普通钢筋模拟。

7)配重

如图 4-2-9 所示,模型桥采用液压千斤顶模拟实桥边支点配重。

2.2.5 施工工况和设计荷载的模拟

1)施工工况模拟

实桥采用单根杆件拼装的方式进行施工,即自重随杆件拼装而增加。模型桥对实桥的自重模拟是靠挂在节点上的相似配重实现,所以模型桥难以像实桥一样拼装一个杆件即进

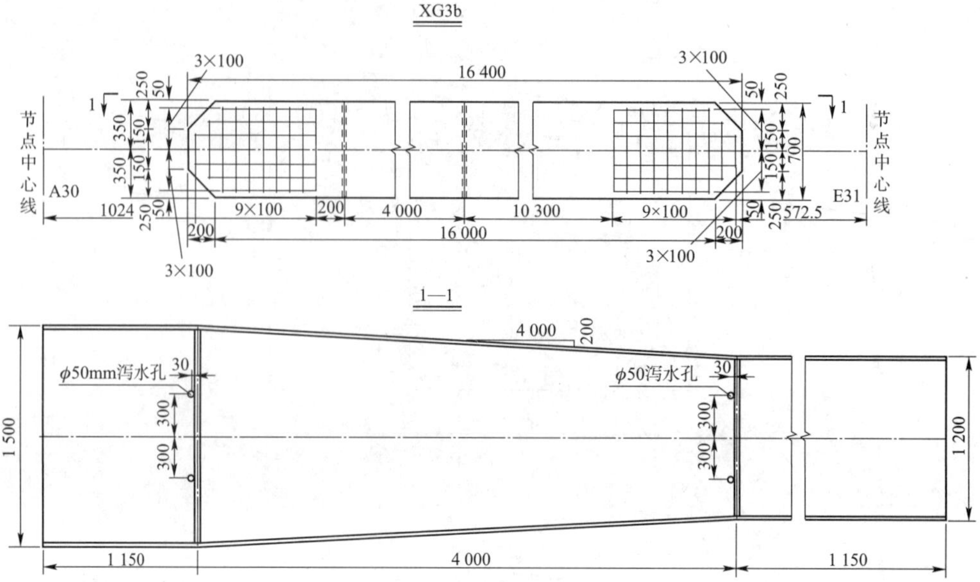

XG3b

1—1

a)实桥典型杆件形式

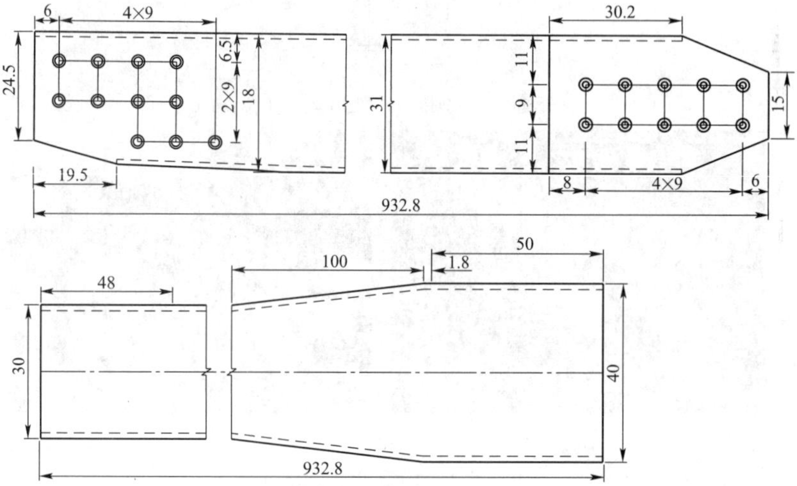

b)模型桥典型杆件形式

图 4-2-5　实桥与模型桥典型杆件构造对比(尺寸单位:mm)

a)

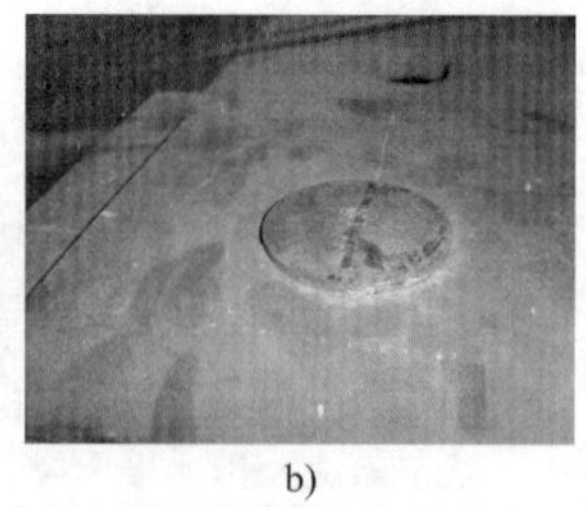

b)

图 4-2-6　模型桥球形支座

图 4-2-7　模型临时系杆、永久系杆布置图

行应变测试,而是在整个节段拼装完成后才能施加相似荷载,然后进行应变和相关测试。这种处理方式虽然和实桥有所差别,但并不影响节段测试精度。模型桥以节段为单位测试,既保

a)扣塔扣索

b)内索及应变片

图 4-2-8　扣塔扣索模拟照片

证了关键工况下节段的模拟和数据采集,又确保了模型试验的可行性,不影响整体的模拟准确性。

如图 4-2-10 所示为几个主要工况模型试验情况。

2)模型桥配重的模拟

如图 4-2-11 所示,模型桥的配重采用钢锭或混凝土块件吊挂在节点板处的配重挂钩处。

图 4-2-9　边支座配重的模拟

2.2.6　试验荷载及试验终止条件

1)试验荷载的分级

为了了解结构应变或变位随加载内力的增加的

a)拼装至E9

b)拼装至喇叭口E12

c)上内索阶段

d)上外索后拱顶将合龙

图 4-2-10　典型施工工况的模拟

变化关系，保证试验安全，试验模型力的缩尺比为1:2，即模型中配重在考虑模型尺寸1:40的缩尺比后，取50%的自重和其他各种荷载配重的50%（集中力为实桥1/3 200、均布荷载为实桥1/80）作为模型试验中的最大配重值。为了更好地反映模型试验中的可能非线性影响，在加载中进行了分级加载，即0→20%→50%，在20%和50%荷载配重分别采集应力及位移测点数据，在此基础上推测100%荷载配重时的应力位移数据。

a)配重挂钩　　b)加载场景

图4-2-11　模型桥配重

2）终止试验条件

为保证试验人员和模型的安全，设置了预防模型突然倒塌的备用支撑。试验中，对各工况最不利杆件和薄弱节点进行监测，发现下列情况时立即终止试验并卸除该工况全部荷载，待查明原因和分析判断后确定是否继续进行试验。

（1）应力测试杆件应力超过计算控制值。

（2）控制测点测试值发生突变或数据不能稳定。

（3）桥梁结构发生异常响声。

（4）主桁或平、横联杆件发生过大变形。

（5）发生其他突发事件等。

2.3　静力模型有限元分析

2.3.1　模型建立

分析中采用高级非线性有限元分析软件对实桥部分和模型桥全部工况进行分析，分析结果具有较好的可比性，表明模型设计是合理的。

1）重庆朝天门大桥静力模型试验结构空间分析内容

模型桥空间分析以实桥1/40静力模型设计图提供的材料和尺寸为依据，根据施工单位提供的施工方案，按照施工顺序，对主要工况进行分析计算，包括控制杆件内力、支点反力、悬臂位移、内外扣锚索拉力、临时系杆和永久系杆拉力等，为最不利测试杆件的选择、模型结构强度和刚度的验算以及施工理想状态的确定等提供理论依据。

2）模型结构分析模型

（1）采用空间杆系模型（图4-2-12），以实桥设计图为依据。

（2）模型桥结构模型节点为 7 710 个，单元为 20 262 个，包括空间梁单元、空间桁架单元、只受拉（索）单元。

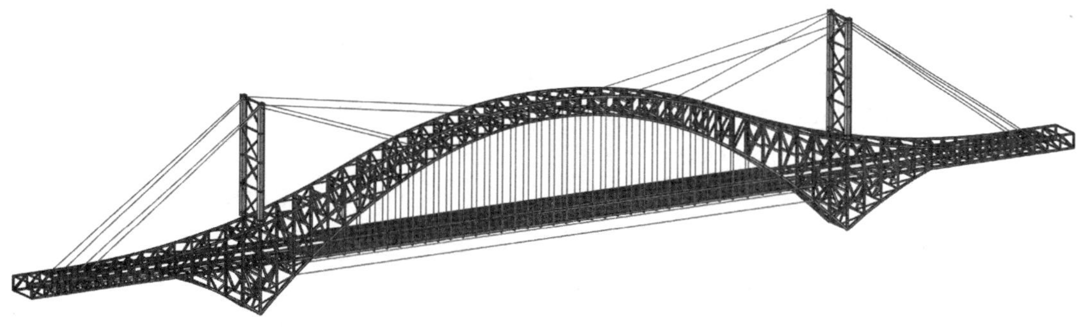

图 4-2-12 模型桥整体空间模型

（3）为实现应力等效，模型杆件自重的配重按每根杆件所需的配重等分到杆件的两端节点上，在模型分析时以点荷载的形式考虑。

（4）模型桥采用实桥 1/40 模型，相似关系见表 4-2-1。实桥施工中的临时荷载，包括架桥机荷载、边跨临时压重、扣锚索拉力、临时系杆和永久系杆拉力，根据实桥提供的施工参数以及相似原理，集中力为实桥的 1/1 600、均布荷载为实桥的 1/40。

（5）模型中的施工顶升和下压位移根据实桥施工参数结合相似原理确定。

（6）各施工阶段支座的约束方式与实桥保持完全一致。

2.3.2 施工关键工况及模型参数确定

重庆朝天门大桥采用分段施工，桥梁结构体系、支承约束条件、荷载作用方式等不断变化。分段施工中的结构受力状态是逐工况逐阶段累积形成的，每个工况或每个阶段的结构受力分析必须独立进行，而中间施工阶段或最终成桥状态的结构受力是已经完成的各个工况或各个阶段的结构受力状态的叠加结果，因此，为了解施工阶段和成桥状态的结构受力性能，以及施工方法和施工顺序对这种结构受力性能的影响，按照实桥的施工工艺，模型桥分为以下 21 个施工关键阶段，恒载配重分别按 50% 和 100% 进行计算。

1）施工关键工况及参数取值

实桥分析时的 21 个关键阶段如表 4-2-2 所示。

模型试验模拟的施工关键阶段 表 4-2-2

步　骤	描　　述
工况 1	边支点下压 1cm，拼至 E3 处，增加临时节间
工况 2	拼至 E6 处
工况 3	边支点仍保持 -1cm，2 号临时墩顶改为固结；拼至 E10 处
工况 4	3 号墩抄垫，且进行纵向限位，1 号墩脱空，拼至 E14 处下菱形
工况 5	2 号临时墩脱空，中支点约束，3 号墩纵向限位取消，拼至 E22 处
工况 6	3 号临时墩脱空，拼至 E27 处
工况 7	扣塔及内扣锚索的安装及张拉
工况 8	拼至 E33 处
工况 9	外扣锚索的安装及张拉

续上表

步　骤	描　述
工况 10	南岸拼至 E36 处,北岸拼至 E35 处,准备合龙
工况 11	钢桁拱中跨合龙
工况 12	拆除临时节间所有配重,即把千斤顶配重调整到 1 235.46kg,同时边支点顶升 1cm(相当于实桥 40cm)
工况 13	张拉临时系杆索力至 4 420kN
工况 14	上桥面合龙,下桥面安装刚性系杆至合龙口
工况 15	下桥面刚性系杆合龙
工况 16	外索逐步拆除
工况 17	内索逐步拆除
工况 18	临时系杆拆除
工况 19	配重全部拆除
工况 20	安装永久系杆,完成张拉
工况 21	安装上桥面板荷载和二期恒载

2)边界条件

模型桥建模时的边界条件和实桥相应工况的边界条件一致。

工况 1　E1:DY,DZ 约束,E3:DX,DY,DZ 约束,E6:DX,DY,DZ 约束。

工况 2　E1:DY,DZ 约束,E6:DX,DY,DZ 约束,E10:DX,DY,DZ 约束。

工况 3　E1:DY,DZ 约束,E10:DY,DZ 约束,E15:DX,DY,DZ 约束。

工况 4～工况 8　E1:DY,DZ 约束,E15:DX,DY,DZ 约束。

工况 9～工况 19　E1:DY,DZ 约束,E15(北岸):DX,DY,DZ 约束,E15(南岸):DY,DZ 约束。

工况 3～工况 21 结构及其边界条件示意如图 4-2-13～图 4-2-31 所示。

图 4-2-13　工况 3 结构及边界条件示意图(拼至 E10)

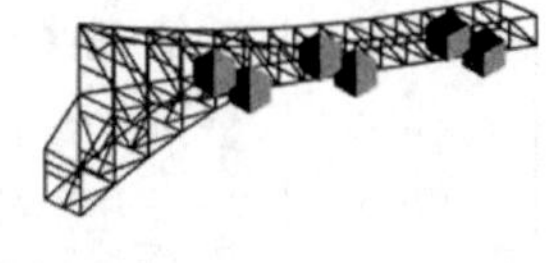

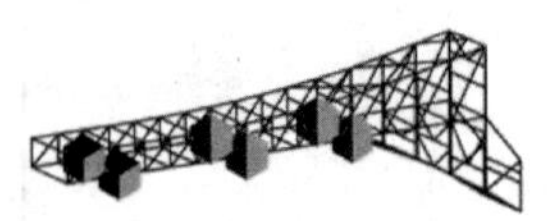

图 4-2-14　工况 4 结构及边界条件示意图(拼至 E14)

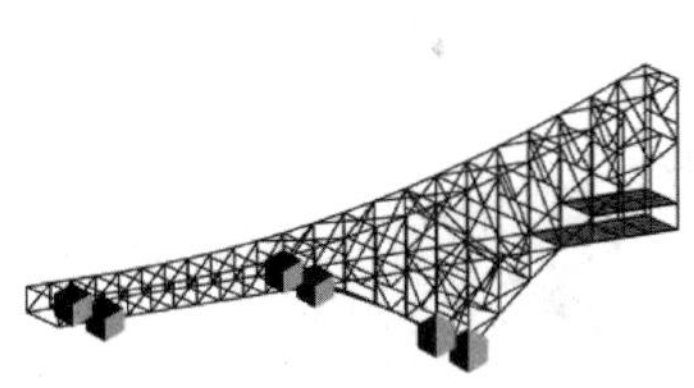
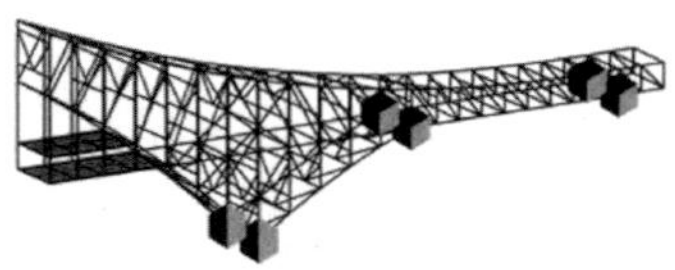

图 4-2-15　工况 5 结构及边界条件示意图（拼至 E22）

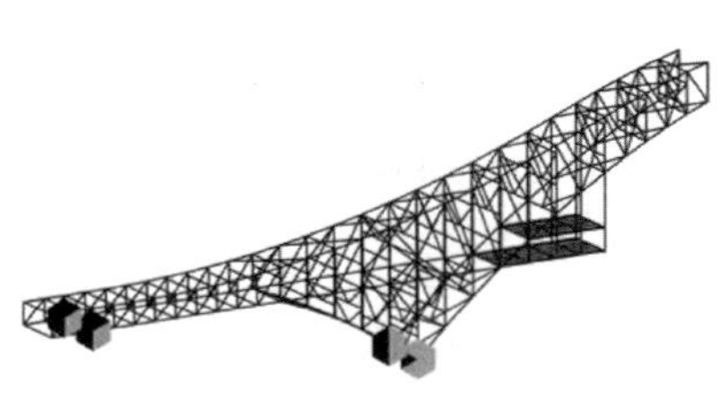
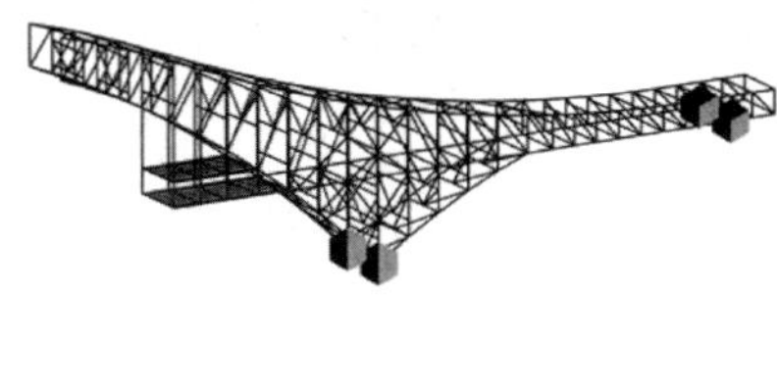

图 4-2-16　工况 6 结构及边界条件示意图（拼至 E27）

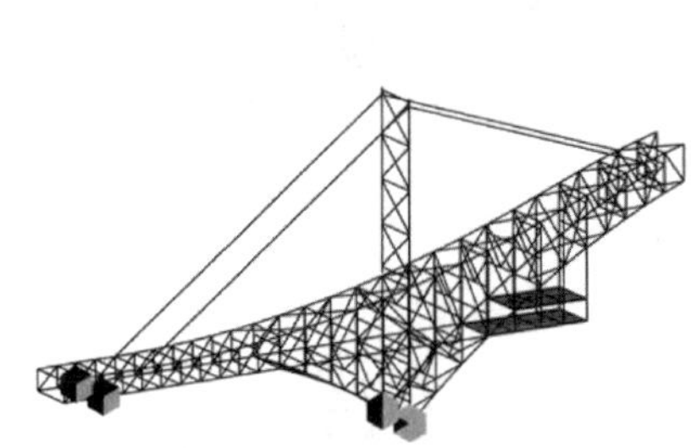
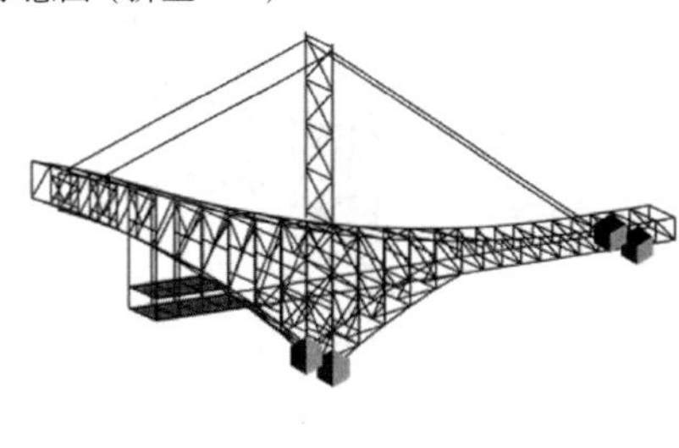

图 4-2-17　工况 7 结构及边界条件示意图（上内扣锚索）

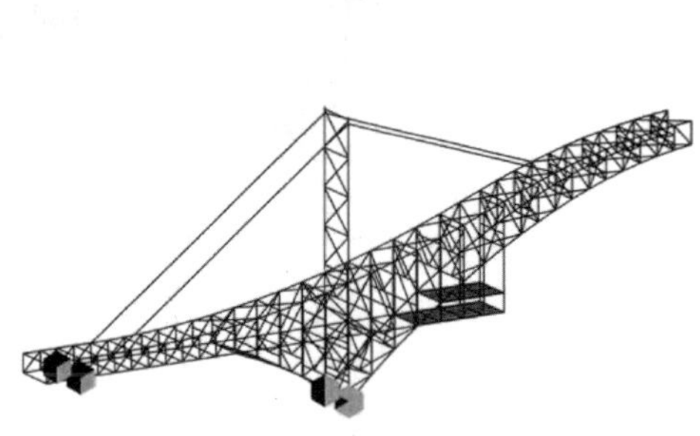
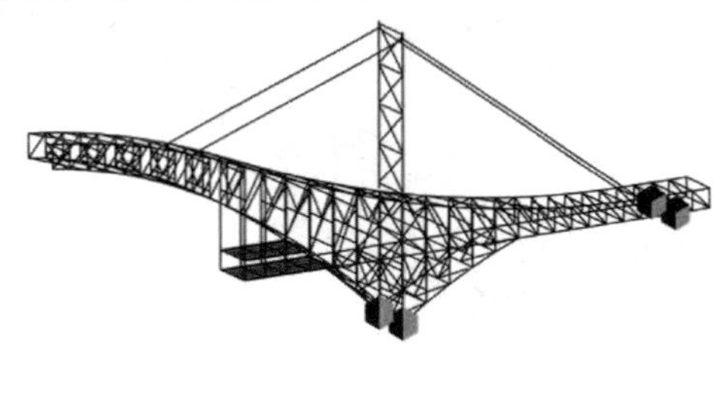

图 4-2-18　工况 8 结构及边界条件示意图（拼至 E33）

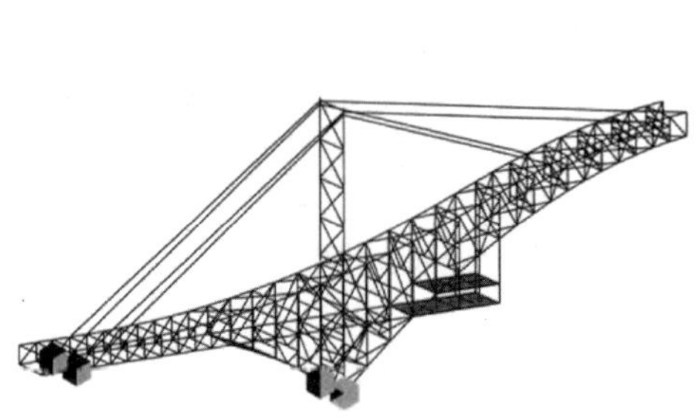
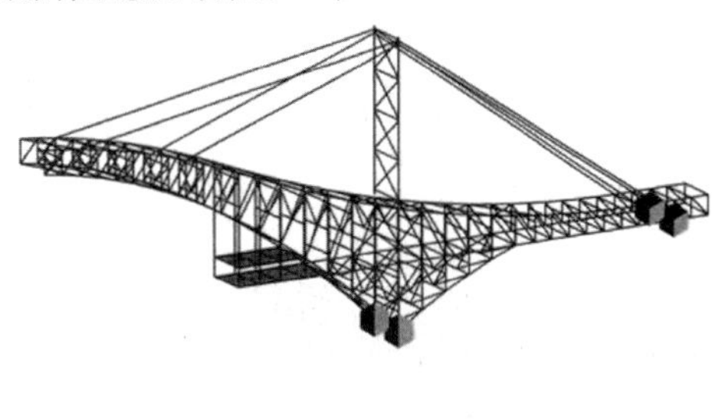

图 4-2-19　工况 9 结构及边界条件示意图（上外扣锚索）

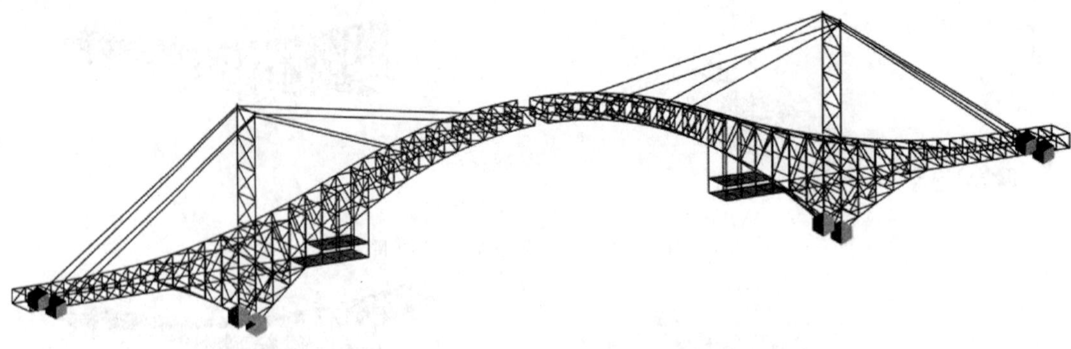

图 4-2-20　工况 10 结构及边界条件示意图（拼至 E36，准备合龙）

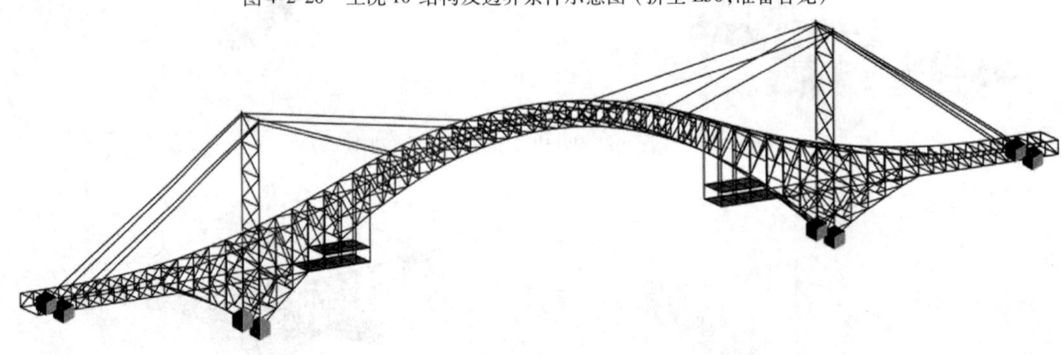

图 4-2-21　工况 11 结构及边界条件示意图（钢桁拱合龙）

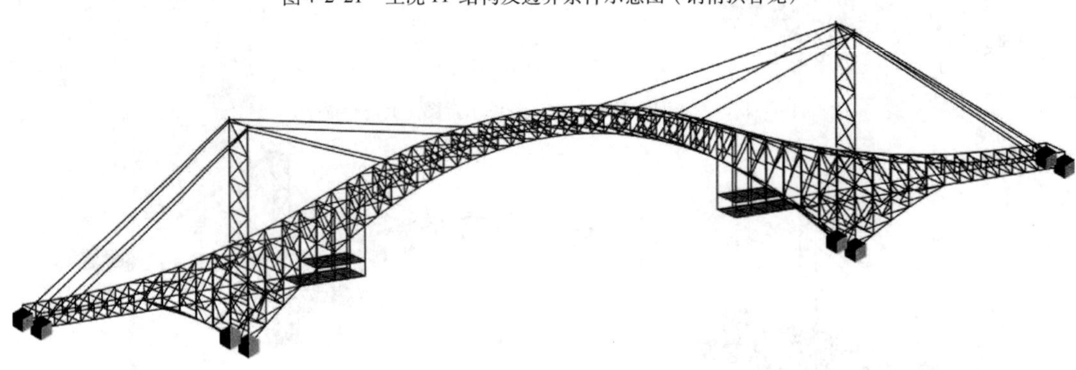

图 4-2-22　工况 12 结构及边界条件示意图（顶升边支点）

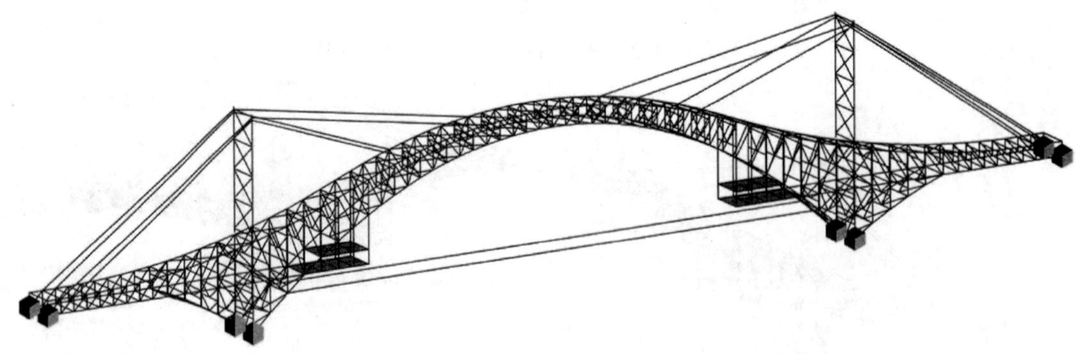

图 4-2-23　工况 13 结构及边界条件示意图（张拉临时系杆）

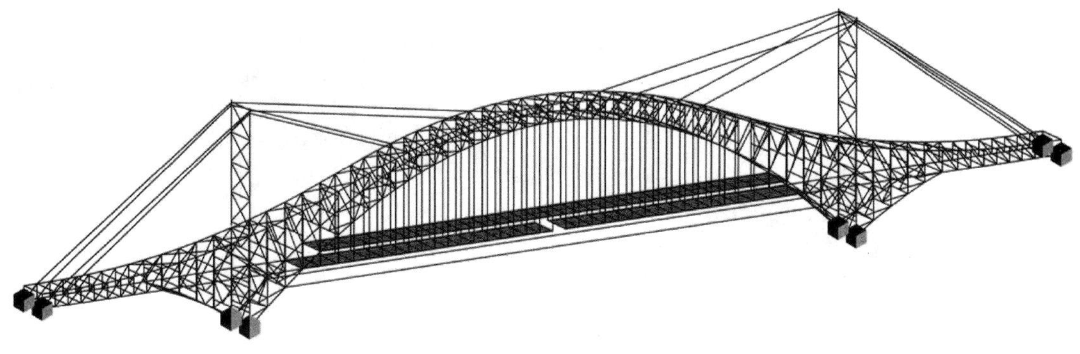

图 4-2-24　工况 14 结构及边界条件示意图（上桥面合龙）

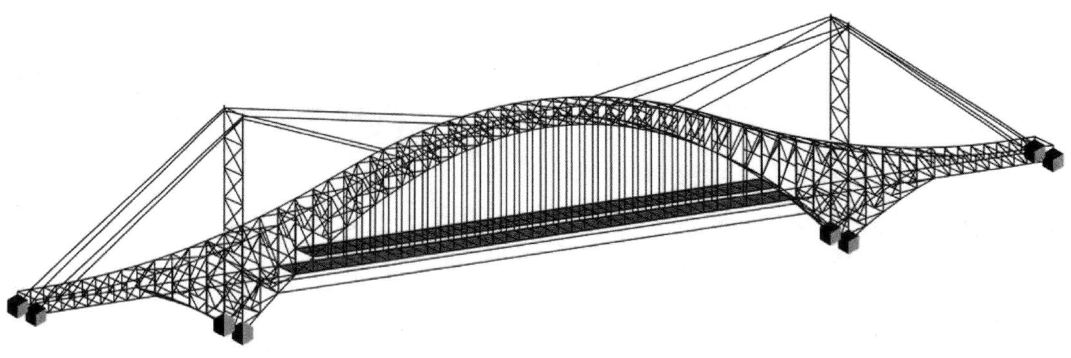

图 4-2-25　工况 15 结构及边界条件示意图（下桥面刚性系杆准备合龙）

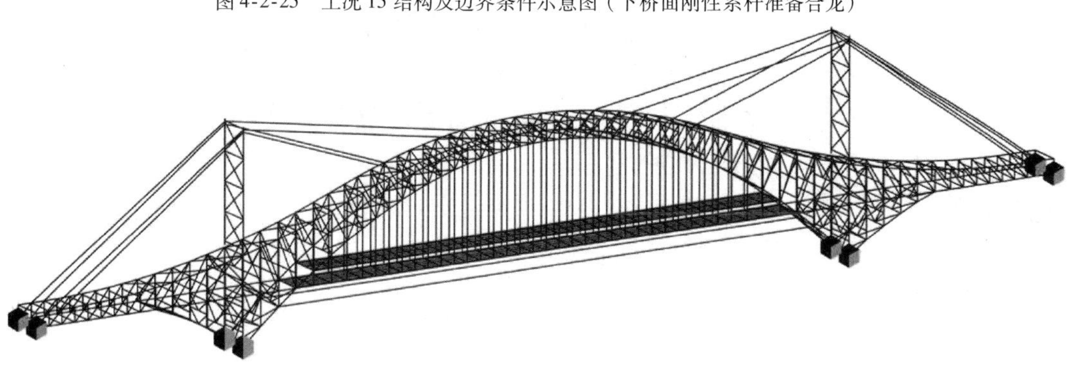

图 4-2-26　工况 16 结构及边界条件示意图（刚性系杆合龙）

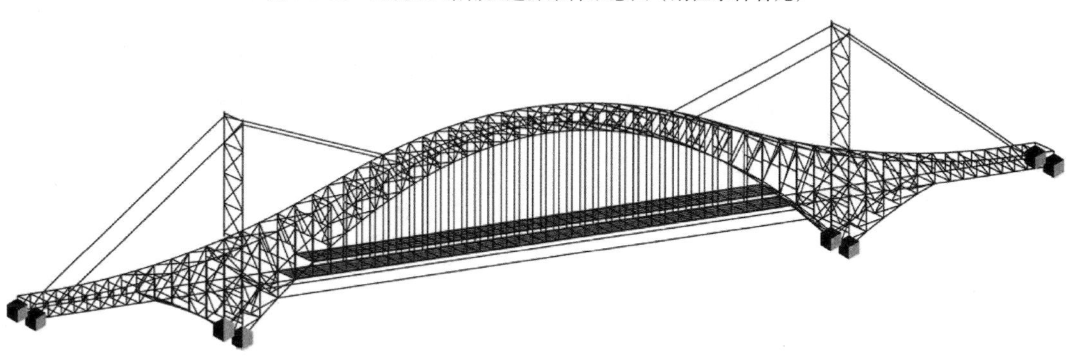

图 4-2-27　工况 17 结构及边界条件示意图（外索逐步拆除）

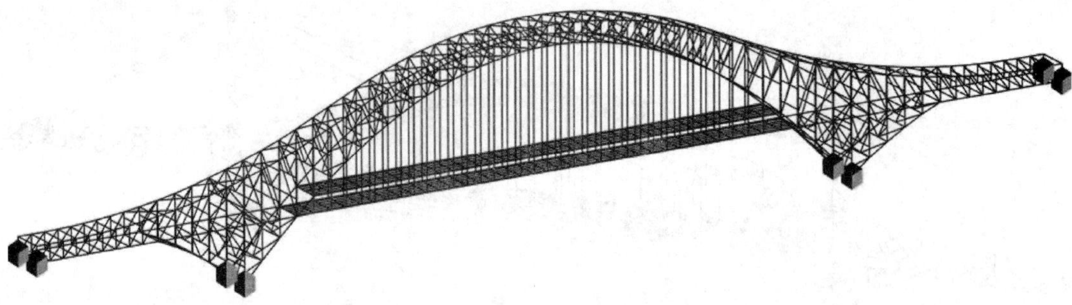

图 4-2-28　工况 18 结构及边界条件示意图（内索逐步拆除）

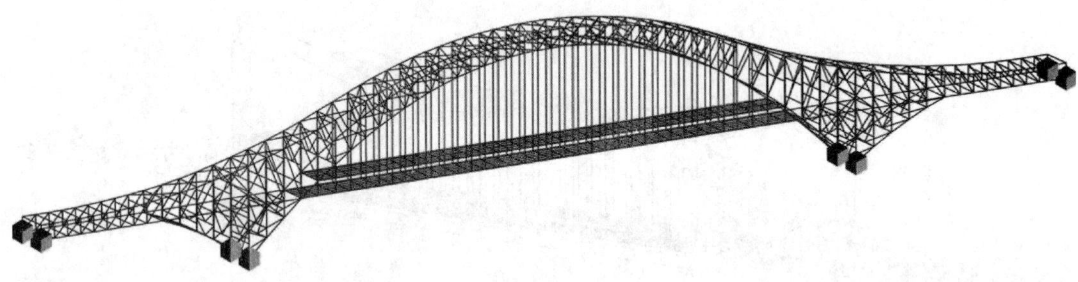

图 4-2-29　工况 19 结构及边界条件示意图（配重全部拆除）

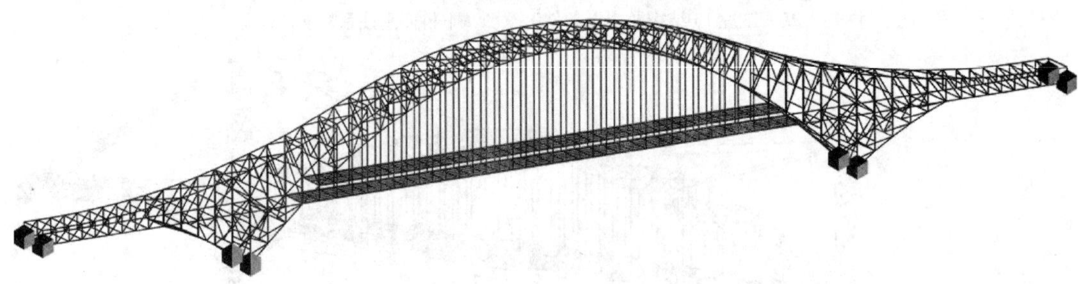

图 4-2-30　工况 20 结构及边界条件示意图（安装永久系杆）

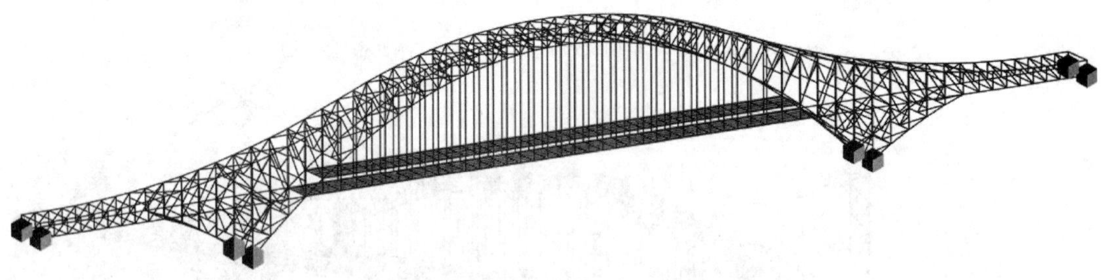

图 4-2-31　工况 21 结构及边界条件示意图（二期恒载）

3）爬行架梁吊机模拟

爬行架梁吊机按集中荷载进行模拟，见表 4-2-3，其大小为实桥架桥机自重荷载的 1/1 600。

4）平衡配重模拟

模型桥边支点平衡配重加载见表 4-2-4。平衡配重拆除见表 4-2-5。

爬行架梁吊机压力模拟取值(单位:N) 表 4-2-3

施工阶段	100%荷载前压力位置和大小	100%荷载后压力位置和大小	50%荷载前压力位置和大小	50%荷载后压力位置和大小
工况 1	A3 处 -8 125	A2 处 -1 875	A3 处 -4 062.5	A2 处 -937.5
工况 2	A4 处 -8 125	A3 处 -1 875	A4 处 -4 062.5	A3 处 -937.5
工况 3	A9 处 -8 125	A8 处 -1 875	A9 处 -4 062.5	A8 处 -937.5
工况 4	A14 处 -8 125	A13 处 -1 875	A14 处 -4 062.5	A13 处 -937.5
工况 5	A21 处 -8 125	A20 处 -1 875	A21 处 -4 062.5	A20 处 -937.5
工况 6	A26 处 -8 125	A25 处 -1 875	A26 处 -4 062.5	A25 处 -937.5
工况 7	A26 处 -8 125	A25 处 -1 875	A26 处 -4 062.5	A25 处 -937.5
工况 8	A31 处 -8 125	A30 处 -1 875	A31 处 -4 062.5	A30 处 -937.5
工况 9	A31 处 -8 125	A30 处 -1 875	A31 处 -4 062.5	A30 处 -937.5
工况 10	A34 处 -8 125	A33 处 -1 875	A34 处 -4 062.5	A33 处 -937.5
工况 11	A34 处 -8 125	A33 处 -1 875	A34 处 -4 062.5	A33 处 -937.5
工况 12	A34 处 -8 125	A33 处 -1 875	A34 处 -4 062.5	A33 处 -937.5
工况 13	A34 处 -8 125	A33 处 -1 875	A34 处 -4 062.5	A33 处 -937.5
工况 14	A34 处 -8 125	A33 处 -1 875	A34 处 -4 062.5	A33 处 -937.5
工况 15	A34 处 -8 125	A33 处 -1 875	A34 处 -4 062.5	A33 处 -937.5
工况 16	A34 处 -8 125	A33 处 -1 875	A34 处 -4 062.5	A33 处 -937.5
工况 17	A34 处 -8 125	A33 处 -1 875	A34 处 -4 062.5	A33 处 -937.5
工况 18	A34 处 -8 125	A33 处 -1 875	A34 处 -4 062.5	A33 处 -937.5
工况 19	A34 处 -8 125	A33 处 -1 875	A34 处 -4 062.5	A33 处 -937.5
工况 20	无	无	无	无
工况 21	无	无	无	无

模型桥边跨平衡配重施加(配重荷载为 100%) 表 4-2-4

阶段	临时节间下层(N)	临时节间上层(N)	永久节间下层(N)	永久节间上层(N)
工况 3	1 875	—	—	—
工况 4	1 187.5	—	—	—
工况 5	625	—	—	—
工况 6	437.5	—	—	—
工况 8	2 468.75	5 062.5	6 593.75	—
工况 10	—	1 531.25	—	6 593.75

模型桥施工配重拆除(配重荷载为 100%) 表 4-2-5

阶段	临时节间下层(N)	临时节间上层(N)	永久节间下层(N)	永久节间上层(N)
钢桁拱合龙后	6 593.75	6 593.75	—	—
临时系杆拆除	—	—	6 593.75	6 593.75

5)斜拉扣挂扣索、临时系杆和永久系杆模拟

斜拉扣挂扣索、临时系杆和永久系杆的初拉力以及阶段调整索力见表4-2-6。

斜拉扣挂扣索、临时系杆和永久系杆初拉力及调整索力(配重荷载为100%)　表4-2-6

阶　段	位　置	实桥单片主桁(kN)	模型桥单片主桁(N)
工况7	内扣索	9 417	5 886
工况7	内锚索	10 655	6 659
工况9	外扣索	11 862	7 414
工况9	外锚索	13 757	8 598
工况13	临时系杆	28 290	17 681
工况14	临时系杆	42 320	26 450
工况16	临时系杆	42 840	26 775
工况17	临时系杆	43 950	27 469
工况18	临时系杆	45 000	28 125
工况21	永久系杆	18 430	11 519

6)其他配重模拟

模型钢桁及上、下桥面板的配重根据实桥图纸得出质量后根据相似原理求得。人行道荷载按照设计结合相似原理取值。二期恒载的取值以设计为准,按照相似原理换算。

2.3.3　施工阶段有限元分析结果

根据施工过程结构分析,最不利杆件位置分别有:上弦杆A6-A7、上弦杆A10-A11、上弦杆A11-A12、上弦杆A14-A15、上弦杆A35-A36、竖腹杆A7-M7、竖腹杆A11-M11、竖腹杆C15-E15、下弦杆E4-E5、下弦杆E5-E6、下弦杆E7-E8、下弦杆E11-E12、下弦杆E17-E18、下弦杆E33-E34、斜腹杆E2-A3、斜腹杆E4-A5、斜腹杆E6-A7、斜腹杆E10-A11、斜腹杆M16-E17、斜腹杆A19-E20、斜腹杆A31-E32,同时需对斜拉扣挂扣索、临时系杆和永久系杆的索力进行观测。

对于位移分析,在钢桁拱合龙以前,取悬臂最前端上弦处位移为控制值。在钢桁拱合龙后取拱顶位移为控制值。

50%换算荷载结果见表4-2-7～表4-2-9。

结构架设至安装斜拉扣挂内扣索阶段各杆件理论应力值(单位:MPa)　表4-2-7

杆件位置	备　注	施工至E10	施工至E14下菱形	施工至E22	施工至E27	安装内扣锚索
A6-A7	上弦	65.1	97.9	101.3	143.1	76.8
A10-A11	上弦	—	84.4	104.5	135.0	82.5
A11-A12	上弦	—	56.5	97.1	138.5	84.3
A14-A15	上弦	—	—	—	82.5	52.4
A15-A16	上弦	—	—	46.5	82.5	52.4
A35-A36	上弦	45.7	-19.5	—	-44.2	-28.3
A7-M7	竖腹	—	103.4	—	50.5	19.9
A11-M11	竖腹	—	—	-27.5	-24.2	-40.6

续上表

杆件位置	备 注	施工至 E10	施工至 E14 下菱形	施工至 E22	施工至 E27	安装内扣锚索
C15-E15	竖腹	-51.6	-70.6	-73.3	-105.2	-77.7
E4-E5	下弦	-49.1	-73.1	-75.2	-106.0	-74.6
E5-E6	下弦	—	-76.5	-90.0	-121.7	-83.5
E7-E8	下弦	—	—	-52.2	-88.3	-69.6
E11-E12	下弦	—	—	—	-65.1	-50.9
E17-E18	下弦	—	—	—	—	—
E33-E34	下弦	48.8	31.6	31.5	54.8	53.8
E2-A3	斜腹	—	63.1	62.5	88.0	38.2
E4-A5	斜腹	-67.1	26.7	50.9	63.3	38.1
E6-A7	斜腹	—	-95.1	-48.3	-30.1	-18.6
E10-A11	斜腹	—	—	—	13.1	14.3
M16-E17	斜腹	—	—	—	63.0	54.3
A19-E20	斜腹	—	—	—	—	—
A31-E32	斜腹	—	—	—	—	—
内扣索		—	—	—	—	410.1
内锚索		—	—	—	—	475.0
外扣索		—	—	—	—	—
外锚索		—	—	—	—	—
临时系杆		—	—	—	—	—
永久系杆		—	—	—	—	—
竖向位移(m)		-0.003	-0.009	-0.029	-0.008	0.004

安装斜拉扣挂内扣索至桥面系合龙阶段各杆件理论应力值(单位:MPa) 表 4-2-8

杆件位置	备 注	施工至 E33 处	安装外扣锚索	施工至 E36 处	主拱合龙	边支点顶升	临时系杆安装
A6-A7	上弦	143.1	74.4	95.7	84.2	24.2	-72.6
A10-A11	上弦	135.0	82.4	107.4	98.3	77.3	3.3
A11-A12	上弦	138.5	80.8	105.7	97.6	78.6	7.9
A14-A15	上弦	82.5	40.0	51.1	47.8	45.2	17.0
A15-A16	上弦	82.5	40.6	51.1	48.5	45.9	17.7
A35-A36	上弦	-44.2	-29.5	-42.0	-12.0	-81.2	-64.1
A7-M7	竖腹	50.5	29.1	38.7	-39.4	-49.7	-30.8
A11-M11	竖腹	-24.2	-55.4	-54.4	34.2	15.4	-20.5
C15-E15	竖腹	-105.2	-118.2	-141.6	-54.9	-58.8	-75.0
E4-E5	下弦	-106.0	-108.5	-134.1	-130.4	-59.0	45.2

续上表

杆件位置	备　注	施工至E33处	安装外扣锚索	施工至E36处	主拱合龙	边支点顶升	临时系杆安装
E5-E6	下弦	-121.7	-112.9	-143.3	-124.0	-67.6	30.0
E7-E8	下弦	-88.3	-80.5	-96.1	-133.0	-92.1	5.4
E11-E12	下弦	-65.1	-58.5	-70.1	-92.5	-85.0	-45.0
E17-E18	下弦	—	—	—	-67.5	-62.3	-60.0
E33-E34	下弦	54.8	51.0	64.5	10.0	—	50.0
E2-A3	斜腹	88.0	40.4	73.8	55.7	51.0	-31.0
E4-A5	斜腹	63.3	39.7	58.3	66.4	79.0	14.0
E6-A7	斜腹	-30.1	-26.7	-34.3	55.2	67.0	34.5
E10-A11	斜腹	13.1	15.0	14.2	-31.0	-16.0	12.8
M16-E17	斜腹	63.0	27.2	30.2	14.3	16.0	72.0
A19-E20	斜腹	—	18.8	60.6	33.4	66.0	49.0
A31-E32	斜腹	—	—	—	66.3	91.0	37.2
内扣索		618.5	438.4	496.4	490.0	440.0	220.0
内锚索		716.4	528.9	610.0	598.0	514.0	315.0
外扣索		—	355.4	436.1	422.0	318.0	152.0
外锚索		—	406.6	492.9	479.0	372.0	140.0
临时系杆		—	—	—	—	—	313.9
永久系杆		—	—	—	—	—	—
竖向位移(m)		-0.032	-0.008	-0.015	-0.023	-0.071	-0.045

桥面系合龙阶段至全桥竣工各杆件理论应力值(单位:MPa)　　表4-2-9

杆件位置	备　注	上桥面合龙,下桥面安装至合龙口	边支点顶升	下桥面合龙	拆外索	拆内索	临时系杆拆除,安装永久系杆,所有配重拆除	桥面板和二期恒载
A6-A7	上弦	-51.6	-60.5	-60.0	-52.6	-44.2	-14.7	-10.5
A10-A11	上弦	19.7	12.7	13.1	17.0	26.2	26.2	43.9
A11-A12	上弦	22.9	16.4	16.7	21.6	32.1	29.5	49.1
A14-A15	上弦	18.3	15.7	15.6	19.7	28.5	19.7	30.8
A15-A16	上弦	18.3	15.7	15.7	20.3	28.5	19.7	30.8
A35-A36	上弦	-89.7	-94.0	-96.6	-105.1	-106.0	-111.1	-132.5
A7-M7	竖腹	-34.2	-32.5	-32.5	-32.5	-37.7	-21.9	-32.5
A11-M11	竖腹	-10.3	-13.7	-13.7	-14.9	-15.4	-6.8	-6.8
C15-E15	竖腹	-91.2	-92.2	-92.6	-90.2	-85.3	-81.9	-98.0
E4-E5	下弦	24.7	34.8	34.5	41.5	53.6	19.0	18.4

续上表

杆件位置	备注	上桥面合龙,下桥面安装至合龙口	边支点顶升	下桥面合龙	拆外索	拆内索	临时系杆拆除,安装永久系杆,所有配重拆除	桥面板和二期恒载
E5-E6	下弦	11.0	20.0	20.0	25.6	34.0	11.0	7.0
E7-E8	下弦	-14.0	-26.0	-51.0	0.0	34.0	-6.0	-16.0
E11-E12	下弦	-55.0	-51.0	-52.0	-50.0	-51.0	-48.0	-66.0
E17-E18	下弦	-80.0	-78.0	-78.0	-79.0	-80.0	-35.0	-49.0
E33-E34	下弦	5.5	33.0	32.6	33.0	22.0	10.0	-10.0
E2-A3	斜腹	-15.0	-23.0	-23.0	-22.5	-49.0	-22.7	-24.9
E4-A5	斜腹	28.2	22.0	22.3	23.8	35.3	6.0	15.8
E6-A7	斜腹	41.6	38.5	38.7	39.0	45.2	25.2	38.9
E10-A11	斜腹	6.0	8.0	8.0	9.0	10.0	2.0	1.0
M16-E17	斜腹	102.0	104.2	105.0	106.0	109.0	30.0	35.8
A19-E20	斜腹	48.5	48.8	47.6	46.7	52.7	51.7	62.0
A31-E32	斜腹	55.6	52.6	54.1	59.6	48.2	32.7	41.2
内扣索		257.0	237.0	236.0	269.0	—	—	—
内锚索		342.0	319.0	320.0	312.0	—	—	—
外扣索		171.0	151.0	152.0	—	—	—	—
外锚索		174.0	149.0	150.0	—	—	—	—
临时系杆		469.8	478.0	480.0	488.0	501.0	—	—
永久系杆		—	—	—	—	—	296.0	315.0
竖向位移(m)		-0.050	-0.050	-0.051	-0.052	-0.052	-0.054	-0.058

100%荷载换算结果见表4-2-10~表4-2-12。

结构架设至安装斜拉扣挂内扣索阶段各杆件理论应力值(单位:MPa)　　表4-2-10

杆件位置	部位	施工至E10处	施工至E14下菱形处	施工至E22处	施工至E27处	安装内扣锚索	施工至E33处
A6-A7	上弦	130.5	189.4	178.9	263.0	96.8	315.7
A10-A11	上弦	—	144.1	190.0	255.5	121.9	281.7
A11-A12	上弦	—	—	176.9	262.1	124.5	278.4
A14-A15	上弦	—	—	89.1	157.2	81.2	144.1
A15-A16	上弦	—	—	89.1	159.9	81.9	144.1
A35-A36	上弦	—	—	—	—	—	—
A7-M7	竖腹	92.5	-22.3	-70.2	-85.6	-44.5	-82.2
A11-M11	竖腹	—	188.4	95.9	65.1	24.0	95.9
C15-E15	竖腹	—	—	-53.9	-49.0	-90.7	-74.0
E4-E5	下弦	-104.0	-136.0	-128.0	-194.0	-123.0	-319.0

续上表

杆件位置	部　位	施工至E10处	施工至E14下菱形处	施工至E22处	施工至E27处	安装内扣锚索	施工至E33处
E5-E6	下弦	-98.5	-141.3	-132.0	-196.0	-117.0	-300.0
E7-E8	下弦	-23.5	-137.0	-162.0	-228.0	-130.0	-313.8
E11-E12	下弦	—	6.0	-100.0	-170.0	-122.0	-197.0
E17-E18	下弦	—	—	-72.0	-125.0	-89.0	-144.0
E33-E34	下弦	—	—	—	—	—	—
E2-A3	斜腹	99.0	59.0	50.0	99.0	97.0	222.0
E4-A5	斜腹	33.0	123.0	112.0	165.0	38.0	165.0
E6-A7	斜腹	-134.0	28.0	96.0	122.0	57.0	119.0
E10-A11	斜腹	-14.0	-174.0	-87.0	-55.0	-26.0	-82.0
M16-E17	斜腹	—	—	27.0	26.0	29.0	26.0
A19-E20	斜腹	—	—	87.0	120.0	98.0	69.0
A31-E32	斜腹	—	—	—	—	—	120.0
单片桁内扣索(kg)		—	—	—	—	589.6	889
单片桁内锚索(kg)		—	—	—	—	682.8	1 030
单片桁外扣索(kg)		—	—	—	—	—	—
单片桁外锚索(kg)		—	—	—	—	—	—
单桁临时系杆(kg)		—	—	—	—	—	—
单桁永久系杆(kg)		—	—	—	—	—	—
竖向位移(m)		-0.007	-0.016	-0.004	-0.022	0.005	-0.064

安装斜拉扣挂内扣索至桥面系合龙阶段各杆件理论应力值(单位:MPa)　　表4-2-11

杆件位置	部　位	安装外扣锚索	施工至E36处	钢桁拱合龙	边支点顶升	临时系杆安装	上桥面合龙,下桥面安装至合龙
A6-A7	上弦	126.3	167.3	164.1	91.5	-103.1	-62.1
A10-A11	上弦	150.7	196.5	194.6	186.7	38.7	69.4
A11-A12	上弦	145.4	193.9	192.0	190.0	45.9	75.3
A14-A15	上弦	73.4	93.7	93.0	100.9	45.2	47.2
A15-A16	上弦	74.0	95.0	94.3	98.3	45.9	47.8
A35-A36	上弦	—	—	4.7	-5.6	39.3	-22.6
A7-M7	竖腹	-54.8	-80.5	-78.8	-109.6	-68.5	-77.1
A11-M11	竖腹	49.7	73.6	68.5	49.7	-22.3	-5.1
C15-E15	竖腹	-112.7	-107.8	-107.8	-108.8	-142.2	-171.6
E4-E5	下弦	-218.0	-263.0	-261.0	-174.0	34.0	-5.0
E5-E6	下弦	-199.0	-249.0	-247.0	-187.0	9.0	-28.3

续上表

杆件位置	部　位	安装外扣锚索	施工至E36处	钢桁拱合龙	边支点顶升	临时系杆安装	上桥面合龙，下桥面安装至合龙
E7-E8	下弦	-208.0	-267.0	-265.0	-234.0	-39.0	-76.5
E11-E12	下弦	-153.0	-184.0	-182.0	-188.0	-108.0	-127.0
E17-E18	下弦	-111.0	-134.0	-133.0	-138.0	-132.0	-172.0
E33-E34	下弦	—	-37.2	-35.8	26.6	-251.6	-278.6
E2-A3	斜腹	87.0	113.0	111.0	146.0	-18.0	13.0
E4-A5	斜腹	66.0	132.0	130.0	187.0	57.0	84.0
E6-A7	斜腹	73.0	109.0	109.0	148.0	83.0	96.0
E10-A11	斜腹	-48.0	-62.0	-62.0	-45.0	12.0	-2.0
M16-E17	斜腹	30.0	28.0	28.0	28.0	139.0	199.0
A19-E20	斜腹	82.0	56.0	55.0	61.0	27.0	26.0
A31-E32	斜腹	57.0	76.0	78.0	126.0	-21.0	15.0
单片桁内扣索(kg)		630.2	713.6	704.4	632.6	316.2	369.4
单片桁内锚索(kg)		760.2	876.8	859.6	738.8	452.8	491.6
单片桁外扣索(kg)		755.2	926.8	896.8	675.8	323	363.4
单片桁外锚索(kg)		864	1 047.4	1 017.8	790.6	297.6	369.8
单桁临时系杆(kg)		—	—	—	—	1 765.6	2 642.6
单桁永久系杆(kg)		—	—	—	—	—	—
竖向位移(m)		0.027	-0.034	-0.080	-0.006	0.050	-0.001

桥面系合龙阶段至全桥竣工各杆件理论应力值(单位:MPa)　　表4-2-12

杆件位置	部　位	下桥面合龙	拆外索	拆内索	临时系杆拆除，安装永久系杆，所有配重拆除	桥面板和二期恒载
A6-A7	上弦	-70.5	-45.2	-23.1	55.8	65.8
A10-A11	上弦	63.5	77.3	100.2	115.3	150.7
A11-A12	上弦	68.8	85.2	112.0	121.9	159.9
A14-A15	上弦	43.9	59.0	80.6	69.4	92.4
A15-A16	上弦	44.5	59.0	80.6	70.1	92.4
A35-A36	上弦	-29.5	-48.3	-58.1	-68.4	-109.4
A7-M7	竖腹	-75.3	-75.3	-85.6	-59.9	-82.2
A11-M11	竖腹	-8.6	-10.3	-10.3	12.0	12.0
C15-E15	竖腹	-176.5	-167.2	-152.0	-144.6	-179.9
E4-E5	下弦	5.0	28.0	57.0	-26.0	-27.0
E5-E6	下弦	-19.0	-19.0	0.0	-41.0	-48.0

续上表

杆件位置	部　位	下桥面合龙	拆外索	拆内索	临时系杆拆除，安装永久系杆，所有配重拆除	桥面板和二期恒载
E7-E8	下弦	-67.0	-68.0	-53.0	-77.0	-97.0
E11-E12	下弦	-123.0	-124.0	-119.0	-121.0	-158.0
E17-E18	下弦	-170.0	-170.0	-169.0	-90.0	-117.0
E33-E34	下弦	-278.6	-279.6	-281.4	-309.2	-363.8
E2-A3	斜腹	5.0	7.0	-59.0	—	—
E4-A5	斜腹	78.0	84.0	113.0	66.0	86.0
E6-A7	斜腹	94.0	95.0	110.0	77.0	104.0
E10-A11	斜腹	0.0	3.0	5.0	-14.0	-17.0
M16-E17	斜腹	202.0	206.0	210.0	55.0	67.0
A19-E20	斜腹	24.0	20.0	35.0	34.0	54.0
A31-E32	斜腹	15.0	34.0	5.0	-7.0	-8.0
单片桁内扣索(kg)		339.2	386.6	—	—	—
单片桁内锚索(kg)		460	448.6	—	—	—
单片桁外扣索(kg)		323	—	—	—	—
单片桁外锚索(kg)		318.8	—	—	—	—
单桁临时系杆(kg)		2 700	2 745	2 818	—	—
单桁永久系杆(kg)		—	—	—	1 139.8	1 211
竖向位移(m)		-0.001	-0.002	-0.001	-0.005	-0.006

2.3.4　运营阶段有限元分析

影响线是桥梁结构中确定最不利加载位置的依据，在设计活载的作用下，结构受力行为基本与荷载呈线性关系。故本试验采用影响线的概念，对设计汽车和轨道荷载按影响线加载进行活载分析。

成桥阶段试验是在成桥后静活载作用下的应力增量部分，分析完成后可与模型试验施工阶段的累计应力进行叠加，对模型结构各测试杆件进行分析。

重庆朝天门大桥静力模型桥运营阶段有限元分析采用高级有限元分析软件进行计算。在施工阶段的分析基础上，对运营阶段的 15 个对称荷载工况和 5 个偏载工况进行分析，并对关键杆件 E35-E36、E25-E26、A34-E35、A15-A16、E20-C20、E21-C21、E3-E4 和永久系杆的应力影响线以及上层桥面跨中的挠度影响线进行模拟。整体模型见图 4-2-31。

2.3.5　模型桥的桥面车道布置

重庆朝天门大桥运营阶段有限元分析时，根据模型的缩尺比与按现行规范，采用如图 4-2-32 ~ 图 4-2-35 所示的车道布置方式。

据《公路桥涵设计通用规范》(JTG D60—2004)，公路 I 级车道荷载的均布荷载为 10.5kN/m，集中力荷载大小为 360kN，依据相似原理，集中力为实桥的 1/3 200、均布荷载为实桥的 1/80，即模型桥荷载取值为 50% 荷载。模型桥的荷载取值为均布荷载 131.25N/m，集中力荷载大小 112.5N。

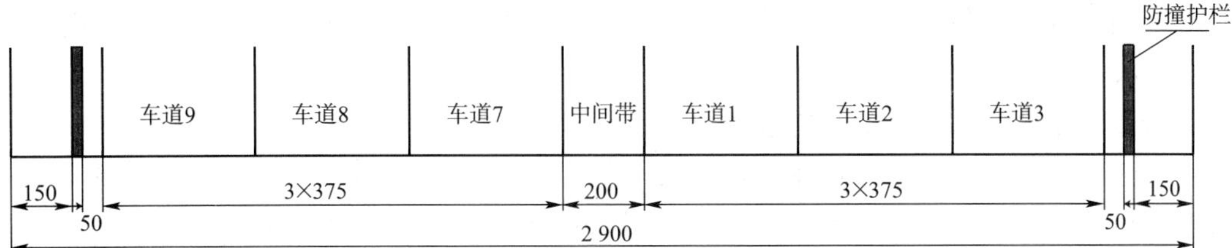

图 4-2-32 上层桥面车辆正行车道布置(尺寸单位:mm)

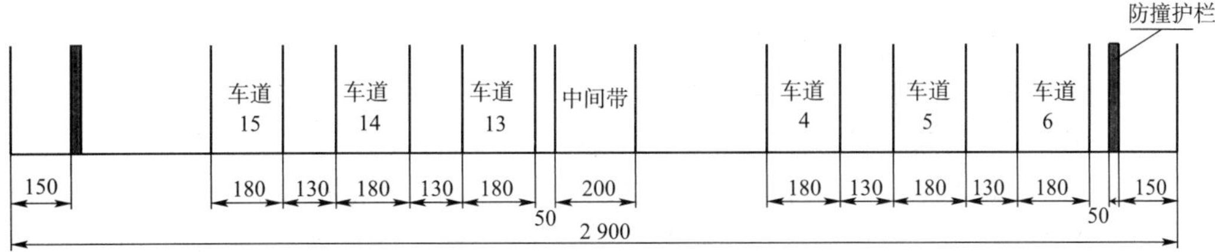

图 4-2-33 上层桥面车辆偏行车道布置(尺寸单位:mm)

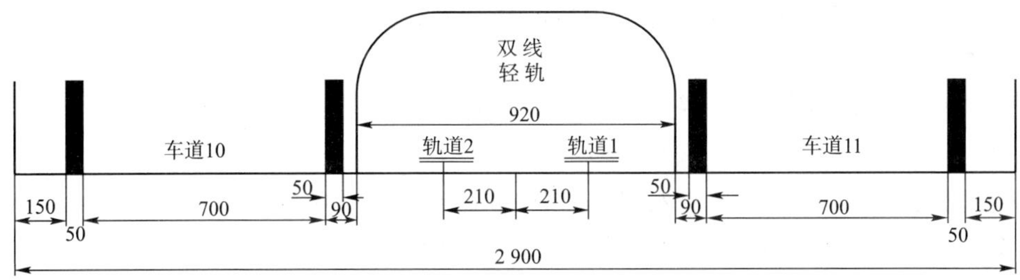

图 4-2-34 下层桥面车辆正行车道布置(尺寸单位:mm)

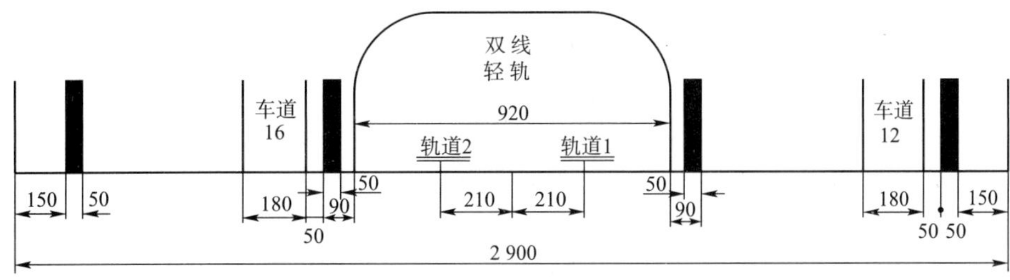

图 4-2-35 下层桥面车辆偏行车道布置(尺寸单位:mm)

轨道荷载试验时,采用设计的 B 型地铁车,5 辆车编组,每辆车长 19.52m,4 个轴间距为 2.3m + 10.3m + 2.3m,车辆最大轴重为 140kN。同理,根据相似原理,集中力为实桥的 1/3 200、均布荷载为实桥的 1/80。即模型桥荷载取值为 50% 荷载。轴重取为 43.75N,间距为 5.75cm + 25.75cm + 5.75cm。

建模时车道和轨道通过建立虚拟梁的形式实现,模型桥的车道荷载和轨道荷载取值在分析中通过自定义车辆荷载实现。移动荷载工况有汽车正载、汽车偏载、轨道荷载。

(1)汽车正载。将模型桥的车道荷载布置在上、下层桥面的正载车道上,最少加载车道数为 1,最多加载车道数为 8。

(2)汽车偏载。将模型桥的车道荷载布置在上、下层桥面的偏载车道上,最少加载车道数为 1,最多加载车道数为 8。

(3)轨道荷载。将模型桥的轨道荷载布置在下层桥面的轨道上,最少加载轨道数为 1,最多加载轨道数为 2。

2.3.6 运营阶段关键工况的选择

运营阶段选择以下 15 个对称荷载工况和 5 个偏载工况(其中对同一杆件的汽车和轨道荷载分别分析,然后叠加),并对杆件 E35-E36、E25-E26、A34-E35、A15-A16、E20-C20、E21-C21、E3-E4 和永久系杆的应力影响线以及上层桥面跨中的挠度影响线进行模拟。

对称工况:

(1)工况 1　对拱顶处下弦杆 E35-E36 进行上、下桥面共 8 车道应力加载。

(2)工况 2　对 1/4 拱处下弦杆 E25-E26 进行上、下桥面共 8 车道应力加载。

(3)工况 3　对拱顶处斜腹杆 A34-E35 进行上、下桥面共 8 车道应力加载。

(4)工况 4　对支座处上弦杆 A15-A16 进行上、下桥面共 8 车道应力加载。

(5)工况 5　对汽车荷载最不利吊杆 E20-C20 进行上、下桥面共 8 车道应力加载。

(6)工况 6　对永久系杆进行上、下桥面共 8 车道应力加载。

(7)工况 7　对上层桥面跨中进行上桥面共 6 车道挠度加载。

(8)工况 8　对拱顶处下弦杆 E35-E36 进行下桥面轻轨荷载应力加载。

(9)工况 9　对 1/4 拱处下弦杆 E25-E26 进行下桥面轻轨荷载应力加载。

(10)工况 10　对拱顶处斜腹杆 A34-E35 进行下桥面轻轨荷载应力加载。

(11)工况 11　对支座处上弦杆 A15-A16 进行下桥面轻轨荷载应力加载。

(12)工况 12　对最不利下弦杆 E3-E4 进行下桥面轻轨荷载应力加载。

(13)工况 13　对吊杆 E20-C20 进行下桥面轻轨荷载应力加载。

(14)工况 14　对轨道荷载最不利吊杆 E21-C21 进行下桥面轻轨荷载应力加载。

(15)工况 15　对永久系杆进行下桥面轻轨荷载应力加载。

偏载工况:

(16)工况 16　对拱顶处下弦杆 E35-E36 进行上、下桥面偏载应力加载。

(17)工况 17　对 1/4 拱处下弦杆 E25-E26 进行上、下桥面偏载应力加载。

(18)工况 18　对拱顶处斜腹杆 A34-E35 进行上、下桥面偏载应力加载。

(19)工况 19　对支座处上弦杆 A15-A16 进行上、下桥面偏载应力加载。

(20)工况 20　对汽车荷载最不利吊杆 E20-C20 进行上、下桥面偏载应力加载。

对于全桥影响线的模拟,采用理论计算和实测相结合,实测时选取下桥面单元,逐步沿桥面节点挂放重力为 1 200N 的重物进行相关的应力测试和挠度测试。

2.3.7 模型桥影响线计算及加载内力结果

1)模型桥影响线计算结果

以拱顶处下弦杆 E35-E36 为例,应力影响线见图 4-2-36。

2)模型桥影响线加载内力计算结果

对称汽车荷载试验时(双侧人群荷载忽略不算),为上、下桥面共 8 车道加载。根据《公路桥涵设计通用规范》(JTG D60—2004),公路Ⅰ级车道荷载的均布荷载为 10.5kN/m,集中力荷载大小为 360kN,结合相似原理,模型桥的荷载取值为均布荷载 262.5N/m,集中力荷载

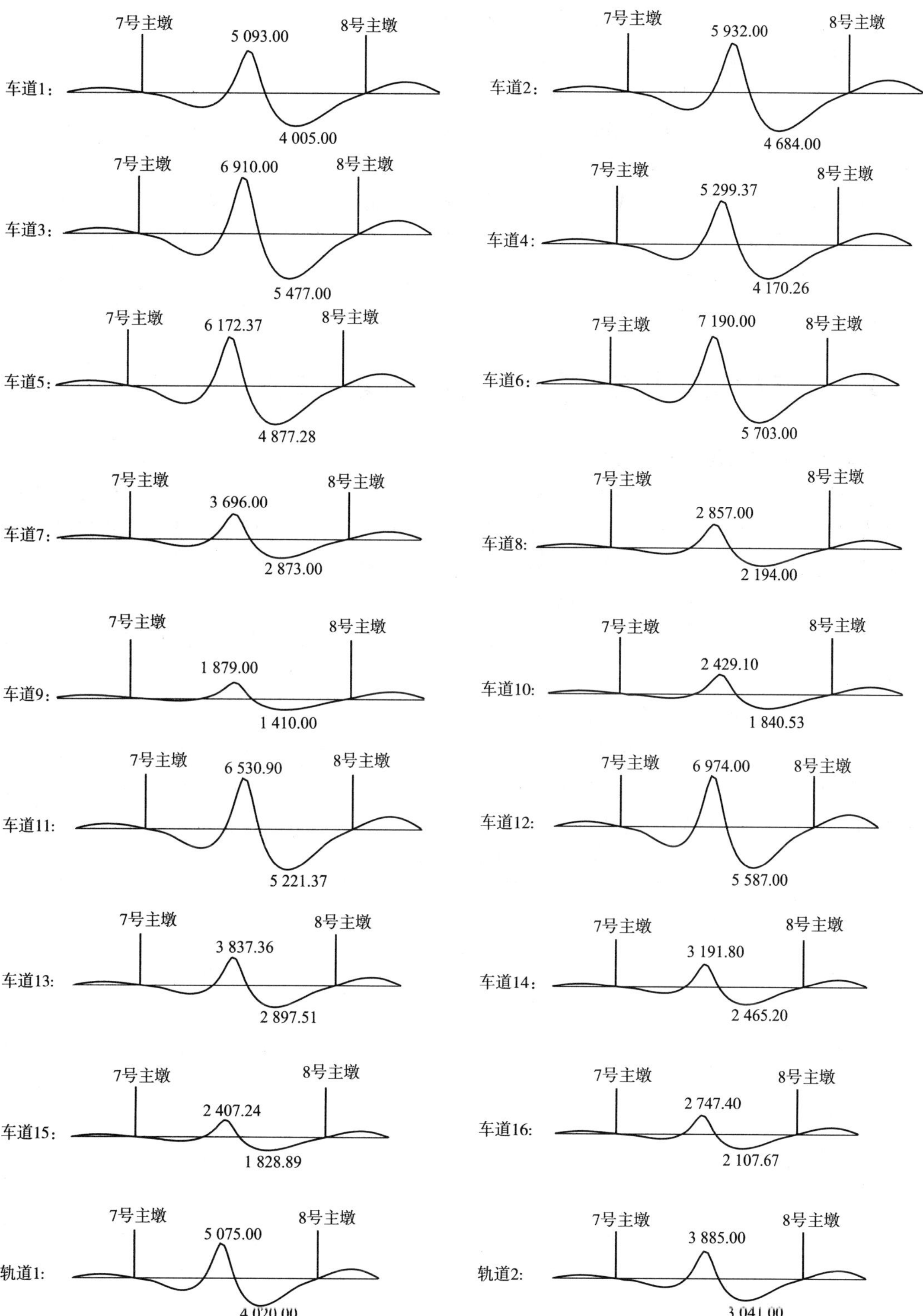

图 4-2-36 E35-E36 应力影响线

大小225N。总体加载时，根据规范的相关规定进行折减，横向折减系数为0.5。车道荷载还根据影响线长度考虑了冲击力。

轨道荷载试验时，根据实桥设计说明，采用B型地铁车，5辆车编组，每辆车长19.52m，4个轴间距为2.3m+10.3m+2.3m，车辆最大轴重为140kN。同理，根据相似原理，轴重取为87.5N，间距为5.75cm+25.75cm+5.75cm。

偏载试验时（单侧人群荷载忽略），试验荷载按4车道（车道折减系数为0.67）施加偏载效应与8车道偏载效应（车道折减系数为0.67）对比较小，故按8车道偏载进行计算和试验。

在模型试验实施时，对车道荷载中的集中力和轨道荷载的模拟采用直接在节点上施加集中力进行，对车道荷载中的均布荷载采用直接在桥面堆放已称重的规则混凝土试块荷载进行。

2.4 结构安装主要工况和运营阶段模拟试验

2.4.1 施工阶段荷载配重方案

试模型试验中，自重补偿质量根据各杆件配重平均分配到杆件两端节点上，即在杆件两端加集中荷载；扣塔质量补偿采用在A15节点处施加配重实现，实桥爬行架梁吊机等节点荷载也采用节点荷载的形式添加在模型相应节点上。考虑到：

（1）模型钢材级别低于实桥钢材。

（2）模型比例小，制作难度大，节点和杆件的误差影响对于整体结构的承载力的负面影响相对较大。

（3）在不同荷重比下模型的稳定性较差。

（4）由于模型尺寸较小，模型桥体上没有足够空间将100%的配重实施于模型桥上。因此，模型试验实施过程中采用施加20%、50%荷载进行观测分析，且在实施过程中严格进行分级加载。以工况21为例，配重加载见表4-2-13。

工况21配重加载增量表（单片桁架）　　表4-2-13

增加荷载节点号	50%荷载(N)	100%荷载(N)	增加荷载节点号	50%荷载(N)	100%荷载(N)
E1	-42	-86	E7上桥面	-104	-208
A1	-52	-104	E8	-86	-170
E2	-86	-170	E8上桥面	-104	-208
A2	-104	-208	E9	-92	-184
E3	-86	-170	E9上桥面	-112	-224
A3	-104	-208	E10	-106	-212
E4	-86	-170	E10上桥面	-130	-258
E4上桥面	-104	-208	M11上桥面	-138	-276
E5	-86	-170	M11	-114	-228
E5上桥面	-104	-208	M12上桥面	-138	-276
E6	-86	-170	M12	-114	-228
E6上桥面	-104	-208	M13上桥面	-138	-276
E7	-86	-170	M13	-14	-28

续上表

增加荷载节点号	50%荷载(N)	100%荷载(N)	增加荷载节点号	50%荷载(N)	100%荷载(N)
M14 上桥面	-138	-276	M25	-164	-326
M14	-114	-228	C26	-196	-394
M15 上桥面	-138	-276	M26	-164	-326
M15	-114	-228	C27	-196	-394
M16 上桥面	-138	-276	M27	-164	-326
M16	-114	-228	C28	-196	-394
M17 上桥面	-138	-276	M28	-164	-326
M17	-114	-228	C29	-196	-394
E18 上桥面	-138	-276	M29	-164	-326
E18	-114	-228	C30	-196	-394
E19	-138	-276	M30	-164	-326
M19	-114	-228	C31	-196	-394
C20	-130	-258	M31	-164	-326
M20	-106	-212	C32	-196	-394
C21	-120	-242	M32	-164	-326
M21	-100	-198	C33	-196	-394
C22	-112	-224	M33	-164	-326
M22	-92	-184	C34	-196	-394
C23	-196	-394	M34	-164	-326
M23	-164	-326	C35	-196	-394
C24	-196	-394	M35	-164	-326
M24	-164	-326	C36	-150	-300
C25	-196	-394	M36	-120	-242

2.4.2 施工阶段测试方案和试验步骤

1)测试内容

模型试验测试系统包括:位移测试系统、应力测试系统、索力测试系统。

位移测试采用百分表和水准仪进行。对于合龙前,测试悬臂最前端的竖向位移,合龙后测试拱顶的竖向位移。

应变测试系统和索力测试系统由电阻应变片及应变仪组成,采用电测法进行恒载、活载结构应力分布测试。

采用电阻应变片和 YE2539 数据采集仪测试应变,然后通过换算得到杆件应力。位移采用精密水准仪来观测。

2)应变片的布置

应变片在杆件上双面对称布置,如图 4-2-37 所示。

2.4.3 主要施工工况模型试验结果

分别试验测试了 20%、50% 时的实测数据,并推测 100% 时的数据,将其与理论分析数据进行比较,部分测试结果列于表 4-2-14、表 4-2-15、表 4-2-16。

表 4-2-14

模型桥施工阶段应力测试结果(单位:MPa)

杆件位置	部位	工况 3 施工至 E10 处								工况 4 施工至 E14 下菱形处					
		20%荷载模型实测结果	50%荷载理论计算结果	50%荷载模型实测结果	50%荷载校验系数	100%荷载理论计算结果	100%荷载推测模型监测结果	100%荷载校验系数	20%荷载模型实测结果	50%荷载理论计算结果	50%荷载模型实测结果	50%荷载校验系数	100%荷载理论计算结果	100%荷载推测模型监测结果	100%荷载校验系数
A6-A7	上弦	18.4	66.3	55.8	0.84	130.5	118.0	0.90	25.3	100	67.6	0.68	189.4	138.1	0.73
A10-A11	上弦									85.2	86.9	1.02	144.1	170.8	1.19
A11-A12	上弦									57	50.5	0.89		98.6	
A14-A15	上弦														
A15-A16	上弦														
A35-A36	上弦														
A7-E7	竖腹	13.7	45.7	37.0	0.81	92.5	75.9	0.82	-11.3	-18.8	-22.7	1.21	-32.3	-41.7	1.29
A11－M11	竖腹								35.2	104.5	96.8	0.93	188.4	199.4	1.06
E4-E5	下弦	-18.9	-51.6	-45.9	0.89	-104.0	-90.9	0.87	-25.7	-72	-61.0	0.85	-136.0	-119.8	0.88
E5-E6	下弦	-17.0	-50	-48.6	0.97	-98.5	-101.1	1.03	-19.2	-76.5	-48.1	0.63	-141.3	-96.3	0.68
E7-E8	下弦	-5.2	-11.9	-14.4	1.21	-24.0	-29.7	1.24	-17.8	-77	-45.9	0.60	-137.0	-92.7	0.68
E11-E12	下弦														
E2-A3	斜腹	15.1	50	45.2	0.90	99.0	95.4	0.96	15.8	32	38.7	1.21	59.0	76.8	1.30
E4-A5	斜腹	6.6	17	18.5	1.09	33.0	38.3	1.16	26.3	65	63.6	0.98	123.0	125.8	1.02
E6-A7	斜腹	-10.0	-68	-45.5	0.67	-134.0	-104.7	0.78	12.6	26	32.7	1.26	58.0	66.1	1.14
E10-A11	斜腹								-37.4	-96	-87.9	0.92	-174.0	-172.1	0.99
M16-E17	斜腹														
A19-E20	斜腹														
A31-E32	斜腹														
竖向位移(m)		-0.002	-0.007	-0.005					0.005	0.009	0.013				

模型桥施工阶段应力测试结果(单位:MPa) 表 4-2-15

杆件位置	备注	工况11合龙							工况12边支点顶升					
		20%荷载模型实测结果	50%荷载理论计算结果	50%荷载模型实测结果	50%荷载校验系数	100%荷载理论计算结果	100%荷载推测模型监测值	100%荷载校验系数	50%荷载理论计算结果	50%荷载模型实测结果	50%荷载校验系数	100%荷载理论计算结果	100%荷载推测模型监测结果	100%荷载校验系数
A6-A7	上弦	20.0	88.4	60.8	0.69	164.1	128.8	0.78	48.4	36.8	0.76	91.5	69.6	0.76
A10-A11	上弦	25.0	104.8	73.8	0.70	194.6	155.1	0.80	96.3	74.6	0.77	186.7	144.6	0.77
A11-A12	上弦	34.7	100.9	78.9	0.78	192.0	152.5	0.79	97.6	68.9	0.71	190.0	134.1	0.71
A14-A15	上弦	15.2	49.1	39.0	0.79	93.0	78.6	0.84	52.4	36.6	0.70	100.9	70.5	0.70
A15-A16	上弦	13.8	49.8	39.1	0.79	94.3	81.2	0.86	53.1	36.5	0.69	98.3	67.5	0.69
A35-A36	上弦	-0.8	0	-1.6		4.7	-3.0	-0.64	-13.7	-12.1	0.88	-5.6	-4.9	0.88
A7-E7	竖腹	-9.0	-41.1	-28.9	0.70	-78.8	-62.1	0.79	-54.8	-44.6	0.81	-109.6	-89.2	0.81
A11-M11	竖腹	10.6	36	27.6	0.77	68.5	55.9	0.82	25.7	20.2	0.79	49.7	39.0	0.79
E4-E5	下弦	-57.1	-135	-131.1	0.97	-261.0	-254.4	0.97	-89	-86.9	0.98	-174.0	-169.9	0.98
E5-E6	下弦	-49.1	-128	-117.2	0.92	-247.0	-230.7	0.93	-95	-89.3	0.94	-187.0	-175.8	0.94
E7-E8	下弦	-47.2	-137	-120.8	0.88	-265.0	-243.5	0.92	-119	-108.8	0.91	-234.0	-213.9	0.91
E11-E12	下弦	-32.3	-94	-85.4	0.91	-182.0	-173.9	0.96	-96	-89.7	0.93	-188.0	-175.7	0.93
E17-E18	下弦	-166.1	-69	-58.8	0.85	-133.0	120.0	-0.90	-70	-62.3	0.89	-138.0	-122.8	0.89
E33-E34	下弦	-4.7	-18	-12.3	0.68		-25.0		13.7	11.0	0.80	-10.0	-8.0	0.80
E2-A3	斜腹	22.2	60	54.5	0.91	111.0	108.4	0.98	74	81.5	1.10	146.0	160.8	1.10
E4-A5	斜腹	19.8	69	54.8	0.79	130.0	113.1	0.87	95	66.6	0.70	187.0	131.1	0.70
E6-A7	斜腹	12.5	57	37.9	0.66	109.0	80.2	0.74	75	59.3	0.79	148.0	117.0	0.79
E10-A11	斜腹	-10.0	-32	-27.1	0.85	-62.0	-55.6	0.90	-23	-20.0	0.87	-45.0	-39.1	0.87
M16-E17	斜腹	7.4	14	17.2	1.23	28.0	33.6	1.20	14	17.0	1.21	28.0	34.0	1.21
A19-E20	斜腹	13.5	28	30.8	1.10	55.0	59.7	1.09	35	31.8	0.91	61.0	55.4	0.91
A31-E32	斜腹	26.3	41	51.7	1.26	78.0	94.1	1.21	49	57.3	1.17	126.0	147.3	1.17
单片桁内扣索(N)		1 559	3 522	3 892	1.11	7 044	7 780	1.10	3 163	3 483	1.10	6 326	6 966	1.10
单片桁内锚索(N)		2 412	4 298	5 614	1.31	8 596	10 950	1.27	3 694	5 181	1.40	7 388	10 362	1.40
单片桁外扣索(N)		2 342	4 484	5 401	1.20	8 968	10 500	1.17	3 379	4 922	1.46	6 758	9 844	1.46
单片桁外锚索(N)		2 180	5 089	5 375	1.06	10 178	10 700	1.05	3 953	4 569	1.16	7 906	9 138	1.16
单桁临时系杆(N)														
单桁永久系杆(N)														
竖向位移(m)		0.0	0	-0.001					-0.007	-0.006				

模型桥施工阶段应力测试结果（MPa）

表 4-2-16

杆件位置	备注	工况 20 拆除临时系杆和所有配重，安装永久系杆						工况 21 加载剩余桥面板和二期恒载					
		50% 荷载理论计算结果	50% 荷载模型实测结果	50% 荷载校验系数	100% 荷载理论计算结果	100% 荷载推测模型监测结果	100% 荷载校验系数	50% 荷载理论计算结果	50% 荷载模型实测结果	50% 荷载校验系数	100% 荷载理论计算结果	100% 荷载推测模型监测结果	100% 荷载校验系数
A6-A7	上弦	15.8	19.7	1.25	55.8	69.5	1.25	21	25.2	1.20	65.8	78.9	1.20
A10-A11	上弦	49.1	68.4	1.39	115.3	160.6	1.39	66.8	92.5	1.38	150.7	208.7	1.38
A11-A12	上弦	52.4	67.8	1.29	121.9	157.7	1.29	71.9	88.3	1.23	159.9	196.3	1.23
A14-A15	上弦	30.8	41.9	1.36	69.4	94.5	1.36	41.9	55.9	1.33	92.4	123.2	1.33
A15-A16	上弦	30.8	40.6	1.32	70.1	92.4	1.32	41.9	53.2	1.27	92.4	117.3	1.27
A35-A36	上弦	-41.9	-45.2	1.08	-68.4	-73.8	1.08	-68.4	-75.3	1.10	-109.4	-120.4	1.10
A7-E7	竖腹	-27.4	-36.8	1.34	-59.9	-80.5	1.34	-39.4	-50.4	1.28	-82.2	-105.1	1.28
A11-M11	竖腹	21	21.1	1.01	44	45.4	1.03	26	20.8	0.8	55	45.9	0.83
E4-E5	下弦	-40	-57.5	1.44	-82.0	-117.3	1.44	-50	-58.2	1.16	-170	-221.3	1.16
E5-E6	下弦	-12	-63.9	5.33	-41.0	-218.3	5.33	-15.3	-68.3	4.46	-48.0	-214.3	4.46
E7-E8	下弦	-30	-33.7	1.12	-77.0	-86.5	1.12	-40	-45.9	1.15	-97.0	-111.3	1.15
E11-E12	下弦	-58	-79.9	1.38	-121.0	-166.7	1.38	-76	-99.0	1.30	-158.0	-205.8	1.30
E17-E18	下弦	-43	-55.3					-57	-69.6				
E33-E34	下弦	-129.5	-121.3	1.07	-282.3	-264.4	0.73	-150.5	-139.9	1.08	-309.0	-287.2	1.08
E2-A3	斜腹	-5	34.1	-6.82				-7	32.0	-4.57			
E4-A5	斜腹	26	33.7	1.30	66.0	85.5	1.30	36	45.3	1.26	86.0	108.2	1.26
E6-A7	斜腹	35	46.1	1.32	77.0	101.4	1.32	49	67.5	1.38	104.0	143.3	1.38
E10-A11	斜腹	-46	-39.4	0.86	-14.0	-12.0	0.86	-57	-40.0	0.70	-17.0	-11.9	0.70
M16-E17	斜腹	28	31.2	1.11	55.0	61.3	1.11	35	39.7	1.13	67.0	76.0	1.13
A19-E20	斜腹	21	28.9	1.38	34.0	46.8	1.38	31	42.1	1.36	54.0	73.3	1.36
A31-E32	斜腹	0	4.4		-7.0		0.00	0	15.0		-8.0		0.00
单片桁内扣索（N）													
单片桁内锚索（N）													
单片桁外扣索（N）													
单片桁外锚索（N）													
单桁临时系杆（N）													
单桁永久系杆（N）		5 699	5 759	1.01	11 398	11 518	1.01	6 055	7 524	1.24	12 110	15 048	1.24
竖向位移（m）		-0.002	-0.003					-0.004	-0.012				

注：表中竖向位移均为该工况节点的位移值增量。

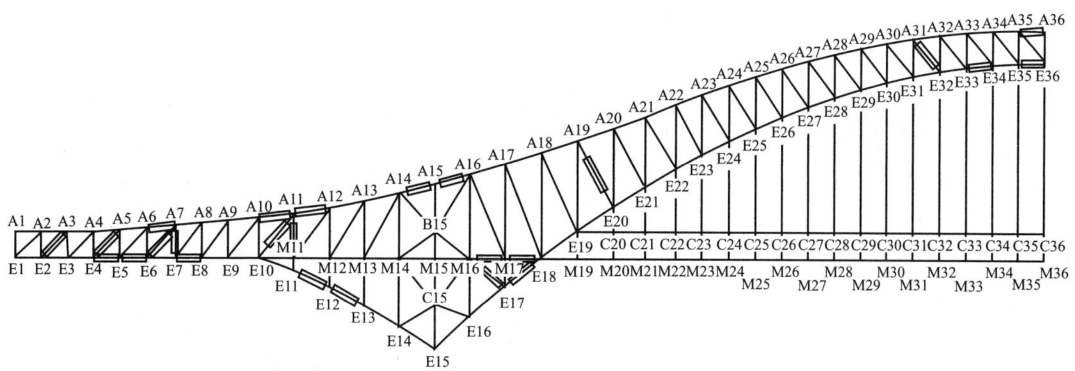

图 4-2-37 重庆朝天门大桥施工阶段模型试验应变片布置图

对于边支点顶升工况（工况 12），模型试验时顶升值取为 1cm。从数据可以看出，按此方案进行施工，拱顶上下弦杆的压应力较大。如果适当增加顶升量，拱顶上下弦杆的压应力可以相应降低。

2.4.4 运营阶段模型测点布置

重庆朝天门大桥在功能上需要同时满足公路和轻轨交通两方面的要求，桥面分成上、下两层桥面。为考察桥梁在运营阶段的力学行为，评估桥梁的安全性，在模型试验中，进行多个加载工况，对桥梁各关键受力杆件进行多种满载和偏载工况试验。寻找各关键受力杆件的最不利受力加载方式时，采用桥梁结构分析中的影响线加载进行。

运营阶段模型试验应力测点布置见图 4-2-38。

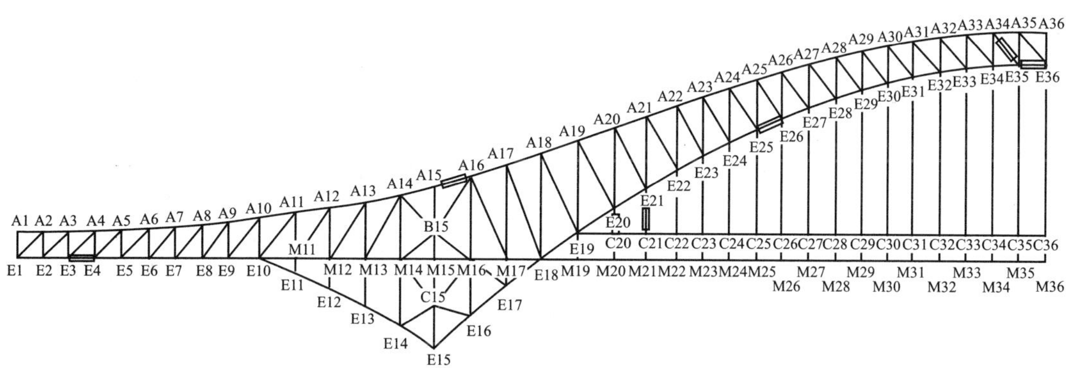

图 4-2-38 运营阶段模型试验应力测点布置图

注：1. 所有矩形框覆盖的杆件都需要使用应变片测量。

2. 全桥分为两片桁架，即近窗桁与远窗桁。

3. 每根杆上对称贴有两片应变片，采用公共补偿。

4. 本图适用于活载。

依据有限元分析结果及设计资料，运营阶段测试杆件包括 E25-E26，A34-E35，A15-A16，E20-C20，E3-E4，E21-C21 以及跨中上桥面，永久系杆。

2.4.5 模型桥影响线实测

如图 4-2-39 所示，将 1 200N 集中荷载在下层桥面逐节点移动，测试杆件的应力和控制节点的挠度，绘制成实测影响线。

根据模型桥实测数据,绘出杆件及构件实测影响线。以 E35-E36、A34-E35 永久系杆为例,实测影响线如图 4-2-40 ~ 图 4-2-42 所示。

a)

b)

图 4-2-39 运营阶段模型桥影响线试验

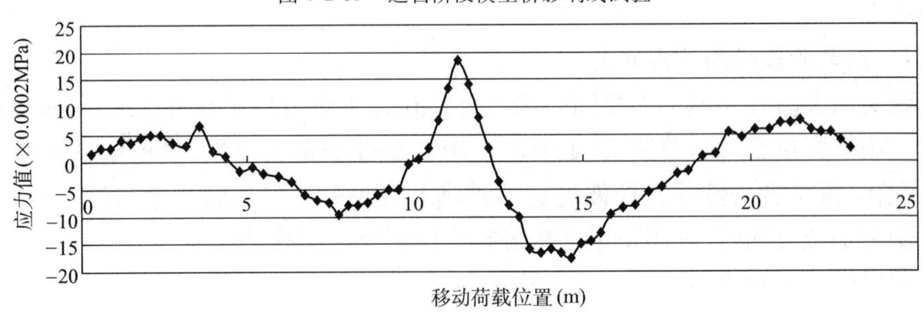

图 4-2-40 E35-E36 实测影响线图

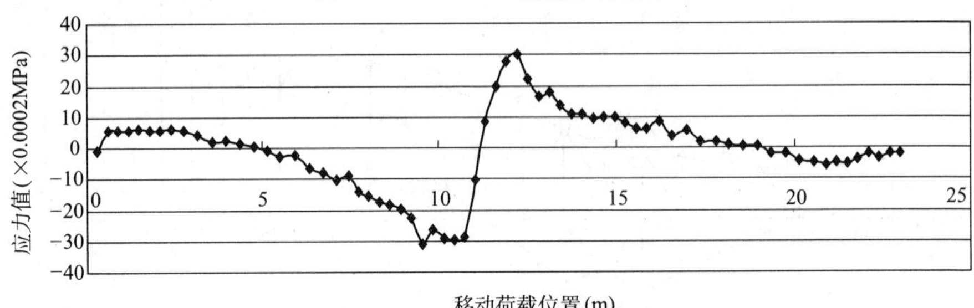

图 4-2-41 A34-E35 实测影响线图

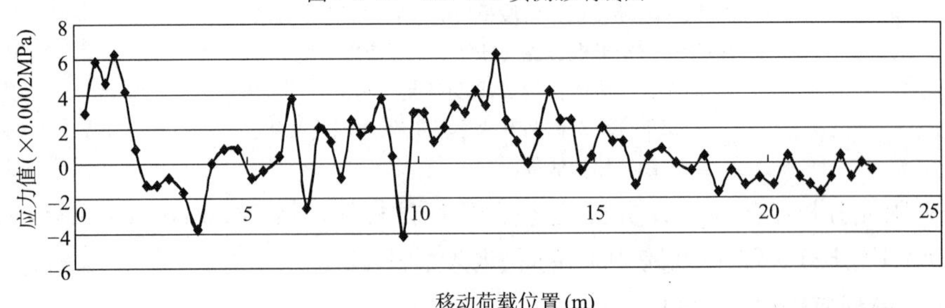

图 4-2-42 永久系杆实测影响线图

除系杆应力外,杆件及构件理论影响线与实测曲线形状吻合较好。

2.4.6 运营阶段模型试验加载工况

根据《公路桥涵设计通用规范》(JTG D60—2004),车道荷载的均布荷载应满布于使结构产生最不利效应的同号影响线上,集中荷载只作用于相应影响线中一个最大影响线峰值处。这样就可得到使下弦杆 E35-E36 产生最不利轴向应力的车道荷载布置位置。根据荷载等效,到在试验中下列最不利杆件的活载布置位置,见表 4-2-17。

运营阶段工况(50% 荷载) 表 4-2-17

运营阶段工况	工况描述	均布荷载位置	均布荷载大小(N/m)	节点集中荷载位置	各节点集中荷载大小(N)
工况 1	E35-E36 汽车 8 车道正载应力	1~15 节点、30~38 节点、57~70 节点	500.0	35、36 节点	455.0
工况 2	E25-E26 汽车 8 车道正载应力	1~15 节点、30~58 节点	500.0	38、39、40 节点	580.0
工况 3	A34-E35 汽车 8 车道正载应力	1~15 节点、34~57 节点	500.0	37、38 节点	580.0
工况 4	A15-A16 汽车 8 车道正载应力	1~15 节点、30~38 节点、57~70 节点	500.0	8、9、10 节点	427.0
工况 5	E20-C20 汽车 8 车道正载应力	19~22 节点	500.0	20、21 节点	310.0
工况 6	永久系杆汽车 8 车道正载应力	15~57 节点	250.0	34、38 节点	400.0
工况 7	跨中上桥面共 6 车道正载挠度	14~58 节点	250.0	35、36、37 节点	450.0
工况 8	E35-E36 轻轨荷载应力			30~38 节点	190.0
工况 9	E25-E26 轻轨荷载应力			30~57 节点	100.0
工况 10	A34-E35 轻轨荷载应力			34~57 节点	150.0
工况 11	A15-A16 轻轨荷载应力			1~15 节点	150.0
工况 12	E3-E4 轻轨荷载应力			1~14 节点	170.0
工况 13	E20-C20 轻轨荷载应力			17~21 节点	250.0
工况 14	E21-C21 轻轨荷载应力			18~22 节点	240.0
工况 15	永久系杆轻轨荷载应力			15~57 节点	60.0

续上表

运营阶段工况	工 况 描 述	均布荷载位置	均布荷载大小(N/m)	节点集中荷载位置	各节点集中荷载大小(N)
工况16	E35-E36 汽车偏载应力	1~15节点、30~38节点、57~70节点	500.0	35、36节点	551.5
工况17	E25-E26 汽车偏载应力	1~15节点、30~58节点	500.0	38、39、40节点	643.0
工况18	A34-E35 汽车偏载应力	1~15节点、34~57节点	500.0	37、38节点	685.0
工况19	A15-A16 汽车偏载应力	1~15节点、30~38节点、57~70节点	500.0	8、9、10节点	593.0
工况20	E20-C20 汽车偏载应力	19~22节点	500.0	20、21节点	360.0

运营阶段部分分为15个对称荷载工况和5个偏载工况进行测试。

2.5 结构安装主要工况和运营阶段关键构件安全性评估

2.5.1 模型试验实测值结果

表4-2-18列出了施工阶段控制杆件应力实测结果及其与计算值的比较。以A35-A36上弦杆为例,施工阶段应力实测值与理论值比较见图4-2-43。

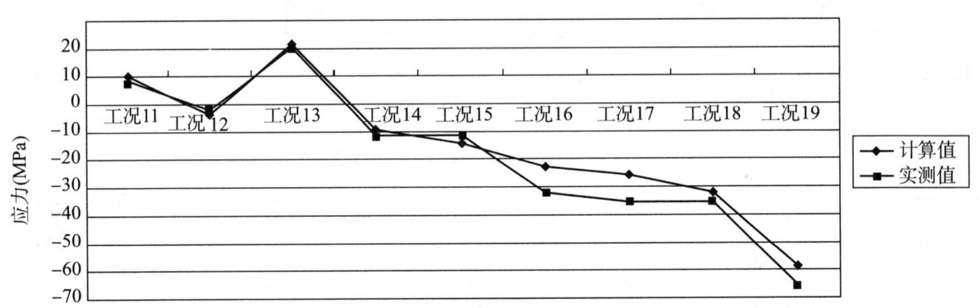

图4-2-43 A35-A36上弦杆施工阶段应力实测值与理论值比较

可见,实测数据与理论数据相差基本在15%以内,个别接近20%。相关系数为0.7~0.997,均方差为1.9~20.96。对于1:40模型而言,数据的吻合情况较好,变化趋势较一致,有限元分析可以较好地模拟模型桥50%配重时的应力变化规律,因此,可以推论:针对100%配重的有限元分析结果可以用来推测模型桥在100%时的受力情况,从而与实桥进行对照。

模型桥部分实测数据大于理论计算值的原因主要有:

(1)模型桥的节点构造与实桥不同,采用普通螺栓连接,且由于安装的需要,节点板上的螺栓孔径为3.3mm,而螺栓的直径为3mm,因此,在非压力螺栓连接节点板位置,在荷载作用下不

表 4-2-18

施工阶段控制杆件应力实测值与计算值的比较(单位:MPa)

控制杆件号	项目	工况3	工况4	工况5	工况6	工况7	工况8	工况9	工况10	工况11	工况12	工况13	工况14	工况15	工况16	工况17	工况18	工况19	均方差	相关系数
A6-A7	计算值	66.3	100	101	134.7	50.5	162	67.3	89.4	88.4	48.4	-48.4	-27.4	-35.8	-24.2	-13.7	15.8	21	10.95	0.977
	实测值	55.8	67.6	71.2	142.4	59	153.9	59.2	60.6	60.8	36.8	-44.3	-25.4	-33.2	-22	-10.9	19.7	25.2		
	该工况计算增量	66.3	33.7	1	33.7	-84.2	111.5	-94.7	22.1	-1	-40	-96.8	21	-8.4	11.6	10.5	29.5	5.2		
	该工况实测增量	55.8	11.8	3.6	71.2	-83.4	94.9	-94.7	1.4	0.2	-24	-81.1	18.9	-7.8	11.2	11.1	30.6	5.5		
	|计算增量-实测增量|	10.5	21.9	2.6	37.5	0.8	16.6	0	20.7	1.2	16	15.7	2.1	0.6	0.4	0.6	1.1	0.3		
A10-A11	计算值		85.2	105.5	130.4	63.5	67.3	78	102.9	104.8	96.3	21.6	38	31.4	38	49.1	49.1	66.8	20.96	0.700
	实测值		86.9	65.1	151.6	71.1	117.5	72	73.6	73.8	74.6	27.1	50.3	43.3	50.1	61	68.4	92.5		
	计算增量		85.2	20.3	24.9	-66.9	3.8	10.7	24.9	1.9	-8.5	-74.7	16.4	-6.6	6.6	11.1	0	17.7		
	实测增量		86.9	-21.8	86.5	-80.5	46.4	-45.5	1.6	0.2	0.8	-47.5	23.2	-7	6.8	10.9	7.4	24.1		
	|计算增量-实测增量|	0	1.7	42.1	61.6	13.6	42.6	56.2	23.3	1.7	9.3	27.2	6.8	0.4	0.2	0.2	7.4	6.4		
A11-A12	计算值		57	98.3	134.3	64.9	78	78.6	101.5	100.9	97.6	25.6	41.3	34.7	41.9	55	66.8	71.9	10.77	0.843
	实测值		50.5	62.8	125.4	66.9	93.1	64.2	78.6	78.9	68.9	27.7	50.2	41.2	50	60.6	67.8	88.3		
	该工况计算增量		57	41.3	36	-69.4	13.1	0.6	22.9	-0.6	-3.3	-72	15.7	-6.6	7.2	13.1	11.8	5.1		
	该工况实测增量		50.5	12.3	62.6	-58.5	26.2	-28.9	14.4	0.3	-10	-41.2	22.5	-9	8.8	10.6	7.2	20.5		
	|计算增量-实测增量|	0	6.5	29	26.6	10.9	13.1	29.5	8.5	0.9	6.7	30.8	6.8	2.4	1.6	2.5	4.6	15.4		
A35-A36	计算值									0	-13.7	11.5	-19.2	-24.4	-32.9	-35.9	-41.9	-68.4	3.59	0.990
	实测值									-1.6	-12.1	10.1	-21.4	-21.4	-42	-45.3	-45.2	-75.3		
	该工况计算增量		0	0	0	0	0	0	0	0	-13.7	25.2	-30.7	-5.2	-8.5	-3	-6	-26.5		
	该工况实测增量		0	0	0	0	0	0	0	-1.6	-10.5	22.2	-31.5	0	-20.6	-3.3	0.1	-30.1		
	|计算增量-实测增量|	0	0	0	0	0	0	0	0	1.6	3.2	3	0.8	5.2	12.1	0.3	6.1	3.6		

续上表

控制杆件号	项目	工况3	工况4	工况5	工况6	工况7	工况8	工况9	工况10	工况11	工况12	工况13	工况14	工况15	工况16	工况17	工况18	工况19	均方差	相关系数
E5-E6	计算值	-50	-76.5	-75	-100	-60	-154	-104	-129	-128	-95	-11.5	-17	-7.4	-12.8	-11	-12	-15.3	6.71	0.976
	实测值	-48.6	-58.1	-72	-117.5	-70.5	-166.3	-108.5	-115.7	-117.2	-89.3	-3.83	-22.5	-22.5	-21.3	-19.5	-23.9	-28.9		
	该工况计算增量		-26.5	1.5	-25	40	-94	50	-25	1	33	83.5	-5.5	9.6	-5.4	1.8	-1	-3.3		
	该工况实测增量		-9.5	-13.9	-45.5	47	-95.8	57.8	-7.2	-1.5	27.9	85.5	-18.7	0	1.2	1.8	-4.4	-5		
	|计算增量-实测增量|	0	17	15.4	20.5	7	1.8	7.8	17.8	2.5	5.1	1.97	13.2	9.6	6.6	0	3.4	1.7		
E17-E18	计算值			-39	-64	-46	-74	-58	-69	-69	-70	-70	-67	-88	-86	-85	-87	-57	5.38	0.902
	实测值			-29.9	-59.9	-39.3	-52.9	-50.8	-58.5	-58.8	-62.3	-62.3	-74.3	-92.9	-92.9	-92.8	-96.1	-67.6		
	该工况计算增量		0	-39	-25	18	-28	16	-11	0	-1	0	3	-21	2	1	-2	30		
	该工况实测增量		0	-29.9	-30	20.6	-13.6	2.1	-7.7	-0.3	-3.5	0	-12	-18.6	0	0.1	-3.3	28.5		
	|计算增量-实测增量|	0	0	9.1	5	2.6	14.4	13.9	3.3	0.3	2.5	0	15	2.4	2	0.9	1.3	1.5		
E33-E34	计算值								-18	-18	13.7	-87.5	-101.5	-105.2	-105.5	-118.5	-129.5	-150.5	2.71	0.997
	实测值								-13.8	-12.3	11	-90.2	-100.5	-100.5	-99.9	-117.1	-121.3	-139.9		
	该工况计算增量								-18	0	31.7	-101.2	-14	-3.7	-0.3	-13	-11	-21		
	该工况实测增量								-13.8	1.5	23.3	-101.2	-10.3	0	0.6	-17.2	-4.2	-18.6		
	|计算增量-实测增量|								4.2	1.5	8.4	0	3.7	3.7	0.9	4.2	6.8	2.4		
M16-E17	计算值			15	13	15	13	15	14	14	14	70	102	103	105	107	28	35	1.90	0.997
	实测值			14.9	8.7	12.1	12.2	12.5	17.2	17.2	17	70.1	97.5	97.5	103.2	109.9	31.2	39.7		
	该工况计算增量		0	15	-2	2	-2	2	-1	0	0	56	32	1	2	2	-79	7		
	该工况实测增量		0	14.9	-6.2	3.4	0.1	0.3	4.7	0	-0.2	53.1	27.4	0	5.7	6.7	-78.7	8.5		
	|计算增量-实测增量|	0	0	0.1	4.2	1.4	2.1	1.7	5.7	0	0.2	2.9	4.6	1	3.7	4.7	0.3	1.5		

可避免地将发生转动和压缩变形。这与有限元模型中节点的刚性连接将会产生模拟误差。

(2)模型桥在实桥缩尺 1:40 之后,各种几何尺寸较小,对试验过程的各种干扰,比如不大的尺寸偏差、荷载偏载等比较敏感,从而产生一定的应力误差表现。

总之,模型试验较好地表现了主桥施工全过程各主要杆件的受力及变形情况,应力变化规律吻合程度较高,在各种包括安装杆件、支座顶推、斜拉扣挂扣索张拉及合龙等复杂工况模拟过程中,各主要数据的大小和趋势较好,模型试验达到了预期效果。

2.5.2 临时系杆受力转换试验

试验中进行了两组不同的转换试验,第一组是以永久系杆承力为主,即第一次先张拉永久系杆至其终值拉力的 1/3,然后放松临时系杆拉力的 1/3,第二次张拉永久系杆至其终值拉力的 2/3,然后放松临时系杆拉力的 2/3,第三次即转换完毕,使得桥面刚性系杆受力适度,转换过程安全平稳。第二组试验是先松掉临时系杆,所有拉力由刚性系杆承担,其后在桥面上施加二期恒载,当二期恒载刚施加完毕,在球铰支座上方的主桁架平联发生挠曲,横联发生螺钉脱落,局部杆件发生明显变形,滑动支座位移达 1.5mm,在卸去二期恒载后局部变形才停止发展,如图 4-2-44、图 4-2-45 所示。

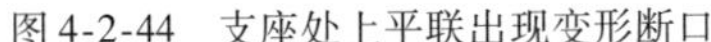

图 4-2-44 支座处上平联出现变形断口

图 4-2-45 支座上方横联出现螺钉崩脱

试验证明,在进行系杆转换时,为保证结构安全,宜先张拉部分永久系杆,实现平稳渐变转换。不宜拆去临时系杆后全由刚性系杆承担拉力,避免出现较大的刚性系杆拉力以及过大的支座处节点受力与支座位移。

2.5.3 模型试验结果分析

(1)通过对模型桥主要施工阶段进行模拟试验,结构主桁杆件处于良好的工作状态,未发生强度破坏,主桁杆件测试值和理论值未超过施工容许应力。

(2)模型桥节点因简化使其刚性有所削弱,也导致个别杆件应力大于理论值。实桥采用高强螺栓,结构的整体性好,结构是可靠的。

(3)模型简化中横向联结刚度有所削弱,模型桥合龙后偏载加载导致模型失稳现象发生,由此可见,上下游拱桁片之间的横向支撑连接系和均衡加载对加强桥的横向整体稳定性尤其重要。

(4)比较 20% 及 50% 荷载试验结果,材料应力基本上呈线性关系,有限元分析也说明了此点。

(5)施工过程中 50% 荷载模拟试验表明,上弦杆控制杆件 A10- A11 拉应力实测最大值为 151.6MPa,大于理论计算值,发生在工况 6(拼装至 E27),成桥二恒加载完毕后,该杆件应力为92.5MPa。下弦杆控制杆件E5-E6压应力实测最大值为-166.3MPa(理论值为-154MPa),此最大值发生在工况8(拼装至E33),成桥二恒加载完毕后,该杆件应力为-68.3MPa。竖腹杆控制杆件应力较小。斜腹杆控制杆件E2-A3最大应力为115.7MPa,M16-E17最大应力为109.9MPa。

(6)鉴于模型比例较小,难以采用高强螺栓,因此,将实桥高强螺栓连接的节点简化为模型桥普通螺栓连接,再加之栓孔间隙的影响,在一定程度上降低了节点连接刚度,模型结构在合龙前某些施工工况下的实测挠度变形明显大于理论值。

(7)从50%荷载模拟试验结果看,单片桁内扣索初张拉力为2 902N,施工过程中最大值为4 340N。单片桁内锚索初张拉力为3 378N,施工过程中最大值为5 614N。单片桁外扣索初张拉力为3 710N,施工过程中最大值为5 401N。单片桁内锚索初张拉力为5 263N,施工过程中最大值为5 375N。

(8)从50%荷载模拟试验结果看,单片桁永久系杆初张拉力5 759N,最大值为7 524N。

(9)对主要施工阶段进行模拟试验,结构处于良好的工作状态,未发生强度破坏,且理论计算数据与实测数据基本相吻合,说明用理论计算分析结果指导模型桥的加载工作、杆件选取测试工作是可行的。

2.5.4 施工偏载模拟试验

在针对合龙后的模型桥施加二期恒载时,进行了偏载模拟试验,其中,中跨桁拱左侧的二期恒载全部加完至跨中,右侧有6个节间尚未施加二期恒载,约1min后,拱顶局部出现了横向失稳(图4-2-46、图4-2-47),失稳前的测试表明,各控制杆件的应力均没有超过控制值,杆件也没有出现材料破坏的现象。分析模型失稳的原因主要有以下几点。

(1)钢桁拱拱桥结构自身对纵横向不对称加载情况较为敏感。

(2)小比例模型试验对横向尺寸偏差的敏感程度较大,模型桥拱顶合龙偏差只有3mm,但如扩大40倍,则大大超过实桥可能出现的偏差。

(3)模型设计时对实桥的横平联简化导致模型横向刚度较弱。

(4)模型桥的节点由于本身受力机理上的差别,其刚度明显弱于实桥节点,因此,模型桥的整体刚度弱于实桥刚度。

(5)当荷载—自重比不同时,结构的稳定性也不相同,荷载—自重比大的,其稳定性较差。模型桥的荷载—自重相对实桥大得多,故模型桥的稳定性将大大弱于实桥。

图4-2-46 拱跨顶部偏载失稳

图4-2-47 偏载失稳鸟瞰图

总之,模型桥出现的横向失稳主要是模型试验本身的特点所产生的。模型桥的失稳并不代表同样偏载情况下实桥会发生失稳,但模型桥偏载试验所导致的失稳破坏表明,该类结构的横向稳定是较为薄弱的,应该引起足够的关注。施工过程中需要严格控制施加荷载的均衡,要尽量防止不均衡大荷载的出现。

2.5.5　重庆朝天门大桥结构安装主要工况关键构件安全性评估

(1)模型试验较好地模拟了主桥施工全过程各主要杆件的受力及变形情况,应力变化规律吻合程度较高,在各种包括安装杆件、支座顶推、锚索扣张及合龙等复杂工况模拟过程中,各主要数据的大小和走势均表现得较理想。表明用理论计算分析结果指导模型桥的加载工作、杆件选取测试工作是可行的,达到了预期试验效果。

(2)通过对施工工况进行模拟试验,证明大桥结构处于良好的工作状态,主桁杆件应力均处于容许范围内,各工况下均未发生强度破坏,大桥在正常施工过程中没有强度破坏问题,设计强度符合要求。

(3)模型试验验证了杆件等强度的设计理念,即通过对钢桁拱桁架各杆件的截面按内力大小不同采用不同的截面形式和截面,达到在施工过程中和营运情况下各杆件的控制应力均满足设计要求且没有过多富余。

(4)鉴于模型比例较小,难以采用高强螺栓,只有将实桥高强螺栓连接的节点简化为模型桥普通螺栓连接,再加之栓孔间隙的影响,在一定程度上降低了节点连接刚度,模型结构在合龙前某些施工工况下的实测挠度变形明显大于理论值。

(5)对重庆朝天门大桥特大跨径钢桁拱桥而言,其横向刚度是桥梁较为薄弱的环节,模型桥在进行施工偏载加载试验时发生的拱顶失稳,虽然是模型自身问题,不代表实桥的稳定性,但也表明该类结构对不均衡荷载特别敏感,在施工过程中,纵横向不均匀的大荷载加载情况应尽量避免。

(6)比较20%及50%荷载试验结果,材料应力基本上呈线性关系,非线性不明显,与有限元分析相似。

(7)施加50%荷载试验结果显示:上弦杆控制杆件A10-A11拉应力实测最大值为151.6MPa,大于理论计算值,此最大值发生在工况6(拼装至E27),成桥二期恒载加载完毕后,该杆件应力为92.5MPa。下弦杆控制杆件E5-E6压应力实测最大值为-166.3MPa(理论值为-154MPa),此最大值发生在工况8(拼装至E33),成桥二期恒载加载完毕后,该杆件应力为-68.3MPa。竖腹杆控制杆件应力较小。斜腹杆控制杆件E2-A3最大应力为115.7MPa,M16-E17最大应力为109.9MPa。

(8)试验表明,永久系杆同临时系杆的转换过程为:先张拉部分永久系杆,再逐级放松临时系杆,永久系杆张拉与临时系杆放松分3~4级交替进行,桁拱结构变形及安全得到较好控制,转换过程平稳安全。

2.5.6　重庆朝天门大桥运营阶段关键构件安全性评价

(1)除系杆应力外,其余杆件应力影响线理论曲线与实测曲线形状基本一致,结构工作状况基本正常。表明了在设计活载的作用下,结构受力行为基本与荷载呈线性关系。采用影响线的概念,对设计汽车和轨道荷载按影响线加载进行活载分析是可行有效的。

(2)对控制杆件进行汽车和轻轨荷载的影响线加载,重庆朝天门大桥在汽车偏载情况下杆件应力较正载时大,结构始终处于良好的工作状态,未发生强度破坏,且理论计算数据与实测数据基本相吻合,表明用理论计算分析结果指导模型桥的加载工作、杆件选取测试工作是可行的。

(3)根据模型桥各工况下杆件应力的实测结果,推算到实桥相应杆件的应力,结果表明这些杆件均在弹性范围内工作,全桥正常运营期间结构受力安全。

2.6 结语

1)静力模型试验结论

采用缩尺比为1:40的相似模型,对重庆朝天门大桥结构主要施工工况和运营阶段进行模型模拟试验,主要结论如下:

(1)在模型试验中,对杆件安装、支座顶推、斜拉扣挂扣索张拉及合龙等各复杂工况进行了全过程模拟,并对其主要参数进行了测试,结果表明,模型试验的主要参数测量值与理论分析计算值较吻合。

(2)模型试验和理论分析测试结果表明,重庆朝天门大桥主桥各关键杆件在施工全过程中处于良好的工作状态,未出现强度不足的情况,表明主桥的主体结构设计合理,施工方法可行。

(3)由于模型比例较小,难以采用高强螺栓,因此,将实桥高强螺栓连接的节点简化为模型桥普通螺栓连接,再加之栓孔间隙的影响,在一定程度上降低了节点连接刚度,模型结构在合龙前某些施工工况下的实测挠度变形明显大于理论值。

(4)模型试验过程中,对合龙后的模型拱桥进行了明显的纵向不对称加载试验,模型桥出现失稳,表明该类桥梁对不对称加载比较敏感。

(5)在整个施工过程中,当恒载配重加至50%时,模型桥边跨中最大拉应力和最大压应力均发生在斜拉扣挂内扣索最大悬臂长度工况(工况8),其中,最大拉应力控制杆件为A6-A7,实测应力为153.9MPa(理论值为162MPa);最大压应力控制杆件为E5-E6杆件,实测应力为-166.3MPa(理论值为-154MPa)。

(6)在整个施工过程中,当恒载配重加至50%时,模型桥中跨中最大拉应力发生在拆除所有斜拉扣挂扣索之后,永久系杆未安装之前工况(工况17),最大拉应力控制杆件为M16-E17,实测应力值为109.9MPa(理论值为107MPa);最大压应力发生在钢桁拱合龙前两组扣索的悬臂长度最大工况(工况10),最大压应力控制杆件为E17-E18,实测应力为-92.8MPa(理论值为-85MPa)。计算结果表明,在100%荷载时,结构的各杆件在正常施工过程中均满足设计要求。

(7)位移测试结果表明,上下层桥面合龙后,全桥变形明显减小。

(8)模型试验中,将临时系杆转换为永久系杆过程为:先张拉部分永久系杆,再逐级放松临时系杆,永久系杆张拉与临时系杆放松分3级交替进行,桁拱结构变形得到较好控制,转换过程平稳安全。反之,试验也说明,如果拆除临时系杆后不及时张拉永久系杆,而让桥面体系承担全部拉力,则由于拉力大,桥面杆件和两端节点板变形大,在施加二期恒载时可能对桥墩出现较大推力,并导致螺栓承受大的剪力或拉力,还存在出现局部失稳的可能。

(9)运营阶段模拟试验表明,主要杆件应力影响线实测曲线与理论分析曲线吻合较好;

汽车正载、汽车偏载及轻轨荷载作用以及主要构件的影响线最不利荷载加载试验结果表明，正常运营条件下，结构工作状况正常。

(10)运营阶段活载加载试验表明，桥梁结构运营时的最不利工况发生在汽车活载偏载工况，此时，受压最不利杆件为E25-E26杆件，其实测值为－102.3MPa(理论值为－99.4MPa)；受拉最不利杆件为A34-E35，其实测值为75.85MPa(理论值为75.9MPa)。

2)钢结构架设施工注意事项

(1)钢桁拱桥桥在第一次挂索前、第二次挂索前、临时系杆向永久系杆转换、合龙后桥道系恒载加载等工况为施工过程关键工况，应事前做好技术论证和相关准备，在施工中要加强监控，布置相应的观测哨位，制订临时应急处理措施，确保施工安全顺利。

(2)对于合龙前最大悬臂工况(工况8)时，应加强对A6-A7和E5-E6的监测。

(3)在进行临时系杆向永久系杆转换时，先张拉部分永久系杆，再逐级放松临时系杆，永久系杆张拉与临时系杆放松最好分3～4级交替进行，这样的转换过程平稳且更安全。

(4)大跨径钢桁拱桥对不对称加载比较敏感，在施工过程中应尽量避免纵横向不对称的加载情况。

第3章 结构动力性能试验研究

3.1 概述

重庆朝天门大桥为特大公轨两用中承式钢桁系杆拱桥,结构受力复杂,跨度大,在轻轨列车和很多汽车同时通过大跨度桥梁时,桥梁可能产生较大的振动。桥梁过大的振动也将影响轻轨列车、汽车通过桥梁时的安全性、舒适性。因此,需要研究桥梁、轻轨列车、汽车三者之间的动力相互作用,以便对桥梁结构的整体竖、横向刚度和桥上轻轨列车、汽车运行舒适性作出评估,确保它们在各种状态下的使用可靠性。因此,主要包括:

(1)建立轻轨列车、汽车空间振动分析模型。

(2)建立重庆朝天门大桥主桥空间振动分析模型。

(3)建立路面粗糙度模型和轨道不平顺模型。

(4)进行重庆朝天门大桥动力特性分析。

(5)进行重庆朝天门大桥主桥车桥耦合振动计算。

(6)根据相关行车安全性、舒适性评价标准,对重庆朝天门大桥汽车、轻轨列车行车安全性、舒适性进行评价。

3.2 模态分析与试验研究

3.2.1 模态分析

1)模态分析的必要性

传统的大跨度桥梁结构分析理论主要是通过对强度、稳定性等方面的研究从而确保桥梁设计的可靠性。桥梁建成以后进行静载试验,了解其在试验荷载作用下的实际工作状态,测定结构的强度、刚度,评价结构是否满足设计和使用要求。目前,有关静力方面的理论已达到了相当成熟的水平。然而仅靠对桥梁结构进行精确的静力设计和静载试验并不能保证结构的安全可靠性,因为朝天门大桥结构的工作环境决定了其要承受大量的动力荷载,例如风荷载、地震荷载、汽车荷载、轻轨荷载、水流荷载和地震动荷载等。因此,结构的静力特性并不能全面准确反映结构的特性。

由于动力的原因造成桥梁结构损伤甚至毁坏的例子不胜枚举。例如1940年,美国旧Tacoma大桥(图4-3-1)建成还不到四个月,就因风振而坍塌。对桥梁结构进行全面的检测、评估和健康监测,不但要掌握土木工程结构在静载作用下的特征参数,更需要充分了解结构的动力特征参数,为安全可靠地使用结构,避免灾难性事故的发生提供依据。桥梁结构的振动模态参数(频率、振型和阻尼)是决定结构动力特性的主要参数,具有简明、直观和物理概念清晰等优点。有了结构的模态参数,计算结构在实际荷载作用下的响应,以及进行振动校核和必要的结构修改。因此对桥梁结构进行模态参数分析有重要的理论意义和工程实用价值。

图 4-3-1 Tacoma 大桥垮塌

模态分析是研究结构动力特性的一种近似方法,是系统辨别方法在工程振动领域中的应用。模态是结构的固有振动特性,每一个模态具有特定的固有频率、阻尼比和模态振型。这些模态参数可以由计算或试验分析取得,这样一个计算或试验分析过程称为模态分析。这个分析过程如果是由有限元计算的方法取得的,则称为计算模态分析;如果通过试验将采集的输入与输出信号经过参数识别获得模态参数,称为试验模态分析。通常,模态分析都是指试验模态分析。振动模态是弹性结构的固有的、整体的特性。如果通过模态分析方法搞清楚了结构物在某一易受影响的频率范围内各阶主要模态的特性,就可能预言结构在此频段内在外部或内部各种振源作用下实际振动响应。

2)重庆朝天门大桥模态分析

根据计算模型,分别建立重庆朝天门大桥的刚度矩阵、质量矩阵后,可以得到桥梁结构自由振动微分方程为:

$$\boldsymbol{M}\ddot{\boldsymbol{\delta}} + \boldsymbol{K}\boldsymbol{\delta} = 0$$

由此可得到桥梁自由振动的特征方程为:

$$\boldsymbol{K} - \omega^2\boldsymbol{M}\boldsymbol{A} = 0$$

根据动力计算模型,利用 Ansys 中 block lanczos 方法得到了无阻尼时的前 20 阶模态。其前 20 阶频率列于表 4-3-1,前 5 阶振型见图 4-3-2。

不考虑几何刚度的前 20 阶振型 表 4-3-1

阶 次	频率(Hz)	振 型 描 述	阶 次	频率(Hz)	振 型 描 述
1	0.222	梁拱同相对称侧弯	5	0.495	梁拱同相反对称侧弯
2	0.313	梁拱同相反对称竖弯	6	0.656	主拱对称、桥面轻微扭转侧弯
3	0.377	梁拱反相对称侧弯	7	0.661	梁拱同相对称竖弯
4	0.455	梁拱同相反对称竖弯	8	0.731	梁拱反相反对称扭转侧弯

续上表

阶 次	频率(Hz)	振 型 描 述	阶 次	频率(Hz)	振 型 描 述
9	0.804	梁拱同相对称竖弯	15	1.163	梁拱不完全对称竖弯
10	0.826	梁拱反相反对称侧弯	16	1.212	梁拱同相对称扭转侧弯
11	0.859	梁拱对称扭转侧弯	17	1.225	固定支座边跨竖弯
12	0.953	梁拱对称扭转侧弯	18	1.330	梁拱同相对称竖弯
13	1.034	梁拱不完全对称竖弯	19	1.332	梁拱反相对称扭转侧弯
14	1.077	梁拱反相反对称侧弯	20	1.413	梁拱反相对称扭转侧弯

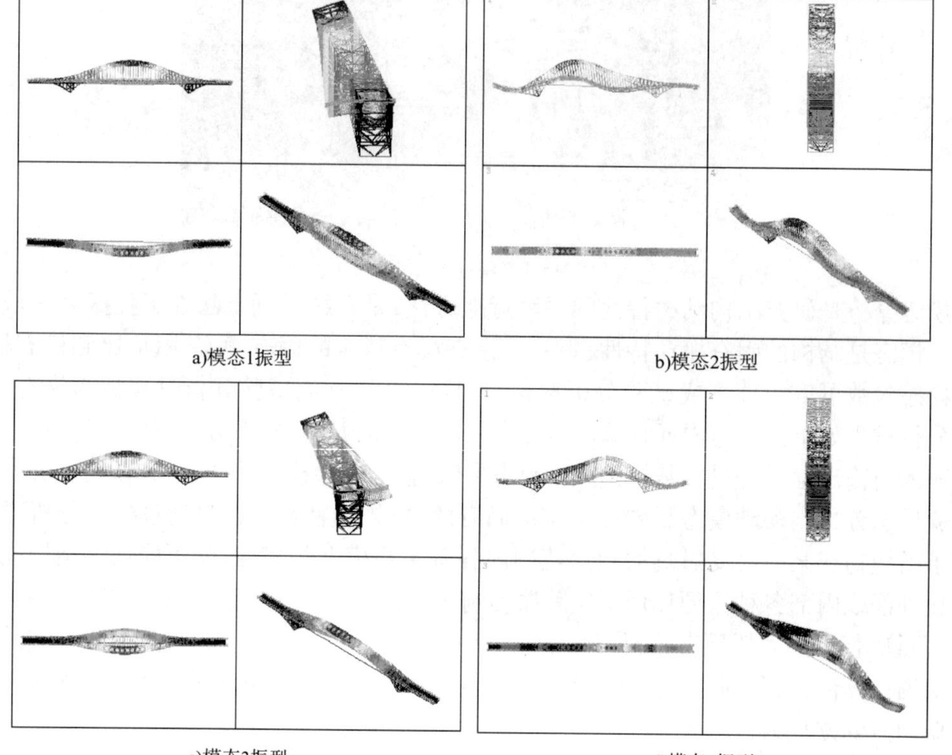

a)模态1振型

b)模态2振型

c)模态3振型

d)模态4振型

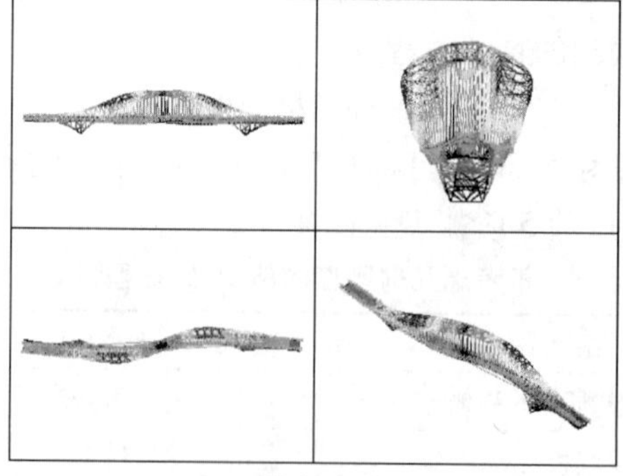

e)模态5振型

图 4-3-2　前 5 阶振型

前 17 阶模态在纵桥向的质量参与系数见表 4-3-2。

前 17 阶模态在纵桥向的质量参与系数　　表 4-3-2

模　态	频率(Hz)	周期(s)	有效质量(kg)	质量参与系数(%)
1	0.222	4.510	4.46×10^{-18}	0
2	**0.313**	**3.195**	$\mathbf{2.66\times10^{7}}$	**52**
3	0.377	2.655	1.57×10^{-17}	52
4	**0.455**	**2.196**	$\mathbf{4.00\times10^{6}}$	**60**
5	0.495	2.022	1.18×10^{-18}	60
6	0.656	1.524	2.97×10^{-15}	60
7	**0.661**	**1.512**	$\mathbf{3.60\times10^{6}}$	**67**
8	0.731	1.367	1.62×10^{-16}	67
9	**0.804**	**1.244**	$\mathbf{4.61\times10^{6}}$	**77**
10	0.826	1.211	6.74×10^{-17}	77
11	0.859	1.164	1.20×10^{-15}	77
12	0.953	1.050	1.15×10^{-16}	77
13	**1.034**	**0.967**	$\mathbf{1.57\times10^{6}}$	**80**
14	1.077	0.928	2.84×10^{-16}	80
15	**1.163**	**0.860**	$\mathbf{1.47\times10^{6}}$	**83**
16	1.212	0.825	4.98×10^{-17}	83
17	**1.225**	**0.816**	$\mathbf{4.92\times10^{6}}$	**92**

由表可知，桥梁纵向质量参与系数在前 17 阶即达到 92%，其中，第 2、第 4、第 7、第 9、第 13、第 15、第 17 阶贡献最大，主要的有效质量集中在这 7 阶模态中。

前 6 阶模态在横桥向的质量参与系数见表 4-3-3。

前 6 阶模态在横桥向的质量参与系数　　表 4-3-3

模　态	频率(Hz)	周期(s)	有效质量(kg)	质量参与系数(%)
1	**0.222**	**4.510**	$\mathbf{2.77\times10^{7}}$	**55**
2	0.313	3.195	8.37×10^{-17}	55
3	0.377	2.655	5.87×10^{4}	56
4	0.455	2.196	1.07×10^{-16}	56
5	0.495	2.022	5.97×10^{4}	56
6	**0.656**	**1.524**	$\mathbf{1.76\times10^{7}}$	**91**

由表可知，桥梁横向质量参与系数在前 6 阶即达到 91%，其中，第 1、第 6 阶贡献最大，在横桥向的有效质量主要集中在这 2 阶模态中。

前 183 阶模态在竖桥向贡献较大的质量参与系数见表 4-3-4。

前 183 阶模态在竖桥向贡献较大的质量参与系数　　表 4-3-4

模　态	频率(Hz)	周期(s)	有效质量(kg)	质量参与系数(%)
2	0.313	3.195	8.62×10^5	2
4	0.455	2.196	6.35×10^6	16
7	0.661	1.512	6.50×10^6	30
9	0.804	1.245	1.53×10^6	33
13	1.034	0.967	1.26×10^7	60
15	1.163	0.860	7.44×10^5	61
17	1.225	0.816	7.00×10^5	63
18	1.330	0.752	4.42×10^6	72
24	1.553	0.644	1.11×10^6	75
26	1.578	0.634	1.60×10^5	75
33	1.713	0.584	4.57×10^5	76
35	1.734	0.577	2.54×10^5	77
93	1.942	0.515	1.61×10^5	78
99	1.967	0.508	1.24×10^5	79
103	1.991	0.502	1.66×10^5	79
106	2.016	0.496	1.27×10^5	79
116	2.167	0.461	3.57×10^5	80
124	2.320	0.431	7.19×10^5	82
126	2.330	0.429	6.02×10^5	83
132	2.395	0.418	1.12×10^5	84
138	2.465	0.406	2.74×10^5	84
143	2.525	0.396	8.25×10^5	86
145	2.556	0.391	3.40×10^5	87
158	2.741	0.365	1.10×10^5	87
172	2.853	0.351	8.62×10^5	89
183	3.013	0.332	2.56×10^5	90

重庆朝天门大桥竖桥向质量参与系数在各阶模态中比纵桥向、横桥向要分散得多，质量参与系数到达 90% 需要前 183 阶的模态。

为了深入了解重庆朝天门大桥模态在考虑结构自重与不考虑结构自重情况的区别，进行了结构在重力作用下的结构模态分析，也即不考虑结构杆件内力状态下的模态分析，其前 20 阶模态计算结果见表 4-3-5。可以看出，模态在考虑自重作用与不考虑自重作用的区别很小，两者在各阶模态的振型一致，频率相差均在 2% 以内，可见自重对结构的动力反应影响可以忽略不计，在进行动力模型设计时，可以放宽结构恒载的相似关系，这样就为模型设计提供很大活动空间。

考虑自重的前20阶振型 表4-3-5

阶次	频率(Hz)	振型描述	阶次	频率(Hz)	振型描述
1	0.224	梁拱同相对称侧弯	11	0.869	梁拱对称扭转侧弯
2	0.316	梁拱同相反对称竖弯	12	0.956	梁拱对称扭转侧弯
3	0.379	梁拱反相对称侧弯	13	1.042	梁拱不完全对称竖弯
4	0.459	梁拱同相反对称竖弯	14	1.085	梁拱反相反对称侧弯
5	0.496	梁拱同相反对称侧弯	15	1.177	梁拱不完全对称竖弯
6	0.658	主拱对称、桥面轻微扭转侧弯	16	1.215	梁拱同相对称扭转侧弯
7	0.668	梁拱同相对称竖弯	17	1.226	固定支座边跨竖弯
8	0.734	梁拱反相反对称扭转侧弯	18	1.339	梁拱同相对称竖弯
9	0.811	梁拱同相对称竖弯	19	1.355	梁拱反相对称扭转侧弯
10	0.829	梁拱反相反对称侧弯	20	1.416	梁拱反相对称扭转侧弯

考虑自重与不考虑自重的前20阶振型对比见表4-3-6。

考虑自重与不考虑自重的前20阶振型对比 表4-3-6

阶次	频率(Hz)		误差(%)	振型描述
	不考虑几何刚度	考虑几何刚度		
1	0.222	0.224	0.86	梁拱同相对称侧弯
2	0.313	0.316	0.98	梁拱同相反对称竖弯
3	0.377	0.379	0.63	梁拱反相对称侧弯
4	0.455	0.459	0.77	梁拱同相反对称竖弯
5	0.495	0.496	0.30	梁拱同相反对称侧弯
6	0.656	0.658	0.20	主拱对称、桥面轻微扭转侧弯
7	0.661	0.668	0.98	梁拱同相对称竖弯
8	0.731	0.734	0.34	梁拱反相反对称扭转侧弯
9	0.804	0.811	0.92	梁拱同相对称竖弯
10	0.826	0.829	0.44	梁拱反相反对称侧弯
11	0.859	0.869	1.11	梁拱对称扭转侧弯
12	0.953	0.956	0.36	梁拱对称扭转侧弯
13	1.034	1.042	0.79	梁拱不完全对称竖弯
14	1.077	1.085	0.72	梁拱反相反对称侧弯
15	1.163	1.177	1.25	梁拱不完全对称竖弯
16	1.212	1.215	0.28	梁拱同相对称扭转侧弯
17	1.225	1.226	0.11	固定支座边跨竖弯
18	1.330	1.339	0.64	梁拱同相对称竖弯
19	1.332	1.355	1.70	梁拱反相对称扭转侧弯
20	1.413	1.416	0.17	梁拱反相对称扭转侧弯

3.2.2 重庆朝天门大桥模态试验

1)测点布置

测点布置时,依据前面有限元模态分析结果,将加速度传感器布置于各阶振型的峰值点(前20阶),使得测试结果能够很好地拟合所需要的振型。图4-3-3即为朝天门大桥模型模态试验的加速度传感器布置图。模态测试分为两个方向,横桥向和竖桥向。在某一方向试验时,在该方向上施加给结构地震台激励,加速度传感器测试方向也为该方向。

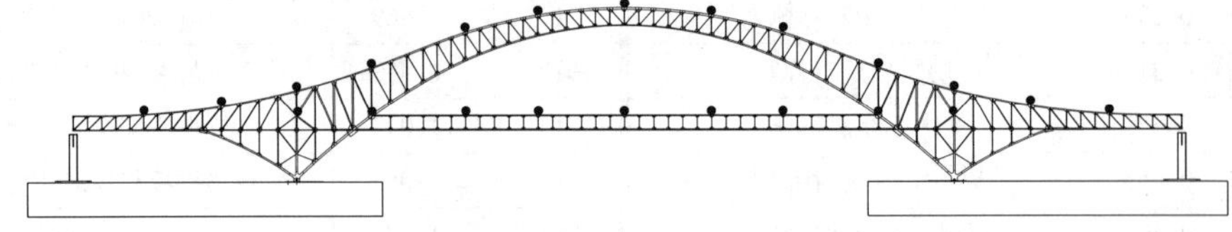

图 4-3-3 模态试验加速度测点布置图

2)试验方法

模态分析是一种参数识别的方法,因为模态分析法是在承认实际结构可以运用所谓“模态模型”来描述其动态响应的条件下,通过试验数据的处理和分析,寻求其“模态参数”。模态分析的关键在于得到振动系统的特征向量(或称特征振型、模态振型)。试验模态分析便是通过试验采集系统的输入输出信号,经过参数识别获得模态参数。具体做法是:首先将结构物在静止状态下进行人为激振(或者环境激励),通过测量激振力与振动响应,找出激励点与各测点之间的“传递函数”,建立传递函数矩阵,用模态分析理论通过对试验导纳函数的曲线拟合,识别出结构的模态参数,从而建立起结构物的模态模型。模态分析广泛应用于航空航天设备(火箭、卫星、雷达、火箭发射平台等)、大桥、大楼、大坝、车辆、大型港口机械及其他机械设备等。

任何结构,受到外部激励都会变形并振动,其特点应事先了解。事实上,振动的结果是由多种因素决定的,包括不同振动类型的结合,这些不同的振动类型是由振动源的频率、物体形状、此振动类型是否受到阻尼、它的稳定性属性、惯性特点决定的。所有这些数值都被认为是应该考虑到的振动类型的模态参数,这些数值也是原始机械设计的结果。任何受到阻尼被抑制的振动类型我们不认为它有什么危险,振荡会慢慢消失。然而,如果某种力产生的激励的频率与结构的振动模式相符合,振动就不会受到阻尼而停止,反而会增强直到结构被破坏。所以,了解这些不同的振动类型是非常重要的,特别是那些因为近似,所以会互相影响的。这个步骤由理论模型计算和试验来实现。因为任何数值计算都存在省略和推算,得到的结果会包含一些误差。试验是唯一能消除这种不确定危险的方法,通过测量出的数据计算真正的模态。

模态试验分析根据需要测试外界激励力和不需要测试外界激励力分为环境激励法模态分析和试验模态分析两种方法。

环境激励法(又称不测力法)模态分析:传统的模态试验中,需要施加和测量输入激励力。但对于较大型的结构如建筑物、桥梁等实施传统的模态试验就会遇到许多实际问题。环境激励模态分析是基于环境激励的模态分析方法,只需要利用结构的响应数据来计算和识别结构的模态参数。对于建筑物,环境激励主要指地脉动和风荷载等,桥梁的环境激励还包括车辆行驶引起的激励荷载等。

试验(又称测力法)模态分析:是基于传统的频响函数的模态分析方法,它需要施加和测量输入激励力。利用频域的频响函数 FRF 或时域的脉响函数 IRF 进行计算,而 IRF 也要先测频响函数,频响函数是响应与荷载的傅里叶变换之比,它必须用激振器或测力锤施加并测量激励力,测力法可以计算全部模态参数(固有频率,振型,模态阻尼,模态质量和模态刚度等),且精度很高。

在进行模态试验中,由于重庆朝天门大桥结构的长度较大,一方面很难对其施加精确的可控力或激励作为输入;另一方面,利用地震台采用随机信号作为结构的输入激励,只利用输出的响应信号来识别结构的模态参数,称为环境随机激励法。

采用支撑重庆朝天门大桥模型的地震台阵系统激励结构,激励信号为随机生成的白噪声。由于利用两个地震台同时激励进行拱式结构的模态测试在国内尚属首次,因此,为了能够取得更多的测试数据和更好的测试效果,在两个地震台激励方式上采取双台一致激励和双台非一致激励两种模式。双台一致激励时,两个地震台输入相同的白噪声信号,使试验结构支撑点完全一致地振动。双台非一致激励时,两个地震台各自输入不相关的白噪声信号,双台激励各自完全随机。

3)试验装置

(1)地震模拟试验台

利用重庆交通科研设计院桥梁工程结构动力学国家重点实验室地震模拟试验台阵系统进行试验。系统由一个固定的A台和一个可沿轨道移动的B台组成,具有三种模式的地震模拟试验能力:两台独立工作模式;两台合成一体工作模式;两台作关联运动的台阵工作模式。主要参数和技术指标见表4-3-7。

地震模拟振动台系统的主要参数和技术指标 表4-3-7

技术参数	A台	B台
台面尺寸(m×m)	3×6	3×6
最大试件质量(t)	35	35
最大抗倾覆力矩(×10kN·m)	70	70
最大回转力矩(×10kN·m)	35	35
工作频率范围(Hz)	0.1~70	0.1~70
X方向可移动距离(m)	0.0(固定台)	2.0~20.0(可移动台)
最大位移(mm)	X:±150 Y:±150 Z:±100	
最大速度(mm/s)	X:±800 Y:±800 Z:±600	
最大加速度(g)	X:±1.0 Y:±1.0 Z:±1.0	

(2)多通道数据分析仪

动态数据采集系统采用瑞士生产的DEWE 2010/SP数据分析仪,该仪器可以同时采集32个通道的动态数据。该系统是Dewetron最先推出的完全一体化便携式PC仪器。它的后面板处有一个可安装16路动态信号通道的内置RACK。如果再使用外置扩展盒,系统可以实现200路以上通道的应用。它能够在火车上、军用车辆上、飞行器中或工厂现场等恶劣环境下工作。同时系统上可以安装各类信号处理软件,拥有为DEWETRON系统定制的软件DEWESoft。该软件能够完成采集、在线分析、在线显示、存储、导出和打印功能。

(3)加速度传感器

加速度传感器采用kistler公司生产的新型电容式加速度传感器8310A2,该传感器具有灵敏度高、低频响应信号好、质量轻、功耗低等特点,能够满足本课题对结构加速度信号采集的需要。其技术参数如下。

量程:2g;

频率范围:0~300Hz;

灵敏度:500mV/g;

横向灵敏度:1%;

分辨率:0.28mg;

工作温度:-45~85℃;

质量:6.5g。

(4)激光位移传感器

激光位移传感器采用德国 Leueze 公司生产的 ODSL 8/400-s12。

测试范围:20~400mm;

精度:<0.1mm。

(5)应变传感器

为测试结构应力在地震作用下的响应信号,本课题采用测量精度高、响应信号好的箔式胶基电阻应变片进行测量。应变片型号为 BA120-20AA,灵敏度系数为 2.15。

4)数据分析

重庆朝天门大桥模型模态识别采用随机子空间方法(Stochastic Subspace Identification),该方法是 1995 年以来国内外模态分析方面的专家和学者讨论的一个热点,基于离散时间状态空间方程,是直接处理时间序列的时域方法,输入随机白噪声,适用于环境激励条件下结构模态参数的识别。振动系统的离散状态空间方程可表示为:

$$\begin{cases}\boldsymbol{x}_{k+1}=\boldsymbol{A}\boldsymbol{x}_k+\boldsymbol{B}\boldsymbol{u}_k+\boldsymbol{w}_k\\ \boldsymbol{y}_{k+1}=\boldsymbol{C}\boldsymbol{x}_k+\boldsymbol{D}\boldsymbol{u}_k+\boldsymbol{v}_k\end{cases}\tag{4-3-1}$$

式中:$\boldsymbol{x}$——离散时间状态向量;

$\boldsymbol{A}$——离散状态矩阵,表示系统的全部动力特性;

$\boldsymbol{B}$——离散输入矩阵;

$\boldsymbol{C}$——输出矩阵,描述内部状态怎样转化到外界的测量值;

$\boldsymbol{D}$——直馈矩阵;

$\boldsymbol{w}_k$——处理过程和建模误差引起的噪声;

$\boldsymbol{v}_k$——传感器误差引起的噪声。

$\boldsymbol{w}_k$、$\boldsymbol{v}_k$ 都是不可测量噪声。假设是均值为零的白噪声且互不相关,且满足:

$$E\left(\begin{bmatrix}w_p\\ v_p\end{bmatrix}\right)\begin{bmatrix}w_p & v_p\end{bmatrix}=\begin{bmatrix}Q & S\\ S^{\mathrm{T}} & R\end{bmatrix}\delta_{pq}\tag{4-3-2}$$

式中:E——数学期望;

δ——表示 Kronecker delta。

对处在环境激励情况的土木结构而言,在实际测量过程中,环境激励是不可测量的随机激励,而且强度基本和噪声影响相似,无法将两者严格区分清楚。因此,将输入项 $\boldsymbol{u}_k$ 和噪声项 $\boldsymbol{w}_k$、$\boldsymbol{v}_k$ 合并得到随机子空间识别的基本方程。

$$\begin{cases}\boldsymbol{x}_{k+1}=\boldsymbol{A}x_k+\boldsymbol{w}_k\\ \boldsymbol{y}_{k+1}=\boldsymbol{C}x_k+\boldsymbol{v}_k\end{cases}\tag{4-3-3}$$

随机子空间算法的本质是把将来输入的行空间投影到过去输出的行空间上，投影桥梁结构模态参数识别理论、实现与应用的结果保留了过去的全部信息，并用此来预测未来。随机子空间算法利用线性代数工具（矩阵的 QR 分解和奇异值分解）从输出数据中获得卡尔曼滤波状态，一旦状态已知，识别问题变成未知系统矩阵的线性最小二乘问题。随机子空间方法适合桥梁的实际工程系统识别问题和尺度较大模型的系统参数识别，能够比较准确地识别结构的模态参数。其理论严密、算法清楚，便于计算机软件实现。

5）试验结果及分析

（1）横桥向模态测试结果分析

所有测点的加速度传感器测试方向为横桥向，桥梁模型激励方向也为横桥向。因此，可以测试模型结构在横桥向有分量的振动模态。结构前 10 阶在横桥向有显著分量的模态有第 1、第 3、第 5、第 6、第 10 阶，这些模态表现为面外弯曲或者扭转振动。横桥向激励采用两种方式，其一为双台一致激励，其二为双台随机非一致激励。

①双台一致激励横桥向模态试验结果

双台一致激励横桥向模态试验结果如图 4-3-4 所示。

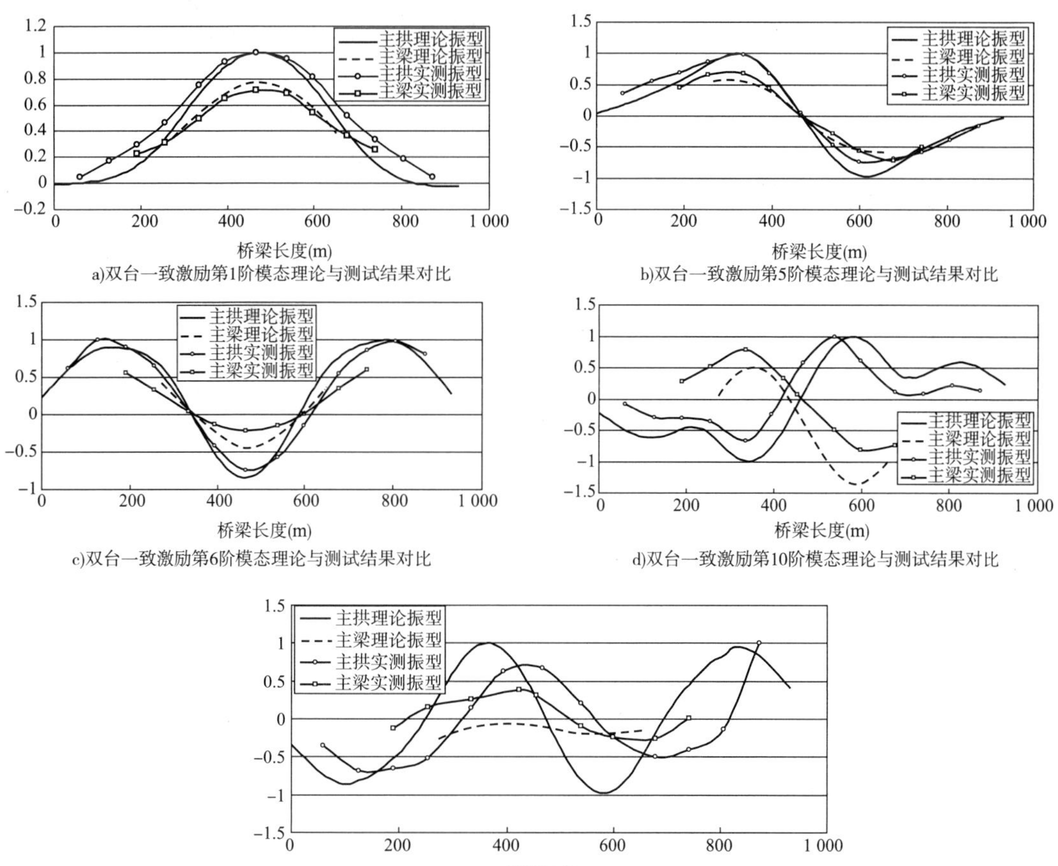

图 4-3-4 双台一致激励模态理论与测试结果对比

双台一致激励横桥向模态频率比较见表4-3-8。

双台一致激励横桥向模态频率比较表　　表4-3-8

模态阶数	1阶	3阶	5阶	6阶	10阶	12阶
理论频率(Hz)	0.222	0.377	0.495	0.656	0.825	0.952
实测频率(Hz)	0.222	—	0.457	0.711	0.847	0.926
误差(%)	0.00	—	-7.58	8.33	2.67	-2.71
阻尼比(%)	5.79	—	4.52	3.57	6.54	4.04
MAC(%)	94.20	—	96.30	96.10	79.90	27.90

②双台非一致激励横桥向模态试验结果

双台非一致激励横桥向模态理论与测试结果对比见图4-3-5。

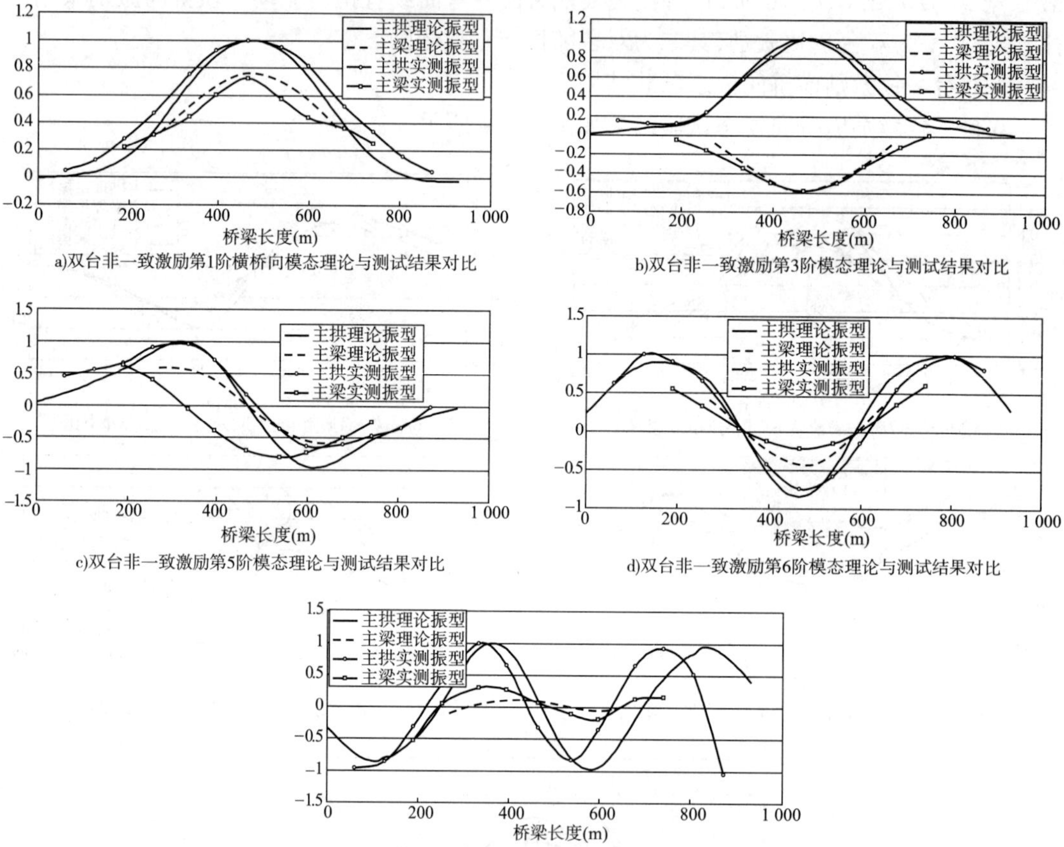

a)双台非一致激励第1阶横桥向模态理论与测试结果对比

b)双台非一致激励第3阶模态理论与测试结果对比

c)双台非一致激励第5阶模态理论与测试结果对比

d)双台非一致激励第6阶模态理论与测试结果对比

e)双台非一致激励第12阶模态理论与测试结果对比

图4-3-5　双台非一致激励模态理论与测试结果对比

双台非一致激励横桥向模态频率比较见表4-3-9。

双台非一致激励横桥向模态频率比较表　　表4-3-9

模态阶数	1阶	3阶	5阶	6阶	12阶
理论频率(Hz)	0.222	0.377	0.495	0.656	0.952
实测频率(Hz)	0.222	0.428	0.455	0.709	0.909

续上表

模态阶数	1 阶	3 阶	5 阶	6 阶	12 阶
误差(%)	0.00	13.62	-7.99	8.03	-9.10
阻尼比(%)	5.29	5.04	3.47	2.91	3.38
MAC(%)	97.00	99.00	63.90	96.60	25.10

用有限元软件计算结构的模态,可以不考虑结构阻尼的存在,计算得到结构的特征向量和特征值均为实数,属于实模态分析,结构模态振动特性为有节点的驻波。而实际模型结构由于自身材料在振动过程中的变形,与周围介质作用而存在阻尼,其模态试验得到的特征向量和特征值均为复数,属于复模态,结构模态振动特性与实模态有很大差异,主要表现为以下几点:

①结构各个节点位移不会在某一个瞬间均为0。

②各个节点之间的比值随时间变化。

③振型的节线随时间的变化而移动的,各个节点之间会存在一定的相位差。

因此,理论模态分析的振型结果是与实际测试的振型结果会存在一定的偏移现象,属于正常现象。同时由于模型制作误差、测试误差和分析方法等原因均能造成实测结果与理论计算结果相偏离。

(2)竖桥向模态测试结果分析

①双台一致激励竖桥向模态试验结果

双台一致激励竖桥向模态试验结果如图4-3-6所示。

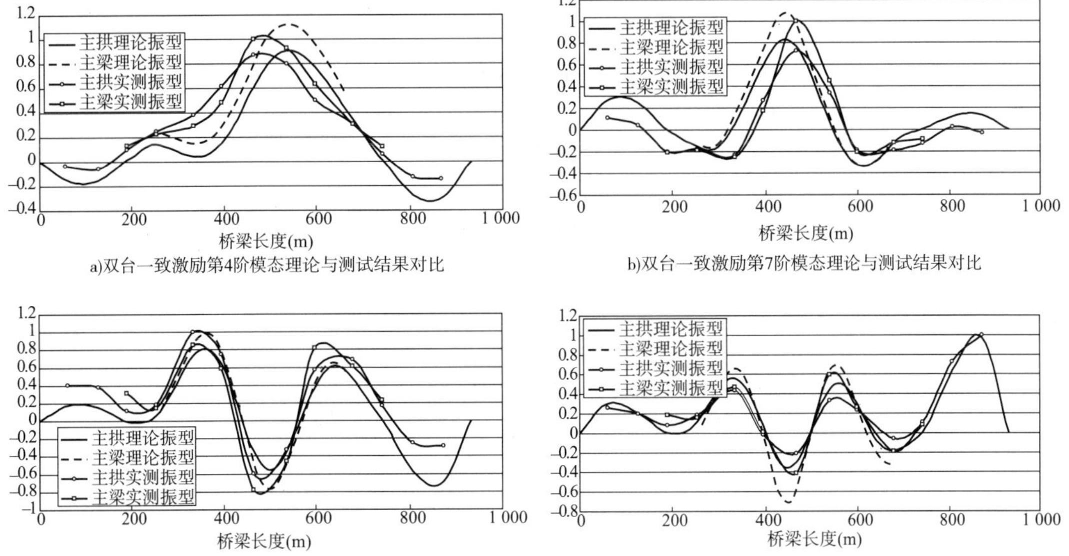

图4-3-6　双台一致激励竖桥向模态理论与测试结果

双台一致激励竖桥向模态频率比较见表4-3-10。

②双台非一致激励竖桥向模态试验结果

双台非一致激励竖桥向模态试验结果如图4-3-7所示。

双台一致激励竖桥向模态频率比较表 表4-3-10

模态阶数	4阶	7阶	9阶	13阶
理论频率(Hz)	0.455	0.661	0.804	1.034
实测频率(Hz)	0.498	0.697	0.837	1.068
误差(%)	9.42	5.31	4.15	3.35
阻尼比(%)	7.09	6.34	6.09	1.24
MAC(%)	82.40	65.90	84.00	94.50

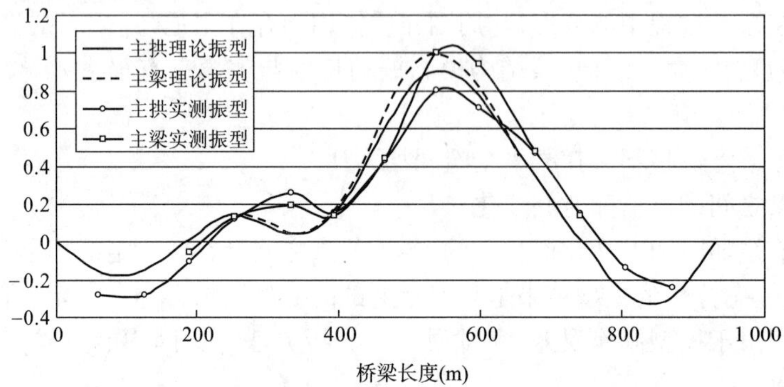

a)双台非一致激励第4阶模态理论与测试结果对比

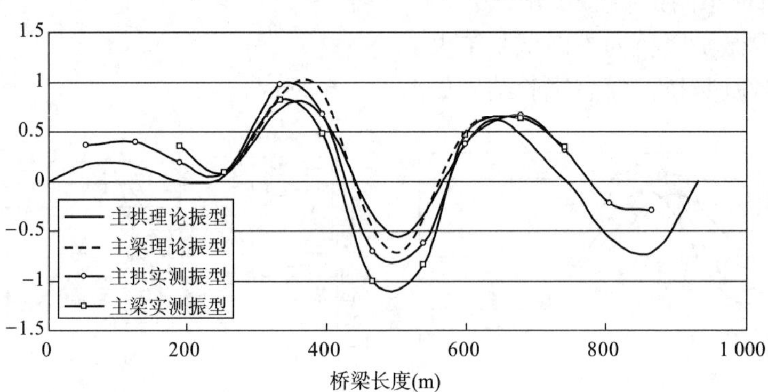

b) 双台非一致激励第9阶模态理论与测试结果对比

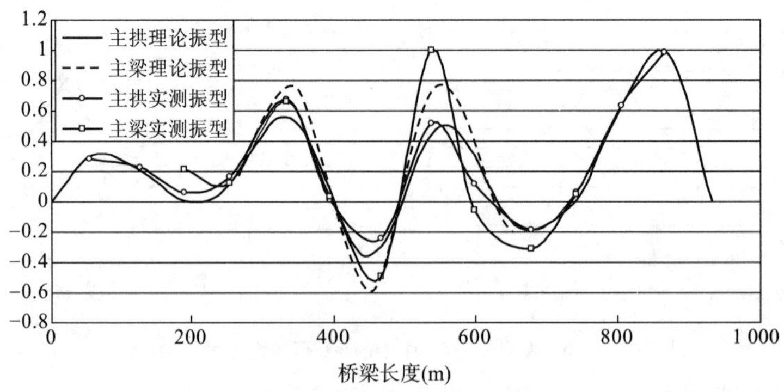

c) 双台非一致激励第13阶模态理论与测试结果对比

图4-3-7 双台非一致激励竖桥向模态理论与测试结果对比

双台非一致激励竖桥向模态频率比较见表4-3-11。

双台非一致激励竖桥向模态频率比较表 表4-3-11

模态阶数	4阶	9阶	13阶	15阶	18阶
理论频率(Hz)	0.455	0.804	1.034	1.163	1.330
实测频率(Hz)	0.497	0.838	1.076	1.207	1.333
误差(%)	9.15	4.34	4.10	3.85	0.21
阻尼比(%)	6.35	10.28	6.29	7.39	7.39
MAC(%)	78.40	77.00	91.40	78.20	74.90

3.2.3 模态分析与试验研究结论

通过采用有机玻璃材料制作了重庆朝天门大桥钢桁结构动力学模型,并首次在两个地震台上完成模态试验。试验与理论分析结果取得很好的一致性。

(1)采用地震台阵系统进行长度较大模型的模态试验是一种非常有效的方式,一致激励和非一致激励能够相互补充,使得测试结果更加准确、测试模态更加丰富,同时也说明重庆朝天门大桥钢桁结构在一致激励和非一致激励的响应是存在差异的,应对其在非一致激励下的动态响应加以注意。

(2)应用时域随机子空间算法能够准确识别桥梁模型的模态参数,研究结果对重庆朝天门大桥长期运营监测系统和成桥动载试验中的动力学问题具有重要参考价值。

(3)重庆朝天门大桥钢桁结构一阶模态为横桥向梁拱弯曲振动,二阶模态为面内竖向弯曲振动。因此,可以判断重庆朝天门大桥横向刚度要比竖向刚度弱,应重视其横向稳定性。

(4)重庆朝天门大桥钢桁结构横桥向质量参与系数在前6阶即可达到91%,并且各个模态在横桥向的质量参与系数分布非常不均匀,其中第1阶和第6阶的振型质量参与系数所占比例最大,两者之和达到90%,其余模态则贡献较小,因此,采用模态叠加法计算朝天门大桥主桥钢桁结构横桥向动力反应时,理论上只需计算前6阶模态即可满足要求。

(5)重庆朝天门大桥钢桁结构的纵桥向质量参与系数在前17阶即可达到90%以上,并且各个模态在纵桥向的质量参与系数分布也不均匀,其中,第2阶的振型质量参与系数所占比例最大,达到52%,其余模态则贡献相对较小,因此,采用模态叠加法计算重庆朝天门大桥纵桥向动力反应时,理论上只需计算前17阶模态即可满足要求。

(6)重庆朝天门大桥钢桁结构的竖桥向质量参与系数在前183阶可达到90%以上,并且各个模态在纵桥向的质量参与系数分布相对均匀,其中,第13阶的振型质量参与系数所占比例最大,达到27%,其余模态则贡献相对较小,因此,采用模态叠加法计算朝天门大桥钢桁结构横桥向动力反应时,理论上需计算前183阶模态即可满足要求。

(7)重庆朝天门大桥钢桁结构在自重作用下,考虑结构几何刚度对模态参数影响很小,因此,重力作用对结构的动力特性影响可以忽略不计,在进行模型相似设计时,可以放宽重力相似比尺。

3.3 车桥耦合振动分析

重庆朝天门大桥主桥为特大公轨两用中承式钢桁系杆拱桥,结构受力分析复杂,跨度大,在轻轨列车和很多汽车同时通过大跨度桥梁时,桥梁可能产生较大的振动。桥梁过大的振动也将影响轻轨列车、汽车通过桥梁时运行的安全性、舒适性。因此,需研究大跨度桥梁、轻轨列车、汽车三者之间的动力相互作用以及公轨荷载相互影响,进行车桥耦合振动分析,以便对桥梁结构的整体竖、横向刚度和桥上轻轨列车、汽车运行舒适性作出评估,确保它们在各种状态下的使用可靠性。车桥耦合振动分析主要包括下列工作:

(1)建立轻轨列车空间振动分析模型。

(2)建立公路汽车空间振动分析模型。

(3)建立朝天门长江大桥主桥空间振动分析模型。

(4)建立路面粗糙度模型和轨道不平顺模型。

(5)提出朝天门大桥—轻轨列车—公路汽车耦合振动的数值分析方法。

(6)开展朝天门大桥动力特性分析。

(7)进行朝天门大桥主桥车桥耦合振动计算。

(8)根据相关行车安全性、舒适性评价标准,对汽车、轻轨列车行车安全性、舒适性开展评价。

3.3.1 车桥耦合振动分析理论及其模型

1)轻轨车辆空间振动分析模型

轨道交通列车采用城市地铁 B 型车辆,一般是由一个车体,前后两台起承载、传递作用的转向架构架,四个起走向和导向作用的轮对以及起联系作用的弹簧阻尼元件组成。车体和转向架之间的弹簧和阻尼器联结,称为“二系悬挂装置”。轮对和转向架之间的弹簧和阻尼器联结,称为“一系悬挂装置”。车辆的车体、转向架和轮对均视为刚体(考虑蠕滑效应时,轮对视为弹性体),且均作小位移振动,也不考虑振动过程中车体、转向架构架和轮对中钢轮部位的弹性变形。车体、转向架和轮对前后、左右对称,不考虑他们沿车辆纵轴方向的振动。轻轨车辆空间振动分析中采用以下基本假定:

(1)车体、转向架、轮对均被认为是刚体。

(2)车体、转向架和轮对沿桥跨作匀速运动,即不考虑车辆纵向振动的影响。

(3)车体、转向架和轮对均作微振动。

(4)所有弹簧均为线性的,所有阻尼均按黏性阻尼计算。蠕滑按线性计算,即不考虑非线性蠕滑。

(5)车体与转向架对称于纵轴,其质量分布、悬挂参数等均对称。

(6)车辆前行时,沿铅垂方向,轮对与钢轨密贴,即轮对与钢轨的竖向位移相同。

根据以上假定,轻轨车辆的空间振动模型以 1 节车辆为对象(图 4-3-8),包括 1 个车体、2 个转向架和 4 个轮对,共 7 个刚体。车体前、后转向架分别有侧摆、浮沉、侧滚、点头、摇头 5 个自由度,每个轮对有横向、竖向、侧滚和摇头 4 个自由度,每个车辆共有 31 个自由度,见表 4-3-12。

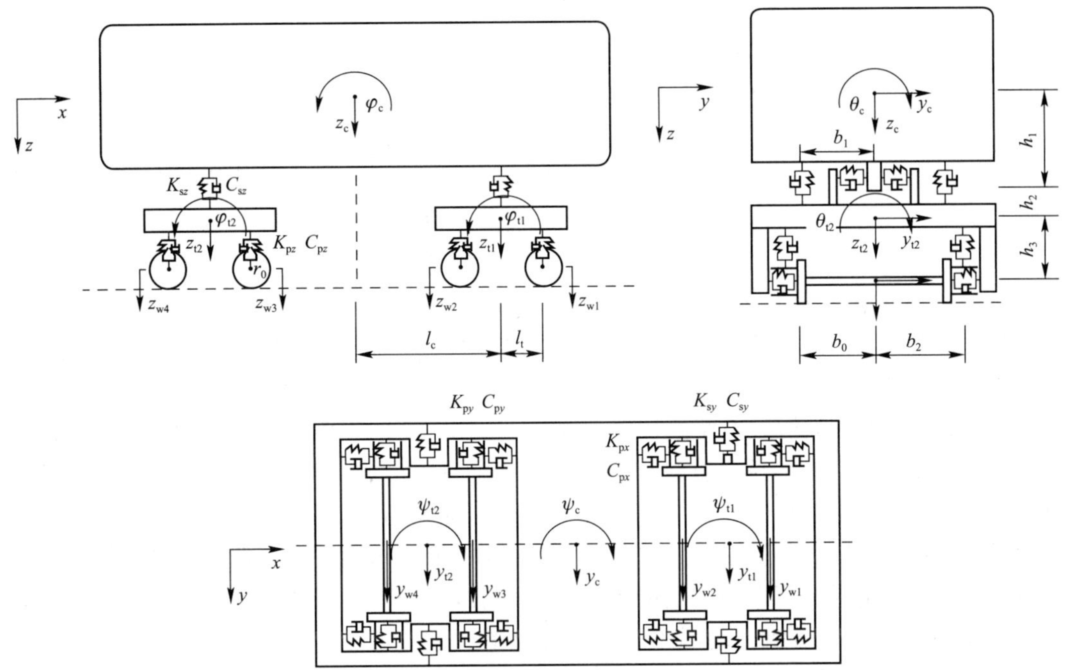

图 4-3-8　轻轨车辆空间振动分析模型

车辆空间振动模型的自由度/质量/转动惯量　　　表 4-3-12

自由度/质量/转动惯量	横向	竖向	侧滚	摇头	点头	质量	转动惯量
车体	y_c	z_c	θ_c	ψ_c	φ_c	m_c	I_{cx}、I_{cy}、I_{cz}
转向架($j=1$、2)	y_{tj}	z_{tj}	θ_{tj}	ψ_{tj}	φ_{tj}	m_t	I_{tx}、I_{ty}、I_{tz}
轮对($k=1\sim4$)	y_{wk}	z_{wk}	θ_{wk}	ψ_{wk}	—	m_w	I_{wx}、I_{wz}

图 4-3-8 和表 4-3-12 中字母含义如下：

y_c、z_c、θ_c、ψ_c、φ_c——车体的横向、竖向、侧滚、摇头、点头位移；

y_{tj}、z_{tj}、θ_{tj}、ψ_{tj}、φ_{tj}——转向架构架的横向、竖向、侧滚、摇头、点头位移($j=1$、2，分别为前、后转向架)；

y_{wk}、z_{wk}、θ_{wk}、ψ_{wk}——轮对的横向、竖向、侧滚、摇头位移($k=1\sim4$，分别为轮对 1、2、3、4)；

m_c、m_t、m_w——车体、每一转向架、每一轮对质量；

I_{cx}、I_{cy}、I_{cz}——车体对 x、y、z 轴的转动惯量；

I_{tx}、I_{ty}、I_{tz}——每一转向架对 x、y、z 轴的转动惯量；

I_{wx}、I_{wz}——每一轮对对 x、z 轴的转动惯量；

K_{sy}、K_{sz}——车体与转向架之间的二系弹簧阻尼单元的横向、竖向弹簧刚度系数；

C_{sy}、C_{sz}——车体与转向架之间的二系弹簧阻尼单元的横向、竖向阻尼系数；

K_{px}、K_{py}、K_{pz}——转向架与轮对之间的一系弹簧阻尼单元的纵向、横向、竖向弹簧刚度系数；

C_{px}、C_{py}、C_{pz}——转向架与轮对之间的一系弹簧阻尼单元的纵向、横向、竖向阻尼系数；

L——车辆全长；

r_0、l_c、l_t——轮对的名义滚动圆半径、车辆前后转向架构架重心之间距离的一半、同一转向架两轮对轴距的一半；

h_1、h_2、h_3——车体重心到中央横向弹簧的距离、转向架重心到中央横向弹簧的距离、转向架重心到轴箱横向弹簧的距离；

b_0、b_1、b_2——轮对两滚动圆、中央竖向弹簧、轴箱竖向弹簧的横向间距的一半。

2）公路汽车空间振动分析模型

公路汽车采用由弹簧、阻尼器相连的多刚体模型，可考虑不同刚体之间的铰接约束。每个刚体的质心处最多用6个自由度描述，3个平移自由度和3个转角自由度。描述一辆汽车的主要参数有：刚体的数量、每个刚体质心的位置、刚体的质量和相应质量惯性矩、每个刚体的独立自由度数（其中，与桥面直接相连的接触点无独立自由度），弹簧的数量、每个弹簧的位置（指弹簧与哪两个刚体相连，弹簧两端点与相应刚体质心的相对位置）、每个弹簧的弹性模量，阻尼器的数量、每个阻尼器的位置（指阻尼器与哪两个刚体相连，阻尼器两端点与相应刚体质心的相对位置）、每个阻尼器的阻尼系数，刚体与刚体之间的约束情况等。基于以上的输入数据，就能由计算机自动形成任意形状的汽车模型。

在公路汽车空间振动分析模型时，还作如下假定：

（1）车体沿线路方向作等速运动，不考虑纵向动力作用的影响。

（2）所有弹簧均为线性的，所有阻尼均按黏性阻尼计算。

（3）车体等各刚体均在基本平衡位置作微振动。

（4）汽车的车轮与桥面竖向密贴。

（5）仅考虑汽车的竖向振动。

由于重型汽车荷载较大，能对桥梁产生较大的动力作用，本研究选用的重型汽车空间振动分析模型如图4-3-9所示。汽车车身具有浮沉、点头、侧倾3个自由度；4个车轮分别具有一个浮沉自由度，所以汽车总共有7个自由度，位移方向都以图4-3-9中所示方向为正。

即

$$\mathbf{V}_{qv} = [Z_v \quad \phi_v \quad \theta_v \quad Z_{t1} \quad Z_{t2} \quad Z_{t3} \quad Z_{t4}]$$

式中：Z_v、ϕ_v、θ_v——汽车车体的浮沉（沿 Z 轴位移）、侧滚（绕 X 轴转角）、点头（绕 Y 轴转角）；

Z_{t1}、Z_{t2}、Z_{t3}、Z_{t4}——汽车车轮处浮沉（沿 Z 轴位移）。

图4-3-9中其他参数的意义：

M_v——汽车车身刚体质量；

J_y——汽车车身纵向俯仰转动惯量；

J_x——汽车车身侧向摇摆转动惯量；

K_1、K_3——汽车悬挂系刚度系数（前桥刚度）；

K_2、K_4——汽车悬挂系刚度系数（板簧刚度）；

$C_i(i=1,2,3,4)$——对应于各个车轮的悬挂系缓冲器阻尼常数；

$M_{ti}(i=1,2,3,4)$——簧下质量(包括轮圈、轮胎、轮轴等);
$K_{ti}(i=1,2,3,4)$——轮胎的刚度系数;
$C_{ti}(i=1,2,3,4)$——轮胎的阻尼常数;
$L_i(i=1,2,3,4)$——车轮到车身刚体重心的纵向距离;
b——车轮到车身刚体中心的横向距离;
H——车身刚体到地面的距离;
$R_i(i=1,2,3,4)$——车轮下缘地面的粗糙度。

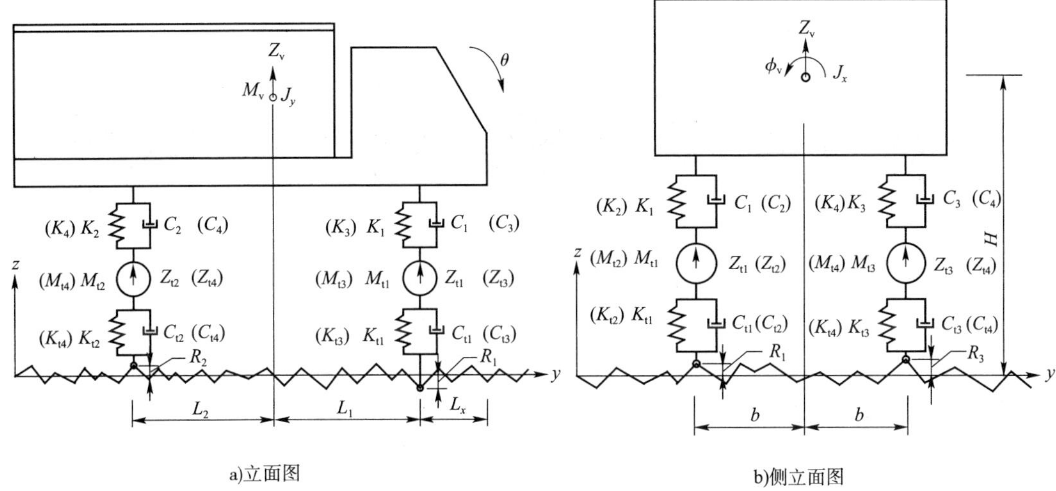

图 4-3-9 重型汽车空间振动分析模型

3)结构空间振动分析模型

为了对结构进行模拟,首先需要建立结构的动力计算模型。考虑到实际结构,采用空间线弹性分析方法,采用有限元分析软件进行结构的建模和计算。模型的建立着重于结构的刚度、质量和边界条件的模拟,并使它们尽量与实际结构相符。分析中主要采用空间梁单元、杆单元、板单元等建立空间动力分析模型。对于边界条件,纵向支承体系布置为江北侧中支点(P7 墩)设置固定铰支座,其余各墩均设置活动铰支座,横向支承体系布置为中支点均设置固定支座,边支点设置横向活动支座,边支点下横梁中心设置两个横向限位支座。

4)桥面粗糙度、轨道不平顺模型

已有研究表明:轨道梁不平顺及公路桥面粗糙度是引起轻轨车辆、汽车和桥梁空间振动的重要因素。桥面粗糙度、轨道不平顺均可看作零均值的平稳高斯随机过程,常用功率谱密度来描述和评定其波长特性。

(1)桥面粗糙度功率谱密度

根据已有资料,桥面粗糙度的功率谱密度采用下式:

$$S_q(\overline{\phi}) = A_r\left(\frac{\overline{\phi}}{\overline{\phi}_0}\right)^{-2} \tag{4-3-4}$$

式中:$S_q(\overline{\phi})$——桥面粗糙度的功率谱密度(m^3/周);

$\overline{\phi}$——空间频率(周/m);

$\overline{\phi}_0$——非连续频率系数，大小为$\frac{1}{2\pi}$周/m；

A_r——桥面粗糙度系数（m^3/周）。

桥面粗糙度值可用 Monte-Carlo 法模拟产生，即

$$r_q(x) = \sum_{k=1}^{N} \sqrt{2S_q(\overline{\phi}_k)\Delta\overline{\phi}}\cos(2\pi\overline{\phi}_k + \theta_k)$$

式中：θ_k——$0 \sim 2\pi$ 之间均匀分布的幅角。

在本研究中，根据 ISO 有关标准，模拟一条桥面等级评价为“好”的桥面粗糙度，其中，A_r 取为 $20 \times 10^{-6} m^3$/周，模拟长度为 3 000m。桥面竖向粗糙度值见图 4-3-10。

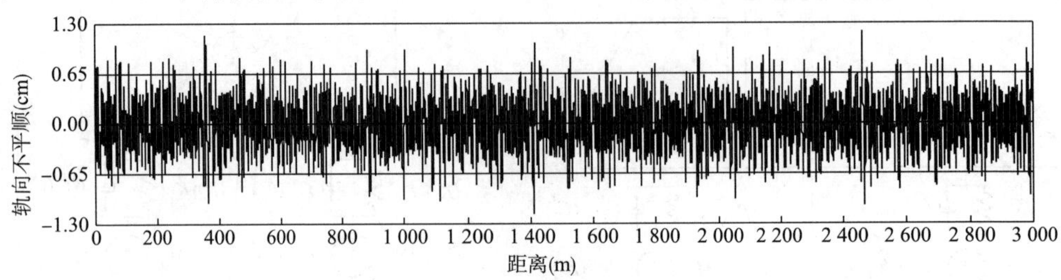

图 4-3-10　桥面竖向粗糙度值

（2）轨道不平顺功率谱密度

根据已有资料，左轨高低、右轨高低、左轨轨向、右轨轨向不平顺可分别采用如下功率谱函数：

$$S(f) = \frac{A(f^2 + Bf^3 + C)}{f^4 + Df^3 + Ef^2 + Ff + G} \tag{4-3-5}$$

式中：　$S(f)$——单位为 $mm^2/(1/m)$；

f——轨道不平顺的空间频率（1/m）；

A、B、C、D、E、F、G——特征参数，其取值见表 4-3-13。

我国轨道无缝线路功率谱的特征参数　　表 4-3-13

参数	A	B	C	D	E	F	G
左轨高低	0.127 0	−2.153 1	1.550 3	4.983 5	1.389 1	−0.032 7	0.001 8
右轨高低	0.332 6	−1.375 7	0.549 7	2.490 7	0.405 7	0.085 8	−0.001 4
左轨轨向	0.062 7	−1.184 0	0.677 3	2.123 7	−0.084 7	0.034 0	−0.000 5
右轨轨向	0.159 5	−1.385 3	0.667 1	2.333 1	0.256 1	0.092 8	−0.001 6
水平	0.332 8	−1.351 1	0.541 5	1.843 7	0.381 3	0.206 8	−0.000 3

同理，轨道不平顺也可由下式模拟产生：

$$R(x) = \sum_{k=1}^{N} \sqrt{2S(f)\Delta f}\cos(2\pi f_k x + \theta_k) \tag{4-3-6}$$

根据上述相关参数，可分别模拟计算得到左轨高低、右轨高低、左轨轨向、右轨轨向不平顺，详见图 4-3-11。

3.3.2　车桥耦合振动的数值分析方法简介

对于 t 时刻，桥梁—轻轨车辆—汽车时变系统总势能由以下三部分组成：

$$\Pi_d(t) = \Pi_b(t) + \Pi_m(t) + \Pi_q(t) \tag{4-3-7}$$

式中：$\Pi_b(t)$——t 时刻桥梁空间振动总势能；

$\Pi_{\mathrm{m}}(t)$——t 时刻轻轨车辆空间振动总势能；

$\Pi_{\mathrm{q}}(t)$——t 时刻汽车空间振动总势能。

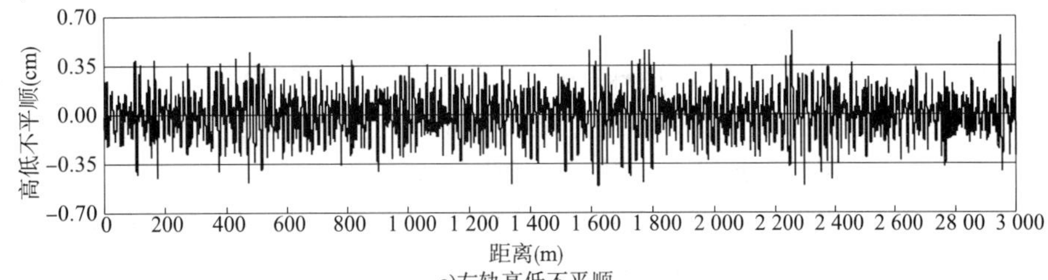

a)左轨高低不平顺

b)右轨高低不平顺

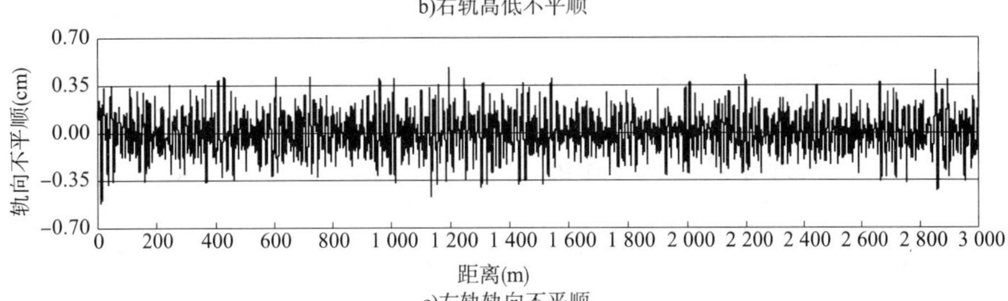

c)左轨轨向不平顺

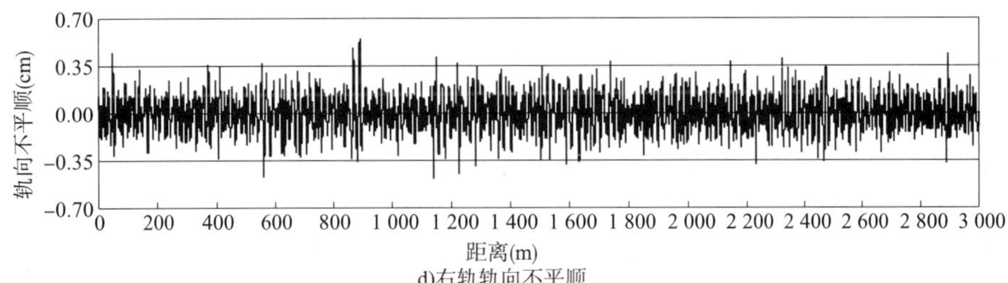

d)右轨轨向不平顺

图 4-3-11　轨道不平顺

根据动力学势能不变值原理 $\delta\Pi_{\mathrm{d}}(t)=0$ 及形成矩阵“对号入座”法则，可得出 t 时刻，桥梁—轻轨车辆—汽车时变系统空间振动的矩阵方程。

$$
\begin{bmatrix} \boldsymbol{M}_{\mathrm{b}}+\boldsymbol{M}_{\mathrm{bbm}}+\boldsymbol{M}_{\mathrm{bbq}} & 0 & 0 \\ 0 & \boldsymbol{M}_{\mathrm{m}} & 0 \\ 0 & 0 & \boldsymbol{M}_{\mathrm{q}} \end{bmatrix}
\begin{bmatrix} \ddot{\boldsymbol{v}}_{\mathrm{b}} \\ \ddot{\boldsymbol{v}}_{\mathrm{m}} \\ \ddot{\boldsymbol{v}}_{\mathrm{q}} \end{bmatrix}
+\begin{bmatrix} \boldsymbol{C}_{\mathrm{b}}+\boldsymbol{C}_{\mathrm{bbm1}}+\boldsymbol{C}_{\mathrm{bbq1}} & \boldsymbol{C}_{\mathrm{bm1}} & \mathrm{C}_{\mathrm{bq1}} \\ \boldsymbol{C}_{\mathrm{mb1}} & \boldsymbol{C}_{\mathrm{m}}+\boldsymbol{C}_{\mathrm{m1}} & 0 \\ \boldsymbol{C}_{\mathrm{qb1}} & 0 & \boldsymbol{C}_{\mathrm{q}}+\boldsymbol{C}_{\mathrm{q1}} \end{bmatrix}
\begin{bmatrix} \dot{\boldsymbol{v}}_{\mathrm{b}} \\ \dot{\boldsymbol{v}}_{\mathrm{m}} \\ \dot{\boldsymbol{v}}_{\mathrm{q}} \end{bmatrix}+
$$

$$
\begin{bmatrix} \boldsymbol{K}_{\mathrm{b}}+\boldsymbol{K}_{\mathrm{bbm1}}+\boldsymbol{K}_{\mathrm{bbq1}} & \boldsymbol{K}_{\mathrm{bm1}} & \boldsymbol{K}_{\mathrm{bv1}} \\ \boldsymbol{K}_{\mathrm{mb1}} & \boldsymbol{K}_{\mathrm{v}}+\boldsymbol{K}_{\mathrm{v1}} & 0 \\ \boldsymbol{K}_{\mathrm{vb1}} & 0 & \boldsymbol{K}_{\mathrm{q}}+\boldsymbol{K}_{\mathrm{q1}} \end{bmatrix}
\begin{bmatrix} \boldsymbol{v}_{\mathrm{b}} \\ \boldsymbol{v}_{\mathrm{m}} \\ \boldsymbol{v}_{\mathrm{q}} \end{bmatrix}
=\begin{bmatrix} \boldsymbol{P}_{\mathrm{bmg}}+\boldsymbol{P}_{\mathrm{bmr1}}+\boldsymbol{P}_{\mathrm{bmr2}}+\boldsymbol{P}_{\mathrm{bmr3}}+\boldsymbol{P}_{\mathrm{bqg}}+\boldsymbol{P}_{\mathrm{bqr1}}+\boldsymbol{P}_{\mathrm{bqr2}}+\boldsymbol{P}_{\mathrm{bqr3}} \\ \boldsymbol{P}_{\mathrm{m2}}+\boldsymbol{P}_{\mathrm{m3}} \\ \boldsymbol{P}_{\mathrm{qr2}}+\boldsymbol{P}_{\mathrm{qr3}} \end{bmatrix}
\tag{4-3-8}
$$

式中：$\boldsymbol{v}_b$、$\boldsymbol{v}_m$、$\boldsymbol{v}_q$——桥梁位移列阵、轻轨车辆位移列阵、汽车位移列阵；

$\boldsymbol{M}_b$、$\boldsymbol{C}_b$、$\boldsymbol{K}_b$——按常规三维有限元方法建立的桥梁（不包括车辆影响）质量矩阵、阻尼矩阵、刚度矩阵；

$\boldsymbol{M}_m$——轻轨车辆的质量矩阵，由轻轨车辆惯性力势能变分引起，若轻轨车辆与轨道的接触点有质量，就会产生由该惯性力势能变分项引起对桥梁质量矩阵的修正项 $\boldsymbol{M}_{bbm}$ 和对桥梁的附加外力列阵 $\boldsymbol{P}_{bmr1}$；对于轻轨车辆二系黏滞阻尼器，其相对速度仅由车辆自由度单独确定，则 $\boldsymbol{C}_m$ 是轻轨车辆的阻尼矩阵，由轻轨车辆的阻尼力势能变分引起；对于轻轨车辆的一系黏滞阻尼器，其相对速度不仅与车辆自由度有关，还与桥梁自由度和轨道的不平顺有关，则其阻尼力势能变分将引起对轻轨车辆阻尼矩阵的修正项 $\boldsymbol{C}_{m1}$，车桥耦合阻尼矩阵项 $\boldsymbol{C}_{bm1}$、$\boldsymbol{C}_{mb1}$，对桥梁阻尼矩阵的修正项 $\boldsymbol{C}_{bbm1}$，对桥梁的附加外力列阵 $\boldsymbol{P}_{bmr2}$ 和对轻轨车辆的附加外力列阵 $\boldsymbol{P}_{mr2}$；对于轻轨车辆二系弹簧，其相对位移仅由车辆自由度单独确定，则 $\boldsymbol{K}_m$ 是轻轨车辆的刚度矩阵，由轻轨车辆的弹性应变能变分引起；对于轻轨车辆的一系弹簧，其相对位移不仅与车辆自由度有关，还与桥梁自由度和轨道的不平顺有关，则其弹性应变能变分将引起对轻轨车辆刚度矩阵的修正项 $\boldsymbol{K}_{m1}$，车桥耦合阻尼矩阵项 $\boldsymbol{K}_{bm1}$、$\boldsymbol{K}_{mb1}$，对桥梁阻尼矩阵的修正项 $\boldsymbol{K}_{bbm1}$，对桥梁的附加外力列阵 $\boldsymbol{P}_{bmr3}$ 和对轻轨车辆的附加外力列阵 $\boldsymbol{P}_{mr3}$；最后，由于轻轨车辆轴重，还会引起对桥梁的附加外力 $\boldsymbol{P}_{bmg}$。

同理，$\boldsymbol{M}_q$ 是汽车的质量矩阵，由汽车的惯性力势能变分引起的。若汽车与桥面接触点有质量，也会产生由该惯性力势能变分引起的对桥梁质量矩阵的修正项 $\boldsymbol{M}_{bbq}$ 和对桥梁的附加外力列阵 $\boldsymbol{P}_{bqr1}$。对于汽车的二系黏滞阻尼器，其相对速度仅由车辆自由度单独确定，则 $\boldsymbol{C}_q$ 是汽车的阻尼矩阵，由汽车的阻尼力势能变分引起。对于汽车的一系黏滞阻尼器，其相对速度不仅与车辆自由度有关，还与桥梁自由度和桥面粗糙度有关，则其阻尼力势能变分将引起对汽车阻尼矩阵的修正项 $\boldsymbol{C}_{q1}$，车桥耦合阻尼矩阵项 $\boldsymbol{C}_{bq1}$、$\boldsymbol{C}_{mq1}$，对桥梁阻尼矩阵的修正项 $\boldsymbol{C}_{bbq1}$，对桥梁的附加外力列阵 $\boldsymbol{P}_{bqr2}$ 和对汽车的附加外力列阵 $\boldsymbol{P}_{qr2}$。对于汽车二系弹簧，其相对位移仅由车辆自由度单独确定，则 $\boldsymbol{K}_q$ 是轻轨车辆的刚度矩阵，由轻轨车辆的弹性应变能变分引起。对于汽车的一系弹簧，其相对位移不仅与车辆自由度有关，还与桥梁自由度和桥面粗糙度有关，则其弹性应变能变分将引起对汽车刚度矩阵的修正项 $\boldsymbol{K}_{q1}$，车桥耦合阻尼矩阵项 $\boldsymbol{K}_{bq1}$、$\boldsymbol{K}_{qb1}$，对桥梁阻尼矩阵的修正项 $\boldsymbol{K}_{bbq1}$，对桥梁的附加外力列阵 $\boldsymbol{P}_{bqr3}$ 和对轻轨车辆的附加外力列阵 $\boldsymbol{P}_{qr3}$。最后，由于汽车轮重，还会引起对桥梁的附加外力 $\boldsymbol{P}_{bqg}$。

由于桥梁—轻轨车辆—汽车系统的空间振动方程是变系数的二次微分方程，因此，采用直接积分法（如：Wilson－θ 法）来同时求解桥梁、轻轨车辆、汽车的空间振动响应。

3.3.3 车辆行车舒适性评价标准

车辆运行平稳性通常用来表示车辆的振动性能，它是衡量车辆运行性能的一项重要技术指标。客车平稳性是评定旅客舒适程度的主要依据，它反映了车辆振动对旅客舒适程度的影响。在车桥耦合动力相互作用系统中，车辆运行平稳性与否也是判定桥梁竖向刚度、横向刚度是否满足要求的一个重要指标，通常用车体加速度指标和旅客乘坐舒适度指标来评定。

1)车体加速度指标

国家标准《铁道车辆动力学性能评定和试验鉴定规范》(GB 5599—1985)关于铁路客车车体振动加速度的评定标准为：

$$a \leqslant 0.2g = 200\text{cm/s}^2 \qquad (\text{竖向})$$

$$a \leqslant 0.15g = 150\text{cm/s}^2 \qquad (\text{横向水平})$$

我国《新建时速200公里客货共线铁路设计暂行规定》中，桥上列车的车体加速度评判标准采用：

$$a \leqslant 0.13g = 130\text{cm/s}^2 \qquad (\text{竖向})$$

$$a \leqslant 0.10g = 100\text{cm/s}^2 \qquad (\text{横向水平})$$

2)ISO舒适度指标

旅客舒适度是反映乘客在旅途中疲劳程度的综合性生理指标，是一个统计标准。影响旅客舒适度的因素很多，如车内通风、照明、温度、湿度、噪声、振动等，其中，振动在车辆的整个运行过程中是始终存在且一直起影响作用的主要因素之一。

20世纪70年代初，国际标准化组织(ISO)在综合大量有关人体振动研究工作基础上，制订了国际标准《人体承受全身振动的评价指南》(ISO 2631—78)。除了车辆振动外，该方法还应用于各种振动公害的评定，是一个适用于多种振动工况的通用性标准。

ISO 2631标准由表示频率和振动加速度关系等感觉曲线和处于振动环境中的疲劳允许时间构成。人们对振动加速度的疲劳感觉随频率变化而不同，连接同样感觉的点，即得到等感觉曲线。根据车体振动响应计算结果，与相关标准进行比较，可评价乘客乘坐舒适度。该评价标准简介如下：

(1)通过现场测试或数值模拟分析方法，得到乘客所坐位置处车体的横向和竖向振动加速度时程曲线。

(2)通过加速度时程曲线分析，得到1/3倍频程中心频率的加速度均方根值。以中心频率为横坐标，绘出该加速度均方根值(单位：m/s^2)曲线。

(3)由ISO 2631规定的乘客感觉允许值曲线也绘在同一张图上。为了满足乘客的乘坐舒适度，由计算或实测得到的1/3倍频程中心频率的加速度均方根值必须小于或等于乘客感觉允许值曲线。

(4)图4-3-12是ISO 2631人体疲劳与竖向振动时间的关系曲线，图4-3-13是ISO人体疲劳与横向振动时间的关系曲线。可以看出，人对竖向振动的敏感频率为4～8Hz，而对横向振动的敏感频率为2Hz以下。有关人体振动的三个主轴方向见图4-3-14。

(5)提出了三种不同的曲线限值标准：

①工作效能下降极限曲线，超出这一曲线的范围，就会产生由于振动导致的疲劳，降低劳动能力；

②人体承受极限曲线，超出这一曲线的范围，将会对人体健康产生危害；

③舒适度下降极限曲线，超过这一曲线范围，就会影响人体的舒适性。

这三条曲线的大小限值不同，但曲线形状是一样的。

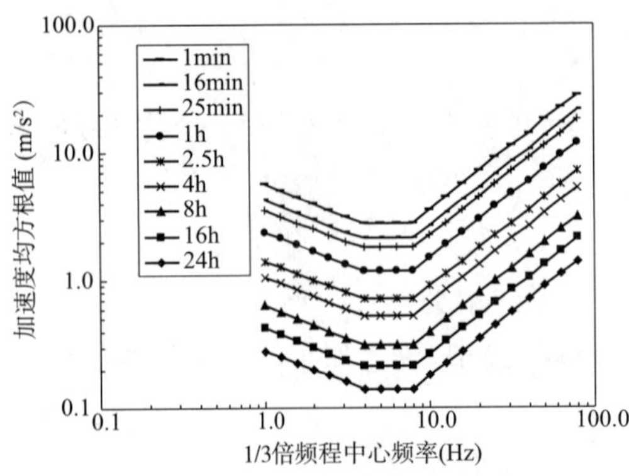

图 4-3-12　工作效能下降极限曲线(竖向)

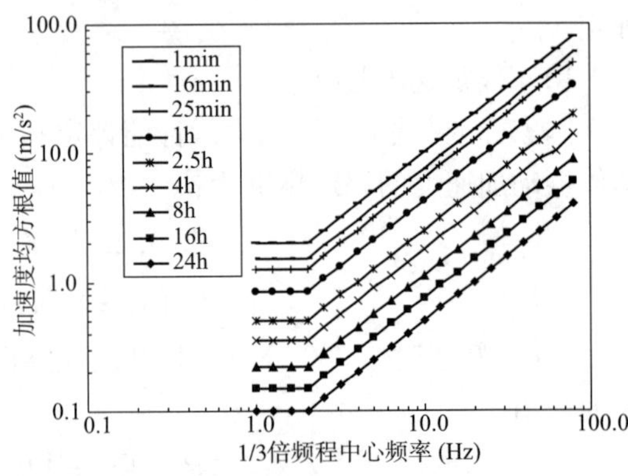

图 4-3-13　工作效能下降极限曲线(横向或纵向)

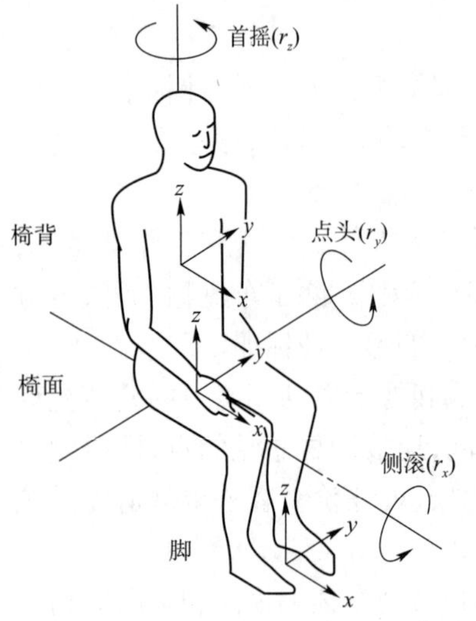

图 4-3-14　坐姿人体的主轴方向示意图

因此,根据车桥振动耦合计算所得的轻轨车辆或汽车车体的竖向振动加速度时程曲线 $\ddot{Z}_{vs}(t)$,经计算可得自相关函数:

$$R_{\ddot{Z}_{vs}}(\tau) = \lim_{T\to\infty}\frac{1}{T}\int_{-T/2}^{T/2}\ddot{Z}_{vs}(t)\,\ddot{Z}_{vs}(t+\tau)\,dt \qquad (4\text{-}3\text{-}9)$$

再进一步,对自相关函数进行傅里叶变换,可得其功率谱密度:

$$S_{\ddot{Z}_{vs}\ddot{Z}_{vs}}(f) = \int_{-\infty}^{+\infty} R_{\ddot{Z}_{vs}}(\tau)\,e^{-i2\pi f t}\,d\tau \qquad (4\text{-}3\text{-}10)$$

则 1/3 倍频程中心频率的加速度均方根值 $\ddot{Z}_{1/3rms}$ 可通过下式计算:

$$\ddot{Z}_{1/3rms} = \sqrt{\int_{f_l}^{f_u} S_{\ddot{Z}_{vs}\ddot{Z}_{vs}}(f)\,df} \qquad (4\text{-}3\text{-}11)$$

根据计算结果,再与 ISO 2631 规定的工作效能下降极限曲线(竖向)相比,评价轻轨车辆或汽车的竖向乘坐舒适度。

同理,可对轻轨车辆的横向振动加速度时程程曲线进行分析,可评价轻轨车辆的横向乘坐舒适度。

3)斯佩林(Sperling)舒适度指标

桥梁侧向晃动引起驾驶员、旅客不舒适和不安全感,是人体对振动的反应,这种反应与振动特性函数的对应关系只能通过试验得出。第二次世界大战前,德国铁路车辆试验所斯佩林等就振动对人体生理感觉的影响进行了大量试验研究,研究中被试验人员坐在专门的振动试验台上,然后在各个方向进行不同频率和不同振幅的试验,将被试验人员的感觉分级记录。斯佩林提出舒适度指标 W_z 的经验算式。

$$W_z = 2.7\sqrt[10]{Z^3 f^5 F(f)} = 0.896\sqrt[10]{A^3 F(f)/f} \qquad (4\text{-}3\text{-}12)$$

式中:Z——振幅;

A——频率为 f 时的振动加速度(cm/s^2);

F——振动频率(Hz);

$F(f)$——振动频率的修正系数，表示人对振动感觉的因子。

对于横向振动：

$$F(f)=0.8f^2 \qquad (f=0.5\sim5.4\ \text{Hz})$$
$$F(f)=650/f^2 \qquad (f=5.4\sim26\ \text{Hz})$$

对于竖向振动：

$$F(f)=0.325f^2 \qquad (f=0.5\sim5.9\ \text{Hz})$$
$$F(f)=400/f^2 \qquad (f=5.9\sim20\ \text{Hz})$$
$$F(f)=1 \qquad (f>20\ \text{Hz})$$

对于含有多种频率成分的复杂振动，其合成的舒适度指标为：

$$W_z=0.896\sqrt[10]{\left[\sum A_i^3F(f_i)/f_i\right]/N} \tag{4-3-13}$$

式中：W_z——各频率成分的振动合成后的舒适度指标；

N——将振动加速度曲线分成 N 组进行分析；

A_i、f_i、$F(f_i)$——波段中第 i 分组的加速度幅值、平均频率、频率修正系数。

依据我国《铁道机车动力学性能试验鉴定方法和评定标准》(TB/T 2360—1993)、《铁道车辆动力学性能评定和试验鉴定规范》(GB 5599—1985)和国外有关规定来评定列车的走行安全性和舒适性，具体见表4-3-14。

我国机车车辆的平稳性指标 W 表4-3-14

舒适度		机车	客车	货车
Ⅰ	优	<2.75	<2.75	<3.50
Ⅱ	良	2.75~3.10	2.75~3.10	3.50~4.00
Ⅲ	合格	3.10~3.45	3.10~3.45	4.00~4.25

4)脱轨系数

根据理论分析和试验研究，目前一般车速下，我国铁路车辆采用的脱轨系数安全指标为：

$$\left.\begin{aligned}\frac{Q_1}{P_1}&=1.2 \quad \text{危险限度}\\ \frac{Q_1}{P_1}&=1.0 \quad \text{允许限度}\end{aligned}\right\}$$

3.3.4 耦合分析工况及结果

1)公路汽车耦合振动分析

(1)汽车主要参数及计算工况

考虑重型车辆对桥梁的动力作用影响相对较大，因此特选用重型货车，汽车参数见表4-3-15。

重型货车主要参数 表4-3-15

参数	单位	货车	参数说明
M_v	kg	17 600	汽车身刚体质量
J_y	kg·m²	21 670	汽车身纵向俯仰转动惯量
J_x	kg·m²	5 300	汽车身侧向侧向摇摆转动惯量
K_1, K_3	kN/m	2 280	汽车悬挂系刚度系数(前桥刚度)
K_2, K_4	kN/m	2 280	汽车悬挂系刚度系数(板簧刚度)

续上表

参　　数	单　　位	货　　车	参数说明
C_1, C_3	(kN·s)/m	21.5	前轮的悬挂系缓冲器阻尼常数
C_2, C_4	(kN·s)/m	21.5	后轮的悬挂系缓冲器阻尼常数
M_{t1}, M_{t3}	kg	1 100	簧下质量(前轮轮圈、轮胎、轮轴等)
M_{t2}, M_{t4}	kg	1 000	簧下质量(后轮轮圈、轮胎、轮轴等)
K_{t1}, K_{t3}	kN/m	1 000	前轮轮胎的刚度系数
K_{t2}, K_{t4}	kN/m	1 000	后轮轮胎的刚度系数
C_{t1}, C_{t3}	(kN·s)/m	1 300	前轮轮胎的阻尼常数
C_{t2}, C_{t4}	(kN·s)/m	1 300	后轮轮胎的阻尼常数
L_1, L_3	m	8	前轮到车身刚体重心的纵向距离
L_2, L_4	m	3	后轮到车身刚体重心的纵向距离
B	m	0.9	车轮到车身刚体中心的横向距离

选用20辆重型汽车为一个车列,车辆采用10m等间距布置。每一个车道上可布置一个车列,考虑到汽车设计行车速度为60km/h,具体计算时主要考虑如下六种计算工况:

①在左行车道2布置一个车列(简称“单线行车”,图4-3-15),车速分别为45km/h、60km/h、75km/h(含三种工况)。

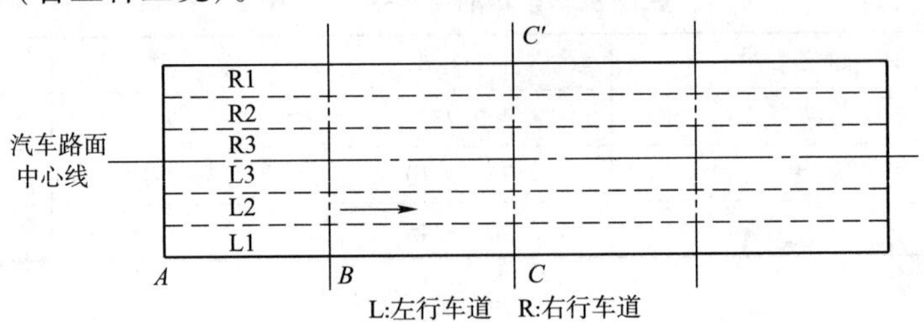

图4-3-15　单线行车时,一线汽车车列平面布置图

②在左行车道2和左行道3上各布置一个车列同向行驶(简称“双线同向行车”,图4-3-16),车速分别为45km/h、60km/h、75km/h(含三种工况)。

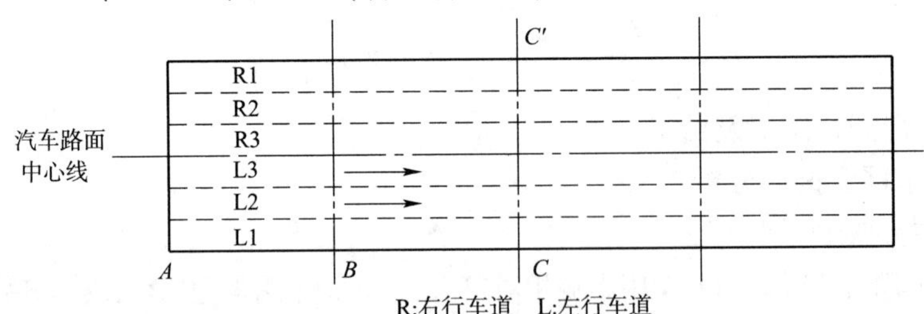

图4-3-16　双线同向行车时,两线汽车车列平面布置图

(2)车桥响应主要计算结果

根据上述汽车、桥梁空间振动分析模型,按指定计算工况,开展了车桥耦合动力响应计算。桥梁上选取A、B、C、D、A'五个不同位置(图4-3-17),给出桥梁振动响应。从南岸往江北方向看,其中A点为主跨跨中左侧下弦节点处,B点为主跨跨中左侧上弦节点位置,C点为桥梁跨中下拱肋左侧拱顶位置,D点为边跨跨中左侧下弦节点处,A'点为主跨跨中右侧下弦节点位置。汽车选取左行车道2上的第一、第二辆车,给出汽车振动响应。

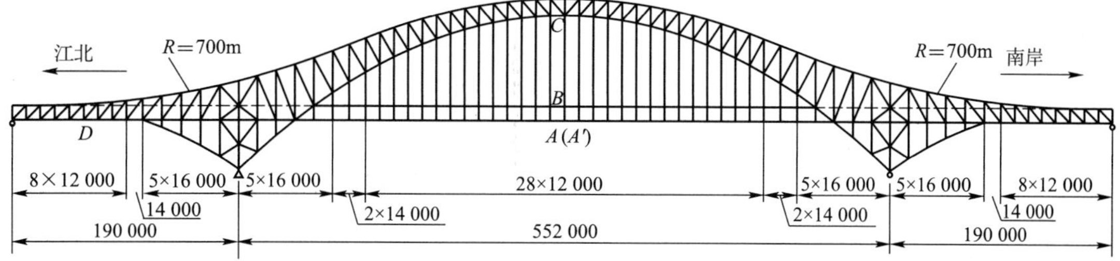

图 4-3-17 桥梁观测点的位置示意图(尺寸单位:mm)

在单线汽车分别为 45km/h、60km/h、75km/h 车速作用下,桥梁及车辆的最大振动响应计算结果见表 4-3-16。在 60km/h 车速下,主跨跨中 A 点的位移、加速度时程以及左行车道 2 上的第一、第二辆车的车体加速度时程示意见图 4-3-18。

单线汽车作用下车桥振动的最大响应 表 4-3-16

类型	响应位置	项目	方向	车速(km/h)		
				45	60	75
桥梁响应	下桥面跨中 A 点	位移(cm)	竖向	0.87	0.87	0.87
			横向	0.02	0.02	0.02
		加速度(cm/s^2)	竖向	6.66	10.14	11.76
			横向	0.82	1.08	0.85
	上桥面跨中 B 点	位移(cm)	竖向	0.87	0.87	0.87
			横向	0.11	0.12	0.11
		加速度(cm/s^2)	竖向	6.41	9.89	11.47
			横向	1.21	1.40	0.71
	下拱肋跨中 C 点	位移(cm)	竖向	0.73	0.73	0.72
			横向	0.21	0.21	0.21
		加速度(cm/s^2)	竖向	3.47	2.80	3.59
			横向	0.87	1.48	1.14
	边跨跨中 D 点	位移(cm)	竖向	0.40	0.41	0.40
			横向	0.01	0.01	0.01
		加速度(cm/s^2)	竖向	3.62	5.20	4.84
			横向	0.99	0.92	1.36
	下桥面跨中 A' 点	位移(cm)	竖向	0.59	0.60	0.60
			横向	0.02	0.02	0.02
		加速度(cm/s^2)	竖向	6.03	13.17	11.96
			横向	0.83	1.09	0.90
车辆响应	重型车 1	加速度(cm/s^2)	竖向	243.4	303.6	257.2
	重型车 2	加速度(cm/s^2)	竖向	241.8	296.7	262.9

注:表中数据均为最大响应的数值。重型车 1 和重型车 2 的加速度分别指左行车道 2 上第一、第二辆重型汽车车体的加速度。

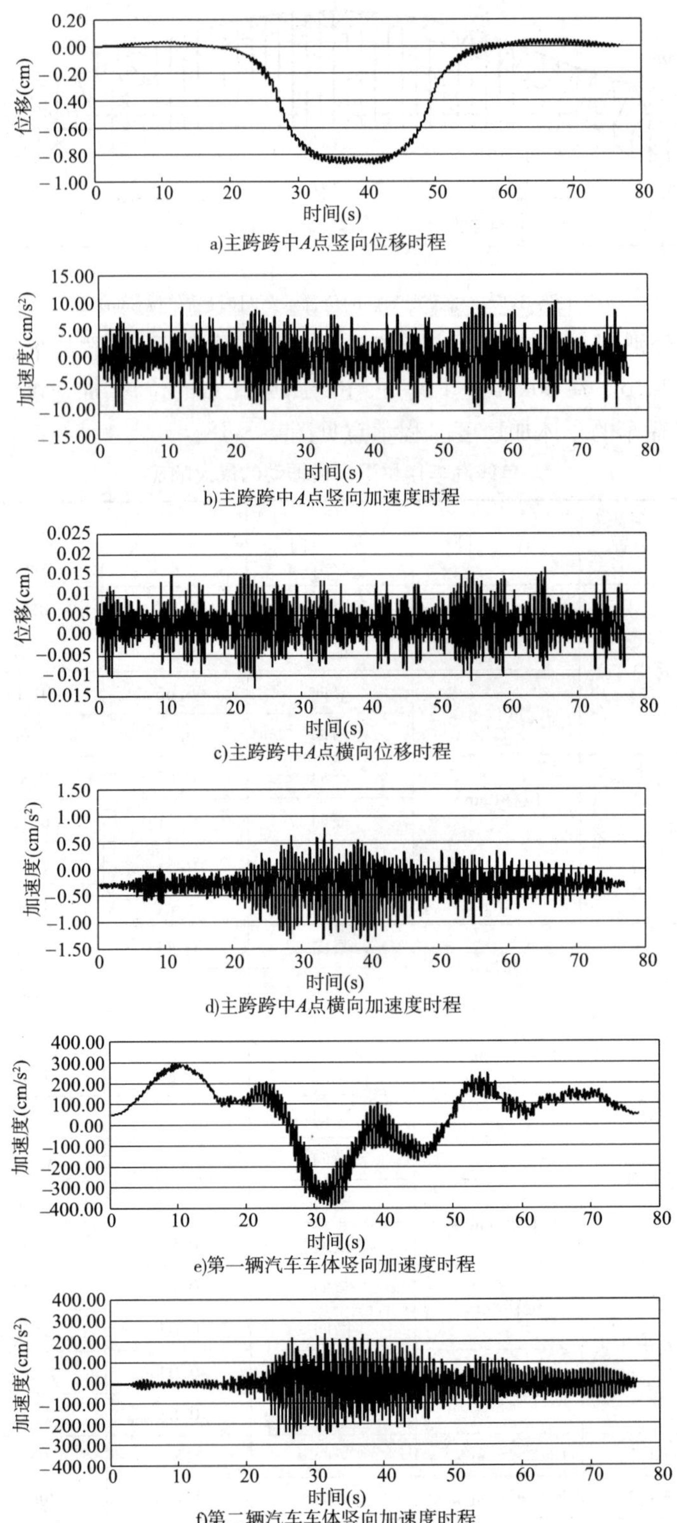

a)主跨跨中A点竖向位移时程

b)主跨跨中A点竖向加速度时程

c)主跨跨中A点横向位移时程

d)主跨跨中A点横向加速度时程

e)第一辆汽车车体竖向加速度时程

f)第二辆汽车车体竖向加速度时程

图 4-3-18　单线行车在车速为 60km/h 时相关时程

在双线汽车分别为45km/h、60km/h、75km/h车速的作用下，桥梁及车辆的最大振动响应计算结果见表4-3-17。在60km/h车速作用下，主跨跨中*A*点的位移、加速度时程以及第二车道第一、第二辆车的加速度时程见图4-3-19。

双线汽车作用下车桥振动的最大响应　　表4-3-17

类　型	响应位置	项　目	方　向	车速(km/h)		
				45	60	75
桥梁响应	下桥面跨中*A*点	位移(cm)	竖向	1.64	1.65	1.64
			横向	0.03	0.03	0.028
		加速度(cm/s^2)	竖向	11.31	18.38	20.72
			横向	1.04	1.52	1.11
	上桥面跨中*B*点	位移(cm)	竖向	1.64	1.65	1.64
			横向	0.15	0.15	0.15
		加速度(cm/s^2)	竖向	10.97	17.60	20.27
			横向	1.61	1.83	0.96
	下拱肋跨中*C*点	位移(cm)	竖向	1.38	1.38	1.37
			横向	0.28	0.28	0.27
		加速度(cm/s^2)	竖向	6.43	5.67	6.72
			横向	1.12	2.05	1.54
	边跨跨中*D*点	位移(cm)	竖向	0.76	0.79	0.76
			横向	0.01	0.01	0.01
		加速度(cm/s^2)	竖向	6.54	9.58	9.57
			横向	1.28	1.17	1.78
	下桥面跨中*A*′点	位移(cm)	竖向	1.26	1.29	1.28
			横向	0.03	0.03	0.03
		加速度(cm/s^2)	竖向	10.25	22.41	20.85
			横向	1.08	1.46	1.19
车辆响应	重型车1	加速度(cm/s^2)	竖向	234.6	288.6	256.5
	重型车2	加速度(cm/s^2)	竖向	233.7	276.4	267.4

注：表中数据均为最大响应的数值。重型车1和重型车2的加速度分别指左行车道2上第一、第二辆重型汽车车体的加速度。

结果表明：双线同向行车时，该桥各观测点的最大位移和加速度响应均比单线行车时明显增大，说明随着车辆的增多，桥梁响应会随之增大。但无论是单线行车还是双线同向行车，桥梁各观测点的最大位移和加速度响应均较小，说明汽车荷载相对于桥梁结构很小，该桥梁整体竖向和横向刚度较大。从*A*点的位移和加速度时程可以看出，当车辆运行到该点附近时，*A*点处的响应最大，而远离该点时，响应较小，说明车辆对桥梁的局部性能影响较大。

(3)汽车行车舒适度评价

同样，对汽车车列选取在左行车道2上运行的第一、第二辆重型汽车为代表，进行行车

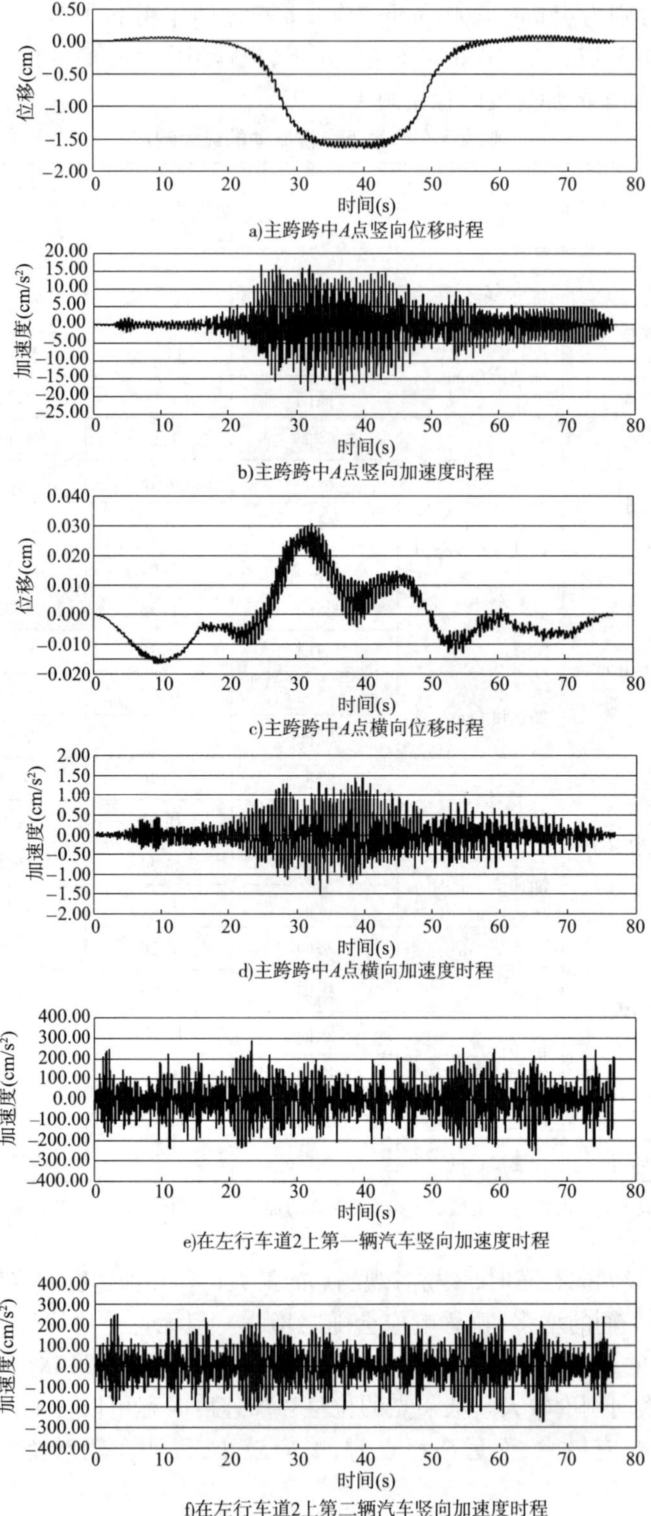

图 4-3-19　双线同向行车在车速为 60km/h 时相关时程

安全性、舒适性分析。根据车桥耦合振动计算结果，对汽车车体竖向振动加速度时程曲线进行频谱分析，并根据 ISO 2631 提供的工作效能下降极限曲线（竖向）进行比较，可评价重型汽车乘坐舒适度。

单线行车时，各不同车速工况下第一、第二辆重型汽车的乘坐舒适度见图 4-3-20 ~ 图 4-3-23。可以看出，在汽车车速为 60km/h 时，汽车车体竖向振动加速度相对较大；车速为 45km/h、75km/h 时，汽车车体竖向加速度相对较小，但随车速变化不大。在各种不同工况下，汽车车辆均能很好满足乘坐舒适度的要求。

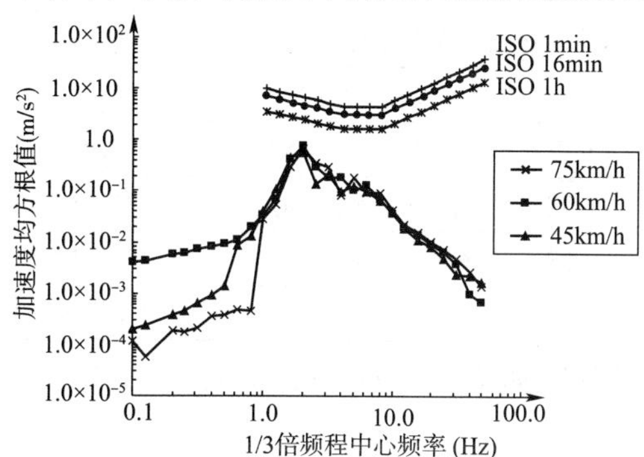

图 4-3-20 单线行车时，第一辆汽车的竖向乘坐舒适度

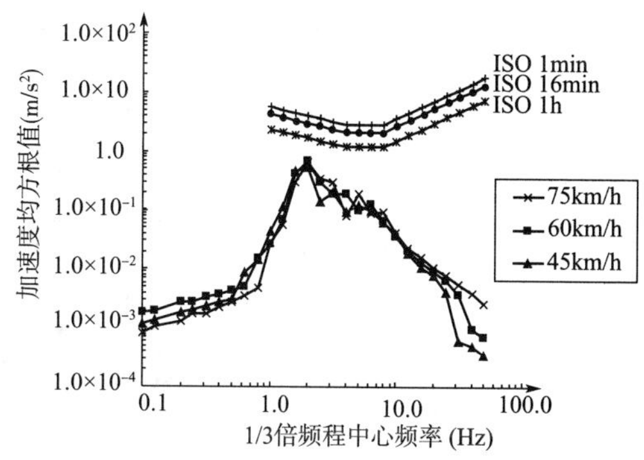

图 4-3-21 单线行车时，第二辆汽车的竖向乘坐舒适度

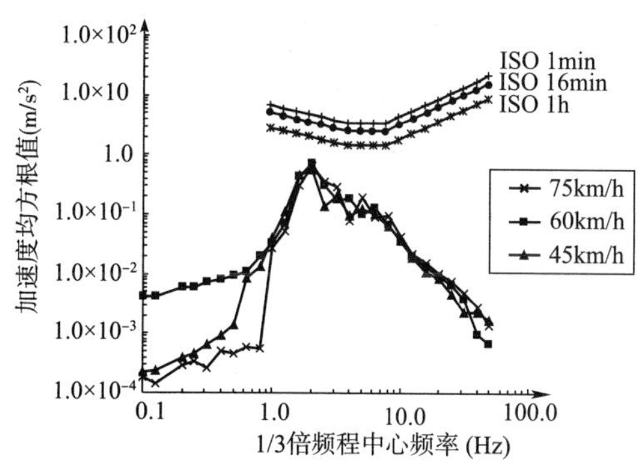

图 4-3-22 双线同向行车时，左线第一辆汽车的竖向乘坐舒适度

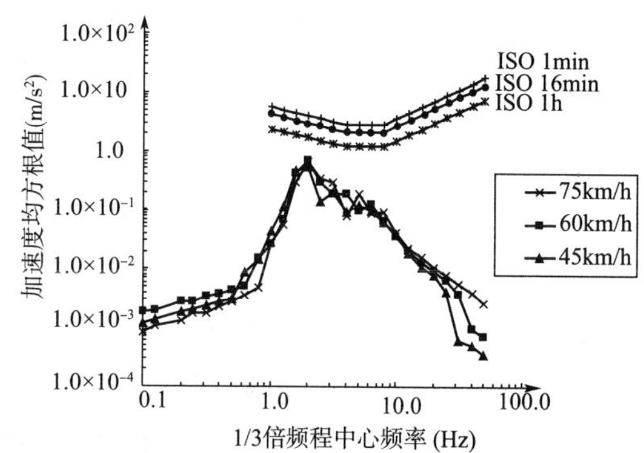

图 4-3-23 双线同向行车时，左线第二辆汽车的竖向乘坐舒适度

2）轻轨车辆耦合振动分析

（1）轻轨车辆主要参数、编组及计算工况

根据重庆市轨道交通总公司提供的部分轻轨车参数及参考相关资料，选用的城市地铁 B 型车辆的主要计算参数如表 4-3-18 所示。

轻轨车辆主要计算参数 表 4-3-18

车辆参数	数值	车辆参数	数值
车辆长度(m)	19.52	车体侧滚转动惯量(kg·m²)	1.55×10^5
车辆定距(m)	15.6	车体点头转动惯量(kg·m²)	1.959×10^6
固定轴距(m)	2.5	车体摇头转动惯量(kg·m²)	1.875×10^6

续上表

车辆参数	数值	车辆参数	数值
车体质量(t)	40.99	转向架侧滚转动惯量($kg \cdot m^2$)	5.07×10^3
转向架质量(t)	4.36	转向架点头转动惯量($kg \cdot m^2$)	1.47×10^3
轮对质量(t)	1.77	转向架摇头转动惯量($kg \cdot m^2$)	3.43×10^3
一系竖向弹簧刚度(kN·m)	2 976	轮对侧滚转动惯量($kg \cdot m^2$)	0.92×10^3
一系横向弹簧刚度(kN·m)	20 000	轮对摇头转动惯量($kg \cdot m^2$)	0.92×10^3
二系竖向弹簧刚度(kN·m)	1 060	车体中心至二系弹簧垂直距离(m)	0.98
二系横向弹簧刚度(kN·m)	460	二系弹簧至转向架重心垂直距离(m)	0.36
一系竖向阻尼系数(kN·s/m)	15	转向架重心至轴箱重心垂直距离(m)	0.07
一系横向阻尼系数(kN·s/m)	15	一系弹簧之间的水平距离(m)	0.98
二系竖向阻尼系数(kN·s/m)	30	二系弹簧之间的水平距离(m)	1.12
一系横向阻尼系数(kN·s/m)	30	轨距(m)	1.435

每线轻轨车辆采用5节车编组。因桥梁轻轨设计时速为100km,具体计算时可考虑如下六种工况:

①在左侧轨道上运行一线轻轨车(简称“单线行车”,图4-3-24),车速分别为60km/h、80km/h、100km/h(含三种工况)。

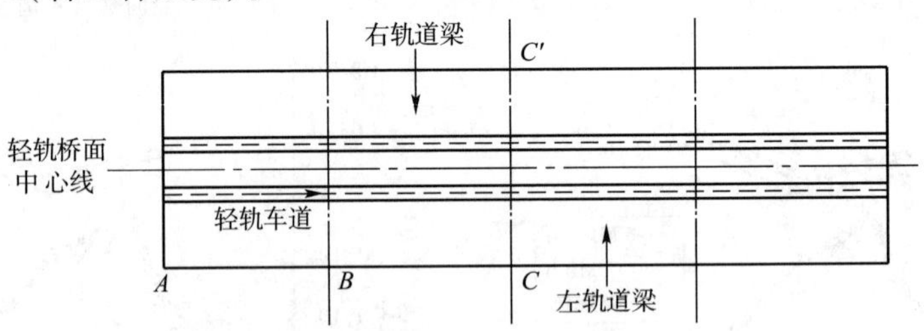

图4-3-24　单线行车时,一线轻轨车平面布置示意图

②在左、右侧轨道上分别运行一线轻轨车,双向对开,上桥位置错开50m距离(简称“双线对开”,图4-3-25),车速分别为60km/h、80km/h、100km/h(含三种工况)。

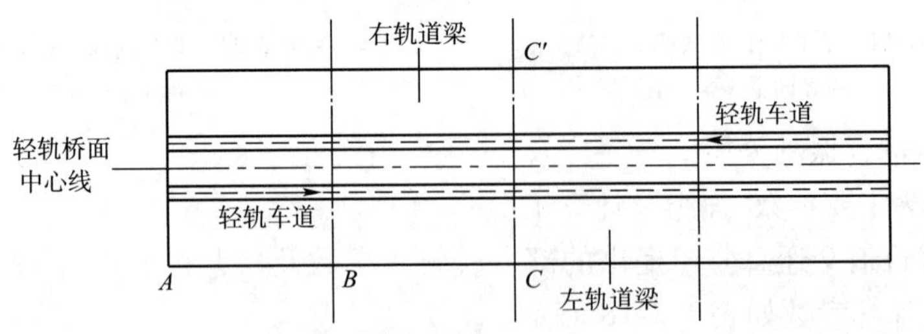

图4-3-25　双线对开时,双线轻轨车平面布置示意图

(2)车桥响应主要计算结果

根据上述轻轨车辆、桥梁空间振动分析模型,按指定计算工况,开展了车桥耦合动力响应计算。在单线轻轨分别为60km/h、80km/h、100km/h车速作用下,桥梁及车辆的最大振动响应计算结果见表4-3-19。在100km/h车速下,主跨跨中A点的位移、加速度时程以及左侧

轻轨车道上第一、第二节车的加速度时程见图4-3-26。

轻轨单线行车时车桥振动的最大响应 表4-3-19

类型	响应位置	项目	方向	车速(km/h)		
				60	80	100
桥梁响应	下桥面跨中 A 点	位移(cm)	竖向	3.42	3.41	3.41
			横向	0.05	0.06	0.06
		加速度(cm/s^2)	竖向	4.69	6.73	8.55
			横向	1.63	3.65	6.44
	上桥面跨中 B 点	位移(cm)	竖向	3.40	3.38	3.39
			横向	0.14	0.14	0.11
		加速度(cm/s^2)	竖向	4.60	6.30	7.52
			横向	0.59	0.47	0.76
	下拱肋跨中 C 点	位移(cm)	竖向	2.61	2.60	2.61
			横向	0.23	0.21	0.20
		加速度(cm/s^2)	竖向	1.59	1.70	1.53
			横向	0.48	0.44	0.63
	边跨跨中 D 点	位移(cm)	竖向	2.03	2.07	2.03
			横向	0.01	0.01	0.01
		加速度(cm/s^2)	竖向	4.68	4.25	6.73
			横向	3.04	4.30	5.66
	下桥面跨中 A' 点	位移(cm)	竖向	2.97	2.96	2.95
			横向	0.06	0.06	0.06
		加速度(cm/s^2)	竖向	3.65	5.16	7.64
			横向	1.59	3.33	6.30
车辆响应	轻轨车	加速度(cm/s^2)	竖向	58.92	95.43	72.60
			横向	22.54	22.71	22.85
		Sperling 指标	竖向	1.97	2.21	2.11
			横向	1.37	1.35	1.35
		脱轨系统	—	0.306	0.308	0.309

在双线轻轨分别为60km/h、80km/h、100km/h车速对开的作用下,桥梁及车辆的最大振动响应计算结果见表4-3-20。在100km/h车速下,主跨跨中 A 点的位移、加速度时程以及左侧轻轨车道第一、第二车的加速度时程见图4-3-27。

结果表明:当双线轻轨对开时,该桥各观测点的最大位移和加速度响应均比单线行车时明显增大,说明随着桥上轻轨车队的增多,桥梁响应会随之增大。但在两种工况下,桥梁各观测点的最大位移均较小,说明该桥整体竖向和横向刚度较大。从 A 点的位移图和加速度时程可以看出,当车辆运行到该点附近时,A 点处的响应最大,而远离该点时,响应较小,说明轻轨对桥梁的局部性能影响较大。单、双线行车时,轻轨车最大脱轨系数分别为0.309、0.559,双线行车更不利,但也能满轻轨车运行安全性要求。

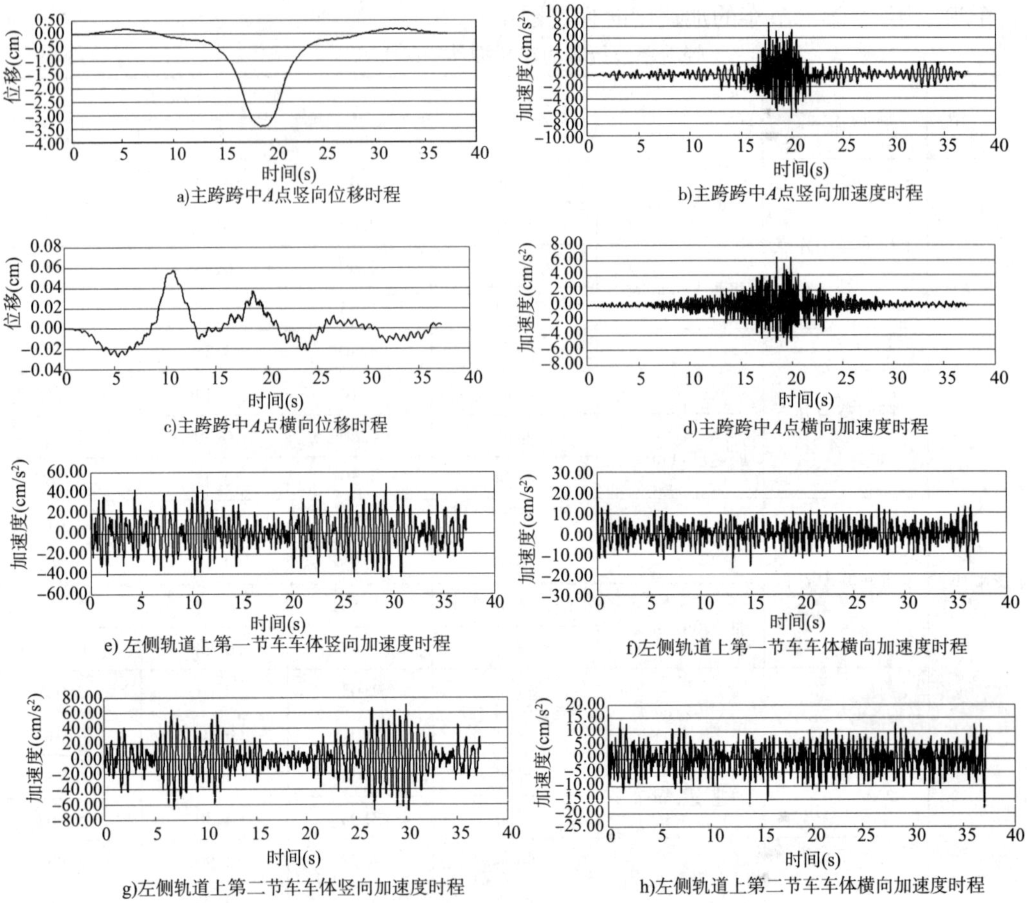
a)主跨跨中A点竖向位移时程
b)主跨跨中A点竖向加速度时程
c)主跨跨中A点横向位移时程
d)主跨跨中A点横向加速度时程
e) 左侧轨道上第一节车车体竖向加速度时程
f)左侧轨道上第一节车车体横向加速度时程
g)左侧轨道上第二节车车体竖向加速度时程
h)左侧轨道上第二节车车体横向加速度时程
位移(cm)
加速度(cm/s²)
时间(s)

图 4-3-26　单线轻轨车速为 100km/h 时的相关时程

轻轨双线对开时车桥振动的最大响应　　表 4-3-20

类　　型	响应位置	项　　目	方　　向	车速(km/h)		
				60	80	100
桥梁响应	下桥面跨中 A 点	位移(cm)	竖向	5.94	5.97	5.98
			横向	0.06	0.05	0.05
		加速度(cm/s^2)	竖向	3.85	6.82	9.97
			横向	1.79	3.50	6.68
	上桥面跨中 B 点	位移(cm)	竖向	5.89	5.92	5.93
			横向	0.06	0.05	0.05
		加速度(cm/s^2)	竖向	3.94	6.96	8.41
			横向	0.79	0.68	0.89
	下拱肋跨中 C 点	位移(cm)	竖向	4.61	4.62	4.62
			横向	0.09	0.07	0.07
		加速度(cm/s^2)	竖向	2.12	2.13	2.32
			横向	0.75	0.48	0.85

续上表

类型	响应位置	项目	方向	车速(km/h)		
				60	80	100
桥梁响应	边跨跨中 D 点	位移(cm)	竖向	1.96	1.97	1.97
			横向	0.03	0.03	0.02
		加速度(cm/s^2)	竖向	4.44	4.57	6.92
			横向	3.12	4.78	6.15
	下桥面跨中 A′点	位移(cm)	竖向	5.90	5.92	5.95
			横向	0.06	0.05	0.05
		加速度(cm/s^2)	竖向	4.41	5.57	9.04
			横向	1.82	3.25	6.93
车辆响应	轻轨车	加速度(cm/s^2)	竖向	62.07	105.10	90.65
			横向	26.60	26.48	26.33
		Sperling 指标	竖向	1.97	2.15	2.04
			横向	1.37	1.35	1.35
		脱轨系统	—	0.514	0.531	0.559

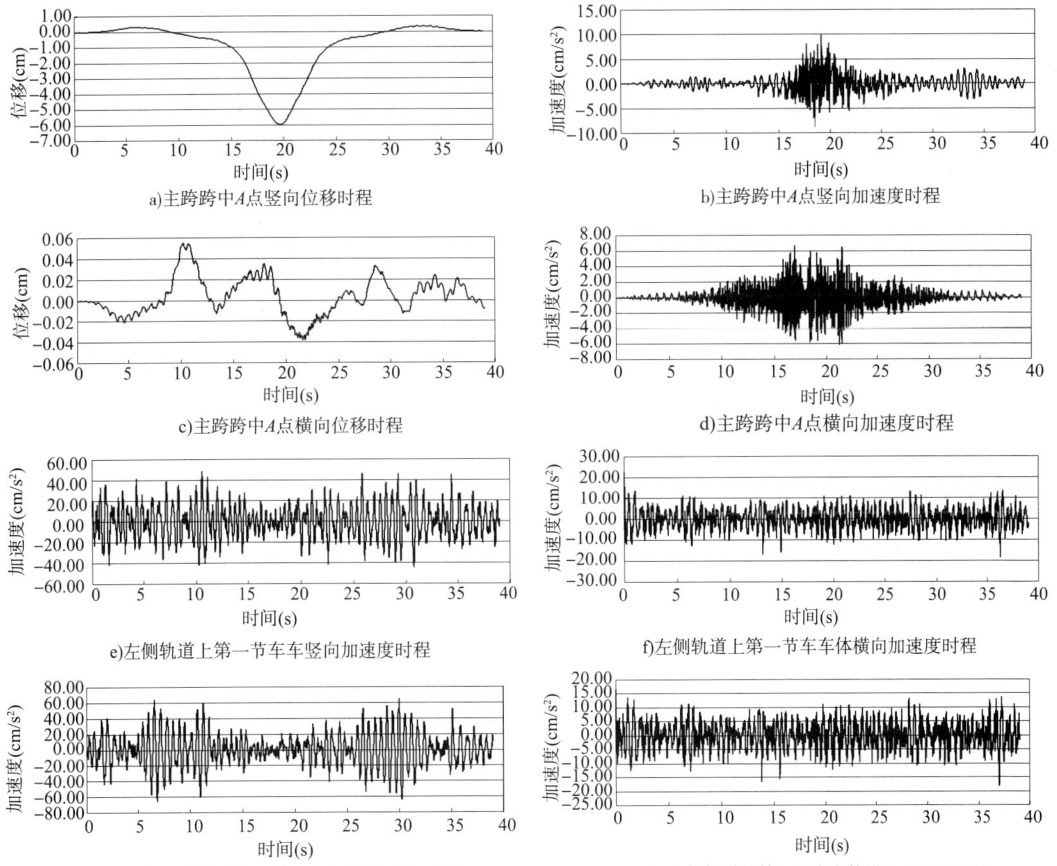

a)主跨跨中A点竖向位移时程

b)主跨跨中A点竖向加速度时程

c)主跨跨中A点横向位移时程

d)主跨跨中A点横向加速度时程

e)左侧轨道上第一节车车竖向加速度时程

f)左侧轨道上第一节车车体横向加速度时程

g)左侧轨道上第二节车车体竖向加速度时程

h)左侧轨道上第二节车车体横向加速度时程

图 4-3-27 双线轻轨车速为 100km/h 时的相关时程

(3)轻轨车辆行车舒适度评价

同样选取在左线轨道上运行的第一、第二节车为代表(图4-3-24),进行行车安全性、舒适性分析。根据车桥耦合振动计算结果,对轻轨车辆车体竖向、横向振动加速度时程曲线进行频谱分析,并根据ISO 2631提供的工作效能下降极限曲线(竖向、横向)进行比较,可评价轻轨车乘坐舒适度。也可根据Sperling舒适度指标对轻轨车的运行舒适性进行评估。

单线轻轨行车时,不同车速工况下第一、第二节车的乘坐舒适度见图4-3-28;双线轻轨对开行车时,不同车速工况下左线第一、第二节车的乘坐舒适度见图4-3-29。可以看出:各种不同工况下,轻轨车辆均能很好满足竖向、横向乘坐舒适度要求。

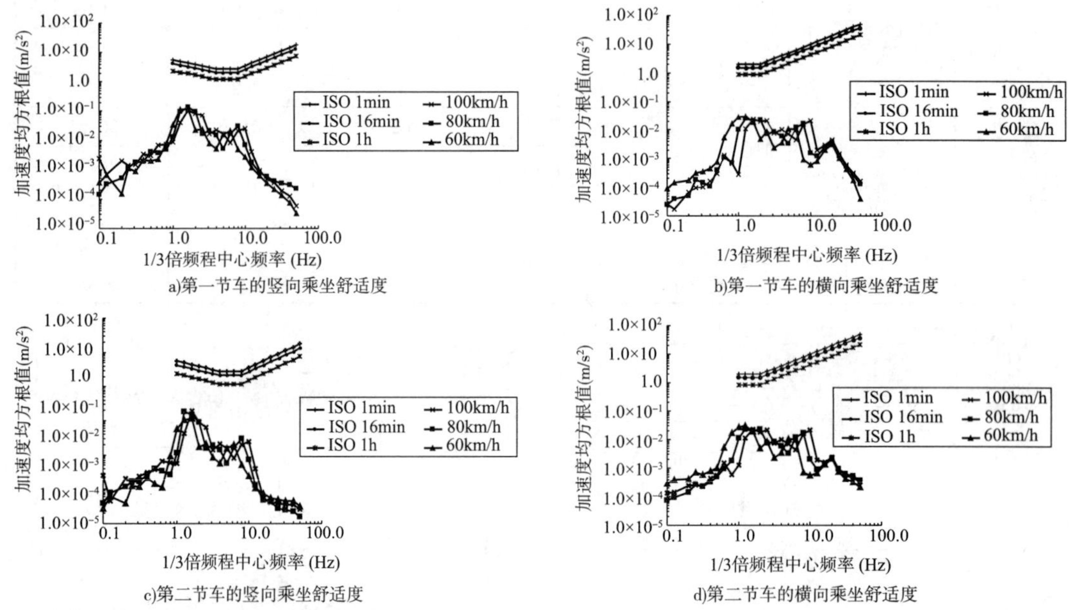

a)第一节车的竖向乘坐舒适度

b)第一节车的横向乘坐舒适度

c)第二节车的竖向乘坐舒适度

d)第二节车的横向乘坐舒适度

图4-3-28　单线轻轨车运行时的舒适度

从表4-3-18和表4-3-19可以看出:单线行车时,轻轨车竖、横向最大Sperling指标分别为2.21、1.37;双线行车时,轻轨车竖、横向最大Sperling指标分别为2.15、1.37。均能满足行车舒适性要求。

3)轻轨车辆—公路汽车耦合振动分析

(1)计算工况

重庆朝天门大桥设上、下双桥面,上层桥面为双向6车道,宽36m,下层桥面为双线城市轨道交通,两侧各预留两个汽车车行道,构成双层特大公轨两用桥。在同时进行朝天门大桥主桥—轻轨车辆—公路汽车耦合动力计算时,仍选用20辆重型汽车为一个车列,车辆采用10m等间距。每一行车道上可布置一个车列,最多同时布置两个车列。每线轻轨车辆仍采用5节车编组,可考虑单线行车或双线轻轨对开。具体计算时轻轨车辆为100km/h、汽车车速为75km/h,可考虑以下四种工况:

①单线轻轨在左侧轨道运行+单线汽车在左行车道2上运行(STSC)。

②单线轻轨在左侧轨道运行+双线汽车同向在左行车道2、3上运行(STDC)。

③双线轻轨车对开运行时+单线汽车在左行车道2上运行(DTSC)。

④双线轻轨车对开运行时 + 双线汽车同向在左行车道 2、3 上运行（DTDC）。

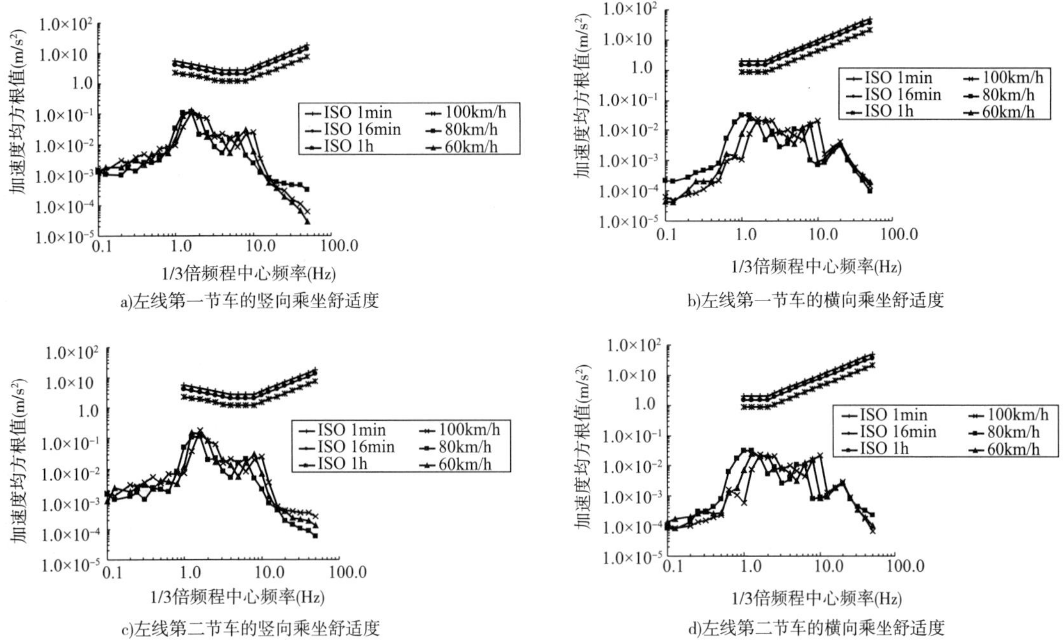

图 4-3-29 双线轻轨车运行时的舒适度

（2）轻轨车、汽车、桥梁响应主要计算结果

根据上述轻轨车、汽车、桥梁空间振动分析模型，按照上述指定四种计算工况，开展了轻轨车—汽车—桥梁耦合动力计算，在不同工况下的车桥振动空间响应最大值见表 4-3-21。在 STSC（单线轻轨 + 单线汽车）和 DTDC（双线轻轨 + 双线汽车）两种工况下，主跨跨中 *A* 点的位移、加速度时程，左侧轻轨车道第一节车的加速度时程以及左行车道 2 上第一、第二辆汽车的加速度时程见图 4-3-30 和图 4-3-31。

在轻轨车（车速 100km/h）和汽车（车速 75km/h）

同时作用下车桥振动的最大响应 表 4-3-21

类 型	响应位置	项 目	方 向	计算工况			
				STSC	STDC	DTSC	DTDC
桥梁响应	下桥面跨中 *A* 点	位移（cm）	竖向	3.53	0.04	6.13	6.28
			横向	0.05	0.05	0.05	0.05
		加速度（cm/s²）	竖向	14.80	18.41	12.98	19.21
			横向	6.68	6.59	6.64	6.65
	上桥面跨中 *B* 点	位移（cm）	竖向	3.50	3.59	6.08	6.22
			横向	0.15	0.16	0.12	0.16
		加速度（cm/s²）	竖向	13.31	18.20	12.23	18.73
			横向	1.21	1.37	1.14	1.30

续上表

类型	响应位置	项目	方向	计算工况			
				STSC	STDC	DTSC	DTDC
桥梁响应	下拱肋跨中 C 点	位移(cm)	竖向	2.71	2.81	4.77	4.91
			横向	0.29	0.32	0.22	0.28
		加速度(cm/s^2)	竖向	4.43	7.31	4.56	7.36
			横向	1.33	1.78	1.40	1.79
	边跨跨中 D 点	位移(cm)	竖向	2.31	2.61	2.27	2.54
			横向	0.01	0.02	0.02	0.02
		加速度(cm/s^2)	竖向	7.49	11.79	9.06	11.38
			横向	6.46	6.84	6.73	6.97
	下桥面跨中 A' 点	位移(cm)	竖向	3.02	3.11	6.73	6.97
			横向	0.05	0.05	0.05	0.05
		加速度(cm/s^2)	竖向	15.35	20.18	13.89	21.36
			横向	6.11	6.35	6.63	6.62
车辆响应	轻轨车	加速度(cm/s^2)	竖向	87.10	69.17	89.89	88.48
			横向	22.85	22.85	26.33	26.33
		Sperling 指标	竖向	1.99	1.94	1.92	1.91
			横向	1.32	1.32	1.34	1.34
		脱轨系统	—	0.310	0.310	0.552	0.563
	重型车 1	加速度(cm/s^2)	竖向	26.80	262.60	262.80	261.00
	重型车 2	加速度(cm/s^2)	竖向	260.80	264.40	261.70	265.20

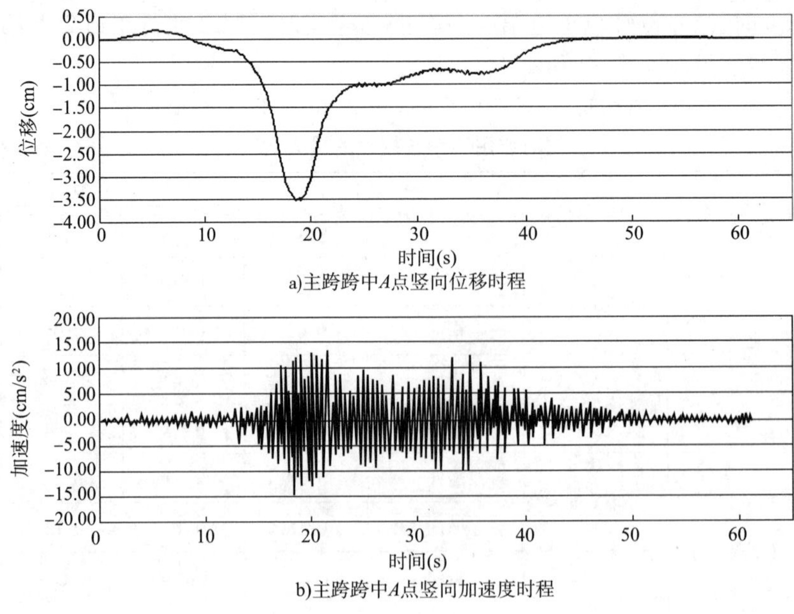

a)主跨跨中A点竖向位移时程

b)主跨跨中A点竖向加速度时程

图 4-3-30

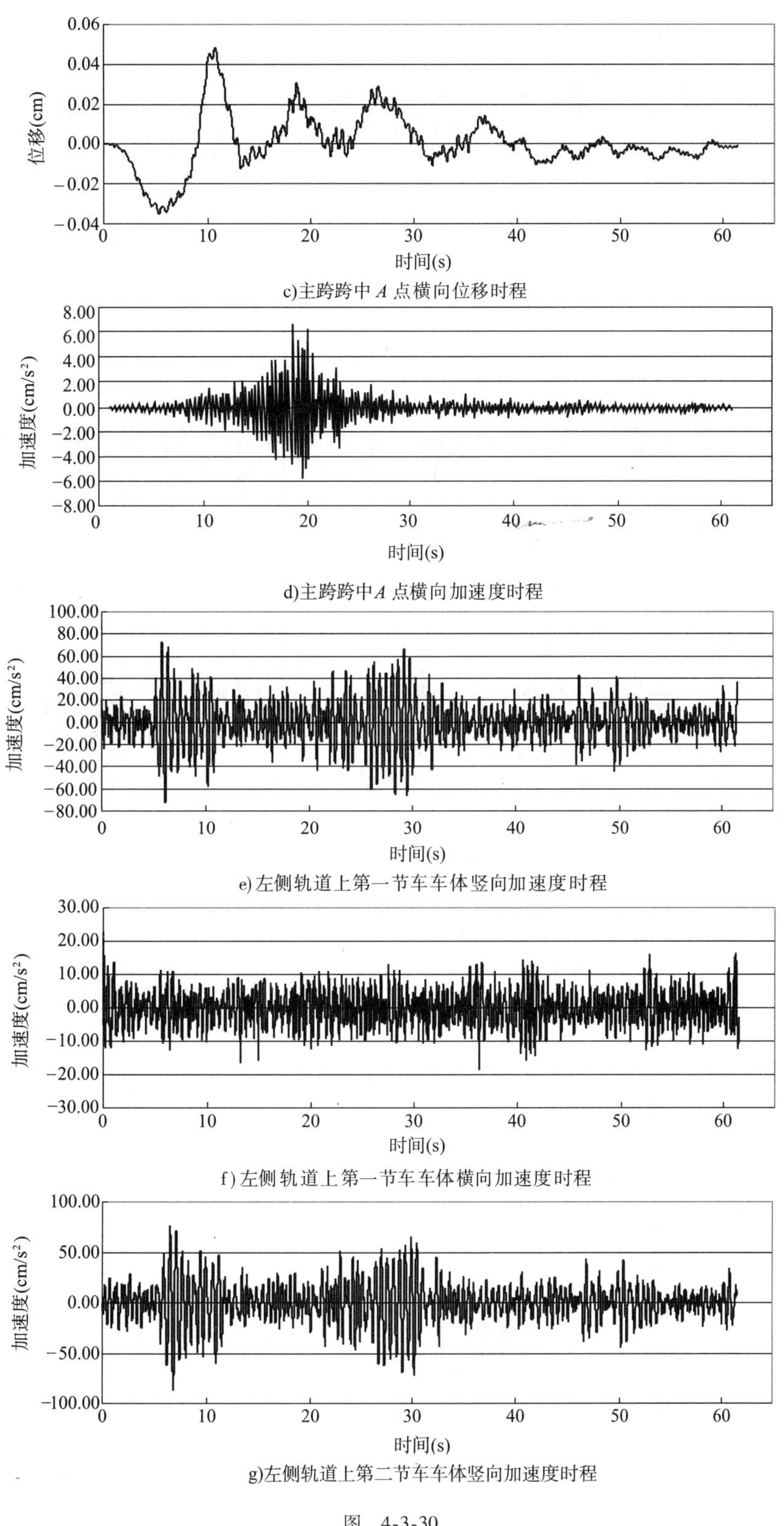

c)主跨跨中 A 点横向位移时程

d)主跨跨中 A 点横向加速度时程

e)左侧轨道上第一节车车体竖向加速度时程

f)左侧轨道上第一节车车体横向加速度时程

g)左侧轨道上第二节车车体竖向加速度时程

图　4-3-30

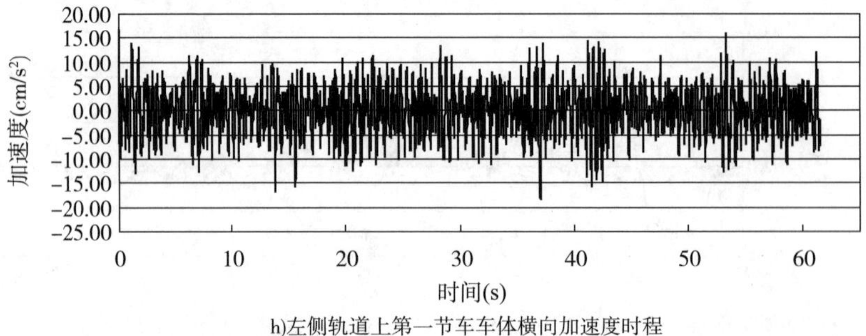

h)左侧轨道上第一节车车体横向加速度时程

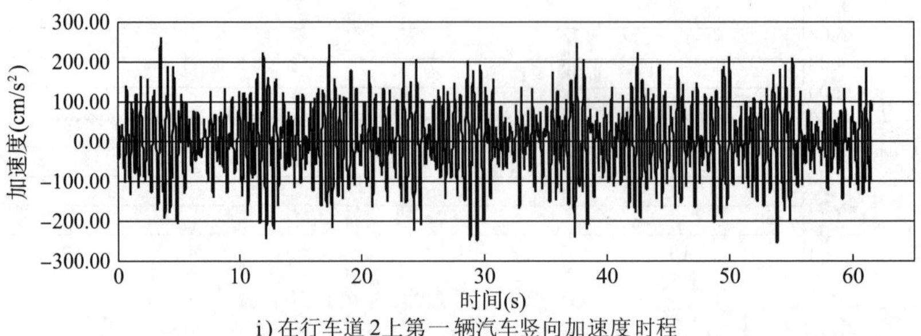

i) 在行车道2上第一辆汽车竖向加速度时程

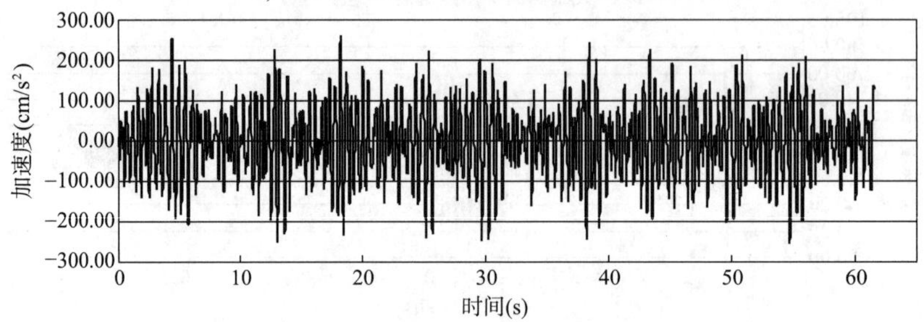

j) 在行车道2上第二辆汽车竖向加速度时程

图 4-3-30　STSC 工况下的相关时程

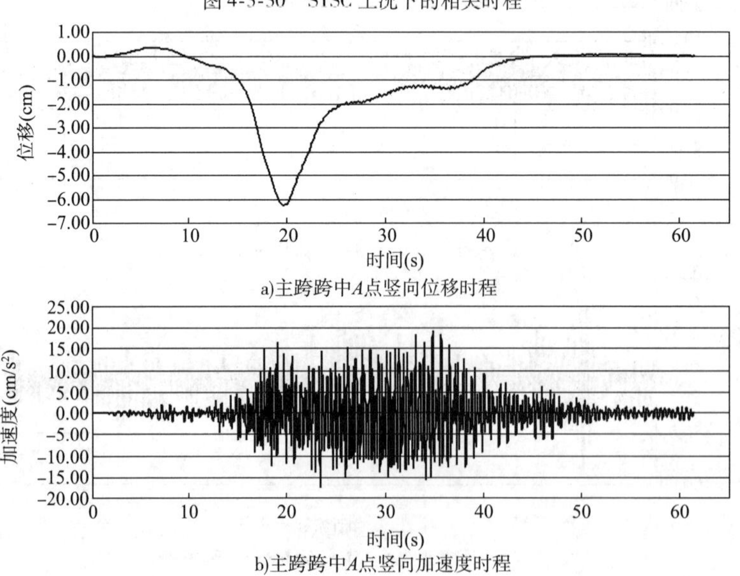

a)主跨跨中A点竖向位移时程

b)主跨跨中A点竖向加速度时程

图　4-3-31

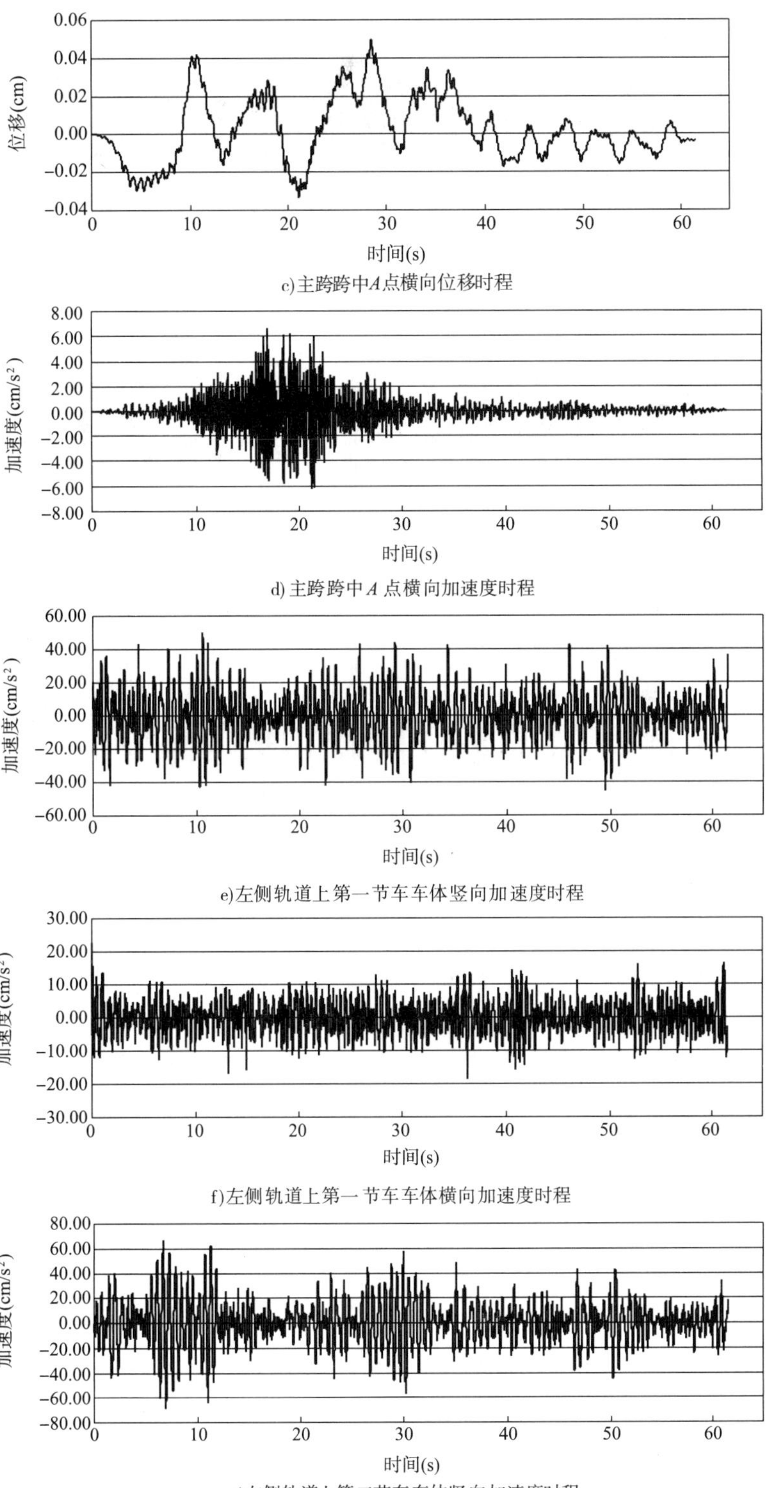

c)主跨跨中A点横向位移时程

d)主跨跨中A点横向加速度时程

e)左侧轨道上第一节车车体竖向加速度时程

f)左侧轨道上第一节车车体横向加速度时程

g)左侧轨道上第二节车车体竖向加速度时程

图 4-3-31

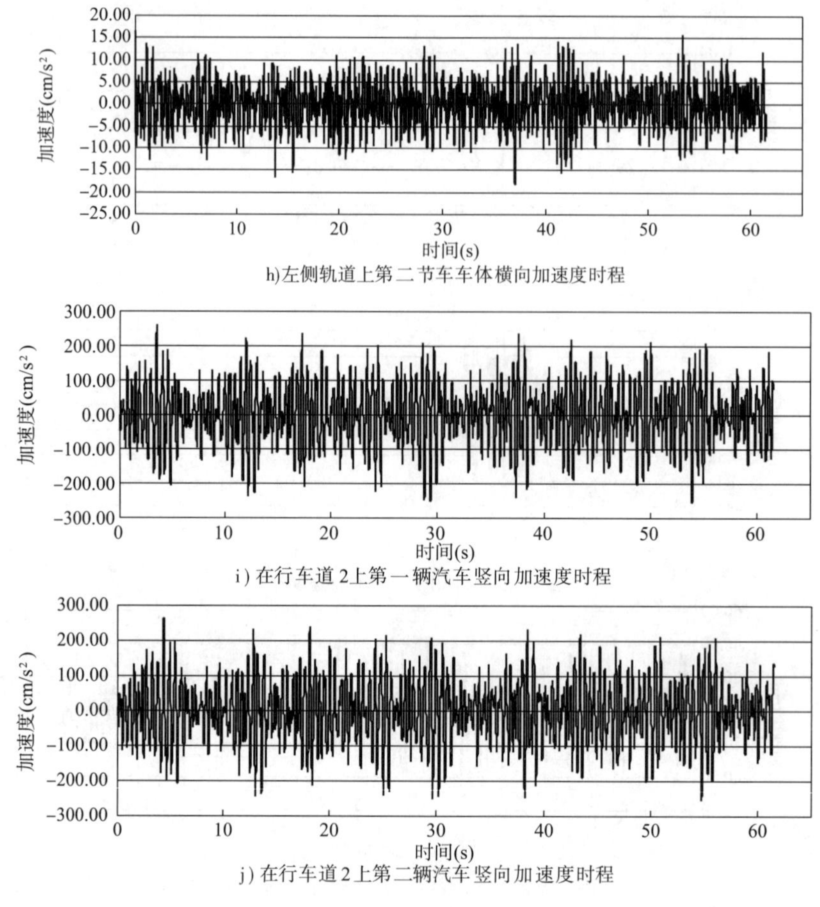

h)左侧轨道上第二节车车体横向加速度时程

i)在行车道2上第一辆汽车竖向加速度时程

j)在行车道2上第二辆汽车竖向加速度时程

图4-3-31 DTDC工况下的相关时程

由上述计算结果可以看出：当轻轨与汽车同时运行在桥梁上，桥梁的振动响应以受到轻轨的影响较大，位移和加速度时程曲线以轻轨的运动而产生的响应为主，汽车对桥梁的振动影响较小，可见，轻轨对桥梁振动的影响远远比汽车大得多；当轻轨车和汽车同时运行在桥上时，桥梁的振动响应均比单一类型的车（如轻轨车或汽车）运行在桥梁上时桥梁的振动响应大；当汽车和轻轨车同时运行在该桥上时，车辆包括汽车和轻轨车的车体最大加速度响应与单种工况下车体最大加速度响应有所增大，但变化不大，说明该桥的整体刚度较大。各计算工况下轻轨车最大脱轨系数为0.563，也能满轻轨车运行安全性要求。

（3）轻轨车辆、汽车行车舒适度评价

对汽车车列，以在左行车道2上运行的第一、第二辆重型汽车为代表，同时对轻轨车列，以在左线轨道上运行的第一、第二节车为代表，进行行车安全性、舒适性分析。根据车桥耦合振动计算结果，分别对重型汽车竖向振动加速度，轻轨车辆车体竖向、横向振动加速度时程曲线进行频谱分析，并根据ISO 2631提供的工作效能下降极限曲线（竖向、横向）进行比较，可同时评价重型汽车和轻轨车辆乘坐舒适度，也可根据Sperling舒适度指标来评价轻轨车运行舒适性。

左线轨道第一、第二节车和左线第一辆汽车的乘坐舒适度见图4-3-32。可以看出：各种不同工况下，轻轨车辆均能很好满足竖向、横向乘坐舒适度要求。

从表4-3-20可以看出：各计算工况下，轻轨车竖、横向最大Sperling指标分别为1.99、1.34，均能很好满足行车舒适性要求。

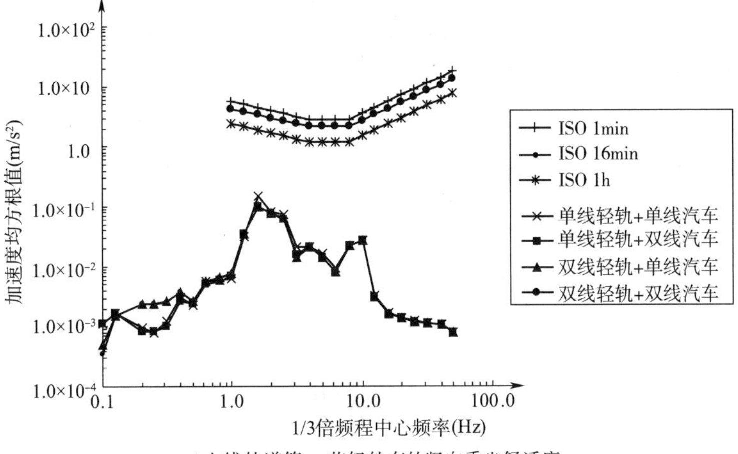

a)左线轨道第一节轻轨车的竖向乘坐舒适度

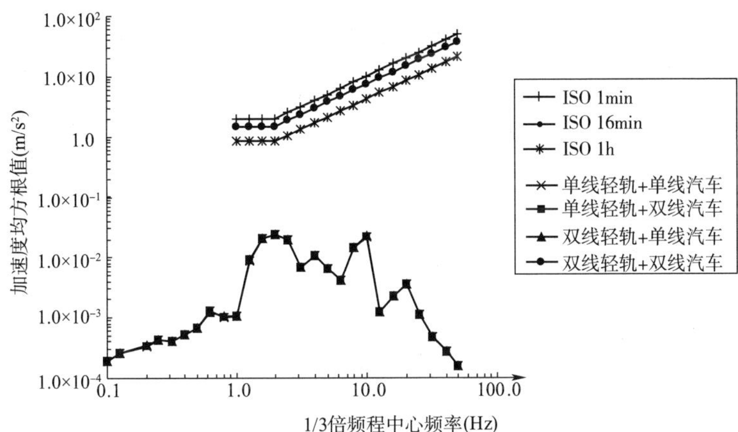

b)左线轨道第一节轻轨车的横向乘坐舒适度

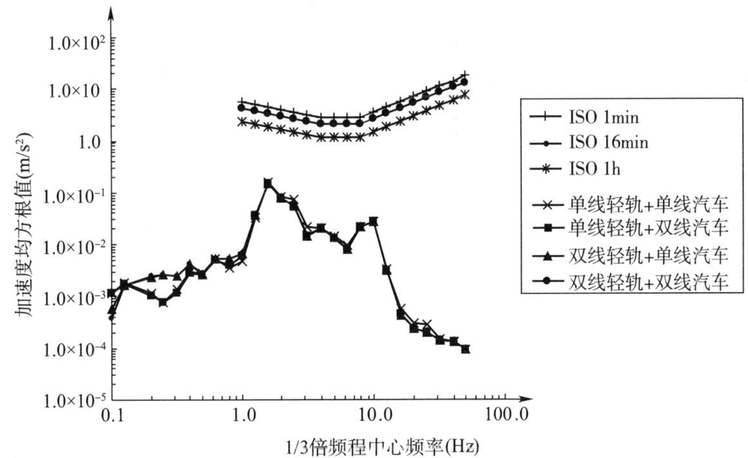

c)左线轨道第二节轻轨车的竖向乘坐舒适度

图　4-3-32

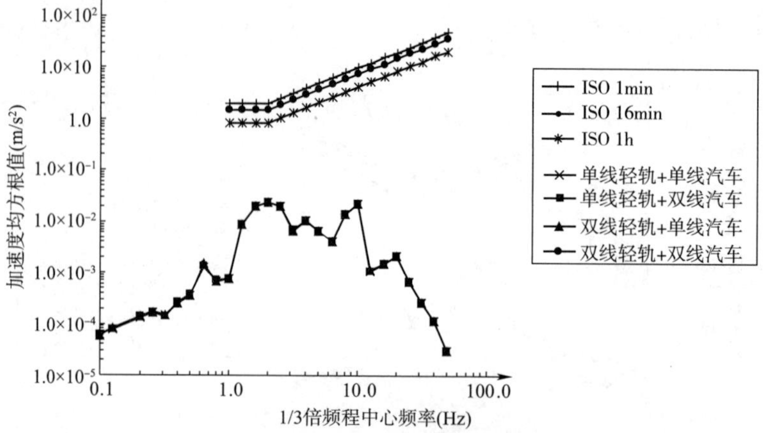

d)左线轨道第二节轻轨车的横向乘坐舒适度

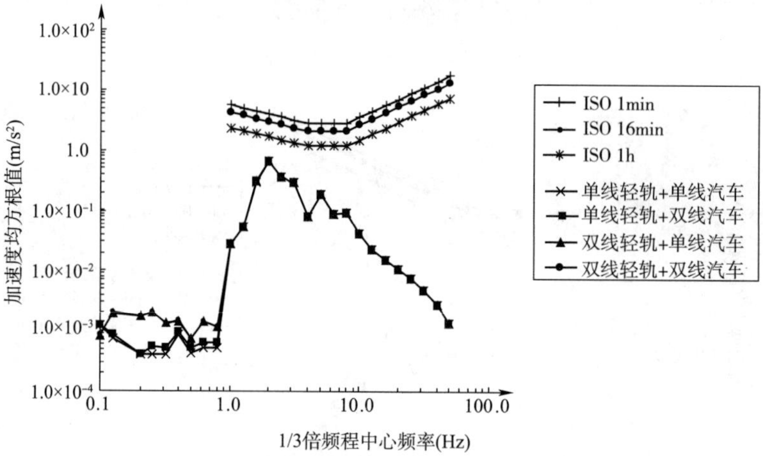

e)左线第一辆汽车的竖向乘坐舒适度

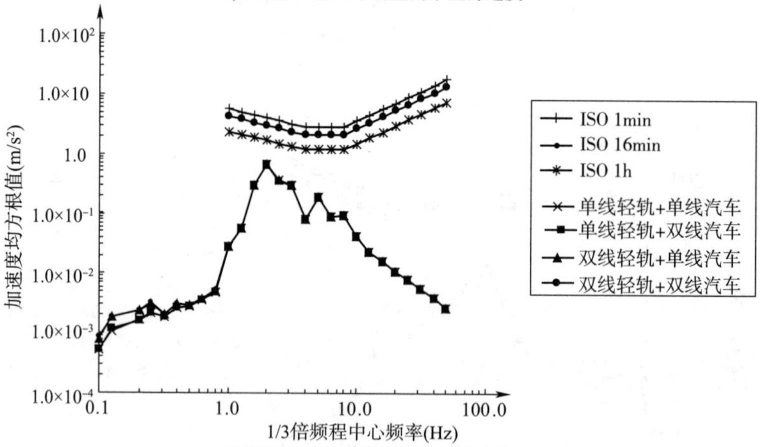

f)左线第二辆汽车的竖向乘坐舒适度

图 4-3-32　乘坐舒适度

3.3.5　车辆耦合振动分析结论

根据分析计算结果得到如下主要结论：

(1)汽车—桥梁耦合动力计算表明:车桥振动响应不一定随着车速提高而增大;双线汽车同向行车时,桥梁空间振动响应比单线行车时明显增大,但对汽车的空间振动响应影响相对较小;在各种不同工况下,汽车车辆均能很好满足乘坐舒适度的要求。

(2)轻轨车—桥梁耦合动力计算表明:车桥振动响应不一定随着车速提高而增大;双线轻轨车双向对开时,桥梁空间振动响应比单线行车时明显增大,但对轻轨车的空间振动响应影响相对较小;在各种不同工况下,轻轨车辆脱轨系数、Sperling 舒适度指标等均能很好满足轻轨车运行安全性、舒适性要求。

(3)汽车—轻轨车—桥梁耦合动力计算表明:随着重型汽车荷载的增多,轻轨车的振动加速度有变化;同样,随着轻轨车荷载的增多,汽车的振动加速度也有变化;说明公、轨荷载有可能相互影响,同时进行汽车—轻轨车—桥梁耦合动力分析是必要的;在各种不同工况下,轻轨车辆、汽车均能同时很好满足运行安全性、舒适性要求。

(4)重庆朝天门大桥主桥具有良好的整体竖向刚度、横向刚度和动力性能,满足设计车速下轻轨车辆、汽车的行车安全性、舒适性要求。

第4章 风洞试验

4.1 前言

桥梁风洞试验是指在风洞(一种通过人工产生和控制气流,模拟物体周围气体的流动,考察气流对物体的作用的管道状试验设备)中安置桥梁结构整体或节段模型,研究气体流动及其与模型间的相互作用,从而了解桥梁实体结构的空气动力学特性的一种试验方法。通过风洞试验验证桥梁结构抗风设计参数取值的合理性,理论分析以及相应技术措施的可靠性。

重庆朝天门大桥为世界最大跨径公轨两用钢桁拱桥,采用单根杆件悬臂安装方法进行架设,安装架设过程和运营期的抗风稳定性必须得到保证。为此,开展了重庆朝天门大桥结构抗风稳定性分析与风洞模型试验。

重庆朝天门大桥结构风洞试验研究主要包括节段模型风洞试验和全桥气弹模型试验,针对结构架设过程中的四个主要工况和成桥状态进行。

工况1:斜拉扣挂C1扣索安装前(图4-4-1)。

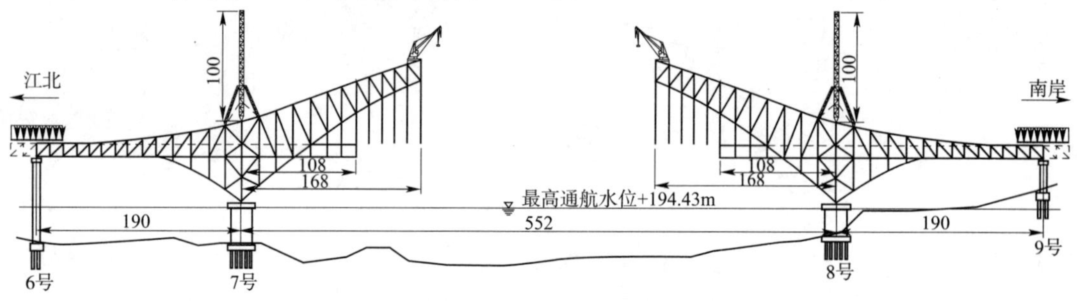

图4-4-1 工况1(斜拉扣挂C1扣索安装前)(尺寸单位:m)

工况2:斜拉扣挂C1扣索安装后(图4-4-2)。

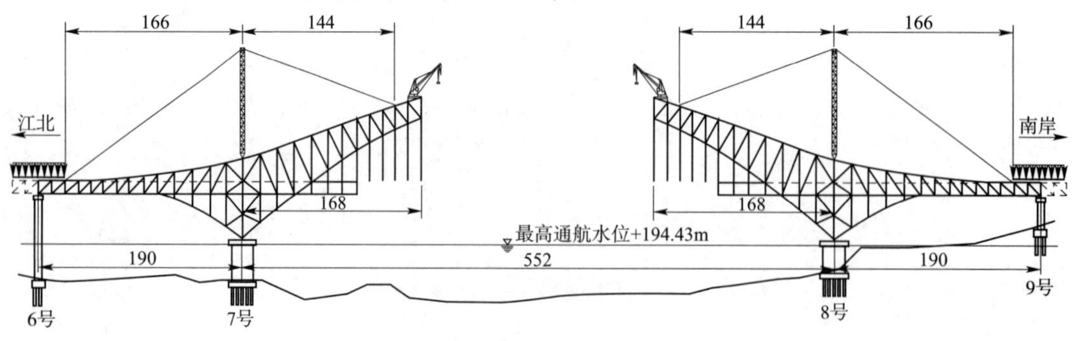

图4-4-2 工况2(斜拉扣挂C1扣索安装后)(尺寸单位:m)

工况3:钢桁拱合龙前(钢桁拱最大悬臂状态,图4-4-3)。

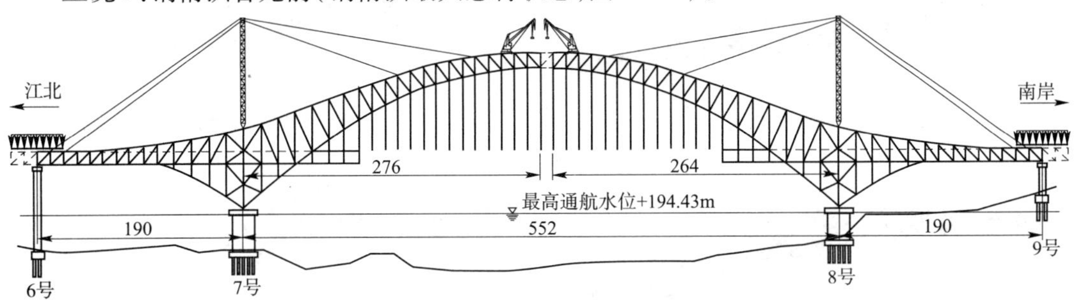

图4-4-3　工况3(钢桁拱最大悬臂状态)(尺寸单位:m)

工况4:刚性系杆合龙前(刚性系杆最大悬臂状态,图4-4-4)。

图4-4-4　工况4(刚性系杆最大悬臂状态)(尺寸单位:m)

工况5:成桥状态(图4-4-5)。

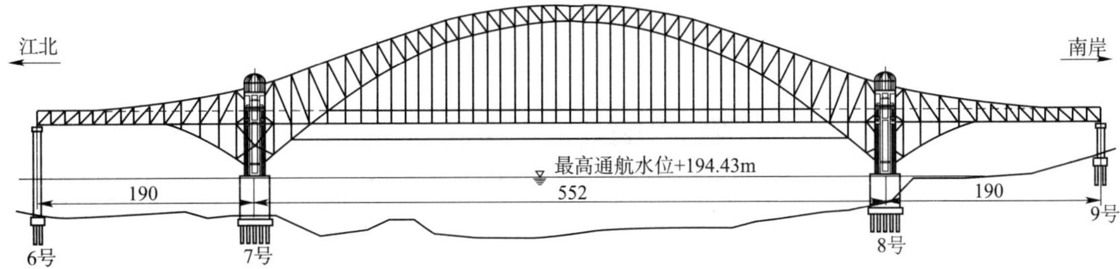

图4-4-5　工况5(成桥状态)(尺寸单位:m)

4.2　结构动力特性分析

结构动力特性分析是其风致振动研究的基础。

4.2.1　实桥结构动力特性计算分析

根据重庆朝天门大桥施工图文件,建立针对杆件、吊索(斜拉索、系杆索)、桥面结构的有限元模型,进行各工况基本振型分析。

(1)实桥成桥状态基本振型见图4-4-6。

(2)悬臂架设斜拉扣挂塔架基本振型见图4-4-7。

(3)悬臂架设工况1基本振型见图4-4-8。

(4)悬臂架设工况2基本振型见图4-4-9。

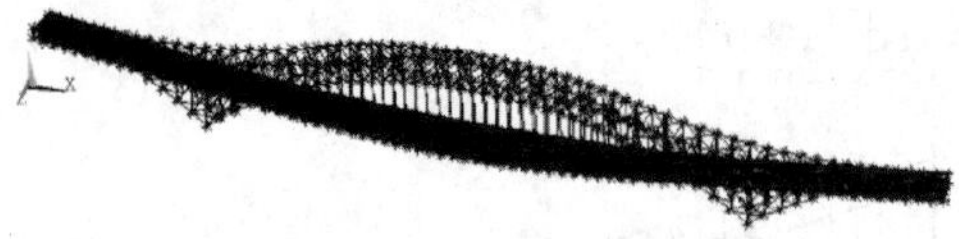

a)一阶梁拱横弯，0.182 3Hz

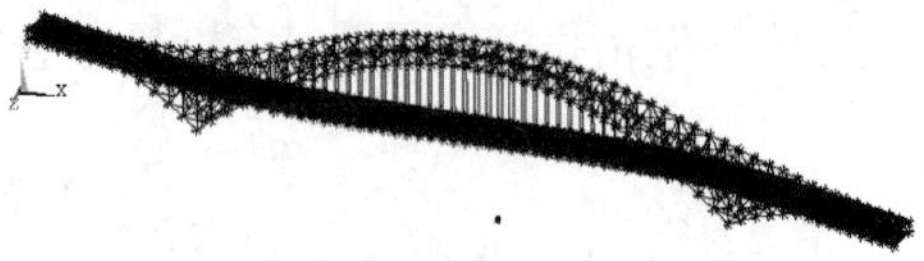

b)二阶梁拱横弯，0.376 3Hz

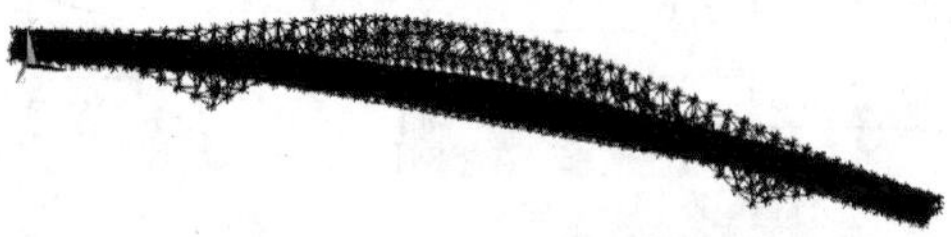

c)三阶梁拱横弯，0.400 0Hz

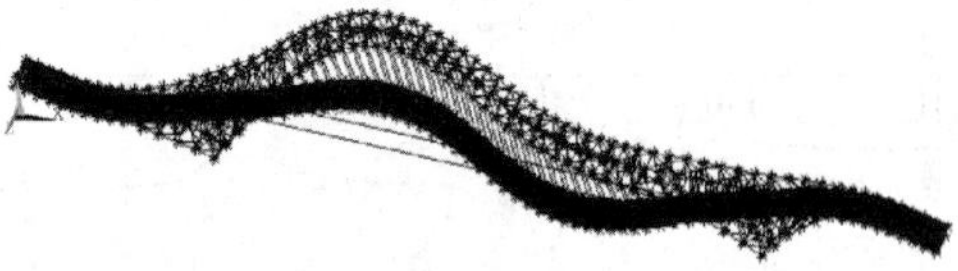

d)一阶梁拱竖弯，0.444 8Hz

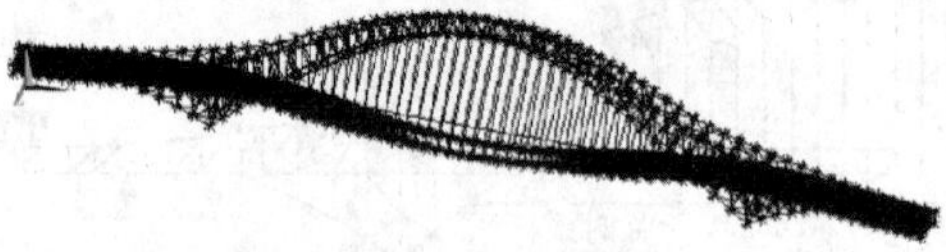

e)四阶梁拱横弯，0.505 7Hz

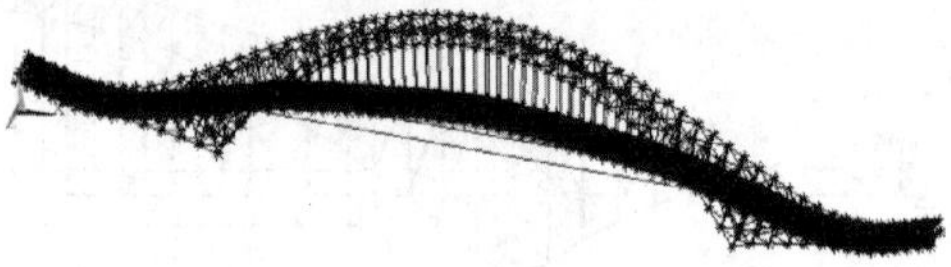

f)二阶梁拱竖弯，0.594 5Hz

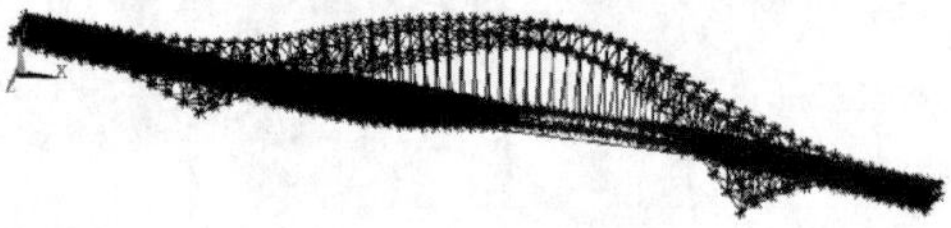

g)一阶梁拱扭转，0.617 2Hz

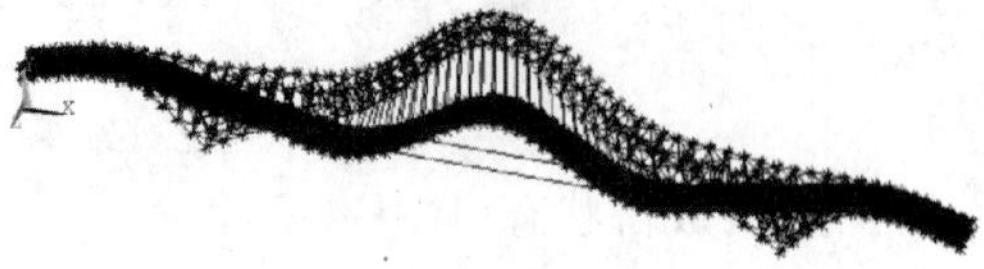

h)三阶梁拱竖弯，0.799 9Hz

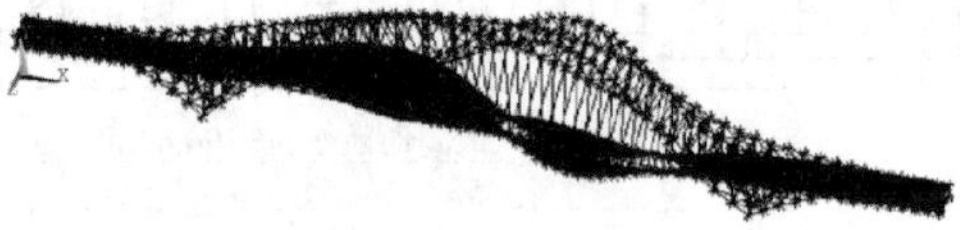

i)二阶梁拱扭转，0.982 2Hz

图 4-4-6　实桥成桥状态基本振型

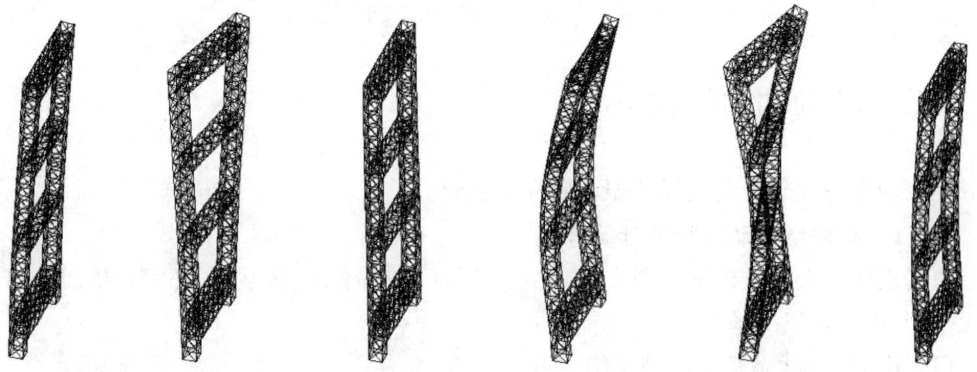

a)一阶纵桥向横弯，0.574 4Hz

b)一阶扭转，0.876 2Hz

c)一阶横桥向横弯，0.948 8Hz

d)二阶纵桥向横弯，2.961Hz

e)二阶扭转，3.528Hz

f)二阶横桥向横弯，3.878Hz

图 4-4-7　悬臂架设斜拉扣挂塔架基本振型

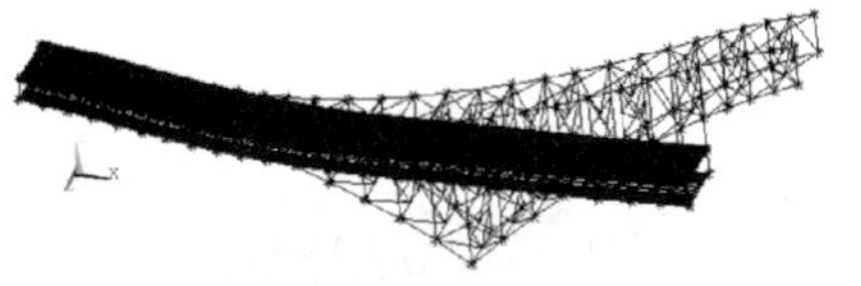

a)一阶梁拱竖弯，0.423 8Hz

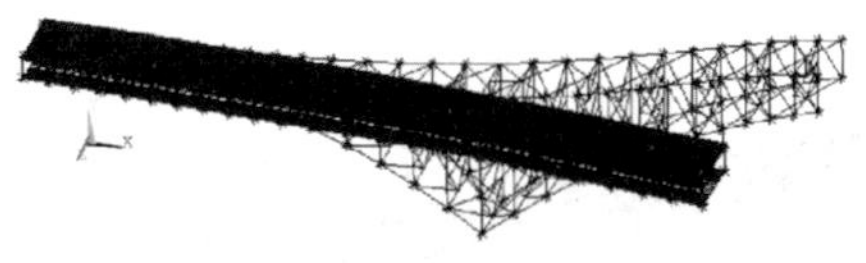

b)一阶梁拱横弯，0.478 1Hz

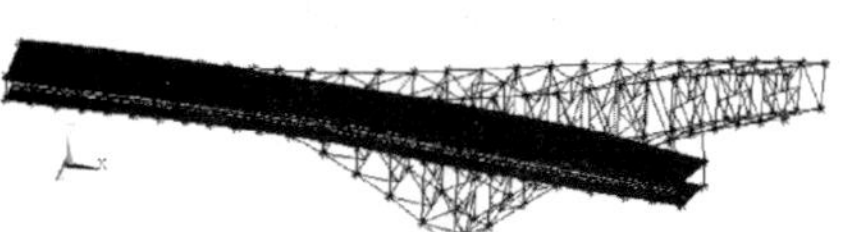

c)二阶梁拱横弯，1.112Hz

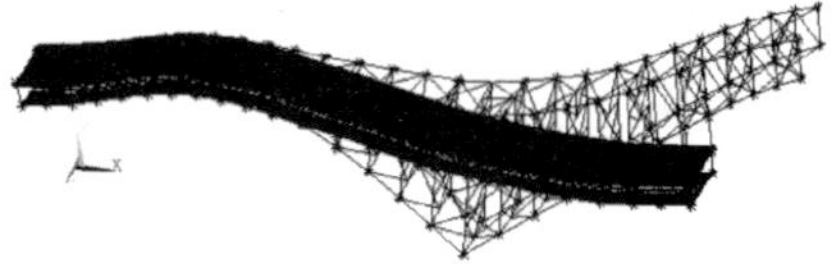

d)二阶梁拱竖弯，1.275Hz

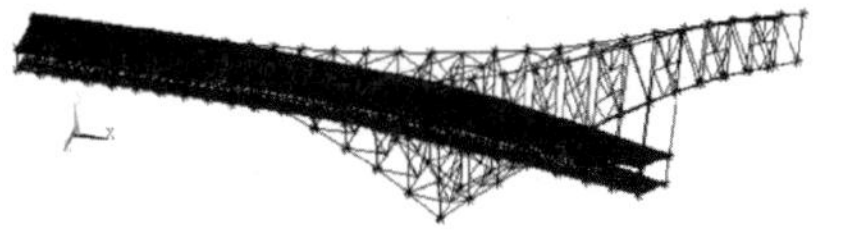

e)一阶扭转，1.324Hz

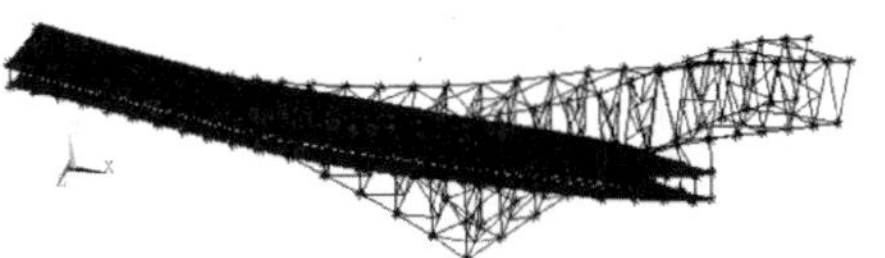

f)二阶扭转，1.543Hz

图 4-4-8 悬臂架设工况 1 基本振型

a)一阶梁拱横弯，0.397 3Hz

b)一阶梁拱竖弯，0.582 4Hz

c)一阶塔架横桥向横弯，0.611 0Hz

d)二阶梁拱横弯、塔架横桥向横弯，0.993 2Hz

e)二阶梁拱竖弯，1.204Hz

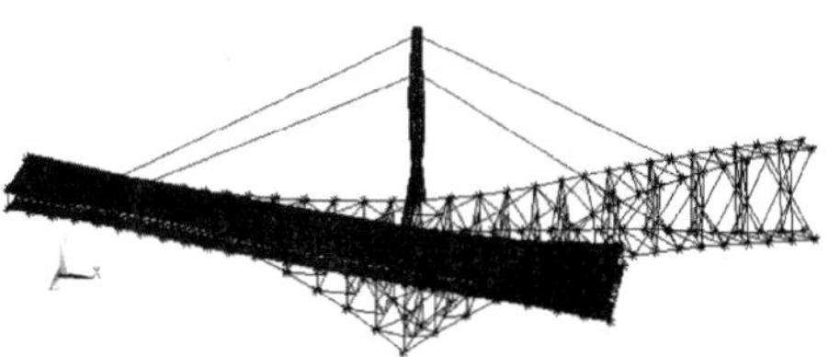

f)一阶塔架扭转，1.543Hz

图 4-4-9 悬臂架设工况 2 基本振型

(5)悬臂架设工况 3 基本振型见图 4-4-10。

(6)悬臂架设工况 4 基本振型见图 4-4-11。

a)一阶梁拱横弯，0.329 2Hz

b)一阶塔架横桥向横弯，0.546 9Hz

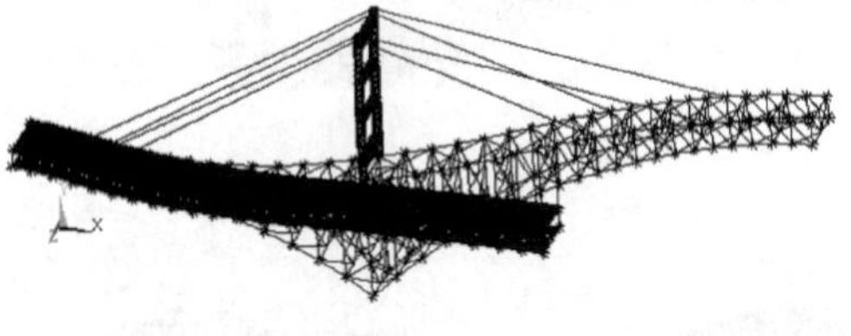

c)一阶梁拱竖弯，0.572 4Hz

d)二阶梁拱横弯、塔架横桥向横弯，0.833 7Hz

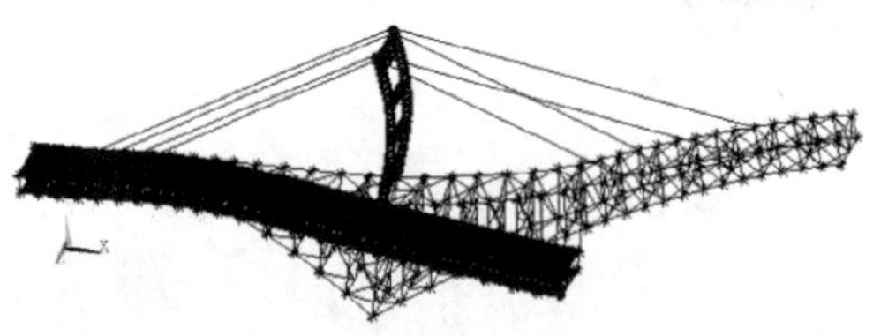

e)二阶梁拱竖弯、塔架纵桥向横弯，0.953 3Hz

图 4-4-10　悬臂架设工况 3 基本振型

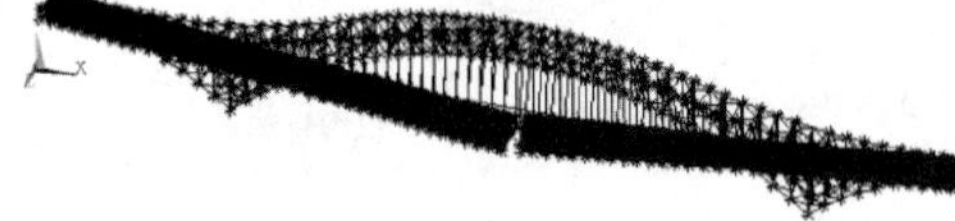

a)一阶梁拱横弯（梁、拱同向），0.103 9Hz

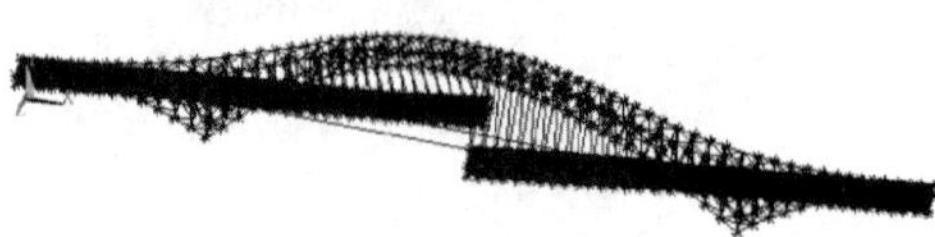

b)一阶梁拱横弯（梁反向），0.170 6Hz

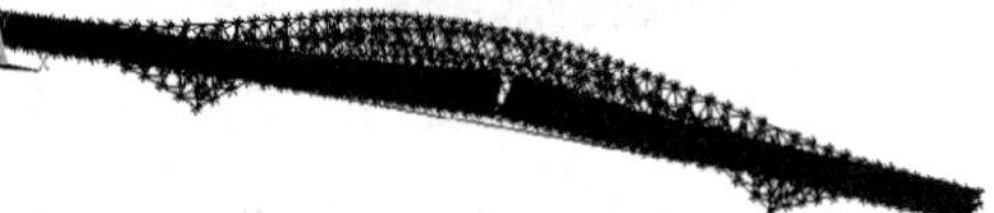

c)一阶梁拱横弯（梁、拱反向），0.383 6Hz

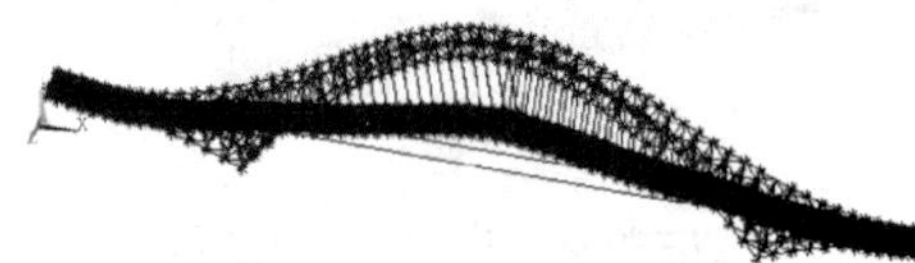

d)一阶梁拱竖弯，0.429 5Hz

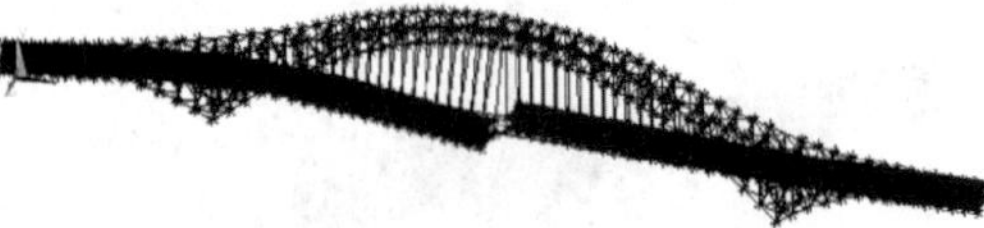

e)二阶梁拱横弯，0.442 6Hz

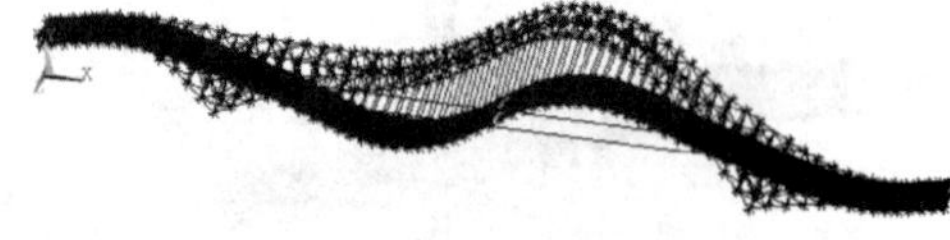

f)二阶梁拱竖弯，0.444 8Hz

图 4-4-11　悬臂架设工况 4 基本振型

4.2.2　桥梁模型动力特性分析

根据相似原理近桥梁模型设计(详见本章 4.4 节)。基本振型分析与本章 4.2.1 类似。

(1)实桥成桥状态模型基本振型见图 4-4-12。

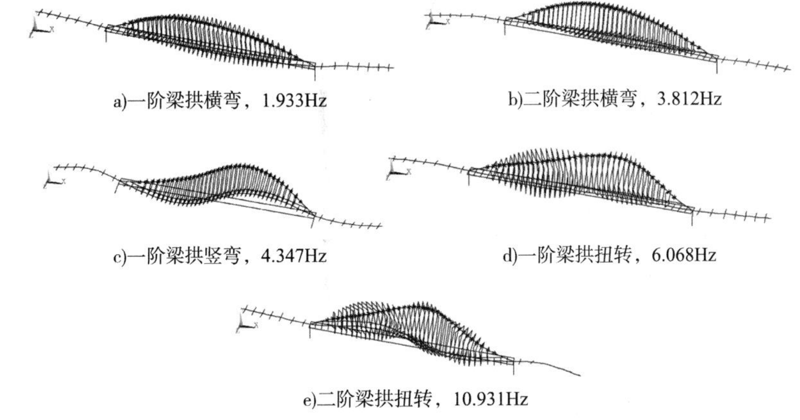

a)一阶梁拱横弯，1.933Hz　b)二阶梁拱横弯，3.812Hz

c)一阶梁拱竖弯，4.347Hz　d)一阶梁拱扭转，6.068Hz

e)二阶梁拱扭转，10.931Hz

图 4-4-12　实桥成桥状态模型基本振型

(2)悬臂施工斜拉扣挂塔架模型基本振型见图 4-4-13。

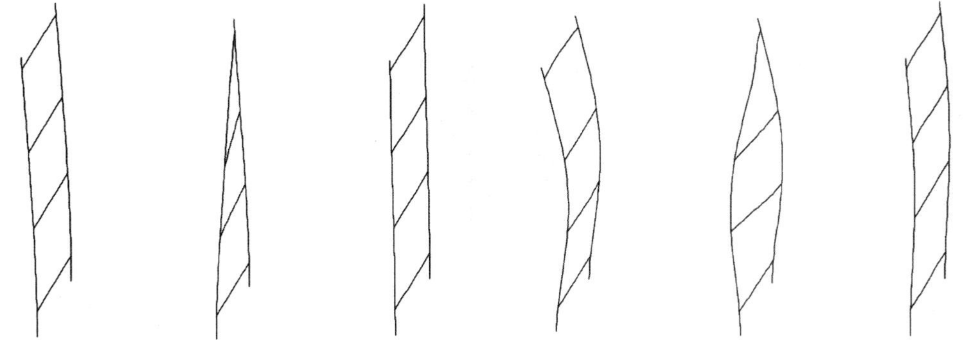

a)一阶纵桥向横弯，5.484Hz　b)一阶扭转，8.586Hz　c)一阶横桥向横弯，9.267Hz　d)二阶纵桥向横弯，30.041Hz　e)二阶扭转，36.373Hz　f)二阶横桥向横弯，39.211Hz

图 4-4-13　悬臂施工斜拉扣挂塔架模型基本振型

(3)悬臂架设工况 1 模型基本振型见图 4-4-14。

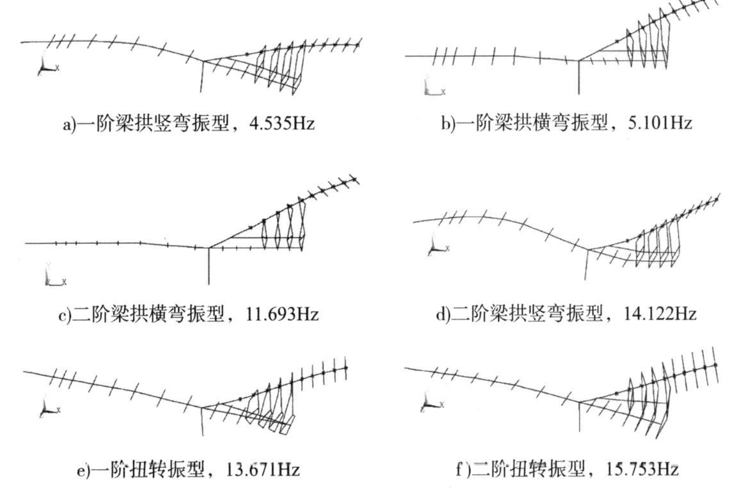

a)一阶梁拱竖弯振型，4.535Hz　b)一阶梁拱横弯振型，5.101Hz

c)二阶梁拱横弯振型，11.693Hz　d)二阶梁拱竖弯振型，14.122Hz

e)一阶扭转振型，13.671Hz　f)二阶扭转振型，15.753Hz

图 4-4-14　悬臂架设工况 1 模型基本振型

(4)悬臂架设工况2模型基本振型见图4-4-15。

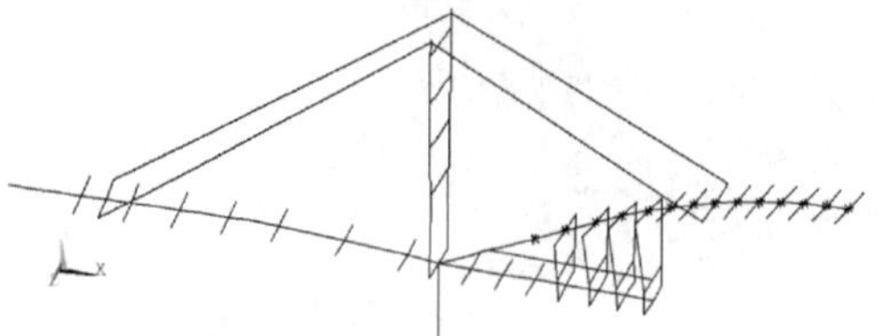

a)一阶梁拱横弯，4.125Hz

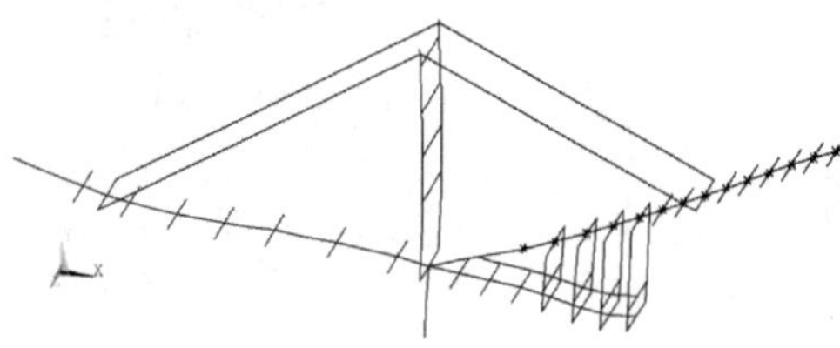

b)一阶梁拱竖弯，5.948Hz

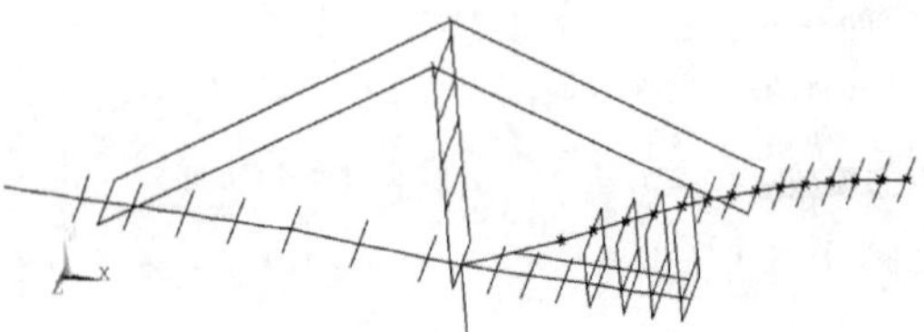

c)一阶塔架横桥向横弯，6.3220Hz

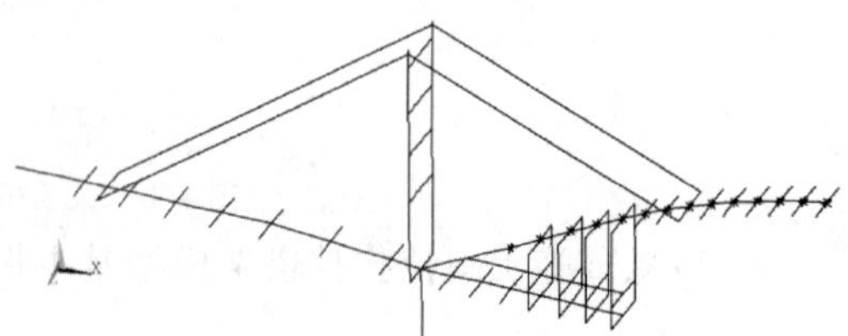

d)二阶梁拱横弯、塔架横桥向横弯，10.234Hz

图4-4-15 悬臂架设工况2模型基本振型

(5)悬臂架设工况3模型基本振型见图4-4-16。

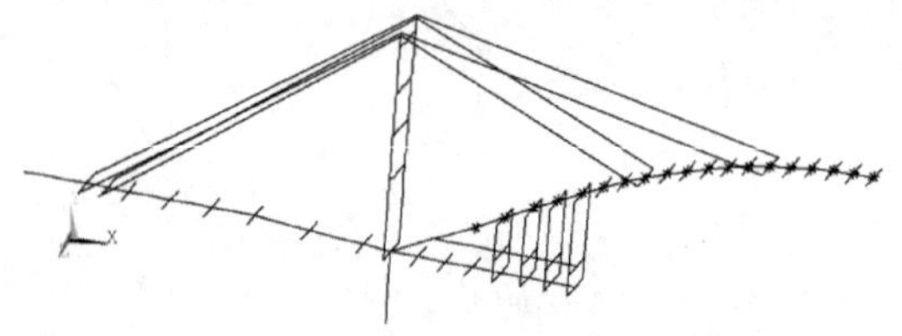

a)一阶梁拱横弯，3.512Hz

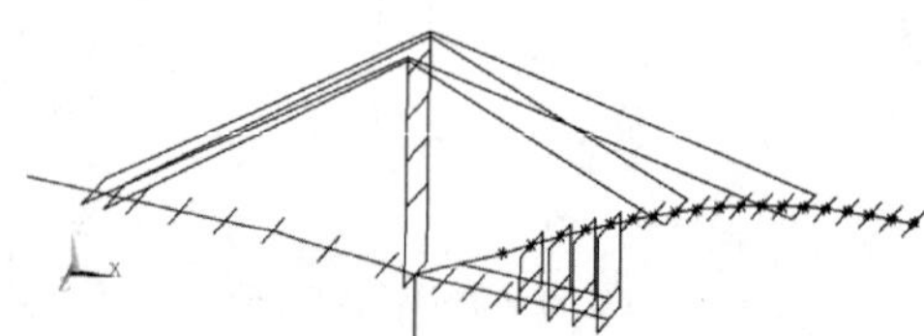

b)一阶塔架横桥向横弯，5.729Hz

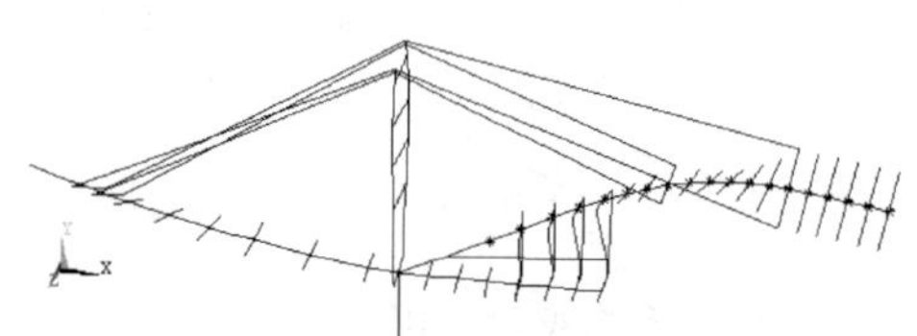

c)一阶梁拱竖弯，5.921Hz

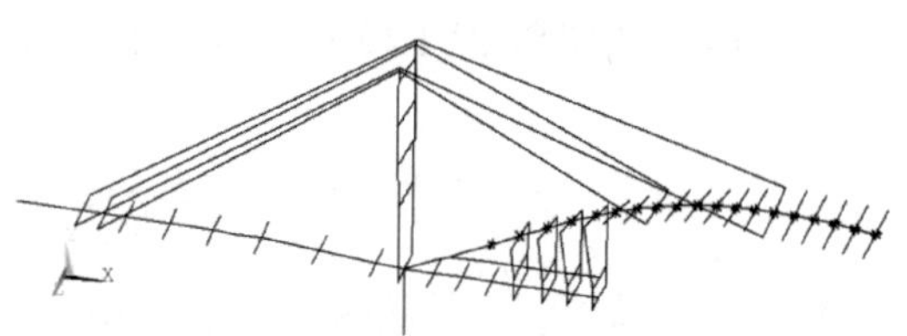

d)二阶梁拱横弯、塔架横桥向横弯，8.921Hz

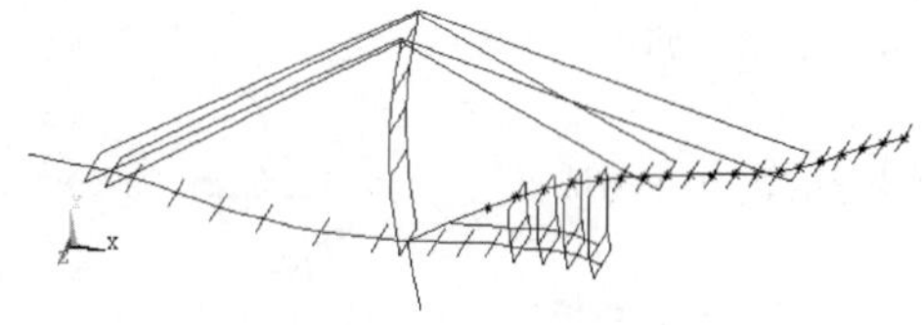

e)二阶梁拱竖弯、塔架纵桥向横弯，10.233Hz

图4-4-16 悬臂架设工况3模型基本振型

(6)悬臂架设工况4模型基本振型见图4-4-17。

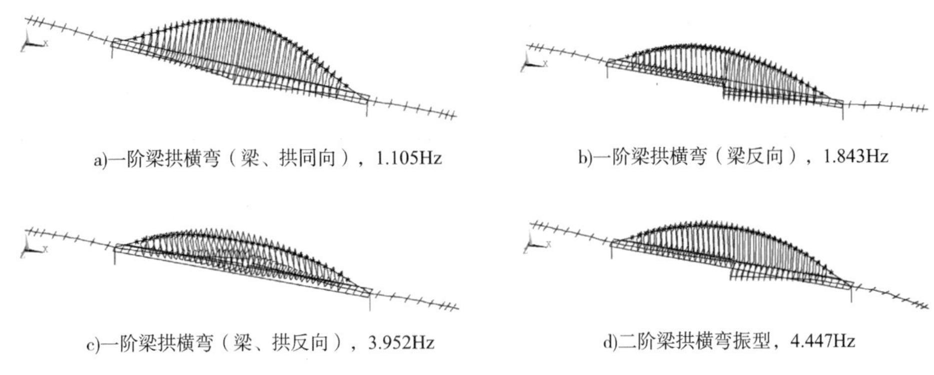

a)一阶梁拱横弯（梁、拱同向），1.105Hz

b)一阶梁拱横弯（梁反向），1.843Hz

c)一阶梁拱横弯（梁、拱反向），3.952Hz

d)二阶梁拱横弯振型，4.447Hz

图 4-4-17 悬臂架设工况 4 模型基本振型

4.3 节段模型试验研究

节段模型试验是在中国空气动力研究与发展中心 1.4m×1.4m 风洞(图 4-4-18)中进行,主要内容包括主梁与拱圈桁架的静态三分力系数测量、颤振导数及涡激振等试验研究。

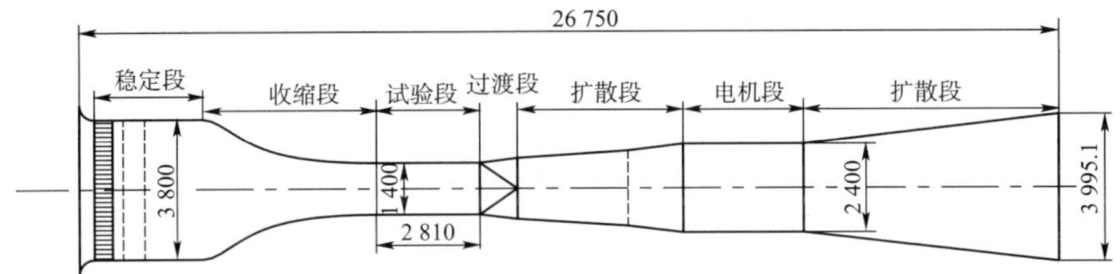

图 4-4-18 风洞气动轮廓图(尺寸单位:mm)

4.3.1 试验风洞及模型

模型支撑系统由 TH1002A 盒式天平、试验段上下转盘和叉型腹支撑支杆等组成。测控系统由数据采集处理、速压控制和模型姿态角控制等系统组成。系统建立在局域网上,以数据采集处理计算机作为上位机,是一个分布式的测控系统。节段模型均采用 1:70 的几何缩尺比,模型材料采用了 ABS 塑料硬板和优质木材(图 4-4-19)。

图 4-4-19 节段模型(部分)

4.3.2 静力三分力试验研究

静力三分力模型尺寸见表4-4-1。

静力三分力模型尺寸 表4-4-1

模 型 编 号	模型尺寸(mm)		
	长	高	宽
节段 A1E1 ~ A8E8(梁段)	1 240	225	515
节段 A8E8 ~ A14E14(梁拱段)	1 290	860	430
节段 A16E16 ~ A22E22(梁拱段)	1 120	550	515
节段 A21E21 ~ A29E29(拱段)	1 300	425	430
节段 A29E29 ~ A36E36(拱段)	1 230	240	440
节段 C29M29 ~ C36M36(梁段)	1 240	240	515
节段 C29M29 ~ C36M36(下桥面)	530	50	435

注:表中节段编号与图1-3-1对应,其中,梁段和梁拱段均带有桥面结构。

由TH1002A盒式天平测得风向阻力F_D、升力F_L以及轴向扭矩M_Z,采用式(4-4-1)~式(4-4-3)得到风轴坐标下的静力三分力系数(C_D,C_L,C_M),通过式(4-4-4)转换得到体轴坐标系下的静力三分力系数(C_H,C_V,C_M)。部分计算结果见图4-4-20~图4-4-22。

阻力系数:

$$C_D(\alpha)=\frac{F_D(\alpha)}{\frac{1}{2}\rho U^2 BL} \tag{4-4-1}$$

升力系数:

$$C_L(\alpha)=\frac{F_L(\alpha)}{\frac{1}{2}\rho U^2 BL} \tag{4-4-2}$$

力矩系数:

$$C_M(\alpha)=\frac{M_Z(\alpha)}{\frac{1}{2}\rho U^2 BL} \tag{4-4-3}$$

$$\begin{bmatrix} C_V \\ C_H \end{bmatrix}=\begin{bmatrix} \cos\alpha & \sin\alpha \\ -\sin\alpha & \cos\alpha \end{bmatrix}\begin{bmatrix} C_L \\ C_D \end{bmatrix} \tag{4-4-4}$$

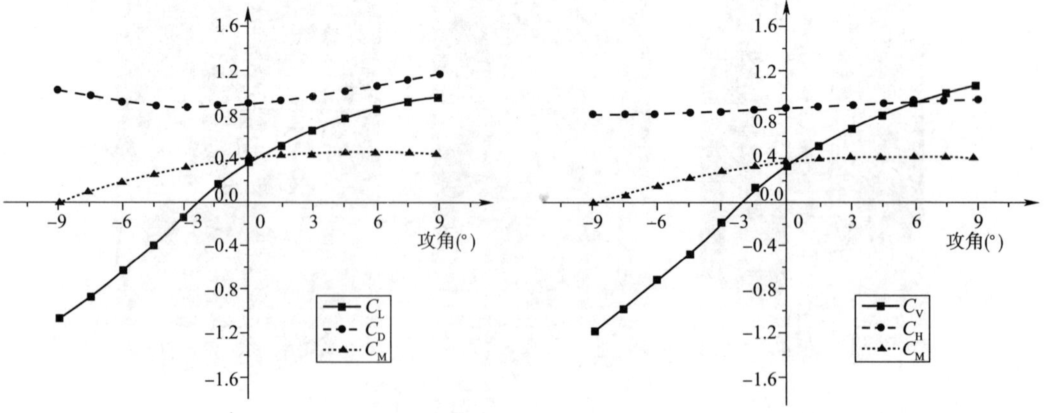

图4-4-20 节段 A1E1 ~ A8E8 三分力系数曲线

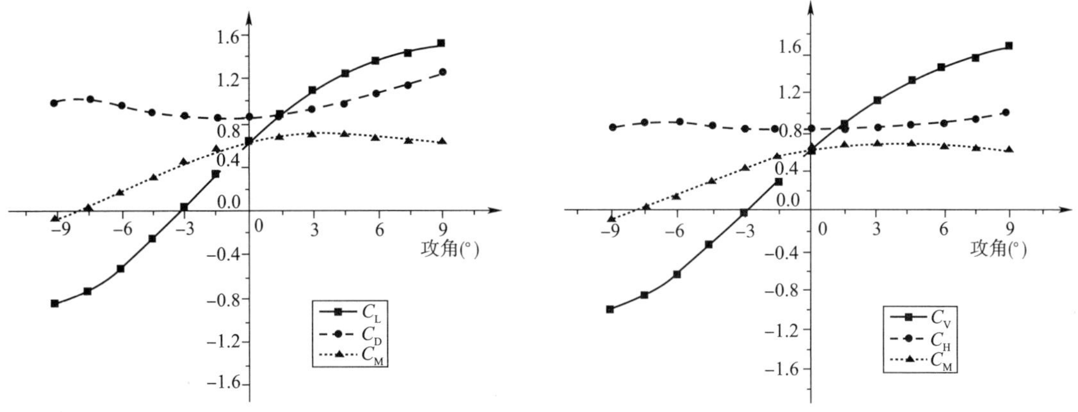

图 4-4-21　节段 A1E1 ~ A8E8(不带栏杆、加芯梁)三分力系数曲线

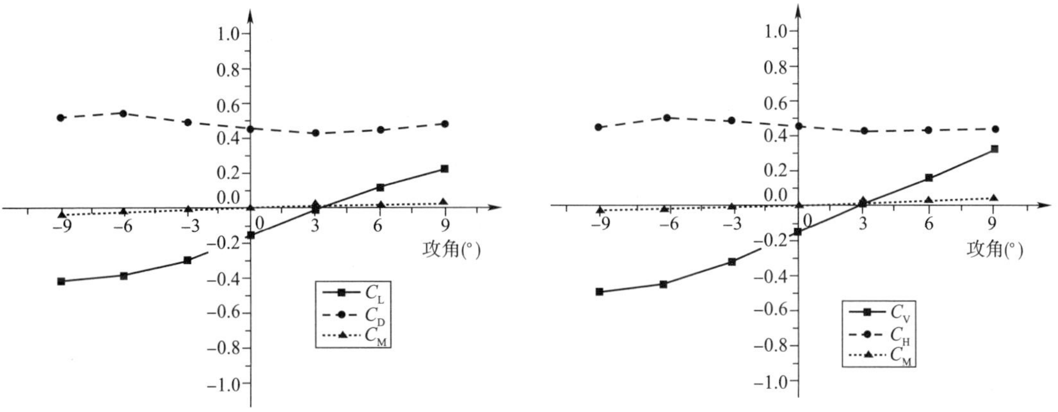

图 4-4-22　节段 A8E8 ~ A14E14 三分力系数曲线

4.3.3　颤振试验研究

如图 4-4-23 和图 4-4-24 所示,试验中采用自由衰减法测量颤振导数,桥梁断面 8 个颤振导数曲线见图 4-4-25。

图 4-4-23　节段 C29M29 ~ C36M36 断面颤振导数试验场景

图 4-4-24　节段 C29M29 ~ C36M36 上桥面断面颤振导数试验场景

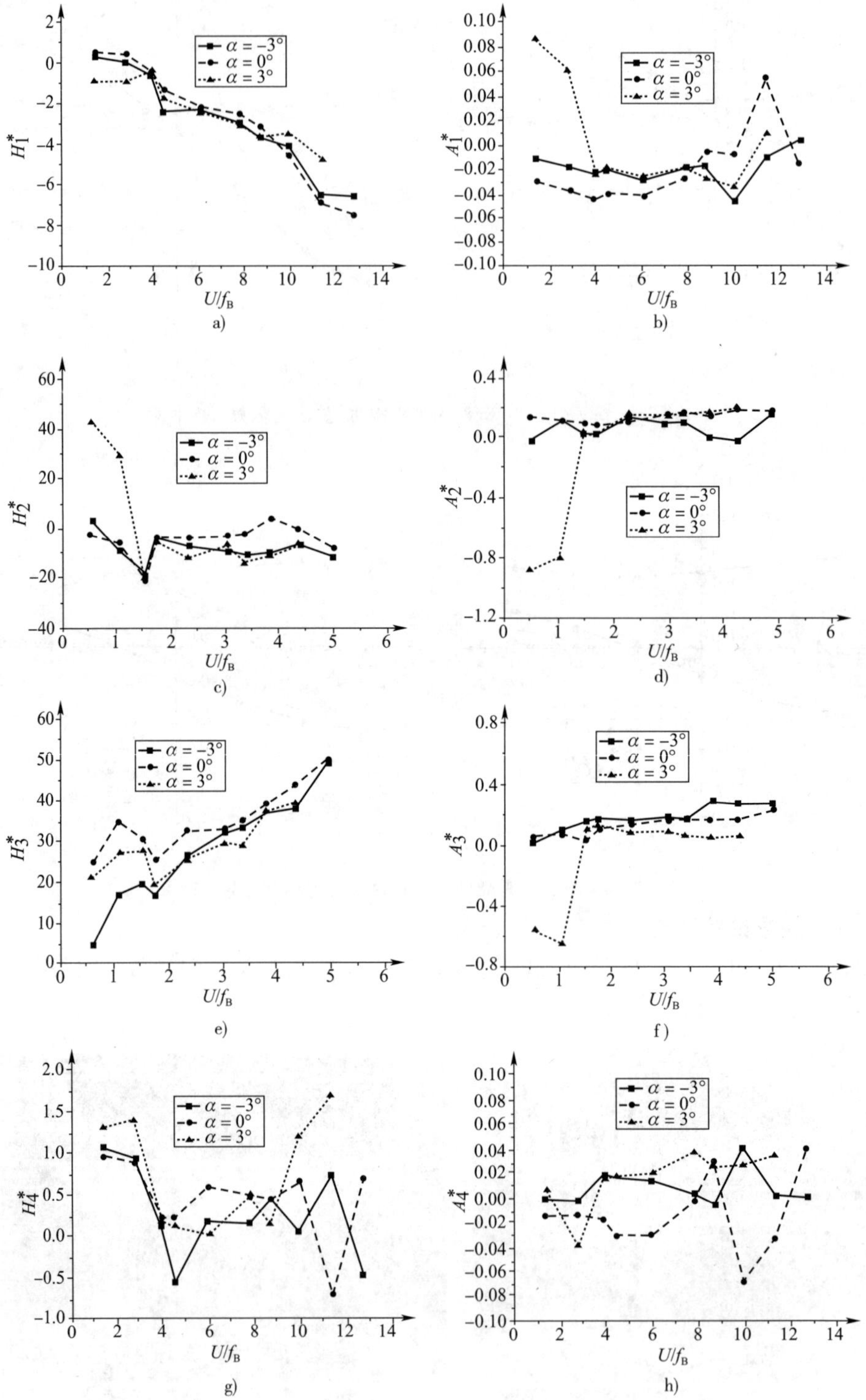

图 4-4-25　桥梁断面 8 个颤振导数曲线

（图中，α 为攻角，U/f_B 为风速，A_i^*、H_i^* 为颤振导数）

4.3.4 涡激振试验研究

涡激振试验选取相对较长的桁架杆件(图 4-4-26)进行的。在试验风速 0 ~ 30m/s(对应实际风速 0 ~ 251m/s)范围内,均未发生涡激共振现象。

图 4-4-26 节段 A17E17 ~ A19E19 拱肋上平纵联涡激振试验场景

4.4 全桥气弹模型试验研究

4.4.1 风速取值

基本风速由《公路桥梁抗风设计规范》(JTG/T D60-01—2004)附录 A 查知:重庆市区 100 年一遇基本风速为 27.5m/s。

如图 4-4-27 所示,虽江两岸为平缓丘陵地带,低层建筑物等密集,地表类别看似属于 C 类。但由于江水面较为开阔,参照《公路桥梁抗风设计规范》(JTG/T D60-01—2004)3.2.2,重庆朝天门大桥地表类别偏安全地取为 B 类。如图 4-4-28 和图 4-4-29 所示,桥位地形模型风洞试验证实了地表类别取为 B 类的合理性。

图 4-4-27 朝天门大桥周围环境

根据《公路桥梁抗风设计规范》(JTG/T D60-01—2004)中 3.2.4 和 3.3,主梁基准高度处的设计基准风速为 39.33m/s;施工阶段设计风速为 30.68m/s;主拱基准高度处的设计基准风速为 43.82m/s;施工阶段设计风速为 34.18m/s;施工塔架基准高度处的设计基准风速为 32.72m/s。

图 4-4-28　桥位地形模型风洞试验场景

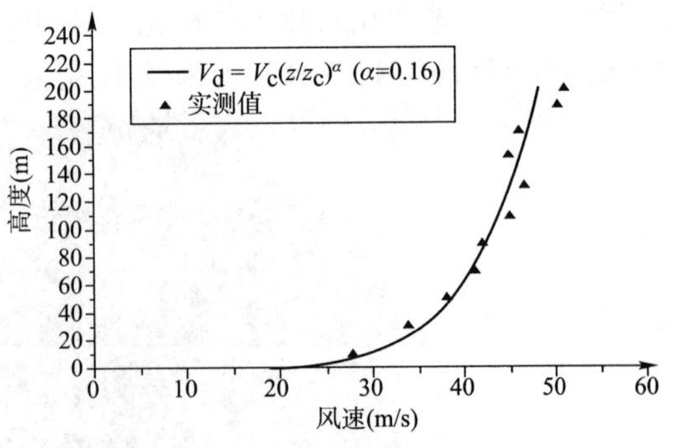

图 4-4-29　风剖面

4.4.2　试验流场

根据试验内容,该试验流场分为均匀流场和紊流场。两种流场调试均采用丹麦 Dantec 四通道热线风速仪。调试中,使用一维探针测量来流顺风向风速 v。对于需要考虑两个及以上方向湍流分量的位置,使用二维探针测量水平脉动风速 u 和侧向脉动风速 w,然后旋转 90°以测量竖向脉动风速 v。

1)均匀流场

均匀流场即风洞中无任何障碍物时的空风洞流场(来流风速不均匀性小于 1%,模型拱顶处紊流强度小于 0.5%)。

2)湍流场

根据本章 4.4.1,试验湍流场将模拟 B 类地貌大气边界层。由尖塔、粗糙元和挡板组成的大气边界层模拟装置(图 4-4-30)从风洞试验段延伸到扩散段 10.5m,并覆盖大约 18m 长的洞体地面。该装置能模拟《公路桥梁抗风设计规范》(JTG/T D60-01—2004)所要求的 B 类地貌风场。图 4-4-31 ~ 图 4-4-33 分别给出了模拟的大气边界层平均风速剖面、湍流强度剖面和功率谱。

图 4-4-30　大气边界层模拟装置布置图

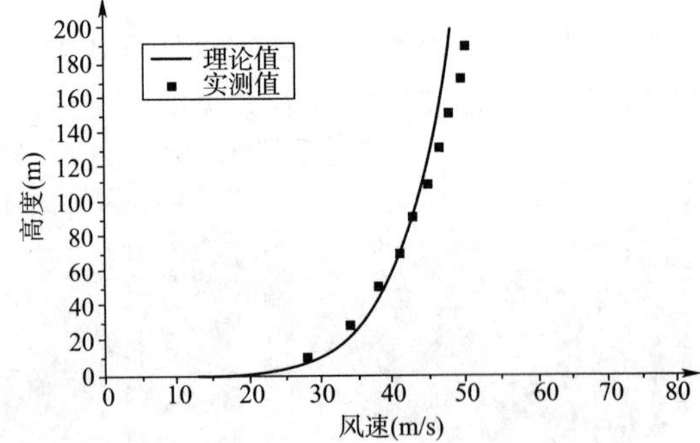

图 4-4-31　模拟的大气边界层平均风速剖面

4.4.3　风洞

全桥气弹模型风洞试验在中国空气动力研究与发展中心大型低速边界层风洞(图 4-4-34)第一试验段中进行(图 4-4-35)。

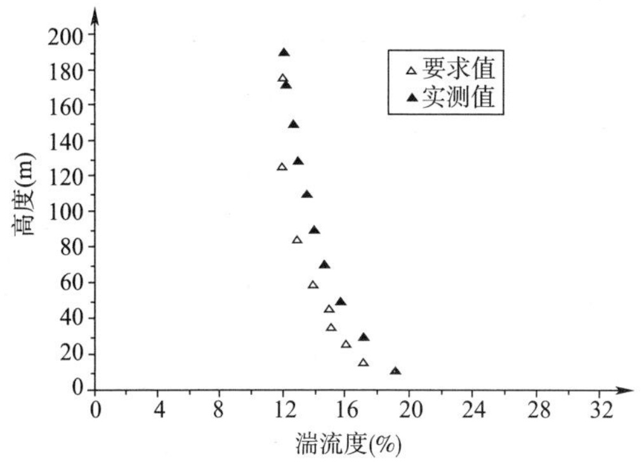

图 4-4-32 模拟的大气边界层湍流强度剖面

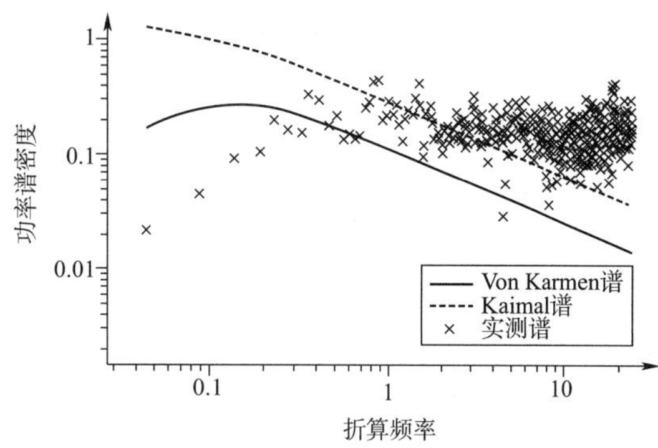

图 4-4-33 模拟的大气边界层湍流功率谱

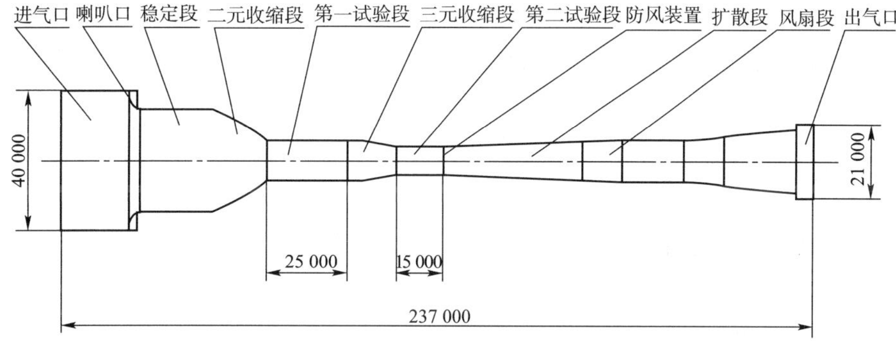

图 4-4-34 风洞轮廓图(尺寸单位:mm)

图 4-4-35 全桥气弹模型风洞试验场景

4.4.4 气弹模型的设计与制作

根据风洞大小及实桥尺寸,确定模型缩尺比为 1:100。

在保证来流条件的相似性外,气动弹性模型必须满足外形、刚度、质量及结构阻尼相似。以上相似准则可归纳为 5 个无量纲量:雷诺数、弗劳德数、柯西数、密度比及临界阻尼比(表 4-4-2)。

相似准则具体应用到模型各部件时,部件尺寸除满足几何相似(1:100)条件外,还要满足质量相似、刚度相似、重力相似等。

无量纲参数 表4-4-2

无量纲参数	表达式	力学意义	相似要求
黏性参数（Reynolds 数）	$\rho vB/\mu$	气动惯性力/空气黏性力	钝体可不模拟
重力参数（Froude 数）	gB/v^2	结构物重力/气动惯性力	严格相似
弹性参数（Cauchy 数）	$E/\rho v^2$	结构物弹性力/气动惯性力	严格相似
惯性参数（密度比）	ρ_s/ρ	结构物惯性力/气动惯性力	严格相似
阻尼参数（对数衰减率）	δ	每个周期耗能/振动总能量	严格相似

质量相似：

$$\left(\frac{I_m}{\rho B^4}\right)_m = \left(\frac{I_m}{\rho B^4}\right)_p \tag{4-4-5}$$

$$\left(\frac{m}{\rho B^2}\right)_m = \left(\frac{m}{\rho B^2}\right)_p \tag{4-4-6}$$

式中：I_m——桥梁质量惯性矩；

B——桥梁宽度；

m——桥梁断面单位长度质量；

ρ——空气密度；

下标 m——代表模型；

下标 p——代表实桥。

刚度相似：

$$\left(\frac{EA}{\rho v^2 B^2}\right)_m = \left(\frac{EA}{\rho v^2 B^2}\right)_p \tag{4-4-7}$$

$$\left(\frac{EI}{\rho v^2 B^4}\right)_m = \left(\frac{EI}{\rho v^2 B^4}\right)_p \tag{4-4-8}$$

$$\left(\frac{GJ}{\rho v^2 B^4}\right)_m = \left(\frac{GJ}{\rho v^2 B^4}\right)_p \tag{4-4-9}$$

式中：E、G——材料的弹性模量；

A——面积；

v——风速；

EA、EI、GJ——轴向刚度、弯曲（竖弯、侧弯）刚度、扭转刚度。

重力相似即弗劳德数 Fr 相似：

$$\left(\frac{gB}{v^2}\right)_m = \left(\frac{gB}{v^2}\right)_p \tag{4-4-10}$$

式中：g——重力加速度。

确定了模型缩尺比 λ_L（1:100）后，由式（4-4-5）和式（4-4-6）分别得模型与实物间截面质量惯性矩比为 λ_L^4，质量比 λ_L^2；由式（4-4-7）~式（4-4-9）得到轴向刚度比 λ_L^3，弯曲、扭转刚度比均为 λ_L^5；由式（4-4-10）得到风洞试验的风速缩尺比 $\sqrt{\lambda_L}$。

重庆朝天门大桥气动弹性模型(包括施工塔架模型)由钢骨架、外衣和拉索以及支座系统四个部分构成。

模型的约束条件由支座系统提供,如图4-4-36所示。

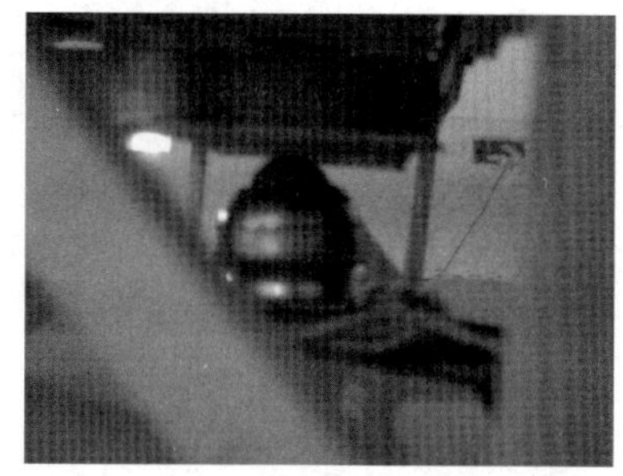

图4-4-36 模型支座系统

模型外衣模拟了实际结构的外形。外衣材料采用的是ABS硬板材和优质木材。为避免外衣刚度参与钢骨架受力,外衣则按一定的间距分段,段与段之间保留1mm空隙。根据质量相似,采用铅块来补充外衣质量(扣除钢骨架和外衣本身质量)并贴其内侧(具体位置根据相应质量惯性矩而定)。

模型拉索采用ϕ1mm(部分ϕ2mm,按实际外形的缩尺比考虑)的铜芯柔软导线。拉索的连接处串有根据轴向刚度等效的拉伸弹簧。根据质量相似,拉索上也均匀固定了相应的小铅块配重。

模型设计中采用了集中刚度法,即模型的刚度完全由钢骨架提供。钢骨架通过有限元建模分析设计,它不但能满足弯曲刚度、轴向刚度和扭转刚度的相似比要求,而且由其构成的模型动力特性与实桥动力特性也同样满足相似准则,即模型的频率是实桥频率的10倍(详见本章4-4-2)。

4.4.5 试验内容和方法

1)模型结构动力特性验证

采用强迫振动法测量模型的结构动力特性。其中,根据模型响应数据得到各主要模态的参数。试验结果表明,模型重要模态的固有频率测试值与要求值吻合良好,因此,气动弹性模型的设计与制作是满足试验要求的。

2)模型风洞试验

针对重庆朝天门大桥四个典型的施工状态及成桥态,通过改变流场、来流风速及风向角(表4-4-3),研究其颤振、涡振等气动稳定性方面的性能以及大气湍流场中抖振响应大小。

试验工况(图4-4-37~图4-4-41) 表4-4-3

模型状态	试验风速(m/s)	流场	风向角β
工况1	0~8,Δ=0.5°	均匀流,湍流	0°,45°,67.5°,90°
工况2	0~8,Δ=0.5°	均匀流,湍流	0°,45°,67.5°,90°
工况3	0~8,Δ=0.5°	均匀流,湍流	0°,45°,67.5°,90°
工况4	0~8,Δ=0.5°	均匀流,湍流	0°,45°,67.5°,90°
成桥状态	0~8,Δ=0.5°	均匀流,湍流	0°,45°,67.5°,90°

注:风向角β为来流方向与桥梁纵向的夹角;Δ为风偏角。

图 4-4-37　工况 1 试验场景

图 4-4-38　工况 2 试验场景

图 4-4-39　工况 3 试验场景

图 4-4-40　工况 4 试验场景

4.4.6　试验数据处理及结果

图 4-4-41　成桥状态试验场景

试验加速度、位移测点主要布置于主拱悬臂端、梁跨中等关键部位。以工况 3 为例，经数据处理后(均已换算为实桥值)，得出的关键部位的试验结果见图 4-4-42～图 4-4-55。

值得一提的是，由于钢芯棒的位置放置于桁架中心，将影响结构的气动外形。因此，在节段模型试验中特增作了有无钢芯棒的三分力测量试验对比。对比显示有芯棒时，阻力系数均略有增大，试验数据略偏安全。

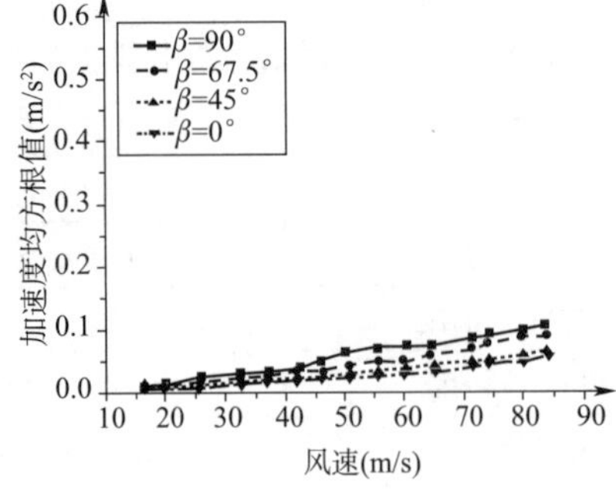

图 4-4-42　均匀流中工况 3 主桥跨中横向加速度均方根值随风速变化

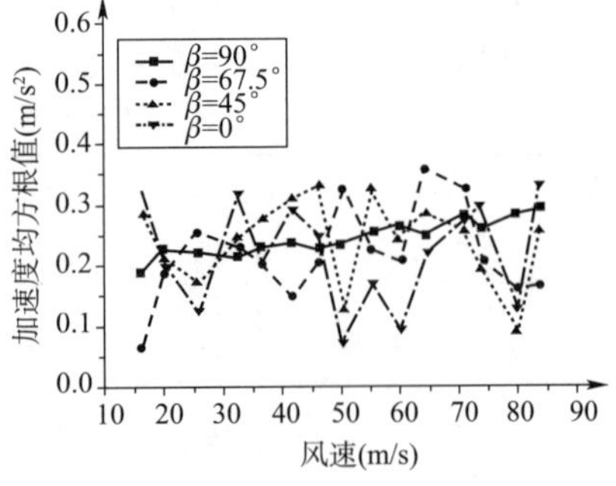

图 4-4-43　均匀流中工况 3 主桥跨中竖向加速度均方根值随风速变化

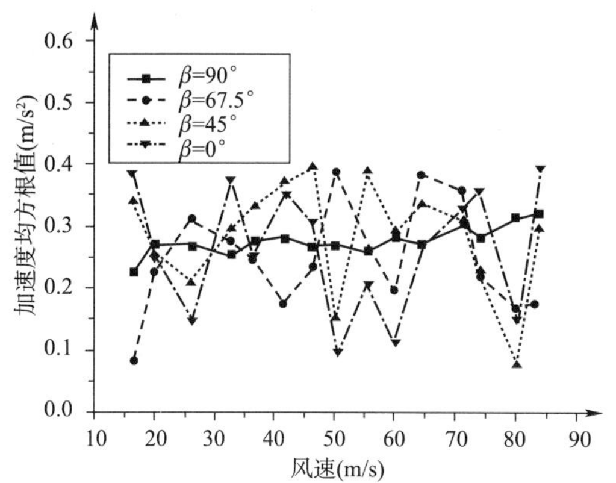

图 4-4-44 均匀流中工况 3 主拱跨中横向加速度均方根值随风速变化

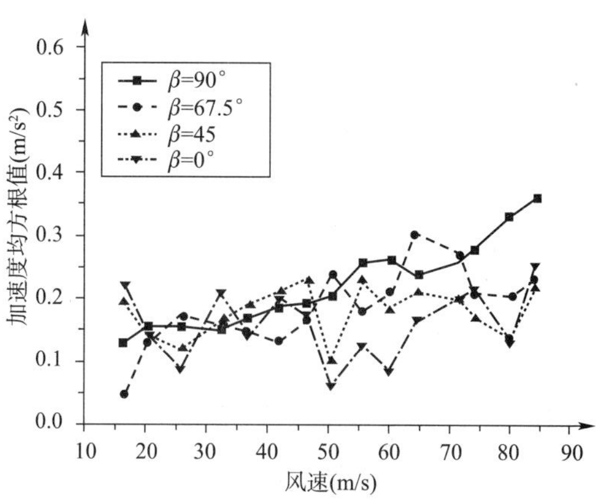

图 4-4-45 均匀流中工况 3 主拱跨中竖向加速度均方根值随风速变化

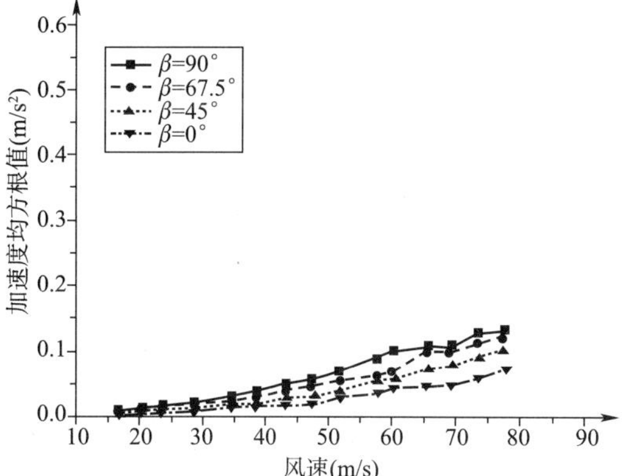

图 4-4-46 湍流中工况 3 主桥跨中横向加速度均方根值随风速变化

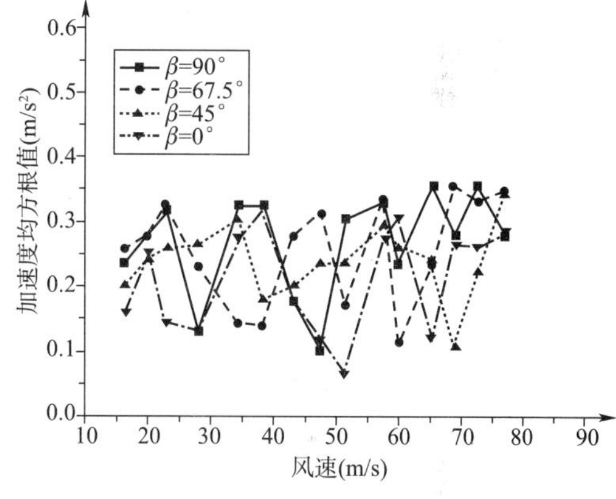

图 4-4-47 湍流中工况 3 主桥跨中竖向加速度均方根值随风速变化

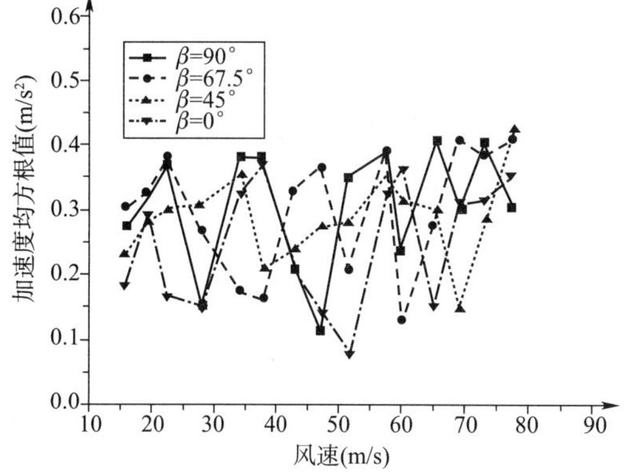

图 4-4-48 湍流中工况 3 主拱跨中横向加速度均方根值随风速变化

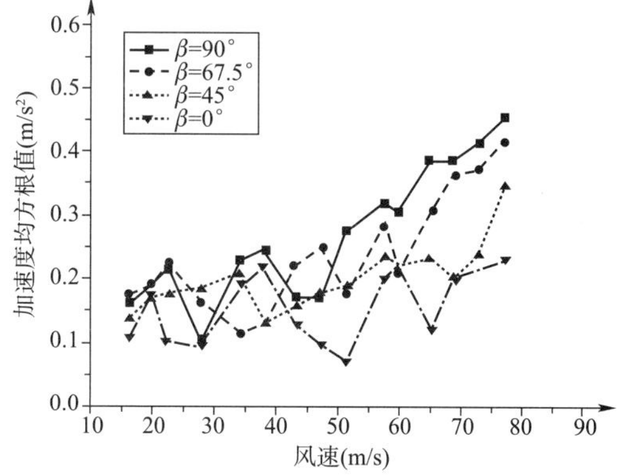

图 4-4-49 湍流中工况 3 主拱跨中竖向加速度均方根值随风速变化

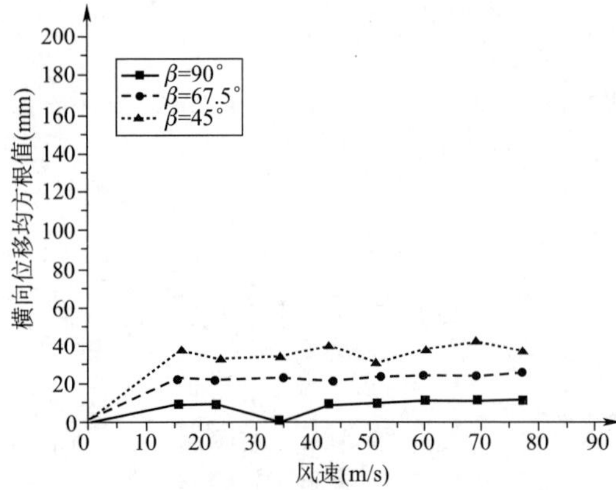

图 4-4-50　均匀流中工况 3 悬臂端中横向位移均方根值随风速变化

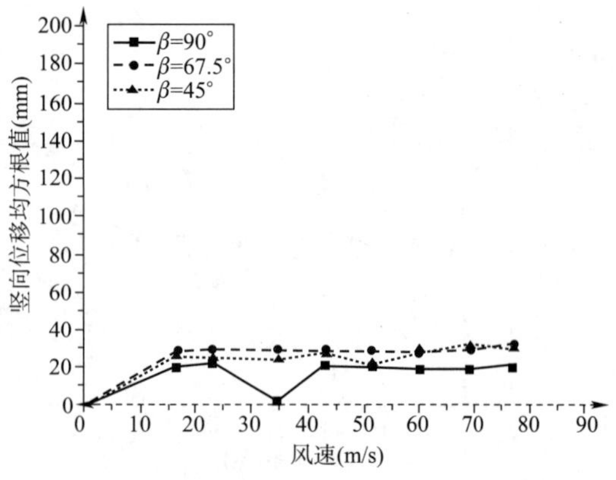

图 4-4-51　均匀流中工况 3 悬臂端中竖向位移均方根值随风速变化

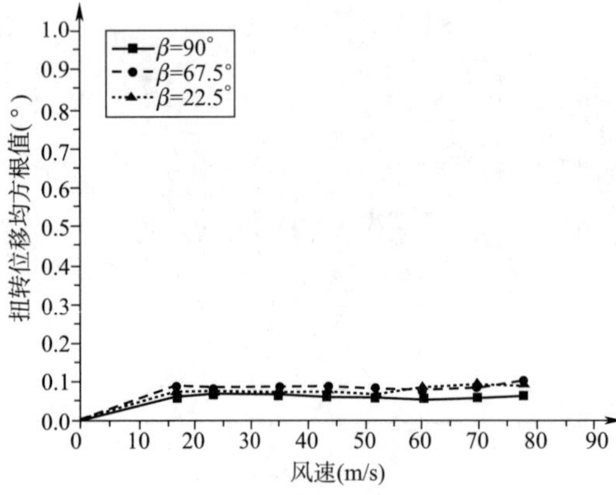

图 4-4-52　均匀流中工况 3 悬臂端中扭转位移均方根值随风速变化

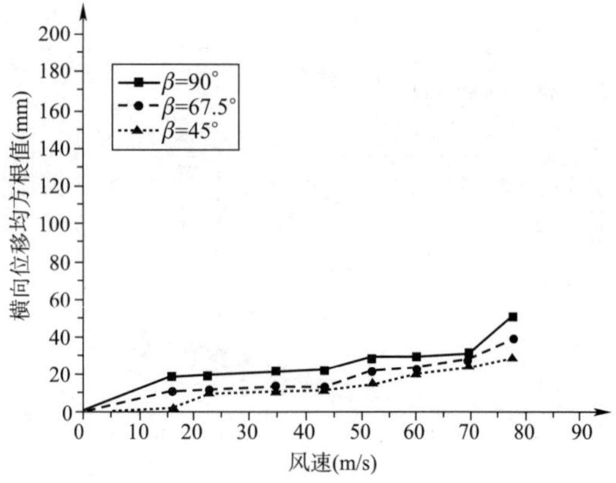

图 4-4-53　湍流中工况 3 悬臂端中横向位移均方根值随风速变化

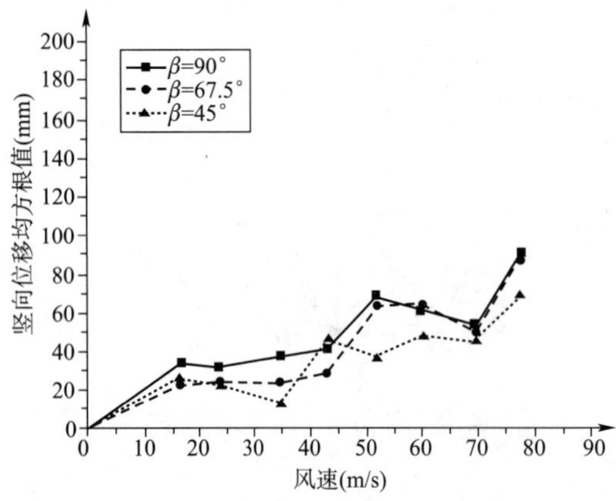

图 4-4-54　湍流中工况 3 悬臂端中竖向位移均方根值随风速变化

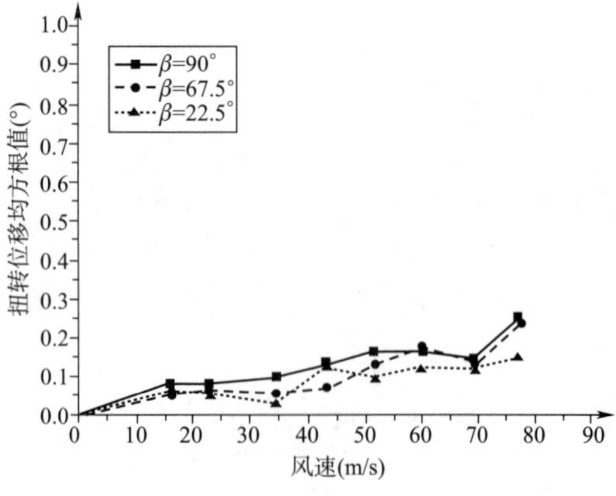

图 4-4-55　湍流中工况 3 悬臂端中扭转位移均方根值随风速变化

试验表明，重庆朝天门大桥在设计风速范围内风致响应均以湍流下 $\beta=90^\circ$ 时为最大。在各试验风向角下，试验风速一直达 85m/s 左右时结构的位移变形都比较小。试验中均未观察到结构发散失稳现象。重庆朝天门大桥在施工状态设计风速范围之内也未发生较大的涡激振动。施工设计风速 34.18m/s 下抖振响应较小。

4.5 风洞试验结论

根据试验全桥气弹模型风洞试验以及节段模型试验结果，重庆朝天门大桥在施工过程及成桥状态本身的抗风性能良好。在 0～85m/s 风速范围内，均匀流和湍流中各种状态下均未发现涡激共振及发散性振动。即自激振动（颤振和驰振）的临界风速均远高于设计风速，而限幅振动（抖振及涡激振）的幅值较小。

第5章　结构抗震性能试验研究

5.1　概述

地震给人类社会的发展屡屡带来巨大损失，是人类面临的最严重的自然灾害。例如，1976年7月28日，我国唐山7.8级地震，导致24万死亡，为世界地震史所罕见。1989年10月17日美国洛马·普里埃塔7.0级地震，虽只是一次中等强度地震，却使城市高架桥严重损坏甚至部分倒塌，导致交通瘫痪。1995年1月17日日本阪神7.2地震，新干线、高速道路、高速铁路、高架桥严重破坏，导致除航空外交通几乎全部中断。地震不仅对交通基础设施自身带来破坏，还直接影响救灾，所以，要求交通基础设施具有一定的抗震能力。桥梁遭受地震不可避免，但可通过桥梁抗震设计将其灾害程度降至最低，力求实现“小震不坏、中震可修、大震不倒”。桥梁抗震设计中需根据桥梁所处地震环境进行结构抗震性能理论分析，同时通过抗震试验对其设计进行验证。

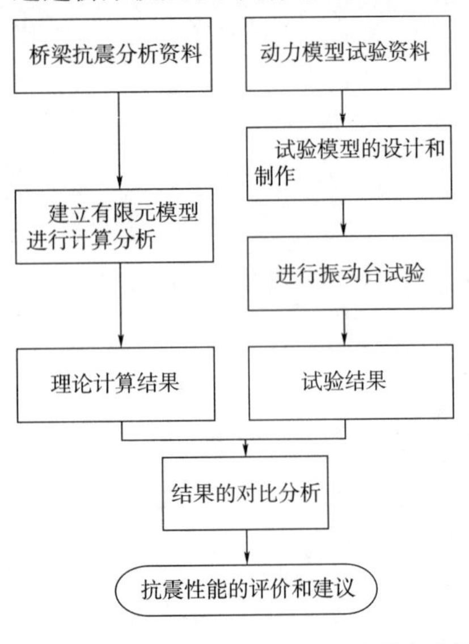

图4-5-1　结构抗震性能试验研究技术路线流程图

重庆朝天门大桥主桥为190m+552m+190m三跨连续公轨两用钢桁系杆拱桥，钢梁全长934.1m，主桥全宽36.5m，桁宽29m，为世界最大跨径拱桥，国内外无论是在设计还是在施工方面均无成熟的经验可以借鉴和支持。为全面研究重庆朝天门大桥的抗震性能，进行结构地震反应理论分析和模型试验非常必要。

研究中，根据重庆朝天门大桥的设计资料，以有限元理论为基础，对重庆朝天门大桥进行动力计算分析；进行抗震试验模型的相似分析并设计模型方案，对模型方案进行比选后，选定模型方案并完成模型试验；最后将理论分析与动力试验结果进行对比分析，得到大桥的抗震性能并提出合理的建议。图4-5-1为结构抗震性能试验研究技术路线。

5.2　主桥抗震性能理论分析

5.2.1　桥梁抗震理论分析方法

从20世纪初的弹性静力法到近年来的随机振动法，桥梁抗震分析方法不断发展、完善，已形成了系统分析理论与方法。

(1)弹性静力法。弹性法假设结构物各与地震动具有相同的振动。结构因地震力引起的惯性力等于地面运动加速度与结构总质量的乘积,以此惯性力作为静力施加于结构上,进行结构线弹性静力分析。弹性静力法忽略结构物自身的动力特性,把地震加速度看作结构物地震破坏的唯一因素,仅适合于刚度很大的结构物。

(2)反应谱法。反应谱理论的发展是伴随着强地震动加速度观测记录的增多和对地震地面运动性质的进一步了解,以及对结构动力反应特性的研究而发展起来的。反应谱法的基本原理是:作用于结构的实际地震波是由含有一定卓越频率的复杂波组成,当地震的卓越频率和结构的固有频率相一致时,结构物的动力反应就会变大。不同周期单自由度振子在某一地震记录激励下,可得到体系周期与绝对加速度、相对速度和相对位移的最大反应量之间的关系曲线,即加速度反应谱、速度反应谱和位移反应谱。

(3)时间历程法。时程分析法是将实际地震动记录或人工生成的地震波作用于结构,直接对结构运动方程进行数值积分而求得结构地震反应的时间历程。时程分析法就可以在一定程度上给出未来地震作用下结构反应。常用的时程分析法有中心差分法、Newmark 法和 Wilson - θ 法等。

(4)随机振动法(功率谱法)。随机振动方法被广泛认为是处理大跨度结构抗震分析的有力手段。过去,由于分析方法的效率问题,随机振动法一直难以在工程中广泛应用。近年来,虚拟激励法用计算力学手段突破了随机振动计算效率低的瓶颈,而且方法简便,正被日益广泛地接受。

(5)等效静力分析法。等效静力分析法包括:等位移原理法、等能量原理法、PUSH - OVER法(推倒分析法)、能力需求法等。

在重庆朝天门大桥抗震性能采用有限元进行分析。模型的建立着重于结构的刚度、质量和边界条件的模拟,将部分结构合理的简化,使其尽量和实际结构相符。采用空间梁单元、杆单元和板单元等构成空间动力分析模型,进行模态分析、反应谱分析和时程分析。

5.2.2 地震动输入

地震动输入是进行结构地震反应分析的依据,直接影响结构的地震响应。结构地震反应除和结构的动力特性、弹塑性变形性质、变形能力相关外,还和地震的特性(幅值、频谱特性和持续时间)密切相关。因此,对于桥梁结构的抗震分析,首要任务是解决地震动的输入问题,其根本就是确定桥梁的抗震设防标准,有了设防标准,结合桥梁的结构特点、地质特征等具体情况,即可得出地震动输入的相关参数。

1)抗震设防目标和设防标准

重庆朝天门大桥主桥跨度为 190m + 552m + 190m 的中承式钢桁架连续系杆拱桥,已超出《公路工程抗震设计规范》(JTJ 004—89)规范要求,属特大型桥梁应进行特殊的抗震分析。根据桥梁的重要性以及震后桥梁的检查修复工作的难易程度,对大桥采用两种不同的标准进行抗震分析,见表 4-5-1。

朝天门大桥抗震设防水平 表 4-5-1

设防水平	设计基准期和超越概率	峰值加速度(gal)
大震	100 年超越概率 2%	124.2
中震	50 年超越概率 10%	84.8

从表 4-5-1 可以看出，上述设防标准所对应的地震加速度峰值并不高，还是可行的。

2）加速度反应谱

根据重庆朝天门大桥工程场地地震安全性评价报告，考虑到朝天门大桥主桥为钢结构，并且通过前期的试算发现，即使在大震作用下，其结构最大应力仍在弹性范围内，并未发生塑性变形，同时参照相关规范说明，当阻尼比取 0.02 时，对其进行抗震分析更为适合。同时，当其阻尼比不等于 5% 时，水平地震影响系数乘以阻尼修正系数，阻尼修正系数按下列规定计算：

（1）当结构自振周期 $T \geqslant 0.10\text{s}$ 时，

$$\eta_{\varepsilon} = 1/[1 + 15(\varepsilon - 0.05)\exp(-0.09T)]^{0.5}$$

式中：η_{ε}——水平地震影响系数的阻尼修正系数；

ε——结构阻尼比。

（2）当结构自振周期 $T = 0.02\text{s}$ 时，

$$\eta_{\varepsilon} = 1.0$$

（3）当结构自振周期 T 在 0.02 ~ 0.10s 时，阻尼修正系数可按线性内插法确定。

按以上计算规定求得阻尼比为 0.02 时的加速度反应谱，见图 4-5-2。

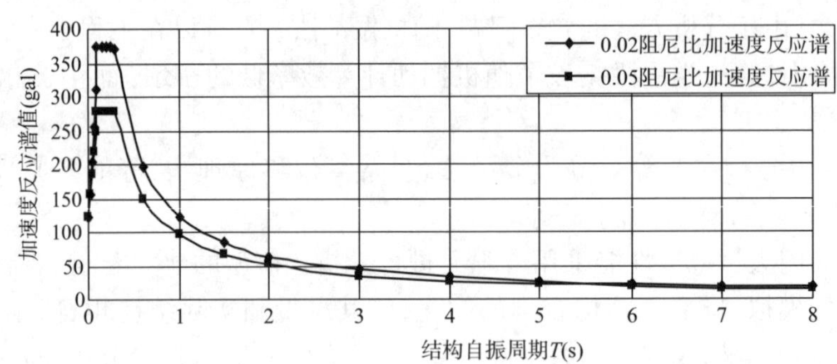

图 4-5-2　重庆朝天门大桥主桥地表加速度反应谱

3）加速度时程

鉴于目前抗震发展水平，对于线性结构体系的抗震分析，反应谱法已经比较精确，但反应谱法只能分析线性问题，而大桥 8 号墩的球形支座为非线性力学问题，为了分析的准确性以及和试验结果对比，需进行时程分析。合成后的人工地震动加速度时程见图 4-5-3 和图 4-5-4。在周期 0.05 ~ 8s 的范围内，人工地震动加速度时程的反应谱和目标反应谱绝对误差控制在 10% 以内。

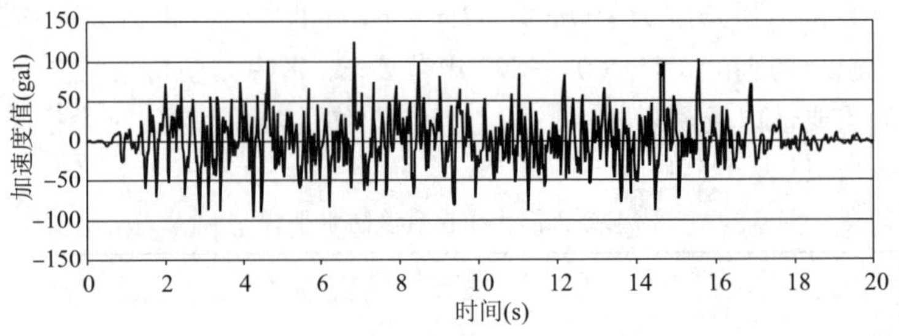

图 4-5-3　100 年超越概率 2% 人工地震动加速度时程（3）

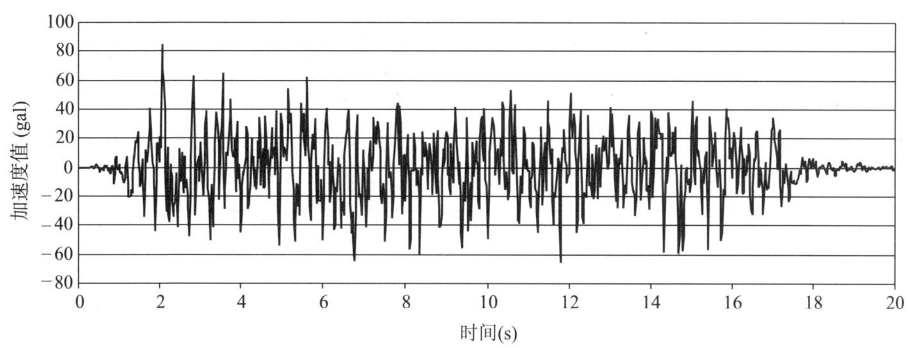

图 4-5-4 50 年超越概率 10% 人工地震动加速度时程(3)

参考国内外相关抗震分析文献,采用 El-Centro 波(东西向,1940),但由于加速度时程的频谱特性与场地土的性质关系很大,直接作为地震动输入对于大桥的抗震分析难以很好地说明问题,必须根据实际的地表加速度反应谱进行调整,作为输入地震动。原始的 El-Centro 波和修正后的 El-Centro 波加速度时程见图 4-5-5 和图 4-5-6;原始 El-Centro 波的反应谱、修正后的 El-Centro 波的反应谱和目标反应谱的对比见图 4-5-7。从图中可以很明显地看出,未经处理的原始 El-Centro 波的加速度反应谱与重庆朝天门大桥主桥场地的地表反应谱相差很远,即使通过比例调整法将峰值调整到 124. 2gal,其反应谱仍然和地表反应谱相差较远,而项目组综合考虑了地震动的相位、峰值、频谱性质和持时四方面因素调整得到的修正后的 El-Centro 波反应谱和地表反应谱拟和较好,所以选择了修正后的 El-Centro 波作为输入地震动。

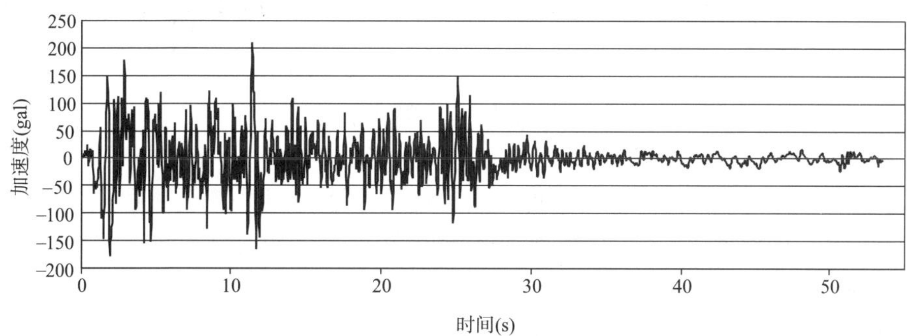

图 4-5-5 原始的 El-Centro 波(东西向)加速度时程

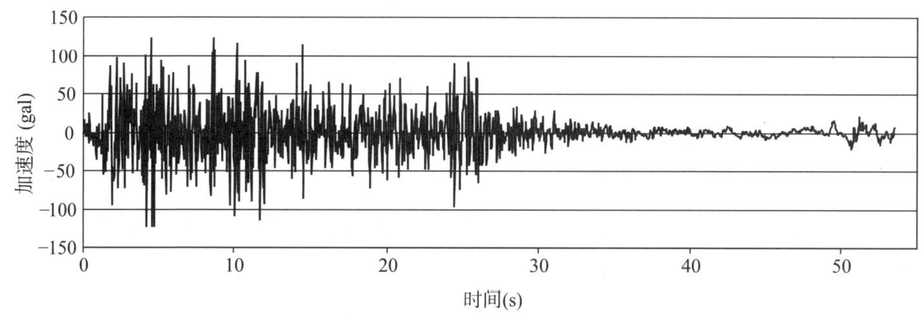

图 4-5-6 修正后的 El-Centro 波(东西向)加速度时程

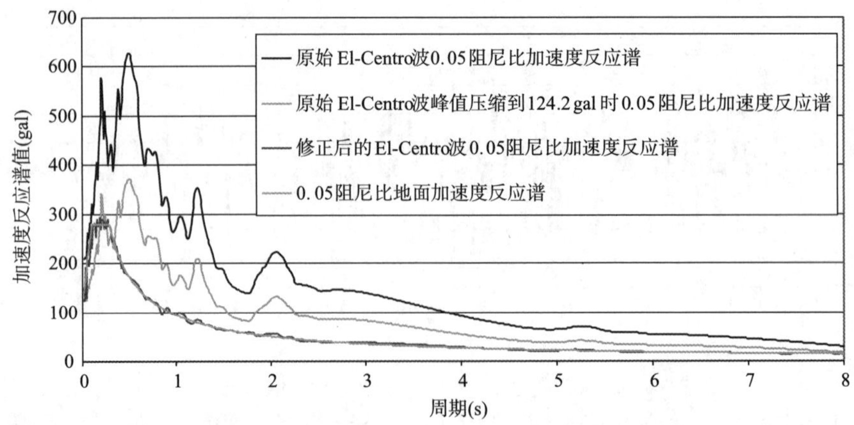

图 4-5-7　不同处理后的 El-Centro 波(东西向)加速度反应谱

5.2.3　动力计算模型建立

主桁架结构如图 4-5-8 所示,共两片主桁架,长 932m,高 142m。主桁杆件均使用空间梁单元(beam4)建模,截面性质按设计方提供图纸上的数据,考虑到此结构为桁架结构,腹杆主要承受拉、压作用,将变截面梁看作等截面梁处理。实桥中每处有 2 根吊杆,共 132 根,为了避免计算分析中吊杆局部振动模态的出现,每根吊杆均采用一个杆单元来模拟。

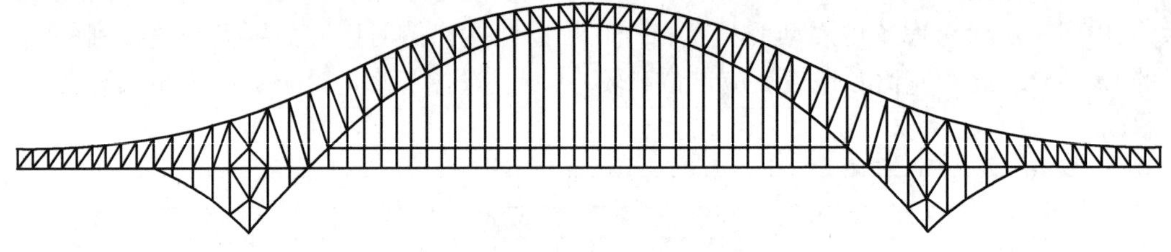

图 4-5-8　主桁架结构

5.2.4　主桥动力特性分析

根据以上说明的动力计算模型,可得到了无阻尼时前 20 阶模态。主桥模态分析具体内容见《动力特性结构模型试验及动载试验研究报告》,此处不再复述。以下将对抗震分析有重要影响模态进行简要说明。

模态 1 为梁拱同相对称侧弯,频率 0. 222Hz,在横向质量参与系数达到了 55%,说明在横向地震作用下此阶模态起主要作用,见图 4-5-9。

模态 2 为梁拱反对称竖弯,频率为 0. 313Hz,在纵向质量参与系数达到了 52%,说明在纵向地震作用下,此阶模态起主要作用,见图 4-5-10。

大桥竖向各阶模态的质量却分布分散,在竖向地震时影响大桥的模态比较多。

5.2.5　地震反应分析和验算

对于桥梁的抗震分析,首先要确定地震动的输入,对应不同地震动输入,结构有不同的地震动响应。由地震动的输入部分已经得到地震动输入进行结构的动力响应分析和验算。

1)验算的主要内容

根据抗震设防目标和标准,并结合重庆朝天门大桥自身的特点,在各水平地震作用下,大桥的主要承重杆件——主桁杆件和平、横联均不能发生破坏、失稳,在大震作用下允许发生塑性变形。

根据相关规定,结合本桥的抗震设防目标,主要有以下验算内容:

(1)在中震作用下,主桥是否满足弹性工作要求,主要承重的主桁杆件的强度和稳定性验算。

(2)在大震作用下,主桁杆件是否发生损伤破坏,结构稳定性是否满足要求,进入塑性工作状态时,主桁杆件是否会发生各种延性或脆性破坏。还包括球形支座是否会超出其承受范围(力和位移),主桥和引桥连接处伸缩缝是否满足地震响应的变形要求,以及其他相关构件。

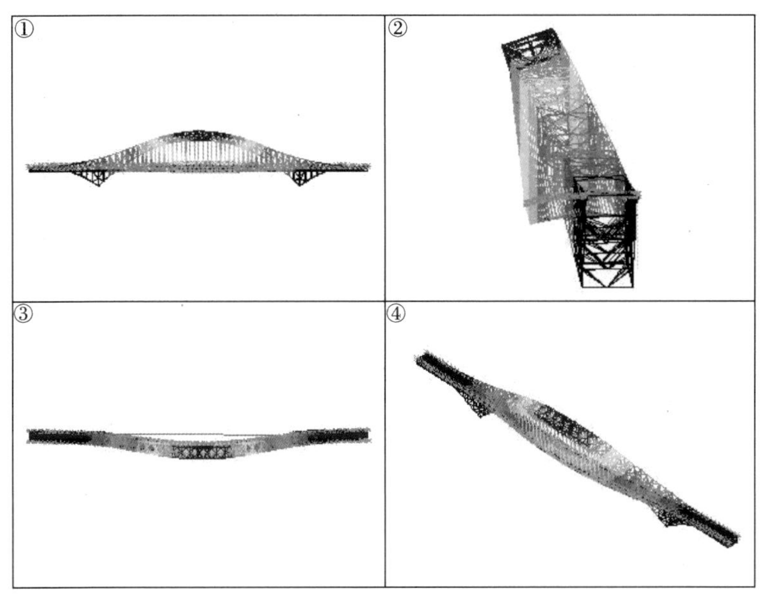

图 4-5-9　模态 1 梁拱同相对称侧弯(0.222Hz)

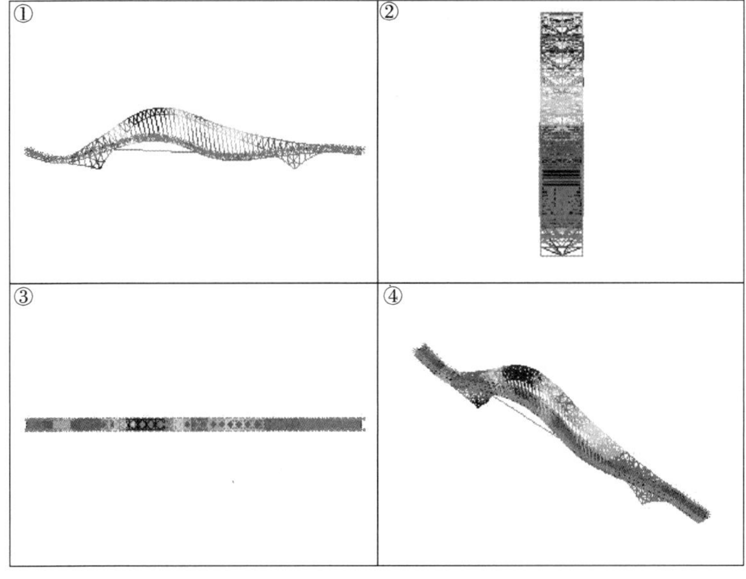

图 4-5-10　模态 2 梁拱反对称竖弯(0.3123Hz)

由于本桥的特殊性，不仅要考虑水平向地震作用，同时还要考虑竖向地震作用，因此本桥不仅涉及恒载作用和地震作用的组合问题，还牵涉地震作用分量之间的组合问题。参考相关规范及文献资料，在地震作用分量组合时，将三个方向的地震动作用共同组合。根据地震输入组合对桥梁进行抗震分析，每条波各有 3 个组合工况：

工况 1　恒载 + 纵向 +0.3 × 横向 +0.3 × 竖向

工况 2　恒载 +0.3 × 纵向 + 横向 +0.3 × 竖向

工况 3　恒载 +0.3 × 纵向 +0.3 × 横向 + 竖向

结构验算时，取以上组合最不利情况进行验算。

2）地震反应分析方法

首先，本桥采用多振型反应谱计算各个工况的地震响应，初步得到桥梁的结构抗震性能和受力、变形情况，并和时程分析结果相校核。计算时，考虑的振动模态数在纵桥向、横桥向和竖桥向的质量参与系数达到 90% 以上。结合前面模态分析的结果，取前 200 阶振型进行组合，同时考虑到反应谱法只能对结构进行线性分析，所以将连接 8 号墩和主桥的非线性弹簧去掉后进行分析。

当结构两个振动模态的自振周期 T_i 和 T_j（$T_j < T_i$）接近时，即 T_i 和 T_j 满足 $T_j/T_i \geq 0.1/(0.1+\zeta)$ 时，应采用 CQC 方法进行地震作用效应计算，式中，ζ 为结构阻尼比。本桥主桥为钢结构，结构阻尼比取 0.02，求得 $0.1/(0.1+\zeta)$ 为 0.833 3，而主桥前后两模态自振周期之比大多大于 0.833 3，表明主桥自振模态较密集，自振周期相隔很近，因此，分析中采用 CQC 法进行地震效应计算。

对桥梁经过反应谱法的抗震分析之后，为进一步分析桥梁的抗震性能，尚需进行时程分析。时程分析中，输入地震波，同时考虑 8 号墩非线性弹簧支座的影响，其余与反应谱分析相同。

3）地震反应分析和验算

（1）结构强度和稳定性验算

首先计算 100 年超越概率 2% 的地震作用，得到该水平地震波作用下的结构响应，工况 1、工况 2、工况 3 主桁各杆件的容许应力和各工况最大应力的对比见图 4-5-11 ~ 图 4-5-13，其中，每幅图分两部分，上部分是容许应力和反应谱计算结果的比较，下部分是人工波计算结果（三条人工波计算的最大应力的平均值）、El-Centro 波计算结果分别和反应谱计算结果的差值。

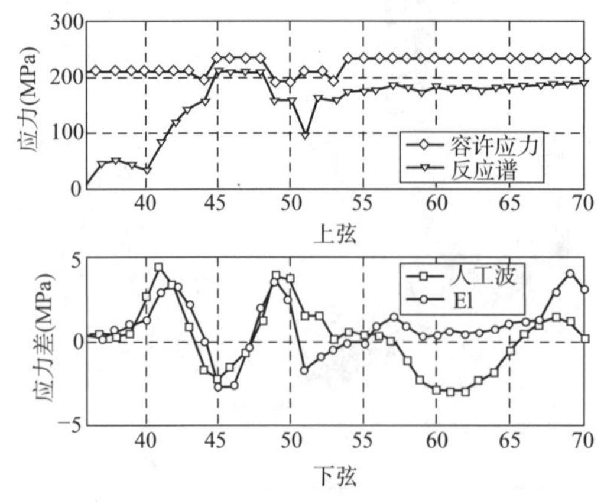

图 4-5-11　工况 1 地震响应（上弦）

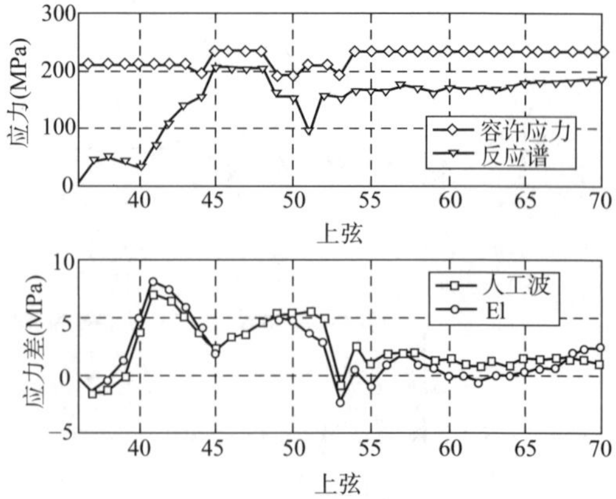

图 4-5-12　工况 2 地震响应（上弦）

从图中可以看出：

①反应谱与每条地震波对应工况计算所得的杆件最大应力比较接近，说明计算方法是正确的，计算结果是可信的；

②结构的地震响应中杆件的轴力占主要作用；

③在所有工况下，主桁杆件的强度没有问题；

④即使在大震的工况1和工况2作用下，主桁杆件最大应力都未超过容许应力，结构仍然保持弹性反应性能，并且许多杆件仍留有一定安全系数；

⑤在工况3作用下，除个别杆件超过容许应力外(腹杆，序号163，M15-B15)，其余杆件均与工况1、工况2一样仍保持弹性工作性能；

⑥各工况作用下，杆件的最大应力分布比较相似，说明在大震作用下主桁杆件的轴力与恒载作用下的轴力相比，地震作用相对较小，见图4-5-14，从图4-5-14中可以看出，大约3/4的主桁杆件在地震作用下轴力与恒载作用下轴力的比值小于30%，说明这些杆件主要还是承受恒载，其余有16%在40% ~100%，都满足验算要求，另有9%的杆件超过了100%，即地震作用超过了恒载作用，但这部分杆件在恒载作用下轴力只有几百千牛，留有足够的强度抵抗地震作用。

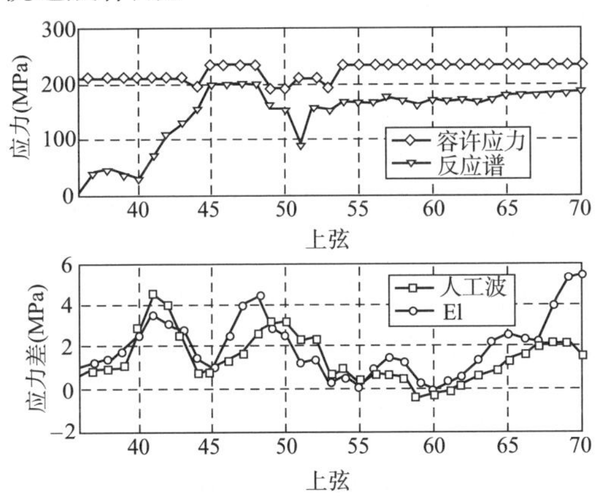

图4-5-13 工况3地震响应(上弦)

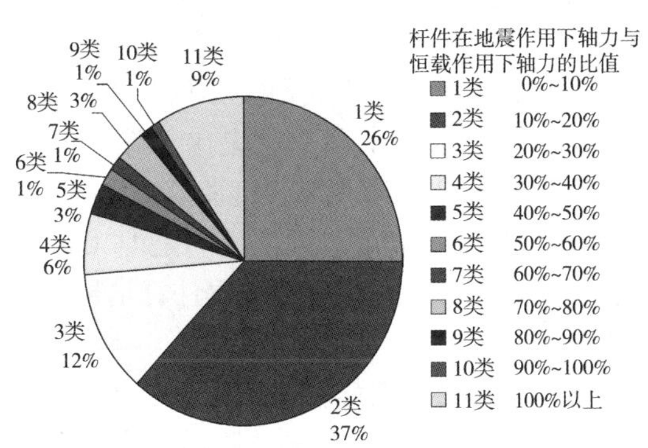

图4-5-14 纵向地震作用和恒载作用轴力比较

对于163号腹杆，其材料为Q370qD，屈服强度为330MPa，安全系数取1.7，则容许应力为194.1MPa，与在地震作用下的最大应力值(213.1MPa)相差19MPa，但与屈服强度相比仍有116.9MPa的差距，不会发生塑性变形和破坏。

(2)结构变形

主桥控制点(主拱，E1、E15、E25、E36、E′25、E′15、E′1；主梁，C25、C36、C′25)在各工况作用下最大位移见表4-5-2。

地震作用各控制点相对7号墩最大位移(单位：cm) 表4-5-2

控制点	工 况 1			工 况 2			工 况 3		
	纵向	横向	竖向	纵向	横向	竖向	纵向	横向	竖向
A6	4.8	8.1	7.4	3.8	12.0	5.5	4.3	8.1	7.4
A15	6.0	3.6	0.5	4.7	5.3	0.6	5.6	3.7	0.6

续上表

控制点	工况 1			工况 2			工况 3		
	纵向	横向	竖向	纵向	横向	竖向	纵向	横向	竖向
A25	7.4	8.7	9.8	5.4	12.9	7.2	6.4	8.8	8.8
A36	5.6	14.8	7.7	3.9	22.1	7.1	4.8	14.8	11.6
A′25	7.0	9.9	7.5	5.0	14.7	5.9	6.0	10.0	9.1
A′15	5.9	4.0	0.5	4.4	5.9	0.6	5.4	4.1	0.6
A′6	5.1	4.3	5.9	3.7	6.4	4.5	4.7	4.4	7.9
C25	4.9	7.9	10.8	3.7	11.8	8.1	4.4	8.0	10.3
C36	4.6	10.2	9.1	3.3	15.2	8.1	4.2	10.2	14.1
C′25	5.2	7.1	7.9	4.0	10.6	6.3	4.7	7.2	10.0
E1	5.0	11.6	0.2	4.1	17.3	0.2	4.7	11.7	0.2
E′1	5.1	3.1	0.1	3.7	4.5	0.1	4.8	3.2	0.1

从表4-5-可以看出,在工况1的地震作用下,控制点的纵向最大位移都不超过7.4cm,发生在1/4主拱处,其余控制点位移在5.0cm左右,而横向有8个控制点的最大位移超过了7.0cm,说明桥梁横向刚度比竖向弱,大桥的竖向反应在主拱和主梁上也比较明显;在工况2的地震作用下,大桥的横向位移响应较大,拱顶处最大位移达到了22.1cm,还有其他7个控制点位移超过10.0cm,纵向位移响应最大只有5.0cm,竖向作用结果则与工况1类似;在工况3的地震作用下,纵向地震作用与工况2类似,最大反应位移只有6cm,而横向反应最大位移达到了14.8cm,竖向反应在主跨一段反应较大,最大竖向位移为14.1cm,发生在跨中。

(3)7号、8号墩支座强度验算

主桥的7号和8号墩使用的是14 000t级的球形支座,水平方向的最大承载力为竖向承载力的50%,即70 000kN,根据计算结果,支座在地震作用下,最大承受了35 000kN的力,满足要求。

5.2.6 结构抗震性能理论分析小结

(1)主桥部分第一、第三阶模态均为横向,在横向地震作用下结构反应较大。

(2)即使在100年超越概率2%水平的大震作用下(地震动加速度峰值为124.2gal),重庆朝天门大桥钢结构都保持弹性工作状态(个别杆件超出容许应力但仍在弹性范围内),不会出现塑性变形或者破坏,并有一定的安全度。因此,桥梁在线弹性工作范围内,在50年超越概率10%的中震作用下(加速度峰值为82.4gal),地震响应比大震作用小,所以没有进行分析和验算。

(3)主桥部分在各工况作用下,位移反应主要在主拱和桥道梁,未超过主跨长度(552m)的1/1 380。与引桥连接处南、北桥端位移均小于20cm,伸缩缝(960mm)处于正常工作范围内。

(4)主桥的7号墩的球形支座在恒载和地震作用下,最大承受了35 000kN的力,只有该球形支座水平承载力70 000kN的一半,在安全工作范围内。

5.3 振动台模型试验

振动台试验是试验室模拟地震的重要手段,比较接近实际地震时地面的运动情况以及地震对建筑结构的作用情况，是研究结构地震破坏机理和破坏模式、评价结构整体抗震能力的重要手段和方法。重庆朝天门大桥振动台模型试验的主要内容和目的为：

(1)选取合适的材料，按动力相似理论的要求设计并制作1:50的模型桥；

(2)通过模型结构在白噪声激励下的反应，测得结构在线弹性范围内的动力特性，其中，最基本的动力特性是有意义的自振频率和相应的振型、各振型的能量耗散或阻尼值；

(3)在线弹性范围内，在地震荷载作用下的动力反应(加速度、应变和位移)，以及地震动反应特性及规律；同时根据采集的试验数据，检验理论计算模型及分析方法；

(4)获得一整套试验数据，用以验证计算分析的力学模型和计算方法的合理性。

整个振动台试验工作主要包含两方面内容：白噪声扫频试验；地震模拟振动台试验。

5.3.1 试验装置

试验在重庆交通科研设计院国家结构动力重点实验室地震模拟试验台阵系统上进行，系统由一个固定的A台和一个可沿轨道移动的B台组成，具有三种模式的地震模拟试验能力：两台独立工作模式；两台合成一体工作模式；两台作关联运动的台阵工作模式。

5.3.2 试验设计

1)模型材料

采用有机玻璃(聚甲基丙烯酸甲酯)制作结构模型。有机玻璃的弹性模量受试验环境温度影响很大，根据以往有机玻璃模型制作的经验以及文献资料，有机玻璃的弹性模量一般为$(1.85\sim3.00)\times10^9\text{N/m}^2$。为保证试验的准确性，对有机玻璃的弹性模量进行测试，结果为$2.67\times10^9\text{N/m}^2$，有机玻璃密度取$1.18\text{g/cm}^3$。

2)相似模型设计

由于重庆朝天门大桥主桁架部分为钢结构形式，弦杆均为箱形，腹杆采用箱形、H形、王字形，壁厚较小，按比例缩减则更薄，甚至薄到无法加工，而主桁架杆件主要是受拉、压作用，考虑用模型和实型面积成比例的原则来设计，从而可自由选择模型板厚，使之满足加工要求。动力模型设计的主要相似关系见表4-5-3。

动力模型设计的主要相似关系　　表4-5-3

物理量	实桥参数	模型参数	相似比
长度(m)	932	18.64	50.00
截面面积(m^2)	—	—	1 250.00
弹性模量(N/m^2)	2.06×10^{11}	2.67×10^9	77.15
密度 (kg/m^3)	7 850	2 505	3.14
时间 (s)	—	—	10
质量 (kg)	51 371 126	266	193 125

通过相似比最后确定了模型质量和密度。根据相似理论确定的模型材料密度为$2\,505\text{kg/m}^3$，大于有机玻璃实际密度，故需要配重。使用加工成型的铅块对主桁架节点进行配重。对于主桁架杆件截面面积较大，选用1cm厚有机玻璃板进行切割；对于其他截面面积较小的杆件，可选用0.5~0.6cm厚有机玻璃板进行加工，并保证其稳定性。节点处根据具体情况使用节点板拼接。杆件、节点板设计图例见图4-5-15和图4-5-16。

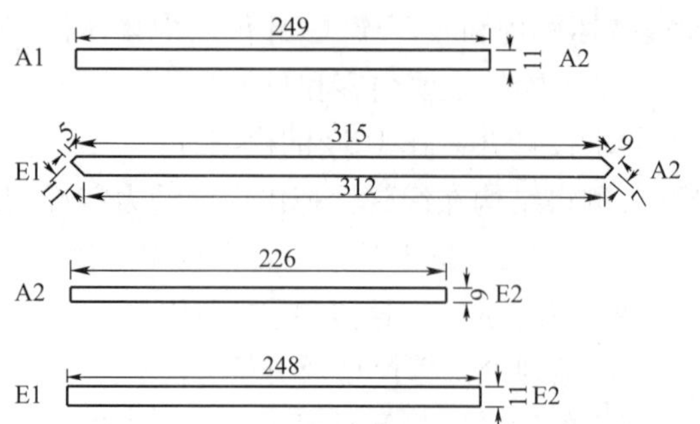

图 4-5-15　模型主桁杆件设计图(尺寸单位:mm)

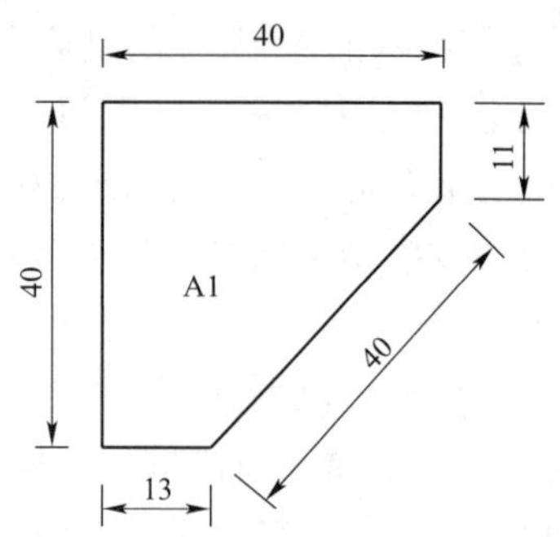

5-16　模型节点板设计样例(尺寸单位:mm)

3)试验模型的制作

模型桥总长 18.64m,高 2.84m,使用激光切割机加工有机玻璃模型的杆件、节点板和桥面板等,激光切割精度为 0.5mm,模型完工后,经过局部调整满足精度要求。

根据《重庆朝天门大桥主体钢结构施工图》,按 1/50 的比例计算每一控制点的高程及相对高程,然后用全站仪和电子水准仪进行高程和平面坐标控制,搭设脚手架,进行模型拼装,具体过程见图 4-5-17。

a)激光切割机

b)节点板

c)测控制点、搭设脚手架及拼装主拱

图 4-5-17　模型的制作过程

5.3.3 试验过程

1)仪器布置

首先根据试验的目的要求,充分考虑桥梁体系的受力特点,再结合测试技术的可行性,然后决定在桥上布置多少测点及怎样布置。所采用传感器为:加速度计、位移计和应变片。

根据抗震分析结果,共设加速度传感器20个,分别布置在模型桥主拱和上桥面主梁;位移传感器共2个,分别布置在A36(拱顶)和E′1(与P9墩连接处);应变片的测点共11个。各类型测点总体布置见图4-5-18和图4-5-19。

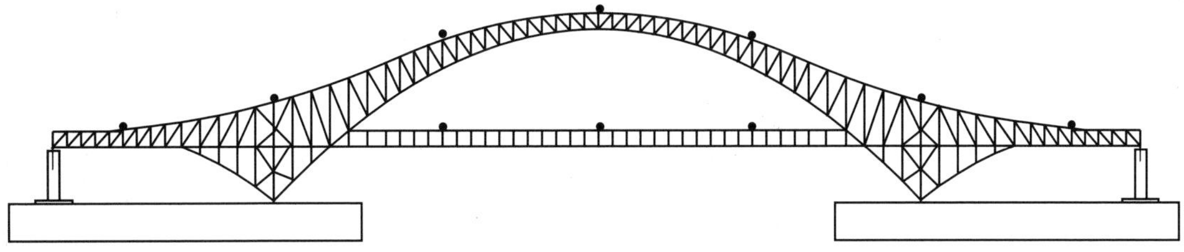

图4-5-18 地震输入模型加速度测点布置

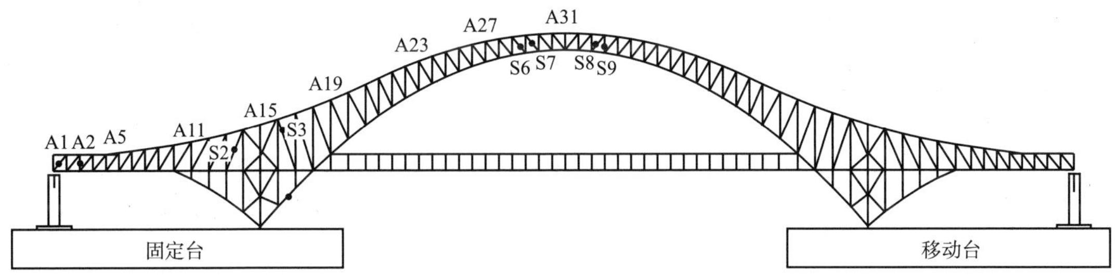

图4-5-19 地震输入模型应变测点布置

2)地震波输入和试验工况

结构的弹性分析表明,结构在输入地震波的幅值、频谱特性、相位较一致的情况下,地震反应是比较接近的,是合理的,因此,项目组选取了两设防水平下修正后的El-Centro波和人工波(2)进行模拟地震试验。并按表4-5-4所示的试验工况输入。

桥梁原型与模型之间的时间比尺为10,在进行振动台试验时,输入的地震波应该在时间长度上压缩为原波形的1/10。重庆朝天门大桥中震地表峰值加速度为84.8gal,原型与模型之间加速度比例为0.5,因此,输入地震波的峰值应放大一倍,为实际地震波峰值的两倍。

重庆朝天门大桥地震模拟振动台试验工况 表4-5-4

试验内容	工况	输入波	地震波峰值加速度		
			X(gal)	*Y*(gal)	*Z*(gal)
扫频试验	1	白噪声	50	0	0
	2	白噪声	0	50	0
	3	白噪声	0	0	50
中震(50年10%)	4	El-Centro(*X*)	169.6	0	0
	5	El-Centro(*Y*)	0	169.6	0
	6	El-Centro(*X*+*Z*)	169.6	0	113.1

续上表

试验内容	工况	输入波	地震波峰值加速度		
			X(gal)	Y(gal)	Z(gal)
中震(50年10%)	7	El-Centro($Y+Z$)	0	169.6	113.1
	8	人工波(X)	169.6	0	0
	9	人工波(Y)	0	169.6	0
	10	人工波($X+Z$)	169.6	0	113.1
	11	人工波($Y+Z$)	0	169.6	113.1
大震(100年2%)	12	El-Centro(X)	248.4	0	0
	13	El-Centro(Y)	0	248.4	0
	14	El-Centro($X+Z$)	248.4	0	165.6
	15	El-Centro($Y+Z$)	0	248.4	165.6
	16	人工波(X)	248.4	0	0
	17	人工波(Y)	0	248.4	0
	18	人工波($X+Z$)	248.4	0	165.6
	19	人工波($Y+Z$)	0	248.4	165.6

3)数据采集系统

信号测量系统是地震模拟振动台试验中数据采集最为关键的一个环节。要求电测仪器(电阻应变片)具有高度的灵敏度;拾振器(位移计、加速度计)性能好,能真实反映原振动参数。此外,信号分析处理设备也要操作方便。

数据采集利用仪器 DEWE2010 进行,采样频率为 200Hz。

5.3.4 试验结果

1)加速度反应

加速度反应分析主要从加速度峰值放大系数和加速度时程及其反应谱等进行分析、比较各情形下结构的加速度反应。为书写方便,用 A 表示人工波,E 表示 El-Centro 波,将中震人工波纵向模拟地震试验试验表示为 A01 - X,其试验结果表示三次试验的均值(除加速度时程),同样大震表示 A02 - X;El-Centro 波用 E 表示,其他相同,由于确定的加速度相似比为2,所以将所有的加速度值取测试值的一半。加速度峰值放大系数定义为测点反应的加速度峰值与振动台加速度计的峰值比值。

限于篇幅,仅选拱顶和跨中在各工况下加速度反应时程,见图 4-5-20 ~ 图 4-5-22,加速度峰值放大系数见图 4-5-23 ~ 图 4-5-25。

从水平向加速度反应可以看出:

(1)在 E01 - X 和 E02 - X 作用下,结构的加速度反应较小,且加速度峰值放大系数非常接近,属于弹性反应;在 E01 - XZ 和 E02 - XZ 作用下,由于竖向地震的耦合作用,特别是 A15、A′15 和 A25、A′25 处加速度反应变化最为明显,边跨处、拱和桥面测点变化不大。

(2)人工波作用下结构加速度响应和 El-Centro 波作用下的结构响应变化相比,前者显得比较“散乱”,但也可以看出拱顶和桥面测点的变化较小。

(3)在横向地震作用下,结构的加速度响应除个别点有较大差距外,其余点都非常接近。

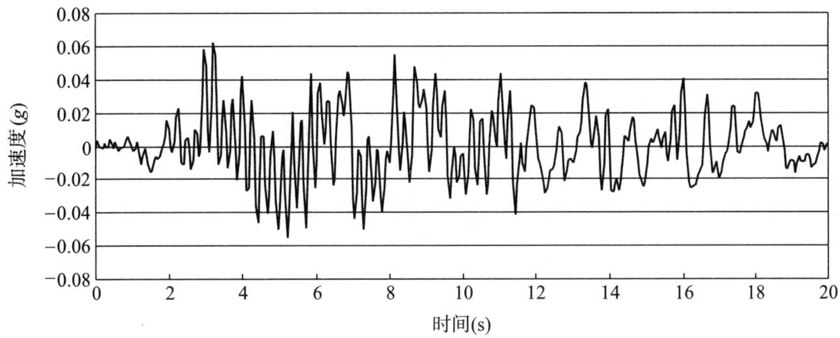

图 4-5-20　A01－X 作用下拱顶纵向加速度反应时程

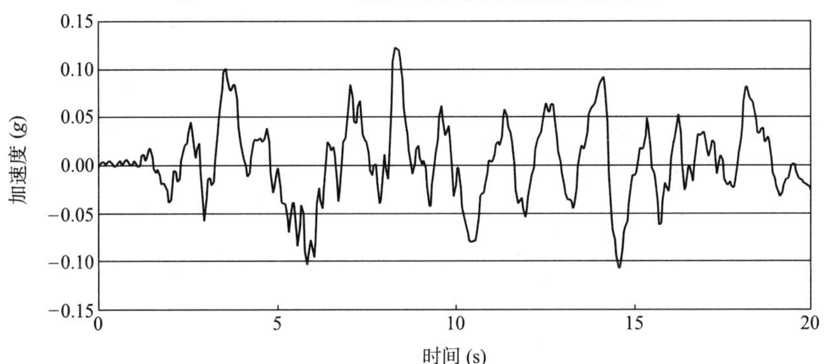

图 4-5-21　A01－Y 作用下拱顶横向加速度反应时程

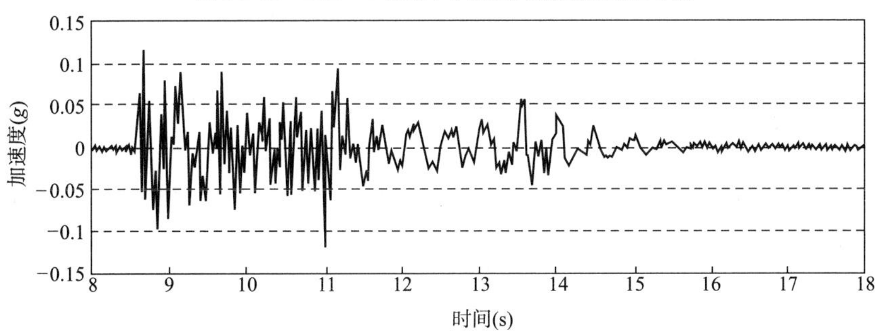

图 4-5-22　E02－Y 作用下跨中横向加速度反应时程

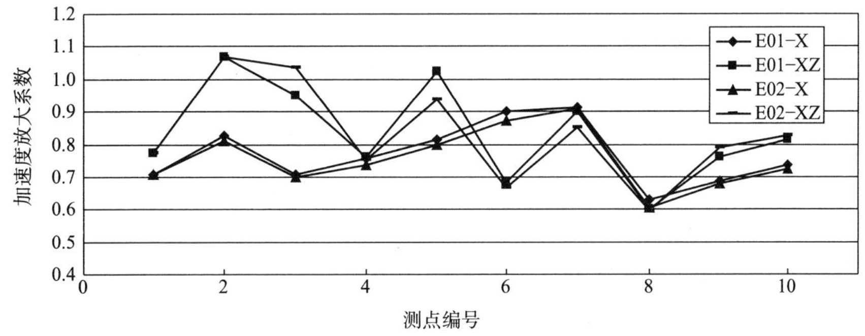

图 4-5-23　E01 和 E02 作用下各测点加速度峰值放大系数

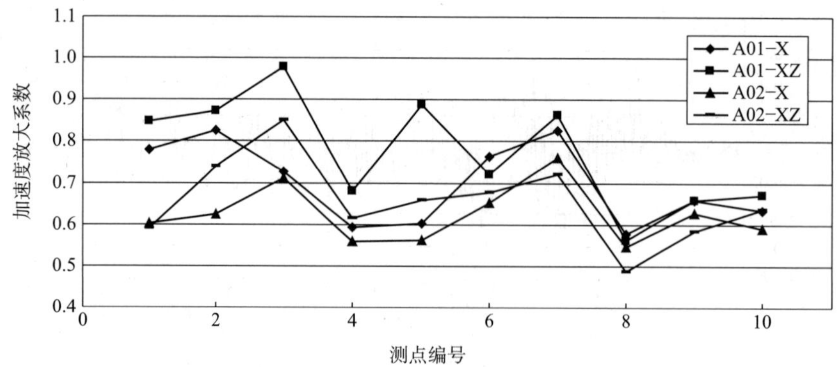

图 4-5-24 A01 和 A02 作用下各测点纵向加速度峰值放大系数

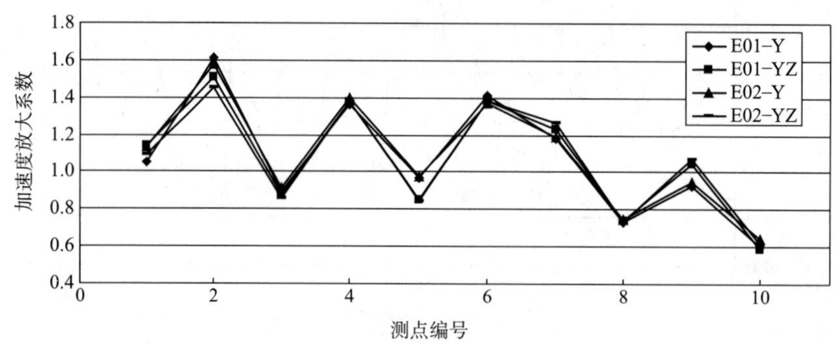

图 4-5-25 E01 和 E02 作用下各测点横向加速度峰值放大系数

从竖向加速度反应(仅考虑有竖向地震作用的工况)可以看出:

(1)结构竖向加速度峰值放大系都比较大,水平向地震作用对竖向加速度反应非常明显,尤其是桥面和主拱部分。

(2)但是在同等地震水平下,结构在 E 和 A 作用下,加速度峰值放大系数在趋势上比较相似,但在数值上同样有一定的差距,说明从反应生成人工波和根据反应谱调整天然波得到的地震波之间仍有一些不同。

2)应变反应

如图 4-5-26 和图 4-5-27 所示,在 E 和 A 作用下,同等地震水平下应变反应比较一致,有竖向地震作用时,大部分测试杆件应变变化较为均匀,反应趋势与单向水平地震作用较为相似,只有 E16-E17 杆件应变变化非常大,平联杆件没有测试结果,说明在纵向地震作用时,平联响应很小。图 4-5-28 和图 4-5-29 为横向地震作用下杆件的应变响应最大值(除 A33-E33、A′33-E′33竖杆和平联),很明显,在 E01 和 A01 作用下,杆件的应变反应较为一致,即使有竖向地震作用其反应趋势仍然比较一致,只是数值上有一些变化,但变化不大,E02 和 A02 作用下应变响应情况与此类似。

以上试验结果说明,结构的应变反应在纵向地震作用下,部分杆件受竖向地震影响很大,而在横向地震作用下,大部分杆件受竖向地震影响较小;应变最大的杆件是下弦杆 E16- E17,并且其截面面积较大,地震作用下受力很大;平联杆件在纵向地震作用下反应很小,而在横向地震作用下平联 2 应变最大为 190με。

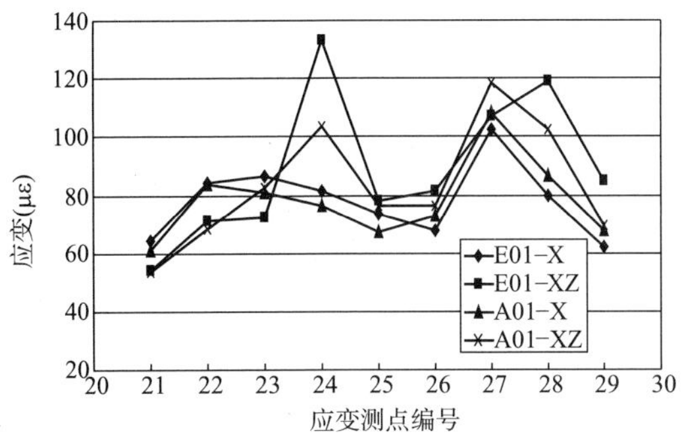

图 4-5-26　纵向中震下应变测点最大应变值

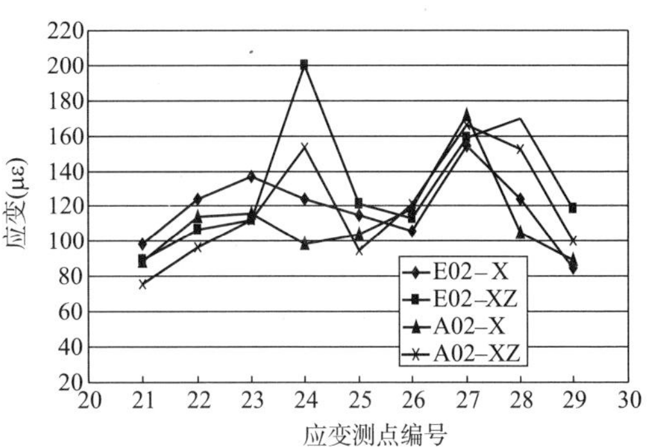

图 4-5-27　纵向大震下各应变测点最大应变值

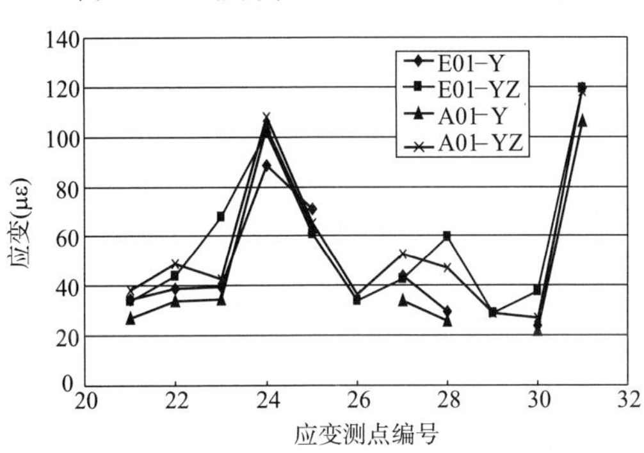

图 4-5-28　横向中震下应变测点最大应变值

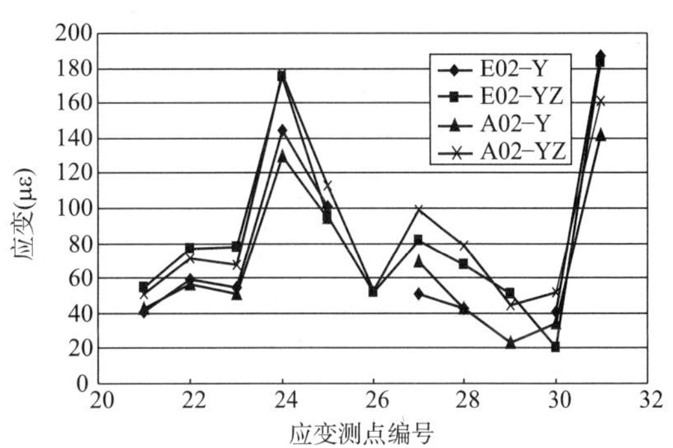

图 4-5-29　横向大震下应变测点最大应变值

3)位移反应

图 4-5-30 和图 4-5-31 列出了部分工况拱顶和边支点的位移时程反应。图 4-5-32 和图 4-5-33列出了纵向地震作用下拱顶和边支点的位移反应最大值。图 4-5-34 为横向地震作用下,拱顶位移反应最大值,边支点受横向约束无位移反应。从图中可见:

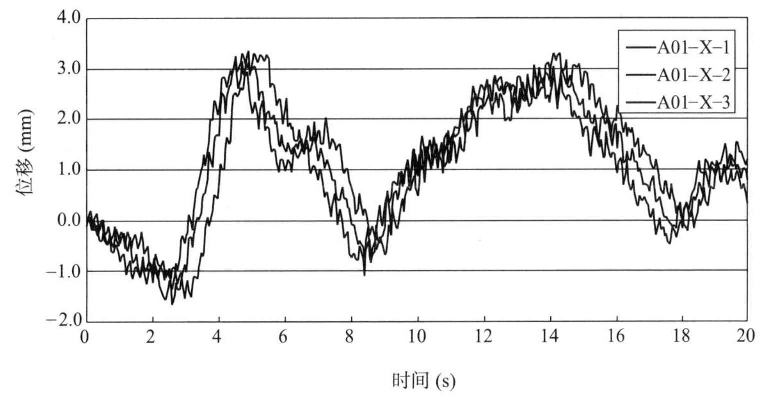

图 4-5-30　纵向中震拱顶位移时程

(1)E 和 A 在同等地震水平和作用方向的情况下,位移反应的最大值比较一致,大多数情况下 E 作用的位移反应比 A 要略大一些。

(2)拱顶水平向位移受竖向地震影响很小,边支点的纵向位移由于 E01 - X 和 A01 - X 误差较大,效果明显,但是有减小的趋势。

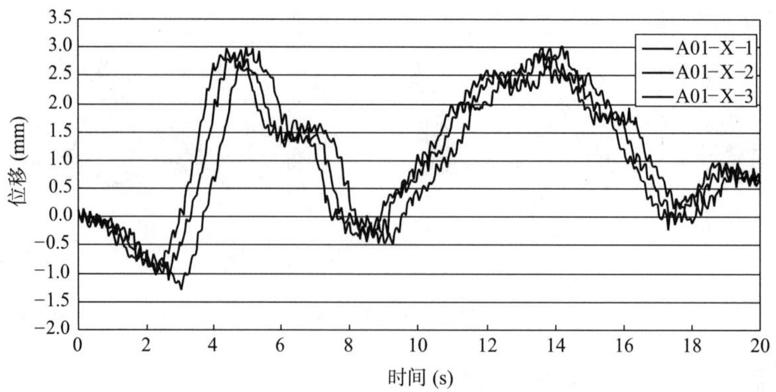

图 4-5-31　纵向中震边支点位移时程

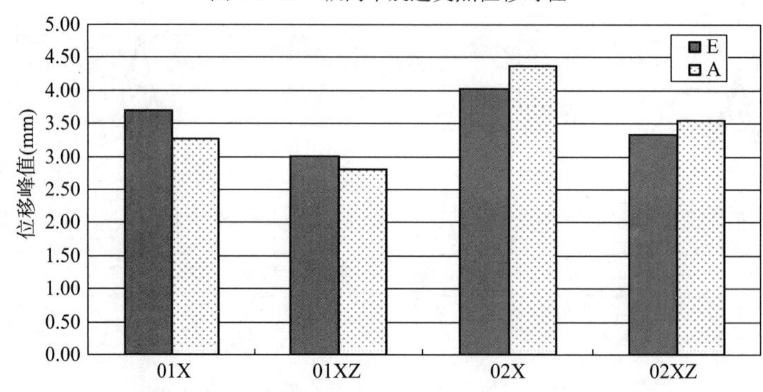

图 4-5-32　纵向地震作用下拱顶纵向位移最大值

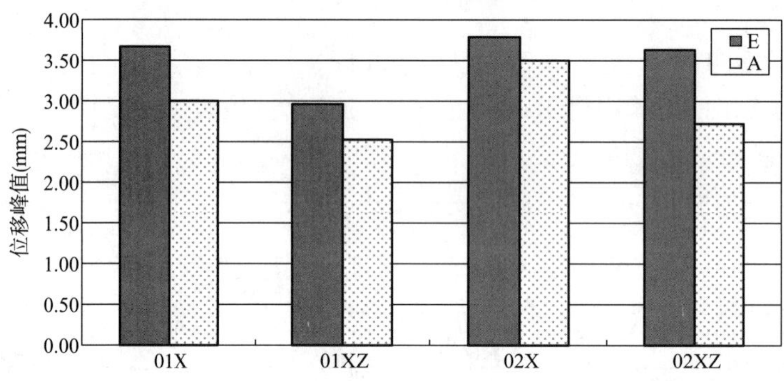

图 4-5-33　纵向地震作用下边支点纵向位移最大值

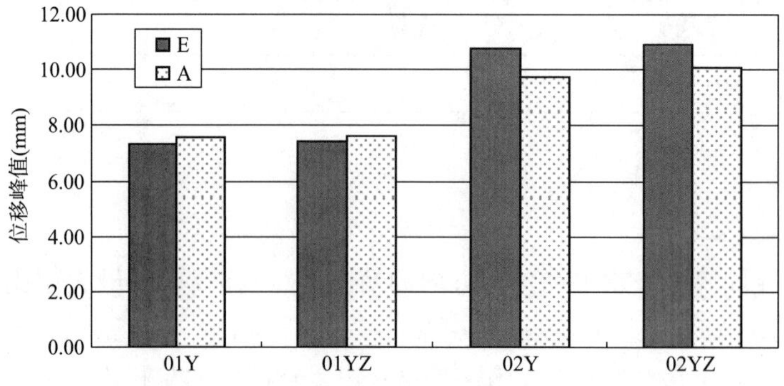

图 4-5-34　横向地震作用下拱顶横向位移最大值

(3)在纵向地震作用下,拱顶和边支点的位移比较接近。

5.3.5 试验和理论分析结果对比

根据前文分析结果可知,在同等地震作用水平下各条人工波、修正后的 El-Centro 波和反应谱的计算结果相差不大,且在弹性工作范围内。从试验结果来看也有较强的规律性,因此,本节选取在 E02 几个工况作用下试验结果和理论计算结果进行对比分析。主要有以下内容:加速度反应比较;位移反应比较;应变反应比较。

在试验中所得加速度和位移均为绝对加速度和绝对位移,而计算所得结果为相对加速度和相对位移,所以先将计算所得的加速度时程加上输入加速度时程得到测点绝对加速度;根据加速度和位移的二次积分关系,将输入加速度时程消除趋势项后积分到位移时程,加上各测点计算得到的相对位移得到测点绝对位移。

1)加速度反应比较

限于篇幅,加速度反应比较主要给出 E02 各工况作用下的试验和计算结果的比较。以下将比较分析试验和计算的四个方面加速度反应:E02 - X、E02 - XZ 作用下测点纵向加速度比较分析;E02 - Y、E02 - YZ 作用下测点横向加速度比较分析;E02 - XZ、E02 - YZ 作用下测点竖向加速度比较分析;加速度峰值的比较。

对加速度时程比较时,选取了部分测点前 30s 的原始信号进行比较,为更清楚地分析地震响应,对水平向的试验和计算结果分别绘出傅里叶谱,比较了加速度响应的主要频率,然后根据频率成分和模态试验的结果滤除高频部分,进一步进行分析。

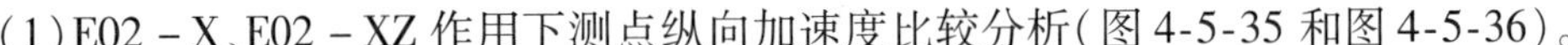

(1)E02 - X、E02 - XZ 作用下测点纵向加速度比较分析(图 4-5-35 和图 4-5-36)。

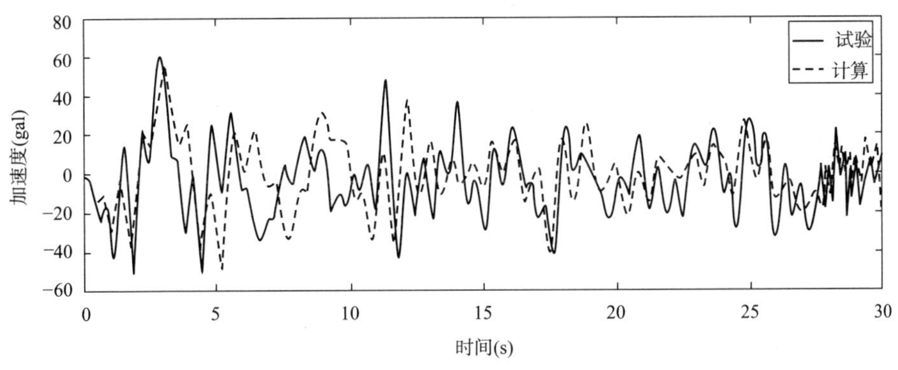

图 4-5-35 测点 4 滤波后加速度时程比较

(2)E02 - Y、E02 - YZ 作用下测点横向加速度比较分析(图 4-5-37 和图 4-5-38)。

(3)E02 - XZ、E02 - YZ 作用下测点竖向加速度比较分析(图 4-5-39 和图 4-5-40)。

(4)加速度峰值比较(图 4-5-41 和图 4-5-42)。

各工况作用下测点的试验和计算的加速度峰值大部分比较接近,其中,竖向加速度峰值最为接近,而水平加速度峰值试验结果多数比计算结果要略大一些。

2)位移反应比较

纵向大震和横向大震作用试验和理论计算位移时程见图 4-5-43 ~ 图 4-5-47,从图中看到:

(1)纵向地震作用下,拱顶和边支点位移的计算值比试验值移较大,横向地震作用下,拱顶横向位移的试验值比计算值大，但相差都不大。

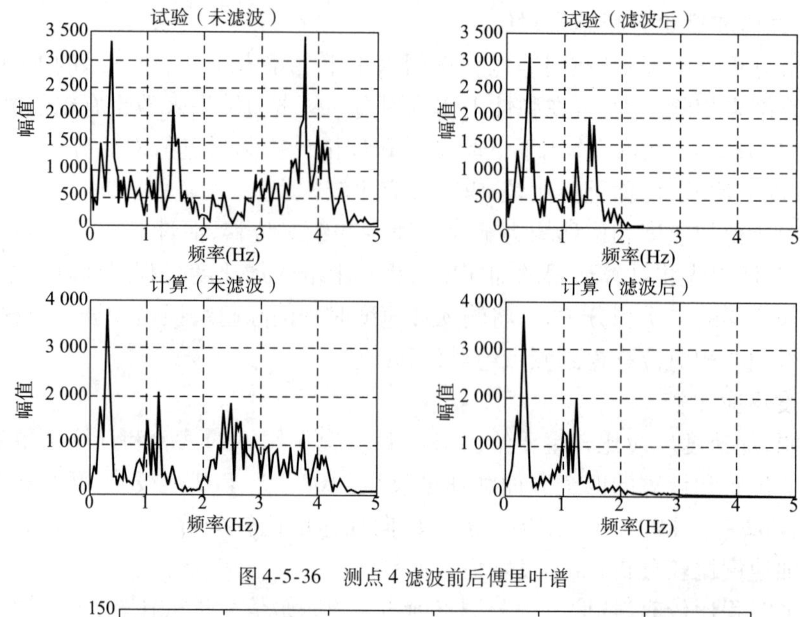

图 4-5-36　测点 4 滤波前后傅里叶谱

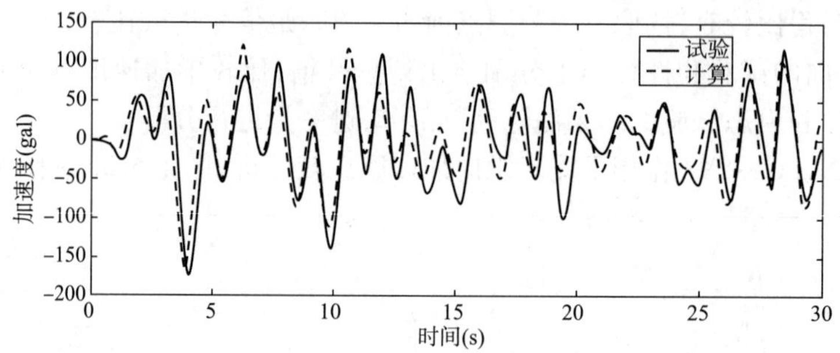

图 4-5-37　测点 4 滤波后加速度时程比较

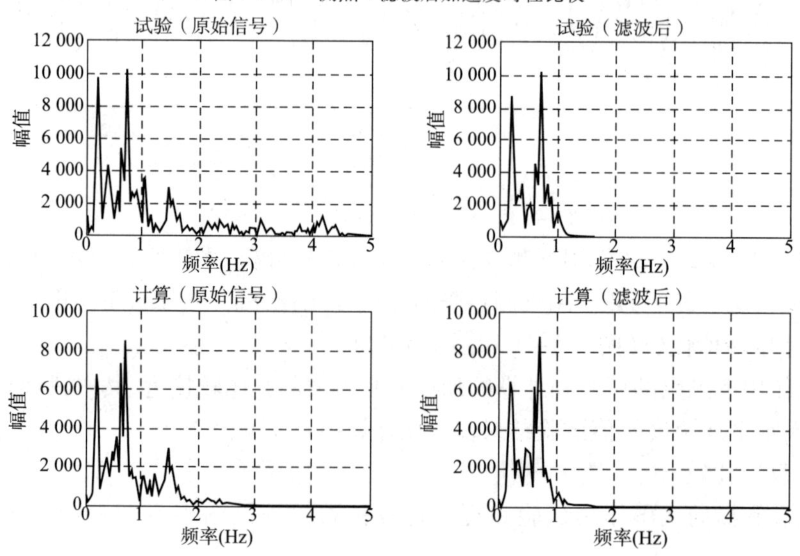

图 4-5-38　测点 4 滤波前后傅里叶谱

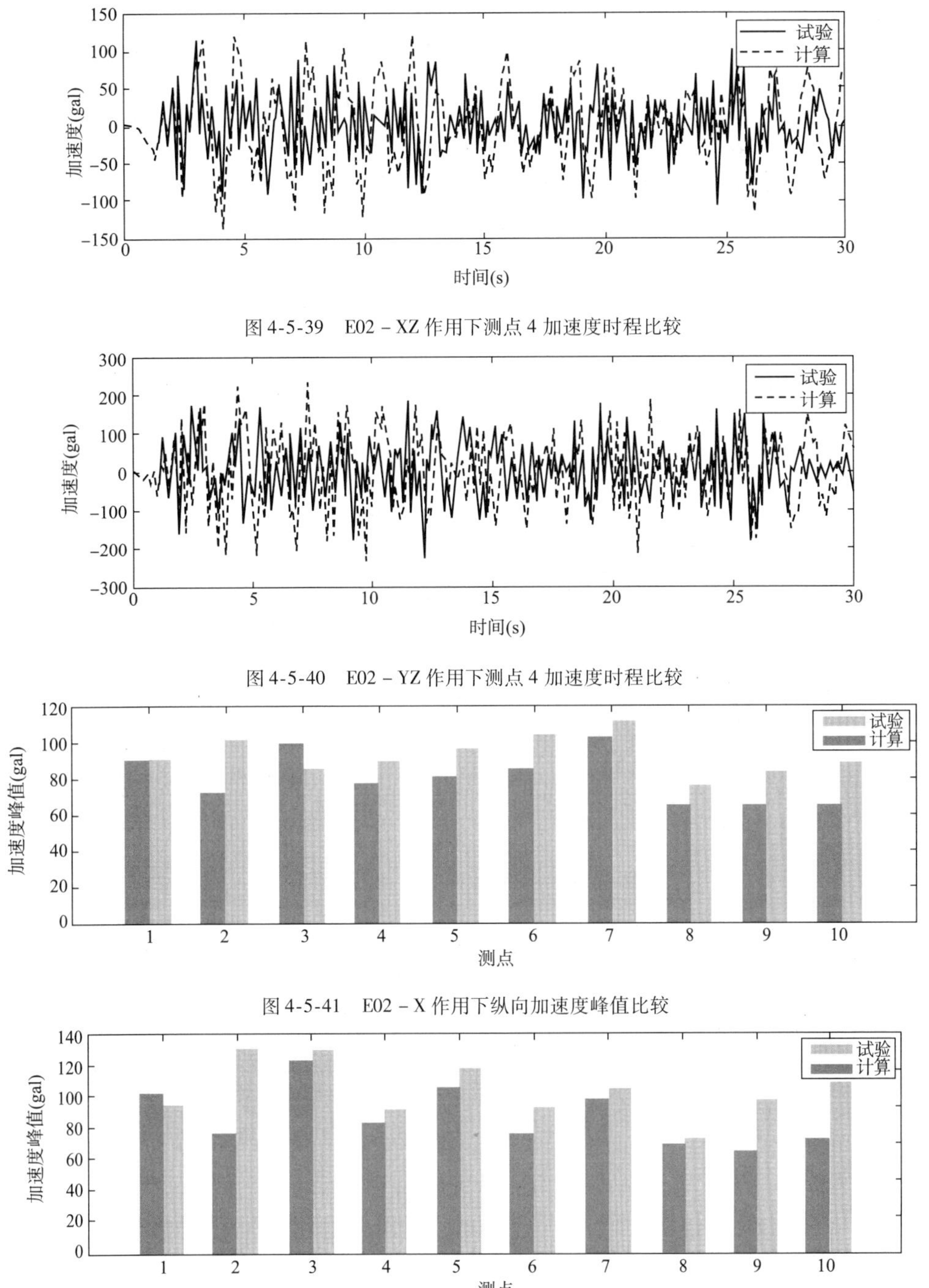

图 4-5-39 E02 - XZ 作用下测点 4 加速度时程比较

图 4-5-40 E02 - YZ 作用下测点 4 加速度时程比较

图 4-5-41 E02 - X 作用下纵向加速度峰值比较

图 4-5-42 E02 - XZ 作用下纵向加速度峰值比较

(2)在纵向、横向地震作用下,结构的位移反应时程趋势基本相同。

3)轴力比较

桥梁在地震作用下,大部分杆件地震反应比恒载作用要小,因此,根据相似理论部分将试验测得的应变还原到原型桥的应变,可以计算得到原型桥的轴力大小。E02 - X 作用下各应变测点杆件轴力与理论计算结果对比见图4-5-48，总体上计算和试验结果吻合较好。

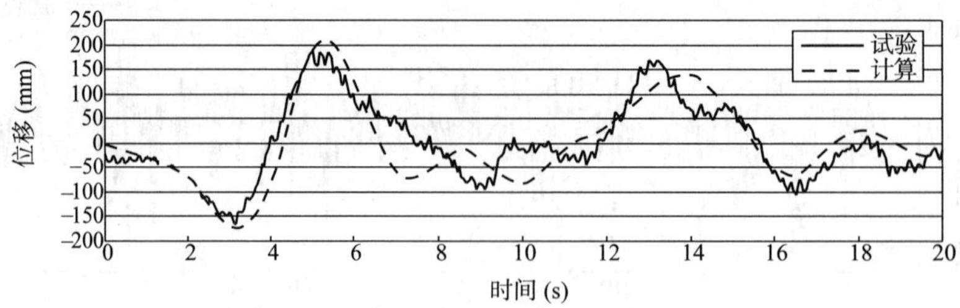

图4-5-43　A02－X作用下拱顶位移时程

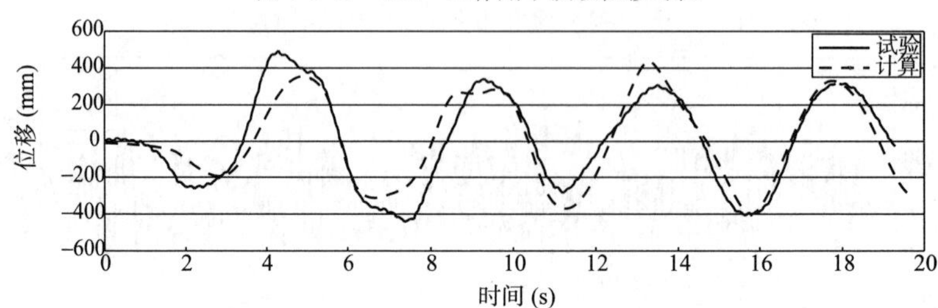

图4-5-44　A02－Y作用下拱顶位移时程

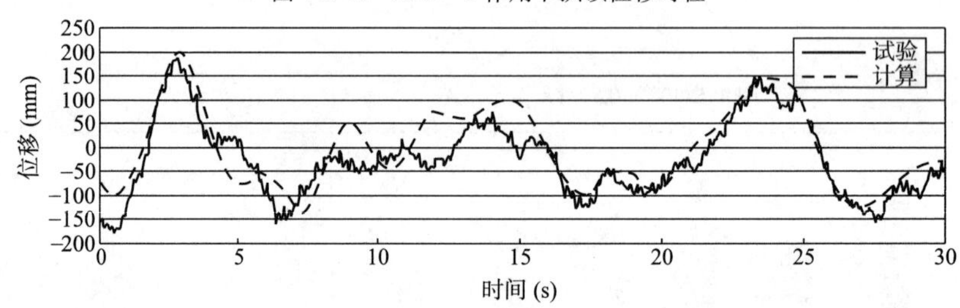

图4-5-45　E02－X作用下拱顶位移时程

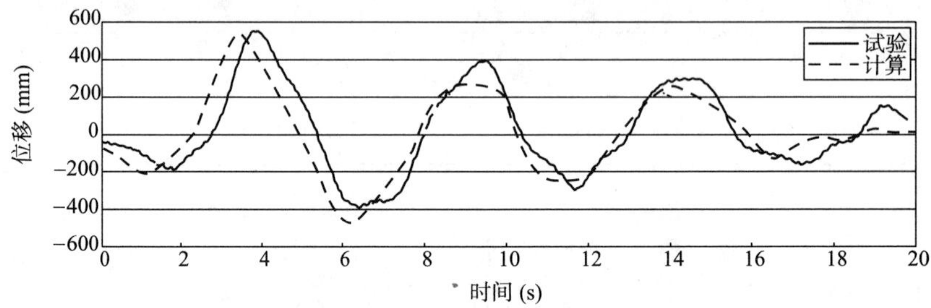

图4-5-46　E02－Y作用下拱顶位移时程

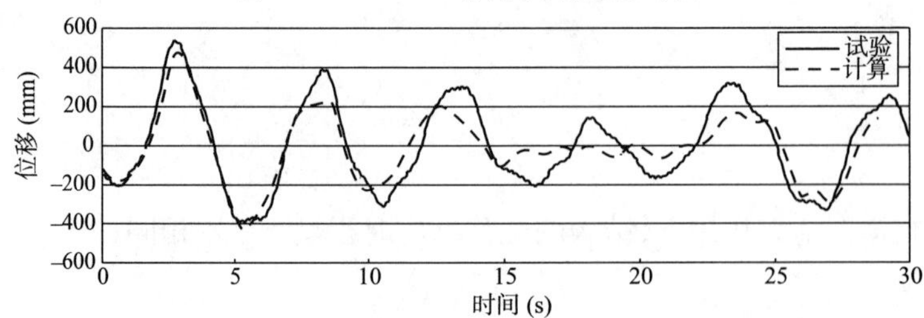

图4-5-47　E02－YZ作用下拱顶横向位移时程

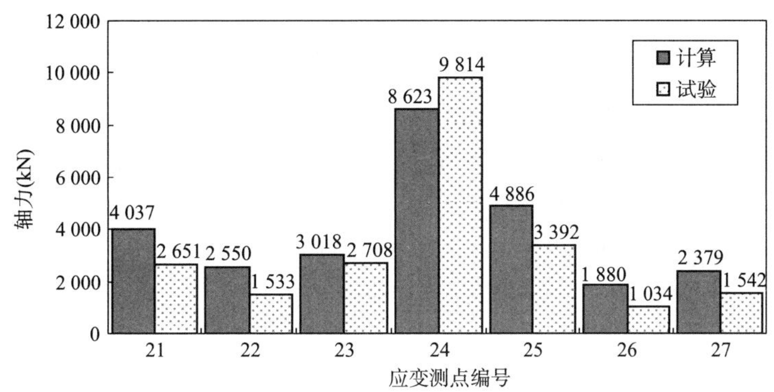

图 4-5-48 E02－X 作用下各应变测点杆件轴力误差分析

在纵向地震作用下：

(1)E16-E17 轴力要比其他杆件轴力较大。

(2)除 E16-E17 杆(测点 24)外其余杆件计算轴力都要大于试验轴力。

(3)在有竖向地震作用时，腹杆(测点 21、22、23)的杆件轴力有明显的减小，弦杆的轴力有所增大，其中，E16-E17 杆增大最明显。

在横向地震作用下：

(1)E16-E17 轴力要比其他杆件轴力大很多。

(2)在有竖向地震作用时，与纵向情况相比 E16-E17 杆仍是增大很多，腹杆(测点 21、22、23)的杆件轴力有明显的增加，弦杆(测点 25、26、27)的轴力有所减小。

4)误差分析

通过分析发现，E 和 A 在同等地震水平和工况下的试验结果之间，计算和试验结果的对比有一定的误差，大部分试验结果偏大，说明结构的刚度、质量模拟有一些误差，造成这些误差的主要原因如下：

(1)地震动的输入。人工波反应谱、修正后的 El-Centro 波的反应谱和目标反应谱之间就存在 5% 左右的误差，产生少许偏差。

(2)连接处直接架在振动台上的钢柱上，相当于约束了横向位移的自由度。

(3)模型设计和制作。模型设计考虑的主要几何相似关系长度和面积，由于考虑到模型的制作等其他原因并未考虑惯性矩的相似关系使得结构刚度偏小一些；在有机玻璃的加工过程中，主桁杆件截面面积有 $\pm(0.05 \sim 0.1)\,cm^2$ 的误差，部分杆件模型截面面积过小，甚至无抗弯能力，项目组将这部分杆件截面适当进行了增大处理，使其有一定的抗弯能力。

(4)配重。试验模型的配重按集中质量法进行配置，大部分节点的配重都不相同，项目组将其分级进行节点配重，使结构质量分布产生了一些变化。

(5)试验。在试验过程中，应变数据采集过程中可能包含了由弯矩产生的应变，使得试验结果有所偏差。

(6)阻尼。而根据模态试验部分得出的结果知道，有机玻璃模型的前 6 阶模态阻尼为 1% ~8%，大部分模态阻尼大于 5% 也给试验结果带来一定的误差。

5)试验和计算结果比较小结

本节从加速度、位移和应变三个方面将试验和计算结果进行详细的对比分析，试验和计算结果基本一致。

加速度比较:

(1)计算和试验的加速度反应趋势较为一致。

(2)在横向地震作用下,拱上测点计算和试验的加速度反应最为相似,效果很好,而桥面上的测点加速度反应稍差,不过趋势比较一致。

(3)在纵向地震作用下,所有测点计算和试验的加速度反应比较一致。

(4)在考虑竖向地震时,测点的竖向加速度反应较好。

位移比较:

(1)纵向地震作用下,拱顶和边支点位移的计算值比试验值较大,横向地震作用下,拱顶横向位移的试验值比计算值大,但相差都不大。

(2)在纵向、横向地震作用下,结构的位移反应时程趋势基本相同。

应变比较:根据相似理论将试验测得的应变还原到原型桥的应变,可以计算得到原型桥的轴力大小,所测的部分杆件与计算值比较接近。

5.3.6 抗震试验小结

通过重庆朝天门大桥有机玻璃模型的振动台试验,得到了不同地震水平下结构加速度、位移和应变反应数据,并进行了分析,同时和理论计算结果对比分析,得出了以下结论:

(1)该桥采用的是刚性拱柔性梁的钢桁拱桥且为平拱,跨度大,因此,在横向地震作用下结构的横向位移响应较大。

(2)主桥部分在各试验工况作用下,位移反应主要在主拱和桥面主梁,尤其是横向位移,在横向大震作用下,试验模型拱顶横向位移达到了8mm;在纵向大震作用下,位移响应时程比较相似,说明结构纵向刚度较大,拱顶和与边跨支点位移响应的最大值均在4mm左右(拱顶位移稍大一些)。

(3)在纵向+竖向地震作用下,拱顶位移受竖向地震作用较大,在本桥试验结果中发现拱顶和边跨支点纵向最大位移有一定的降低;而在横向+竖向地震作用下,拱顶横向最大位移无明显的变化趋势。

(4)试验表明,在纵向地震作用下,主桁杆件弦杆的响应受竖向地震影响较大,在横向地震作用下,弦杆响应受竖向地震影响较小;腹杆轴力的纵向地震反应比横向地震响应偏大且受竖向地震影响较小,在横向地震作用下则会产生较大的弯矩;平联杆件在纵向地震作用下应变反应很小,在横向地震作用下则会产生较大的应变。

(5)通过和理论分析的对比发现,结构的加速度、位移和杆件轴力地震响应基本一致,但是主梁三个测点在横向地震作用下加速度响应和计算结果相差较大,说明该处由于吊杆产生的局部影响较大。

(6)验证了理论计算模型和试验模型的可靠性。

5.4 结构抗震试验研究结论

5.4.1 结构试验研究结论

通过重庆朝天门大桥特大跨钢桁拱桥结构抗震性能理论分析与模型试验研究,得到如下结论：

（1）桥梁结构第一、第三阶模态均为横向，因此，在横向地震作用下结构的横向位移响应较大。

（2）在各工况作用下，位移反应主要在主拱和桥道梁，尤其是横向位移，在横向大震作用下最大达到了40cm，为主跨长度（552m）的1/1380；在纵向大震作用下，拱顶和边跨支点位移响应时程相似，说明结构纵向刚度较大，拱顶和与边跨支点位移响应的最大值均在20cm左右（拱顶位移稍大一些）小于伸缩缝（960mm）的正常工作范围。

（3）在纵向＋竖向地震作用下，拱顶位移受竖向地震作用较大，在本桥试验和计算结果中，拱顶和边跨支点纵向最大位移有一定的降低；而在横向＋竖向地震作用下，拱顶横向最大位移无明显的变化趋势。

（4）在各工况地震作用下，重庆朝天门大桥的主体钢结构部分都保持弹性工作状态（个别杆件在横向大震作用下超出容许应力但仍在弹性范围内），不会塑性变形或者破坏，并有一定的安全度。

（5）在纵向地震作用下，主桁杆件弦杆的反应受竖向地震影响较大，在横向地震作用下，弦杆反应受竖向地震影响较小；腹杆轴力在纵向地震反应比横向地震响应偏大且受竖向地震影响较小，在横向地震作用下则会产生较大的弯矩；平联杆件在纵向地震作用下应变反应很小，在横向地震作用下则会产生较大的应变，由于平联杆件在恒载作用下受力很小，因此，平联杆件在横向地震作用下也保持弹性反应，不会发生损坏。

（6）主桥的7、8号墩的球形支座在恒载和地震作用下，最大承受了3 500t的力，只有该球形支座水平承载力7 000t的一半，在安全工作范围内。

5.4.2　结构设计及养护注意事项

（1）重庆朝天门大桥第一阶主振型为梁拱对称侧弯，表明大桥横向刚度相对竖向、纵向较弱，但满足设计要求，应注意对主拱横向稳定和横向振动，特别加强主拱变形、节点变形、横撑应变和振动的监测和分析，对吊杆索力进行定期检测，确保主拱承担的恒载和活载处于设计范围内。

（2）重庆朝天门大桥主墩设置了14 000t级的球形支座，支座的性能对全桥正常运营和抗震性能影响很大，必须加强对球形支座的养护。

（3）重庆朝天门大桥主桥江北侧和南侧分别设置了640mm和960mm的伸缩缝，在地震作用下，桥梁结构边支点最大纵向位移可达到200mm，考虑到在正常运行时由于温度等其他因素也会产生一定的变形量，为不使大桥的抗震性能受到影响，需要重视对伸缩缝的养护。

（4）由于重庆朝天门大桥为大跨度的空间钢结构体系，钢材的疲劳效应和节点的抗震性能尤为重要，一旦发生损伤或破坏，对整个结构体系会产生重大影响，因此，在设计中需高度重视局部构造的处理。

第6章　钢桁架节点疲劳试验研究

6.1　概述

6.1.1　桥梁结构特点

重庆朝天门大桥公轨两用,跨径大、活载大,钢结构疲劳,特别是钢桁节点问题突出,其中,疲劳问题最突出的是汇交杆件众多、形状复杂、规模大、受力大,处于典型的空间复杂受力状态的拱桁交叉节点(图1-3-31)和纵梁与横梁交叉节点(图4-6-1)。横梁与纵梁连接节点特点在于:除中间支座节点采用整体节点外,其余节点均采用拼装式节点;采用连接角钢,以高强度螺栓连接;为减小横梁梁端弯矩,减小疲劳应力幅,横梁与纵梁的连接设计为"弱连接"。

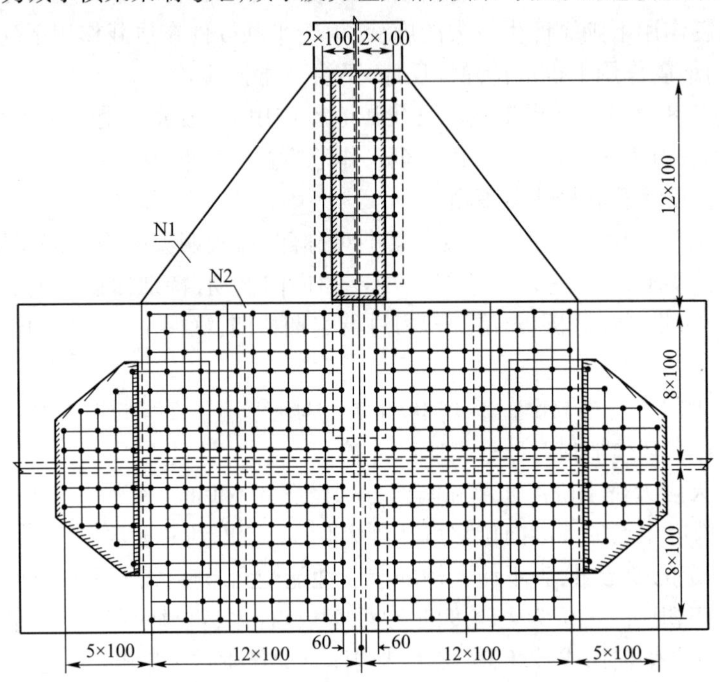

图4-6-1　重庆朝天门长江大桥纵梁与横梁交叉节点构造

横梁与主桁连接的主要作用是把施加在横梁上的荷载传到主桁。如果受到约束,横梁的端部转动减到最小,横梁的正弯矩会由于端弯矩的增大而减少。此种连接既不是完全刚性的,也不是理想的铰接。完全刚性节点假定相邻杆件之间完全是连续的,弯矩的全部或者大部分从梁传到主桁。而理想铰接假设梁像一个简支杆件,因而不会传递弯矩给主桁。虽然完全刚性连接和理想铰接的假定使分析和设计过程大大简化,但是,当连接的刚性程度是处在完全刚性和理想铰接情况之间时,其假定的有效性就很难断定了。试验表明,实际工程中运用的全部连接形式所具有的刚度都处在完全刚性和理想铰接的两种极端情况之间。

横梁与主桁连接的刚度和强度是密切相关的,并且对连接的性能十分重要。强度要求保证连接有传递预期荷载的能力。刚性要求所需约束或没有约束的能力。因此,一方面要保证连接有足够的强度,将横梁传递的剪力和弯矩传递给主桁。另一方面要保证连接的刚度处于一定的范围内,若刚度太小,则不能保证主桁之间的横向稳定性,从而导致主桁的横向整体失稳。若刚度过大,则随着刚度的增大连接处承受的弯矩随之增大,连接的构造局部应力水平升高,在活载的反复作用下,潜在开裂处的应力幅值较大,容易导致疲劳开裂。因而,在保证主桁整体稳定性能的前提下,一般采用"弱连接"的形式,降低其连接刚度。由于上下翼缘连接主要产生抗弯刚度,而腹板连接主要抵抗横梁剪力,在工程实际中,一般采用切去横梁的下翼缘、减小横梁上翼缘宽度等构造措施。

腹板角钢和顶部角钢的组合连接转动主要来自角钢的变形,因此,连接的转动能力在很大程度上由角钢的变形能力控制,紧固件变形只起很小的作用。顶部角钢在抵抗横梁端部转动上起主要作用。由于距离横梁弯曲中性轴较远,故该部分对横梁梁端转动的约束作用比较大。

6.1.2 国内外钢结构疲劳研究情况

在国外,美国从 1967 年开始进行大规模钢结构疲劳试验研究,提出了根据应力变化范围 $\Delta\sigma$ 和结构构造细节来确定疲劳寿命 N 的方法,该方法 1977 年已为 AASHTO 公路桥梁规范和 AREA 铁路桥和钢结构规范所采用;日本钢结构协会疲劳设计指南和西德桥规 DN804 也先后采用这些试验研究成果。新方法将不同的接头连接形式,按疲劳强度相似情况分为 A、B、C、D、E、F 6 个等级,分别给出其容许应力范围$[\sigma]$与循环次数间关系的容许应力曲线。由于材料、焊接工艺、连接形式、构造细节的不同,上述国外研究成果与规范条文并不能照搬到我国大跨度钢桁梁结构的疲劳设计中,只能提供参考。因此,必须要结合具体桥梁设计,借鉴国内外研究成果,通过必要的构造细节与整体节点的疲劳试验,确定结构的疲劳性能,为桥梁安全运营、延长使用期限提供设计参考依据。

由于连接构造细节处理不当而出现疲劳裂纹的情况时有出现。国内外学者对钢桁梁桥中横梁与纵梁连接、钢板梁桥中横梁与纵梁的连接等构造疲劳性能开展了大量的理论分析及试验研究。研究发现横梁梁端连接构造疲劳开裂主要原因为:

(1)梁端约束。许多横梁端部连接假定为简支,只要求传递剪力,但实际使用的铆接、拴接或焊接都难以做到完全柔性,因此,梁端转动时会受到连接件的抵抗,即存在一定程度的约束,进而导致连接角钢下部萌生竖向裂纹。

(2)横梁梁端的削弱。为减小梁端约束,将横梁下翼缘切除,这样使横梁切口处的应力幅增大很多。由于纵梁的下挠,横梁梁端受拉,可能导致横梁腹板下部竖向裂纹。

(3)面外变形。横梁的面外变形可能导致横梁梁端腹板自由间隙处水平裂纹。

6.1.3 重庆朝天门大桥节点疲劳试验研究的必要性

节点的安全性是保证钢桁结构桥梁整体安全性的关键。目前常规钢桥节点的设计规范较为简单,并不适合大型复杂受力节点的静力承载能力分析,对大型节点的疲劳承载能力分析更是没有明确规定。仅仅依靠空间有限元仿真计算技术难以准确把握节点内各构造细节的实际受力状况。

重庆朝天门大桥下层桥面轨道横梁跨度达29m，通过连接角钢用高强螺栓与主桁节点板相连，如图4-6-2所示。桥梁下层桥面轨道横梁与一般的铁路桥以及公轨两用桥相比要大，且直接承受公路荷载与轻轨荷载的作用，导致轨道横梁与纵梁连接部位的应力幅值大，连接部位的可靠性需要通过试验来检验。拱桁交叉节点（轨道横梁与拱桁交叉节点的连接部位）、纵梁与横梁交叉节点（轨道横梁与纵梁节点的连接部位）的疲劳试验研究，对保证桥梁结构的安全运营、提高结构耐久性及使用寿命十分重要。

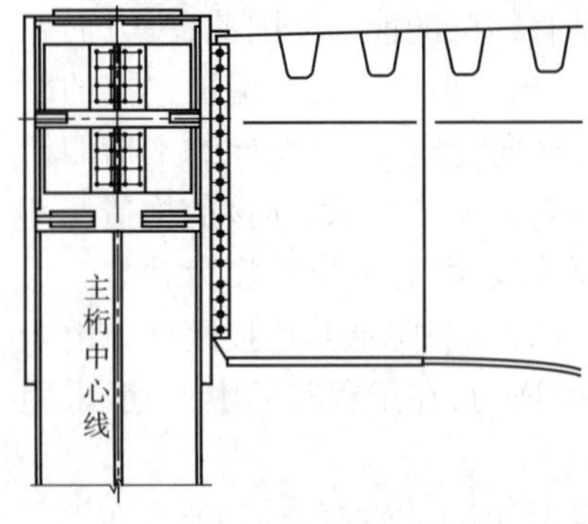

图4-6-2　轨道横梁与纵梁连接方式

通过重庆朝天门大桥主桁与横梁连接节点模型疲劳试验研究达到下列目的：一是验证节点连接的安全性和可靠性，验证设计计算理论和方法的正确性，检验节点连接结构设计的合理性；二是研究节点的应力分布规律和传力途径，为今后的设计和研究工作提供依据。

6.1.4　试验研究目标、内容及技术路线

重庆朝天门大桥主桁与横梁连接节点疲劳试验研究目标：

(1)摸清疲劳强度安全储备情况，尤其是各连接的安全储备。

(2)摸清节点关键连接位置应力大小及分布情况。

(3)预测出疲劳裂纹出现位置。

(4)完成疲劳应力检算。

(5)对节点结构设计的合理性、安全性做出评估。

(6)提出设计改进措施建议。

主桁与横梁连接节点疲劳试验研究内容包括：

(1)全桥结构受力分析，结合设计确定疲劳荷载谱。

(2)实桥节点的局部有限元分析。

(3)节点模型的疲劳试验设计。

(4)节点试验模型局部有限元分析。

(5)节点模型的疲劳试验。

图4-6-3为试验研究技术路线。

查阅国内外文献，分析总结，确定研究方法

↓

根据研究内容，采用三维有限元分别进行系统分析

↓

根据有限元分析结果，确定研究重点，拟定试验方案

↓

进行模型试验

↓

分析试验数据，检验结构的安全性和可靠性，对结构安全和设计合理性做出评价

↓

与有限元计算结果比较，对应力分布规律和传力途径进行研究，对结构设计提出意见和建议

图4-6-3　试验研究技术路线

6.2　疲劳试验结构分析

6.2.1　分析目的

疲劳试验结构分析目的在于：

(1)对实桥结构安全性进行评估。

(2)为试验模型设计提供依据。

(3)掌握模型的应力分布，为测点布置及试验过程控制提供依据。

(4)了解构造细节处的应力集中程度。

(5)为实桥节点疲劳寿命评估提供依据。

6.2.2 分析模型建立

在对重庆朝天门大桥钢桁结构进行平面、空间桁架分析中,各杆件均采用空间梁单元,正交异性桥面板按照梁格法,每根纵梁处均等效为一根纵梁,横向则在桥面横梁及小横梁处均等效为一根横梁。纵、横梁的截面特性取其所代表的宽度范围内实际结构的截面特性。钢桥面板的质量仅分配到横梁中,纵梁不考虑钢桥面板的质量,以这样的梁桥简化来反映结构的刚度和质量分布。利用平面模型分析恒载作用下主桁杆件内力;利用空间模型分析恒载作用下主桁杆件、纵横梁及平纵联杆件内力,全桥空间有限元模型如图 4-6-4 所示。

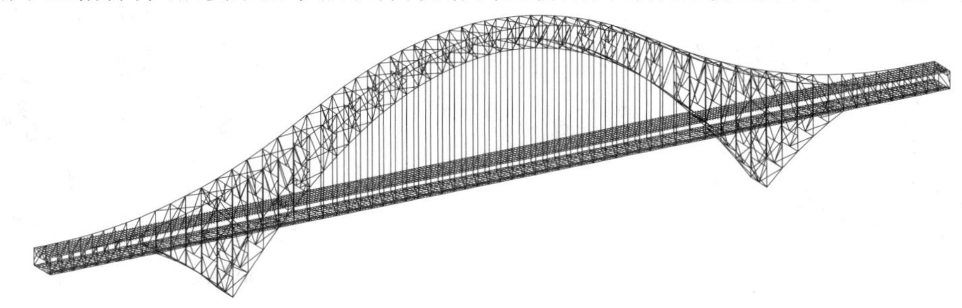

图 4-6-4 全桥空间有限元模型

通过全桥整体空间分析,拱桁交叉节点 E18、纵梁和横梁交叉节点 M29 节点分别为同类节点中受力最不利节点,因此,选取这两个节点进行疲劳试验研究。

1)拱桁交叉节点分析模型

拱桁交叉节点疲劳试验模型按照 1:4 缩尺建立,采用空间板壳单元模型进行分析,主要杆件的板厚和尺寸均按试验模型设计选取。试验模型主要构件包括主桁节点的上弦杆件、竖杆、斜杆及横梁。在主桁与横梁的连接处,角钢与横梁腹板和主桁节点板连接的高强螺栓采用节点耦合模拟,如图 4-6-5 所示。

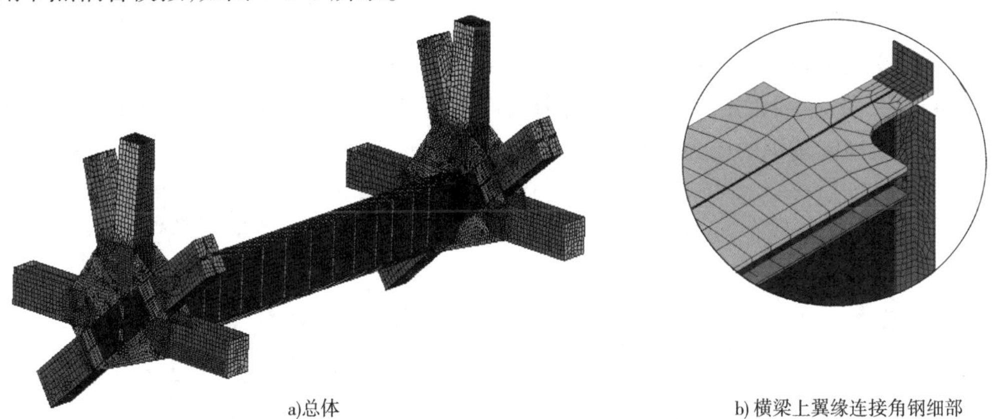

a)总体　　b)横梁上翼缘连接角钢细部

图 4-6-5 拱桁交叉节点局部分析有限元模型(试验模型)

拱桁交叉节点疲劳试验的研究重点是分析轨道横梁与主桁节点连接构造的抗疲劳性能,轨道横梁与主桁节点是通过角钢实现连接的,为了详细分析轨道横梁与主桁节点连接角钢的应力分布,选取该连接构造建立精细有限元模型进行精细分析,如图 4-6-6 所示。

2)纵梁与横梁交叉节点分析模型

纵梁与横梁交叉节点(M29 节点)试验模型的空间分析模型单元类型全部为三维实体二

阶单元,并对横梁与节点连接的角钢区域的网格加密一倍,计算分析的边界条件与施加的外荷载基本能够模拟试验的实际情况,节点有限元计算模型如图 4-6-7 所示,连接区域如图 4-6-8所示。

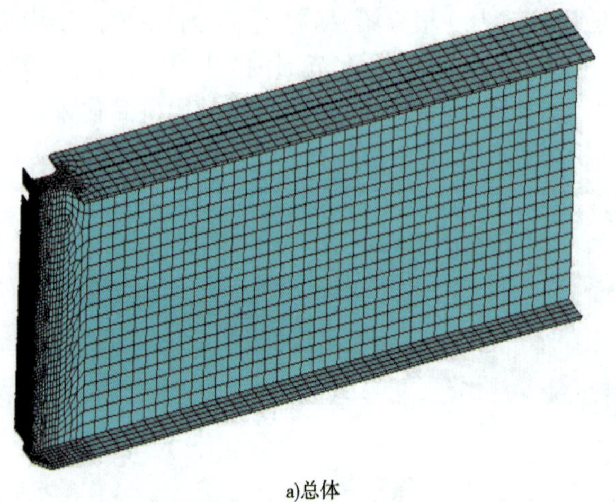

a)总体

b)横梁上翼缘连接角钢细部

图 4-6-6　连接角钢精细有限元模型

图 4-6-7　节点有限元计算模型

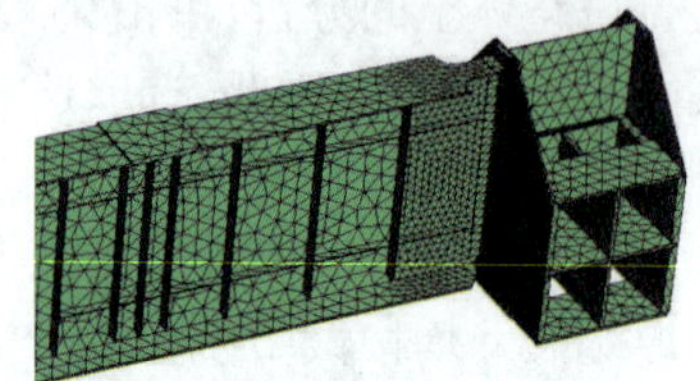

图 4-6-8　连接区域示意图

6.2.3　分析结果

1)拱桁交叉节点试验模型分析结果

图 4-6-9、图 4-6-10 分别给出了疲劳荷载作用下,拱桁交叉节点试验模型横梁上翼缘连接角钢及腹板连接角钢的应力分布。

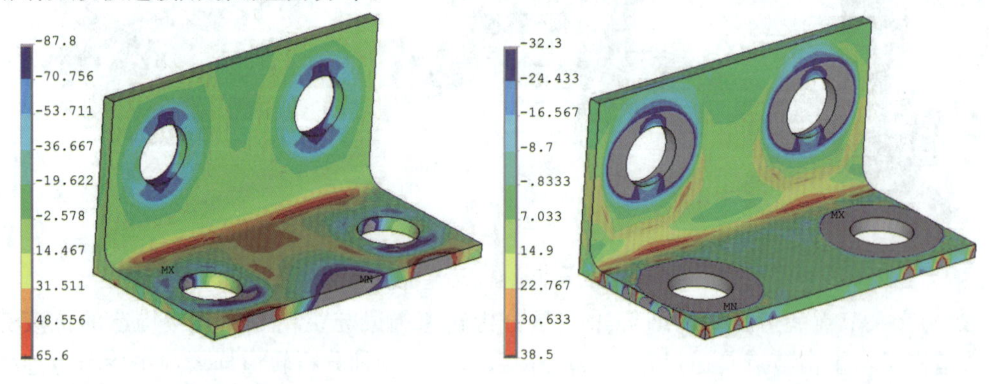

a)纵桥向应力

b)竖向应力

图　4-6-9

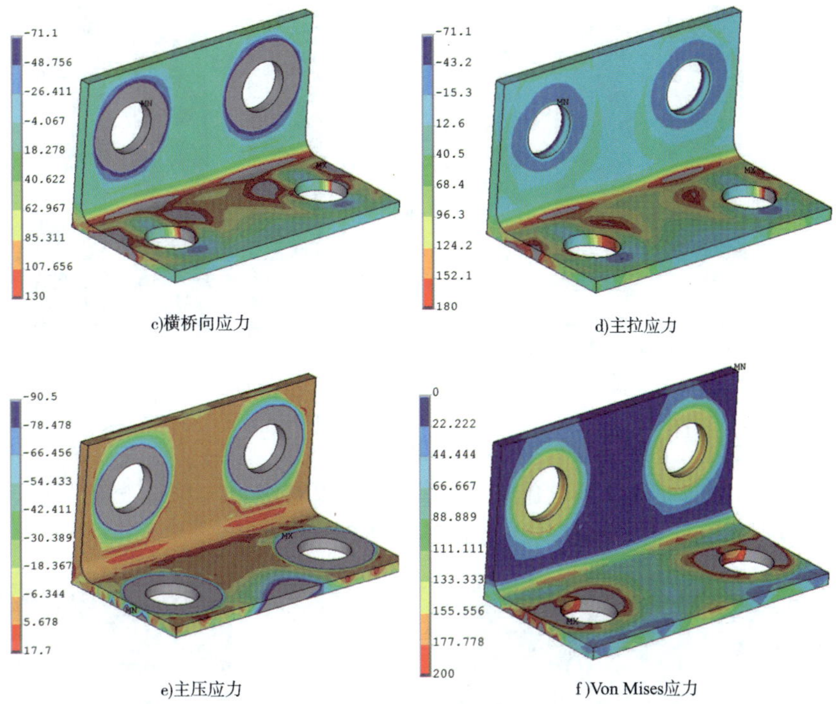

c)横桥向应力　　d)主拉应力

e)主压应力　　f)Von Mises应力

图 4-6-9　横梁上翼缘连接角钢应力分布

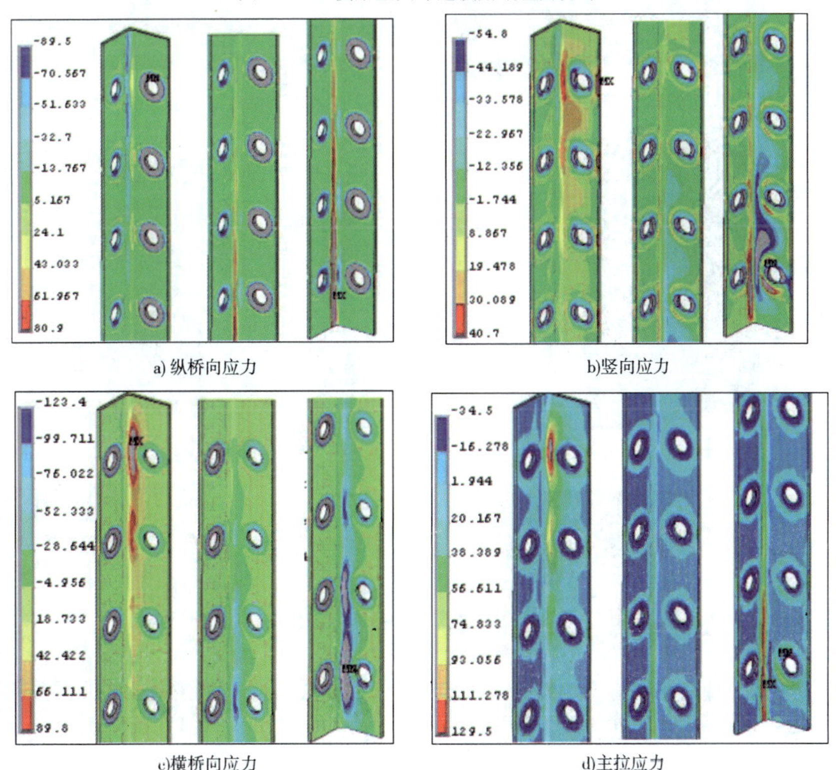

a) 纵桥向应力　　b)竖向应力

c)横桥向应力　　d)主拉应力

图　4-6-10

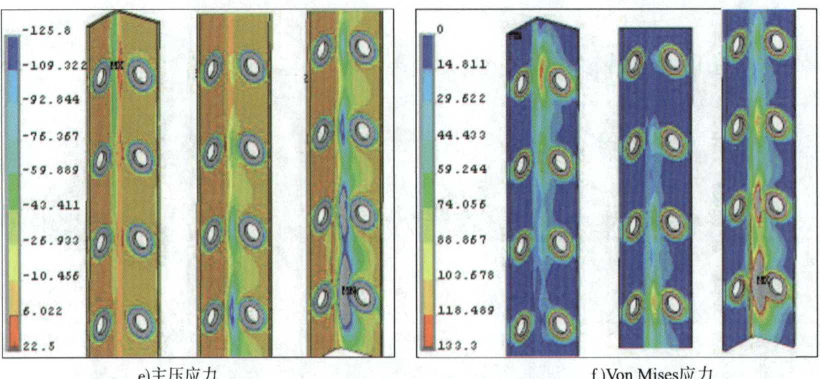

e)主压应力　　f)Von Mises应力

图 4-6-10　横梁腹板连接角钢应力分布

2)纵梁与横梁交叉节点试验模型分析结果

在疲劳试验模型的加载位置处施加竖向荷载 213kN,纵梁与横梁交叉节点连接试验模型中,横梁与节点连接处主要区域的应力分布如图 4-6-11 所示。

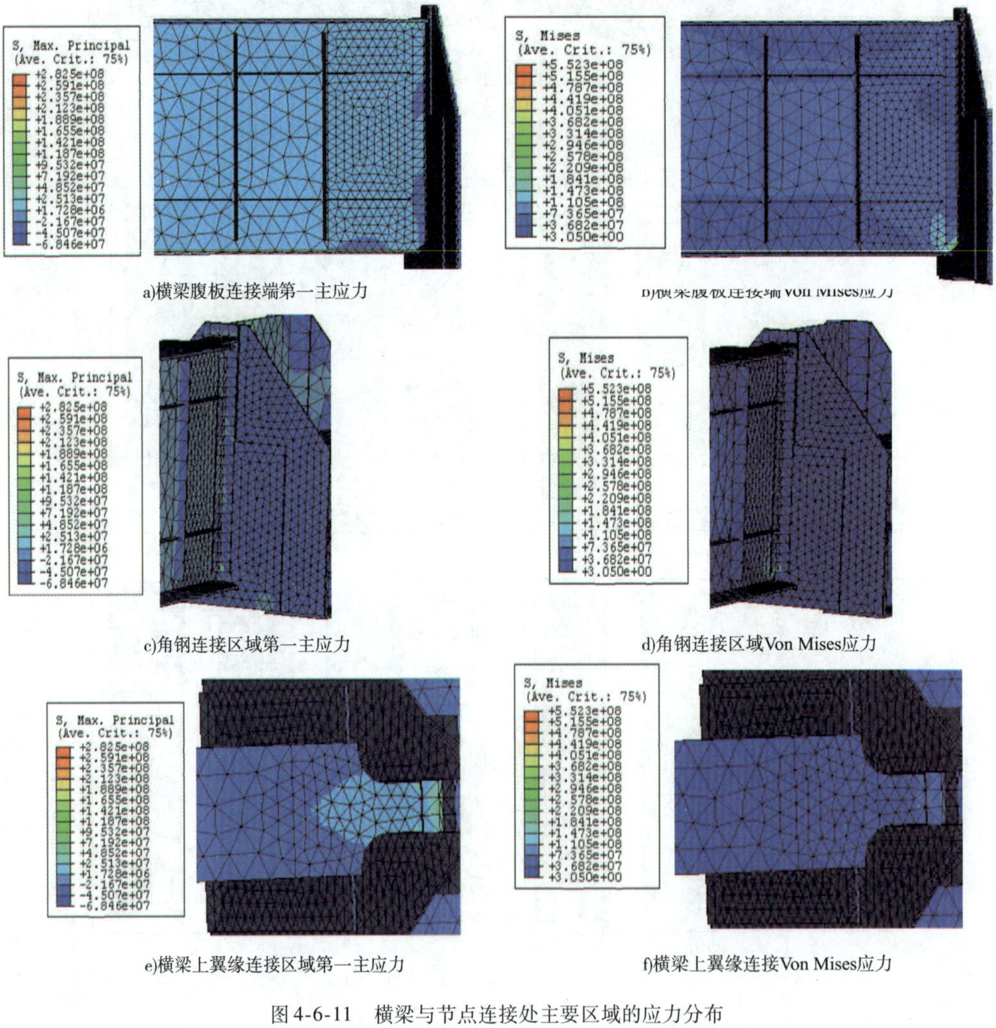

a)横梁腹板连接端第一主应力　　b)横梁腹板连接端 Von Mises应力

c)角钢连接区域第一主应力　　d)角钢连接区域Von Mises应力

e)横梁上翼缘连接区域第一主应力　　f)横梁上翼缘连接Von Mises应力

图 4-6-11　横梁与节点连接处主要区域的应力分布

从图4-6-11中可见，试验模型横梁和节点板相连的连接角钢、上翼缘连接角钢和腹板下处切角处应力较大，这些区域是试验考查的重点对象。

6.3 疲劳荷载的制订

6.3.1 荷载谱的制订

钢结构桥疲劳损伤决定于经常作用的各种实际车辆荷载，在疲劳试验前需要确定疲劳检算所需的荷载谱，即桥梁在规定的寿命期内所遇到的各种活载及其作用次数。荷载谱的制订主要是确定典型荷载和典型荷载作用次数两个参数。对于重庆朝天门大桥这种公轨两用桥梁，当时并没有可供直接引用的荷载谱。

关于重庆朝天门大桥荷载谱制订，理论上应将设计基准期内通过桥梁的每一类车型按不同形状的影响线计算出相应的内力历程，然后再将所有的内力历程予以累计，得到所需要的荷载谱。也就是说需要将在100年设计基准期内通过桥梁的每一列（组）车都按不同形状的影响线计算出相应的内力历程，这是一项非常烦琐的工作，既不必要，也不可能。

鉴于桥梁上通过的轨道车辆有一定的规律，经分析可以得到适用的轨道标准疲劳车；而对于公路桥面上通过的汽车，通过一定的统计分析和简化，也可找到一定的规律，经分析可以得到适用的公路标准疲劳车。对于既承受公路又承受轨道荷载的桥梁，其总的损伤度可先按公路荷载和轨道荷载分别算出，为把这两种荷载同时发生的概率考虑进去，可再对两种损伤值的和乘以调整系数。

因此，结合重庆朝天门大桥公路交通和轨道交通具体情况，分析得到适用于该桥的公路疲劳加载车辆和轨道标准疲劳车，再定出桥梁设计寿命内的疲劳荷载作用次数，就可制订出荷载谱，进而得到内力频值谱、应力频值谱，评价桥梁结构的疲劳强度。

由于我国的公路桥梁荷载中没有专门的疲劳车辆荷载，因此，只有根据国外的研究成果，依据疲劳累积损伤理论，对公路荷载谱进行计算。国内外的研究和规范均认为只有较重的车辆过桥才会引起桥梁构件的疲劳损伤，而小型车辆则不引起疲劳问题。BS5400认为总重15kN以上的车辆才会对桥梁产生疲劳影响；AASHTO考虑疲劳影响的车辆只占总数量的10%~20%（不同的公路类别所占的比例不同）；Eurocode1则只考虑100kN以上的车辆；我国的公路桥梁设计规范关于疲劳荷载的说明也明确指出“实际经常发生的荷载组合中的车辆荷载”，也就是指比较重的车辆。显然，在正常运营中，这样的车辆只占全部通行车辆的一小部分。通过综合分析，并参考国内多座大桥疲劳分析情况，重庆朝天门大桥上层公路疲劳荷载的标准车辆依据BS5400和AASHTO进行取值，其荷载谱制订为：

（1）典型荷载：在为选定疲劳试验节点的全桥整体计算分析时，公路荷载以BS5400中的标准疲劳车作为加载车辆。在对该节点进行疲劳荷载计算时，再分别按BS5400标准疲劳车式样、典型车式样以及AASHTO标准疲劳车三种情况进行计算，比较三种计算结果，选取最不利数值。

（2）典型荷载的作用次数：典型荷载的作用次数为桥梁寿命期内实际交通量的10%。

对于轨道的荷载谱，采用的标准疲劳车荷载图式如图4-6-12所示。初、近及远期编组分别为5、7和9辆车。

6.3.2 全桥分析及内力历程例

按照本章6.2.2中模型进行分析，加载车辆采用前述的BS5400标准疲劳车、AASHTO标准疲劳车、轨道标准疲劳车。加载车道为下层桥面的两条轨道线、两车道备用汽车道，由于上层桥面对下层横梁影响较小，仅在一侧的慢车道和临车道加载。其车道布置如图4-6-13所示。

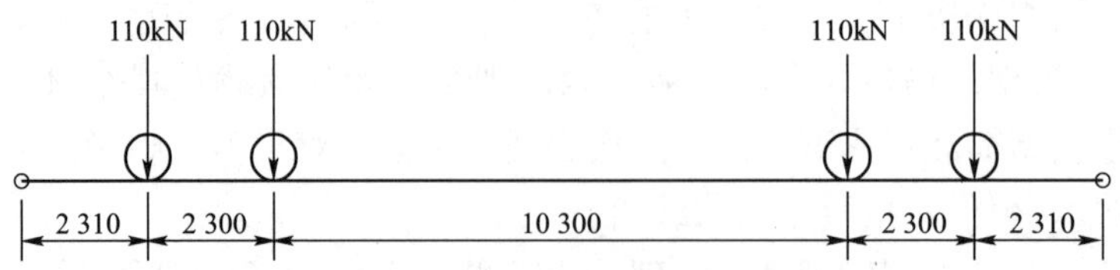

图4-6-12 轨道标准疲劳车荷载图式（尺寸单位：mm）

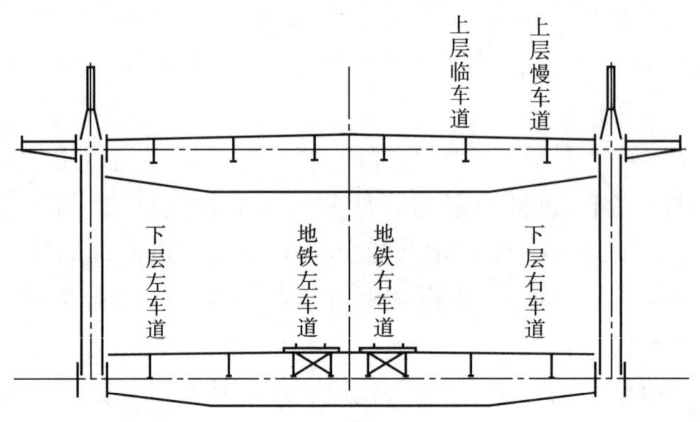

图4-6-13 加载车道示意图

通过标准疲劳车及各个车道的影响线，得到横梁与E18节点、横梁与M29节点连接处的应力历程例。由于横梁与主桁节点连接处构造比较复杂，为了准确反映横梁与节点连接处的应力变化，先求出连接处的内力历程，然后通过建立横梁与节点连接处的局部有限元模型，再求出连接处的应力变化历程。

将疲劳加载车辆沿着各自的影响线从一端进入，直到它在影响线另一端完全驶出为止，为一加载例。把内力在一个加载例中随时间的变化过程记录下来就可以得到一个内力历程例。公路的内力历程例分三种进行计算：按BS5400标准疲劳车进行计算；按AASHTO标准疲劳车进行计算。轨道的内力历程例分三种编组进行计算：初期运营，按5辆车编组进行计算；近期运营，按7辆车编组进行计算；远期运营，按9辆车编组进行计算。

6.3.3 公路内力频值谱

1）BS5400规范计算结果

采用雨流计数法对以上求得的BS5400标准疲劳车内力历程例分别进行计算，可以得到横梁与E18节点连接处的内力频值谱。其中，不考虑车辆冲击力效应；由于弯矩和剪力的峰值和谷值是标准疲劳车位于同一车道所产生的，因此，不考虑多辆车在不同分车道以交替次序引起相反符号的情况；由于最大纵坐标所在同号区段的影响线底边长度L为34m，因此，不考虑一辆以上车在同一分车道同时作用的效应；考虑多辆车在不同分车道同时引起同一符号的效应。

因此根据 BS5400 的规定和各车道的应力历程例，求得横梁与 E18 节点连接处的弯矩和剪力幅值，如表 4-6-1 和表 4-6-2 所示。

BS5400 公路标准疲劳车作用下，横梁与节点连接处的弯矩频值谱 表 4-6-1

项目		最大值（kN·m）	最小值（kN·m）	弯矩幅值（kN·m）	一加载例内循环次数	调整系数 K_F
E18 节点	上层临车道	10.979	-12.728	23.707	3	1.4
		6.075	-7.133	13.208		
		2.733	-5.907	8.64		
	上层慢车道	18.186	-11.143	29.329	3	1.4
		15.875	3.14	12.735		
		3.358	-9.19	12.548		
	下层右侧车道	34.990	-378.707	413.697	1	1.28
	下层左侧车道	11.142	-210.870	222.012	1	1.28
M29 节点	下层左车道	14.27	-118.73	133.00	2	1.24
		9.51	-0.21	9.73		
	下层右车道	4.40	-50.35	54.75	3	1.24
		3.16	-11.50	14.66		
		3.16	-7.47	10.62		
	上层临车道	18.22	-7.79	26.02	2	1.20
		0.84	-5.02	5.86		
	上层慢车道	49.95	-11.94	61.89	2	1.20
		0.95	-7.68	8.63		

BS5400 公路标准疲劳车作用下，横梁与节点连接处的剪力频值谱 表 4-6-2

项目		最大值（kN）	最小值（kN）	剪力幅值（kN）	一加载例内循环次数	调整系数 K_F
E18 节点	上层临车道	0.613	-2.573	3.186	1	2.72
	上层慢车道	0.907	-3.365	4.272	1	2.72
	下层右侧车道	236.904	-20.842	257.746	1	1.06
	下层左侧车道	29.203	-2.575	31.778	1	1.06
M29 节点	下层左车道	19.58	-1.02	20.60	1	1.03
	下层右车道	176.48	-0.27	176.75	1	1.03
	上层临车道	5.38	-13.04	18.41	2	1.44
		4.77	-0.37	5.14		
	上层慢车道	6.98	-18.41	25.39	2	1.44

2）AASHTO 规范计算结果

同样，采用雨流计数法对 AASHTO 标准疲劳车内力历程例分别进行计算，可得到横梁与节点连接处的内力频值谱。表 4-6-3 和表 4-6-4 分别为系根据 AASHTO 计算的横梁与 E18 节点、横梁与 M29 节点连接处的弯矩和剪力频值谱。

AASHTO 公路标准疲劳车作用下，横梁与节点连接处的弯矩频值谱 表 4-6-3

项目		最大值（kN·m）	最小值（kN·m）	弯矩幅值（kN·m）	一加载例内循环次数
E18 节点	上层临车道	12.009	-13.019	25.029	3
		6.830	-8.315	15.144	
		3.190	-6.857	10.048	
	上层慢车道	19.865	-12.992	32.857	3
		17.700	4.842	12.858	
		3.920	-10.685	14.605	
	下层右侧车道	35.859	-416.582	452.441	1
	下层左侧车道	12.996	-235.796	248.792	1
M29 节点	下层左车道	16.41	-133.66	150.08	2
		10.78	-0.22	10.99	
	下层右车道	1.00	-51.79	52.78	3
		0.81	-13.22	14.04	
		0.81	-8.40	9.22	
	上层临车道	20.98	-8.85	29.83	2
		0.95	-5.59	6.55	
	上层慢车道	55.64	-13.68	69.32	2
		1.07	-8.64	9.71	

AASHTO 公路标准疲劳车作用下，横梁与节点连接处的剪力频值谱 表 4-6-4

项目		最大值（kN）	最小值（kN）	剪力幅值（kN）	一加载例内循环次数
E18 节点	上层临车道	0.715	-2.908	3.624	1
	上层慢车道	1.058	-3.795	4.853	1
	下层右侧车道	259.762	-20.893	280.655	1
	下层左侧车道	32.730	-2.732	35.463	1
M29 节点	下层左车道	22.59	-1.18	23.78	1
	下层右车道	186.49	-1.33	187.82	1
	上层临车道	5.83	-13.53	19.36	2
		5.15	-0.40	5.56	
	上层慢车道	7.46	-18.74	26.20	2
		6.69	-0.29	6.98	

6.3.4　轨道内力频值谱

在桥梁设计寿命期内，双线轨道车辆可能多次在桥上相遇。两辆轨道车相遇时，横梁和节点连接处的应力幅比单车行驶时的应力幅大得多。根据疲劳损伤理论，疲劳损伤度同荷载的 m 次方成正比，因此，高值应力幅对构件的疲劳寿命影响更大。鉴于城市轨道不仅行车规律性强，而且车辆类型只有一种，因此，对其相遇问题进行计算是必要的，也是能够实现的。

为了充分评估双线轨道车在同一横梁处相遇所产生的疲劳损伤，对两辆轨道车辆在同一横梁相遇的概率进行计算，首先求出相向而行两辆车辆的距离范围，然后在设计寿命期内进行随机取数，以得出两辆车在同一根轨道横梁的相遇概率。通过分析，重庆朝天门大桥在桥梁设计寿命期内双线轨道车在同一轨道横梁相遇的概率为 7.519%。

按照 BS5400 规范，铁路荷载应考虑冲击力的影响。由于轨道荷载比较小，且在左侧、右侧单独加载时，其 L（最大纵坐标所在点和影响线最近的端点之间距离的 2 倍）均远大于 67m，因此，不考虑冲击系数的影响。

同样，采用雨流计数法对以上求得的轨道标准疲劳车内力历程例进行计算得到的横梁与 E18 节点连接处的内力频值谱，如表 4-6-5 和表 4-6-6 所示。

轨道标准疲劳车作用下，节点连接处的弯矩频值谱　　　表 4-6-5

位　置	加 载 车 辆	加 载 位 置	最大值(kN · m)	最小值(kN · m)	弯矩幅值(kN · m)
E18 节点	5 辆轨道车（初期）	右侧单线	38.234	-1 001.421	1 039.655
		左侧单线	37.262	-913.690	950.953
		双线加载	75.496	-1 915.111	1 990.608
	7 辆轨道车（近期）	右侧单线	36.370	-1 005.945	1 042.315
		左侧单线	40.365	-908.973	949.338
		双线加载	76.735	-1 914.918	1 991.653
	9 辆轨道车（远期）	右侧单线	38.034	-1 012.331	1 050.365
		左侧单线	44.316	-903.392	947.708
		双线加载	82.349	-1 915.723	1 998.072
M29 节点	5 辆轨道车（初期）	右侧单线	2.59	-285.63	288.22
		左侧单线	19.09	-308.90	327.99
		双线加载	21.68	-594.53	616.21
	7 辆轨道车（近期）	右侧单线	4.11	-286.14	290.25
		左侧单线	22.48	-306.64	329.12
		双线加载	26.59	-592.78	619.36
	9 辆轨道车（远期）	右侧单线	4.02	-286.47	290.49
		左侧单线	24.96	-305.90	330.86
		双线加载	28.98	-592.37	621.35

轨道标准疲劳车作用下，节点连接处的剪力频值谱 表 4-6-6

位 置	加载车辆	加载位置	最大值(kN)	最小值(kN)	剪力幅值(kN)
E18 节点	5 辆轨道车（初期）	右侧单线	227.177	-14.863	242.040
		左侧单线	166.207	-9.688	175.895
		双线加载	393.384	-24.550	417.935
	7 辆轨道车（近期）	右侧单线	227.486	-15.404	242.890
		左侧单线	165.841	-10.110	175.951
		双线加载	393.327	-25.514	418.841
	9 辆轨道车（远期）	右侧单线	228.151	-15.746	243.897
		左侧单线	165.612	-10.293	175.906
		双线加载	393.763	-26.040	419.803
M29 节点	5 辆轨道车（初期）	右侧单线	159.87	-1.55	161.41
		左侧单线	120.24	-2.97	123.21
		双线加载	280.10	-4.52	284.63
	7 辆轨道车（近期）	右侧单线	160.43	-1.44	161.87
		左侧单线	120.41	-3.07	123.48
		双线加载	280.84	-4.50	285.35
	9 辆轨道车（远期）	右侧单线	160.46	-1.38	161.84
		左侧单线	120.27	-3.11	123.38
		双线加载	280.73	-4.49	285.22

6.3.5 疲劳试验等效内力幅

钢桥结构疲劳属于变幅、低应力、高循环、长寿命的疲劳范畴。然而，现有实验研究条件通常只能进行常幅疲劳试验，所以，需要建立变幅疲劳强度和常幅疲劳强度[等效应力幅 $\Delta\sigma_0$，即对于变幅应力循环 $\Delta\sigma_i$、n_i（$i=1$、2、3…）的重复荷载作用，可以运用 Miner 线性积伤律得到一个损伤度相同的常幅循环应力幅 $\Delta\sigma_0$，其循环次数为 $\sum n_i$，称 $\Delta\sigma_0$ 为“等效应力幅”]之间的联系。

根据构造细部的常幅疲劳曲线方程：

$$m\lg\Delta\sigma + \lg N = \lg C \tag{4-6-1}$$

可得构造细部在 $\Delta\sigma_i$、n_i（$i=1$、2、3…）重复荷载作用下的损伤度为：

$$D_b = \sum\frac{n_i}{N_i} = \frac{1}{C}\sum n_i\ (\Delta\sigma_i)^m \tag{4-6-2}$$

由式(4-6-1)得构造细部在“等效常幅 $\Delta\sigma_0$”应力循环作用下的疲劳破坏次数 N_0：

$$N_0 = \frac{C}{(\Delta\sigma_0)^m} \tag{4-6-3}$$

以 $\Delta\sigma_0$ 重复 $\sum n_i$ 次时的损伤度为：

$$D_0 = \frac{\sum n_i}{N_0} = \frac{1}{C}(\Delta\sigma_0)^m\sum n_i \tag{4-6-4}$$

令 $D_b = D_0$，则有：

$$\frac{1}{C}\sum n_i(\Delta\sigma_i)^m=\frac{1}{C}(\Delta\sigma_0)^m\sum n_i \tag{4-6-5}$$

于是,等效应力幅为:

$$\Delta\sigma_0=\left[\frac{\sum n_i(\Delta\sigma_i)^m}{\sum n_i}\right]^{1/m} \tag{4-6-6}$$

通过变幅疲劳强度和常幅疲劳强度之间的关系式,可以推出轨道和公路的等效内力幅及其循环次数。

根据预测分析,重庆朝天门大桥设计寿命期100年内车流总量将达到1 569 500 000辆,平均43 000辆/d。其中,能够引起疲劳的车辆数占交通总量的10%,因此,重庆朝天门大桥在设计寿命期内通过的能够引起疲劳的车辆为156 950 000辆,单向通过车辆数为78 475 000,平均每天单向通过2 150辆。

1)按BS5400计算结果

按照BS5400,对于双向六车道,汽车专用线慢车道与临车道的交通量按2:1.5分配。下层备用车道按上层慢车道交通量计。因此,设计寿命100年内各车道通过的车辆数为:

上层慢车道 78 475 000×2/3.5=44 842 858(辆)

上层临车道 78 475 000×1.5/3.5=33 632 143(辆)

下层车道 78 475 000×2/3.5=44 842 858(辆)

2)按AASHTO计算结果

按照AASHTO,循环次数:

$$\mathrm{ADTT}_{\mathrm{SL}}=P\times\mathrm{ADTT}=0.8\times0.10\times43\ 000/2=1\ 720(\text{辆/d})$$

因此,设计寿命期100年内单车道的应力循环总次数为:

$$N=1\ 720\times365\times100=62\ 780\ 000(\text{次})$$

表4-6-7给出了在设计寿命内按BS5400、AASHTO以及各类轨道编组计算的轨道横梁和整体节点连接处的等效内力谱。

疲劳试验一般不可能进行上千万次的加载,一般都控制在几百万次以内。因此,需根据疲劳损伤等效原则适当地提高荷载幅值,从而减少循环次数。根据疲劳损伤累积理论,将表4-6-7中各种“标准疲劳车”计算的内力幅值等效成循环次数为200万次时的内力幅值,见表4-6-8。

横梁与节点连接处的等效内力谱 表4-6-7

位 置	车辆类型	加载车道	弯矩幅(kN·m)	剪力幅(kN)	作用次数(次)
E18节点	BS5400 标准疲劳车	上层慢车道	30.818	4.272	44 842 858
		上层临车道	25.341	3.186	33 632 143
		下层右车道	413.697	257.746	44 842 858
		下层左车道	222.012	31.778	44 842 858
	AASHTO 标准疲劳车	上层慢车道	34.401	4.853	62 780 000
		上层临车道	27.219	3.624	62 780 000
		下层右车道	452.441	280.655	44 842 858
		下层左车道	248.792	35.463	44 842 858

续上表

位　置	车 辆 类 型	加 载 车 道	弯矩幅(kN·m)	剪力幅(kN)	作用次数(次)
E18 节点	轨道(5 辆)	—	1172.535	250.863	317 550
	轨道(7 辆)	—	1173.343	251.505	889 140
	轨道(9 辆)	—	1177.584	252.219	11 431 800
M29 节点	BS5400 标准疲劳车	上层慢车道	61.940	25.540	44 842 858
		上层临车道	26.110	18.550	33 632 143
		下层右车道	55.230	176.750	44 842 858
		下层左车道	133.020	20.600	44 842 858
	AASHTO 标准疲劳车	上层慢车道	69.380	26.360	62 780 000
		上层临车道	29.940	19.520	62 780 000
		下层右车道	53.200	187.820	62 780 000
		下层左车道	150.100	23.780	62 780 000
	轨道(5 辆)	—	363.638	169.889	317 550
	轨道(7 辆)	—	365.429	170.331	889 140
	轨道(9 辆)	—	366.686	170.268	11 431 800

轨道横梁和节点连接处的等效为循环 200 万次的内力幅　　表 4-6-8

位　　置	车 辆 类 型	弯矩幅(kN·m)	剪力幅(kN)
E18 节点	上层 AASHTO 标准疲劳车	72.342	10.081
	下层 AASHTO 标准疲劳车	910.293	559.157
	上层 BS5400 标准疲劳车	64.526	10.036
	下层 BS5400 标准疲劳车	816.657	485.723
	轨道	1 702.038	364.559
	AASHTO 标准疲劳车 + 轨道	1 716.679	571.751
	BS5400 标准疲劳车 + 轨道	1 710.608	506.926
M29 节点	上层 AASHTO 标准疲劳车	138.638	54.672
	下层 AASHTO 标准疲劳车	299.380	374.199
	上层 BS5400 标准疲劳车	119.895	52.636
	下层 BS5400 标准疲劳车	259.298	331.178
	轨道	529.949	246.180
	AASHTO 标准疲劳车 + 轨道	536.036	383.003
	BS5400 标准疲劳车 + 轨道	532.950	345.013

仅从线性累计损伤角度考虑,根据表 4-6-8,循环 200 万次时,轨道和上下层汽车对横梁和 E18 节点连接处的等效内力幅值为:弯矩幅 1 716.679kN·m,剪力幅 571.751kN。横梁和 M29 节点连接处的等效内力幅值为:弯矩幅 536.036kN·m,剪力幅 383.003kN。

对于重庆朝天门大桥的轨道横梁和整体节点,一辆 BS5400 标准疲劳车与一辆 9 节轨道标准疲劳车分别单独作用产生的最大弯矩幅值之比为 0.351。参考此比值并结合实际情况,对公路和轨道荷载两种损伤值的和进行调整(调整系数可取为1.1),最终得到循环200万次时的等效内力幅值。其中,横梁和E18节点等效内力幅值为:

弯矩幅 $1716.679 \times 1.1 = 1888.347(kN \cdot m)$

剪力幅 $571.751 \times 1.1 = 628.926(kN)$

横梁和M29节点等效内力幅值为:

弯矩幅 $536.036 \times 1.1 = 589.64(kN \cdot m)$

剪力幅 $383.003 \times 1.1 = 421.30(kN)$

6.4 疲劳试验设计

6.4.1 疲劳试验模型设计

1)设计原则

结构试验包括试验设计、试验准备、试验实施和试验结果分析等主要环节,结构试验设计是整个结构试验中极为重要的一项工作。重庆朝天门大桥主桁与横梁连接节点的疲劳性能研究的重点在于轨道横梁与节点的连接构造。疲劳试验模型针对实桥原型进行设计,尽可能反映实桥结构的受力特性及连接处的构造细节,并遵循以下原则:

(1)模型材质、制造工艺和实桥相同。

(2)各构造细节的布置与实桥相同。

(3)试验模型和实桥具有相似的受力性能。

(4)便于模型制作。

2)试验模型方案

通过全桥整体空间仿真计算,选取拱桁交叉节点E18、钢桁梁M29节点连接构造受力最不利的节点进行疲劳试验研究。

(1)拱桁交叉节点试验模型方案

拱桁交叉节点疲劳试验模型包括:模型主体(含有两个主桁E18节点和横梁)和立柱牛腿等辅助构造。模型主体按1:4比例缩小的原桥E18节点和横梁模型,主桁杆件选取范围按圣维南原理及加载需要选取。横梁取缩尺后的全长6.85m,主桁M17-E18、E18-M19杆件取1.75m,E18-E19杆件取1.75m,E17-E18杆件取0.9m,E18-A18、E18-A17杆件均取0.8m。杆件长度能够保证节点板的应力场与实桥基本相同。由于高强螺栓制造限制,高强螺栓的模拟采用承载力等效的原理选取。疲劳机加载点设置在横梁上,根据选取的循环荷载进行加载。为了模拟实际结构中主桁节点的边界条件,在横梁两端的主桁节点处采用立柱支撑,将模型在两端简支。为了模拟实际结构中的内力边界条件,在杆件两端张拉预应力钢束。

疲劳试验模型对实际结构的主要变化处理如下:

①采用张拉预应力束模拟主桁杆件的轴向力。

②在M17-E18杆件和E18-M19杆件端设置立柱支撑。

③在主桁杆件的端部设置加载附属结构。

④由于螺栓制造的限制,螺栓采用标准螺栓。

试验模型平面布置(西南交通大学结构试验室)见图4-6-14,疲劳试验模型见图4-6-15。

(2)纵梁与横梁交叉节点试验模型方案

根据有限元分析,试验研究部位是横梁与下弦连接节点区域。为使模型试验结果与实桥结构的应力状态、应力集中情况、表面条件、约束条件等尽可能地接近,模型主体采用按1:2比例缩小的原桥M36节点和横梁。由于是大比例尺模型,计算得到的纵梁恒载轴向力超过10 000kN,现有试验室均难以提供如此吨位的水平反力装置,同时,在疲劳试验中进行多方位空间加载的难度非常大。通过分析表明,纵梁的恒载内力对试验考察的关键部位(横梁与下弦

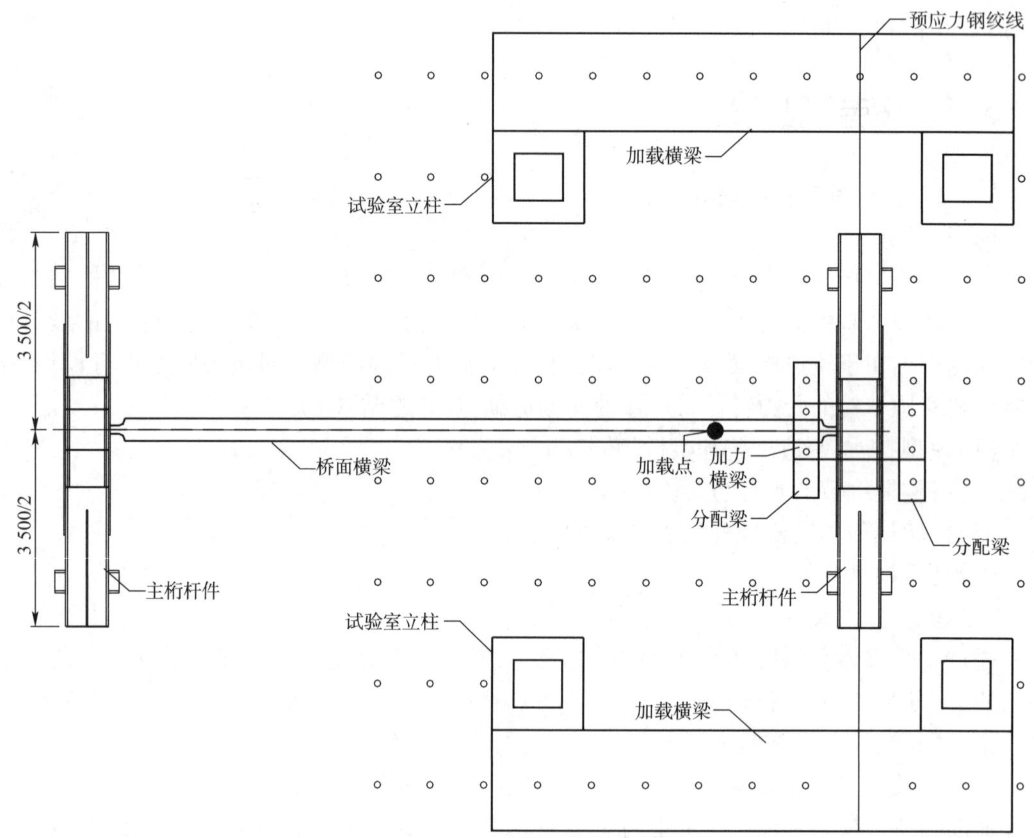

图4-6-14　疲劳试验模型的平面布置图(尺寸单位:mm)

图4-6-15　疲劳试验模型

连接节点区域)的疲劳性能影响甚微,所以,在模型试验时不计入纵梁的内力影响;另外,下平联、纵联的荷载幅值较小,对纵梁和横梁交叉节点的疲劳影响可忽略不计。因此,对节点疲劳试验模型采取了去掉竖杆和纵平联、按加载需要选取纵梁长度、变横梁为等截面梁等简化措施。

纵梁与横梁交叉节点(M形节点)在横桥向位于上下横梁与竖杆所形成框架结构下角(图4-6-16),考虑到框架结构的约束作用,横梁与M形节点的连接处可视为固结;同时,结合纵梁及节点在受力过程中由于纵平联、竖杆和上层纵梁的约束作用导致横梁纵向扭转变形不明显的实际情况,为了防止纵梁在试验时发生扭转,将纵梁两端用地脚螺栓与地面固定,并在纵梁外侧设了附加增强结构(图4-6-17)帮助抵抗扭矩,以更好地反应结构的实际状态。

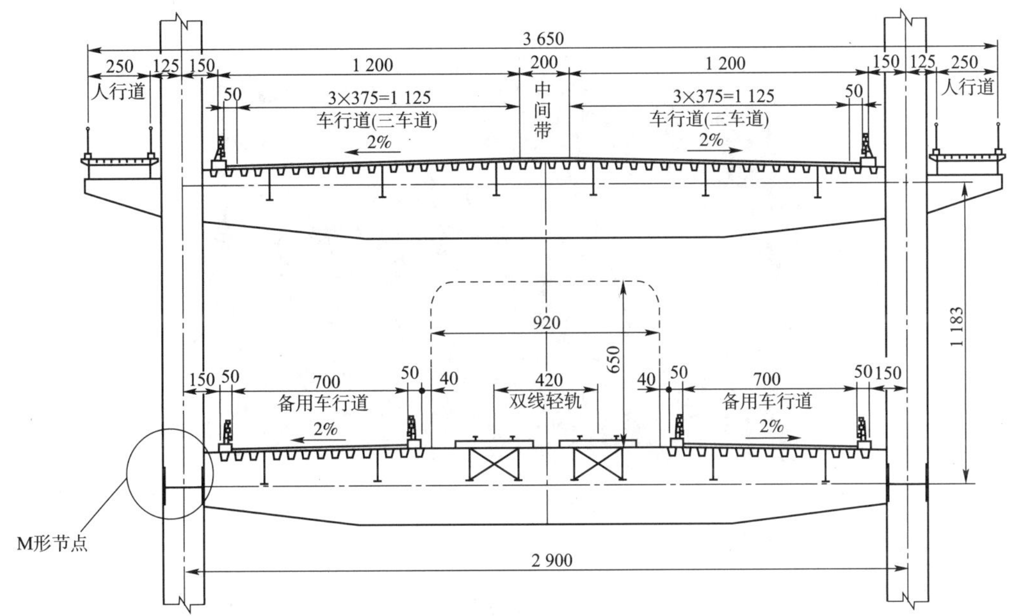

图4-6-16 行车道横截面布置图(尺寸单位:cm)

图4-6-17 附加增强结构图

纵梁与横梁交叉节点连接结构疲劳试验模型平面布置(重庆交通大学桥梁结构工程交通行业重点试验室)见图 4-6-18,疲劳试验模型见图 4-6-19。

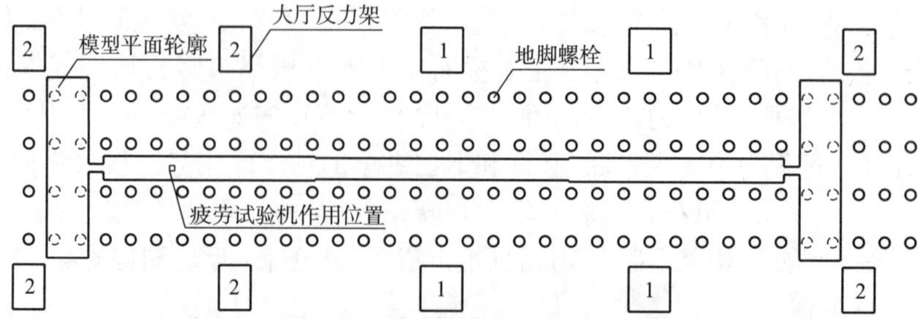

图 4-6-18　疲劳试验模型的平面布置图

图 4-6-19　疲劳试验模型

6.4.2　测试方案设计

1)测试方法

试验应力测试的方法很多,如电阻应变计法、应力涂层法、光弹法、云纹法、X 射线应力测量法、磁性应变法和镀铜法等。较常用的有电阻应变计法、光弹法、云纹法和涂层法,本试验采用电阻应变计法。电阻应变计法是以电阻应变片为传感元件,将其粘贴在被测试件的测点处,使其随试件共同变形,将试件测点处的应变转换为电阻应变片的电阻变化,从而引起通过其电流的变化,便可得到测点处的应变,进而按 Hooke 定律得到测点处的应力。采用滑线电阻式位移传感器及机械式百分表来进行位移测量。

2)应变测点布置

(1)拱桁交叉节点应变测点布置

拱桁交叉节点应变测点主要布置在拱桁交叉节点轨道横梁与节点连接角钢上。试验模型共布置有 44 个三向应变花,68 个单向应变片,在轨道横梁腹板与节点连接角钢上布置 100 个应变测点,在轨道横梁上翼缘与节点连接角钢上布置 12 个应变测点。单向应变测点主要布置在连接角钢的边缘部分,连接角钢高强螺栓间的板件上布置三向 45°应变花。

每个测点包括 3 个应变片,如 A-1 测点包括 A-1-1、A-1-2、A-1-3 三个应变片,A-1-1 为 0°方向应变片,A-1-2 为 45°方向应变片、A-1-3 为 90°方向应变片。其中:A、B、C、D 字母开头的测点为轨道横梁腹板连接角钢的测点;E、F 字母开头的测点为轨道横梁上翼缘连接角钢上的测点。重庆朝天门长江大桥拱桁交叉节点疲劳试验模型的应变测点布置见图 4-6-20 ~ 图 4-6-22。

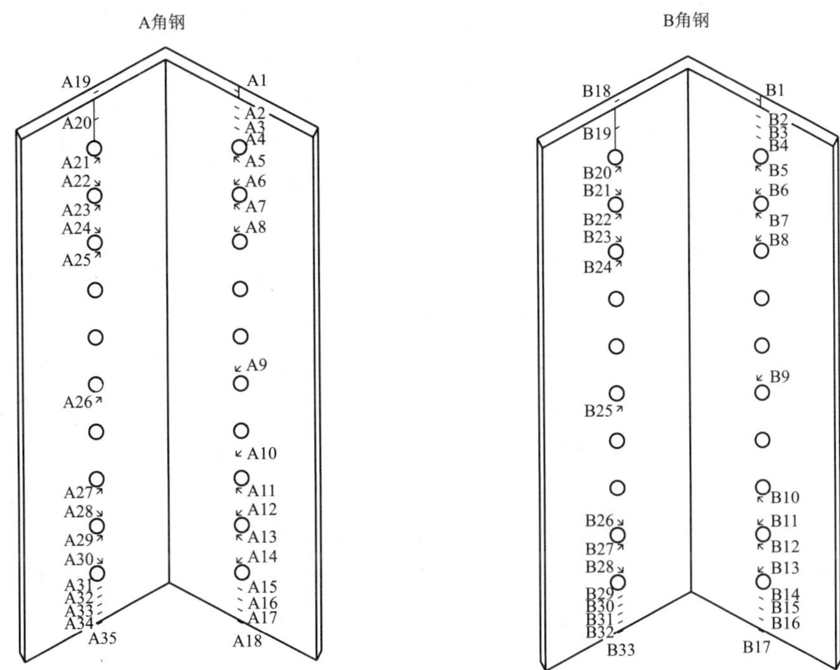

图 4-6-20 横梁腹板连接角钢测点布置图(一)

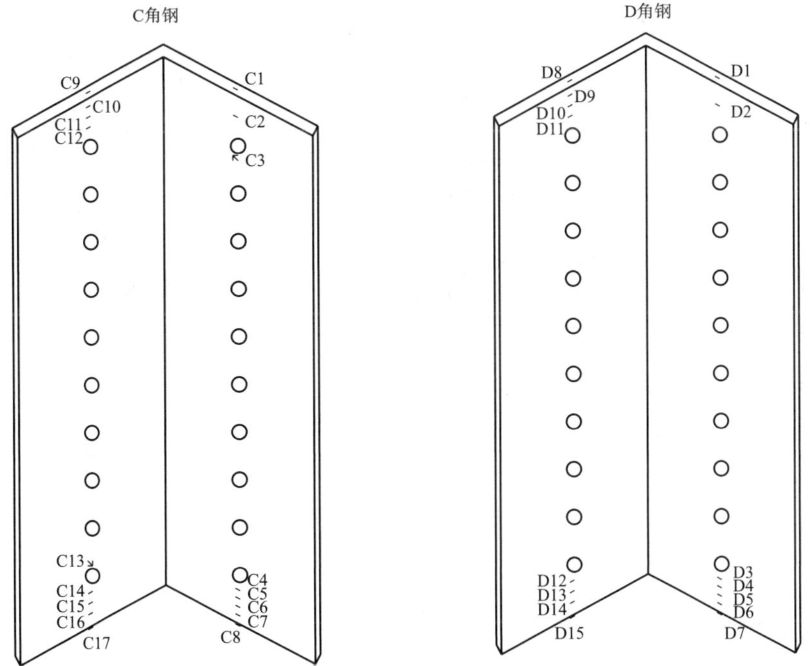

图 4-6-21 横梁腹板连接角钢测点布置图(二)

(2)纵梁与横梁交叉节点应变测点布置

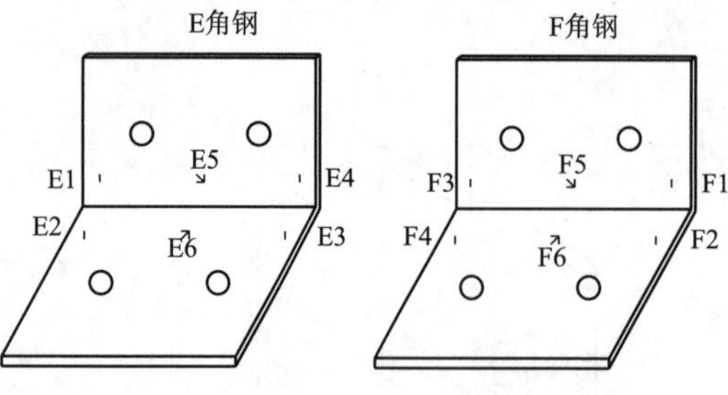

图4-6-22 横梁上翼缘连接角钢测点布置图

纵梁与横梁交叉节点应变测点共布置有115个三向应变花,25个单向应变片。其中,试验模型节点连接区域全部布置三向45°应变花,用于监测其应力。在试验中,对该区域及附近范围进行详细测量,布置较多测点,而对纵梁与横梁交叉节点连接处的其他部位只布置少量测点。

每个测点包括3个应变片,如A1－1测点包括A1－1－A、A1－1－B、A1－1－C三个应变片,A1－1－A为0°方向应变片,A1－1－B为45°方向应变片,A1－1－C为90°方向应变片。其中,A字母开头的表示横梁腹板应变测点;B字母开头的表示与横梁腹板相连角钢应变测点;C字母开头的表示挡水角钢应变测点;D字母开头的表示横梁下翼缘处应变测点;E字母开头的表示横梁上翼缘与挡水角钢相连处应变测点;F字母开头的表示与横梁相连的大节点板应变测点,G字母开头的表示横梁加载处腹板应变测点;H、I字母开头的表示横梁加载处上下翼缘应变测点。

重庆朝天门大桥纵梁与横梁交叉节点连接处疲劳试验模型的应变测点布置见图4-6-23～图4-6-28。

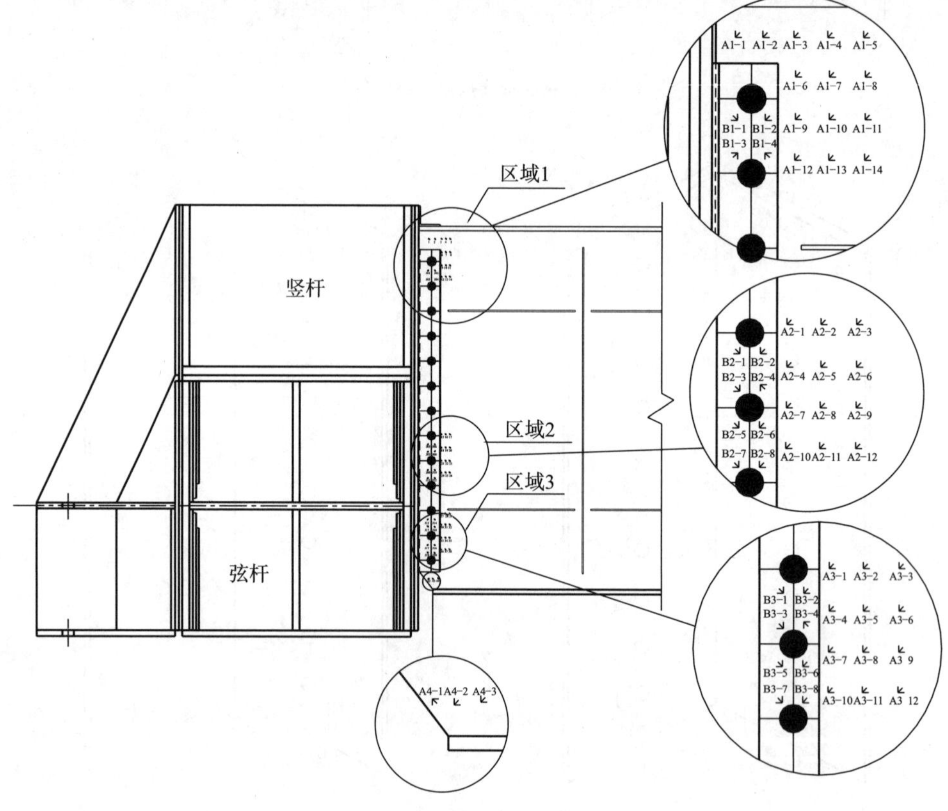

图4-6-23 横梁左侧腹板和角钢应变测点布置图

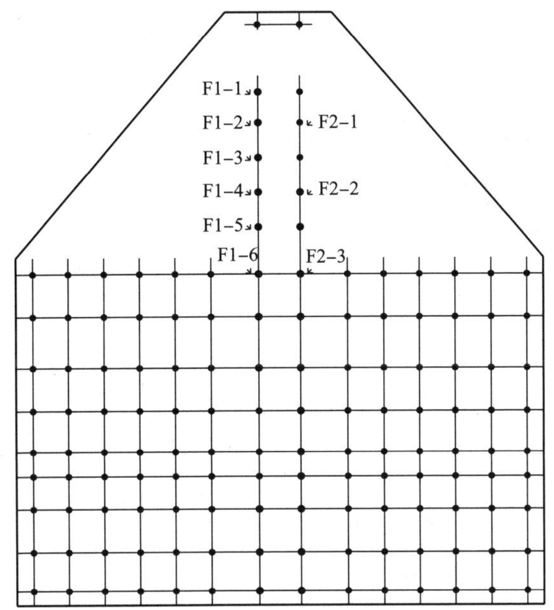

图 4-6-24 节点板应变测点布置图

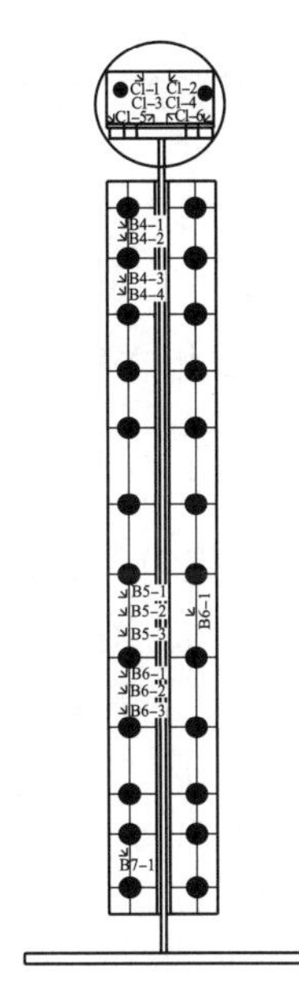

图 4-6-25 连接角钢应变测点布置图

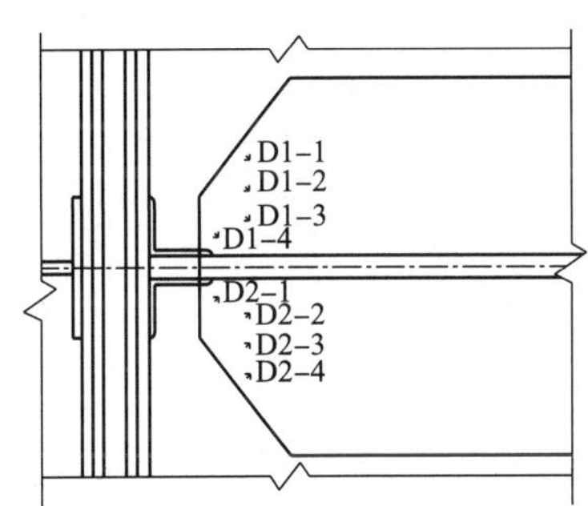

图 4-6-26 横梁下翼缘应变测点布置图

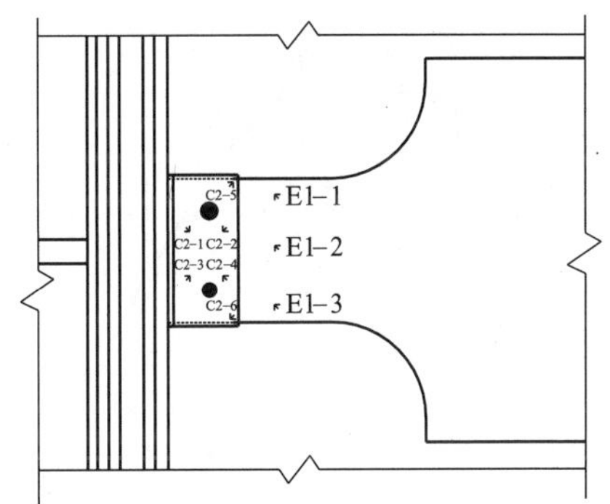

图 4-6-27 横梁上翼缘与角钢应变测点布置图

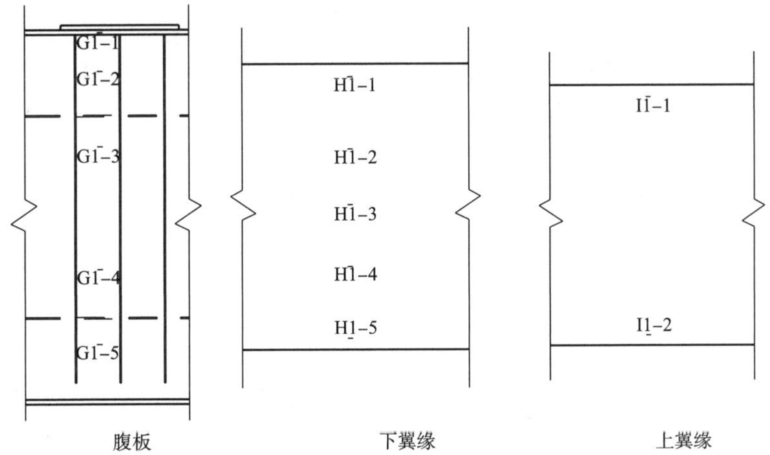

图 4-6-28 横梁加载部位应变测点布置图

6.5 疲劳试验结果分析

200 万次疲劳加载过程中未发现试件有异常现象。200 万次疲劳试验后，对试件进行检查，未发现裂纹，主桁与横梁连接节点的连接角钢未见有滑移。

6.5.1 拱桁交叉节点试验

加载分级为：10kN→20kN→30kN→40kN→50kN→60kN→50kN→40kN→30kN→20kN→10kN。

疲劳试验表明，试验模型测点最大主拉应力为 28.5MPa，出现在横梁上翼缘连接角钢上。横梁腹板与主桁节点连接角钢上测点的主拉应力在 20MPa 以内。模型测点的最大 Von Mises 应力为 45.1MPa，出现在横梁上翼缘连接角钢上。横梁腹板与主桁节点连接角钢上测点的 Von Mises 应力在 40MPa 以内。

图 4-6-29 和图 4-6-30 给出了不同循环次数后，部分单项应变测点的单项应力的加载历程曲线图。图 4-6-31 ~ 图 4-6-36 给出了不同循环次数后，部分三轴应变测点主拉应力的加载历程曲线图。其中，图中横坐标表示加载分级。

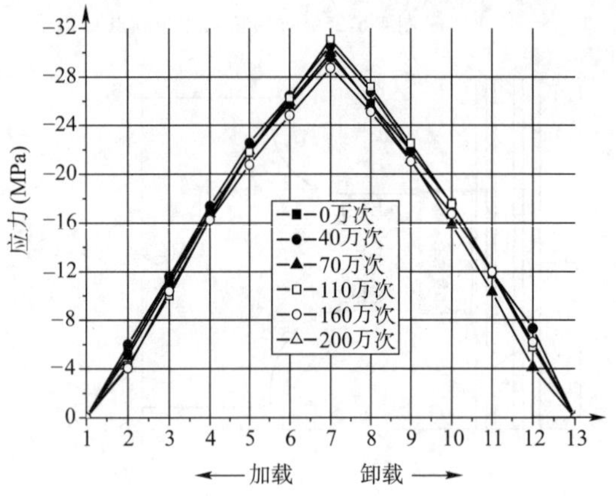

图 4-6-29 测点 A2 荷载—应力变化曲线图

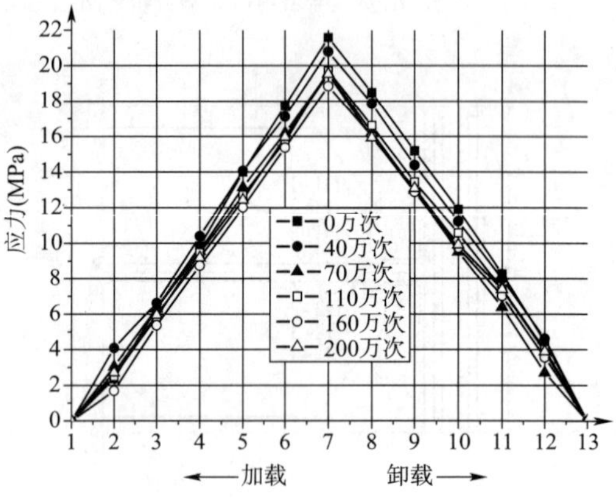

图 4-6-30 测点 F4 荷载—应力变化曲线图

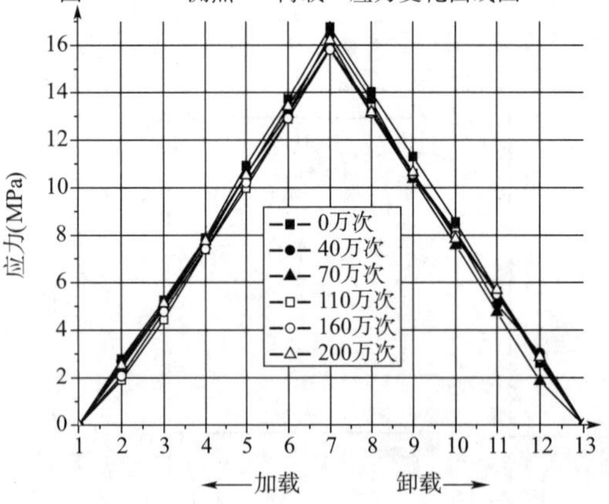

图 4-6-31 测点 A5 荷载—主拉应力变化曲线图

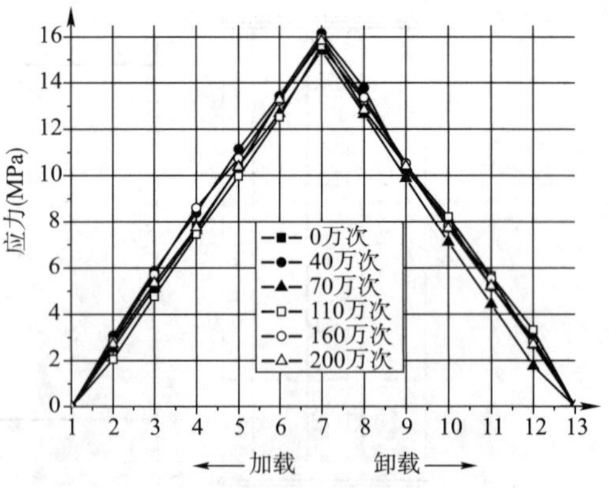

图 4-6-32 测点 A21 荷载—主拉应力变化曲线图

图 4-6-37 ~ 图 4-6-40 给出了静载 60kN 时，部分三轴应变测点主拉应力随循环次数变化曲线图。

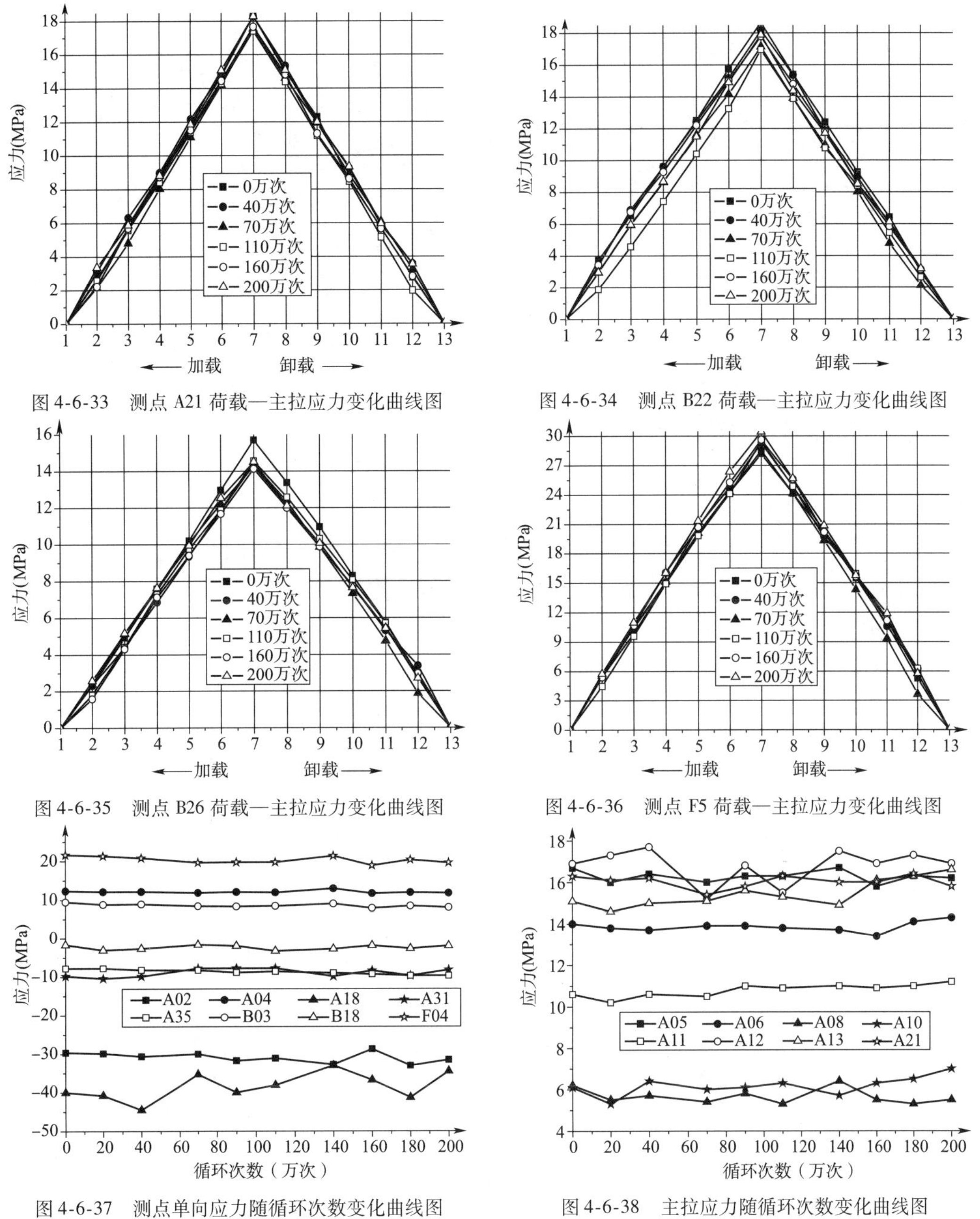

图 4-6-33　测点 A21 荷载—主拉应力变化曲线图

图 4-6-34　测点 B22 荷载—主拉应力变化曲线图

图 4-6-35　测点 B26 荷载—主拉应力变化曲线图

图 4-6-36　测点 F5 荷载—主拉应力变化曲线图

图 4-6-37　测点单向应力随循环次数变化曲线图

图 4-6-38　主拉应力随循环次数变化曲线图

从图 4-6-31 ~ 图 4-6-36 中可以看出,测点主拉应力在每次静载试验时,呈线性变化,各次静载试验的主拉应力数值差别不大。实测应变与荷载也大致呈线性关系,在加载和卸载两个过程中应变具有很好的对称性(可恢复性),而且每次静载试验的应变值很接近。表明在疲劳荷载循环加载 200 万次过程中,主桁节点与轨道横梁连接构造未发生明显的应力重分布。

从图 4-6-37 ~ 图 4-6-40 中可以看出,60kN 荷载作用下的测点主拉应力随疲劳加载循环次数总体变化不大。其中,个别测点(尤其是数值较小的测点)测试结果有一些差别,主要是由于测试手段带来的误差造成的。

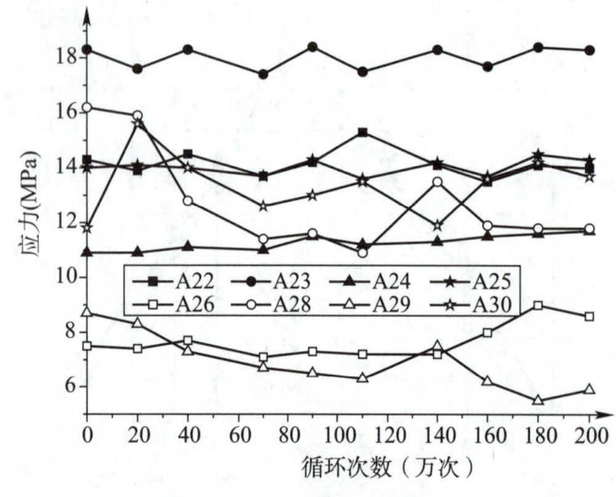

图4-6-39 主拉应力随循环次数变化曲线图

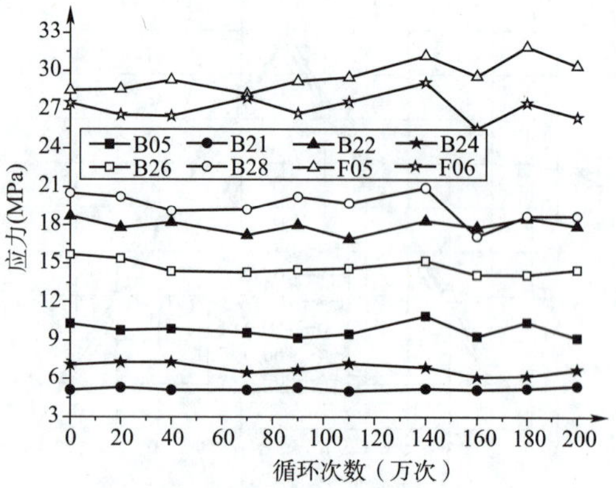

图4-6-40 主拉应力随循环次数变化曲线图

6.5.2 纵梁与横梁交叉节点试验

加载分级为：0→25kN→50kN→75kN→103kN→125kN→150kN→175kN→213kN→150kN→103kN→50kN→0。

疲劳加载试验表明，模型测点的最大主拉应力为24.1MPa，现在横梁上翼缘连接角钢上；模型测点的最大Von Mises应力49.6MPa，模型测点的最大Von Mises应力根据测试值计算为58.5MPa，出现在横梁上翼缘连接角钢上。

图4-6-41～图4-6-45给出了不同循环次数后，应力较大的测点主拉应力的加载历程曲线图。

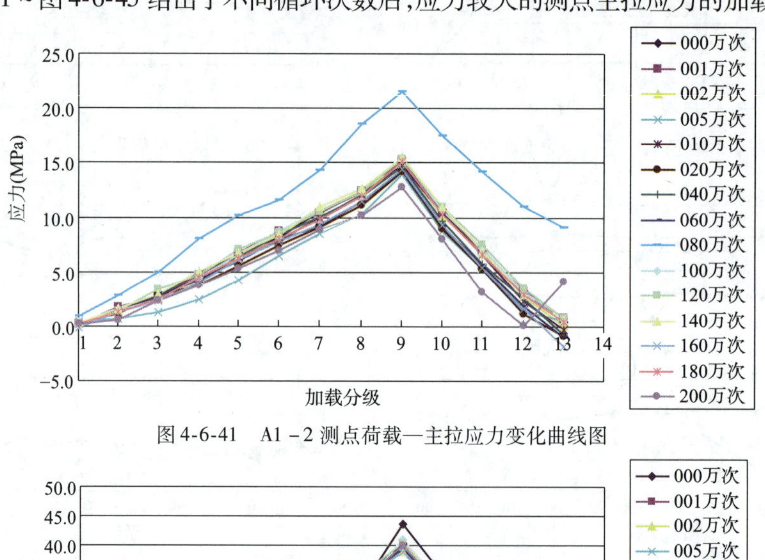

图4-6-41 A1－2测点荷载—主拉应力变化曲线图

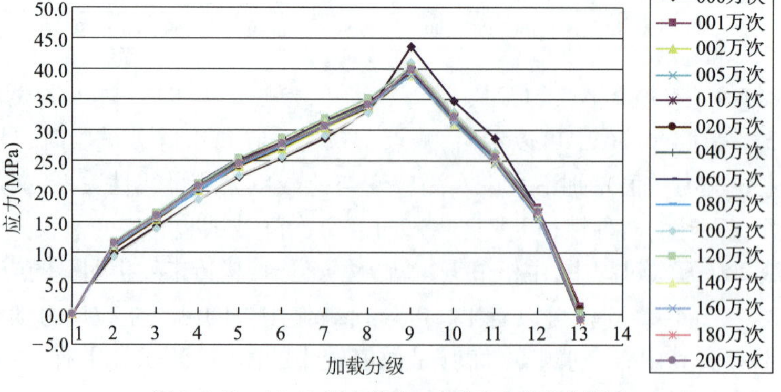

图4-6-42 A4－1测点荷载—主拉应力变化曲线图

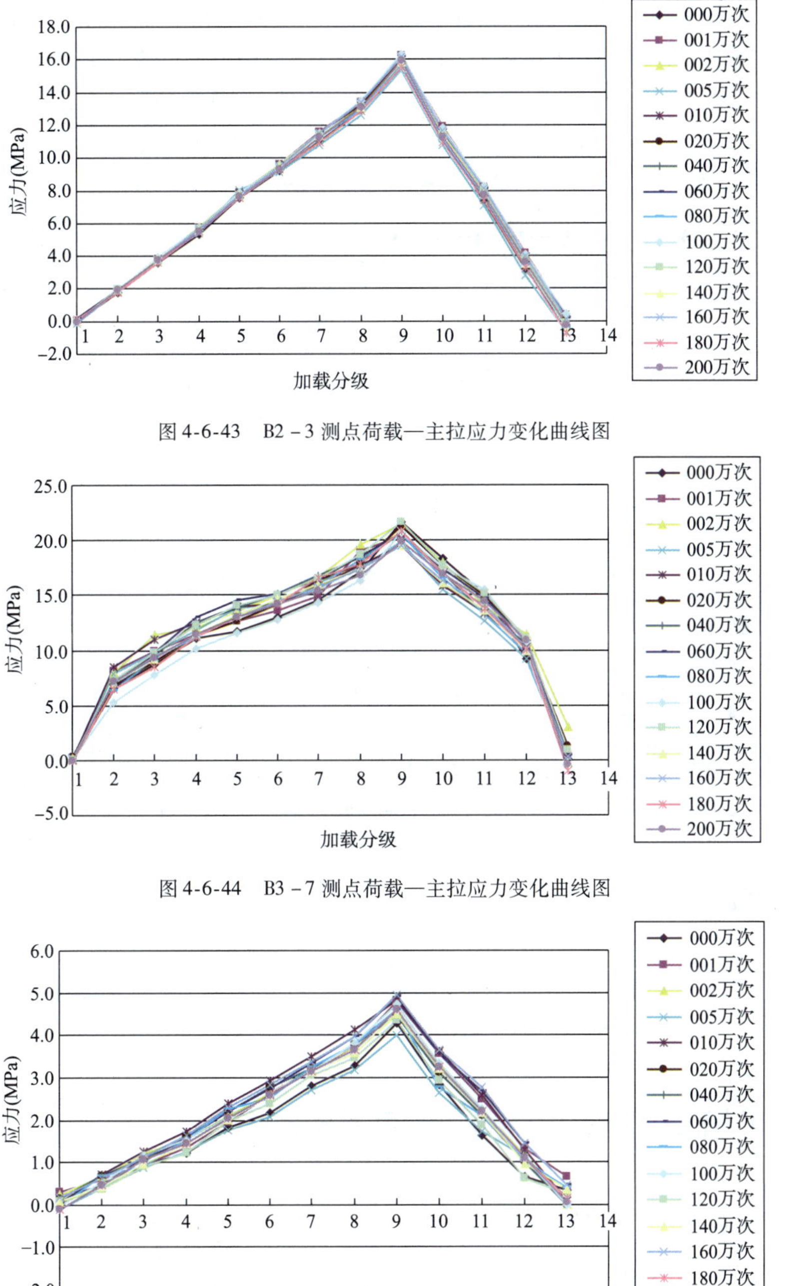

图4-6-43 B2-3测点荷载—主拉应力变化曲线图

图4-6-44 B3-7测点荷载—主拉应力变化曲线图

图4-6-45 B6-1测点荷载—主拉应力变化曲线图

图4-6-46和图4-6-47给出了部分测点在静载213kN作用下，主拉应力随循环次数的变化曲线图。

从图4-6-41～图4-6-45中可以看出，测点主拉应力在每次静载试验时，呈线性变化，各次静载试验的主拉应力数值差别不大，表明在疲劳荷载循环加载200万次过程中，纵梁与横梁交叉节点连接构造未发生明显的应力重分布。测点的动应变幅随循环次数变化不大，动应变波形曲线比较光滑,表明测点在疲劳加载过程中受力无异常。

从图 4-6-46 和图 4-6-47 中可以看出,213kN 荷载作用下的测点主拉应力随疲劳加载循环次数总体变化不大。其中,个别测点(尤其是数值较小的测点)测试结果有一些差别,主要是由于测试手段带来的误差造成的。

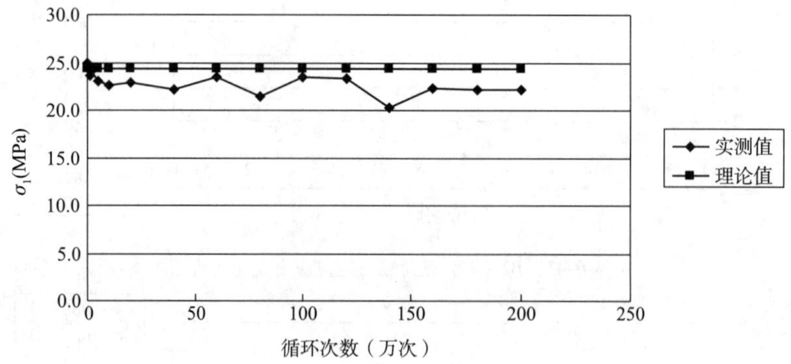

图 4-6-46　A1 – 2 测点主拉应力随循环次数的变化曲线图

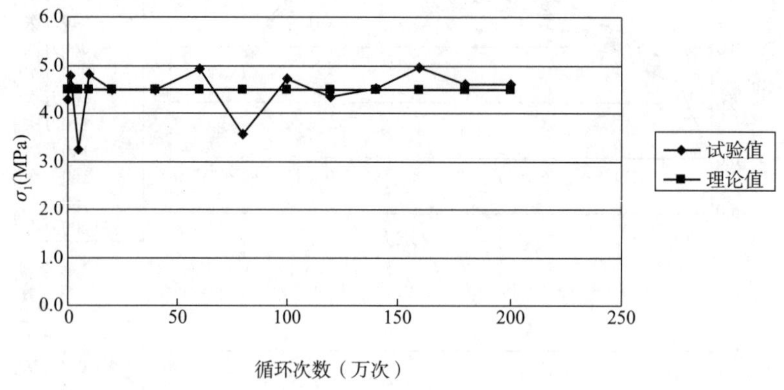

图 4-6-47　B6 – 1 测点主拉应力随循环次数的变化曲线图

6.6　拱桁交叉节点连接构造使用寿命分析

6.6.1　疲劳裂纹的发展过程

为了分析重庆朝天门大桥拱桁交叉节点与轨道横梁连接构造的疲劳寿命,确定拱桁交叉节点与轨道横梁连接构造的薄弱环节,在完成与设计寿命期对应的 200 万次疲劳循环加载试验后,对试验模型开展超长服役期内超负荷疲劳试验研究。

1)拱桁交叉节点试验模型疲劳裂纹的发展过程

200 万 ~220 万次循环加载时,疲劳荷载幅保持不变;220 万 ~240 万次循环加载时,疲劳荷载幅提高到 1.2 倍,240 万 ~260 万次循环加载时,疲劳荷载幅提高到 2.0 倍,260 万 ~276 万次循环加载时,疲劳荷载幅提高到 2.5 倍,276 万次后,疲劳荷载幅提高到 3.0 倍。试验过程中,疲劳荷载幅及循环加载次数见表 4-6-9。

疲劳荷载幅及循环加载次数　　表 4-6-9

<table>
<tr><th>试 验 阶 段</th><th>疲劳荷载幅(kN)</th><th>循环次数(万次)</th><th>说明</th></tr>
<tr><td>设计寿命</td><td>10～60</td><td>0～200</td><td>正常</td></tr>
<tr><td rowspan="10">超长服役期</td><td>25～75</td><td>200～220</td><td>正常</td></tr>
<tr><td>25～85</td><td>220～240</td><td>正常</td></tr>
<tr><td>25～125</td><td>240～260</td><td>正常</td></tr>
<tr><td>25～150</td><td>260～276</td><td>正常</td></tr>
<tr><td>25～175</td><td>276～281</td><td>发现裂纹</td></tr>
<tr><td>25～200</td><td>281～287.58</td><td>裂纹扩展至 40mm</td></tr>
<tr><td>25～200</td><td>287.58～291.55</td><td>上翼缘角钢断裂</td></tr>
<tr><td>25～200</td><td>291.55～300</td><td>上翼缘角钢退出工作</td></tr>
<tr><td>25～225</td><td>300～310.9629</td><td>腹板与下翼缘连接焊缝开裂 2.5mm</td></tr>
<tr><td>25～225</td><td>310.9629～312.4722</td><td>腹板与下翼缘连接焊缝开裂 3.5mm</td></tr>
</table>

2)纵梁与横梁交叉节点试验模型疲劳裂纹的发展过程

纵梁与横梁交叉节点试验模型 200 万～220 万次循环加载时,疲劳荷载幅提高到 1.5 倍,220 万～240 万次循环加载时,疲劳荷载幅提高到 2.0 倍,240 万～260 万次循环加载时,疲劳荷载幅提高到 2.5 倍,260 万～285 万次循环加载时,疲劳荷载幅提高到 3.0 倍。试验过程中,疲劳荷载幅及循环加载次数见表 4-6-10。

疲劳荷载幅及循环加载次数　　表 4-6-10

<table>
<tr><th>试 验 阶 段</th><th>疲劳荷载幅(kN)</th><th>循环次数(万次)</th><th>说　　明</th></tr>
<tr><td>设计寿命</td><td>103～213</td><td>0～200</td><td>正常</td></tr>
<tr><td rowspan="6">超长服役期</td><td>103～268</td><td>200～220</td><td>正常</td></tr>
<tr><td>103～323</td><td>220～240</td><td>正常</td></tr>
<tr><td>103～378</td><td>240～260</td><td>螺栓出现松动</td></tr>
<tr><td>103～433</td><td>260～265</td><td>腹板与横梁下翼缘焊缝发现裂纹</td></tr>
<tr><td>103～433</td><td>265～280</td><td>横梁与节点板连接角钢发现裂纹</td></tr>
<tr><td>103～433</td><td>280～285</td><td>最大裂纹扩展至 110mm</td></tr>
</table>

6.6.2　使用寿命分析

根据结构疲劳裂纹出现前,疲劳试验实测应力幅及加载循环次数,可以对主桁与横梁连接节点构造结构疲劳寿命进行估计。计算结果表明:

横梁与主桁节点连接结构的使用寿命(出现裂纹前)是其设计寿命的 3.8 倍。若将疲劳荷载幅提高 1.5 倍,试验模型中拱桁交叉节点连接结构使用寿命是设计寿命 1.15 倍。

纵梁与横梁交叉节点连接结构的使用寿命(出现裂纹前)是其设计寿命的 4.4 倍。若将疲劳荷载幅提高 1.5 倍,试验模型中纵梁与横梁交叉节点连接结构使用寿命是设计寿命 1.3 倍。

6.7 主桁与横梁连接节点连接可靠性评价

6.7.1 疲劳试验和有限元计算结果

1)拱桁交叉节点疲劳试验

拱桁交叉节点连接结构试验模型所有测点的主拉应力在35MPa以内,多数小于20MPa,实测拉应力低于各种构造细节的疲劳强度。另外,整个疲劳加载过程未发现试件有异常现象。200万次疲劳试验后,对试件进行检查,未发现裂纹。逐步提高疲劳荷载幅,继续加载至276万次,仍未出现疲劳裂纹,拱桁交叉节点轨道横梁与主桁节点连接结构的疲劳强度能够满足要求。可以认为,实桥的拱桁交叉节点轨道横梁与主桁节点连接结构在正常养护维修情况下,设计寿命期内不会发生疲劳开裂。

2)纵梁与横梁交叉节点疲劳试验

纵梁与横梁交叉节点连接结构试验模型所有测点的主拉应力在24.1MPa以内。实测拉应力低于各种构造细节疲劳容许应力。另外,整个疲劳加载过程中未发现有异常现象,200万次疲劳试验后,对试件进行检查,未发现裂纹。提高疲劳荷载幅加载至265万次,才开始出现疲劳裂纹,纵梁与横梁交叉节点连接处的疲劳强度能够满足要求。

3)有限元分析

在设计疲劳内力幅作用下,拱桁交叉节点、轨道横梁与主桁节点连接结构主拉应力多数在50MPa以内。纵梁与横梁交叉节点结构试验模型测点的主拉应力理论计算最大值为30MPa左右, Von Mises应力理论计算最大值为90MPa左右。从有限元计算结果来看,拱桁交叉节点、轨道横梁与主桁节点连接结构的疲劳强度能够满足要求,主桁与横梁连接节点的疲劳强度能够满足要求。

6.7.2 按设计规范验算结果

国内外钢结构及桥梁设计规范中,都针对各种典型的焊接或非焊接连接细节给出了对应的疲劳容许应力。

轨道横梁与主桁节点连接结构构造细节与各类规范规定的典型细节不完全相同,不能完全按照规范有关规定来检验拱桁交叉节点轨道横梁与主桁节点连接结构的疲劳强度,各类规范规定的疲劳容许应力仅作为参考。

根据试验测试结果,只要保证实测模型最大主应力不超过各规范所规定的容许应力即可,轨道横梁与主桁节点连接结构实测最大应力为35MPa。根据各规范对高强螺栓单边连接结构的疲劳强度进行检算:

1)中国《公路桥涵钢结构及木结构设计规范》(JTJ 025—86)

构造细节属于第3.2类非全断面高强螺栓拼接的构件,容许应力类别为C类,其最大应力为拉应力时疲劳容许应力计算式为:

$$\frac{165}{1-0.6\rho}\text{且}\leq[\sigma]$$

式中:$[\sigma]$——钢材的基本容许应力;

ρ——$\rho=\frac{|\sigma|_{min}}{|\sigma|_{max}}$,同号应力为正,反号应力为负。

重庆朝天门大桥实桥中的ρ为$-1 \sim 1$，当取$\rho = -1$时，疲劳容许应力$[\sigma_n] = 103.1\text{MPa} > 35\text{MPa}$，满足要求。

2）中国《钢结构设计规范》（GB 50017—2003）

构造细节类别属于第2类高强螺栓摩擦型连接处的主体金属。在200万次应力循环下，疲劳容许应力幅$[\Delta\sigma]_{2\times10^6} = 144\text{MPa} > 35\text{MPa}$，满足要求。

3）英国 BS5400

按照英国BS5400规范细节等级C类摩擦型高强螺栓连接的构造细节，200万次疲劳强度50%保证率下为161.9MPa，97.7%保证率下为123.8MPa（其疲劳抗方程式为：$\lg N + 3.5\lg\sigma = 13.63$），因此，满足要求。

4）欧洲钢结构设计规范

在欧洲钢结构设计规范《Eurocode 3　Part1.9》中，有关单边高强螺栓连接（细节类型90），200万次97.7%保证率下的疲劳强度为90MPa > 35MPa，满足要求。

5）美国 AASHTO

在美国公路桥梁设计规范（AASHTO）中，细部分类B的常幅疲劳临界值为110.0MPa > 35MPa，满足要求。

6）日本

在日本钢道路桥疲劳设计指针中，高强螺栓连接构件的基本允许疲劳应力范围B等级规定为155MPa > 35MPa，满足要求。

以上分析表明，重庆朝天门大桥轨道横梁与主桁节点的疲劳强度满足要求。

第7章 板桁温差效应测试研究

7.1 板桁温差的发现

重庆朝天门大桥主桥全长932m。在原设计中,上层桥面采用连续的正交异性钢桥面板,在主桁节点处设置一道横梁,横梁与桥面板固结,借助横梁的柔性以及主桁结构自身形变适应932m连续钢桥面板在温度变化等因素影响下的变形。在钢桥面板安装施工过程中,虽然按照设计及控制要求严格控制了钢桥面板安装时机与焊接工序及工艺,然而,在钢桥面板横梁与主桁连接处,特别是连续钢桥面板端部出现桥面板与横梁间临时连接构造剪断,横梁与主桁连接处横梁变形、开裂。根据破损现象来看,其原因与(桥面)板与(主)桁之间存在温差有关,桥面板横梁与主桁连接部位构造难以抵抗和传递因桥面板与主桁之间的温差引起的内力,同时,桥面板与横梁间的连接角钢距离较近,其柔度不足以释放桥面板与主桁之间的温差变形引起应力。对于施工中出现的缺陷处治并不难,但为了避免在桥梁运营中不再出现类似问题,必须对桥面板与主桁间的连接设计进行改进,然而,当时国内外钢结构规范并未对桥梁钢结构构件之间温差做出规定,设计改进是否针对板桁温差以及温差量值如何取值等并无依据,所以,对特大跨钢桁拱桥板桁温差效应进行了专题测试研究。

7.2 测试内容

对于由构件组成的结构,由于构件在结构中的位置、吸热、散热和保热性能不同,加之钢材导热性能好,对环境温度变化比较敏感,构件间可能出现较大温差,对结构受力影响较大,且其分布非常复杂,目前的理论分析手段还无法进行精确分析。现行规范中对于局部温差的规定也偏于简单,缺乏构件间温差的相关规定,对一些较新的结构,如正交异性板等缺乏规定,因此,进行现场温度场测试研究尤为重要。

对于跨径及宽度均较大的重庆朝天门大桥中承式钢桁系杆拱桥,在太阳辐射、大气日温度变化、风速等组合影响下,结构向阳面的温度值和背阳面温度值也在随时发生变化,可能会发生较大的温度变化。合理地选择测温设备及测温时间,准确地测量出结构各测点的实际温度,通过数学统计分析,监测温度场分布规律,可为设计计算提供相应的依据,也可以为其他桥梁借鉴。

重庆朝天门大桥板桁结构温差测试重点针对正交异性桥面体系的温度变化规律及其与连接桁架杆件的温差,同时对吊索、竖杆温度变化以及桥面板和横梁的温度应力进行测试。

具体包括：

(1)主桁的温度场。

(2)系杆的温度场。

(3)桥面板的温度场。

(4)U 肋的温度场。

(5)桥面系的温度场。

(6)桥面系与主桁的温差。

(7)桥面系与系杆的温差。

7.3　温度场测点布置

根据理论分析及桥面结构局部破损、变形情况，结构温度场测试断面及测点布置如图 4-7-1 ~ 图 4-7-7 所示。

7.4　温度传感器选择

1)数字化温度传感器

温度测试元件采用智能数字化温度传感器。与传统的热敏电阻相比，技术性能特点如下：

(1)采用独特的“单线(1 - wire)总线”专有技术，从传感器读出信息或写入信息仅需要 1 根口线(单线接口)，具有独特的单总线接口，通过串行通信接 EI(I/0)直接输出被测温度值。

(2)测温范围是 -25 ~ +125℃，在 -10 ~ +85℃ 温度范围内具有 ±0.5℃ 精度。

(3)采用笔记本硬盘自动保存数据，数据保存容量大，整理数据方便。

(4)传输距离最大可达 600m。

(5)每个传感器是独一无二的，具有一个唯一的数字编码。

(6)具备内部运行实时时钟，保持测试时间的同步。

(7)根据不同需要，设置采样时间间隔，并可按此时间间隔进行数据保存。

(8)通过计算机来读取采集器中采集到的记录体的数据，包括时间、传感器编号、测试温度。

2)自动采集与自动保存系统

根据测试要求和现场情况，采用集成总线测试系统，与温度记录体(图 4-7-8)结合进行测试。在测点比较集中的部位采用集成总线测试系统，采用总线将传感器通过温度采集仪连接到计算机，由计算机控制起止时间和采集频率，并进行存储。

当测点比较分散，且导线不宜布置时，采用温度记录体进行测试。温度记录体由温度传感器、控制器、芯片、电池、存储器等组成。温度记录体根据预先设置采样频率将数据采集并存储，再通过专用设备读取到计算机。

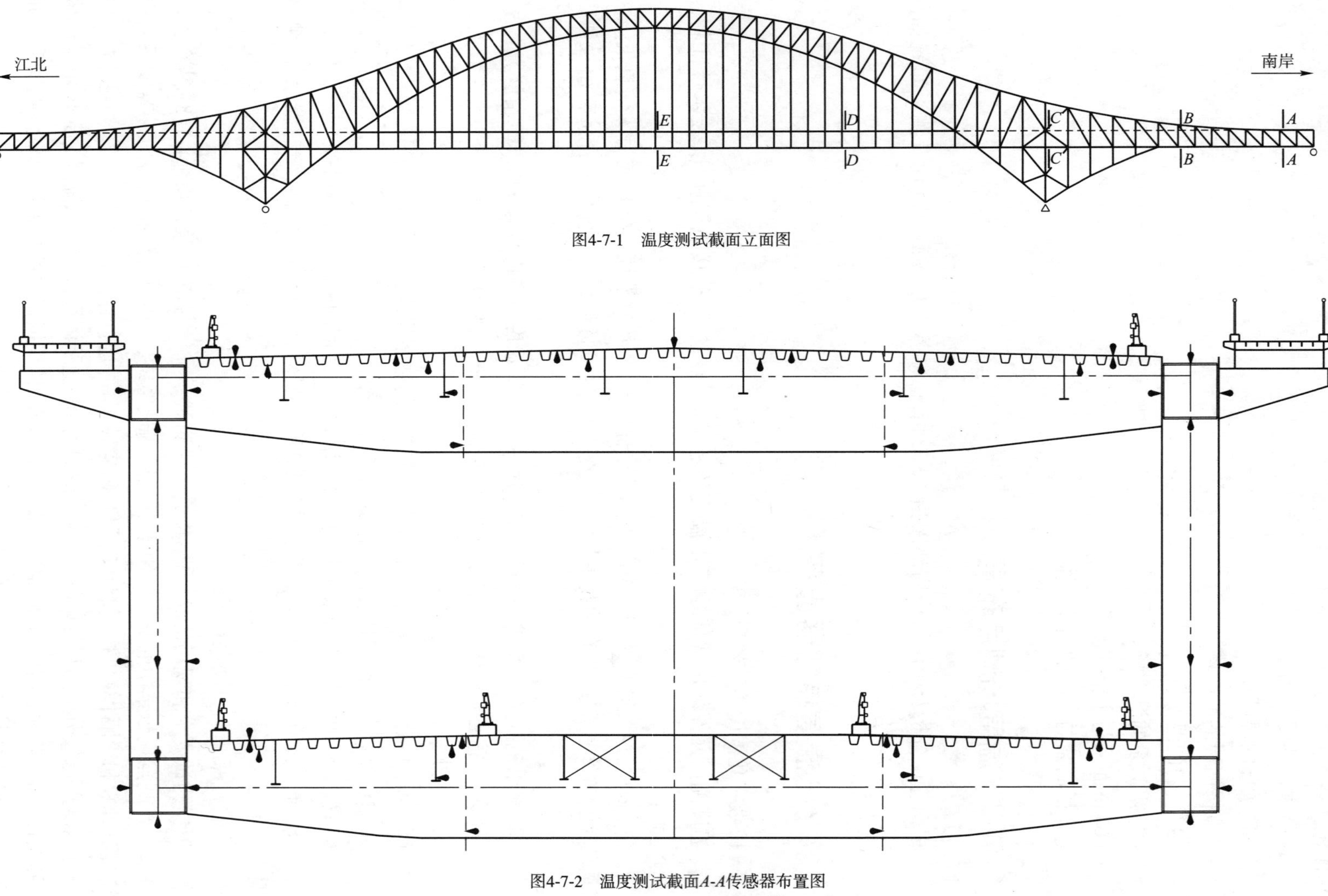

图4-7-1 温度测试截面立面图

图4-7-2 温度测试截面A-A传感器布置图

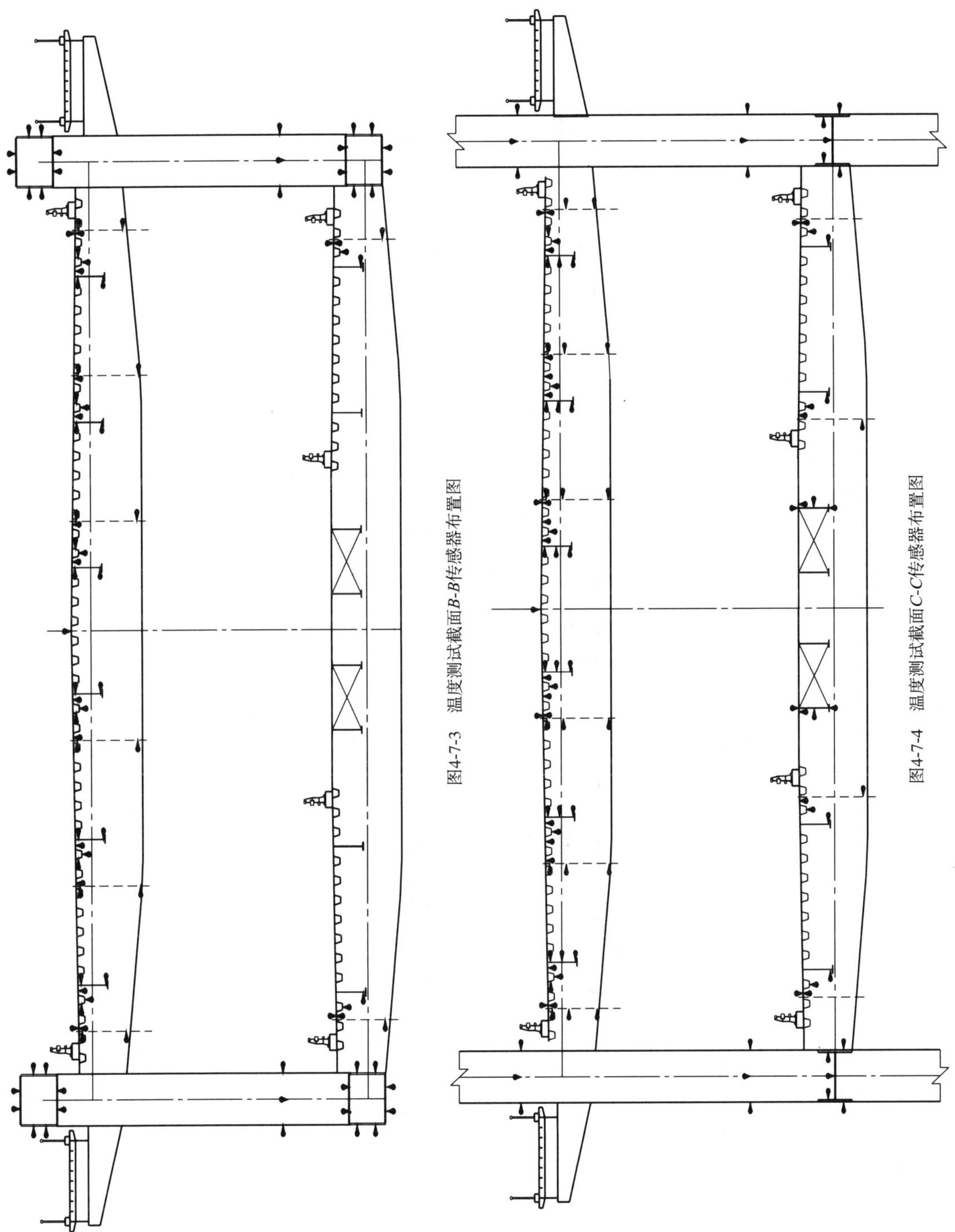

图4-7-3 温度测试截面B-B传感器布置图

图4-7-4 温度测试截面C-C传感器布置图

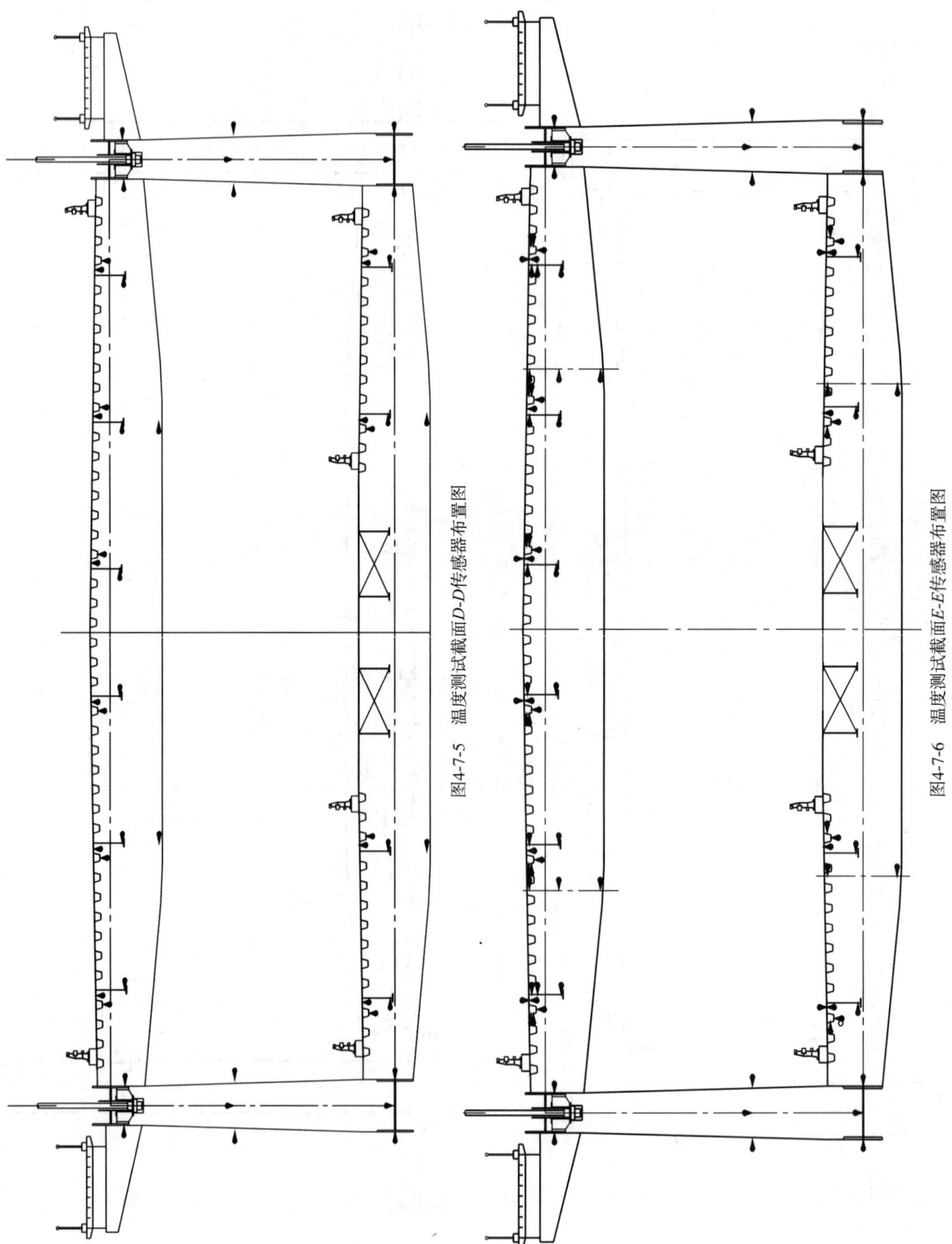

图4-7-5　温度测试截面D-D传感器布置图

图4-7-6　温度测试截面E-E传感器布置图

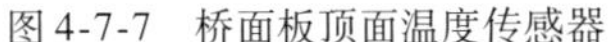

图 4-7-7　桥面板顶面温度传感器

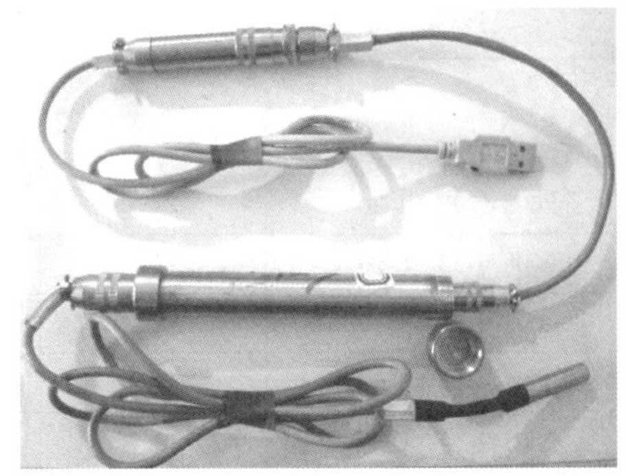

图 4-7-8　温度记录体

7.5　桥道结构上层构件温度测试

针对桥道结构上层构造情况，对上层面板顶面、上层面板底面、上层 U 肋、上层纵梁、上层横梁、上层系杆杆件以及吊索的温度变化情况进行了测试。部分测试结果如下：

1）上层面板顶面温度

以如图 4-7-9 所示 *E-E* 截面为例，上层面板顶面温度如表 4-7-1 及图 4-7-10 和图 4-7-11 所示。

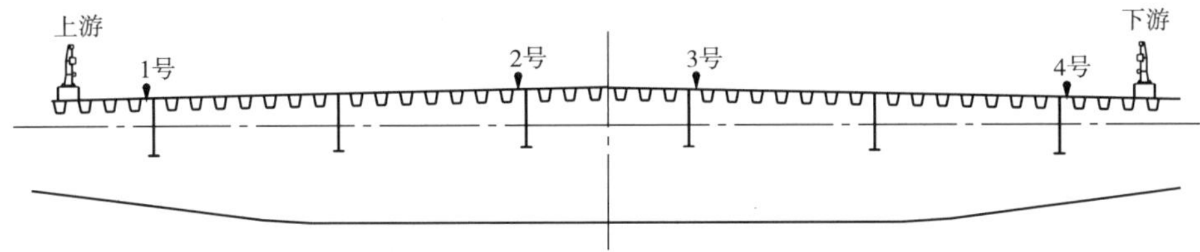

图 4-7-9　*E-E* 截面上层面板顶面测点温度布置

E-E 截面上层面板顶面温度（单位：℃）　　表 4-7-1

采样时间	上层大气温度	上层面板顶面温度			
		1 号（上游）	2 号（上游）	3 号（下游）	4 号（下游）
2008-9-22 10:30	30.3	43.4	42.5	42.4	40.5
2008-9-22 11:00	31.4	46.0	45.4	44.4	43.0
2008-9-22 11:30	32.1	48.9	47.8	47.8	45.3
2008-9-22 12:00	32.7	51.5	51.6	51.4	47.9
2008-9-22 12:30	33.5	52.1	53.6	53.8	49.0
2008-9-22 13:00	34.5	53.1	55.9	55.9	50.6
2008-9-22 13:30	35.5	56.0	58.3	56.9	52.3
2008-9-22 14:00	36.5	56.5	58.0	55.6	52.0
2008-9-22 14:30	37.5	57.0	59.0	56.4	53.1
2008-9-22 15:00	37.0	56.6	58.9	56.1	52.5
2008-9-22 15:30	37.0	56.0	58.0	54.4	52.3

续上表

采样时间	上层大气温度	上层面板顶面温度			
		1号(上游)	2号(上游)	3号(下游)	4号(下游)
2008-9-23 10:30	33.3	38.3	42.5	42.4	41.1
2008-9-23 11:00	34.3	41.0	46.1	45.8	44.3
2008-9-23 11:30	35.1	43.9	50.0	48.8	46.9
2008-9-23 12:00	35.9	46.3	51.6	51.4	48.8
2008-9-23 12:30	36.7	47.6	53.0	51.4	50.5
2008-9-23 13:00	37.5	49.5	53.9	53.4	49.9
2008-9-23 13:30	36.8	50.5	58.4	56.5	51.0
2008-9-23 14:00	38.8	51.9	57.9	55.8	54.8
2008-9-23 14:30	39.8	53.0	58.5	57.4	55.1
2008-9-23 15:00	40.3	52.8	56.0	55.5	53.4
2008-9-23 15:30	40.3	52.8	54.9	52.3	52.9
2008-9-24 10:30	31.4	36.3	41.0	41.0	39.0
2008-9-24 11:00	31.6	38.3	44.8	43.5	42.0
2008-9-24 11:30	32.4	41.8	45.6	45.3	42.8
2008-9-24 12:00	33.0	40.8	48.1	47.8	45.8
2008-9-24 12:30	34.4	42.8	50.6	50.9	48.4
2008-9-24 13:00	35.4	43.9	50.5	51.1	48.1
2008-9-24 13:30	35.9	45.5	53.8	53.0	49.6
2008-9-24 14:00	36.4	48.3	53.1	53.1	51.3
2008-9-24 14:30	37.1	48.4	53.0	52.0	49.1
2008-9-24 15:00	37.1	48.4	53.5	52.4	50.8
2008-9-24 15:30	37.2	50.9	52.1	50.4	51.3

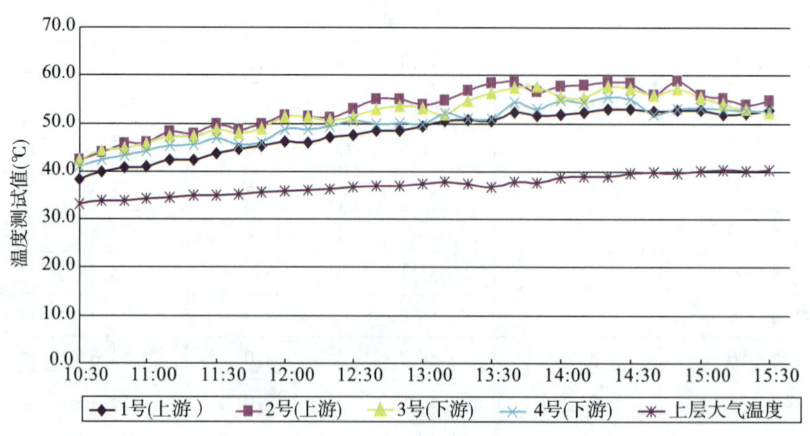

图4-7-10 2008年9月23日 *E-E* 截面面板顶面温度测试结果整理图

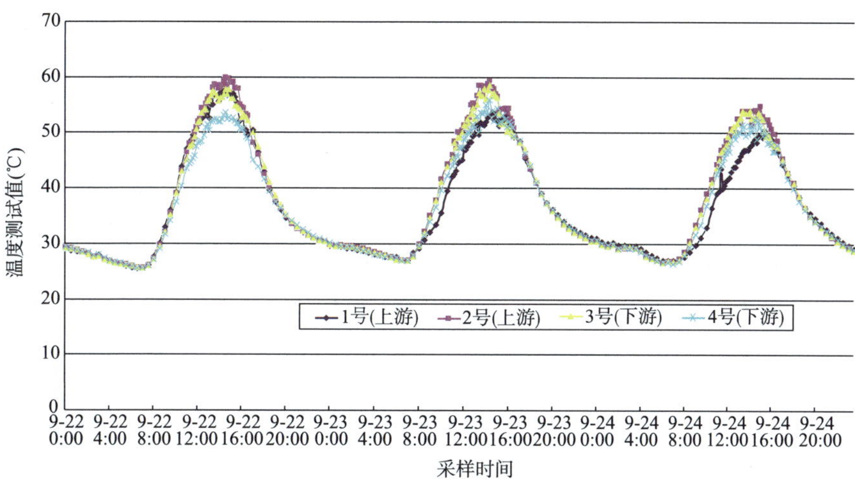

图 4-7-11 2008 年 9 月 22 ~ 9 月 24 日 E-E 截面面板顶面温度测试结果整理图

测试表明,同一天内,面板顶面温度随时间不断地变化,各测点温度大体上与大气温度具有一致的变化规律,温度分布曲线为类似扁平抛物线线形,高温稳定时间较短,温度随时间变化曲线表明,14:00 ~ 14:30 时间段为当日面板顶面最高温度时段,而大气温度随时间变化曲线表明,15:30 ~ 16:00 时间段为当日最高温度时段;二者之间存在一个时间差。

桥面板顶面存在横向温差,从已经获取的数据可知,桥面板顶面温度测点中,2 号、3 号较高,1 号、4 号较低。最大横向温差达 8.3℃,出现在 2008 年 9 月 24 日的 13:30;同时,2008 年 9 月 23 日的 13:30 时为 7.9℃。横向温差可能是因为靠近桥面板横向靠外侧部分的空气流通较快,热量散失速度高于内侧。

2)上层面板底面温度

以如图 4-7-12 所示 B-B 截面为例,上层面板底面温度如表 4-7-2 及图 4-7-13 所示。

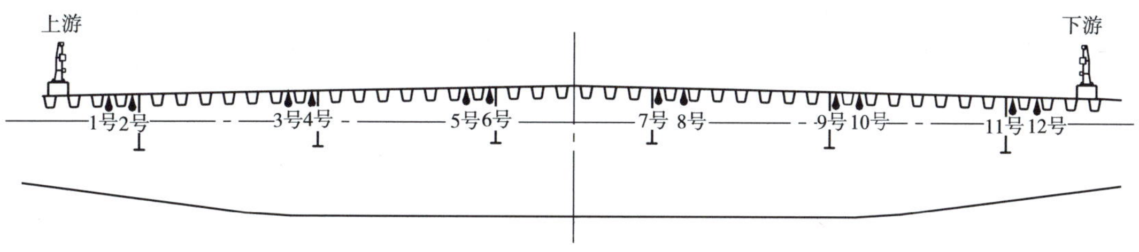

图 4-7-12 B-B 截面上层面板底面测点温度布置图

B-B 截面上层面板底面测点温度(单位:℃) 表 4-7-2

采样时间	上层大气温度	1 号(上游)	2 号(上游)	3 号(上游)	4 号(上游)	5 号(上游)	6 号(上游)	7 号(下游)	8 号(下游)	9 号(下游)	10 号(下游)	11 号(下游)	12 号(下游)
2008-9-9 11:00	29.4	41.6	38.1	42.8	33.8	43.6	44.1	41.8	41.5	38.8	40.2	35.5	33.7
2008-9-9 11:30	30.3	44.3	39.2	45.6	35.8	47.3	47.6	44.3	44.0	40.6	42.3	37.0	34.7
2008-9-9 12:00	32.1	46.6	42.0	49.0	37.8	50.9	50.7	48.3	47.8	43.0	43.5	38.4	36.4
2008-9-9 12:30	32.0	49.6	45.7	52.5	40.3	54.4	54.7	51.0	50.9	45.2	46.0	41.7	39.0
2008-9-9 12:40	33.0	51.2	47.9	54.5	41.7	56.1	56.6	54.0	53.9	47.8	48.1	44.5	41.8

续上表

采样时间	上层大气温度	1号(上游)	2号(上游)	3号(上游)	4号(上游)	5号(上游)	6号(上游)	7号(下游)	8号(下游)	9号(下游)	10号(下游)	11号(下游)	12号(下游)
2008-9-9 12:50	33.6	52.1	49.0	55.8	42.8	57.3	57.9	55.3	55.2	49.5	49.1	46.4	43.8
2008-9-9 13:00	33.6	52.7	49.5	56.5	43.5	58.0	58.6	55.9	55.9	49.8	49.2	45.7	44.0
2008-9-9 13:10	34.2	53.9	50.7	57.7	44.8	59.5	60.2	57.6	57.5	51.4	48.9	47.1	45.1
2008-9-9 13:20	34.8	54.4	51.1	58.3	45.3	59.9	60.6	58.0	58.0	51.9	49.0	47.6	45.4
2008-9-9 13:30	35.0	55.1	51.8	59.0	46.1	60.6	61.5	58.8	58.8	52.7	49.0	48.8	46.3
2008-9-9 13:40	34.9	55.6	52.3	59.5	47.0	61.3	62.1	59.4	59.4	52.7	48.5	48.8	46.8
2008-9-9 13:50	35.0	56.3	52.0	60.1	47.7	61.8	62.6	60.0	60.0	53.3	48.6	50.1	48.7
2008-9-9 14:00	35.7	56.9	51.0	60.9	48.8	62.5	63.4	60.7	60.8	54.5	49.2	52.5	50.1
2008-9-9 14:10	35.9	57.4	50.5	61.3	49.5	63.0	63.8	61.2	61.3	55.0	49.4	50.3	49.3
2008-9-9 14:20	36.3	57.5	51.1	61.1	49.8	63.1	64.0	61.4	61.5	54.9	49.1	48.1	47.7
2008-9-9 14:30	36.5	57.6	51.4	61.0	50.0	63.2	64.1	61.4	61.3	54.3	48.1	47.6	47.3
2008-9-9 14:40	35.8	57.7	52.1	60.9	50.3	63.1	64.0	61.1	61.1	53.4	47.8	49.1	48.3
2008-9-9 14:50	35.7	57.5	52.3	60.3	50.1	62.6	63.7	60.3	60.5	52.3	47.0	47.8	46.6
2008-9-9 15:00	36.9	57.5	52.8	60.6	50.6	62.9	63.7	60.5	60.3	53.0	46.7	47.1	46.7
2008-9-9 15:30	36.4	56.0	51.0	57.5	49.3	59.3	60.6	58.7	58.3	52.1	49.1	46.4	45.5
2008-9-9 16:00	36.9	53.7	50.5	57.2	49.7	59.2	59.8	58.6	58.1	53.8	51.8	49.8	48.1
2008-9-9 16:30	37.4	52.0	49.3	54.5	49.0	56.6	57.1	56.2	55.7	51.7	50.7	45.8	45.3
2008-9-9 17:00	36.6	49.0	47.0	51.1	46.8	52.6	53.0	52.3	51.8	48.6	48.1	43.8	43.3
2008-9-9 17:30	35.8	45.8	43.4	46.5	44.5	48.1	48.6	48.3	47.7	45.3	44.8	40.0	39.8

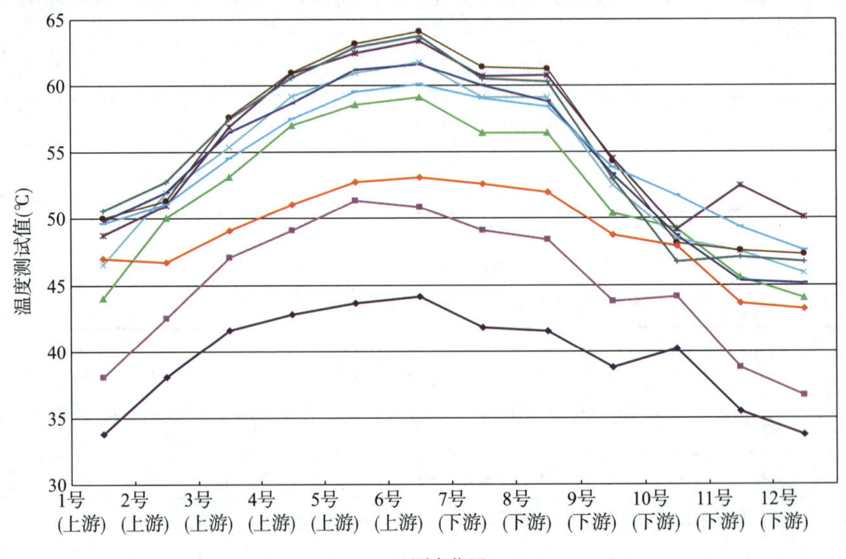

图 4-7-13　2008 年 9 月 9 日截面 *B-B* 上层面板底面温度横向分布图

测试表明，同一天内，桥面板底面温度也是随时间不断变化的，温度分布曲线为类似扁平抛物线形状，高温稳定时间较短。测点最高温度达到63℃，与附近大气温差最大达28℃。

横向存在一定的横向温差，中间高，两侧低，实测最大横向温差为13℃。

从测试数据上来看，面板底面与顶面的温差较小，没有明显的规律性，可以认为基本一致。面板底面和顶面在测点温度分布及变化上也具有相同的规律。

3）上层U肋温度

以如图4-7-14所示*E-E*截面为例，上层U肋温度如表4-7-3及图4-7-15所示。

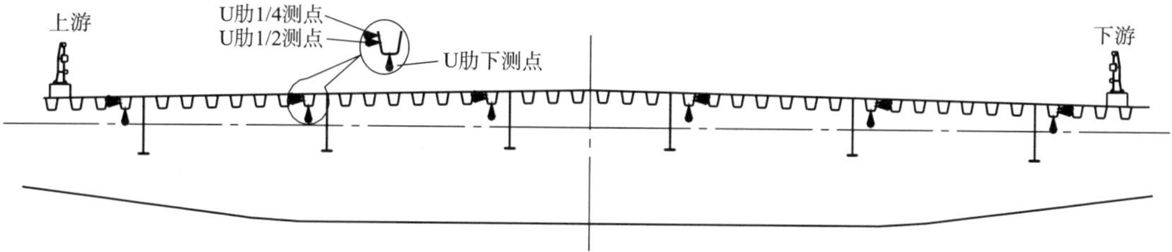

图4-7-14 *E-E*测试截面上层U肋测点温度传感器布置图

E-E测试截面上层U肋1/4高度测点温度（单位：℃） 表4-7-3

采样时间	上层大气	1号（上游）	2号（上游）	3号（上游）	4号（下游）	5号（下游）	6号（下游）
2008-9-23 10:00	32.4	38.6	38.2	37.7	37.3	36.7	37.6
2008-9-23 10:30	33.2	41.4	41.1	40.6	40.0	39.2	40.0
2008-9-23 11:00	34.5	44.0	43.8	43.0	42.5	41.5	42.3
2008-9-23 11:30	35.1	47.3	47.6	45.3	46.2	45.2	45.5
2008-9-23 12:00	36.9	50.2	51.1	51.1	50.8	49.5	49.5
2008-9-23 12:30	37.1	50.4	51.3	51.1	50.6	49.3	49.5
2008-9-23 12:40	36.9	50.8	51.4	51.5	51.0	49.5	49.5
2008-9-23 12:50	37.1	50.8	51.6	51.5	51.2	49.8	49.7
2008-9-23 13:00	38.4	51.9	52.0	52.1	51.8	50.6	50.8
2008-9-23 13:10	37.7	52.9	53.6	53.5	53.1	51.9	52.1
2008-9-23 13:20	37.2	53.1	53.5	53.5	53.4	52.1	52.3
2008-9-23 13:30	36.9	53.8	54.7	54.5	54.2	53.0	53.2
2008-9-23 13:40	37.9	55.2	55.7	55.3	54.0	52.0	52.1
2008-9-23 13:50	37.9	55.1	55.5	56.0	55.2	53.7	53.9
2008-9-23 14:00	39.1	55.5	55.5	55.6	55.7	54.5	54.5
2008-9-23 14:10	39.1	56.4	56.6	56.6	56.0	54.5	54.2
2008-9-23 14:20	39.1	56.8	56.9	56.9	55.8	53.9	54.0
2008-9-23 14:30	40.1	56.7	56.1	56.7	55.8	53.4	54.0
2008-9-23 14:40	39.1	56.6	56.5	56.6	55.9	54.0	54.3
2008-9-23 14:50	40.3	56.9	56.1	56.6	55.0	52.8	53.5
2008-9-23 15:00	40.3	56.8	55.6	56.3	54.3	52.1	52.8

续上表

采样时间	上层大气	1号(上游)	2号(上游)	3号(上游)	4号(下游)	5号(下游)	6号(下游)
2008-9-23 15:10	40.5	56.3	55.0	56.0	54.0	51.7	52.4
2008-9-23 15:20	40.2	55.8	54.5	55.6	53.9	51.6	52.1
2008-9-23 15:30	40.3	55.7	54.1	55.4	54.0	51.6	51.9
2008-9-23 16:00	40.1	53.2	51.8	53.5	52.4	50.8	50.9
2008-9-23 16:30	40.4	51.8	50.1	52.5	51.4	49.8	48.6
2008-9-23 17:00	39.6	49.9	48.3	50.9	50.1	48.4	45.6
2008-9-23 17:30	39.2	47.2	45.8	48.1	46.7	44.7	43.4
2008-9-23 18:00	38.6	44.7	43.8	45.5	44.3	42.7	41.8
2008-9-23 18:30	38.1	41.8	41.4	42.8	42.1	41.0	40.2
2008-9-23 19:00	37.4	39.0	39.1	39.9	39.6	38.9	38.1
2008-9-23 19:30	36.3	37.0	37.3	37.8	37.7	37.2	36.6
2008-9-23 20:00	35.1	35.1	35.3	35.6	35.5	35.3	34.9
2008-9-23 20:30	34.4	34.3	34.6	34.8	34.7	34.5	34.2
2008-9-23 21:00	32.9	33.2	33.3	33.4	33.2	33.0	32.9
2008-9-23 21:30	32.6	32.3	32.4	32.4	32.2	32.1	32.0
2008-9-23 22:00	32.5	31.8	31.8	31.8	31.8	31.7	31.6
2008-9-23 22:30	32.4	31.3	31.7	31.3	31.3	31.3	31.2
2008-9-23 23:00	32.2	31.0	31.7	31.3	31.0	31.0	30.9

注:表中1~6为自上游向下游顺序编号。

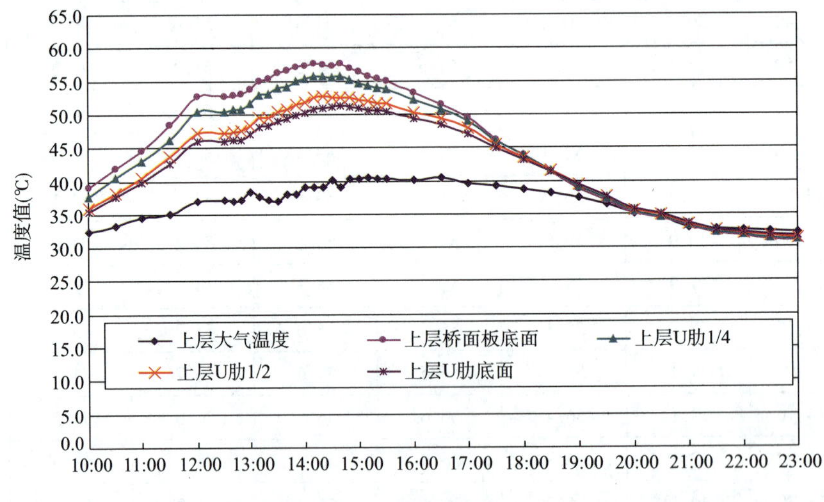

图4-7-15　2008年9月23日 *E-E* 截面U肋测点平均温度测试结果整理图

测试表明,同一天内,U肋温度也是随时间不断变化的,各测点温度及各部位平均后的温度变化大体上与大气温度具有一致的变化规律,温度分布曲线为类似扁平抛物线线形。

从上述图可以认为,各部位测点平均取值后的温度随时间变化曲线表明,14:40 为 U 肋最高温度时刻,而大气温度此时仍处于上升阶段,没有达到最高温度;同时发现,大气温度继续处于上升阶段时,各测点的温度却开始进入下降阶段;这样,可以认为 U 肋主要是通过面板顶面接收的太阳日照辐射热量传导引起的温度变化。

4)上层纵梁温度

以如图 4-7-16 所示 *C-C* 截面为例,上层纵梁温度如表 4-7-4、表 4-7-5 及图 4-7-17 所示。

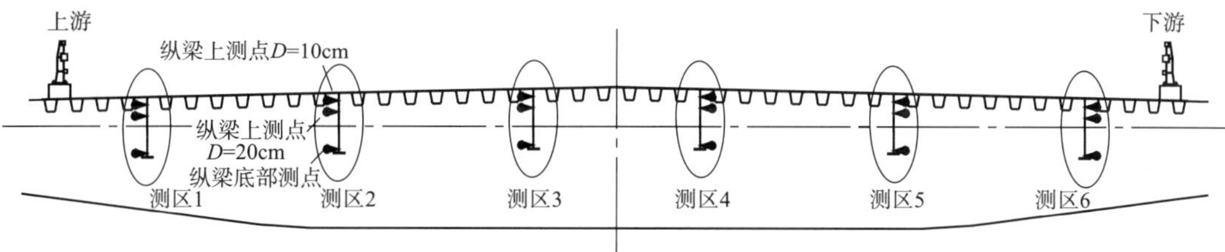

图 4-7-16　*C-C* 测试截面上层纵梁横向温度布置图

C-C 测试截面上层纵梁 D = 10cm 处温度分布(单位:℃)　　表 4-7-4

采样时间	上层大气	纵梁上测点 D = 10cm					
		测区 1	测区 2	测区 3	测区 4	测区 5	测区 6
2008-9-6 10:00	26.1	26.4	27.2	29.6	28.8	30.3	27.3
2008-9-6 11:00	26.8	28.4	30.8	33.6	34.3	35.1	30.0
2008-9-6 12:00	28.3	31.6	34.5	41.0	41.2	39.5	33.1
2008-9-6 12:30	28.9	32.9	35.5	42.5	43.4	37.5	33.5
2008-9-6 13:00	29.5	34.6	36.3	42.1	41.3	36.0	33.8
2008-9-6 13:30	30.0	37.4	37.5	43.8	43.5	37.8	34.3
2008-9-6 13:40	29.7	37.5	37.7	43.8	44.5	38.0	34.5
2008-9-6 13:50	29.8	37.5	37.9	43.6	42.9	37.8	34.5
2008-9-6 14:00	30.5	37.5	38.2	43.3	43.8	37.3	34.6
2008-9-6 14:10	31.3	37.9	38.9	43.0	43.0	37.5	34.8
2008-9-6 14:20	32.5	37.7	39.1	42.8	42.7	38.8	35.8
2008-9-6 14:30	32.8	38.1	39.7	43.0	43.2	39.4	36.5
2008-9-6 14:40	32.8	38.1	40.6	43.0	43.7	40.3	37.1
2008-9-6 14:50	33.2	38.0	41.5	43.0	42.9	41.8	37.5
2008-9-6 15:00	33.3	37.8	41.8	43.0	43.2	41.9	38.4
2008-9-6 15:10	33.3	37.6	41.3	43.3	43.5	41.5	38.9
2008-9-6 15:20	33.1	37.3	40.4	43.3	42.3	40.7	39.0
2008-9-6 15:30	32.8	38.1	40.0	43.5	43.4	39.8	38.1
2008-9-6 16:00	33.5	39.3	39.5	42.1	42.2	40.0	38.4
2008-9-6 16:30	33.0	38.3	38.9	41.3	41.8	38.3	38.0

C-C 测试截面上层纵梁温度分布(平均)(单位:℃)　　表 4-7-5

采样时间	上层大气温度	纵梁上测点 $D=10$cm	纵梁上测点 $D=20$cm	纵梁下测点
2008-9-6 10:00	26.1	28.3	26.6	25.6
2008-9-6 11:00	26.8	32.0	29.0	27.4
2008-9-6 12:00	28.3	36.8	31.9	29.5
2008-9-6 12:30	28.9	37.6	32.8	30.4
2008-9-6 13:00	29.5	37.3	33.4	31.2
2008-9-6 13:30	30.0	39.0	34.3	31.9
2008-9-6 13:40	29.7	39.3	34.2	31.9
2008-9-6 13:50	29.8	39.0	34.1	32.0
2008-9-6 14:00	30.5	39.1	34.4	32.2
2008-9-6 14:10	31.3	39.2	35.0	32.8
2008-9-6 14:20	32.5	39.5	35.2	33.1
2008-9-6 14:30	32.8	40.0	35.6	33.4
2008-9-6 14:40	32.8	40.5	36.1	33.7
2008-9-6 14:50	33.2	40.8	36.4	34.0
2008-9-6 15:00	33.3	41.0	36.6	34.3
2008-9-6 15:10	33.3	41.0	36.8	34.6
2008-9-6 15:20	33.1	40.5	36.8	34.7
2008-9-6 15:30	32.8	40.5	36.7	34.7
2008-9-6 16:00	33.5	40.3	36.5	35.0
2008-9-6 16:30	33.0	39.4	36.2	34.9

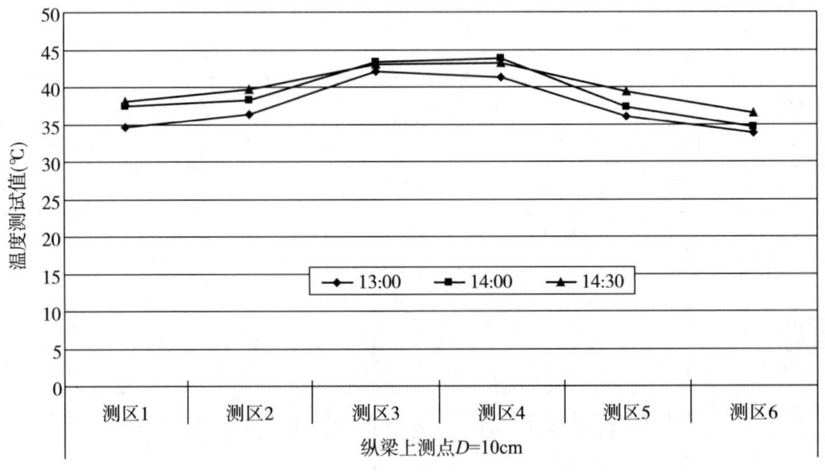

图 4-7-17　2008 年 9 月 6 日 C-C 截面纵梁上测点 $D=10$cm 横向温度布置图

如图 4-7-18 所示,纵梁综合平均温度计算如下:

纵梁温度取值：

$$T_{上层纵梁}=\frac{[(T_1+T_5)/2\times A_5+(T_5+T_6)/2\times A_6+(T_6+T_7)/2\times A_7+T_7\times A_8]}{(A_5+A_6+A_7+A_8)} \tag{4-7-1}$$

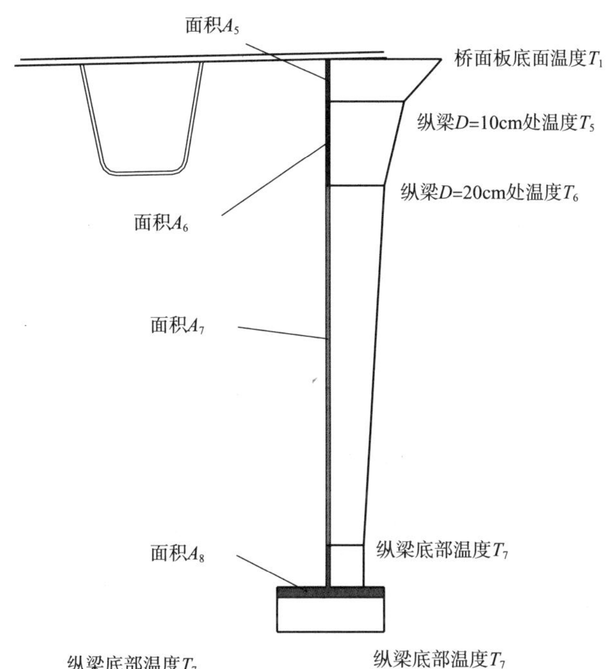

图 4-7-18　纵梁温度计算图

按照图 4-7-18 和式(4-7-1)得到纵梁温度，如表 4-7-6 所示。

C-C 截面纵梁温度(单位：℃)　　表 4-7-6

采样时间	上层大气	纵梁温度	采样时间	上层大气	纵梁温度
2008-9-6 10:00	26.1	27.0	2008-9-6 14:20	32.5	36.4
2008-9-6 11:00	26.8	29.8	2008-9-6 14:30	32.8	36.8
2008-9-6 12:00	28.3	33.2	2008-9-6 14:40	32.8	37.2
2008-9-6 12:30	28.9	34.1	2008-9-6 14:50	33.2	37.5
2008-9-6 13:00	29.5	34.4	2008-9-6 15:00	33.3	37.7
2008-9-6 13:30	30.0	35.5	2008-9-6 15:10	33.3	37.9
2008-9-6 13:40	29.7	35.7	2008-9-6 15:20	33.1	37.7
2008-9-6 13:50	29.8	35.6	2008-9-6 15:30	32.8	37.7
2008-9-6 14:00	30.5	35.7	2008-9-6 16:00	33.5	37.6
2008-9-6 14:10	31.3	36.1	2008-9-6 16:30	33.0	37.2

测试表明，纵梁的顶低温差梯度变化明显，$D=10$cm 处与 $D=20$cm 处存在约 5℃的最大温差，$D=20$cm 处与底部的最大温差也基本上为 5℃左右。

纵梁 $D=10$cm 处测点与 $D=20$cm 处测点存在横向温差，底部测点温度基本上相同。

纵梁综合平均温度比附近气温高 6～7℃。

5)上层横梁温度

以如图4-7-19和图4-7-20所示 *B-B*、*E-E* 截面上层横梁为例,温度如表4-7-7和表4-7-8及图4-7-21所示。

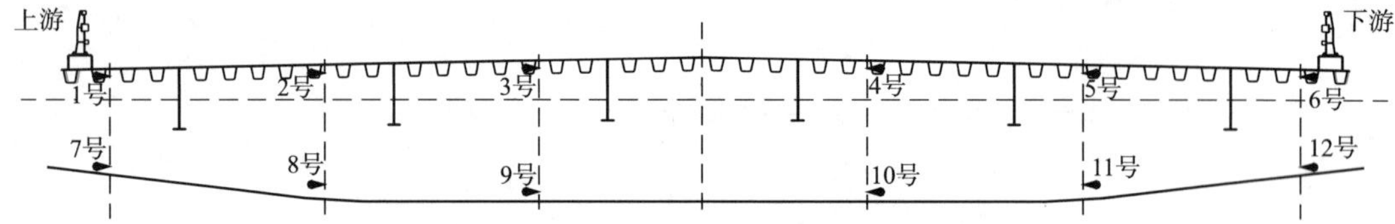

图4-7-19 *B-B* 截面上层横梁横向温度布置图

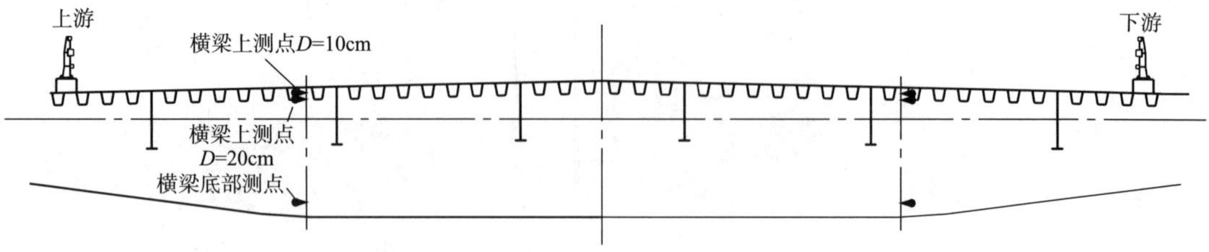

图4-7-20 *E-E* 测试截面上层横梁横向温度布置图

***B-B* 测试截面上层横梁 *D*=10cm 处温度分布**(单位:℃) 表4-7-7

采样时间	上层大气	1号(上游)	2号(上游)	3号(上游)	4号(下游)	5号(下游)	6号(下游)
2008-9-9 11:00	29.4	32.7	34.3	35.3	34.7	32.7	31.8
2008-9-9 11:30	30.3	34.8	36.1	37.5	36.5	34.3	32.7
2008-9-9 12:00	32.1	36.6	37.7	39.6	38.8	35.5	33.8
2008-9-9 12:30	32.0	38.8	39.9	42.4	40.9	36.1	35.8
2008-9-9 12:40	33.0	40.4	42.0	44.8	43.3	37.0	37.1
2008-9-9 12:50	33.6	41.4	43.5	46.6	45.1	37.8	38.3
2008-9-9 13:00	33.6	41.6	44.1	47.5	45.6	37.8	38.6
2008-9-9 13:10	34.2	41.8	45.2	49.1	47.5	38.7	39.4
2008-9-9 13:20	34.8	41.8	45.7	49.9	48.1	39.1	39.6
2008-9-9 13:30	35.0	42.3	46.5	51.0	49.3	39.7	40.2
2008-9-9 13:40	34.9	42.8	47.1	51.7	49.8	39.6	40.6
2008-9-9 13:50	35.0	44.0	47.8	52.5	50.6	39.8	41.4
2008-9-9 14:00	35.7	44.9	48.9	53.8	52.1	40.7	42.7
2008-9-9 14:10	35.9	45.5	49.6	54.6	52.9	41.0	42.6
2008-9-9 14:20	36.3	45.7	49.1	54.5	52.7	40.7	42.1
2008-9-9 14:30	36.5	45.8	48.8	54.3	52.0	40.7	41.8
2008-9-9 14:40	35.8	46.4	48.9	54.5	52.1	40.5	42.2
2008-9-9 14:50	35.7	46.3	48.4	53.8	51.4	40.1	42.1
2008-9-9 15:00	36.9	46.6	48.7	54.4	51.6	40.2	41.8
2008-9-9 15:30	36.4	45.7	46.0	50.8	49.5	40.6	41.0
2008-9-9 16:00	36.9	44.8	46.7	52.0	51.0	43.0	42.8
2008-9-9 16:30	37.4	44.6	45.7	51.3	50.1	43.6	42.5
2008-9-9 17:00	36.6	43.5	44.3	48.6	47.6	42.5	41.1
2008-9-9 17:30	35.8	42.1	42.4	46.0	45.2	41.4	39.5

E-E 测试截面上层横梁温度分布(单位:℃)　　表 4-7-8

采集时刻	上层横梁 $D=10\text{cm}$	上层横梁 $D=20\text{cm}$	上层横梁底面	上层大气
2008-9-23 10:10	35.8	33.2	31.9	32.6
2008-9-23 10:30	38.1	34.6	32.8	33.3
2008-9-23 11:00	40.0	35.8	33.5	34.3
2008-9-23 11:30	43.7	38.1	34.9	35.1
2008-9-23 12:00	45.6	39.2	35.2	36.4
2008-9-23 12:30	47.9	41.3	36.2	37.5
2008-9-23 13:00	48.6	41.9	37.2	37.5
2008-9-23 13:30	51.2	43.7	38.0	36.8
2008-9-23 14:00	53.0	45.3	39.0	38.8
2008-9-23 14:30	53.4	46.1	39.7	39.8
2008-9-23 15:00	53.2	46.3	40.2	40.3
2008-9-23 15:30	52.4	46.1	40.4	40.3
2008-9-23 16:00	51.5	45.6	40.5	40.1
2008-9-23 16:30	50.5	45.5	40.6	40.4
2008-9-23 17:00	49.4	45.0	40.4	39.5
2008-9-23 17:30	47.0	43.8	40.1	39.7
2008-9-23 18:00	44.8	42.5	39.4	38.7
2008-9-23 18:30	42.9	41.3	38.8	38.2
2008-9-23 19:00	40.5	39.6	38.0	37.6
2008-9-23 19:30	39.1	38.6	37.3	36.8
2008-9-23 20:00	37.3	37.1	36.3	35.8

如图 4-7-22 所示,纵梁综合平均温度计算如下:

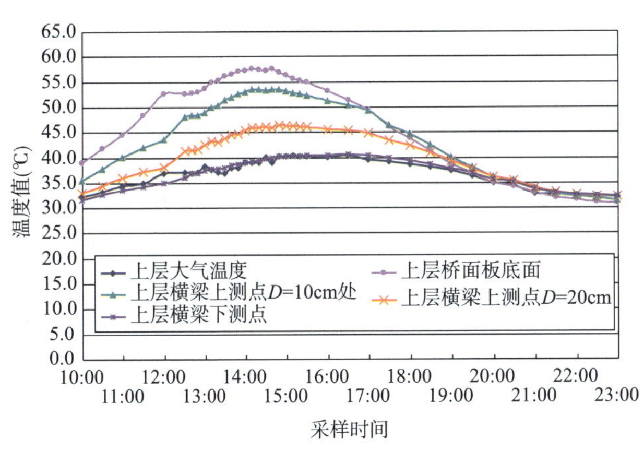

图 4-7-21　2008 年 9 月 23 日截面 E-E 上层横梁温度测试结果

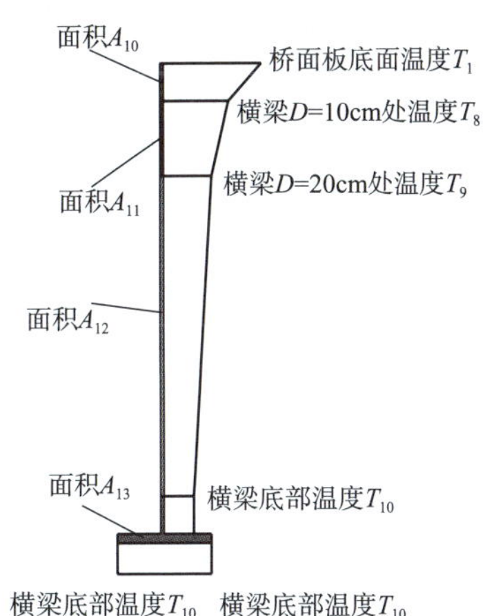

图 4-7-22　横梁平均温度计算图

$$T_{\text{上层横梁}} = \frac{(T_1 + T_8)/2 \times A_{10} + (T_8 + T_9)/2 \times A_{11} + (T_9 + T_{10})/2 \times A_{12} + T_{10} \times A_{13}}{A_{10} + A_{11} + A_{12} + A_{13}} \tag{4-7-2}$$

按照图4-7-22和式(4-7-2)得到上层横梁温度,*E-E*截面上层横梁综合平均温度如图4-7-23所示。

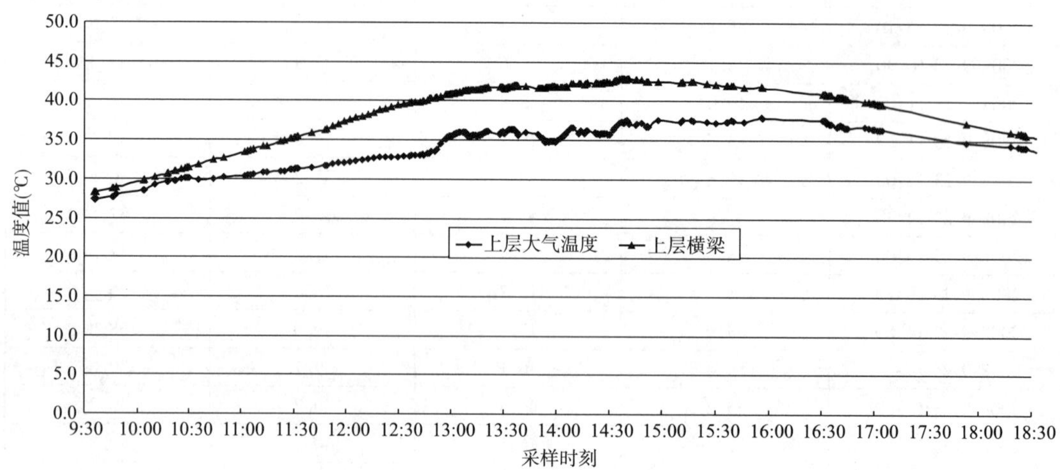

图4-7-23　2008年9月21日*E-E*截面上层横梁综合平均温度结果

测试分析表明,横梁的温度梯度变化规律与纵梁类似,综合平均温度比气温高5~6℃。

6)上层桥面系综合平均温度

综合平均温度的算法:根据测点分布的位置将断面划分为多个面积区,然后根据各测点所在区的面积大小进行加权平均。

(1)桥面板综合平均温度

桥面板综合平均温度示意如图4-7-24所示。

$$T_{上层面板}=\frac{T_{B1}+T_{B2}+T_{B3}+T_{B4}+T_{B5}+T_{B6}+T_{B7}+T_{B8}+T_{B9}}{9} \tag{4-7-3}$$

面板底面温度

$$T_1=\frac{T_{B5}+T_{B6}+T_{B7}+T_{B8}+T_{B9}}{5} \tag{4-7-4}$$

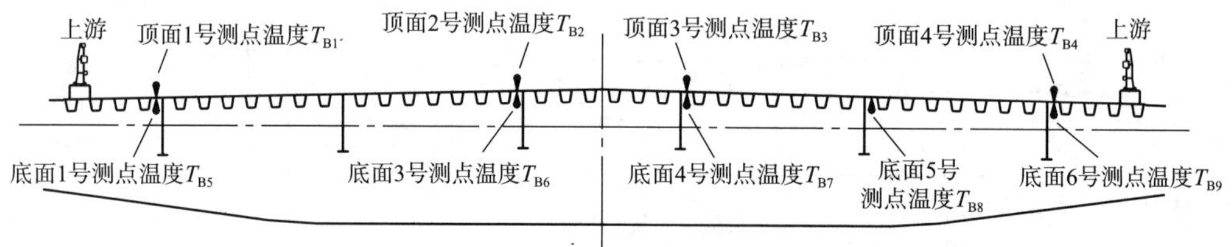

图4-7-24　桥面板综合平均温度示意图

(2)U肋平均温度

上层U肋平均温度示意如图4-7-25所示。

$$T_{上层U肋}=\frac{[(T_1+T_2)/2\cdot A_1+(T_2+T_3)/2\cdot A_2+(T_3+T_4)/2\cdot A_3]\times 2+T_4\cdot A_4}{(A_1+A_2+A_3)\times 2+A_4} \tag{4-7-5}$$

(3)桥面系综合平均温度

考虑到纵梁高度大,且腹板较小,与面板连接的整体性不如U肋,按不计入纵梁和计入纵梁两种方式计算桥面系的综合平均温度。

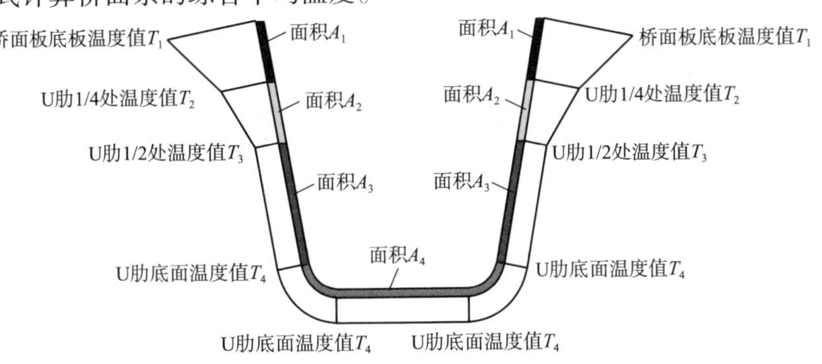

图 4-7-25　上层 U 肋平均温度示意图

方式一(不计入纵梁):

$$T_{上层桥面系}=\frac{T_{上层U肋}\cdot[(A_1+A_2+A_3)\times2+A_4]+T_{上层面板}\cdot A_9}{(A_1+A_2+A_3)\times2+A_4+A_9} \tag{4-7-6}$$

方式二(计入纵梁):

$$T'_{上层桥面系}=\frac{T_{上层U肋}\cdot[(A_1+A_2+A_3)\times2+A_4]+T_{上层纵梁}\cdot(A_5+A_6+A_7+A_8)+T_{上层面板}\cdot A_9}{(A_1+A_2+A_3)\times2+A_4+A_5+A_6+A_7+A_8+A_9} \tag{4-7-7}$$

式中:A_9——上层面板截面面积。

按照“方式一”得到的 E-E 截面上层桥面系综合平均温度,如图 4-7-26 所示。

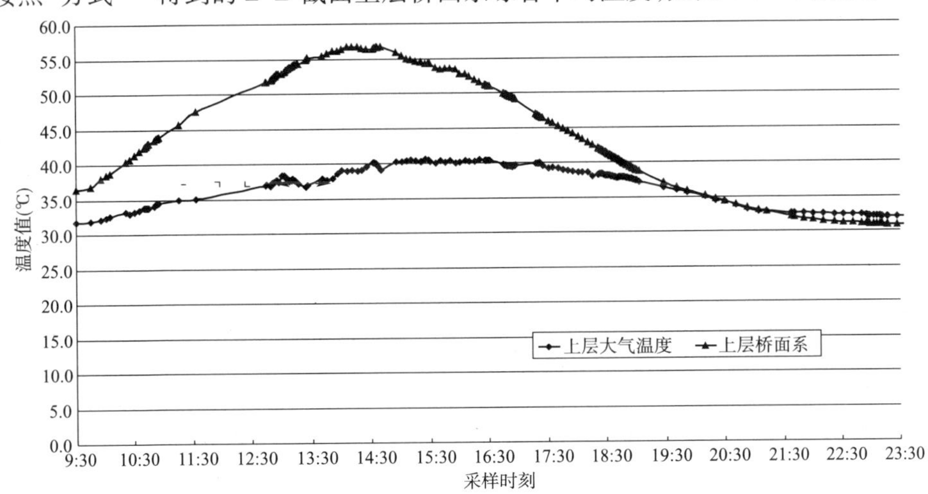

图 4-7-26　2008 年 9 月 23 日截面 E-E 按照“方式一”上层桥面系综合平均温度

按照“方式二”计算得到的 E-E 截面上层桥面系综合平均温度,如图 4-7-27 所示。

分析表明,白天,上层桥面系的综合平均温度高于附近大气温度,二者最大差值在 15 ~ 18℃之间,夜间 21:00 之后,桥面系的平均温度低于附近气温,相差 2 ~ 3℃。考虑纵梁的影响后,桥面系的综合平均温度要低 1 ~ 2℃。

7)上层系杆杆件温度

以 E-E 截面为例,上层系杆杆件温度测点传感器布置如图 4-7-28 所示。

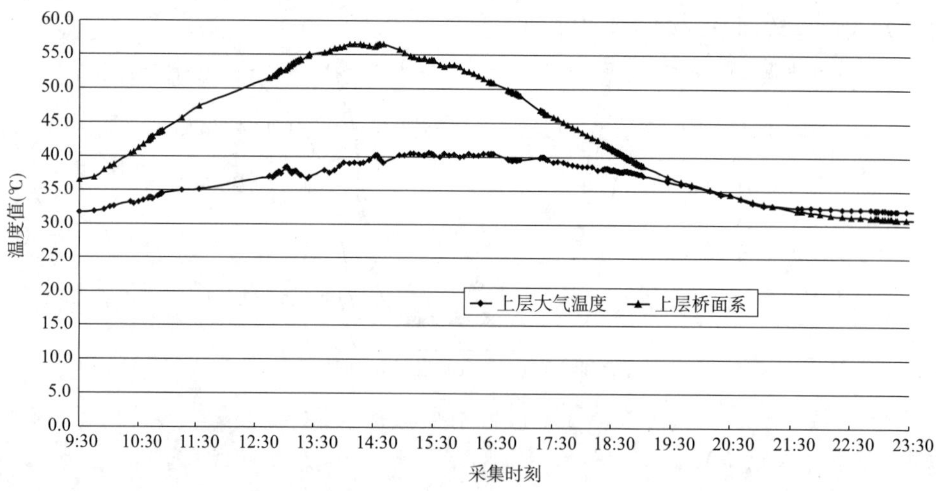

图 4-7-27　2008 年 9 月 23 日截面 *E-E* 按照“方式二”上层桥面系综合平均温度

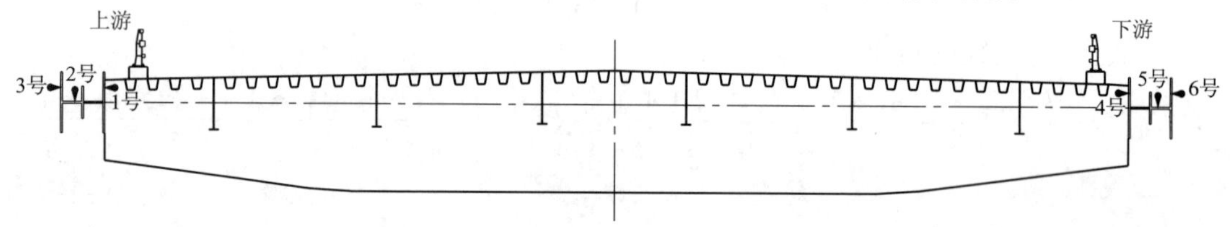

图 4-7-28　*E-E* 截面上层系杆温度测点传感器布置图

(1)温度测点实测值

温度测点实测值见表 4-7-9。

E-E 测试截面上层系杆杆件测点温度(单位:℃)　　　表 4-7-9

采 样 时 间	上层大气	1 号测点	2 号测点	3 号测点	4 号测点	5 号测点	6 号测点
2008-9-21 10:00	28.6	29.6	30.3	29.0	30.9	34.4	29.3
2008-9-21 10:30	30.1	31.0	31.7	30.0	30.6	36.5	30.7
2008-9-21 11:00	30.3	32.5	33.6	31.3	31.3	40.0	32.5
2008-9-21 11:30	31.3	34.0	35.1	32.3	32.4	42.8	33.8
2008-9-21 12:00	32.2	35.6	37.4	33.5	33.8	44.8	35.7
2008-9-21 12:30	32.8	36.9	41.0	34.8	35.3	47.0	37.0
2008-9-21 13:00	35.6	38.5	42.8	35.8	38.8	47.3	37.0
2008-9-21 13:10	35.5	39.0	42.9	36.1	39.5	47.5	37.6
2008-9-21 13:20	36.1	39.2	42.9	36.5	39.3	46.8	37.8
2008-9-21 13:30	35.9	39.4	42.8	36.7	40.0	47.9	37.5
2008-9-21 13:40	36.0	39.7	43.6	37.0	41.0	49.2	38.1
2008-9-21 13:50	34.9	40.0	44.0	37.3	41.3	50.6	38.4
2008-9-21 14:00	34.8	40.1	44.1	37.5	41.0	49.6	38.4
2008-9-21 14:10	36.6	40.1	44.5	37.6	40.8	49.1	38.3
2008-9-21 14:20	36.0	40.8	44.6	38.0	41.6	50.3	38.9

续上表

采样时间	上层大气	1号测点	2号测点	3号测点	4号测点	5号测点	6号测点
2008-9-21 14:30	35.7	40.7	43.6	38.1	41.6	50.0	38.8
2008-9-21 14:40	37.3	41.3	43.1	38.3	41.3	48.1	39.1
2008-9-21 14:50	36.8	41.0	43.8	38.5	41.5	49.0	38.9
2008-9-21 15:00	37.6	41.1	43.3	38.5	41.0	47.2	38.5
2008-9-21 15:10	37.5	41.4	43.3	38.7	41.1	47.3	39.0
2008-9-21 15:20	37.5	41.2	43.0	38.8	41.0	47.3	39.0
2008-9-21 15:30	37.2	41.3	42.5	39.0	40.8	46.9	39.0
2008-9-21 15:40	37.5	41.1	42.0	38.9	40.2	43.9	38.5
2008-9-21 15:50	37.4	41.0	42.0	38.8	39.6	43.3	38.3
2008-9-21 16:00	37.8	41.0	42.1	39.1	38.5	42.0	38.5
2008-9-21 16:30	37.7	40.5	42.4	38.8	37.9	40.2	37.5
2008-9-21 17:00	36.5	39.8	41.5	38.3	37.9	40.0	37.1
2008-9-21 17:30	36.4	39.8	41.3	38.3	37.8	40.0	37.1
2008-9-21 18:00	34.4	36.8	36.8	36.2	35.6	36.0	35.1
2008-9-21 18:30	33.9	36.3	36.3	36.3	35.2	35.5	34.8

(2)上层系杆杆件平均温度

根据实测温度可得到上下游系杆杆件平均温度。以 *E-E* 截面为例,平均温度见表4-7-10。

***E-E* 截面上层系杆杆件平均温度**(单位:℃)　　表4-7-10

采样时间	大气温度	系杆杆件上下游平均温度	采样时间	大气温度	系杆杆件上下游平均温度
2008-9-21 10:00	28.6	30.6	2008-9-21 14:20	36.0	42.4
2008-9-21 10:30	30.1	31.8	2008-9-21 14:30	35.7	42.1
2008-9-21 11:00	30.5	33.5	2008-9-21 14:40	37.3	41.9
2008-9-21 11:30	31.3	35.1	2008-9-21 14:50	36.8	42.1
2008-9-21 12:00	32.2	36.8	2008-9-21 15:00	37.6	41.6
2008-9-21 12:30	32.8	38.7	2008-9-21 15:10	37.6	41.7
2008-9-21 13:00	35.6	40.0	2008-9-21 15:20	37.5	41.7
2008-9-21 13:10	35.5	40.4	2008-9-21 15:30	37.2	41.6
2008-9-21 13:20	36.1	40.4	2008-9-21 16:00	37.8	40.2
2008-9-21 13:30	35.9	40.7	2008-9-21 16:30	37.7	39.6
2008-9-21 13:40	36.0	41.4	2008-9-21 17:00	36.5	39.1
2008-9-21 13:50	34.8	41.8	2008-9-21 17:30	36.4	39.1
2008-9-21 14:00	34.8	41.8	2008-9-21 18:00	34.8	37.0
2008-9-21 14:10	36.6	41.7	2008-9-21 18:30	33.9	35.7

(3)分析结论

同一天内,系杆各测点温度也是随时间不断地变化,温度分布曲线为类似扁平抛物线线形。上层系杆各测点中,腹板温度高于两侧翼板。上层系杆平均温度比附近气温高8~10℃,上下游系杆温差约为3℃。

7.6 桥道结构上缘主桁上弦杆温度

以*B-B*截面为例,主桁上弦杆温度测点布置如图4-7-29所示。

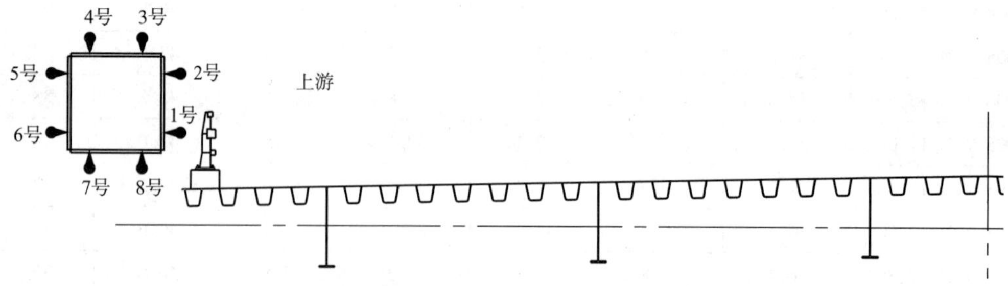

图4-7-29 *B-B*截面主桁上弦杆温度测点布置图(1/2)

1)主桁上弦杆温度实测值

主桁上弦杆温度实测值见表4-7-11、表4-7-12。

***B-B*截面上层桥梁结构上游主桁杆件测点温度(单位:℃)** 表4-7-11

采样时间	大气温度	1号(内下)	2号(内上)	3号(顶内)	4号(顶外)	5号(外上)	6号(外下)	7号(底外)	8号(底内)
2008-9-9 11:00	29.4	31.5	34.3	42.0	43.4	41.5	40.6	30.7	30.5
2008-9-9 11:30	30.3	32.5	35.9	44.9	46.6	44.8	44.0	32.0	31.8
2008-9-9 12:00	32.3	33.3	37.3	46.8	48.8	46.9	45.6	33.0	32.8
2008-9-9 12:30	32.1	34.5	39.1	49.5	51.5	49.6	47.8	34.3	34.2
2008-9-9 12:40	33.0	34.9	39.8	50.5	52.3	50.6	48.5	34.8	34.7
2008-9-9 12:50	33.6	35.3	40.3	51.3	53.1	51.3	49.1	35.2	35.1
2008-9-9 13:00	33.9	35.8	40.8	52.0	53.7	51.8	49.7	35.8	35.6
2008-9-9 13:10	34.2	36.1	41.4	52.6	54.5	52.5	50.3	36.2	36.0
2008-9-9 13:20	34.9	36.5	41.8	53.1	54.8	53.0	50.5	36.6	36.4
2008-9-9 13:30	34.9	36.8	42.4	53.6	55.4	53.1	50.5	37.0	36.8
2008-9-9 13:40	34.8	37.0	42.7	53.8	55.5	53.8	50.8	37.3	37.3
2008-9-9 13:50	35.3	37.3	43.1	54.3	55.9	54.2	51.0	37.6	37.6
2008-9-9 14:00	35.9	37.8	43.5	54.8	56.4	54.3	51.0	38.0	38.0
2008-9-9 14:10	36.2	38.0	43.8	54.6	56.3	54.2	50.9	38.3	38.2
2008-9-9 14:20	36.5	38.3	44.1	54.5	56.3	54.0	50.7	38.5	38.5

续上表

采样时间	大气温度	1号（内下）	2号（内上）	3号（顶内）	4号（顶外）	5号（外上）	6号（外下）	7号（底外）	8号（底内）
2008-9-9 14:30	36.0	38.6	44.5	54.8	56.5	54.4	50.9	38.8	38.9
2008-9-9 14:40	35.4	38.8	44.8	54.8	56.5	54.3	50.6	39.0	39.1
2008-9-9 14:50	36.3	39.1	44.9	54.9	56.5	54.1	50.5	39.3	39.4
2008-9-9 15:00	37.5	39.1	44.8	54.6	56.1	53.6	50.1	39.3	39.5
2008-9-9 15:30	36.4	39.9	45.5	54.3	55.6	52.3	48.7	39.7	40.0
2008-9-9 16:00	36.9	40.3	46.0	52.2	54.1	50.5	46.4	39.9	40.2
2008-9-9 16:30	37.4	40.6	45.6	50.3	52.1	49.4	45.5	39.9	40.2
2008-9-9 17:00	36.6	40.8	45.2	49.7	50.8	48.5	45.0	40.6	41.0
2008-9-9 17:30	35.8	40.3	44.0	46.0	47.6	46.0	42.6	40.0	40.4

B-B **截面上层桥梁结构下游主桁杆件测点温度**（单位：℃）　　表 4-7-12

采样时间	大气温度	1号（内下）	2号（内上）	3号（顶内）	4号（顶外）	5号（外上）	6号（外下）	7号（底外）	7号（底内）
2008-9-9 11:00	29.4	35.0	36.6	41.2	40.8	33.1	31.1	29.1	29.2
2008-9-9 11:30	30.3	37.0	38.8	43.8	43.8	33.0	32.0	29.6	30.0
2008-9-9 12:00	32.3	39.2	41.0	46.9	47.0	34.6	32.5	30.6	30.9
2008-9-9 12:30	32.1	40.8	42.8	49.9	49.2	37.1	34.1	32.0	32.0
2008-9-9 12:40	33.0	41.5	44.1	51.5	50.1	38.9	34.7	33.0	32.6
2008-9-9 12:50	33.6	41.8	44.5	51.4	50.8	39.5	35.0	33.5	33.0
2008-9-9 13:00	33.9	42.1	44.8	52.6	52.0	39.0	35.1	32.8	33.1
2008-9-9 13:10	34.2	42.6	45.3	53.4	52.5	39.9	35.6	33.5	33.5
2008-9-9 13:20	34.9	43.0	46.0	53.5	52.9	40.8	35.9	34.2	34.0
2008-9-9 13:30	34.9	43.7	46.5	54.5	53.6	40.1	36.1	33.9	34.1
2008-9-9 13:40	34.8	43.9	47.0	54.6	53.7	41.1	36.8	34.8	34.6
2008-9-9 13:50	35.3	44.1	47.8	54.5	54.0	42.7	37.2	35.8	35.1
2008-9-9 14:00	35.9	44.5	48.0	55.0	54.5	42.6	37.3	35.7	35.4
2008-9-9 14:10	36.2	44.8	48.5	55.8	55.2	42.0	37.1	34.9	35.3
2008-9-9 14:20	36.5	45.5	48.8	55.8	55.3	41.5	37.2	34.7	35.4
2008-9-9 14:30	36.0	45.2	48.5	56.1	55.1	41.8	38.3	35.1	35.8
2008-9-9 14:40	35.4	45.0	48.1	54.6	54.3	41.2	38.4	35.5	35.9
2008-9-9 14:50	36.3	45.8	49.0	55.5	55.0	42.2	38.4	35.4	36.1
2008-9-9 15:00	37.5	44.8	48.3	54.0	53.9	43.0	38.5	36.1	36.5
2008-9-9 15:30	36.4	45.0	48.3	53.2	53.1	43.5	39.3	36.6	36.9
2008-9-9 16:00	36.9	44.5	47.0	50.8	51.5	45.5	40.6	37.8	37.8
2008-9-9 16:30	37.4	43.1	46.3	49.5	49.6	42.7	40.1	37.2	37.7
2008-9-9 17:00	36.6	43.0	46.0	46.5	47.9	42.6	40.3	38.4	38.2
2008-9-9 17:30	35.8	40.4	43.2	40.5	43.3	39.8	39.5	37.5	37.5

2)实测数据分析

主桁上弦杆底部测点温度与大气温度基本相同,而上弦杆顶部和两侧处的温度明显高于上弦杆底面的温度。顶面温度在14:00~14:30时达到最高点,底面温度在16:00~17:00时达到最高点,大气温度在15:00~15:30时达到最高点。三者达到最高温度的时间存在时间差。

3)主桁综合平均温度计算

截面布置4个测点[图4-7-30a)]时,温度为:

$$T_{上层主桁}=\frac{\frac{(T_{H1}+T_{H2})}{2}\cdot A_{H2}+T_{H1}\cdot A_{H3}+\frac{(T_{H2}+T_{H3})}{2}\cdot A_{H4}+\frac{(T_{H3}+T_{H4})}{2}\cdot A_{H5}+T_{H4}\cdot A_{H6}+\frac{(T_{H4}+T_{H1})}{2}\cdot A_{H1}}{A_{H1}+A_{H2}+A_{H3}+A_{H4}+A_{H5}+A_{H6}} \tag{4-7-8}$$

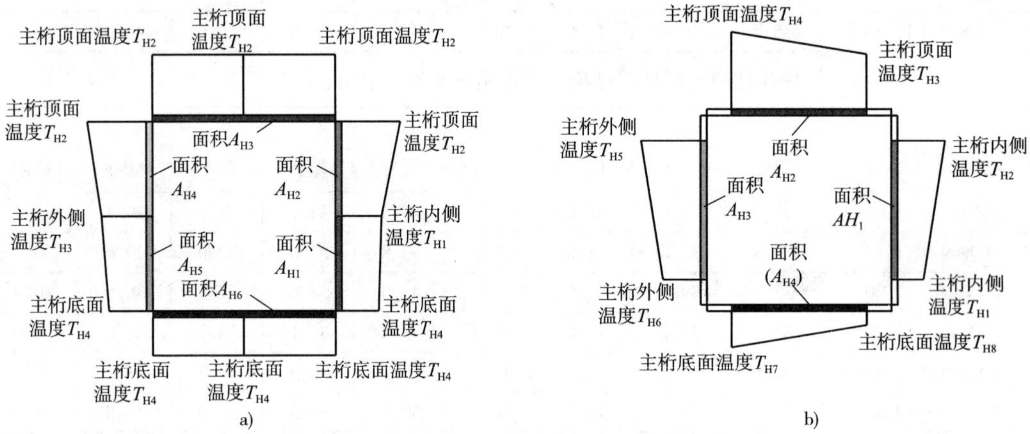

图4-7-30 主桁上弦杆综合平均温度示意图

截面布置8个测点[图4-7-30b)]时,温度为:

$$T_{上层主桁}=\frac{T_{H1}+T_{H2}+T_{H3}+T_{H4}+T_{H5}+T_{H6}+T_{H7}+T_{H8}}{8}$$

按照图4-7-30和式(4-7-8),可得到上弦杆综合平均温度,*B*-*B*截面主桁综合平均温度及上下游温差见表4-7-13。

***B*-*B*截面主桁综合平均温度及上下游温差**(单位:℃) 表4-7-13

采样时间	上层大气	上游上弦杆	下游上弦	温差(上游上弦-下游上弦)
2008-9-9 11:00	29.4	36.8	34.5	2.3
2008-9-9 11:30	30.3	39.1	36.0	3.1
2008-9-9 12:00	32.1	40.2	37.5	2.7
2008-9-9 12:30	32.0	42.4	39.5	2.9
2008-9-9 12:40	33.0	43.3	40.8	2.5
2008-9-9 12:50	33.6	43.8	41.2	2.7
2008-9-9 13:00	33.6	44.1	41.3	2.8
2008-9-9 13:10	34.2	45.0	42.0	2.9

续上表

采样时间	上层大气	上游上弦杆	下游上弦	温差(上游上弦-下游上弦)
2008-9-9 13:20	34.8	45.0	42.3	2.8
2008-9-9 13:30	35.0	45.5	42.6	2.9
2008-9-9 13:40	34.9	45.8	43.1	2.7
2008-9-9 13:50	35.0	46.2	43.8	2.4
2008-9-9 14:00	35.7	46.6	44.3	2.3
2008-9-9 14:10	35.9	46.8	44.1	2.7
2008-9-9 14:20	36.3	46.8	44.2	2.6
2008-9-9 14:30	36.5	47.1	44.4	2.7
2008-9-9 14:40	35.8	47.2	44.6	2.6
2008-9-9 14:50	35.7	47.2	44.4	2.9
2008-9-9 15:00	36.9	47.3	44.6	2.6
2008-9-9 15:30	36.4	47.0	44.5	2.5
2008-9-9 16:00	36.9	46.2	44.4	1.8
2008-9-9 16:30	37.4	45.5	43.3	2.2
2008-9-9 17:00	36.6	45.2	42.9	2.3
2008-9-9 17:30	35.8	43.4	40.2	3.2

通过上、下游主桁温度平均,可得到上层主桁综合平均温度,*B-B* 截面上层主桁综合平均温度见表 4-7-14。

B-B 截面上层主桁综合平均温度(单位:℃) 表 4-7-14

采样时间	大气温度	上下游主桁平均温度	采样时间	大气温度	上下游主桁平均温度
2008-9-9 11:00	29.4	35.7	2008-9-9 14:00	35.7	45.4
2008-9-9 11:30	30.3	37.5	2008-9-9 14:10	35.9	45.5
2008-9-9 12:00	32.1	38.9	2008-9-9 14:20	36.3	45.5
2008-9-9 12:30	32.0	41.0	2008-9-9 14:30	36.5	45.8
2008-9-9 12:40	33.0	42.0	2008-9-9 14:40	35.8	45.9
2008-9-9 12:50	33.6	42.5	2008-9-9 14:50	35.7	45.8
2008-9-9 13:00	33.6	42.7	2008-9-9 15:00	36.9	45.9
2008-9-9 13:10	34.2	43.5	2008-9-9 15:30	36.4	45.7
2008-9-9 13:20	34.8	43.7	2008-9-9 16:00	36.9	45.3
2008-9-9 13:30	35.0	44.1	2008-9-9 16:30	37.4	44.4
2008-9-9 13:40	34.9	44.4	2008-9-9 17:00	36.6	44.0
2008-9-9 13:50	35.0	45.0	2008-9-9 17:30	35.8	41.8

4)主桁综合平均温度分析结论

同一天内,主桁各测点温度也是随时间不断地变化,各测点平均后的温度变化大体上与大气温度具有一致的变化规律。经平均取值后，主桁底部处的温度与大气温度基本相同，而主桁顶部和两侧处的温度明显高于主桁底面的温度；顶底也存在一定温差，最大达20℃。主桁上下游杆件综合平均温度存在一定的温差，上游平均温度略高于下游。上下游弦杆综合平均温度与气温比最大差约10℃。

7.7 桥道结构下层构件温度测试

桥道结构下层构件温度测试包括：下层面板底面温度、下层U肋温度、下层纵梁的温度、下层横梁的温度、下层桥面系综合平均温度、下层系杆杆件温度、竖杆温度等。测试及分析与桥道结构上层构件温度测试类似，下面仅给出结果。

1）下层面板底面温度

下层面板底面温度变化与气温变化为同一规律，略高于气温，达到最高温度的时间也基本同步，绝大部分测点与附近大气温差在5℃之内。

横向测点间也存在一定温差，但相对较为均匀，多日最大温差在3~5℃。横向温差分布的规律性不明显，部分测点的数据存在一定离散型，主要可能由于桥面临时构件堆放及焊接施工等有关。

2）下层U肋温度

下层U肋上测点温度与面板的温度变化规律基本一致，其温度与下层大气温度接近，与气温之差在3~5℃。

U肋1/2高度处的平均温度与U肋底面的平均温度相近，横向测点温差分布的规律性不明显。

3）下层纵梁的温度

下层纵梁上各测点温差较小，平均温度与附近气温基本一致。

4）下层横梁的温度

下层横梁的温差较小，平均温度与附近气温一致。

5）下层桥面系综合平均温度

（1）桥面板平均温度

如图4-7-31所示，桥面板平均温度为：

$$T_{下层面板} = \frac{T_{B1} + T_{B2} + T_{B3} + T_{B4}}{4} \tag{4-7-9}$$

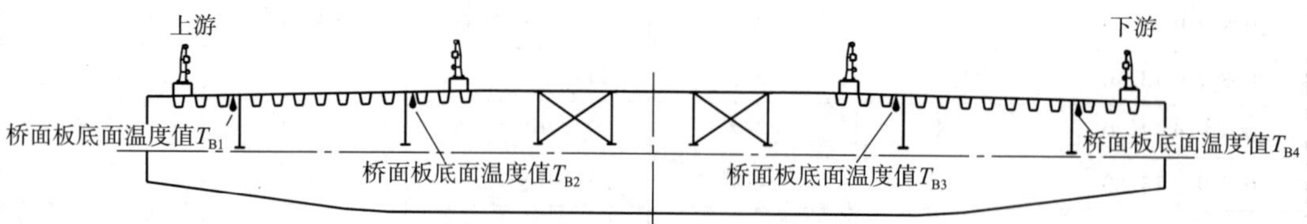

图4-7-31 下层面板综合平均温度图

（2）U肋平均温度

如图4-7-32所示，U肋平均温度为：

$$T_{\text{下层U肋}} = \frac{[(T_{\text{下层面板}} + T_1)/2 \cdot A_1 + (T_1 + T_2)/2 \times A_2] \times 2 + T_2 \cdot A_3}{(A_1 + A_2) \times 2 + A_3} \tag{4-7-10}$$

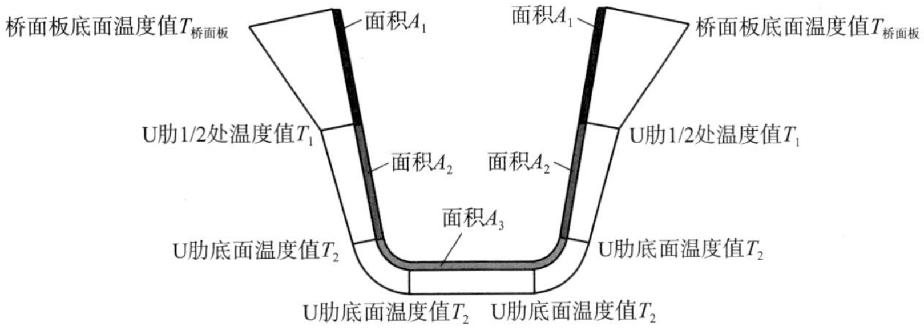

图 4-7-32　下层 U 肋综合平均温度计算图

(3)桥面系综合平均温度

考虑到纵梁高度大，且腹板较小，与面板连接的整体性不如 U 肋，按不计入纵梁和计入纵梁两种方式计算桥面系的综合平均温度：

方式一(不计入纵梁)：

$$T_{\text{下层桥面系}} = \frac{T_{\text{下层U肋}} \cdot [(A_1 + A_2) \times 2 + A_3] + T_{\text{下层面板}} \cdot A_6}{(A_1 + A_2) \times 2 + A_3 + A_6} \tag{4-7-11}$$

方式二(计入纵梁)：

$$T_{\text{下层桥面系}} = \frac{T_{\text{下层U肋}} \cdot [(A_1 + A_2) \times 2 + A_3] + T_{\text{下层纵梁}} \cdot (A_4 + A_5) + T_{\text{下层面板}} \cdot A_6}{(A_1 + A_2) \times 2 + A_3 + A_4 + A_5 + A_6} \tag{4-7-12}$$

式中：A_6——下层面板截面面积。

(4)按照"方式一"计算下层桥面系综合平均温度

按照"方式一"计算的 E-E 截面下层桥面系综合平均温度，见图 4-7-33 和图 4-7-34。

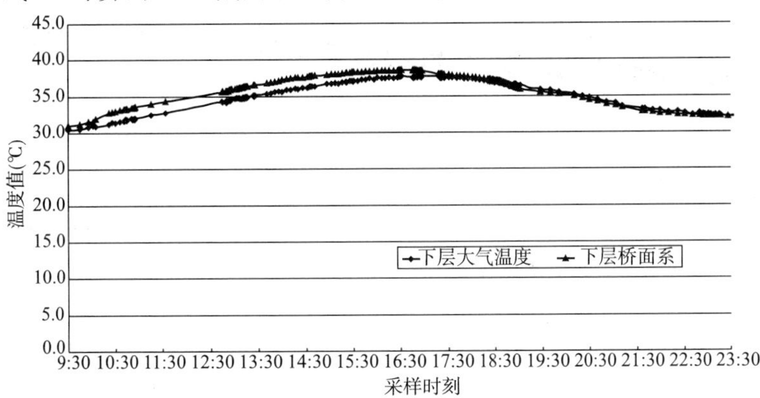

图 4-7-33　2008 年 9 月 23 日 E-E 截面按"方式一"计算的下层桥面系综合平均温度

(5)按照"方式二"计算下层桥面系综合平均温度

按照"方式二"计算的 E-E 截面下层桥面系综合平均温度，见图 4-7-35 和图 4-7-36。

(6)分析结论

白天，下层桥面板的综合平均温度高于气温 2 ~ 3℃，在 19:00 以后有负温差的现象，数值为 1 ~ 2℃。

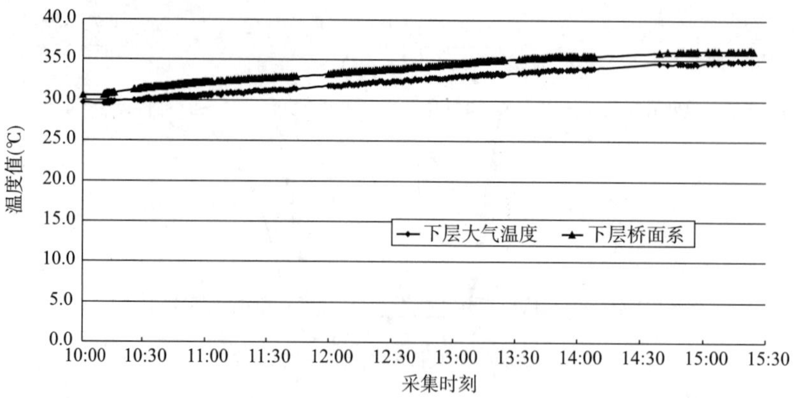

图 4-7-34　2008 年 9 月 24 日 *E-E* 截面按“方式一”计算的下层桥面系综合平均温度

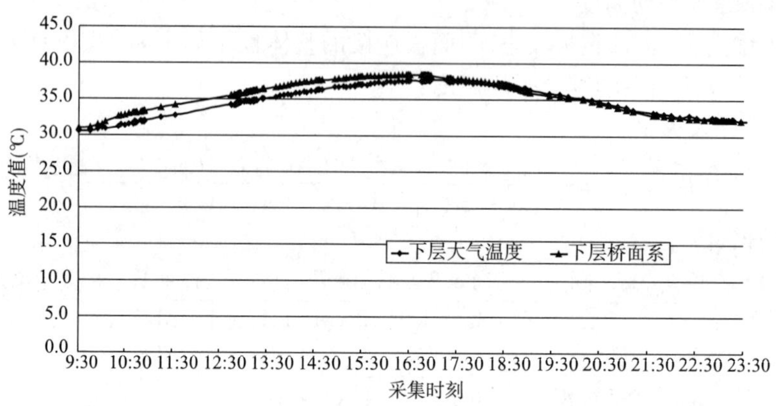

图 4-7-35　2008 年 9 月 23 日 *E-E* 截面按“方式二”计算的下层桥面系综合平均温度

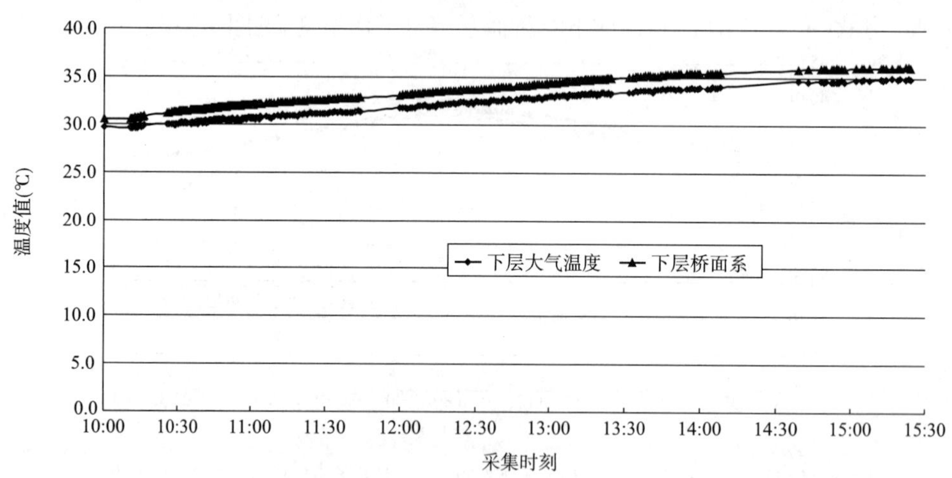

图 4-7-36　2008 年 9 月 24 日 *E-E* 截面按“方式二”计算的下层桥面系综合平均温度

7.8　桥道结构下缘主桁下弦杆温度

B-B 截面下层桥面系主桁杆件温度测点布置如图 4-7-37 所示。

1）下弦杆温度实测值

下弦杆温度实测值见表 4-7-15 和表 4-7-16。

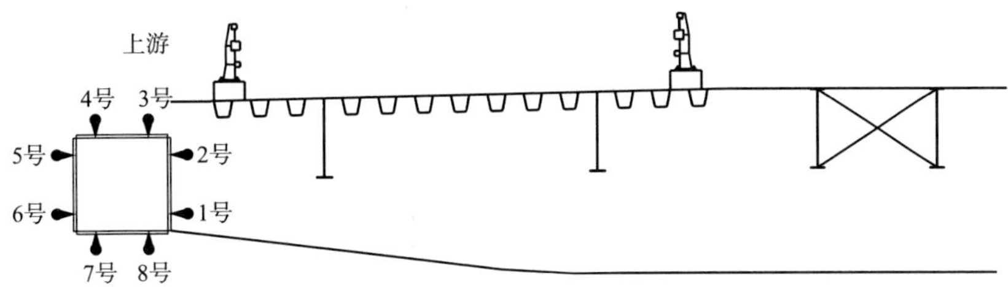

图 4-7-37　*B-B* 截面下层桥面系主桁杆件测点温度布置（1/2）

B-B 截面下层桥梁结构上游主桁杆件测点温度（单位：℃）　　表 4-7-15

采样时间	下层大气	1号（内下）	2号（内上）	3号（顶内）	4号（顶外）	5号（外上）	6号（外下）	7号（底外）	8号（底内）
2008-9-9 11:00	28.5	30.3	37.5	37.1	37.0	38.0	38.0	35.8	29.8
2008-9-9 11:30	29.0	31.5	39.5	39.5	39.7	41.1	40.8	37.4	31.0
2008-9-9 12:00	29.6	32.6	41.0	41.4	41.6	42.4	42.3	38.8	32.1
2008-9-9 12:30	30.5	34.0	43.5	43.8	44.4	44.8	44.9	40.9	33.4
2008-9-9 12:40	30.8	34.8	44.8	45.3	46.2	45.8	45.9	42.3	34.3
2008-9-9 12:50	31.2	35.3	45.6	46.0	47.0	46.5	46.6	43.2	34.8
2008-9-9 13:00	31.2	35.5	45.7	46.3	47.2	46.8	47.0	43.0	35.0
2008-9-9 13:10	31.5	36.3	46.6	47.4	48.5	47.6	47.8	43.8	35.8
2008-9-9 13:20	31.7	36.5	46.9	47.6	48.6	47.7	48.0	44.3	36.0
2008-9-9 13:30	31.9	37.0	47.4	48.3	49.3	48.1	48.7	44.8	36.4
2008-9-9 13:40	32.2	37.4	47.7	48.7	49.7	48.5	49.1	44.6	36.8
2008-9-9 13:50	32.5	37.8	48.6	49.3	50.5	48.9	49.5	45.8	37.2
2008-9-9 14:00	32.6	38.3	49.3	50.0	51.4	49.3	50.1	46.6	37.6
2008-9-9 14:10	32.6	38.5	49.1	50.0	51.3	49.4	50.3	46.0	37.7
2008-9-9 14:20	32.7	38.8	48.8	49.8	50.9	49.2	50.2	45.7	37.7
2008-9-9 14:30	32.9	39.3	49.0	50.2	51.3	49.5	50.5	45.3	38.5
2008-9-9 14:40	33.3	39.3	49.1	50.1	51.0	49.5	50.5	43.2	38.1
2008-9-9 14:50	33.5	39.4	49.1	50.0	50.6	49.2	50.4	42.3	38.1
2008-9-9 15:00	33.4	40.1	48.8	50.3	51.5	49.4	50.5	41.6	39.1
2008-9-9 15:30	34.1	40.1	48.2	49.5	50.2	48.3	49.5	40.8	38.5
2008-9-9 16:00	34.1	40.9	44.7	46.3	48.8	46.9	47.9	40.0	39.8
2008-9-9 16:30	34.5	40.5	43.7	44.9	46.5	46.3	47.0	39.8	39.1
2008-9-9 17:00	35.1	40.4	42.5	44.0	45.3	45.2	45.9	39.5	39.3
2008-9-9 17:30	34.8	39.5	41.0	42.4	42.8	43.3	43.8	38.4	38.1

B-B 截面下层桥梁结构下游主桁杆件测点温度(单位:℃) 表 4-7-16

采样时间	下层大气	1号(内下)	2号(内上)	3号(顶内)	4号(顶外)	5号(外上)	6号(外下)	7号(底外)	8号(底内)
2008-9-9 11:00	28.5	28.6	28.3	29.6	29.1	30.0	30.4	28.5	28.8
2008-9-9 11:30	29.0	29.1	28.8	30.1	29.5	30.6	31.0	29.1	29.3
2008-9-9 12:00	29.6	29.6	29.3	30.6	30.0	31.1	31.4	29.7	30.0
2008-9-9 12:30	30.5	30.2	30.0	31.1	30.6	31.8	32.3	30.4	30.8
2008-9-9 12:40	30.8	30.5	30.3	31.5	30.9	32.2	32.9	30.8	31.3
2008-9-9 12:50	31.2	30.8	30.5	31.7	31.1	32.5	33.1	31.0	31.6
2008-9-9 13:00	31.2	30.8	30.6	31.8	31.3	32.5	33.1	31.1	31.6
2008-9-9 13:10	31.5	31.1	30.9	32.1	31.5	32.8	33.5	31.5	31.9
2008-9-9 13:20	31.7	31.3	31.0	32.2	31.6	33.0	33.5	31.6	32.1
2008-9-9 13:30	31.9	31.5	31.3	32.4	31.8	33.1	33.6	31.8	32.5
2008-9-9 13:40	32.2	31.6	31.4	32.6	32.1	33.3	34.0	32.0	32.5
2008-9-9 13:50	32.5	31.9	31.7	32.8	32.3	33.6	34.2	32.3	32.8
2008-9-9 14:00	32.6	32.1	31.9	33.0	32.4	33.8	34.4	32.5	33.0
2008-9-9 14:10	32.6	32.2	32.0	33.1	32.6	33.9	34.4	32.8	33.1
2008-9-9 14:20	32.7	32.4	32.1	33.3	32.8	34.0	34.5	33.0	33.3
2008-9-9 14:30	32.9	32.6	32.3	33.5	33.0	34.2	34.7	33.1	33.3
2008-9-9 14:40	33.3	32.8	32.5	33.7	33.3	34.4	35.0	33.3	33.6
2008-9-9 14:50	33.5	33.0	32.7	34.0	33.5	34.6	35.1	33.6	33.8
2008-9-9 15:00	33.4	33.1	32.8	34.1	33.6	34.7	35.1	33.7	33.8
2008-9-9 15:30	34.1	33.6	33.4	34.7	34.2	35.3	35.8	34.3	34.7
2008-9-9 16:00	34.1	34.1	33.8	35.3	34.8	35.8	36.6	34.8	35.4
2008-9-9 16:30	34.5	34.3	34.1	35.6	35.1	35.9	36.3	35.1	35.1
2008-9-9 17:00	35.1	34.8	34.5	36.0	35.4	36.2	36.8	35.5	36.1
2008-9-9 17:30	34.8	34.8	34.5	35.8	35.3	35.9	36.2	35.5	35.9

2)下弦杆综合平均温度

按照图 4-7-30 及其相应的计算式,可得到下弦杆综合平均温度,*B-B* 截面主桁综合平均温度及上下游温差见表 4-7-17 和表 4-7-18。

B-B 截面下层主桁综合平均温度结果及上、下游温差(单位:℃) 表 4-7-17

采样时间	下层大气	下层上游主桁	下层下游主桁	温差(下层上游主桁 - 下层下游主桁)
2008-9-9 11:00	28.5	35.4	29.2	6.3
2008-9-9 11:30	29.0	37.6	29.7	7.9
2008-9-9 12:00	29.6	39.0	30.2	8.8
2008-9-9 12:30	30.5	41.2	30.9	10.3

续上表

采样时间	下层大气	下层上游主桁	下层下游主桁	温差(下层上游主桁－下层下游主桁)
2008-9-9 12:40	30.8	42.4	31.3	11.1
2008-9-9 12:50	31.2	43.1	31.5	11.6
2008-9-9 13:00	31.2	43.3	31.6	11.7
2008-9-9 13:10	31.5	44.2	31.9	12.3
2008-9-9 13:20	31.7	44.5	32.0	12.4
2008-9-9 13:30	31.9	45.0	32.3	12.8
2008-9-9 13:40	32.2	45.3	32.4	12.9
2008-9-9 13:50	32.5	46.0	32.7	13.3
2008-9-9 14:00	32.6	46.6	32.9	13.7
2008-9-9 14:10	32.6	46.5	33.0	13.5
2008-9-9 14:20	32.7	46.4	33.2	13.2
2008-9-9 14:30	32.9	46.7	33.3	13.4
2008-9-9 14:40	33.3	46.4	33.6	12.8
2008-9-9 14:50	33.5	46.1	33.8	12.4
2008-9-9 15:00	33.4	46.4	33.9	12.6
2008-9-9 15:30	34.1	45.6	34.5	11.1
2008-9-9 16:00	34.1	44.4	35.1	9.3
2008-9-9 16:30	34.5	43.5	35.2	8.3
2008-9-9 17:00	35.1	42.8	35.7	7.1
2008-9-9 17:30	34.8	41.2	35.5	5.7

B-B **截面下层主桁平均温度结果**(单位:℃) 表4-7-18

采样时间	下层大气温度	下层主桁	采样时间	下层大气温度	下层主桁
2008-9-9 11:00	28.5	32.3	2008-9-9 14:00	32.6	39.7
2008-9-9 11:30	29.0	33.6	2008-9-9 14:10	32.6	39.8
2008-9-9 12:00	29.6	34.6	2008-9-9 14:20	32.7	39.8
2008-9-9 12:30	30.5	36.1	2008-9-9 14:30	32.9	40.0
2008-9-9 12:40	30.8	36.9	2008-9-9 14:40	33.3	40.0
2008-9-9 12:50	31.2	37.3	2008-9-9 14:50	33.5	40.0
2008-9-9 13:00	31.2	37.5	2008-9-9 15:00	33.4	40.1
2008-9-9 13:10	31.5	38.1	2008-9-9 15:30	34.1	40.1
2008-9-9 13:20	31.7	38.2	2008-9-9 16:00	34.1	39.7
2008-9-9 13:30	31.9	38.6	2008-9-9 16:30	34.5	39.3
2008-9-9 13:40	32.2	38.9	2008-9-9 17:00	35.1	39.2
2008-9-9 13:50	32.5	39.3	2008-9-9 17:30	34.8	38.3

3)分析结论

(1)上游下弦杆各测点存在一定温差,最大温差约13℃。外侧测点温度最高,与附近气温最大温差接近20℃,其原因与太阳照射时间和角度有关。

(2)下游下弦件各测点间的温度分布相对较均匀,基本上与气温变化一致,温差基本在5℃之内。

(3)上游弦杆的平均温度高于下游弦杆的平均温度,最大差值为13~14℃。下游弦杆的平均温度与气温基本一致。上下游杆件综合平均温度与气温的最大差值为6~7℃。

7.9 下层系杆杆件温度

E-E 截面系杆杆件测点温度布置如图4-7-38所示。

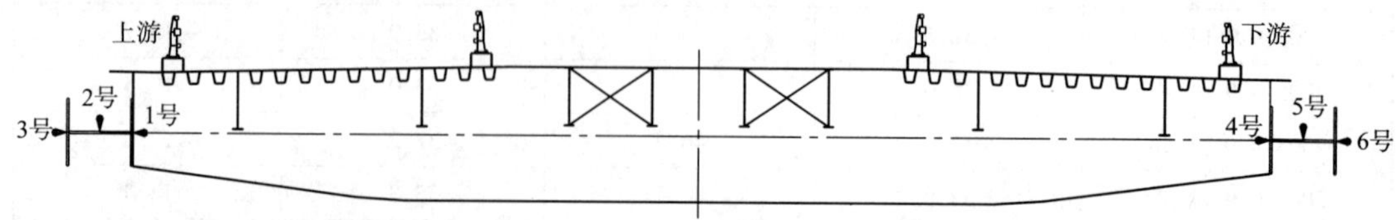

图4-7-38 *E-E* 截面系杆杆件测点温度布置

采用上述构件温度测试与分析类似的方法,找出规律如下:

(1)上游系杆各测点温度高于下游系杆,其中,上游外测测点的温度最高。

(2)下游系杆温度基本与附近气温一致,甚至略低于气温。

(3)上、下游平均温度最大差值为7~8℃。

7.10 温差结果分析

1)桥面系与系杆温差

根据"方式一"计算的桥面系综合温度可得到上层桥面系与上层系杆温差,部分结果见表4-7-19。

***E-E* 截面桥面系与系杆温差(单位:℃)** 表4-7-19

采集时刻	上层大气	上层桥面系	上层系杆	温差(上层桥面系-上层系杆)	下层大气温度	下层桥面系	下层系杆	温差(下层桥面系-下层系杆)
2008-9-21 10:00	28.6	34.9	30.4	4.5	27.7	28.3	29.1	-0.8
2008-9-21 10:30	30.1	38.1	31.5	6.6	28.2	29.2	30.0	-0.7
2008-9-21 11:00	30.5	41.2	33.2	8.0	29.3	30.3	31.1	-0.8
2008-9-21 11:30	31.3	43.7	34.7	9.0	29.9	31.1	32.1	-1.0
2008-9-21 12:00	32.2	46.7	36.4	10.3	30.6	32.0	33.2	-1.2
2008-9-21 12:30	32.8	49.2	38.1	11.1	31.3	32.8	34.2	-1.4
2008-9-21 13:00	35.6	51.0	39.5	11.4	32.2	33.6	35.1	-1.4

续上表

采集时刻	上层大气	上层桥面系	上层系杆	温差(上层桥面系－上层系杆)	下层大气温度	下层桥面系	下层系杆	温差(下层桥面系－下层系杆)
2008-9-21 13:10	35.5	51.4	40.0	11.4	32.5	33.9	35.4	-1.5
2008-9-21 13:20	36.1	51.7	40.0	11.7	32.8	34.1	35.6	-1.5
2008-9-21 13:30	35.9	51.4	40.2	11.2	33.0	34.3	35.8	-1.5
2008-9-21 13:40	36.0	51.6	40.9	10.6	33.3	34.6	36.1	-1.5
2008-9-21 13:50	35.6	51.6	41.3	10.2	33.3	34.8	36.4	-1.6
2008-9-21 14:00	34.9	51.6	41.3	10.3	33.6	35.0	36.6	-1.6
2008-9-21 14:10	36.6	51.8	41.2	10.5	33.8	35.2	36.8	-1.6
2008-9-21 14:20	36.0	51.7	41.9	9.9	34.1	35.3	37.0	-1.6
2008-9-21 14:30	35.7	51.5	41.7	9.8	34.2	35.5	37.1	-1.6
2008-9-21 14:40	37.3	51.9	41.5	10.4	34.4	35.7	37.3	-1.6
2008-9-21 14:50	36.8	51.2	41.7	9.5	34.5	35.8	37.4	-1.6
2008-9-21 15:00	37.6	50.9	41.2	9.6	34.6	35.9	37.4	-1.6
2008-9-21 15:10	37.6	50.4	41.4	9.0	34.9	36.0	37.6	-1.6
2008-9-21 15:20	37.5	50.2	41.4	8.8	35.0	36.0	37.6	-1.6
2008-9-21 15:30	37.2	49.4	41.3	8.1	35.0	36.1	37.8	-1.6
2008-9-21 16:00	37.8	48.3	40.0	8.3	35.2	36.3	37.8	-1.5
2008-9-21 16:30	37.7	45.7	39.4	6.3	35.5	36.3	37.6	-1.3
2008-9-21 17:00	36.5	43.5	39.0	4.5	35.4	36.1	37.4	-1.3
2008-9-21 17:30	36.4	43.0	38.9	4.2	35.4	36.0	37.3	-1.3
2008-9-21 18:00	34.8	38.7	36.9	1.8	34.8	35.0	36.2	-1.2
2008-9-21 18:30	33.9	36.2	35.7	0.4	34.1	34.3	35.4	-1.1

根据“方式二”计算的桥面系综合温度可得到上层桥面系与上层系杆温差，部分结果见表4-7-20。

D-D 截面桥面系与系杆的温差(单位：℃) 表4-7-20

采集时刻	上层大气温度	上层桥面系	上层系杆	温差(上层桥面系－上层系杆)	下层大气温度	下层桥面系	下层系杆	温差(下层桥面系－下层系杆)
2008-9-23 9:10	30.6	32.6	31.3	1.3	30.5	30.8	30.6	0.2
2008-9-23 9:30	30.9	33.4	31.8	1.6	30.7	31.2	31.0	0.3
2008-9-23 10:00	31.5	36.0	33.2	2.8	31.3	31.9	31.8	0.1
2008-9-23 10:30	32.3	38.3	34.7	3.6	31.9	33.1	32.8	0.3

续上表

采集时刻	上层大气温度	上层桥面系	上层系杆	温差(上层桥面系－上层系杆)	下层大气温度	下层桥面系	下层系杆	温差(下层桥面系－下层系杆)
2008-9-23 11:00	32.6	39.6	34.8	4.8	32.4	33.6	33.5	0.1
2008-9-23 11:30	34.1	43.0	36.1	7.0	33.4	34.4	34.9	-0.6
2008-9-23 12:00	34.6	44.4	37.0	7.4	33.8	35.0	35.9	-0.9
2008-9-23 12:30	35.1	46.3	39.2	7.1	34.0	35.5	36.7	-1.2
2008-9-23 12:40	35.5	46.9	38.9	8.1	34.2	35.7	37.0	-1.2
2008-9-23 12:50	35.6	47.0	38.4	8.6	34.7	35.8	37.2	-1.3
2008-9-23 13:00	35.9	47.3	38.4	8.9	34.9	36.0	37.4	-1.3
2008-9-23 13:10	36.5	48.3	40.5	7.8	35.3	36.4	37.9	-1.5
2008-9-23 13:20	36.4	48.7	41.0	7.7	35.2	36.5	38.1	-1.6
2008-9-23 13:30	36.5	49.5	40.2	9.3	35.2	36.7	38.5	-1.8
2008-9-23 13:40	36.5	49.0	40.7	8.3	35.5	36.8	38.7	-1.9
2008-9-23 13:50	37.0	49.5	40.7	8.8	35.8	36.9	38.8	-1.9
2008-9-23 14:00	37.2	49.6	41.8	7.9	36.1	37.1	39.0	-1.9
2008-9-23 14:10	37.3	50.0	41.2	8.9	36.0	37.2	39.3	-2.1
2008-9-23 14:20	37.3	50.5	41.7	8.8	36.0	37.3	39.5	-2.2
2008-9-23 14:30	37.5	50.3	41.0	9.3	36.3	37.4	39.4	-2.0
2008-9-23 14:40	38.0	51.2	41.3	10.0	36.5	37.6	39.7	-2.2
2008-9-23 14:50	37.5	50.3	41.3	9.1	36.5	37.6	40.0	-2.3
2008-9-23 15:00	37.9	49.9	41.2	8.7	36.8	37.7	40.0	-2.3
2008-9-23 15:10	38.1	50.0	41.1	8.9	36.9	37.8	40.0	-2.2
2008-9-23 15:20	38.1	49.8	41.9	7.9	37.0	37.9	40.1	-2.2
2008-9-23 15:30	38.0	49.9	41.0	9.0	37.0	38.0	40.3	-2.4
2008-9-23 16:00	38.2	49.6	40.8	8.8	37.3	38.1	40.3	-2.1
2008-9-23 16:30	38.4	48.8	40.5	8.3	37.3	38.3	40.3	-2.0
2008-9-23 17:00	38.5	47.3	40.0	7.3	37.4	38.3	40.0	-1.7
2008-9-23 17:30	38.6	45.6	39.8	5.8	37.4	38.2	39.7	-1.6
2008-9-23 18:00	38.0	43.5	39.2	4.4	36.9	37.9	39.1	-1.2
2008-9-23 18:30	37.8	42.0	38.6	3.3	36.6	37.5	38.6	-1.0
2008-9-23 19:00	36.0	37.5	36.7	0.7	35.4	36.1	37.0	-0.9
2008-9-23 19:30	35.8	36.9	36.5	0.5	35.2	35.8	36.8	-0.9
2008-9-23 20:00	35.3	35.9	36.0	0.0	34.6	35.3	36.3	-1.0

续上表

采集时刻	上层大气温度	上层桥面系	上层系杆	温差(上层桥面系－上层系杆)	下层大气温度	下层桥面系	下层系杆	温差(下层桥面系－下层系杆)
2008-9-23 21:00	33.4	33.8	34.3	-0.5	33.1	33.9	34.9	-1.0
2008-9-23 22:00	32.7	32.3	33.3	-1.0	32.4	32.7	34.0	-1.3
2008-9-23 22:30	32.7	31.9	32.9	-1.0	32.4	32.5	33.6	-1.2

2)桥面系与主桁弦杆温差

根据“方式一”计算的桥面系综合温度可得到上层桥面系与上层主桁弦杆温差，部分结果见表4-7-21。

B-B **截面桥面系与主桁弦杆温差**(单位:℃)　　表4-7-21

采集时刻	上层大气	上层桥面系	上弦杆	温差(上层桥面系－上弦杆)	下层大气	下层桥面系	下层系杆	温差(下层桥面系－下弦杆)
2008-9-9 11:00	29.4	38.2	35.7	2.5	28.5	28.5	32.3	-3.8
2008-9-9 11:30	30.3	40.4	37.5	2.9	29.0	29.3	33.6	-4.4
2008-9-9 12:00	32.1	42.8	38.9	4.0	29.6	30.0	34.6	-4.6
2008-9-9 12:30	32.0	45.7	41.0	4.7	30.5	30.8	36.1	-5.2
2008-9-9 12:40	33.0	47.8	42.0	5.8	30.8	31.2	36.9	-5.6
2008-9-9 12:50	33.6	49.1	42.5	6.6	31.2	31.6	37.3	-5.7
2008-9-9 13:00	33.6	49.6	42.7	6.8	31.2	31.7	37.5	-5.7
2008-9-9 13:10	34.2	50.9	43.5	7.4	31.5	32.1	38.1	-5.9
2008-9-9 13:20	34.8	51.3	43.7	7.7	31.7	32.3	38.2	-6.0
2008-9-9 13:30	35.0	52.1	44.1	8.1	31.9	32.6	38.6	-6.0
2008-9-9 13:40	34.9	52.6	44.4	8.2	32.2	32.8	38.9	-6.1
2008-9-9 13:50	35.0	53.3	45.0	8.3	32.5	33.1	39.3	-6.2
2008-9-9 14:00	35.7	54.2	45.4	8.8	32.6	33.3	39.7	-6.4
2008-9-9 14:10	35.9	54.3	45.5	8.9	32.6	33.6	39.8	-6.2
2008-9-9 14:20	36.3	54.2	45.5	8.7	32.7	33.7	39.8	-6.0
2008-9-9 14:30	36.5	54.1	45.8	8.3	32.9	34.0	40.0	-6.1
2008-9-9 14:40	35.8	54.2	45.9	8.3	33.3	34.2	40.0	-5.8
2008-9-9 14:50	35.7	53.6	45.8	7.8	33.5	34.3	40.0	-5.7
2008-9-9 15:00	36.9	53.7	45.9	7.8	33.4	34.5	40.1	-5.6
2008-9-9 15:30	36.4	52.3	45.7	6.5	34.1	35.0	40.1	-5.0
2008-9-9 16:00	36.9	52.8	45.3	7.5	34.1	35.4	39.7	-4.3
2008-9-9 16:30	37.4	51.0	44.4	6.7	34.5	35.9	39.3	-3.4
2008-9-9 17:00	36.6	48.2	44.0	4.2	35.1	36.0	39.2	-3.2
2008-9-9 17:30	35.8	44.8	41.8	3.0	34.8	35.8	38.3	-2.5

根据“方式二”计算的桥面系综合温度可得到上层桥面系与上层主桁弦杆温差，部分结果见表4-7-22。

B-B 截面上层桥面系与上弦杆温差（单位：℃） 表4-7-22

采集时刻	上层大气	上层桥面系	上弦杆	温差（上层桥面系－上弦杆）	下层大气	下层桥面系	下层系杆	温差（下层桥面系－下弦杆）
2008-9-9 11:00	29.4	37.2	35.7	1.5	28.5	28.4	32.3	-3.9
2008-9-9 11:30	30.3	39.2	37.5	1.7	29.0	29.2	33.6	-4.4
2008-9-9 12:00	32.1	41.5	38.9	2.7	29.6	29.9	34.6	-4.7
2008-9-9 12:30	32.0	44.2	41.0	3.3	30.5	30.8	36.1	-5.3
2008-9-9 12:40	33.0	46.2	42.0	4.1	30.8	31.1	36.9	-5.7
2008-9-9 12:50	33.6	47.4	42.5	4.9	31.2	31.5	37.3	-5.8
2008-9-9 13:00	33.6	47.8	42.7	5.1	31.2	31.6	37.5	-5.8
2008-9-9 13:10	34.2	49.1	43.5	5.6	31.5	32.0	38.1	-6.0
2008-9-9 13:20	34.8	49.5	43.7	5.9	31.7	32.2	38.2	-6.1
2008-9-9 13:30	35.0	50.3	44.1	6.3	31.9	32.5	38.6	-6.2
2008-9-9 13:40	34.9	50.8	44.4	6.4	32.2	32.7	38.9	-6.2
2008-9-9 13:50	35.0	51.4	45.0	6.4	32.5	33.0	39.3	-6.3
2008-9-9 14:00	35.7	52.3	45.4	6.9	32.6	33.2	39.7	-6.5
2008-9-9 14:10	35.9	52.5	45.5	7.1	32.6	33.5	39.8	-6.3
2008-9-9 14:20	36.3	52.4	45.5	6.9	32.7	33.6	39.8	-6.1
2008-9-9 14:30	36.5	52.3	45.8	6.6	32.9	33.9	40.0	-6.2
2008-9-9 14:40	35.8	52.5	45.9	6.6	33.3	34.1	40.0	-5.9
2008-9-9 14:50	35.7	51.9	45.8	6.1	33.5	34.2	40.0	-5.8
2008-9-9 15:00	36.9	52.1	45.9	6.2	33.4	34.4	40.1	-5.7
2008-9-9 15:30	36.4	50.9	45.7	5.1	34.1	35.0	40.1	-5.1
2008-9-9 16:00	36.9	51.4	45.3	6.1	34.1	35.3	39.7	-4.4
2008-9-9 16:30	37.4	49.9	44.4	5.5	34.5	35.8	39.3	-3.5
2008-9-9 17:00	36.6	47.2	44.0	3.2	35.1	35.9	39.2	-3.3
2008-9-9 17:30	35.8	44.2	41.8	2.4	34.8	35.8	38.3	-2.6

3）桥面系与纵梁温差

E-E 截面桥面系与纵梁温差见表4-7-23。

E-E 截面桥面系与纵梁温差（单位：℃） 表4-7-23

采集时刻	上层大气	上层桥面系	上层纵梁	温差（上层桥面系－上层纵梁）	下层大气	下层桥面系	下层纵梁	温差（下层桥面系－下层纵梁）
2008-9-23 10:00	32.4	38.5	35.5	3.0	31.0	31.6	31.0	0.5
2008-9-23 10:30	33.2	41.3	37.6	3.7	31.4	33.0	32.0	1.0

续上表

采集时刻	上层大气	上层桥面系	上层纵梁	温差(上层桥面系－上层纵梁)	下层大气	下层桥面系	下层纵梁	温差(下层桥面系－下层纵梁)
2008-9-23 11:00	34.5	43.9	39.6	4.2	32.0	33.6	32.5	1.0
2008-9-23 11:30	34.9	45.7	41.1	4.6	32.5	33.9	32.9	1.0
2008-9-23 12:00	35.1	47.5	42.5	5.0	32.7	34.3	33.3	1.0
2008-9-23 12:30	36.9	51.6	46.0	5.7	34.3	35.7	34.8	0.9
2008-9-23 12:40	38.4	52.8	47.0	5.8	34.6	36.0	35.1	0.9
2008-9-23 12:50	37.7	53.9	47.8	6.1	34.7	36.2	35.3	0.9
2008-9-23 13:00	37.2	54.3	48.0	6.2	34.9	36.4	35.5	0.8
2008-9-23 13:10	36.9	55.1	48.7	6.5	35.2	36.6	35.7	0.9
2008-9-23 13:20	37.9	55.4	49.0	6.4	35.3	36.8	35.9	0.9
2008-9-23 13:30	37.9	56.1	49.5	6.5	35.6	37.0	36.1	0.9
2008-9-23 13:40	39.1	56.3	49.9	6.4	35.6	37.2	36.3	0.9
2008-9-23 13:50	39.1	56.7	50.3	6.4	35.9	37.4	36.6	0.9
2008-9-23 14:00	39.1	56.5	50.3	6.2	36.0	37.5	36.7	0.9
2008-9-23 14:10	40.1	56.3	50.4	5.9	36.1	37.7	36.9	0.8
2008-9-23 14:20	39.1	56.7	50.6	6.1	36.4	37.8	37.0	0.8
2008-9-23 14:30	40.3	55.9	50.3	5.6	36.8	37.9	37.2	0.7
2008-9-23 14:40	40.3	55.4	50.1	5.3	36.7	38.0	37.2	0.8
2008-9-23 14:50	40.5	54.8	49.8	5.0	36.8	38.0	37.3	0.7
2008-9-23 15:00	40.2	54.5	49.6	4.9	36.9	38.2	37.5	0.7
2008-9-23 15:10	40.2	54.2	49.5	4.7	37.1	38.3	37.6	0.7
2008-9-23 15:20	40.1	52.7	48.6	4.1	37.5	38.4	37.8	0.6
2008-9-23 15:30	40.4	51.0	47.6	3.3	37.6	38.5	38.0	0.5
2008-9-23 16:00	39.6	49.1	46.4	2.7	37.8	38.4	38.0	0.4
2008-9-23 16:30	39.2	45.9	44.3	1.6	37.5	37.9	37.7	0.2
2008-9-23 17:00	38.6	43.6	42.6	1.0	37.3	37.6	37.4	0.2
2008-9-23 17:30	38.1	41.3	41.0	0.4	36.8	37.1	37.0	0.1
2008-9-23 18:00	37.4	38.8	39.0	-0.2	36.3	36.0	36.3	-0.3
2008-9-23 18:30	36.3	37.0	37.5	-0.5	35.9	35.6	35.8	-0.2
2008-9-23 19:00	35.1	35.1	35.8	-0.7	35.2	35.0	35.2	-0.2
2008-9-23 19:30	34.4	34.4	35.1	-0.7	34.8	34.5	34.7	-0.2
2008-9-23 20:00	32.9	33.0	33.7	-0.7	34.0	33.6	33.7	-0.1
2008-9-23 21:00	32.6	32.1	32.7	-0.7	33.3	32.9	33.1	-0.2
2008-9-23 22:00	32.5	31.6	32.3	-0.7	33.0	32.6	32.8	-0.2
2008-9-23 22:30	32.4	31.2	31.9	-0.7	32.6	32.3	32.5	-0.2
2008-9-23 23:00	32.2	31.0	31.6	-0.6	32.4	32.2	32.3	-0.1
2008-9-23 23:30	32.1	30.8	31.5	-0.7	32.2	32.1	32.2	-0.1

4)桥面系与横梁温差

E-*E* 截面桥面系与横梁温差见表 4-7-24。

E-E 截面桥面系与横梁温差(单位:℃)　　表 4-7-24

采集时刻	上层大气	上层桥面系	上层横梁	温差(上层桥面系－上层横梁)	下层大气	下层桥面系	下层横梁	温差(下层桥面系－下层横梁)
2008-9-23 10:00	32.4	38.5	33.4	5.1	31.0	31.6	30.8	0.8
2008-9-23 10:30	33.2	41.3	35.0	6.3	31.4	33.0	31.3	1.7
2008-9-23 11:00	34.5	43.9	36.6	7.3	32.0	33.6	31.9	1.7
2008-9-23 11:30	34.9	45.7	37.8	7.9	32.5	33.9	32.4	1.6
2008-9-23 12:00	35.1	47.5	38.9	8.6	32.7	34.3	32.7	1.6
2008-9-23 12:30	36.9	51.6	41.8	9.9	34.3	35.7	34.1	1.6
2008-9-23 12:40	38.4	52.8	43.0	9.8	34.6	36.0	34.5	1.5
2008-9-23 12:50	37.7	53.9	43.7	10.2	34.7	36.2	34.6	1.7
2008-9-23 13:00	37.2	54.3	43.8	10.5	34.9	36.4	34.8	1.6
2008-9-23 13:10	36.9	55.1	44.4	10.7	35.2	36.6	34.9	1.7
2008-9-23 13:20	37.9	55.4	45.0	10.4	35.3	36.8	35.1	1.7
2008-9-23 13:30	37.9	56.1	45.3	10.7	35.6	37.0	35.4	1.7
2008-9-23 13:40	39.1	56.3	45.8	10.5	35.6	37.2	35.5	1.7
2008-9-23 13:50	39.1	56.7	46.2	10.4	35.9	37.4	35.7	1.7
2008-9-23 14:00	39.1	56.5	46.3	10.2	36.0	37.5	35.9	1.6
2008-9-23 14:10	40.1	56.3	46.4	9.9	36.1	37.7	36.1	1.6
2008-9-23 14:20	39.1	56.7	46.5	10.2	36.4	37.8	36.2	1.6
2008-9-23 14:30	40.3	55.9	46.7	9.2	36.8	37.9	36.4	1.5
2008-9-23 14:40	40.3	55.4	46.5	8.9	36.7	38.0	36.5	1.5
2008-9-23 14:50	40.5	54.8	46.4	8.4	36.8	38.0	36.6	1.4
2008-9-23 15:00	40.2	54.5	46.3	8.2	36.9	38.2	36.8	1.4
2008-9-23 15:10	40.2	54.2	46.3	8.0	37.1	38.3	36.9	1.4
2008-9-23 15:20	40.1	52.7	45.8	6.9	37.5	38.4	37.2	1.2
2008-9-23 15:30	40.4	51.0	45.5	5.5	37.6	38.5	37.4	1.2
2008-9-23 16:00	39.6	49.1	44.8	4.3	37.8	38.4	37.5	0.9
2008-9-23 16:30	39.2	45.9	43.3	2.6	37.5	37.9	37.3	0.6
2008-9-23 17:00	38.6	43.6	42.1	1.5	37.3	37.6	37.1	0.5
2008-9-23 17:30	38.1	41.3	40.8	0.5	36.8	37.1	36.7	0.4
2008-9-23 18:00	37.4	38.8	39.1	-0.3	36.3	36.0	36.3	-0.3
2008-9-23 18:30	36.3	37.0	37.7	-0.6	35.9	35.6	35.8	-0.2
2008-9-23 19:00	35.1	35.1	36.0	-0.9	35.2	35.0	35.1	-0.1
2008-9-23 19:30	34.4	34.4	35.4	-1.0	34.8	34.5	34.6	-0.1
2008-9-23 20:00	32.9	33.0	33.9	-0.9	34.0	33.6	33.8	-0.1
2008-9-23 21:00	32.6	32.1	33.1	-1.0	33.3	32.9	33.1	-0.2

续上表

采集时刻	上层大气	上层桥面系	上层横梁	温差(上层桥面系－上层横梁)	下层大气	下层桥面系	下层横梁	温差(下层桥面系－下层横梁)
2008-9-23 22:00	32.5	31.6	32.6	－1.0	33.0	32.6	32.8	－0.1
2008-9-23 22:30	32.4	31.2	32.3	－1.1	32.6	32.3	32.5	－0.1
2008-9-23 23:00	32.2	31.0	32.1	－1.1	32.4	32.2	32.2	0.0
2008-9-23 23:30	32.1	30.8	32.0	－1.2	32.2	32.1	32.0	0.2

5)截面温度分布

(1)以 *B-B* 截面为例,按照"方式一"计算桥面系综合温度时的截面温度分布如图 4-7-39 所示。

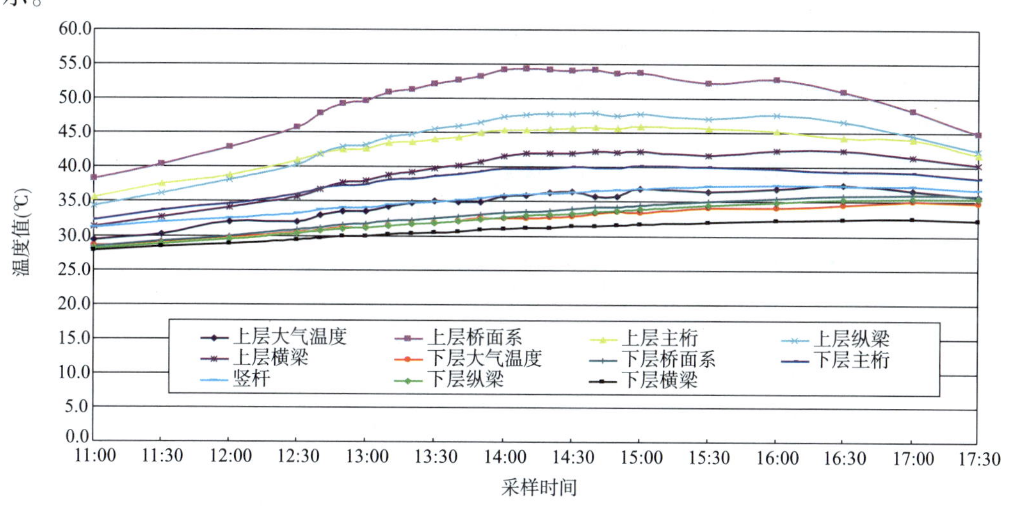

图 4-7-39 2008 年 9 月 9 日 *B-B* 截面温度分布

(2)以 *B-B* 截面为例,按照"方式二"计算桥面系综合温度时的截面温度分布如图 4-7-40 所示。

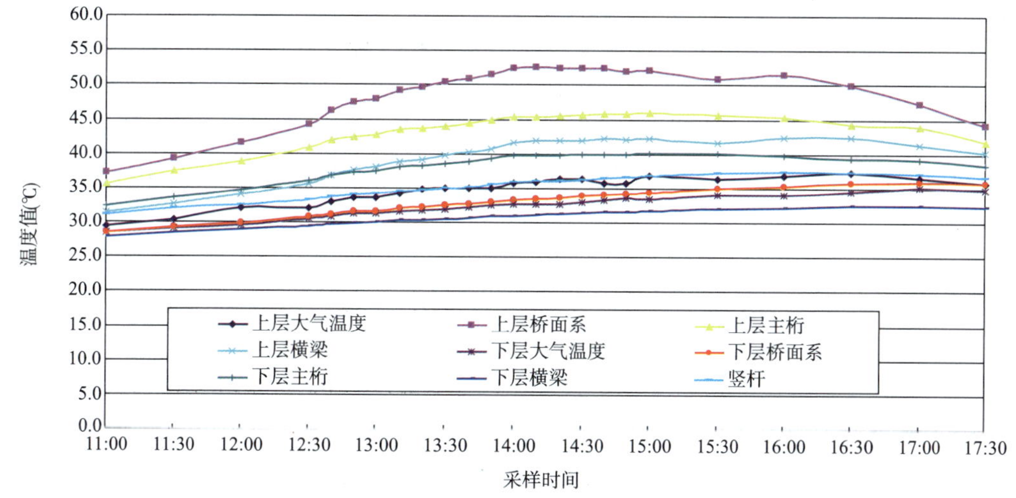

图 4-7-40 2008 年 9 月 9 日 *B-B* 截面温度分布

7.11 测试研究结论与成果应用

针对上述实测温度分析，可以得到如下结论：

1）桥道结构上层构件温度分布及变化规律

（1）同一天内，面板各测点温度随时间的变化曲线为类似扁平抛物线形，在下午 13:30～16:00 之间达到最高。面板测点的最高温度达到 63℃，与附近大气的最大温差达 28℃。

（2）面板、U 肋之间存在明显横向温差，横向温度分布均呈两侧低、中间高的类抛物线形状。最大横向温差为 8～14℃。

（3）对于上层桥面系，由上至下温度梯度变化明显，距面板越近，温度越高，且温度变化梯度越大。将同类测点温度值平均后，面板比 U 肋侧面 1/4 处的高 4～6℃，U 肋侧面 1/4 处比 U 肋侧面 1/2 处高 4～5℃，U 肋侧面 1/2 处比 U 肋底面高 2～3℃。

（4）白天，上层桥面系的综合平均温度高于附近大气气温，最大差值在 15～18℃之间，夜间 21:00 之后桥面系的平均温度低于附近气温，相差 2～3℃。

（5）纵梁上至下温度梯度变化明显，越接近顶板温度越高，竖向温差为 12～15℃；腹板上部测点存在一定横向温差，中间测点的温度高于两侧；底面测点温度横向基本相同；综合平均温度比附近气温高 6～7℃。

（6）横梁的温度梯度变化规律与纵梁类似，综合平均温度比气温高 5～6℃。

（7）上、下游主桁杆件的平均温度有一定差异，以 2008 年 9 月 23 日为例，上、下游杆件平均温度差值约为 3℃。

（8）上弦杆底部温度与大气温度基本相同，而顶部和两侧处的温度明显高于底面温度。杆件顶面与底面最大温差可达 20℃。

（9）上层系杆腹板温度高于两侧翼板，上游系杆平均温度略高于下游。

（10）将桥面板的综合平均温度（不计纵梁影响）和上下游弦、系杆的平均温度相比：实测桥面系与系杆的最大温差为 15℃；实测桥面系与弦杆的最大温差为 8℃。

2）桥道结构下层构件温度分布及变化规律

（1）同一天内实测下层桥面板温度变化规律基本和气温一致，略高于气温，绝大部分测点与附近大气温差在 5℃之内。横向测点温度相对较为均匀，实测最大温差在 3～5℃。

（2）下层 U 肋上测点温度与面板的温度基本一致，与气温之差在 3～5℃。

（3）白天，桥面板的综合平均温度比气温高 2～3℃，在 19:00 之后，有 1～2℃的反向温差。

（4）下层纵梁和横梁上测点间温差较小，平均温度与附近大气温度基本一致。

（5）上游弦杆测点间存在一定温差，最大温差约 13℃；下游弦件测点间的温度分布相对较均匀，平均温度与气温基本一致，温差基本在 5℃之内；上游弦杆平均温度高于下游弦杆，最大差值为 13～14℃。

（6）上游系杆平均温度高于下游系杆，平均温度最大差值 7～8℃，下游杆件测点基本与气温一致。

（7）将下层桥面系综合平均温度和上下游主桁弦、系杆平均温度相比：实测桥面系的与系杆的最大温差约为 -4℃（桥面板温度低于弦杆温度）；实测桥面系与弦杆的最大温差为 -7 ~ -6℃。

3）板桁温差测试成果应用

通过现场测试与分析认为，板桁温差是板桁温度变化不同步所致。主桁结构大部分为箱形杆件、板件厚度大，日照条件下，仅部分迎光面接受阳光直射，构件日照面积小，加上杆件内部密封空气的作用，构件升温速度较慢；而钢桥面板为平面板件、板件厚度较小、面积大，日照条件下，上表面全部为迎光面接受阳光直射，接受日照面积大，构件升温速度较快。两者在阳光直射下温度上升速度不同，从而在其间造成温度差。

根据上述现场温度场测试与综合分析，结合板桁温差对结构受力影响的仿真模拟分析，在重庆朝天门大桥结构设计中，上层钢桥面板与主桁间温差按 15℃控制，下层钢桥面板与主桁间温差按 6℃控制。

在重庆朝天门大桥钢桁结构安装及控制中发现的特大跨钢桁桥梁板桁温差问题是世界各国规范中没有规定的，也是今后同类桥梁设计中必须考虑的问题。通过采用部分板桁结合方法，成功地解决了特大跨径钢桁拱桥温度设计问题，形成了板桁温差分析理论与方法，弥补了世界桥梁建设认识上的空白，在类似板桁结构桥梁设计分析中具有普遍应用价值（事实上，自 2009 年以来，已在多座桥梁上得到应用），使桥梁结构可靠性和耐久性得到保障。

参 考 文 献

[1] 中华人民共和国铁道行业标准. TB 10022.2—2005 铁路桥梁钢结构设计规范[S]. 北京. 中国铁道出版社,2005.

[2] 中华人民共和国交通行业标准 . JTG/T F50—2011 公路桥涵施工技术规范[S]. 北京. 人民交通出版社,2010.

[3] 招商局重庆交通科研设计院有限公司. 超大跨钢桁拱桥结构体系与构造关键技术研究报告[R],2009.

[4] 重庆交通大学,招商局重庆交通科研设计院有限公司. 超大跨钢桁拱桥整体受力性能模型试验研究报告[R],2009.

[5] 中交第二航务工程局有限公司. 超大跨钢桁拱桥施工关键技术研究报告[R],2009.

[6] 中铁宝桥股份有限公司,中铁山桥集团有限公司. 特种钢桁梁加工制造关键技术研究报告[R],2009.

[7] 新津筑路机械厂. 15 000t 级球形支座设计制造技术研究报告[R],2009.

[8] 重庆交通大学,中交武汉港湾设计研究院. 超大跨钢桁拱桥施工控制技术研究报告[R],2009.

[9] 重庆交通大学,西南交通大学. 超大跨钢桁拱桥结构疲劳试验研究报告[R],2009.

[10] 重庆大学,西南交通大学. 超大跨钢桁拱桥结构抗风稳定试验研究报告[R],2009.

[11] 同济大学. 超大跨钢桁拱桥施工全过程仿真及稳定分析研究报告[R],2009.

[12] 中铁大桥局集团武汉桥梁科学研究院有限公司检测中心. 重庆朝天门长江大桥正桥温度场及其效应研究报告[R],2008.

[13] 中港二航局重庆朝天门长江大桥项目经理部. 重庆朝天门大桥施工组织设计[R],2006.

[14] 王福敏,徐伟,李军,等. 特大跨径钢桁架拱桥设计技术[M]. 重庆:重庆大学出版社,2010.

[15] 向中富,汪存书,孙玉祥. 重庆朝天门大桥——特大跨径钢桁架拱结构安装及控制[M]. 北京:人民交通出版社,2013.

[16] 向中富. 桥梁工程控制[M]. 2 版. 北京:人民交通出版社,2013.